Lutz Röhrich

Lexikon der sprichwörtlichen Redensarten

HERDER / SPEKTRUM

Band 4400

Das Buch

„Dieses Lexikon hat längst den Rang eines Standardwerkes errungen...
Zahlreiche Leser werden aus dieser für den deutschen Sprachgebrauch
umfangreichsten Sammlung Freude und Gewinn ziehen" (Hessischer
Rundfunk). „Ich habe selten ein solches Buch gelesen, das mir von
Anfang an so viel Spaß gemacht hat und aus dem ich zugleich so viel
gelernt habe" (Südwestfunk).
Ebenso kurzweilig wie umfassend, ebenso lehrreich wie informativ, das
sind die Ingredienzien, die das Lexikon der sprichwörtlichen Redensarten
auszeichnen und es zu einem der beliebtesten Nachschlagewerke des
deutschen Sprachraums werden ließen. Rund 15 000 Redensarten werden
in ihrer Anwendung, Herkunft und Anwendung leichtverständlich und
wissenschaftlich fundiert erklärt. Etwa 1 000 Abbildungen aus zeitgenössischen Quellen illustrieren den Ursprung vieler sprichwörtlicher
Redensarten. Kurzum: Ein Werk, über das noch lange kein Gras wachsen
wird.

Der Autor

Lutz Röhrich, geb. 1922, em. ordentlicher Professor für Volkskunde und
Germanische Philologie an der Universität Freiburg i. Br., bis 1991 Direk-
tor des Instituts für Volkskunde und des Deutschen Volksliedarchivs.
Mehrere Aufenthalte als Gastprofessor in den USA. Mitglied der Österr.
Akad. d. Wiss. und der Königl. Gustaf-Adolfs-Akad. in Uppsala. Mehr-
facher Preisträger: 1. Chicago Folklore Prize (1974); Oberrheinischer
Kulturpreis, Univ. Basel (1984); Brüder-Grimm-Preis, Univ. Marburg
(1985); Internationaler Preis Pitré (Sigilo d'oro), Palermo (1985);
Europäischer Märchenpreis, Wetzlar (1991).Zahlreiche Publikationen
auf dem Gebiet der Volksprosa (Märchen, Sage, Witz, Sprichwort) und
des Volksliedes sowie weitere wisssenschaftliche Publikationen. Herausgeber von: Motive. Freiburger Folkloristische Forschungen (München
1971 ff.); Artes Populares. Studia Ethnographica et Folkloristica (Bern
1976 ff.). Mitherausgeber von: Handbuch des Volksliedes (München 1973
und 1975); Enzyklopädie des Märchens (Berlin/New York 1977 ff.)

Lutz Röhrich

Lexikon der sprichwörtlichen Redensarten

Band 2
Easy–Holzweg

Herder
Freiburg · Basel · Wien

E

easy. *Take it easy:* nimm's nicht so schwer. Die Wndg. wurde unverändert aus dem Engl. übernommen und hat sprw. Bdtg. erhalten.

Ebbe. Das regelmäßige Fallen des Seewassers wird an der Nordsee Ebbe genannt. Seit dem Ende des 18. Jh. wird Ebbe auch in übertr. Bdtg. angewendet, bes. in der Rda.: *Bei mir ist Ebbe (in der Kasse):* ich leide an Geldmangel; 1772 bezeugt bei Martin Wieland: „weil seine Finanzen sich dammahls in der niedrigsten Ebbe befanden", 1801 in Schillers ‚Jungfrau von Orleans' (I, 2):

> Die hohe Flut des Reichtums ist
> zerflossen,
> Und tiefe Ebbe in deinem Schatz.

Bezeichnenderweise kennt die Umgangssprache nicht den Gegensatz ‚Flut in der Kasse'. Die ‚tiefe Ebbe' heißt in der schlesw.-holst. Mda. ‚holle Ebb', daher übertr. ‚Dat is holl Ebb', es ist nichts zu machen. *Er läßt Ebbe und Flut verlaufen:* er läßt die günstige Gelegenheit ungenutzt vorübergehen; der Gegensatz dazu ist: *Er weiß Ebbe und Flut wohl zu nutzen;* in den Niederlanden sind Rdaa. mit Ebbe und Flut ebenfalls verbreitet; z. B. ‚Het komt als ebbe en vloed', es geht wie Ebbe und Flut, d. h. regelmäßig; ‚hij is aan het ebben', sein Leben geht zu Ende, ↗ Flut.

Lit.: *O. G. Sverrisdóttir:* Land in Sicht (Frankfurt/M. 1987), S. 174–176.

Ebene. *Auf die schiefe Ebene kommen* ↗ schief.

echt. *Etw. ist echt:* es ist unverfälscht, rein, natürlich, wirklich. Das Wort ‚echt' entstammt der Rechtssprache und begegnet bereits mnd. im ‚Sachsenspiegel' (1221 bis 1224) i. S. v. recht, gesetzmäßig, ist etymol. und bedeutungsmäßig mit ‚Ehe' verwandt. In dem Rechtsbegriff ‚ehafte not': rechtmäßige Gründe für das Nicht-Erscheinen vor Gericht, war das Wort verbreitet. Älter noch ist ahd. ‚eohaft': der Sitte (Ehe) entsprechend, fromm.

Das Wort ‚echt' wurde im 16. Jh. aus dem Ndd. ins Hd. übernommen. Heute ist es meist nur Gegenwort zu: falsch, künstlich, nachgemacht; vgl. ‚echter Schmuck', ‚echte Wolle', ‚echtes Kunstwerk', ‚echt Leder'.

Etw. ist echt Vater (Mutter, Goethe usw.): es ist bezeichnend für jem., ist charakteristisch, typisch für ihn. In der Schüler- und Jugendsprache wurde ‚echt' zum Modewort und erscheint häufig in Verbindungen wie: ‚Echt gut', ‚echt stark', ‚echt Spitze'. Es begegnet auch allein in der Funktion eines Fragewortes: *Echt?* i. S. v.: tatsächlich, ist das wahr?

Echternacher Springprozession. *Vorankommen wie die Echternacher Springprozession,* d. h. nur mühsam und mit beständigen Rückschlägen: immer drei Schritte vor und zwei zurück (oder fünf vor und drei zurück). Die Echternacher Springprozession (seit dem 15. Jh. bezeugt) wurde bekannt als Bittprozession für Kranke, bes. Epileptiker (Veitstanz), die zum Grabe des hl. Willibrord nach Echternach (Luxemburg) pilgerten. Die Legende erzählt, daß bald nach dem Tod des Heiligen in der Gegend von Echternach eine Tierkrankheit ausbrach, bei der sich das Vieh zu Tode springen mußte. Die bedrängten Besitzer unternahmen hüpfend und springend eine Wallfahrt zum Grabe des Heiligen, der in seinem Leben auch Tiere geheilt hatte. Als die kranken Tiere wirklich gesund wurden, gelobten die Bauern, die Prozession jedes Jahr zu wiederholen. Dabei gilt der auch sonst in der Volksmedizin geläufige Grundsatz des ‚similia similibus curantur', wonach durch Nachahmung des Übels versucht wird, dieses selbst zu heilen oder sich selbst wie auch andere davor zu beschützen.

Die Springprozession findet alljährlich am Pfingstdienstag statt und erfreut sich wegen ihrer Einzigartigkeit großen Zulaufs. In Gruppen bewegt sich der lange Zug springend und betend durch den Ort zur Kirche, in der sich das Grab des hl. Willibrord befindet. Es handelt sich zweifellos um einen der merkwürdigsten Reste ma. Volksfrömmigkeit im Abendland.

Lit.: *R. Schmekel:* Art. ‚Echternacher Springprozession‘, in: HdA. II, Sp. 536–541; *L. Senninger:* Über Ursprung und Wesen der Echternacher Springprozession, in: Willibrordus. Echternacher Festschrift (Luxemburg 1940), S. 284–305; *K. Meisen:* Springprozessionen und Schutzheilige gegen den Veitstanz und ähnliche Krankheiten im Rheinlande und seinen Nachbargebieten, in: Rhein. Jb. f. Vkde., 2 (1951), S. 64–178.

Eckart. *Der (ge)treue Eckart* steht sprw. für einen alten, erfahrenen, treuen Warner, er ist ein Sinnbild der Treue; schon mhd. ist ‚getriuw‘ sein ständiges Epitheton.

‚Ein getreuer Eckart‘

Eckart ist eine Gestalt sowohl der schriftl. fixierten Heldendichtung des MA. wie noch der mdl. Volkssage der Neuzeit. Er ist zunächst eine der ältesten Gestalten der germ. Heldensage; er war der treue Hüter des jungen Harlunge. Sein Name ist bis heute lebendig geblieben, während der seines ungetreuen Widersachers Ermanrich im Volksmund vergessen ist. Vor allem in der Epik um Dietrich von Bern ist Eckart eine wichtige Figur, die umsichtige Ratschläge oder Warnungen an die Haupthelden erteilt. Auch in der Thidreksaga tritt Eckart bes. als Warner auf. Sodann trug im Nibelungenlied einer der Markgrafen Rüdigers diesen Namen; in der 26. Aventiure erscheint er als Hüter an der Grenze von Rüdigers Mark und warnt die ankommenden Burgunder vor der Fortsetzung ihrer Fahrt. In der ‚Moerin‘ des Hermann von Sachsenhausen (Ausg. E. Martin. [Tübingen 1878], V. 204ff., 3906ff.) tritt der ‚Eckart alt‘ auf, der sich zum treuen und klugen Anwalt des gefangenen Ritters aufwirft.

Hist. Vorbild war wahrscheinl. Eckart I. von Meißen, ein thüring. Markgraf, der sowohl durch seine siegreichen Grenzkämpfe gegen die Wenden und Böhmen als auch durch seine ritterliche Tugend und Treue zu Kaiser Otto III. einer der berühmtesten Männer seiner Zeit und einer der ersten Vasallen des Reiches geworden war. Aber erst auf einen Nachkommen dieses Mannes, auf den Markgrafen Ekkart II., wurde zum ersten Mal in der Geschichte der rühmende Zusatz eines ‚treuen Eckarts‘ angewandt, bezeugt in einer Schenkungsurkunde des Kaisers Heinrich III. vom Jahre 1041.

In der mdl. überlieferten Volkssage begegnet uns der treue Eckart in einer ganz anderen Funktion: er sitzt vor dem Eingang zum Venusberg und warnt im Kleide des Einsiedlers und im Ton eines priesterlichen Beraters. Auch in der Ausg. von Murners ‚Geuchmat‘ (Basel 1519) erscheint auf dem Bild zum Kap. ‚Frouw Venus berg‘ ein alter Mann in bürgerlicher Tracht, der das junge Liebespaar, das in den Venusberg eintreten will, mit erhobener Hand warnt. Ebenso sitzt Eckart in der Tannhäuser-Volksballade des späten MA. als Warner vor dem Berg der Frau Venus. Daher auch das von Agricola ausgelegte Sprichwort: „Du bist der treue Eckart, du warnest yedermann“. Aventin sagt in seiner ‚Bayer. Chronik‘ von 1526: „ist noch ein sprichwort: ‚ich gwarn dich als der treu Heccard‘ “.

Noch in der neuzeitlichen Volkssage warnt der treue Eckart vor dem wilden

Heer. Goethes bekannte Ballade ‚Der getreue Eckart' hat die Gestalt nach der Sage (Grimm, DS. Nr. 7) erneuert; Goethes Quelle war eine Stelle in den ‚Saturnalia' des Praetorius (1663): „In Thüringen liegt ein Dorf Schwarza, da zog zu Weihnachten Frau Holle vorüber und vorn im Haufen ging der treue Eckart und warnte die begegnenden Leute ...". Ganz frei verwendet Goethe das Motiv in dem Epigramm ‚Vergebliche Müh':

> Willst Du der getreue Eckart sein
> Und jedermann vor Schaden warnen,
> S'ist auch eine Rolle, sie trägt nichts ein:
> Sie laufen dennoch nach den Garnen.

Schließlich hat der treue Eckart auch in Klopstocks ‚Gelehrtenrepublik' Einlaß gefunden, als Urgroßvater des Aldermanns Eckart, eines ‚guten Greises', der recht von dt. Sprww. trieft und sich in seiner belehrenden Art glücklich in dieses altdt. Milieu einfügt.

Lit.: *S. Singer:* Art. ‚Eckart', in: HdA. II, Sp. 541–544; *G. Birkenfeld:* Die Gestalt des treuen Eckart in der dt. Sage und Lit. (Diss. Berlin 1924); *D.-R. Moser:* Die Tannhäuser-Legende (Berlin–New York 1977).

Ecke. *Es geht bunt über Eck:* es geht wirr durcheinander, es geht unruhig und stürmisch zu; schon im 16. Jh. bei Seb. Franck (im ‚Weltbuch') belegt, dann im ‚Simplicissimus', auch bei den Schlesiern, z. B. bei W. Scherffer und M. Opitz. In der Chemnitzer ‚Rockenphilosophie' (6, 424, 1705–06) heißt es: „wenn die Gäste schon geschmissen (‚geschlagen') und es bunt über Eck gehet". Noch bei Heinrich v. Kleist im ‚Zerbrochenen Krug' (3. Auftr.): „Es geht bunt alles über Ecke mir".

Obersächs. ist auch ein Adj. ‚überecke' = schief, zur Seite geneigt, bezeugt, daher die Rda.: *Es ist mir überecke gegangen:* die Sache ist mir schiefgegangen. Meckl. ‚He is'n lütt bäten oewer die Eck', er ist nicht ganz bei Verstand.

‚Über Eck bald weg' ↗ Schwiegermutter.

Um die Ecke sein (gehen): verschwinden, sterben. Die Rda. bringt ein höchst anschauliches Bild für ‚schnelles Hinwegsterben': lautlos verschwindet der um eine Straßenecke Biegende aus dem Gesichtskreis; obersächs. bezieht die Wndg. außerdem: im Spiel verloren haben, bankerott sein. Ähnl. *einen um die Ecke bringen:* ihn still aus dem Weg räumen, heimlich töten. Meckl. ‚Dee ward ok bald üm de Eck zoddelt', er wird bald begraben.

An allen Ecken und Enden: überall, auch *an allen Ecken und Kanten; ich traue ihm nicht um die Ecke:* ich traue ihm nur, solange ich ihn sehe. *Um ein paar Ecken miteinander verwandt sein:* weitläufig verwandt sein. Verbreitet ist die Rda. *Der guckt um die Ecke:* er schielt, auch: *einen übers Eck ansehen:* anschielen. Nordd. ‚He spelt um die Eck', er betrügt. *Sich ekkig lachen:* sich einen Ast lachen; *es ist zum eckig werden:* es ist zum Verzweifeln. Rhein. ist ‚en eckiger Kerl' ein unbeholfener Mensch.

Ecke stehen: als Prostituierte nach Kundschaft Ausschau halten. Die Wndg. bezieht sich auch auf den arbeitsscheuen Mann, den *Eckensteher,* der an jeder Ecke stehen bleibt u. schwätzt, so wie der berühmte Berliner ‚Eckensteher Nante', den A. Glaßbrenner in ‚Berlin, wie es ist und trinkt' die Worte singen läßt:

> Det beste Leben hab ick doch,
> Ick kann mir nich beklagen ...

Um die große (kleine) Ecke gehen: zur Toilette gehen. *Jem. in die Ecke stellen:* ihn bestrafen; war früher in der Schule üblich, um einen Schüler zu beschämen. *Jem. in die Ecke drängen:* ihn in eine ausweglose Situation bringen. Die Rda. stammt urspr. aus der Fechtersprache.

Effeff. *Etw. aus dem Effeff verstehen (können, beherrschen):* etw. gründlich können. Es gibt dafür drei Deutungsmöglichkeiten:

1. In der Kaufmannssprache bez. man seit dem 17. Jh. die Waren mit f, d. h. ‚fino' = fein, und mit ff, d. h. ‚finissimo' = sehr fein. So scheint u. a. Jer. Gotthelf die Rda. anzuwenden, der einmal sagt, ‚daß die Leute Preise stellten aus dem FF'.

2. In der Terminologie der Musik bedeutet f = forte, d. h. laut, ff = fortissimo, d. h. sehr laut. Daran ist offenbar gedacht in der schwäb. Rda. ‚Man wird's dir aus dem ff geigen', etw. Besonderes machen. Wie auch sonst ital. Ausdr. in dt. Rdaa. gebräuchl. wurden (z. B. ‚in petto haben',

,Fiasko machen'), so kann dies natürlich auch hier geschehen sein.

3. Die größte Wahrscheinlichkeit für sich hat die Herleitung von Pandektenzitaten, die von den ma. Glossatoren mit dem griech. Buchstaben pi (π) gekennzeichnet wurden. Beim Hinausziehen der senkrechten Striche über den Querbalken dieses Buchstabens ergab sich ein zweifaches f. Man hat auch an ein etw. verzogenes D gedacht, das, zum Zeichen der Abk. mit einem Querstrich versehen, von neueren Abschreibern und Herausgebern mißverstanden und in ff verwandelt worden sein kann. Dieses D meinte die Digesten, den Hauptteil des ,Corpus juris civilis'. Die Glossatoren des 11.–15. Jh. und noch die Juristen des 16. Jh. zitierten jedenfalls die Pandekten mit ff, und diese Zitierung findet sich sogar noch in Schriften des 18. Jh. Aus diesem ,ff' schöpfte der Jurist also ehemals sein Wissen; es war Quelle und Bürge gescherten Wissens, denn was aus den Pandekten belegt ist, hatte als zuverlässig und gründlich zu gelten. Später erweiterte sich die Bdtg. der Rda. auch auf andere Lebensbereiche; heute bez. sie allg. einen hohen Grad von Zuverlässigkeit und Gründlichkeit. Mdal. verbreitet ist: *einen aus dem Effeff verhauen:* ihn tüchtig verdreschen; ebenso *Prügel aus dem Effeff;* els. ,Dies ist einer us dem FF', ein Pfiffikus; schwäb. ,Er pfeift aus dem FF', er wird bald sterben.

Ganz modern wird ff auch als scherzhafte Abk. für ,Viel Vergnügen!' gebraucht.

Lit.: *Wander* I, Sp. 1009; *Richter-Weise,* Nr. 52, S. 56; *Göhring,* Nr. 92, S. 58; *O. Behaghel:* Von dt. Sprache (Lahr 1927), S. 27; *W. Ebel:* Über Rdaa. u. Recht, in: Moderna Språk (Stockholm 1960), S. 12.

Ehe. Da das Wort Ehe in den Mdaa. wenig verbreitet ist, sind auch Rdaa., die diesen Begriff enthalten, selten. *In die Ehe tanzen:* leichtsinnig heiraten, ohne sich über die Verpflichtungen im klaren zu sein, die man damit eingeht. Schwäb. ist die Wndg. *die Ehe brechen* witzig abgewandelt worden: von einem, der es mit der Ehe nicht sehr genau nimmt, sagt man: ,Er hat die Eh' net broche, aber stark boge'. Beim Anblick eines hübschen Mädchens heißt es (anerkennend): ,Wegen der würd' ich schon 'n Ehebrüchel riskieren!'

In wilder Ehe leben: wie Mann und Frau zusammenleben, ohne verheiratet zu sein, Ehe ohne Trauschein. ↗ Bratkartoffelverhältnis.

Lit.: *B. Kummer:* Art. ,Ehe', in: HdA. II, Sp. 564–592; *L. Röhrich:* Art. ,Ehe', in: EM. III, Sp. 1023–1042 (mit weiterführender Lit.).

Ehre. Die Ehre gilt als hohes Rechtsgut, das auf dem Selbstwertgefühl der einzelnen Person und der Achtung und Wertschätzung der Gemeinschaft beruht, heute aber nicht mehr den früheren Stellenwert besitzt. Die Ehre eines Menschen wird verletzt, wenn er z. B. der Unredlichkeit, der Lüge oder des Wortbruchs bezichtigt wird. Auch die Berufsehre (des Offiziers, des Richters, des Pfarrers oder anderer Standespersonen) kann verletzt werden. Oft bezieht sich Ehre nicht so sehr auf den persönlichen Wert eines Menschen, sondern auf seine gesellschaftliche Stellung und die damit verbundenen Rechte und Gewohnheiten sowie das dazugehörende Zeremoniell: Ehrengaben, Ehrenbürgerschaft, Stellung von ,Ehrenjungfrauen', Errichtung von ,Ehrenpforten' usw. Höhergestellte erwarten von ihren Untergebenen ,Ehrenbezeigungen'. Sog. ,Ehrenhändel' (Beleidigungen etc.) wurden häufig durch Duell entschieden (Satisfaktion).

Allg. gebräuchl. ist noch *Ehre im Leib haben,* z. B. in Schillers ,Räubern' (I, 2): „Wir sorgten, daß die Herren werden zu viel Ehr im Leib haben und nein sagen".

Auf seine Ehre achten bzw. *auf seine Ehre halten* waren wichtige Maximen im Leben eines ,ehrbaren Bürgers', der stets darauf bedacht war, *nichts auf seine Ehre kommen zu lassen* und beim leisesten Verdacht *seine Ehre (selbst) verteidigen* mußte. Denn allzu schnell konnte durch ,ehrenrührige Worte', die ihm *gegen seine Ehre* gingen, *ein Makel auf seine Ehre fallen, ein Flecken auf seiner Ehre entstehen,* böse Worte *seine Ehre kränken,* Schimpf u. Schande *seine Ehre mindern.*

Mit halber Ehre davonkommen: vor Gericht freigesprochen werden, aber dennoch nicht ohne Makel sein. Die schon bei Sebastian Franck belegte Rda. lautet

im Ndl. ‚Hij is met halver eere afgeko-
men'.

Jem. die Ehre abschneiden: jem. verleumden, lästern, verächtlich machen (vgl. ‚Er
ist ein Ehrabschneider'). Man mag dabei
an eine Ehrenstrafe der Volksjustiz denken, dem Verleumder das lange Gewand
oder aber auch Frauen die Haare abzu-
schneiden. Ähnl. *Seine Ehre verlieren.*
Die Aberkennung der ‚bürgerlichen Eh-
renrechte' (u. a. des aktiven und passiven
Wahlrechts) kann bei bes. schweren De-
likten zusätzlich zu einer lebenslängli-
chen Freiheitsstrafe ausgesprochen werden.

Im Sinne der Unversehrtheit der persönlichen Ehre, insbesondere der Geschlechts-
ehre, spricht man von Unbescholtenheit.

Im Sinne der Sexualethik spielt der Begriff die ‚Ehre verlieren': die Jungfräulichkeit verlieren, noch immer eine Rolle
im älteren (und z. T. noch heute gesungenen) Volkslied; z. B.

> Was gab er dem schwarzbraunen
> Mädchen für sein Ehr?
> Fünfhundert Kronen und noch viel
> mehr.
> Weine nicht, weine nicht, brauns
> Mägdelein!
> Deine Ehr will ich dir zahlen.

In der ‚Ballade vom edlen Moringer' sagt
die Frau zu ihrem nach langer Abwesenheit zurückkehrenden Mann:

> Lasset ewer trawren sein
> Vnd gedenckt euch keines leydes
> Noch hab ich die ere mein.

Einem die letzte Ehre erweisen: ihn zu
Grabe geleiten, vgl. frz. ‚rendre à
quelqu'un les derniers honneurs'. *Jem. die
Ehre erweisen:* ihm die Ehre seines Be-
suchs zuteil werden lassen. Die Wndg. gehört zu einer Vielzahl von Formeln, die
ihren urspr. Sinn verloren haben und zu
nichtssagenden Worthülsen verblaßt sind.
Dazu gehört auch die Rda. *Ich hatte schon
(bereits) die Ehre ...,* d. h., ich habe Sie
schon kennengelernt. (Der folgerichtige
Nachsatz: ‚Sie kennenzulernen' wird dabei als bekannt vorausgesetzt und nicht
mehr ausgesprochen.) ‚Habe die Ehre':
Höflichkeitsformel, die vor allem in Österreich als unverzichtbarer Ausdr. der Höflichkeit und Wertschätzung bei der per-
sönl. Vorstellung gebraucht wird.

So auch die Floskel ‚um der Wahrheit die
Ehre zu geben': die Wahrheit sagen.

Jem. bei seiner Ehre packen: an sein Gewissen appellieren, aber auch seinen Ehr-
geiz herausfordern, um eine Aufgabe,
eine Prüfung, eine Hochleistung (im
Sport, in der Wissenschaft, Kunst) zu erbringen.

Die Wndg. *Ehre mit etw. einlegen:* Anerkennung (für sein Engagement, seine gelungene Arbeit, sein originelles Geschenk) finden (verdienen), ist schon seit
dem 15. Jh. bezeugt. Bibl. Herkunft ist dagegen die noch immer übliche Feststellung, die höchstes Lob enthält: *Ehre, dem
(die) Ehre gebührt* (Röm. 13,7). Diese
Wndg. begegnet auch in Goethes ‚Faust' I
(Chor in der Walpurgisnacht): „So Ehre
dem, wem Ehre gebührt".

Lit.: *E. Heins:* Der historische u. soziale Gehalt der
Ehre (Göttingen 1941); *H. Reiner:* Die Ehre (Darm-
stadt 1956); *K. E. Løgstrup:* Art. ‚Ehre', in: RGG. II
(⁹1958), 339–341; *W. Danckert:* Unehrliche Leute
(Bern u. München 1963); *K.-S. Kramer:* Grundriß
einer rechtl. Volkskunde (Göttingen 1974), S. 46–60;
H. Beck u. *G. Köbler:* Art. ‚Ehre', in: RGA. VI,
Sp. 500–504; *R. Scheyhing:* Art. ‚Ehre', in: HRG. I,
Sp. 846–849; *S. Graf v. Pfeil:* Das Kind als Objekt der
Planung (Göttingen 1979); *L. Röhrich:* Das Bild der
Frau im Märchen und im Volkslied, in: H. B. Harder
u. D. Hennig (Hg.): Jacob und Wilhelm Grimm zu Eh-
ren (Marburg 1989), S. 35–61.

Ehrenmann. *Ein (absoluter) Ehrenmann
sein:* vertrauenswürdig, ohne Makel, über
jeden Verdacht erhaben sein. Dagegen
heißt: *Ein dunkler Ehrenmann sein:* ein
Mann sein, der zweifelhafte Geschäfte be-
treibt. Die Wndg. stammt aus Goethes
‚Faust' (Szene ‚Vor dem Tor'), wo Faust zu
Wagner sagt: „Mein Vater war ein dunkler Ehrenmann". Im Gegensatz zur heutigen Bdtg. hieß das: er war ein ehrlicher
Mann, aber nicht berühmt.

Lit.: ↗ Ehre.

Ehrenpforte. *Für jem. eine Ehrenpforte errichten:* ihn bes. festlich empfangen u. ihn
durch einen mit Blumen und Girlanden
geschmückten Bogen geleiten, wohl noch
ein Nachklang der röm. Triumphbogen
für einen siegreich heimkehrenden Feld-
herrn. ‚Ehrenpforte' war die Bez. der Fest-
dekoration, die zum Einzug von Fürsten
in Städte errichtet wurde, wie z. B. die
1770 von den Landständen an der Univer-

sität Freiburg bei der Ausreise Marie Antoinettes nach Frankreich errichtete Ehrenpforte, aber auch der 1800 für den Theaterpräsidenten von Kotzebue aufgestellte Triumphbogen, der A. W. v. Schlegel Anlaß zu einer Satire gab.

Der Brauch hat sich allg. verbreitet u. ist z. B. auch beim Empfang eines Brautpaares üblich geworden.

Lit.: Art. ‚Ehrenpforte‘, in: Reallexikon der Dt. Kunstgeschichte IV, S. 1443 ff.

Ehrenrose. *Die Ehrenrose vorweisen:* den Nachweis der Jungfräulichkeit erbringen. Die ‚Ehrenrose‘ ist ein Blutfleck auf dem Laken Jungverheirateter nach der Hochzeitsnacht, der öffentl. zur Schau gestellt wurde. Er galt als Beweis dafür, daß vorher kein Mann die junge Frau ‚entehrt‘ bzw. ihr ‚die Ehre genommen‘ hatte. ↗ Ehre.

Lit.: *K. R. V. Wikman:* Die Einleitung der Ehe. Eine vergleichend ethnosoziolog. Untersuchung über die Vorstufe der Ehe … (Åbo 1937); *E. Mahler:* Die russ. dörflichen Hochzeitsbräuche (Berlin 1960), bes. S. 381–390; *G. Völger* u. *K. v. Welck:* (Hg.) Die Braut … Zur Rolle der Frau im Kulturvergleich, 2 Bde. (Köln 1985).

Ehrenrunde. *Eine Ehrenrunde drehen:* scherzh. Wndg. für das Wiederholen einer Schulklasse. Die Rda. stammt eigentl. aus dem Sport. Der Sieger fährt oder läuft noch eine zusätzliche Ehrenrunde im Stadion, wobei ihm die Zuschauer zujubeln. In der übertr. Bdtg. wird der Mißerfolg u. die Blamage des Sitzenbleibens euphemist. als Erfolg, der Zwang des Repetierens als Ehrung ausgegeben, ↗ Runde.

Ehrenwort. *Das kleine Ehrenwort auf etw. geben:* etw. einigermaßen glaubhaft versichern; im Gegensatz zum *großen Ehrenwort,* das die Bdtg. eines Eides hat und nur in wichtigen Angelegenheiten gegeben wird. Bei unwichtigen und alltäglichen Dingen wird das ‚kleine Ehrenwort‘ für ausreichend gehalten.

Ei. *Etw. beim Ei anfangen:* von vorne anfangen, von Grund auf lernen; geht schon auf lat. Wndgn. zurück: ‚ab ovo incipere‘; ‚Omne vivum ex ovo‘. In Martin Wielands ‚Oberon‘ heißt es (5,14): „Die gute Mutter

fängt beim Ey die Sache an / Und läßt es nicht am kleinsten Umstand fehlen“.

Sich gleichen wie ein Ei dem andern: sich völlig ähnl. sein, bereits 1513 in der Sprichwörtersammlung des Tunnicius (als Nr. 474) angeführt: „Eier sint eieren ‚gelyk“; auch diese Rda. läßt sich bis in die röm. Antike zurückverfolgen (Cicero, ‚Quaestiones academicae‘ 4,18: „Non tam ovo ovum simile“). Abraham a Sancta Clara hat die Wndg. in ‚Gehab dich wohl‘ benutzt: „Entschuldigungen, welche denen Lugen so gleich sehen, wie ein Ey dem andern“. Vgl. frz. ‚Se ressembler comme deux gouttes d’eau‘ (wörtl.: sich gleichen wie ein Wassertropfen dem anderen). Die gleiche Bdtg. hat auch *wie aus demselben Ei gebrütet (gekrochen).*

Sich um ungelegte Eier kümmern: sich um Dinge sorgen, die noch nicht spruchreif sind oder einen nichts angehen; diese Rda. ist in Luthers ‚Sprichwörtersammlung‘ belegt: „Sorgest für ungelegte eyer“, dann 1583 in Sibers ‚Gemma gemmarum‘ als Übers. von lat. curiosus: „der sich umb ungelegte Eier bekümmert“. Bei Lehmann ist 1639 S. 834 (‚Ungewiß‘ 1) bezeugt: „Vngelegte Eier sind ungewisse Hüner. Die Eyer sind nicht gelegt, darauß die Hüner gebrüt werden sollen“.

Die Eier zählen, ehe sie die Henne legt: auf ungewisse zukünftige Ereignisse bauen. Schwäb. ‚Der sieht s Ei alleweil vor der Henn‘ bez. einen Vorwitzigen, nordd. ‚Du itts de Eier, ehr de Hahn se leggt hett‘ den Voreiligen. *Von ungelegten Eiern reden, ungelegte Eier ausbrüten wollen,* sagt man von Phantasten. Siebenbürg.-sächs. ‚Tu hos vun âgeloichten Uare gedrîmt‘ warnt einen vor Hirngespinsten: darauf darfst du nicht hoffen. Ähnl. ist die Rda. *Das sind ungelegte Eier für mich:* das sind im Werden begriffene Dinge, um die ich mich nicht kümmere.

‚He glöft, dat de Voß Eier leggt‘ heißt es in Schlesw.-Holst. von einem allzu leichtgläubigen Menschen und abwehrend in Schwaben ‚ich glaub schwerlich, daß d Gäul Eier leget‘: ich bin nicht so naiv. ‚Dem legt der Gockeler no Eier‘ und nordd. ‚sien Höhner leggt ümmer Eier mit doppelte Dottern‘ bez. den Glückspilz. *Das Ei im Huhn befühlen:* bei den Freilandhühnern pflegt man auf dem Lande

vor dem Schlachten durch Abtasten zu prüfen, ob das Huhn noch ein Ei legen würde. Daraus: etw. mit bes. Umsicht prüfen. In Schlesw.-Holst. auch als Abweisung: ‚Geh' hen un föhl de Höhner, wat se'n Ei hebbt un dans mit'n Hahn'.
Er kackt (scheißt) Eier ohne Schalen: der Narr produziert immer Unvollkommenes.
Dagegen *ein Ei legen* euphemist. für seine Notdurft verrichten. Makabre Bedeutung hatte es sold.: *Eier legen* stand verharmlosend für Bomben werfen.
Als Abweisung mdal. weit verbreitet wie in Schwaben: ‚'s g'hört alles dei, was d Henne leget, bloß d Eier net' – du bekommst gar nichts. Schweiz. ‚er gaxet viel, aber leit keini Eier' meint einen Menschen, der große Worte macht, aber nichts zustandebringt. Lit. schon im 16. Jh. belegt: „weil du weder gacksen noch Eier legen kannst und also nichts kannst" (Jandreae) und „ ist doch ein armer ungelernter mensch seyn leben lang blieben, der widder zu glucken noch zu eyer legen getücht hatt" (Luther). Schwäb. ‚Gags do, wenn d e oa im Fidle häsd!': nun laß mal hören, was du zu erzählen hast!
Sein Ei dazwischen (dazu) legen: seine Meinung zu etw. äußern. *Die Eier in fremde Nester legen:* in Anlehnung an den ↗Kuckuck, der sein Ei anderen Vögeln unterschiebt, was meist zur Vernichtung ihrer eigenen Brut führt, steht die Rda. für: anderen Unangenehmes bereiten. *Er legt gerne Eier in andere Nester* bez. jem., der es darauf anlegt, anderen unangenehme Überraschungen zu bereiten. *Eier legen und sie andere ausbrüten lassen:* etw. einleiten und die Arbeit (Sorge) dann den anderen aufbürden. *Jem. auf seinen Eiern sitzen lassen:* ihn mit seinen Sorgen allein lassen, ihn seinem Schicksal überlassen, gleichsam seine Eier nicht kaufen.
Etw. geht wie Eier aus dem Korbe: es geht schnell, mühelos, auch: es läßt sich gut verkaufen. Langer Besuch ‚sitt as wenn he Eier utsitten schall': er will nicht gehen; wird auch vom langen Stillsitzen gesagt. Schlesw.-holst. ‚se sitt Eier ut' sagt man von einem Mädchen, das nicht zum Tanz aufgefordert wird. Preuß. ‚heiraten wie e Huhn aufs Ei'; ohne wirtschaftl. Grundlagen, arm heiraten. ‚He weet nich, wo er

sien Ei legge sull': ein Mensch, der nicht lange auf einer Stelle sitzen kann; aufgeregt, nervös, daß man *Eier in seinem Arsche braten (sieden)* könnte.
Es ist bekannt, daß die Hühner ihre Eier oft in das Scheunenstroh legen; daher *Auch ein gescheites Huhn legt die Eier neben das Nest:* auch ein Erfahrener macht Fehler.
Das Ei neben das Nest legen: etw. verkehrt anfangen. Meckl. heißt ‚ein Ei vorbeilegen', flüchtige Beziehungen unterhalten.
Die Eier in die Nesseln legen: er ist hereingefallen, hat Mißerfolg gehabt.
Obd. *Dem hat der Teufel ein Ei ins Haus gelegt:* dem wird ein uneheliches Kind geboren; diese Wndg. hat Schiller in ‚Kabale und Liebe' (II,4) benutzt und so abgewandelt: „Wem der Teufel ein Ey in die Wirtschaft gelegt hat, dem wird eine hübsche Tochter geboren", ↗Kuckuck.
‚Da hätt mi de Diewel e Ei gelegt' sagt man in Norddtl. als Entschuldigung, wenn etw. mißglückte. ‚Eh die Katz en Ei lejt, bin ich fertig' steht scherzhaft für schnell, sogleich, aber auch für niemals und lange Zeit: bad. ‚Bis du kommst, hat die Katze ein Ei gelegt'.
Die Eier waren weg, als sie mit dem Salz kamen: meint unpünktliche, langsame Menschen.
Bad. ‚Du Ei!' ist ein Scheltwort gegen einen dummen, tappigen Menschen; *du kluges Ei!* wird ironisch verwendet. *Du dickes Ei!* ist Ausruf der Überraschung und Verärgerung. *Da hast du das Ei!* sagt man bei etw. Unangenehmem und: *Das hat seine Eier:* die Sache hat ihre Schwierigkeiten.
Rhein. ‚dat es ein dickes Ei' bez. eine große Freundschaft, aber ‚allze dicke Eier baschten', zu enge Freundschaft bricht leicht und ‚nu is dat Ei twei' (Schlesw.-Holst.): die Freundschaft ist aus. Els. ‚si sin Eier un Schmalz', ndd. ‚Se sünt een Ei un een Dopp', sie sind ein Herz und eine Seele.
Etw. ist ein faules Ei mahnt zur Vorsicht: mit der Sache stimmt etw. nicht. *Stinken wie faule Eier* ist ein rdal. Vergleich für bes. unangenehme Gerüche; norddt., ‚hier riecht's no faule Eega': die Sache ist brenzlig, etw. stimmt daran nicht.
Jem. mit faulen Eiern bewerfen: früher war

es üblich, daß das Publikum seinen Ärger über einen schlechten Schauspieler oder Politiker dadurch Ausdr. gab, daß es ihn auspfiff und mit faulen Eiern und Tomaten bewarf. Dem so Beschämten hing der üble ↗ Geruch dann auch in übertragenem Sinne oft noch lange nach; vgl. frz. ‚lancer des oeufs pourris à quelqu'un‘. Daraus: *Jem., der gerne mit faulen Eiern um sich wirft:* einer, der über andere Übles verbreitet. ‚Fule Eier un stinkende Botter‘ steht in Schlesw.-Holst. für schlechte Gesellschaft. *Das kommt von keinen guten Eiern:* eine heimtückische, unangenehme Sache. *Es ist ein bös Ei eines bösen Raben* sagt man von einem bösen Kind, *jem. ist aus keinem guten Ei:* nicht von guten Eltern, früher für die Bez. niedriger sozialer Herkunft, dann allmählich mehr für den schlechten Charakter eines Menschen. Ndd. ‚dat sünd ole Eier (‚de stinkt all)‘: das sind allbekannte Sachen, Geschichten, die jeder kennt.

Jem. anfassen (behandeln) wie ein rohes Ei: ihm nicht die geringste Verletzung zufügen, weder körperlich noch seelisch, sehr behutsam vorgehen; *wie auf Eiern gehen:* sehr behutsam, langsam und vorsichtig gehen, von lauen, ängstlichen Menschen gesagt, die überall anzustoßen fürchten und keines offenen Wortes, keiner entschiedenen Tat fähig sind. Schon bei Luther: „Ei sihe lieber, wie geht der geyst hie auff eyern". Bei Lehmann steht S. 69 („Behutsamkeit' 20): „Der Behutsame geht als wenn er auff Eyern oder Kohlen gieng, geht leiß, er fürcht, er trett in ein Glas". Vgl. die frz. Wndg. ‚passer sur des œufs sans les casser‘ u. ‚marcher comme sur des œufs‘ (↗ Eiertanz).

‚Er tritt drei nei wie der Hans in d Eier‘ sagt man im Schwäb. von einem unvorsichtigen tolpatschigen Menschen und ‚er schlöt d Eier mit-ere Tanne-n-uf‘ in der Schweiz von einem Grobian.

Ein einzelnes Ei steht sprw. für eine Kleinigkeit, ein Nichts, z. B. schon in der Livländ. Reimchronik (V. 3986): „Dar umme gâben sie ein ei". ‚Nicht eines eies wert‘ (Stricker, Pfaffe Âmîs). Noch heute sagt man etwa *Er hat es für ein Ei und ein Butterbrot (für einen Apfel und ein Ei) gekauft:* er hat es spottbillig erhalten; vgl. frz. ‚Il l'a acheté pour une bouchée de pain‘ (wörtl.: Er hat es für einen Brotbissen verkauft), ↗ Apfel. Meckl. ‚Dor sett ick kein roh Ei gegen‘, auf diese Wette lasse ich mich nicht ein. *Nicht ein (stinkendes) Ei für etw. geben:* es ist ganz wertlos, ‚es ist sieben ausgeblasene Eier wert‘ (schwäb.).

Das Ei kostet mehr als die Henne: die Auslagen sind höher als der Gewinn.

Die Mehrzahl bedeutet Wohlstand: bereits seit dem Jahre 1430 ist die Rda. belegt *Eier im Fett haben,* dazu obd. *Eier im Schmalz haben.* In der Umgangssprache wird ‚Eier‘ heute oft für ‚Geldstück, Mark‘ gebraucht.

Kleinere kirchl. und weltl. Abgaben wurden oft in Eiern festgelegt u. entrichtet (Eierzins). Der Brauch, dem Pfarrer zu Ostern ‚Beichteier‘ zu geben hat sich in Deutschland bis nach dem 2. Weltkrieg erhalten. Gegenüber den größeren Abgaben wie Hühner, Gänse, Schweine etc. war das Ei von verhältnismäßig geringem Wert, sozusagen das ‚Kleingeld‘ der Naturalwirtschaft. Deshalb: *keine Eier mehr haben:* mittellos sein, schwäb. ‚der hat d Eier verspielt samt m Kratte‘: er hat alles verloren. *Jetzt kommt er auf seine Eier:* er kommt jetzt auf seine Kosten, zu seinem Vergnügen, seine Mühe macht sich nun bezahlt.

Man soll nicht alle Eier in einen Korb (Nest) legen mahnt zur Vorsicht in finanziellen Angelegenheiten, man soll das Geld geteilt anlegen, damit im Falle eines Mißgeschicks nicht alles verlorengeht.

Wie aus dem Ei geschält (berl. *gepellt):* äußerst sauber, appetitlich, reizend; auch: gut gekleidet. Bezeugt etwa bei Abraham a Sancta Clara in seiner ‚Todten-Capelle‘: „Sie sehen aus, als wenns erst neulich aus einem Ey wären geschälet worden". Vgl. frz. ‚tiré à quatre épingles‘ (Nadeln). Wer weiche Eier schält, faßt sie vorsichtig an; daher in Oldenburg: ‚He wet sine Eier god to schellen‘, er weiß seine Sache geschickt anzufangen, auch im Obersächs. ‚einem weiche Eier schälen‘, seine Angelegenheiten zart anpacken, ihm schöntun.

Das ist das Ei des Kolumbus: das ist eine überraschend einfache Lösung einer schwierigen Frage; vgl. frz. ‚C'est l'œuf de Christophe Colomb‘. Diese Wndg. geht auf die bekannte Anekdote zurück, die 1565 von dem Italiener Benzoni in seiner

‚Das Ei des Kolumbus‘

‚Historia del mondo nuovo‘ von Kolumbus berichtet wird: Nach der ersten Reise des Kolumbus gab Kardinal Mendoza dem Entdecker zu Ehren ein Mahl, bei dem der Kardinal meinte, daß die Entdeckung der Neuen Welt eigentlich gar nicht so schwer gewesen sei. Kolumbus nahm darauf ein Ei und fragte, wer von der Tafelrunde das Ei auf eine seiner beiden Spitzen stellen könne. Als alle verneinten, nahm der Admiral das Ei und schlug das eine Ende auf den Tisch – und das Ei stand.
Giorgio Vasari erzählt in seinen ‚Vite de‘ più eccellenti pittori, scultori ed architetti‘ (1550) das Gleiche, jedoch vom Renaissance-Baumeister Filippo Brunelleschi anläßlich eines Wettbewerbs im Jahre 1418, der der Erbauung der Kuppel des Domes Santa Maria del Fiore in Florenz galt.
Neuere Forschungsergebnisse deuten darauf hin, daß das Motiv urspr. im Orient beheimatet war. Allerdings wurde dort in einer Legende von der Erbauung der Hagia Sophia auf göttliches Wissen abgehoben, daß nämlich menschlicher Einfallsreichtum ohne göttliche Hilfe allein nicht ausreiche, um eine solche Lösung hervorzubringen. In den europäischen Fassungen geht es dagegen in knapper, lehrhafter Anekdotenform um die menschliche Erfindungsgabe, darum, auf eine Idee zu kommen, auf die niemand zuvor gekommen ist.
Der Sinn der Rda. ist, daß man zur Lösung einer schwierigen Aufgabe im rechten Augenblick eben den richtigen Einfall haben müsse.
Die Rda. *Das war nicht das Gelbe vom Ei:*

beinhaltet eine Mißbilligung oder Beanstandung. Weil das Kostbarste und Schmackhafteste vom Ei fehlt, gilt das Übrige als unvollkommen.
Eier spalten: übergenau sein, vgl. ‚Haarspalter‘. Vgl. frz. ‚couper les cheveux en quatre‘ (wörtl.: Haare in vier Teile spalten). Diese vordergründig an närrisches Treiben erinnernde Rda. entspricht in Wirklichkeit früherer Rechtspraxis. So belegt u. a. für Prüm im 16. Jh.: „Item weist der scheffen dem herrn von Prum zu den ostern ein hobsey, vnd ist gelegt vff jede vierteil landts 2½ ey. vndt wannie ein gehoffner schuldigh ist 2½ eyer, vnd wil nit drey gantzer eyer geben, so soll er dafs dritte ey auff seine schwell legen, vnd mit einem messer entzwey hawen.“ (Jac. Grimm, Weisthümer, II [1840], S. 525). Vgl. *etw. ist kein halbes Ei wert.*

‚Eier spalten‘

Rheinhess. *Eier dreschen:* nachlässig arbeiten, eigentl.: so schlecht dreschen, daß die im Getreide verborgenen Eier nicht zerschlagen werden; heute in der Bdtg.: etw. Unsinniges tun. Auch: *(Ein Sack) Eier treten.*
Lit. „Narren über Eyer ausbrüten setzen“ schon bei Joh. Mathesius, Bergpostilla (1587) in der Bedeutung von Torheit.
Rhein. jem. ‚ißt de Schal on schmeiß et Ei fort‘ meint den Dummen, der alles verkehrt, unsinnig anpackt, nichts sinnvoll nutzen kann. *Auf das Ei sehen und das*

,Eier dreschen'

Huhn laufen lassen: für die ungewisse Zukunft sorgen und dabei vergessen, Gegenwärtiges zu genießen, aber auch: die Grundlagen für Zukünftiges vernachlässigen. Im Ndd. heißt die Rda. ,Du wardst das ey vnd lessest die Henne lauffen' (Henisch, 964).

Das Ei nach dem Huhn werfen (auch: die ↗Wurst nach der Speckseite werfen): ein kleineres Geschenk machen, um ein größeres zu erhalten. *Mit einem Ei nach einem Spatzen werfen* für unzweckmäßiges Handeln, *ein Ei zusammenleimen (wollen)* für sinnloses Tun. Rhein. ,De hät de Verstangk, wo die Hähner de Eier han: mit seinem Verstand ist es nicht weit her. ,En Ai op de Schufkar un siewen Mann dervör gespannt' meint iron. unsinnige Arbeitsorganisation, zu viel Aufwand für eine Geringfügigkeit.

Einem ein Ei auf der Schwinge holen (,eenem en egg up de swingen to hollen'): die Schwinge war ein breites flaches Brett mit Griff, womit man den Flachs schlug, um die Fasern zu gewinnen. Die wohl in Anlehnung an brauchtümliche Geschicklichkeitswettläufe entstandene Rda. bedeutet, jem. necken, aufziehen, da das Ei leicht von der Schwinge rollt und zerbricht.

Die Eierschalen noch hinter den Ohren haben: noch sehr jung, unerfahren sein. Schwäb. ,Der hat die Eierschale no uf em Buckel', er ist noch ein ,Gelbschnabel', ,grüner Junge'. *Er ist kaum (erst) aus dem Ei gekrochen:* er ist noch sehr jung.

Das Ei will klüger sein als die Henne: die unerfahrenen Jugendlichen halten sich selbst für klüger als ihre Eltern und Lehrer. Vgl. ndl. ,Het ei wil wijzer zijn dan de hen' u. frz. ,C'est Grosjean qui veut en remontrer à son curé' (wörtl.: Da will der Bauernknecht Großjean klüger sein als der Dorfpfarrer).

Im Schwäb. sagt man von einem Großsprecher: ,Dem seine Eier hänt zwoi Dotter', und lächerlicher Stolz, Aufgeblasenheit ‚verspreitet si (stellt si) wie 3 Eier im Krättle‘ (aus Weiden geflochtener Armkorb). Der Eingebildete, Überhebliche meint, *seine Eier sollen mehr gelten als anderer Leute Hühner.*

Die Wndg. *ein Ei mit jem. zu schälen haben* (vgl. ndl. ‚Ik heb een eitje met u te pellen‘) entspricht der häufigeren Rda.: ‚ein Hühnchen mit jem. zu rupfen haben‘.

Der Geizige würde *an einem Ei schaben;* der auf seinen Vorteil Bedachte *gibt ein Ei um die Henne,* und wer durch Geschenke bestechen will, *gibt ein Ei und möchte gerne drei. Einen über fremde Eier treffen,* ihn ertappen.

Ei bedeutet in übertragenem Sinne auch Kopf: frankft. ‚der hat was am Ei‘, er ist nicht ganz richtig im Kopf. Vgl. dazu die amer. Bez. ‚egghead‘ (Eierkopf) für den Intellektuellen.

Ein ausgepustetes Ei: eigentl. etw. Wertloses, Verbrauchtes, Unnützes. Auch in der Übertr. auf einen Mann. Th. Fontane läßt in ‚Stine‘ die lebenslustige Pauline Pittelkow von einem jungen kränklichen Adeligen verächtlich sagen: „ Und denn bringt er (Graf von Haldern) ja auch das ausgepustete Ei mit. Und *die* kenn ich, die verlangen immer am meisten, und wenns weiter nichts is, wollen sie wenigstens was sehn un Augen machen.“

Eier kaufen, ob schon keine im Herzen sind: vom sexuellen Möchtegern.

Ei, meistens in der Mehrzahl, steht umgangssprachlich auch für Hoden. *Einem die Eier schleifen:* jem. beim Militär hart drillen, im Dienst drangsalieren; im Zivilleben: einem tüchtig den Kopf waschen, ihn zusammenstauchen, gleichbedeutend auch: *jem. (kräftig) in die Eier treten.* Appenzellerisch ‚emm e n’Eier untrocka‘: jem. ohne bösen Willen etw. Unangenehmes sagen oder tun. Preuß. ‚Du machst ein Gesicht, als ob du dir die Eier gequetscht hast‘: als ob dir etw. sehr Unangenehmes zugestoßen wäre, dagegen jedoch rhein. ‚enem die Eier quetsche‘: ihn durch Geschenke günstig stimmen. Ein weiträumig belegter Euphemismus für Wasser abschlagen ist: holst. ‚he lett dat Water vun de Eier‘, preuß. ‚die Eier abgießen‘, schweiz. ‚e chlī Wasser ab den Eiere schütte‘. In der Bedeutung von Hoden heute auch in Redensartenparodien: ‚sich

gleichen wie ein Ei des Kolumbus dem anderen‘ bzw. in Verulkung unbeholfener Höflichkeitsfloskeln: ‚Darf ich Ihnen ein Ei abtreten?‘ gebräuchlich.

Lit.: *F. Eckstein:* Art. ‚Ei‘, in: HdA. II, Sp. 595–644; *M. L. Lechner:* Das Ei im dt. Brauchtum (Diss. Freiburg [Schweiz] 1952); *R. Wildhaber:* Die Eierschalen im europ. Glauben u. Brauch, in: Acta Ethnographica 19 (1970); *V. Newall:* An Egg at Easter (London 1971) (mit umfangr. Bibliographie); *M. L. Lechner:* Art. ‚Ei, Eier‘, in: EM. III, Sp. 1107–1118; *K. Göbel:* Das Summenformel-Spiel. Zur Stellung eines Wettspiels zwischen Osterbrauch u. Rechenbuchillustration (= Kulturgeschichtl. Forsch. 8) (München 1987).

Eichel. *Gesund wie eine Eichel:* kerngesund; wie die Eiche das Urbild der Kraft, so ist ihre Frucht das Bild der Gesundheit und Frische; zahlr. mdal. Ausdr. weisen auf diese volkstümliche Vorstellung hin: ostmdt. ‚eichelganz‘, ‚eichelgut‘, unverletzt fest, auch klotzig; bair. ‚ein eichelfrisches Kind‘ usw.

Obersächs. ‚in die Eicheln ziehen‘, aufbrechen; schwäb. und darüber hinaus: *Da hat eine (blinde) Sau eine Eichel gefunden:* er hat unverdientes Glück gehabt. Interessant ist eine andere schwäb. Rda., deren Ursprung wohl in den verbreiteten Volkssagen vom ‚Erlöser in der Wiege‘ liegt: Auf die Frage, ob man bald heirate, sagt man schwäb. ‚Da ist’s Eichele no net gfalle, des d’Eich zur Wieg fürs Kind gebbe muß‘ (F. Ranke: Der Erlöser in der Wiege [München 1911]). *Da gebe ich nicht eine taube Eichel dafür* ↗ Nuß.

Eichhörnchen. Das Eichhörnchen oder Eichkätzchen (Sciurus vulgaris), das schon Plinius sorgfältig beschrieb und das Brehm als „eine der Hauptzierden unserer Wälder“ bezeichnete, erscheint im ‚Parzival‘ (1200/10) des Wolfram von Eschenbach (651,13): „wil er wenken (weichen) als ein eichorn“ in Anspielung auf seine scheue Natur, wie auch bei Goethe entsprechend: „sie ist ja so scheu wie ein Eichhorn“. Der Marner († um 1270) gebraucht eine Wndg., die offensichtlich als rdal. Bez. für die verkehrte ↗ Welt diente: „und swa der bern ein eichorn jaget“.

Die Schnelligkeit und Lebhaftigkeit des Eichhörnchens spielt in verschiedenen rdal. Wndgn. eine Rolle: *Flink wie ein Eichhörnchen,* vgl. ndl. ‚hij is zoo vlug als een ьekhoorntje', daher auch z. B. in der Gegьnd von Leipzig: ‚Der Pflug ging wie en Eckerchen', so leicht und schnell. Ähnl. *murʈer wie ein Eichhörnchen;* vgl. frz. ‚vif (agiʈe) comme un écureuil'. Norddt. ‚de Jungklattert wie e Ekatte': so behende und sicher und ‚he rennt as n Echkat'. Im Saarland sagt man auch noch: ‚gesond wie en Eicʜert'. In der Kinderlit. des 19. Jh. wurde das Eichhörnchen zum Symbol für lustiges, unbeschwertes Leben. So bei Friedrich Güll (1812–79):

Eichhörnchen, Eichhörnchen im
grünen Wald,
Was führst du für ein lustiges Leben!

odɛr in Hoffmann von Fallerslebens Kinderlied ‚Eichhörnchen':

Heißa, wer tanzt mit mir?
Lustig und munter!

Eine viel nüchternere Sicht zeigt sich in der Rda. *Mühsam (er)nährt sich das Eichhörnchen,* das man z. B. beim Skatspiel hören kann, wenn einem nur kleine Stiche gelingen, oft auch mit witzigen Zusätzen, wie: ‚hüpfend von Ast zu Ast' oder ‚klein, schmächtig und blutarm, aber trinkfest und arbeitsscheu'. Bes. letzteres trifft jedoch nicht zu, denn das Eichhörnchen, das sich je nach Jahreszeit z. T. von Tannen-, Kiefern- u. Fichtensamen ernährt, muß nicht nur zu den Zapfen hinaufklettern, sondern diese auch Schuppe für Schuppe abhaspeln, um an die versteckten winzigen Kerne heranzukommen. Um damit einigermaßen satt zu werden, muß es den ganzen Tag klettern und nagen, so daß man im Saarland von einem fleißigen Menschen auch sagt: ‚dat es e Kerl wie en Eicherling'.

Wahlweise zu der Wndg. *Mühsam baut sich das Eichhörnchen sein Nest* wird die Rda. neuerdings auch verwendet, wenn eine Sache nur mühevoll und langsam vorangeht, wenn auch bei besonderem Fleiß und Arbeitsaufwand nur geringe Wirkung erzielt werden kann. Das Eichhörnchen sammelt im Herbst Wintervorräte in Form von Nüssen, Eicheln und Tannenzapfen, die es z. T. in der Erde vergräbt. Danach wurde Ende der 60er Jahre ein vorsorgliches Vorratshaltungsprogramm der Regierung für Krisenfälle „Aktion Eichhörnchen' benannt („Eichhörnchenvorrat"). Als dann aber die Öl-

krise kam, wurde jedoch nicht ‚geeichhornt', sondern ‚gehamstert'.

Der hat Ohren wie ein Eichhörnchen: er hört sehr gut (vgl. ↗ Luchs), aber auch: er hört aufmerksam zu, paßt auf.

Er hat ein Eichhörnchen geschnupft: er hat einen buschig abstehenden Schnauzbart. ‚Ruden Eichert' sagt man im Saarland zu einem rothaarigen Menschen. Früher hat man die jungen Förster im Berufsspott auch ‚Eichhörnchen' oder ‚Eichkater' genannt.

Er hat's im Mund wie das Eichhörnchen im Schwanz bez. einen Menschen mit ‚buschigen' Worten, der alles ‚aufbauscht', einen Schwätzer und Prahler. Schon bei Henisch (1616) belegt: „Groß sprecher habens in worte wie das eichorn im schwanz". Das Bild vom buschigen Schwanz des Eichhörnchens hat bes. im nordd. Sprachraum großen Anklang gefunden: holst. ‚he hett dat in't Muul as dat Ekerken in Stert' und norddt. ‚der hat's an Worten, wie der Eichkater an Schwanz'. Dagegen bedeutet plattdeutsch ‚he röhrt de Snater (Mund) as de Katteker de Steert': er ist sehr mundfertig und ‚he hett dat in Kopp as de Katteker in Stert': er ist sehr schlagfertig, er hat es faustdick hinter den Ohren. Bair. ‚warum schaust denn a so wia a Achkatzl, was net niast'n (niesen) kan': überrascht, verwundert dreinschauen. Rhein. ‚de kuckt drun (drein) we en Eichert aus em hohle Baum': ganz verschlafen.

Der Teufel ist ein Eichhörnchen! wird als Warnung vor bösen Überraschungen bei harmlos aussehenden Situationen gebraucht. Wegen seiner roten Farbe u. wegen seiner blitzschnellen Gewandtheit wurde das Eichhörnchen zum Symbol des Teufels. Auch im Volksglauben verwandelt sich der Teufel gern in die Tiergestalt des Eichhörnchens, um dem Menschen zu schaden, so z. B. um einen Wilddieb unterwegs aufzuhalten, damit er die Sonntagsmesse versäumt. Vielleicht rührt daher auch die schweiz. Beteuerungsformel ‚bim Eicherli!'. Andererseits verspottet man in Schlesien einen abergläubischen Menschen, indem man sagt, ‚der denkt auch, der Teufel ist ein Eichhörndel'. In Frankfurt sagt man von einem Leichtgläubigen, Naiven: ‚Der leßt sich weismache, der Deiwel weer e Aachhernche'. Ähnl. obersächs. ‚Du machst mer weis, der Teifel is e Eechhernche', du willst mir etw. weismachen; obdt. sagt man ähnl.: *Der Teufel ist Eichhorn!* wenn etw. überraschend glatt und schnell geht, ↗ Teufel.

Wegen seiner Possierlichkeit ist ‚Eichhörnchen' auch als Kosename beliebt, so in Hessen: ‚mein Aichhörnche' und ‚du Eychhörnche'. Lit. auch: ‚verliebt wie ein Eichhörnchen'. In Frankfurt heißt es dagegen von einer äußerlich unordentlichen, zerzausten Person oder wenn jem. einen übernächtigten Eindruck macht: ‚sieht aus, wie e gevöchelt Eichhörnche! In dieselbe Richtung zielt auch das ndd. Sagwort: ‚Dat geit gedrang, seggt de Foß (Fuchs), on huckt op e Ekkatz'.

Lit.: *O. Keller:* Die antike Tierwelt, Bd. 1 (Leipzig 1909), S. 181–183; *L. Herold:* Art. ‚Eichhörnchen', in: HdA. II, Sp. 655–659; *C. Mengis:* Art. ‚rot', in: HdA. VII, Sp. 792–834; *R. Biegler:* Art. ‚Tiergestalt' (Teufel), in: HdA. VIII, Sp. 834–835; *V. B. Dröscher:* Mich laust der Affe (Düsseldorf – Wien o.J. [1981]), S. 105–108; *E. Moser-Rath:* Art. ‚Eichhörnchenfang', in: EM. III, Sp. 1124–1125.

Eid. *Einen Eid ablegen, etw. mit einem Eid bekräftigen, einen in Eid und Pflicht nehmen* sind Wndgn., die ohne weiteres verständlich und nicht erklärungsbedürftig sind. Der falsche Eid spielt im Volksmund eine große Rolle. Von einem Wortbrüchigen sagt man am Niederrhein und in Holland: *Er hält einen Eid wie der Hund die Fasten.* Rhein. ‚E kuckt dren wie enen, der en falschen Ad geschwor hot' und ‚Dat es su wohr, als wann en Bur en falsche Eid schwiert'; vgl. die schwäb. Wndg. ‚Der nimmt's auf's Gewissen wie der Bauer einen falschen Eid'.

Die Rda. *den Eid ableiten:* ihn ungültig machen wollen, wurde mit einer Geste in Zusammenhang gebracht: der Schwörende hielt die Finger der linken Hand nach abwärts gerichtet, während er die rechte Hand zum Schwur erhoben hatte.

Die Wndg. *an Eides statt* bezieht sich auf eine mündliche Beteuerung oder schriftliche Erklärung, die an Stelle eines gerichtlichen Eides abgegeben wird und den Verbindlichkeitscharakter eines Eidschwures hat. Dagegen ist der Begriff ‚bayrischer Eid' eine Bez. für Falscheid

oder Meineid, ↗ Ehre, ↗ Hand, ↗ schwören.

Lit.: *R. Lasch:* Der Eid. Seine Entstehung u. Beziehung zu Glaube u. Brauch der Naturvölker (Studien u. Forschungen zur Menschen- u. Völkerkunde 5) (Stuttgart 1908); *F. Thudichum:* Gesch. des Eides (Tübingen 1911); *H. Fehr:* Art. ‚Eid', in: HdA II, Sp. 659–672; *E. v. Künßberg:* Rechtsverse (Heidelberg 1933), S. 114–117; *A. Erler, U. Kornblum, G. Dilcher:* Art. ‚Eid', in: HRG. I, Sp. 861–870; Art. ‚Eid', in: Lex. des MA. II, S. 1673–1692; *W. Brückner:* Art. ‚Eid, Meineid', in: EM. III Sp. 1125–1140.

Eiertanz. *Einen wahren Eiertanz aufführen:* in einer schwierigen Situation vorsichtig taktieren, sich sehr umständlich und gewunden ausdrücken; vgl. frz. ‚marcher sur des œufs' (wörtl.: auf Eiern gehen): eine Sache vorsichtig anfassen, aus Angst, man könnte etw. verderben.

‚Einen wahren Eiertanz aufführen'

Die bisherige Forschung hat die Rda. lediglich als Hinweis dafür betrachtet, „daß ein Eiertanz früher allgemein bekannt gewesen sein muß". Doch schon K. M. Klier (1934) fand es „merkwürdig", daß in der „umfangreichen deutschen Tanz- und Volkstanzliteratur keine einzige Andeutung über den Eiertanz" vorkommt und wir „allein bei J. W. Goethe" einen Eiertanz sowie eine Beschreibung davon finden. Als Belege dazu steuerte Klier selbst den Hinweis auf zwei ndl. Bilder bei: ein Ölgemälde von Pieter Aertsz (1557) und

einen Kupferstich von Joh. de Bry (1611), die Leopold Schmidt 1947 durch die Veröffentlichung einer zeitgenössischen Beschreibung dieses Eiertanzes ergänzte. Es ist dies die in München 1617 erschienene, von Joachim Meichel ins Deutsche übertr. lat. Predigtsammlung des bayrischen Hofpredigers Hieremias Drexel ‚Himmel/Die Ewig Bleibstatt/ aller Seeligen etc.', worin er ganze Abschnitte des 1615 in Löwen erschienenen „Lob des Eies" (‚Ovi encomium, quo summum et unicum naturae miraculum describitur') des ndl. Humanisten Eurycius Puteanus (van der Putten, geb. 1574) aufgenommen hat: „In Niderland pflegt man den Ayrtantz also zu halten: Knaben oder Maydlein tantzt jedliches auff gewisse manier bsonder und allein umb das Ay herumb, welches auff dem boden ligt mit einer hiltzenen Schüssel bedeckt, dise Schüssel rucken sie underm herumbtantzen mit Füssen vom Ay hinweg und treibens Tantzweiss umb das Ay herumb. Nochdem sie alles, was zum Tantz gehörig gethon, decken sie das Ay widerumb darmit zu. Wer es bricht oder beschädiget, muß zur straff das zerbrochene Ay essen". L. Schmidt sieht den Eiertanz im größeren Zusammenhang der „Ei-Symbolik": das zunächst verborgene Ei muß „entdeckt" werden, und stuft den Tanz im Bereich des Jahresbrauchtums ein. Örtlich hält er ihn für „niederländisch-engbegrenzt". Vgl. auch die Darstellungen von Pieter Bruegel, Franz Huys u. in der Kathedrale von Aarschot. Seiner Meinung nach ist aber genau dies jener Eiertanz, „der eigentlich gemeint ist, wenn man redensartlich davon spricht". Denn – betont er – „der rein artistische, den etwa Goethe im ‚Wilhelm Meister' beschrieb, war und ist immer Schautanzgut der fahrenden Künstler und der Zigeuner gewesen und hätte im Volkstanz kaum besonderen Widerhall gefunden".
Die Belegteste bestätigt, was schon Klier auffiel: Wir finden vor Goethe keine deutsche Erwähnung irgendeines Eiertanzes. Das Wort ‚Eiertanz' oder etwa der Ausdr. ‚auf Eiern tanzen' o. ä. findet sich weder in Caspar Stielers ‚Teutschem Sprachschatz' (1691) noch beispielsweise in Adelungs umfangreichem Wörterbuch (1793 bzw.

1801). Dafür aber taucht die Formulierung ‚den Eiertanz tanzen' 1795 bei Goethe (‚Wilhelm Meisters Lehrjahre') gleich wiederholt auf: „sie (Mignon) weigerte den Eiertanz zu tanzen" (2,4) und „Der Alte sollte verschiedene Lieder (…) singen, und Mignon darauf den Eiertanz tanzen" (3,6). Diesen Eiertanz beschreibt Goethe so (2,8): „Künstlich abgemessen schritt sie (Mignon) nunmehr auf dem Teppich hin und her, und legte in gewissen Maßen die Eier aus einander (…) sie verband sich die Augen (…) und fing (…) ihre Bewegungen an, indem sie Tact und Melodie mit dem Schlage der Castagnetten begleitete. Behende, leicht, rasch führte sie den Tanz. Sie trat so scharf und so sicher zwischen die Eier hinein, bei den Eiern nieder, daß man jeden Augenblick dachte, sie müsse eins zertreten oder bei schnellen Wendungen das andere fortschleudern. Mit nichten!"
Grimms ‚Deutsches Wörterbuch' bezieht sich 1862 ausdrücklich auf Goethe und gibt für ‚Eiertanz' an: „mit verbundenen Augen zwischen Eiern". Im selben Jahr erwähnt Albert Czerwinski in seiner ‚Geschichte der Tanzkunst' (Leipzig 1862, Ndr. 1975) den „bekannten Eier- und Strohtanz", den „die Mädchen im südlichen Deutschland auf Kirmes- und Vogelschießfesten produciren", ohne jedoch diesen Eiertanz näher zu beschreiben. Gemeinsam ist all diesen Belegen, daß sie das Wort ‚Eiertanz' als Bez. für einen konkreten Tanz verwenden: es findet sich in ihnen kein Anhaltspunkt für eine übertr., bildl. Bdtg.
1863 erschien in der ‚Frankfurter Latern' unter dem Titel ‚Politischer Eiertanz' eine Karikatur über Bismarck, der als Ballerina gekleidet, mit tief gesenkten oder sogar geschlossenen Augen zwischen auf dem Boden liegenden Eiern, die mit ‚Verfassung', ‚Gesetz' etc. beschriftet sind, Castagnetten schlagend hindurchtanzt. In dem darunter stehenden Gedicht wird die bildl. Bdtg. des Ausdrucks erklärt:

Und den politischen Eiertanz
Hält Bismarck sehr von Nöthen,
Er glaubt, sie blieben alle ganz
Und keines ging zertreten,
Zertreten, nein! wie Ihr ja seht,
Dieweil er jedes – Recht – umgeht.

Die Übereinstimmung dieser Zeichnung mit Mignons Eiertanz bei Goethe, einschließlich der Castagnetten, ist augenfällig. Die an Goethe anklingende Wndg. „Zertreten, nein!" verstärkt diesen Eindruck zusätzlich. Zwei Jahre später verwendet die ‚Berliner Zeitung' (1865) den Ausdr. in der von Goethe vorgegebenen sprachl. Formulierung ‚den Eiertanz tanzen': „Das neue Cabinet soll den Eiertanz

‚Einen politischen Eiertanz aufführen'

tanzen; soviel wie möglich neben der Verfassung regieren, aber diese so wenig wie möglich verletzen", wobei der gemeinte übertr. Sinn ebenfalls aus dem weiteren Text erhellt. Trotzdem kennt z. B. Sanders' Wörterbuch im selben Jahr ‚Eiertanz' noch bloß in der konkreten Bdtg. als einen dem Flaschentanz ähnl. Tanz und selbst Wanders große Sprichwortsammlung enthält die Rda. vom Eiertanz weder unter ‚Ei/Eier-' (1867) noch unter ‚Tanz/tanzen' (1876). Erst 1880 führt Wander in seinem Nachtragsband die Rda. auf: „Eiertanz. Den Eiertanz tanzen. Sich geschickt zwischen zwei Gegensätzen halten, ohne direct einen zu verletzen".
1899 gebraucht ‚Die Neue Zeit', eine von Klaus Kautsky redigierte sozialdemokratische Wochenschrift in Stuttgart, die Rda. bereits in der heute üblichen Form ‚Eiertanz aufführen' und zitiert sogar den Begriff – angeblich von Friedrich Naumann – „Eiertanzrede", der nun als Beleg

für die endgültige Loslösung und Verselbständigung der übertr. Bdtg. des Ausdrucks von dem urspr. Wortsinn angesehen werden kann.
Die Tatsache, daß die landschaftlichen Sammlungen – wie auch die ndl. Wörterbücher (,een eierdans uitvoeren') – das Wort ‚Eiertanz' noch immer überhaupt nicht oder erst in neuerer Zeit verzeichnen, bestärkt den Eindruck, daß die Rda. nicht von dem „altertümlichen" ndl. Eiertanz herstammt, der im Umtanzen eines einzigen Eies bestand. Der Entstehungsort der Rda. dürfte deshalb wohl in journalistisch-politischen Kreisen zu suchen sein.
Eine mdal. auch verbreitete Form von Eiertanz gebraucht dagegen die Schriftstellerin Luise Rinser: „ich werde auf Eiern tanzen" in der Bdtg. von ‚ich werde sehr vorsichtig sein'. Diese Form begegnet uns auch in dem Sprw. ‚Auf Eiern tanzen und mit Weibern umgehen, muß gelernt werden sieben Jahre und einen Tag' (schon bei Simrock 1846, dann im Dt.Wb. 1867).
E. Bornemann (1971) verzeichnet ‚Eiertanz' in der Bedeutung von Koitus, wobei ‚Eier' für Hoden stehen (↗ Ei): „Schließlich ist aber noch auf eine Art des Eiertanzes aufmerksam zu machen, bei der die Eier selber tanzen müssen, wie die beim (Oster-)Eierwerfen gesungenen Lieder ausweisen (…)
Häle Bumeranze,
Die Aier misse danze!
Schmeiße mer zu houch,
Krie'n die Aier e Loch."

Lit.: *O. Ladendorf:* Schlagwörterstudien, in: Zs.f.d.U., 24 (1910), S. 473–481; *K. M. Klier:* De Eierdans, in: De Volksdansmare (Oosterbeek) 2 (1934), S. 117–119; *ders.:* Der Eiertanz, in: Dt. Volkskunde 2 (1940), S. 86 ff.; *H.v.d. Au:* Das Volkstanzgut im Elsaß, in: Obd.Zs.f.Vkde. 15 (1941), S. 14–25; *ders.:* Zum Eiertanz, in: Das Dt. Volkslied 45 (1943), S. 14 f.; *L. Schmidt:* Der Eiertanz u. seine Ausführung, in: Volkslied – Volkstanz – Volksmusik 48 (Wien 1947), S. 26–28; *H. M. Enzensberger:* Journalismus als Eiertanz, in: ders., Einzelheiten I (Frankfurt/M. 1962); *V. Newall:* An Egg at Easter (London 1971); *K. Göbel:* Das Summenformel-Spiel. Zur Stellung eines Wettspiels zwischen Osterbrauch u. Rechenbuchillustration (Kulturgeschichtl. Forschungen 8) (München 1987).

Eifersucht. „Eifersucht ist eine Leidenschaft, die mit Eifer sucht, was Leiden schafft". Diese Definition von H. Kurz (‚Spanisches Theater‘ [Leipzig 1917], Bd. 2, S. 79), die auch dem Theologen Fr. Schleiermacher (1768–1834) zugeschrieben wird, geht zurück auf ein ähnl. lautendes span. Wortspiel, das M. de Cervantes in dem Zwischenspiel ‚Der wachsame Posten‘ (1615) so formulierte: „O zelos, zelos! Quan mejor os llamaran duelos, duelos!" Sie ist heutzutage fest mit dem Begriff ‚Eifersucht‘ verbunden und weist auf eine Bdtg. hin, die der Begriff in früherer Zeit noch nicht hatte. Aus bildl. Darstellungen des MA., in denen die Eifersucht zumeist als Personifikation des Neides und der Mißgunst auftritt, geht hervor, daß der Begriff der Eifersucht zunächst auch nur den Neid (auf Besitz, Erfolg, Ansehen, Ruhm) und die daraus resultierenden Laster wie Zwietracht und Verleumdung beinhaltet. Erst in der Neuzeit wird das Eifersuchtsmotiv in der bildl. u. lit. Darstellung klarer vom Neid abgegrenzt. Im Emblembuch des Andreas Alciatus (1492–1550) wird die leichtgläubige Mißgunst des Eifersüchtigen durch ein Auge in offener Hand dargestellt, bei Cesare Ripa (1560–1620/25) trägt der Eifersüchtige ein Gewand, das mit vielen Augen u. Ohren bedeckt ist als Hinweis auf den stets vorhandenen Argwohn u. auf das krankhaft lauernde Verhalten, das sich daraus ergibt, ↗ Argusaugen.

Rdal. Vergleiche sind: ‚eifersüchtig wie ein Türke‘, ‚eifersüchtig wie ein Tiger‘, ‚eifersüchtig wie ein Wiesel‘, den Grillparzer verwendet (Sämtl. Werke [1872], VII, 200), der jedoch umg. nicht belegt ist.

Lit.: R. Riegler: ‚Eifersüchtig wie ein Wiesel.‘ In: German.-Roman. Monatsschrift 14 (1926), S. 234–235; E. Guldan: ‚Eifersucht‘, in: Reallex. d. Dt. Kunstgeschichte, IV (1958), S. 954–966; M. Meraldis: Art. ‚Eifersucht‘, in: EM. III, Sp. 1170–1174.

eigen. *Eigen sein:* bes. penibel sein, für jem. charakteristisch (mhd. eigen = unfrei). Die Wndg. ist auch in der Bdtg. von ‚eigenwillig‘, ‚merkwürdig‘ und ‚sonderbar‘ geläufig (vgl. Eigenheit).

Etw. sein eigen nennen, etw. zu eigen haben, sich zueigen machen, sich etw. zueigen nehmen, jem. etw. zu eigen geben sind veraltete Umschreibungen für etw. besitzen, in Besitz nehmen usw. An ihre Stelle sind verkürzte Begriffe getreten wie: sich etwas aneignen, jemandem etwas übereignen etc.

Sich jem. zu eigen geben: ihm in Freud und Leid angehören wollen, ihm sein ↗ Herz schenken und sein Leben mit ihm teilen. Den Höhepunkt der Liebeswerbung bildet daher oft die entscheidende Frage: ‚Willst du mein eigen sein?‘ Ähnl. heißt es auch im Volkslied: ‚Das Lieben bringt groß Freud‘ bestätigend in Str. 3:

Mein eigen sollt sie sein,
keinem andern mehr als mein …

Auch im geistlichen Lied begegnet die Wndg.:

Zu Bethlehem geboren
ist uns ein Kindelein,
das hab ich auserkoren,
sein eigen will ich sein.

(Evang. Kirchengesangbuch, Nr. 401, Str. 1).

Die Wndg.: *ein Eigenbrötler sein:* ein kauziger, völlig mit sich selbst befaßter Mensch, bezog sich urspr. auf die alleinlebenden Junggesellen, der sein eigenes Brot backen mußte und seiner Umgebung daher absonderlich erschien. Heute allgem. Ausdr. für einen Einzelgänger, der sich von der Gruppe absondert, seine eigenen Wege geht oder durch ein merkwürdiges Verhalten auf sich aufmerksam macht.

Ein Eigentor schießen: sich selbst schaden durch Handlungen, die anderen zugedacht waren: Wenn der Fußball, der für das gegnerische Tor bestimmt war, aus Versehen ins eigene Tor trifft.

Eigeninitiative entwickeln: die Dinge selbst in die Hand nehmen. Das Sprw. ‚Eigenlob stinkt‘ begegnet schon bei Seb. Brant (‚Narrenschiff‘, 1494, Nr. 46):

So doch der wis man gibt urkund
Das lob stink uß eim eigenen mund.

Ein verwandtes Sprw. lautet:

Wer sich lobt alleine,
Des Ehre ist gar kleine.

Wenn es auch nicht gerade in Frage gestellt wird, so wird es von späteren Autoren dennoch differenzierter gesehen: „Man sagt, eitles Eigenlob stinket. Das mag sein; was aber fremder und ungerechter Tadel für einen Geruch haben, dafür hat das Publikum keine Nase" (Goethe, ‚Maximen und Reflexionen‘).

Das Sprw. ‚Eigner Herd ist Goldes wert‘

hat zahlreiche Variationen erfahren, wie z. B.: ‚Eigen Nest hält wie die Mauern fest'; ‚Eigen Kohl schmeckt wohl'.

Lit.: *J. Berman:* ‚Eigen lof stinkt niet'. In: Zeeuwsche Volksalmanak l (1836), S. 159–171; *J. E. Wülfing:* Art. ‚Eigenbrötler', in: Zs. f.d.U. 23 (1909), S. 263 f.; *D. Schwab:* Art. ‚Eigen', in: HRG. I, Sp. 877–879.

Eile. Das Sprw. ‚Eile mit Weile' ist urspr. ganz wörtl. gemeint. Unter den lat. Sentenzen des MA. ist es als ‚Festina lente!' u. im früheren dt. Sprachgebrauch auch als ‚Eilen tut kein gut' geläufig. In der Erzähltradition wird es in zwei verschiedenen Versionen exemplifiziert. Verschiedene, von Natur aus langsame Tiere, wie Kröte, Käfer, Krebs, kommen beim Versuch eiliger Fortbewegung, etwa auf einer Treppe, zu Fall. Eine scherzhafte Anspielung brachte schon Abraham a Sancta Clara (1644–1709): „Eylen thut kein gut, sagte der Schneck, der sieben Jahr über die Brucken gekrochen u. gleichwohl gestolpert". Im Bereich der Tiergeschichte gibt es viele ähnl. Beispiele, in denen die spöttische Empfehlung langsam zu machen begegnet. In der Schwanküberlieferung dient es als Ill. der Maxime ‚Wer langsam fährt, kommt auch zum Ziel'. Da treibt etwa ein Kutscher sein Pferd mit Peitschenhieben an, um die Stadt noch vor Torschluß zu erreichen und verursacht dadurch einen Radbruch. In der urspr., wenngleich etw. erweiterten Fassung, begegnet das Sprw. bei Fr. v. Logau in: ‚Deutscher Sinn-Getichte Drey Tausend'. [1654], 3, 113, 67):

> Was new ist angenehm, wird widrig in
> der eile,
> wann ihm nicht gut und nutz gibt kraft
> und länger weile.

↗ Schnecke.

Lit.: *E. Moser-Rath:* Art. ‚Eile mit Weile', in: EM. III, Sp. 1182–1183.

Eimer. *In den Eimer gucken:* das Nachsehen haben, leer ausgehen, ähnl. gebraucht wie: ‚in den Mond gucken' (↗ Mond), ‚in die Röhre sehen' (↗ Röhre); die Rda. ist wohl daher zu erklären, daß im (Müll-)Eimer die wertlosen Abfälle hinausgetragen werden; daher heißt auch umgangsspr. *im Eimer sein:* zunichte sein. Die Wndg. wird sowohl auf konkrete wie auch auf abstrakte Dinge bezogen, z. B. ‚die Tasse ist im Eimer' (wenn sie zerbrochen ist u. in den Abfalleimer gehört), aber auch: ‚die Ehe ist im Eimer', ‚der Urlaub ist im Eimer', d. h. unrettbar verloren, kaputt; *in den Eimer gehen:* verloren gehen; in der Studentensprache des vergangenen Jh.: *auf den Eimer (bringen) kommen:* zugrunde gehen. Ein 1960 erschienener Roman von Erich Kuby hat den Titel: ‚Alles im Eimer'.

An den Toiletteneimer erinnern die folgenden gebräuchl. Wndgn.: *auf dem Eimer sitzen:* in Verlegenheit sein, vgl. die aus Pommern bezeugte Rda. ‚Du bist auf'n Emmer!' ‚du bist auf dem Holzweg'; *mit etw. nicht auf den Eimer kommen:* eine Sache nicht zustande bringen; *vom Eimer fallen:* völlig überrascht sein.

Auch in Wndgn. zur Kennzeichnung des Trinkens und der Trunkenheit kommt mehrfach ‚Eimer' vor, der früher auch Hohlmaß (unterschiedl. Inhalts) war; z. B. *so voll wie ein Eimer:* betrunken. *Er hat seine achtzig Eimer weg* sagt man in Schlesien von einem notorischen Säufer. *Einfälle wie ein alter Eimer haben:* wunderliche Einfälle haben. Ein alter, ausgedienter (Holz-)Eimer bricht zusammen oder fällt ein. Mit diesem materiellen Einfallen wird in einem sprachl. Scherz der plötzliche Gedanke, d. h. der geistige ‚Einfall' gleichgesetzt (↗ Einfall). Vgl. frz. ‚Il raisonne (oder résonne) comme un tambour' (wörtl.: Bei ihm klingt es wie aus einer Trommel, oder: Er hat Einfälle wie eine Trommel). Die beiden frz. Verben ‚résonner' (klingen) oder ‚raisonner' (etw. durchdenken) werden ähnl. ausgesprochen.

Wenn ein Handwerker Zugeschnittenes zusammenfügte und es paßte sogleich, dann pflegte er im Ndd. scherzhaft zu sagen: ‚Dat paßt as de Äs up'n Emmer'; oder kurz: ‚... as Äs up E'. In dieser Form ist die Redensart auch ins Hochdeutsche gewandert: ‚Das paßt wie A auf E'.

Einbahnstraße. *Eine Sache mündet in eine Einbahnstraße* (↗ Sackgasse): es gibt nur eine Lösungsmöglichkeit, man kann nur eine Richtung weiterverfolgen, man ist in seiner Entscheidungsfreiheit eingeengt. Der verkehrstechnische Ausdr. wird oft übertr. gebraucht zur Kennzeichnung einer verfahrenen Situation.

einbinden ⁊ anbinden.

einbleuen. *Jem. etw. einbleuen (einbläuen):* ihm durch stetiges Vorsagen, Vorkauen und Wiederholen etw. beibringen bzw. einpauken – früher auch in Verbindung mit Schlägen (daher das Wort ‚einbleuen‘ vom mhd. bliuwen = schlagen, verbleuen). In der Schreibweise ‚einbläuen‘ bezieht sich das Wort dagegen auf das Einfärben eines Stoffes mit blauer Farbe. Die Rda. läßt sich je nach der Bdtg., die man ihr beimißt, auf den einen wie den anderen Urspr. zurückführen und kommt daher auch in beiden Schreibweisen vor. Schon bei E. Alberus (ca. 1500–53) begegnet die Wndg. in einer Definition seiner Lehrtätigkeit: „emblewen, crassa docere Minerva, ich kew es eim für, blew ein, sag für“. Auch Luther gebraucht sie in diesem Sinne: „als in den büchern Mosis schier nichts so viel gedacht und eingeblewet wird“ (‚Tischreden‘ [1568], 16). In ähnl. Bdtg. begegnet sie bei Seb. Franck: „eitel tandmer den kindern einbleuen“ (‚Sprichwörter‘, 1541, 41).

einbrechen. *Bei ihm haben sie eingebrochen (und's Gehirn geklaut):* er ist verrückt, dumm. Diese Rda. ist seit Beginn des 20. Jh. umg. belegt. Sie überträgt in scherzhafter Weise die Vorstellung einer Schädeloperation.

einbrocken ⁊ Suppe.

Eindruck. *Einen Eindruck bekommen:* eine Vorstellung erhalten. *Auf jem. Eindruck machen:* ihm imponieren, Anerkennung finden. *Eindruck schinden:* sich mit allen Mitteln und um jeden Preis darum bemühen, ‚einen guten Eindruck zu hinterlassen‘. Die Rda. ist vor allem bei Schülern sehr beliebt, wenn sich jem. allzu sehr in den Vordergrund schiebt, um sich beliebt zu machen; ⁊ schinden.

Lit.: *H. Sperber:* Im Spiegel der Sprache. IV. Eindruck, in: Monatshefte f. Dt. Unterricht 32 (1940), S. 178–182; *R. Bergler:* Psychologie des ersten Eindrucks, in: ders., Psychologie in Wirtschaft u. Gesellschaft (Köln ²1987), S. 41–56.

Einfall. Aus dem 17. Jh. stammt die Rda. *Er hat Einfälle wie ein altes Haus (wie ein alter Eimer):* er hat seltsame Ideen. Die Rda. beruht auf der wortspielerischen Vermischung der beiden Bedeutungsbereiche von ‚Einfall‘, nämlich dem ‚Gedanken‘ und dem ‚Einsturz‘. Das alte Haus fällt ein, aber dem Menschen fällt etw. ein. Zu einem törichten Menschen, dem nie etw. einfällt, sagt man deshalb scherzhaft oder iron. auch: ‚Du hättest Baumeister werden können!‘ Aus Holland belegt Harrebomée die Rda. in der Form ‚Hij heeft zulke drollige invallen als een boerenkakhuis‘; schles. ‚Er hat Einfälle wie ein altes Hirtenhaus‘; rhein. ‚wie ein altes Backhaus‘.

Das fällt mir nicht im Traume (Schlafe) ein: ich denke nicht daran, das zu tun.

Sich etw. einfallen lassen: eine elegante Lösung für ein Problem finden, sich geschickt aus der Affäre ziehen, seine Phantasie zu Hilfe nehmen, um hohen Anforderungen zu genügen, auch: um jem. durch ein geschmackvolles Geschenk zu erfreuen.

‚Laß dir was einfallen!‘: gib dir Mühe, streng deinen Geist an.

Lit.: *R. F. Fleissner:* Art. ‚Get ideas‘, in: American Notes & Queries 11 (1972–1973), S. 73.

eingefleischt. Das Wort eingefleischt (mhd. ingevleischet) ist eine Lehnübers. von lat. incarnatus und bedeutet ‚zu Fleisch geworden‘; urspr. wurde es nur von Christus, dem Fleisch gewordenen Sohn Gottes, gebraucht. Heute lebt es kaum noch außerhalb der stehenden Wndg. *Er ist ein eingefleischter Junggeselle;* darin hat es den Sinn von: beispielhaft, unverbesserlich, vorbildlich.

eingefuchst. *Auf etw. eingefuchst sein:* eine Sache vollkommen beherrschen, sich gut darin auskennen. Vermutlich ist der Urspr. dieser Wndg. in der Studentensprache zu suchen. In den student. Verbindungen werden die jungen Mitglieder der unteren Semester ‚Füchse‘ genannt und bei ihrem Eintritt in die Korporation eingefuchst, d. h. mit den Rechten und Pflichten vertraut gemacht; ⁊ Fuchs.

eingehen. *Bei einer Sache eingehen:* Mißerfolg haben; eingehen wird hier i. S. v. ‚absterben, aufhören' gebraucht; ähnl. sagt man z. B. von einem Geschäft oder von einer Zeitung: *Sie sind eingegangen:* sie haben aufgehört zu bestehen. Vor allem in der Jägersprache bedeutet ‚eingegangen sein' soviel wie verendet sein (z. B. ‚In einem strengen Winter geht viel Wild ein'). Das Eingehen der Pflanzen wird im rdal. Vergleich auf den Menschen übertragen, z. B. *eingehen wie eine Primel (pott), wie ein Kaktus.*

Eine andere Bdtg. liegt zugrunde bei: *Es geht ihm schwer ein:* es will ihm nicht in den Kopf, er versteht es nicht; vgl. frz. ‚Cela ne veut pas lui rentrer dans la tête' (wörtl.: Das will ihm nicht in den Kopf), ↗ Kopf; umgekehrt auch: *Es geht ihm ein wie Honig (Öl):* er hört es gerne, ähnl. schon in Murners ‚Kirchendieb- und Ketzerkalender': „Es geht süß ein, wie Muskatellerwein".

Etw. ist eingegangen kann sich auch auf den Stoff beziehen, der beim Waschen kürzer geworden ist.

Auf etw. eingehen: einen Vorschlag annehmen, sich mit einer Idee auseinandersetzen, sich an etw. beteiligen.

Auf jem. eingehen: Verständnis zeigen, seine Anregungen aufgreifen, Fragen u. Probleme eines anderen ernst nehmen.

Eingemachtes. *Es geht ans Eingemachte,* d. h. an die letzte Reserve, an die lebensnotwendige Substanz; in übertr. Bdtg.: die Spargroschen müssen angegriffen werden, das Kapital wird aufgebraucht, die Rücklagen schwinden.

Das ‚Eingemachte' (vor allem Obst u. Gemüse) ist und war für viele die lebensnotwendige Reserve für den Winter, ganz bes. zu Zeiten, als es noch keine Obst- u. Gemüse-Einfuhren aus dem Ausland gab und der Vitamin- und überhaupt der Nahrungsbedarf in der sonnenarmen, kalten Jahreszeit oder in Notzeiten nur durch eine solche Vorsorge gedeckt werden konnte. Das Eingemachte als ‚eiserne' Reserve wurde nur bei besonderem Bedarf angegriffen. Wenn es daher heißt: ‚Es geht ans Eingemachte' ist damit der Rückgriff auf die Substanz, auf das Existentielle und Wesentliche gemeint.

einheizen. *Einem tüchtig einheizen:* einem scharf zusetzen, ihm durch Drohungen Angst einjagen, ihm die Wahrheit sagen, ihn hart ins Gebet nehmen, aber auch: ihn antreiben, ihm durch schwere Aufgaben oder durch Prügel warm machen.

Die Rda. bezieht sich auf die Schilderungen von höllischen Folterqualen, durch die die Gläubigen im MA. vom sündhaften Leben abgeschreckt werden sollten. Vgl. hierzu ‚Einem die Hölle heiß machen'. Hans Sachs schilderte z. B. in seinem Schwank ‚Das Höllenbad' die Hölle als eine riesige Badestube, in der die Teufel als Bader die Sündern einheizen und sie bis aufs Blut schwitzen lassen, um sie so der ewigen Qual zu überantworten; ↗ Bad. Vgl. frz. ‚chauffer les oreilles à quelqu'un' (wörtl.: einem die Ohren heiß machen).

Neuere Rdaa. sind: *Jem. (eine ganze Kompanie) verheizen:* sinnlos opfern; *tüchtig einheizen:* viel Alkohol trinken, also: sich von innen her erwärmen.

Lit.: *M. Landau:* Hölle u. Fegfeuer in Volksglaube u. Kirchenlehre (Heidelberg 1909); *J. Le Goff:* Die Geburt des Fegefeuers (Stuttgart 1984).

Einhorn. *Das Einhorn zu fangen versuchen:* einem Phantom nachjagen.

Das Einhorn ist bekannt als Fabeltier, das in der abendländischen Kunst in Gestalt eines Pferdes mit einem Horn mitten auf der Stirn auftritt. Obwohl in der Tierwelt kein solches Wesen bekannt ist, hat der Glaube an dieses Fabeltier in der chines-, ind., islam. u. abendländischen Kultur weithin Verbreitung gefunden u. sich lange erhalten.

Die lit. Zeugnisse haben einen fast unübersehbaren Umfang angenommen. Alle gehen letzten Endes auf fern-, mittel- oder nahöstliche Vorstellungen zurück. Als erster berichtete der griech. Arzt Ktesias aus Knidos, der 401 v. Chr. an den Hof des Artaxerxes II. von Persien kam, in seinem, das damalige Wissen über Indien zusammenfassenden Buch ‚Indica' über das seltsame Tier, dessen Horn – zu Pulver vermahlen u. als Getränk gereicht – gegen tödliche Drogen schütze. In China war das Einhorn ein heiliges Tier, das als scheu, wild, unbezähmbar, einsamkeitsliebend und als unfangbar galt.

Sein Erscheinen wurde als gutes Omen gedeutet. Über Aristoteles gelangte das Wissen vom Einhorn zu Megasthenes (Quelle für Aelian) und zu Strabon. Selbst Caesar berichtete in seinem ,De bello gallico' von einem solchen Tier. Danach wurde die Überlieferung reicher, die Erscheinungsformen des Einhorns in den lit. Belegen vielfältiger.

Eine weitere Quelle für die unterschiedlichsten Glaubensvorstellungen boten die Legenden. Der ,Physiologus' berichtet – in allegorisierender Umbildung einer altindischen Legende –, daß das wilde Tier nur gefangen werden könne, wenn es, von einer Jungfrau angelockt, sich in oder vor ihrem Schoß niederläßt, so daß die Jungfrau selbst oder der Jäger es ergreifen können. Das Einhorn wurde daher sowohl zum Symbol der Fruchtbarkeit als auch der Keuschheit, d.h. es knüpfen sich einerseits erotische Vorstellungen daran, andererseits das Verständnis von Reinheit, so daß es auch als Mariensymbol in Lit. und Kunst des MA. und der Neuzeit einging. Da sein Horn auch das von der Schlange vergiftete Wasser reinigt, sieht die christl. Ikonographie im Einhorn darüberhinaus einen Hinweis auf Christus, der die Welt von Sünden reinigt.

Bei den Medizinern galt das angeblich von den Hörnern des Einhorns geschabte Pulver nicht nur als Mittel gegen Gift, sondern auch als Heilmittel gegen Fieber, Fallsucht, Bisse von Skorpionen und tollwütigen Hunden sowie als Aphrodisiakum (gewöhnlich nahm man dafür den Stoßzahn des Narwals, so daß dieser im MA. z.T. höher als Gold gehandelt wurde). Die große Bdtg., die dem Medikament zugeschrieben wurde, läßt sich auch aus der Tatsache ersehen, daß viele Apotheken noch heute den Namen ,Zum Einhorn' oder ,Einhorn-Apotheke' tragen. Im 16. u. 17. Jh. befaßte sich zunehmend auch die naturwiss.-mediz. Lit. mit dem Einhorn und löste den Konflikt zwischen Glauben und wiss. Denken durch die Vermutung, daß das Einhorn die Arche Noah nicht bestiegen hat und es dementspr. in der Sintflut umgekommen sei.

Lit.: *O. Keller:* Die antike Tierwelt, Bd. 1 (Leipzig 1909), S. 415–420; *L. Wehrhahn-Stauch:* Art. ,Einhorn', in: Reallex. d. Kunstgesch. IV (Stuttgart 1958), S. 1504–1544; *M. Lurker:* Art. ,Einhorn', in: Wb. biblischer Bilder u. Symbole (München 1972), S. 79–81; *J. W. Einhorn:* Art. ,Einhorn', in: EM. III, Sp. 1246–1256; *ders.:* Spiritalis unicornis: das Einhorn als Bedeutungsträger in Lit. u. Kunst des Mittelalters (München 1976).

einmal. ,Einmal' ist eine häufige Einleitungsformel von Anekdoten u. hist. Erinnerungen. Hierher gehört auch die Märcheneinleitungsformel ,Es war einmal'. Der Begriff ,einmal' kann die Bdtg. von ,ehedem' haben, wie im Märchen oder wie bei Goethe in dem Gedicht ,An den Mond':

Ich besaß es doch einmal,
was so köstlich ist!

Er kann aber auch auf ,später einmal', auf die Zukunft hinweisen, auf das, was irgendwann oder zu guter Letzt geschieht, wie z. B. in dem Lied aus ,Der Bauer als Millionär' von Ferd. Raimund (1790 bis 1836), in dem es heißt (II, 6):

.... scheint die Sonne noch so schön
Einmal muß sie untergehn.

,Einmal' kann sich aber auch nur auf eine einzige, nie wiederkehrende Gelegenheit beziehen, wie bei Goethe in ,Clavigo', 1774, I, 1: „Man lebt nur einmal in der Welt". Es kann aber auch eine Aufforderung oder dringende Bitte beinhalten, wie in dem oft gebrauchten Satz: ,Hör (doch) einmal zu!' Häufig ist auch eine Drohung damit verknüpft, wenn es z. B. heißt: ,Wenn ich dich (erst) einmal erwische!' (,Dann kannst du was erleben'.) Ähnl. die Wndgn.: ,Komm du mir (noch) einmal in den Weg!' oder ,Wenn ich dich einmal zu fassen kriege!'

,Einmal ist keinmal': es ist soviel wie nichts, d.h. bedeutungslos. Das Sprw. wird gelegentlich als Entschuldigung gebraucht. Daß ,einmal' i.S.v. ein einziges Mal trotzdem gilt und nicht immer ohne Folgen bleibt, wird durch andere Sprww. belegt, u.a. ,Wer einmal lügt, dem glaubt man nicht, und wenn er auch die Wahrheit spricht' oder durch Erweiterungen wie in dem schwäb. Sagte-Sprw.: ,Ei'mal ist kei'mal, hat's Mädle g'sait; 's hat e Klei's kriegt'. Oft bezieht sich ,einmal' auf etw., das nicht wiederholt werden sollte, in der rdal. Ablehnung ,Einmal und nie wieder!'

einpacken. *Du kannst einpacken:* schweig still! Entferne dich und gib deine Bemühungen auf. Die Rda. ist wohl vom Hausierer herzuleiten, der seine Waren einpacken muß, wenn er kein Geschäft gemacht hat. Vgl. frz. ,Tu peux faire tes bagages' und ,Tu peux aller te rehabiller' (wörtl.: Du kannst dich wieder umziehen). Letztere Rda. muß als Empfehlung an Sportler mit schlechter Leistung verstanden werden, das Stadion zu verlassen. Auch von alternden Frauen sagt man: *Sie packt ein:* ihre Schönheit nimmt ab.

Daneben heißt es aber auch: *Du kannst dich einpacken lassen mit etw.:* deine Vorschläge, deine Waren, deine Arbeiten taugen genausowenig wie du selbst.

Von einer überempfindlichen Person sagt man: *Sie müßte in Watte eingepackt werden:* wie ein zerbrechlicher Gegenstand geschützt werden.

eins. *Das ist alles eins:* es ist ein und dasselbe, ,eins wie das andere', es macht keinen Unterschied.

Eins sein mit jem.: einer Meinung, einig mit ihm sein, ihn innig lieben.

Der Begriff ,eins' gehört zu den beliebten Verkürzungen, mit denen eine Sache oder ein Zustand ohne große Umschreibung sehr präzise z. Ausdr. gebracht werden kann. Die Bdtg. ergibt sich jeweils aus der sprw. gewordenen Wortfolge oder Wortkombination. So läßt z. B. der Satz: *Eins will ich dir sagen* ... auf wenig Erfreuliches schließen, er kündigt vielmehr einen tadelnden Einwand oder eine Abfuhr an. Dagegen deutet die Wndg. *es geht um ein(e)s* auf ein Problem hin, das dem Angesprochenen bis in die Einzelheiten auseinandergelegt wird u. daher etw. Zeit von ihm in Anspruch nimmt. ,Eins' ist eben doch nicht immer eins, d. h. ein und dasselbe, wie sich auch aus den folgenden Sprichwörtern und sprichwörtlichen Redensarten ergibt:

,Eins ist keins': ↗einmal ist keinmal.

,Eins ums andere': eins nach dem anderen.

Mit sich eins sein: ein gutes Gewissen haben, mit sich selbst zufrieden, ausgeglichen sein; *mit. jem. eins werden:* sich mit ihm einigen. Die Wndg. ist schon früh belegt u. begegnet u. a. in den Fastnachts-

spielen aus dem 15. Jh. (ges. v. A. Keller [1853], 787, 34). Dort heißt es:

> und wie er mit dem wirt würt ainsz,
> das schol uns dünken gar ain clains.

Auch H. Sachs (I, 525, Ausg. 1558) gebraucht das Wort in dem vorstehenden Sinne: „zwen giengen hin u. wurden eins".

Eine völlig andere Bdtg. liegt dagegen in dem Satz: *Mir ist alles eins,* es macht mir nichts aus. Bekannt wurde es vor allem durch den Liedvers:

> Mir ist alles eins,
> ob ich Geld hab oder keins

und in Berlin durch die Rda. ,Is mich eens, ick kauf mich Brause', d. h. es ist mir alles gleich, aber entschieden habe ich mich doch.

Etw. aus dem Rahmen fällt die Wndg.: dasitzen, dastehen *wie eine Eins* d. h. aufrecht und kerzengerade. Sie ergibt sich vermutlich aus dem geraden, senkrechten Aufstrich bei der geschriebenen Zahl. Der rdal. Vergleich ,wie eine Eins' wird darüber hinaus aber auch häufig gebraucht i. S. v.: perfekt, einwandfrei, ohne Tadel, ↗dasitzen.

Bes. geläufig sind auch die folgenden Wndgn. ,Jem. eins überziehen': ihm einen Schlag versetzen.

,Jem. eins auswischen': ihm einen üblen Streich spielen.

,Mit jem. eins trinken': mit ihm ein Gläschen ↗trinken, wie es z. B. belegt ist in dem Lied ,Tacitus u. die alten Deutschen' von Wilh. Ruer, in dem es in der letzten Strophe heißt:

> Sie liegen auf Bärenhäuten
> Und trinken immer noch eins.

,Sich eins lachen': über eine Sache oder einen Menschen insgeheim (oft schadenfroh) lachen; ,Jem. eins hinter die Löffel (Ohren) geben': ihn ohrfeigen. Oft hört man auch die Wndg. ,Ihm fehlt eins', meist im Zusammenhang mit einem leichten Antippen des Kopfes, das andeutet, daß man jem. für nicht ganz richtig im Kopf hält, daß ihm ,ein Rädchen fehlt', ↗Rad.

einsam. *Einen einsamen Entschluß fassen:* etw. Wichtiges beschließen, ohne andere zu fragen. Die Rda. ist vor allem im Bereich von Politik und Wirtschaft geläufig.

In anderem Sinne erscheint der Slogan ,einsame Spitze' bzw. ,einsame Klasse': unerhört gut, Spitzenklassse, aber selten. Wieder anders zu werten ist die Wndg. *einsamer Rufer,* die gebraucht wird für polit. oder religiöse Mahner, deren Stimme zwar großes Gewicht hat, aber ungehört verhallt. Sie ist entstanden in Anlehnung an die Bibelstelle Jes. 40, 3, in der von der rufenden Stimme in der Wüste die Rede ist und die auf Joh. den Täufer deutet (vgl. Matth. 3, 3).

Im allg. wird der Begriff ,einsam' meist mit Alleinsein und Verlassenheit in Verbindung gebracht. Daß eine solche Deutung nicht immer zutrifft, zeigen die folgenden Zitate, aus denen hervorgeht, daß Einsamkeit sowohl als Bereicherung wie auch als Leere empfunden werden kann.

P. A. Wolf beschreibt in ,Preciosa' 1823, II, 1 (als Oper vertont von Carl M. v. Weber):

Einsam bin ich, nicht alleine,
denn es schwebt ja süß u. mild
um mich her im Mondenscheine
dein geliebtes, teures Bild.

Ähnliches drückt Goethe aus in ,Wilhelm Meisters Lehrjahre', Buch 2, Kap. 13 (Lied des Harfners):

Und kann ich nur einmal
Recht einsam sein,
Dann bin ich nicht allein.

In jüngster Zeit erlangte vor allem ein Zitat Bdtg., das von Juliane, ehem. Königin der Niederlande, stammt. Es lautet: ,Einsam und doch nicht allein'. Es bildet den Buchtitel ihrer Memoiren.

einseifen. *Jem. einseifen:* ihn mit vielen Worten zu gewinnen suchen, überreden, meist zum Kauf viel zu teurer Waren, umschmeicheln, ähnl. wie der Friseur, der seinen Kunden während des Einseifens beschwätzt. Nach Sanders: mit Seife einreiben, bes. zum Barbieren; daher auch die Bdtg.: anschmieren, übervorteilen, betrügen. Auch Küpper erklärt die Wndg. mit der Redegewandtheit des Friseurs, erweitert das Spektrum der Bdtgn. jedoch noch um einige weitere Begriffe: verleumden, prellen, betrunken machen.

S. A. Wolf hält diese angenommene Herkunft des Begriffs nicht für die einzige Quelle, selbst wenn die sinnverwandte Rda. ,über den ↗ Löffel barbieren' als Beweis dienen könnte. Er sieht den Urspr. vielmehr in dem jidd. Wort ,sewel' = Kot, Mist, Dreck, das schon sehr früh auf das Rotwelsche eingewirkt habe u. in den Worten ,beseibeln', ,besefeln' = betrügen seinen Niederschlag gefunden hätte. Eine Bestätigung dafür sei das umg. ,inseefen' = betrügen, das in Berlin geläufig sei. Obersächs. ,Den hammer aber eingeseeft', wir haben ihn in Ungelegenheiten gebracht.

Lit.: *S. A. Wolf:* ,Beschummeln u. Einseifen', in: Muttersprache 66 (1956), S. 68–70.

Eintrag. *Einer Sache Eintrag tun:* sie beeinträchtigen, ihr schaden; die Wndg. ist aus der Rechtssprache heraus zu verstehen. In der Gerichtspraxis bezeichnet man Einwürfe, Einreden usw. als ,Einträge'; weil Einträge vor Gericht oft für den Angeklagten gefährlich waren, entwickelte sich die Bdtg. von *Eintrag tun* über ,anklagen, verdächtigen' zu ,hindern, schaden'. Die Rda. ist bereits 1556 in J. Freys ,Gartengesellschaft' bezeugt: „Meinethalben soll dir kein eintrag beschehen".

eintränken. *Jem. etw. eintränken:* es ihm einschärfen, beibringen; *dem werde ich es eintränken:* ich werde es ihm vergelten; die urspr. Bdtg. der Rda. ist: einem einen Trank zu trinken geben. Das unbestimmte ,es' steht hier wie so oft verhüllend für etw. Schlimmes, vor allem für Gift. In diesem Sinn erscheint die Wndg. schon mhd. z. B. nach 1200 bei Neidhart von Reuenthal (50, 32): „Ein tumplicher muot wart im dâ în getrenket" oder in der 2. Hälfte des 13. Jh. im ,Renner' Hugos von Trimberg (V. 8363):

Der tiufel uns allen vil verhenget
(d. h. ,läßt uns vieles nach')
Daz er hie nâch uns trenket in
Sô wir sicher vor im wellen sîn.

Im 17. Jh. verbindet sich die Wndg. mit den im Dreißigjähr. Krieg geübten Grausamkeiten.

Unsere volkstüml. Überlieferung aus alter Zeit, bes. die geistlichen Volkslieder, lehren durch zahlreiche Stellen, daß die Feinde im Kriege einander drohten, das

Blut des Gegners trinken zu wollen. Höhnisch wurde darauf geantwortet: „Unser Blut wollt ihr trinken? Euer eignes wollen wir euch zu trinken geben". Die Wörter ‚eintränken' und ‚einschenken' wurden, da man den Kampf mit einer blutigen Mahlzeit vergleichen konnte, Bez. des Blutvergießens.

Nach der Eroberung von Ofen (1686) sang man vom Sultan:

Den Bluthund hat dürstet, man gab ihm
zu trinken,
In seinem Blut muß er ganz rauschig
hinsinken.
Emanuel Kurfürst, der weiß dir
einschenken,
Den Willkomm und ersten Trunk reicht
er dir dar.
Was gilt es? Er wird dir's heur
doppelt eintränken.

Zur Erklärung der Rda. kann auch noch an den ↗‚Schwedentrunk' erinnert werden, der im ‚Simplicissimus' mehrfach erwähnt wird, z. B. 1. Bd. 4. Kap. Gefesselten und wehrlosen Bauern wurde Jauchen- und Schmutzwasser, der ‚schwedische Trunk', gewaltsam eingeflößt, um sie gefügig zu machen, zu quälen oder auch zu töten.

Lit.: *H. Patrias:* Die Türkenkriege im Volkslied (Diss. Wien 1947); *S. Özyurt*, Die Türkenlieder und das Türkenbild in der dt. Volksüberlieferung vom 16. bis zum 20. Jh. in: Motive. Freiburger Folkloristische Forschungen 4 (München 1972).

einwickeln. *Jem. einwickeln:* ihn mit List für eine Sache gewinnen, übertölpeln. Die Wndg. schließt an den älteren Ausdr. *etw. einwickeln:* verhüllen, anders erscheinen lassen, an, der seit dem 15. Jh. belegt ist; vgl. frz. ‚bien envelopper quelque chose'. In neuerer Zeit wird vielleicht auch an das Wickelkind gedacht, das in seinen Windeln und Wickeln stark bewegungsgehemmt ist und nahezu willenlos alles mit sich geschehen lassen muß. Daß bei dem ‚Einwickeln' auch an Bräuche bei der Totenbestattung gedacht wurde (Mumien), beweist die Wndg. *Man dürft' ihn nur einwickeln und ins Grab legen,* wie man im Schwäb. von einem krank oder sehr elend Aussehenden sagt. Obersächs. bedeutet ‚Den hamm se eingewickelt': sie haben ihn verhaftet.

Eis. *Einen aufs Eis (Glatteis) führen:* ihn auf die Probe stellen, ihn mit verfänglichen Worten in Gefahr bringen, überlisten. Die Rda. ist schon mdh. bezeugt, wo sie am Ende des 13. Jh. in der ‚Livländ. Reimchronik' (V. 6501) belegt ist („einen ûf ein is leiten"); ebenso heißt es im mhd. Passional (682, 80):

ey, durch waz
wiltu vurbaz
mich ûf ein îs hie leiten?

Davon abgeleitet ist die jüngere Wndg. *aufs Eis gehen:* sich anführen lassen. Ebenfalls bereits mhd. ist die Rda. *auf Eis bauen* („ich hân ûf ein îs gebûwen'): seine Hoffnung auf den Falschen setzen, heute ersetzt durch ‚auf Sand gebaut haben'; vgl. frz. ‚bâtir sur du sable' (wörtl.: auf Sand bauen), ↗ Sand.

Sich auf das glatte (dünne) Eis wagen: sich auf ein gefährliches Gebiet begeben, dem Sinne nach schon im 12. Jh. durch ein lat. Sprw. belegt: ‚Qui currit glaciem, se non monstrat sapientem' (= Wer auf das Eis läuft, zeigt sich nicht weise).

Sachte mit der Braut auf dem Eise: Vorsicht bei einer erst eingefädelten Sache, bei bedenklichen Umständen.

Auf das Eis tanzen gehen: sich mutwillig in Gefahr begeben, ist abgeleitet von dem verbreiteten Sprichwort: ‚Wenn es dem Esel zu wohl wird, geht er aufs Eis tanzen'.

Dem Eis einer Nacht vertrauen: unvorsichtig sein, hat ebenfalls ein Vorbild im Lat. (‚Unius fidere noctis glaciei') und ist auch frz. und ndl. bekannt.

Das Eis brechen: den Weg bahnen, eine Sache in Gang bringen, abgeleitet von den Schiffern, die im Winter das Eis der Flüsse durchbrechen müssen, in übertr. Bdtg., z. B. in Joh. Fischarts ‚Bienenkorb': „Christus musz den Verdiensten das Eis brechen". Noch heute sagt man von zwei fremden Menschen, die sich allmählich näherkommen: *Das Eis ist zwischen ihnen gebrochen.* vgl. frz. ‚La glace est rompue entre eux'.

Das Eis zum Bruche bringen: eine Entscheidung gewaltsam herbeiführen.

Unter das Eis kommen: untergehen, spurlos verschwinden, z. B. bei Pestalozzi: „Endlich ging auch diese gute Landessitte unter das Eis". Die Rda. ist heute noch in der schweiz. Mda. gebräuchlich: ‚under ds Isch schlöufe‘, zugrunde gehen.

Neuere Rdaa. sind: *auf Eis liegen:* in seiner Handlungsfreiheit behindert sein. *Jem. auf Eis liegen haben:* ihn zunächst zurücksetzen und für eine spätere Aufgabe vormerken.

Etw. auf Eis legen: verschieben, nicht weiterführen; auch: Vermögen ansammeln. *Ein Herz von Eis haben:* ohne Mitgefühl sein, ungerührt und unbarmherzig sein; vgl. frz. ‚avoir un cœur de glace‘ oder ‚de pierre‘, ↗ Stein.

Eisbeine kriegen (haben): kalte Füße, ist ein Wortspiel mit dem etymologisch unverwandten Wort ‚Eisbein‘, urspr. ‚Hüftbein‘, des Schweines.

Ihm geht der Arsch mit Grundeis ↗ Arsch. Auf eine gefühlsarme oder skrupellose Person gemünzt ist der rdal. Vergleich: *kalt wie Eis,* desgleichen, die verstärkte Wndg.: *eiskalt wie eine Hundeschnauze‘.*

Eisberg. *Das ist nur die Spitze des Eisbergs:* das ist nur ein Teil des Problems, das, was sichtbar geworden ist. Der Vergleich mit dem Eisberg macht anschaulich, daß der größte Teil, der beim Eisberg unter Wasser liegt (ein Siebtel seiner Masse), verborgen bleibt. Engl.: ‚It is only the top of the iceberg‘, ↗ Spitze.

Eisen. *Ein Eisen verloren (abgeworfen) haben:* zu Schaden gekommen sein, einen Fehltritt begangen haben, bes. von Mädchen: die Jungfernschaft verloren haben, ein uneheliches Kind bekommen. Die Rda. kommt schon in einem frühnhd. Fastnachtsspiel vor:

Do sprach einer, der mir arges gunt, ich hett ein eisen abgerant.

In einem Schwank von Hans Sachs, in dem die Hausmagd und die Wochenmeisterin miteinander hadern und sich ihre Vergangenheit vorwerfen, sagt die eine:

Deiner Art steckt auch deine
Tochter vol,
Die auch ein eysen hat verrent
Mit jenem von mir ungenent.

In der ‚Geschichtklitterung‘ Joh. Fischarts ist 1575 die Rede von „Jungfrawen, die etlich Eisen abgeworffen hatten“ (Ndr. S. 437). Die Rda. erklärt sich daher, daß Pferde ein lockeres Hufei-

sen durch einen Fehltritt leicht ganz verlieren und dabei zu Schaden kommen können. Vielleicht besteht auch ein Zusammenhang zwischen dieser Rda. und der ‚Ballade vom Teufelsroß‘. Die buhlerische Pfaffenköchin wird darin in ein Teufelsroß verwandelt und muß neue Hufeisen erhalten, weil sie eben schon vorher ‚die Eisen verloren hat‘, d. h. ihre Jungfräulichkeit eingebüßt und ein sündiges Leben geführt hat, so daß sie dem Teufel verfallen ist.

Einem auf die Eisen sehen: scharf auf ihn achtgeben, ihn überwachen; schon um 1500 bei Geiler von Kaysersberg: „Das ist der eng Weg, da ein Mensch im selber uff die Yßen lüget, was er thů‘; in der ‚Zimmerischen Chronik‘ (III, 50): „Also sahe im die oberkeit neher uf die eisen und fur recht gestellet, beclagt und entlichen mit dem strang gericht“; in Jeremias Gotthelfs ‚Bauernspiegel‘: „Meine Mutter nahm das alles für bar Geld und merkte nicht, daß der Alte nur kam, um ihr recht auf die Eisen zu sehen“.

Die Wndg. ist auch in anderer Form bezeugt, z. B. *einem auf den Eisen sein:* ihn verfolgen, eigentl.: sehr dicht hinter den Hufeisen des fliehenden Pferdes sein, oder: *einem in den Eisen liegen:* ihm nachsetzen, etwa in der ‚Zimmerischen Chronik‘ (I, 357): „So lagen der graf von Leiningen und der Herr von Ochsenstein den Herren von Liechtenberg auf der andern seiten Reins in den Eisen“. *Jem. in Eisen legen:* ihn in Fesseln legen, einkerkern; vgl. frz. ‚mettre quelqu’un aux fers‘.

Bei der Rda. *miteinander im Eisen liegen:* uneinig sein, sich zanken (z. B. bei Seb. Franck in der ‚Deutschen Chronik‘) hat man an eine Herkunft aus dem Doppelpranger des MA. gedacht, doch ist sie wohl eher vom Schwertkampf hergenommen, denn bereits im 17. Jh. (wenn nicht früher) heißt das Schwert *kaltes Eisen;* daher die Wndg. *am kalten Eisen stecken:* durch das Schwert ums Leben kommen. *Zum alten Eisen werfen:* wegwerfen; vgl. frz. ‚mettre à la ferraille‘. Zum *alten Eisen gehört,* was ausgedient hat, sowohl altmodische Dinge wie Menschen; vgl. frz. ‚C’est bon pour la ferraille‘.

Unter ‚Verachtung 18‘ sagt 1639 Lehmann (S. 780): „Man hält offt einen, alß hätt man jhn auffm Grempelmarck kaufft, oder vnter den alten Eysen funden, hält jhn vor ein Noll: vor ein Schuhbürst, würfft jhn hin wie alte Kartenblätter". 1645 heißt es in den ‚Facetiae facetiarum' (S. 255): „Die nunmehr unter das alt Eisen gerechnet wird: oder als man im Sprichwort sagt, Federwisch vor der Hell feyl hat". Rhein. bedeutet ‚bei et alt Ise gehüre': unverheiratet, Junggeselle sein.

‚Ein heißes Eisen anfassen'

Ein heißes Eisen anfassen: an eine kitzlige und delikate Angelegenheit rühren. Die Rda. ist von dem ma. Gottesgericht, der ‚Eisenprobe' entlehnt. Bereits im 12. Jh. wird dieser Rechtsbrauch näher geschildert: „der daz îsen gluoet unde ez danne hin treit, einem an die hant leit, ist er rehte dar chomen, daz han wir dicke wol vernomen, daz viur in nîne (nicht) brennet". Auch Hans Sachs ist diese Form des Gottesurteils noch bekannt, ohne daß er davon überzeugt zu sein scheint. Er verspottet sie in seinem Fastnachtsspiel ‚Das heiß Eysen'. Ein Ehemann fordert darin seine der Untreue beschuldigte Frau auf:

Flucks nimb das Eyssn, weil es ist heiß,
vnd trag es sittlich auß dem kreiß,
das ich darbey mög nemen ab,
was for ein frommes Weib ich hab!

Die Rda. *Er kann heiß Eisen tragen für die Zicht:* er ist unschuldig, weist ebenfalls auf das Ordal. Der zu Unrecht Bezichtigte unterzog sich freiwillig dem Gottesurteil, um seine Unschuld zu beweisen. Das Ndl. verbindet den gleichen Sinn mit dem ‚hangijzer', einem Gestell über der Feuerstelle für die Töpfe und Pfannen: „Dat is een heet hangijzer om aan te vatten', das

ist eine heikle Sache, man könnte sich die Finger dabei verbrennen.

Aus dem Bereich der Schmiede sind die folgenden Rdaa. entlehnt: *einen hauen wie kalt Eisen:* ihn tüchtig durchprügeln; *kaltes Eisen schmieden:* etw. Überflüssiges, Unfruchtbares tun; *ein Eisen im Feuer haben:* es mit einer wichtigen Sache eilig haben; auch *mehrere (zwei) Eisen im Feuer haben:* gleichzeitig mehrere Pläne verfolgen, einen Ausweg kennen, wenn etwas scheitert, vielseitig, tüchtig sein. Die Rda. wird auch abgeleitet von den alten Bügeleisen, die auf dem Herdfeuer heiß gemacht werden mußten. Mit einem Holzgriff wurde das Eisen vom Herd genommen. Die alten Schneidermeister hatten meist ‚zwei Eisen im Feuer', damit es keine Unterbrechung der Arbeit gab. Vgl. dagegen frz. ‚Courir deux lièvres à la fois' (wörtl.: Zwei Hasen gleichzeitig nachlaufen): gleichzeitig mehrere Pläne verfolgen, und ‚avoir plusieurs cordes à son arc' (wörtl.: mehrere Stränge an seinem Bogen haben): einen Ausweg kennen, wenn etw. scheitert.

Das Eisen schmieden, solange es heiß ist: den günstigen Augenblick ausnutzen, abgeleitet von dem bekannten Sprw., das z. B. frz. lautet: ‚Il faut battre le fer pendant qu'il est chaud' (während es heiß ist).

‚Eisenbeißer'

Ein *Eisenbeißer sein:* ein furchtloser, unerschrockener Kriegsmann, Raufbold sein, jem., der sich eben zutraut, auf Eisen beißen zu können (vgl. ndl. ‚ijzenvreter', engl.

‚fire-eater‘, ‚spitfire‘). Schon früh sind Begriff und Rda. als Spott auf ruhmrednerische Aufschneiderei und Selbstverherrlichung, auf bloße Heldentaten mit der Zunge angewandt worden. Im ‚Meier Helmbrecht‘ von Wernher dem Gartenaere heißt es (V. 408 ff.):

ich bizze wol durch einen stein;
ich bin sô muotes raeze,
hei waz ich isens vraeze!

In der gleichen Weise läßt auch Murner in der ‚Schelmenzunft‘ einen Eisenbeißer auftreten:

Ich byn der eyssen beysser knecht,
Der weyt vnd breyt groß lob erfecht.
Landt vnd leut hab ich bezwungen,
Doch thun ichs fast nur mit der zungen.

Der rdal. Vergleich *wie von Eisen sein* bezieht sich auf die Unverwüstlichkeit, die Festigkeit des Eisens.

Lit.: *H. Nottarp:* Gottesurteile (Bamberg 1949); *G. Carnat:* Das Hufeisen in seiner Bdtg. für Kultur und Zivilisation (Zürich 1953); *K. Jettmar:* Der Schmied im germ. Raum (Diss. Wien 1941); *L. Röhrich:* Die Ballade vom Teufelsroß, in: Der Deutschunterricht 15 (Stuttgart 1963), H. 2, S. 73 ff.); *E. Marold:* Der Schmied im Germanischen Altertum (Diss. Wien 1967); *O. Holzapfel:* Zur Phänomenologie des Ringbrauchtums, in: Zs. f. Vkde. 64 (1968), S. 32–51, insbes. 49 f.; *L. Röhrich* u. *G. Meinel:* Reste ma. Gottesurteile in sprw. Rdaa., S. 343–345.

Eisenbahn. *Es ist die höchste Eisenbahn:* es ist die höchste Zeit. Diese weitverbreitete Rda. ist urspr. ein geflügeltes Wort, dessen Ursprung von den meisten jedoch längst vergessen ist. Es stammt aus Adolf Glassbrenners (1810–76) humoristisch-dramatischer Szene ‚Ein Heiratsantrag in der Niederwallstraße‘. Darin hält der sehr zerstreute Briefträger Bornike um die Hand der Tochter des Stubenmalers Kleisch an. Als sein zukünftiger Schwiegervater die Höhe der Mitgift verrät, antwortet er: „Diese Tochter is janz hinreichend, ich heirate Ihre Mitgift“. Gegen Ende der Szene bricht Bornike plötzlich auf, da die Leipziger Post eingetroffen sei und die Briefe ausgetragen werden müssen. Er sagt beim Weggehen: „Es ist die allerhöchste Eisenbahn, die Zeit ist schon vor drei Stunden anjekommen“.
‚Das hat schon in der Eisenbahnzeitung gestanden‘, es ist durch Klatsch verbreitet worden (meckl.).
Die Rda. *Jenseits der Eisenbahn* bezieht sich auf die andere Seite der Bahn, wo die Leute schlechte Manieren haben. US-Präsident Truman gebrauchte diese Wdng. (Spiegel Nr. 34/1985). In seiner mittelwestl. Heimat markiert die Eisenbahn in den meisten Städten die Klassengrenze zwischen den besseren Leuten u. der ärmeren Bevölkerungsschicht. Die Eisenbahn und ihre Einrichtungen haben auf vielfältige Weise den Redensartenschatz bereichert: vgl. etwa die Stichworte ↗ einlenken, ↗ Gleis, ↗ Lokomotive, ↗ Schiene, ↗ Weiche.

Lit.: *F. Dieter:* ‚Es ist die höchste Eisenbahn‘, in: Zs. des Vereins f. Vkde. 12 (1902), S. 348–349; *H. P. Häberli:* Wöschhänki, Mumiepass und Geischterzug. Träfe ‚Fachausdrücke‘ aus dem Eisenbahner-Wortschatz (Zürich o. J.); Zug der Zeit – Zeit der Züge. Dt. Eisenbahn 1835–1985, 2 Bde (Berlin 1985).

Eisenbarth. *Ich bin doch kein Dr. Eisenbarth* heißt soviel wie: ich kann keine Wunder vollbringen. Die Rda. hält die Erinnerung an den hist. Wanderarzt Dr. Eisenbarth wach. Bei seinen medizin. Kollegen war er wenig angesehen, vor allem da er selbst keinen Titel besaß und auch kein akademisch ausgebildeter Arzt war, sondern nur ein geschickter Handwerker der Chirurgie. Auf seinem Grabstein wird er bez. als Johann Andreas Eisenbart (1661–1727), ‚Königl.-Großbritannischer, Kurfürstl. Braunschweig.-Lüneburg. privilegierter Landarzt u. Kgl.Preuß. Rat u. Hofokulist‘. Er galt bei den Zeitgenossen als genialer Operateur, der mit Hilfe einer Komödiantenbühne die Leute geschickt anzulocken wußte. Während er operierte, übertönten laute Musik und die Possen seiner Harlekine die markerschütternden Schreie der Patienten, denn es gab zu dieser Zeit noch keine Narkose im heutigen Sinn. Deshalb nannten seine Neider ihn einen Marktschreier, Schwindler und Quacksalber. Doch zeugen viele Dankesschreiben und Attestate von seinen medizin. Taten, ebenso wie von seinen erfolgreichen Kuren mit selbst hergestellten Arzneien. Der Nachwelt blieb er jedoch in der Hauptsache als jener marktschreierische und wenig zimperliche Dr. Eisenbarth in Erinnerung, wie er in einem um die Wende vom 18. zum 19. Jh. entstandenen und zuerst im ‚Neuen Kommersbuch‘ (Göttingen 1818), S. 368 abgedruckten

Studentenlied beschrieben wird. Es beginnt mit den Worten:

Ich bin der Doktor Eisenbarth,
Kurier die Leut' auf meine Art ...

Daß er anders war als sein Ruf – wie eine Gedenktafel an seinem Sterbehaus in Hannoversch-Münden verkündet –, beweisen auch zeitgenössische Quellen. Sie dienten als Grundlage für die Eisenbarth-Biographie von E. Pies, durch die das einseitige Bild korrigiert wurde. Sehr eindrucksvoll ist auch sein Wappen, das zu

,Doktor Eisenbarth'

der Gattung der ‚redenden Wappen' gehört und eine Erläuterung seines Namens darstellt: einen Strauß mit einem Hufeisen im Schnabel, wobei das Hufeisen wie ein eiserner Bart aus dem Schnabel des Vogels heraushängt, und als Helmzier einen gekrönten, bärtigen Mann.

Lit.: *A. Kopp:* Eisenbarths Wappen. In: Zs. f. Bücherfreunde, 7 (1903/04) I, S. 469; *E. Pies:* Ich bin der Doktor Eisenbarth (Genf 1977).

eisern. *Eisern sein:* fest wie Eisen sein, unerbittlich auf seinem Willen, Vorsatz beharren (vgl. die Bez. Bismarcks als den ‚eisernen Kanzler'). Auf dieser Vorstellung beruhen die Wndgn.: eisern sparen, eisern lernen, eisern schweigen, wobei eisern genauso der Steigerung dient wie bei seiner Beiordnung zu Substantiven: eiser-

ner Wille, vgl. frz. ‚volonté de fer', eiserne Energie, eiserne Ruhe, eiserne Gesundheit, vgl. frz. ‚une santé de fer'.

Aber eisern: ganz bestimmt, dient der Beteuerung.

Das Letzte, Unantastbare, zur Erhaltung des Lebens Notwendige ist *die eiserne Ration;* gemeint sind die wichtigsten Lebensmittel für den Notfall, bes. im Krieg. *Der eiserne Bestand einer Kasse:* der Rest des Geldes, der nicht ausgegeben werden darf, wenn das Geschäft nicht gefährdet werden soll.

Der Bdtg. nach verwandt sind die Rdaa.: *jem. mit eiserner Faust (Hand) unterdrücken:* mit unerbittlicher Strenge, vgl. auch frz. ‚une main de fer dans un gant de velours' (wörtl.: eine eiserne Hand in einem samtenen Handschuh), als Bez. für die einnehmenden Formen, wodurch sich strenge Machtausübung manchmal äußert, und: *mit eisernem Besen kehren:* mit Rücksichtslosigkeit vorgehen, gewaltsam Ordnung schaffen, ↗ Besen.

Nach dem 2. Weltkrieg gewann die Wndg. vom *eisernen Vorhang* Bdtg. Sie ist aus der Theatersprache entlehnt. Bei Gefahr wird der Bühnenraum durch diesen Vorhang vom Publikum abgeschlossen. Übertr. verstand man darunter die politische Abgrenzung zwischen den sozialistischen Ländern und Westeuropa.

Lit.: *W. Mieder:* Biographische Skizze zur Überlieferung des Ausdrucks ‚Iron Curtain' / ‚Eiserner Vorhang', in: Muttersprache 91 (1981) S. 1–14.

Eisheilige. *Die Eisheiligen noch abwarten (müssen):* bestimmte Pflanzen erst nach dem 15. Mai setzen. Bez. für die Festtage der Heiligen Pankratius (12. Mai), Servatius (13. Mai) und Bonifatius (14. Mai), an denen häufig ein Kälterückfall zu erwarten ist. Sie erhielten deshalb im Volksmund die scherzhafte Bez. ‚Eisheilige'. In Süddtl., Österreich u. der Schweiz gehört noch der Tag der hl. Sophia (15. Mai) dazu, den man auch ‚kalte Sophie' nennt. Nicht damit zu verwechseln ist die ‚Schafskälte' im Juni.

Elbe(n)tritsche ist der Name eines Phantasietieres in einem ländlichen Neckspiel aus dem Bereich der Narrenaufträge, mit dem man Fremde und Neulinge oder einen Einfältigen hänselt. Ihnen erklären die Eingeweihten, Elbetritsche seien wertvolle seltene Pelztiere oder eine Art Vögel, die sie jedoch mit ihrer Hilfe fangen können. Sie führen den Genarrten bei Nacht und Regen oder strengem Frost in den Wald oder auf ein entlegenes Feld und tragen ihm auf, geduldig einen Sack aufzuhalten, um darin die Elbetritsche zu fangen, die sie ihm zutreiben wollen. Heimlich kehren sie dann in die warme Gaststube zurück und amüsieren sich mächtig über den Angeführten, wenn dieser schließlich unverrichteterdinge und durchnäßt oder klammgefroren zurückkommt.

Neben der bes. in Rheinhessen, der Pfalz und in Schwaben verbreiteten Leitform *Elbe(n)tritschen fangen* kennt man noch ‚Rasselböcke‘, ‚D(r)lappen‘, ‚Dilldappen‘, ‚Dölpes‘ bzw. ‚Lämmes‘ bzw. ‚Lemkes fangen‘. Im Elsaß sagt man auch ‚Giritze‘ und in der deutschsprachigen Schweiz ‚Ellgriesli fangen‘. In Oberbayern heißt es den ‚Greiß‘ oder ‚Kreißen fangen‘, und dem Gefoppten selbst hängt noch lange der Spitzname ‚Kreißenjäger‘ nach. In Mecklenburg geht man den ‚Trappen jagen‘ und in Südschleswig den ‚Bäwer fangen‘.

Etw. derber ist das holst. ‚Bunsen‘ oder ‚Bucksen jagen‘: der Neuling mußte seine ausgezogene Hose (= Buckse) vor das Hunde- oder Hühnerloch der verschlossenen Dielentür halten, um das wertvolle Pelztier einzufangen. Statt dessen warf einer jedoch eine Schaufel voll Kuh- oder Pferdemist durch das Loch in seine Hose. Beim ostpr. ‚Rosbock‘ oder ‚Rosemock jagen‘ muß der Halter des Sackes unter einer Treppe oder Leiter stehen, wobei ihm von oben ein Eimer Wasser über den Kopf gegossen wird.

Im bayr. ‚Wolpertinger fangen‘ ist das fiktive Jagdtier ein scheußliches Ungeheuer mit großen scharfen Zähnen, aber sehr wertvollem Fell. In Flandern muß der Leichtgläubige beim ‚schavakken vangen‘ im Qualm eines eigens angefachten ‚Lockfeuers‘ ausharren. Für den Neckbrauch ist der phraseologische Haupttypus ‚chasser le daru‘, oder ‚dalu‘ in der frz. Schweiz, vorherrschend.

In Frankreich heißt das fabelhafte vierbeinige Tier ‚le dahut‘ (oder ‚dahu‘). Seine Beine sollen auf der einen Seite kürzer sein als auf der anderen und es soll sich im Gebirge aufhalten. Man kann es angeblich leicht schießen, wenn man es auf einem Bergeshang aufstöbert und zur Umkehr zwingt, so daß es aus dem Gleichgewicht kommt und in den Abgrund stürzt.

Wie all diese Formen ihre gemeinsame Wurzel in der Spottlust haben, in der allg. menschlichen Neigung, sich auf Kosten anderer zu belustigen, so bedeuten *Elbentritsch, Rasselbock* und deren verschiedene landschaftliche Synonyme rdal. oft zugleich ‚Tölpel‘ und ‚Dummkopf‘, eine geistig träge und einfältige Person, einen Menschen, dem man alles glauben machen kann. Und in vielen Fällen kann man diese Phantasienamen etymol. auf Bez. von einfältigen, täppischen Menschen zurückführen, die sich leicht zu Opfern solcher Späße machen lassen.

Daher die im Südwesten Dtl.s verbreiteten Rdaa.: *Der ist so dumm, mit dem kann man Elbetritsche fangen;* auch mdal. in vielfacher Form belegt: ‚mit dehm kannschde bloß Hilwedritsche fange‘, er taugt zu nichts; ‚mit dir kann mer Trappe fange!‘, du bist ein großer Dummkopf; ‚merr wunn Dilldabbche fange mirrem‘, er ist so einfältig, daß man alles mit ihm anstellen kann; ‚er ist so dumm, daß mer Rasselböck mit em fange kann‘.

Dagegen ‚Mit mir kannst de kao Rasselböck fange!‘: mich kannst du nicht für dumm verkaufen, wird auch als Zurückweisung von Zumutungen gebraucht. ‚Mer maant, du gingst Ellwetrittscher fange‘ sagt man zu einem, der langsam dahinschlendert. Aber auch, wenn einer ohne ersichtlichen Grund eilig vorbeistürmt, ruft man ihm zu: ‚Non, wilsde dildabə graifə?!‘ Wenn einer allzu neugierig fragt ‚Wo gehst du hin?‘, bekommt er zur Antwort: *Elbetritsche fangen (jagen)*, oder man kontert mit der rdal. Scherzfrage: *gehst du mit Elbtritschen fangen?*

‚Er fängt Ilwertritsche‘ heißt es, wenn jem. an sinnlosen Stellen sucht, wo nichts zu finden ist und ‚er tut Elbetritsche fange‘ sagt man im Scherz, wenn man nicht weiß, was einer schafft.

Das Elbetritsche-Fangen ist ein beliebter

Aprilscherz, ↗ April; an der Mosel wird es von den jungen Leuten verwendet, um die bei der Weinlese anwesenden Fremden zum Narren zu halten. ‚Elwedritsche fange' wird daher mancherorts auch in der Bdtg. von ‚jem. narren, veralbern, anführen' gebraucht. Auch in der handwerklich-industriellen Welt werden solche Narrenaufträge tradiert, und Lehrlinge und Neulinge schickt man Phantasiewerkzeuge wie die ‚Dachschere', den ‚Böschungshobel', ‚Gewichte für die Wasserwaage' oder das ‚Augenmaß' etc. zu holen, ↗ Wolpertinger, ↗ Dieldapp.

Lit.: *H. Hepding:* Narrenaufträge, in: Hess. Bl. f. Vkde., 18 (1919), S. 110ff. u. 20 (1921), S. 42 f.; *R. Mulch:* Elbentritschen u. Verwandtes, in: Hess. Bl. f. Vkde., 49/50 (1958), S. 176 ff. u. 51/52 (1960), S. 170 ff.

Eldorado. *Sich in einem Eldorado befinden:* im Goldland, im Märchenland, im Schlaraffenland. Urspr. wurde der Begriff nicht für ein Land verwendet, sondern entspr. dem span. Verb. ‚dorar' = vergolden u. dem Subst. ‚el dorado' auf einen Menschen bezogen. Nach einem Bericht von Sir W. Raleigh (1552–1618) wurde in manchen Regionen Südamerikas das Oberhaupt eines Distrikts jeden Morgen gebadet, von Kopf bis Fuß eingeölt und durch ein Schilfrohr mit Goldpuder bestäubt. Daher der Ausdr. ‚El dorado'. Die Geschichte wurde weithin bekannt durch A. v. Humboldt, der sie in seinen Memoiren aufgriff. Ferner durch die nachfolgende Übersetzung von H. Williams ins Englische (1827). Es ist anzunehmen, daß der Begriff ‚El dorado' (der Vergoldete) auf das Land bzw. die Region übertragen wurde, in der es solche ‚Goldkerle' gab. Heute wird mit Eldorado ein Gebiet bez., das ideale Verhältnisse bietet, z. B. für Schwimmer, Angler, Segler, Golfer usw., aber auch im neg. Sinn für Verbrecher aller Art. Meist ist jedoch das ‚Eldorado' gemeint, das jeder für sich selbst wünscht, das Land der eigenen Sehnsüchte u. Träume.

Lit.: *C. A. Ward:* ‚El Dorado', in: Notes & Queries, 6th, 10 (1884), S. 448; *W. P. Williams:* ‚El Dorado', in: Notes & Queries, 6th, 11 (1885), S. 35.

Elefant. *Sich benehmen wie ein Elefant im Prozellanladen:* plump und ungeschickt auftreten (frz. ‚se conduire comme un éléphant dans un magasin de porcelaine'; engl. ‚like a bull in a china shop'; eine Rda., die sich aufgrund der angedeuteten Situation leicht in eine Erzählung umwandeln läßt, ohne notwendig auf eine solche zurückgehen zu müssen.

Aristoteles, Plinius, Aelianus und Solinus schildern den Elefanten als fürsorglich und ausgesprochen behutsam. Nur wenn er durch Feinde bedroht oder kampfeslustig gemacht wird, geht er zum Angriff über und zertrampelt alles, was unter seine Füße gerät. Sprw. ist seine Angst vor einer kleinen Maus, die vor allem seine Duldsamkeit u. Milde gegenüber schwächeren Lebewesen illustriert.

Diese Eigenschaften kommen in vielen Sprww. zum Ausdr.: ‚Ein Elefant fängt keine Mäuse' oder ‚Ein Elefant fleucht keine Maus': er gibt sich nicht mit nichtigen Dingen ab. Ähnl. Bdtg. hat das Sprw. ‚Ein Elefant macht keine Mücken tot'.

Daher bedeutet: *Ein Gemüt haben wie ein Elefant:* gutmütig, unerschütterlich sein, Geduld mit den Mitmenschen haben.

Beliebt sind auch die Wndgn., die das ‚große Tier' herausstellen, um die menschlichen Eigenschaften u. Verhaltensweisen daran zu messen. ‚Wer Elefanten beherbergen will, muß große Türen haben': wer mit Großen Umgang pflegen will, muß selbst groß sein. Das Sprw. ‚Der Elefant ist ein großes Tier, aber er läßt die Schwächeren neben sich gehen' wird vor allem dann gebraucht, wenn jem. seine Überlegenheit nicht ausspielt. Auch könnte damit die Beschützerfunktion angesprochen sein, denn der Elefant gilt wegen seiner Fürsorge und absoluten Treue als überragende Vaterfigur.

Ein Gedächtnis haben wie ein Elefant besagt, daß jem. sich an unglaublich viele Dinge erinnern kann und nichts vergißt. Beim Elefanten ist alles langfristig angelegt. Er hat nicht nur eine außergewöhnlich lange Lebensdauer, sondern es dauert bei ihm auch sehr lange, bis es zur Geburt eines Jungen kommt, die erst nach zweijähriger Tragzeit der Elefantenkuh erfolgt. Langwierige Projekte werden deshalb oft eine *Elefantengeburt* genannt. Auch gibt es eine ältere Rda.: *Es gebären eher die Elefanten,* die dann gebraucht

wird, wenn das Unabsehbare einer langwierigen Sache zum Ausdruck gebracht
werden soll.

*Von Elefanten schwanger sein und Fliegen
gebären:* sich mit großen Dingen tragen,
deren Erfolg äußerst gering ist. Vgl. ndl.
‚Hij gaat van een‘ olifant zwanger, en
brengt eene vlieg voort‘. Dem Sinn nach
ist diese Rda. verwandt mit der bis auf die
Antike zurückgehenden Wndg. ‚Der Berg
hat ein Mäuslein geboren‘ (↗ Berg). Außerdem soll sich der Name des Elefanten
von griech. ‚eliphio‘ = Berg herleiten. Die
Rda. geht schon in die Nähe der heutigen
Elefantenwitze, in denen der Elefant in
oft paradoxer Weise als Prototyp für über-
dimensionale Kraft und als Vaterfigur
dargestellt wird.

Den Elefanten spielen: sich wie ein Kraft-
protz gebärden, sich groß aufspielen.

Aus einer Mücke einen Elefanten machen
↗ Mücke.

Eine Elefantenhaut haben: dickfellig sein,
ein Übermaß an Gelassenheit zeigen,
nicht zu rühren und zu verwunden, unzugänglich, auch teilnahmslos und herzlos
sein, ↗ Haut.

Der Elefant (umg. auch ‚Jumbo‘ genannt)
dient in neuen Wortverbindungen oft zur
Veranschaulichung der Größe und Wichtigkeit hoher Funktionäre in Politik und
Wirtschaft: *Eine Elefantenrunde einberu-
fen* ist eine Wndg., die die Bedeutung
einer Versammlung oder einer Angelegenheit betont, zu der viele große Kapazitäten eingeladen werden (im Gegensatz
zum ‚kleinen Gremium‘). Ähnl. verhält es
sich mit der Wendung *Eine Elefanten-
hochzeit feiern.* Sie wird dann verwendet, wenn zwei große Konzerne fusionie-
ren.

Mit dem rosaroten Elefanten reisen ist eine
neuere Rda. aufgrund einer Eisenbahn-
werbung und bedeutet: zum billigsten
Bahntarif für Langstrecken reisen. Das
Bild des rosaroten Elefanten steht für das
Besondere, Herausragende. Schon im
MA. gab es Ill., in denen der Elefant in roter Farbe dargestellt wurde. Bekannt ist
auch eine Darstellung vom elefantenköp-
figen Hindu-Gott Ganesh, dessen Ritual-
farbe rot ist. Sie stammt von einem Maler
aus Kalkutta, der diesen, von den Indern
am meisten verehrten Gott in rosaroter

Farbe auf einer Maus tanzend festgehalten hat.

Lit.: *O. Keller:* Die antike Tierwelt 1 (Leipzig 1909),
S. 372–382; *G. C. Druce:* The Elephant in Medieval
Legend, in: The Archeological Journal 76 (1919),
S. 1–73; *A. Taylor:* ‚Pink elephants‘, in: JAF 65 (1952),
S. 259 u. 67 (1954), S. 238; *M. E. Barrick:* ‚To see the
elephant‘, in: American Notes & Queries 5 (1966–67),
S. 120; *J. Rea:* ‚Seeing the elephant‘, in: Western Folk-
lore 28 (1969), S. 21–26; *H. Brix:* Da lachen selbst die
Elefanten (München 1971); *R. D. Abrahams u.
A. Dundes:* On Elephantasy and Elephanticide, in:
A. Dundes: Analytic Essays in Folklore (1975),
S. 192–205; *V. B. Dröscher:* Mich laust der Affe (Düs-
seldorf 1981), S. 7 ff.; *R. Schenda:* Art. ‚Elefant‘, in:
EM. III, Sp. 1302–1311; *St. Oettermann:* Die Schau-
lust am Elephanten. Eine Elephantographia curiosa
(Frankfurt/M. 1982); *J. Becker:* Von Ganesha u. Ba-
bar, von Jacob Grimm u. Theodor W. Adorno. Prole-
gomena zu einer Imagologie des Elefanten in Fabel u.
Märchen, in alten u. neuen Mythen. Zs. f. Kulturaus-
tausch 37.4 (1987).

Element. *In seinem Element sein:* sich
wohlfühlen (‚wie der Fisch im Wasser‘),
sich in dem Kreis bewegen, auf den man
durch seine Begabung von Natur aus angewiesen ist; z. B. in Schillers ‚Räubern‘
(II, 3): „Da ist er in seinem Element und
haust teufelmäßig“.

Die Rda. knüpft an die alte Lehre des
griech. Philosophen Empedokles von den
vier Elementen an, aus denen sich alles –
auch der Mensch – zusammensetzt, wobei
in jedem Menschen das eine oder andere
überwiegen kann. Ebenso frz. ‚être dans
son élement‘, engl. ‚to be in one's element‘, ndl. ‚in zijn element zijn‘. Ndl. sagt
man dafür auch: ‚Hij is in zijn knollen-
tuin‘, in seinem Rübengarten, ↗ Esse.

Lit.: *M. Lurker:* Art. ‚Elemente‘, in: Wb. der Symbolik
(Stuttgart 1979), S. 130–131; *L. Röhrich:* Elementar-
geister, in: EM. III, Sp. 1316–1326.

Elend, aus ahd. ali-lanti, eli-lenti, bedeutete urspr.: anderes Land, Fremde. Auf
diese Grundbdtg. des Wortes geht die früher häufig gebrauchte Rda. *das Elend
bauen* (mhd. ‚daz ellende bûwen‘) zurück;
ihr Sinn ist: in der Fremde, im fremden
Land wohnen. Belegt bei Hans Sachs:

So laszt ein zeit in ziehen hin,
die land hin un wieder beschawen,
das ellend versuchen und bawen.

So auch noch im bekannten Innsbruck-
Lied. Die Worte werden dem Kaiser Maximilian zugeschrieben; die Weise
stammt von Heinrich Isaak, um 1495:

ELF

Innsbruck, ich muß dich lassen,
Ich fahr dahin mein Straßen
In fremde Land dahin.
Mein Freud ist mir genommen,
Die ich nit weiß bekommen,
Wo ich im Elend bin.

Ähnl. Wndgn. sind: *das Elend räumen:* in geistlichem Sinne = sterben, *ins Elend fahren:* in die Fremde gehen; *im lustigen Elend leben:* Soldat sein. Goethe war die urspr. Bdtg. des Ausdr. noch geläufig: „Streifen nicht herrliche Männer von hoher Geburt nun im Elend" (,Hermann und Dorothea', 5. Gesang, V. 99); „Ins Elend übers Meer verbannt du mich" (,Die natürliche Tochter', V. 7); noch deutlicher bei Ludwig Uhland (Bidassoa-Brücke):

Jedem ist das Elend finster,
jedem glänzt sein Vaterland.

In einem früher vielgesungenen Volkslied heißt es:

E ich mein Bulen wolt faren lan,
E wolt ich mit ir ins Elend gan.

Später erhielt der Ausdr. ,elend' auch die Bdtg. von fremd, verbannt, hilfsbedürftig, jammervoll, und bezog sich also auf Fremde, Arme und Kranke, auf die Außenseiter der Gesellschaft, die Fahrenden, Gaukler etc., deren Rechte eingeschränkt waren und die daher in Armut und Not lebten.

Auf die in vielen Ländern auf Abenteuer umherziehenden Ritter bezieht sich die kulturgeschichtlich merkwürdige Bez. einer Mehlspeise: ,Arme Ritter in Elendsfett', wobei der Witz noch verdoppelt wird durch den Bezug auf das knochig-dürre Elentier, das man früher auch ,Elend' schrieb.

Die heutige Bdtg. von Elend als ,Not, beklagenswerter Zustand' ist schon Luther bekannt; sie liegt den in der Ggwt. gebräuchl. Wndgn. zugrunde: *das besoffene (trunkene, graue) Elend bekommen:* den Zustand des Betrunkenen, in dem er wehmütig wird und zu weinen beginnt, schon 1575 in Gärtners ,Proverbialia Dikteria':

das trunken Elendt weint der vierdt,
daß in doch nüchtern wenig irrt.

Ähnl.: *Man könnte das heulende Elend bekommen; ein Elend machen:* viel jammern; *er sitzt da wie ein Häufchen Elend:* er sitzt traurig da.

Ein langes Elend (Leiden) sein: ein sehr hochgewachsener und magerer Mensch sein, seit Anfang unseres Jh. gebräuchlich.

Lit.: R. *Rieger:* Art. ,Elend', in: HdA. II, Sp. 777–780; W. *Ebel.* Über Rdaa. u. Recht, S. 1–12, bes. S. 8; H. *Thieme:* Art. ,Fremdenrecht', in: HRG. I, Sp. 1270–1272.

elf. *In der elften Stunde kommen:* im letzten Augenblick, sehr spät kommen. Die Rda. ist dem bibl. Gleichnis von den Arbeitern im Weinberg (Matth. 20,6) entnommen. Die Arbeiter, die erst um die elfte Stunde in den Weinberg gehen, beginnen nach der jüd. Tageseinteilung um 5 Uhr mit der Arbeit, eine Stunde vor dem Ende der Arbeitszeit. Vgl. frz. ,arriver à la onzième heure'.

Heute bezeichnet man mit ,von elfe bis Mittag' eine recht kurze Zeit, z. B. obersächs. ,Das hält von elfen bis um zwelfe', es hält nicht lange. Schwäb. ,Der läßt fünf gerade sein und elf ein Dutzend', er nimmt es nicht genau (↗ fünf).

Elf zu werfen galt beim Würfelspiel bald als Glücks-, bald als Unglückswurf; die letztere Bdtg. hat schließlich überwogen; schwäb. bedeutet jetzt: ,Er hat ölfe geworfen', er ist stark berauscht. In Sachsen und Niederdtl. kann man Zusammensetzungen wie *elfunddreißig, elfundneunzig* hören; sie bezeichnen Unverständliches oder Äußerstes, z. B. obersächs. ,Der kommt glei' um eelf'neinz'g heem', sehr spät.

Die Rda. *in elftausend Jungfrauen verliebt sein* ist eine scherzhafte Anspielung auf die Legende von den elftausend Begleiterinnen der heiligen Ursula, die bei Köln von den Hunnen erschlagen und von den Kölnern bestattet worden sein sollen. Die Zahl 11 000 beruht vermutlich auf einem Lesefehler. Ein Strich über der XI (lat. Zahlzeichen für 11) wurde als Kürzel für ,1000' gelesen statt als Kennzeichnung der Zahl unter den Buchstaben. Andere sprechen von einem Mißverständnis. Im Heiligenalmanach stehe nämlich neben der Ursula eine Undecimilla, also ein Name. Diesen Namen hätten die Mönche ,geschlimmbessert' zu „undecim milia" und dann zu der Zahl elftausend gemacht.

Das elfte Gebot ↗ Gebot.; ‚Der elfte Finger‘
↗ Finger.
Im Elferrrat sitzen: im Gremium. Die ‚Elf‘
als närrische Zahl (‚Elferrat‘, Beginn der
Fastnachtskampagne am 11. 11. um 11 Uhr
11) leitet D. R. Moser aus klerikalen
Überlieferungen ab. Die Zahl 11 gilt als
Zeichen der Sünde, weil es die erste Zahl
ist, die die Zehnzahl des Gesetzes über-
schreitet und deshalb diejenigen bez., die
das Gesetz übertreten. Zahlreiche bibl.
Stellen weisen auf diesen Zusammenhang
hin, u. a. 2. Mos. 26,7.
Auch in der Lit. ist die Elf in diesem Sinne
bezeugt: „Elf! Eine böse Zahl. Elf ist die
Sünde. Elf bedeutet die Überschreitung
der Zehn Gebote". (Schiller: ‚Die Piccolomini‘, II, 1).

Lit.: *G. Grober-Glück:* Motive u. Motivationen in
Rdaa. u. Meinungen (Marburg 1974), S. 48;
L. Schmidt: Sprw. dt. Rdaa., in: Österr. Zs. f. Vkde. 28
(1974), S. 81–130, hier bes. S. 89; *D.-R. Moser:* Elf als
Zahl der Narren, in: Jb. f. Volksliedforschung 27–28
(1982/83), S. 346–363.

Elfenbeinturm. *Sich in einen Elfenbeinturm zurückziehen, in einem Elfenbeinturm
sitzen:* sich fernab von den Problemen der
Welt seiner eigenen Arbeit hingeben, z. B.
der künstlerischen, literarischen oder wissenschaftlichen Arbeit, vgl. frz. ‚être dans
sa tour d'ivoire‘. Der Begriff ‚tour d'ivoire‘
wurde von dem frz. Literaturkritiker
und Schriftsteller C. A. Sainte-Beuve
(1804–69) als Bild für Isolation von den
Realitäten 1835 im Anschluß an das ‚Ho-
helied‘ (7,5) geprägt und auf den frz.
Dichter A. de Vigny (1797–1863) bezogen.
Er fand von daher auch Eingang in die dt.
Sprache. Er hat vor allem in jüngster Zeit
stark an Bdtg. gewonnen als treffende
Bez. für den Gegensatz von hektisch-be-
triebsamer Alltagswelt und abgeschiede-
ner Zurückgezogenheit.
Die Rda. besitzt heute meist negative
Bdtg. und enthält den Vorwurf, es sich
leicht zu machen, indem man sich als Wis-
senschaftler von brennenden Problemen
und der Tagespolitik zurückhält und ego-
istische Interessen der Forschung und
Kunst vorschützt, statt sich zu engagieren,
↗ Turm.

Lit.: *R. Bergmann:* Der elfenbeinerne Turm in der dt.
Lit., in: Zs. f. dt. Altertum 92 (1963).

Elias. *Als der feurige Elias* wird eine veraltete, fauchende und funkensprühende

‚Feuriger Elias‘

Dampflokomotive bez. Der scherzhafte Ausdr. entstand in der Eisenbahnersprache als geringschätzige Bez. der altmodischen kleinen Lokomotiven, die zur Zeit der modernen Elektroloks für die Fernzüge noch auf Nebenstrecken, Lokal- und Privatbahnen benutzt wurden. Die Wndg. beruht auf der Erinnerung an den feurigen Wagen, der Elias lebend in den Himmel brachte. Der bibl. Bericht (2. Kön 2, 11) lautet: „ Und da sie miteinander gingen und redeten, siehe, da kam ein feuriger Wagen mit feurigen Rossen, die schieden die beiden voneinander, und Elia fuhr also im Wetter gen Himmel". Im Volksglauben der orthodoxen Christen gelten Donner und Blitz als hör- u. sichtbare Manifestationen des feurigen Eliaswagens am Himmel. Außerdem ist der Heilige als Wetterpatron zuständig für die Fruchtbarkeit der Felder. In dieser Funktion erscheint er oft in der Ikonographie, z. B. auf rumänischen Hinterglasbildern.

Lit.: *F. Sartori:* Art. ‚Elias', in: HdA. II, Sp. 781–785; *C. Imrie* u. *M. Foçsa:* Rumänische Hinterglasikonen (Bukarest 1969); *H. Schwarzbaum:* Art. ‚Elias', in: EM. III, Sp. 1342–1353.

Elle. *Alles nach seiner Elle messen:* alles vom eigenen Standpunkt aus beurteilen; ndl. ‚Hij meet anderen naar zijne eigene el'; frz. ‚mesurer tout à son aune'. Diese Rda. hängt zusammen mit der älteren *etw. nach der Elle messen (verkaufen):* es unterschiedslos behandeln; ähnl. *mit gleicher Elle messen* (vgl. 3. Mos. 19,35: „Ihr sollt nicht unrecht handeln im Gericht, mit der Elle, mit Gewicht, mit Maß".). Die Bez. ‚Elle' führt in die Zeiten zurück, in denen man sich damit begnügte, als Maß der Dinge den eigenen Körper zu nehmen, ähnl. ‚Fuß', ‚Spanne' u. ‚Schritt'. Da dies individuelle variable Größen waren, gab es Mustermaße an Rathaus oder Gerichtsgebäuden (in Freiburg an der Vorhalle des Münsters). Bis 1871 gab es in Dtl. über 100 verschiedene Ellenmaße, die als Naturmaße (Länge des Unterarmes) zwischen 50 cm und 78 cm schwankten. Erzgeb. ‚Daar tut, os wennersch nuch der Eel bezohlt kriegt', er schwätzt unendlich viel.

Das Ellenmaß anlegen: einen zur Strafe schlagen. Elle ist obersächs. auch auf die Zeit übertr. worden: *kurze Elle haben:* eine kurze Frist zur Verfügung haben. *Er weiß, was davon die Elle kostet:* er hat Erfahrung darin. Die Rda. *Mit der kurzen Elle messen:* betrügen, ist schon in einem Holzschnitt aus den ‚Acht Schalkheiten' von 1470 bildl. dargestellt.

‚Mit der kurzen Elle messen'

Sich nach der langen Elle messen: seinen Wert, seine Verdienste überschätzen; *sich unter eines anderen Elle begeben:* sich von ihm nach seinem Maßstabe beurteilen lassen. *Etw. nicht nach der Elle messen:* großzügig sein, neben der Quantität die Qualität berücksichtigen. Von einem sehr großen Menschen heißt es *Man könnte ihn nach der Elle verkaufen;* vgl. ndl. ‚Hij is zoo lang, men zou hem met de el verkoopen'. Auf den Maßstock selbst bezieht sich: *Der hat eine Elle verschluckt:* er geht sehr steif und gerade (z. B. berl.); vgl. dagegen frz. ‚il a mangé des petites pois qui ne voulaient pas cuire' (wörtl.: Er hat Erbsen gegessen, die beim Kochen nicht weich werden wollten).

Bei dem ist die Elle größer als das Band: seine Ausgaben übersteigen die Einnahmen. Berl. ‚Denn wird die Elle länger wie der Kram‘, die Kosten sind größer als der Gegenstand, das Unternehmen wert ist. *Ellenlang* steht rdal. für bes. lang; vgl. z. B. Sacharja 5,2, wo es heißt: „Ich sahe einen fliegenden Brief, der ist zwanzig Ellen lang und zehn Ellen breit“ (ein ‚ellenlanger Brief‘); vergleiche frz. ‚long d'une aune‘.

Lit.: *A. Webinger:* ‚Faustdick und ellenlang‘ (Maßangaben, die der Körper stellt), in: Muttersprache, 55 (1940), S. 38–40, 88–89; Art. ‚Elle‘, in: Reallex. d. Dt. Kunstgesch. IV, S. 1433 ff.; *M. Wiswe:* ‚Mit der Elle gemessen‘, in: Volkskunst 12 (1989), Heft 3, S. 23–26.

Ellenbogen. *Ellenbogen haben* bzw. *Seine Ell(en)bogen zu gebrauchen wissen:* sich rücksichtslos durchsetzen; vgl. frz. ‚savoir jouer des coudes‘ (mit den Ellenbogen zu spielen wissen). *Sich mit den Ellbogen durchboxen:* Seinen Weg machen ohne Rücksicht auf andere. *Er trägt Rasierklingen an den Ellbogen* heißt es von dem, der ‚ohne Gnade und Barmherzigkeit‘ seine Ziele verfolgt.

Dagegen: *keine Ellenbogen haben:* kraftlos sein, sich nicht durchsetzen können. *Die Ell(en)bogen frei haben müssen:* der Bewegungsfreiheit bedürfen; vgl. dazu das seit dem Anfang des 19. Jh. belegte Wort ‚Ell(en)bogenfreiheit‘. Vgl. frz. ‚avoir les coudées franches‘.

Mit dem Ellenbogen kann der Mensch oft mehr Kraft entfalten als mit der Hand oder dem Handgelenk; daher die Rdaa. *Kopf und Ell(en)bogen zusammennehmen:* alle seine Kräfte zusammenraffen; obersächs. sagt man beispielsweise von einer Rede: ‚Do gehört Kopp un Ellbogen derzu‘; auch: ‚Kopp, Genie und Ellbogen‘.

Nachts nur auf den Ellenbogen zu liegen ist ein Zeichen für leichten Schlaf und Wachsamkeit; z. B. schwäb. ‚Zur Erntezeit schlafen die Bauern nur auf dem Ellebogen‘.

Sehr verbreitet sind die auf einen Geizhals zielenden Rdaa.: *Er hat einen steifen Ellenbogen; er kann den Ellenbogen nicht krumm kriegen; er kann mit dem Ellenbogen nicht in die Tasche kommen:* er gibt nur ungern Geld aus, die auch mdal. bezeugt sind. Vgl. ndl. ‚Hij kan met zijne ellebogen

niet in zijn‘ zak komen‘. Im Gegensatz dazu heißt es im Frz. ‚Il lève bien le coude‘ (wörtl.: Er hebt den Ellenbogen gern‘‘: er säuft gern).

Bis an (über) den Ellenbogen ist eine beliebte volkstümliche Wndg. zur Bez. von Übertreibung und Unbescheidenheit; z. B. meckl. ‚Dee fohrt ümmer bet'n Ellbagen in'n Pund Botter rin‘, er übertreibt. Schon 1709 bei Joh. Fiedler: „Sie sagten bis über den Ellenbogen Gehorsam zu, da sie doch wohl ein Glied am kleinsten Finger zu halten im Herzen gedachten“.

Elster. Im Volksglauben gilt die Elster als *diebisch, spöttisch, zänkisch* und *geschwätzig;* daher der rdal. Vergleich *Er stiehlt wie eine Elster* (↗ Rabe, stehlen). Am verbreitetsten und ältesten ist der Ruf der Elster als einer schimpfenden Schwätzerin; schon in Ovids ‚Metamorphosen‘ (V. 296 ff.) ist von einer Frau die Rede, die in eine Elster verwandelt wird, ebenso in Seb. Brants ‚Narrenschiff‘ (64,19): „Eyn frow ist worden bald eyn hätz“, und bei Hans Sachs heißt es:

bei jedermann an allen orten
konnten sie von der weisheit schwetzen,
gleichwie die eltstern und die hetzen.

Ähnl. sagt man noch heute *schwätzen wie eine Elster;* vgl. frz. ‚bavarder comme une pie‘.

Im Obersächs. bedeutet *etw. der Elster auf den Schwanz binden:* für die Verbreitung einer Neuigkeit sorgen; *von der Elster gegessen haben:* sehr geschwätzig sein; ‚er kann die Elster schwatzen lehren‘ sagt man von einem großen Schwätzer, ‚er wird noch eine tote Elster betrügen‘, von einem sehr Einfältigen; ‚der Elster das Hüpfen abgewöhnen wollen‘, etw. Unsinniges, Überflüssiges tun; ‚die Elster füttern‘, seinen Gewinn unbemerkt einstecken.

Ein vor allem im bad. Raum bekannter Vergleich lautet: ‚Er stinkt wie eine Atzel‘ (Elster).

Lit.: *O. Keller:* Die antike Tierwelt 2 (Leipzig 1913), S. 113; *A. Haas:* Die Elster im pomm. Volksmunde, in: Heimatbeilage 5 (Pyritz 1926), S. 34; *A. Taylor:* Art. ‚Elster‘, in: HdA. II, Sp. 796–802; *M. Belgrader:* Art. ‚Elster‘, in: EM. III, Sp. 1363–1367; *E. u. L. Gattiker:* Die Vögel im Volksglauben (Wiesbaden 1989), S. 166–86.

Eltern. *Nicht von schlechten Eltern sein:* tüchtig, stark, kräftig sein, wird, um die gute Abkunft, die gute, tüchtige Art auszudrücken, zunächst von Menschen gesagt, z. B. bei der Ankunft des Rekruten in Schillers ‚Wallensteins Lager‘ (7. Auftr.):

Zweiter Jäger: Seht mir, das ist ein
          wackrer Kumpan!
(Sie begrüßen ihn)
Bürger: Oh, laßt ihn! er ist guter
          Leute Kind
Erster Jäger: Wir auch nicht auf der
          Straße gefunden sind.

Dann aber auch scherzhaft von allen möglichen Dingen, etwa von einer feinen Weinsorte: ‚Der Wein ist nicht von schlechten Eltern‘ oder von einer tüchtigen Ohrfeige: ‚Die war nicht von schlechten Eltern‘.

In der Wahl der Eltern vorsichtig gewesen sein: zum Glück wohlhabende Eltern haben. Reiche Eltern sind kein Zufall, sondern in witziger Auffassung das Ergebnis sorgfältigen Aussuchens (seit der Mitte des 19. Jh. bezeugt). Vgl. berl. ‚Man kann in der Wahl seiner Eltern nicht vorsichtig genug sein‘. Vgl. frz. ‚avoir bien choisi ses parents‘ (sich die richtigen Eltern ausgesucht haben).

Seinen Eltern über den Kopf gewachsen sein: sich ihren Anordnungen nicht mehr beugen, das Leben nach eigenem Geschmack in eigener Verantwortung führen. In komischer Umkehrung: ‚Man hat's nicht leicht, bis man seine Eltern groß hat!‘

Emma. Der Name ‚Emma‘ galt in der bürgerlichen Gesellschaft des 19. Jh. als Dienstmädchenname. Seit der Mitte des 20. Jh. kommt er nur noch selten vor –, oder in symbolischer Bdtg.: ‚Tante-Emma-Laden‘ ist die scherzhafte Bez. für einen kleinen Gemischtwarenladen, wie er sich gelegentlich noch in die Gegenwart hinübergerettet hat. Die ergänzende Bez. ‚Tante‘ ist als Hinweis auf die Fürsorge einer guten Tante zu verstehen, auf eine erinnerungsbeladene Vorstellung vom Einzeldienst am Kunden, der eigentl. einer vergangenen Zeit angehört, gleichwohl aber häufig vermißt wird. In jüngster Zeit wird der Name ‚Emma‘ als Abkürzung für ‚Emanzipation‘ verstanden, so z. B. im Titel des gleichnamigen Frauenmagazins. ‚Alles Scheiße, deine Emma‘, ↗ Scheiße.

Ende. Das ist das Ende vom Lied: das ist der unausbleibliche Ausgang der Sache, das ist das unerfreuliche Ergebnis; nordostdt.: ‚Dat is dat Eng von Leed‘: die betrübliche Folge; ndl.: ‚Dat is het einde van het lied‘. Man sagt auch scherzhaft ‚Das Ende vom Lied war, daß alles beim Alten blieb‘.

Die Rda. bezieht sich auf den oft traurigen Ausgang alter Volkslieder. Schon in Wolframs ‚Parzival‘ (475, 18) heißt es ähnl.: ‚sus endet sich dîns maeres dôn‘ (vgl. auch Tit. 17, 4). Luther ist die Rda. ebenfalls bekannt, doch bedeutet sie bei ihm einfach: dabei bleibt es, damit hört es auf: „vnd ist dieses das Ende vom Liede, wenn sie es theten oder erleubten, so were es Recht, aber weil wirs thun vnd erleuben, so ists Vnrecht" (Jenaer Ausg. 4, 383 a).

In einem Briefe vom 28. Juli 1718 an ihre Stiefschwester Louise spottet Lieselotte von der Pfalz über den jähen Abbruch der so hoffnungsvoll begonnenen Karriere einer französischen ‚Musiklehrerin‘, „daß ist daß Endt vom liedt".

Das ist vor seinem Ende: das hat man nicht von ihm erwartet, das ist wider seine Natur; eigentl.: das ist eine so befremdende Handlung von ihm, daß sein Lebensende als nahe vermutet werden darf. Die Redensart ist besonders im Obersächs. verbreitet.

Das dicke Ende kommt (folgt) nach: das Schlimmste kommt zuletzt, es wird wohl noch eine unangenehme Überraschung geben. Möglicherweise rührt die Wndg. vom Kampf Mann gegen Mann im Handgemenge her: wenn im Nahkampf die Gewehre nur noch gebraucht werden konnten, um den Gegner mit dem schweren Kolben niederzuschlagen. Wahrscheinlicher nimmt die Rda. ihr Bild von der Prügelstrafe und der dabei verwendeten Rute oder Peitsche, die man, in immer größere Wut geratend, schließlich umdreht, weil das dicke Ende mehr zieht. Die Rda. läßt sich aber auch vom Durchziehen eines vorne dünnen, hinten dicken Gegenstandes durch eine Öffnung erklären, z. B. eines Fadens durch eine Nähnadel, wobei darin das dicke Ende mehr Schwierigkeiten bereitet als der dünne Anfang.

Von der Schweiz bis nach Norddtl. verbreitet ist die Wndg.: ‚Das Ende trägt die Last‘: Das Alter ist voller Beschwerden.

Etw. am richtigen Ende anfassen: es geschickt anfangen; vgl. frz. ‚prendre les choses par le bon boût‘; engl.: ‚He has the better end of the string‘: in diesem Falle befindet er sich im Vorteil; oder: ‚Er hält das gute Ende auf seiner Seite‘: er ist materiell hinlänglich gesichert. Die uckermärkische Wndg. ‚De hätt doa biet dick Enn‘ besagt, bei jem. gut angeschrieben sein. Fatal wäre ‚am onrechte Eng spare‘ (ostpr.), das hieße, ‚er hat es am verkehrten Ende angefangen‘; ndl.: ‚Hij heeft het bij’t verkeerde einde aangegrepen‘.

Dagegen kommt *am längeren (kürzeren) Ende ziehen:* sich im Vorteil (Nachteil) befinden, vermutlich von der ma. Sitte, einen Streit zu schlichten, indem beide Parteien einen Strohhalm ziehen mußten; wer den kürzeren zog, hatte verloren; vgl. die frz. Rda. ‚tirer à la courte paille‘ und ‚den Kürzeren ziehen‘ (↗ kurz).

(Da ist) das Ende von weg: das ist ein starkes Stück. Die urspr. berl. Rda. ist ziemlich jung. Sie beruht auf der sonderbaren Vorstellung, man könne von einem Ganzen ein Stück abschneiden und es durch diese Manipulation ins Grenzenlose ausdehnen; auch in der Mda. belegt, nordostdt.: ‚Nu es oawer det Eng von weg!‘ Ausdr. lebhafter Entrüstung.

Am Ende (parodierend auch: am Arsch) *der Welt:* am äußersten Ende der Stadt, des Landes; in sehr weiter Entfernung. Ein übertreibender Ausdr., der aber auf dem älteren Volksglauben beruht, wonach die Welt irgendwo eine Grenze und ein Ende hat; vgl. frz. ‚Au bout du monde‘. Ähnl. ‚Hier ist die Welt mit Brettern vernagelt‘ (↗ Brett). Diese räumlich-geographische Auffassung, die die Kugelgestalt unseres Planeten ignoriert, spielt im Volksglauben eine bedeutende Rolle. Als Ort geheimnisvoller Mächte und Gestalten und Inbegriff extremer Ferne lebt sie im Märchen und Mythos vieler Völker. Dahin etwa wandert die Schwester der sieben Raben auf der Suche nach den verlorenen Brüdern (KHM. 25). Das ‚Ende der Welt‘ taucht noch zu Beginn des 17. Jh. in phantastischen Reiseberichten auf.

Als poetischer Ausdr. wirkt es noch lange; ‚jem. bis ans Ende der Welt folgen‘ heißt: überallhin mit hingehen, ihn niemals verlassen.

Aus Shakespeares ‚Sommernachtstraum‘ (V, 1) zitiert man: *Das ist der Anfang vom Ende* („That is the true beginning of our end“), während frz. ‚C’est le commencement de la fin‘ in den hundert Tagen der Regierungszeit Napoleons I. nach seiner Rückkehr von Elba (1815) Talleyrand zugeschrieben wurde (vgl. Fournier: L’Esprit dans l’histoire [Paris ⁴1882], S. 438).

Ein Ende mit Schrecken nehmen ist eine bibl. Wndg. und stammt aus der Übers. von Ps. 73, 19. Eine Erweiterung dieses Ausdr. sind die Worte Ferdinand von Schills (1776–1809) am 12. Mai 1809 auf dem Marktplatz von Arneburg an der Elbe. Der begeisterten Schar, die ihm von Berlin aus nachgezogen war, rief er zu: „Lieber ein Ende mit Schrecken, als ein Schrecken ohne Ende!“ (vgl. Büchmann). Sein Zug ‚nahm kein gutes Ende‘.

Die Wndg. *am letzten Ende,* die heute ‚schließlich‘ oder ‚vielleicht‘ bedeutet, war urspr. eine Umschreibung für das Ende des Erdenlebens, für sterben. In Murners ‚Schelmenzunft‘ (34, 19) heißt es:

Wen einer nach sym letsten endt
Uff erden laßt ein bösen namen,
Des all syn kindt sich miessent
            schamen,

und bei Adam Reusner (1496–1575):

O wahrer Gott, aus aller Not
hilf mir am letzten Ende

(‚In dich hab ich gehoffet, Herr‘).

Die neuere Rda. *Es geht mit jem. zu Ende:* er stirbt, gehört in den gleichen Zusammenhang, nordostdt.: ‚mit dem geiht et to End‘. Lit. ist sie bezeugt in C. F. Meyers Gedicht ‚Hussens Kerker‘.

Es geht mit mir zu Ende,
Mein Sach und Spruch ist schon
Hoch über Menschenhände
Gerückt vor Gottes Thron.

Sie findet sich in zahlreichen Varianten: ‚sein Ende nahen fühlen‘: er liegt im Sterben; ‚Er ist am Ende des Stegs angekommen‘; vgl. frz. ‚Il est au bout‘; ndl.: ‚Hij is aan het eind van den akker'; während die Wndg. *völlig am Ende sein* körperl. Erschöpfung und Verausgabung von aller Kraft in geistigem und wirtschaftl. Bereich meint; vgl. frz. ,être au bout de ses forces'; verständlich, wenn in einer solchen Situation ein Verzweifelter ,seinem Leben ein Ende setzt': Selbstmord verübt.

Aus der Welt des Sports in die Schülersprache eingegangen ist der ,Endspurt', d.h. die Tempobeschleunigung unter Ausschöpfung der letzten Reserven: später Fleiß in den wenigen noch verbliebenen Wochen vor der Versetzung. Berühmtes Beispiel für die Verschiebung der ,Endrunde' beim Boxsport (den Regeln nach die 15.) bilden zwei Weltmeisterschaftskämpfe um die Mitte der dreißiger Jahre. Während Max Schmeling Joe Louis erst in der 12. Runde bezwang, verwandelte der ,braune Bomber' beim zweiten Aufeinandertreffen bereits die erste in die Schlußrunde.

Als Spiel mit dem Begriff ,Ende', der zwei Kategorien, Raum und Zeit, in sich faßt, erscheint als scherzhafte Negierung einer unveränderlichen Tatsache die bekannte Wndg. ,Alles hat ein Ende, nur die Wurst hat zwei'; nordostdt.: ,Jedet Ding heft een End, oawer de Worscht twee on de Fiertang [Feuerzange] dree'; engl.: ,,All things have end, And what we call a pudding has his two". (Beamont A. Fletcher, The Knight of the Burning Pestle, I, 2).

Das Gegenteil, die traurigen Überreste einer Sache etwa, meist noch im Diminutiv, erscheint weniger imponierend: ,Er redet wie ein Endchen Licht': ohne nachzudenken, dummes Zeug, nichts steckt dahinter; aber: ,Sie werden mir wohl ein Endchen Licht erlauben': in diesem Punkt werde ich meine eigene Meinung zu vertreten wissen (Hermes, Sophiens Reise 4,18). Für ostpreußische Hartnäckigkeit steht auch ,He mot sin Eng nicht losloate' das heißt sein Stück behaupten. Um in solchen und anderen Fällen den Ausgang voraussagen zu können, müßte man ,das Ende vom Ende wissen': alles durchschauen, in alles eingeweiht sein.

Lit.: *R. Wehse:* Art. ,Ende der Welt', in: EM. III, Sp. 1406–1409; *H. Büld:* Ndd. Schwanksprüche zwischen Ems und Issel (Münster 1981), S. 21.

Engel. *Das hat dir dein guter Engel eingegeben* sagt man zu jem., der ,im Begriffe, eine Torheit zu begehen, sich noch im letzten Augenblick eines Besseren besinnt. Diese Rda. geht auf die alte christl. Vorstellung von der Aufgabe der Engel zurück, die Menschenkinder zu behüten. So sagt Tobias von seinem Sohne: ,,Ich glaube, daß ein guter Engel Gottes ihn geleitet" (Tob. 5, 29). Von Joh. Agricola wird 1529 in Nr. 555 seiner ,Sprichwörter' die Rda. ,,Du hast eynen gutten Engel gehabt" folgendermaßen erklärt: ,,Wer nun in eynem vngluck vnd schwinden vnfall gewesen ist, vnd yhm wirt geholffen, da alle menschen verzagten, von dem sagt man, Der hat eynen gutten Engel gehabt, der yhm geholffen hat". Eine ähnl. Deutung findet sich in der ,Zimmerischen Chronik' (Bd. 4, S. 129, 12): ,,Es geschieht etwas wunderbarlich, das die kinder in ihrer jugend von ihren engeln und hüetarn bewart werden". In Lessings ,Emilia Galotti' (V. 5) sagt Odoardo vom Prinzen: ,,Das sprach sein Engel".

Der Verstorbene geht nach christl. Volksglauben zu den Engeln ein, daher sagt man schwäb. beim Tod eines Kindes: *Es spielt mit den Englein;* ist jem. eines sanften Todes gestorben, so hört man: *Den haben die Engel in den Schlaf gesungen* (vgl. das Zeitliche segnen, ↗ zeitlich).

Der Rda. *die lieben Engelchen singen (pfeifen) hören* liegt die Vorstellung von einem Orchester der Engel zugrunde, das man musizieren hört, wenn sich einem der Himmel auftut (vgl. die antike Vorstellung von der Sphärenharmonie). Das widerfährt eigentl. nur den selig Verstorbenen. So singt der Archipoeta, der Meister der fahrenden Kleriker der Stauferzeit:

Dem Wirtshaus will ich treu bleiben,

donec sanctos angelos

venientes cernam,

cantantes pro mortuis

,Requiem aeternam',

(bis dereinst die Engel nahn,

bis mein Ohr vernommen

ihren heil'gen Sterbegruß:

,Ew'ge Ruh den Frommen!')

Heute überwiegt die scherzhafte Anwendung dieser Rda. Die Engel hören wir nicht mehr im höchsten Entzücken singen (wenn der Himmel ,voller Geigen hängt'), sondern bei heftigem Schmerz, der uns für einen Augenblick lang betäubt; vgl. schlesw.-holst. ‚He hett all de Engeln singen hört‘, er ist mit knapper Not dem Tode entronnen.

Ein Engel geht durchs Zimmer, ein Engel fliegt durch die Stube (sitzt auf der Gardinenstange) sagt man, wenn in der lebhaften Unterhaltung einer Gesellschaft zufällig und plötzlich eine allg. Stille eintritt, so wie beim Erscheinen eines Engels alles betroffen schweigen würde. Die Rda. ist von hohem Alter. Wander (I, Sp. 821, 43) nimmt an, mit dem Engel sei wahrscheinl. der Todesengel gemeint, zumal der Bildgehalt anderer sinngleicher Rdaa. öfter Tod und Begräbnis nennt. Außer in Dtl. und in der Schweiz geht auch in Frankreich, England, Schweden, Lettland und Estland ein Engel durch das Zimmer oder am Hause vorbei; frz. ‚Un ange vient de passer‘, auch ‚Un ange passe‘; engl. ‚There is an angel (a spirit) passing‘; in Holland ein Priester ‚Daar gaat een dominee voorbij‘; in Estland ‚Der Tod geht hinter dem Hause durch‘. Auch für Spanien ist die Rda. bezeugt. In Amerika wird das plötzliche Schweigen mit einer Quäkerversammlung verglichen (‚Quaker meeting‘; man sagt ‚It's twenty minutes past‘; oder ‚The cat has stolen your tongue‘.

In Oesterr. fragt man dann ‚Wer sitzt mit gekreuzten Beinen?‘, in Schlesien ‚Wer hat denn die Beine verschränkt?‘ (verhindernde Gebärde). In Estland heißt es, daß einer, der auf diese Weise sitzt, die Unterhaltung wieder in Gang zu bringen hat. In Polen, Lettland und Finnland wird das Schweigen in einer Gesellschaft mit einem Begräbnis verglichen oder auch mit einigen Arbeitsvorgängen, die aus Zaubergründen Stille erfordern: mit dem Säen von Mohn (Polen), von Flachs oder Rüben sowie mit dem Biegen einer Schlittenkufe (Finnland). In Finnland gibt es außerdem verschiedene Rdaa. vom Abschneiden, Abfallen oder Verknoten der Zunge (‚Der Zungenabschneider ist vorüber gegangen‘) bzw. vom Abbrechen oder In-die-Tasche-Stecken des Endes der Rede. Andere rdal. Paraphrasen des plötzlichen Schweigens sind: ‚Ein Leutnant (Offizier) bezahlt seine Schulden‘ (Dtl., Schweden); ‚ein Student bezahlt

seine Schulden‘ (Polen, Estland); ‚ein Leutnant kommt in den Himmel‘ (Dtl.); ‚ein Oberst starb‘ (Rußland); jem. stirbt‘ (Estland); ‚ein Polizist ist geboren‘ (Rußland); ‚ein Jude ist geboren‘ (Estland). Stehen diese Rdaa. in einem genetischen Zusammenhang, oder gibt es keine Verbindung zwischen diesen verschiedenen Versionen, sind es reine Scherzfiktionen oder aber Survivals alter Vorstellungen? Eine überraschende Lösung dieser Frage bietet eine Stelle bei Plutarch (46–120 n.Chr.) über die Geschwätzigkeit: „Entsteht in einer Gesellschaft plötzliche Stille, so sagt man, Hermes sei hereingekommen" (Ἑρμῆς ἐπεισελήλυθε). Hermes war der Herold und Bote der Götter, dem die Zungen der Opfertiere verfielen und von dem man glaubte, er habe dem neugeschaffenen Menschen die Zunge gegeben; wenn er zu einer Opferzeremonie kam, mußten alle völlig schweigen. Es ist noch nicht untersucht, wie der während des allg. Schweigens durch das Zimmer fliegende Engel, die Quäkerversammlung und der Zungenabschneider von Hermes abstammen. Aber es zeigt sich, daß diese scheinbaren Scherzrdaa. doch auf eine alte Glaubensvorstellung als Grundlage zurückgehen, vielleicht sogar auf die jüd. Riten der Passahnacht. Auf dem Höhepunkt der Nacht wurden alle Gläser mit schwerem, süßem Rotwein gefüllt. Vom größten Pokal sollte Gottes Engel kosten, der in jener Nacht in den Häusern der Juden Einkehr hielt. Man löschte alle Lichter, und in der von Anbetung und Ehrfurcht schweren Stille wartete man, bis der Engel dagewesen war. Dann zündete man die Lichter wieder an und beendete schnell das Mahl.

Bei genügender Ergänzung des Vergleichsmaterials könnten sich unerwartete Ideenzusammenhänge ergeben.

Auch in der Lit. wird die Rda. verwendet. Mörike schreibt in seinem Roman ‚Maler Nolten‘: „Ists nicht ein artig Sprichwort, wenn man bei der eingetretenen Pause eines lange gemütlich fortgesetzten Gespräches zu sagen pflegt: es geht ein Engel durch die Stube!" K. L. Immermann hat in seinem Münchhausen-Roman die Rda. iron. angewendet: „Der Mythus sagt, in solchen Zeiten fliege ein Engel durch das

Zimmer, aber nach der Länge derartiger Pausen zu urteilen, müssen zuweilen auch Engel diese Flugübungen anstellen, deren Gefieder aus der Übung gekommen ist".

Manchmal werden bes. gute Eigenschaften der Menschen mit denen der Engel verglichen, indem man sagt: *Jem. ist schön wie ein Engel* oder *Er erscheint als rettender Engel; Er erweist sich als ein wahrer Engel* in seiner Hilfsbereitschaft und Aufopferung für andere.

Der Ausdr. *ein gefallener Engel sein:* seine Unschuld verloren haben, steht wahrscheinl. in Zusammenhang mit Offenb. 12,9, wo es heißt: „Und es ward ausgeworfen der große Drache, die alte Schlange, die da heißt der Teufel und Satanas, der die ganze Welt verführt, und ward geworfen auf die Erde, und seine Engel wurden auch dahin geworfen".

Die Bez. *blauer Engel* für ein betrunkenes Mädchen leitet sich von dem Titel ‚Der blaue Engel' für einen der ersten dt. Tonfilme her, unter dem 1929 Heinrich Manns Roman ‚Professor Unrat' verfilmt wurde.

Er will den Engeln ersparen, ihn in Abrahams Schoß zu tragen sagt man von einem, der ein schlechtes Leben führt, ↗ Abraham. *Du bist ein Engel mit 'nem B davor:* ein Bengel (berl. und anderwärts).

Mit den Engeln lachen: ohne Grund oder Gegenstand; vgl. frz. ‚rire aux anges' (Die frz. Rda. bez. kein unbegründetes, sondern ein unschuldiges kindliches Lachen).

Sein Engel ist ein Bettler sagt man von einem, der nur in Betteleien Glück hat; entspr. *sein Engel ist kein Bettler:* er wird vom Glück begünstigt (vgl. jüd.-dt. ‚sein Malech is e Gascht' bzw. ‚is kaan Gascht').

Auf gutes (oder schlechtes) Reisewetter bezieht sich der Spruch: ‚Wenn Engel reisen ..., lacht (weint) der Himmel (Freudentränen)'. Er ist auf jedes Wetter anwendbar und hat zumeist nur den Zweck, die Atmosphäre bei An- oder Abreise aufzulockern. Oft wird der Nachsatz gar nicht ausgesprochen, da er überall bekannt ist und die Andeutung allein schon genügt, um den Mitmenschen ein verständnisvolles Lächeln zu entlocken.

Eine Engelsgeduld haben: ein seltenes Maß von Geduld aufbringen, bes. bei einer langwierigen Arbeit oder bei liebevoller Zuwendung und Pflege von Kindern, Alten und Kranken trotz aller Mühe und nicht ausbleibender Enttäuschung, auch ohne Hoffnung auf Dank oder Lohn.

Wenn vom ‚Engelland' die Rede ist, gilt das als Hinweis auf das Elfenland, Traumland, Feenland. Der Begriff begegnet des öfteren im älteren dt. u. niederländ. Lied, ↗ Fuß.

Lit.: *R. Köhler:* ‚Ein Engel flog durchs Zimmer', Germania 10 (1865), S. 245–236; *ders.:* Kl. Schriften III (Berlin 1900), S. 542; *K. Beth:* Art. ‚Engel', in: HdA. II, Sp. 823–836; *L. Schmidt:* Die Attribute der Engel in der dt. Volksauffassung, in: Zs f. Vkde. 43 (1935), S. 152–176, 250–273; *M. Kuusi:* Rgen bei Sonnenschein. Zur Weltgesch. einer Rda. (FFC 171) (Helsinki 1957), S. 388–390; *A. Taylor:* The Proverb, Reprint (Hatboro [Pa.] – Kopenhagen 1962), S. 129 f.; *G. Grober-Glück:* Motive u. Motivationen in Rdaa. u. Meinungen I (Marburg 1974), S. 264 ff.; *W. Danckert:* Symbol, Metapher, Allegorie im Lied der Völker I (Bonn-Bad Godesberg 1976), S. 442 ff.; *L. Intorp:* Art. ‚Engel', EM. III, Sp. 1413–1430; *H. Schwarzbaum:* Art. ‚Der bestrafte Engel', in: EM. III, Sp. 1431–1438; *M. Lurker:* Art. ‚Engel', in: Wb. d. Symbolik (Stuttgart 1979), S. 135 f.

Engelmacherin. *Zur Engelmacherin gehen (müssen):* eine illegale Abtreibung vornehmen lassen und aus Verzweiflung zu einer weibl. Person gehen, die dies heimlich praktiziert. Ihre Bez. als ‚Engelmacherin' ist ein Euphemismus für das Töten der Ungeborenen, die dadurch angeblich sofort zu Engeln werden.

Lit.: *J. Pentikäinen:* The Nordic Dead-Child Tradition (FFC 202) (Helsinki 1968); *S. Graf v. Pfeil:* Das Kind als Objekt der Planung (Göttingen 1979).

Engelszunge. *Mit Engelszungen reden:* eindringlich sprechen, bekannt aus Luthers Bibelübers. in der es 1. Kor. 13,1 heißt: „Wenn ich mit Menschen- und mit Engelszungen redete und hätte der Liebe nicht, so wäre ich ein tönend Erz oder eine klingende Schelle". Seitdem ist die Wndg. sehr geläufig und wird bes. mit dem Nebensinn gebraucht: jem. zu überreden versuchen, z. B. bei Martin Wieland: „... der, wenn er gleich mit Engelszungen redete, nicht eine einzige Seele fände, die ihm zuhörte". Vergleiche frz. ‚parler le langage des anges' (die Sprache der Engel reden).

Ente. *Von blauen Enten predigen:* Lügen, leeres Gerede verbreiten, bes. iron. von der geistl. Predigt gebraucht, ist eine frühnhd. Wndg., die in der Reformationszeit weit verbreitet war, bei Seb. Brant, Thom. Murner oder bei Luther: „so kömpts doch endlich dahin, das an stat des evangelii und seiner auslegung wiederumb von blaw enten gepredigt wird". Mit dieser heute nicht mehr gebräuchl. Wrdg. hat die ‚Zeitungsente' (lügenhafte Nachricht) nichts zu tun. Sie tritt erst seit 1850 auf als Übers. von frz. ‚canard' = Ente, auch Flugblatt, Schnurre und später Falschmeldung; im Frz. hat ‚donner des canards' schon im frühen 18. Jh. den Sinn von: jem. etw. vorlügen (heute ungebräuchl.).

‚Enten' (‚Zeitungsenten')

‚Canard' (Zeitungsente) geht zurück auf die im 16. u. 17. Jh. übliche sprw. Rda. ‚vendre (oder: donner) un canard à (la) moitié': lügen, täuschen, jem. etw. weismachen. Wer eine halbe Ente für eine ganze verkaufte, betrog, und wer eine Ente nur zur Hälfte verkaufte, verkaufte überhaupt nicht. Im Laufe des 17. Jh. wurde dann der Zusatz ‚à moitié' fortgelassen und die Bdtg. Lüge, Betrug, Täuschung auf das Wort ‚canard' allein übertragen. In einem anderen Deutungsversuch wird der Begriff ‚Ente' i. S. v. Lüge zurückgeführt auf den Vermerk n. t. (non testatum), mit dem Zeitungsredaktionen unverbürgte Meldungen zu versehen pflegten, d. h. aus dem Satz: ‚das ist eine n. t.-Meldung' könnte durch Weglassen des Wortes Meldung durchaus die Kurzfassung ‚das ist eine n. t. (sprich ‚Ente') entstanden sein. Ferner ist bemerkenswert, daß in der Reformationszeit als polemische Verdrehung des Wortes Legende die Ausdr. ‚Lügende' u. ‚Lugente' vorkamen. Da alle Versionen als Erklärung für die Zeitungsente in Frage kommen können, liegt die Annahme nahe, daß der Urspr. durchaus bei der blauen Ente, Lügende oder Lugente zu suchen ist.

Die aus dem Schwäb. bezeugte Verwünschung *daß ihn die Enten vertreten mögen* tritt bereits bei Seb. Franck auf: „Ich wolt ehe, daß mich ein Ent zertrette, das were doch ein schendlicher Tod". Ebenfalls seit Seb. Franck (‚Lob der Torheit') bekannt ist die Rda. *warten, bis einem die gebratenen Enten in das Maul fliegen,* eine Anspielung auf die Erzählung vom Schlaraffenland (↗Taube); vgl. frz. ‚attendre que des alouettes toute cuites vous tombent dans la bouche' (warten, bis einem gebratene Lerchen ins Maul fallen).

Aus dem (Andersen-)Märchen bekannt ist die Wndg. *häßliches Entlein,* die sich bis in die heutige Zeit erhalten hat als Attribut für ein von der Natur etw. stiefmütterlich behandeltes junges Mädchen. Der *Enterich* dagegen gilt als Symbol und wenig schmeichelhafte Bez. für einen polygamen Mann. Aus dem Engl. stammt die Wndg. *lahme Ente* (‚lame duck'), die in den Vereinigten Staaten häufig auch i. S. v. ‚handlungsunfähig' für Politiker verwendet wird. Berühmt wurde dort auch die von Walt Disney geschaffene Figur des ‚Donald Duck', die in ihrer Vielseitigkeit das gesamte Spektrum menschl. Verhaltensweisen verkörpert, ↗ häßlich, ↗

Schwimmen wie eine bleierne Ente: schlecht oder gar nicht schwimmen können. Die Rda. ist wohl darauf zurückzuführen, daß ‚bleierne Ente' auch eine Bez. für ein Schiff ist, das sich nur schleppend vorwärts bewegt.

Die Ente erscheint oft in spöttischen Vergleichen. Eine erweiterte Berl. Rda. lautet: ‚Wat heißt hier Ente? Dat is'n Klapperstorch, der sich de Beene abjeloofen hat'.

Aus jüngster Zeit stammt der Name ‚Ente' für den Citroën 2 CV.

Lit.: *Blumstengel:* ‚Noch etw. von den blauen Enten', in: Zs. f. d. U. 6 (1892), S. 719; „Proverbs on Ducks", in: Notes & Queries, 7th, 1 (1886), S. 107–108, 257, 417;

O. Keller: Die antike Tierwelt 2 (Leipzig 1913), S. 228–234; *K. Knortz:* Die Vögel in Geschichte, Sage, Brauch u. Literatur (München 1913), S. 50–67; „Crutches for lame ducks", in: Notes & Queries, 12th, 7 (1920), S. 209, 254 f.; *A. Taylor:* Art. ‚Ente', in: HdA. II, Sp. 849–851; *W. Danckert:* Symbol, Metapher, Allegorie im Lied der Völker IV (Bad Godesberg 1978), S. 1331–1348; *M. Grätz:* Art. ‚Ente', in: EM. IV, Sp. 1–6. E. u. *L. Gattiker:* Die Vögel im Volksglauben (Wiebaden 1989), S. 489–93.

Erasmus ↗ Rasmus.

Erbarmen. *Das ist zum Erbarmen,* d. h. mitleiderregend. ‚Da kann man bloß sagen Erbarmung!' Diese mdal. Nebenform gehört spezifisch zur regionaltypischen Ausdrucksweise der Ostpreußen. Man hat geradezu gesagt: An ‚Erbarmung' verrät sich der Ostpreuße, er gebraucht die Wndg. bei allen passenden und unpassenden Gelegenheiten, beim Erschrecken oder Verwundern, vor allem bei Negativurteilen und abwertender Kritik, wobei ‚Erbarmung!' ganz breit mit scharfem Zungen-rrr und ‚K' am Ende gesprochen wird. Zuweilen hört man auch abgeschwächt: ‚Erbarmsterche!'

Erbe. *Lachende Erben machen:* im Leben geizig sein u. nur an das Zusammenraffen von Geld denken (über das sich später die ‚lachenden Erben' freuen). Die ‚lachenden Erben' begegnen schon mhd. (Hartmann, ‚Rede vom Glauben', 2520). In Othos ‚Evangel. Krankentrost' werden sie 1664 so beschrieben: „Freu dich, liebes Mütlein, traure, schwarzes Hütlein, heiszts bei lachenden Erben". Bekannt ist F. v. Logaus Sinngedicht ‚Lachende Erben' aus dem Jahre 1654:

Wann Erben reicher Leute die Augen
                wäßrig machen,
Sind solcher Leute Tränen nur Tränen
                von dem Lachen.

Aber schon in dem 221. Spruch des Publius Syrus (um 50 v. Chr.) heißt es: „Heredis fletus sub persona risus est" (Das Weinen des Erben ist ein maskiertes Lachen).
Die Rda. *noch kein Erbe mit jem. geteilt haben:* die schlechten Charakterseiten des anderen noch nicht kennen, die bes. bei Erbangelegenheiten offenbar werden können. Vgl. ndl. ‚In het deelen der erfenis staat de vriendschap stil'.

Erbfeind. *Jem. Erbfeind sein:* von ihm seit eh und je von Grund auf gehaßt werden – z. B. vom Familien-, Glaubens- oder Landesfeind, bis Mitte des 20. Jh. auch als Bez. für die Franzosen bekannt.
Urspr. war der Begriff wohl auf den Teufel gemünzt, auf den schlimmsten Feind Gottes oder des Christentums. Aber auch als Benennung für einen irdischen Glaubensfeind ist er schon früh belegt, insbes. für den Türken, d. h. für den türkischen Sultan, der als Antichrist stellvertretend für die Gesamtheit der Türken stand. Bereits zur Zeit Kaiser Maximilians muß der Türke ‚als ein Veindt des namens Jesu Christ' (1493) (Frankfurter Reichskorrespondenz, hg. v. Janssen [1872], Bd. II, S. 570) schon als Erbfeind gegolten haben. Im 16. und 17. Jh. gibt es dann eine Überfülle von Beispielen zum ‚Erbfeind', sowohl in der hohen Lit. als auch im volkstüml. Schrifttum. So heißt es z. B. 1675 bei Fronsperger in seinem ‚Kriegsbuch' S. 366: „unseres heiligen Christlichen glaubens und namens Erbfeind, dem Türken …" und bei J. Chr. Wagner (1685): „Interiora orientes detecta … Beschreibung, was seit dem Augusto des verwichenen 1685 Jahrs gegen den Erbfeind Denkwürdiges verrichtet wurde".
Die Tatsache, daß das Wort von jeher nur in der Einzahl verwendet wurde, läßt darauf schließen, daß die Deutung als urspr. Bez. für den Teufel u. später für den Türken als ‚Feind Gottes' ein hohes Maß an Wahrscheinlichkeit besitzt. Auch in der Fülle von hist. Volksliedern u. geistl. Liedern findet sich ‚der Türke' als Erbfeind.
Mit den schwindenden Türkengefahr Ende des 17. Jh. verliert sich in der Lit. das Wort des Hasses, scheint sich im Volksmund jedoch weiter zu halten, wie aus einer Flugschrift, einer ‚Mahnenden Stimme des Dt. Vaterlandes an seine Bewohner' (Augsburg ²1831) hervorgeht, in der noch vom Türken als dem ‚Erbfeind der Christenheit' die Rede ist.
Kaiser Maximilian scheint auch der Erste gewesen zu sein, der den Franzosen diesen Beinamen gab mit den Worten: ‚… von dem Erbfeind, der gegen den Rhein stehe'. Doch blieb dies die Ausnahme bis zur Wende vom 18. zum 19. Jh., als die Bez. für Napoleon gebraucht

wurde und im Laufe der Zeit auf das gesamte frz. Volk, auf Frankreich, auf ‚die Franzosen' übertragen wurde. In den allg. Sprach- u. Schriftgebrauch kam das Wort durch den ‚Turnvater Jahn' und die Veteranen der Freiheitskriege, die Jahr für Jahr die Erinnerung an die Völkerschlacht bei Leipzig feierten und dadurch den Haß gegen Frankreich auf ihre Kinder vererbten.

Lit.: *F. Behrend:* Im Kampf mit dem Erbfeind. In: Zs. des Ver. f. Vkde. in Berlin 25 (1915), S. 6–17; *S. Çzyurt:* Die Türkenlieder und das Türkenbild in der dt. Überlieferung vom 16. bis zum 20. Jh. (Motive. Freiburger Folkloristische Forschungen 4) (München 1972).

Erbhof. *Etw. ist kein Erbhof:* es besteht keine Verpflichtung, immer in der gleichen Weise zu verfahren, es besteht kein Rechtsanspruch. ‚Erbhof' ist die Bez. für einen Bauernhof, der nach nationalsozialist. Rechtsauffassung besonderen Bestimmungen (Reichserbhofgesetz von 1933) unterworfen war, die dessen Fortbestand sichern sollten. Sie sahen u. a. eine ungeteilte Vererbung auf den ältesten bzw. jüngsten Sohn, bei Fehlen männl. Erben auf die älteste bzw. jüngste Tochter vor. In dem – durch Kontrollratsgesetz 1947 aufgehobenen – Erbhofrecht lebten Teile des auf ältere Rechtsnormen zurückgehenden Höferechts und andere ältere Bestimmungen weiter. Die Verwendg. der Rda. im polit. Bereich kam nach 1950 auf. Sie bezieht sich auf ein Mandat oder ein Amt, das sich seit Jahren in den Händen eines einzigen Mandatsträgers oder Amtsinhabers oder einer Partei befindet, was aber im Prinzip keinen Anspruch auf Fortdauer gibt.

Erbse. *Einem Erbsen auf die Stufen streuen:* ihn zu Fall bringen; übertr.: seiner Ehre hinterlistig eine Falle stellen. 1639 bei Chr. Lehmann bezeugt: „Böse Leuth, die sich eines Unglücks freuen, streuen einem Erbsen auff die Stegen, das einer von seiner Reputation herabfalle". Allg. bekannt ist der Vorgang aus A. Kopischs Gedicht von den ‚Heinzelmännchen zu Köln'. Vgl. frz. ‚mettre des peaux de bananes sur le chemin de quelqu'un' (wörtl.: einem Bananenschalen auf den Weg streuen).

Auf seinem Gesicht hat der Teufel Erbsen gedroschen: er hat Sommersprossen; früher: er ist pockennarbig. Fontane schreibt 1894 in ‚Meine Kinderjahre' (Ges. Werke [1920], 2. Reihe, 1. Bd., S. 155): „Jeder hat einmal von den Blattern heimgesuchte Personen gesehen und dabei den Ausdr. ‚der Teufel habe Erbsen auf ihrem Gesicht gedroschen' mehr oder weniger bezeichnend gefunden. Jedenfalls ist der Ausdruck sprichwörtlich geworden!" Berl. nennt man solches Gesicht auch ‚'n abjeknabbert Kirschkuchenjesichte', oder man sagt: ‚Der hat mit's Jesichte auf'n Rohrstuhl jesessen'.

Auf Erbsen zu gehen oder *zu knien* war eine Strafe, aber auch eine (freiwillige) Bußübung, daher noch heute die rhein. Rda.: ‚Do heste äver es op Erbse gesatz', du bist in eine unbequeme Lage geraten. Ebenfalls aus dem rhein. Mdaa. belegt sind die Rdaa.: ‚ut de Bohnen en de Erbsen kommen', aus einer Verlegenheit in die andere kommen; und: ‚De Erbse komme em en de Bonne', bei ihm geht alles durcheinander. Els. heißt: ‚eim sagn, was drei Erbsen für 'n Breej geben', ihm tüchtig die Meinung sagen.

Es mögen Erbsen oder Bohnen sein: es ist mir alles gleich.

Eine Erbse um eine Bohne geben: eigennützig etw. von geringem Wert schenken, um mehr dafür zu bekommen.

Auf die Frage nach der Uhrzeit hört man (obersächs. und auch sonst) die ausweichende Antwort: *Es ist drei Viertel auf (kalte) Erbsen.*

Die Rdaa. *jem. einen Erbsenkranz geben* und *mit dem Erbsenkranz sterben* beziehen sich auf eine in Polen und Litauen übliche Sitte bei der Brautwerbung. Statt eines Korbes erhielt dort der abgewiesene Freier einen Strohkranz. Die Rdaa. bedeuten also: jem. den Abschied geben und: als Junggeselle sterben.

Die Wndg. *Er mag Erbsen zählen* bedeutet, daß jem. ohne Beschäftigung ist. Wird jem. ein ‚Erbsenzähler' genannt, heißt dies, daß er übergenau und geizig ist und sich um alles kümmert.

Eine Prinzessin auf der Erbse sein: überempfindlich und zimperlich sein. Die Rda. dient der gutmütigen Verspottung eines bes. zartfühligen jungen Mädchens und beruht auf dem bekannten Märchen von H. Chr. Andersen.

Erde, Erdboden. *Jem. unter die Erde wünschen:* ihm den Tod wünschen. *Jem. unter die Erde bringen:* ihn so ärgern, daß er darüber sterbenskrank wird.
In den Erdboden versinken wollen: sich zutiefst schämen. Die Wndg. geht zurück auf Glaubensvorstellungen, wie sie sich in zahlreichen Volkserzählungen über die ganze Welt finden. Danach hat die Erde die Fähigkeit, sich plötzlich zu öffnen und Übeltäter zu verschlingen. In Zusammenhang damit steht die Selbstverfluchungsformel ‚die Erde soll mich verschlingen‘; ähnl. die Wndg. *wie vom Erdboden verschluckt:* plötzlich verschwunden, sowie die Wndg. ‚Ich möchte vor Scham am liebsten in den Erdboden versinken‘.
Alles dem Erdboden gleichmachen: alles zerstören.
Etw. nicht aus der Erde stampfen können: nicht in der Lage sein, bestimmte Wünsche zu erfüllen; ↗ Boden.
An die Erde gekettet sein: mit den täglichen Sorgen belastet sein, sich nicht zu Höherem freimachen können, auf dem Weg zu Gott festgehalten werden, nicht frei wie ein Vogel sein; vgl. die Begriffe ‚erdverbunden‘ bzw. ‚erdverwurzelt‘.
Der Vergleich mit einem ‚Erdrutsch‘ wird häufig auf den Wählerverlust einer Partei bezogen.
Zitate sind: „Denn du bist Erde und sollst zu Erde werden" (1. Mos. 3, 19); „Die Erde hat mich wieder" (Goethes ‚Faust‘ I, Nacht).

Lit.: *E. Fehrle:* Art. ‚Erde‘, in: HdA. II, Sp. 895–908; *A. Dieterich:* Mutter Erde (Leipzig ³1925); *M. Lurker:* Art. ‚Erde, Erdgottheiten‘, in: Wb. d. Symbolik (Stuttgart 1979), S. 138–139; *D. Ward:* ‚Erde‘, in: EM. IV, Sp. 136–153.

ernst, Ernst. *Etw. (sehr) ernst nehmen:* pflichtbewußt sein, auch: eine Mahnung beherzigen, nicht leichtfertig über etw. hinweggehen. Dagegen: *Etw. ist nicht ernst zu nehmen:* eine Angelegenheit ist nicht realisierbar, ein Vorschlag erscheint geradezu lächerlich; *jem. ist nicht ernst zu nehmen:* er erscheint töricht, inkompetent, unglaubwürdig, aber auch: er zählt als Bewerber, Partner oder Gegner nicht.
Es mit jem. ernst meinen: ihm aufrichtig

begegnen, ihn fördern oder auch tadeln, häufig in der Bdtg.: jem. lieben, heiraten wollen.
Ernst um jem. stehen: sich in einer schwierigen Lage befinden, schwer erkrankt sein, in Lebensgefahr schweben.
Den Ernst des Lebens (früh genug) erfahren müssen: Pflichten und Probleme kennenlernen, sich den Anforderungen stellen müssen. Die Wndg. wird oft bedauernd in Hinblick auf Kinder gebraucht, die frühzeitig das Spiel mit Arbeit, die Sorglosigkeit mit Leid und Not vertauschen müssen.
Den Ernst des Lebens noch nicht begriffen haben: unbekümmert um die (eigene) Zukunft sein, sich keine Mühe geben, seine Zeit sinnlos vertun; oft tadelnd zu Heranwachsenden gesagt, von denen man mehr Strebsamkeit, Verständnis und Lebenstüchtigkeit erwartet.
Scherz und Ernst liegen oft nahe beieinander, worauf auch die Wndg. ‚Scherz beiseite, Ernst komm du rein‘ verweist. Die komische Wirkung beruht dabei auf der Doppeldeutigkeit von ‚Ernst‘ in der Benutzung als Personenname. Der Ausspruch deutet an, daß man einem einleitenden heiteren Gespräch eine andere Richtung geben möchte, um den eigentl. Anlaß zur Sprache zu bringen.

erpicht. *Auf etw. erpicht sein:* begierig auf etw. sein, nicht davon lassen können, eigentl.: wie mit Pech an etw. festgeklebt sein. Zur Erklärung der Rda. hat man an die Sprache der Vogelsteller und an das Festkleben des Vogels auf der mit Pech bestrichenen Leimrute erinnert. Erpicht ist bereits im 16. Jh. weit verbreitet, im 17. Jh. tritt daneben gleichbedeutendes *verpicht sein,* z. B. 1639 bei Lehmann S. 872 (‚Wahrheit‘ 3): „Die Menschen sind an die Lügen so verpicht, daß ..." Im ‚Simplicissimus‘ Grimmelshausens ist 1669 belegt: „Wer sich dem Spielen einmal ergeben ... der wird nach und nach ... so verpicht darauff, dass ers weniger lassen kann als den natürlichen Schlaff". Ähnl. bei G. E. Lessing:
So äußerst war, nach Tacitus Bericht,
Der alte Deutsch aufs Spiel erpicht.
In vielen volkstüml. Vergleichen lebt das Wort bis in die Ggwt. weiter: *Er ist darauf*

erpicht wie der Teufel auf eine arme Seele, er ist so erpicht darauf wie die Katze auf die Maus; vgl. auch ‚versessen sein‘.

erschossen. *Sich (ganz) erschossen fühlen,* auch: *ganz erschossen sein:* sich überanstrengt (erledigt) fühlen, kraftlos, völlig erschöpft, ‚am Ende‘ sein.
Um eine aussichtslose Lage von jem. drastisch und mehr oder weniger scherzhaft zu kennzeichnen, sagt man noch heute: *Er ist erschossen wie Robert Blum.* Die Wndg. erinnert an das Schicksal des Leipziger Politikers und Verlagsbuchhändlers Robert Blum (* 1807), eines der prominentesten Mitglieder der Frankfurter Nationalversammlung. Er wurde in die Wiener

‚Erschossen wie Robert Blum‘

Barrikadenkämpfe im Oktober 1848 verwickelt, als er den Aufständischen eine Grußadresse seiner Partei übermitteln wollte, und deshalb am 9. November 1848 erschossen, was in Dtl. Trauer auslöste.

erst. ‚Erst das eine, dann das andere‘ (engl.: ‚First things first‘): das Wichtigste zuerst. Als Abkürzung des Begriffs ‚zuerst‘ ist das Wort ‚erst‘ in vielen Wndgn. enthalten, vor allem im Sprw., wie z. B. in der aus alter christlicher Tradition bekannten Formel: ‚Erst wird gebetet ...‘. Ohne daß ein Nachsatz folgt, läßt sie unmißverständlich darauf schließen, daß es sonst nichts zu essen gibt. Wenngleich dieser Spruch nur noch selten zu hören ist, so hat er in streng gläubigen Familien auch heute noch nicht an Bdtg. verloren. Ähnliches gilt von dem Sprw. ‚Erst die Arbeit, dann das Vergnügen‘.
Auch in der Lit. begegnet die Abkürzung recht häufig. So findet sich in dem Büh-

nenstück ‚Die Dreigroschenoper‘ (1928) von Bert Brecht (1898–1957) im Kehrreim des 2. Dreigroschen-Finales (II. Akt) der Satz:
    Erst kommt das Fressen,
    Dann die Moral.
Allg. gebräuchlich ist dagegen die Verwendung von ‚erst‘ zur Steigerung, z. B. in dem Folgesatz zu ‚Er ist ein richtiger Tunichtgut‘: ‚.. aber erst der Bruder!‘
Lit.: *L. Honko:* Art. ‚Erster, Erstes, Zuerst‘, in: EM. IV, Sp. 280–293. ↗ Erste(r).

Erste(r). *Als Erste(r) durchs Ziel gehen:* den Wettkampf gewinnen. Alles, was zum ersten Mal geschieht, was man als Erste(r) erlebt, ist von besonderer Wichtigkeit. Volkserzählungen zeigen, daß der Anfang, das Erste und Neue als etw. Bedeutungs- und Wirkungsvolles angesehen wird. Auf das Erste und Neue konzentriert sich die ganze Kraft, es gehört zum Besten. Das wird z. B. ausgedrückt in den Wndgn.: ‚erster Klasse‘, ‚erste Garnitur‘, d. h., es gibt nichts Besseres, darüber hinaus gibt es nichts. In scherzhafter Umkehr heißt es in der Jugendsprache auch: *Erster von hinten,* d. h. jem. ist absolut der Letzte. Ähnl. Bdtg. haben die Wndgn. ‚aus erster Hand‘ und ‚aus erster Quelle‘: vom Ursprung her.
Dagegen weisen die die Wndgn. ‚der erste beste‘, ‚der erstbeste‘ oder ‚die erste beste Gelegenheit‘ nicht auf das Beste, sondern auf den zufällig als Erster Erscheinenden, auf die zufällige erste Gelegenheit.
Häufig zitiert wird auch (Mt. 19,30): „(Aber viele, die da sind) werden die Ersten, werden die Letzten, und die Letzten werden die Ersten sein“. (Warnung Jesu vor dem lohnsüchtigen Mietlingssinn.)
Der Erste (kommenden Monats) steht bevor: Zahlungen sind fällig. *Sie ist die Erste nicht:* Es gab vor ihr schon viele mit gleichem Schicksal (‚Faust‘ I, Feld); der verächtliche Ausspruch Mephistos nach Gretchens Verführung ist sprw. geworden. ↗ Hand ↗ Quelle ↗ zuerst.

Lit.: *F. C. Porter:* „The Sayings of Jesus about the First and the Last“ (Mt. 19,30). In: Journal of Biblical Literature 25 (1906), S. 97–100; *C. W. v. Sydow:* Die Begriffe des Ersten und Letzten in der Volksüberlieferung, in: Selected Papers on Folklore (Copenhagen 1948), S. 146–165; *L. Honko:* Art. ‚Erster, Erstes, Zuerst‘, in: EM. IV, Sp. 280–293.

erstunken. *Das ist erstunken und erlogen:* es ist völlig unwahr und frei erfunden. In dieser umgangsspr. sehr verbreiteten Wndg. ist das im Infinitiv ausgestorbene Verb ,erstinken' bewahrt. Die Rda. findet sich 1642 in Arnold Mengerings ,Scrutinium conscientiae catecheticum', in Gryphius' ,Die geliebte Dornrose' (4. Handlung): „Es ist erstunken und derlogen" und im ,Judas' des Abraham a Sancta Clara: „Darumen man insgemein pflegt zu sagen: Es ist erstuncken und erlogen".

erwischen. *Jem. (beim Stehlen, Naschen etc.) erwischen:* ihn auf frischer Tat ertappen. Der Ausdr. war in dieser Bdtg. schon im 16. Jh. geläufig u. ist in vielen lit. Belegen bezeugt.
Laß dich nicht erwischen!: eine scherzhafte Mahnung zur Vorsicht, die darauf hinweist, daß ein beabsichtigtes Vorhaben eigentl. nicht erlaubt ist (daher umg. auch als ,11. Gebot' bez.). Die Wndg. kann aber zugleich den Charakter einer Drohung haben, insbes. in der erweiterten Fassung ,wenn ich dich noch einmal erwische' ... d. h. dann gibt's Schläge, Prügel oder eine andere ,empfindliche' Strafe.
Aus neuerer Zeit stammt die Wndg.: ,einen Schnupfen (oder ähnl.) erwischen'; desgl. die Rda. *es hat mich (schwer) erwischt,* die zumeist gebraucht wird i. S. v.: ich habe eine böse Erkältung bekommen, ich bin (sehr) krank geworden.

Esel. ,Der Esel nennt sich immer zuerst', auch: ,Der Esel geht voran': Spott über einen unhöflichen Menschen, der sich unbescheiden an erster Stelle nennt, beansprucht, was ihm nicht zukommt. Auf das Tier selbst angewendet, umschreiben die Sprww. nur höchst unvollkommen, was dieser geduldige Lastträger im Laufe der Jhh. geleistet hat.
Den in Ägypten um 4000 v. Chr. domestizierten Esel betrachtete das frühe Griechenland als das erkorene Reittier des Dionysos und seiner Begleiter. Eine kleinasiatische Dynastie hielt es zu ihrer Zeit für hohen Ruhm, von einem Esel abzustammen: Midas I., König von Phrygien, wurde urspr. als Gott in Tiergestalt angebetet. Im A. T. erscheint die leidende Kreatur mindestens einmal über menschliche Weisheit erhaben: Bileams Eselin, scharfsichtiger als ihr kluger Herr und Meister, rettet ihm das Leben (4. Mos. 22, 21 ff.).
Das Leben in fremden Klimazonen u. brutale Behandlung machten allmählich aus dem temperamentvollen, selbstbewußten, schnellen Wüsten- und Steppentier einen degenerierten genügsam-geduldigen Esel Langohr. Im alten Rom zunächst wie eine kostbare Ware geschätzt, sank er schließlich zum geschundenen Transportmittel herab. Bei angemessener Behandlung beweist er jedoch die ihm eigene Klugheit. Wie denn auch Wildesel in ihrer angestammten Heimat – etwa Kleinasien, Nord- und Ostafrika – bis auf den heutigen Tag List, Mut, Besonnenheit und überhaupt mehr Intelligenz entwickeln als die bei weitem für verstandesbegabter gehaltenen Pferde.
Der Esel, als vermeintlich träges und ungeschicktes Tier mit einer unschönen Stimme, forderte geradezu dazu heraus, seinen Namen in negativer Bdtg. auf den Menschen zu übertr. und ihn als Neck- und Spottwort und in Rdaa. vorwiegend zum Ausdr. minderwertiger Eigenschaften und schlechter Gewohnheiten zu gebrauchen (Tiernamen werden überhaupt fast nur als Schimpfnamen angewandt: vgl. Ochse, Rindvieh, Kamel, Elefant, Schlange u. a.). Esel als Schimpfwort und zur Bez. eines dummen Menschen war schon bei den Römern sprw. (z. B. bei Plautus und Terenz im röm. Lustspiel); im Dt. bereits ein Jahr 1000): „er lebet in esiles wîse". Hugo von Trimberg stellt um 1300 in dem Lehrgedicht ,Renner' (V. 1457) „edelinge und eselinge" einander gegenüber. Bei Ulrich Boner heißt es um 1350 im ,Edelstein' (67,61):
Der mag zeim esel werden wol,
bî den ôren man in erkennen sol.
Der Humanist Heinrich Bebel verzeichnet 1508 in seiner ,Sprichwörtersammlung' (Nr. 513) lat.: „Multi sunt asini bipedes"; dasselbe kehrt auf dt. 1541 in Seb. Francks ,Sprichwörtersammlung' wieder (I, S. 88): „Es sind vil Esel auff zweyen füßen". Vgl. auch frz. ,Il y a bien des ânes qui n'ont que deux pieds' (jetzt nicht mehr gebraucht). Noch heute dient

der häufigste Gebrauch des Wortes Esel zur Bez. der Dummheit und Torheit eines Menschen. ,Jem. ist ein Esel'; vgl. frz. ,Tu es un âne': Du bist ein Esel, oder ,crier comme un âne: wie ein Esel schreien; ein ,dummer, alter, störrischer Esel'; ,das würde ein Esel begreifen' (vgl. frz. ,un âne y mordrait'); ,er ist bei den Eseln in die Schule gegangen'; ,er kann einen Esel nicht von einem Ochsen unterscheiden'; ,er ist ein gesattelter Esel', erzdumm. „Der Esel ist ein dummes Tier, was kann der

,Ein gesattelter Esel'

Elefant dafür"? lautet ein bekannter Vers der ,Münchner Bilderbogen'. Ausführlicher und umständlicher z.T. in den Mdaa.; z.B. in Köln: ,Dä es noch ze domm, för men Esel ze danze, un wammer im de Stätz en de Häng jitt'; schlesw.-holst. ,Den hat der Esel im Trapp, im Galopp verloren'; schwäb. ,Der guckt so dumm drein wie der Esel in eine Apotheke'.
Er führt einen Esel im Wappen. Das Wappentier soll einen hervorragenden Charakterzug einer Familie symbolisch ausdrücken, also in diesem Falle die Dummheit eines Menschen. Jedoch das Wappen der frz. Stadt Bourges stellt einen im Fürstenstuhl sitzenden Esel dar, der der Überlieferung nach sehr klug gewesen sein soll (frz. ,Les armes de Bourges, un âne au fauteuil'). Eine räumlich auf Nordamerika begrenzte Rda. die ,Esel von Chatanooga' (Wander I, Sp. 876) bezieht sich auf eine ähnl. Begebenheit, als die Esel von Chatanooga den Einwohnern zu Rettern in letzter Minute wurden, ähnl. den berühmten Gänsen des Capitols. – Eine türkische Rda. für Dummheit ist folgende: ,Der

kann nicht einmal an zwei Esel gleiches Maß von Stroh verteilen'.
Was kann aber der Esel dafür? Das Nordostdt. besitzt so etwas wie eine mdal. Variante zu der Geschichte von Buridans Esel. ,De Esel twösche twee Bung Hög wöt nich, af a linksch oawa rechtsch tobiete sull', d.h. sich zwischen zwei gleichwertigen Möglichkeiten nicht entscheiden können. Die Gegner des frz. Philosophen Johann Buridan (ca. 1300–58) suchten mit dem oben genannten Gleichnis seine Lehre vom unfreien Willen ad absurdum zu führen: ein Esel zwischen zwei gleichweit entfernten, gleichbeschaffenen Heubündeln müsse notwendigerweise verhungern; ↗ Buridan.
Das Auffallendste an einem Esel sind seine langen Ohren. *Der Esel bewegt seine Ohren!* sagt man von einem, der verständnisvoll tut, aber nichts verstanden hat. *Er kann seinem Esel wohl den Schwanz verbergen, aber die Ohren läßt er gucken. Zum Esel fehlen ihm nur die Ohren, den Kopf hat er* (vgl. ndl. ,Om een volmaakte ezel te zijn, heeft hij naar een' staart noodig'). Dazu das Spottwort: ,Esel Langohr' und ,Eselsohren davontragen': betrogen oder lächerlich gemacht werden.
Er paßt dazu wie der Esel zum Lautenschlagen: er paßt nicht im geringsten dazu; er ist ein roher, ungeschickter Mensch, der für alles, was Künste und Wissenschaft betrifft, kein Verständnis hat. Schon dem Altertum war diese Rda. (zugleich auch als Fabel: Motiv I. 2413, 1) geläufig: griech. ,ὄνος πρὸς λύραν', lat. ,asinus ad lyram'. Die Wndg. wurde schon früh ins Dt. übernommen; in der spätma. dt. Didaktik wird sie oft gebraucht, z.B. im ,Renner' Hugos von Trimberg (V. 23548):

Ein man mac sich wol selben touben,
der ein esel wil herpfen lêren
und sô getâne liute bekêren.

In dem Streitgespräch ,Der Ackermann und der Tod' des Johannes von Saaz (um 1400) heißt es im 30. Kap.: „Aber als vil als ein esel leiren (die Leier spielen) kan, als vil kanstu die warheit vernemen". In Seb. Brants ,Narrenschiff' (1494) wird von jungen Geistlichen gesagt, daß sie soviel wissen „von kyrchregyren, als Müllers Esel kan qwintieren" (d.h. auf der Quin-

,Dazu passen wie der Esel zum Lautenschlagen'

der Umschrift: „De Welt hatt sick umgekehrt, drumm heff ick arm Esel dat Pypen
geleert". ,Ein Esel bei der Sackpfeife, mit
der Lauten'; ,der Esel spilt auf der leiren'
(Franck, Sprww. II, S. 47 a); ,der Esel will
die Laute spielen'; ,einen Esel singen lehren'; ,es ist, als ob der Esel eine Sackpfeife
hört'; ,einen Esel zum Lautenschläger machen'; ,dat steit em an, as dem Esel dat Or-
gelspelen'. Dem Esel so etw. beizubringen
ist sinnlos, ebenso ,einen Esel das Lesen
lehren' (lit. bereits beim Stricker in seiner
Schwanksammlung ,Pfaffe Âmîs' u. im
Eulenspiegel-Volksbuch, in der 29. Histo-
rie) oder ,den Esel griech. bzw. lat. lehren'.
Das letzte kann auch in der Bdtg. von ,nie-
mals' gebraucht werden: ,wenn die Esel
werden lat. reden'.

,Einen Esel das Lesen lehren'

terne, einem Saiteninstrument, spielen):
vgl. auch KHM. 144 ,Das Eselein', wo das
Eselein die Laute schlagen muß und es
zum Erstaunen seines Lehrmeisters auch
so vorzüglich lernt, daß es damit Herz und
Hand einer Königstochter erspielt. Für
die Rda. vom Musizieren des Esels gibt es
die verschiedensten Varianten: ,Dem Esel
ein Harpff', ein pfeiffen geben' (Franck,
Sprww. I, S. 18 b); ndl. ,Men geft den ezel
de harp'. ,Der Esel beim Dudelsack'.
Als Zeichen der gestörten Weltordnung
stand im Hamburger Dom ein in Stein ge-
hauener Dudelsack blasender Esel mit

Ein Esel in der Löwenhaut: ein Dummkopf, der sich ein wichtiges Ansehen zu
geben versucht, wie der Esel in der äsopi-
schen Fabel, der im Wald eine Löwenhaut

1

2

1/2 ,Ein Esel in der Löwenhaut'

fand, sich darin als Löwe verkleidete und Menschen und Vieh durch diese Täuschung erschreckte, jedoch nur kurze Zeit, weil man bald seine wahre Natur erkannte (Mot. J. 951, 1 ff., AaTh. 214 B, Wander I, Sp. 877).

Die sinnverwandte Rda. *Er ist wie der hoffärtige Esel* kann sich aber auch auf die Fabel von dem Esel beziehen, der Reliquien tragen mußte, vor denen die Bauern die Mützen abnahmen, was der Esel aber auf sich bezog und sich so übermütig gebärdete, daß er keine Last mehr tragen wollte.

Aus der Fabel des Phädrus vom sterbenden Löwen, von dem die Tiere Abschied nahmen, wobei der Esel dem Wehrlosen einen Tritt versetzte, ist der ‚Eselstritt‘ sprw. geworden, d. h. das verächtliche Benehmen gegenüber einem Höheren, der aber wehrlos oder gefallen ist; vgl. sächs. Man muß tun, ‚als wenn en Esel getraten hett‘, auf die Beleidigungen eines Toren soll man nicht achten.

Den Sack schlägt man, den Esel meint man. Die Rda. findet sich zum ersten Mal in verwandter Form bei dem röm. Satiriker Petronius († 66 n. Chr.): „Qui asinum non potest, stratum caedit“ (wer den Esel nicht schlagen kann, schlägt den Packsattel); vgl. ‚den ↗ Hund vor dem Löwen schlagen‘.

Um des Esels Schatten zanken: sich um Nichtigkeiten streiten; aber auch: pedantisch, griffelspitzerisch und rechthaberisch streiten. Vgl. lat. ‚De asini umbra‘, ↗ Schatten. Demosthenes erzählte einst den Athenern folgende Geschichte: Ein Athener habe einen Esel für eine Reise gemietet. Es wurde den Tag über so heiß, daß sich der junge Mann in den Schatten des Esels setzte. Darauf erhob sich zwischen ihm und dem Eseltreiber ein Streit, da der Treiber behauptete, er habe zwar den Esel, nicht aber den Schatten des Esels vermietet.

Was von mir ein Esel spricht … als geringschätzig wegwerfende Rda. und Erwiderung auf eine Beleidigung, ist ein Zitat aus der Fabel ‚Der Löwe. Der Fuchs‘ von Joh. Ludw. Gleim (1719–1803), wo es am Schluß heißt:

Denn was von mir ein Esel spricht,
das acht’ ich nicht.

Auf den Esel setzen (oder *bringen):* ärgern, erzürnen. So z. B. in Luthers ‚Tischreden‘: „mit guten Worten fein betrogen und recht auf den Esel gesetzt“. Ebenso auch in Grimmelshausens ‚Simplicissimus‘ (I, S. 145): „Den dollen Fähnrich zoge ich gleich herüber und setzte ihn auf den Esel“; schweiz.: ‚Einen uf en Esel setze‘: ihn als dumm behandeln, von obenherab abfertigen.

Die Rda. geht auf einen grotesken Rechtsbrauch des MA., auf den ‚Eselsritt‘, zurück. Er scheint weit verbreitet gewesen zu sein; Jac. Grimm hat über ihn Belege aus mehreren Ländern gesammelt, aus Frankr., Italien, Dtl. und selbst aus dem Orient. Auf Eselsritt wurde in den ver-

‚Verkehrt auf dem Esel reiten‘

schiedensten Fällen erkannt. Gefangene wurden ‚zum Schimpf auf dem Esel geführt‘: Das Chorgestühl von Bristol (England) zeigt auf einer Miserikordie den Abt von Canterbury, der verkehrt auf einen Esel reitet, dessen Schwanz er in der Hand hält. In Frankreich wurden Männer, die sich von ihren Frauen hatten schlagen lassen, dazu verurteilt, ‚à chevauchier un asne, le visage par devers la queue dudit asne‘; „verkehrt, statt des Zaumes den Schwanz in der Hand“, wie es in G. A. Bürgers berühmter Ballade ‚Kaiser und Abt‘ heißt. Im ‚Lichtenstein‘ läßt Wilhelm Hauff den Doktor Calmus auf dem Esel durch Stuttgart reiten, ↗ Pferd.

Auch in Dtl. war der Eselritt als Rechtsbrauch bekannt, so z. B. in Hessen. H. B. Wenck (Hess. Landesgeschichte [Darmstadt – Gießen 1783], I, S. 521) läßt sich eingehend über diesen Rechtsbrauch aus. – Eines der letzten öffentl. Eselreiten als Delinquentenschande und -spott fand Ostern 1814 in Leipzig statt, wo der Stadtkommandant Meßdiebe so durch die Straßen führen ließ. Spätere Belege finden sich nur noch bei Fastnachtsbräuchen. Aber in einem seltsamen Kontrast zu dem Fastnachtstreiben steht die Härte der Strafe, die den davon Betroffenen einen Makel fürs ganze Leben angehängt haben muß. Gerade die Schwere der Strafe spricht dafür, daß wir es hier, ebensowenig wie bei dem Dachabdecken, mit einer zufälligen Erfindung fröhlicher Fastnachtsnarren zu tun haben. Die Angelegenheit des Eselsrittes hat deshalb ohne Zweifel einen ernsten Hintergrund gehabt. Entspr. *den Esel beim Schwanz aufzäumen:* etw. verkehrt anfangen, ↗ Pferd. Aber auch in der älteren Pädagogik scheint man sich dieser Praktik bedient zu haben. In den ma. Klosterschulen befand sich ein hölzerner Esel, auf den sich Schüler zur Strafe setzen mußten. Dementspr. heißt es 1652 in Wenzel Scherffers Gedichten (S. 429):

Wer mit Wirten sich gebießen,
mit andern sich geschmießen,
der sol zu Troste wiessen,
daß Er um keines büssen
werd' auf den Esel müssen.

Immerhin wurde noch im Schulunterricht in der zweiten Hälfte des 18. Jh. dem fau-

,Ein Esel sein'

len Schüler zur Strafe ein Bild mit einem Esel umgehängt, ↗ anhängen.

Einem einen Esel bohren (oder *stechen):* ihm andeuten, daß man ihn für einen Esel hält, indem man ihm den Zeige- und den kleinen Finger entgegenstreckt, während die übrigen drei eingebogen werden (vgl. die gehörnte Hand, ↗ Horn); dann auch ohne die Handgebärde: ihn veralbern, einen verhöhnen, äffen. Ein Vokabular von 1735 erklärt die Gebärde in lat. Form: „asini auribus manu effectis illudere" (durch Darstellung von Eselsohren mit der Hand verspotten).

Die Rda. findet sich in Goethes ‚Urfaust', worin Mephistopheles spottet: „Encheiresin naturae nennt's die Chimie! Bohrt sich selbst einen Esel und weis nicht wie". Die spätere Fassung lautet: „spottet ihrer selbst"; doch ist die heute kaum noch geläufige Rda. bis zu den Romantikern häufig bezeugt. 1541 in Seb. Francks ‚Sprichwörtersammlung' (I, Fol. II b) steht aber bereits: „Den Narren boren / Den spigel (‚Hintern') zeygen, heyst eim das wappen visieren / Und in summa inn den text lesen, sein kolben zeygen, und sagen wer er ist".

In Schillers ‚Räubern' (I, 3) heißt es: „Und unterdessen, daß Spiegelberg hangt, schleicht sich Spiegelberg ganz sachte aus den Schlingen und deutet der superklu-

,Auf den Esel müssen'

gen Gerechtigkeit hinterrucks Eselsohren, daß's zum Erbarmen ist".

Die Bez. ,Eselsohr' meint eine umgeknickte Blattecke in einem Buch und ist seit 1637 bezeugt.

Einen Esel zu Grabe läuten nennt man es, wenn sitzende Kinder mit den Beinen baumeln, also gewissermaßen ein stummes Geläute machen. Die kindliche Unart wird durch die Erinnerung an einen Tabubereich getadelt (lit. z.B. in Ruth Schaumanns Roman ,Amai', S. 24). Die Wndg. ist in Niederdtl. bes. gebräuchl. Vgl. die gleichbedeutenden Rdaa. ,Hunde aus- oder einläuten' (↗Hund), ,Teufel ausläuten' (↗Teufel). Daneben die ältere, derbere Rda. ,mit Eselsglocken zu Grabe läuten'. Ihren Urspr. hat die Rda. in den ,Eselsbegräbnissen', worunter man die Begräbnisse solcher verstand, die weder an geweihtem Ort noch mit kirchl. Feierlichkeit bestattet wurden, die also verscharrt wurden wie ein verendetes Tier. Keine Glocke wurde bei einem solchen Begräbnis in Bewegung gesetzt; nur der Volkswitz bezeichnete die baumelnden Beine der Kinder als die beim Eselsbegräbnis geläuteten Glocken. Es wurde namentlich bei Exkommunizierten und Ketzern, bei Selbstmördern und bei Verbrechern angewendet, die bei der Ausübung ihrer Missetat erschlagen worden waren. Der Name ist zurückzuführen auf den Spruch Jer. 22,18 u. 19, wo der Prophet von dem König Jojakim spricht: „Man wird ihn nicht beklagen:... ,Ach Herr! ach Edler!' Er soll wie ein Esel begraben werden, zerschleift und hinausgeworfen vor die Tore Jerusalems". Im Jahre 900 diente dieser Spruch einem Konzil zu Reims zur Grundlage eines Beschlusses, nach welchem allen Ketzern und Exkommunizierten nur das Eselsbegräbnis (,Sepultura asinina') zuteil werden sollte (Richter-Weise, Nr. 44, S. 48 f.).

In vielen sprw. Rdaa. wird der Esel mit dem Zornigen in metaphorischen Zusammenhang gebracht: *sich auf den Esel setzen lassen:* zornig werden; „laß dich nicht mit geringen Dingen, bald auf einen Esel bringen" (Ringwaldt); „er hat mich in Harnisch gejagt und ... auf den Esel gesetzt" (Hans Sachs). ,Der Zorn hat ihn überschnellt und auf den Esel gesetzt'.

,Sich auf den Esel setzen lassen'

,Wer stets im Esel hat die Sporen, der juckt ihm dick bis auf die Ohren'.

,Eselsfresser' ist ein Spottname für die Schlesier (vgl. Holteis Dichtung ,Eselsfresser'). Der Spottname taucht zum ersten Mal in der Humanistenzeit bei Conrad Celtes auf („Esores asini"). Caspar Sommer hat darüber 1677 seine Dissertation ,De onophagia Silesiorum' geschrieben. Die Schlesier teilen den Namen mit anderen Gegenden und Ortschaften in Dtl. Die Erklärung ist noch umstritten. Einst war Krakau die Univ. der Schlesier. Die Krakauer Gründungssage kennt einen Drachen Olophagus ,Vielfraß'. Möglicherweise ist der in Onophagus ,Eselsfresser' entstellte Name nur ein Humanistenwitz, mit dem die schles. Studenten einst bez. worden sind. Mit dem Pferdefleisch- oder Eselsfleischessen heidnischer Deutscher hat der Name nichts zu tun, ebensowenig wie mit dem ,Goldenen Esel-Stollen' in Reichenstein (ausführliche weitere Belege bei Wander I, Sp. 881 ff.).

Auf einer Ortsneckerei beruht auch die schwäb. Rda. *Er ist ein Esel von Rottweil.* Die Rottweiler sollen einst einen Kürbis gefunden, für ein Ei gehalten und es auszubrüten versucht haben. Da sich kein Erfolg zeigte, wurde das Ei bzw. der Kürbis weggeworfen. Beim Aufschlag sprang erschrocken ein Hase davon, den die Rottweiler für einen aus dem Kürbis entsprungenen jungen Esel hielten. So erhielten die Rottweiler ihren Beinamen (Wander I, Sp. 878 f.; H. Moser: Schwäb. Volkshumor [Stuttgart ²1981], S. 41).

Auf dem selben Esel reiten: dieselben Ziele verfolgen; *beim Esel Wolle suchen:* da etw. suchen, wo es nicht zu finden ist (schon lat. ,ab asino lanam petere' bzw. ,asini lanam quaerere'); wenn man sich wirtschaftlich oder gesellschaftlich verbessert, so *kommt man vom Esel aufs Pferd, auf den Ochsen, auf die Kuh* (Plautus: ‚ab asinis ad boves transcendere'). *Sich auf den Esel setzen; vom Gaul auf den Esel kommen* heißt dagegen: aus einer höheren Stellung in eine niedere absinken. Vgl. auch ‚vom Ochsen auf den Esel kommen' (↗Ochse).

Ein Bild der verkehrten Welt ist *den Esel krönen.* So schon in Freidanks ‚Bescheidenheit': „Swâ man den esel kroenet, dâ ist das lant gehoenet", sowie dort auch: „Swâ der ohse krône treit. Dâ hânt diu kelber werdekeit" (vgl. Singer III, 102, 100), was in ganz ähnl. Form in schweiz. Mda. als Sprw. überliefert wird; vgl. ‚die Sau krönen' (↗Sau).

Ein Esel unter Bienen sein: unter böse, ungestüme Menschen geraten sein; vgl. frz.: ‚être un âne parmi les singes': wehrlos Zielscheibe tierischer Bosheit oder abscheulicher Scherze sein.

Den Esel einen Esel nennen: die Sache beim rechten Namen nennen, unverblümt sagen (entspr. frz. ‚appeler un chat un chat'); *den Esel für den Müllerknecht ansehen:* einem groben Irrtum zum Opfer gefallen sein; rheinhess. ‚Er hat mich auf den Esel gesetzt', er hat mich im Stich gelassen; *den Esel hüten müssen:* lange auf jem. warten müssen. In der Eifel wird die Rda. von Mädchen gebraucht, die in Tanzlokalen als Mauerblümchen nicht zum Tanz kommen.

Den Esel mitten durch den Kot tragen (nach der Fabel von Vater, Sohn und Esel); *den Esel suchen und darauf sitzen* sagt man von einem Zerstreuten, der etw. sucht, was er in der Hand hält; *er ist nicht einen toten Esel wert:* er ist keinen Pfifferling wert.

Der Italiener geht von einer anderen Einschätzung aus. ‚Meglio un asino vivo che un dottore morte': lieber dumm leben als gescheit sterben.

Der (graue) Esel fährt (guckt) heraus: es sind die ersten grauen Haare zu sehen. *Da hat der Esel ein Pferd geworfen* sagt man bei der unerwartet guten Leistung eines Minderbegabten. Von einem unehelichen Kind oder einem Menschen, dessen Herkunft nicht ganz klar ist, wird gesagt,

westf. ‚Den heat de Jesel ut der Wand slagen'; berl. ‚Den hat der Esel im Galopp verloren'; els. ‚Dich hat ja en Esel an d'Wand gpfuzt, us der Wand geplotzt'. Das wird auch zu einem gesagt, der so dumm ist, daß er nicht gleich sagen kann, woher er stammt und wo er geboren ist. Zahlreich sind die rdal. Vergleiche, in deren Mittelpunkt der Esel steht. ‚Bepackt wie ein Esel': schwer beladen; frz.: ‚être chargé comme un âne': schwer belastet sein; von dem frei und ledig herumspringenden Grautier heißt es, ‚c'est un vrai âne débâté': er ist ein Schürzenjäger, ein liederlicher Bursche.

Unleidlich erscheint manchem die Hartnäckigkeit des Tieres: ‚stur wie ein Esel', sich unzugänglich, unbeugsam zeigen; frz.: ‚têtu comme un âne': störrisch wie ein Esel.

‚Der Esel erscheint in seidenen Strümpfen' heißt es, wenn ein Ungebildeter und Grobian den Gesitteten und Gelehrten zu spielen sucht.

Unhöflich bleibt es, ‚einem den Esel (zu) strecken': die Zunge zu zeigen. Heißt es, auf der Hut zu sein, sollte man ‚tenir son âne par la queue': seine Maßregeln treffen, beispielsweise ‚den Esel gürten': jem. an die Kandare nehmen, ihm keine Freiheit lassen; erfolgversprechender wäre ‚den Esel einzuwiegen': einen Menschen einschläfern, allerdings auch betören, zu betrügen suchen.

Aus Nordostdtl. kommt die Rda.: ‚Nun wird ein Esel geboren', wenn in einer lauten Gesellschaft unvermutet Stillschweigen eintritt, ↗Engel. Die unüberlegte Handlung eines Menschen erklärt oder entschuldigt die Wndg. ‚der Esel hat ihn geschlagen'. ‚Den Esel spielen der Distel wegen': sich aus Eigennutz dumm stellen; ganz anders dagegen, ohne Aussicht oder Wunsch nach Gegenleistung, ‚jem. den Esel machen': sich von anderen ausbeuten lassen. Den Esel hält man meist für geduldig und ergeben: ‚Eselsarbeit und Sperlingsfutter haben', d. h. für einen Hungerlohn im Frondienst stehen, eine alte Klage, oft tauben Ohren gepredigt, i. e. ‚narrare asello fabulam surdo'.

Sehr hellhörig erscheint dagegen das Grautier im ‚Goldenen Esel' (eigentl. ‚Die Metamorphosen') des Lucius Apuleius (um 125–180 n. Chr.). Der Held dieses Romans, durch seine Neugierde in ein tief gebengtes Lastvieh verwandelt, doch endlich erlöst, plaudert nicht nur seine eigenen grausig-burlesken Abenteuer aus, sondern auch das erlauschte allegorische Märchen von Amor und Psyche.

Lit.: *R. P.* (= *Robert Prutz*): Der Esel im dt. Sprw., in: Dt. Museum (Leipzig, Okt. 1864); *J. R. Dieterich:* Eselritt und Dachabdecken, in: Hess. Bl. f. Vkde. I (1902), S. 87–112; *O. Keller:* Die antike Tierwelt I (Leipzig 1909), S. 259 ff.; *K. F. Flögel:* Gesch. des Grotesk-Komischen. Ein Beitrag zur Gesch. der Menschheit, 2 Bde. (München 1914), II, S. 370 f.; *W. Gottschalk:* Die sprw. Rdaa. d. franz. Sprache I (Heidelberg 1930), S. 55 ff.; *H. Bächtold-Stäubli:* Art. ‚Esel' in: HdA II, 1003–1017; *R. Hampel:* Die Rda. ‚Einen Esel zu Grabe läuten', in: Wiener Zs. f. Vkde., 48 (1943), S. 13 f.; *G. Lutz:* Sitte, Recht und Brauch. Zur Eselshochzeit von Hütten in der Eifel, in: Zs. f. Vkde. 56 (1960), S. 74 ff.; *M. Vogel:* ONOS LYRAS. Der Esel mit der Leier (= Orpheus-Schriftenreihe, Bd. 13) (Düsseldorf 1973); *V. B. Dröscher:* Mich laust der Affe (Düsseldorf 1981), S. 89–92; *E. Fischer:* Art. ‚Esel', in: EM. IV, Sp. 411–419; *R. W. Brednich:* Art. ‚Esel als Lautenspieler', in: EM. IV, Sp. 426–428; *Ch. Schmidt:* Art. ‚Esel in der Löwenhaut', in: EM. IV, Sp. 428–435.

Eselsbrücke. *Einem eine Eselsbrücke bauen:* einem mit erheblichen Hilfsmitteln eine Aufgabe erleichtern. In Oesterr. versteht man aber unter Eselsbrücke den Lehrsatz des Pythagoras, in gleicher Bdtg. gebraucht der Schwabe Justinus Kerner das Wort: „Mein Bruder Carl mühte sich ab, mir Unterricht in der Mathematik zu geben; aber er konnte mich nicht weiter, als zur sogenannten Eselsbrücke, dem pythagoräischen Lehrsatze bringen" (Bilderbuch [1849], S. 285); vgl. frz. ‚Pontaux-ânes', in der gleichen Bdtg..
Die Rda. *an der Eselsbrücke stehen bleiben* bedeutet demnach: bei der ersten Schwierigkeit versagen, sich nicht weiterwagen. In diesem Sinne, engl.: ‚He knows the operation ... to be the pons asinorum of incompetent workmen' oder ‚This bridge was the pons asinorum of the French which [the] English never suffered them to cross': unüberwindliches Hindernis.
Die Eselsbrücke treten: gegen die eigene Unwissenheit ankämpfen. Schon 1735 schrieb J. Chr. Günther (‚Gedichte', 462) von einem „Schulfuchs, der die Eselsbrücke tritt". In C. F. Haubers ‚Chrestomathia' (Tübingen 1820, S. 195) wird ‚pons asini' als Name für den fünften Lehrsatz des Euklid aus dem ‚Euclides re-

formatus' des Ang. de Marchetti angeführt, neben einem anderen ebenso bezeichnenden Namen: ‚fuga miserorum'. Die Namen werden aus den Schwierigkeiten erklärt, die der Beweis gerade dieses Satzes den Anfängern machen soll. In der Mathematik also wird ein Lehrsatz, der dem minder begabten Schüler die ersten ernstlichen Schwierigkeiten bereitet, sei es nun Euklid oder Pythagoras, ‚pons asini' genannt.
Der Schulausdr. ist zweifellos aus einer Vorstellung der ma. volkstümlichen Zoologie abzuleiten, die ihrerseits auf Plinius zurückgeht. Plinius behauptet, daß der Esel keine Brücke überschreite, durch deren Belag er das Wasser sehen könne: „nec pontes transeunt per raritatem eorum translucentibus fluviis" (‚Naturalis historia' 8, 68). Diese Erzählung wurde dann immer wieder übernommen. So heißt es in Konrad von Megenbergs ‚Buch der Natur' (120, 33): „Sô der esel über ain pruk schol gên, siht er dann in daz wazzer durch die pruk, er gêt nicht leiht hin über". Und Gesner schreibt in seinem Tierbuch von 1582: „Wo er über brugk gon sol, die luck und durchsichtig, also, dasz das wasser darunder hinfliessend gesehen werden mag, das ist müy, sol man jn darüber nötigen" (41 b). Es ist nur eine vermeintliche Gefahr, die den Esel abschreckt, also ein Zeichen von Dummheit, daß der Esel nicht über eine solche Brücke geht. So erklärt sich leicht, wie ‚pons asini' zu der Bdtg. kommt, die in der Anwendung auf den fünften Lehrsatz des Euklid hervortritt: Schwierigkeit, nicht für den Einsichtigen, nur für den Dummen.
Die lebendige Anschauung, die im MA. mit der Vorstellung der Eselsbrücke verbunden war, ging der Neuzeit verloren; die alte sinnvolle Beziehung auf die Natur des Tieres machte unbestimmten Vorstellungen Platz. Wenn jem. heute bei dem Gebrauch des Wortes ‚Eselsbrücke' i. S. v. ‚Hilfsmittel für Dumme, Träge' sich überhaupt etw. Bestimmtes vorstellt, so wird er sich eine Brücke denken, die gerade für einen Esel paßt, d. h. bequem ist, also genau das Gegenteil der Vorstellung, die der urspr. Anwendung zugrunde lag. Seit dem ausgehenden 19. Jh. verbindet die Schülersprache mit dem Begriff Eselsbrücke

daher die Vorstellung einer Gedächtnis-
stütze. Darunter fällt der hübsche Merk-
vers für die lat. Wiederholungszahlen
(semel, bis, ter, quater): ,In die Semmel
biß der Kater, einmal, zweimal, dreimal,
viermal.'

Im Rheinland nennen die Schüler unerlaubte Hilfsmittel, vor allem heimliche
Übersetzungen fremdsprachlicher Texte
,pons' und bilden dazu ein Verbum ,pon-
zen'; vgl. frz. ,pomper' (Schülersprache)
und ,pompe' (Pons). Daß mit ,pons' der
,pons asini' gemeint ist, unterliegt keinem
Zweifel. Da wir es hier mit einem Ausdr.
der Schule zu tun haben, und zwar der gelehrten Schule, finden wir die Eselsbrücke
auch im Rdaa.-Gut anderer europ. Völker
wieder. Vgl. ndl. ,Het is eene ezelsbrug'.
Die Bdtg. ,bequemes Hilfsmittel für
Dumme und Träge' fehlt allerdings im
Engl., Frz. und Span.; sie ist ja auch nicht
urspr., wie wir festgestellt haben. Im Frz.
vollzieht sich eine Umbildung: Das
Schwierige, weil es eben nur für Dumme
schwierig ist, wird zu etw. Leichtem, Be-
quemem.

Hart und unangenehm kann es werden,
eine gegenständliche „Eselsbrücke für
langweilige Besuche und schlechte Menschen" zu eskamotieren. So in L. Tiecks
(1773–1853) Novelle ,Des Lebens Überfluß', deren bedürfnisloser Held – in Abwesenheit seines Vermieters – notgedrun-
gen die hölzerne Treppe im Innern des
Hauses nach und nach abbricht und ver-
heizt.

Lit.: R. Meissner: Eselsbrücke, in: Zs. d. Ver. f. rhein.
u. westf. Vkde. 14 (1917), S. 145 ff.; H. Küpper: Illustr.
Lexikon d. dt. Umgangssprache. II (Stuttgart 1983),
S. 760 f.

Espenlaub. *Zittern wie Espenlaub:* heftig
zittern; els. ,Er zittert wie e Flauderespe';
vgl. frz. ,trembler comme une feuille
(morte)': wie ein (dünnes) Blatt zittern.
Dabei braucht urspr. nicht – wie die Rda.
heute gewöhnlich verstanden wird –
Angst die Ursache des Zitterns zu sein. Im
,Meier Helmbrecht' (um 1270, V. 1850)
wird von einem der Bauern, die dem blinden Helmbrecht seine früheren Untaten
heimzahlen wollen, gesagt: „der bidemt
vor girde sam ein loup" (= er zittert wie
ein Laub vor Gier). Aber dem Mhd. ist

auch bereits der heutige Sinn der Rda.
,vor Angst zittern' geläufig:
    er bibent unde wagete
    vor sorgen als ein espin loub.
So gebraucht sie im 16. Jh. auch Thomas
Murner: „zittern wie ein espenloub", oder
der Prediger Mathesius: „der engstiget
und förchtet sich und erschrickt vor einem
rauschenden Blat oder bebet on Under-
lasz wie ein Espenlaub". Im Liederbuch
der Hätzlerin (I, 30, 44) heißt es auch:
„Zittern als ain Espinláb".

Die eigentümliche Stellung des langen,
feinen, merkwürdig drehbaren Stieles des
Espenblattes mit seinem schmalen Fuß
auf dem Holze ist die Ursache, daß es
beim leisesten Luftzug in Zittern gerät.
Die verbreitete Rda. hat auch verschiedentlich sekundäre ätiologische Erzählungen angeregt (Thompson, Mot. A
2762.1.). In Schlesien heißt es, die Espe
zittere deshalb, weil sie die Kreuzigung
Christi mitangesehen habe. Aber es gibt
auch gegenteilige Erzählungen. In der
Oberpfalz z. B. erzählt man von der Espe,
daß sie deshalb zittern muß, weil sie alleine beim Tode des Heilands teilnahmslos blieb, während alle anderen Bäume
bebten. Adalbert Stifter berichtet in seiner
Erzählung ,Der Baum, der sich nicht
beugte, als der Herr auf Erden wandelte'
von der Bestrafung der Espe mit ewiger
Unruhe. In nord- und osteurop. Erzählungen wird oft der Gedanke ausgesprochen,
daß die Blätter der Espe zittern, seit sich
Judas an einer Espe erhängte oder weil
das Kreuz Christi aus ihrem Holze gefer-
tigt worden sei. Noch heute zittern die
Blätter der Zitteresope vor Schreck darüber.

Der Espe das Zittern lehren wollen ist eine
Umschreibung für unnützes Tun.

Lit.: O. Dähnhardt: Natursagen, Bd. II (Leipzig u.
Berlin 1909), S. 230 ff. (weitere Nachweise s. Register);
H. Marzell: Art. ,Espe', in: HdA. II, Sp. 1020–1022;
L. Röhrich: Sprw. Rdaa. aus Volkserzählungen,
S. 272.

Esse. (fem.) in der Bdtg. ,Schornstein,
Rauchfang' findet sich in folgenden sprw.
Rdaa: *in die Esse schreiben:* als verloren
betrachten; z. B. eine Geldsumme, die, in
der Esse, im Rauchfang angeschrieben,
dort bald überschwärzt und unleserlich
wird, ↗ Kamin, ↗ Schornstein.

Vom Feuerherd des Schmiedes herge-
nommen ist die Rda. *frisch aus der Esse
kommen:* soeben fertiggestellt sein; schon
Luther gebrauch 1541 diese Wndg. (,Wi-
der Hans Worst'): „Zu der zeit war ich
prediger allhie im kloster und ein junger
doctor, newlich aus der esse kommen"
(↗ Feueresse und Schornstein). Im selben
Sinne: ‚Er geht erst auss der esse' bei
Seb. Franck, II, 34b.
Esse (neutr.) in der Bdtg. ‚Wohlbefinden,
Behagen' findet sich in der Rda. *in seinem
Esse sein:* in seinem Element sein, sich
wohlfühlen. Das Wort Esse ist vom lat.
Verbum esse = ‚sein' entlehnt und bedeutet urspr. ‚Zustand, Bestand'; später ‚Wesen'. Schon frühnhd. erscheint die Rda. *in
seinem Esse erhalten:* in gutem Stand erhalten, z. B. 1568 in einer meckl. Urkunde:
„damit das closter bey würden und in esse
erhalten (werde)". ‚In gutem esse und
Stande sein' ist in vielen Urkunden als
Formel gebraucht. Ähnl. Wndgn. finden
sich bis heute in fast allen dt. Mdaa., z. B.
obersächs. mit falscher Betonung: ‚in seinem Esseé sein'; meckl. ‚in Ess erholden',
in gutem Zustand; rhein. ‚es Esse houwe',
im Gedächtnis behalten; schweiz. ‚en Ess
mit etw. han, machen', große Mühe daran
wenden; auch ndl. ‚in de es zijn', sich in
seinem Element fühlen. Berl. ist die Rda.
scherzhaft verdreht zu: ‚Er ist janz in seinem Essig'.
Um ein paar Ess zu leicht sein gebraucht
man in Schlesien, um einen Leichtsinni-
gen und Charakterlosen zu bezeichnen.

Lit.: *O. Schütte:* „In seinem Esse sein", in: Zs f. d. U. 18
(1904), S. 63; *R. Hansen:* „In seinem Esse sein", in: Zs.
f. d. U. 18 (1904), S. 519; *H. Hofmann:* „In seinem Esse
sein", in: Zs. f. d. U. 20 (1906), 60–61; Zs. f. d. U. 21
(1907), S. 64 u. S. 578.

essen. Übertrieben vieles Essen wird im
Volksmund durch zahlreiche sprw. Vergleiche getadelt: *Er ißt für sieben;* vgl. frz.
‚Il mange comme quatre' (für vier); *Er ißt,
als ob das Essen morgen verboten würde;
als ob es morgen nichts mehr gäbe, als hätte
er 14 Tage nichts mehr zu essen gehabt; er
ißt, als ob er Geld dafür bekäme; essen wie
ein Schmied, ein Drescher, ein Scheunendrescher;* holst. ‚He itt, as wenn he hangt
warrn schall' erinnert an die ↗ Henkersmahlzeit.
Sie muß für zwei essen: sie ist schwanger.

So gebraucht es auch Goethe im ‚Faust' I,
wenn Lieschen von Bärbelchen in der
Szene am Brunnen sagt: „sie füttert zwei,
wenn sie nun ißt und trinkt".
Mehr verstehen als Brot essen: sich auf al-
len Gebieten – insbesondere auch auf
dem der Magie – auskennen; *Äpfel nicht
essen mögen:* zur Liebe keine Zeit oder
Lust haben, ↗ fressen. *Aus der Faust
(Hand) essen:* ohne Eßbesteck. *Im Stehen
(im Gehen) essen:* in großer Eile.
Viele Rdaa. und vor allem Sprww. beziehen sich auf die Relation von ‚Essen und
Arbeiten': ‚Wie das Essen, so die Arbeit';
‚Wie die Verpflegung, so die Bewegung';
‚Wie die Backen, so die Hacken';
schwäb.: ‚Wie mr ißt, so schafft mr au'.
Schon im N.T. heißt es: „So jemand will
nicht arbeiten, der soll auch nicht essen"
(2. Thess. 3,10; vgl. auch 1. Mos. 3,19).
Scherzhaft heißt es dagegen: ‚Wer nicht
arbeitet, soll wenigstens gut essen'.
Im Ammerland sagt man: ‚Wer mit äten
will, de mutt ok mit döschen' (Wer mit essen will, muß auch mit dreschen), aber
auch: ‚Wo dat wat to äten gifft, dor sett die
dal, wor aber middags Geld tellt wart, dor
bliew weg!'
Es gibt in allen Sprachen eine große Zahl
von Sprww., die auf Speise und Gesundheitsregeln beim Essen (und Trinken) anspielen, wie z. B. ‚Frühstücke wie ein
König, iß mittags wie ein Edelmann, am
Abend wie ein Bettler'.

Willst du lang leben und gesund,
So iß wie die Katz und trink wie der
Hund.

‚Fresser werden nicht geboren, sondern
erzogen'; ‚Nicht alle Fresser sind dick,
aber alle Dicken sind Fresser'; ‚Selber essen macht fett'; ‚Voller Bauch studiert
nicht gern'; ‚Lieber zu viel gegessen als zu
wenig getrunken'; ‚Was der Bauer nicht
kennt, das frißt er nicht'.
Neben den Aufforderungen, Maß zu halten, gibt es auch sprw. Ermunterungen,
kräftig zuzulangen: ‚Essen und Trinken
hält Leib und Seele zusammen'; ‚erhält
das Leben, und der Faule ernährt sich
ganz davon'.

Iß und trink, solang dir 's schmeckt,
Schon zweimal ist uns 's Geld verreckt!
Eine moderne Prägung (mit Hinweis auf
die Inflation 1922/23 und die Währungs-

reform 1948), die jedoch ihre bibl. Vorlage hat, denn schon Jes. 22, 13 heißt es: „Lasset uns essen und trinken, denn morgen sind wir tot".

Schließlich gibt es eine Reihe von einleuchtenden Verhaltensregeln vernünftiger Ernährungsweise, die freilich auch als Trostsprüche bei Armut oder Nahrungsmangel gelten können: ‚Trocken Brot macht Wangen rot' (mit dem iron.-kritischen Zusatz: ‚aber Butterbröter noch viel röter'), oder auch: ‚Hunger ist der beste Koch'; ‚Quark macht stark'.

‚Die Augen essen mit' begründet die Ästhetik eines schön gedeckten Tisches u. liebevoll angerichteter Speisen.

> Post cenam stabis
> Aut passus milia meabis.
> Nach dem Essen sollst du ruhn,
> Oder tausend Schritte tun.

Manche Sprww. dienen der Sozialisierung von Kindern zur Einübung von Tischsitten:

> Gemüs' und Fleisch bekommt nur der,
> der seine Suppe aß vorher.

So steht es manchmal auf dem Boden von Kindergeschirr. Auch Mahlzeiten sind Systeme erzieherischen Handelns.

Die neuere Wndg. *Essen auf Rädern* bezieht sich auf eine soziale Einrichtung, die Kranken und Alten ein warmes Essen ins Haus liefert.

Das Eßbesteck fallen lassen: aufhören zu essen, euphemist. für ‚sterben', ↗ zeitlich.

Lit.: *F. Eckstein:* Art. ‚Essen', in: HdA. II, Sp. 1022–1059; *G. Grober-Glück:* Motive u. Motivationen in Rdaa. u. Meinungen (Marburg 1974), Bd. I, § 167 ff., § 181 ff.; *J. R. Klima:* Art. ‚Essen: Wie das E., so die Arbeit', in: EM. IV, Sp. 471–475; *E. Moser-Rath:* Art. ‚Das gleiche Essen', in: EM. IV, Sp. 469–471; *dies.:* Art. ‚Essen: Gutes Essen ändert den Gesang', in: EM. IV, Sp. 476–478; *H. J. Teuteberg* u. *G. Wiegelmann:* Unsere tägliche Kost (Münster 1986); *St. Mennell:* Die Kultivierung des Appetits. Geschichte des Essens vom Mittelalter bis heute (Frankfurt/M. 1988); *U. Tolksdorf:* Nahrungsforschung: in: R. W. Brednich (Hg.): Grundriß der Volkskunde (Berlin 1988), S. 171–184.

Essig. *Zu Essig werden:* zunichte werden, mißglücken; urspr. vom Wein gesagt, der bei zu langem Gären sauer, damit ungenießbar und unbrauchbar wird. Ähnl.: *Damit ist es Essig:* das ist mißglückt; mit dieser Hoffnung ist es aus.

Verbreitet sind auch Wndgn. für ‚ein saures Gesicht machen' wie: *aussehen wie Essig,* rhein. ‚en Gesicht machen wie sure Essig (als ob e Essig gedronke hätt)', obersächs. ‚e Gesichte machen wie e Essigtopp', sauer dreinsehen, enttäuscht sein (vgl. KHM, 107), ‚sauer schauen wie ein Essigkrug' (KHM, 144).

Lit.: *F. Eckstein:* Art. ‚Essig' in: HdA. II, Sp. 1060–1064.

Etappe. Das Wort ist urspr. ein militär. Terminus, der im 18. Jh. aus frz. ‚étape' entlehnt wurde. Man bez. damit einen Ort mit Vorräten zur Verpflegung marschierender Truppen. In der Regel lagen diese Etappen einen Tagesmarsch auseinander. Daher stammen die, auch im nichtmilitär. Bereich gebrauchten, Rdaa. ‚in Etappen marschieren' und – im übertr. Sinn – ‚etw. in Etappen erledigen'.

Mit dem Übergang zum Stellungskrieg 1914 wurde das unmittelbar hinter der Front, aber außerhalb der Reichweite feindl. Artillerie liegende Gebiet zur Etappe. Die Ausdr. ‚Etappenhengst' und ‚Etappenhase' waren daher Spott- oder Schimpfnamen seitens der Frontkämpfer für jene Soldaten, und v. a. Offiziere, die außerhalb jeder Gefahr ‚eine ruhige Kugel schoben'. Dabei muß es sich keinesfalls immer um Drückeberger handeln. Es kann auch ein Vorgesetzter damit bez. werden, der mit einer wichtigen Aufgabe zur Versorgung der Truppen hinter der Front betraut ist und dessen Anweisungen der Kampferprobte als lächerlich und als Schikane empfinden kann, weil er ihm die Kompetenz abspricht.

Der Tiervergleich spielt auf den leichteren Zugang zu angenehmem Leben und sexuellen Vergnügungen hinter der Front an.

etc. (lat. ‚et cetera', dt.: und das übrige), wurde in früherer Zeit gerne verwendet, um unbeliebte und unanständige Namen oder Dinge, die ungesagt bleiben sollten, durch Andeutung zu erwähnen. Das geschah z. T. in recht derber Weise, wie eine Stelle bei Fischart zeigt:

> in dem Donat, der reiflin hat,
> hab ich es oft gelesen,
> quod nomen sit, das fält mir nicht,
> man trinkt ihn aus den gläsern,
> vinum quae pars,

und hast kein glas,
so sauf ihn mir aus dem etc. a.
(Gargantua', 1594, 91).

Es ist daher kein Wunder, daß bei Simrock ein Spruch begegnet mit dem Wortlaut: ,auf ein et cetera folgt eine Ohrfeige.' (Dt. Sprww. [Frankfurt 1846/50], 2217).

etc pp. (pp. = lat. ,perge, perge', dt.: und so weiter), dt.: ,und so weiter und so weiter' oder ,und so weiter und so fort' ist eine neuere umg. Wndg., die dazu dient, eine lange Liste von langweiligen oder schon bekannten Dingen abzukürzen. Es handelt sich um eine scherzhaft-iron. Doppelung, die zuweilen auch als ungeduldiger Einwurf eines Gesprächspartners begegnet.

etepetete. *Sich etepetete benehmen; etepetete sein:* geziert, zimperlich, umständlich, überfein oder bedächtig sein.

Etepetete ist wortwitzelnd aus dem Grundwort ,öte,ete' gebildet, das bes. dem nördl. Teil des dt. Sprachgebietes bekannt ist. Das in Meckl. davon abgeleitete Subst. ,Ötigkeit' bedeutet ,geziertes Wesen'. Ähnl. Bildungen durch Verdoppelung einer oder mehrerer Silben liegen in ,eiapopeia', ,holterdipolter', ,rumsdibums' usw. vor. In Schlesw.-Holst. kennt man statt etepetete ,etjerpotetjer', und in Meckl. ist ,Entepetente' das Schlüsselwort für ,Ei' im Volksrätsel (vgl. R. Wossidlo, Meckl. Volksüberlieferungen I [Wismar 1897], Nr. 108); vgl. engl. ,Hoity-toity'.

Lit.: *W. Mieder:* Investigations of Proverbs, Proverbial Expressions, Quotations and Chlichés (Bern 1984), S. 182.

Etikett, Etikettenschwindel. *Jem. mit einem Etikett versehen:* ihn – wie eine Weinflasche (Ware) – kennzeichnen und ihn damit einer bestimmten Sorte (Güteklasse) bzw. einem bestimmten Typ (Partei, Weltanschauung) zuordnen.

Etikettenschwindel betreiben: mit falschen Angaben operieren, unter Vorspiegelung falscher Tatsachen irreführen und sich unerlaubter Weise Vorteile verschaffen wollen.

Urspr. stammt die Wndg. aus der Welt des Handels, wo versucht wurde, Etiketten berühmter Firmen u. Fabrikate (Schuhe, Textilien, Wein etc.) für minderwertigere Produkte zu verwenden, um höhere Preise zu rechtfertigen. Küpper führt den Begriff nur auf eine falsche Etikettierung von Weinflaschen zurück. Er könnte aber auch von der urspr. Bdtg. des frz. ,étiquette' herrühren (↗ Etikette), d. h. von dem Hinweiszettel des Hofzeremoniells, der – mit falschen Informationen beschriftet – durchaus ein irreführendes Durcheinander hervorrufen konnte. Die Rda. ist heute wieder bes. häufig zu hören und zu lesen. Sie wird von der falschen Auszeichnung der Waren und verführerischer, unwahrer Reklame gern auf Politiker übertragen, deren Versprechungen man nicht recht traut.

Etikette. *Streng nach Etikette verfahren:* nach dem Zeremoniell, das die herkömmlichen Gesellschaftsnormen vorschreibt. Das frz. Wort ,étiquette' bez. insbes. im 17./18. Jh. ,das Verzeichnis der am frz. Königshof zugelassenen Personen, hierarchisch nach ihrem Rang geordnet. Nach heutigem Verständnis beinhaltet die ,Etikette' die Gesamtheit der überkommenen Umgangsformen und gesellschaftlichen Normen.

Lit.: *K. Graudenz* u. *E. Pappritz:* Das Buch der Etikette (Bonn ⁵1961).

Eule. *Eulen nach Athen tragen:* etw. Überflüssiges tun; vgl. frz. ,apporter des chouettes à Athènes'.

In der satirischen Komödie ,Ὄρνιθες' (,Die Vögel') des größten klassischen Komödiendichters Aristophanes (um 445 bis 386 v. Chr.), in der er seine Heimatstadt mit all ihren Schwächen glossierte, läßt der Dichter (V. 301) eine Eule herbeifliegen, worauf gefragt wird: „Τίς γλαῦκ' 'Αθήναζ' ἤγαγε" (,Wer hat die Eule nach Athen gebracht?' nämlich: wo schon so viele sind). Denn die Eule, und zwar eigentl. das Käuzchen, war nicht nur ein in Athen häufig vorkommender Vogel, der bes. in den klüftenreichen Abhängen der Akropolis hauste, sondern, natürlich im Zusammenhang damit, auch ein Attribut der Athene, der Schutzgöttin der Stadt, und galt als Sinnbild der Klugheit schlechthin, weil die Eule auch im Dunkeln zu sehen vermag. Außerdem prangte die Eule auf den athenischen Münzen, die (vgl. ‚Die Vögel' V. 1106: „ An Eulen wird es nie mangeln") kurzweg ‚Eulen' hießen. So wurde denn ‚Eulen nach Athen tragen' ein griech. Sprw. ‚Γλαῦκα εἰς Ἀθήνας' entspr. lat. (bei Cicero z. B.): „ululas Athenas" (Büchmann).

Weitere gleichbedeutende griech. Versionen sind: ‚Fische zum Hellespont bringen', ‚Buchsbaum zum Kytoros-Berg tragen', ‚Getreide (Krokodile) nach Ägypten bringen und Safran nach Cilicien', ‚einen Brunnen neben dem Fluß graben', ‚Wasser vom Kanal zum Meer bringen'. Im Dt. sind in gleichem Sinne üblich: ‚Wasser in den Rhein (Elbe, Donau, ins Meer, in den Brunnen) tragen'; ndd. ‚Water in de ̄ See dragen'; ‚Bier nach München (Dortmund) bringen'; gelegentlich auch ‚Holz in den Busch (oder: in den Wald) tragen'; ‚Ablaß nach Rom tragen'; ‚den Fröschen zu trinken geben'; ‚dem Tag ein Licht anzünden'; ‚einen Mohren weiß waschen'; ‚gegen Windmühlen kämpfen' (frz. ‚Se battre contre des moulins à ven' (in Anlehnung an eine Episode aus Miguel de Cervantes ‚Don Quichotte'); ‚seine Wiese pflastern lassen'; ‚Dielen (Sparren) nach Norwegen führen'; ‚Windeier ausbrüten'; ‚Weiber hüten'; ‚den Bäckerkindern Weizenbrot (Stuten) geben'. Der Engländer sagt ‚to carry coals to Newcastle', Kohlen nach Newcastle, dem Hauptstapelplatz und Ausfuhrhafen des nordengl. Kohlengebiets, schaffen; auch ‚Wasser in die Themse tragen'; ‚Frauen nach Paris mitnehmen'. In diesem Sinne führen die Russen ‚Schnee nach Lappland', ‚tränken die Kuh mit Milch' und ‚säuern den Essig mit Sauerampfer'; die Franzosen ‚tragen Muscheln nach Mont Saint-Michel' (heute unbekannt) und ‚Blätter in den Wald'; die Finnen ‚tragen Staub in die Mühle'; die Polen ‚Kienäpfel in den Busch' und ‚schmieren die Speckseiten mit Fett ein'; die Slowenen ‚tragen Wasser in die Drau'; die Italiener ‚verkaufen dem Bienenpächter Honig' und dem Bosnier ‚dem Melonengärtner Gurken'. Weitere Varianten sind: ‚Ein zweites Mal das Rad erfinden'; ‚meiner Großmutter s'Bete lerne' (schwäb.); ‚Käse in die Schweiz rollen'; ‚dem Buddha eine Predigt halten' (jap.); ‚Surfbretter nach Kalifornien tragen'; ‚mit

dem eigenen Samowar nach Tula fahren' (russ.).

Zur Eule machen: zum Gegenstand des Spottes machen; nur vereinzelt üblich. Ähnl. mdal. z. B. obersächs. ‚zur Eule machen', zum besten haben; rhein. ‚enen för den Ül holde', zum Narren halten. *Er lebt wie die Eule unter den Krähen:* er wird geneckt und verfolgt, wie die Eule, wenn sie sich bei Tage sehen läßt. Wer von seiner Umgebung verspottet wird und doch seinen Wert hat, der heißt *die Eule unter den Krähen.* So schon um 1500 bei dem Predi-

‚Die Eule unter den Krähen'

ger Geiler von Kaysersberg: „Er ist under inn'n nit anders wie ein kützlein oder ein ul under andern vögeln". Dazu ein späterer Holzschnitt Dürers.

Eul' und Käuzlein zu setzen wissen: wissen, wie man eine schwierige Sache anzufangen hat, um sie erfolgreich durchzuführen. Die heute kaum mehr geläufige Rda. stammt aus der Vogelfängerei, wo man ‚Lockeulen' an den Netzen aufstellte. Der Ausdr. ‚Lockeule' war in der Lit. der Reformationszeit eine übliche Bez. des Ablaßhändlers.

1562 schreibt der Prediger Mathesius: „Darum hat der Teufel seine Eule nach hierher setzen wollen", d. h. auch hier Jagd machen wollen. Nordd. ‚Da hat eine Eule gesessen', ‚da har en Ul saten' stammt ebenfalls vom Vogelfang durch Eulen und bedeutet: es kommt nicht zu dem, was man erwartet oder beabsichtigt hat.

So voll wie eine Eule sein: stark berauscht sein

Ein Gesicht machen wie eine Eule am Mittag. sehr verschlafen aussehen.

Auf der Eule blasen: traurig werden.

,Lichtscheue Eule'

Aussehen wie eine Eule: verschlafen, häßlich und ungepflegt wirken, ↗ aussehen, ↗ Eulenspiegel, ↗ Uhu, ↗ Uhl.

Lit.: *O. Göde:* „Eulen nach Athen tragen", in: Zs. f. d.U. 7 (1893), S. 686; *O. Keller:* Die antike Tierwelt 2 (Leipzig 1913), S. 38–39; *A. Taylor:* Art. ‚Eule', in: HdA. II, Sp. 1073–1079; *R. Strömberg:* Griech. Sprww. (Göteborg 1961), S. 26 f.; *L. Röhrich* u. *G. Meinel:* Redensarten aus dem Bereich der Jagd und der Vogelstellerei, S. 317; *W. Danckert:* Symbol, Metapher, Allegorie im Lied der Völker, IV (Bonn-Bad Godesberg 1978), S. 1389–1394; Münzen in Brauch u. Aberglauben (Zabern 1982), S. 235; *W. Mieder:* ‚Eulen nach Athen', ‚to carry coals to Newcastle', in: Proverbium (N. F.) 1 (1984), S. 183–185; *ders.:* Investigations of Proverbs, Proverbial Expressions, Quotations and Chlichés (Bern 1984), S. 63–64; *N. Henkel:* Art. ‚Eule', in: EM. IV, Sp. 531–538; *V. C. Holmgren:* Owls in Folklore and Natural History (Santa Barbara [Cal.] 1988); *E.* u. *L. Gattiker:* Die Vögel im Volksglauben (Wiesbaden 1989), S. 321–349.

Eulenspiegel gehört zu den Figuren, die nicht nur Erzählungen, sondern auch Sprww. und Rdaa. auf sich gezogen haben. Die Schwankfigur Till Eulenspiegels ist heute vor allem noch in unzähligen Sagwörtern volkstümlich. Aus dem Bereich der Rdaa. seien folgende angeführt: *Eulenspiegelspossen machen* (oder *treiben): Schabernack treiben, vor allem:* einen Auftrag allzu wörtlich ausführen. Einige wenige Rdaa. spielen auf bestimmte Erzählungen des Volksbuches von Eulenspiegel an, z. B. *Er machts wie Eulenspiegel, er verleidet der Bäuerin das Mus, um es allein zu essen* bezieht sich auf die 16. Geschichte des Volksbuches „wie Vlenspiegel ein weiß muoß alein vß aß, darumb daz er ein klumpen vß der naßen daryn ließ fallen". Ähnl. ein Sagwort aus Hamburg: ‚As 't fallt, säd Ulenspegel, so êt ik'. Etw. drastischer umschreibt ein niederrhein. Sagwort die gemeinte Situation: ‚Et ist derno, as et fällt, sagg Ulenspiegel, du frug öm de Wertsfrau, die en Dropp en Nas hatt, of he meteten (mitessen) woll'; variiert: ‚Dat es dernor, of ek metet, sei Ulenspiegel, do hatt sin Moder enen Dropp an de Nös'. *Er spielt (singt) Eulenspiegels Stück:* er denkt, daß es einmal wieder anders (besser) werden wird. Eulenspiegel hatte nämlich auf seiner Violine nichts weiter gelernt als: ‚Alle Dinge eine Weile'.

,Eulenspiegelei'

In anderen Wndgn. ist Eulenspiegel erst später an die Stelle anderer Schwankfiguren (des Riesen oder des Teufels) getreten: schwäb. ‚Du bist ein Kerl wie der Eulenspiegel, und der hat seine Mutter mit der Mistgabel zu Tode gekitzelt'. Wenn jem. beim Nähen zu lange einfädelte, so sagte man im Egerland: ‚Bist wie der Eilenspiegel. Huppst beim Fenster raus und wieder ei mit deinem longen Foden'. Hier wird auf den bekannten Schwank vom Wettnähen zwischen Schneider und Teufel angespielt. Die in Ostfriesland notierte Wndg. ,'n Knüp för de Dråd! Is Ulenspegels Råd' bezieht sich auf die Erzählung des Volksbuches, wie Eulenspiegel alle Schneider nach Rostock bestellt, um ihnen den Allerweltsrat zu geben, beim Einfädeln den Knoten nicht zu vergessen.

Die Rda. ‚einem den ↗ Pelz waschen‘, ihm derb zusetzen, spielt eine Rolle in Hist. 30 des Eulenspiegelbuches, wo Eulenspiegel den Frauen die Pelze waschen will. Die Rda. hat sich in diesem Fall allerdings wohl nicht erst aus der Erzählung verselbständigt; sie ist schon vor dem Eulenspiegelbuch bei Geiler von Kaysersberg bezeugt; doch der Eulenspiegelschwank realisiert sie und führt sie dadurch ad absurdum.

Aus dem dt. Namen ist das frz. Adj. ‚espiègle‘ (schalkhaft, schelmisch) abgeleitet.

Lit.: *Kn.*: „Eulenspiegel im pommerschen Sprw.“, in: Blätter für pommersche Vkde. 2 (1893), S. 126; *E. Kadler:* Untersuchungen zum Volksbuch v. Ulenspiegel (Prag 1916); *Meridies:* Die Eulenspiegelgestalt in der dt. Dichtung (Diss. Breslau 1924); *W. Hilsberg:* Der Aufbau des Eulenspiegel-Volksbuches von 1515 (Diss. Hamburg 1933); *W. Hofmann:* Das rhein. Sagwort (Siegburg 1959); *L. Röhrich:* Sprw. Rdaa. aus Volkserzählungen, S. 250 ff.; *H. Roller:* Eulenspiegel – Zeitspiegel (Diss. Wien 1934); *M. Heller:* Moderne Eulenspiegeldichtung (Diss. Wien 1940); *R. Lauterbach:* Die Mythisierung Eulenspiegels in der rhein. Lit. (Diss. Bonn 1952); *H. Bote:* Till Eulenspiegel (Frankfurt/M. 1978, ²1981); *W. Virmond:* Hermann Botes Eulenspiegelbuch u. seine Interpreten (Frankfurt/M. 1978); *W. Wunderlich* (Hg.): Eulenspiegel-Interpretationen (München 1979); *S. H. Sichtermann* (Hg.): Die Wandlungen des Till Eulenspiegel (Köln – Wien 1982); *B. U. Hucker:* Art. ‚Eulenspiegel‘, in: EM. IV, Sp. 538–555; *G. Bollenbeck:* Till Eulenspiegel. Der dauerhafte Schwankheld (Stuttgart 1985); *L. Röhrich:* Till Eulenspiegels ‚lustige Streiche‘? In: Eulenspiegel-Jb. 21 (1986), S. 17–30; *W. Wunderlich* (Hg.): Eulenspiegel heute (Lauenburg. Akad. f. Wiss. u. Kultur) (Neumünster 1988).

ewig, Ewigkeit. *Das dauert ja eine (kleine, halbe) Ewigkeit:* sehr lange; vgl. frz. ‚Cela dure une éternité‘. Spaßhaft übertreibend sagt man auch *Es dauert ewig und drei Tage (Jahre),* z. B. meckl. ‚Dat rägent jo woll ewig un drei Dag‘. Der scherzhafte Zusatz ‚und drei Tage‘ erinnert an die Zugaben, die seit alter Zeit im Rechtsleben gebräuchl. waren z. B. ‚acht Tage‘ für ‚eine Woche‘, ‚über Jahr und Tag‘ (vgl. ‚Tausend und eine Nacht‘ und das ‚Bäckerdutzend‘); sollen bei feierlichen Anlässen hundert Salutschüsse abgefeuert werden, so gibt man zur Sicherheit noch einen Schuß dazu, ↗ dreizehn.

Urspr. verstand man unter ‚ewig‘ selten mehr als die Zeitspanne eines Menschenlebens. Das bereitet dir ‚ewige Schande‘: ein unauslöschlicher Makel, solange du lebst; zu ‚ewigem Gefängnis‘ verurteilt: lebenslänglich hinter Gittern sitzen.

Das berühmte Zitat aus Schillers ‚Lied von der Glocke‘: „Drum prüfe, wer sich ewig bindet, ob sich das Herz zum Herzen findet“ ist auch in der parodierten Form volkstümlich: ‚Drum prüfe ewig, wer sich bindet‘ (oft mit der Fortsetzung: ‚ob sich nicht noch was Bessres findet‘).

Allmählich erfuhr der Begriff eine zeitliche Erweiterung. Unter ‚ewig‘ verstand man, was über viele Generationen hinausgeht, auch bis in späteste Zeiten fortdauert: sich ‚ewigen Ruhm‘ erwerben; eine ‚ewige‘ Messe stiften (die niemals erlöschen soll). Aber eine ‚ewige Schuld‘ sühnen erscheint ebenso problematisch, wie sich für die gewissenhafte Erfüllung einer sozusagen ewigen Verpflichtung zu verbürgen.

Up ewig ungedeelt ist der Wahlspruch Schleswig-Holsteins. In der berühmten ‚Handfeste‘, die König Christian I. von Dänemark nach seiner Wahl zum Herzog von Schleswig und Grafen von Holstein am 5. März 1460 zu Ripen ausstellte und die fortan die Grundlage des schlesw.-holst. Staatsrechtes bildete, heißt es: „Deese vorben. lande laven (geloben) wy na alle unseme vermoge holden an gudeme vrede, unde dat se bliven ewich tosamende ungedeeld“. Im Lauf der Jhh. ist diese Bestimmung wiederholt verletzt worden und nicht minder skrupellos wie der so oft beschworene ‚ewige Friede‘. Er erwies sich nicht dauerhafter als ‚ewige Treue‘, von der das Volkslied singt (‚Jetzt kommen die lustigen Tage‘).

‚Einer von den Ewiggestrigen sein‘ (Nach Schiller, ‚Wallensteins Tod‘ I, 4): wer nach der Meinung seiner Zeitgenossen rückständig erscheint, weil er an seiner Überzeugung festhält.

In formelhaften Verbindungen bez. ‚ewig‘ das zeitlich unendlich Erscheinende, das Bleibende, die Dauer im Wechsel: ‚ewiger Schnee‘: nie schmelzend; die ‚Ewige Stadt‘: Roma aeterna. Bereits Tibull billigte ihr ‚Ewigkeitswert‘ zu, ein Attribut des Göttlichen.

Den ewigen Schlaf schlafen: tot sein; der hochsprachl. Euphemismus (↗ zeitlich) geht auf Jer. 51,39 zurück („Ich will sie … trunken machen, daß sie fröhlich werden und einen ewigen Schlaf schlafen, von dem sie nimmermehr aufwachen sollen, spricht der Herr"). Vgl. frz. ‚dormir du sommeil éternel‘ und ‚jouir du repos éternel‘: die ewige Ruhe genießen.

Die Soldatensprache konstatiert den Tod weit nüchterner: *In die Ewigkeit wegtreten:* vor dem Feind fallen, ein Geschehen, über das Uhland tröstend hinwegzukommen sucht: „... bleib du im ewgen Leben, mein guter Kamerad" (‚Ich hatt' einen Kameraden‘).

Grauen und Furcht vor den Qualen einer immerwährenden Verdammnis bestimmen die Verse des Chorals „O Ewigkeit, du Donnerwort ... Zeit ohne Zeit" (Johann Rist (1607–67). Der Schweinfurter Superintendent Caspar Heunisch (1620–90) hat, in Anlehnung an Rist, dessen Bußlied in einen Lobgesang der Erlösten umgewandelt: „O Ewigkeit, du Freudenwort".

Lit.: *E. Koch:* Geschichte des Kirchenliedes u. Kirchengesangs (Stuttgart ³1867), III, S. 212–217; *R. Hildebrand:* Vom dt. Sprachunterricht, 14. Aufl (Leipzig 1917): S. 106; *Büchmann; K. Beth:* Art. ‚Ewigkeit‘, in: HdA. II, Sp. 1092–1096; *Th. C. Vriezen u. a.:* Art. ‚Ewiges Leben‘, in RGG. II (³1958), Sp. 799–809; *K. Goldammer u. a.:* Art. ‚Ewigkeit‘, in: ebd., Sp. 810–815.

Extrawurst. *Für jemanden (k)eine Extrawurst braten:* ihn (nicht) bevorzugen, ↗ Wurst.

F

fackeln. *Nicht lange fackeln:* nicht zögern, keine Umstände oder Umwege machen; meist in der imperativischen Form: *(nur) nicht lange gefackelt:* hurtig vorwärts, nicht gezögert! Das Verbum fackeln geht zurück auf das seit dem 14. Jh. bezeugte mhd. vacklen, urspr. ‚brennen wie eine Fackel‘, dann ‚unstet sein wie das Licht einer Fackel, hin und her schwanken‘. Die in den geistigen Bereich übertr. Anwendung läßt sich frühestens 1753 aus Regensburg nachweisen (B. F. Nieremberger, Dt.-lat. Wb. XX 1ᵇ): „Nicht lange fackeln / nihil cunctari, morari". In der Prosa des 18. Jh. erscheint die Wndg. öfters, z. B. bei Matth. Claudius: „Wollts nicht mit Lessing verderben. Er fackelt nicht"; oder in Schnabels ‚Insel Felsenburg‘: „Da ich denn nicht fackeln werde, ihm das Lebenslicht auszublasen". In diesem fast ausschließlich verneinenden Gebrauch hat sich das Verb bis heute erhalten. Die bejahende Verwendung in Goethes ‚Wandelnder Glocke‘ (1813, V. 14) steht vereinzelt: „Die Glocke, Glocke tönt nicht mehr, die Mutter hat gefackelt" (= gescherzt). In den obd. Mdaa. ist das Wort ebenfalls bewahrt: schwäb. ist ein ‚Fackeler‘ ein unruhiger Mensch; schweiz. bedeutet ‚Fack‘ eine leichtsinnige Dirne.

Faden. Auf antike Wurzeln zurück geht die Rda.: *Es hängt an einem (seidenen) Faden:* die Lage ist kritisch, bedrohlich oder lebensgefährlich, griechisch ἐκ τριχὸς κρέμαται, lat. z. B. bei Ennius (Fragm. 109): „Tota Etruria filo pendebit"; vgl. frz. ‚ne tenir qu'à un fil"; engl. ‚to hang by a (thin) thread‘; ndl. ‚aan een zijden draad hangen‘. Doch braucht unsere Rda. nicht notwendigerweise auf die antike Erzählung vom ↗ Damoklesschwert zurückzugehen, denn noch heute ist bei uns in vielen Volkssagen von dem ‚Mühlstein am (seidenen) Faden‘ die Rede. Ebensogut kann hier die Vorstellung vom Lebensfaden mit hineinspielen, die ebenfalls schon dem griech. wie auch dem germ. Altertum bekannt ist: die Schicksalsgöttinnen spannen jedem Menschen seinen Lebensfaden und schnitten ihn bei seinem Tode durch (‚einem den Lebensfaden abschneiden‘; vgl. die Vorstellung vom ‚Lebenslicht‘). Dasselbe Bild wird beibehalten in ndl. ‚iemands levensdraad afsnijden‘, frz. ‚couper (trancher) le fil de la vie à quelqu'un‘ (nur gehobene Sprache), engl. ‚to cut the thread of a person's life‘. Ausgeschmückt begegnet uns das Bild bei Wilh. Busch:

> In der Wolke sitzt die schwarze
> Parze mit der Nasenwarze,
> Und sie zwickt und schneidet,
> schnapp!!
> Knopp sein Lebensbändel ab.

Im Volksglauben ist die Vorstellung des Lebensfadens ziemlich selten erhalten; die Rda. wurzelt mehr in der gebildeten Schicht als im Volk. In Schnabels ‚Insel Felsenburg‘ heißt es: „ich wuste gewiß, dasz mein Leben an einem seidenen Faden hinge".

Die Rda. vom *roten Faden,* der sich durch alle Ausführungen eines Redners hindurchzieht und den eigentlichen Grundgedanken meint, der alles zusammenhält, ist dagegen nicht volkstümlichen Ursprungs, sondern ein viel gebrauchtes und deshalb anonym gewordenes Zitat aus Goethes ‚Wahlverwandtschaften‘ (2. Teil, Kap. 2). Bevor Goethe sie dort zum ersten Mal anwendet, muß er einen Hinweis auf ihre Herkunft einfügen: „Wir hören von einer besonderen Einrichtung bei der engl. Marine. Sämtliche Tauwerke der königl. Flotte, vom stärksten bis zum schwächsten, sind dergestalt gesponnen, daß ein roter Faden durch das Ganze durchgeht, den man nicht herauswinden kann, ohne alles aufzulösen und woran

auch die kleinsten Stücke kenntlich sind,
daß sie der Krone gehören. Ebenso zieht
sich durch Ottiliens Tagebuch ein Faden
der Neigung und Anhänglichkeit, der alles verbindet und das Ganze bezeichnet".
Der hier geschilderte Brauch besteht tatsächlich seit 1776 in Englands Flotte.
Goethe zitiert den ,roten Faden' noch einmal in den ,Wahlverwandtschaften' (2, 4)
zur Einleitung eines Stücks von Ottiliens
Tagebuch: „Manches Eigene von innig-
stem Bezug wird an dem roten Faden
wohl zu erkennen sein". Vgl. frz. ,fil con-
ducteur': Leitfaden.

,Einen (Keinen guten) Faden zusammen spinnen' (,De ene rokkent wat de andere spint')

Zahlreiche Rdaa. sind von der Tätigkeit
des Spinnens oder Webens abgeleitet: seinen Faden spinnen: auf seine Weise dahinleben; vgl. frz. ,faire sa pelote' (wörtl.: sein
Knäuel bilden), i. S. v. Geld auf zum Teil
unehrliche Art anhäufen; einen guten Faden spinnen: eine Sache gut ins Werk setzen; Was spinnt denn der für einen Faden?:
Wie führt er sein Leben? Die beiden spinnen keinen guten Faden zusammen: sie
vertragen sich schlecht; es geht zu Faden:
es geht tüchtig und fleißig voran, auch: es
geht heiß her bei einem Streite, es geht
hoch her bei einem Fest; die Wndg.
stammt vom Webstuhl, ebenso wie die fol-

gende: zu Faden schlagen; sie bedeutet
urspr. die Kette einrichten. Beim Schneider bedeutet die gleiche Wndg.: ein Kleidungsstück zunächst mit Heftfäden grob
zusammenheften; daher auch ihre übertr.
Anwendg. i. S. v.: etw. im Groben fertig-
machen; den Faden haben: auf dem richtigen Wege sein, den Faden verlieren: aus
dem Konzept kommen, vgl. frz. ,perdre le
fil', verbunden mit Goethes ,rotem Faden'
auch: den roten Faden verlieren, dagegen:
den roten Faden wiederfinden: zum eigentl. Thema zurückkommen, ähnl. den
Faden wieder aufnehmen, vgl. frz. ,repren-
dre le fil', den verlorenen Faden wieder an-
spinnen. Der Faden ist (ab)gerissen: es tritt
eine plötzliche Gesprächspause ein.
Keinen trockenen Faden am Leibe haben:
durch und durch naß sein; vgl. frz. ,être
trempé jusqu'aux os' (wörtl.: bis auf die
Knochen durchnäßt sein).
Einen nach Strich und Faden durchhauen:
ihn tüchtig, gründlich verprügeln. Keinen
guten Faden an etw. lassen: nur Schlechtes
von etw. sagen. Die beiden letzten Rdaa.
stammen aus der Zunftsprache der Weber: der Meister hatte das Meisterstück
des Gesellen ,nach Strich und Faden' zu
prüfen, d. h. woraus und wie es gewebt
war; fiel das Urteil hart aus, so ließ er ,kei-
nen guten Faden' an dem Stoff, d. h. er
fand den Faden nicht gut genug.
,Fadenscheinig' ist eigentl. ein abgenutz-
ter Wollstoff, an dem man die einzelnen
Fäden erkennen kann, nicht vor dem
19. Jh. übertr.: fadenscheinige Gründe:
Gründe, die nicht viel taugen, eine fadenscheinige Täuschung: eine Täuschung, die
offen zutage liegt, eine Ausrede, die leicht
zu durchschauen ist; vgl. frz. ,C'est cousu
de fil blanc' (Es ist mit weißem Faden genäht).
,Fadengerade' heißt eine grundehrliche
und offenherzige Natur, die so gerade
vorwärts handelt und so gerade heraus-re-
det wie ein straff gespanner Faden.
Die Rda. alle Fäden (fest) in der Hand haben stammt wohl vom Marionettenthea-
ter.
Da beißt keine Maus einen Faden ab
↗ Maus.

Lit.: G. Rauter: ,Der rote Faden', in: Zs. des allg. dt.
Sprachvereins 17 (1902), S. 103–105; W. Aly: Art. ,Le-
bensfaden', in: HdA. V, Sp. 946–967; R. W. Brednich:

Volksglaube u. Volkserzählungen von den Schicksalsfrauen (FFC. 193) (Helsinki 1964); Strafjustiz in alter Zeit (Rothenburg 1980), S. 311–312; *K. Ranke:* Art. ‚Ariadne-Faden‘, in: EM. I, Sp. 773–774; *M. Belgrader:* Art. ‚Faden‘, in: EM. IV, Sp. 781–785.

Fahne. *Zur Fahne schwören:* sich zu einer gewissen Ansicht bekennen, urspr. auf die Fahne des Herrn schwören, dem man Treue gelobt, vgl. ‚Fahneneid‘; daher auch: *der Fahne folgen* oder *bei der Fahne bleiben:* einer Sache treu bleiben, z. B. ndd. ‚De Fahn nich verlaten‘, seinem Dienst treu bleiben.

Wer nicht bei der Fahne (rdal. bei der ‚Stange‘) blieb, mußte mit schwerer Bestrafung rechnen; seit dem frühen MA. bis ins 17. Jh. hinein mit Ehrverlust und schimpflichem Davonjagen, in späterer Zeit sogar mit dem Tode. Nur Militärbeamte schwuren nicht zur Fahne, konnten daher auch keine *Fahnenflucht begehen* bzw. sich ‚meineidigen Entweichens‘ schuldig machen.

Die Rda. wird heute meist im übertr. Sinne gebraucht, ähnl. wie die Wndg.: *‚mit fliegenden Fahnen zu jem. (etw.) übergehen, (überlaufen)‘:* plötzlich seinen Entschluß ändern und sich der anderen Seite oder Meinung anschließen. *Etw. auf seine Fahne schreiben:* sich etw. zum Ziel nehmen, ‚auf sein Panier schreiben‘, ↗ Stange. Vgl. G. Kellers ‚Fähnlein der sieben Aufrechten‘.

Die Fahne nach dem Wind drehen (hier ist die Wetterfahne auf Turm oder Dach gemeint): häufig seine Meinung ändern, unbeständig sein; schon im 16. Jh. bei Kirchhofer: „Er ist wie das Fähnlein auf dem Dach“ (↗ Mantel). Vgl. frz. ‚changer d’idée comme de chemise‘ (wörtl.: seine Meinung wie sein Hemd wechseln).

Eine jüngere Wndg. ist *eine Fahne haben:* nach Alkohol riechen, wohl in Anlehnung an die Rauchfahne gebildet.

Ein billiges Fähnchen tragen: ein Kleid von minderwertiger Stoffqualität anhaben. Der Begriff ‚Fähnchen‘ ist als verächtliche Wndg. für ein billiges Kleid schon seit der frühen Neuzeit allg. bekannt, ↗ Lappen.

Lit.: *W. Müller-Bergström:* Art. ‚Fahne‘, in: HdA. II, Sp. 1120–1123; *A. Erler:* Art. ‚Fahne‘, in: HRG. I, Sp. 1037–1038; *W. Hülle:* Art. ‚Fahnenflucht u. Feigheit‘, in: HRG. I, Sp. 1038–1042; Strafjustiz in alter Zeit (Rothenburg 1980), S. 312.

Fahnenstange. *Das Ende der Fahnenstange erreichen:* keine weiteren Möglichkeiten mehr haben; in einer anderen Version heißt es daher: ‚am Ende der Fahnenstange angekommen sein‘ bzw. ‚das Ende der Fahnenstange ist erreicht‘: die oberste Stufe ist erreicht, jetzt kann es nur noch abwärts gehen, wenn es nicht so bleibt, wie es ist.

Mit dem Begriff ‚Fahnenstange‘, der in Dtl. etwa seit dem 19. Jh. bekannt ist, bez. man auch einen großwüchsigen Menschen, der über alle anderen hinausragt.

fahren. *Was ist nur in dich gefahren?:* warum hast du dich so verändert? Vgl. frz. ‚Qu’est-ce qui te prend?‘ (wörtl.: Was ‚befällt‘ dich? – Was ficht dich an?). Diese Wndg. findet in den krankheitsdämonistischen Anschauungen früherer Zeiten ihre Erklärung; man glaubte, daß böse Dämonen (oder der Teufel) in einen Menschen fahren könnten und dort ihr Unwesen trieben, so daß der Behexte nicht wiederzuerkennen sei, ↗ besessen.

Die Verwünschung ‚Fahr zur Hölle‘ meint: geh dahin, wo du hingehörst (woher du gekommen bist), ↗ Hölle, ↗ Teufel.

In die Grube fahren ↗ Grube.

‚Fahren‘ begegnet synonym für ‚reisen‘ und ‚scheiden‘ im Lied:

‚Ich fahr‘ dahin,
wann es muß sein ...‘

Bei heftigem Schreck fährt der Mensch zusammen, daher das obersächs. Wortspiel ‚zusammenfahren wie saure Milch‘, heftig erschrecken.

Einen fahren lassen ↗ Furz.

Aus der Haut fahren ↗ Haut.

‚Fahr und Spar‘: binnenreimender Werbeslogan der Bundesbahn, 1988 aufgekommen.

Lit.: *K. T. Oesterreich:* Die Besessenheit (Langensalza 1921); *A. J. Storfer:* Teufelsspuren in der Sprache, in: Atlantis 2 (1935), S. 103–104; *L. Röhrich:* Krankheitsdämonen, in: Wege der Forschung 63 (Darmstadt 1967), S. 283–288; *L. Petzoldt:* Der Teufel u. der Exorzist. Dämonische Besessenheit in Sage und Volksglauben, in: Märchen. Mythos. Sage (Marburg 1989), S. 12–32.

Fahrkarte. *Eine Fahrkarte schießen:* das Ziel verfehlen. Die Wndg. ist ein fachsprachl. Ausdruck der Schützen und bedeutet: (beim Scheibenschießen) die

Schießscheibe außerhalb der Ringe treffen, nur ein – nicht gewertetes – Loch in die Scheibe schießen, wie ein Schaffner, der die Fahrkarte ‚knipst'. (Trifft ein Schütze nicht einmal die Schießscheibe, wird ‚Fehlanzeige' gemeldet.) *Jem. eine Fahrkarte zur Hölle besorgen* wird ähnl. gebraucht wie die Rda. ‚jem. zum Teufel schicken'.

Fahrt. *Jem. eine Fahrt hineinmachen:* ihm in die Quere kommen, stammt wohl vom Schachspiel her, denn mhd. heißt vart = Zug; die Rda. läßt sich aber auch von ↗ Fahrwasser ableiten.
In Fahrt sein: im rechten Zug, in guter Stimmung sein; ebenso *in Fahrt kommen; in Fahrt bringen:* jem. aufregen, erbosen (auch mdal., z. B. schlesw.-holst. ‚Den heff ik ornlich in Fahrt bröcht', in Erregung versetzt; ‚dor keem he awers in Fahrt', da wurde er wütend). Diese jüngeren Rdaa. stammen sicher aus der Seemannssprache, wie auch die Wndg. *auf große Fahrt gehen:* eine lange Schiffsreise über die Ozeane antreten (‚kleine Fahrt': Nord- und Ostsee). Die bündische Jugend übernahm diesen Ausdr. für längere Reisen mit einfachsten Mitteln, um fremde Länder und Menschen kennenzulernen und Abenteuer zu bestehen.
Die letzte Fahrt antreten: seemannssprachl. für sterben; vgl. frz. ‚partir pour son dernier voyage' (gehobene Sprache).
Fahrten machen: mutwillige Streiche machen, und *Fahrtenmacher:* Witzbold, Spaßmacher enthalten wohl das Wort Fahrt in der Bdtg. ‚Jagd(fahrt)'.
Auf die Fahrt steigen: auf Bettelei ausgehen.

Fahrwasser. *Im richtigen Fahrwasser sein:* in Schwung, in guter Stimmung sein, sein Lieblingsthema behandeln; *jem. ins Fahrwasser kommen:* ihm im Wege sein; vgl. frz. ‚être dans le sillage de quelqu'un' (wörtl.: jem. im Fahrwasser sein), i. S. v.: jem. folgen; *jem. breites Fahrwasser gestatten:* ihm freie Hand, weiten Spielraum lassen. Fahrwasser, d. h. eigentl. die Fahrrinne im Strom, wo das Schiff unbehindert fahren kann, ist aus der Schiffahrt mit Bedeutungserweiterung in die Umgangssprache übertr. worden.

Lit.: *O. G. Sverrisdóttir:* Land in Sicht (Frankfurt/M. 1987), S. 172–173.

Faible. *Ein Faible für etw. (einen) haben:* eine Schwäche dafür haben; die Wndg. ist nach 1700 aus frz. ‚avoir un faible pour quelqu'un' entlehnt; im Frz. bedeuten ‚faiblesse, faible' = Schwäche bzw. schwach.

fair. *Kein faires Spiel spielen:* nicht ehrlich sein, ungerecht handeln, mogeln. Der Begriff wurde aus dem Engl. übernommen, wo er vor allem im Bereich des Sports eine sehr große Rolle spielt. Die Wndg. ‚It's not fair play' zeigt das deutlich. Eine andere Version: ‚It's not cricket' hat dieselbe Bdtg. Beide Rdaa. werden gebraucht i. S. v.: das ist nicht sauber, das ist nicht recht. In dieser Bdtg. ist die Wndg. auch über den Bereich des Sportes hinaus in vielen Teilen der Welt zu sprw. Bekanntheit gelangt.

Fakultät. *Von derselben Fakultät sein:* die gleiche Gesinnung haben, dieselben Vorstellungen u. Interessen. Auch: die gleiche Veranlagung haben (als euphem. Umschreibung für homosexuelle Neigungen).

Falke. Der Falke war im MA. ein gern gebrauchtes Bild für den ritterlichen Geliebten, der auf Taten auszieht und siegreich zur Dame zurückkehrt, am frühesten im ‚Falkenlied' des Kürenbergers:
> Ich zôch mir einen valken mêre danne
> ein jâr
sowie bei Heinrich von Mügeln:
> Ein frouwe sprach: mîn falke ist mir
> enphlogen
> sô wît in fremde lant.
Ebenso noch im späteren Volkslied:
> Ich zempt mir einen falken
> vil lenger als sieben jahr.
Vgl. auch Krimhilds Falkentraum im ‚Nibelungenlied' (hg. v. H. de Boor [Mannheim ¹²1988], Str. 13–15).
Das späte MA. kennt die Rda. *den Falken streichen:* dem Manne schön tun, schmeicheln. Ein Volkslied des 16. Jh. klagt über die Unbeständigkeit der Frauen:
> Die Falken können sie streichen
> Dieweil wir bei ihn'n stahn.

Auch Hans Sachs sagt von einem Schmeichler: „er kont den falken gar wol streichen".

Ebenfalls seit dem MA. ist der Falke das Sinnbild der Wachsamkeit; so hört man noch heute in den dt. Mdaa.: *Augen haben wie ein Falke, er sieht wie ein Falke.* Schon in Gottfrieds ‚Tristan' (277.3) heißt es:
sie liez ihr ougen umbe gân
als der valke ûf dem aste.

Ähnl. noch bei Goethe: „Da ich gewohnt war, wie ein Falke das Gesinde zu beobachten". Vgl. frz. ‚avoir des yeux de faucon' oder ‚... lynx' (Luchs).

Die Falken haben sich (wieder einmal) gegen die Tauben durchgesetzt: die Befürworter der Aufrüstung (im Weißen Haus, im Kreml) die zur Wachsamkeit mahnen, haben die kompromißbereiten Friedenspolitiker überstimmt, ↗ Taube.

Lit.: *O. Keller:* Die antike Tierwelt 2 (Leipzig 1913), S. 13–26; *Th. Frings:* und was ich sin gevidere alrôt guldin, in: PBB.54 (1930), S. 144–155; *C. Wesle:* Das Falkenlied des Kürenbergs, in: Zs. f. d. Ph. 57 (1932), S. 209–215; *P. Wapnewski:* Des Kürenbergs Falkenlied, in: Euphorion N.F. 53 (1959), S. 1 ff.; *L. Röhrich* u. *G. Meinel:* Redensarten aus dem Bereich der Jagd und der Vogelstellerei, S. 322; *L. Röhrich* u. *R. W. Brednich:* Dt. Volkslieder II, S. 336 ff.; *W. Danckert:* Symbol, Metapher, Allegorie im Lied der Völker IV (Bonn-Bad Godesberg 1978), S. 1379–1383; *E.* u. *L. Gattiker:* Die Vögel im Volksglauben (Wiesbaden 1989), S. 477–480.

Fall. *Das ist mein Fall:* das sagt mir zu, das paßt mir. Fall bedeutet urspr. den Fall der Würfel, später infolge von Verallgemeinerung die Art und Lage der Verhältnisse. Diese Bdtg. hat sich erst unter dem Einfluß von lat. ‚casus' und frz. ‚cas' eingestellt. *Knall und Fall* ↗ Knall.
Die Rda. *ein hoffnungsloser Fall sein* bezieht sich wohl urspr. auf die Verhandlung vor Gericht, bei der kein Erfolg oder Freispruch zu erwarten ist; vgl. frz. ‚être un cas désespéré'.
Klarer Fall: das leuchtet ein (engl.: ‚clear case'). Die Wndg. wird meist an Stelle eines einfachen ‚ja' oder ‚ich habe verstanden' gebraucht. In der erweiterten Fassung: ‚Klarer Fall von denkste' dient sie als verkürzte salopp-spöttische Umschreibung von Aussagen wie: ‚das hast du dir so gedacht, stimmt aber nicht!' Sie ist vor allem in der Jugendsprache geläufig.

Lit.: *E. R. Nevill:* ‚Clear case', in: Notes & Queries, 11th, 5 (1912), S. 67.

Falle. *Jem. eine Falle stellen:* ihm auf hinterlistige Weise nachstellen, ihn ins Verderben zu locken suchen; vgl. frz. ‚poser un piège à quelqu'un'; auch *einen in die Falle locken;* vgl. frz. ‚attirer quelqu'un dans un piège'.
Er ist in die Falle gegangen; ndl. ‚He loopt in de val', meckl. ‚Dee lett sick nich in de Fall krigen', er läßt sich nicht übertölpeln. Alle diese Bilder sind von der Tierfalle genommen. Die Falle ist eigentl. nur die Klappe, die niederfällt, wenn die Maus den Fangbrocken berührt; später ist das Wort dann auf das ganze Gerät übertr. worden. Thomas Murner wendet 1512 den Ausdr. in der ‚Schelmenzunft' (Kap. 25) auf die Kaufleute an, bei denen das beste Stück, das sie oben auflegen, der Speck an der Falle sei (↗ Ausbund).
In den Rdaa. *in die Falle gehen* oder *aus der Falle rollen* ist mit der Falle das Bett gemeint. Sie bedeuten also: ‚schlafen gehen' bzw. ‚aus dem Bett fallen'.

Lit.: *L. Röhrich* u. *G. Meinel:* Redensarten aus dem Bereich der Jagd und der Vogelstellerei, S. 316, 321.

Fallstrick. *Jem. Fallstricke legen:* jem. zu einem unvermuteten Fehltritt verleiten, wodurch ihm Schaden entsteht. Die Fallstricke waren im älteren Jagdwesen eine aus Stricken hergestellte Wildfalle, in der sich die Jagdtiere verfingen. Der bildl. Gebrauch rührt von Luther her, der 1523 in seiner Bibelübers. die Beschreibung des Nilpferdes in Hiob 40,19 so beschließt: „Doch fasset man ihn mit seinen eigenen Augen, und durch Fallstrick durchbohrt man yhm seyne Nasen". In Luk. 21,35 heißt es vom Jüngsten Tag: „wie ein Fallstrick wird er kommen über alle, die auf Erden wohnen". Die Rda. selbst begegnet zuerst im 16. Jh., z. B. in Rollenhagens ‚Froschmeuseler' (2,23). ↗ Garn. Vgl. frz. ‚prendre quelqu'un au collet'.

Lit.: *L. Röhrich* u. *G. Meinel:* Redensarten aus dem Bereich der Jagd und der Vogelstellerei, S. 316.

falsch tritt häufig in sprw. Vergleichen auf, etwa: *falsch wie Judas;* vgl. frz. ‚faux comme un jeton' (wörtl.: falsch wie ein falsches Geldstück); *falsch wie eine Katze,* schwäb. *falsch wie Bohnenstroh; wie Krähenschwur;* am verbreitetsten ist *falsch wie Galgenholz* (↗ Galgen).
Da kommst du an den Falschen!: Da bist

du an den Unrechten geraten, du irrst dich in mir, du sollst mich mal kennenlernen! *Ein falscher Fünfziger* ↗ Fünfziger.

Lit. *G. Grober-Glück*: Motive u. Motivationen in Rdaa. u. Meinungen (Marburg 1974), § 73–77, S. 101–107.

Familie. *Das kommt in den besten Familien vor* wird meist gebraucht, wenn eine unangenehme Sache geschehen ist und man jem. trösten will, oder um bei kleineren Mißgeschicken die Atmosphäre durch einen Scherz aufzulockern. *Das bleibt in der Familie:* darüber wird nicht geredet. Die Rda. bezieht sich in der Hauptsache auf peinliche Vorkommnisse innerhalb der Familie. Häufig auch: ‚das Geld bleibt in der Familie‘, wenn in einem Testament nur Familienmitglieder bedacht werden. ‚Familienkungelei‘ oder ‚Familienklüngel‘ meint solidarisches Verhalten innerhalb einer Familie. Gerede oder Streit zwischen den einzelnen Familienmitgliedern gilt als ‚Familientratsch‘ u. ‚Familienknatsch‘. *Rührende Familienszenen* können *in die Familiengeschichte eingehen,* lit. in W. Buschs ‚Julchen‘ (1877):

Oh, das war mal eine schöne
Rührende Familienszene.

Im Schoß der Familie ↗ Schoß.
Keinen Familiensinn haben (zeigen) wird oft Kindern und jungen Leuten vorgehalten, wenn sie sich vor Familienfesten ‚drücken‘, d. h. sich ihnen entziehen. Das kann sich sowohl auf kleinere Zusammenkünfte *im engsten Familienkreise* beziehen, als auch auf größere Feiern, zu denen die nächsten Verwandten geladen sind.

Lit.: *M. Beth*: Art. ‚Familie‘, in: HdA. II, Sp. 1181–1184; *K. Horn*: Art. ‚Familie‘, in: EM. IV, Sp. 814–833; *I. Weber-Kellermann*: Die Familie (Frankfurt/a. M. 1984).

Fanal. *Ein Fanal setzen:* ein Zeichen setzen, auf ein besonderes Ereignis hinweisen. Der Begriff ‚Fanal‘ (griech. φάνος, ital. fanale = Leuchte, Fackel) kam im 18./19. Jh. von Italien nach Frankreich u. Dtl. als Bez. für ein Leuchtfeuer. Mit vereinbarten Rauch- und Flammenzeichen übermittelte man bereits im Altertum (Perser, Griechen, Römer) und noch im MA. bestimmte Nachrichten über kurze Entfernungen. Heute wird die Rda. im übertr. Sinne gebraucht als Zeichen für den Aufbruch zu etw. Neuem.

Farbe. Schon früh stand Farbe für die Gesichtsfarbe als Zeichen von Gesundheit und Vitalität, so z. B. in Gottfrieds von Straßburg ‚Tristan‘ (um 1210): „sîn varwe und al sîn kraft began an sînem lîbe swachen“ und auch bei Walther von der Vogelweide (gest. um 1230): „si verlôs ir varwe“. Entsprechend auch heute noch: *Der Kranke hat alle Farbe verloren,* ist sehr blaß, schwäb. ‚der hat kei Färble me‘. *Er hat eine üble (kranke) Farbe:* sieht schlecht, elend aus. *Er bekommt wieder Farbe:* er erholt sich von der Krankheit oder Ohnmacht, sieht wieder besser aus. *Farbe bekommen* meint heute auch Sonnenbräune, bad. ‚e Färble schinde‘, sich sonnen. *Gesunde Farbe haben:* vital, gesund aussehen und in übertr. Sinne *Farbe haben* für Lebendigkeit und Ausdruckskraft. *Farblos sein* steht dagegen für krank, matt und bildl. für ausdruckslos, nichtssagend: ‚eine farblose Person‘, ‚ein farbloses Leben‘.

Einer Sache Farbe geben: sie beleben und interessant gestalten. Dagegen z. B. *immer in einer Farbe singen:* monoton, langweilig, ohne Dynamik. Bereits im ‚Trojanerkrieg‘ Konrads von Würzburg (gest. 1287) hieß es: „sîne varwe verkêren“ – *seine Farbe wechseln, verändern:* erröten oder erbleichen bei einem starken Affekt, z. B. vor Wut oder Schrecken.

Jetzt hat die Sache eine andere Farbe! – sie erscheint in neuem Licht. Hermann Hesse schreibt (I, 639): es kam „durch einen Zufall eine ganz neue Farbe in sein Dasein‘ – etw. ganz Neues.
Die Farbe steht jem. gut (schlecht) meint die Farbe seiner Kleidung. *Die Farben beißen sich:* sie passen nicht zusammen.
Bereits Heinrich von Melk (2. Hälfte des 12. Jh.) schrieb „mit vrömder varwe an dem wange“: geschminkt, auch heute noch *sich (dick) Farbe ins Gesicht schmieren.* Früh erhielt Farbe deshalb auch die Bdtg. von ‚falsch‘, so in Freidanks (gest. um 1233) ‚Bescheidenheit‘ anklingend: „swâ wîp mit varwe ist überzogen, dâ wirt man lîhte an betrogen“. Bei Luther dann bereits vollends im Sinne von Schein und Vorwand: „ist aber solchs nur zur farbe

vnd schein von innen erbotten" und „ein falscher schein vnd farbe des glawbens". *Daraus etw. mit der Farbe tun:* unter dem Schein, Vorwand. Bei Georg Henisch (1616) schließlich: „Gefårbte Freundschaft/nit rein/nicht rechtschaffen": unaufrichtig, falsch. Schwäb. ,Horch, Kerle, du färbst aber!': du lügst, übertreibst. Nordd. ,He kann hexen un blau farwen': blauen ↗ Dunst vormachen, lügen. *Er weiß, seiner Sache eine gute Farbe zu geben:* einer schlechten Sache ein gutes Aussehen verschaffen. *Einer Sache eine schöne Farbe anstreichen:* sie von der günstigsten Seite vorstellen, früh belegt, so in Herolds ,Christenlicher Ee Institution' (1542): „aber was färblin wollten die irer entschuldigung anstreichen".

Etw. in den schlimmsten (wildesten, finstersten) Farben ausmalen (schildern): viel schlimmer, als es tatsächlich ist. *Jem. mit (sehr) häßlichen Farben abmalen:* ihn unvorteilhaft darstellen, schlecht machen, über ihn eine schlechte Meinung abgeben. Farben dienten schon seit alters her als bes. augenfällige Kennzeichen dafür, daß jem. einer Person, einer Gruppe oder Partei, Verbindung, einer Weltanschauung etc. an- oder zugehört. So unterschieden sich z. B. die gern. Stämme in der Bemalung ihrer Schilde: Friesen braun, Sachsen rot und Franken gold/weiß. Auch die Ritter trugen bei den Turnieren die Farbe ihrer Dame als Zeichen der Treuebindung an sie und Livreebedienstete hatten ihre uniformartige Dienerkleidung in den Farben ihres Herrn. Man spricht z. B. von den Farben eines Fußballvereins oder von den Nationalfarben eines Staates als seinem Hoheitszeichen. In Norddtl. sagt man auch heute noch: ,dor is mi een in de Klör kamen' (von frz. couleur, Farbe): ins ↗ Gehege gekommen.

Zu jemandes Farbe schwören: sich jem. verschreiben. *Jemandes Farbe tragen* meinte urspr. die Farbe, die eine Herrschaft ihren Dienern gab und bedeutet bildl. von jem. abhängig, ihm verpflichtet sein. Schweiz. sagt man ,i d'r Farb si (cho)', wenn ein Staatsdiener bei hohen Anlässen den Amtsrock oder -mantel trägt. Gebräuchl. ist auch der frz. Ausdr. ,Couleur' in der Bdtg. von Richtung, Prägung, Eigenart: ,Von einer bestimmten

Couleur sein', ,von verschiedener Couleur sein'. Die Mitglieder einer farbentragenden Verbindung nennt man ,Couleur-Studenten'. Obersächs. ,das is eene Kaläär' oder mit dem scherzhaften Zusatz ,das ist dieselbe Kullör, nur in Grün': ganz gleich. Wenn jem. seine Darstellung absichtlich, tendenziös verändert, sagt man auch ,er gibt seinem Vortrag eine ganz bestimmte Farbe'. *Etw. durch eine gefärbte Brille sehen:* nicht objektiv, parteiisch, ↗ Brille.

Farbe halten: treu, beständig sein, sich in der Probe als wahr oder echt erweisen, ist zunächst vom gefärbtem Tuch gesagt worden, das auch in der Wäsche die künstliche Farbe behält. Dann aber bald in übertr. Bdtg., von ,die Treue halten', ,beständig bleiben', ,Wort halten'; so in der ,Zimmerischen Chronik' (II, 253): „die königin, wie wol sie erzürnt, so hielt sie doch farb, erhielt den König beim Leben": sie hat ihm die Treue gehalten. 1639 heißt es bei Lehmann S. 88 (Bestehen 18): „Was Farben halten soll, muß man etlich mal tuncken", und auf S. 815 (Unbeständigkeit 2): „Mancher hält nicht Farb. Ist ein Wetterhan, der sich mit allem wind umdrehen läßt. Wetterwendisch ..."

F. von Logau dichtet:

Pferde kennt man an den Haaren,
Kleider können offenbaren,
Wie des Menschen Sinn bestellt
Und wie weit er Farbe hält.

Der urspr. Sinn der Rda. verblaßt, z. B. bei Schiller (,Wallensteins Tod' IV, 2):

Vom Staube hat er manchen
                           aufgelesen,
Zu hoher Ehr' und Würden ihn erhöht
Und hat sich keinen Freund damit,
                           nicht einen
Erkauft, der in der Not ihm Farbe hielt.

Bei einer Farbe bleiben sagt man scherzhaft auch von einem Trinker, der bei einer Sorte bleibt. *Die Farbe verleugnen:* sich zu einer Sache nicht bekennen, jem. oder etw. verraten. *Die Farbe wechseln,* schwäb. ,der hat d'Farb g'wechselt' meint in übertr. Sinne die Farbe einer Partei oder Sache, der einer angehört, eigentl. die Farbe der Fahne oder der Uniform, und bedeutet ,abtrünnig werden'.

Reden wie der ↗ Blinde von der Farbe: nichts davon verstehen, die Wndg. ist zuerst 1524 in J. Oldecops ‚Hildesheimer Chronik' belegt: „reden also der Blinde von der Farve". Dagegen bei Abele (‚Künstliche Unordnung', 1670–74) „deutsch von der farb zu reden" wie auch schwäb. ‚von der Farb schwätze', unverblümt die Wahrheit sagen; vgl. frz. ‚parler de quelque chose comme'un aveugle des couleurs'.

Aus dem Kartenspiel stammen *Farbe bekennen:* seine Meinung offen darlegen, eigentl.: die von den anderen geforderte Farbe aus der eigenen Hand nachspielen; vgl. frz. ‚annoncer la couleur': seine Meinung sagen; etw. melden; *mit der Farbe herausrücken:* seine wahre Gesinnung zu erkennen geben; *nicht mit der Farbe herauswollen:* mit der Wahrheit hinter dem Berge halten, nichts gestehen. Bismarck hat diese Wndgn. gern in seinen Reden benutzt: „Wir werden jedes Mittel anwenden, um Sie dahin zu bringen, daß Sie cartes sur tables spielen und Farbe bekennen müssen vor Ihren Wählern' (Reden XI, 82). Nordd. ‚he hett dör de Klör juucht' (gejauchzt): hat nicht Farbe bekannt, hat betrogen.

‚Sein Umgang, Beruf etc. färbt auf jem. ab': hat eine nachteilige Wirkung, übt schlechten Einfluß auf ihn aus, gleicht ihn an.

Bremisch ‚blau farven' steht für sich betrinken. In Schlesw.-Holst. bedeutet ‚hier hett ener in Farv pedd' (getreten) oder ‚den Farfpott umstött': jem. hat einen fahren lassen, wohl in Anspielung an die streng riechenden Dämpfe in den Färberwerkstätten.

Lit.: *C. Mengis:* Art. ‚Farbe', in: HdA. II, Sp. 1189–1215; *O. Lauffer:* Farbensymbolik im dt. Volksbrauch (Hamburg 1948); *E. Tucker:* Art. ‚Farben, Farbsymbolik', in: EM. IV, Sp. 840–853; *A. Adler:* Ritterliche Verhaltensweisen und Ritterturnier im Fortleben der deutschen Sprache in: Muttersprache 95 (1984/85), S. 253–263).

Farce. *Jem. eine Farce auftischen:* ihm etw. vormachen bzw. ihm eine Geschichte erzählen, die wie ‚an den Haaren herbeigezogen' wirkt. Das Wort wurde unverändert aus dem Frz. (‚farce' = Einlage, Fleischfüllsel, Gehacktes) übernommen und wird im übertr. Sinn verwendet für das Zusammengedichtete – z. B. im Lustspiel – das lächerlich wirkt und als ‚Getue'

empfunden wird. In Anlehnung daran kann es auch gebraucht werden für Zusammenkünfte, Zeremonien und Festakte, denen etw. Künstliches und Unnatürliches anhaftet. Daher hört man gelegentlich auch den Kommentar: *Das war eine einzige Farce* oder *verschone mich mit solchen Farcen.* Beide Versionen haben – wie das Wort ‚Farce' selbst – weitgehend sprw. Bdtg. erhalten.

Lit.: *K. Schoell:* Art. ‚Farce', in: EM. IV, Sp. 853–860.

Farn. *Den Farnsamen geholt haben:* Glück haben, unerwartet zu Reichtum gekommen sein. Von einem, dem alles gelingt, sagt man im Schwäb. noch immer mdal.: ‚Der hat de(n) Fahrsame(n) g(e)holt'.

Der Farn war eine der begehrtesten Zauberpflanzen Europas. Obwohl der sich durch Sporen vermehrt, glaubte man an seinen von Dämonen gehüteten wundertätigen Samen, der nur unter großen Gefahren zu erlangen war. In Hexenprozessen wurde dies manchem zum Verhängnis, dem man den Besitz des Farnsamens nachsagte, mit dessen Hilfe man z. B. Schätze entdecken und sich unsichtbar machen konnte. Auch nach dem ‚Landtgebot wider den Aberglauben' des Herzogs Maximilian in Bayern von 1611 waren die zu bestrafen, „die den fahrsamen holen".

Lit.: *H. Marzell:* Art. ‚Farn', in: HdA. II, Sp. 1215–1229; *G. Meinel:* Art. ‚Farn', in: EM. IV, Sp. 860–866.

Fas(t)nacht. *Hinterher kommen wie die alte Fastnacht:* zu spät kommen.

In verschiedenen Rdaa. des Rheinlandes und Süddtl.s spielt die *alte Fasnacht* eine Rolle, z. B. schwäb. ‚zu spät (hinter drein) kommen wie die alte Fasnacht'; ähnl. im Saargebiet: ‚Er kommt henneno (gefozt) wie die alt Fasenacht', zu spät; ebd. ‚aussehen wie die alt Fasenacht' u. ä. Wndgn. Im christl. Festkalender ist die Fastenzeit dem Osterfest vorangestellt, das auf dem Konzil von Nicäa im Jahre 325 auf den jeweils ersten Sonntag nach Frühlingsvollmond festgesetzt wurde. Der Ostertermin ist daher beweglich und kann entweder gleich auf den 21. März folgen oder erst in den April fallen. Da die Fastnacht als Fest vor dem Fasten der Fastenzeit vorausgeht, ist ihr Termin ebenfalls beweglich und bestimmt sich im Verhältnis zu Ostern durch die Länge der Fastenzeit. Diese wurde entsprechend dem bibl. Bericht über das Fasten Jesu in der Wüste (Mt. 4, 2) von der Kirche auf 40 Tage und 40 Nächte festgelegt, so daß der Beginn der Fastenzeit auf den Mittwoch und damit das Ende der Fastnachtperiode auf den Dienstag nach dem 6. Sonntag vor Ostern (Invocavit) fiel. Im Jahre 1091 hatte jedoch die Synode von Benevent die Sonntage als Gedächtnistage der Auferstehung Jesu vom Fasten ausgenommen, so daß der Beginn der 40tägigen Fastenzeit damit nunmehr um 6 (Wochen-)Tage vorrückte. Dadurch verschob sich auch die Fastnacht nach vorne und endet seither mit dem Dienstag vor dem Mittwoch nach dem 7. Sonntag vor Ostern (Estomihi). Diese neue Regelung konnte sich jedoch am Hochrhein gegenüber der früheren Tradition nicht überall durchsetzen, wie in Basel und in Teilen des bad. Markgräflerlandes, wo man am Termin der ,alten Fastnacht' als ,Bauernfastnacht' gegenüber der neuen ,Herrenfastnacht' weiter festhielt, so daß hier die Fastnachtzeit erst beginnt, wenn sie anderswo bereits zu Ende ist. Daraus: *Seine Fastnacht fällt immer spät:* er vertröstet alle auf die Zukunft, ist ein schlechter Zahler.

Die geringe Anzahl der für ,Fastnacht' belegten und heute ohnehin nicht mehr gebräuchl. Rdaa. steht in auffälligem Mißverhältnis zu ihrem sonstigen hohen Stellenwert im südd. Volksleben und in der ma. Kunst und Lit. So steht Fastnacht als jährlich einmaliger Termin für die Zahl der Jahre in der Rda. ,Er ist offt in die Fassnacht gangen' (S. Franck): er ist alt. ,Hie ist alle tag die fasenacht' (Zimm. Chronik) meinte dagegen, daß es da ständig so närrisch zugeht, wie sonst nur zur Fastnachtzeit.

Lit.: *K. Meisen:* Namen u. Ursprung der Fastnacht, in: Rhein. Jb. f. Vkde. 17/18 (1966/67), S. 7–47; *S. Wagner:* Der Kampf des Fastens gegen die Fastnacht (Diss. Freiburg i. Br. 1984), S. 20 ff.; *H. Moser:* Volksbräuche im geschichtlichen Wandel (München 1985), S. 98 ff., 315 ff.; *D.-R. Moser:* Fastnacht – Fasching – Karneval (Graz – Wien – Köln 1986).

Faß. *Das schlägt dem Faß den Boden aus:* das gibt den Ausschlag, macht das Maß voll, macht gewaltsam Schluß; das treibt die Sache auf die Spitze, setzt ihr die Krone auf (daher die beliebte Verballhornung *Das schlägt dem Faß die Krone ins Gesicht,* eigentl. eine Vermischung aus drei verschiedenen Rdaa.). Gemeint ist einerseits, daß der Böttcher die Reifen zu stark aufschlägt, so daß dem Faß der Boden ausgeht. Luther schreibt: „Er wird so lange an den reiffen klopfen, das eins mal dem fas der boden ausspringen wird" (EA 31, 231). Andererseits bewahrt die Redensart. die Erinnerung an früheres Recht:

„Von etlichen fassen, denen man uff dem winmarkt die boden uszschlůg.

Item den 18. novembris dises 74. jars hatten etliche purszlüt usz der margrafschaft gon Basell uf den freyen merkt win ze verkauffen gefiert; derselbig win, oder mher gumpest, was so arg, also das min h. verbotten den ze verkauffen. Ward auch endlichen erkandt, das man den fassen die boden usstossen und das tranck uff die erden usschiten solle" (aus der Chronik des Fridolin Ryff, 1574).

Schon 1523 ist aus Königsberg belegt: „Der dem vaß den bodemb wolt ausstossen".

1534 heißt es bei Luther in der Übers. von 1. Kor. 15: „denn stosse nur vollend dem Faß den Boden aus vnd sage, das kein Aufferstehung, kein Himel noch Hell, kein Teuffel noch Tod noch Sünd sey". Ähnl. 1639 bei Lehmann S. 302 (Gesundheit 20): „Mancher treibt eins vmbs andre so lange, bis dem Faß der Boden ausgehet". Auch die ,Zimmerische Chronik' (I, 376) kennt die Wndg.: „Noch hat der unfahl nit ain ort, sonder muß dem kibel den boden gar uszstoßen".

Lit. ist die Rda. auch in der ,Insel Felsenburg' (2, 209) belegt: „... endlich aber, da die worte fielen, dasz sich heute zu tage ein jeder bartscherer vom doctorhut wolte träumen lassen, wurde dem fasse der boden ausgestoszen".

Moselfränk. ,Dat schlecht dem Faß de Bodem us!': das hat gerade noch gefehlt. *Dem Faß ist der Boden aus* oder *dem Faß bricht der Boden aus:* etw. geht plötzlich und unwiederbringlich zu Ende, wie der aus dem kaputten Faß hervorbrechende Wein. *Gießen ins Faß* steht im ,Karlmeinet' (um 1320) für verleumden (A 221, 22–25):

Si haddens mit nyde has.
Wir soullent geyssen in dat vas,
Sprachen sy, dat vnbevayn,
Dat her Morant sal han.

Das Faß zum Überlaufen bringen: den letzten Rest geben, durch eine Kleinigkeit lang Aufgestautes auslösen, wie der letzte Tropfen, der zu viel ist, das Wasser über den Rand des vollen Fasses schwappen läßt. Rhein. ,et Fäßche laft iwer' als Warnung: es ist höchste Zeit aufzuhören, sonst gibt es böse Folgen.

Aus dem vollen Fasse gehen: großzügig, verschwenderisch; nordd. ,he sitt vör't vulle Fatt': er hat reichlich zum Leben. Im Siegerland heißt es von einem, der die Mittel und die Gelegenheit hätte, sie aber nicht zu nutzen versteht: ,he setz om Faß on wess net, wat dren es'. In Angeln sagt man ,he kümmt bi't lüttje Fatt', wenn der Altbauer den Hof den Kindern übergibt und aufs Altenteil geht.

Aus dem hohlen Fasse reden: ohne Begründung daherreden, keine genauen Kenntnisse (Informationen) besitzen, ↗ Bauch.

Das Faß zuschlagen: eine Sache erledigen, mit dem Nebensinn: nicht mehr davon sprechen wollen. Dabei ist urspr. wohl an das Faß als Packgefäß gedacht.

1/2 ,Ein Faß ohne Boden'

Ein Faß ohne Boden sein: einer, dem man immer wieder Geld geben muß. Es ist vergebliches Tun und Verschwendung, wenn man es zu füllen sucht, es nimmt alles in sich auf, aber es zeigt sich kein Erfolg, wie bei dem mythischen ,Faß der Danaiden', das einen zerlöcherten Boden hatte; vgl. frz. ,C'est le tonneau des Danaïdes' (↗ Danaiden).

,E hat e Loch en et Faß' sagt man in Aachen von einem, der viel verzehren kann.

Ein Loch ins Faß trinken: kräftig trinken, rhein. ,de kann en Faß voll drenke': eine Menge trinken.

Nach dem Faß schmecken: seine Herkunft, seinen Urspr. verraten, übertr. z. B. in Scrivers ,Seelenschatz' (2737): „alle anderen Lehren schmecken nach dem Faß", ähnl. bereits bei Luther. Diese Rda. bezieht sich auf das Weinfaß; vgl. frz. ,sentir le tonneau'.

Den Wein wieder im Faß haben wollen: die Sache rückgängig, ungeschehen machen wollen. Aus dem Jahre 1521 aus der Schweiz belegt: „Unser hl. Vatter wöllte den wyn wider im fas han".

Etw. im Fasse haben: etw. in Vorrat, in Bereitschaft haben, vom Pökelfaß hergeleitet, z. B. in Joh. Fischarts ,Bienenkorb': „als ob die lieben heiligen nicht auch ein gut wort im fasz hetten"; vgl. frz. ,avoir quelque chose derrière les fagots' (wörtl.: etw. [im Keller] hinter den Holzbündeln [versteckt] liegen haben): etw. bes. Wertvolles im Vorrat haben. Davon abgeleitet: *noch etw. miteinander im Fasse haben:* noch miteinander abzurechnen haben; *er hat noch etw. im Faß liegen:* er muß noch für etw. büßen (↗ Salz); auch mdal. verbreitet, z. B. rhein. ,Du hes noch wat bi mek in't Fass', du hast noch etw. auf dem Kerbholz. Bremisch ,He het nog veel in't Vat': er muß noch viel erleben, es steht ihm noch viel bevor. Mnd. ,ênem wat int vat beholden (hebben)' bedeutete, jem. etw. Gutes oder Böses nicht vergessen, in Erinnerung behalten.

Deutlich ist die Herkunft vom Pökelfaß bei der ostfries. Wndg. ,Dat is noh lange nich int Fatt, war't suren soll', die Sache ist noch nicht spruchreif, ähnl. rhein., aber in bezug auf das Butterfaß, ,Et es noch nit i't Fass wor et in bottere sall'.

In Mönchengladbach sagt man ,He hat e

Wörtsche bei öm en't Faß': er gilt etw. bei ihm, ist angesehen. ,In sien Fatt lickt vel Höhner' heißt es in Schlesw.-Holst. vom Kinderreichen. ,Finger ut't Fatt!': bleib davon; ,nie vör Vadder in't Fatt langen' ist eine Zurechtweisung unbescheidener und voreiliger Menschen. *Einem über sein Faß kommen:* sich über seinen Wein herma-chen, in übertr. Sinne auch über sein Ver-mögen, Gut.

Das Bierfaß ist gemeint in der von Bis-marck wiederholt gebrauchten Redensart *das Faß angestochen haben:* einen Gegen-stand zur Sprache gebracht haben. Die schleswig-holsteinische Wendung ,ein an-deres Faß anstechen' meint: das Thema (beim Kartenspiel: die Farbe) wech-seln.

,Du hast noch kein Faß Salz mit ihm ge-gessen' (schwäb.), du kannst ihn noch nicht beurteilen (↗ Salz).

Rhein. ,en't Faß fallen': Mißgeschick ha-ben, ,et Faß kömmt in't Rolle': das Mißge-schick nimmt seinen Lauf, das Unglück bricht herein.

,Mit dem Faß strafen' war früherer Straf-vollzug: mit Anlegung eines Fasses an den Hals. „Seind sie mit der ↗ Geigen und dem Faß abgestraft worden" (Aulendf. Arch. 1677). Schweiz. ,d' Hand under-em Faß ha': gebundene Hände haben, in gezwun-gener, bedrängter Lage sein, auch wirt-schaftlich. ,Man sollt ihn in ein genageltes Faß geben und vom Berg kageln lassen' sagte man in Troppau von einem mißliebi-gen Menschen. Die Rda. stammt von einer ma. Hinrichtungsart her: der Verur-teilte wurde in ein von innen mit Nägeln oder Messern bestücktes Faß gesteckt und von einer Anhöhe heruntergerollt. ,In ein Faß schlagen': der Leichnam eines Selbstmörders wurde früher in einer Tonne ins Wasser geworfen, um zu ver-hindern, daß er als Geist umgeht.

(Einem) das Faß räumen bedeutete zur Zeit des Minnesangs: davonziehen, flüch-ten, (jem.) weichen, etw. aufgeben. So z. B. bei Hartmann von Aue:

wan swâ der haz wirt innen
ernestlîcher minnen,
dâ rûmet der haz
vroun Minnen daz vaz

(,Iwein' 7035 ff., Anfang des 13. Jh.) und auch im ,Lohengrin' (76 ff., um 1280–90):

her Satanas, ob ich iu hie entwiche,
daz kan sô balde niht geschehen. swie
gern ir mich wolt krenken,
ir müezet rûmen mir daz vaz.

Faß als Gefäß im religiösen Sinne wurde in altdt. Predigten vom Menschen gesagt: „Paulus ist mir ein uzerwelt vas, sprach got". Auch bei Albrecht von Halberstadt (1. Hälfte des 13. Jh.), jedoch in weltlicher Bedeutung: „sie (Prognê) sprach, ,du trû-welôsez vas" (…)'".

Rhein. ,do möt (müßte) ech en Kopp han wie en öhmig Faß' ist heute Ausdr. der Überforderung, viel zu viel im Kopf be-halten zu müssen. (,Ohm' ist ein altes Flüs-sigkeits-, bes. Weinmaß von etwa 150 Li-ter.) ,Faßkopf' wird verächtlich von einem Menschen mit einem dicken Kopf gesagt. ,De hät en Faßbauch' und erzgeb. ,der hat aber e Fässel': er hat einen dicken Bauch, ähnl. auch in Saarbrücken ,Hat der e Fäßche vore hänge!'. ,He hät met si Mu-der op em Faß geridde' sagt man in Düs-seldorf von einem O-beinigen und in Bitburg: ,he hät sin Ben iwerm Faß ge-sponnt'.

Els. ,Di Ku het e meineidig Faß': hat ein sehr großes Euter und auch ,s Kalb het schun e nött's Fäss''. Schwäb. ,Die hat ei's im Faß' steht für schwanger. Schon in der ,Zimmerischen Chronik' ist ,Faß' Bez. für den Bauch der Frau: „so war sie vom vo-rigen man schwanger worden und also zum doctor kommen mit einem vollen vaß" und auch Umschreibung für Ent-jungfern: „mit einer besondern gratia fur sie herfur und sprach offenlich zu irer wi-derpart: ,Ja, du waist wol, was du gesagt hast, wie du das feßlin anstachest.'"

Die Redensart *ein Faß aufmachen* ist jün-geren Datums und offensichtlich eine Eindeutschung der englischen Redensart ,to make a fuss about something', wobei das englische Wort ,fuss' deutsch zum ,Faß' wurde. Die Redensart bedeutet so-wohl viel Aufhebens um eine Sache ma-chen als auch ausgelassen feiern, die ↗ Sau rauslassen.

Lit.: *F. v. Bassermann-Jordan:* Geschichte des Wein-baus, 3 Bde. (Frankfurt/M. 1923, Ndr. 1975); *A. Ha-berlandt:* Art. ,Faß', in: HdA. II, Sp. 1230–1232; *J. Hubschmid:* Schläuche und Fässer (= Romanica Helvetica 54) (Bern 1955); *L. Röhrich:* Märchen und Wirklichkeit (Wiesbaden ⁴1979), s. Register unter ,Na-geltonne'.

Fassade. *Alles ist nur Fassade:* es ist nur
Schein, äußere Aufmachung, Schau. *Bei
jem. ist nichts als Fassade:* nach außen hin
wird alles als positiv, gut und schön vorge-
täuscht, Ängste und Unzulänglichkeiten
werden geschickt verborgen wie die Mängel in einem Haus hinter der hübschen (re-
novierten) Frontseite.
Das Wort ‚Fassade‘ = Vorderseite, Außenseite ist im 18. Jh. entlehnt aus frz. ‚fa-
çade‘, das seinerseits auf ital. ‚facciata‘
beruht und sich urspr. auf das Haus bezieht. Auf den Menschen übertr. meinen
die Rdaa.: das vorteilhafte Äußere
täuscht, ‚es ist nichts dahinter‘, d. h. unter
der Schminke verbergen sich die Falten,
hinter einer vornehmen Haltung, einer anscheinend guten Erziehung können sich
negative Eigenschaften verstecken.
Hinter die Fassade ‹blicken: die Mängel
feststellen, ‚etw. durchschauen‘, sich nicht
täuschen lassen.

Faßbinder. In Mittel- und Norddtl. finden
sich rdal. Vergleiche wie: *zechen wie ein
Faßbinder, laufen wie ein Faßbinder, arm
dran sein wie der ärmste Faßbinder* (vgl.
Müller-Fraureuth I, 316[b], Wossidlo-Teu-
chert II, 822). Ein Faßbinder mußte früher
tüchtig laufen, wenn er das gefertigte Faß
auf der Straße zum Besteller rollte; laufen
mußte auch ein unzünftiger Böttcher, der
sich nur mit dem Ausbessern alter Fässer
beschäftigte, bis er seinen Lebensunterhalt verdient hatte. Von diesem Vergleich
sind die anderen wohl später abgezweigt.
Lit.: ↗Faß.

Fasson. *Aus der Fasson geraten (kommen):*
die gute Form verlieren, dick werden. Fas-
son ist nach dem 12. Jh. aus frz. façon =
Verarbeitung (heute auch ‚Art und
Weise‘) entlehnt worden und in den
Mdaa. weit verbreitet, z. B. rhein. ‚enen ze
Fassong brenge‘, ihn zur Vernunft brin-
gen; vgl. ‚zur Raison bringen‘; obersächs.
ist eine wortspielerische Vermischung mit
‚Fassung‘ eingetreten: ‚Er kommt aus der
Fasson‘, er ist erregt.
Jeder kann nach seiner Façon selig werden
gilt – meist in dieser Form – als Ausspruch
Friedrichs des Großen, obwohl das Zitat-
bewußtsein heute nicht mehr allg. vorhan-
den ist. Am 22. Juni 1740 berichteten

Staatsminister v. Brand und Konsistorial-
präsident v. Reichenbach an Friedrich II., daß wegen der röm.-kath. Solda-
tenkinder bes. zu Berlin, röm.-kath. Schulen angelegt wären, die zu allerlei Unzu-
träglichkeiten geführt, namentlich aber
Gelegenheit dazu gegeben hätten, daß wider des Königs ausdrücklichen Befehl aus
Protestanten röm.-kath. Glaubensgenos-
sen gemacht worden wären. Dies habe der
Generalfiskal berichtet. Sie fragten nun
an, ob die röm.-kath. Schulen bleiben
oder welche andere Antwort sie dem Generalfiskal geben sollten. Der König
schrieb an den Rand: „Die Religionen
Müsen alle Tolleriret werden, und Mus
der Fiscal nuhr das Auge darauf haben,
das keine der andern abtrug Tuhe, den
hier mus ein jeder nach Seiner Fasson Se-
lich werden“ (A. F. Büsching: Charakter
Friedrichs II., Königs von Preußen [Halle
1788], S. 118; weitere Parallelen dieses
Wortes in der Welt-Lit. vgl. Büchmann).

Fata Morgana. *Eine Fata Morgana sehen:*
ein Trugbild erblicken, einer Sinnestäu-
schung erliegen, eigentl.: eine bloße Luft-
spiegelung für Realität halten wie etwa
ein Verdurstender in der Wüste, der eine
nahe Quelle zu sehen glaubt.
Der Ausdr. geht zurück auf ital. ‚fata Morgana‘, den Namen einer Fee, die in arabi-
schen Märchen und der Artusdichtung
begegnet und die für die Urheberin der in
der Straße von Messina und der Sandwü-
ste zu beobachtenden atmosphärischen
Erscheinung gehalten wurde. Ihr Name
beruht auf arab. ‚marğān‘ = Koralle. Als
Bez. für das atmosphärische Phänomen
ist ‚Fata Morgana‘ im Dt. erst um 1800 bezeugt, während unabhängig davon die
Fee Morgana im ‚Parsifal‘ Wolframs von
Eschenbach als Ländername ‚Feimurgân‘
und im 16. Jh. bei Joh. Fischart als ‚Meer-
fein Morgana‘ Erwähnung findet.
Die Rda. begegnet häufig in den Medien
zur Charakterisierung eines politischen
Wunschtraumes, eines unerreichbaren
Zieles.

Lit.: *F. Wolfzettel:* Art. ‚Fee, Feenland‘, in EM. IV, Sp.
945–964, bes. 956–958.

faul, Faulheit. *Vor Faulheit stinken:* arbeitsscheu sein; Wortspielerei mit den

verschiedenen Bdtgn. des Wortes faul; vgl. *Er ist so faul, daß er stinkt; stinkfaul; stinkend faul.*

Faulheit laß los! sagt man bes. dann, wenn man sich faul hin und her rekelt, als ob man mit der Faulheit ringe.

So faul wie Mist, so faul wie Galgenholz: sehr faul. Ähnl.: ,faul wie eine ein paar Tage alte Leiche'. Es handelt sich hierbei um ein Sprachspiel mit der Doppelbdtg. von ,faul' = träge, müßig und in Verwesung übergehend.

Im Dt. wird der Tiervergleich ,fauler Hund' bevorzugt, der auch als Schimpfwort begegnet, während im Frz. die angebliche Faulheit anderer Tiere eine Rolle spielt: ,paresseux comme une couleuvre (Natter), comme un lézard (Eidechse), comme un loir' (Siebenschläfer).

Der Faule wird in den Mdaa., z. B. in Schwaben, in mancherlei Weise umschrieben; man sagt von einem solchen Menschen: ,Dear ma(g) net geara dicke Brettla boahra'; ,dear ma(g) koi dicke Strick a'reißa'; ,dear tät geara schaffa, aber was bei de Ärmel nausguckt, ma(g) nix tua'; ,dear isch geara dau, wau scho g'schafft isch, aber no it gessa'; ,dear goht d'r Arbet am liabschta aus 'm Weag'; ,dear tät am liabschta d'r Arbet mit d'r Leich gauh'; ,dear g'heart zu deane, dia wo lauter roate Täg im Kalender hau möcht'n'; ,deam wär's recht, wenn's äll ander Täg Sommte wär und d'Wuch no a paar Feirte hätt'; ,deam sei liabschta Arbet isch: a verreckt's Goißle hüata em a ei'gmachta Zau'; ,dear isch so faul, daß 'm 's Broat im Maul dinn verschimmlat'; ,dear isch z'faul, daß 'r 's Maul aufmacht'; ,dear isch z'faul zom Schnaufa'; ,dear isch zom Essa z'faul'; ,dear isch z'faul, daß 'r stinkt', ↗ Arbeit.

Nicht faul sein i. S. v. schnell bereit zu etw., findet sich bereits in der ,Ehrlichen Frau Schlampampe' (S. 73, 85): „Claus ist sonsten nicht faul, Er klopft dich ..." Wir brauchen heute die Rda. in appositioneller Kürzung: z. B. ,Er aber, nicht faul, zog den Degen'.

Es ist etw. faul im Staate Dänemark, ist eine Zitatübers. aus Shakespeares ,Hamlet' (I, 4): „Some thing is rotten in the state of Denmark". Vgl. frz. ,Il y a quelque chose de pourri dans le royaume de Dane-

mark'. Das berühmte Zitat beruht möglicherweise auf einem Interpretationsfehler, wie schon 1904 von Brauscheid überzeugend nachgewiesen wurde: Da Hamlet für Dänemark steht – in gleicher Weise wie Burgund für den Herzog von Burgund u. France für den König von Frankreich –, ist mit dem Ausspruch des Marcellus nicht der Staat von Dänemark gemeint, sondern der Gesundheits- bzw. Geisteszustand (state) des Hamlet, der auch als ,Dänemark' bez. wird. Es müßte daher in der Übers. heißen: Es ist etw. krank (faul) im Kopf (Geist) von Dänemark, d. h. von Hamlet. Trotz dieser Richtigstellung hat sich das Mißverständnis in der Übersetzung hartnäckig bis heute gehalten.

Ein Faulpelz sein: sich vor der Arbeit drücken; ähnl.: *die Faulkrankheit haben; ein Faultier sein.*

Lit.: *Brauscheid:* ,Etw. ist faul im Staate Dänemark', in: Zs. des allg. dt. Sprachvereins 19 (1904), S. 213–214; *A. v. Koch:* „A new interpretation of ,Something is rotten in the state of Denmark'", in: Moderna Sprak 9 (1915), S. 157–160; *S. Segerström:* ,Something is rotten in the state of Denmark', in: Moderna Sprak 9 (1915), S. 199–203; *A. Stenhagen:* ,Something is rotten in the state of Denmark', in: Moderna Sprak 10 (1916), S. 28–29; *T. R. K. A. Rose:* Ein fauler Kopf, ein faules Ei. Sprichwortsammlung rund um die Faulheit, in: Dt. Bergwerkszeitung (Essen 1927), Nr. 226, S. 8; *G. Breuer:* Der Faule im Volksmund, in: Rur Blumen (Jülich 1941) S. 64; *E. Moser-Rath:* Art. ,Faulheitswettbewerb', in: EM. IV, Sp. 900–905; *K. Horn:* Art. ,Fleiß und Faulheit', in: EM. IV, Sp. 1262–1276.

Faust. *Es paßt wie die Faust aufs Auge:* es paßt nicht zueinander; ähnl. schon bei Luther, z. B. in der Auslegung von 2. Mos. 1: „Es reimt, wie eine Faust auf ein Auge"; 1531 in Seb. Francks ,Chronik' (336^b): „das yr zich der ... gantzen Bibel so gleich sieht, als ein Faust einem Aug". Bei Abraham a Sancta Clara (,Reim dich' 231) heißt es: „Ein guter Soldat muß sich reimen, wie ein Faust auff ein Aug". Lehmann 823 (,Ungereimbt' 1) schreibt: „Von widrigen vngereimbten Dingen pflegt man zu sagen: Es reumt sich zur Sach, wie ein altes Weib zur Haasenjagt. Wie ein Muschel zum Jacobsmantel. Wie ein Igelshaut zum Küssen. Wie ein Storcken Nest eim Gäns Kopff zum Hut. Wie ein Pflug zum Fischergarn". Vgl. finn. ,wie der Sattel auf das Schwein'.

In des Schlesiers Daniel Stoppe ,Teutchen Gedichten' (1722) heißt es von alten Weibern:

Die schicken sich zur Liebes-Pflicht
Beynahn wie die Faust aufs Auge,
Wie braunes Wurtzner Bier
Und Seiffensiederlauge.

Vgl. frz. ,Cela rime comme hallebarde et miséricorde' (heute ungebräuchlich), engl. ,That's as fit as a shoulder of mutton for a sick horse', ndl. ,Dat slaat als een tang op een varken'.

Sich ins Fäustchen lachen: schadenfroh, verschmitzt lachen, eigentlich verbunden mit einer Gebärde: heimlich hinter der vorgehaltenen Hand lachen. Die Rda. ist seit frühnhd. Zeit belegt, z. B. in den Fastnachtsspielen: „Der teufel in sein feustchen lacht"; bekannt geworden ist sie dann vor allem durch Luther, der die Rda. in Sir. 12, 19 benutzt: „Seinen Kopff wird er schütteln, vnd jnn die Faust lachen, dein spotten vnd das Maul auffwerffen". 1512 verwendet Murner in der ,Narrenbeschwörung' (19, 49) den Ausdruck: „durch syne finger lachen" (↗ Finger). Bei dem Prediger Mathesius heißt es: „vergießen unschuldig blut und lachen darzu in die faust". Vgl. ndl. ,in zijn vuistje lachen'; frz. ,rire dans sa barbe, sous cape'; engl. ,to laugh in one's sleeve' und schon lat. ,in sinu gaudere' (sich im Bausch des Gewandes, im stillen freuen).

Von der Faust weg: ohne Umstände, aus freier Hand, erinnert an die alte Tischsitte, ohne Messer und Gabel zu essen; berl. *ex faustibus essen,* wohl eine aus student. Kreisen herrührende Wndg., wobei an ein Butterbrot zu denken ist. Häufig für die gleiche Situation auch: ,Aus der kalten Lamäng' (la main), oder: ,Karo (Brot) einfach, aus der Hand, belegt mit Daumen und Zeigefinger', ↗ Hand.

Mit der Faust auf den Tisch schlagen: sich energisch und rücksichtslos Gehör verschaffen, indem man grob gegen die Anstandsregeln verstößt; vgl. frz. ,frapper du poing sur la table'.

Die Faust in der Tasche (im Sack) machen: eine Drohung nicht laut werden lassen.

Auf eigene Faust handeln: auf eigene Verantwortung.

Es faustdick hinter den Ohren haben ↗ Ohr.

Lit.: *E. Stemplinger:* Art. ,Faust' in: HdA. II, Sp. 1269;

A. Webinger: Faustdick und ellenlang (Maßangaben, die der Körper stellt), in: Muttersprache 55 (1940), S. 38–40 u. 88–89; *L. Röhrich:* Gebärde – Metapher – Parodie (Düsseldorf 1967).

Faxen. *Faxen machen:* Streiche, Späße, Possen und Scherze in Worten und Gebärden machen; Grimassen schneiden; in den Mdaa. weit verbreitet. Zugrunde liegt das lautmalende Verbum fickfacken = sich hin und her bewegen, davon abgeleitet die Substantiva Fickesfackes, Fiksfaks, Fackes, Facks = Posse, loser Streich. Seit dem Ende des 18. Jh. ist der Plur. Faksen, Faxen auch als schriftsprachl. anerkannt.

Fazit. *Das Fazit ziehen:* das Gesamtergebnis feststellen; ein alter Ausdr. des Rechenunterrichts. Schon seit dem 14. Jh. ist aus lat. Rechenbüchern ,facit' = es macht, geläufig. Mitte des 15. Jh. ist Fazit = Ergebnis, Summe substantiviert worden. Durch die gedruckten Rechenbücher seit dem Ende des 15. Jh. wird der neue Begriff verbreitet und volkstümlich. Im 16. Jh. dringt er auch in die Lit. ein. In der Beschreibung des Dreißigjährigen Krieges von B. Ph. von Chemnitz (Theil IV, 272[b]) heißt es: „hatte sein facit auf die baierischen gemacht". Übertr. erscheint die Wndg. seit dem 17. Jh., z. B. 1669 bei Grimmelshausen: „Zuletzt kam das Facit über den armen Simplicium herauß" (,Simplicissimus', Ndr. S. 80). Gleichen Urspr. ist ,die Probe aufs Exempel machen'.

FdH. *FdH. machen (müssen):* etw. gegen sein Übergewicht unternehmen wollen. FdH.: Friß die Hälfte, ist die heute bes. geläufige Abkürzung für die Reduzierung der Nahrungszufuhr auf die jeweils halbe Eßration. Eine Steigerung bedeutet die Aufforderung: *FdHdH.:* Friß die Hälfte der Hälfte, d. h. nur ein Viertel der sonst üblichen Menge, um erfolgreich ,abzuspecken', ↗ fressen.

fechten. *Fechten gehen:* betteln gehen; im ausgehenden MA. hatten sich die Handwerker vielerorts zu Fechtgesellschaften zusammengeschlossen, um sich im Gebrauch der Waffen zu üben. Viele Handwerksburschen zogen im Lande umher, zeigten ihre Kunst im Fechten und erwarben damit ihren Lebensunterhalt. Da sie auf Gaben der Zuschauer hofften, nahm der Ausdr. fechten die Bdtg. ‚betteln‘ an, und die wandernden Handwerksburschen wurden auch ‚Fechtbrüder‘ genannt. Diese Erklärung des Ausdr. wird bestätigt durch ein Zeugnis aus dem Jahre 1663 (J. Praetorius, ‚Mägdetröster‘, S. 99): „Würde für betteln das Wort garten, fechten, umb Reuterzehrung ansprechen nicht aufgebracht sein, es würden so viel liederliche Gesellen, als sonderlich lose Handwerksbursche nicht faulenzen oder ostiatim (‚von Tür zu Tür‘) gehen“.

Ebenso wie die Handwerker zogen auch entlassene Söldner, die nicht sofort wieder angeworben wurden, von Dorf zu Dorf und zeigten für Speise und Trank ihre Fechtkünste. In der Schweiz sagt man noch heute von einem walzenden Gesellen: ‚Die halbi Zīt ficht er und die andri duet er bettle‘. Von einem, der bes. gut zu fechten versteht, heißt es rhein. ‚Der fecht dem Düvel en Ben af‘. Das Fechten der Handwerksburschen wurde zu Beginn des vorigen Jh. behördlich untersagt; vgl. eine meckl. Verordnung aus dem Jahre 1801: „auch soll ferner das Fechten der Handwerksbursche solchergestalt hiemit abgestellet sein …“.

‚Etw. anfechten‘: etw. anzweifeln, ein Urteil in Frage stellen, einen Prozeß erneut aufrollen. ‚Etw. ausfechten‘: eine schwierige Angelegenheit (Prozeß, Streit u. ä.) bis zur (erfolgreichen) Entscheidung durchkämpfen.

Lit.: *H. Helwig:* Die dt. Fechtbücher, in: Börsenblatt f. d. dt. Buchhandel 55 (Frankfurt/M. 1966); *H. P. Hils:* Meister Johann Liechtnauers Kunst des langen Schwertes (Diss. Freiburg i. Br. 1984).

Feder. *Sich mit fremden Federn schmücken:* sich die Verdienste anderer zueignen, mit fremdem Gute prahlen; schon lat. ‚alienis se coloribus adornare‘; ähnl. auch in vielen anderen europ. Sprachen verbreitet.

Die Rda. geht auf die Fabel des Phaedrus (1,3) von der Krähe zurück, die sich mit Pfauenfedern schmückte (AaTh. 244). Die Fabel ist lit. sehr verbreitet. Schon in der ersten Hälfte des 13. Jh. verfaßte der Stricker die Versdichtung ‚Der Rabe mit den Pfauenfedern‘. 1639 heißt es bei Leh-

mann S. 15 (Ampt 48): „Man muß einmal der Hatzel (d. i. Elster) die entlehnten Federn ausrupffen“. Lessings Fassung der Fabel: ‚Die Pfauen und die Krähe‘ lautet: „Eine stolze Krähe schmückte sich mit den ausgefallenen Federn der farbigen Pfaue und mischte sich kühn, als sie genug geschmückt zu sein glaubte, unter diese glänzenden Vögel der Juno. Sie ward erkannt, und schnell fielen die Pfaue mit scharfen Schnäbeln auf sie, ihr den betrügerischen Putz auszureißen. – ‚Lasset nach!‘ schrie sie endlich, ‚ihr habt nun alle das Eurige wieder‘. Doch die Pfaue, welche einige von den eignen glänzenden Schwingfedern der Krähe bemerkt hatten, versetzten: ‚Schweig, armselige Närrin; auch diese können nicht dein sein!‘ – und hackten weiter“ (Fabeln, 2. Buch, Nr. 6, 1759). Vgl. auch die Fabel von La Fontaine: ‚Le geai paré des plumes du paon‘ (Der Häher, der sich mit Pfauenfedern geschmückt hatte), woraus die gleichlautende frz. Rda. abgeleitet wurde. *Federn lassen (müssen):* Schaden erleiden, vom Bild des Geflügels, das in einer Falle oder Schlinge gefangen ist und bei der Befreiung Federn verliert; im ähnl. Sinn: ‚Haare lassen‘ (↗ Haar) und ‚Wolle lassen‘ (↗ Wolle). 1538 bei Luther: „sie besorgen doch, wo es zum concilio keme, sie müsten fedder geben oder har lassen“. Bei Hans Sachs:

war ist das alt sprichwort, das redt,
wer mit heillosen Leutn umbgeht,
dem geht es auch heillos dermaßen,
er muß ein federn hindr im lassen.

Vgl. frz. ‚Y laisser des plumes‘.
Dann auch aktiv: *jem. eine Feder ausrupfen:* ihn betrügen, schädigen, übervorteilen. Bei Abraham a Sancta Clara (‚Sterben und Erben‘ 13): „Als die grassirende Pest der kayserlichen Residenz-Stadt ziemlich die Federn ausgeropft“. Mdal. in Meckl. ‚sick bi de Feddern krigen‘, in eine Schlägerei geraten. Vgl. auch frz. ‚Voler à quelqu'un dans les plumes‘ (wörtl.: einem ins Gefieder geraten): einem zusetzen.
Jem. eine Feder durch die Nase ziehen: ihn belügen, ihm etw. aufbinden; belegt bei Andreas Gryphius: „der herr verzeihe mir, den ich gesaget, daß wir ihm seine fräulein entführet, hat ihm eine greuliche feder durch die nase gezogen“.

‚Federn in den Wind schütten'

Federn in den Wind schütten: Sinnloses tun. Die hess. gebräuchl. Frage *Wo wird er seine Federn hinblasen?:* wohin wird er ziehen? hat ihre Wurzel in dem Volksglauben, die Richtung der Wanderschaft durch eine in die Luft geblasene Feder bestimmen zu lassen; dies wird schon 1580 in der ‚Bayer. Chronik' (98[b]) des J. Aventin bezeugt: „Es ist auch sonst ein gemein Sprichwort vorhanden, das gemeiniglich die jenigen brauchen, so frembde Land bauwen wöllen oder söllen, die sprechen gern: Ich wil ein Feder auffblasen, wo dieselbig hinauß fleucht wil ich nachfahren"; vgl. den Eingang von KHM. 63 ‚Die drei Federn': Der König bläst drei Federn in die Luft und schickt seine Söhne nach den drei Richtungen, die sie einschlagen, in die Welt (vgl. L. Röhrich: Märchen und Wirklichkeit [Wiesbaden [4]1979], S. 103 f.). In einigen Rdaa. wird der Mensch mit einem Vogel verglichen: *ohne Federn fliegen wollen:* etw. wagen, wozu die Mittel fehlen; *fliegen wollen, ehe die Federn gewachsen sind,* schon im 14. Jh. in der ‚Theologia deutsch', Kap. 13, und mhd. ‚ungevëder fliegen'; *mit fremden Federn fliegen:* mit fremder Hilfe.

Sich eine Feder an den Hut stecken: fröhlich und unbekümmert sein, nach außen hin zeigen, daß man ein freier Bursche ist, der noch ungebunden geblieben ist, ↗ Hut.

Daran erinnert auch der Liedtext:

Es trägt ein Jäger einen grünen Hut,
Er trägt drei Federn auf einem Hut.

Die Liedzeile „Vom Barette schwankt die Feder", aus dem ‚Landsknechtlied' von Heinrich Reder aus dem Jahre 1854, hat

ebenfalls rdal. Charakter erhalten durch ihre Anspielung auf ein fröhliches Junggesellentum.

Die Bettfedern sind in folgenden Rdaa. gemeint: *von den Federn aufs Stroh kommen:* verarmen; dagegen obersächs. ‚zu Federn kommen', zu Wohlstand gelangen; scherzhaft *nach Federnhausen gehen, sich zu seinen Federn versammeln* (Wortspiel mit ‚Vätern'): zu Bett gehen; ebenso *auf den Federball gehen;* vgl. frz. ‚se mettre dans les plumes': sich in die Federn legen; zu Bett gehen.

Sich aus den Federn machen: aufstehen; *nicht aus den Federn kommen:* lange schlafen.

Auf die Schreibfeder, urspr. eine Vogelfeder, später eine Feder aus Metall, beziehen sich einige Wndgn. der gehobenen Sprache: *zur Feder greifen:* etw. schriftlich niederlegen, einen Brief schreiben, sich lit. betätigen; *eine spitze Feder führen:* angriffslustig, kritisch formulieren; *von der Feder leben (müssen):* als freier Schriftsteller arbeiten u. daher meist ein unsicheres Einkommen haben; *etw. unter der Feder haben:* gerade an einem Aufsatz (Buch, Werk) arbeiten. *Sich vom Tod die Feder aus der Hand nehmen lassen:* mitten aus der Arbeit herausgerissen werden, ↗ zeitlich.

Lit.: *M. Fuchs:* Die Fabel von der Krähe, die sich mit fremden Federn schmückt, in der abendländischen Lit. (Diss. Berlin 1886); *L. Röhrich:* Gebärde, Metapher, Parodie (Düsseldorf 1967), S. 75; *K. Doderer:* Formen, Figuren, Lehren (Zürich – Freiburg i. Br. 1970); *A. Taylor:* As Light as a Feather, in: Folklore Research Center Studies 1 (Jerusalem 1970), S. 95–96; *L. Röhrich* u. *G. Meinel:* Rdaa. aus dem Bereich der Jagd u. der Vogelstellerei, S. 320; *W. Danckert:* Symbol, Metapher, Allegorie im Lied der Völker II (Bonn-Bad Godesberg 1978), S. 787 ff.; *H. Fischer:* Art. ‚Feder', in: EM. IV, Sp. 933–937.

Federfuchser. *Ein Federfuchser sein:* ein Schreiber, ein ‚Buchstabenkrämer' sein, der andere durch seine kleinliche Übergenauigkeit ärgert, ein Pedant sein, der Einhaltung von Vorschriften, Anordnungen und Richtlinien zu seinem Lebensinhalt macht u. dies auch von anderen fordert. Das umg. Wort beruht als Fortbildung vermutl. auf einem älteren ‚Federfuchs': Pedant mit der Feder wie ‚Schulfuchs': Pedant in der Schule. Der Ausdr. begegnet bereits im 16. Jh. als sprechender

Name ‚Lupoldus Federfusius‘ in den ‚Briefen der Dunkelmänner‘.

Federlesen. *Nicht viel Federlesens machen:* nicht viel Umstände machen; ähnl. gebraucht wie die Wndgn. ‚kurzen Prozeß machen‘, ‚kurze fünfzehn machen‘, ‚kurze Geschäfte machen‘, ndl. ‚korte metten machen‘.

tur multis nominibus: Den falwen hengst streichen: kutzen streicher: kreidenstreicher: federleser: schmeichler". In einem Holzschnitt von Hans Weiditz finden wir alle für die Schmeichler sprw. gewordenen Tätigkeiten zusammen abgebildet. Der Patrizier, der sich selbst beurteilt nach dem, was andere ihm sagen, steht selbstbewußt in der Mitte des Bildes. Die

‚Federn lesen‘ – ‚Honig ums Maul schmieren‘

Schon im MA. galt es als niedrige und kriecherische Schmeichelei, Höhergestellten die Federchen von den Kleidern zu lesen, die ihnen angeflogen waren. Daher die ältere Rda. *einem die Federn lesen* (oder *klauben*): ihm schmeicheln, ihm gefällig sein; z. B. bei Luther: „ein ubertreter und schalksheilige kan fedder lesen und ohren krawen, reden und thun was man gern höret". Dazu die Spott- und Schimpfworte spätmhd. vĕderklûben = heucheln; frühnhd. Federklauber, Pflaumenstreicher = Schmeichler, Heuchler. Im 15. Jh. heißt es in einem Fastnachtspiel: „Du Federklauber, Orenkrauer"; bei Sebastian Franck (I, 236ᵃ): „Liebkoser vnnd fäederleser, die jren herren die oren melcken, lupffend vnd vnder alle ellenbogen küßlin schübend"; Geiler von Kaysersberg zählt auf: „adulatores nominan-

goldene Kette um seine Schultern ist sehr dick, der Rosenkranz, der seine Frömmigkeit dartun soll, ist riesig. Vor ihm steht der junge Mann, der ihm ‚das Hälmchen streicht‘, ihm also ‚Honig ums Maul schmiert‘, der eine große Zahl von Insekten anlockt, d. h. von weiteren Schmarotzern, die seinen Kopf umschwirren. Links neben dem umschwärmten Würdenträger sehen wir einen Mann, der, sich in tiefem Bückling niederbeugend, mit seiner Linken dem Patrizier den Rücken streichelt und mit der Rechten Federn von dem Boden liest. Es ist der sprw. ‚Faltenstreicher‘ und ‚Federleser‘ (vgl. Fraenger: Altdt. Bilderbuch, S. 113).

Später sah man dann das Federlesen als närrische Tätigkeit an, z. B. heißt es bei Geiler in den Predigten über Sebastian Brants ‚Narrenschiff‘: „Wann der Narr neben ir sitzet, so lieset er ir helmle oder federlin ab". An seinem Rock kein Fläumchen oder Fäserchen zu dulden, war ein Zeichen übertriebener und lächerlicher Sauberkeit; Federlesen erhält also ein Sinn von ,unnützer Zeitverschwendung', was zum heutigen Sinn der Redensart führt: nicht viel Umstände machen. Schon in der ,Flöhhatz' Joh. Fischarts ist sie 1577 belegt: „Vnd machen nicht vil federlesens".

,Federnstreicher'

Der nach viel berechtigte Genetiv tritt verschiedentlich auch auf, wo er überflüssig ist, z. B. in den Gedichten A. F. E. Langbeins (Bd. 2, 1813, S. 86): „Was macht ihr nun so lange Federlesens?" oder in Thomas Manns Roman ,Lotte in Weimar' (Frankfurt/M. 1947, S. 168): „... von nüchtern resolutem Verstande, der kein Federlesens machte".
Richtig dagegen bei Goethe im ,Westöstlichen Diwan': „Nicht so vieles Federlesen!" Mdal. erscheint das Wort auch mit Bedeutungswandel, z. B. meckl. ,Met en is keen got Fedderläsen', mit ihm ist nicht zu spaßen. Im allg. tritt die Rda. jedenfalls nur in der verneinenden Form ,nicht viel Federlesen(s)' auf, so auch in Schillers ,Fiesko' (V, 10). Vgl. auch KHM. 5 u. KHM. 27.

Lit.: *A. Kuntzemüller:* Zur Gesch. des substantivierten Infinitivs im Nhd., in: Zs. f. dt. Wortf. 4 (1903), S. 58–94; *Anon.:* ,Nicht viel Federlesens machen', in: Sprachpflege 10 (1961), S. 91.

Federstrich. *Etw. mit ein paar Federstrichen entwerfen:* etw. skizzieren, kurz umreißen, flüchtig, rasch arbeiten.
Jem. durch einen Federstrich um eine Hoffnung ärmer machen: ihm etw. nicht bewilligen, ,ihm einen Strich durch die Rechnung machen', ↗ Strich; ähnl.: *Etw. mit einem Federstrich abtun:* eine Sache keiner weiteren Beachtung für würdig halten, sie als erledigt abzeichnen und zu den Akten legen. Dagegen: *Etw. nicht durch einen Federstrich aus der Welt schaffen können:* etw. nicht leicht abtun, rückgängig machen können.
Alle diese Rdaa. beziehen sich auf die Feder als Schreibgerät, da früher mit den zugeschnittenen Kielen von Schwungfedern geschrieben wurde, ↗ Feder.

Feg(e)feuer. *Ins Fegefeuer kommen:* Qualen erdulden müssen, einen Läuterungsprozeß durchmachen, der mit Schmerz und Pein verbunden ist.
Das Wort ,Fegefeuer', mhd. ,vegeviur', ist eine Übers. von kirchenlat. ,īgnis pūrgātōrium', das nach kath. Glaubenslehre ein vorübergehender Prozeß der Reinigung ist, in dem die Verstorbenen ihre läßlichen Sünden abbüßen, bevor sie in das Reich Gottes eingehen dürfen. Die Armen Seelen leiden durch verhängte Strafen, vor allem aber durch die zeitweilige Entziehung der seligen Anschauung Gottes. Lebende können den Armen Seelen zu Hilfe kommen und ihre Qualen verkürzen, indem sie Meßopfer bringen, gute Werke verrichten und Almosen geben.
Die kath. Fegfeuerlehre wurzelt in der Rechtfertigungslehre und versucht, die Menschen vor sittlichem Leichtsinn, aber auch vor Verzweiflung über ihre Sündenschuld zu bewahren.
Mehrere Rdaa. tradieren diese Vorstellungen und übertr. sie in den profanen Lebensbereich: *Ein Fegefeuer erleiden, für jem. ein Fegefeuer sein:* schon zu Lebzeiten größte Qualen erleiden müssen.
Sein Fegefeuer im Haus haben: die Hölle auf Erden erleben; vgl. ndl. ,Hij heeft het vagevuur binnen 's huis'.

Aus dem Fegefeuer in die Hölle kommen: einem noch schlimmeren Übel verfallen, eigentl.: in alle Ewigkeit verdammt sein; vgl. ndl.: ,vat het vagevuur in de hel'; ähnl. ,vom Regen in die Traufe kommen' ↗ Regen.

Lit.: *M. Landau:* Hölle und Fegefeuer in Volksglaube, Dichtung und Kirchenlehre (Heidelberg 1909); *R. Hindringer:* Art. ,Fegefeuer', in: Lex. f. Theologie u. Kirche III (Freiburg 1931), Sp. 979–982; *J. le Goff:* Die Geburt des Fegefeuers (Stuttgart 1984).

Fehdehandschuh. *Einem den Fehdehandschuh hinwerfen (auch vor die Füße werfen):* mit ihm Streit anfangen. Die Rda. beruht auf der alten Sitte, daß sich Ritter zum Zeichen der Herausforderung zum Kampfe einen Handschuh vor die Füße warfen, was als Sinnbild eines Schlages galt, den auszuführen von der ritterlichen Sitte verboten war. So z. B. im ,Tristan' Gottfrieds von Straßburg (V. 6458 f.):

Sînen hantschuoch zôh er abe,
er bôt in Môrolde dar.

Im 18. Jh. ist die alte Vorstellung durch gelehrten Einfluß neu belebt worden; 1789 gebraucht Schubart den Ausdr. ,Fehdehandschuh' als Überschrift einer Zeitungsanzeige in der ,Vaterlandschronik' (424), und Schiller wendet die Rda. im ,Tell' (III, 3) an:

Und ständet ihr nicht hier in
Kaisers Namen,
Den ich verehre, selbst wo man ihn
schändet,
Den Handschuh würf' ich vor euch hin,
ihr solltet
Nach ritterlichem Brauch mir Antwort
geben.

In neuerer Zeit lautet die Rda. gewöhnlich *den Handschuh aufnehmen.* Vgl. frz. ,jeter le gant à quelqu'un' bzw. ,relever le gant'; engl. ,to throw down the glove' bzw. ,to take up the glove for a person'; ndl. ,iemand de handschoen toewerpen' und ,de handschoen opnemen voor iemand'. Das Aufnehmen des Handschuhs spielt auch in Schillers Gedicht ,Der Handschuh' eine Rolle. In der ältesten frz. Quelle dieses Stoffes wirft der Ritter am Schluß den Handschuh vor die Dame und antwortet mit einer Herausforderung.

Das Aufheben des Handschuhs war das Zeichen der Annahme des Kampfes; daher die Wndg. *den Handschuh aufheben:*

die Herausforderung annehmen. Bismarck sagte in einer seiner Reden: „Ich habe noch nie einen Handschuh liegen lassen, den mir einer hingeworfen hat".

Lit.: ↗ Handschuh.

Feierabend. *Feierabend machen:* aufhören zu arbeiten, am Abend die Arbeit einstellen, dann allg.: eine Beschäftigung nicht weiter fortsetzen. Die Rda. ist aus der Handwerkersprache allg. geworden und früh in übertr. Bdtg. angewendet worden. Bei Gerlingius heißt es 1649 unter Nr. 23 seiner ,Sylloge adagiorum': „Ego meum pensum absolvi. Ich hab' außgesponnen. Ich hab' feyerabend". Grimmelshausen hat 1669 die Wndg. ins Boshafte verschoben: „da ich allerdings Feyraband gemacht hatte" (,fertig war mit Stehlen'; ,Simplicissimus' Bd. 1, S. 237). In den dt. Mdaa. bedeutet Feierabend machen heute vielfach ,sterben', z. B. meckl. ,Dor mök he Fierabend', da starb er; derber ,jetzt hat der Arsch Feierabend', jetzt ist es aus; alem. ,Wenn ma g'storbe ist, hat's Fiedle Feierabend', ↗ zeitlich.

Feige. *Einem die Feige(n) weisen (zeigen):* ihn höhnisch zurückweisen, ihn derb verspotten. Unter der Feige ist in dieser Rda. die geballte Faust zu verstehen, aus der der Daumen zwischen Zeige- und Mittelfinger – gelegentlich auch beidhändig – dem verachteten Feinde entgegengestreckt wurde. Diese im ganzen Abendland bekannte Handgebärde wird eindrucksvoll in einer Federzeichnung Albrecht Dürers von 1494 dargestellt, die sich in der Albertina in Wien befindet. Schon bei Aristophanes (5. Jh. v. Chr.) stand der Name ,Feige' (σῦκον) symbolisch sowohl für die weibl. als auch die männl. Geschlechtsteile und συκολογετίν (Feigen lesen) sinngemäß für den Koitus. Die rdal. Geste, die mit der Hand die Form der Frucht, bzw. eigentl. die der Vulva nachahmt und zugleich auch die Verschränkung der Geschlechtsteile beim Geschlechtsakt andeutet, wirkt durch ihre absichtliche Obszönität in hohem Maße beleidigend.

Aus der griech. Antike ist über das Zeigen der Feige als Spottgebärde jedoch noch nichts bekannt. Auch die von der Forschung für die Römerzeit gelegentlich herangezogene Stelle von Sueton über Kaiser Caligula (37–41 n. Chr.), der sie zur Demütigung des von ihm als Weichling verspotteten Cassius Chaerea verwendet haben soll, spricht nur von einer nicht näher beschriebenen obszönen Geste: „... modo ex aliqua causa agenti gratias osculandam manum offerre formatam commotamque in obscaenum modum" (Sueton, Caligula, 56) und ist deshalb als

‚Die Feige weisen'

Beleg für die ‚Feige' zu vage. Bes. viele Belege für das Weisen der Feige (‚far la fica', mlat. ‚facere ficum/ficham') sind dagegen seit dem 13. Jh. aus Italien überliefert. Dante gibt an mehreren Stellen seiner Werke über die Anwendungsweise dieser Geste Auskunft, gegen die sogar Verbote erlassen werden mußten, weil sie als äußerst grobe Beleidigung galt. Die rdal. Wndg., die eng mit der Gebärde verbunden ist, erscheint auch in anderen europ. Ländern, z. B. in Spanien (‚dar figas'), Portugal (‚dar huma figa'), Frankreich (‚faire la figue') u. in Holland (‚iemand de vijg geven'). In Engl. heißt die Geste ‚give the fig'.
Ebenso ist die Feige als Hohn- und Spottgebärde bei den Slawen, in Nordafrika

und Kleinasien bekannt; bei den Ostjuden ist sie Zeichen der Geringschätzung oder Abweisung: zur Bekräftigung wird die Feige oft auch bespuckt und dann vorgestreckt. Es heißt dann, man habe ‚a bespigene Fag' (eine bespuckte Feige) gezeigt.
Die erste Nachricht für das Weisen der Feige in Dtl. findet sich in der Chronik des Heinrich von Erfurt (1. Hälfte des 14. Jhs.) für das Jahr 1178: „Ab antiquissimis temporibus probrosum fuit digitum alicui per modum ficus ostendere". Im Mhd. ist der Ausdr. ‚die vîgen bieten' bezeugt. Jedoch ist noch im 16. Jh. die Herkunft der Geste aus den roman. Ländern bekannt, wie aus einer Stelle in Thomas Murners ‚Gäuchmatt' (102) hervorgeht.

Wo ich ein klagt der narrheit an,
der wolts für ein groß eren han,
und bot mir ein welsche Figen dran.

Ähnl. in Joh. Paulis ‚Schimpf und Ernst' (1552): „Vnnd zeiget jhr die feigen, nach gewonheyt der walchen, da sie den Daumen durch zwen finger stossen, das heysst ein feyg".
In der dt. Lit. wird seit dem ausgehenden MA. die Feige als Hohn-, Wut- und Spottgebärde dann erwähnt, wenn das ungehörige Benehmen pöbelhafter, ungebildeter Personen charakterisiert werden soll, bes. in Schwänken, Landsknecht- und Landstörzerbeschreibungen, bei Schilderungen des ländlichen Treibens, aber auch im Volkslied. Eine Fülle von weiteren Belegen für Gebärde und Rda. bieten die Fastnachtsspiele, Schriften von Luther, Seb. Franck, Joh. Fischart, Hans Sachs und Grimmelshausen. Die bildl. Darstellung der Geste erfolgte im späten MA. vor allem bei der Verspottung Christi bei der Dornenkrönung. Der Wortgebrauch ist heute noch spürbar in mdal. Versionen wie ‚einem den Daumen stecken' oder österr. ‚Ja Feign!', ein Zuruf, der einer höhnischen, herausfordernden Verneinung und Abweisung gleichkommt.
Nicht einmal eine Feige wert sein oder *keine Feige um etw. geben:* nichts wert, völlig bedeutungslos sein; nicht das Geringste für etw. (jem.) geben wollen. Diese Rdaa. sind eine Umschreibung für nichts und drücken den höchsten Grad von Verachtung und Geringschätzung aus. Vgl.

engl. ,I don't care a fig for it'. Shakespeare brauchte die Wndg. häufig, z. B. in ,Wives of Windsor' sagt Merry: „A fico for the phrase".

Eine Feige machen: im verborgenen, meist heimlich in der Tasche oder unter der Schürze, eine abwehrende Geste gegen den bösen Blick und schadenbringende Dämonen machen. Die älteste bis jetzt mit Sicherheit festgestellte lit. Quelle aus der Antike für den Gebrauch der Feigengeste stellt sie als Mittel zur Abwehr von Geistern vor. Dies ist die Stelle in Ovids (gest. um 17 n. Chr.) ,Fasti' (5, 433 f.): „signaque dat digitis medio cum pollice iunctis, occurrat tacito ne levis umbra sibi" (... und er macht ein Zeichen dadurch, daß er seinen Daumen mitten durch die anderen Finger [der Faust] hindurchsteckt, damit sich ihm in seinem Schweigen kein leichter Schatten in den Weg stellt). Dieser allerdings noch nicht als Feige benannte Fingerzauber wird sonst in der Antike nicht erwähnt, und ob es sich auf den zeitgenössischen bildl. Darstellungen um die Feige oder um die Faust handelt, kann nicht entschieden werden, da Details wie der Daumen meist nicht mehr klar sichtbar sind. Eine der Feige ähnl. Figur empfiehlt schon der Talmud (vor 500 n. Chr.) gegen den bösen Blick und die Feige selbst wird dann im ,Sefer chassidim des Juda hechassid' (um 1200) erwähnt.

Sonst finden sich im abendländischen Schrifttum erst spät weitere Nachrichten über die Feige als apotropäische Geste. In Giovanni Battista Basiles Märchensammlung ,Pentamerone' (1674) heißt es in der 5. Ekloge von ,Terpsichore':

Frate, le voglio fare
Na bella fico sotto a lo mantiello,
Azzo che lo mal 'nocchio no la pozza.

Noch heute wird die Feigengeste in Italien, Spanien, Serbien, England und Schottland als übelabwehrend angesehen, in England gilt sie als bes. wirksam bei jeder Art von Zauberei. Hielt man in Dtl. eine Frau für eine Hexe und fürchtete man ihren bösen ↗ Blick oder das ↗ Beschreien der Kleinkinder, so wies man ihr die Feige.

In China und Japan ist die Feigengeste als apotropäisches Mittel ebenfalls belegt. So macht z. B. eine Frau in Japan heimlich die Feige (menigiri) in ihrem Ärmel, um sich gegen eventuelle Übergriffe eines angetrunkenen Mannes zu schützen.

Bei uns ist die Feige auch mit abergläubischen Rdaa. verbunden. Wenn z. B. einem Kind ein Kleidungsstück am Körper genäht wird, sagt man: ,Mach eine Feige, damit ich dir nicht den Verstand vernähe!'. Auch die bildl. Darstellung der Feige hatte beschützende Wirkung, davon zeugen die zahlreichen Amulettfunde, bes. aus Italien, wo dies wohl die beliebtesten Amulette gewesen sind. Sie wurden vor allem von verheirateten Frauen als Anhänger an Ketten getragen. Solche ,manufica' hießen in Dtl. auch ,Neidfeige' oder ,Verschreifeige', und ihre magische Gestalt galt außerdem für wichtig bei Gegenzauber und Besprechungen.

Aus der Volkssprache selbst erfahren wir nichts darüber, wie die Anwendung der Feige als magisches Mittel verstanden wird. Hinsichtlich der verschiedenen Erklärungsversuche sei hier in Kürze insbes. auf Rettenbeck (1951) S. 36 ff. verwiesen.

Die Feigengeste galt aber auch als Verständigungsmittel zwischen Mann und Frau hinsichtlich einer gewünschten geschlechtlichen Vereinigung, vor allem in Neapel. Das Feigenamulett als Anhänger dient auch in einem oberbair. Brauch bei der Liebeswerbung zur Verständigung: der Bursche schickt dem Mädchen, das er liebt, einen Feigenanhänger als Angebinde und Anfrage, ob sie mit ihm eine Verbindung eingehen wolle. Nimmt sie die Werbung an, schickt sie ihm dafür ein silbernes Herz und trägt von da an die Feige des Bräutigams an ihrem Brustgeschnür. Gleichzeitig dient diese Feige als Schutzmittel gegen die Unfruchtbarkeit.

Das methodische Problem bezüglich der Geschichte und Systematik dieser von Anfang an komplexen Gebärde liegt neben ihrer langen Überlieferung vor allem in ihrer offenkundigen Mehrdeutigkeit, bei der es schließlich immer wieder von der jeweiligen Gebrauchssituation abhängt, was sie bedeuten kann. Rettenbeck unterscheidet fünf verschiedene Gebrauchsbedeutungen der Feigengebärde: sie ist erstens die Darstellung von Gefühlsempfindungen wie Wut, Haß, Zorn,

Unwillen. Die Feigengebärde ist durch den mit ihr verbundenen ekstatischen Zustand gleichzeitig ein Mittel des Fluches; zweitens ist sie der Ausdr. intentionaler Gefühle gegenüber einem anderen, den sie höhnen, verspotten, schmähen oder schelten will; drittens ist die Geste ein Mittel zweckhafter Verständigung, sie ist eine Antwort heischende Anfrage nach dem Einverständnis zur geschlechtlichen Vereinigung; viertens schützt sie als Aphrodisiakum vor bösen Einflüssen und dient bei Zauber und Gegenzauber; fünftens gewinnt die Geste feste Gestalt in der bildlichen Darstellung, die genauso wirksam wie sie selbst oder das bloße Wort und die Rda. ist.

Der Ausdruck ‚Feige' hat auch getrennt von der Gebärde in mdal. Wndgn. Eingang gefunden. So sagt man in Moers: ‚Dat het de Schmack verloren wie de Jong sin Feien'. Ihren antiken symbolischen Sinn behielt die Feige auch in der dt. Sprache u. sie bedeutet derb ‚Vagina' und übertr. ‚Weibsbild' bzw. ‚Prostituierte'. ‚Mit der Feig'n hausieren' ist die vulgäre Wiener Rda. für sich prostituieren und ‚a Feig'n-Tandler' ist ein ‚Schürzenjäger', ‚Hurenbock'. ‚Die Feige andrehen' steht für Defloration und ‚angedrehte Feige' für ein entjungfertes oder geschwängertes Mädchen. Eine ‚dürre Feige' ist eine magere Frau.

Der Handel bietet gerne gedörrte Feigen an, von denen man glaubte, daß sie als Aphrodisiakum „die Natur stärken".

Schon die Griechen und Römer bezeichneten mit ‚Feige' auch Geschwüre, bes. an den Geschlechtsteilen und am After. Entspr. hieß es mhd. ‚daz vîc' und später dann auch Feigwarze.

Lit.: *M. Rachel:* Einem die Feigen weisen, in: Zs. f. d. U. 6 (1892), S. 53 f.; *R. Sprenger:* Einem die Feige geben, in: Zs. f. d. U. 7 (1893), S. 570; *F. S. Krauss:* Erotik und Skatologie im Zauberbann und Bannspruch, in: Anthropophyteia 4 (1907), S. 160–226; *A. de Cock:* Faire la figue, in: Volkskunde 19 (1907/08), S. 138 f.; *S. Seligmann:* Der böse Blick und Verwandtes, 2 Bde. (Berlin 1910); *Aigremont:* Volkserotik und Pflanzenwelt I (Halle o. J.), S. 76 ff.; *E. Villiers:* Amulette und Talismane und andere geheime Dinge. Bearb. von A. M. Pachinger (Berlin–München–Wien 1927); Jüdisches Lexikon, begründet von *G. Herlitz,* II (Berlin 1927, Nachdr. Königstein/Ts. 1987), Sp. 612 f.; *Meschke:* Art. ‚Feige', in: HdA. II, Sp. 1305–1310; *H. Vorwahl:* Zum Ursprung des ‚Feigenblatts', in: Rhein. Museum für Philologie N. F. 79 (1930),

S. 319 f.; *L. Rettenbeck:* ‚Feige'. Wort–Gebärde–Amulett (Diss. München 1951); *L. Schmidt:* Die volkstümlichen Grundlagen der Gebärdensprache, in: Beiträge zur sprachlichen Volksüberlieferung 2 (Berlin 1953), S. 233–249; *V. Buchheit:* Feigensymbolik im antiken Epigramm, in: Rhein. Museum für Philologie N. F. 103 (1960), S. 200–229; *L. Röhrich:* Gebärdensprache und Sprachgebärde, S. 129 f., 143 f.; *O. Goetz:* Der Feigenbaum in der religiösen Kunst des Abendlandes (Berlin 1965); *L. Hansmann* u. *L. Kriss-Rettenbeck:* Amulett und Talisman (München 1966); *L. Röhrich:* Gebärde–Metapher–Parodie, S. 19 ff.; *W. Danckert:* Symbol, Metapher, Allegorie im Lied der Völker, Teil 3: Pflanzen (Bonn – Bad Godesberg 1978), S. 1074–1084; *Th. Hausschild:* Der böse Blick (Berlin ²1982).

Feigenblatt. *Sich ein Feigenblatt umhängen, etw. als Feigenblatt benutzen:* vor anderen etw. verbergen, etw. bemänteln, bez. zugleich auch das, was zur Verhüllung benutzt wird. Das Feigenblatt war nach 1. Mos. 3, 7 die erste dürftige Bekleidung von Adam und Eva nach dem Sündenfall. Daran erinnert auch die nordostdt. Rda. ‚er sitzt wie Eva hinterm Feigenblatt': seine Ausreden sind unzureichend. Die Geschlechtsteile nackter Menschen auf Bildwerken durch Feigenblätter zu verhüllen ist erst im späteren MA. üblich geworden.

Lit.: *H. Vorwahl:* Zum Ursprung des ‚Feigenblatts', in: Rhein. Museum f. Philologie N. F. 79 (1930), S. 319 f.; *O. Goetz:* Der Feigenbaum in der religiösen Kunst des Abendlandes (Berlin 1965); *W. Danckert:* Symbol, Metapher, Allegorie im Lied der Völker, Teil 3: Pflanzen (Bonn – Bad Godesberg 1978), S. 1074–84.

Feile. *Die letzte Feile anlegen:* eine Sache zum letzten Mal überarbeiten, um Unebenheiten zu glätten und letzte Feinheiten hineinzubringen; vgl. frz. ‚mettre la dernière main (Hand) à quelque chose' ↗ Hand; ähnl. *ausgefeilt, da fehlt die Feile,* vgl. ndl. ‚Het heeft de vijl noodig', der Arbeit fehlt die Ausgeglichenheit. Diese Rdaa. sind nicht eigentl. volkstümlich und wohl durch Gelehrte aus dem Lat. übernommen worden; vgl. Ovid (Trist. 1, 37): „defuit et scriptis ultima lima meis".

fein ↗ klein.

Feld. An das Schlachtfeld erinnern folgende Rdaa.: *Jem. aus dem Feld schlagen:* ihn besiegen; vgl. frz. ‚mettre quelqu'un en déroute' (wörtl.: jem. zum Rückzug zwingen); *das Feld räumen:* abziehen, Platz machen; vgl. frz. ,vider les lieux' (wörtl.: den Ort verlassen); *etw. ins Feld führen:* zum Beweis heranführen, z. B. Argumente in einer Diskussion.

Das steht noch in weitem Felde: es steht noch nicht nahe bevor, ist noch unsicher. Belegt im ,Simplicissimus' Grimmelshausens (Buch V, Kap. 20): „Ich ließ mich hierzu gar kaltsinnig an, und sagte, daß die Beförderung in weitem Feld stünde". Dabei ist urspr. an das noch nicht geerntete Getreide gedacht, wie aus der ndd. Wndg. hervorgeht: ,Wat upn Felde steit, höret noch nich meine'. Ein ähnl. Bild gebraucht schon der röm. Dichter Ovid: „Et adhuc tua messis in herba est" (= deine Ernte steht noch im Halm). Älter ist die Wndg. *ins lange Feld spielen:* aufschieben, verzögern; belegt in Scrivers ,Seelenschatz' (2,355): „manigmal spielet die ungerechte Welt eine klare Sache, welche die Türken in einer Stunde schlichten würden, ins lange Feld".

Das ist ein weites Feld glauben viele nach dem Schluß von Theodor Fontanes Roman ,Effi Briest' (1894) zu zitieren. Doch dort heißt es: „... das ist ein zu weites Feld", während wir im 4. Kap. des bereits 1857 in Preßburg erschienenen Romans ,Der Nachsommer' von Adalbert Stifter lesen: „Das ist ein weites Feld, von dem ihr da redet" (vgl. Büchmann); vgl. frz. ,C'est un vaste sujet' oder ,... domaine' (wörtl.: Das ist ein weites Gebiet).

Felge. *Auf den Felgen gehen:* nur äußerst mühsam, wenn überhaupt, vorankommen, total erschöpft, ,ausgepumpt' sein. Die Rda. bezieht sich auf das Fahrrad (Auto) ohne Luft in den Reifen, das dadurch unbrauchbar geworden ist und geschoben werden muß. Ähnl.: *auf den Felgen daherkommen;* vgl. ,auf dem Zahnfleisch gehen'.

Die schweiz. Rda. ,uf de Felge sy' bedeutet: nicht in Form, sehr schlapp sein.

Fell. *Seine Felle fortschwimmen sehen:* seine Hoffnungen in nichts zerrinnen sehen. Die Rda. stammt aus dem Berufsleben des Lohgerbers: „Ich finde da nur noch den Lohgerber, dem die Felle weg-

geschwommen" (Fontane: ,Frau Jenny Treibel', 1892, S. 257). Bismarck hat in einer seiner Reden (Bd. XII, S. 119) eine treffende Deutung der Rda. gefunden, indem er von Eugen Richter sagte: „Der Herr Vorredner sieht natürlich mit einer gewissen Sorge und Kummer – ich erinnere an das Bild, wie der Lohgerber die Felle fortschwimmen sieht – auf diese Vorlage und deren Annahme".

Fell wird in derber Sprache oft für die menschliche ↗ Haut gebraucht: *einem das Fell gerben (bläuen):* ihn durchprügeln; vgl. frz. ,tanner le cuir à quelqu'un' (↗ Schwarte). Gerade bei Ausdr. des Prügelns benützen die Mdaa. meist das Wort Fell, z. B. rhein. ,et Fell versohlen (gerven, schuren, besehn)', ,an op et Fell kommen', ,wat op et Fell gewen', ,se op et Fell kriege'; ebenso schon 1577 in Joh. Fischarts ,Flöhhatz': „Jnen zu gerben das zart fell"; ähnl. *einen beim Fell kriegen, einem auf dem Fell sitzen; ihn juckt das Fell:* er will seine Prügel haben; *ein dickes Fell haben:* unempfindlich sein; vgl. frz. ,avoir la peau dure' (wörtl.: eine harte Haut haben).

Sich ein dickes (dickeres) Fell zulegen, ein dickes Fell bekommen: sich gegen Beleidigungen, Tadel, Verleumdungen abschirmen, nicht mehr so leicht zu verletzen sein.

Rhein. ,He stich en kenem gode Fell', er steckt in keiner guten Haut, ist ungesund.

Einem das Fell über die Ohren ziehen: ihn betrügen, bes. von Kaufleuten gesagt, die einen arglosen Käufer ausbeuten und übervorteilen; auch von harten Herren, die ihre Untertanen ,schinden'. Die Rda. stammt wohl nicht aus der Jägersprache, denn der Waidmann spricht nicht von ,Fell' und ,Ohren', sondern von ,Balg' und ,Decke', ,Lauschern' und ,Löffeln'. Der älteste Beleg aus K. Stielers ,Der Teutschen Sprache Stammbaum' von 1691 (465) deutet vielmehr auf die landwirtschaftliche Tierhaltung: „Man kan die Schafe wol bescheren, man zieht ihnen darum das Fell nicht stracks über die Ohren". Vor allem aber ist es der Abdecker, der kleineren Tieren den Balg bis an die Ohren und, nachdem diese gelöst sind, über den Kopf streift. Die Rda. ist auch in den Mdaa. weit verbreitet, was für ihr ho-

hes Alter spricht; z. B. rhein. ,enem et Fell
över de Uhre (de Kopp) trecke'.

Jem. das Fell von den Augen ziehen: ihm
die Augen öffnen. Das ,Fell im/auf dem
Auge' bedeutete den Augenstar, so in der
Übersetzung Luthers von 3. Mose 21,20:
„Denn keiner, an dem ein Fehler ist, soll
herzu treten ... oder ein Fell auf dem
Auge hat ...". Auch in der ,Zimmerischen
Chronik' (II, 608, 30ff.) in der Bdtg. von
,jem. verblenden': „Die konten ... sovil
zuwegen pringen, das dem gueten grafen
air vel übers auch zogen, mit listen hün-
dergangen und sich bereden liess, das er
das herrlich, nutzlich dorf umb ain spott
also hingab und aignete."

Der ist nichts als Fell (Haut) und Knochen:
er ist so mager, daß das Skelett nur noch
durch die ↗Haut zusammengehalten
wird; vgl. frz. ,Il n'a plus que les os et la
peau' (wörtl.: Er hat nur noch Haut und
Knochen).

Sein Fell zu Markte tragen: die Verantwortung mitsamt den Folgen auf sich nehmen; für 1888 bei Wilh. Raabe bezeugt,
jedoch in der Form ,seine Haut zu Markte
tragen' schon früh verbreitet.

Nur noch wenig gebräuchl. sind Rdaa.
mit der stabreimenden Zwillingsformel
,Fell und Fleisch'. Die Wndg. ,zwischen
Fell und Fleisch' ist bei Henisch (1616) in
konkretem medizinischem Sinne vermerkt: „quidquid est intra cutem & car-
nem". Bildl. *etw. steckt zwischen Fell und
Fleisch:* es ist noch nicht fertig, nicht entschieden, ist noch im Werden, wird auch
von Krankheiten gesagt, die nicht recht
zum Ausbruch kommen. Entspr. bedeutet
die rhein. bezeugte Rda. ,zwischen Fell
und Fleisch stecken lassen', sich nicht klar
aussprechen wollen. *Das sitzt mir (noch)
zwischen Fell und Fleisch:* ich bin (noch)
unschlüssig, unentschieden. Nordd. ,he
sitt twischen Fell un Fleesch': er befindet
sich in einer kniffligen Lage. *Es geht durch
Fell und Fleisch,* ndl. ,dat gaat door vel en
vleesch', es geht durch und durch
(↗Mark).

Das Fell versaufen: nach einem Begräbnis
(ausgiebig) feiern, trinken, zum Gedächtnis an den Verstorbenen einen Umtrunk
halten, einen Leichenschmaus abhalten.
Ähnl. ,das Leder, die Haut, den Bast versaufen' (vertrinken, verzehren, essen

usw.); denselben Brauch nennt man rdal.
auch ,einen Leichenstein setzen'. Dauert
die Sitzung im Wirtshaus nach der Beerdigung sehr lange, so hört man in Lippe gelegentlich die Bemerkung, der Begrabene
müsse ein ,zähes Fell' ('n tojen Bas') gehabt haben. Die Rda. ist im gesamten ndd.
und mdt. Sprachgebiet bekannt. In der
1604 zu Rostock erschienenen ,Laienbi-
bel' des Nikolaus Gryse heißt es: „etlike
ghan van dem grave in der badtstave, onde
baden sick binnen vnde buten, edder ver-
foegen sick in de wyn- vnd beerkroege
vnde spreken, se willen de hudt vorsupen
vnde de sorgen vordrincken" (Schiller-
Lübben, Mnd. Wb. 2,344). Obwohl die
Formulierung ,Haut verzehren' zeitlich
zuerst nachweisbar ist, erweist sich doch
die Form ,Fell versaufen' als die ältere, ur-
sprünglichere, häufigere und weiter verbreitete. Die gleichbedeutenden obd.
Rdaa. lauten: ,den Toten (Verstorbenen,
die Leiche) vertrinken'; aber auch ndd. ,se
versuupt dat Liek'.

Die Züricher wurden wegen ihrer großen
Leichenschmäuse ,Totenfresser' und ,To-
tenvertrinker' genannt. Diese Ausdr. sind
schon im späten MA. geläufig, wo in der
Schweiz der Klerus ,Totenfresser' genannt wurde, weil er von den Vermächt-
nissen, die in jeder Ortskirche zum Seelen-
heil der Verstorbenen gestiftet wurden,
lebte. Ähnl. Sprachgebrauch läßt sich
auch in den Nachbarländern nachweisen;
frz. ,manger ou croquer la tête du mort':
den Kopf des Toten verzehren (nicht
mehr allg. verbreitet); ital. ,mangiar a
morti' die Toten essen.

Frühere Erklärungen der Rda. gingen von
der Voraussetzung aus, daß mit dem Fell
entweder die Haut eines Opfertieres oder,
in bildl. Übertr., das des Verstorbenen gemeint sei. Aufschluß geben die obd. Formen. ,Einen vertrinken' bedeutet: auf
seine Kosten trinken. Das schwäb. Wb.
verzeichnet einen Beleg von 1504: „wer
aber saumig wurde, den sol man vertrinken umb ein zimblich tagelohn". ,Den Toten vertrinken' bedeuet also: auf seine
Kosten essen und trinken bzw. die Sterbe-
oder Erbabgaben verzehren.

K. Ranke sieht in der Rda. eine
volksetymolog. Entstellung aus den ,Ge-
fällen' oder ,Fällen', mhd. und mnd. ,das

(ge)vel(le)‘, ‚die (ge)vel(le)‘. Der eigentl. Sinn wäre dann, daß ein Teil des Erbes, und zwar urspr. die Abgaben an den Leib-, Lehens- oder Erbherren oder an die Vertreter der Kirche, verzehrt wird. Analog dem obd. Bedeutungswandel mag auch in Niederdtl. der von diesen Gefällen lebende Teil zuerst die Kirche oder der weltliche Leibherr gewesen sein, und erst später könnte der Ausdr. auf die Leichenfeier innerhalb der Trauergemeinschaft übertr. worden sein. Sicher hat dabei im protestantischen Norden wie auch in der Schweiz die Reformation insofern eine große Rolle gespielt, als sie einen bedeutenden Teil der Sterbeabgaben, bes. die an die Kirche, aufgehoben hat und diese nun den Überlebenden zugute kamen. Hierzu gehören Luthers Forderung: „Wollen wir den brauch, genant den todfall gantz und gar abgethan haben" (Weim. Ausg. 3, 113 a), sowie zahlreiche protestantische Streitschriften der Reformationszeit.

Mhd. ‚vel(le)‘ ist Plur. zu ‚val‘, masc., und bedeutet: Ertrag, Zins, bes. auch Abgaben bei Todes- und Erbfall. Das Wort ist hd. bis in die neue Zeit hinein durchaus üblich, während es mnd. schon im 16. Jh. unter dem Einfluß der Reformation seine alte Bdtg. zugunsten des neuen Sinngehaltes von Rechtsfall, Sachlage vollkommen verlor. Die Beziehung zu den ndd. ‚Fellen‘ stellt das mhd. ‚lîpvell‘, Leibfall her. Es bedeutet einerseits Abgabe nach dem Tode, andererseits Begräbnis, Leichenmahl, wie z. B. aus einem Gedicht Nik. Manuels hervorgeht, das den Monolog einer ‚Seelnonne‘ wiedergibt, die gern guten Mahlzeiten bei Beerdigungen und Seelenmessen nachgeht:

By kranken Lüten konnt ich wohl
Man gab mir Geld und füllt mich voll,
Den ich muß viel Weines trunken han,
Sechs Maas gewinnen mir nicht viel an.
Uf Leipfel, Siebend, Dreißigst und
                         Jarzyt,
Do was mir noch nie kein Myl Wegs zu
                         wyt.

Diesen Sinn muß auch ‚gefelle‘ oder das Simplex ‚fall‘ plur. ‚felle‘ gehabt, also entweder die Todfallgebühr an die weltliche und kirchliche Obrigkeit oder, in späterer Übertr., die Ab- und Ausgabe zum Leichenmahl der Trauergemeinschaft bedeu-

tet haben. Das beweisen auch dt. und fremde Synonyma, die mit der Bdtg. ‚Abgabe‘ das Leichenmahl oder die gebräuchl. Leistungen an das Totengefolge bezeichnen: In Siebenbürgen z. B. schickte man dem Lehrer und den Helfern, die bei der Grabfolge mitgewirkt hatten, ‚dat gebir‘ (Gebühr) zu Trank und Verzehr. In Salzburg dagegen nennt man die Feier nach der Beerdigung ‚das Gsturie vertrinken‘, d. h. die Steuer vertrinken. In beiden Fällen wird das Mahl für die Leidtragenden noch als Abgabe, Steuer, Gebühr bez. Auch frz. ‚manger la tête du mort‘ muß eine ähnl. Bedeutungsverschiebung durchgemacht haben. Mit ‚tête‘ ist nämlich nicht der ‚Kopf‘, sondern die ‚Kopfsteuer‘ gemeint, die beim Todfall geleistet werden mußte. ‚Tête‘ in dieser Bdtg. entspricht genau dem alten ‚besthaupt‘ oder dem mlat. ‚caput melius‘, d. i. dem besten Stück Vieh, Gewand, Möbelstück usw., das dem Herrn aus der Hinterlassenschaft seines Eigenmannes zustand. Erst nach der Aufhebung der Sterb- und Kopfsteuer, als der alte Sinn dieser Rechtsformel sich allmählich verlor, konnte ‚tête‘ die Bdtg. von Kopf und ‚felle‘ die von Haut erhalten. Während jedoch im Frz. das Grundwort erhalten blieb, fand im Dt. eine Angleichung an ein ähnl. lautendes Subst. (Fell) statt, ein häufiger Vorgang in der Volkssprache.

Lit.: E. L. Rochholz: Dt. Unsterblichkeitsglaube (Berlin 1867); *R. Köhler:* Die Haut (das Fell, den Bast) versaufen, in: Kleinere Schriften III (Berlin 1900), S. 611–615; HdA. III, Sp. 1583 u. V, Sp. 1081 ff., Art. ‚Leichenmahl‘ von *P. Geiger; K. Gál:* Totenteil und Seelteil nach süddt. Recht, in: Zs. f. Rechtsgesch. 29, 225 ff.; *H. Koren:* Die Spende. Eine volkskundl. Studie über die Beziehung ‚Arme Seelen – arme Leute‘ (Graz 1954); Dt. Rwb. 3, 396 ff., 1397 ff.; *K. Ranke:* ‚Fell versaufen‘. Gesch. einer niederdt. Rda., in: Die Heimat 48 (1938), S. 279–282; ders.: Indogerman. Totenverehrung (FFC. 140) (Helsinki 1951); *E. R. Lange:* Sterben und Begräbnis im Volksglauben zwischen Weichsel und Memel (Würzburg 1955), S. 119 ff.; *L. Röhrich* u. *G. Meinel:* Redensarten aus dem Bereich von Handwerk und Gewerbe, in: Alem. Jb. 1971/72, S. 163–198, insbes. S. 179; *H. Schmölzer:* A schöne Leich. Der Wiener und sein Tod (Wien 1980).

Femegericht. *Ein Femegericht halten:* heimlich über jem. richten, auch: *ein Femeurteil sprechen: jem. verfemen.* Das ndd. Wort ‚Feme‘ ist seit dem 13. Jh. belegt und besitzt die vermutete Grundbedeutung von Vereinigung, Bund, bes. der zum gleichen Gericht gehörigen Freien. Femegerichte sind im Spätmittelalter vor allem in Niederdtl., bis Pommern und Schlesien bezeugt und haben bes. Mord, Raub und Brand geahndet.

Lit.: *R. Gimbel:* Art. ,Femgerichte', in: HRG. I, Sp. 1100–1103.

Fenster. *Beim mittleren Fenster stehen:* eine mittlere, bescheidene Lebenshaltung einnehmen, wobei an die verschieden hoher Stockwerke eines Hauses gedacht ist. Die Rda. ist seit Anfang des 18. Jh. bezeugt, z. B. 1796 in den ,Skizzen' von A. G. Meißner (Bd. 2, S. 194): „Ich stehe jetzt, wie man sprichwörtlich sagt, am mittlern Fenster", d. h. gleich fern zwischen Darben und Überfluß, und 1727 bei Picander (I, 411): „Es muß nun, wie du siehst, im mitteln Fenster stehn, à la Studentikös, jedennoch ist ein Luder". Auch mdal., z. B. in Holstein: ,ut hoge Finsters kiken', hochmütig sein. Vielleicht ist der Urspr. dieser Rdaa. auch in dem bildl. Gebrauch von Fenster für Auge zu suchen; hierzu bietet die Volkssprache zahlreiche Beispiele, etwa: *blaue Fenster davontragen:* mit einem blauen Auge davonkommen, berl. ,blaue Fensterladen', blau angelaufenes Auge; meckl. ,sick de Finstern frisch verglasen', stark zechen. Auch bei Christian Weise (1642–1708) heißt es: „Wer mich nicht bei meinem Bruder lassen will, dem schlag ich die Fenster ein". Bereits K. Stieler hat diese Rda. 1691 lexikographisch gebucht.

Das schmeißt ihm keine Fenster ein: das schadet ihm nichts, im Gegenteil; von kleinen Opfern gesagt, die man bringt und die vielleicht ein späterer Gewinn mehr als ausgleicht. Bismarck hat diese Rda. anders, aber nicht weniger bildhaft, verwendet: „Jedes Land ist auf die Dauer für die Fenster, die seine Presse einschlägt, irgendeinmal verantwortlich, die Rechnung wird an irgendeinem Tage präsentiert in der Verstimmung des andern Landes" (Reden XII, 477).

Das Geld zum Fenster hinauswerfen: es zweck- und nutzlos vergeuden, verschwenderisch sein; vgl. frz. ,Jeter l'argent par les fenêtres'; obersächs. ist auch belegt: ,die ↗ Stube zum Fenster 'nauswer-

fen', in toller, übermütiger Lust zu allem fähig sein.

Da guckt man nicht drum zum Fenster 'naus: das ist nicht der Rede wert; *durchs Fenster gehen:* auf Umwegen zum Ziel gelangen; *einen zum Fenster herein erstechen:* von machtlosen oder hohlen Drohungen; *entweder durch das Fenster oder durch die Tür:* entweder – oder, eines von beiden, es ist kein anderer Ausweg; holst. ,He hett Finster un Dören los', er ist sehr offenherzig; *machts Fenster auf, laßt sie hinaus:* umschreibend: das ist eine Lüge; *es sind Fenster in der Stube:* unberufene Zuhörer sind anwesend (vgl. KHM. 159).

Mach's Fenster auf: Eichenlaub (Eigenlob) stinkt konnte man noch Anfang dieses Jh. bei jeder Art Angeberei hören.

Zum Fenster hinaus reden bzw. *Reden zum Fenster hinaus halten:* vergeblich reden, keinen Zuspruch finden. Auch: vor halb oder ganz leerem Auditorium sprechen, nicht für die wirklichen Zuhörer reden, sondern für die Öffentlichkeit.

Sich etw. ans Fenster stecken: hin und wieder verwendete Rda., die das gleiche ausdrückt wie: ,sich etw. hinter den Spiegel stecken' ↗ Spiegel.

Weg vom Fenster sein: Neuere Rda. die besagt, daß jem. nicht mehr ,gefragt' ist, d. h. außer Kurs, ohne Einfluß, ohne Stimme ist, vor allem als Politiker, Wirtschaftsmanager, Künstler, Wissenschaftler u. – wie der ältere Arbeitnehmer – beruflich nicht mehr erwünscht, abgemeldet, erledigt ist. Urspr. war die Rda. vor allem im Showgeschäft geläufig, z. B. bei Schlagersängern. Daher liegt die Annahme nahe, daß mit dem Fenster die Öffentlichkeit gemeint ist, zumal die Wndg. sich in erster Linie auf alle im öffentl. Leben stehenden Personen bezieht.

Lit.: *H. W. Nieschmidt:* Window-Motifs in German Literature (Waikato [Australien] 1969).

Ferkel. *Ein Ferkelchen machen:* einen kleinen Fehler machen; Verniedlichung der Rda. ,eine Sau machen', einen groben Fehler begehen. Schon Luther gebraucht: „Und das wir, wie man von den sengern sagt, wenn sie feilen, nur ein klein ferkel gemacht". Vgl. frz. ,être un petit cochon'. Sonst ist ,Ferkel' vor allem in der Volkssprache Nordwestdtls., des Hauptgebiets der Schweinezucht, beliebt; im Hannoverschen sagt man: ,dat Farken inn'n Sack dragen' für: ,die Katze im Sack tragen'; westf. ,mit fisten Fearken locken', mit günstigen Aussichten locken; rhein. heißt es von einem Ausgelassenen: ,Wat lopen da Färkes weer dört korn?' Ebenfalls rhein. ist die Wndg. ,Lot dem Bur dat Ferken, he hät jo nur ent!', laß dem Menschen sein Vergnügen. ↗Sau.

ferngesteuert ↗steuern.

Ferse ist volkstümlich in zahlreichen Wndgn. zur Bez. der raschen Fortbewegung und Flucht: *sich auf die Fersen machen, sich auf seine Fersen verlassen, jem. die Fersen zeigen;* vgl. frz. ,tourner les talons' (wörtl.: die Fersen drehen); in älterer Sprache: *jem. den Fersen hinter sich schlagen,* z. B. bei Luther: „nach der schlacht, darin heinz das hasenpanier ergriffen und mit den fersen hinter sich geschlagen hatte".
Jem. auf die Fersen haben: den Verfolger nicht loswerden. *Einem auf der Ferse* (oder *den Fersen) folgen,* vgl. frz. ,être sur les talons de quelqu'un': einem auf der Spur folgen, ihn aufmerksam beaufsichtigen; *auf die Ferse treten:* ihm unmittelbar folgen. Schweiz. ,Me g'sehd-e lieber bi de Fersele als bi de Zeche', wir sehen ihn lieber gehen als kommen.
Jem. auf den Fersen bleiben: ihn verfolgen, meist um ihn einer verdächtigen Sache auf die Spur zu kommen oder ihn zu stellen. Auch einfach: dicht hinter ihm hergehen.

Lit.: *F. A. Stoett:* ,Nar zijn hielen omzielen, in: De Nieuwe Taalgids 16 (1923), S. 76.

Fersengeld. *Fersengeld geben* ist eine seit dem 13. Jh. gebräuchl. Wndg. für: fliehen, sich davonmachen, ohne zu kämpfen oder zu zahlen, mhd. ,versengelt geben'. Das Subst. Fersengeld erscheint ebenfalls zuerst im 13. Jh. und stammt aus der Rechtssprache. Es bezeichnete eine bestimmte Abgabe, über deren Natur noch keine völlige Klarheit herrscht. Das Dt. Rechtswb. (Bd. 3, Sp. 503 f.) zieht zwei Bdtgn. in Betracht: eine ,die Eigenbehörigkeit beurkundende Abgabe' oder eine ,Buße für rechtswidriges Verlassen des Ehegatten'. Schon der älteste Beleg für diesen Rechtsausdr. im ,Sachsenspiegel' (3, 73, § 3) nennt eine wirkliche Summe als Entschädigungsgeld für einen Wenden, den seine Ehefrau verläßt: „latet sie ok ire man, also wendisch recht is, sie muten irme herren die versne penninge geven, dat sint dri schillinge", d. h. also, die wendischen Frauen konnten nach wendischem Rechte den Mann jeden Augenblick verlassen gegen Zahlung der ,versne penninge'. Es ist nicht unmöglich, daß dies der Rest eines viel älteren Rechtsbrauches ist und daß das Strafgeld, das nach alem. Volksrecht der Schlachtflüchtige zahlen mußte (160 Solidi), zuerst den Namen Fersengeld erhielt.
So ist die Entstehung der Rda. wohl in einem Volkswitz zu vermuten: Statt mit gültiger Münze zu zahlen, gab der Fliehende Fersengeld, wobei man vielleicht die schnell abwechselnd sichtbar werdenden Fersen eines Entfliehenden mit springenden Geldstücken verglich oder einfach mit ,Fersengeld' den Tritt auf die Ferse des Vordermanns bezeichnete. Diese witzige Bedeutungsänderung von Fersengeld war um so eher möglich, als die Ferse auch in vielen anderen Ausdr. zur Bez. der Flucht vorkommt, schon mhd. ,mit der vērsen gesēgenen', nhd. *mit den Fersen hinter sich schlagen* usw. (↗ Ferse).
Als Rda. kommt ,Fersengeld geben' zuerst in Ottokars ,Oesterr. Reimchronik' (ed. Perz, 76[a]) vor:

> Die Unger gâben Versengelt
> An die Marich vber Veld.
> In waz ze fliehen gâch (eilig).

Abraham a Sancta Clara gebraucht die Rda. in seinem ,Kramerladen' (I, 376). Zwar hat Mengering 1633 in seinem ,Kriegsbelial' die Rda. als veraltet bez., indem er sagt: „Laufen und Fersengeld geben oder das Hasenpanier aufwerfen ist altfränkisch geredt und heuer nicht mehr in communi loquendi. ,Retterade' heißt es heutzutage". Aber trotzdem ist sie bis heute keineswegs ausgestorben und auch in den Mdaa. lebendig geblieben, allerdings in erweiterter Bdtg., d. h. nicht mehr ausschließlich auf die Sphäre des Krieges beschränkt. Überhaupt ist der logische Anwendungsbereich der Rda. in der

Ggwt. vielen Sprechern und Schreibern offenbar nicht mehr ganz scharf bewußt. So war vor kurzem in dem Bericht eines Verlegers über die Buchproduktion von jungen Autoren die Rede, „die sich mit ersten kleinen Proben ihr Fersengeld verdienen müssen". Wahrscheinlich ist dem Berichterstatter dabei eine unbewußte Verwechslung von ‚Fersen' und ‚Versen' unterlaufen. Falsch ist ‚Fersengeld verdienen' allemal.

Witziger ist das Wortspiel in dem Ausspruch, der 1948 anläßlich der Währungsreform und der Entnazifizierung einem ins Stammbuch geschrieben wurde: „Wer keine Kopfquote bekommt, muß Fersengeld geben".

fesch. *Fesch sein,* i.S.v. modern, aufgeschlossen, hübsch, flott, sportlich. Die Vorstufe dazu war das berl. ‚fäschen', das dem engl. Subst. ‚fashion' nachgebildet war und zur Biedermeierzeit als Modewort galt. Offenbar wurde es aber nicht immer als Schmeichelei aufgefaßt, wie der folgende Dialog zeigt: „Aber Sie sind recht fäschen heute! – Spottgemein! ... Sagt, wir wären fäschen, das sagt ja kein gebildeter Mensch mehr" (J. v. Voß: ‚Neue Lustspiele' [1827], 7, 154). Etwa zur gleichen Zeit entwickelte sich in Wien aus dem engl. Modewort ‚fashionable', das zu Anfang des 19. Jh. ins Dt. Eingang fand, die Abkürzung ‚fesch' (mit langem e) mit der bewundernden Bdtg. von kühn, fortschrittlich. Es wurde zunächst nur auf Personen bezogen: „Zur Zeit unserer Mütter war ‚fesch' das verwegene Wort, mit dem das Balancieren auf der Grenze zwischen dem Guten und dem beinahe Bösen bezeichnet wurde ..." (Vilma von Loesch: ‚Variationen über Berlin' [1931], 64); „ein fescher junger Mann ..." (F. Brentano: ‚Heitere Geschichten', 3 [1891], 52). Dann wurde es auch für Zustände und Sachen gebraucht: „ein fesches Badeleben" (R. v. Pommer-Esche: ‚Tagebuch' [1891], 204); „Das Skifohrn is fesch" (P. Panhofer: ‚Schihaserl-u. Brettl-Lieder' [1936], 40). Heute findet die Rda. auf Personen wie auf Sachen Anwendung und gipfelt in dem bewundernden Spruch ‚Der (die, das) ist aber mal fesch!'

fest. *Fest bleiben:* sich nicht umstimmen lassen, seinem Vorsatz treu bleiben, nicht ‚weich' werden, nicht nachgeben.

Etw. festhalten: etw. in der Erinnerung bewahren, etw. notieren, zeichnen, schriftlich fixieren.

Fest angestellt sein: eine Dauerstellung innehaben, unkündbar sein.

In festen Händen sein: bereits gebunden, verlobt (verheiratet) sein, ↗ Hand.

Fest an etw. (jem.) glauben: unerschütterliches Vertrauen besitzen, so wie es Luther in seinem Trutzlied ‚Ein' feste Burg ist unser Gott' (Evang. Kirchengesangbuch Nr. 201) zum Ausdr. gebracht hat.

Fest (wie die Erde) stehen: unerschütterlich, unverrückbar. Die Wndg. beruht noch auf der alten Vorstellung von der Erde als Mittelpunkt des Weltalls, der in sich ruht, während Sonne, Mond und Sterne um ihn kreisen.

An die vergebliche Belagerung von ‚befestigten' Städten erinnern rdal. Vergleiche wie: *fest wie Villingen, fest wie Wesel* u. *fest wie Ziegenhain.*

‚Fest' in der Bdtg. von tüchtig, stark begegnet in der scherzhaften Anfeuerung bei Schlägereien: ‚Immer feste auf die Weste!'

Fest. Bis heute gebräuchl. ist die Rda. *post festum venire,* dt. *post festum kommen:* zu spät, nach dem Fest kommen, wenn alles schon vorüber ist. Die lat. Form der Wndg. ist aber nicht antik, sondern nur eine Übers. der in Platos ‚Gorgias' erstmals bezeugten griech. Form: κατόπιν ἑορτῆς'.

Bei Luther und seinen Zeitgenossen bedeutet die Wndg. *viel Fests machen:* viel Lärm, viel Wesen, viel Aufhebens von etw. machen; z.B. bei Luther: „da hastu wol angezeigt, wie Moses ein unnützer wescher ist, das er von unnützen sachen so viel fests machet" (Jenaer Ausg. 1, 116). Im tadelnden Sinn ist der Ausdr. noch heute in den Mdaa. lebendig, etwa schwäb. ‚Ist des e Fest!', ‚Der hat e Fest!', von unnützem Lärm und Kleinigkeiten; oder obersächs. ‚De Fraa machet a Fast über dos nausgeschmissene Gald'. Aus Goethes Ballade ‚Der Schatzgräber' wird zitiert:

Tages Arbeit! Abends Gäste!
Saure Wochen! Frohe Feste!

Das ist mir ein Fest: das ist eine große
Freude für mich, eine Rda. student. Herkunft, bisweilen gesteigert zu: *Es ist mir
ein Festessen:* es freut mich sehr; berl. witzig erweitert: ‚Es war mir ein Festessen
mit sieben Jängen – mit Krebssuppe als
Einleitung‘.
Aus der Berliner Lokalposse ‚Graupen-
müller‘ (1870) von Hermann Salingré (d. i.
Salinger) wurde die zum Sprw. gewordene Wndg. *Man muß die Feste feiern, wie
sie fallen* weit verbreitet.
Am Fest der Beschneidung Mariä: nie; vgl.
frz. ‚la semaine des quatre jeudis‘ (wörtl.:
in der Woche, die vier Donnerstage hat);
↗ Pfingsten.
Kritik an allzu großer Arbeitswut äußert
das moderne Sprw. ‚Lieber Feste feiern
als feste arbeiten‘.

Lit.: *P. Sartori:* Art. ‚Feste‘, in: HdA. II,
Sp. 1348–1352; *H. Gerndt:* Kultur als Forschungsfeld
(München 1981), S. 28–34 (Gedanken zum Festwesen
der Gegenwart), S. 85–97 (Zur Dokumentation von
Festkultur); *I. Weber-Kellermann:* Saure Wochen –
Frohe Feste (München – Luzern 1985); *V. Newall:*
Art. ‚Fest‘, in: EM. IV, Sp. 1035–1043.

festnageln. *Einen auf etw. festnageln:* ihn
auf eine charakteristische Äußerung oder
Handlung für immer öffentl. festlegen.
Die Wndg. tritt erst im 19. Jh. auf, so 1835
in Lenaus ‚Faust‘:

Wie sie den Doktor schnell umringen,
Wie sie die harten Fäuste schwingen,
Die guten Lehren festzunageln,
Die brausend auf den Sünder hageln.

Sie ist auch belegt in einem Brief Hebbels
vom 14. Dez. 1854: „Nageln Sie mich
nicht an diese meine Worte, ich bin nicht
der Mann der Definitionen“.
Obwohl diese Rda. wohl nicht mit dem
Brauch des Festnagelns von Raubvögeln
und sonstigen Schädlingen am Hoftor zusammenhängt, sind Rda. und Brauch oft
in nahe Berührung gekommen, so z. B. in
einer Reichstagsrede des konservativen
Abgeordneten H. v. Kleist-Retzow, der
von seinen Gegnern sagte, solche Kerle
müsse man auf ihre Lügen festnageln, wie
man schädliche Raubvögel an die Scheu-
nentür nagle. In Viktor v. Scheffels ‚Lied
von der Teutoburger Schlacht‘ (1848)
wird der Rechtskandidat Scävola so bestraft, daß man zugleich die Art seines
Vergehens erkennen konnte:

Diesem ist es schlimm ergangen;
Eh’ daß man ihn aufgehangen,
Stach man ihn durch Zung’ und Herz,
Nagelte ihn hinterwärts
Auf sein Corpus iuris.

Noch einmal ganz im wörtl. Sinne gebraucht Gottfried Keller das Wort. Als
eine Zeitung geschrieben hatte, er habe
mit dem Zwillingspaar Weidelich im ‚Sa-
lander‘ (1886) gewisse Anhänger seiner eigenen Partei gezeichnet, brauste er auf:
„Den Kerl will ich wie einen toten Hüh-
nerweih ans Scheunentor nageln“
(A. Frey: Erinnerungen an G. Keller
[Leipzig ²1893], S. 77). Hier fehlt das charakteristische ‚fest‘, und der Ausdr. verliert dadurch etw. von seiner eigentümli-
chen Prägnanz, wenn er genau überliefert
ist. Möglich wäre doch aber auch, daß jenes rasch populär gewordene ‚jem. auf
etw. festnageln‘ zu Keller gelangte und
von ihm aus seiner kräftigen Anschauung
heraus wieder verjüngt wurde.

Lit.: *Rich. M. Meyer:* Vierhundert Schlagworte (Leipzig 1900), S. 76 f.

Fett. *Sein Fett kriegen (weg haben):* die
verdiente Schelte oder Strafe erhalten;
jem. sein Fett geben: einen Verweis erteilen.
Eine früher weitverbreitete Erklärung leitete diese Rda. vom Frz. ab und betrachtete sie als unvollständige Übers. von
‚donner à quelqu’un son fait‘ = ihm tüchtig die Meinung sagen (heute: ‚dire à
quelqu’un son fait‘) oder gar von ‚faire
fête à quelqu’un‘ = ihm viel Ehre antun;
auch: ihm die Meinung sagen. Diese Deutung ist jedoch falsch. Der Rda. liegt wohl
ein Vergleich aus gemeinsamer Wirt-
schaftsgebarung zugrunde, etwa beim
Schweineschlachten oder Buttermachen.
Das Fürwort ‚sein‘ weist auf eine bestimmte, zu erwartende Menge hin. Bei
dem Malerdichter Friedrich Müller (I, 26)
heißt es z. B.: „Der Amtmann soll dir sein
Fett kriegen, hat ohnehin schon etwas bei
mir im Salz“.
Bei Hausschlachtungen verteilte früher
der Hausvater Fett und Fleisch an alle
Familienmitglieder, jeder wurde ‚geschmiert‘. ‚Einem eine schmieren‘ nimmt
durch iron. Färbung später den Sinn an:
eine Ohrfeige geben. Eine ähnl. Entwick-

lung ist bei den folgenden Rdaa. festzustellen: ,jem. abschmieren', ihn prügeln, ,ihm eine Suppe zu löffeln geben', ,ihm etw. zu kosten geben', ,etw. im Salze haben'. Westf. ,sin Fett hewwen' heißt noch: sein Teil haben, ohne den Nebensinn der Strafe. Erinnert sei auch an das engl. ,schoolbutter' = Hiebe.

Von seinem eigenen Fett zehren: von seinen Ersparnissen leben; das Bild dieser Rda. ist vom ↗ Dachs hergenommen.

Im Fett sitzen: in guten Verhältnissen leben; *das Fett von der Suppe schöpfen:* seinen Vorteil suchen; vgl. ,den ↗ Rahm abschöpfen'. In der Eifel sagt man von einem Zudringlichen: ,Er schwätzt einem das Fett von der Suppe'.

,Dat Fett von de Gös' blasen' nannte man in Rostock den Martinsumzug der Stadtmusikanten. *Er wird nicht in seinem eigenen Fett ersticken* sagt man von sehr Mageren; *einen in seinem eigenen Fette becken (braten):* ihn mit seinen eigenen Waffen schlagen; *er hat immer Fett in Händen:* er zerbricht leicht etw.; ,er schwimmt wie ein Fettauge oben drüber': er gehört zu den Begünstigten.

Lit.: *O. Weise:* „Sein Fett kriegen: Schelte kriegen", in: Zs. f. hochdt. Mundarten 7 (1906), S. 10–12; *F. Eckstein:* Art. ,Fett', in: HdA. II, Sp. 1373–1385; *P. M. Janssens:* „Smout, smouter, den smouter krijen", in: Volkskunde 8 (1949), S. 130–131; *K. D. S.:* „Zo vet als een reiger's zondags", in: Biekorf 51 (1950), S. 257; *A. Bonnez:* „Zo vet als een reiger 's zondags", in: Biekorf 52 (1951), S. 23; *M. A. Nauwelaerts:* „Nog iets over ,smout'", in: Volkskunde 14 (1955), S. 120.

Fettnäpfchen. *Bei jem. ins Fettnäpfchen treten:* es durch Ungeschicklichkeit oder durch eine unbedachtsame Äußerung mit ihm verderben; gebucht 1862 in Grimms Dt. Wb. (III, 1515): „es heiszt: damit wirst du ihm schön ins fettnäpfchen treten, damit wirst du es bei ihm verschütten". Von Müller-Fraureuth (I, 325ª) wird die Rda. folgendermaßen erklärt: „Im erzgebirgischen Bauernhaus stand an der Wand zwischen Tür und Ofen ein Fettnäpfchen, aus dem die nassen Stiefel, die der Heimkehrende auszog, sogleich geschmiert wurden; der Unwille der Hausfrau traf denjenigen, der durch einen täppischen Tritt das Fettnäpfchen umkippte und so Fettflecke auf der Diele verursachte". Doch wird urspr. wohl eher an einen Napf

mit Speisefett gedacht sein, dessen Vernichtung durch Unbedachtsamkeit noch ärgerlicher war.

,Ins Fettnäpfchen treten'

Das der Rda. zugrunde liegende Bild ist keineswegs auf das obersächs.-erzgeb. Mda.-Gebiet beschränkt; im Norweg. und Dän. ist die Wndg. ,komme i fedtefadet' belegt; sie enthält ein ähnl. Bild wie els. ,bi einem 's Öl verschütt han', schweiz. ,den Kübel umstoßen'; in Schwaben wurde ein täppischer Mensch früher ,Hans tapp ins Mus' genannt, und schon Oswald von Wolkenstein (gest. 1445) nennt einen Bauerntölpel ,Haintzl Trittenprey' (tritt-in-den-Brei).

Von einem Fettnäpfchen ins andere treten: durch arglos-naives Gerede bei allen wunde Punkte berühren und es sich dadurch mit ihnen verderben; häufig in der polit. Karikatur.

Feuer. *Er ist gleich Feuer und Flamme* sagt man von jem., der sich schnell für etw. begeistert, dessen Leidenschaft schnell aufwallt, der im Nu *Feuer fängt* wie leicht entzündbarer Stoff; das so entfachte Feuer brennt zuerst lichterloh, hält aber meist nicht lange an. Literarisch belegt in Schillers ,Kabale und Liebe' (I, 1): „Wie du doch gleich in Feuer und Flammen stehst".

Urspr. ist ,Feuer und Flamme' ein Terminus der altdt. Rechtssprache zur Bez. der Ansässigkeit und der Führung eines eigenen Haushaltes. Die stabreimende Zwillingsformel kommt auch in der Form vor: *Feuer und Flamme speien (oder spucken):* äußerst aufgebracht und zornig sein, eigentl. wie ein Drache; auch frz. ‚jeter feu et flamme‘.

‚Wo Feuer ist, steigt Rauch auf‘, es bleibt nichts verborgen; vgl. frz. ‚Il n'y a pas de feu sans fumée‘ (wörtl.: ‚Kein Feuer ohne Rauch‘).

Feuer und Schwefel regnen steht zum ersten Mal 1. Mos. 19,24.

Ähnl. Bdtg. hat die Rda. *Feuer im Dach haben:* erzürnt, wütend sein; eigentl. ‚Leidenschaft im Kopf‘ haben, schon bei Geiler von Kaysersberg gebraucht: „wo das nit geschehe, so wer das Füer im Dach“; später z. B. im „Judas“ des Abraham a Sancta Clara: „Dahero kommt das Sprüchwort, so jemand gantz erzürnt, es seye schon Feuer im Tach“. Seit etwa 1900 kann man diese Wndg. auch hören für: rotes Haar haben; vgl. ndd. ‚Hei hätt Füer upn Dacke‘ oder ‚... gläunige Pannen upn Dacke‘, ↗ Fuchs.

Für jem. durchs Feuer gehen: ihm zuliebe die größten Gefahren auf sich nehmen; ihn verehren und bewundern; 1561 bei Maaler (135) belegt. Die Rda. braucht nicht von dem ma. Feuerurteil (iudicium ignis) abgeleitet zu werden; viel näher liegt es, an den Brand eines Hauses zu denken. In Grimmelshausens ‚Simplicissimus‘ (III, Kap. 2) rühmt der Held seine Knechte mit den Worten: „so waren sie mir auch dermaßen getreu, daß jeder auf den Notfall für mich durch ein Feuer gelaufen wäre“; auch frz. ‚se mettre au feu pour ses amis‘ (heute nicht mehr gebräuchl., dafür: ‚traverser le feu pour quelqu'un‘) und ndl. ‚hij zou voor je door een vuur loopen‘.

Dagegen erinnert folgende Rda. deutlich an ihre Herkunft aus einem Gottesurteil: *Dafür will ich meine Hand ins Feuer legen:* ich stehe für die Wahrheit der Sache ein; vgl. frz. ‚en mettre sa main au feu‘.

Zwischen zwei Feuer kommen: in doppelte Gefahr geraten, wobei man heute an die Feuer zweier feindlicher Schußlinien denkt und die Rda. gern von einem gebraucht, der zwei Gegner zu versöhnen sucht, es aber mit beiden verdirbt. Urspr. sind mit den zwei Feuern aber zwei Feuersbrünste gemeint. Die Wndg. begegnet ähnl. im Anord.: ‚setja i milli elda tueggja‘; vgl. hannöversch ‚ut en Für tred ik herut un int andre henin‘.

‚In der einen Hand Feuer und in der anderen Wasser tragen‘

In der einen Hand Feuer und in der anderen Wasser tragen: unentschlossen, doppelzüngig sein; ndd. ‚He dragt in de ene Hand Für un in de andere Water‘, frz. ‚Il porte le feu et l'eau‘ (heute ungebräuchlich) und ndl. ‚Hij draagt water in de eene en vuur in de andere hand‘. Die Rda. ist von Bruegel und auch sonst in der ndl. Sprichwort-Malerei wiederholt bildl. dargestellt worden.

Wie Feuer und Wasser sein: nicht zusammenpassen, von größter Gegensätzlichkeit sein, ↗ Wasser.

Feuer dahinter machen, umg. auch: *Feuer unterm Hintern machen:* eine Sache beschleunigen, eigentl. indem man einen ein Feuer anbrennt, damit sie sich schneller in Bewegung setzen. In Schillers ‚Räubern‘ (II, 3): „Haben sie so lang gewartet, bis wir ihnen die Streu unter dem Arsch angezünd't haben“; ähnl. obersächs. ‚Feuer unter den Frack machen‘, nordostdt. ‚Fuer ön de Socke make‘, els. ‚ein Für inger d'Hose mache, inger de Schwanz lege‘; vgl. frz. ‚mettre le feu sous le ventre à quelqu'un‘, heute ungebräuchlich, dafür: ‚mettre le feu au derrière de quelqu'un‘ (wörtl.: Feuer hinter jem. Hintern anzünden), engl. ‚to make it hot for a person‘, ndl. ‚iemand het vuur na

aam de schenen leggen'; vgl. ‚einem die
↗Hölle heiß machen'.

Feuer im Hintern (Arsch) haben: es sehr eilig haben, vgl. frz. ‚Il a le feu au derrière'.
Das Schmiedefeuer liegt vielleicht der *Rda.* zugrunde *etw. nicht aus dem Feuer reißen können:* es nicht im Nu fertigen können, weil der Schmied Geduld haben muß, bis das Eisen glüht. Das Herdfeuer ist gemeint: *Das ist nicht so ans Feuer gerichtet:* die Sache ist nicht so dringlich. *Ein Feuer anschüren:* Streit stiften; vgl. frz. ‚attiser le feu'.

Mit dem Feuer spielen: in gewissenloser Weise mit einer ernsten Gefahr umgehen (seit dem 17. Jh.); aber auch: sich kokett verhalten, ohne zu bedenken, daß der Gesprächspartner (die Partnerin) sich verlieben und aus Scherz Ernst werden könnte (Paulinchen im ‚Struwwelpeter'); vgl. frz. ‚jouer avec le feu'.

Aus der gar traurigen Geschichte mit dem Feuerzeug

Paulinchen war allein zu Haus
Die Eltern waren Beide aus.
Als sie nun durch das Zimmer sprang
Mit leichtem Mut und Sing und Sang
Da sah sie plötzlich vor sich stehn
Ein Feuerzeug, nett anzusehn.
»Ei, sprach sie, ei, wie schön und fein!
Das muß ein trefflich Spielzeug sein.
Ich zünde mir ein Hölzchen an,
Wie's oft die Mutter hat getan.«

Und Minz und Maunz, die Katzen
Erheben ihre Tatzen.
Sie drohen mit den Pfoten:
»Der Vater hat's verboten!
Miau! Mio! Miau! Mio!
Laß stehn! Sonst brennst
du lichterloh!«

Paulinchen hört die Katzen nicht
Das Hölzchen brennt gar hell
und licht;
Das flackert lustig, knistert laut,
Grad wie ihr's auf dem Bilde
schaut.
Paulinchen aber freut' sich sehr,
Und sprang im Zimmer hin
und her.

Doch Minz und Maunz, die
Katzen,
Erheben ihre Tatzen.
Sie drohen mit den Pfoten
»Die Mutter hat's verboten.
Miau! Mio! Miau! Mio!
Wirf's weg! sonst brennst du
lichterloh!«

‚Mit dem Feuer spielen'

Von selbst verstehen sich die folgenden Rdaa.: *etw. wie's Feuer scheuen;* rhein. ‚He stecht sech de Feuer selver', er ist Junggeselle; *mit den Beinen Feuer schlagen:* X-Beine haben; *Feuer auf der Zunge haben:* ein loses Mundwerk führen; *Feuer zum Stroh (zum Brand) legen:* einer Sache den

entscheidenden Anstoß geben; *das Feuer mit Öl (Stroh) löschen:* Unheil nur noch ärger machen (schon lat. ‚oleum camino addere'); *Öl ins Feuer gießen* ↗Öl.
Er würde Feuer vor meiner Tür legen: er ist zu allem fähig.
Sein meistes Feuer ist weg: die Lebenskraft ist verbraucht, seine Leidenschaft hat sich ausgetobt, der Zorn ist gedämpft; nordd. ‚He hätt sien Füer verpufft'.
Die ndd. Wndg. ‚kên Füer noch Rôk' meint: es ist eine schlechtbestellte Haushaltung, wo es am Lebensnotwendigsten mangelt.
Das Feuer peitschen: etw. Unnützes tun;
Kastanien aus dem Feuer holen ↗Kastanie, ↗Lauffeuer; *ein Eisen im Feuer haben* ↗Eisen.

Lit.: *G. Lehnert* u. *J. Hottenroth:* „Nach Brand betteln gehen", in: Mittlgn. f. sächs. Vkde. 8 (1921), S. 98–99, 115; *H. Freudenthal:* Das Feuer im dt. Glauben und Brauch (Berlin – Leipzig 1931); *ders.:* Art. ‚Feuer', in: HdA. II, Sp. 1389–1402; *L. A. Hench:* ‚To come to fetch fire', in: Journal of American Folklore 52 (1939), S. 123–124; *H. Zimmermann:* „‚Mit Feuer gesalzen werden'. Eine Studie zu Mk. 9,49", in: Theolog. Quartalsschrift 139 (1959), S. 28–39; *L. Schmidt:* Lebendiges Licht im Volksbrauch und Volksglauben Mitteleuropas, in: Volksglaube und Volksbrauch (Berlin 1966), S. 19ff.; *L. Röhrich* u. *G. Meinel:* Reste ma. Gottesurteile in sprw. Rdaa., S. 345f.; *R. Wolfram:* Die Jahresfeuer (Wien 1972); Strafjustiz in alter Zeit (Rothenburg 1980), S. 312; *J. Le Goff:* Die Geburt des Fegefeuers (Stuttgart 1984); *D. Ward:* Art. ‚Feuer', in: EM. IV, Sp. 1066–1083.

Feueresse ist obersächs. üblich für ‚Esse', in den Wndgn.: *etw. in (hinter) die Feueresse (Schornstein, Kamin) schreiben:* es als verloren ansehen (↗Kamin), *es ist hinter die Feueresse gefallen:* es ist unwiederbringlich verloren; ‚du denkst wohl, uns fliegt's Geld zur Feueresse rein?', meinst du, wir hätten zuviel davon?. Diese Rda. spielt auf den Volksglauben an, daß der ‚Drak', d.i. der feurige Hausdrache, das Geld durch den Schornstein ins Haus bringe.

Lit.: *A. Knopf:* Der feurige Hausdrache (Diss. Berlin 1936).

feuern. *Jem. feuern:* fristlos, ohne Angabe von Gründen entlassen, kündigen. Der Vergleich mit dem Feuer bei der Beendigung eines Arbeitsverhältnisses bringt die Vehemenz und Plötzlichkeit, das Unvorhergesehene und Spektakuläre der Aktion zum Ausdr. Oft schwingt bei der Verwendung des Ausdrucks schuldhaftes Verhalten des Angestellten oder aber auch asoziales Verhalten des Vorgesetzten mit. Der Ausdr. stammt aus der englisch-amerikanischen Wirtschaftssprache, wo ‚hire‘ (anstellen, anheuern) und ‚fire‘ als antithetische Begriffe eine sich reimende Zwillingsformel für eine bestimmte Personalpolitik bilden (‚hire and fire‘).

Feuerprobe. *Die Feuerprobe bestehen:* sich unter schwierigen Verhältnissen bewähren. Die Rda. ist nicht, wie Grimm (Dt. Wb. Bd. 3, Sp. 1600) annimmt, auf ein ma. Gottesurteil zurückzuführen, sondern auf die Prüfung der Edelmetalle, bes. des Goldes, durch Feuer. Den Anlaß zur Bildung gibt die Stelle in den Sprüchen Salomonis 17, 3, die im Luthertext lautet: „Wie das Feuer Silber und der Ofen Gold, also prüft der Herr die Herzen"; vgl. ähnl. Stellen bei Sacharja 13, 9; 1. Petr. 1, 7 und Offenb. 3, 18. Auch dem Altertum war das Bild des durch Feuer geläuterten Goldes geläufig (z. B. Ovid, ‚Tristia‘, 1. Buch, 4. Kap., V. 25). In Grimmelshausens Roman ‚Simplicissimus‘ (I, Kap. 7) sagt der Held: „Harre mein Herr, ich hab die Prob des Feuers überstanden". Die Bdtg. ‚Gottesurteil‘ erscheint erst sekundär 1746 bei Gellert. Seit langer Zeit wird die Rda. nur noch bildl. verwendet, wie auch einige lit. Zeugnisse belegen: „… in der Feuerprobe der Kritik sich in lauter Dunst auflösen" (I. Kant: Werke [1838–39], 2, S. 330); „Großes Glück ist die Feuerprobe des Menschen" (Jean Paul: ‚Leben Fibels‘ [1812], S. 43), ↗ Eisen. Vgl. auch frz. ‚subir l'épreuve du feu‘.

Lit.: *A. Erler:* Art. ‚Gottesurteil‘, in: HRG. I, Sp. 1769–1773.

Feuertaufe. *Die Feuertaufe erhalten:* im Krieg die erste Schlacht erleben, zum ersten Mal beschossen werden (‚Feuer bekommen‘), auch übertr.: eingeweiht werden. Das Wort Feuertaufe ist nach dem Wort des Johannes in Matth. 3, 11 gebildet worden: „der aber nach mir kommt …, wird euch mit dem heiligen Geist und mit Feuer taufen". Bevor es im Zusammenhang mit dem Kriegsgeschehen gebraucht wurde, bedeutete es (z. B. 1808 bei H. J. Campe) „Ertheilung der übernatürlichen geistlichen Gaben".
Lit. belegt ist die Rda. u. a. auch bei Goethe (Werke [1827 ff.], 6, S. 20): „dem neugeborenen Kinde erteile man die Feuertaufe in solchen Strahlen bei den Parsen". Auch Jean Paul spricht von der „Feuertaufe des Geistes, der Liebe" (‚Hesperus‘ [1795], I, S. 169). Vgl. frz. ‚recevoir le baptême du feu‘, auch i. S. v.: die erste Probe bestehen.

Lit.: *H. Fishwick:* ‚Baptism with Fire‘, in: Notes & Queries, 4th, 6 (1870), S. 186.

Feuerwehr. *Wie die Feuerwehr:* eiligst. Die bei Bränden ausfahrende Feuerwehr (das Wort ist zuerst 1841 in Meißen belegt) eilt mit höchster Geschwindigkeit zur Brandstätte. Die Rda. ist erst im 20. Jh. aufgekommen.
Für jem. die Feuerwehr spielen: ihm in einer Notsituation helfen. Die Wndg. ‚Feuerwehr spielen‘ wird vor allem für denjenigen verwendet, der überall einspringt, wo Not am Mann ist, z. B. wo jem. durch Krankheit verhindert ist oder überhaupt zu wenig Personal vorhanden ist. Das hat oft auch den gequälten Ausspruch ‚Ich bin die reinste Feuerwehr‘ oder den ablehnenden Vorwurf ‚Ich bin doch keine Feuerwehr‘ zur Folge.

Lit.: *W. Hornung:* Kleine Feuerwehrgeschichte (Stuttgart 1972); *T. Engelsing:* Im Verein mit dem Feuer. Die Sozialgeschichte der Freiwilligen Feuerwehr von 1830–1950 (Konstanz 1990).

Feurio. Alter Brandalarm, der aber auch in scherzhaften Sprüchen parodiert wurde, z. B. schwäb.:

> Feurio, der Neckar brennt,
> holet Stroah ond löschet gschwend!

ff, ohne Zusatz gebraucht, gilt als scherzhaft-iron. Abkürzung für ‚viel Vergnügen‘. Es handelt sich um einen vor allem bei Jugendlichen beliebten Sprachscherz, bei dem wie bei einem Schreibunkundigen die Buchstaben vertauscht werden. Dagegen bedeutet die Rda. *aus dem ff:* etw. sicher beherrschen, ↗ Effeff.

F. h. z.: ‚Familie hält zurück‘. Diese Rda. ist vor allem im engen Familienkreis gebräuchl. als geheime Verständigung, wenn unvorhergesehener Besuch kommt und das Essen daher nicht ausreicht.

Fiasko. *Fiasko machen (erleiden):* Mißerfolg haben, scheitern, durchfallen, zunächst von mißglückten Bühnenaufführungen gebraucht, dann auch auf das Scheitern geschäftlicher Unternehmungen übertr. Ausgangspunkt der Rda. ist frz. bouteille = Flasche, was in der Schülersprache die Bdtg. von ‚Fehler, Schnitzer, Bock‘ hat; vgl. die frz. Rda. ‚faire une bouteille‘ = einen ↗ Bock schießen (in der Schülersprache heute nicht mehr gebräuchlich). Das Ital. hat diese Wndg. mit ‚far fiasco‘ übersetzt. Nach 1837 ist der Ausdr. aus dem Frz. ‚faire fiasco‘ zu uns gelangt; den dt. Mdaa. ist er weitgehend fremd geblieben.

Die Wndg. ‚far fiasco‘ tauchte zuerst im venezianischen Dialekt auf. Sie beruht auf der Tatsache, daß es der Kunst eines erfahrenen Handwerkers bedarf, um gelungene Gläser herzustellen. Wenn Laien oder Lehrlinge der Glasbläserkunst ein Trinkgefäß oder anderes Glasgefäß herzustellen versuchten, kam meist nichts anderes heraus als eine gewöhnliche Flasche – zum großen Vergnügen der Umstehenden, die jeden weiteren Versuch u. Fehlschlag mit Gelächter u. dem Ruf ‚Altro fiasco! Altro fiasco!‘ begleiteten. ‚Far fiasco‘ wurde so gleichbedeutend mit: etw. Mißratenes produzieren.

Diese Gleichsetzung des Begriffs ‚Flasche‘ mit einem Fehlschlag, über den andere lachen, wurde so selbstverständlich, daß der Begriff in diesem Sinne auch auf andere Gebiete übertr. wurde, z. B. auf Künstler im Theater, wenn sie falsche Töne produzierten oder auf andere Weise das Mißfallen des Publikums erregten. Selbst wenn der Sänger nur einen einzigen falschen Ton herausbrachte, waren die Worte, Olà, Olà, fiasco!‘ zu hören. Und obendrein wurde dem Schauspieler oder Sänger am Schluß der Vorstellung an Stelle eines Lorbeerkranzes eine Flasche als Sinnbild des Versagens umgehängt.

Im Dt. hat sich die Wndg. *So ein Fiasko* i. S. v. ‚Fehlschlag, Reinfall, Versagen‘ auf allen Gebieten durchgesetzt, ↗ Flasche.

Lit.: *Terry, Busk, O'Connel, Krebs, Platt, MacCulloch, Ledger:* ‚To make fiasco‘, in: Notes & Queries 6.8 (1883), S. 17, 114–115; 237; *H. Sabersky:* ‚Fiasko machen‘, in: Zs. des allgem. dt. Sprachvereins 21 (1906), S. 274; *N. O. Heinertz:* ‚Far fiasco‘, in: Moderna Språk 44 (1950), S. 2–14; *L. Röhrich:* Flaschen, in: Jeggle/Korff/Scharfe/Warneken (Hg.): Volkskultur in der Moderne (Hamburg 1986), S. 332–346.

Fichte. *Einen um* (auch *in* oder *hinter) die Fichte führen:* ihn hinters Licht führen, täuschen, eine mdt. Rda., die sich bereits 1563 bei dem Prediger Mathesius in seiner Schrift ‚Vom Ehestand und Hauswesen‘ findet: „wie der Dalila Lippen, die süßer waren denn hönigsam, den thewren held Simson umb die Fichte füret". Sie lebt auch in den heutigen Mdaa. weiter, z. B. nordostdt. ‚einen in die Fichten führen‘, obersächs. ‚sich hinter die Fichte führen lassen‘, dazu auch: *um die Fichte rum sein:* etw. verstanden haben; *in die Fichten gehen:* verlorengehen, ausreißen; alle diese Rdaa. gehen wahrscheinl. auf die Gaunersprache zurück, in der Fichte = Nacht bedeutet, wohl von dem Dunkel des Fichtenwaldes hergenommen. Der Nachtdieb heißt ‚Fichtegänger‘, der Betrogene ‚Fichtner‘ (eigentl.: der ins Dunkel Geführte); dazu die Rda. *den Fichtner machen:* Mißerfolg haben, einen Reinfall erleben. Durch die Vermittlung der Studentensprache sind diese Wndgn. in die Umgangssprache gelangt.

Lit.: *H. Marzell:* Art. ‚Fichte‘, in: HdA. II, Sp. 1444–1446.

Fiduz. *Kein Fiduz zu etw. haben:* kein rechtes Zutrauen haben. Lat. fidūcia = Vertrauen ist im 18. Jh. mit gleicher Bdtg. ins Nhd. übernommen worden; das entbehrliche Fremdwort fand durch die Vermittlung der Studentensprache überall Eingang in die Volkssprache, greifbar zuerst 1806 in Holstein: ‚Ik heff kên Fiduz to de Sâk‘ (Schütze, Holst. Id. I, 315). In den Mdaa. ist öfters eine Bedeutungsveränderung des Wortes eingetreten, z. B. gebraucht man es rhein. auch i. S. v. ‚Neigung, Lust‘: ‚Ech han kene rechte fiduz zo der Arbet‘.

Fiedel, fiedeln. Fiedeln ist gegenüber ↗ geigen das ältere Wort, wie auch die Fiedel ein mdt. Wort. Vorform der Geige ist, die bis heute als das wertvollere Instrument gilt. Der Begriff ‚Fiedel‘ ist bereits in der Früh-

FINALE

zeit sprachl. ‚unfein‘ geworden. Schon Luther ersetzte 1523 das in Sam. 18,6 verwandte ‚fiddeln‘ durch ‚geigen‘. Auch heute betrachtet man die Fiedel nur noch

‚Fiedeln‘

verächtlich als minderwertige Geige (Bierfiedel, Dorffiedel). Zudem steht sie vielfach innerhalb einer erot. Metapher, so vor allem das ‚gelbe Fidelchen‘, wie es z.B. im Volkslied begegnet:

in seinen schwarzen Stiefelgen
mit seinen gelen Fidelgen

(Bergliederbüchlein Nr. 192, Str. 3).
Im Nhd. hat fiedeln auch den Nebensinn von ‚schlecht spielen‘ angenommen.

Dem ist leicht gefiedelt: wer Neigung zu einer Sache hat, der ist ohne Mühe beredet; auch sprw.: ‚Dem ist leicht gefiedelt, der gerne tanzt‘.

Jem. in die Fiedel spannen: ihn an den Pranger stellen. Hier spiegelt sich ein ma. Rechtsbrauch wider: leichtfertigen Frauen wurde am Pranger ein fiedelähnliches Holz um Hals und Hände gelegt, ↗Geige, ↗brummen.

Einem die Fiedel entzweischlagen: ihn auf derbe Weise zum Schweigen bringen, seiner Hilfsquellen berauben; auch in den Mdaa., z.B. meckl. ‚die Fîdel intzweislân‘, jem. das Handwerk legen.

Etw. verfiedeln, auch *verbumfiedeln, verfumfiedeln:* sein Vermögen vertun. In der Rda. steckt das niedersächs. ‚Funfel‘ = Geige.

Lit.: *M. Willberg:* Die Musik im Sprachgebrauch, in Sprww., in Schrifttum, in: Die Muttersprache, Jg. 1963 (Lüneburg 1963), S. 201–221.

Fiedelbogen. *Sitz nicht so krumm wie ein Fiedelbogen!* Bei dieser Aufforderung ist an die ältere Form des Bogens zu denken, der konvex gespannt war, nicht konkav wie der heutige Geigenbogen. Ähnl. der rdal. Vergleich *gespannt sein wie ein Fiedelbogen.*

Fifty. *Fifty-fifty machen:* ‚Halbe Halbe machen‘, sich den Erlös oder die Kosten einer Sache zur Hälfte teilen. Die engl. Wndg. ‚fifty-fifty‘ hat sich auch im Dt. durchgesetzt.

Lit.: *H. Askew:* ‚Fifty-fifty‘, in: Notes & Queries 163 (1932), S. 69.

Film. *Jem. ist der Film gerissen:* ihm ist der logische Zusammenhang verlorengegangen, er kann sich an bestimmte Ereignisse nicht mehr erinnern, er hat ‚den Faden verloren‘ (↗Faden); die Rda. entstammt dem 20. Jh. und knüpft an die Erfahrungstatsache an, daß eine Unterbrechung des Handlungsablaufs entsteht, wenn bei einer Filmvorführung der Film reißt. Die Rda. wird zumeist zur Bez. einer Gedächtnislücke infolge übermäßigen Alkoholgenusses gebraucht.

Fimmel. *Einen Fimmel haben:* überspannt, verrückt sein, Unvernünftiges planen, Unnützes tun; ähnl. *einen Fimmel für etw. haben:* eine Schwäche, eine leidenschaftliche Vorliebe dafür haben. Das Wort kommt in dieser Bdtg. in den Mdaa. nur in Verbindung mit diesem Faden vor; sein Zusammenhang mit lat. femella = Hanf oder dem davon abgeleiteten Verbum ‚fimmeln‘ = den Samen vom Hanf abstreifen, auch: umhertasten, ist unsicher, doch wahrscheinlich. ‚Fimmelhanf‘ ist nämlich die Bez. für den kürzeren, männlichen Hanf, der nach der Bestäubung rasch verholzt. Da er den weiblichen Pflanzen nur Licht, Luft und Platz raubt, muß er als überflüssig und unnütz herausgezogen werden. Fachsprachl. ist das Wort aus lat. ‚femella‘ = Weibchen entlehnt, weil der kürzere männliche Hanf urspr. für den weiblichen gehalten wurde. Wenn das Feld von ihm befreit wurde, nannte man dies eben ‚fimmeln‘.

Finale. *Das Finale bilden:* den Abschluß darstellen, der meist mit einem grandiosen Höhepunkt wie Feuerwerk oder einem sonstigen spektakulären Ereignis verbunden ist.

Das Wort ‚Finale‘ ist im 17. Jh. aus ital. ‚finale‘, das auf lat. ‚finalis‘: am Ende befindlich, die Grenzen betreffend beruht, zunächst in die Sprache der Musik entlehnt worden.

Als ‚furioses Finale‘ bez. die Musiker einen tempogesteigerten Abschluß eines Musikstücks.

Ins Finale kommen: die Schlußrunde erreichen, in den Endkampf kommen. In dieser Bdtg. wurde das Wort erst im 20 Jh. aus dem Engl. in die Sprache des Sports übernommen. Bei großen Ausscheidungswettkämpfen, z.B. bei der Fußball-Weltmeisterschaft, benützt man den Ausdr. heute schon für Vorrunden: ‚Semi-‘ oder ‚Halbfinale‘, ‚Viertelfinale‘, sogar ‚Achtelfinale‘, wo noch 16 Gegner um den Sieg kämpfen.

Findelkind. *Das muß wohl ein Findelkind sein* sagt man von einem Menschen, wenn man sich sein schlechtes Benehmen und seine negativen Charaktereigenschaften nicht erklären kann, insbes. dann, wenn sie unvereinbar erscheinen mit Erbanlagen, Herkunft und Milieu.

Lit.: *S. Graf v. Pfeil:* Art. ‚Findelkind‘, in: EM. IV, Sp 1134–1140.

Finger. *Durch die Finger sehen:* Nachsicht üben, milde urteilen, eigentl.: nicht mit vollem Blick hinsehen. Diese Wndg., die früher wohl von der entspr. Handgebärde begleitet wurde, hat im heutigen Sprachgebrauch viel von ihrer einstigen Bildhaftigkeit verloren. In der heutigen Verwendung *einem durch die Finger sehen* kann der Dativ sogar zu der Auffassung führen, hier sei von den Fingern des andern die Rede; ‚einem‘ ist jedoch zu verstehen als ‚einem gegenüber‘.

In älterer Sprache verband man mit der Rda. noch die klare Vorstellung vom Vorhalten der gespreizten Finger vor das eigene Gesicht; dadurch wird das Blickfeld durchschnitten und das Sehen folglich erschwert. Der Holzschnitt Nr. 33 in Sebastian Brants ‚Narrenschiff‘ (1494) zeigt einen Mann mit der Narrenkappe, der durch seine Finger sieht, während seine Frau ihm mit einem Hälmchen auf der Nase spielt. Darüber steht der Vers:

Wer durch die fynger sehen kan
Vnd loßt syn frow eym andern man
Do lacht die katz die müß süß an.

In der gleichen charakteristischen Pose ist z.B. auch der Kölner Stadtnarr Pankraz Weinstock gen. Worbel von dem holl. Maler Jan Mostaert von Haarlem (1475 bis 1555) dargestellt worden.

‚Durch die Finger sehen‘

In einer seiner Predigten bemerkt Geiler von Kaysersberg, daß „Gott durch die Finger sieht und sein Straf verlängert“, d. h. hinauszögert. In lat. Form findet sich die Wndg. 1508 bei Aug. Bebel (Nr. 583): „Per digitos videre; est surda aure et sciens aliquid praeterire“; Luther gebraucht sie in seiner Bibelübers. (3. Mos. 20, 4) und auch sonst, z. B. in dem Spruch (Heuseler Nr. 81): „Wer nicht kann durch die Finger sehn, der kann nicht regieren“; sie erscheint ferner bei Hans Sachs („So er heuchlich durcht finger sech“), bei Oldecop S. 612 („De prinz mit den sinen sah dar to durch de fingers“), bei Grimmelshausen und bei Abraham a Sancta Clara. Im gleichen Sinne gebraucht sie noch Goethe 1789 im ‚Tasso‘ (I, 2, Leonore zum Fürsten): „Wir wollen freundlich durch die Finger sehen“. Die Rda. ist mdal. noch sehr verbreitet und wird in der Volkssprache auch durchaus noch wörtl. verstanden, z. B. els. ‚durch die Finger lueje‘, rhein. ‚e guck durch de Finger‘, er ist nicht so streng.

Thomas Murner gebraucht auch *durch die Finger lachen:* heimlich lachen; vgl. ‚sich ins Fäustchen lachen‘.

Mit allen (fünf) Fingern nach etw. lecken, sich alle zehn Finger nach etw. lecken: begierig sein auf etw.; vgl. frz. ,S'en lècher les doigts'; gesteigert: ,Er leckt die Finger darnach bis an den Ellbogen ufe', schweiz. ,Dä cha sech d Finger schläcke bis a d Ellbögen ufe'; sächs. ,De werscht noch alle zehn Finger drnach lecken' (wenn es nicht gibt, was du jetzt verschmähst). Man aß früher mit den Fingern und was ist da – zumal nach „leckeren" (!) Speisen – natürlicher, als sich die Finger abzulecken! Bei vornehmen Leuten wurden Waschschüsselchen gereicht oder beigestellt.

Der urspr. Sinn der Rda. ist heute verschoben; das Verhältniswort ,nach' ist eigentl. zeitlich zu verstehen: wer etw. Wohlschmeckendes genossen hat, leckt sich danach noch die Finger ab, um sich nichts von dem Genuß entgehen zu lassen. Daher in dem Studentenlied ,Ça, ça geschmauset' (um 1720):

Trinkt nach Gefallen,
Bis ihr die Finger danach leckt;
Dann hat's uns allen
Recht wohl geschmeckt ...

Bei Lehmann 1639, S. 51 (Artzney 45): „Zu Kranckheiten hat man keine Artzney, daß man die Finger darnach lecket".

Sich etw. aus den Fingern (Pfoten) saugen: etw. ausdenken, erfinden, gewöhnlich von einer aus der Luft gegriffenen Behauptung. Die Rda. kann einmal zurückgehen auf die Substituierung der säugenden Brust durch den säugenden Finger, die ein uraltes Motiv der Sage, der Legende und des Märchens ist. So wird in der arabisch geschriebenen Chronik von Tabarî erzählt, Abraham habe, nachdem er von seiner Mutter ausgesetzt worden war, aus seinem Finger Milch gesogen, denn Gott hatte daraus die Nahrung fließen lassen, die das Kind brauchte. Ebenso wird von Moses erzählt, er habe aus seinem Daumen Milch gesogen. Diese legendären Wunderkinder können sich also wirklich ihre Nahrung aus den Fingern saugen, bei gewöhnlichen Sterblichen jedoch ist das unmöglich. Die Rda. kann zum andern auch zurückgehen auf den alten Volksglauben, nach dem der Finger, der in Blut oder in eine Zauberflüssigkeit getaucht und dann in den Mund gesteckt wird, Weisheit mitteilt; auch glaubte man, daß den Fingern, vor allem den kleinen

Finger, Mitteilungsgabe zukam. Die Rda. ist schon 1512 in Thomas Murners ,Narrenbeschwörung' belegt:

Das hat gethon das schedlich claffen
Des schelmens, der das hat erlogen,
Allein uß synen fingern gsogen.

In seinem ,Großen Lutherischen Narren' von 1522 findet sich der Vers (V. 2049):

Und ist erdichtet und erlogen
Dan ir habts uß den fingern gesogen.

Seitdem ist die Rda. häufig in der dt. Dichtung bezeugt, z. B. bei Fischart und Abraham a Sancta Clara. Bei Goethe heißt es:

Ihr meint, ich hätt mich gewaltig
betrogen;
Hab's aber nicht aus den Fingern
gesogen.

Die Rda. bietet also dem Verständnis keine Schwierigkeiten, andererseits reizte sie gerade zur Erklärung durch sekundäre ätiologische Erzählungen. Eine solche Erfindung ad hoc bietet das naturwissenschaftlich-jagdkundliche Werk von Johann Täntzer ,Der Dianen hohe und niedere Jagdgeheimbnuß' (1682). In seinem Abschnitt über die Bären und ,was Maße und Ursache solche an den Klauen saugen' gibt der Verf. eine Erklärung, „Woher ein bekand Sprichwort kommet". „Solches muß ihn Gott in der Natur eingegeben haben, weil im Winter offters großer Schnee, daß sie nicht viel finden ... Deßgleichen saugen sie auch an den hindern Tatzen, und wan sie das Saugen thun, so können sie artig Murmeln oder Knorren, umb der Sußigkeit halben, wan auch ein Bähr zahm ist, und man halt ihm eine Hand für, so nimt er sie fort in Mund, und sauget dran, welches einem nicht unsanffte thut. Daher kömt auch daß gemeine und wolbekante Sprichwort, daß man saget, ich habe es nicht aus den Fingern gesogen. Ergo wie die Bähren, die selbige können was auß die Klauen saugen ..." (I, S. 69). Es ist immerhin bemerkenswert, daß dieses Jägerlatein verschiedentlich auch zur wissenschaftl. Deutung der Rda. herangezogen worden ist (z. B. bei Göhring Nr. 96, S. 61).

Der Glaube, der dem Finger Mitteilungsgabe zuschrieb, dokumentiert sich auch in der Rda.: *Mein kleiner Finger hat es mir gesagt:* ich habe es auf geheime und bequeme Art erfahren; vgl. frz. ,Mon petit doigt me l'a dit' oder: ‚C'est mon petit doigt qui me l'a dit'; ndl. ‚iets uit zijn duim gezogen hebben'; engl. ‚to suck a thing out of one's fingers ends'. In Shakespeares ‚Macbeth' (IV, 1) sagt die zweite Hexe:

Juckend sagt mein Daumen mir:
Etwas Böses naht sich hier!

(Übers. v. Tieck:

Ha! mir juckt der Daumen schon,
Sicher naht ein Sündensohn –).

Der kleine Finger ist wie der Däumling im Märchen der schlaueste, er kann am tiefsten ins Ohr hineinkriechen und dort die geheimsten Dinge ausplaudern; in Frankr. heißt es darum geradezu ‚l'auriculaire' (= das Ohrfingerchen). Auch Goethe spielt in dem folgenden Spruch offenbar mit dieser Bdtg. des kleinen Fingers:

Wie konnte er denn das erlangen?
Er ist auf Fingerchen gegangen!

Unkomplizierter klingt die prahlerische Aufforderung: Komm nur her, ‚ich habe mehr Kraft im kleinen Finger als du in der ganzen Hand'; in der Sprache unserer Zeit: dich erledige ich spielend. Auch intellektuell: Etw. im kleinen Finger haben: etw. gründlich beherrschen; und: ‚mehr Verstand im kleinen Finger haben als andere im ganzen Kopfe', gröber: ‚sein kleiner Finger ist gescheiter als du mit Haut und Haar', auch mdal. bezeugt. In der Steiermark sagt man von einem Klugen: ‚Ea hod i kluann Finga mea, wiar ounari in gounza Koupf'.

Dagegen bedeutet etw. an den Fingern herzählen: es genau wissen und geläufig aufsagen können. In den gleichen Zusammenhang gehört noch die Redewndg. sich etw. an den (fünf) Fingern abzählen (berl. abklavieren) können: es ohne große Überlegung begreifen können; von einer leichten Aufgabe gesagt, die man spielend, wie ein Schulkind mit den Fingern, lösen kann; vgl. frz. ‚On peut le compter sur les doigts de la main'.

Wenn man Gäste oder Zuhörer ‚an den Fingern abzählen kann', sind wenig Besucher gekommen.

Einem die Finger kürzer binden, ähnl. wie ‚einem die Flügel beschneiden': ihn einschränken, in seiner Tätigkeit hemmen; schon im 16.Jh. in Oldecops ‚Hildesheimer Chronik' (S. 134): „De wile aver den

fürsten de fingere korter gebunden sin scholden".

Das Gegenteil davon ist lange Finger machen:stehlen; in Schillers ‚Räubern' (II, 3) streiten sich Spiegelberg und Razmann, ob Spiegelbergs oder Moors Räubertrupp geriebener sei: Spiegelberg: „Die meinen! die meinen – Pah –". Razmann: „Nun ja! sie mögen hübsche Fingerchen haben –".

Bei Abraham a Sancta Clara steht dafür auch krumme Finger machen und das Fünffingerhandwerk treiben; letztere Wndg. ist noch jetzt im Obersächs. und Oldenburg. gebräuchl., dafür früher auch mit Fünffingerkraut handeln. Ähnl. berl. auf die Frage: ‚Wat hat'n det jekost?' – ‚Fünf Finger und een Jriff'. Auch die Finger nicht bei sich behalten können, klebrige Finger haben:stehlen. Vgl. frz.: ‚avoir de la poix (Pech) aux doigts': gern lange Finger machen. Einem Dieb muß man daher auf die Finger sehen (passen): scharf auf ihn aufpassen, stärker: auf die Finger klopfen: ihn von einer unerlaubten Handlung abbringen, züchtigen; vgl. frz. ‚lui taper sur les doigts'.

Sich die Finger verbrennen: schlechte Erfahrungen machen; ndl. ‚zijn vingers branden'; engl. ‚to burn one's fingers' oder: ‚to put one's finger in the fire' und die Warnung: ‚Put not your finger needlessly in the fire': kümmere dich nicht um ungelegte Eier; frz. ‚se brûler les doigts'; ähnl. auch in Götz von Berlichingens Lebensbeschreibung: „daß ich Sorg hatte, ich schlug die Hand in die Kohlen".

Die Rda. umschreibt einen Alltagsvorgang, dessen übertr. Bdtg. ohne Erklärung verständlich ist. Ein Anknüpfen an die ma. Gottesgerichte, in denen meistens sog. Feuerproben verwendet wurden, ist deshalb nicht notwendig. Ebenfalls keiner Erklärung bedarf die jüngere Wndg. sich in den Finger schneiden: sich selbst schaden, sich verrechnen, vergleichbar dem Schweiz. ‚Oha, jitz het er sech der lätz Finger verbunde': jetzt hat er sich getäuscht, etw. falsch gemacht. Die aus dem Holstein. bezeugte iron. Aufforderung, ‚snied he sick nig in de Finger', stellt nur eine Mahnung dar für zu stark auf ihren Vorteil bedachte (Wurstverkäufer und andere) Händler.

Auf jem. mit Fingern zeigen:auf einen, der

sich unrühmlich ausgezeichnet hat, der von den Menschen verspottet und verachtet wird, öffentl. hinweisen; gleiche Bdtg. haben frz. ‚montrer quelqu'un du doigt‘; ndl. ‚iemand met de vinger nawijzen‘; engl. ‚to point or to finger at a person‘. Im Lat. dagegen bedeutet die gleiche Wndg. ‚monstrari digito‘ = allgemein gerühmt werden. In den Satiren des Persius heißt es (I, 28): „At pulchrum est digito monstrari et dici: hic est" = aber schön ist es doch, wenn mit dem Finger auf einen gezeigt und gesagt wird: der ist es!

Den Finger auf etw. legen, z. B. auf eine Wunde, einen wunden Punkt, eine faule Stelle: das Schlechte, Bedenkliche an einer Sache hervorheben; vgl. engl. ‚to put the finger on the spot‘; frz. ‚mettre le doigt sur la plaie‘ (wörtl.: den Finger auf die Wunde legen), aber auch: ‚mettre le doigt sur quelque chose‘: jem. Aufmerksamkeit auf etw. lenken und ihn auf die richtige Spur bringen. Die Wndg. geht wohl zurück auf den bibl. Bericht vom ‚ungläubigen Thomas‘, der an die Auferstehung Jesu erst glauben wollte, wenn er den Finger in die Wundmale legen könne (Joh. 20, 24–27).

Jem. um den (kleinen) Finger wickeln können, sich um den kleinen Finger wickeln lassen; diese Rdaa. bezeichnen die Nachgiebigkeit und Gefügigkeit eines willenlosen Menschen, den man völlig in seine Gewalt zu bringen vermag, wie man etwa einen Strohhalm oder einen Faden um den Finger wickelt.

Keinen Finger rühren nach etw.; vgl. frz. ‚ne pas remuer le petit doigt‘; *keinen Finger krumm machen:* faul und träge sein, kein Interesse an der Sache haben. Im Obersächs. heißt es: Dem Müßiggänger ‚sind die Finger beim Arbeiten im Wege‘; im Gegensatz dazu: *sich alle Finger krumm arbeiten:* fleißig sein; ähnl. *sich die Finger wundschreiben;* bzw. ‚die Haut von den Fingern (arbeiten)‘; schweiz. ‚es louft ihm nume so us de Finger‘: er schafft tüchtig.

Sich mit dem kleinen Finger auf dem Kopf kratzen: sich geziert benehmen; vgl. frz. ‚se gratter la tête‘: sich verlegen am Kopf kratzen.

Etw. nur mit Fingerspitzen (mit spitzen Fingern) anfassen: vorsichtig sein, sich davor ekeln; vgl. frz. ‚prendre quelque chose du bout des doigts‘.

Etw. in den Fingerspitzen haben: gute Kenntnisse besitzen; *bis in die Fingerspitzen konsequent:* nämlich ganz und gar, z. B. musikalisch oder mißtrauisch-ängstlich. Man kann auch *bis in die Fingerspitzen erschrecken.* So manchem ‚kribbelt es (ordentlich) in den Fingerspitzen‘: ein Zeichen der (Nervosität oder) Ungeduld; ähnl., *jem. juckt es in den Fingern,* d. h. er spürt den unwiderstehlichen Drang, seinem Zorn oder Unmut handgreiflich Luft zu verschaffen.

Man macht sich selbst unglücklich, wenn man nicht *ein gewisses Fingerspitzengefühl* besitzt: Takt, (vornehme) Zurückhaltung beweist; oder: *das muß man in den Fingerspitzen haben:* dem Nächsten gegenüber Feingefühl zeigen.

Die Finger von etw. lassen: sich nicht damit abgeben, mdal. bes. in der Form *(laß die) Finger von der Butter* und *(bleib) mit die Finger von die Dinger,* auch mit dem Zusatz ‚die haben Geld gekostet‘.

Hingegen: *Er steckt seine Finger in jeden Quark:* er befaßt sich (stets, überall) mit Dingen, die ihn (eigentlich) gar nichts angehen. Reicht die Einmischung zu weit, dann ist er töricht genug gewesen, ‚seine Finger zwischen Tür und Angel (Hammer und Amboß) [zu] stecken‘; frz.: ‚mettre le doigt entre l'arbre et l'écorce‘ und ‚mettre le doigt entre l'enclume et le marteau‘: bedeutet, sich in unangenehme Händel einlassen, in der Klemme sitzen.

Er hat seine schmutzigen Finger hineingesteckt: sich auf unehrliche Weise an einem Unternehmen beteiligt; engl. ‚to have a finger in the pie‘: „No man's pie is freed from his ambitious finger" (Shakespeare, ‚Henry VIII‘, I, 1). Ein solches Verhalten trifft in etwa die schweiz. Rda. ‚Si hei d Finger i allem inn‘: sind überall einflußreich.

Der bricht noch den Finger im Arsch ab und *der bricht noch den Finger in der Nase* sagt man von einem, der ganz besonderes Mißgeschick hat, sich aber auch bes. ungeschickt benimmt.

Der beißt sich eher den Finger ab, ehe er etw. gibt heißt es von einem Geizigen.

Sich die Finger vergolden lassen können: sehr reich, aber auch sehr geizig sein; im

447

Sp el: keine brauchbaren Karten herausgeben.

Sieh goldene Fingernägel machen lassen: auf Kosten anderer lukrative Geschäfte betreiben.

Die Reihe der stehenden Vergleiche läßt sich beliebig fortsetzen. Die Finger helfen einander (unauflöslich), folglich: zwei Freunde ,sind wie die Finger einer Hand': ein Herz und eine Seele; frz.: ,être (comme) les (deux) doigts de la main' und ,être unis comme les doigts (de la main)': erg verbunden sein; engl. ,they are finger and thumb': stehen miteinander auf vertrautem Fuß.

Obersächs. ,daar is, wie der Finger in Hunigtopp': so schnell bereit; auch aus dem Küchenbereich geholt, aber mit anderem Sinngehalt, die schweizer Rda. ,si hei d Finger im Hunghafe (Honigtopf)': im Überfluß leben.

Seines Sieges sicher erscheint in der Gesellschaft, *wer nur den kleinen Finger ausstrecken braucht,* (um etwas zu erreichen) oder *an jedem Finger zehn bekommen* kann: über einmalig gute Aussichten beim anderen Geschlecht verfügt.

Auf die Verwandtschaft der Finger mit tierischen ,Greiforganen' verweisen folgende Wndgn: *Dem möchte ich nicht in die Finger (Krallen) geraten:* vor dem kann man sich fürchten; *jem. in die Finger kriegen:* seiner habhaft werden; *jem. zwischen die Finger kommen:* in seine Gewalt geraten und dadurch Schaden erleiden. Bisweilen ist man so glücklich, dem Verfolger *durch die Finger zu schlüpfen.*

In der Regel wird der glückliche Eigentümer, was er hat, *nicht aus den Fingern lassen;* schweiz. ,was dä einisch i de Finger het, lat he nümm druus': er ist habgierig oder ehrgeizig, eher dürfte er bestrebt sein, noch mehr Schätze ,mit allen zehn Fingern herbei(zu)ziehen.'

Eine nicht zu übersehende Rolle spielt der Finger in der Gebärdensprache. *Den Finger auf den Mund legen:* schweigen oder Schweigen gebieten.

Schon in früher Zeit war der zweite Finger der rechten Hand das gegenständliche Mittel *Einen Fingerzeig (zu) geben:* einen Hinweis (Warnung, Wink), später auch eine Drohung höherer Mächte (des Schicksals, des Himmels).

Die Finger nach etw. ausstrecken: irgendein Gut in Besitz nehmen wollen; *Die Finger aufheben:* vor Gericht schwören oder ein feierliches Gelübde ablegen, auch eine Versicherung abgeben, z. B. ,lieber lasse ich mir einen Finger abhacken, als …' (das Geheimnis zu verraten).

Seelischen Schmerz spiegelt die Wndg. ,ich gäbe meinen kleinen Finger drum' (wenn das nicht geschehen wäre), vielleicht auch: ,einen (Verstorbenen) mit den Fingern aus der Erde graben wollen'; frz.: ,se mordre les doigts de quelque chose': etw. bereuen.

Etw. mit den Fingern anrühren: fast am Ziel seiner Mühe angelangt sein; frz.: ,toucher à quelque chose du bout du doigt'. Seit der Mitte des 19. Jh. ist die Rda. bekannt: *den Finger auf dem richtigen Loch haben:* vernünftig handeln, das Richtige getroffen haben; vielleicht den Regeln des Flötenspiels entlehnt: wer den richtigen Finger auf das richtige Loch setzt, bläst korrekt.

Obersächs. ,den Finger druff haben': große Klugheit beweisen. Etw. anderes ist es, *sich nicht gern die Finger schmutzig machen:* sich einer unangenehmen, unbequemen Beschäftigung entziehen, sich nicht in fragwürdige Machenschaften, Verbrechen verwickeln lassen.

Noch die dt. Gegenwartssprache kennt den Begriff ,einen Fingerhut voll': sehr wenig. Bestenfalls faßt das Gefäß einige Tropfen; und beißender Hohn liegt in den Worten: „Dein Fingerhut voll Gehirn" (Schiller, ,Räuber' I, 2). Älter erscheint die Maßbezeichnung ,die Breite eines Fingers'. Spätestens das beginnende 17. Jh. kannte die Wndg. ,nicht eines fingers brait'. Bekannt ist sie noch heute durch Höltys volkstümliches Lied:

Üb immer Treu und Redlichkeit
bis an dein kühles Grab
und weiche keinen Finger breit
von Gottes Wegen ab.

Lit.: *Wander* I, Sp. 1020 ff.; *W. Grimm:* Über die Bdtg. der dt. Fingernamen, in: Kleinere Schriften III (Berlin 1883), S. 428 ff.; *A. Risse:* Zs. f. d. U. 31 (Leipzig 1917), S. 362; *H. Bächtold-Stäubli:* Art. ,Finger', in: HdA II, Sp. 1478–96; *A. Wesselski:* Der säugende Finger, in: Erlesenes (Prag 1928), S. 144–150; *H. Mangin:* Die Hand, ein Sinnbild des Menschen (Zürich 1952); *L. Röhrich:* Sprw. Rdaa. aus Volkserzählungen, in: Volk, Sprache, Dichtung. Festgabe für K. Wagner (Gießen 1960), S. 272 f.; *ders.:* Gebärde – Metapher –

Parodie (Düsseldorf 1967); *J. R. Klima:* Art. ,Finger',
in: EM. IV, Sp. 1140–1146.

Fingerhakeln ↗ rangeln.

Fingerspitzengefühl ↗ Finger.

Finte. *Finten machen:* einen Vorwand, ein
Täuschungsmittel gebrauchen; eigentl.:
sich wie ein Fechter benehmen, denn
Finte, ital. finta, frz. feinte geht zurück auf
lat. fingere = erdichten und bez. zunächst
die List, den Trugstoß beim Fechten; der
Gegner wird durch eine Scheinbewegung
getäuscht, sich eine Blöße zu geben. Er
versucht entweder den angezeigten ,fin-
tierten' Stoß mit einer Parade unmöglich
zu machen und gefährdet sich dadurch,
weil der Angreifer seine Bewegung be-
rechnet und seinen Stoß führen kann,
oder der Gegner wird zum Angriff verlei-
tet, was dann auch zum Vorteil ausgenützt
wird. Im 17. Jh. entwickelt sich daraus die
heutige Bdtg.

Firlefanz. *Firlefanz machen:* Dummheiten
machen, närrisch sein; das in der Volkssprache weitverbreitete Wort geht zurück
auf frz. virelai = Ringellied, das unter
dem Einfluß von mhd. ,tanz' zu virlefanz
umgestaltet wurde. Die heutige Bdtg. von
Firlefanz entstand durch Einwirkung der
Ableitungen firlefenzen (schon bei Luther), firlefanzen = närrisch sein, die
ebenfalls bis heute in den Mdaa. gebräuchl. sind.

Lit.: *O. Weise:* ,Firlefanz, Quirlequitsch, Trippstrill',
in: Zs. f. dt. Wortforschung (1902), S. 122–124.

Fisch. *Stumm wie ein Fisch* ist seit den alten Ägyptern fast bei allen Kulturvölkern
ein sprw. Bild für die Schweigsamkeit. Bei
Erasmus von Rotterdam in den ,Adagia'
ist der Vergleich noch gesteigert: „Magis
mutus quam pisces" = stummer als die
Fische. Vgl. frz. ,muet comme une carpe'
(Karpfen). „Das sprw. Bild beruht auf der
Unfähigkeit des menschl. Gehörs, unter
Wasser Geräusche wahrzunehmen. Menschen hören durch Luftschall, Fische
durch Schwingungen des Wassers. Nur
wenige besonders starke ,Krakeeler' wie
den Knurrhahn kann der Mensch hören.
Doch ist kaum einer der zahllosen Fische

wirklich ,stumm'" (Dröscher). Wenn sich
der Fisch im Wasser tummelt, sich ,in seinem Element' bewegt, ist er ein Bild frischen, gesunden Lebens, daher die rdal.
Vergleich *gesund wie ein Fisch im Wasser,*
vielfach auch *munter (frei, lebendig) wie
ein Fisch im Wasser;* vgl. frz. ,hereux
comme un poisson dans l'eau' (wörtl.:
glücklich wie ein Fisch im Wasser): restlos
glücklich; seltener im Gegenteil: ,Em es
tomod (zu Mute) wie em Fisch op em
Land'. Schon im 13. Jh. heißt es im
,Trojanerkrieg' Konrads von Würzburg
(V. 10808):

> er wart gesunt reht als ein visch,
> der vert in einem wâge
> (= der sich in den Wogen bewegt).

In Fischarts ,Flöhhatz' ist 1577 belegt:

> Ich ward dabei so gsund und frisch
> Als in kaim Wasser ist kein fisch.

In Schillers ,Räubern' (I, 1) fragt Franz:
„Ist Euch wirklich ganz wohl, mein Va-
ter?" Der alte Moor: „Wie dem Fisch im
Wasser!" Auch die lockenden Worte der
Nixe in Goethes Ballade ,Der Fischer'
umschreiben das Bild:

> Ach, wüßtest du, wie's Fischlein ist
> So wohlig auf dem Grund,
> Du stiegst herunter, wie du bist,
> Und würdest erst gesund.

Das Sprw. *Die großen Fische fressen die
kleinen:* die Mächtigen, Reichen leben auf
Kosten der Unterdrückten und Armen, ist
häufig bildl. dargestellt worden.
Für jede Form von Rivalität, Konkurrenz,
Machtkampf, Krieg und schlechthin für
die Ungerechtigkeit der Weltläufe, Egois-
mus der Großen etc. hat das politische Karikatur das Sprachbild von den großen
und den kleinen Fischen parat. Immer
geht es um die Illustration eines Unrechts-
Sprichworts: ,Wer die Macht hat, hat das
Recht'. Negative Kausalitäten wie die Relation von Preisen und Löhnen, oder von
Inflation und Abwertung werden in diesem Bild gesehen. Die stärkere Währung
macht die schwächere kaputt. Aber auch
jede Form von industrieller Konkurrenz
kann so gesehen werden: Die europäische
Automobilindustrie wird von der amerikanischen geschluckt, und diese wiederum wird von den Japanern aufgefres-
sen. Die Kapitalisten und ,big bosse' sind
die ,Haie', die ihre Machtgelüste an den

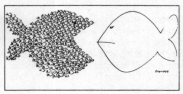

1/2/3 ‚Die großen Fische fressen die kleinen'

,kleinen Fischen' auslassen. Der Mächtige und Reiche unterdrückt – bildlich ,verschluckt' – den Schwachen und Armen. Es handelt sich um ein internationales Sprichwort: engl. ‚The great fish eat up the small'; frz. ‚Les gros poissons mangent les petits'; ital. ‚I Pesci grossi mangiano i piccini'.

Schon in lat. Sprw.sammlungen kommen ähnliche Bilder vor. Ein Bild aus Peter Isselburgs ‚Emblemata Politica' von 1617 kennt das lat. Motto: ‚Minor esca maioris' (Der Kleinere ist das Futter des Größeren). Später haben Hieronymus Bosch und Pieter Bruegel das Thema aufgegriffen. Auf ihrem Bild wird die damalige aktuelle politische Situation der Niederlande dargestellt. Im Unterschied zu den modernen Illustrationen, bei denen immer das Recht des Stärkeren siegreich bleibt, behauptet die Überschrift des Bruegelblattes, daß das Recht der Stärke widerstehen könnte. Außerdem wird der große Fisch unübersehbar mit dem ‚Messer der Gerechtigkeit' aufgeschlitzt. Aber natürlich hat auch die moderne Illustration versucht, Auswege aus der Zwangsläufigkeit der Machtspirale zu finden, die im Bereich heutiger politischer Möglichkeiten liegen. Es ist vielleicht nicht zufällig die Illustration eines Schweizer Cartoonisten, der im vorgegebenen Sprachbild zeigt, was die Solidarisierung der Kleinen zu bewirken vermag: Einigkeit macht so stark, daß der große Fisch angesichts dieser geschlossenen Phalanx die Kiemen nicht mehr auseinander kriegt und das Maul hält. Die Kausalität läßt sich also sogar regelrecht umkehren: ‚Viele kleine Fische fressen den Großen‘.

Das ist nicht Fisch, nicht Fleisch oder *Das ist weder Fisch noch Fleisch:* es hat keine Eigenart, ist zweideutig und unklar. Die früheste Form findet sich lat. in den ‚Adagia‘ des Erasmus von 1534. Dort heißt es: „Neque intus neque foris ... simili figura dicunt hodie neque caro neque piscis, de homine qui sibi vivet, nec ullarum est partium" (= man sagt heute auch von einem Mann, der nur für sich lebt und nirgendwo Partei ergreift: weder Fisch noch Fleisch). 1586 ist die Rda. in Fischarts ‚Bienenkorb‘ (85 b) belegt: „Sonder ist weder fisch noch fleisch". In der ‚Zimmerischen Chronik‘ (III, 370) wird von einem frz. Orator erzählt: „Der hab ain lange und zierliche lateinische redt gethon, die aber so wunderbarlich und varia gewest, daß der verordneten kainer was gründlichs oder bestendigs drauß hab künden nemmen und weder fisch oder flaisch, wie man sprücht, gewest".

Scherzhafte Anwendung findet die Rda. in einem meckl. Sagwort: ‚Nich Fisch noch Fleisch, säd‘ de Adebor, donn fratt he ne Pogg‘ (Frosch). In Jeremias Gotthelfs ‚Bauernspiegel‘ lautet die Wndg. ‚Nicht Vogel, nicht Fisch‘, ähnl. auch in der schweiz. Mda. bezeugt: ‚Das ist weder Vogel noch Fisch, weder Halbs noch Ganzes‘. Friedrich Rückert (‚An Fischmann und Mannfisch‘) wandelt die Wndg. folgendermaßen ab: „Halb Fisch halb Mann ist weder Fisch noch Mann; sei jeder ganz, wozu ist das Gemisch? Hofmönch und Klosterritter mag mir beides nicht behagen".

In der Volkssprache des Niederrheins wird die Rda. zu ‚weder Fisch noch Frosch‘ entstellt. Mhd. heißt es von einem Unentschiedenen auch: ‚Er ist nicht visch unz uf den grât‘, er ist nicht Fisch bis zur Gräte, ähnl. noch im 16. Jh. bei Fischart; vgl. frz. ‚Il est ni chair ni poisson‘; engl. ‚He is neither fish nor flesh‘; ndl. ‚vis nog vlees zijn‘.

Die erste engl. Notierung ist 1528 datiert: „Wone (one) that is nether flesshe nor fisshe"; eine etw. längere Formulierung 1621: „Neither flesh nor fish nor good red hering". Um 1700 wurde in Engl. auch häufig die Form ‚to make fish of one and flesh of the other‘ gebraucht. Seit der Mitte des 16. Jh. findet sich in Engl. noch eine dritte Version unserer Rda.: „She is nother fisshe, nor flesshe, nor good red hearyng" (herring); so bei John Heywood 1546. Eine vierte, seit der Mitte des 19. Jh. aufgekommene Version setzt noch das Wort ‚fowl‘ hinzu: ‚neither fish nor fowl‘. Dies steht nahe auch der bei Jeremias Gotthelf im ‚Bauernspiegel‘ 1837 zuerst lit. bezeugten schweiz. Rda. sowie der dän. Form ‚hverken fugl eller fisk‘.

Den Fisch schwimmen lassen: trinken, nachdem man Fisch gegessen hat; in Anlehnung an die seit alters bekannte Lehre, daß Fisch schwimmen will; lat. bei Petronius: „pisces natare oportet". Z. T. auch noch erweitert: ‚Der Fisch will schwimmen – der Ochs will saufen‘.

Faule Fische: verdächtige Sachen, Ausreden oder Lügen; in diesem Sinne schon in Luthers Sprichwörtersammlung (Nr. 104): „Bleib dahymen mit deinen faulen Fischen". Ebenso auch bei dem Prediger Mathesius: „ wer mit renken und faulen fischen umbgehet, der muß doch mit der zeit schande werden"; 1639 bei Lehmann 488 (Lügen 61): „Ein lügner verkaufft faule Fische, hawet vber die Schnur, wirfft das Beil zu weit, da ers nicht kan wieder holen". In einem poetischen Gespräch über den Nordischen Krieg (1700–09) sagt der König von Dänemark:

Glaubte Schleswig zu erwischen
Und noch etwas anders mehr,
Doch da waren's stinkend Fische,
So mir gar nicht schmecken sehr.

Die Wndg. ist in den heutigen Mdaa. noch sehr verbreitet, z. B. schweiz. ‚Es riecht nach faulen Fischen‘, rheinhess. ‚faule Fische in der Brühe‘, schwierige Verhältnisse, rhein. ‚Der hot faule Fisch gefong‘, er versucht, auf unrechtmäßige Weise etw. zu erreichen.

Faule Fische und stinkende Butter sagt man, wenn sich zwei verbinden, die beide nicht viel taugen.

Kleine Fische stehen sprw. für bedeutungslose oder leicht zu bewältigende Dinge; im Volkslied zumeist für die herangereiften jungen Mädchen, ↗ Backfisch.

Die Gleichung junges Mädchen = Fisch (junge Mädchen = kleine Fische) findet sich noch heute in südslaw. Liedern. So heißt es in einem Kroat. Lied:

... und die Fischer fischten mich mit
Netzen,
dachten, daß es wohl ein Fischlein
wäre,
und das Fischlein war ich, junges Mädchen.

Noch deutlicher wird der Vergleich in einer slowakischen Mädchenkage:

Flußauf die Gran, flußab die Gran,
kleine Fischlein schwimmen heran,
kleine Fischlein den Fischern zu,
schöne Mädchen den Burschen zu.

Das sind ungefangene Fische: man braucht noch nicht darüber zu sprechen, ehe die Sache nicht entschieden ist; *der Fisch hat angebissen:* die List ist gelungen; vgl. frz. ‚Il a mordu à l'hameçon' (wörtl.: Er hat den Köder angebissen): Er ist hereingefallen.

Du kriegst Fische: Ohrfeigen; *einen kleinen Fisch geben, um einen großen zu bekommen:* nicht nur uneigennützige Geschenke geben; *er hört die Fische im Wasser singen:* er ist eingebildet, tut überklug; *er ist wie ein abgestandener Fisch:* matt, schwach, elend.

Fische gegessen haben: unrasiert sein (beruht auf der grotesken Vorstellung, daß beim Fischessen die Gräten durch Kinn und Wangen gedrungen sind); *der Fisch ist gegessen:* die Sache ist abgeschlossen, erledigt.

Die Fische füttern: sich auf See erbrechen (eine umschreibend euphemist. Wndg.). Diese beiden Rdaa. sind noch ziemlich jung, ↗ stumm, Stummer, ↗ Wasser.

Lit.: *W. Stiefmacher:* Der Fisch im dt. Sprw., in: Fischwaid, Zs. f. Sportfischerei 7 (Hamburg 1952), S. 26; *E. Hoffmann-Krayer:* Art. ‚Fisch', in: HdA. II, Sp. 1528–1546; *A. Taylor:* ‚Neither fish nor flesh' and its variations, in: Journal of the Folklore Institute 3 (1966), Nr. 1, S. 3–9; *W. Danckert:* Symbol, Metapher, Allegorie im Lied der Völker, Bd. IV (Bonn-Bad Godesberg 1978), S. 1293–1315, insbes. S. 1297 ff., 1300–1305; *V. B. Dröscher:* Mit den Wölfen heulen (Düsseldorf 1978), S. 81–84; *H. Schempf:* Kleine Fische, in: L. Carlen (Hg.): Forschungen zur Rechtsarchäologie, Bd. I (Zürich 1978), S. 63–80; *E. Moser-Rath:* Art. ‚Den großen Fisch fangen (AaTh 1567 C), in: EM. IV, Sp. 1218–1221; *R. Schenda:* Art. ‚Fisch, Fischen, Fischer', in: EM. IV, Sp. 1196–1211; *O. G. Sverrisdóttir:* Land in Sicht (Frankfurt/M. 1987), S. 138–142; *W. Mieder:* ‚Die großen Fische fressen die kleinen', Gesch. u. Bdtg. eines Sprw.s über die menschl. Natur, in: Muttersprache 98 (1988), S. 1–37; *ders.:* History and Interpretation of a Proverb about Human Nature. Big Fish Eat Little Fish, in: Tradition and Innovation in Folk Literature (Hanover [N. H.] – London 1987), S. 178–228.

‚Fische fangen' (‚Sich jemand angeln')

fischen. *Zum Fischen gehen:* seinen Zweck zu erreichen suchen, jem. für sich gewinnen wollen, nach einem Partner Ausschau halten, vgl. die Wndg. ‚sich einen Mann angeln'. *Im trüben fischen* ↗ trüb. Vgl. auch: ‚Sich jem. (etw.) an Land ziehen' ↗ Land. ‚Einen großen (guten) Fang tun' ↗ Fang. ‚Seine Netze auswerfen' ↗ Netz.

Lit.: *A. Taylor:* ‚It is good fishing in troubled (muddy) waters', in: Proverbium , 11 (1968). S. 268–275; *R. Schenda:* Art. ‚Fisch, Fischen, Fischer', in: EM. IV, Sp. 1196–1211.

Fischer. *Die Fischer schlagens uff den Kübeln* war eine altels. Rda. für: die Sache ist in aller Munde, die Spatzen pfeifen's auf (von) den Dächern, namentl. von einer Ehebruchsgeschichte: Der Buhle meint, er sei verborgen, so es doch die Fischerknaben auf den Kübeln schlagen; ähnl. in Brants ‚Narrenschiff' (62, 26):

Als heymlich halttet er (der Buhle)
syn sachen,
Das yederman davon müß sagen,
Die vischers uff den Kübeln schlagen.

Ebenso bei Murner ‚Schelmenzunft': „die Kinder es an gassen singen, dfischerknaben am Kübel schlagen".

Mit dem Berufsstand der Fischer verglichen werden häufig auch die Polizisten, wenn sie z. B. Jagd auf ‚große Fische' machen, einen ‚dicken Fisch an der Angel haben' oder ihn ‚zappeln lassen' ↗ Angel, angeln, ↗ zappeln.

Lit.: *Jungwirth:* Art. ‚Fischer, fischen', in: HdA. II, Sp. 1549–1569; *E. Moser-Rath:* Art. ‚Den großen Fisch fangen', in: EM. IV, Sp. 1218–1221.

Fishing. *Fishing for compliments:* auf Lob und Anerkennung aussein bzw. diese durch Untertreibung (understatement) oder durch scheinbare Abwehr erst recht provozieren.

Da es im Dt. hierfür keinen Ausdr. gibt, hat sich die engl. Wndg. wegen ihrer Prägnanz und Kürze um so leichter auch bei uns durchsetzen können.

Fisimatenten. *Fisimatenten machen:* Umstände, Ausflüchte, nichtige Einwände machen (ähnl. wie ‚Kinkerlitzchen', ‚Sperenzien machen'). Das seltsame Wort ist bis in die Mdaa. hinein verbreitet, z. B. schwäb. ‚Mach mir keine Fisimatente', rhein. ‚Du häs nicks wie Fisematenten im Kopf', berl. ‚Mit Fisematenten spiel ick nich!' Seine Entstehung fällt in das 15. Jh. Es handelt sich um eine Wortmischung: zugrunde liegt einmal lat. ‚visae patentes (literae)' = ordnungsgemäß verdientes, geprüftes Patent, im 16. Jh. mehrfach als ‚visepatentes' belegt (vgl. Offizierspatent). Da die Ausfertigung eines solchen Patentes oft lange Zeit in Anspruch nahm, ergab sich die spöttisch gemeinte Bdtg. ‚überflüssige Schwierigkeiten'. Im 17. Jh. nimmt das Wort unter dem Einfluß von ‚Visamente' die uns heute geläufige Form an. Visamente (schon mhd. visamente) geht auf altfrz. visement zurück und bedeutet zuerst: Aussehen, Einteilung eines Wappens, später auch: unverständlicher Zierat, Ornament.

Als Beispiel volksetymol. Deutung eines nicht mehr verstandenen Wortes sei die in Mainz übliche Erklärung von Fisimatenten erwähnt: Das Wort soll nach dem Volksmund zurückgehen auf ‚visitez ma tente' = besuchen Sie mein Zelt, und sei die Aufforderung der frz. Offiziere an die dt. Mädchen zur Zeit der Revolutionskriege gewesen. Ebenso wurde es volksetymol. aber auch als Ausrede verspäteter Passanten bei Kontrollen durch die Wache erklärt: „Je viens de visiter ma tante' (ich habe eben meine Tante besucht).

Lit.: *Risop:* Fisimatenten, in: Arch. f. neuere Sprachen (1924), S. 251ff.; *H. Spitzer:* Fisimatenten, in: Teuthonista I (1924), S. 319; *G. Schoppe,* in: Mitt. d. Schles. Ges. f. Vkde. 29 (1928), S. 298; Mainzer Wb., 60 f.

Fisternöllchen. *Mit jem. ein Fisternöllchen haben* (rhein.): ein (nicht legales) Verhältnis, ein ↗ Techtelmechtel haben. Die Rda. ist bes. im niederrhein. Raum geläufig. Dort wurde sie im 1. Weltkrieg gebraucht für eine unpassende Liebschaft, z. B. wenn ein Mädchen einen Belgier oder Franzosen als Verehrer hatte. Darüber hinaus hat der Ausdr. ‚Fisternölles' im Rheinland je nach Region eine unterschiedliche Bdtg., u. a. Kleinigkeitskrämer, Bastelhans, Kritisierer, Nörgler, und war demnach ein weitverbreiteter Negativbegriff. Mancherorts steht er sogar für Prügel. Wenn es z. B. heißt: ‚de krit se gefisternöllt', so bedeutet das, daß man ihn ordentlich verprügeln will. Im Raum Duisburg-Moers gilt er darüber hinaus auch als Bez. für einen kleinen Kornschnaps mit Zucker, bes. auf Neujahr.

fit. *(Absolut) fit sein:* in guter Form, durchtrainiert, in körperlich guter Verfassung, gesund sein. *Nicht ganz fit sein:* nicht im Vollbesitz seiner Kräfte sein, sich angeschlagen', erschöpft fühlen. *Bald wieder fit werden:* sich erholen, seine Spannkraft, Leistungsfähigkeit u. Lebensfreude wiedergewinnen:

Das engl. Wort ‚fit': passend, angemessen, tauglich gelangte i. S. v. gut vorbereitet, leistungsfähig in die Sprache des Sports u. von dort in der 1. Hälfte des 20. Jh. ins Dt. u. wie die Steigerungsform ‚topfit' in den allg. Sprachgebrauch. Ein moderner Werbe-Slogan ‚Fit statt fett' ruft dazu auf, durch fettarme Vollwertnahrung schlank und gesund zu bleiben.

Fittich. *Einen beim Fittich kriegen:* ihn erwischen, fassen, um ihm den Standpunkt klarzumachen, um ihn zu bestrafen. Fittich, mhd. vēttach, vittich, urspr. ‚Gefieder‘, doch schon frühnhd. (z. B. bei Luther, 4. Mos. 15,38 zur Bez. des Rockzipfels gebraucht. Ndd. ‚enen bi dem Fiddik krigen‘: ihn bei den Kleidern ergreifen, auch bei G. A. Bürger: „ei, ei! rief Meister Ehrenwort, als er beim Fittich sie erwischte“. In der Hochsprache gilt Fittich heute vorwiegend als dichterischer Ausdr. für ‚Flügel‘, vgl. die Wndg.: *jem. unter seine Fittiche nehmen:* ihm Schutz gewähren: vgl. frz. ‚prendre quelqu'un sous son aile‘.

Luther übersetzt (Ps. 91,4): „Er (Gott) wird dich mit seinen Fittichen decken“. Hier dürfte allerdings Fittich noch die Bdtg. von ‚Gefieder‘ haben. Doch läßt auch dieser Gebrauch durchaus in den Mdaa., so etwa westf. ‚einem de Fittke stüwen (stutzen)‘, ‚ihm die Flügel beschneiden‘, els. ‚Er loßt d'Fittich henken‘, er hat die Kraft und den Mut verloren, ‚s hat Fittich bekumm‘, es ist gestohlen worden, ähnl. ‚Es hat ↗ Beine gekriegt‘. Mdt. wird für Fittich ↗ Schlafittchen gebraucht.

fix. *Fix und fertig sein:* alles gemacht (erledigt) haben (und jetzt völlig erschöpft sein); in der Jugendsprache abgewandelt zu ‚Fix und Foxi sein‘. Die Rda ist schon bei Goethe bezeugt:

„Ei was! Ich bin gern fix und fertig“ (Werke, Ausg. [1827 ff.], 15.71). Auch J M. R. Lenz gebraucht sie in diesem Sinne, wenn auch nicht auf Personen, sondern auf die ausgeführte Arbeit bezogen: ‚Ihr müßt die Gebäude innerhalb vier Monate fix und fertig liefern‘ (J. M. R. Lenz: Ges. Schriften, hg. v. L. Tieck, [1828], 1.89). Darüber hinaus läßt sich auch die weitergehende, sehr bekannte Bdtg. der Rda. i. S. v. physisch und/oder psychisch völlig erschöpft, ‚erledigt‘, ‚kaputt‘, ‚geschafft‘ sein bis in die Goethe-Zeit zurückverfolgen:

„… dazu sind wir fix und fertig, unsere Leute wollten längst rebéllern“ (Goethe, Werke, Ausg. [1827 ff.], 15,23).

Das Wort ‚fix‘ (lat. fixus, firmus) bezog sich urspr. auf das Feste, Unbewegliche, wie es noch in dem Begriff ‚Fixstern‘ z. Ausdr. kommt und – im übertragenen Sinne – auch in der Wndg.: ‚fixe Ideen haben‘ begegnet. Sie steht für das, was fi-

xiert, festgemacht und (in erweitertem Sinne) ausgemacht ist. So ist sie auch belegt in G. D. Arnold in ‚Der Pfingstmontag‘, ([1816], 16,) wo es heißt: „S'isch fix un usgemacht“. Daraus hat sich die weitere Bdtg. von ‚fertig zum Abholen‘ ergeben.

Adverbial gebraucht hat ‚fix‘ dagegen die Btdg. von schnell, flink. In diesem Sinne ist sie auch bekannt durch die Rdaa. ‚Fix mit der Feder (mit dem Degen) (mit dem Bogen) sein‘. Darauf geht wohl auch die scherzhaft abgewandelte österr. Rda. ‚fix und ka Geig'n‘ zurück, die früher gerne als Ausdr. höchster Verwunderung gebraucht wurde.

In der Ausgabe der KHM. der Brüder Grimm von 1812 erschien als Nr. 16 eine Erzählung unter dem Titel ‚Herr Fix-und-fertig‘. Gewährsmann war der pensionierte Dragonerwachtmeister Friedrich Krause aus Hof. Sprichwörtlich braucht schon Hans v. Schweinichen in seiner Lebensbeschreibung (I, 157, ed. Büsching) den Namen: „Ich dauchte mich zwar Meister Fix zu sein“. In Pommern war ‚Meister Fiks‘ früher der Name für den Scharfrichter.

Lit.: *B. P.* II, S. 19–21; *A. Schindehütte* (Hg.): Krauses Grimm'sche Märchen (Kassel 1985); *G. L. Fink:* The Fairy Tales of the Grimm's Sargeant of Dragoons, in: J. Mc. Glathery (ed.): The Brothers Grimm and Folktale (Urbana–Chicago 1988), S. 146–163.

flach. *Flach wie ein Bügel- bzw. Plettbrett (mit zwei Erbsen):* der rdal. Vergleich bezieht sich auf eine Frau ohne Busen. Ähnl. schwäb.: ‚die isch ganz nab wie ghobelt‘.

‚Flaches Gerede‘: ohne Tiefe, nichtssagend. In dieser Rda. ist der Begriff flach im übertr. Sinne auf den geistigen Hintergrund bezogen.

Ebenfalls übertr. *flach fallen:* ausfallen, nicht stattfinden.

Flagge. *(Die) Flagge streichen:* sich überwunden bekennen, sich ergeben. Aus der Seemannssprache übernommen und seit dem 17. Jh. verbreitet: ein Schiff zieht seine Flagge ein zum Zeichen, daß es überwunden und bereit ist, sich dem Feind zu ergeben (in derselben Bdtg.: ‚die Segel streichen‘). Ähnl. auch in anderen Sprachen, z. B. ndl. ‚de vlag strijken‘, engl. ‚to strike the flag (oder colours)‘, frz. ‚baisser pavillon'. Im Dt. neuerdings auch euphemist. für ,sterben' gebraucht, ↗zeitlich.

Unter fremder (oder *falscher) Flagge segeln* wird auch bildl. gebraucht für: unter fremdem Namen gehen, auch: die wirklichen Absichten verbergen. Leicht abgewandelt auch: ,Unter der Flagge eines bestimmten Menschen (einer Nation, eines Unternehmens) segeln': ein bestimmtes Aushängeschild führen.

Flagge zeigen: seine Meinung, Gesinnung offen bekennen, darlegen, zu welcher Partei(-richtung) man gehört, welche Zielsetzung man vertritt.

Die Flagge auf halbmast setzen: Staatstrauer an öffentl. Gebäuden zeigen.

Lit.: *O. G. Sverrisdóttir:* Land in Sicht (Frankfurt/M. 1987), S. 90–91.

Flaggschiff. *Für etw. das Flaggschiff sein:* die führende Rolle innehaben, die Richtung angeben, nach der sich alle(s) zu richten haben. Das ,Flaggschiff' ist das Schiff, auf dem der Admiral seine Flagge gesetzt hat und daher meist das erste (auch größte und stärkste) Schiff in einem Flottenverband. Unabhängig von der Seefahrt ist die Rda. auch auf andere Lebensbereiche, vor allem die Wirtschaft übertr. worden. Das teuerste Modell einer Automobil-Firma kann als ,Flaggschiff' (Aushängeschild) der Firma bez. werden.

Flamme. *Eine Flamme haben* war in den 50er Jahren eine in der Schülersprache sehr geläufige Wndg. für die heimliche Liebe eines jungen Mannes zu einem Mädchen, das er verehrte und anbetete; gelegentlich auch mit Stolz verwendet für: eine Freundin haben. Die Flamme steht dabei für das Feuer der Liebe zu einer Frau.

Davon (bewußt doppeldeutig) abgeleitet: *Laß mich deine Flamme küssen!,* wenn man sich am brennenden Streichholz oder Feuerzeug des anderen seine Zigarette anzünden wollte.

In den 70er und 80er Jahren las man an Häuserwänden u. ä. als Haßparole gegen das politische System der Bundesrepublik – und verhüllten Aufruf zum Umsturz –: ,Feuer und Flamme für diesen Staat', ↗Feuer.

Flandern. *Von (aus) Flandern sein:* in der Liebe unbeständig, flatterhaft sein. Die Rda. war früher wohl das beliebteste der zahlreichen Wortspiele mit Ortsnamen; sie vermischt den Ländernamen Flandern mit dem gleichklingenden Zeitwort ,flandern, flandern, flanieren' = herumflattern, umherschweifen.

Flandern in der Bdtg. ,leichtsinniges Frauenzimmer' ist bereits in Wittenwilers ,Ring' (um 1450) bezeugt. Auch im 20. Jh. ist dieser Gebrauch noch häufig in den Mdaa. nachzuweisen: In der Eifel ist ein ,Flandrianes' ein nichtsnutziger Windbeutel, schwäb. ,Flanderer' = Flattergeist; bair. ,Flanderl' = flatterhaftes Mädchen; niederschles. ,a is halt vu Flandern', er ist ein Herumtreiber, ein unzuverlässiger Bursche; böhmisch: ,flandra' = leichtfertiges Weib usw.

Es ist möglich, daß die Verbreitung dieses Ausdr. mit der Wanderlust flämischer Kolonisten zusammenhängt. Aber seit dem Frühnhd. wird Flandern häufig im Reim auf ,wandern' und ,andern' gebraucht, wenn Treulosigkeit und Unbeständigkeit der Mädchen und Junggesellen ausgedrückt werden soll, so schon bei Hans Sachs:

Wann diese bübin ist von Flandern,
Si gibt ein buben umb den andern.

Ähnl. in einem Fliegenden Blatt um 1620 (Grimm, Dt. Wb. III, 1722) und in Uhlands Volkslied ,Das Liebchen von Flandern' (Nr. 49):

Mein Feinslieb ist von Flandern
Und hat einen wankeln Muth.

Die Rda. muß auch Goethe geläufig gewesen sein (,Was wir bringen' [1814], 5. Auftr.):

Weil ich so gewohnt zu wandern,
Heute hier und morgen dort,
Meinen sie, ich wär von Flandern,
Schicken gleich mich wieder fort.

Flanellwache. *Flanellwache stehen:* vor dem Fenster der Geliebten warten; eine in Berlin und Obersachsen belegte Rda.; ↗Donnerwache.

Flasche. ,,Nachbarin, euer Fläschchen!" bittet Gretchen, deren Sinne zu schwinden drohen (Goethe ,Faust' I, Dom), um durch die darin enthaltene aromatisch-belebende Essenz eine Ohnmacht zu verhindern. Solche Riechfläschchen trug früher – bes. in der Zeit der durch Schnürkorsetts eingeschränkten Atmung – jede Frau bei sich.

Der Griff zur Flasche konkretisiert sprachl. übermäßigen Alkoholkonsum, das ,Gefangensein in einer Flasche'. Ein sprw. gewordener Slogan der Anti-Alkohol-Werbung heißt: ,Hilf dem Jungen aus der Flasche!' *Zu tief in die Flasche gekuckt haben:* betrunken sein (↗ Trinken).

In vielen Bildern und Illustrationen – bis hinein in die moderne Werbegraphik – wird der menschliche Körper als Gefäß dargestellt, und dementsprechend gibt es auch eine erotisch-sexuelle Signifikanz des Trinkens und der Trinkgefäße. Ein Blatt aus dem Hist. Museum in Basel von 1695 zeigt ein nacktes Paar von hinten.

,Sie trägt die Flasche, er die Pfeife'

Die Worte des Mannes sind:

Ich drage meine Pfeif, aufrichtig steif und veste.
Hiermit verlustigt sich mein Schatz aufs allerbeste,

worauf sie erwidert:

Sich liebes Hertze nuhn, weil du mich dust erlaben.
Ich wil dir meine Flasch alzeit zu Dienste tragen.

,Pfeife' und ,Flasche' stehen hier stellvertretend für männliches und weibliches Genital. Ein anderer Holzschnitt, datiert schon 1520, zeigt ein Paar; die beiden trinken aus Gefäßen, die Geschlechtsteilen nachgebildet sind (↗ Bocksbeutel).

An die männliche Symbolik der Flasche erinnern auch Bez. wie ,Flachmann' (Schnapsflasche) oder ,Henkelmann' (Eßgeschirr). ,Wir wollen den Kleinen mal pinkeln lassen' sagt man, wenn der Vater bei der Geburt eines Sohnes eine Flasche Sekt spendiert. In diesen Zusammenhang gehört vielleicht auch das ,Flaschendrehen' als Gesellschafts- und Pfänderspiel: Auf wen die Flasche beim Umdrehen, wenn sie stehenbleibt, zeigt, der muß eine bestimmte, meist erniedrigende oder entblößende Aufgabe ausführen.

Die Flasche signalisiert aber auch weibliche Attribute: Die Baby-Flasche mit Sauger ist der Mutterbrust nachgebildet. Manche Leute sagen, wenn sie trinken, ,sie nehmen einen zur Brust'. Wer von der Milchflasche des Kleinkindes nicht loskommt, bleibt ein ,Flaschenkind', d. h. ein im Erwachsenenalter untüchtiges Wesen, ein Versager, ↗ Fiasko.

Dreieckige Plastik- oder Papier-Milchtüten haben im Volksmund die spöttische Bez. ,Picasso-Euter' erhalten. Bekannt ist die Coca-Cola-Flasche als Nachformung einer weiblichen Figur. In Amerika kann man noch heute von einer hübschen Frau sagen: ,She has a shape like a Cokebottle'. Nach dem wohlproportionierten Filmstar der Zeit um den 1. Weltkrieg wurde die Coca-Cola-Flasche als ,Mae West' bez. Viele Amerikaner nannten sie ,callipygian' in Anspielung auf den Beinamen Kallípygos (= ,die mit dem schönen Gesäß') der griech. Liebes- und Fruchtbarkeitsgöttin Aphrodite.

Das zerbrochene Glasgefäß oder auch die entkorkte Flasche ist ein Bild der verlorenen Jungfräulichkeit. Im Märchen von Rotkäppchen (KHM.26) gibt die Mutter dem Rotkäppchen eine Flasche Wein mit auf den Weg und spricht ausdrücklich die Warnung aus, die Flasche nicht zu zerbrechen. Wenn die Flasche ein Vaginalsymbol sein kann, dann wird der Korkenzieher zum entsprechenden maskulinen Symbol. So sind Ausdrücke wie ,Flaschenöffner' (oder auch ,Büchsenöffner') vulgär-sprachliche Umschreibungen für den Penis. Vgl. schon Hoffmann von Fallerslebens Gedicht ,Stöpselzieher' von 1837. Alexander Pope formulierte mit um-

FLAUSEN

gekehrter Bedeutung: „Alle Mädchen sind Flaschen, die Korken brauchen".

Beim Stapellauf eines Schiffes, zugleich Zeitpunkt der Namensgebung, also der ‚Schiffstaufe', wird eine Sektflasche gegen den Schiffsbug geworfen; sie muß dabei zerbrechen. Danach wird das Schiff zu Wasser gelassen, kommt also zum ersten Mal mit ‚seinem eigentlichen Element' in Berührung. Die erste Reise nach Indienststellung – Probefahrten zählen nicht – wird ‚Jungfernfahrt' genannt, denn jetzt muß sich erstmals bewähren, was über Jahre geplant, konstruiert und gebaut wurde.

Während die Flasche aufgrund ihres Aussehens und ihrer Funktion als phallisches oder vaginales Symbol anzusehen ist, ist die leere oder umgefallene Flasche nicht selten ein Symbol des betrunkenen, impotenten, nicht mehr erektionsfähigen Mannes. Die leere Flasche ist nur noch Müll. *Eine Flasche sein:* nicht die in einen gesetzten Erwartungen erfüllen, ungeschickt, unsportlich sein, nichts taugen.

In Abwandlung des bekannten Satzes ‚Sage mir, mit wem du umgehst, und ich sage dir, wer du bist', heißt es scherzhaft auch: ‚Sage mir, was du trinkst, und ich sage dir, was für eine Flasche du bist'. Daraus geht hervor, daß die beleidigende Bdtg. des Ausdr. ‚Flasche' mit der Vorliebe des Trinkers für die Flasche zusammenhängt. Darauf deutet auch der Anfang des 1810 verfaßten Gedichtes ‚Der Zecher' aus dem Märchen ‚Der süße Brei' von A. F. E. Langbein: „Ich und mein Fläschchen sind immer beisammen".

Die entkorkte Flasche gilt als Sinnbild der freigesetzten Triebe, insbesondere in Volkserzählungen wie ‚Der Geist im Glas' (KHM.99) und motivgleich in einer Erzählung von ‚Tausendundeiner Nacht' (‚Der Fischer und der Dämon'). Der ‚bottle imp' erfüllt jeden Wunsch, solange man die Flasche zuläßt. Er hat alle Verführungskünste aufgeboten, bis man die Flasche doch öffnet. Real-Hintergrund solcher Erzählungen ist das Bannen von Dämonen und Krankheitsgeistern durch Exorzisten und das Deponieren solcher Flaschen in unwegsamem Gebiet oder in der Erde. In Märchen und Sagen verspricht der Inhalt der Flasche, jeden

Wunsch zu erfüllen; in geöffnetem Zustand bringt er jedoch den Tod oder ist jedenfalls von tödlicher Gefahr.

Sehr häufig dient das Bild des Flaschengeistes in der politischen Karikatur als Charakterisierung einer selbstverschuldeten Gefahr. Wenn man das Unbekannte, das in der Flasche steckt, herausläßt, entsteht eine unkontrollierte Gefahr: Der Geist steigt aus der Flasche und wird dann übermächtig.

Lit.: *L. Röhrich:* ‚Flaschen', in: Jeggle/Korff/Scharfe/Warneken (Hg.): Volkskultur in der Moderne (Hamburg 1986), S. 332–346.

Flausen. *Flausen machen:* Lügen und Ausflüchte gebrauchen; *nichts als Flausen im Kopfe haben:* närrische Einfälle haben, unsinnige Ausreden, törichte Gedanken u. nicht ernst zu nehmende Vorstellungen. *Jem. (noch) Flausen in den Kopf (ins Ohr) setzen:* ihn auf verrückte Ideen bringen, unerfüllbare Hoffnungen erwecken.

Das dt. Wort Flause ist zuerst 1595 in Siebenbürgen belegt und erscheint dann wieder 1772 in Pommern bei Hermes (‚Sophiens Reise' 4,78): „Flausen machen". Gebucht ist es seit 1796 durch Adelung. In den Mdaa. ist es überall verbreitet. Es bez. urspr. Wollflocken oder Fadenreste im Gegensatz zum festen Gewebe und ist in der Volkssprache ein Bild für lockere Reden und unzuverlässiges Treiben geworden. Gotthelf gebraucht in seinem Roman ‚Uli der Knecht' die Wndg. „Ihr wollt mit mir nur eure Flausen treiben".

Nach den im Dt. Wb. von J. u. W. Grimm aufgeführten lit. Belegen des 17. u. 18. Jh. stand der Begriff urspr. wohl für dumme Ausflüchte, Ausreden, aber auch für Angstmacherei u. trübsinnige Gedanken, die auf ähnl. Vorstellungen beruhen wie sie der Rda. ‚Grillen im Kopf haben' zugrunde liegen (↗ Grille). Darauf läßt auch die Rda. *jem. die Flausen austreiben* schließen, die verwendet wird i. S. v.: jem. von seinen dummen Gedanken und übertriebenen Erwartungen befreien.

Heute steht der Ausdr. ‚Flausen' in der Nähe von Allüren, Extravaganz, Fimmel, fixe Idee, Grillen, Kaprice, Koller, Marotte, Mucken, Rappel, Schrulle, Sparren, Spleen und Tick.

Lit.: *I. Strasser:* Bedeutungswandel u. strukturelle Semantik (Wien 1976).

457

Fleck. Aus älterer Sprache stammt die uns heute nicht mehr geläufige Wndg. *einen Fleck schneiden, große Flecke schneiden:* aufschneiden, bezeugt im 1654 in Weimar erschienenen ,Complimentirbüchlein': „Hierher gehören auch alle Aufschneider, die von Schlachten, Reisen und Frauengeneuße große Flecke schneiden".

Vom Schneiderhandwerk führt die Rda. her: *den Fleck neben das Loch setzen:* die Sache verkehrt machen, schon im 17. Jh. bei Grimmelshausen belegt und auch heute in der Volkssprache noch lebendig, etwa in dem schwäb. Reim ,Der Schneider von Degerloch setzt den Fleck nebens Loch' oder in dem rhein. Sagwort: ,Prakessiere es die Kuns, sät de Frau, du hat se de Flecke neven et Loch gesatz'.

Der Mittelpunkt der Zielscheibe ist gemeint in der Wndg. *auf den rechten Fleck treffen,* z. B. bei Chr. M. Wieland: „Ich habe genug dran und finde, daß sie aufs rechte Fleck gestochen haben", und in Schillers ,Turandot' (II, 4): „Tartaglia! Mein Seel! ins schwarze Fleck geschossen. Mitten hinein, so wahr ich lebe". Bei Goethe in ,Dichtung und Wahrheit', (3. Buch): „(Autoren), die nicht immer den rechten Fleck zu treffen wußten".

Fleck bedeutet ,Stelle' in den Rdaa. *nicht vom Flecke kommen:* nicht vorwärts, nicht vonstatten gehen, *vom Fleck weg:* sofort (er hat sie vom Fleck weg geheiratet: auf der Stelle); *das Herz (den Kopf, das Maul) am (oder auf dem) richtigen Fleck haben:* am richtigen Platz; vgl. frz. ,avoir le cœur bien placé' (Platz).

Vom ,Schmutzfleck' sind die folgenden Rdaa. abzuleiten: obersächs. *sich einen Fleck machen:* sich etw. einbilden; berl. ,Machen Se sich man keen' Fleck!', zieren Sie sich nicht so! *Einen Fleck auf der weißen Weste haben:* kein reines Gewissen haben (↗ Weste), eine Wndg., die u. a. auch von Bismarck gebraucht worden ist (vgl. Büchmann); *sie hat einen Fleck an der Schürze;* sie ist ein Mädchen, das vor der Ehe Mutter geworden ist.

Flederwisch. *Flederwische feil haben:* nicht mehr begehrt werden. Eigentl. ist Flederwisch, mhd. vēderwisch, ein Abkehrbesen aus Gänsefedern, eine verachtete Marktware. Die Rda. spielt aber zugleich mit der Bez. Flederwisch für flatterhafte Menschen, bes. für Mädchen und alte Jungfern. Im schwäb. Volkslied heißt es:

Aufem Wasen graset d'Hasen,
Ond em Wasser gambet d'Fisch.
Lieber will i gar koi Schätzle
Als en sottne Fledrawisch.

Die Rda. wurde seit dem 17. Jh. bes. für alte Jungfern gebraucht, so z. B. 1652 in den ,Geist- und weltlichen Gedichten' von Wencel Scherffer (I, 566):

Alter Mägde letzter Wandel
Ist der Flederwische Handel.

Im ,Crailsheimer Liederbuch' (hg. v. Kopp, S. 159) heißt es von einer alten Jungfer:

Mit Körben handelt ich ein Weil,
Jetzt aber trag ich Flederwische feil.

Über spröde Mädchen, die einen Freier nach dem anderen abweisen und zuletzt zu niederiger Beschäftigung ihre Zuflucht nehmen müssen, spottet A. F. E. Langbein in einem Gedicht (Gedichte Bd. 3, 1813, S. 79):

Für jede vormals Spröde
Wetzte nun der Spott den Pfeil
Dieser sprichwörtlichen Rede
„Sie hat Flederwische feil".

Vereinzelt wird die Rda. auch auf alte Junggesellen gemünzt, so z. B. in einer Simplizianischen Schrift aus dem Jahre 1685: „Wenige lassen ihnen den ehelosen Stand belieben aus Furcht, sie möchten dermaleins (nach dem Sprichwort) Flederwische vor der Hölle feil haben". Im Obersächs. findet sich noch ein Nachklang der Rda. in der Wndg. ,en Flederwisch wieder mit heem bringen', beim Ball nicht zum Tanz geholt werden.

Lit.: *Bäschlin:* Art. ,Flederwisch', in: HdA. II, Sp. 1598.

Flegel. *In die Flegeljahre kommen:* ins Alter der Heranwachsenden, die aufsässig werden und manchmal auch (im übertr. Sinn) wie Dreschflegel um sich schlagen. Als ,Flegeljahre' – ,Flegel' vom lat. ,flagellum' = Geißel, Dreschgerät abgeleitet – beschrieb 1778 der dt. Aufklärer Johann Hermes die Übergangszeit, in der sich Halbwüchsige formlos benehmen. Weniger gemessen klingen dagegen die Worte mancher Autoren des 17. Jh., die sich über das ,flegelhafte Betragen' junger Leute beklagen. So heißt es z. B. bei M. Abele von Lilienberg („Das ist Seltzame Gerichtshändel', [1651] 1,245: „sagt nicht mancher ‚bei flögel'! Lerne zum ersten mores, alsdann rede mit deinem vatter, du hundskrot! wil dann das ei gescheider sein als die henne?" Auch Fr. Müller (u. a.) äußert sich 1825 (Werke, 3,78) zornig: „Weg, Flegel!" u. an anderer Stelle (3,217): „Der Flegel hätte auch an seiner Wunde sterben können". Flegel gilt zudem auch als Umschreibung für Penis. Den Flegel an die Wand hängen = keinen Geschlechtsverkehr mehr ausüben. „Ein Mann, dessen Frau ihm bereits zehn Kinder geboren hatte, wollte dem Kindersegen ein natürliches Ende setzen und kündigte seiner Frau kurzerhand die eheliche Pflicht. Die Frau aber gab ihm kurzen Bescheid mit dem (westf.) Schwankspruch: ‚Wenn due den Fliägel an die Wand hängs, sagg de Frau, maak ik de Niandöör loß, un dann dörke (dresche), wer will.' Auf die einseitige Kündigung des Mannes, seinen ‚Fliägel' (Dreschflegel) an die Wand zu hängen, antwortet sie also mit der mehr oder minder scherzhaften Drohung, ihre ‚Niandöör (Dielentür) auch für andere zu öffnen." (H. Büld)

Lit.: *K. Heckscher*: Art. ‚Dreschen', in: HdA. II, Sp. 463–467; *O. Bockhorn:* Dreschen – Formen des Dreschflegels. In: Österr. Volkskundeatlas, 6. Lieferung, 2. Teil (1979), Bl. 103, S. 1–26; *H. Büld:* Nddt. Schwanksprüche zwischen Ems u. Issel (Münster 1981), S. 5.

Fleisch. *Sich ins eigene Fleisch schneiden:* sich selbst Schaden zufügen; ähnl. gebraucht wie die Rdaa., ‚sich in den Finger schneiden', ital. ‚aguzzare il palo in suo ginocchio' (= den Pfahl auf dem eigenen Knie spitzen). *Faules Fleisch tragen:* scherzhaft für: ein Faulpelz sein. *Zu Fleisch kommen:* dick werden; *vom Fleisch kommen* (oder *fallen): abmagern.* Schweiz. ‚'s git-em Fleisch i's G'mües', er zieht aus etw. seinen Vorteil. Von einem, der in einem ehebrecherischen Verhältnis lebt, sagt man rheinhess. ‚Er ißt zweierlei Fleisch' (↗ Holz).

Dagegen: *Ein Fleisch werden:* sich geschlechtlich vereinigen.

Den Weg allen Fleisches gehen: sterben (↗ Weg, ↗ zeitlich).

Der Pfahl im eigenen Fleisch ist bibl. Urspr.: 2. Kor. 12,7 heißt es: „Und auf daß ich mich nicht der hohen Offenbarung überhebe; ist gegeben ein Pfahl ins Fleisch, nämlich des Satans Engel, der mich mit Fäusten schlage, auf daß ich mich nicht überhebe"; vgl. frz. ‚L'aiguillon dans sa propre chair'.

Das ist kein Fleisch für seinen Vogel: nichts für ihn; *das ist zähes Fleisch:* von jem., der schwer für etw. zu gewinnen ist, der sich nur mit Mühe überreden läßt. ‚Fleesch und Suppe, all's in enem Tuppe' antwortet die schles. Hausfrau auf die Frage, was gekocht werde, um den sehr einfachen Tisch oder die Ärmlichkeit ihrer Haushaltung zu bezeichnen; *sie hat ungeweiht Fleisch gekostet:* es ist ein Mädchen, das vor der kirchl. Einsegnung Geschlechtsverkehr gehabt hat.

Etw. ist mir in Fleisch und Blut übergegangen: ich beherrsche eine Tätigkeit, Fingerfertigkeit usw. vollkommen.

‚Fleisch und Blut' (engl.: ‚flesh and blood'): ist eine Zwillingsformel, die für die körperl. Beschaffenheit des Menschen steht und am häufigsten vorkommt in Wndgn. wie: ‚ein Mensch aus Fleisch und Blut': ein fühlendes, lebendiges Geschöpf, kein Gespenst. Sehr geläufig ist auch die Wndg. ‚sein eigenes Fleisch und Blut', d. h. sein eigenes Kind.

Weder Fisch noch Fleisch ↗ Fisch; *zwischen Fell und Fleisch* ↗ Fell.

Lit.: *F. Eckstein:* Art. ‚Fleisch', in: HdA. II, Sp. 1598–1620.

Fleischer. *Bei dir guckt der Fleischer 'raus:* man sieht das nackte Fleisch durch das zerrissene Kleidungsstück, auch ‚der Fleischer guckt durch'n Leineweber'; beides obersächs. Rdaa.; vgl. schles. ‚Es guckt der Fleescher durch a Wäber', auch witziger im Altmärk. ‚Fleischers Tochter kiekt ut Strumpweber sin Finster'; hamb. ‚Fleischmann guckt aus Wollmanns Laden'.

Einen Fleischergang tun: einen vergeblichen Gang tun (↗ Metzgersgang).

Hände (Arme) haben wie ein Fleischer sehr grobschlächtig sein, ↗ Hand.

Ein Gemüt wie ein Fleischerhund haben: seelisch wenig sensibel sein, kein Gemüt haben.

Fleischtopf. *Sich nach den Fleischtöpfen Ägyptens (nach den ägypt. Fleischtöpfen) (zurück)sehnen:* sich eine vergangene, glücklichere Zeit zurückwünschen; vgl. ndl. ,terugverlangen naar de vleespotten van Egypte' engl. ,to be sick for the fleshpots of Egypt'; frz. ,regretter les oignons d'Égypte' (heute ungebräuchlich). Die Rda. ist bibl. Herkunft; in 2. Mos. 16,3 murrt das Volk Israel gegen Moses und Aaron: "Wollte Gott, wir wären in Ägypten gestorben durch des Herrn Hand, da wir bei den Fleischtöpfen saßen und hatten die Fülle Brot zu essen". Bei Grimmelshausen sehnt sich Simplicissimus einmal nach dem einstigen Wohlleben zurück: "Solches war mir sauer zu ertragen, Ursach, wenn ich zurück an die ägyptischen Fleischtöpf, das ist, an die westfälischen Schinken und Knackwürst zu L. gedachte" (Buch IV, Kap. 14). Ähnl. auch schon bei Seb. Brant:

> Es lustet sie gar ser das Land,
> Wo ihre Fleischhafen stant.

Fleischwolf. *Jem. durch den (Fleisch-)Wolf drehen:* ihm arg zusetzen; auch: ihn ,verhackstücken', ,durchdrehen' oder ,ihn in seine Einzelteile zerlegen'.
Der Fleischwolf ist ein Haushaltsgerät, in dem Hackfleisch zubereitet wird und in dessen Öffnung die Fleischstücke verschwinden und zermalmt werden wie in einem gierigen Wolfsrachen.

Flickschusterei. *Flickschusterei betreiben:* eine Sache (notdürftig) flicken, so lange, bis sie nur noch aus Reparaturstellen besteht, zu ,Flickwerk' geworden ist.
Lit.: Flickwerk. Reparieren u. Umnutzen in der Alltagskultur (Stuttgart 1983).

Fliege. *Zwei Fliegen mit einer Klappe schlagen:* einen doppelten Zweck durch ein Mittel, nur eine Handlung, erreichen. Diese Rda. ist heute sehr verbreitet und in vielen Mdaa. bekannt, etwa fries. ,diär waad' tau flüggen mit jen Klaps sleinen' oder ndl. ,twee vliegen in een klap slaan'. Die dt. Sprache kannte urspr. noch eine ganze Reihe ähnl. Wndgn. zur Bez. einer geschickten Handlung, die doppelten Gewinn erzielt, z. B. ,zween Füchs in einer höle fahen', ,zween Brey in einer Pfannen kochen', ,twee Appelen mit eenen Stock afwerfen', ,du wilt mit einer Dochter zween Eydam machen'. Die letzte Rda. ist bereits in einer Hs. des 11. Jh. belegt: "Tu ne maht nicht mit einero dohder zeuuena eidima machon", als volkstümlich auch im Schwed. und Ndl. bezeugt.
Aus dieser Fülle von Ausdr. ist im heutigen Sprachgebrauch nur unsere Rda. übriggeblieben; sie wird wohl die jüngste aller ihrer Varianten sein. Bei unseren Nachbarn und schon im Lat. finden sich gleichbedeutende Wndng. ähnl. Art, vgl. lat. ,uno saltu apros capere duos', ital. ,pigliar due colombi con una fava', ndl. ,twee kraeyen met en schoot schieten', engl. ,to kill two birds with one stone', frz. ,faire d'une pierre deux coups'.
Wenn man von einem Prahlhans sagt: *Er will sieben Fliegen mit einer Klappe schlagen,* so handelt es sich dabei um eine Umgestaltung unserer Rda. in Anlehnung an das Märchen vom tapferen Schneiderlein (Grimm: KHM. 20).
Sich über die Fliege an der Wand ärgern: sich über jede Kleinigkeit ereifern, nervös sein. Der pietistische Theologe C. Scriver gebraucht 1681 in seinem ,Seelenschatz' (2,943) diese Wndg. von Kranken: "Die Erfahrung lehret, daß solche Siechlinge manchmal, wie man spricht, die Fliege an der Wand irret und eifert", ↗ Mücke.
Wie die Fliege aus der Buttermilch: schwerfällig, unbeholfen, ist schon Geiler von Kaysersberg bekannt in der Form: "er kam gezogen wie die Fliege aus der Buttermilch". Bei Grimmelshausen heißt es im ,Simplicissimus' (Buch IV, Kap. 20): "Sollte mir wohl jemand raten, hineinzuplumpen wie die Fliege in ein heißen Brei?" In der rhein. Mda. ist aus unserer Zeit bezeugt: ,He geiht as en Flieg en de Kernemelk', er geht sehr unbeholfen, und im Meckl. sagt man von einem, dem es gut geht: ,He läwt as de Flieg' in de Dickmelk'.
,Fliegen fangen' ist eine unnütze Tätigkeit und Zeitvergeudung; daher: *Ich bin nicht hier, um Fliegen zu fangen:* ich habe Wichtigeres zu tun. Von einem schüchternen und gutmütigen Menschen, der keinem anderen, nicht einmal einer ,lästigen Fliege', ein Leid zufügen würde, sagt man: *Er kann keiner Fliege etw. zuleide tun*

(vgl. ndl. ‚geen vlieg kwaad doen kunnen‘; engl. ‚He would not hurt a fly‘, frz. ‚Il ne ferait pas de mal à une mouche‘.

Aus einer Fliege einen Elefanten machen ↗ Mücke.

Matt wie eine Fliege; bei Gellert (Sämtl. Schriften 3,369): „Ich bin so matt, daß mich eine Fliege umstoßen könnte“; obersächs. ‚Die nerweesen Weibsen fallen um wie de Fliegen, dann liegen se da wie de toten Fliegen‘; schlesw.-holst. ‚Se fallt as de Flegen in Nasommer‘. Entspr. auch: *wie die Fliegen sterben:* haufenweise, reihenweise. *Das ist so notwendig wie die Fliegen in der Suppe:* völlig überflüssig u. geradezu unerwünscht.

Die kluge, aber auch übersensible u. überempfindliche Person wird mit der Wndg.: *die Fliegen (Flöhe) husten hören* näher umschrieben (vgl. KHM. 34), ↗ Floh.

Fliegenbeine zählen: übergenau und pedantisch sein. Das Auszählen von Fliegenbeinen ist eine Metapher für eine sehr minutiöse und aufwendige, im Grunde aber sinnlose Arbeit, insbes. in den Wissenschaften.

Sich über jeden Fliegenschiß (Fliegendreck) ärgern: sich über Kleinigkeiten erregen.

Nicht für einen Fliegenschiß: nicht um alles in der Welt.

Lit.: *O. Keller,* Die antike Tierwelt 2 (Leipzig 1913), S. 447–453; Art. ‚To die like flies‘, in: Notes & Queries 177 (1939), S. 479, 178 (1940), S. 51, 88; *R. Riegler,* Art. ‚Fliege‘, in: HdA. II, Sp. 1621–1630; *H.-J. Uther,* Art. ‚Fliege‘, in: EM.IV, Sp. 1276–1281.

Flinte. *Die Flinte ins Korn werfen:* eine Sache entmutigt verloren geben.

Aus der Bez. ‚Flinte‘ geht hervor, daß die Rda. in einer Zeit entstanden ist, als die Soldaten noch mit Vorderladern mit Feuerstein (= Flint)-Schlössern ausgerüstet waren. Da es sich dabei um angeworbene Söldner handelte, die in der Hauptsache um des Geldes (und zu erwartender Beute) willen Kriegsdienst taten, waren diese Soldaten begreiflicherweise wenig geneigt, ‚bis zum bitteren Ende‘ zu kämpfen, d. h. um irgendeiner Sache willen zu sterben. Sie ergriffen lieber rechtzeitig die Flucht und ließen ihre Waffen dort zurück, wo sie nicht gleich entdeckt werden konnten. Das Bild der Rda. entspricht älteren Wndgn., wie lat. ‚hastam abicere‘, die Lanze fortwerfen, übertr.: alles verlo-

ren geben (bei Cicero), ‚clavum abicere‘, das Steuerruder loslassen.

Die Flinte ist auch noch in einigen anderen Wndgn. volkstümlich, z. B. obd. *Dem hat's auf die Flinte geregnet* (oder *geschneit):* ein unerwartetes Ereignis hat seine Pläne vereitelt, wie dem Jäger oder Soldaten, dem das Pulver durch Regen oder Schnee feucht geworden ist. Rhein. ‚en lang Flint hon‘, zu weit schießen; ‚der es nich wert, dat me en in de Flint ladt un dem Deuwel et Neujohr anschüt‘.

Der Ausruf *Himmel haste keene Flinte?* auch: *Himmel (Herrgott), leih mir deine Flinte* (mit der Fortsetzung ‚Schieß mir dausend Daler vor!‘) ist wahrsch. aus einem altberl. Couplet in die Umgangssprache gedrungen.

Lit.: *H. Rausch:* Die Flinte ins Korn werfen, in: Sprachfreund 4 (1955), Nr. 5, S. 2–3 (Beilage zur Zs. Muttersprache).

Flitterwochen. *In die Flitterwochen fahren:* den Hochzeitsurlaub verbringen. Die Bez. ‚Flitterwochen‘ für die ersten Wochen nach der Hochzeit gehört zu dem älteren Verb ‚vlittern‘: lachen, flüstern, sich freuen. Schon bei H. Sachs (I, 518) ist der Ausdr. bezeugt. Später findet er sich u. a. auch in einem Gedicht von J. Chr. Günther, der Ähnliches aussagt:

... Die Brautnacht ist ein Teil davon
(der goldnen Jahre),
da hängt der Himmel voller Geigen,
doch tritt man aus der Flitterwoche,
so kommt das Hauskreuz nach und
                      nach
und kreucht mit sammt dem neuen
                      Paare
in Kleider, Bett und Schlafgemach.

(J. Chr. Günther: ‚Gedichte‘ [Breslau 1735], S. 427).

Vgl. das Sprw.: ‚Auf die Flitterwochen kommen die Zitterwochen‘.

Floh. *Lieber Flöhe hüten als das,* oder *das ist schlimmer als einen Sack Flöhe hüten:* von einer fast unmöglichen, undurchführbaren Aufgabe gesagt, lat. schon 1508 bei Heinrich Bebel Nr. 86: „Difficillima dicitur esse custodia mulierum: adeo ut mille pulices ex proverbio facilius contineantur in uno loco, quam castitas unius mulieris pravae et libidinosae“. Bei Seb. Franck

(1, 27): „Weiber hüten. Einer wannen vol flôh hüten", und bei Burkard Waldis:

.. Wolt lieber jar vnd tag
Fünfhundert flöhe in einem sack
Zu velde tragen alle morgen
Schütten ins graß, vnd dafür sorgen,
Das ers brecht wieder all zu mal
Vnd jm nicht einr fehlt an der zahl.

Flöhe (Heuschrecken) hüten' – ‚Wasser in den Brunnen schütten"

Ähnl. in Seb. Brants ‚Narrenschiff' (32 a):

Der hütt der hewschreck an der sunn
Vnd schüttet wasser jn eyn brunn
Wer hüttet das eyn frow blib frum.

Die Flöhe husten hören: überklug, spitzfindig sein, schon im 16. Jh. gebräuchl., belegt z. B. bei Seb. Franck (1, 78): „Er hört die flöh husten, das graß wachsen", auch in Abraham a Sancta Claras ‚Todten-Capelle' (28): „Er hört das Gras in den Elisischen Feldern wachsen, und die schwindsüchtigen Flöh, in Seraglio zu Constantinopel, biß auf Paris, husten". Die Rda. ist noch heute in der Volkssprache verbreitet, mitunter jedoch etw. derber, etwa rhein. ‚Er hert de Fleh am helle Dag furze', meckl. ‚Dei is so klauk, kann Flöh bläken sihn.' Vgl. südfrz. ‚Il entend pèter le loup' (wörtl.: Er hört den Wolf furzen), ⟋ Wolf.
Jem. einen Floh ins Ohr setzen: ihm eine beunruhigende Mitteilung machen, ihn mißtrauisch machen, wohl lehnübersetzt aus frz. ‚mettre à quelqu'un la puce à l'oreille': ihn beunruhigen, aber auch: ihn auf die richtige Spur bringen; schon in Grimmelshausens ‚Simplicissimus' (Buch III, Kap. 14): „... denn Springinsfeld hatte mir einen unruhigen Floh ins Ohr gesetzt". Vgl. ‚einem eine ⟋ Laus in den Pelz setzen'.
Nicht mehr gebräuchl. ist die im 16. und 17. Jh. reich belegte Rda. *einem die Flöhe abkehren* (oder *abstreichen*): ihn verprügeln, z. B. in Fischarts ‚Geschichtklitterung': „den strichen sie die Floeh ab". Vgl. frz. ‚secouer les puces à quelqu'un'.
Mdal. weit verbreitet ist *Er steckt voller Schulden wie der Hund voller Flöhe;* ferner *Ihm ist ein Floh über die Leber gehüpft:* er ist übel gelaunt, ⟋ Laus.
‚Mit Flohfett geschmiert' nennt man erzgeb. einen Witzbold, der sich ernsthaft stellt; um einen Dummkopf zu necken (z. B. am 1. April), schickt man ihn *Flohsamen einkaufen,* ⟋ April.
Weniger freundlich, ja abweisend klingen die Wndgn. *Du bist wohl vom Floh gebissen?* oder *Dich hat wohl ein Floh gebissen?* (ähnl., frz.: ‚Quelle puce vous mord?'), die Ablehnung ausdrücken wie die Rda. ‚Du bist wohl verrückt', ‚das kommt gar nicht in Frage!'
Den Flöhen zu Leibe rücken: sie ausmerzen, töten.
Aus jüngerer Zeit stammt die etw. saloppe Wndg.: *Angenehmes Flohbeißen,* die in freundschaftlich-familiärer Umgebung den üblichen ‚Gute-Nacht-Gruß' ersetzt (vgl. frz.: ‚donner à manger aux puces': schlafen gehen).
Neuere Begriffe sind ‚Flohmarkt', ‚Flohzirkus' für eine zirkusähnl. Vorführung mit Flöhen sowie ‚Flohwalzer' für ein bekanntes, sehr simples Klavierstück, das auch Kinder, Nicht-Klavierspieler oder gänzlich Unmusikalische zuweilen beherrschen und das deshalb stets Heiterkeit hervorruft.

Lit.: *J. Barat:* ‚Avoir la puce en l'oreille', in: Revue des études Rabelaisiennes 5 (1907), S. 98–101; *O. Keller:* Die antike Tierwelt 2 (Leipzig 1913), S. 400; *E. Littmann:* Dichtung u. Wahrheit über den Floh (Leipzig 1925, Ndr. Frankfurt/M. 1987); *R. Riegler:* Art. ‚Floh', in: HdA. II, Sp. 1631–1635; *H.-J. Uther:* Art. ‚Floh', in: EM. IV, Sp. 1305–1308.

Flop. *Etw. erweist sich als ein Flop*, d. h. (im Sport) als ein Fehlstart, (allgem.) Mißerfolg, Versager, Panne. Der Ausdr. ist aus dem Engl. übernommen; ,flop' = Reinfall, Fiasko, Niete.

Florian. *Heiliger Florian!:* Ausruf, der ähnl. wie ,Heiliger Bimbam', Erstaunen und Verärgerung nach einem Mißgeschick ausdrückt. Ein anderer, diesen Heiligen betreffenden Spruch lautet:
Heiliger St. Florian,
schütz unser Haus, zünd andere an'.
Er ist auch als Inschrift auf Floriansfiguren zu finden, so z. B. in Tirol, wo eine Heiligenfigur die Unterschrift trägt:
Heiliger Florian,
beschütz dies Haus,
czynd andere an!
Es handelt sich um eine scherzhafte Anrufung des Heiligen, der vor Brand und Feuer schützen soll und daher auch als Schutzpatron der Feuerwehrleute gilt. Dabei beruht sein Ruhm als Feuerlöscher urspr. auf einem Mißverständnis: Der Wasserkübel, mit dem der Heilige stets abgebildet ist und der allg. als Löscheimer gedeutet wird, ist ein Attribut, das sich auf sein Martyrium bezieht: er wurde nach der Passio in der Enns ertränkt. Doch gilt er nach wie vor als Schutzheiliger, der imstande ist, eine Brandkatastrophe zu verhindern oder ein Feuer schnell zu löschen. Entspr. haben die Feuerwehrleute den Beinamen ,Floriansjünger' erhalten. Aufgrund der scherzhaften Erweiterung des Hilfsgesuchs ,zünd andere an' bildete sich in jüngster Zeit die Rda.: *Nach dem St. Floriansprinzip handeln:* den Schaden von sich auf andere ablenken wollen; z. B. die Notwendigkeit einer Einrichtung einsichtsvoll bejahen, aber tausend Gründe dafür finden, daß ausgerechnet hier der dafür denkbar ungünstigste Platz wäre. Diese Wndg. wird freilich so ernst genommen, daß sie auch auf den Bereich der Politik Anwendung findet: *Eine St. Florianspolitik betreiben:* den Mißstand auf andere lenken, ihn anderen zuschieben wollen.

Lit.: *D. Assmann:* Hl. Florian bitte für uns (Innsbruck – Wien – München 1977); *P. Sartori:* Art. ,Florian', in: HdA. II, Sp. 1635–1636; *F. Tschochner:* Heiliger Sankt Florian (München 1981); *W. Neuwirth:* Der heilige Florian (Linz 1985).

Flöte, flöten. *Eine schöne (die ganze) Flöte auf der Hand haben:* scherzhaft beim Kartenspiel für eine zusammenhängende Folge von Spielkarten einer Farbe, die man gleichsam wie eine Tonleiter herunterspielen kann; in demselben Sinne: *die (ganze) Flöte auf den Tisch legen.*
Mit der Flöte regieren: mild regieren; wie bei der ersten ↗ Geige heißt es auch: ,Ihm ist nicht wohl, wenn er nicht die erste Flöte spielen kann'. ,Mit der Flöte regieren' kann heute auch anders gemeint sein: Auf dem Sportplatz regiert der ,Schiri' (= Schiedsrichter) mit der Trillerpfeife, beim Militär übermittelt der Unteroffizier mit dieser seine Befehle, bes. berüchtigt beim ,Kasernenhof-Drill'.
Das geht wie ein Flötchen: es geht sehr leicht, wie geschmiert.
In den süßesten Tönen flöten: sich der höflichsten, schmeichlerischsten Worte bedienen; auch in gereimter Form:
Das Pfeiflein macht gar süßes Spiel,
wenn es den Vogel fangen will.
Die Flöte hat häufig eine erotische Bdtg.; sie steht symbolisch für den Penis. ,Flöte spielen' meint dann koitieren, eine ,abgespielte Flöte' einen schlaffen Penis oder einen impotenten Mann, ein ,Flötensolo' Fellatio oder Masturbation. Ein Arzt für Geschlechtskrankheiten wird auch als ,Flötenklempner' bez. Ebenso wird in manchen Szenen der bildenden Kunst die erotische Bdtg. der Flöte angesprochen, ↗ Flötentöne.
Flöten gehen: verlorengehen, verschwinden, zugrunde gehen, ist eine vieldiskutierte Rda., deren Herkunft noch nicht mit Sicherheit geklärt ist. Im Grimmschen Wb. (III, 1824) wird sie aus dem Dt. abgeleitet als „schwinden, dahin tönen in die Luft, wie der verhallende Laut einer Flöte"; in älteren Aufl. des Borchardt-Wustmann wird die Rda. gedeutet als: „mit einer Flöte davongehen, um sich als Musikant durch die Welt zu schlagen" (⁵1895), oder als „pissen gehen" (⁶1925). Für diese letzte Deutung spricht auch die ndl. Wndg. des 17. Jh. ,weggaan om te fluiten', wo ,fluiten' soviel wie ,urinieren' heißt; auch in anderen Sprachen ist dieser Ausdr. ausgeweitet zu der Bdtg. ,sich wegschleichen', z. B. ndd. ,ga wat pissen', pack dich weg, frz. ,envoyer pisser

(chier) quelqu'un' (äußerst derb), jem. wegjagen, ,pisser à l'anglaise' (heute ungebräuchlich), heimlich weggehen, dt. ,sich wegpissen', ,sich verpissen', davonschleichen. In Trübners ,Deutschem Wörterbuch' (II, 396) wird die Wndg. erklärt aus dem hebr. peleta = ,Entrinnen, Rettung', das über ostjüd. plete auch unser Plete ergab; ,peleta' lautete in portugiesisch-hebr. Aussprache feleta, gelangte in die Niederlande, schlug im 17. Jh. in der Amsterdamer Geschäftssprache Wurzel und drang von da aus weiter nach Osten. Dieser Deutung ist neuerdings oft widersprochen worden, indem man auf die urspr. Ableitung von ,flöten' zurückkam. Ndd. ,fluiten gan' = verschwinden, durchbrennen, ist bereits 1578 und 1650 nachweisbar, 1755 in Richeys ,Hamburg. Idiotikon' (63): „Dat Geld is fleuten gaan", was nicht für die Ableitung aus dem Hebr. spricht, sondern einen ndd. oder ndl. Urspr. der Rda. wahrscheinl. macht; im Ndl. ist die Wndg. heute ebenfalls noch verbreitet, meist in der Form ,fluiten gaan'; in Limburg ,Hä is fleute pipe', er is weg. So ist auch der Ausdr. ,Flötepiepen' allg. verbreitet, um die Ablehnung eines Gedankens auszudrücken, ähnl. wie ,Denkste' oder ,Pustekuchen'. Im Norddtl. ist das Wort ,Fläutjepiepen' oft verbunden mit der Geste des unter der Nase vorbeistreichenden Zeigefingers, in der Bdtg.: danebengegangen, mißglückt.

Lit.: O. Weise: In die Wicken gehen, flöten gehen und Verwandtes, in: Zs. f. hd. Mdaa. 3 (1902), S. 211–217; S. A. Birnbaum: Der Mogel, in: Zs. f. d. Ph. 74 (1955), S. 249; M. Willberg: Die Musik im Sprachgebrauch, in: Muttersprache (1963), S. 201–221; D. Möller: Untersuchungen zur Symbolik der Musikinstrumente im Narrenschiff des Seb. Brant (Regensburg 1982), S. 82–83.

Flötekies. *Jo woll, Flötekies!,* eine in Mda. und Umgangssprache des Rheinlandes verbreitete Rda., gebraucht als grobe abschlägige Antwort auf irgendein Ansinnen, in ähnl. Sinne wie die Wndgn.: ,einem etw. husten, pfeifen, blasen'. Laut Nachweis des Rhein. Wb (Bd. 2, 1931, Sp. 657) ist Flötekies = Flötekäse der alte Name für Magermilchkäse, also eine Bez. für minderwertige Käsesorten, ein Neben- oder Abfallprodukt der Butterherstellung.

Der erste Bestandteil dieses Wortes, das ausgestorbene Verbum ,flöten', bedeutete urspr.: die ,Milch wieder fließend machen, den Rahm abschöpfen; ,flötenmelk' war entrahmte Milch. Da das Verbum flöten im Rheinl. außer Gebrauch kam, wurde der Ausdr. Flötekies nicht mehr verstanden, seine urspr. Bdtg. ging dem Sprachbewußtsein verloren. Deshalb setzte eine neue volksetymol. Umdeutung ein, indem das nicht mehr verstandene Wort in Zusammenhang mit flöten = pfeifen gebracht wurde. Es entstand die volkstümliche Auffassung, daß man durch den Genuß von Quarkkäse flöten oder pfeifen lernen könne. Im Rhein. Wb. (a. a. O.) heißt es, der Flötekies werde so benannt, „weil man ihn Stubenvögeln gab, um sie zum Sigen zu bringen". Dazu paßt die am Mittelrhein (St. Goar, Boppard) bezeugte Rda. ,De pfeift grad, als wenn e Keis gess hätt'.

Die abschlägige Antwort ,Jo woll, Flötekies!' bez. auf der einen Seite also etw. Minderwertiges, Geringes, wozu andererseits noch ein zweites kommt: In der bildhaften Volkssprache will eben derjenige, der eine solche betont abschlägige Antwort gibt, sagen: Ich habe mit Hilfe des Flötekäses gründlich flöten gelernt und bin dadurch imstande, dir kräftig was zu flöten.

Lit.: K. Meisen: ,Jo woll, Flötekies!' Die Entstehung und Bdtg. einer rhein. Rda., in: Zs. f. rhein.-westf. Vkde. 1 (Bonn–Münster 1954), H. 3, S. 169–177.

Flötentöne. *Einem die (richtigen) Flötentöne beibringen:* ihn Anstand lehren, ihm das richtige Verhalten beibringen, ihn zurechtweisen. Die Rda. bezieht sich auf die Unterweisung im Flötenspiel. In älterer Sprache steht neben ,Flöte' auch ,Flötuse' oder ,Flöduse', was auf frz. ,Flûte douce' zurückgeht; so sagt Christian Weise (1642–1708) von einem Gefangenen, der gefügig gemacht werden soll: „ich will ihm noch die flaute douce pfeifen lernen". In ihrer heutigen Form ist die Rda. jedoch erst seit der Mitte des 19. Jh. geläufig. Sie wird zumeist als Verweis von Erwachsenen gegenüber Kindern u. Jugendlichen gebraucht u. lautet: ,Ich werde dir schon die Flötentöne beibringen!'

flott. *Etw. flott machen:* in Gang bringen, in Bewegung bringen; vgl. frz. ‚mettre à flot‘ sowie ‚être à flot‘, letzteres i. S. v. in Ordnung, betriebsfähig sein.

Flott gehört zu ‚fließen‘ (altsächs. fliotan) und lautet ndd. und ndl. ‚vlot‘ = schwimmend, das als Schiffswort in der Formulierung ‚flott werden‘ seit Olearius (Reise, 208) 1647 ins Hd. gelangt ist. Die Wndg. ‚flott machen‘ ist nicht auf die Seemannssprache beschränkt, sondern heute auch in anderen Zusammenhängen verwendbar, wenngleich der Bezug zur Schiffahrt meist als bekannt vorausgesetzt werden darf. So konnte man z. B. 1963 in einer Zeitung lesen: „und versuchte auf diesen Fluten das Lieblingsprojekt seines Verlegers flott zu machen" (Die Zeit, 22. 2. 1963, S. 4, Sp. 4).

Vielfach wird flott aber auch synonym für ‚schnell, sehr beweglich, flink‘ oder auch ‚gescheit‘ und ‚chic‘ verwendet.

Einen flotten Otto haben ↗ Otto; ähnl. ‚die flotte (schnelle) Kathrine‘.

Nordwestdt. ‚Warum läßt du die Flottfedern hängen?‘: Ist dir eine Laus über die Leber gelaufen?

Fluch, fluchen. Der Fluch ist eine Redeformel, durch die man Unheil auf einen anderen oder auf sich selbst herabwünscht. Im letzteren Fall ist er die Beteuerung einer Aussage, bei deren Unwahrheit man das Unheil als Strafe erleiden will (K. Beth). Damit steht der Fluch in enger Beziehung zum Eid und anderen Formen des Rechtslebens, auch zum Gottesurteil.

Der Fluch rechnet mit der magischen Kraft des gesprochenen Wortes. Er ist ein schadenzauberischer Verbalakt: ‚Daß dich das ↗ Mäuslein beiße!‘ ‚Daß dich ↗ Maden fressen!‘ Beim Fluch gibt es eine Einheit von Wortformel und Schrift. Sie wird u. a. in dem altägyptischen Brauch sichtbar, Fluchformeln gegen Feinde auf Gefäße zu schreiben und diese dann rituell zu zertrümmern (S. Morenz).

Im A. T. ist mehr von Fluchen die Rede als im N. T. „Verflucht, wer dich verflucht, Gesegnet, wer dich segnet" (1. Mos. 27, 29). Am gravierendsten ist der Fluch eines nahen Verwandten, was schon die bibl. Spruchweisheit hervorhebt: „Der Se-

gen eines Vaters macht die Häuser der Kinder fest, der Fluch einer Mutter aber reißt sie nieder bis auf den Grund" (Sir. 3, 9). Doch ist den Christen, ebenso wie den alttestamentlichen Juden das Fluchen, Verwünschen oder die Selbstverwünschung verboten (2. Mos. 20, 7; Matth. 5, 36–44 u. a.). Im N. T. wird das Fluchen als unvereinbar mit dem Gebot der Feindesliebe angesehen.

Flüche werden oft in heftiger Erregung ausgestoßen. Dies kommt in Rdaa. zum Ausdruck wie: ‚Fluchen, daß die Balken krachen‘, ‚das Blaue vom Himmel herabfluchen‘, ‚fluchen wie ein Landsknecht‘, ‚wie ein Fuhrmann‘, ‚wie ein Pferdeknecht‘, ‚wie ein (münstersches) Marktweib‘, ‚wie ein Säbeltürk‘, ↗ Landsknecht ↗ Türke.

Der bekannteste Fluch ist die Wndg. ‚Verdammt nochmal!‘ Weitere gebräuchliche Fluchformeln sind: ‚Potz Blitz!‘, ‚Heidenblitz!‘, ‚Judenblitz!‘, ‚Bei Gott!‘, ‚Bigott!‘, ‚Donnerwetter!‘, ‚Himmelkreuzdonnerwetter!‘, ‚Heiliges siedigs Millionen-Kreuz-Donnerweter!‘, ‚Himmelsakrament‘, ‚Donner und Doria‘. Volle und verstümmelte Formeln gehen nebeneinander her: ‚Potz Sapperment!‘ (statt: Gottes Sakrament), ebenso: ‚Sakra!‘ und ‚Sack Zement!‘; ‚Herr Jemine!‘ (statt: Jesus Domine), ähnlich ‚Jerum‘, ‚Jessas‘, ‚Jesses‘; ‚Kruzitürken!‘ (für: Kruzifix), ↗ ‚Verflixt (und zugenäht)‘ für: verflucht.

Mit den Ausdr. des Fluchens und Schimpfens beschäftigt sich insbes. die Zs. ‚Maledicta‘. Internat. Journal of Verbal Aggression (Ed.: Reinhold Aman), Bd. 1 ff., 1977 ff.

Lit.: *K. Beth:* Art. ‚Fluch‘, in: HdA. II, Sp. 1636–1652; *S. Morenz* u. *F. Horst* u. *H. Köster:* Art. ‚Segen und Fluch‘, in: RGG. V (³1961), Sp. 1648–1652; *M. Belgrader:* Art. ‚Fluch‘, ‚Fluchen‘, ‚Flucher‘, in: EM. IV, Sp. 1315–1328.

Flügel. *Die Flügel über jem. breiten, jem. mit den Flügeln bedecken:* ihn in seine Obhut nehmen; vgl. frz. ‚prendre quelqu'un sous son aile‘ (wörtl.: jem. unter seinen Flügel nehmen), sowie ‚sous l'aile de ...‘ (wörtl.: unter dem Flügel von ...): unter dem Schutz von ...

Die Wndg. ist schon aus der Bibel bekannt. Im A. T. tragen die Cherubim und Seraphim Flügel, denen im bildl. wie im übertr. Sinne eine beschirmende und schützende Bdtg. beigemessen wird: „... und die Cherubim sollen ihre Flügel ausbreiten oben überher, daß sie mit ihren Flügeln den Gnadenstuhl bedecken ..." (2. Mos. 25,20); „... und die Cherubim breiteten ihre Flügel aus von oben her und deckten damit den Gnadenstuhl ..." (2. Mos. 37,9); „... und er sprach, wer bist du? Sie antwortet, ich bin Ruth, deine Magd, breite deinen Flügel über deine Magd" (Ruth 39). Auch in den Psalmen begegnet der Begriff ‚Flügel' als Symbol der Geborgenheit: ‚Beschirme mich unter dem Schatten deiner Flügel" (Ps. 17,8); „Unter dem Schatten deiner Flügel hab ich Zuflucht" (Ps. 57,2).

Darüber hinaus sind auch die Flügel des ↗Vogels (insbes. des Adlers) im A.T. des öfteren erwähnt: „Wie ein Vogel mit ausgebreiteten Flügeln wird der Herr der Heere Jerusalem schützen, es beschirmen ..." (Jes. 31,5). Im N.T. findet sich dagegen vor allem das Bild der Henne, die ihre Küchlein mit den Flügeln deckt, sie unter ihre Flügel nimmt: „Wie oft wollete ich deine Kinder um mich sammeln, so wie eine Henne ihre Küken unter ihre Flügel nimmt ..." (Matth. 23,37).

An die beschützenden Flügel einer Glucke ist auch gedacht in Paul Gerhardts (1607–1676) Versen:

Breit aus die Flügel beide,
O Jesu, meine Freude,
und nimm dein Küchlein ein!

Ähnl. vom selben Autor:

Wie ein Adler sein Gefieder
über seine Jungen streckt,
also hat auch hin und wieder
mich des Höchsten Arm bedeckt.

Vielfach leiten sich die Wndgn. – wie im letzten Vers – von den großen Vögeln (der Luft) her, wenn es z.B. heißt: ‚auf den Flügeln der Phantasie' oder (in lit. Zitaten): „auf den Flügeln des Gesanges" (H. Heine, aus der Gedichtsammlung ‚Lyrisches Intermezzo'), „auf des Gesanges raschem Flügel" (Goethe, ‚Was wir bringen' [1802], 20. Auftr.). Und auch Schiller verwendet das Bild mit den Worten: „auf den Flügeln eures Kriegsgesangs" (‚Jungfrau v. Orleans' [1801], 11). In diesen Zusammenhang gehört wohl auch der Pegasos der griech. Sage, das geflügelte Pferd,

das zum Sinnbild der Dichtkunst erhoben wurde.

Mit den Flügeln war demnach nicht nur die Vorstellung von Behütetsein verbunden, sondern vor allem auch die der leichten Fortbewegung, der Sehnsucht nach Ferne, der Wunsch nach schnellem Weitergetragenwerden, wie es auch z. Ausdr. kommt in der Wndg. *Jem. sind Flügel gewachsen:* er ist über sich hinausgewachsen, er hat ungeahnte seel. Kräfte entwickelt, oder, wie es formuliert ist in dem bekannten Wanderlied: „Ich wollt' mir wüchsen Flügel" (Gedichtsammlung von Scheffel mit dem Titel ‚Gaudeamus'). *Flügel haben:* flink wie ein Vogel sein. ‚Du hast wohl Flügel?' wird der rasch Herbeieilende gefragt; vgl. auch frz. ‚Il semble avoir des ailes', er läuft sehr schnell.

Anklänge an dieses schwebende Weitergetragenwerden – ‚wie auf Engelsflügeln' – finden sich in der Wndg. ‚durch etw. beflügelt werden' oder in den ‚geflügelten Worten', die Büchmann als Titel seiner berühmten Zitatensammlung wählte.

Um eines dieser geflügelten Worte handelt es sich auch bei einem (bei jungen Mädchen teilweise noch bekannten) Vers aus dem Gedicht ‚Lina' eines unbekannten Verfassers: „Als ich noch im Flügelkleide einst zur Mädchenschule ging ...". Das Flügelkleid war ein Gewand mit langen hängenden Ärmeln. Es war im 17. Jh. in Mode als leichtes Jungmädchenkleid und ist daher auch in der Lit. als Metapher für junge Mädchen häufig belegt: „... kaum aus dem Flügelkleid spielt sie schon stolz die Dame" (J. Fr. W. Zacharia, ‚Poet. Schriften' [1763 ff.]). Auch Wieland gebraucht diese Worte, um damit die Jungmädchenzeit zu verdeutlichen: „Ihr hüpftet noch im ersten Flügelkleide", ferner auch C.B.E. Naubert in: ‚Volksmärchen der Deutschen' (1840): „daß Gerhard eine Tochter habe, die dem Flügelkleide ziemlich entwachsen sein müsse".

Das Wort steht darüber hinaus auch für Leichtigkeit, das Erhebende, wie es Schiller der sterbenden Johanna in den Mund legt (‚Die Jungfrau v. Orleans', V, 14):

Wie wird mir – Leichte Wolken heben
mich –
Der schwere Panzer wird zum
Flügelkleide.

Und nicht zuletzt steht es für Kindheit und Jugend allg., so bei A. Müllner (,Die Schuld' [1816], 144):

Im Flügelkleide
ward ich seines Sohnes Braut.
Drei Jahr drauf ward ich getraut.
Kinder waren wir noch beide,
Kinder an Gemüt und Geist.

Auf Unbekümmertheit und ahnungslose Sorglosigkeit spielt die Rda. an: *sich die Flügel verbrennen:* Schaden erleiden; vgl. frz., se brûler les ailes'; abgeleitet vom Bild der Fliegen und Motten, die sich zu nahe ans Kerzenlicht wagen und dabei verbrennen. Entsprechend wird die Redensart vielfach auch gebraucht für junge Leute, die sich leichtsinnig einer Gefahr aussetzen.

„Ich strebe nur dem Lichte zu, mir folge nach, der mir gleich denkt!"
So rief die Fliege stolz und hat — die Flügel sich am Licht versengt.

,Sich die Flügel verbrennen'

Zu schwäb. ,Der fliegt höher, als ihm d'Flügel gwachse sind' gibt es eine sinnverwandte Rda. in älterer Sprache: *die Flügel über das Nest hinaus strecken,* was 1561 von J. Maaler (,Die teutsch Sprach' 139[b]) so erklärt wird: „sich prachtlicher stellen dann vnser Haab vnnd Gut vermöge".

Sonst dient Flügel, weil der Mensch oft mit einem Vogel verglichen wird, zu ähnl. Rdaa. wie ↗ Fittich: *einen beim Flügel kriegen; einem die Flügel beschneiden* (oder *stutzen):* ihn in seiner Freiheit beschränken, schon in der ,Zimmerischen Chronik' (IV, 51) und bei Abraham a Sancta Clara: „einem die Flügel stutzen"; vgl. frz. ,rogner les ailes de quelqu'un': jem. in seiner Macht beschränken, und ,couper les ailes de quelqu'un' (wörtl.: jem. die Flügel ab-

schneiden): ihn seiner Handlungsfreiheit berauben.

Die Flügel hängen lassen: den Mut sinken lassen; mdal. bes. in dem Vergleich verbreitet: *Er hängt die Flügel wie die Gänse vor der Ernte;* schwäb. ,Die läßt d'Flügel net schlecht hange'. Die Wendung begegnet schon in einem Volkslied des 19. Jahrhunderts:

Ja, sie hengen schon die Flügel,
aller Orten krank und matt.

(Fr. L. v. Soltau: ,Einhundert deutsche historische Volkslieder' [1836]).

flüstern. *Jem. etw. flüstern:* ihn tadeln, ihm gehörig seine (wenig schmeichelhafte) Meinung sagen, ihm ,Bescheid stoßen'.

In früherer Zeit galt der Flüst(e)rer als Verleumder, der Unwahrheiten und Lügen über seine Mitmenschen verbreitete. Diese stellten oft grobe Beleidigungen dar, die mit harter Strafe belegt wurden, wenn sie nachgewiesen werden konnten. Um vor Zeugen sicher zu sein, wurden solche ,Botschaften' ins Ohr geflüstert. In ähnl. Sinne begegnet der Ausdr. noch Anfang des 19. Jh.: „Die Bosheit des Flüstrers, der sich schlau entfernt, wenn er böse Gedanken dem Herzen des Menschen zugelispelt hat" (Klingers Werke, VII [1816], 234). Von daher wird auch die Rda. *Flüstern gilt nicht* verständlich.

Flut. *Mit der Flut auslaufen:* zum richtigen Zeitpunkt in See stechen, die günstige Gelegenheit nutzen. Ein ähnl. sprachl. Bild gebraucht Schiller: „Die hohe Flut ist's, die das Schiff vom Strande hebt" (,Die Piccolomini', II, 6, 1789).

Die Flut im Rücken haben: die Gefahren hinter sich gelassen haben, glücklich sein, durch vorteilhafte Bedingungen gefördert werden; vgl. ,den ↗ Wind im Rücken haben'.

Wie Ebbe und Flut aufeinanderfolgen: ganz zwangsläufig, einem ständigen Wechsel unterliegen, ↗ Ebbe.

Von den Fluten weggerissen werden: keinen Halt mehr finden, zerstört werden, ähnl.: *In den Fluten versinken (umkommen):* ertrinken, zugrunde gehen.

In übertr. Bdtg. wird eine unübersehbare

große Menge als ‚Flut' bez., die über einen hereinbrechen kann: z. B. *eine Flut von Briefen (Glückwünsche, Karten) erhalten:* sehr viel Post bekommen; *jem. mit einer Flut von Beleidigungen (Schimpfwörtern) überschütten:* ihn ausgiebig beschimpfen; *eine Flut von Flüchen (Verwünschungen) über sich ergehen lassen müssen:* hilf- und machtlos dem Haß oder Zorn eines anderen ausgeliefert sein.

Auch die Fülle von Licht wird neuerdings als eine ‚Flut von Licht' bez.: nach Einbruch der Dunkelheit kann ein Fußballspiel ‚unter Flutlicht' ausgetragen werden.

Lit.: *O. G. Sverrisdóttir:* Land in Sicht (Frankfurt/M. 1987), S. 174–176.

Folter. *Einen auf die Folter spannen:* ihn im ungewissen lassen. Die Folter ist dem germ. Recht urspr. fremd.

‚Auf die Folter spannen'

Das Wort ‚Folter' geht auf lat. ‚poledrus' = Folterbank zurück, es bedeutet die Anwendung körperlicher Qualen zum Erzwingen von Geständnissen. Die Folter wurde im röm. Recht bes. bei Sklaven verwendet. In Dtl. kam sie gegenüber Freien erst im späten MA. auf. Das Beweisverfahren suchte die Wahrheit durch das Geständnis des Angeklagten zu ermitteln. Bei schweren Verdachtgründen, z. B. He-

xerei, war dem Richter die ‚peinliche Befragung' gestattet. Als Vorstufe gab es im Kriminalprozeß das ‚Zeigen' der Folterinstrumente, das vielfach zum gewünschten Geständnis führte; wer wirklich gefoltert werden mußte, galt als verstockt. Bekannte Folterwerkzeuge waren: Daumen- u. Beinschrauben, die Folterleiter zum Zerren der Glieder, der spanische Bock, der Schwitzkasten, die Eiserne Jungfrau, das Rad und Peitschen mit Metallstückchen.

In der Aufklärungszeit wurde die Beseitigung der Folter gefordert, die 1740 zuerst in Preußen abgeschafft wurde, ↗ Tortur. Die übertr. Anwendung der Rda. ist seit dem 18. Jh. bekannt, so etwa bei Goethe:

O du loses ledigliebes Mädchen
Sag mir an, womit hab ichs verschuldet,
Daß du mich auf diese Folter spannest
Daß du dein gegeben Wort gebrochen.

Lit.: *T. Mommsen:* Röm. Strafrecht (1889); *H. Fehr:* Gottesurteil und Folter in: Festgabe f. R. Stammler (Berlin 1926); *R. Lieberwirth:* Christian Thomasius, Über die Folter (Weimar 1960); *ders.:* Art. ‚Folter', in: HRG. I, Sp. 1149–1152; *M. Meraklis:* Art. ‚Folter', in: EM. IV, Sp. 1410–1413.

Form. *(Gut) in Form sein:* gut aufgelegt, gut gelaunt, bei guter Leistungskraft sein. Die Wndg. ist erst in jüngster Zeit aus dem Sportleben und aus dem Engl. übernommen, wo sie zuerst im Pferdesport üblich war. Vgl. frz. ‚être en forme'.
Aus der Form gehen: erheblich zunehmen, an Gewicht zulegen.
‚Sie hat nur ei(n) Förmche' sagt man rheinhess. (Mainz) von einer Frau, die nur Jungen oder nur Mädchen zur Welt gebracht hat.
Die Form wahren: sich höflich, wenn auch reserviert verhalten, sich nach den gesellschaftlichen Regeln richten, nach außen hin so tun, als sei alles in schönster Ordnung und Harmonie, ↗ Etikette.
Das nimmt Formen an!: besorgter Ausruf, wenn eine Sache auszuufern droht.

fort. *Fort mit Schaden!:* um jeden Preis fort damit! Die Wndg. entstammt der Kaufmannssprache; im Geschäftsleben ist es üblich, eine schwer abzusetzende Ware lieber mit Verlust (= mit Schaden) zu verkaufen, als sie zu einem Ladenhüter werden zu lassen.

Frack. *Sich einen Frack lachen:* unbändig lachen, vgl. ‚sich einen Ast lachen'. *Einem den Frack verhauen:* ihn durchprügeln. *Feuer unter den Frack machen:* einen antreiben. *Einen am Frack haben:* ihn festhalten; ähnl. ‚ihn beim Wickel, beim Schlafittchen, am Bändel haben' usw. Schwäb. ‚Den hat's am Frack', es steht schlimm mit ihm. Schweiz. ‚Er hat Dreck am Frack', er hat keinen unbescholtenen Ruf mehr. In all diesen Fällen steht das Kleidungsstück für seinen Träger, Äußeres für Inneres.

Frage, fragen. *Das ist die Frage:* das steht noch nicht fest, es muß bezweifelt werden. ‚Die alte Frage' ist eine Angelegenheit, die schon zu wiederholten Malen auf der Tagesordnung stand, aber bisher nicht geregelt werden konnte.
Das ist eine gute Frage! Die Wndg. deutet an, daß der Befragte die gestellte Frage gern beantwortet, da sie einen wichtigen Aspekt betrifft und Problembewußtsein des Fragestellers erkennen läßt. Sie gibt ihm außerdem etw. Zeit, seine Antwort zu formulieren. Die Wndg. wird aber auch gebraucht, wenn dasselbe Thema schon anderorts diskutiert wurde, aber auch dort das Problem nicht gelöst werden konnte; sie bedeutet also soviel wie: ‚die Antwort wüßte ich selbst gern'.
Um eine Frage nicht herumkommen: nicht länger ausweichen, Ausflüchte machen können.
Etw. in Frage stellen: etw. anzweifeln, dagegen: *Etw. steht außer Frage:* es ist gewiß. *Etw. ist nur eine Frage der Zeit:* das Problem wird sich von selbst lösen, man muß nur Geduld haben.
Sich den brennenden Fragen der Zeit stellen (zuwenden): sich verantwortungsbewußt (als Politiker, Künstler, Journalist) mit den Gegenwartsproblemen auseinandersetzen und Lösungen von Konflikten suchen.
Auf allzu neugieriges Fragen sagt man: *So fragt man die Leute aus.* Es kann sogar mit einem Tabu belegt sein, das sich in Volkserzählungen meistens auf den Namen oder die Herkunft bezieht. Berühmt und rdal. geworden ist die Wndg. ‚Nie sollst du mich befragen!' aus Wagners Oper ‚Lohengrin'.

Nichts danach fragen: sich darum nicht kümmern, sich sorglos über alles hinwegsetzen, sich keine Gedanken um etw. machen.
Aus J. M. Millers 1776 gedichtetem Lied ‚Zufriedenheit' (komponiert von Mozart und Neefe) stammen die sprw. gewordenen Verse:
Was frag' ich viel nach Geld und Gut,
Wenn ich zufrieden bin?
Keiner (niemand) fragt nach einem: man fühlt sich vergessen, man vermißt Anteilnahme und Fürsorge von Freunden und Verwandten. Die Wndg. wird oft in Form einer Klage gebraucht. Andererseits warnt das Sprw. sogar vor zu vielem Fragen: ‚Wer viel fragt, bekommt viel(e) Antwort(en); vgl. engl. ‚Ask no questions, an' you'll get no lies'.
Im allg. gilt das Fragen jedoch als positives Zeichen von Interesse. Das kommt im Sprw. zum Ausdr.: ‚Wer nicht fragt, bleibt dumm' oder in der rdal. Empfehlung: *Lieber dumm fragen als dumm bleiben.*
Sich selbst fragen müssen: mit sich selbst zu Rate gehen, sein Gewissen ehrlich prüfen, sich etw. eingestehen müssen.

Lit.: *F. Adams:* ‚Ask no question, an' you'll get no lies!', in: Notes and Queries 9.3 (1899), S. 157; *R. Wehse:* Art. ‚Frage', in: EM. V, Sp. 23–29.

Fragezeichen. *Das reinste Fragezeichen sein:* eine schlechte, gekrümmte Körperhaltung zeigen.

Fraktur. *Fraktur reden* (oder *schreiben*): grob und deutlich gegen jem. vorgehen, ihm unverblümt und ohne Umschweife die Meinung sagen, auch: zu Gewaltsamkeiten schreiten. Mit Fraktur (zu lat. fractūra, von frangere = brechen) bez. man seit dem 16. Jh. die dt. Schrift mit ihren gebrochenen Linien im Gegensatz zur lat. Antiqua. ‚Mit jem. Fraktur reden' bedeutet daher soviel wie ‚mit jem. ↗ deutlich reden'. Die übertr. Anwendung des Wortes in der Rda. ist zuerst 1612 bei B. Sartorius (‚Der Schneider Genug- und sattsame Widerlegung' S. 5) belegt: „auch fein mit grober Fractur hindten auff den Buckel schreiben köndte", ähnl. auch bei Abraham a Sancta Clara, dann noch deutlicher 1729 bei Daniel Stoppe (‚Zweyte Sammlung', S. 113):

Er schrieb und zwar Fractur, bis sie
    zu seinen Füßen
Die süße Sterbenslust mit Schmertz
    verschweren müssen.
Um die Mitte des 19. Jh. wurde der Ausdr.
als politisches Schlagwort der Sozialde-
mokraten bekannt.

frank und frei. *Frank und frei reden:* unverblümt, ohne Scheu reden, ‚frisch von
der ↗ Leber‘ reden. Der Stammesname der
Franken gelangte zu den roman. Nachbarn und wurde über mlat. francus =
fränkisch als frz. franc, ital., span., portu-
giesisch franco zur Bez. des freien Mannes: die Franken waren in ihrem nordfrz.
Herrschaftsgebiet ‚franc et libre de toutes
tailles‘. Im späten 15. Jh. wird das frz. Adj.
zurückentlehnt und in der Zwillingsformel ‚frank und frei‘ viel gebraucht. Vgl.
auch KHM. 83.
Aus der ital. Formel ‚(il) porto (è) franco‘
= (das) Tragen (ist) frei, gelangt ‚franko‘
zu der Bdtg. ‚postfrei‘. Das zugehörige
‚frankieren‘ ist noch vor 1663 dem ital.
francare = freimachen nachgebildet.

Frankfurt. ‚Frankfurter Würstchen‘ ist die
abfällige Bez. für einen Frankfurter, – in
Anlehnung an die weltbekannte Wurst-
Spezialität mit demselben Namen. Auch
sonst haben sich die Frankfurter an einige
– z.T. boshafte – Spitznamen gewöhnen
müssen, so an die Bez. ‚Bankfurt‘ wegen
seiner Bdtg. als Hauptsitz der größten dt.
Banken, ferner an Ausdrücke wie ‚Krank-
furt‘ oder ‚Mainhattan‘ aufgrund der großen Anzahl von Hochhäusern in Frankfurt, die an Manhattan in New York
erinnern.
Etw. liebevoller gehen die Frankfurter mit
sich selbst und der Stadt um. Das läßt sich
aus den folgenden Rdaa. ablesen: ‚Es will
mer net in Kopp enei, wie kann nor e
Mensch net von Frankfort sei‘ oder
‚Frankfort brengt kaa Batze um‘: es kann
auch eine überhöhte Rechnung verkraften; ‚Frankfurt fährt selten aus, fährt‘s
awer aus, so fährt‘s vierspännig‘: die Stadt
Frankfurt ist nicht kleinlich und läßt sich
nicht lumpen. Dieses geflügelte Wort
stammt von Dr. Maximilian Reinganum,
Mitglied der Gesetzgebenden Körper-
schaft, der wesentlich dazu beitrug, daß

die für die Opfer der Hamburger Brandkatastrophe (5.5.1842) beantragte Hilfs-
spende von 2500 Gulden auf 100000
Gulden erhöht wurde. Der Spruch wird
heute noch scherzhaft von Frankfurtern
gebraucht, wenn sie z.B. bei einer Fest-
lichkeit, bei einem Schmaus oder dergleichen ein Übriges tun.
Eine weithin bekannte Rda. ist auch:
‚Zwei Dinge liegen so weit voneinander
wie Frankfurt und Sachsenhausen‘, d.h.
nahe beisammen. Dieser Wndg. liegt ein
Satz von Goethe zugrunde. Er lautet:
„Frankfurt gegenüber liegt ein Ding,
heißt Sachsenhausen“. Eine andere bekannte Rda. bezieht sich auf den erfolgreichen ‚Zugereisten‘: ‚Der hat in Frankfurt
sei Amerika gefunne‘, d.h. er hat als Fremder in Frankfurt sein Glück gemacht.

Lit.: *F. Stoltze:* Frankfurt in seinen Sprichwörtern u.
Redensarten (Frankfurt/M. 1939, Nachdr. 1980).

französisch. In vielen dt. Mdaa. ist die
Wndg. bekannt: *sich (auf) französisch
empfehlen:* sich heimlich davonmachen,
ohne sich zu verabschieden, namentlich
aus einer Gesellschaft; z.B. berl. ‚Er hat
sich uf franzö‘sch jedrückt‘, rhein. ‚sech of
französisch denn (= dünn) machen‘,
südd. ‚französisch Abschied nehmen‘.
Diese Rdaa. entspringen wie viele andere
dem Verlangen des einen Volkes oder
Stammes, den Nachbarn Unhöflichkeit
und allerlei sonstige Charakterfehler
nachzusagen. Die Franzosen gelten im
allg. als ausgesprochen höflich. In Nordostdtl. sagt man statt dessen: ‚sich auf ↗
polnisch empfehlen‘, im Nordwesten
‚holländisch abfahren‘.
Solche spöttischen Ausdr. sind keineswegs auf das dt. Sprachgebiet beschränkt.
Der Engländer sagt ‚to take a French
leave‘ für: durchbrennen, ohne zu bezahlen, so auch in Immermanns ‚Münchhausen‘ (II, Kap. 11): „He took a french leave,
d.h. er wollte abziehen, wie die Katz‘ vom
Taubenschlag, doch unter der Thüre
wandte er sich um“; der Franzose sagt
wiederum: ‚filer à l‘anglaise‘ (umg.). Französisch hat im rhein. Volksmund in der
Wndg. ‚et es französisch‘ etwa den Sinn:
es ist geringwertig, und im Hannoverschen heißt ‚franzsch‘ befremdend, selt-
sam: ‚Dat nimt sik franzsch ut‘.

Französisch (krank) sein, desgl. die Wndg.
,die Franzosen haben', die schon bei Luther sowie in Murners Verdeutschung von
U. von Huttens ,Buch de morbi gallici curatione', cap. 1, begegnet i. S. v. ,die Syphilis haben': „doch hat uberhant genommen
die gemein nennung und ich wil sie in disem buch auch die franzosen nennen".
Paracelsus und F. v. Logau nennen die
Krankheit einfach nur ,französisch': „und
derselbig Mensch war französisch" („Paracelsi chirurg. Schriften' [1618]):

doch es ist nun ziemlich lang
dasz er ist französisch krank

(F. v. Logau: ,Salomons von Golaw deutsche Sinngedichte drei tausend [Breslau 1654]).
Wer nur geringe frz. Sprachkenntnisse
hat, *spricht französisch wie die Kuh spanisch,* so auch im Ndl. und im Frz. selbst.

Lit.: *Haape:* ,Er spricht französisch, wie die Kuh spanisch', in: Zs. des allgem. dt. Sprachver. 18 (1903), S. 145; *G. Erhardt:* ,Er spricht französisch wie die Kuh spanisch', in: Zs. des allg. dt. Sprachver. 18 (1903), S. 304; *H. Schuchardt:* ,Er spricht französisch wie die Kuh spanisch', in: Zs. des allg. dt. Sprachver. 18 (1903), S. 368–369; *K. Wehrhan:* Zur Geschichte u. zur Verbreitung des Ausdrucks: ,die Franzosen haben', in: Zs. des Vereins f. rhein. u. westf. Vkde. 4 (1907), S. 198–203; *S. Sontag:* Krankheit als Metapher (München 1978); *A. A. Roback:* A Dictionary of International Slurs (Cambridge [Mass.] 1979), S. 159–161.

Frau. Sprichwörter und sprw. Rdaa. über
Frauen entstammen zumeist männlich-patriarchalischem Denken und sind
darum nicht selten frauenfeindlich. In
diesem Lexikon sind sie weniger unter
dem Stichwort ,Frau' zu finden, als unter
den Begriffen, mit denen Frauen sprw.
umschrieben werden, also z. B. unter den
Bez. für weibliche Tiere, wie Kuh, Katze,
Gans, Eule, Schnecke, Schnepfe, Ziege,
Zicke u. a.
Einer Frau den Apfel reichen: ihr den Preis
der Schönheit zuerkennen. Die Rda. bezieht sich auf das Urteil des Paris, von
dem Homer in der Ilias (XXIV, 25–30) als
erster berichtet: Paris reichte bei einem
Streit der Göttinnen Hera, Athene und
Aphrodite, welche von ihnen die Schönste sei, den goldenen Apfel (⟋ Zankapfel)
der Aphrodite; vgl. frz. ,pomme de discorde'.
Die Frau hält Ausverkauf heißt es gering-

schätzig, wenn eine ältere Frau die letzten
Reste ihrer Reize bes. zur Geltung zu bringen sucht. Vgl. frz. ,Cette femme joue de
son reste".
Die Frau hat die Hosen an: sie führt die
Herrschaft im Hause, ihr Mann hat nichts
zu bestimmen. Vgl. ndd. ,De Fro het de
Büxe an' und frz. ,Cette femme porte la
culotte', ⟋ Hose.
*Er glaubt stets, seine Frau habe auf einem
andern Markte eingekramt* sagt man von
einem argwöhnischen und eifersüchtigen
Ehemann, wenn er sich nicht für den Vater des Kindes hält und nur deshalb zweifelt, weil es ihm nicht ähnlich ist.
Die weiße Frau ist ihm erschienen: er hat
Todesahnungen. Die weiße Frau (meist
die Ahnfrau des Geschlechtes) erschien
auf einem alten Schloß meist nur dann,
wenn ein Unglück oder ein Todesfall
drohte.
Moderne Wndgn. sind: *eine Frau nach
Maß sein:* eine weibl. Idealgestalt mit körperlichen und geistigen Vorzügen sein;
vgl. frz. ,Une femme sur mesure' – und:
eine Frau auf Zeit sein: nur vorübergehend eine intime Freundin sein.
Das Angewiesensein auf eine Frau wird
von Männern gelegentlich derb artikuliert:

Ohne deine Frau
bist du nur 'ne arme Sau.

Zu den neueren Rdaa. gehört die Wndg.:
sich als Frau verwirklichen (wollen): in der
Berufstätigkeit Erfüllung finden, seine
Fähigkeiten voll einsetzen, entfalten.
Der emanzipatorisch-feministische Slogan ,Eine Frau ohne Mann ist wie ein
Fisch ohne Fahrrad' ist eine Übers. aus
dem amer. Englisch: ,A woman without a
man is like a fish without a bicycle'.

Lit.: *O. v. Rheinsberg-Düringsfeld:* Die Frau im Sprw., in: Magazin für Lit. d. Auslandes, Nr. 49 (Sonderdr. Leipzig 1862); *P. M. Guitard:* Proverbes sur les femmes (Paris o.J. [1889]); *B. Segel:* Die Frau im jüd. Sprw., in: Ost und West 3 (1903), S. 169 ff.; *A. de Cock:* Spreekwoorden en Zegswijzen over de vrouwen en liefde en het huwelijk (Gent 1910); *M. Wähler:* Die weiße Frau – Vom Glauben des Volkes an den lebendigen Leichnam (Erfurt 1931); *M. Zender:* ,Die Frauen machen im Februar das Wetter', in: L. Kretzenbacher: Dona Ethnologica, Beiträge zur vergleichenden Volkskunde (München 1973), S. 340–347; *T. F. Thiselton-Dyer:* Folk-lore of Women (London 1905, Nachdr. Williamstown [Mass.] 1975); *L. Frei:* Die Frau. Scherz-, Schimpf- u. Spottnamen (Frauenfeld – Stuttgart 1981); *W. Mieder:* ,Eine Frau ohne Mann ist wie

471

ein Fisch ohne Velo!, in: Sprachspiegel 38 (1982), S. 141–142; *K. E. Müller:* Die bessere u. die schlechtere Hälfte. Ethnologie des Geschlechterkonflikts (Frankfurt – New York 1984), bes. S. 120; *E. Moser-Rath:* Art. ‚Frau‘, in: EM. V, Sp. 100–137.

frech. *Frech wie Oskar:* dreist, keck, ist ein bes. in Mittel- und Nordostdtl. verbreiteter sprw. Vergleich, dessen Geschichte noch nicht geklärt ist. Wahrscheinl. stammt er aus der Umgangssprache Berlins und hat sich von dort weiter ausgebreitet. Es ist nicht bekannt, ob in diesem Oskar der Name einer bestimmten Persönlichkeit weiterlebt und wer diese war. Der Duden leitet die Wndg. vom Namen des Kritikers Oskar Blumenthal (1852–1917) ab, der sehr scharfe und beißende, d. h. ‚freche‘ Kritiken schrieb, während H. Küpper sie in Zusammenhang bringt mit dem Leipziger Jahrmarktsverkäufer Oskar Seifert, der wegen seiner derben Ausdrucksweise bekannt wurde. A. Földes hingegen weist darauf hin, daß verschiedene Forscher in der Wndg. keinen Phraseologismus mit Eigennamen sehen, sondern Oskar über ‚ossoker‘ aus jiddisch ‚ossik‘ = frech, verhärtet, erklären.

Andere sprw. Vergleiche mit frech sind ebenfalls sehr gebräuchl., z. B. *frech wie Dreck* (oder *Gassendreck), frech wie Rotz am Ärmel, frech wie eine Mücke* (oder *Fliege), frech wie ein Rohrspatz* (vgl. ‚schimpfen wie ein Rohrspatz‘, ↗ schimpfen), rhein. ‚frech wie ne Bur, der gebicht hät‘, ‚frech as en mager Ferken‘ und werden zumeist gebraucht i. S. v. dreist, unverfroren, unverschämt, anmaßend, ohne Anstand. Daß freche, hemmungslose Menschen oft mehr Erfolg haben als die Zaghaften, läßt sich auch aus dem Sprw. ‚Frechheit siegt‘ ersehen (‚Frechdachs‘ ↗ Dachs).

Frech werden: lautstark und unverschämt werden, (in Worten und in Taten) angreifen. In diesem Sinne ist die Wndg. lit. schon im 19. Jh. belegt, so u. a. in dem Studentenlied aus ‚Gaudeamus‘ von J. Viktor von Scheffel (1867): „Als die Römer frech geworden ...“.

Der Begriff ‚frech‘ wird vielfach auch auf Menschen bezogen, die ‚frech‘ gekleidet sind, d. h. wenig anhaben – mehr aus-, als angezogen sind.

Lit.: *F. Müller:* ‚Frech wie Oskar‘, in: Sprachpflege 18 (1969), S. 25; *An.:* ‚Frech wie Oskar‘, in: Sprachpflege 18 (1969), S. 237; *G. Grober-Glück:* Motive u. Motivationen in Rdaa. u. Meinungen (Marburg 1974), S. 143–144; *A. Földes:* Onymische Phraseologismen als Objekt des Sprachvergleichs, in: Europhras 88, Phraséologie Contrastive (Straßburg 1989), S. 128.

Fregatte. *Aufgetakelt sein wie eine alte Fregatte,* scherzhaft-spöttische Wndg. für eine weibliche Person, die sich sichtbar größte Mühe gegeben hat, durch ihre Kleidung aufzufallen und sich die Bdtg. von Größe und Ansehen zu geben, dabei aber des Guten zuviel getan hat und somit eher die gegenteilige Wirkung erzielt.

Die Fregatte der Segelschiffszeit war ein ‚vollgetakeltes‘ Kriegsschiff, d. h. sie führte an allen drei Masten Rahsegel.

frei, Freiheit. *‚Ich bin so frei‘:* heute nicht mehr übliche Bescheidenheitsformel, wenn jem. etw. angeboten wird.

Nach der Struktur des Bibelwortes „Die Wahrheit wird euch frei machen“ (Joh. 8, 32) sind weitere Sprww. und Slogans gebildet worden, wie z. B. ‚Arbeit macht frei‘ (von den Nazis verhöhnend an den Toren von Konzentrationslagern angebracht) oder ‚Scheine machen frei‘ (aus der Studentensprache).

Die Wndg. ‚Der Freiheit eine Gasse‘ stammt aus dem gleichlautenden Gedicht von Georg Herwegh (1844). Sie soll urspr. von Winkelried in der Schlacht von Sempach (1386) gebraucht worden sein. Der Slogan ‚Freie Fahrt für freie Bürger‘, mit dem eine Geschwindigkeitsbegrenzung auf Autobahnen bekämpft wird, ist bedauerlicherweise von vielen als Freibrief für beliebig schnelles Fahren aufgefaßt worden.

Ein Nonsens-Graffito der aktuellen Jugendszene lautet: ‚Freiheit für Grönland, weg mit dem Packeis!‘

Freibrief. *Einen Freibrief besitzen:* frei sein von jeder Art von Einschränkung, sich alles erlauben können. Daher auch die Wndg.: ‚Er glaubt, für alles einen Freibrief zu besitzen‘, d. h. er gestattet sich jede Eigenmächtigkeit.

Der Begriff ‚Freibrief‘ ist schon im MA. belegt als Bez. für eine Urkunde über die Freilassung aus Leibeigenschaft bzw. über die Ablösung der Leistungen aus der

Unfreiheit. Schon das Prätorische Recht (Jus praetorium) kannte eine ‚manumissio per epistulam' (Cod. 7.6.1.1.). Aber auch eine Urkunde über freie Herkunft wurde so genannt. Sie war vor allem wichtig für die Aufnahme Stadtfremder in eine Zunft. Darüberhinaus war der Freibrief bekannt als Urkunde über eine ‚Freiung' i. S. eines Privilegs (Immunität), wobei auch das Privileg selbt als Freibrief bez. wurde. Von hier leitet sich der moderne Wortsinn: Recht zur Willkür her.

Lit.: *A. Jacoby:* Art. ‚Freibrief', in: HDA. III, Sp. 1; *A. Erler:* Art. ‚Freibrief', in: HRG. I, Sp. 1219–1220.

Freiersfüße. *Auf Freiersfüßen gehen:* Heiratsabsichten haben. Diese Rda. ist erst sehr spät durch die hd. Schriftsprache in die Volkssprache gelangt und wird zuerst bei Lessing bezeugt. Volkstümlicher ist die Wndg. *auf der Freite sein:* auf Brautschau sein; schles. ‚uf der Freite rümlofen', schwäb. ‚Er ist auf der Freiet'. Zugrunde liegt das spät bezeugte mhd. vrîen = freien, dazu vrîât = Freite; beide Ausdr. haben erst spät Eingang ins Hd. gefunden.

In Berlin wird im übertr. Sinne gebraucht: ‚Da bin ick schon lange Freier druf', danach trachte ich schon lange, ↗ Heirat.

Lit.: *B. Deneke:* Hochzeit (München 1971); Liebe und Hochzeit. Aspekte des Volkslebens in Europa (Antwerpen 1975); *H. Dettmer:* Die Figur des Hochzeitsbitters (= Artes Populares 1) (Frankfurt/M. – Bern 1976).

fremd, Fremde(r). *Fremd gehen:* außereheliche Beziehungen unterhalten. ‚Fremdeln', meist für ein Kind gebraucht, das sich in einer anderen Umgebung nicht wohlfühlt und weint, sich Fremden gegenüber abweisend verhält.

In die Fremde gehen: veraltete Wndg. für ‚auswandern'.

Für jem. (andere) ein Fremder sein: keine Zustimmung finden, ein Unbekannter sein. *Für jem. kein Fremder mehr sein:* bereits vertraut miteinander sein.

Etw. ist mir fremd: liegt mir fern, paßt nicht zu meiner gewohnten Verhaltensweise, ist mir unbekannt.

Fresse. *Halt die Fresse:* halt den Mund. Grobe Aufforderung, still zu sein und nichts zu sagen, ↗ Mund.

fressen. *Das ist ein gefundenes Fressen für ihn:* das kommt ihm gerade recht, das ist ihm sehr erwünscht, ein unverhoffter Genuß. Die Rda. erscheint zuerst im 17. Jh. bei Andreas Gryphius, 1731 in Schnabels ‚Insel Felsenburg' (Bd. 3, S. 42): „Das war ihnen ein gefundenes Fressen!", im 18. Jh. bei Goethe im ‚Götz von Berlichingen' (I, 1) und in Schillers ‚Räubern' (II, 3): „Das gefundene Fressen, über den alten Kaiser zu plündern". Dabei lag der Ton urspr. auf ‚gefunden'; es bez. das, was man nicht zu bezahlen braucht; so schreibt z. B. Dürer an Pirkheimer über einen billig gekauften Edelstein: „Jedermann spricht, es sei ein gefundener Stein, er sei in Teutzschland 50 fl. wert". Bei Jer. Gotthelf heißt es dafür: „ein rechtes Herrenfressen" = ein unverhoffter Genuß, und in der schwäb. Mda. ist bekannt: ‚Des is e Fresse für en Geißbube in der Ernt', es ist etw. unerwartet Gutes. Vgl. frz. ‚C'est une proie facile pour lui': Da hat er das ihm passende Opfer gefunden.

Fressen dient ferner zu manchem übertreibenden Ausdr.: ‚einen vor Liebe fressen', ähnl. schon mhd.: ‚sam si in well vor lieb zerkiuwen' (zerkauen, zerbeißen). Neidhart von Reuenthal sagt von dem bäuerlichen Liebespaar Adelhalm und Clara (41, 21):

Diesen sumer hât er sie gekouwen
gar für brôt.
Schamerôt
wart sie, sô si bî einander sâzen.

Heute sagt man: *jem. zum Fressen gern (lieb) haben* (vgl. ‚zum Anbeißen aussehen').

Nicht um ein Fressen aus Liebe handelt es sich dagegen in Rdaa. wie: *Den hab ich gefressen:* den kann ich nicht leiden, er ist mir unausstehlich, gleichsam unverdaulich. *Jem. gefressen haben wie ein Pfund Schmierseife,* Ausdr. höchster Antipathie, ↗ Narr.

‚Früher hon i mei Weib zum Freasse gean ghet', hot der Ma g'sait; ‚heut ruit mi bloß ois: daß i se dettmols it g'freasse ho'. Ebenso die berl. Wndg.: ‚So'ne wie Sie fress ick fimve zum Frihstick'. ‚Früher hatte er sie zum Fressen gern, heute liegt sie ihm im Magen'.

Jem. aus der Hand fressen: ihm völlig ergeben sein, ↗ Hand.

Friß mich nur nicht!: Sieh mich nicht so böse an! Vgl. frz. ,Ne me mange pas': Fahr mich nicht so an!

Da laß ich mich gleich fressen!: ich wette darauf; *da freß ich einen Besen* ↗ Besen; *etw. (mit Löffeln) gefressen haben:* es verstanden, kapiert haben (↗ Löffel); *einen Narren an etw. (an jem.) gefressen haben* ↗ Narr. *Friß Vogel oder stirb!* ↗ Vogel. Sehr derb ist die Wndg. ,Viel friss, viel schiss'. *Reim dich, oder ich freß dich* ↗ Reim. *Wer einmal aus dem Blechnapf frißt* ↗ Blechnapf.

Ich danke dir, daß du mich nicht gefressen hast, sagt man zu einem, der gähnt, ohne die Hand vor den Mund zu halten.

Sehr häufig sind rdal. Vergleiche mit fressen: ,fressen wie ein Scheunendrescher, Bär, Werwolf, Schmiedknecht, Holzmacher, Bürstenbinder, Bernhardiner'; ,er fräße eine Kuh bis auf den Schwanz', ,einen Ochsen mitsamt den Hörnern', ,er fräße den Teufel und seine Großmutter, wenn sie nicht zappelten', ,er frißt wen noch zum Haus hinaus, bis es ihm oben wieder herauskommt'. Bes. häufig hört man die fast verzweifelt klingende, doch scherzhaft gemeinte Feststellung: *Er (sie) frißt mir noch die Haare vom Kopfe,* die auch im Ndd. begegnet: ,De friät een de Hoare von' Kopp', ↗ Haar.

Lit.: *E. Liebs:* Das Köstlichste von allem. Von der Lust am Essen und dem Hunger nach Liebe (Zürich 1988), *St. Mennell:* Die Kultivierung des Appetits (Frankfurt/M. 1988).

Freude, freudig. *Vor Freude hüpfen:* sich wie ein Kind freuen, das seiner Freude durch körperliche Aktivität gestischen Ausdr. verleiht. Ähnl. *vor Freude tanzen.* In der volkssprachlichen Metaphorik hüpft nicht nur ,das Herz vor Freude im Leibe', sondern nach altem Volksglauben auch die Sonne am Ostermorgen, d. h. sie macht drei Freudensprünge zum Zeichen der Freude über das Heilsgeschehen, ↗ Sonne. Dieser Glaube hat sich aus der Vulgata-Übers. von Psalm 19,6 entwickelt, wo das Wort ,exsultavit' (Freudensprünge machen) vorkommt, während Luthertext und hebräische Bibel übersetzen: Die Sonne ,freut sich'. Grundlage des weitverbreiteten Volksglaubens ist der mittelalterliche Vulgatatext.

Auch die Engel tanzen vor Freude. Schon bei Luk. 6,23 heißt es (in der Bibelübers. von Luther): „Freut euch und hüpfet" (Engl.: ,to jump for joy'). In der profanen Lit. begegnet die Wndg. u. a. bei J. Ayrer (,Opus theatricum' [1618], 45): „vor freudt hupft mir das herze mein". Ähnl. die Wndg. *vor Freude springen,* bzw. *vor Freude einen Luftsprung machen,* die in älterer Zeit hauptsächlich belegt ist in der Fassung ,einen Freudensprung tun': „wann aber der geist an die zähne stöszet und wil raus, so schleuszt die zunge das maul auf und fürm worte raus, und thut gleich einen freudensprung zum maule raus" (Jac. Böhme: ,Aurora ...' [1682], 244); „(er) that Freudensprünge wie ein Knabe" (W. A. Heinse: ,Ardinghello' [1794], 2,35).

Herrlich und in Freuden leben: es sich gut gehen lassen. Die Rda. begegnet schon bei Luk. 16,19. Sie bezieht sich auf einen reichen Mann. Noch heute wird die Wndg. in diesem Sinne gebraucht.

Die alte Zwillingsformel *in Freud und Leid (zusammenstehen)* ist in das Treuegelöbnis bei der Eheschließung übernommen worden. Das Sprw. ,Zwischen Freud und Leid ist die Brücke nicht breit' kommt auch zum Ausdr. in dem Vers von P. Gerhard (,Gedichte', Ausg. Goedeke [1877], 3058): „nun wir werden balde kommen/ aus dem Leide zu der Freud". Bei Goethe lautet diese Weisheit (,Faust' II): „Freud muß Leid, Leid muß Freude haben".

Das Sprw. meint dagegen satirisch: ,Schadenfreude ist die reinste Freude'.

Wohlwollender klingt: ,Geteilte Freude ist doppelte Freude – geteiltes Leid ist halbes Leid' (auch: ,geteilter Schmerz ist halber Schmerz').

Im 19. Jh. war die Vorstellung von Freude häufig identisch mit ,Jubel', so im Schlußsatz der IX. Symphonie Beethovens (nach dem Text von Schillers ,Ode an die Freude'), in der es heißt:

Freude, schöner Götterfunken,
Tochter aus Elysium,
Wir betreten feuertrunken,
Himmlische, dein Heiligtum ...

In jüngster Zeit sind Freudenäußerungen weniger poetisch: *ein Freudenfest veranstalten, ein Freudengeheul anstimmen, in ein Freudengeschrei (einen Freudentaumel)*

ausbrechen, einen Freudentanz aufführen;
(rhein.): ‚Spaß anne Freud haben'.
Jem. die Freude verderben (vergällen): ihm
eine schlechte Nachricht bringen oder
seine Pläne vereiteln.
Ein freudiges Ereignis erwarten: der Geburt eines Kindes entgegensehen, ↗ herrlich.

Lit.: *J. F. Ferguson:* ‚To jump for joy', in: Notes & Queries, 1.9 (1854), S. 466; *H. D. Baschet:* ‚To jump for
joy', in: Notes & Queries, 1.10 (1854), S. 112; *L. Röhrich:* Sonnen-Folklore, in: J. Jobé (Hg.): Die Sonne,
Licht und Leben (Basel – Wien 1973), S. 89–130, hier
S. 97; *E. Hörandner:* Art. ‚Freude', in: M. Lurker: Lexikon der Symbolik (Stuttgart 1979), S. 169–170.

freuen. *Sich freuen wie ein Kind:* unbefan-
gen, fröhlich, naiv und so recht von Herzen, wie es auch in der Wndg. ‚sich freuen
mit den Fröhlichen' (nach Röm. 12,15)
zum Ausdruck kommt.
Auch in vielen anderen sprw. gewordenen
Zitaten wird diese besonders positive
Form der Gemütsäußerung gepriesen. So
heißt es in der zuerst 1849 in Berlin aufgeführten Oper ‚Die lustigen Weiber von
Windsor' von Otto Nicolai nach dem Text
von Hermann Mosenthal (1821;1877):
    Wie freu ich mich, wie freu ich mich,
    wie treibt mich mein Verlangen,
und in der Oper ‚Zar und Zimmermann'
von A. Lortzing finden sich die Worte:
    Es ist schon lange her –
    Das freut uns um so mehr.
Einen bes. hohen Bekanntheitsgrad
konnte das von Joh. Martin Usteri
(1763–1827) verfaßte Gesellschaftslied
‚Freut euch des Lebens' verbuchen, das in
der Goethezeit zum ‚Schlager' wurde. Es
wurde als Mahnung zur Fröhlichkeit gesungen u. später, als Stimmungsmacher
und als Aufforderung, sich keine Gelegenheit zur Freude entgehen zu lassen,
auch bei jeder unpassenden Gelegenheit
zum Besten gegeben. Das führte zu den
parodistischen Spottversen:
    Freut euch des Lebens,
    Großmutter wird mit der Sense rasiert.
    Alles vergebens,
    Sie war nicht eingeschmiert.
Aber auch zu zahlreichen anderen Par-
odien, wie z. B.:
    Freut euch des Lebens,
    Weil ihr noch Backfische seid,
    Das ist des Lebens allerschönste Zeit.

Im Laufe der jüngeren Geschichte wurde
‚Freut euch des Lebens' vor allem nach
politischen Umwälzungen, Revolutionen,
Friedensschlüssen etc. gesungen:
    Freut euch des Sieges (Friedens),
    Weil jetzt die Waffen ruhn.
oder
    Freut euch des Lebens,
    Weil jetzt die Freiheit blüht,
    Weil jetzt die Cocarde
    Dreifarbig glüht.
Die Grundstruktur des Verses ist auch für
die Werbung eingesetzt worden (z. B.
‚Freut euch des Tankens …'), und ein zeit-
genössischer Gesellschaftskritiker ermun-
tert sein Publikum mit den Worten:
    Freut euch des Lebens,
    eh' euch der Staat mit der Steuer rasiert.
In seiner urspr. Form geriet das Lied im
Laufe der Zeit fast in Vergessenheit.
Sich freuen wie ein Schneekönig ↗ Schneekönig; *sich freuen wie ein Stint* ↗ Stint.
Als Relikt früherer Anstandsregeln hat
sich die Formel ‚Freut mich' oder ‚(es) hat
mich gefreut', erhalten. Es handelt sich
um eine Kurzformel, die gelegentlich
noch bei der Vorstellung oder beim Abschied zu hören ist, wobei die Ergänzung
‚Sie kennenzulernen' meist weggelassen
wird.
Geschichte geworden ist die Standardfor-
mel, mit der sich Kaiser Franz Joseph I.
von Österreich stereotyp bedankte: ‚Es
war sehr schön, es hat mich sehr gefreut'.

Lit.: *W. Linder-Béroud:* „Freut euch des Lebens". Ein
‚Schlager' der Goethezeit im Spannungsfeld zwischen
Mündlichkeit u. Schriftlichkeit, in: Volksdichtung
zwischen Mündlichkeit u. Schriftlichkeit, hg. v.
L. Röhrich u. E. Lindig (ScriptOralia 9) (Tübingen
1989), S. 273–288.

Freund. Die Anrede *Mein lieber Freund*
(mit der Betonung auf ‚lieber') leitet meist
einen Tadel ein.
Alter Freund und Kupferstecher ↗ Kupfer-
stecher; *Freund Hein* ↗ Hein.
Mit *Freund-Feind-Denken* ist eine starre
Haltung gemeint, die nur das Entweder-
Oder kennt. Die Wndg. ist entstanden in
Anlehnung an die berühmte Freund-
Feind-Unterscheidung, die in der Schrift
des Berliner Staatsrechtslehrers Carl
Schmitt (1888–1985) ‚Der Begriff des Poli-
tischen' zur Kennzeichnung des polit.
Denkens angeführt ist.

Wer den vielzitierten Wunsch ‚Gott schütze mich vor meinen Freunden' als Erster ausgesprochen hat, ist dagegen nicht mit Bestimmtheit nachzuweisen. In des Manlius ‚Loci communes' (Frankfurt/M. 1594) II, 246 heißt es: „Rex ANTIGONUS iussit sacerdotem suum sacrificare, ut deus defenderet eum ab amicis. Interrogatus, quare non ab inimicis, respondit: Ab inimicis possum mihi ipsi cavere, ab amicis vero non" („König Antigonus befahl seinem Priester, ein Opfer darzubringen, damit Gott ihn vor seinen Freunden schütze. Gefragt, warum nicht vor den Feinden, antwortete er: Vor meinen Feinden kann ich selbst auf der Hut sein, vor meinen Freunden aber nicht".). Die Wndg. ist ein Hinweis auf den Tatbestand, daß Freundschaft sehr schnell in Feindschaft umschlagen kann, aber auch darauf, daß Freunde in ihrem Bemühen, Gutes zu tun, manchmal das Gegenteil bewirken.

Kein Freund von etw. sein: etw. nicht mögen.

Lit.: *M. Beth:* Art. ‚Freundschaft', in: HdA. III, Sp. 78–79; *M. Boskovic-Stulli:* Art. ‚Der beste Freund, der schlimmste Feind', in: EM. V, Sp. 275–282; *E. Schoenfeld:* Art. ‚Freundesprobe', in: EM. V, Sp. 287–293; *K. Horn:* ‚Freundschaft und Feindschaft', in: EM. V, Sp. 293–315.

Frieden. *Dem (Land-)Frieden nicht (recht) trauen:* dem äußeren Schein nicht trauen, etw. für bedenklich halten, skeptisch sein; die Rda. bezieht sich wahrscheinl. auf die schon aus dem MA. bekannte Gepflogenheit der Kaiser, gelegentlich einen allg. Landfrieden zu erlassen, der den Fehden zwischen den Fürsten und Stämmen Einhalt gebieten sollte, der jedoch meist unwirksam war, weil keine Macht die Haltung des Gebotes zu überwachen vermochte.

Der urspr. gut gemeinte, bibl. Wunsch *Zieht hin in Frieden* (Richter 18,6) wird heute meist in negativem oder iron. Sinne angewandt. *Zieh (geh) hin in Frieden* bedeutet danach: mach, daß du fortkommst, an mir soll es nicht liegen, tue, was du nicht lassen kannst, aber laß mich in Ruhe!

Die erst in jüngster Zeit bekannt gewordene Rda. ‚Friede, Freude, Eierkuchen' bezieht sich auf den von Politikern, aber auch in Familien, Vereinen etc. nicht selten unternommenen Versuch, die Dinge zu beschönigen und Harmonie vorzutäuschen. Sie bedeutet soviel wie: Dieses Schöntun mag glauben, wer will.

Friedenspfeife. *Mit jem. die Friedenspfeife rauchen,* scherzhafte Rda. für eine friedliche Zusammenkunft zweier Parteien nach einem Streit. Die Friedenspfeife (frz. calumet, verballhornt aus ‚chalumeau' = Schilfrohr) diente bei den Mani in Yucatan, aber auch bei den Azteken zunächst der Zwiesprache mit den Göttern. Sie war bei den Indianervölkern Amerikas das zentrale Symbol eines geregelten, nach strengen und bedeutungsvollen Riten vollzogenen Kultes und galt als Geschenk des Großen Geistes Manitu, das die Menschen zur Friedfertigkeit verpflichtete. Sie spielte auch bei den Friedensverhandlungen der nordamer. Indianer eine wichtige Rolle. Sie wurde von einem Häuptling mit einigen Zügen angeraucht und dann an die übrigen Teilnehmer der Verhandlungen weitergereicht. Sie war das Symbol für die während der Zusammenkünfte herrschende Waffenruhe. Von diesem Brauch der Indianer, an dem auch Europäer teilgenommen haben, stammt die Rda.; sie wurde bei uns vor allem durch die Indianerromane Coopers und Karl Mays bekannt. Doch ist sie bereits bei Graf Friedrich Leopold v. Stolberg (1750–1819) bezeugt: „Lad ein den Freund zur Friedenspfeife". ↗ Pfeife.

Lit.: *Stieglitz in Steglitz* (sic): Die Friedenspfeife in rhythmischen Ringelwölkchen allen sinnigen Tabaksfreunden vorgeraucht (Berlin-Steglitz 1893) (Eine Sammlung von Tabak- u. Raucherliedern).

Friedrich Wilhelm. *Seinen Friedrich Wilhelm druntersetzen:* scherzhafte Rda. für die Unterzeichnung eines Schriftstücks. Sie bezieht sich wohl auf König Friedrich Wilhelm I. (1713–40), der Schriftstücke mit ‚Friedrich Wilhelm' unterzeichnete und beide Namen stets ausschrieb. Auch heute noch ist für jede rechtsgültige Unterschrift die Ausschreibung des vollen Namens vorgeschrieben.

Fritz. *Das ist für den alten Fritzen:* das ist umsonst, es nützt dir nichts, eine in Norddtl. häufig bezeugte Rda., die auf die verschiedensten Situationen angewendet werden kann; wenn eine Köchin zuviel an Speisen zubereitet hat, kann sie ausrufen: ‚Heute habe ich wieder für den alten Fritzen gekocht‘; wenn ein Zimmer beleuchtet ist und sich niemand darin aufhält, sagt man: ‚Die Lampe brennt für den alten Fritzen‘. Heute werden diese Wndgn. gewöhnlich auf Friedrich II. von Preußen (1740–1786) bezogen, doch gehen sie nach der Deutung von Müller-Fraureuth (Wb. Bd. 1, S. 361) wohl auf König Friedrich-Wilhelm I. (1713–40) zurück, der während seiner Regierung auf äußerste Sparsamkeit bedacht war und dessen Untertanen in großer Armut lebten. Vgl. auch die parallele frz. Rda. ‚travailler pour le roi de Prusse‘, umsonst arbeiten.

Eine ähnl. Verbreitung weist die Rda. auf: *als der alte Fritz noch Gefreiter war:* vor langer Zeit; vgl. eine ähnl. Stelle aus dem Gedicht ‚Schlesien‘ von Karl v. Holtei: „das war noch unterm alten Fritze, wo der Kalbskopf noch um zwei Gröschel war“.

Sold. Herkunft sind offenbar folgende sprw. Rdaa.: *sich bei Friedrich dem Gr. melden, den alten Fritzen besuchen, sich beim alten Fritzen im großen Hauptquartier melden,* alles Euphemismen für: sterben, ↗zeitlich.

Lit.: *W. Stammler:* Art. ‚Friedrich der Große‘, in: HdA. III, Sp. 99–103; *H. Diewerge:* Der Alte Fritz im Volkskunde (München 1937); *W. E. Peuckert:* Art. ‚Alter Fritz‘, in: Handwb. der Sage I, S. 434–439; *L. Petzoldt:* Art. ‚Alter Fritz‘, in: EM. I, Sp. 395–404.

fromm. *Fromme Wünsche haben:* Wünsche von hohem religiösem Anspruch. ‚Pia desideria‘ (Fromme Wünsche) ist der Titel einer zu Antwerpen 1627 erschienenen Schrift des belg. Jesuiten Herm. Hugo (1588–1639). Andreas Presson übertrug sie unter dem Titel: ‚Das Klagen der büßenden Seel oder die sog. Pia Desideria‘ (Bamberg 1672) und Joh. G. Albinus unter dem Titel: ‚Himmel-flammende Seelen-Lust. Oder Hermann Hugons Pia Desideria‘ (Frankfurt 1675). Den lat. Titel wählte Ph. J. Spener 1675 für seine in der Gesch. der Religion bedeutende Schrift, in der er sich für eine Verinnerlichung des Glaubens einsetzte und der starren Orthodoxie entschieden entgegentrat. Von daher rührt das große Echo, das die Wndg. in der Folgezeit erhielt. Jetzt wird sie lat.

und dt. meist in der Bdtg. ‚unerfüllbare Wünsche‘ gebraucht.

Der Begriff ‚fromm‘ wird nicht selten auch ironisch aufgefaßt: ‚lammfrom‘; *Je frömmer, je schlimmer,* vgl. auch Wilh. Buschs Vers- und Bildgeschichte ‚Die fromme Helene‘.

Lit.: *Chr. Daxelmüller:* Art. ‚Frömmigkeit‘, in: EM. V, Sp. 383–393.

Front. *Front machen gegen jem. (etw.):* eine entschiedene Haltung dagegen einnehmen, ist aus der Militärsprache entlehnt und findet sich in der gleichen Form auch frz. (‚faire front‘ contre quelqu'un), ndl. und engl. Im 19. Jh. lautet das Wort in Erinnerung an seinen fremden Urspr. noch ‚Fronte‘, so bei Goethe (‚Wilh. Meisters Wanderjahre‘ 2. Buch 1. Kap.): „Nun steht er stark und kühn, nicht etwa selbstisch vereinzelt, nur in Verbindung mit seinesgleichen macht er Fronte gegen die Welt“.

Da sich das Wort ‚Front‘ herleitet von lat. ‚frons, frontis‘ = Stirn, bedeutet dieser Ausdr. etwa das Gleiche wie ‚jem. die Stirn bieten‘, ↗Stirn.

Frosch. *Sich aufblasen wie ein Frosch:* eingebildet, hochmütig sein; schweiz. ‚sich üfbläe wie ne Frosch im Mönschīn‘, oder ‚wie ne Frosch uf-eme Düchel‘. Die Rda. rührt her von der Fabel des Phaedrus (etw. 15 v. Chr.–50 n. Chr.) vom Frosch, der einen Ochsen weiden sah. Da er diesen um seine schöne Gestalt beneidete, fing er an, sich aufzublähen, um ihm zu gleichen, bis er jämmerlich zerplatzte; lat. bei Petronius: „inflat se tanquam rana“. Vgl. frz. ‚S'enfler comme la grenouille de la fable‘, in Anlehnung an die Fabel von La Fontaine.

Wer Unnützes tut, *gibt den Fröschen zu trinken* (schon bei Seb. Franck). Ähnl. *Frösche statt Fische fangen:* etw. Sinnloses tun, belegt schon bei Jakob Ayrer (1543–1605):

Meinen oft sie haben gefischt,
So haben sie kaum Frösch erwischt.

Von einem Einfältigen sagt man: *Er ist auch nicht daran schuld, daß die Frösche keine Schwänze haben,* bezeugt z. B. bei Jer. Gotthelf: „Sie sagen, ist ein herzensguter Mann, aber nicht schuld daran, daß die Frösche keine Schwänze hätten“.

1 ‚Wetterfrosch'. 2 Frosch als ‚Konjunkturbarometer'. 3 ‚Sich aufblasen wie ein Frosch'

Kalt wie ein Frosch sein: unnahbar sein, unberührt von jeder Emotion.

Sei kein Frosch!: sei nicht feige! aufmunternder Zuruf an einen, der ängstlich ist oder sich ziert. (Vgl. das Froschkönigmärchen, KHM.1).

Einen Frosch im Hals haben: heiser sein, wohl von dem medizinischen Fachausdr. ‚ranula' = Geschwulst im Halse oder an der Zunge; vgl. engl. ‚to have a frogg in the throat' und ‚froggy' = heiser. Frosch nennt man bildl. auch einen verunglückten Ton, den ein Blasmusiker hervorbringt.

In Abwandlung der Rda. ‚weder Fisch noch Fleisch' (↗Fisch) sagt man rhein. auch: ‚Dat es net Fisch on net Frösch', man wird nicht klug daraus. ‚Die Arbeit ist kein Frosch' (mit dem scherzhaften Zusatz: sie huppt uns nich davon!) sagt man sächs., wenn die Lust zur Arbeit fehlt.

Der Frosch erscheint schließlich auch in zahlreichen sprw. Vergleichen: *daliegen-*

wie ein geprellter Frosch: erschöpft auf der Erde liegen; *dasitzen wie ein Frosch auf der Gießkanne:* einsilbig, nachdenklich; *hüpfen wie ein Frosch im Mondschein:* sich sprunghaft fortbewegen.

Einem Frosch eine Feder ausreißen (obersächs.): etw. Unmögliches, Vergebliches tun.

Etw. aus der Froschperspektive betrachten: es von unten betrachten, im Gegensatz zum Überblick von oben.

Der in einem Einmachglas gefangengehaltene Frosch zeigt (angeblich) gutes Wetter an, wenn er auf seiner Leiter hinaufsteigt. Als ‚Wetterfrosch' werden daher die Meteorologen bez.; in übertr. Bdtg. auch jeder andere, der eine günstige Prognose für die Zukunft aufstellt.

Lit.: *O. Keller:* Die antike Tierwelt 2 (Leipzig 1913), S. 305–317; *V. Newall:* Art. ‚Frosch' in: EM. V, Sp. 393–401; *L. Röhrich:* Wage es, den Frosch zu küssen (Köln 1987); *I. Tomkowiak:* Art. ‚Der aufgeblasene Frosch', in: EM. V, Sp. 401–404; *W. Hirschberg:* Frosch u. Kröte in Mythos u. Brauch (Köln 1988).

Frucht. *Die verbotene Frucht gegessen haben,* auch: *von der verbotenen Frucht gekostet haben:* unerlaubten (vorzeitigen) sexuellen Umgang gepflegt haben. Die euphemist. Wndgn. beziehen sich auf den ,Sündenfall' (1. Mos. 3,6), ebenso das Sprw. ,Verbotene Früchte schmecken gut (süß, am besten)'.

Das Wort ,Frucht' geht auf lat. ,fructus' zurück, das von der Verbform ,frui': genießen, Nutzen ziehen abgeleitet ist. *Eine Frucht der Liebe sein:* aus einer unehelichen Beziehung hervorgegangen sein: ähnl. *die Frucht ihres Leibes sein:* ihr Kind sein; vgl. Elisabeths Gruß an Maria: „gebenedeit ist die Frucht deines Leibes" (Luk. 1,42).

Ein (nettes, sauberes) Früchtchen sein: ein mißratenes Kind, ein Taugenichts sein: seit dem 18. Jh. iron. Bez. für Heranwachsende, die sich über alle Regeln hinwegsetzen, die einen unmoralischen Lebenswandel führen; vgl. das Sprw. ,Wie die Zucht, so die Frucht'.

Urspr. auf die Früchte des Baumes beziehen sich auch die folgenden Wndgn., die auf den Menschen und sein Tun übertr. worden sind: „An ihren Früchten sollt ihr sie erkennen": ihre Taten, Ergebnisse, Erfolge zeigen ihre wahre Gesinnung. Die Wndg. stammt aus der ,Bergpredigt' (Matth. 7,16), in der Jesus vor falschen Propheten warnt.: ähnl. „An den Früchten erkennt man den Baum" (vgl. Matth. 12,33) oder: ,Wie die Frucht, so der Baum'.

Die süßesten Früchte begehren (nicht erreichen): das Beste für sich beanspruchen (das Köstlichste nicht erlangen können). Vgl. hierzu den Refrain eines Schlagers:
> Die süßesten Früchte
> fressen nur die großen Tiere.
> Und weil wir beide klein sind
> und diese Bäume hoch sind,
> erreichen wir sie nie.

In seinem Gedicht ,Trost' von 1786 stellt G. A. Bürger sprw. fest:
> Wenn dich die Lästerzunge sticht,
> so laß dir dies zum Troste sagen:
> Die schlechtesten Früchte sind es nicht,
> woran die Wespen nagen.

Etw. wird (reiche) Frucht tragen: es wird mit Erfolg belohnen; ähnl. *Hundertfältige Frucht tragen* (vgl. Matth. 13,8).

Die Früchte seiner Arbeit (Mühe, seines Schweißes) genießen: Wohlverdientes genießen, aber auch ins Negative gewendet: *die Früchte seines Leichtsinns (seines Ungehorsams) ernten:* die bösen Folgen tragen müssen.

Die Frucht langjähriger Arbeit sein: das Ergebnis wissenschaftlicher Forschung, künstlerischen Ringens.

Lit.: *J. L. Sutherland:* Art. ,Frucht, Früchte', in: EM. V, Sp. 437–443. *L. Röhrich:* Adam und Eva. Das erste Menschenpaar in Volkskunst und Volksdichtung (Stuttgart 1968); *ders.:* Der Baum in der Volksliteratur, in Märchen, Mythen und Riten, in: Germanistik aus interkultureller Perspektive, en hommage à Gonthier-Louis Fink (Strasbourg 1988), S. 9–26.

frühstücken. *Schlecht gefrühstückt haben:* in schlechter Laune sein.

Feucht gefrühstückt haben ist eine verhüllende Umschreibung für die alkoholische Wirkung eines Frühschoppens, beide Wndgn. sind erst in neuerer Zeit in der Umgangssprache aufgekommen. Ebenso steht *rückwärts frühstücken* euphemist. für: sich übergeben.

Die zunächst ziemlich harmlos klingende Frage: *Du hast wohl lange nicht (mehr) im Krankenhaus gefrühstückt?* enthält eine versteckte Drohung, den anderen ,krankenhausreif' schlagen zu wollen.

Frust. *Genosse Frust schleicht umher:* Nichts will mehr gelingen, Frustration macht sich breit. Ähnl. die Wndg. ,Väterchen Frust' in Analogie zu ,Väterchen Frost'; Vgl. ,Genosse Trend'.

Fuchs. *Er ist darauf aus wie der Fuchs auf die Henne (aufs Geflügel),* analog der Rda. ,wie der Teufel auf die arme Seele' (↗ Teufel). Dagegen: ,Ein schlafender Fuchs fängt kein Huhn'. Nahezu von selbst erklären sich die Rdaa., die absurdes, unüberlegtes Handeln charakterisieren: *dem Fuchs die Gänse befehlen, den Fuchs über die Eier* (,den Habicht über Hühner') *setzen, dem Fuchs den Hühnerstall anvertrauen;* vgl. ndl. ,Men heeft den vos de hoenders te bewaren gegeven!'. *Die ist eine Kindsmagd, wie der Fuchs ein Ganshirt, und der frißt sie,* sagt man schwäb. analog dem Sprw. *Man soll den Fuchs nit zum Hennenhüten dingen.* Die Rda. erscheint schon im Eulenspiegelbuch: „Dann sol der Fuchs Gäenßhüeter sein"

(LIX, 7893); rhein. ‚de Fuss en de Hohnderstall setze‘, vgl. ‚den Bock zum Gärtner machen‘ (↗ Bock).

Der Fuchs mit der Gans im Fang gilt als Sinnbild der Gefräßigkeit; frz.: ‚avoir une faim de renard qui se guérirait en mangeant une poule‘: einen unmäßigen Appetit entwickeln, und ‚le renard est pris, lâchez vos poules‘: die Gefahr ist vorüber. Dabei werden hier die natürlichen Fähigkeiten des Geflügeldiebes überschätzt. Normalerweise sind nämlich Gänse dem Fuchs überlegen u. fähig, ihn in die Flucht zu schlagen. Das bekannte Kinderlied ‚Fuchs, du hast die Gans gestohlen‘ nährt nur ein Vorurteil.

1/2 ‚Der Fuchs predigt den Gänsen‘

Ein eigennütziger Ratgeber *predigt wie der Fuchs den Gänsen,* der vorgibt, ihr Wohl im Auge zu haben, in Wirklichkeit aber sie zu fressen trachtet. Vgl. frz.: ‚Le renard prêche aux poules‘: der schlaue Heuchler sucht den Unerfahrenen zu überlisten; engl.: ‚When the fox preacheth then beware your geese‘: wenn böse Menschen sich in das Gewand der Heiligkeit hüllen, bestehen verderbliche Absichten.

Füchse mit Füchsen fangen: List gegen List stellen; die Rda. leitet sich von der Jagdmethode her, bei der man sich einer angeketteten läufigen Füchsin bediente, um die Füchse an und ins Netz zu locken; schon mhd. ist das Sprw. bekannt:

Swer vuhs mit vuhse vâhen sol,
Der muoz ir stîge erkennen wol
(Vrîdanks ‚Bescheidenheit‘).

Ebenso bei Hans Sachs (ed. A. v. Keller u. E. Götze XIII, 167, 18):

Ein Sprichwort saget man vor langen
Jaren: wenn man ein fuchß wolt
fangen,
So müß man ein für t'lucken stellen,
Auf daß man füchß mit füchß müg
fellen.

Auch in Treibjagden stellte man dem Fuchs nach, wobei man mit Stöcken *den Fuchs aus dem Busche zu klopfen* suchte. Die Rda. meint: etw. durch Drängen ans Licht bringen. Vom gleichen Jagdgebrauch stammt auch die sprw. Rda. ‚auf den Busch klopfen‘, um zu sehen, ob sich etw. darunter verbirgt (↗ Busch).

Der Fuchs kommt zum Loche heraus sagt man, wenn versteckte Beweggründe erkennbar werden; *nun kommt der Fuchs ans Licht:* die Sache wird bekannt.

Auch in Schlingen und Netzen wurde der Fuchs gefangen. Hatte man einen schlauen Gegner überlistet, so sagte man erleichtert: *Endlich ist der Fuchs in der Schlinge.* Spielt man jem. übel mit, betrügt man ihn, überlistet man einen Schlaukopf, so gebraucht man das Bild des von den übermütigen Jägern in den Fangnetzen zu Tode geschnellten Fuchses: *einen (Fuchs) prellen* und daraus dann: ‚einen um etw. ↗ prellen‘.

Es gab handgreifliche Gründe, warum man den lebenden Fuchs nicht aus dem Netz holte, um ihn dann totzuschlagen: der Fuchs beißt. Sein Biß galt für gefährlich und sogar für giftig. Daher die Verwünschung *daß dich der Fuchs bisse.* Auch die Hunde fürchten den Fuchsbiß. Man übertrug das Bild des vor dem in die Enge getriebenen Fuchs zögernden Hundes auf den angriffsunlustigen Menschen: *Er will den Fuchs nicht beißen:* er will die (schwierige) Sache nicht anpacken; d. h. auch, mit Schaudern und Entsetzen die Flucht ergreifen: „aber ich sehe, daß ihr alle zu Weibern geworden seid und keiner den Fuchs beißen will" (KHM.174). Dagegen steht *den Fuchs beißen:* tapfer angreifen, auf etw. versessen sein.

Eine andere Möglichkeit, den Fuchs ins Netz oder in einen Hinterhalt zu locken, bestand darin, daß man ihn durch eine an einer Schnur durch sein Revier gezogene Lockspeise anköderte und dazu verleitete, in die Falle zu gehen. Man nannte das *den Fuchs schleppen.* Das Bild wurde zunächst in die Bergmannssprache übernommen, wo es träge, langsam arbeiten bedeutet; denn der den Fuchs schleppende Jäger mußte sich schon Zeit lassen, wollte er Erfolg haben. Auch in der Trinkersprache besteht der Ausdr. ,den Fuchs schleppen': „Je drei tun einen Trunk, der Vierte leert das Hinterfellige, quae forma potandi vulgo nominatur: den Fuchs schlepfen". *Der letzte muß den Fuchs schleppen* erscheint als Sprw. bei Henisch (1274, 32); engl.: ,he has caught a fox': er ist schwer berauscht; doch ist nicht mit Sicherheit zu ermitteln, warum das Bild in die Trinkersprache eingedrungen ist.

Einen Fuchs machen sagt man im Bergbau, wenn ein Sprengloch so angelegt ist, daß die Ladung wirkungslos aus dem Loch fährt.

Die Soldatensprache des Zweiten Weltkrieges verstand unter *einen Fuchs machen:* ein Himmelfahrtskommando wider alle Erwartung zum Erfolg führen. Aus dem 19. Jh. stammt die Wndg. *einen Fuchs fangen* in der Bdtg.: mit einem schlecht gezielten Billardball zufällig die beiden anderen treffen.

Die äußerlichen Merkmale des Fuchses eignen sich gut für Vergleiche im menschl. Bereich. Vom Rothaarigen sagt man: *rot wie ein Fuchs, Haare wie ein Fuchs.* Der den Füchsen eigene penetrante Geruch erklärt Rdaa. wie: *stinken wie ein Nest voll Füchse; der stinkt drei Stund gegen den Wind, wie ein Fuchs, wenn er auf die Gähwind scheißt* oder *der stinkt wie ein nasser Fuchs* (Rhein-Hessen).

Meckl. charakterisiert man einen, dessen Herkunft unklar ist, mit der wenig schmeichelhaften Rda. aus der gleichen Erlebnissphäre: ,Em het de Foss up dei Bült scheten und de Wind tan Dörp weiht'.

Auffallendes Merkmal des Fuchses ist sein unverhältnismäßig langer Schwanz, der Anlaß gibt zu Rdaa. wie: *Der Fuchs*

kann seinen Schwanz nicht bergen: Tücke und Falschheit sind zu erkennen. Vgl. frz. ,Le renard cache sa queue': Der Durchtriebene verbirgt seine Mittel und Zwecke. Gemessen an der ihm eigenen Raffinesse erscheint das Maß seiner Tapferkeit gering; ,avoir la queue entre les jambes' dazu ,fuir comme le renard devant le lion': angstvoll die Flucht ergreifen; *du hast es besser als ein Fuchs, du darfst keinen Schwanz schleifen. Der Fuchs hat die Meile gemessen (und den Schwanz zugegeben)* wird scherzhaft beim Wandern gesagt, wenn die Wegstrecke länger ist, als angegeben.

Wer, wie der Fuchs, unter die Erde verschwunden (gestorben und begraben) ist, der *ist zum Fuchse geworden* (Agricola I, 510) oder *ist den Füchsen zu Theil geworden,* so der in der Schlacht gefallene, unbegrabene Soldat. Die erste Wndg. meint: vom Bösen geholt, da die Volksmeinung im Fuchs die Inkarnation des Satans sah. Es handelt sich um zwei der unzähligen Euphemismen für das Sterben, ↗ zeitlich.

Gerne stellt man sich den Fuchs als Urheber verschiedener Rotfärbungen vor. Haben sich die Trauben gerötet, so meint man *der Fuchs hat die Trauben beleckt.* In der Schweiz und in Schwaben sagt man von angebrannten Speisen: *Der Fuchs ist drüber gesprungen (gelaufen).* Die Klärung dieser Rda. ergibt sich aus einer in der Schweiz geläufigen Küchenregel: ,Der Fuchs mues de Schwanz dur de Räbe zogen han' und els. ,Wenn mr Rümn (Rüben) kocht, soll der Fuchs das Wadel (Wedel = Schwanz) drümer schleife'. Die Rüben nehmen eine rötliche Färbung an, wenn sie leicht angebrannt sind.

Die Klugheit u. List des Fuchses finden in zahlreichen Rdaa. teils anerkennend, teils abwertend ihren Ausdr.: *Er ist ein (kluger, listiger) Fuchs, den Fuchspelz anziehen:* sich der List bedienen; *das heißt einen alten* (und demnach gewitzten) *Fuchs gefangen:* sich mit List aus der Affäre gezogen haben; *er will den Fuchs betrügen.* *Er ist schlau wie ein Fuchs:* d. h. hinterhältig, klug, im Verborgenen wirkend; eine Formel, die – als Intelligenzgrad – im dt. Sprachbereich außerordentlich verbreitet ist.

Seine echte oder vermeintliche Klugheit,

die ihn als Herr jeder Situation erscheinen läßt, verschaffte dem Fuchs durch die Dichtung (Märchen, Fabel, Epos) eine in der Volksmeinung beispiellose Popularität. Dabei ist auch zu berücksichtigen, daß unter seiner Maske vom MA. bis in die Neuzeit die beißendste Kritik an eingewurzelten sozialen und moralischen Mißständen geübt wurde.

Im Märchen tritt er als kluger Ratgeber, bisweilen als hilfreiches, dankbares Tier auf (KHM. 132). Die Gegenwart findet in dem Musterbild der List und Verschlagenheit auch positive Züge: Wenn etwa seit der Mitte der 30er Jahre die Soldatensprache den gewieften Troupier einen ‚Fuchs‘ nennt (Feldmarschall Rommel wurde im 2. Weltkrieg als ‚Wüstenfuchs‘ bez.). Dagegen: ‚Pass uuf, das isch e Fuchs‘: ein Durchtriebener oder das frz.: ‚c'est un fin renard‘.

Er hat dem Fuchs gebeichtet sagt man von jem., der sich einen illoyalen Mitwisser schafft; vgl. frz. ‚se confesser au renard‘: sich einem Gauner anvertrauen, der aus einer ihm mitgeteilten Sache Vorteil zieht oder sie vereiteln kann.

‚Fuchs und Hase‘

Fuchs und Hase werden in Rdaa. öfter als Gegenpole gebraucht. Allerdings ist der durch diese Gegenüberstellung gewollte Sinn nicht immer der gleiche. *Fuchs und Hase sein:* listig und flink, hinten und vorn zugleich sein. „Du must Fuchs und Hase sein, weis und schwarz können“ führt Seb. Franck in seiner Sprw.sammlung auf (II, 87 a). In demselben Werk findet sich auch: „Er ist ein Fuchs und Hass“

(I, 80 b): er wird überall umhergehetzt. *Er ist weder Fuchs noch Hase:* er ist weder das eine noch das andere, er leistet oder taugt nichts; westf. ‚nit Foss, nit Has‘. In die gleiche Gruppe von Rdaa. gehören die bekannte Rätselformel *s'ist kein Fuchs und s' ist kein Has* und die rdal. Frage *Ist es Fuchs oder Has?:* was will der Sprecher denn wirklich? Ist er harmlos oder gefährlich? (Agricola I, 343).

Zu den Widersinnigkeiten des Lebens gehört *Fuchs und Hase zusammenspannen* oder auch: *Er will die Füchse an den Pflug spannen* : das Unmögliche versuchen. *Man trifft sich bei den Füchsen:* in entlegener Gegend, seit 1970 bezeugt. Die Rda. *wo Fuchs (Füchse) und Hase (Hasen) einander gute Nacht sagen:* in entlegener Gegend, ist eine Spätentwicklung der Rda. *wo die Füchse einander gute Nacht sagen.* Im ‚Simplicissimus‘ (I, 1) heißt es noch: „im Spessart, allwo die Wölfe einander gute Nacht geben“. Urspr. wurde die Rda. also nur auf Tiere derselben Art bezogen. Der Sinn ist jedoch nach wie vor der gleiche; Hase und Fuchs meiden ebenso wie der Wolf die Nähe menschlicher Ansiedlungen.

Einige Rdaa. können auf Fabeln zurückgeführt werden. *Dem Fuchs sind die Trauben zu sauer* nach der bekannten Fabel Äsops (Buch IV, 1). So auch die Variation dieser Rda.: *Er macht es wie der Fuchs mit den Trauben:* er verschleiert eine Niederlage (↗Traube); vgl. frz. ‚Il fait comme le renard avec les raisins‘. Die lit. Tradition dieses Motivs reicht ungebrochen von der Antike bis ins 20. Jh. Und bei Shakespeare (‚Ende gut, alles gut‘, Übers. L. Tieck - W. von Baudissin, II, 1) heißt es:

Wollt Ihr nicht die schönen Trauben
essen,
Mein königlicher Fuchs? O ja, Ihr
wollt;
Wenn nur mein königlicher Fuchs
die Trauben
Erreichen könnt!

Ebenfalls auf Äsop geht die Rda. zurück: *Fuchs und Kranich laden einander zu Gast:* sie betrügen einander wechselseitig, ↗Kranich.

Auch im Zusammenhang mit dem Wetter spielt der Fuchs eine gewisse Rolle. In Schlesien sagt man beim Aufziehen eines

Gewitters *Der Fuchs braut.* Das gleiche hört man in Holstein, wenn Schönwetter kündender Abendnebel entsteht: ,De Voss bruet' (oder ,badet sik'), auch in Brandenburg scheint der sich badende Fuchs schönes Wetter verkündet zu haben. In Schwaben heißt eine Rda. *Die Füchse backen Brot* (oder *Küchle).* In der Oberpfalz ,heizt der Fuchs ein', im Aargau ,siedet' er, und in Bayern ,kocht' er. Der nahen Verwandtschaft zwischen Fuchs und Wolf wegen sagt man auch: *Er ist ein Fuchs in Schafskleidern;* lat.: ,Ovem in fronte, vulpem in corde gerit'; weniger bedrohlich erscheint: *Er hat einen Fuchs im Ärmel:* er hat den ,Schalk im Nacken'. Im allg. wird der Fuchs als unverbesserlicher Sünder dargestellt, frz.: ,Il mourra en sa peau': er wird sich nicht bekehren, variiert: ,En sa peau mourra le renard'. Daneben wirkt die aus dem 14. Jh. stammende, heute selten angewandte Rda. ,Le renard est devenu ermite': er ist ein Tugendbold geworden, geradezu ironisch.

Es ist Fuchs an Fuchs geraten: zwei ,edle' Seelen, die einander nichts vorzuwerfen haben, treffen feindlich aufeinander.

Der Fuchs schleicht vom Taubenschlag: nach bösem Tun auf unerlaubtem Weg sich heimlich aus dem Staub machen.

Einen Fuchsbalg tragen: listig und trugvoll sein, auch verkürzt ,ein Fuchsbalg': ein aalglatter, hinterlistiger, heuchlerischer Mensch, politischer Einbläser und Schmeichler.

Den Fuchsbalg auf Hasenfüßen verhandeln: statt List anzuwenden die Flucht ergreifen.

Da das Fell des Fuchses den eigentl. Wert des Tieres ausmacht, so besagt das alte Rechtssprw. ,Stirbt der Fuchs, so gilt der Balg': verendet ein ausgeliehenes Tier, so muß dem Eigentümer der Wert des Felles ersetzt werden, vor allem aber, bei jedem Todesfall steht die Erbschaftsregelung an erster Stelle. Paradoxerweise gab diese juristische Formulierung den Namen für ein amouröses Pfänderspiel, bei dem es auf Schnelligkeit und Gewandtheit ankam, im 18. Jh. populär, von Goethe dichterisch verarbeitet.

Lit.: *O. Hauschild:* Wo die Füchse sich gute Nacht sagen, in: Muttersprache 45 (1938), S. 280; *W. E. Peukkert:* Art. ,Fuchs', in: HdA. III, Sp. 174–197; *L. Röh-*

rich: u. *G. Meinel:* Rdaa. aus dem Bereich der Jagd und der Vogelstellerei (Berlin 1971), S. 314; *G. Grober-Glück:* Motive und Motivationen in Rdaa. und Meinungen (= Atlas der dt. Volkskunde. N. F. Beiheft 3) (Marburg 1974), S. 124 f.; *H. Schwarzbaum:* The Mishlé Shu'alim (Fox Fables) (Kiron 1979); *E. Zimen:* The Red Fox. Symposium on Behaviour and Ecology (Den Haag – Boston – London 1980); *K. Rodin:* Räven predikar för Gässen (Uppsala 1983), S. 106; *H.-J. Uther:* Art. ,Fuchs', in: EM. V, Sp. 447–478; *ebd.* noch weitere Art. zu einzelnen Fuchs-Erzählungen.

Fuchsschwanz. *Den Fuchsschwanz streichen:* schöntun, nach dem Munde reden, schmeicheln; eigentl. ,mit dem Fuchsschwanz streichen'. Das Streichen mit dem Fuchsschwanz, der sehr weich ist, verursacht keine Schmerzen. Daher auch: *einen mit einem Fuchsschwanz schlagen:* ihn zu milde bestrafen, analog: *mit einem Fuchsschwanz scheren,* hat auch den Nebensinn: um jem. zu gefallen, lügen. Füchsische Falschheit spricht aus der frz. Rda. ,se donner la discipline (se fouetter) avec la queue de renard': nach außen hin Entsagung üben, im Verborgenen aber herrlich und in Freuden leben.

Dem urspr. Sinn wird es wohl sehr nahe kommen, wenn Lehmann 1639, S. 341 (,Glimpff' 9) verzeichnet: „Zu Hoff vnnd im Regiment muß man den staub vnd vnrath mit Fuchsschwäntz abkehren". Bei Geiler von Kaysersberg heißt es einmal: „Christus hat den Juden nit den Fuchsschwanz durch das Maul gezogen, sunder ihnen gestrelet mit der Hechel"; hier ist die urspr. Vorstellung schon verwischt, und es spielt die Rda. ,einem das Hälmlein durch das Maul ziehen' (↗ Halm) herein. Hans Sachs verbindet mit dem Fuchsschwanz die Rda. vom ↗ Federlesen, indem er die Metzen im Venusdienst sagen läßt:

Da wir den Armen vnd den Reichen
Mit einem Fuchsschwantz die Federn
abstreichen.

Ein weiterer Beleg findet sich in Hans Sachs' 69. Fastnachtsspiel, wo der buhlerische Pfarrer sagt:

Die (Mesnerin) ligt mir tag vnd
nacht im sin.
Doch sicht so eben drauff ir mon,
Er solt wol das falt uebel hon,
Dem ich mich erzaig freuntlich gancz
Vnd streich in stez mit dem
fuechsschwancz,

Wie man spricht: Wer ein frawen
schon

Wil pueln, mues vor hin pueln
den mon.

Bei Wenzel Scherffer (‚Gedichte' 1652) erscheint die Wndg. *einen Fuchsschwanz verkaufen*: schöntun, heucheln: „Weil Ich wil daß niemand Ihr einen Fuchsschwanz sollt verkauffen, noch zu betteln was vor mich die saurengichten anlauffen". Dazu gehört auch die herbe Aufforderung: *verkaufe mir keinen Fuchsschwanz!* das heißt, erkläre dich offen, mache keine Winkelzüge!

Den Fuchsschwanz feiltragen: schmeichlerisch loben und *einen Fuchsschwanz abgeben*: andere Menschen herabsetzen.

‚Fuchsschwänzer'

In Grimmelshausens ‚Simplicissimus' (I, 374, 12): „Mit diesem Fuxschwantz", mit dieser Schmeichelei. Im gleichen Roman tritt auch die Verkürzung der Rda. zu dem Verbum *fuchsschwänzen* = schmeicheln auf: „ich wuste meinem Rittmeister so trefflich zu fuchsschwäntzen" (III, 15, 29). Später finden sich daneben auch die Ausdr. ‚Fuchsschwänzer' für Schmeichler, ‚Fuchsschwänzerei' für Schmeichelei. ‚Fuchsschwanz' heißt auch die einseitig gezahnte Blattsäge mit dem seitlichen Rundgriff. Der Fuchsschwanz ist seit dem Ausgang des MA.s bis zur Gegenwart ein häufiges Attribut des Narren.

Lit.: *W. Mezger*: Narrenidee und Fastnachtsbrauch, Studien zum Fortleben des Mittelalters in der europäischen Festkultur (Konstanz 1991), bes. S. 258–268.

fuchsteufelswild. *Jem. ist fuchsteufelswild*: sehr aufgeregt, sehr zornig. Für die Entstehung des zusammengesetzten Adj. gibt es mehrere Erklärungen: Da es bereits im 16. Jh. ein Adj. ‚fuchswild' gab, das sich entweder auf die verzweifelten Bemühungen eines Fuchses in der Falle bezieht, seine Freiheit durch wilde Bewegungen oder sogar durch das Abbeißen eines eingeklemmten Körpergliedes wiederzuerlangen, oder auf die wilde Angriffslust eines tollwütigen Tieres, kann das aus vielen Wndgn. und Flüchen bekannte ↗ ‚Teufel' zur Verstärkung und Steigerung in die Zusammensetzung gelangt sein.

Es ist aber auch denkbar, daß das Wort nichts mit ‚Fuchs', sondern mit ‚fuchsen' = sich ärgern, zu tun hat. Dieses geht auf ein älteres ‚fucken' = hin und her laufen, reiben zurück, woraus sich studentenspr. im 19. Jh. der neue Sinn von: sich an etw. reiben, wütend, verzweifelt sein, entwickelte. Vielleicht wirkte aber auch die stud. Bez. ‚Fuchs' für den jungen Studenten auf die Wortbildung ein, da dieser von den älteren Verbindungsstudenten gern geneckt und geärgert wurde. Dann wäre das Adj. aus der Verbindung von ‚Fuchs' und ‚teufelswild' entstanden.

R. Becker (Beiträge z. Erklärung dt. Rdaa. I, in: Zs. f. d. U. 6 [1892], S. 693–698) leitet den Begriff von dem alten Verb ‚fikken', d. h. kurz und rasch hin und her fahren, zuschlagen, peitschen ab; mdal. ‚Zugvieh fuchsen': anstacheln, quälen, daher komme die Rda. *es fuchst mich*: es bereitet mir körperlichen und seelischen Schmerz, macht mich so aufgebracht, daß ich des Teufels werden könnte.

Fuchtel. *Einen unter die Fuchtel nehmen*: ihn in strenge Zucht nehmen; *unter jem. Fuchtel stehen, unter der Fuchtel sein, unter die Fuchtel kommen*: gehorchen müssen. Die Fuchtel ist urspr. ein Fechtdegen mit stumpfer, breiter Klinge, frühnhd. aus ‚fochtel', im 16. Jh. gebildet aus ‚vehten'; sie wurde später zum Sinnbild strenger militärischer Zucht. In Süddtl. sagt man noch heute (z. B. beim Würfelspiel), ‚Heraus mit der Fuchtel!'. In Frankr. und England ist eine ähnl. Rda. gebräuchl.: ,être sous la férule', ,to be under a person's ferule', wörtl.: unter dem Lineal sein, weil dies in der Schule als Züchtigungsinstrument benutzt wurde.

Füdle. Schwäb. *(Sich) ins Füdle (Fiedle) beißen; am Füdle lecken,* ↗ Arsch.

Fug. *Mit Fug und Recht etw. tun:* Mit vollem Recht etw. tun. Es handelt sich um eine verstärkende Zwillingsformel, die schon im 16. Jh. vielfach verwendet wurde, damals allerdings noch in dem speziellen Sinn, den das Wort ,Fug' (mhd. vuoc) zu dieser Zeit hatte. Es begegnet in verschiedenen Bdtgn. bei mehreren Autoren, so i. S. v. Gelegenheit, Anlaß bei H. Sachs:

ir solt in in dem bett erstechen
oder wo es sonst fug mag haben
(III, 1561, 2, 109).

Bei Fischart (,Ehzuchtbüchlein' [1568], 506) steht es für das Passende bzw. Unpassende:

die eh gepraucht zu einer gewaltsamer
Zusammenkupplung
eines pars, da keins des anderen fugs
war.

Und schließlich ist es lit. bezeugt für das jem. Zukommende, ihm Gebührende:

sitzen beim ofen ist sin fug
(Brant, ,Narrenschiff', 97, 12);

für die Willkür bzw. die Freiheit, die man sich nimmt:

ich habe mir unrecht zu thun fug
gelassen
(Opitz, Übers. v. Barclays Argenis [Breslau 1626], 25),

oder für das nicht Erlaubte, für die unziemliche Anmaßung (,Unfug'):

Achilli, der mit list ohn fug
mir zwen lieber brüder erschlug.
(H. Sachs III, 1588, 2, 61);

aber auch für das, was recht und billig ist, was nach heutigem Verständnis durch Begriffe wie Vollmacht und Befugnis ausgedrückt wird und auch in der am häufigsten vorkommenden Zwillingsformel ,Fug und Recht' enthalten ist: ,,ich hab fug u. räch das zu reden" (J. Maaler: ,Die teutsche Spraach' [1561], 151), ,,fug u. recht, jus, u. fug u. recht zu etw. haben;

suo jure agere" (J. L. Frisch: ,Teutsch-lat. Wb.' [1741], 1, 303) ,,sie haben das recht u. fug …'" (P. Rebhuhn: ,Klag des armen Mannes' [1536], S. 7).

Fuge ↗ Schnur.

Fuggern. In Geldgeschäften erfolgreich sein, ,wohlfeil verkaufen', schachern. Bezieht sich auf das Handelsgeschäft der Fugger im Augsburg des 15./16. Jh. Sie wurden weithin bekannt durch die ,Fuggerei', eine 1521 von Jakob Fugger gestiftete Armenwohnsiedlung.

Lit.: *A. Stauber:* Das Haus Fugger von seinen Anfängen bis zur Ggwt. (München 1900); *R. Ehrenberg:* Das Zeitalter der Fugger, 2 Bde. (Jena [3]1922); *G. v. Pölnitz:* Jakob Fugger (Tübingen 1949); *ders.:* Die Fugger (Frankfurt/M. 1959); *M. Magg-Schwarzbäcker* u. *U. König:* Spurensicherung. Beiträge zur fast vergessenen Geschichte Augsburgs (Augsburg 1985).

Fuhrmann. *Fluchen wie ein Fuhrmann:* laut fluchen. Schon in Grimmelshausens ,Simplicissimus' (Buch IV, Kap. 18) tritt die Wndg. auf: ,,wenn ich aber fluchte wie ein Fuhrmann, so hieß, ich verstünde es nicht"; vgl. Simrocks ,Sprichwörter' (1282, 64): ,,Furleut führen von Mund auf gen Himmel, wenn sie nicht so gern und grausam fluchten"; vgl. ,fluchen wie ein ↗ Kutscher' u. frz. ,jurer comme un charretier', ↗ fluchen.
Von einem, der es sich gern bequem macht, sagt man *Er will Fuhrmann werden, wenn es geradeaus geht.*

Fülle, füllen. *Von beachtlicher Fülle sein:* eine rundliche Figur haben, dick sein. In dieser, wie auch in anderen ähnl. Wndgn., z. B. *etw. in Fülle haben* oder in der verstärkenden Zwillingsformel ,etw. in Hülle und Fülle haben', steht die Fülle für das gerundete Maß, für jede Norm übersteigende Übermaß.

Füllhorn. *Das Füllhorn über jem. ausgießen:* ihn mit Geschenken überhäufen. Die Rda. wird in jüngster Zeit häufig im journalistisch-polit. Bereich verwendet zur Bez. ungerechtfertigter Zuwendungen oder außerordentlicher Vergünstigungen. Unter dem Begriff ,Füllhorn' versteht man allg. ein mit Früchten, Ähren, Blumen und anderen guten Sachen gefülltes, gewundenes Horn, das schon den Griechen und Römern als Sinnbild des Überflusses galt. Es ist eine Übersetzung des lat. ‚cornucopia‘ bzw. ‚cornu Copia(e)‘. Der Sage nach soll es sich auf ein zufällig an einem Baum abgebrochenes Horn der Ziege Amalthea beziehen, aus dem Nektar und Ambrosia flossen und das von Zeus unter die Sterne versetzt wurde (das Erscheinen der Sterne symbolisiert die Saat- und Erntezeit).

Copia galt als Personifikation der Fülle, deren Attribut das Füllhorn war. Sie wurde später von Abundantia und Fortuna verdrängt. Doch sind auf vielen Abb. auch andere Personifikationen mit diesem Symbol dargestellt, so z. B. die Diligentia und die Natura. Darüber hinaus findet es sich häufig als Beigabe in Darstellungen von Gefäßen und Geräten, wie z. B. bei der Waage.

Im Dt. trat die Zusammensetzung von Horn und Fülle vor allem im 18. Jh. gehäuft auf, während im 17. Jh. vorwiegend von ‚Horn‘ die Rede war:

wan der frühling sich verlohrn,
was geust sommer aus dem horn?
heu u. korn.

(J. G. Schottelius: ‚Fruchtbringender Lustgarte‘ [1647], 989).

Die einschränkende, negative Bdtg. i. S. v. Verschwendung hat das Füllhorn erst in jüngster Zeit erhalten, als man unter ‚verschwenderischer Fülle‘ nicht mehr nur einfach ‚Überfluß‘ (lat.: abundantia) verstand.

fünf. *Nicht bis fünf zählen können*: ein großer Dummkopf sein. Schon im röm. Altertum kannte man eine ähnl. Rda., so z. B. bei Plautus: „nescit, quot digitos habet in manu" (= er weiß nicht, wieviel Finger er an der Hand hat). Die fünf Finger der Hand waren dem Menschen der erste Anhaltspunkt für das Zählen. Die Wndg. taucht schon in der spätmhd. Lit. auf, z. B. bei dem Tiroler Dichter Oswald von Wolkenstein (1367–1445):

darunder manger ist betäubt
das er nit fünfe zelen kan.

Dagegen ist der gar nicht so dumm, „wer wol fünf zehlen" kann (G. Henisch: ‚Teutsche Sprach und Weisheit‘ [1616], 1289). Die Dummheit kann auch bloß vorge-

1/2/3 ‚Das Füllhorn ausschütten‘

täuscht sein, daher els. ‚E Gsicht mache, as könnt mo nit bis uf fünf zähle'. Vgl. frz. ‚ne pas savoir compter jusqu'à dix' (zehn). *Fünf gerade sein lassen:* es nicht so genau nehmen, nachsichtig sein; thür. auch ‚dreizehn gerade sein lassen'. 1639 bei Lehmann S. 786 (‚Vergleichen' 4): „Man muß das krumme ins schlim (mhd. slimpschief) schlagen, so wirds eben. Man muß bißweilen lassen fünff gerade seyn". In der ‚Zimmerischen Chronik' (II, 300) wird erzählt, daß einem sein Weib untreu geworden sei und daß er sie deshalb hätte anklagen sollen. „Aber derselbig guet herr het ein verdewigen magen, sahe durch die finger, ließ fünf gerad sein".

In der heutigen Mda. wird die Rda. oft noch mit Zusätzen versehen wie schwäb. ‚Der läßt fünf grad sein und sechse krumm', oder ‚… und elf ein Dutzend'; obersächs. ‚Das ist mir fünfe', es ist mir gleichgültig. Fünf steht oft verkürzt für die fünf Finger, die fünf Sinne usw. in den Rdaa.: ‚alle fünfe ablecken', ‚alle fünfe danach ausstrecken', schwäb. ‚einem fünfe austun', eine Ohrfeige geben, ‚seine fünfe nicht mehr beisammen haben', verrückt sein. Andere schwäb. Rdaa. sind: ‚alle fünf Finger lang': alle Augenblicke; ‚dasitzen wie fünf Nüsse': einen ziemlich unbedarften Eindruck machen. ‚Du bisch au kei 5 Stund weiter als i', d. h. nicht vornehmer. ‚Etw. an (bei) fünf Zipfeln halten (hebe)', meist mit dem Nachsatz: ‚und's hat eben doch nur vier': Zuviel des Guten tun.

‚Z'Mettinge isch faife grad': der Kirchturm von Mettingen hat vier flankierende Türme, d. h. es ist ein Fünfturmgebilde mit vier geraden Seiten. Die Mettinger heißen deshalb ‚Fünfegradler'. Ähnl. verhält es sich mit dem Esslinger Kirchturm, nach dem ein Wein ‚Feifegräder' genannt wurde, ↗ vier.

Setz dich auf deine fünf Buchstaben ↗ Buchstabe. An die fünf Buchstaben ist ebenfalls gedacht in der mdt. Rda. *Du kannst mich fünfern:* du kannst mich gern haben, bekannt auch mit dem Zusatz: ‚dann hast du um mein sechs Feierabend'.

Das fünfte Rad am Wagen ↗ Rad.

‚Die fünfte Kolonne': Spionage- und Sabotagetrupp. Die Wndg. stammt vom Franco-General Mola, der im Span. Bür-

gerkrieg auf die Frage, welche seiner vier Kolonnen das von den Republikanern verteidigte Madrid einnehmen werde, antwortete: „die fünfte Kolonne". Damit meinte er die in der Stadt befindlichen Anhänger Francos.

Seine fünf Sinne nicht mehr ganz beisammen haben: nicht ganz normal sein, ↗ Sinn.

Fünfer(le). *Etw. für einen Kuß und ein Fünferle tun:* sich aus Gefälligkeit und Freundschaft mit einem symbolischen Lohn zufrieden geben.

Nicht einen Fünfer um etw. geben: sich nicht darum scheren, ihm keine Bdtg. beimessen. Ähnl. die Wndg.: *das ist nicht einen Fünfer wert:* das taugt nichts, es ist zu nichts nutze. Der Fünfer war urspr. eine Münze mit der Zahl 5 und dem Wert von fünf kleineren Münzen (Hellern, Kreuzern, Pfennigen).

Lit.: *H. Mané* u. *L. Veit* (Hg.): Münzen in Brauch u. Aberglauben (Mainz 1982), S. 231.

Fünftagerennen. *Das Fünftagerennen geht wieder los!:* eine neue Arbeitswoche beginnt. Aus dem Sechstagerennen im Radrennsport wurde in scherzhafter Umdeutung das ‚Fünftagerennen' zur Bez. einer strengen Arbeitswoche.

fünfzehn. *Kurze Fünfzehn machen:* kurzen Prozeß, nicht viele Umstände machen; eine Sache abkürzen, sie schnell zu Ende bringen; ähnl. auch in den Mdaa., z. B. in Lippe ‚Davon willt wi korte fifteggen maken'. Die Rda. ist aber auch in Hessen und am Rhein allerorten geläufig; doch zeichnet sich eine interessante geographische Verbreitung ab: sie fehlt in den südd. Mdaa., im Schwäb. und Bair.

Man hat früher vermutet, sie sei aus einer Vermengung von ‚kurzen Prozeß machen' und ‚fünfzehn Hiebe androhen' entstanden. Doch hat mehr Wahrscheinlichkeit die Herleitung aus dem ‚Puff'- oder ‚Tricktrackspiel' (mhd. ‚wurfzabel', frühnhd. ‚triktrak'), einem sehr beliebten ma. Brettspiel, das von zwei Spielern mit je 15 Steinen gespielt wurde (mhd. ‚der fünfzehen spiln'). Wer Glück hatte, konnte das Spiel mit einem Wurf beenden

1

1/2 Puffspiel oder Tricktrack (‚Kurze Fünfzehn machen‘ – ‚Einen Stein im Brett haben‘)

und alle Steine auf einmal herausnehmen und zu neuem Spiel bereitstellen (‚kurzer Puff‘). Auch die Wndg. ‚bei jem. einen ↗ Stein im Brett haben‘ stammt von demselben Spiel. Zahlreiche ma. Künstler haben es dargestellt. Doch nicht aus den Bildern erfahren wir, daß mit fünfzehn Steinen gespielt worden ist. Dies entnehmen wir aus Hartmanns von Aue ‚Erec‘ (V. 867 ff.). Hartmann vergleicht dort den Zweikampf mit einem Spiel, das leicht Verlust bringt:

si beide spilten ein spil
daz lîhte den man beroubet,
der vünfzehen ûf daz houbet.

Es gibt lange und kurze Arten dieses Spiels. Ein Spieler bei Hans Sachs (Fastnachtspiele) beherrscht sie alle:

Der gleich dem pretspil ich anhang,
Ich kan das kurz vnd auch das lang ...

In den sprw. Gebrauch ist nur die ‚kurze‘ Art gelangt. In einer Flugschrift von 1523 klagt ein Ritter, „wie man mit etlichen vom Adel des kurtzen spilet“.
Seit dem 16. Jh. ist die Wndg. auch sonst in übertr. Anwendung bezeugt. Die Erhaltung der Rda. ist sicher durch das sinnverwandte ‚kurzen Prozeß machen‘ begünstigt worden (vgl. auch ndl. ‚korte wetten maken‘), doch gibt es auch moderne Sekundär-Erklärungen: Die allzu kurze

2

Frühstückspause von 15 Minuten bez. der rhein-westf. Metallarbeiter heute als ‚kurze Fünfzehn machen‘; ebenfalls ein kurzes ‚Nickerchen‘ nach dem Essen. Die Wndg. aus der Berliner Arbeitersprache: ‚Ick mach Fuffzehn‘: ich mache Schluß, läßt jedoch darauf schließen, daß die Herkunft vom Tricktrackspiel wohl als sicher angenommen werden kann.

Lit.: *A. Götze:* Kurze Fünfzehn machen, in: Hess. Bl. f. Vkde. 33 (1934), S. 90–93.

Fünfziger. *Ein falscher Fünfziger sein:* eine unaufrichtige, unzuverlässige Person sein; der Ausdr. meint urspr. wohl eine Fünfzig-Pfennig-Münze und dürfte erst in diesem Jh. aufgekommen sein. Gebräuchlicher ist die Form ‚falscher Fuffziger (Fuffzjer)‘, die auf berl. Herkunft deutet.

Lit.: *H. Mané* u. *L. Veit* (Hg.): Münzen in Brauch u. Aberglauben (Mainz 1982), S. 233.

Funke, funken. *Bei ihm ist der Funke übergesprungen:* er hat es gemerkt, verstanden. Wie ein überspringender Funke plötzlich etw. in Brand setzen kann, so kann ein plötzlich aufkommender Gedanke zu einer bis dahin verborgenen Einsicht führen. Neueren Datums ist die analoge Rda. *Bei ihm hat's gefunkt,* wobei heutzutage auch an ein Funkgerät gedacht wird. Ähnl. auch ‚Bei ihm hat's geblitzt‘, ↗ Licht. Dagegen deutet der verzweifelte Ausruf: *Kein Funke von ...,* der zu ergänzen ist mit Begriffen wie ‚Verstand‘, ‚Einsicht‘, ‚Anstand‘ usw., auf einen beklagenswerten Mangel an geistiger Kapazität und menschlicher Sensibilität.

Funkstille. *Es herrscht Funkstille:* zwei Menschen haben sich nichts mehr zu sagen, ihre Beziehungen sind abgebrochen, die Gesprächsrunde schweigt. Der Begriff ‚Funkstille‘ wurde aus der Sprache der Nachrichtentechnik entlehnt als treffende Kurzbez. für einen Vorgang, der sonst mit einem längeren Satz umschrieben werden müßte. Er gilt allg. für jede Unterbrechung menschlicher Kommunikation.

Furcht, fürchten. *Vor Furcht (Angst) zittern, von lähmender Furcht gepackt werden, ohnmächtig werden vor Furcht* sind Rdaa., die darauf hinweisen, daß Furcht unterschiedliche Reaktionen auslösen kann. Während bei Hiob 4, 14 die Verbindung ‚Furcht und Zittern‘ in direktem Bezug zueinander begegnet, wird in Ps. 2, 11 das Zittern auf die freudige Erregung bezogen: „Dienet dem Herrn mit Furcht und freuet euch mit Zittern“. Andere Wndgn. weisen darauf hin, daß Furcht auch den Verlust des Verstandes und der Sinne zur Folge haben kann: *vor Furcht außer sich sein,* engl. ‚to be frightened out of (one's wits) his seven senses‘. Ungewöhnl. ist in der engl. Version die Erwähnung von sieben Sinnen, während im allg. nur fünf Sinne als Vorbedingung vernünftigen Handelns angegeben werden. Diese seltene Verbindung geht zurück auf Jacob Boehmes ‚Mysterium Magnum‘

(Amsterdam 1652), in dem er von sieben Sinnen i. S. der sieben Gaben (des Hl. Geistes) spricht, ↗ Espenlaub, ↗ zittern. *Jem. Furcht einjagen:* ihn bedrohen; *Jem. das Fürchten lehren (beibringen):* ihn einschüchtern; *Weder Himmel noch Hölle fürchten:* ein rechter Draufgänger sein, desgl.: *Weder Tod noch Teufel fürchten; um sein Leben fürchten:* sich ernsthaft bedroht fühlen, aber auch: ein sehr furchtsamer Mensch sein; ähnl.: *Sich vor jem. fürchten wie der Teufel vorm Donner* bzw. *vorm Weihwasser, wie der Hirsch vorm Schuß; Jem. fürchten wie die Pest; Sich vor jem. fürchten wie die Katz vor der Maus; Sich vor seinem eigenen Schatten fürchten:* außergewöhnlich furchtsam sein. Daher heißt es spöttisch von einem Hasenfuß auch: *Er fürchtet sich nicht, er zittert nur* oder *Nur nicht gefürchtet, nur brav gezittert!*

Von einem, der seine Kopfbedeckung nicht abnehmen will, heißt es scherzhaft (oberösterr.): ‚Er fürchtet, daß d'Läus 'n Katarrh krieg'n‘ u. rhein.: ‚Er fürchtet, daß die Spatzen wegfliegen‘, ↗ Angst.

Lit.: *G. Devereux:* Angst und Methode in den Verhaltenswissenschaften (München 1967); *B. Gobrecht:* Art. ‚Furcht, Furchtlosigkeit‘, in: EM. V, Sp. 568–576; *H. Rölleke:* Art. ‚Fürchten lernen‘, in: EM. V, Sp. 584–593; *L. Röhrich:* Sage – Märchen – Volksglauben. Kollektive Angst und ihre Bewältigung, in: *G. Eifler* u. *O. Saame* u. *P. Schneider* (Hg.): Angst und Hoffnung. Grundperspektiven der Weltauslegung (Mainz 1984), S. 173–202; *J. Delumeau:* Angst im Abendland, 2 Bde. (Reinbek 1985).

Furie. *Wie von Furien gehetzt,* rdal. Vergleich für jem., der ‚wie ein Irrer durch die Gegend rast‘ – von Feinden oder von seinem eigenen Gewissen getrieben.

Furien (lat. ‚furia‘ = Wut, Raserei) sind die röm. Rachegöttinnen entspr. den griech. Erinnyen. Sie griffen bei Untaten strafend ein und waren daher gefürchtet. Wenn jem. ‚wie von Furien gehetzt‘ aussieht, wird ihm zumeist auch ein sehr schlechtes Gewissen unterstellt.

In älterer Zeit bedeutete *in der Furie sein:* wütend und zornig sein. Meist bezog sich der Vergleich auf eine vor Eifersucht wütende Frau. In dieser Bdtg. ist die Wndg. im 18. Jh. lit. bezeugt: „... als die frau wie eine furie in die stube brach, roth um den kam u. blind vor eifersucht‘ (J. G. Müller: ‚Siegfried von Lindenberg‘ [1790], 1. 164).

Aussehen wie eine Furie: wie eine zornentbrannte, außer sich geratene Frau mit hochrotem Kopf und aufgelösten Haaren, ↗ aussehen.

Fürst, fürstlich. *Wie ein Fürst leben:* Reichtum und alle Annehmlichkeiten des Lebens genießen.

Das Wort ‚Fürst‘, ahd. ‚furisto‘, mhd. ‚vürste‘ ist ein substantivierter Superlativ und bez. urspr. den Vordersten, den Ersten (einer Gruppe, einer Gemeinschaft), später den Herrscher (Kaiser, Könige, dann Herzöge und hohe Würdenträger).

Der Fürst war mit allen Rechten obrigkeitlicher Macht ausgestattet und führte sein Amt im Auftrage Gottes (‚Kaiser von Gottes Gnaden‘) mit richterlicher Strenge und Gerechtigkeit, war seinen Untertanen gegenüber auch zu Großzügigkeit verpflichtet und konnte daher ‚Gnade vor Recht‘ ergehen lassen.

In der Emblematik wurde der Fürst als ‚Sonne‘ und ‚Herz‘ des Staates bez. Eine Maxime Friedrichs d. Großen war jedoch später: „Der Fürst ist der erste Diener seines Staates“, die er mehrfach in frz. Form niederschrieb.

Dagegen spiegeln sich Furcht und Vorsicht vor Selbstherrlichkeit und Unberechenbarkeit eines Fürsten, später eines Vorgesetzten, in dem scherzhaften Rat:

Gehe nie zu deinem Ferscht,
Wenn du nicht gerufen werscht‘
(‚Ulk‘, Jahrg. 1898, Nr. 31).

Der ‚Fürst der Finsternis‘ (princeps tenebrarum) ist eine euphemist. Bez. für den ↗ Teufel, ebenso der ‚Fürst dieser Welt‘, der auf Joh. 12,31 beruht und durch Luthers Lied ‚Ein feste Burg‘ (Ev. Kirchengesangbuch Nr. 201) sprw. geworden ist.

Jem. fürstlich entlohnen (bezahlen), auch: einen fürstlichen Lohn erhalten: überaus reichlich, großzügig für seine Dienste belohnt werden, mehr als erwartet erhalten, so wie es einem Reichen entspricht.

Lit.: *G. Theuerkauf:* Art. ‚Fürst‘, in: HRG. I, Sp. 1337–1351.

Fürstenberger. *Den Fürstenberger nicht gerechnet haben, den Fürstenberger vergessen haben:* die Rechnung ohne den Wirt gemacht haben, ein Hindernis (bes. bei einem Geschäft) übersehen haben. Die im Südwesten Dtls. verbreiteten Wndgn. beziehen sich auf den großen Einfluß der Fürsten von Fürstenberg in Donaueschingen.

Furz. *Aus einem Furz einen Donnerschlag machen:* etw. Unwichtiges und Nebensächliches aufbauschen und übertreiben; zuerst 1616 bei Henisch (1315,44) gebucht, 1691 bei Stieler in der Form „den furz zum Donner machen“, so auch noch in der siebenbürg.-sächs. Mda. des 19. Jh. ‚Dî moacht gärn de Furz zem Danner‘. Auch in anderen Rdaa. steht Furz für etwas Unbedeutendes, Unwichtiges. Rhein. von einem Geizigen ‚Der will mit einem Furz einen Morgen Land düngen‘, schweiz. ‚nid en Furz‘, nicht das geringste. ‚Er macht sich keinen Furz daraus‘: er macht sich nichts daraus; ‚keinen Furz wert sein‘: ein Nichts sein; alem.: ‚Sie het nit emol e Furz im e Lumpe‘: sie hat keine Mitgift; ‚Bind e Furz dran, so isch’s e Scheiß länger‘: wenn etw. zu kurz ist, z. B. eine Hose.

‚Man muß auch mal einen Furz verkneifen können‘: man muß auch mal den Mund halten können. ‚Verlang von einem toten Mann einen Furz‘: etw. Unmögliches fordern; ‚Du kriegst einen Furz auf dem Rost gebraten‘: du bekommst nichts zu essen; ‚ein gebackener Furz auf einer Gabel‘: eine Nichtigkeit. ‚Mach keinen Furz‘: flunkere nicht!; ‚Das ist unter allem Furz‘: das ist unter aller Kritik; ‚Er hat ausgefurzt‘: es ist aus mit ihm; ‚Der furzt im Schlaf‘: es gelingt ihm alles ohne Anstrengung, er hat Glück.

Einen Furz im Kopfe (auch *gefrühstückt) haben:* nicht ganz gescheit sein. Schwäb. ‚einen Furz auf ein Brett nageln‘, sprw. für eine unmögliche Aufgabe. (‚Ma ka nit alles; ma ka koin Furz auf e Brett nagle‘). ‚Der ka kein Furz verhebe‘: er plaudert jedes Geheimnis aus.

Vergleichende Rdaa.: *auffahren wie ein Furz im Bade* (z. B. sächs.), 1645 in den ‚Facetiae facetiarum‘ (486) belegt; *wie ein Furz in der Laterne:* unstet, unruhig; *wie ein wilder Furz am Bindfaden:* viel Lärm um Nichts; ‚Verschwinde, wie der Furz im Winde‘: schnell und unauffällig. Ähnl.: ‚Sinnlos herumlaufen wie ein Furz auf der Gardinenstange‘.

In verbalen Ausdr. wird das diskriminierte Wort meist ausgelassen, wie z. B.: ‚einen fahren (fliegen, gehen, streichen) lassen‘, oder es werden andere Ausdr. doppeldeutig gebraucht: ‚seinem Herzen Luft machen‘, ‚Gas geben‘, ‚aus dem letzten Loch pfeifen‘ etc.

In der populären Umgangssprache gibt es zahlreiche Umschreibungen und Synonyma für ‚Furz‘. Nur z. T. entstammen sie dem Bemühen, das tabuierte Wort zu vermeiden (‚Wind‘, ‚Frosch im Bauch‘, ‚Naturfagott‘, ‚Pub(s)‘); nicht selten sind sie aber derb, unflätig und drastisch. Sie beziehen sich u. a. auf Situation (‚Bierfriedrich‘, ‚Salonfurz‘), Lautstärke (‚Bums‘, ‚Kracher‘, ‚Schleicher‘, ‚Donner‘) (lat. ‚crepitus‘), Geruch (‚Stinker‘), oder kommen aus der Soldatensprache (‚Kanonier‘, ‚Rohrkrepierer‘).

Das Sprw. ‚Ein feiger Arsch läßt keinen mutigen Furz‘ (nach anderen Quellen: ‚Aus einem verzagten Arsch kommt kein fröhlicher Furz‘) wird Luther zugeschrieben.

Lit.: *P. Englisch:* Das skatologische Element (Stuttgart 1928); *H. Bächtold-Stäubli:* Art. ‚Furz‘, in: HdA. III, Sp. 223–224; *A. Limbach:* Der Furz (Köln 1980); *Chr. Daxelmüller:* Art. ‚Furz‘, in: EM. V, Sp. 593–600.

Fuß. Im alten Rechtsleben von besonderer Bdtg. war die jetzt allg. gebrauchte Formel *stehenden Fußes* (lat. ‚stante pede‘): augenblicklich, sogleich. Wer mit seinem Urteil nicht einverstanden war, mußte es auf der Stelle, ‚unverwandten Fußes‘, anfechten (in alter Sprache ‚schelten‘), sonst wurde es rechtskräftig.

In einem Weistum, einer bäuerlichen Rechtssatzung, aus Keuchen vom Jahre 1430 heißt es: „Auch waz vor dem dorfgreven (Dorfschulzen) und den nachgeboren (Nachbarn) gewiset wird, wolde sich imant des berufen gein Keuchen an das oberste gerichte, der mag iß thun unverzogelich, unberaden und standen fußes, e er hinder sich trede".

Wie so viele Ortsangaben ist auch ‚stehenden Fußes‘ auf die Zeit übertr. worden (vgl. ‚auf der Stelle‘). Wir sagen: ‚Auf der Stelle kommst du her!‘ Wer aber auf der Stelle etw. tun soll, soll es eigentl. dort tun, wo er gerade steht, kann also eigentl. nicht herkommen. Und ebenso ist es nur im übertr. Sinn gemeint, wenn Schiller im ‚Tell‘ (I, 2) Stauffacher sagen läßt: „Nach Uri fahr ich stehnden Fußes gleich".

Ebenfalls dem Rechtsleben entstammen die Wndgn. *auf freiem Fuße sein, auf freien Fuß setzen,* früher auch *auf freiem Fuße stehen:* 1459 im übertr. Sinne belegt von einem Gefangenen, der in der Freiheit des Handelns, etwa durch einen gefesselten Fuß, nicht beschränkt ist: „stund he doch sulvest uppe frigen foeten, leddich unde loß".

Auf gespanntem Fuße mit einem stehen; mit einem über den Fuß gespannt sein: sich im schlechten Einvernehmen mit ihm befinden, sich nicht vertragen. ‚Fuß‘ wird in dieser Rda. zur Kennzeichnung des Charakters und Grades einer menschlichen Beziehung in der abgeblaßten Bedeutung ‚Grundlage‘ (so schon bei Stieler 1691 gebucht) verwendet. Daher auch jüngere Wndgn. wie: *auf gutem (schlechtem, vertrautem) Fuß mit ihm stehen (leben).*

Thomas Mann gebraucht im ‚Doktor Faustus‘ die Wndg. „auf den frère et cochon-Fuß kommen", sich in Zechgemeinschaften verbrüdern. Auch in der Rda. *auf großem Fuß leben* (scherzhaft auch: ‚eine große Schuhnummer haben‘): viel Aufwand machen, steht Fuß bildl. für Lebenshaltung, Verhältnisse, Art und Weise. Vgl. frz.: ‚Vivre sur un grand pied‘.

Die Rda. ist im MA. in Frankr. entstanden u. geht zurück auf Geoffrey Plantagenet, Graf von Anjou (1129–51), der sich Schuhe mit sehr langer Spitze machen ließ, um eine Geschwulst darunter zu verbergen. Da er allg. ein Vorbild für Eleganz war, wollte jeder so große Schuhe tragen wie er. Man sprach von ‚chaussure à la poulaine‘, ‚Galionsschuhen‘ oder ‚Schnabelschuhen‘. Im 14. Jh. wurde die Größe dieses Schuhwerks der Maßstab für das Ansehen eines Menschen. Maßeinheit war der Fuß. Die Schuhe eines Fürsten waren 2 1/2 Fuß, die eines hohen Barons 2 Fuß, die eines Ritters 1 1/2 Fuß und die eines einfachen Bürgers 1 Fuß lang. Auch die Absätze der Noblen waren erhöht – im Gegensatz zu denen des einfachen Bürgers, der flache Schuhe trug. Das hat sich in der ndl. Rda. niedergeschlagen: ‚Hij leeft op een' grooten' (hoogen) voet‘. Unter Karl V. wurde diese Mode, die sich von Frankreich aus über die ganze zivilisierte Welt ausgebreitet hatte, endgültig abgeschafft.

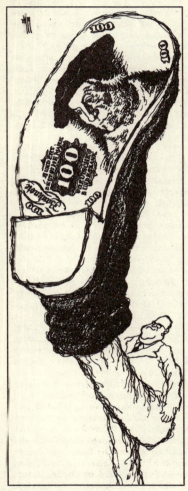

‚Auf großem Fuße leben'

In Zusammenhang damit steht auch die Rda.: *auf gleichem Fuß mit jem. verkehren:* auf derselben Gesellschaftsstufe stehen. *Einem etw. unter den Fuß geben:* es ihm heimlich mitteilen, ihn heimlich zu etw.

veranlassen. Die der Rda. urspr. zugrunde liegende Vorstellung ist die, daß man etwa einen Zettel unter dem eigenen Fuße bis an den Fuß eines anderen heranbringt, der die geheime Botschaft wiederum sofort mit seinem Fuß bedeckt; dazu stimmt genau das lat. Wort ‚suppeditare' = geben, darreichen. In lat. Form wird der Ausdr. noch von Bismarck (Reden II, 139) verwendet: „Daß dieses Wort mir durch einen gefälligen Souffleur suppeditiert wurde".

Einem auf den Fuß zu treten war zunächst im älteren Sprachgebrauch das Zeichen für geheimes Einverständnis, bes. unter Liebenden, so im Volkslied ‚Wenn alle Brünnlein fließen' (Str. 2): „Ja winken mit den Äugelein und treten auf den Fuß ...";
vgl. auch frz. ‚faire du pied à quelqu'un': jem. heimlich warnen, ihm ein unbemerktes Zeichen geben, auch unter Liebenden gebräuchlich. Erst allmählich verkehrte sich der Sinn dieser Wndg. ins Gegenteil; *einem auf die Füße treten,* schweiz.: ‚Eim uff de Fuess trete', bedeutet heute: ihm weh tun, ihn beleidigen, vgl. *ihm auf die große Fußzehe, auf die Hühneraugen treten;* vom leicht Beleidigten sagt man auch: *Er fühlt sich immer auf den Fuß (auf den Schwanz, Schlips) getreten.*

Das Fußtreten geht zurück auf den Volksglauben, daß man durch Treten auf den Fuß eines Menschen Gewalt über diesen erhält und sich auch dessen Kräfte aneignen kann. Im Rechtsleben war das ‚Treten auf den Fuß' ein Ausdr. der Besitzergreifung. Den rechten Fuß auf etw. setzen, bedeutete, dies in Besitz nehmen zu wollen. An einigen Höfen z. B. trat der Lehnsherr bei der Belehnung mit seinem rechten Fuß auf den des Vasallen. Auch bei Vindikation (Rückforderung) eines ‚entfremdeten' Haustieres mußte der schwörende Eigentümer zum Zeichen seines Rechtsanspruches das von ihm geforderte Tier mit Hand und Fuß berühren:

he sal mit sime rechten voze
dem pferde treten uffe dem
linken voz vorne ...

(Grimm, RA. II, S. 126ff.).

Auch die Rda.: *Jem. den Fuß auf den Nakken setzen:* jem. seine Macht fühlen lassen; vgl. ‚unter den ↗ Pantoffel kommen', hat eine lange Tradition. Im alten Orient

FUSS

und in der Antike galt der Fuß als Symbol der Unterjochung. Zum Zeichen des Sieges und der völligen Unterwerfung setzte der Sieger seinen Fuß auf den am Boden liegenden Todfeind. Ägypt. Darstellungen zeigen den König, dessen Fußschemel von besiegten Gegnern gebildet wird. Auch in Bibel und altchristl. Lit. begegnet der Fußtritt als fixierter Herrschaftsgestus (Ps. 90,13, 109,1; 4. Esra 16,70; Mal. 4,3; 1. Kor. 15,25). Josua ließ die fünf gefangenen Könige herbeibringen und befahl seinen Heerführern, ihren Fuß auf den Nacken des Besiegten zu stellen (Jos. 10,24). Zur Bekräftigung des Sieges wird der Todfeind unter den Füßen zertreten (Röm. 16,20).

Auch die Rda. *Jem. unter den Fuß bringen:* jem. bezwingen, betont die Machtposition u. geht auf die symbolische Rolle des Fußes als Rechtszeichen zurück, wie es bereits Ps. 74,4 zum Ausdr. bringt: „Er unterjochte die Völker unter uns, und Nationen steckte er uns unter die Füße".

Die Wndg. *Den Fuß in ein Land setzen* hat einen ähnl. Hintergrund. Auch hier wird eine symbolische Inbesitznahme angedeutet.

Jem. (etw.) mit Füßen treten: mißachten, gemein behandeln, gering schätzen (z. B. ,das Recht mit Füßen treten').

Mit einem Fuß im Grabe stehen: seinem Ende nahe sein, bes. von Todkranken und Alterschwachen gesagt, belegt 1649 bei Gerlingius (Syll. Nr. 33): „Alterum pedem in cymba Charontis habere. Er gehet auff der Gruben. Er gehet auf der Baar. Er hat einen Fuß schon im Grabe. Er gehet auff grabes bort. He stippet nae sinem grave"; vgl. frz. ,avoir un pied dans la tombe'; engl.: ,to have one foot in grave', ↗ Grube.

Auf die Füße fallen: sich immer zu helfen wissen, sich schnell in allen Lagen zurechtfinden; Anspielung auf die Katzen, die beim Fall immer auf ihren Pfoten landen, daher noch deutlicher in der ndl. Rda. ,op zijn potjes terechtkomen'. Schon in Joh. Fischarts ,Geschichtklitterung' (Ndr. S. 183/32) ist bezeugt: „Vnnd ful nur allzeit auff den ars, wie die Katzen vnd Herren auff die Fueß". Vgl. frz. ,retomber sur ses pieds (pattes)' und engl.: ,to fall on one's feet'.

Auf tönernen Füßen stehen: keine feste Grundlage haben, geht zurück auf den bibl. „Koloß auf tönernen Füßen" (Daniel 2,31–34); heute verblaßt zu *auf schwachen Füßen stehen;* ähnl. gebildet: *auf eigenen Füßen stehen:* selbständig sein. *Festen Fuß fassen:* sich an einem Ort niederlassen.

Mit beiden Füßen auf dem Boden stehen; vgl. frz.: ,avoir les pieds sur terre': realistisch denken u. handeln, ↗ Bein. Wenn jem. irreale Vorstellungen hat, wird die Rda. heute parodiert zu: ,Mit beiden Füßen fest in der Luft!'

Die Füße in die Hände nehmen: sich beeilen.

Sich die Füße wund laufen: Viele Gänge machen, um etw. zu erreichen.

Etw. brennt ihm unter den Füßen: vgl. frz.: ,Les pieds lui en brûlaient': das Pflaster ist ihm unter den Füßen zu heiß geworden, etw. zwingt ihn zur Flucht.

Einem Füße machen: ihn zur Eile antreiben (↗ Bein); *sich aus den Füßen machen:* sich wegbegeben; auch: *Sich auf die Füße machen:* sich schnell davonmachen, aufbrechen.

Den Staub von den Füßen schütteln: Rda. in Anlehnung an Matth. 10,14 (bedeutet eigentl. die völlige Loslösung von einer mit Fluch behafteten Stelle).

Mit dem linken (falschen, verkehrten) Fuß zuerst aufgestanden sein: übler Laune sein, den ganzen Tag über Pech haben, geht zurück auf den international verbreiteten Aberglauben, daß links die falsche und unglückbringende Seite ist; schon im Lat. heißt es: ,sinistro pede profectus est', vgl. frz. ,se lever du pied gauche'.

Kalte Füße haben: kein Geld haben, geschäftlich schlecht stehen. *Kalte Füße bekommen:* Angst bekommen, auch: ein Vorhaben aufgeben, aus einer (illegalen) Sache aussteigen. Die Rda. ist am Spieltisch entstanden. ,Kalte Füße haben' war ein beliebter Vorwand, um das Spiel abzubrechen und den Gewinn zu sichern; vgl. engl.: ,to get cold feet'.

Eine andere Bdtg. ders. Rda. ,Kalte Füße bekommen' ist: lange warten, auch i. S. v. sterben. *Mit den Füßen voran das Haus verlassen:* als Toter aus dem Haus getragen werden.

Die Füße unter anderer Leute Tisch haben,

493

unter einen fremden Tisch strecken: keinen eigenen Haushalt führen. Meckl. ‚dei Fäut nah'n Bedd' strecken', sich nach den gegebenen Verhältnissen einrichten; ndd. schon 1712 belegt.

‚Füße auf den Tisch legen'

Bei jem. den Fuß nicht mehr über die Schwelle setzen: mit jem. verfeindet sein.

Gut zu Fuß sein: gut laufen können, im Rheinischen. spaßhaft von einem unmäßigen Esser und Trinker: ‚Er ist gut zu Fuß unter der Nas'. Dieselbe Rda. wird auch gern angewandt, wenn jem. schlagfertig ist. Im Gegensatz dazu heißt es: *Blei an den Füßen haben:* träge sein, nicht vorwärts kommen, ↗ Blei.

Über die eigenen Füße stolpern: unbeholfen und ungeschickt sein. *Jem. auf die Füße (Beine) helfen:* jem. unterstützen oder ‚unter die Arme greifen', ↗ Arm. *Den Fuß aus dem Schlamm ziehen:* sich aus einer unangenehmen Sache herausziehen.

Zwei Füße in einem Schuh haben: schwanger sein; vgl. frz. ‚mettre quatre pieds dans deux souliers'; heute veraltet. Dafür sagt man: ‚avoir les deux pieds dans le même sabot' (wörtl.: beide Füße im selben Holzschuh haben): furchtsam und unentschlossen sein.

Von einem Menschen mit bes. großen Füßen sagt man im rdal. Vergleich: ‚Er hat Füße – so groß, damit kann man Elsaß-Lothringen an Frankreich abtreten'; aber auch: ‚Er ist ein Oldenburger, er hat beim Füßeverteilen zweimal ‚hier' gerufen'.

Einen Fuß in der Türe haben: mitsprechen können, etw. für sich herausschlagen, mitmischen.

Jem. den Kram vor die Füße werfen: seine Arbeit im Zorn niederlegen, den Dienst aufkündigen. Hingegen bedeutet: *Jem. etw. zu Füßen legen:* ihm etw. schenken, zu Eigentum geben. Die Rda. geht zurück auf den Rechtsbrauch der Besitzergreifung durch die Füße: „Der Herr legte den Menschen alles zu Füßen', d. h. er gab es ihm zu Eigentum (Ps. 8, 7 ff.). Auch die reichen Christen legten den Erlös ihrer verkauften Grundstücke den Aposteln zu Füßen (Apostelgesch. 4, 35).

Jem. zu Füßen fallen: ‚einen Kniefall machen', inständig und demütig um etw. bitten, wie z. B. im N.T. vom Synagogenvorsteher Jairus berichtet wird, der dem Herrn zu Füßen fiel und um die Heilung seiner Tochter bat (Mk. 5, 22). Auch als Zeichen der Anbetung erwähnt (Offb. 22, 8). In neuerer Zeit wird die Rda. zumeist iron. gebraucht i. S. v.: ‚Muß ich dir erst zu Füßen fallen ...'

Sich einen weißen Fuß bei jem. machen: sich bei jem. beliebt machen, eine Vorzugsstellung verschaffen; vgl. engl.: ‚to give a person the white foot': jem. um den Bart gehen, ihm schmeicheln. Ein engl. Spruch für Pferdehändler lautet:

One white foot – buy him
Two white feet – try him
Three white feet – look well about him
Four white feet – go without him.

Ndl.: ‚Een wit voetje hebben bij iemand', bei jem. gut angeschrieben sein. Bei uns ist die älteste Form der Rda. in einem Bremer Wb. von 1767 verzeichnet. Sie lautet: ‚Eenen witten Foot by Jemand hebben'. Im Märchen vom ‚Wolf und den sieben jungen Geißlein' (KHM.5) macht der Wolf seine Pfoten im Mehl weiß, um die Geißlein zu täuschen.

Etw. hat Füße bekommen: etw. ist abhanden gekommen, auf unbegreifliche Weise verloren gegangen; ‚Füaß kriegen' (bayer.-österr.). Die Rda. stammt aus der Zeit des 30jährigen Krieges. Freiherr Erasmus von Rödern beauftragte einen Bediensteten seines Schlosses bei Wien, er solle aufpassen, daß das Futter auf den ‚öden' Häusern nicht ‚Füaß bekomm' oder heimlich verwendet werde.

Den Heiligen die Füße abbeißen gilt von Frömmlern, die nach altem Pilgerbrauch in demutsvoller Verehrung den Heiligenfiguren die Füße küssen – so bei der Statue des hl. Petrus in der Peterskirche in Rom.

Der Fuß als Symbol kann auch ein schuldhaftes Verhalten ausdrücken, wie z. B. in der Rda.: *Mit einem Fuß im Gefängnis stehen:* sich nicht um Rechtsgrundsätze kümmern, sich hart an der Grenze der Legalität bewegen, sie überschreiten i.S.v.: sich etw. zuschulden kommen lassen. Dagegen bedeutet *keinen Fußbreit weichen:* nicht nachgeben, auf dem rechten Weg bleiben, Standfestigkeit beweisen. Die Rda. hat ihren Urspr. in dem Gedanken der ,imitatio Christi': Job weiß, daß sein Fuß an der Spur des Herrn festhielt, „seinen Weg hielt ich ein und bog nicht ab" (Job 23,11). In engem Zusammenhang damit steht auch die Rda. *Auf dem Fuße folgen:* keinen räumlichen oder zeitl. Abstand lassen, unmittelbar folgen, ↗ Fußspur, ↗ Pfote, ↗ Schuh.

Lit.: *P. Sartori:* Der Schuh im Volksglauben, in: Zs. f. Vkde. 4 (1894), S. 148ff., 282ff., 412ff.; *J. Grimm:* RA.I (⁴1899), S. 141, 196, 213ff.; II, S. 126–130; *Aigremont:* Fuß- und Schuh-Symbolik und -Erotik (Leipzig 1909, Ndr. Darmstadt o.J.); *H. Bächtold-Stäubli, E. Stemplinger* u. *E. Goldmann:* Art. ,Fuß', ,Fußspur', Fußtreten', in: HdA. III, Sp. 224–247; *O. Hauschild:* ,Sich einen weißen Fuß bei jem. machen', in: Muttersprache 49 (1934), S. 273–274; *S.W.M. Verhoeven:* Symboliek van de voet (Assen 1957); *E. Dinkler-von Schubert:* Art. ,Fuß', ,Fußtritt', in: Lexikon der christl. Ikonographie II (1970), S. 66–69; *W. Till:* Schuh- und fußförmige Amulette. Vkdl. Untersuchung zur Wirkung und Bedeutung der Symbolgestalt Fuß und Schuh in der materiellen und geistigen Überlieferung Europas (Diss. München 1971); *A. Erler:* Art. ,Fuß', in: HRG. I, Sp. 1363–1366; *W. Danckert:* Symbol, Metapher, Allegorie im Lied der Völker II, S. 730ff.; *Chr. Daxelmüller:* Art. ,Fuß' und ,Fußspuren', in: EM. V, Sp. 600–622.

Fußangel. *Einem Fußangeln legen:* ihm versteckte Hindernisse und Gefahren bereiten. Die Fußangel oder das Fußeisen war ein mit Spitzen versehenes Eisen, das so am Boden versteckt wurde, daß eine Spitze nach oben ragte und darauf tretende Tiere oder Menschen am Fuß verletzte und sie so am Weiterkommen hinderte. Es fand vor allem im Kriegs- und Jagdwesen Verwendung.

Schon Reinmar von Zweter (75,11) gebraucht das Wort Fußeisen im 13. Jh. in übertr. Bdtg. wenn er einmal von denen, die der Ehre abgesagt haben, sagt:

Sie zîhent dich, vuozîsen lîgen
ûf dînem hove ze schaden dem
ingesinde.

Fußspur. *Jem. Fußspur folgen:* ihm dicht hinterhergehen, in übertr. Bdtg.: ihm nacheifern, ↗ Spur.

Die Fußspur ist Abbild oder Symbol des sie verursachenden Menschen. Auf ma. Bildern wird der zum Himmel auffahrende Christus durch Füße oder Fußspuren angedeutet, die in der Legende auch als ,Herrgottstritte' bez. wurden. Darstellungen von selbständigen Fußsohlen sind Hinweise auf die Nachfolge Christi (1. Petr. 2,21). Auch ins Spirituelle übertr.: Der Tempel ist „die Stätte meiner Fußsohlen, darin ich ewiglich wohnen will unter den Kindern Israels" (Ez. 43,7).

In Magie u. Volksglauben spielt die Fußspur eine beachtliche Rolle. Danach konnte man einen Dieb bannen, indem man einen Nagel in seine Fußspur schlug, d.h. ihn symbolisch daran ,festnagelte' (↗ Nagel). Noch in heutiger Praxis wird ein Dieb gelegentlich durch Verfolgung seiner Fußspur gefangen. Die Fußspur ist auch im Recht bedeutsam. Nach altnord. Recht kann eine Bruderschaft begründet werden, indem die Männer in dieselbe Fußspur treten. Geläufiger ist heute dafür die gleichbedeutende Rda.: *In jem. Fußstapfen treten;* vgl. engl.: ,to follow in someone's footsteps': das von einem anderen Begonnene fortführen, seine Arbeit fortsetzen.

Lit.: *E. Stemplinger:* Art. ,Fußspur', in: HdA. III, Sp. 240–243; *W. Till:* Schuh- und fußförmige Amulette. Vkdl. Unters. zur Wirkung u. Bdtg. der Symbolgestalt Fuß und Schuh in der materiellen und geistigen Überlieferung Europas (Diss. München 1971); *Chr. Daxelmüller:* Art. ,Fußspuren', in: EM. V, Sp. 610–622.

Fußtritt. *Jem. einen Fußtritt versetzen:* ihn auf demütigende Weise verletzen, ihn undankbar behandeln, ihn wie einen Hund davonjagen, ↗ Fuß.

Einen Fußtritt erhalten: ungerecht behandelt werden, Schmerzen zugefügt bekommen (auch in seelischer Hinsicht), keine Anerkennung finden, ,fallengelassen' werden.

Lit.: *E. Goldmann:* Art. ,Fußtreten' in HdA. III, Sp. 243–247.

Fußvolk. *Zum Fußvolk gehören (gezählt werden):* zur großen, aber einflußlosen Menge rechnen, eine untergeordnete Stellung einnehmen, unbedeutend sein.

Der Ausdr. ‚Fußvolk‘, mhd. ‚vuozvolc‘, stammt aus dem militärischen Bereich und bez. urspr. die ‚Truppe zu Fuß‘, die die größten Strapazen zu erleiden hatte. Obwohl sie an vorderster Front kämpfte und deshalb auch die meisten Opfer bringen mußte, wurde sie von den Reitern verächtlich ‚von oben herab‘ angesehen.

Die Rda. besitzt heute, je nach Anwendung, verschiedene Bdtg.: Bezieht man sie auf seine eigene Position (in einem Betrieb, einer Partei, einem Verein), weist man entweder scherzhaft oder beleidigt darauf hin, daß man ohnehin nichts zu sagen habe und daher Initiative oder Verantwortung nicht übernehmen könne oder wolle und die Entscheidungen gern anderen überlasse. Wendet man jedoch die Rda. auf einen anderen an, ‚der ja doch nur zum Fußvolk gehöre‘, verbindet man damit äußerste Mißachtung für einen Subalternen oder ‚Mitläufer‘.

Unter das Fußvolk geraten: den einem gebührenden Platz verlieren, in der Masse untergehen.

futsch. *Futsch sein:* zunichte, verloren, weg sein, ist ein lautmalender Ausdr., der urspr. nur den mittel- und oberrhein. Mdaa. angehörte, heute jedoch über alle dt. Mdaa. verbreitet ist und um die Mitte des 19. Jh. auch in die Hochsprache eingedrungen ist. Fremdklingende scherzhafte Weiterbildungen wie ‚futschikato‘, ‚futschikara‘, ‚futschito‘, ‚futschikato perdutto‘ verleiten irrtümlich dazu, einen romanischen Ursprung von ‚futsch‘ anzunehmen.

Nach dem 1. Weltkrieg sagte man in Berlin scherzhaft ‚Kriegsanleihe heißt auf chinesisch: pinke pinke futschi futschi ...‘ Vgl. frz. ‚Foutu‘ (umg.). Mit derselben Floskel persiflierte man im 2. Weltkrieg das ‚Eiserne Sparen‘, bei dem der Sparbetrag zwangsweise vom Lohn/Gehalt einbehalten wurde; doch wurde sie jetzt, da Japan Deutschlands Verbündeter war, als japanisch ausgegeben.

G

Gabe. *Das ist eine Gabe Gottes* bzw. *eine Gottesgabe:* eine himmlische Gabe, i. S. v. Sal. 3, 13 oder i. S. einer Gabe des Hl. Geistes. Zu dieser Vorstellung trat um 1500 der Begriff *Gaben der Natur* hinzu, eine Wndg., die sich auf die ‚natürlichen Gaben‘ eines Menschen bezieht, auf die Gaben, die einer von Geburt aus ‚mitbekommen‘ hat (die Begabung) und die Begriffe umfaßt wie: ‚Naturgabe‘, ‚Geistesgabe‘, ‚Beobachtungsgabe‘, aber auch erworbene Gaben wie ‚Rednergabe‘, ‚Organisationsgabe‘ usw.

Mit der Bez. ‚Gaben der Natur‘ sind jedoch insbes. alle Hervorbringungen der Natur gemeint, wie sie Jahr für Jahr in mehr oder minder reichlichem Maße heranreifen, z. B. Korn, Wein usw., und wie sie sich manchmal auch verschwenderisch wie aus einem Füllhorn über die Menschen ergießen. Wenn dagegen von *milder* oder *mildtätiger Gabe* die Rede ist, so bezieht sich das zumeist auf eine erbetene ‚kleine Spende‘, von der man freilich erwartet, daß sie nicht zu klein ausfällt. Dabei ist häufig auch der Spruch zu hören: ‚De Will is mehr als de Gaav‘, d. h., es kommt nicht auf die Größe der Gabe an, sondern auf die Gebefreudigkeit beim Schenken. ↗ Gans, ↗ Füllhorn.

Lit.: *P. Sartori:* Art. ‚Geschenk‘, in: HdA. III, Sp. 716–724; *M. Lüthi:* Die Gabe im Märchen und in der Sage (Diss. Bern 1943); *H. Koren:* Die Spende (Graz–Wien–Köln 1954); *M. Mauss:* Die Gabe (Essai sur le don) (Frankfurt/M. 1968); *D. Schwab* u. *K.-S. Kramer:* Art. ‚Gabe‘, in: HRG. I, Sp. 1364–1366; *W. Wunderlich:* Art. ‚Gabe‘, in: EM. V, Sp. 625–637.

Gabel. Die Gabel als Eßgerät hat erst seit dem 17. Jh. größere Verbreitung gefunden und fehlte bis nahe an unsere Tage in mancher dt. Landschaft. Immermann erzählt in seinem ‚Münchhausen‘ vom Hochzeitsmahl auf dem Oberhof: „Die Bauern hatten ihre Messer, ein jeder das seinige, aus der Tasche hervorgezogen, womit sie ohne Gabeln fertig zu werden

wußten, und sprachen den Hühnern tapfer zu". Deshalb sagt man scherzhaft: *mit der fünfzinkigen Gabel essen:* mit den fünf Fingern essen; dafür auch noch vereinzelt ‚‘s Großvaters Gabel neme‘. Aus der Zeit, da man anfing, mit der Gabel zu essen, stammt das Sprw.: ‚Mit de Gabel ist eene Ehr, mitn Läpel bringt aber mehr‘ (Ammerland).

Einen auf die Gabel nehmen: vor Gericht unter Eid gegen ihn aussagen, von den gabelförmig ausgestreckten Schwurfingern; bair. ‚gabeln‘ = schwören; vgl. els. ‚Den haw ick schon lang im Gäbele‘, ich bin ihm schon lange böse, und ‚ewers Gäbele lunje‘, schielen.

Ätsch Gäbele ↗ Schabab.

Gähnmaul. *Ein Gähnmaul machen (ziehen):* durch eine verächtliche Mundgebärde Hohn und Spott ausdrücken. In Bayern und Österreich wird diese Gebärde noch heute vereinzelt von Erwachsenen gebraucht, sonst wird sie meist nur noch von Kindern ausgeübt.

‚Gähnmaul‘

Bei dieser Grimasse erscheint der Mund unnatürlich breit gezogen: Die Daumen oder zwei andere Finger werden in die Mundwinkel eingehakt und ziehen den Mund nach beiden Seiten auseinander. Interessante hist. Belege bezeugen, daß diese Gebärde bereits im 15. Jh. schweren

Schimpf bedeutete. Sie erscheint als Zeichen der Henker auf Bildern mit der Verspottung Christi im 15. und 16. Jh., z. B. auf der ‚Dornenkrönung‘ an der Außenseite des linken Flügels vom Bamberger Altar von 1429 (Bayer. Nationalmuseum, München). Zur gleichen Zeit tritt diese Gebärde auch bei Masken auf, z. B. auf einer Teufelsgestalt beim Schembartlauf in Nürnberg, und wird auch lit. geschildert. Einen Frühbeleg gibt Rabelais’ ‚Pantagruel‘ (I. Buch, 18. Kap.). Die wissenschaftliche Disputation zwischen dem engl. Gelehrten Thaumastos und Panurg, dem Stellvertreter Pantagruels, erfolgte in Paris öffentl. nur in der Gebärdensprache wobei es heißt: „Da legte Panurg die zwei Mittelfinger an beide Mundwinkel, zog den Mund, so weit er konnte, auseinander und zeigte sein ganzes Gebiß, wobei er noch mit beiden Daumen die Augenwimpern so tief wie möglich herabdrückte, so daß er nach übereinstimmendem Urteil der Versammelten eine sehr leidige Fratze schnitt.“

Lit.: *L. Schmidt:* Die volkstümlichen Grundlagen der Gebärdensprache, in: Beiträge zur sprachl. Volksüberlieferung (Berlin 1953), S. 240; *L. Röhrich:* Gebärdensprache und Sprachgebärde, S. 121 u. 131 f.

Gala. *Sich in Gala werfen:* sich sehr gut bzw. festlich kleiden, das beste Kleid anziehen; entspr. auch *Gala tragen.* Gala meint die festliche Kleiderpracht, die im 17. Jh. unter dessen Bez. an den Wiener Hof kam. ‚Sich werfen‘ steht für ‚sich rasch ankleiden‘ und dürfte dem student. Sprachgebrauch des 19. Jh. entstammen. Vgl. frz. ‚Vêtement de gala‘ (Festkleid), ↗ Wichs.

Galgen. Mit erstaunlicher Zähigkeit haben sich in den heutigen Mdaa. noch verschiedene Ausdr. der ma. Rechtssprache als sprw. Rdaa. erhalten. Dazu gehört die Wndg. *vom Galgen aufs Rad kommen:* vom ↗ Regen in die Traufe, aus einer Verlegenheit in die andere kommen, so 1522 bei Thomas Murner im ‚Lutherischen Narren‘ und heute noch in Aachen: ‚Er küt van de Galge op et Rad‘, ebd. ‚Do steht Galge on Rad drop‘, es ist streng verboten; schlesw.-holst. ‚Dorbi kümmst je an Galge un Rad‘, in des ↗ Teufels Küche.

Einander Galgen und Rad vorwerfen: sich gegenseitig der strafwürdigsten Vergehen bezichtigen. Der Tod durch das Rad galt als genauso schimpflich wie der Tod am Galgen, bereits die Hinrichtung durch das Schwert galt als Begnadigung.

Ein zweiter noch lebendiger Rechtsausdr. ist *ein Galgen voll:* sieben Stück, entspr. dem Sprw. ‚Sechse sind kein Galgen voll‘ (Simrock 9430 a), weil an einem Galgen Platz für sieben Verbrecher war; mdal. im Rheinl. ‚Nu es de Galge voll‘, nun sind 7 Personen beisammen. ‚En Galgen vull‘ heißt im Hannoverschen: sieben eines Gelichters; im Obersächs. dann allg.: ein Häufchen verächtlicher Gesellen, eine ganze Menge, bereits ohne die Vorstellung von der Siebenzahl.

Sonst dient der Galgen in den Rdaa. zur Bez. des Verächtlichen, in Flüchen und Verwünschungen wie *geh an den Galgen;* bei Agricola „auß an galgen“; bei Lessing: „Du kannst mit deinen Büchern an den Galgen gehen“; mdal. im Rheinl. ‚Du herrscht gehänkt an de hehgste Galge‘; früher oft mit dem Zusatz ‚lichter‘ Galgen, so 1573 in Fischarts ‚Flöhhatz‘: „Und wünschten uns an lichten Galgen“, vielleicht daher, weil der Galgen gewöhnlich auf einer vor der Stadt gelegenen Höhe errichtet wurde. Auch Eulenspiegel trifft der Fluch: „Fahr fort an den lichten Galgen“, der ihn freilich wörtlich nimmt und damit das Absurde dieser Rda. deutlich macht.

Was verloren ist, ist ‚am Galgen‘, daher die mdal. öfters belegte Rda. *Das ist Butter an den Galgen geschmiert:* das ist nutzlose, vergebliche Arbeit. Ebenfalls nur mdal. bezeugt ist die Wndg. *am goldenen Galgen hängen:* im reichen Elend leben, von Ehemännern gebraucht, die eine Frau ihres Geldes wegen geheiratet haben; im gleichen Sinn auch das mdal. gebräuchl. Sprw., z. B. schwäb. ‚Ein goldiger Galge taugt nix, wenn ma dra hange muß‘ oder rhein. ‚Wat nötz mer ene gölde Galge, wann i dran hange moß!‘ Els. dagegen ‚am silbernen Galgen hängen‘, ein mühevolles, aber auch sehr einträgliches Amt haben.

Er hängt dran wie der Dieb am Galgen ↗ Dieb. Ähnl. erzgeb. ‚Daar hengt drân wie der Leffel em Golchen‘, er hält sich sehr ungeschickt, bes. von nicht gut sitzender Kleidung.

Wie Galgen selbst früher als Schimpfwort gebraucht wurde, z. B. in Beheims ,Buch der Wiener' (275, 4): „Grünspanlein, diser mörder, der pos diep und henkmäßig galk", so nennt man einen treulosen, betrügerischen Menschen auch *falsch wie Galgenholz;* schon die Hess. Reimchronik zum Jahr 1414 erzählt von einem Hans Galgenholz:

> Den Hessen auch das bracht ein Freud,
> Daß sie fingen in selbem Streit
> Fritz Galgenholz, ein reisigen Knecht,
> Der ein geborner Hesse recht
> Und des Grafen Kundschafter war
> Von dem das Land leidt groß gefahr.

Auch schwäb. ist ,Galgenholz' der Name für einen falschen, betrügerischen Menschen. Ndl. ,Hij is zoo slim als het hout van de galg'. In den Mdaa. werden dem Galgenholz noch viele andere Eigenschaften zugeschrieben: ,so krumm, schlecht, frech, zäh wie Galgenholz'. Ähnl. gebildete Scheltwörter sind ,Galgenschwengel' (bezeugt z. B. im Amadis-Roman), ,Galgenstrick', ,Galgenaas', ndl. ,galgestrop'. Da Gehenkte am Galgen hin-undherbaumeln, scheinbar fliegen, und den Vögeln zum Fraß ausgeliefert sind (↗vogelfrei), werden aufhängenswerte Spitzbuben iron. auch als ,Galgenvögel' oder ,Galgenfleisch' bez.

,Galgenvögel'

Die ,Galgenfrist' ist der letzte Aufschub vor einem unentrinnbaren Verhängnis, eigentl. die letzte Gnadenfrist für einen zum Galgen Verurteilten; das Wort taucht Anfang des 16. Jh. zuerst auf und wird schon 1639 von Erasmus Alberus bildl. gebraucht. ,Galgenhumor' hat, wer in verzweifelter Situation noch Witze zu reißen vermag.

Lit.: *A. Winkler:* ,Löffel am Galgen', in: Mitteldt. Blätter f. Vkde. 3 (1928), S. 29; *R. Weber:* ,Schob am Galgen', in: Mitteldt. Blätter f. Vkde. 3 (1928), S. 14–15; *W. Müller-Bergström:* Art. ,Galgen', in: HdA. III, Sp. 258–269; *E. Frh. v. Künßberg:* Rechtliche Vkde., in: Volk, Bd. 3 (Halle 1936); *ders.:* Rechtsgesch. und Vkde. (Köln – Graz 1965); *K. Frölich:* Stätten ma. Rechtspflege auf südwestdt. Boden, bes. in Hessen und den Nachbargebieten, in: Arbeiten zur rechtlichen Vkde. 1 (Tübingen 1938); *K. Rossa:* Todesstrafen – Ihre Wirklichkeit in drei Jahrtausenden (Oldenburg – Hamburg 1966); *K.-S. Kramer:* Art. ,Galgen', in: HRG. I, Sp. 1377–1378; *V. J. Samarov:* Art. ,Galgen', in: EM. V, Sp. 647–654; *E. Moser-Rath:* Art. ,Galgenhumor', in: EM. V, Sp. 654–660.

Galimathias. *Galimathias reden:* sinnlos schwätzen, verworren reden. Frz. galimatias, von neulat. gallimathia, gelehrte Zusammensetzung aus galli- und griech. mátheia, war urspr. ein Fachausdr. in den Diskussionen an der Pariser Sorbonne (,Galli' waren die Prüflinge der Sorbonne und griech. ,mátheia' ist das Wissen). Er gelangte Ende des 17. Jh. als Fachwort der Poetik ins Dt., wo es sich bes. als Schlagwort der lit. Kritik gehalten hat und in die Umgangssprache und Mdaa. Eingang fand. Mdal. belegt ist schweiz. ,Galli-Matteies', verworrenes Geschwätz, und schwäb. ,Galimathias', dummer Mensch und dummes Geschwätz, Unsinn. Lit. z. B. bei H. v. Hofmannsthal im ,Turm' (4. Aufz.): „Verdeutsch ihnen den Galimathias".

Nur der Volksetymologie gehört die folgende Anekdote an, die die Entstehung des Wortes ,Gallimathias' zu erklären sucht: Ein frz. Advokat soll in einem lat. geführten Prozeß, in dem es sich um den Hahn eines Bauern namens Matthias handelte, statt ,gallus Matthiae' fortwährend gesagt haben ,galli Matthias', woher dann diese Art konfusen Sprechens ,Galimathias' genannt wurde. Nach der heutigen Witztheorie gehört zum Gallimathias vor allem das verballhornte Fremdwort, z. B. ,Beethovens Erotika', der ,Gang nach

Casanova', der ,Schmus primae noctis', auch der ,Jux primae noctis', die ,Carmina Bonanza' oder Bachs ,zwei- und dreistimmige Investitionen' etc.

Lit.: *K. Fischer:* Über den Witz, in: Kleine Schriften (Heidelberg 1896), S. 59; *L. Röhrich:* Der Witz (Stuttgart 1977), S. 54, 78.

Galle. *Die Galle läuft (geht) ihm über* (oder *steigt ihm auf):* er gerät in Zorn, äußert heftig seinen Ärger, vgl. frz. ,Cela lui fait déborder la bile'. Die Rda. ist urspr. ganz wörtl. gemeint: Die Galle, die gelbliche Absonderung der Leber, gerät bei zorniger Erregung in Fluß und ist schon seit alter Zeit das Sinnbild für Bitteres, Unangenehmes, vgl. *bitter wie Galle, gallenbitter,* schon bei Heinrich von Türlin (,Der Aventiure Crône, V.17205): „dâ ist ein bitter galle bî". Die Rda. selbst ist belegt bei Hans Sachs:

denn ist die Gall mir überlaufen,
das ich ir thu ein kappen kaufen
(= sie schlage).

Gift und Galle spucken (speien): äußerst schlechter Laune sein, in Wut geraten (↗Gift). Galle ist auch in den heutigen Mdaa. noch in ähnl. Sinne gebräuchl., z. B. obersächs. ,Galle sein mit jem.', ihm böse sein; holst. ,Ik heff en Gall up em', ich suche Händel mit ihm. *Voller Galle sein:* mißgelaunt sein; vgl. frz. ,fielleux'. Schon seit dem Mhd. ist Galle schließlich auch zum Scheltwort für böse und neidische Personen geworden; in Ottokars ,Oesterr. Reimchronik' redet Adolf von Nassau von seinem Feinde Wenzel von Böhmen als von der „beheimischen gallen", und in der ,Kudrun' (1278,1) ruft Gerlind Kudrun zu: „Nu swîc, du übele galle!"

Die Galle mit Honig überziehen: die schlechte Laune mit Süßem vertreiben, was selten gelingt, denn: ,Galle bleibt Galle, wenn man sie auch mit Honig bestreicht', wie es im Sprw. heißt.

Galle und Honig – zwei entgegengesetzte Stoffe, die dennoch im Aussehen manches gemeinsam haben: Beide sind dickflüssig und zäh, beide von gelber Grundfarbe, woher ja auch ihre Namen etymol. abzuleiten sind. Doch kontrastieren Galle und Honig im Geschmack und in der Verwertbarkeit. Galle schmeckt bitter, Honig

süß; der Honig ist wertvoll, kräftigend und wird vom Blut leicht aufgenommen, der Genuß von Galle kann schaden. Sogar die eigene Galle wird dem Körper zum Gift, wenn sie nicht in den Darm abfließen kann, sondern ins Blut übertritt; sie führt dann zu Gelbsucht. Daher auch die bereits mhd. geläufige Formel ,Gift und Galle'.

Dem Gegensatzpaar ,Galle und Honig' hat die Germanistik einige Aufmerksamkeit geschenkt. Insbes. hat Werner Fechter darüber eine größere Dokumentation vorgelegt, der wir hier folgen. Die Vermischung mit Galle nimmt dem Honig den Geschmack und die Verwertbarkeit; er wird ,vergällt'.

Galle symbolisiert das Schädliche, das sittlich Schlechte und Sündhafte, die Bosheit, die Falschheit, den Haß, den Neid und den Zorn. Metaphorisch kennzeichnet die Galle-Honig-Formel die Gefährdung des Menschen durch das Böse.

Wer Gutes mit Bösem vergilt, gibt ,Galle für Honig' (Boner). Der Neidische hat ,Honig im Munde und Galle im Herzen' (Renner). Die Galle-Honig-Formel erscheint meist dort, wo ein Glück vergeht, eine Hoffnung zunichte wird, ein Schein trügt, wo sich die Gebrechlichkeit und Unzuverlässigkeit alles Irdischen als schmerzlich erweist.

Die Taube hat keine Gallenblase. Daraus schloß die ma. Naturwiss., daß sie ohne Galle sei, und das hieß in gleichnishafter Deutung, daß sie ohne Zorn, ohne Haß und Neid, überhaupt ohne Sünde sei. Häufig wird Maria als ,Taube ohne Galle' angesprochen, z. B. im ,Melker Marienlied': „du bist âne gallen glîch der turtiltûben", oder in Konrads v. Würzburg ,Goldener Schmiede': „du bist ein reiniu türteltûbe sunder gallen" (V. 570 f.). Die Worte und Werke der Jungfrau Maria sind daher ,wie Honig ohne Galle'.

In der ahd. und früh-mhd. Lit. kommt das Gegensatzpaar Galle-Honig noch nicht vor. Die Belege beginnen erst mit der Dichtung der mhd. Blütezeit, bes. bei Hartmann von Aue, z. B. im ,Armen Heinrich':

sîn hôchvert muose vallen,
sîn honec wart ze gallen.

Die Belege aus Minnesang und Spruchdichtung setzen mit Walther von der Vogelweide ein:

> der ist nû ein gift gevallen,
> ir honec ist worden zeiner gallen.

Von hinterlistigen Freunden sagt Walther:

> mir grûset, sô mich lachent an die
> lechelaere,
> den diu zunge honget und daz herze
> gallen hât.

Und in der ‚Elegie‘:

> owê wie uns mit süezen dingen ist
> vergeben!
> ich sihe die gallen mitten in dem honege
> sweben.

Für die Schuldigen an Mißständen in Rom erwartet Heinrich Frauenlob Bestrafung im Jenseits:

> si vindent gallen sicherlîch dort in dem
> honicseim.

Die lehrhafte und die geistliche Dichtung arbeiten ebenfalls mit der Kontrastformel. Manchmal erscheint sie auch als Sprichwort und könnte dann, als kleine geschlossene Einheit aus dem Text herausgehoben, für sich bestehen, z. B. ‚wer nit galle versucht hat, weiss nit wie süß der honig schmeckt‘ (Geiler v. Kaysersberg); ‚auzzen honik und innen gall‘ (Suchenwirth); , Honig im Munde, Galle im Herzen‘ (Walther von der Vogelweide).
Die Formel begegnet auch in lat. Sprache (ist allerdings in der Antike selbst nicht nachzuweisen). So gilt als Wahlspruch Kaiser Lothars die knappe Formulierung: ‚ubi mel, ibi fel‘ (‚Histor. Chronica der vier Monarchien‘ [Frankfurt/M. 1642], 22. Tafel). Aus Sprww.-Sammlungen stammen: ‚mel in ore, fel in corde gestiant meretriculae‘. Man darf dabei die helfende Rolle der lat. Grammatik nicht übersehen. Wer Latein lernte, wurde schon bald auf das Wortspiel ‚fel – mel‘ gestoßen: Zwei Begriffe von starker Gegensätzlichkeit klingen fast gleich.

Lit.: *E. Bargheer:* Art. ‚Galle‘, in: HdA. III, Sp. 271–279; *Th. Frings:* ‚Galle u. Honig‘, in: Beiträge zur Gesch. d. dt. Sprache u. Lit. (Halle) 75 (1953), S. 304–305; *W. Fechter:* Art. ‚Galle u. Honig‘. Eine Kontrastformel der mittelhochdt. Lit., in: Beiträge zur Gesch. d. dt. Sprache u. Lit. (Tübingen) 80 (1958), S. 107–142.

Galopp. *Im Galopp davonpreschen (fahren, reiten):* sich schnell davonmachen, eilig davonrennen; entlehnt aus ital. ‚galoppo‘, das auf frz. ‚galop‘, einer Ableitung aus frz. ‚galoper‘ beruht. Die Rda. bezieht sich auf die aus Sprungbewegungen bestehende, sehr schnelle Gangart der Pferde und war schon im 16. Jh. geläufig. Später wurde der bildhafte Ausdr. vom Pferderitt auf den Menschen übertr. So in Goethes Ballade ‚Hochzeitslied‘:

> So rennet nun alles in vollem Galopp
> und kürt sich im Saale sein Plätzchen.

Etw. im gestreckten Galopp tun (erledigen): etw. schnell, auch: flüchtig tun (umg.). Im Laufe der Zeit fand die Rda. auch Anwendung auf andere Dinge, die einen rasenden Verlauf nehmen, z. B. Krankheiten, die schnell zum Tode führen: *im Galopp zu Ende gehen* (‚Es geht mit jem. im Galopp zu Ende‘) oder ‚die galoppierende Schwindsucht haben‘: eine Tuberkulose haben, die keine lange Lebensfrist mehr läßt. Auch ein flotter Tanz wird als ‚Galopp‘ bezeichnet.

Gamasche. *Gamaschen haben:* Angst haben; mdal. z. B. meckl. ‚Gamaschen haben‘ oder rheinl. ‚He hat Gamaschen kregen‘, er hat Respekt bekommen.
Die Rda. ist wohl eine jüngere Umbildung von ↗‚Manschetten haben‘. Dabei mag mitgespielt haben, daß Manschetten mdal. auch Handgamaschen heißen. Auf einen anderen Zusammenhang deutet freilich obersächs. *einem die Gamaschen anpassen:* ihn durchprügeln, was auf den unbequemen Sitz der steifen Gamaschen anspielt, woher ja auch das Schlagwort vom ‚Gamaschendienst‘ für den schematischen und altmodischen Betrieb im preuß. Heer um 1800 stammt.
Von einem nicht passenden Kleidungsstück sagt man schwäb. ‚Es staht dir a, wie'm Esel Gamaschen‘.

Gang. *Einen Gang mit jem. wagen (tun):* einen Waffengang beginnen, es mit jem. aufnehmen, z. B. auch beim Spiel. So schon in Hans Sachs' Fastnachtspiel ‚Der bös Rauch‘, in dem der Nachbar von der bösen Frau sagt: „Ich het ein gängli noch gewagt".
Etw. anderes ist *jem. auf (den) Gang bringen:* jem. dahin bringen, daß er geht. Um das zu erreichen, muß man ihm bisweilen

tüchtig zusetzen; daraus entwickelte sich die Bdtg., die die Rda. heute hat (vgl. jem. auf ↗Trab bringen; jem. ↗einheizen). Der Kraftfahrersprache des 20. Jh. ist die Rda. entlehnt: *den vierten Gang einschalten (einlegen):* sich beeilen, sehr schnell gehen. Die Rda. erklärt sich daraus, daß die meisten Automobile vier Vorwärtsgänge haben, wobei im vierten Gang die höchste Geschwindigkeit erreicht wird; vgl. frz. ,en quatrième vitesse': sehr schnell. ,Den langen Gang gehen': Stuhlgang. Hierzu gehört auch das Gesundheitssprw. „Jeder Gang macht schlank", d. h. man verliert Ballast. Anders der ↗Metzgersgang. ,Den letzten Gang gehen', ↗zeitlich.

Gängelband. *Einen am Gängelband führen:* ihn nach seinem Willen leiten wie ein Kind, das noch nicht allein gehen kann; *am Gängelband gehen:* sich von fremdem Willen leiten lassen. Das Gängelband, im Dt. seit 1716 lexikalisch gebucht, ist das Band, an dem Kinder beim Laufenlernen festgehalten werden. Es ist benannt nach dem seit Luther bezeugten Verbum ,gängeln' = ein Kind laufen lehren, was ebenfalls im übertr. Sinne angewendet wird. Die Rda. erscheint seit dem 18. Jh., z. B. bei Graf L. v. Stolberg (1750–1819):

,Am Gängelband führen'

Leite mich (Natur) an deiner Hand
Wie ein Kind am Gängelband,

bei Schiller (,Fiesko' III, 2): „tief unten den geharnischten Riesen Gesetz am Gängelbande zu lenken";

Da ihr noch die schöne Welt regieret,
An der Freude leichtem Gängelband
Selige Geschlechter noch geführet

(,Die Götter Griechenlands', V. 1 ff.); bei A. v. Platen (1796–1835): „daß Nicolette dich an ihrer Launen Gängelbande führt". Vereinzelt steht für Gängelband auch ,Gängelriemen', so in der dt. Übers. von Richardsons Roman ,Clarissa' (erschienen 1748, VII, 531): „sie wollen mit mir umgehen, wie mit einem kleinen Kinde in einem Gängelriemen". Auch in der rhein. Mda. ist Gängelriemen gebräuchl. Vgl. auch die Rda. ,einen am Bändel herumführen', ↗Band.

Lit.: *I. Weber-Kellermann:* Die Kindheit (Frankfurt/ M. 1979), S. 34–36.

gang und gäbe. *Es ist gang und gäbe:* es ist geläufig, gebräuchl., üblich. Diese stabreimende Zwillingsformel ist zusammengesetzt aus gang, ahd. gangi, mhd. genge, gemeint ist eigentl.: was unter den Leuten umläuft, und gäbe, mhd. gaebe = angenehm, gültig, eigentl.: was gegeben werden kann. ,Gäng und gäbe' war urspr. ein Begriff des Münzwesens und bezeichnete die augenblicklich im Umlauf befindliche, gültige Währung, so schon Anfang des 13. Jh. im ,Sachsenspiegel' des Eike von Repkow „geng und gêve"; 1289 in Süddtl. „ain Kostenzer pfenninch, der denne genge und gaebe ist"; 1491: „425 fl. Rh., so in disem Land zu Swaben gutt, gann und gab sind", 1534 bei Luther in 1. Mos. 23, 16: „vier hundert sekel silbers, das im kauff geng und gebe war". Später findet die Formel auch in der Geschäftssprache zur Bez. von Waren Verwendung; heute wird sie von umlaufenden Münzen nicht mehr gebraucht, dafür aber in übertr. Anwendung auf alle Bereiche des täglichen Lebens, für alles, was Sitte und Brauch ist oder von der augenblicklichen Mode bestimmt wird.

Lit.: *H. Schrader:* ,Gang und Gäbe', in: Zs. f. dt. Sprache (Hamburg) 10 (1896/97), S. 8–10; *H. Mané* u. *L. Veit:* Münzen in Brauch und Aberglauben (Mainz 1982), S. 234.

Gans. In den Ausdr. *dumme, alberne, eingebildete Gans* ist Gans heute ein Scheltwort für dumme Frauen oder schwatzhafte junge Mädchen, wobei an das Schnattern gedacht wird; vgl. frz. ,une oie blanche' (wörtl.: eine weiße Gans), Bez. für ein einfältiges, unschuldiges Mädchen.

Früher wurde die Bez. auch für Männer gebraucht; Wolfram von Eschenbach läßt dem jungen Parzival, weil er vor dem leidenden Amfortas die rettende Frage nicht getan hat, aus der Gralsburg nachrufen:

Ir sît ein gans!
möht ir gerüeret hân den vlans
(,Flunsch')
und het den wirt gevrâget ...
(,Parzival' 247, 27).

Kaspar Stieler verzeichnet 1691: „sie ist eine rechte gans – stupida est". In Schillers ,Kabale und Liebe' (I, 2) sagt der erzürnte Stadtmusikus Miller von seiner Frau: „Bleiben sitzen! ... Herr Sekretarius! Das Weib ist eine alberne Gans! Wo soll eine gnädige Madam herkommen?" Eine Steigerung dieses Vergleichs bildet die Rda. *Er ist so dumm, daß ihn die Gänse beißen,* häufig in den Mdaa., abgewandelt rhein. ,der es so dumm, daß em de Gäns nolafe' (nachlaufen). Eine volkstümliche Verwünschung lautete in Schlesw.-Holst. ,dat die de Ganner bitt!'

Auch sonst sind unsere Mdaa. reich an sprw. Rdaa. von den Gänsen; viele davon sind durch die Lit. oder in der Umgangssprache bisher kaum bekannt geworden. *Er macht ein Gesicht wie die Gans, wenn's donnert (wenn's wetterleuchtet):* er sieht verwundert drein, mit reichen mdal. Varianten, z. B. obersächs. ,Er hält'n Kupp wie de Gänse, wenn's dunnert', schlesw.-holst. ,He steit un luurt as de Ganner na de Blitz'; schon in der ,Lauber-Hütt' Abraham a Sancta Claras: „Drähen die Augen gegen den Himmel wie die Ganß" und bei Picander (Henrici) 1723: „nun stehen wir da wie die Gänse, wenn das Wetter leucht". Älter belegt ist auch *Er ist drauf aus wie die Gans auf den Apfelbutzen,* sehr verbreitet im Schwäb., bezeugt 1596 bei Josephus Langius (,Adagia' S. 48): „er sihet auff eine Seite wie ein Ganß, die ein Apfel suchet".

Er liegt mit den Gänsen im Prozeß, ob es

Haare oder Federn werden sagt man von einem jungen Manne, der sehr stolz ist auf seinen ersten Bartflaum; nahezu sämtliche dt. Mda.-Wbb. bieten zu dieser Wndg. reiche Belege, z. B. ,He liggt mit de Gös in'n Perzess' (Wander I, Sp. 1336), rhein. ,Beld der nüs en, du häs der Process mot de Gans noch net gewonne!' (Rhein. Wb. II, 1013); ebd. ,Jetzt gehn der Gans die Federe aus', bei einer schweren Aufgabe. Obersächs. ,Mer hoon auch a Gensel mitnanner zu bruten'. Els. ,Hafer von dr Gans kaufn', eine törichte Forderung stellen, ,d' Gans füetern', sich erbrechen. (Vgl. ,die Fische füttern', ↗ Fische).

Aussehen wie eine gerupfte Gans: schlecht frisiert (bei nassem Haar), auch: unrasiert ↗ aussehen.

Um der Gänse willen, für die Gänse: für nichts und wieder nichts, belegt bei Grimmelshausen im ,Simplicissimus': „und weiln er gleich mit Weib und Kindern aufbrach, dachte ich: er wird ja um der Gänse willen nicht hinziehen" (nach Moskau); vgl. auch ,für die ↗ Katze'.

Den Gänsen predigen ↗ Fuchs.

Sich die gebratenen Gänse ins Maul fliegen lassen ↗ Taube.

Die Gänse beschlagen: Unnützes tun; obersächs. ,Er will allen Gänsen Schuhe machen', er ist überklug. 1630 heißt es bei Christoph Lehmann im ,Florilegium politicum' (Politischer Blumengarten): „Man find Junge dapffere Leut die auff der Weissheit Werckstatt weder Lehrjungen noch Gesellenweiss gearbeitet vnd niemahln einem Meister nachgewandert, sondern nur daheim bey der Muttermilch vnd dess Vatters Saltzfass in aller Weissheit Meister werden, können bescheydenlich Fünff vor Vngerad zehlen, Dreyssig mit GOTT, den Gänssen Huffeysen anziehen, vnd einer jeden Axt ein Stil finden". Sailers Sprichwörtersammlung von 1810 bringt als Erklärung zu einem ,Überwitzigen': „Er kann einer Gans ein Hufeisen aufschlagen, jeder Laus eine Stelze machen" (↗ Laus). Diese und ähnl. Rdaa. sind in mehreren europ. Ländern bekannt. Im frz. Sprachgebiet findet sich 1461 bei François Villon in seinem ,Grand Testament' die Zeile „pour ferrer oués et canettes". In den Dialekten lebt wenigstens die Erinnerung an die Rda. noch

GANS

fort, z. B.: ‚Cau pas qu'un cop enta trouba un hèr d'aouco: Il ne faut qu'une fois pour trouver un fer d'oie'. Im Berner Jura findet sich die Wndg. ‚farraie les oûeyes'; als Aprilscherz, als ‚Narrenauftrag' sagt man im Berner Jura auch: ‚On l'enverrait bien porter une oie au maréchal-ferrant, le premier avril, pour la ferrer'. Ital. lautet die Rda. ‚ferrare le oche'; vor allem findet sie sich in Italien des 16. Jh. mehrfach in der Form des Sag-Sprw., z. B.: „A una a una, disse colui, che ferrava l'oche". Die engl. Belege sind im ‚Oxford Dictionary of English Proverbs' zusammengestellt. Danach tritt in einem nicht mehr feststellbaren Jahr des 15. Jh. der Satz auf: „He schalle be put owte of company, and scho the gose". Anstelle von ‚goose' kann auch

die Verkleinerungsform ‚gosling' oder der Gänserich ‚gander' treten.

Das Barfußgehen der Gänse, das Bedauern mit ihnen, daß sie keine Schuhe haben, daß man ihnen Schuhe machen sollte und ähnl. Vorstellungen treten häufig in Sprichwörtern, Redensarten und vor allem in Kinderreimen auf. Der bekannteste ist:

Eia popeia, was raschelt im Stroh?
Die Gänschen gehn barfuß und hab'n keine Schuh,
Der Schuster hat Leder, kein Leisten dazu,
So kann er den Gänschen auch machen keine Schuh.

Heinrich Bebel faßte in seinen 1508 erschienenen ‚Proverbia Germanica' diesen

1–3 ‚Gänse beschlagen'

504

Gedanken in die Worte: „Non curo anse-
res nudipedes ire; de negligenti dicitur".
Entspr. heißt es in Seb. Brants ,Narren-
schiff':

Wer sorget, ob die gaenss gent bloss ...
Der hat kein frid, ruow vberal.

Das Beschlagen der Gänse kommt auch
in einer ganzen Reihe von bildl. Darstellungen vor, z. B. auf den Misericordien
des Münsters von Beverly (Engl.). Eine
Gans in einem sog. Notstand, wie ihn die
Schmiede zum Beschlagen von Pferden
kennen, zeigt auch eine Ill., die sich in
einem Manuskript in Oxford befindet.
Eine weitere Darstellung findet sich in
einer Kirche von Walcourt in Belgien, wo
wiederum eine Gans von einem Schmied
beschlagen wird. Alle diese Bildzeugnisse
fallen zeitlich ungefähr mit den lit. Belegen zusammen: ins Ende des Mittelalters.

Eine Art ,Beschlagen' der Gänse hat es
nun indessen tatsächlich gegeben: In einzelnen Teilen Irlands wurden und werden noch Zeichen in die Schwimmhäute
der Gänse eingelocht; sie wurden ,toke-
ned'. Das geschieht vor allem dort, wo
sie auf gemeinschaftliche Weide gehen
oder getrieben werden. Sie werden in
diesem Fall mit dem üblichen Besitzer-
zeichen unterschieden. Viel eigenartiger
aber ist eine in Wales angewandte Methode, um Gänse zum Verkauf aus Wales
nach England zu treiben, zu einer Zeit,
als noch alles zu Fuß ging. Da die Gänse
schlecht zu Fuß sind und diese großen
Strecken, die eine tagelange Wanderung
erforderten, wohl kaum ohne Beschwerden bewältigt hätten, wurden sie ,be-
schuht', d. h. ihre Füße wurden in Pech
getaucht. Wo dieser Brauch nicht mehr
verstanden wurde, da mag das ,Beschla-
gen' der Gänse als unnützes Tun erschienen und in diesem Sinne rdal. geworden
sein.

*Die Gans (nicht) schlachten, die goldene
Eier legt:* es hat wenig Sinn, etw. angreifen
oder ausmerzen zu wollen, was einem nur
Vorteile beschert. Eine solche törichte
Handlung begeht in Äsops Fabel ein
Mann, der von Hermes eine Gans geschenkt erhält, die goldene Eier legt. Weil
er glaubt, in ihrem Innern befinde sich ein
ganzer Klumpen Gold, schlachtet er sie

und zerstört auf diese Weise durch seine
Habgier die Quelle seines Glücks (Mot.
D. 876).

,Eine Martinsgans schlachten': am Mar-
tinsfest (11.11.) eine Gans essen. In vielen kath. Familien ist es seit jeher
Brauch, am Fest des hl. Martin die sog.
,Martinsgans' zu verzehren. Der Urspr.
dieses Brauchs ist nicht gesichert, doch
gibt es verschiedene Theorien seiner Entstehung: Seit dem Ende des 15. Jh. gilt
der hl. Martin als Schutzpatron der
Gänse und hat auf bildl. Darstellungen
entspr. eine Gans als Attribut. Das soll
damit zusammenhängen, daß am Fest
des Hl. die Naturalabgaben fällig wurden. Sie bestanden meist aus geschlachteten Gänsen. Eine andere Erklärung
liefert die Legende. Demnach soll sich
der hl. Martin zur Zeit der Bischofswahl
aus Bescheidenheit in einem Gänsestall
versteckt gehalten haben, durch das Ge-
schnatter der Gänse schließlich jedoch
entdeckt worden sein. Seither würden
die Gänse zur Strafe am Martinstag geschlachtet. In einem Martinslied heißt es
daher:

Was haben doch die gense getan,
daß so vil müßens leben lan?
Die gens mit irem dadern ...
sant Martin han verraten ...
darumb tut man sie braten.

(L. Röhrich u. R. W. Brednich: Dt. Volkslieder, Bd. II [Düsseldorf 1967], S. 93,
Nr. 10 c, Str. 1).
Als gebratene Gans ist sie ihres Ruhmes
gewiß, wie auch ein Kölner Sprw. bezeugt: ,Eine jut gebrat'ne Jans is 'ne jute
Jabe Jottes'.

,Die Gänse haben das Kapitol gerettet'
wird oft als Gegenrede gebraucht, wenn
eine Person als ,Gans' tituliert wurde. Die
auf dem römischen Kapitol zu Ehren der
Göttin Juno gehaltenen Gänse sollen der
Sage nach um das Jahr 390 v. Chr. durch
ihr Schnattern die Wachen vor den im
Dunkeln heranschleichenden Galliern
gewarnt und so das Kapitol gerettet haben
(Mot. B 521.3.2).

Lit.: *W. Humphrey:* ,Shoeing the Goose', in: Notes &
Queries, 3rd, 7 (1865), 457–458; *J. Addis:* ,Shoeing the
Goose', in: Notes & Queries, 4th, 8 (1871), 335; *F. Gall:*
Wo der Wolf den Gänsen predigt. Hist. Stätten u. Zei-
chen, Sagenfiguren u. Sinnbilder in Wien (Wien
1872); *O. Keller:* Die antike Tierwelt 2 (Leipzig 1913),

S. 220–225; *K. Knortz:* Die Vögel in Gesch., Sage, Brauch u. Lit. (München 1913), S. 1–49; *A. Taylor:* Art. ‚Gans‘, in: HdA. III, Sp. 290–295; *R. Wildhaber:* ‚Die Gänse beschlagen‘, in: Homenaje a Fritz Krüger – U. N. C. II (Mendoza 1954), S. 339–356; *K. Genrup:* Gåsskötsel (Gänsezucht). En etnologisk studie … (Lund 1975); *M. Grätz:* Art. ‚Gans‘, in: EM. V, Sp. 676–683; *E. u. L. Gattiker:* Die Vögel im Volksglauben (Wiesbaden 1989), S. 496–518.

Gänsefüßchen. *Etw. in Gänsefüßchen setzen:* mit Anführungszeichen versehen. Der aus der Druckersprache stammende bildhafte Ausdr. ‚Gänsefüßchen‘, der an den Abdruck von kleinen Gänsefüßen erinnert, bezieht sich auf die ältere Schreibform des Anführungszeichens (« »); vgl. auch die Sage von den Zwergen, die Gänsefüße haben.

Ihre Anwendung scheint nicht immer auf volle Zustimmung gestoßen zu sein. Vor allem im 19. Jh. wurde der häufige Gebrauch der ‚häßlichen Dinger‘ beanstandet. So schrieb z. B. Jean Paul (‚Titan‘ [1800], I, 57): „Da ich nicht absehe, was die Menschen davon haben, wenn ich die mir beschwerlichen Gänsefüße sammt dem ewigen ‚er sagte‘ hersetze: so will ich den Auftrag in Person erzählen". Und an anderer Stelle (‚Doppelwörter‘ [1820], 226) führt er aus: „den alten Horaz z. B. redet in seinen Satiren jeder Narr an, und er antwortet ihm, ohne daß die Alten nur durch die kleinsten ‚Gänsefüße‘ oder ‚Hasenöhrchen‘ angezeigt oder unterschieden hätten, wer eigentlich rede. Bei uns aber fehlen solche Anzeigen wohl nie, und wir folgen natürlich gleichsam auf den Gänsefüßen dem Autor leichter, und vernehmen ihn mit den Hasenöhrchen leichter".

Seine Einwände haben indes wenig an dem eingefahrenen Brauch ändern können. Im Gegenteil: Heute werden die ‚Gänsefüßchen‘ sogar gelegentlich gesprochen oder in einer Rede bes. hervorgehoben und durch eigene Wndgn. wie ‚ich zitiere‘ oder ‚Ende des Zitats‘ gekennzeichnet, um Mißverständnisse über den geistigen Urheber einer Äußerung zweifelsfrei auszuschalten.

Lit.: *L. Petzoldt:* Dt. Volkssagen (München 1970), S. 230 f., Nr. 379.

Gänsehaut. *Eine Gänsehaut kriegen:* frieren, übertr.: einen heftigen Schreck bekommen. Die Rda. beruht auf der Beobachtung, daß sich die Haut infolge niedriger Temperaturen oder bei Erschrecken zusammenzieht, was eine Vorwölbung der ↗ Haare auslöst, so daß sie der Haut einer gerupften Gans ähnelt. Bei Hans Sachs heißt es:

Nach dem hast mich gewelt also,
Das mir gleich ein genshaut anfur
und bei Kotzebue:
Hu! wenn ich dessen gedenk mit Grausen,
So überläuft mich eine Gänsehaut.
Vgl. frz. ‚avoir la chair de poule‘ (wörtl.: ‚Hühnerfleisch haben‘). Ähnl. Bdtg. hat die Rda.: ‚einem kalt den Rücken hinunterlaufen‘, ↗ kalt.

Gänsemarsch. *Im Gänsemarsch gehen:* dicht hintereinander hergehen, einer hinter dem anderen. Aus der Beobachtung, daß die ‚Gössel‘, die Jungtiere der Gänse (aber auch Enten), gern in Kiellinie hinter (zwischen) ihren Eltern laufen und schwimmen, entstand das ‚Bild‘ vom Gänsemarsch. Der Ausdr. ist seit den dreißiger Jahren des 19. Jh. bezeugt und vermutlich in student. Kreisen Leipzigs entstanden. Vorher gebrauchte man statt dessen, Gänsegang‘.

Bei den Marburger Studenten galt als Gänsemarsch: hintereinander am Bordstein zu gehen, einen Fuß auf dem Bürgersteig, den andern auf dem Fahrdamm – oft als nächtlicher ‚Schweigemarsch‘ – im Rhythmus: lang-kurz-lang-kurz.

Zu ihrem Vergnügen ahmen heute noch gern Kinder den Gänsemarch nach, nicht selten ausgelöst durch den Ruf: ‚So, und nun ab im Gänsemarsch!‘ Die schweizerdt. Mda. kennt außerdem die Ausdr. ‚Katzenschwanz‘ und ‚Entenmarsch‘. Der frz. Ausdr. ‚pas de l'oie‘ bez. dagegen den dt. Paradeschritt.

Gänsewein. *Gänsewein trinken:* Wasser trinken. Die scherzhafte Wertsteigerung des einfachen Trinkwassers zum Gänsewein erscheint vorgebildet in Fischarts ‚Podagrammisch Trostbüchlein‘ (S. 674): „träncken die gäns wein, so beschert es nen gott kain wasser. Das letztere soll eben ihr Wein sein". In der ‚Ehrlichen

Frau Schlampampe' (S. 65) begegnet dann bereits die Zusammenstellung: Hühner-, Tauben-, Gänsewein. „Sauf gänswein, so fellestu darvon ins feuwer nicht" (,Gartneri diceteria proverbialia', 1598).

Nach heutigem Verständnis bezieht sich der Ausdr. ,Gänsewein' auf das Trinkwasser, wie es aus der Wasserleitung kommt (,Pumpenheimer', ,Kranenberger', ,Brunnenburger', ,Leitungsheimer'), ferner auf alle Arten von Quellwasser sowie auf Mineralwasser, das in Flaschen abgefüllt ist.

Garaus. *Einem den Garaus machen:* ihn umbringen. Der Begriff Garaus ist die zum Hauptwort erhobene adverbiale Formel ,gar aus' i. S. v. ,ganz, vollständig aus'; er taucht in unserer Sprache zuerst im Frühnhd. auf. Mit dem Ruf ,gar aus!' wurde im alten Regensburg und bes. in Nürnberg die Polizeistunde in den Wirtshäusern geboten; allmählich übertrug man ihn auch auf die Tageszeit, zu der er erfolgte, und den Glockenschlag, der das Ende des Tages verkündete. Bei Hans Sachs sind Wortbildungen wie ,Garausglocke' und ,Garauszeit' für Nürnberg bezeugt, z. B. in der ,Wolfsfabel':

Wann man die garaus glocken laut,
Dann muß ichs zahlen mit der haut.

Der Garaus erscheint im 16. Jh. in den Wndgn. *den Garaus spielen, den Garaus singen,* zur Bez. des letzten Tanzes und des letzten Liedes am Abend (↗ Kehraus). Noch im 19. Jh. bezeichnete man in Nürnberg das Abendläuten als gâras. Bildl. Gebrauch des Wortes findet sich zuerst bei Kirchhoff (,Wendunmuth' 4, 382): „wenn es auff der großen Uhren, wie zu Nürnberg und anderstwo bräuchlich, nach der Tagläng ... abendts den Garauß schlägt, soll man sich erinnern, daß auch mit uns allen ... letzlich der Garauß kommen werde". Fincelius schreibt 1566 in den ,Wunderzeichen' (Q 7ᵃ): „Welchen allen der Herr Christus mit dem Fewer seines Jüngsten Gerichtes ein Ende und Garauß ... machen wirdt". Kaspar Stieler bucht 1691 (,Stammbaum', S. 69): „Garaus, der / ruina, interitus rei, den Garaus mit einem spielen, einem den Garaus machen / funditus aliquem perdere ...". Daneben kennt Stieler noch ,Garaussaufen',

trinken, entstanden aus gar austrinken. Vgl. auch den Refrain eines Volksliedes bei Uhland (Alte hoch- und ndd. Volkslieder): „Drincks gar aus, drincks gar aus". Davon ist abhängig das im Frz. bei Rabelais belegte ,boire carrous et alluz' und engl. ,a deep carouse'.

Lit.: *W. Gebhardt:* Art. ,Garaus', in: Trübners Dt. Wb. III, S. 16ᵃ.

Gardemaß. *Gardemaß haben:* sehr groß sein. Unter der Bez. ,Gardemaß' verstand man allg. das zur Aufnahme in die Garde des Soldatenkönigs Friedrich Wilhelm I. v. Preußen vorgeschriebene Größennorm. Da es eine – für die damalige Zeit beträchtliche – Mindestgröße von 1,80 m festlegte, wurden die Gardesoldaten im Volksmund ,die langen Kerls' genannt, auch ,Potsdamer Riesengarde'.

Garderobe. *Den Verstand an der Garderobe abgeben (abgegeben haben):* kein eigenes Urteil mehr für sich beanspruchen, ↗ Verstand.

Gardine. *Hinter die schwedischen Gardinen kommen:* ins Gefängnis, hinter ↗ Schloß und Riegel kommen, eingesperrt werden. Diese jüngere Rda. entstammt der Gaunersprache. Gardine steht verhüllend für die Gitter der Gefängniszellen; schwedisch heißen die Gardinen vielleicht in Erinnerung an die Gewalttätigkeit der Schweden im Dreißigjährigen Krieg, vgl. den „Schwedentrunk" (↗ eintränken). Wahrscheinlicher ist aber der Zusammenhang mit den Eisenimporten aus Schweden. Der Stahl, der aus Schweden kam, galt als bes. gut und haltbar; er wurde deshalb für die Gefängnisgitter verwendet.

Gardinenpredigt. *Einem eine Gardinenpredigt halten:* ihm eine Strafpredigt halten; diese Predigt ist eigentl. die Strafrede, die die Frau ihrem Manne hinter der Gardinen, d. h. den Bettvorhängen, hält. Schon Seb. Brant nennt 1494 im ,Narrenschiff' (64. 27 ff.) die nächtliche Strafrede der Gattin ,Predigt':

Die ander kyflet (von ,keifen') an
dem bett:
Der eeman selten fryd do hett,

Músz hören predig ouch gar oft,
So manch barfuszer lyt vnd schloft.

Die Vorstellung des Bettvorhangs tritt im 16 Jh. hinzu; das Wort Gardinenpredigt ist nicht vor 1743 nachgewiesen. Gebucht wird es 1795 von Hupel im ‚Livländischen Idiotikon‘ 72: „Verweis, welchen die Frau ihrem Gatten unter vier Augen, sonderlich bei dem Schlafengehen, giebt". Ähnl. Ausdr. in den skandinavischen Sprachen und im Engl. sind z. T. früher belegt. Ndl. heißt es von einer zanksüchtigen Frau ‚Zij heeft hem de gordijn-metten gelezen‘.

Lit.: *F. Robinson:* ‚Curtain Lecture‘, in: American Notes & Queries 10 (1971/72), S. 40–41; *R. Kelly:* ‚Curtain Lecture‘, in: American Notes & Queries 11 (1972/73), S. 24.

Garn. *Sein Garn spinnen:* seine Ziele stetig, aber unauffällig verfolgen.
Gutes Garn spinnen: redlich und mit Erfolg handeln; so schon 1512 in Thomas Murners ‚Schelmenzunft‘:

Dass jeder mein’,
ich red das sein,
so würff ich stühl vnd benck drein:
noch kann jr keiner das erfarn,
vnd meinen all ich spinn gut garn,

‚Gutes Garn spinnen‘

von einem eigennützigen Vermittler gesagt, der allen Parteien zu Gefallen redet. 1639 bei Lehmann S. 13 (Ampt 25): „Gott hat jedem in seinem Beruff einen Rocken angelegt, daran soll er schaffen und gut Garn spinnen", und S. 216 (Frombkeit 34): „Mancher hat den Nahmen, als spinne er das beste Garn, da er doch nur Sack spinnt". In Schnabels Abenteuerro-

man ‚Insel Felsenburg‘ (1731/43) heißt es (4, 518): „zu sehen was unsere daselbst zurück gelassenen Brüder benebst den Portugiesen vor gut garn spönnen".

In verneinter Form erscheint die Rda. bereits 1578 in Fischarts ‚Ehezuchtbüchlein‘: „Welche nit gut garn, wie man sagt, hie haben spinnen woellen". In dieser Form ist sie heute meist gebräuchl.: *kein gut Garn miteinander spinnen:* sich nicht vertragen, mdal. z. B. schwäb. von zwei unglücklichen Eheleuten: „Se spinned kei guet Garn mit enand‘. Schweiz. auch ‚grobes Garn‘, rhein. ‚rauhes Garn spinnen‘ (↗Faden). Vgl. frz. ‚filer un mauvais coton‘ (wörtl.: schlechte Baumwolle spinnen): sich in einer schwierigen Situation befinden.

Ein Garn spinnen: Geschichten erzählen, auch *Seemannsgarn spinnen:* unglaubwürdige Geschichten vortragen; diese Wndgn. entstammen der Seemannssprache; die Matrosen mußten auf See in ihrer Freizeit aus aufgelöstem alten Tau- und Takelwerk neues Garn herstellen, wobei sie von ihren Abenteuern erzählten. Daher im Ndd.: ‚Du häs mien Garn vertüddelt, nu häbb ick den Faden (beim Erzählen) verloan!‘

Einem ins Garn gehen: sich von ihm verlocken lassen; vgl. auch frz. ‚tomber dans le filet‘; *einen ins Garn locken:* ihn verleiten; in diesen Redewndgn. steht Garn i. S. v. ‚Fischnetz, Netz des Vogelstellers‘. Luther gebraucht 1534 zur Übers. der Bibelstelle Hes. 32,3: „Ich will mein netz vber dich auswerffen durch einen grossen hauffen volcks, die dich sollen jnn meine gern jagen". In der Komödie ‚Hans Pfriem‘ von Hayneccius (1582) klagt der Held beim Anblick der Richter (V. 975):

Die sind so abgericht auff mich,
Das sie mich fangen listiglich,
Ist gar ein ausgelegtes Garn.

Bei Schiller heißt es in den ‚Räubern‘ (II,3): „Den hab’ ich schön ins Garn gekriegt", und im ‚Fiesko‘ III,4) läßt Fiesko den ankommenden Mohren befragen: „Ist was ins Garn gelaufen?" Vgl. mdal. (rhein): ‚enen en et Garn kommen‘, ins Revier kommen, ‚enen achter et Garn folgen‘, hinter ihm her sein, und das nhd. Verbum ‚umgarnen‘, bestricken, verführen (↗Fallstrick, ↗Leim).

Wer öfftlich schlecht syn meynung an
Vnd spannt syn garn für yederman
Vor dem man sich lycht hütten kan

von offliche anschlag.
Eyn narr ist wer will faßen sparen
Vnd für jr ougen spreit das garn
Gar lycht eyn vogel flyeßen kan
Das garn/ das er sicht vor jm stan

‚Ins Garn gehen'

Das Garn auf dem Boden laufen lassen: es
mit einer Sache genau nehmen, energisch
und ohne Rücksicht vorgehen. Die Wndg.
ist schwäb. heute noch stellenweise bekannt; sie geht zurück auf die Bdtg. von
schwäb. ‚Garn' = das Fischnetz, das gezogen wird. Belegt ist sie z. B. 1545 bei
Eberh. Tappius (‚Germanicorum Adagiorum' fol. 89ª) oder bei dem Schwaben Luc.
Osiander d. Ä. (1534–1604), bei dem es
heißt: „Wenn man aber will das Garn auf
dem Boden gehen lassen". Ihre Herkunft
ist noch sehr deutlich bei dem schwäb.
Mundartdichter Nefflen zu erkennen, der
im ‚Vetter aus Schwaben' (S. 132)
schreibt: „Er will's Garn auf'm Bode
laufa lau, und däs thuat net guat; mein
Aehne hot ällemool g'sait: doo bleib's
Garn an de Stoa hanga und verreiss".
An älteren, heute jedoch kaum noch gebräuchl. Rdaa. sind außerdem zu nennen:
vor dem Garn fischen (d. h. da, wo es nichts
zu fischen gibt): sich vergeblich bemühen; bezeugt bei Luther: „darumb acht
ich es vor dem Garn gefischt, so man umb
Verteidigung willen des Evangelii sich wider die Obrigkeit legt". Ferner *einem das
Garn verwirren:* ihn in seinen Plänen und
Handlungen stören, z. B. in Scrivers ‚See-

lenschatz' (2, S. 429): „andern, wie klug
und weise sie sind, läßt Gott ihre beste
Rath- und Anschläge fehlen, machet ihre
Weisheit zur Narrheit, und verwirret ihr
Garn …".

Lit.: *F. Kluge:* Seemannssprache (Freiburg 1911),
S. 300; *R. Hünnerkopf:* Art. ‚Garn', in: HdA. III.
Sp. 299–304; *L. Röhrich* u. *G. Meinel:* Redensarten
aus dem Bereich der Jagd und der Vogelstellerei,
S. 316; *R. W. Brednich:* Der Vogelherd. Flugblätter als
Quelle zur Ikonographie der Jagd, in: Rhein.-Westf.
Zs. f. Vkde. 24 (1978), S. 14–29.

Garten. *In seinem eigenen Garten jäten,*
heute zumeist ersetzt durch: vor seiner eigenen ↗Tür kehren, schon bei
Seb. Franck (‚Sprichwörter' 1541, II,
S. 64b): „In sein eygen garten ietten oder
krauten gehn" erklärt er mit: „An jm selbs
die besserung anfahen".
Quer durch den (Gemüse-)Garten: Gemü-
sesuppe, d. h. eine Suppe, in der alle Gar-
tengemüse enthalten sind (20. Jh.); vgl.
frz. ‚Potage jardinière,' (wörtl.: Gärtnerin-
suppe).
Es ist nicht in seinem Garten gewachsen
↗ Mist; *jem. einen Stein in den Garten werfen* ↗ Stein. Der Kirchhof (= Totengarten)
ist in der schwäb. Rda. gemeint: ‚Der gaht
de Garte na', er kommt zum Sterben.

Lit.: *K. Heckscher:* Art. ‚Garten', in: HdA. III,
Sp. 304–307; *G. Meinel:* Art. ‚Garten, Gärtner', in:
EM. V, Sp. 699–711.

Gasse. In der älteren Studentensprache
bedeutete *gassatim gehen:* herumschwär-
men, lärmend durch die Gassen ziehen.
Die Rda. ist gebildet zum lat. Verbum
grassāri nach dem Muster der häufigen
ostiatim, virgatim, privatim und lautete
zunächst ‚grassatim gehen'; da die Gasse
meist der Ort des lustigen Schwärmens
war, wurde daraus ‚gassatim'. Schon um
1600 verstanden die Studenten diesen
Ausdr. nicht mehr oder verwirklichten ihn
grob witzelnd und falsch wörtl., indem sie
bei ihren nächtl. Umzügen auf die Gas-
sensteine mit Stöcken und Waffen hieben,
wie das die Verse von Moscherosch in dt.-
lat. Mischsprache schildern:

bursa studentorum finstri sub tempore
nachti,
cum sterni leuchtunt, mondus quoque
scheinet ab himlo,

gassatim laufent per omnes compita
                     gassas
cum geigis, cytharis, lautis,
           harphisque spilentes,
haujuntque in steinos, quod feurius
                 springet ab illis.

Der Ausdr. ist dann auch in die Mdaa. eingedrungen und findet sich z. B. im
Schwäb., wo ‚gassatə gehen‘ so viel bedeutet wie: zwecklos umherschlendern,
spazierengehen; rhein. ist ein ‚Gassaten-
garg‘ ein erfolgloser Gang. Die bair. Mda.
hat nach ‚gassatim‘ das Verbum ‚gassie-
ren‘ gebildet. Im Volkslied des 18. Jh.
(Erk, Liederhort 303) heißt es von einem
Freier:

Ein junger Knab gassaten gieng
Wol um der Jungfern willen,
Er gieng vor ihr Schlafkämmerlein …

Belege für die Rda. finden sich häufig in
der älteren dt. Dichtung; Joh. Fischart hat
in Anlehnung an ‚gassatim‘ einen ganzen
Katalog ähnl. Wörter für unnützes Treiben gebildet: „nach dem nachtessen …
giengen sie herumb gassatum, hispenspi-
latum, mummatum, dummatum, fenstra-
tum, raupenjagatum“ (‚Gargantua‘ 171ᵇ).
Bei Grimmelshausen erzählt Simplicissimus von dem Praeceptor: „Daher gieng
ich schon bei Nacht mit ihm und seines
gleichen gassatim und lernete ihm in
Kürze mehr Untugenden ab als Latein“
(1,428).

Ein Ausdr. ähnl. Bdtg. war *Gassen hauen,*
wobei ‚hauen‘ urspr. i. S. v. ‚beim Gehen
schnell und derb auftreten‘ gebraucht
wurde (Belege bei Schmeller I, 1024).
Einen solchen Nachtschwärmer und Pfla-
stertreter nannte man einen ‚Gassenhauer‘. Diese Bez. ging später auch auf die
Gassentänze und Gassenlieder über; so
heißt es 1517 bei Aventin (I, 542, 12): „gas-
senhawer, die man auf der lauten
schlecht“. Bis ins 18. Jh. wurde ‚Gassenhauer‘, ‚Gassenlied‘ gebraucht für Volkslied, bis dann durch das von Herder 1773
geprägte Wort Volkslied das Wort Gassenhauer einen abwertenden Sinn bekam.
*Auf die Gassen gehen, Gäßlein gehen, gäs-
seln, gasseln* sind altbair. Ausdr. für das
Fensterln, auf nächtlichen Besuch vor die
Schlafkammer der Geliebten gehen
(entspr. alem. ‚zur Stubete gehen‘, ‚heim-
garten‘, ‚auf den Strich gehen‘). Für die

oesterr. Alpenländer hat Ilka Peter den
Gasslbrauch in einer methodisch ausge-
zeichneten Monographie dargestellt.
Wenn eine Tatsache stadtbekannt geworden ist, sagt man *Das wissen selbst die Kinder auf den Gassen;* sprw. schon bei dem
Prediger Mathesius (1504–65):

Die kinder auf der gassen wusten,
Das eitel betrug in klöstern war.

Rhein. ‚De geht de Gass eraf‘, ‚der geht die
Gass enunner‘, mit ihm geht es zu Ende, er
stirbt bald (↗ Bach).
Als ‚Gassenjungen‘ bez. man auch die
Kinder aus den untersten sozialen Schichten in den Städten. Da dort die Wohnver-
hältnisse mehr als beengt waren, wurden
die Kinder zum Spielen auf die Gasse geschickt.

Gassi gehen: mit seinem Hund einen Stra-
ßenbummel machen, um ihm den nötigen
Auslauf zu geben sowie Gelegenheit,
seine Notdurft zu verrichten.
Hans Dampf in allen Gassen, ↗ Hans.

Lit.: *H. J. Moser:* Der Gassenhauer, in: Faust, Heft 10,
(1923/24), S. 8 ff.; *I. Peter:* Gasslbrauch und
Gasslspruch in Oesterreich (Salzburg 1953);
G. Rösch: Das dt. Kiltlied (Diss. masch. Tübingen
1957); *E. Klusen:* Volkslied. Fund und Erfindung
(Köln 1969).

Gast. *Dasitzen wie der steinerne Gast:*
stumm dasitzen, belegt z. B. in Eichendorffs Roman ‚Ahnung und Gegenwart‘
(Buch 3, Kap. 24): „Rudolf war indes
auch wieder still geworden und saß wie
der steinerne Gast unter ihnen am Tische“. In Schillers ‚Piccolomini‘ (IV, 6)
sagt Isolani, indem er auf Max zeigt:

Gebt acht, es fehlt an diesem
                 steinernen Gast,
Der uns den ganzen Abend nichts
                 getaugt.

In Schlesien legte man ein 13. Gedeck für
den ‚steinernen Gast‘ auf, wenn bei einer
Mahlzeit zwölf Personen am Tisch saßen.
Die Rda. geht zurück auf die Sage vom
Toten als Gast (Don-Juan-Typus), in der
eine zum Essen geladene Statue als ‚stei-
nerner Gast‘ bei Tisch erscheint und sich
dann an dem Frevler rächt.
Die Gewährung von Gastfreundschaft ist
ein Elementargedanke vieler Kulturen.
Von Homer wird die Gastfreundschaft
der Griechen als göttliches Gebot beschrieben. Tacitus idealisierte die Gast-

lichkeit der Germanen. Die Belohnung von Gastfreundschaft und die drastische Strafe für Ungastlichkeit ist in der Exempellit. reichlich thematisiert.

Die hohe Bewertung der Gastlichkeit spiegelt sich in vielen Sprww. Doch wird auch der Mißbrauch der Gastfreundschaft im Sprw. angeprangert. Das in zahlreichen Varianten bezeugt Sprw. ‚Gast und Fisch stinken nach drei Tagen‘, ‚Dreier Tage Gast – allen eine Last‘ etc. macht den Überdruß an beharrlichen Gästen überdeutlich. Nach dt. Schwanktradition wurden Gäste mit der Fangfrage, warum Christus nur drei Tage im Grabe gelegen und dann auferstanden sei, zur fälligen Abreise genötigt. Wiederholt wird als Volksbrauch bezeugt, daß dem Gast lediglich für drei Tage Kost und Logis zustanden, so daß er sich nicht auf Dauer einnisten konnte. Von den Beduinen heißt es, daß sie Gäste von Tag zu Tag sparsamer und nach Ablauf der Frist gar nicht mehr versorgten. Bei den gleichfalls als spontan gastfreundlich bekannten Albanern war es üblich, den Gast erst nach drei Tagen und Nächten, dann aber gewissermaßen als Wink mit dem Zaunspfahl, nach dem Zweck seines Kommens zu fragen (Moser-Rath).

In parodistischer Weise wird das Recht des Gastes relativiert:

Und ist der Gast auch noch so schlecht: er kommt zuerst, das ist sein Recht.

Lit.: *M. L.:* ‚Een gast stinckt op den derden doek; in: Biekorf 58 (1957), S. 84; *L. Petzoldt:* Der Tote als Gast. Volkssage u. Exempel (= FFC. 200) (Helsinki 1967); *U. Jänicke:* Gastaufnahme in der mhd. Dichtung (Diss. Bochum 1980); *L. Hellmuth:* Gastfreundschaft und Gastrecht bei den Germanen (Wien 1984); *E. Moser-Rath:* Art. ‚Gast‘, in: EM. V, Sp. 718–727.

Gasthut. *Das Gasthütlein abziehen:* die Scheu als Gast ablegen, zu vertraulich werden, ausschreiten, sein wahres Gesicht zeigen. Es handelt sich um eine ältere Rda., die lit. schon früh bezeugt ist:

ja muter, er macht wol ein schein, sprach sie, als ob er heisz der gütle, doch bald er abzog das gasthûtle, ist er der dückische dockmawser.

(H. Sachs 1, 144);

„… und als er ein kurze zeit dabei war, zohe er das gasthûtlin bald ab, also daz alles sein geschwetz sein war, (nur er das wort

führte) …“ (J. Wickram: ‚Das Rollwagenbüchlin‘ [1555], 38,6); „Domicianus was … doch in den ersten jaren mäsziger. aber er zohe das gasthûtlin ab, fiel in allerlei grobe laster“ (Seb. Franck: ‚Chronica Zeytbuch und geschycht bibel‘ [1531], 135).

Umgekehrt bedeutet *einem das Gasthütlein abziehen:* ihn nicht mehr so zuvorkommend behandeln wie einen Gast. Im Schwäb. sind diese Rda. noch in einigen Versionen erhalten geblieben, so z. B. in den Wndgn.: ‚’s Gaschthütle aufhabe‘: als Gast bevorzugt behandelt werden; ‚eim ’s Gaschthütle runtertun‘: die Rolle eines Gastes beenden.

Gauch ↗ Kuckuck.

Gaudeamus singen ↗ Placebo.

Gaul. Mdal. gilt Gaul heute im Gebiet etwa zwischen Kaufbeuren, Birkenfeld, Paderborn und Vohenstrauß (im Süden davon gilt ‚Roß‘, im Westen und Norden ‚Pferd‘). Die folgenden Rdaa. dürften daher ihren Urspr. in diesem Gebiet haben: *Ihm geht der Gaul durch:* er läßt sich von seiner Leidenschaft fortreißen; das Gegenteil dazu bildet die schwäb. Wndg. ‚Halt den Gaul an‘, tu langsam. *Mach mir den Gaul nicht scheu:* reize mich nicht, lüge mich nicht so an, urspr. vom Fuhrmann gesagt. Alle anderen landschaftlich mit ‚Gaul‘ belegten Rdaa., wie: ‚den Gaul beim Schwanz aufzäumen‘, ‚einem auf den Gaul helfen‘, ‚dess brengt ’n Gaul um‘, ‚einem den Gaul satteln‘, ‚immer auf den höchsten Gaul wollen‘, ‚immer auf einem Gaul reiten‘, ‚wieder auf seinen Gaul kommen‘, ‚sich auf den hohen Gaul setzen‘, ‚dazu bringen mich zehn Gäule ‘ usw., ↗ Pferd.

Ein geschenkter Gaul sein: eine Sache, die man als Geschenk erhielt und deshalb nicht genau prüfen, kritisieren oder gar verurteilen und verschmähen sollte in Rücksicht auf die gute Absicht des Gebers. Die Rda. steht in engem Zusammenhang mit dem bekannteren Sprw. *Einem geschenkten Gaul schaut man nicht ins Maul* (heute oft spöttisch ergänzt: *einem geschenkten Barsch schaut man auch nicht ins Maul*), das sich auf die Methode der

Pferdehändler bezieht, die am Gebiß der Tiere ihr Alter feststellen. Dieses wohl bekannteste Pferdesprichwort ist seit der

‚Einem geschenkten Gaul schaut man nicht ins Maul‘

Antike bis heute in lebhaftem Gebrauch und kommt entspr. häufig in den Sammlungen vor. Als ein verbreitetes Sprw. führt Hieronymus (ca. 347–419) in der Einleitung seines Kommentars zum Epheserbrief an: „Noli, ut vulgare proverbium est, equi dentes inspicere donati“. Im Lat. wird der Grund des Verbotes deutlicher als im Deutschen, da man eben an den Zähnen das Alter eines Pferdes erkennen kann.
Vgl. auch engl.: ‚Never look a gift horse in the mouth‘.

Lit.: *W. Mieder* (Hg.): ‚Dem geschenkten Gaul schaut man nicht ins Maul‘, in: Dt. Sprww. u. Rdaa. – Arbeitstexte f. d. Unterricht (Stuttgart 1979), S. 22–23. *E. Rosenberger:* Das Pferd in dt. Sprichwörtern und Redensarten (Lizentiatsarbeit [masch.] Basel 1988).

Gebälk ↗ knistern.

geben. *Es einem geben:* ihm gründlich die Wahrheit sagen, ihm keine Antwort schuldig bleiben; schon in Grimmelshausens ‚Simplicissimus‘ (Bd. 3, S. 403): „Wol gegeben! sagte jener“. Vgl. auch unser *Gut gegeben!* Iron. gebrauchte man im 18. Jh. bes. in Leipzig *Das gibt sich alles wie das*

Lateinische: nach und nach bewältigt man das Schwierige; 1746 ist aus Leipzig bezeugt: „mit denen gibt es sich von selber wie mit dem Griechischen“. Auch heute gebrauchen wir noch ohne den Zusatz *Das gibt sich (alles):* es wird sich einrichten, in Ordnung kommen; nordd.: ‚Dat gifft sick!‘ meint beruhigend: Das renkt sich alles wieder ein; vgl. frz. ‚Tout s'arrangera bien‘.

Was gibst du, was hast du: sehr schnell; der Urspr. dieser auch landschaftlich sehr verbreiteten Formel (z. B. schweiz. ‚was gisch, was hesch‘; rhein. ‚wat giste, wat häste‘, möglichst schnell) ist noch nicht sicher erklärt, doch ist an die Fragen eines drängenden Verkäufers zu denken, der seine Ware sogleich an den Mann bringen will; obersächs. in gleicher Bdtg. ‚(was) haste, was kannste‘, ähnl. schon 1696 bei Chr. Reuter im ‚Schelmuffsky‘: „Was läufstu, was hastu?“ (↗ haben).
Sehr alt und verbreitet sind auch die Wndgn. vom Geizigen, der nicht gerne etw. hergibt; 1541 in den ‚Sprichwörtern‘ Seb. Francks: „Er gibt gern – seinem maul, wann jm hungert“, 1616 bei Georg Henisch: „er gibt gern mit dem Mund, aber die Hände halten fest“ und 1630 bei Chr. Lehmann: „er gibts mit dem Mund vnd behelts mit den Händen“. In Anlehnung an das Vaterunser sagt man im Schwäb. ‚Er ist nicht von Gib-uns-heute‘; rhein. ‚Er ist nicht von gib, aber von nimm‘. Verbreitet sind auch die Ausdr. ‚in denen der Geiz mit Hilfe von fingierten Namen charakterisiert wird, im Mhd. schon bei Heinrich dem Teichner:

Swâ her Gebhart kumt in d'schrangen,
dâ her Nemhart rihter is.

In den heutigen Mdaa. stehen dafür oft die Namen erfundener oder tatsächlich existierender Orte, die die Silbe Geb- enthalten, z. B. *Er ist nicht von Gebenhausen* (Gebendorf, Gebersdorf, Gebeningen) (allg. obd.), Geberow (meckl.), Gebiken (schweiz.), Gebenich (Krs. Euskirchen/Rheinl.), Gabsheim (Krs. Oppenheim/Rhh.), Gebweiler (Els.), Gibenach (bei Basel), Gebrazhofen (Krs. Leutkirch/Wttbg.) usw. *Ihr gebt mir ja nichts dazu* ↗ dazu; ↗ gang und gäbe.
Von einem allzu großzügigen und freigebigen Menschen heißt es dagegen: ‚He

gifft sülvst dat Hemd vör'n Noors noch weg' (ndd.).

,Geben und Nehmen' umschreibt das Verhältnis der Gegenseitigkeit, den natürlichen Ausgleich in einer Partnerschaft. Dagegen meint das Bibelwort: „Geben ist seliger denn nehmen" (Apostelgesch. 20,35) das großzügige Schenken im Gegensatz zu mehr oder weniger berechtigten Forderungen, deren Erfüllung den Reichen nicht glücklicher, den Armen aber noch ärmer macht. Auf der Bergpredigt (Luk. 6,38) beruht der Ausspruch: „Gebet, so wird euch gegeben".

Lit.: *J. Erben:* Geben und Nehmen. Zur Geschichte eines Modells geistig-sprachlicher Wirklichkeitserfassung, in: Jb. d. Akad. d. Wiss. (Göttingen 1986), S. 59–77; weitere Lit. ↗ Gabe.

Gebet. *Einen (scharf) ins Gebet nehmen:* ihn zur Rechenschaft ziehen, ihm ins Gewissen reden. Die Herkunft dieser Rda. ist verschieden erklärt worden. Man leitete sie einmal von den ma. Volkspredigern ab, die den Tadel für jem. mit in das Gebet oder in den Text ihrer Predigt einflochten, oder von dem Beichtvater, der nach empfangener Beichte dem reuigen Sünder vorbetete, den Bußfertigen beten lehrte. Auch an eine Ableitung von ndd. ,Gebett' für ,Gebiß' hat man gedacht, da man ein störrisches Pferd ,ins Gebett nehmen' kann.

Die Rda. wird jedoch ganz wörtl. zu verstehen sein: ,jem. ins Gebet nehmen' bedeutet urspr.: für ihn Sorge tragen, ihn in die Fürbitte mit einschließen, wozu eine Stelle bei Scriver (Gotthold 1067) zu vergleichen ist: „ein vater erzählte Gotthold, daß er willens wäre, seinen sohn reisen zu lassen … bat deshalber ihn mit ins gebet zu nehmen". Im Anfang des 19. Jh. gebrauchte man in Holstein die Wndg. ,in't Gebett nehmen' für: eine Schwangere in die öffentliche Fürbitte einschließen. Allmählich erhielt die Wndg. dann den abgewerteten Nebensinn von ,tadeln, zurechtweisen'.

Ndd. verbreitet ist die Rda.. ,He höllt dat mit'n kort Gebett un'n lang Wurst' (holst.), er ist für kurzes Gebet und reichlich Essen; ähnl. niederrhein. ,völ holden van en kort Gebett on en lange Metworsch', daher das Sprw. ,Kurz Gebet

und lange Bratwürste haben die Bauern gern', ↗ Stoßgebet.

Lit.: *F. Pfister:* Art. ,Gebet'. in: HdA. III, Sp. 346–369; *F. Heiler u.a.:* Art. ,Gebet', in: RGG. II (³1958), Sp. 1209–1235; *F. Heiler:* Das Gebet (München ⁵1969); *E. Munk:* Die Welt der Gebete (Basel 1975); *R. W. Brednich:* Art. ,Gebet', in: EM.V, Sp. 792–800.

Gebot. Von den zehn Geboten sind das vierte und das sechste in sprw. Rdaa. hineingenommen worden, z. B. ndd. ,He geit in't söste Gebot', er übertritt es; ,er hat das 6. Gebot schon siebenmal abgeschafft'; ,er hat das sechste Gebot gefressen'. Die Zehn Gebote stehen mitunter auch für die zehn Finger; daher *einem die 10 Gebote ins Gesicht schreiben:* ihm eine Ohrfeige geben, ähnl. auch frz. ,les dix commendements', und ndl. ,met zijn tien geboden'; engl. belegt in Shakespeares ,Henry VI' (2. Teil, I,3):

> Could I come near your beauty with my
> nails,
> I'd set my ten commandments in your
> face.

Nicht alle Rdaa. über die 10 Gebote fallen derart drastisch aus. Vergnüglicher sind da schon Weisheiten wie: ,Seit d'Baure die 10 Gebote nimme haltet, hält au unser Herrgott d'Wetterregle nimme' (schwäb.). Scherzhaft wird oft ein 11. Gebot genannt; früher hieß es: *Halte dich an das 11. Gebot:* laß dich nicht verblüffen; so schon bei J. G. Herder in einem Brief an seinen Sohn: „Schlafe wol, halte dich brav, gib wol Achtung, übereile dich nicht und behalte das elfte Gebot: laß dich nicht verblüffen" Heute gilt als 11. Gebot allg.: Laß dich nicht erwischen!

Erklärungsbedürftig ist auch die im Schwäb. sehr häufig gebrauchte Rda. *ällbot.* Eigentl. müßte es ,all Bot' geschrieben werden, wie ,all Häck'. Beide Rdaa., von der Hochsprache verschmäht, sind in der schwäb. Mda. und Umgangssprache weit verbreitet. Sie enthalten den Begriff des oft, zu oft Wiederholten, manchmal auch den Begriff der vereinzelten Handlungen, also entweder ,alle Augenblicke' oder ,manchmal, hie und da', ,jedesmal', wofür es auch ,ie bot' heißen kann: ,Allbot bringet se a nuie Stuir'. – ,Du wit ällbot ebbes anderes'. – ,Äll Häck stoht en Hausierer da'.

Die Herkunft der beiden Ausdr. ist nicht

ohne weiteres erkennbar. Die Schreibweise ‚all Bot‘ weist auf das mhd. ‚Bot‘ hin, welches Befehl, Verordnung, Gebot bedeutete. Die Zehn Gebote waren ‚die zehen Bot‘ (1486). Gang und gäbe war ‚das Bot‘ in der niederen Gerichtsbarkeit, in den Gemeinden. Es meinte einmal die Gerichtsverhandlung auf dem Rathaus, dann das Ge‚bot‘, zu erscheinen: „... es ist ein Bot (Befehl) kommen vom Vogt für heut Mittag", und endlich bezeichnete man mit ‚Bot‘ auch die Strafe für Nichterscheinen oder für Übertretungen überhaupt: „... so einer ungehorsam were, da geherend das erst Bot, so 3 Sch. dem Vogt, das andre Bot, so 5 Sch. wie das dritte, so 1 Pfund Heller, dem Obervogt oder Keller, und werden alle zu Ambts Handen eingezogen" (1582). Die ‚Zimmerische Chronik‘ (1566) berichtet von einem Schelm: „... hiermit erlegt er dem Pauren das Potgeld, schapft seim Roß Wasser (aus dem verbotenen Brunnen!) und ließ es geleich gnug drinken".

Die Bot konnten sich sehr unangenehm häufen, wie aus alten Strafprotokollen über Bagatellsachen ersichtlich ist. Neben dem amtlichen, gerichtsherrlich erlassenen oder verhängten Bot gab es noch das Bot der Handwerksmeister. Ein solches war z.B. das ‚Collegium der Zunftmeister‘ in Ulm. ‚Im Bot sein‘ war eine große Ehre, auf die jeder Zunftvorsteher stolz war, wiewohl die vielen Sitzungen – bis zu vierunddreißig im Jahr – sich keiner großen Beliebtheit erfreuten, wenigstens nicht bei den herdhütenden Ehefrauen, wenn der Mann ‚all Bot‘ außer Hauses mußte. Wie oft mag auch ein Zunftbot vorgeschützt worden sein, wenn es darum ging, zu einer ‚Letze‘ zu kommen! So wurde die Rda. ‚all Bot‘ zum Adverb ‚allbot‘, was heute noch dasselbe bedeutet wie vor dreihundertfünfzig Jahren. In einem Bericht über den Spielverlauf beim ‚Ringwerfen‘ heißt es von einem der Spieler: „... sin Ringlin traff allebot den Zweck (Pflock)" und von einem andern: „... der alle Bot gwan ein Pocall" (1616).

All Häck oder *äll Häck* stammt aus der Handwerkersprache. ‚Häck‘ sind die harten Schläge des Schmiedes oder des Holzhauers. Da zwischen den einzelnen Schlägen nur eine kleine Spanne Zeit liegt, so

formte die Volkssprache für den Begriff ‚alle Augenblicke‘ die Redewendung ‚äll Häck‘. Das umlautende ä ist sprachgeschichtlich begründet. Im Gebrauch von ällbot und äll Häck bestehen Unterschiede. So kann man das einemal sagen: „... mei Jonger goht wirkli‘ et gern i d'Schul‘, äll Häck hent s-en andere Lehrer!" und ebenso: „... wenn i i d'Näh vom Bah'hof komm, no mueß i ällbot dee'ke, wia-n-es noch vor zehe Johr dort ausg'seha hot!"

Lit.: *ew* in: Schwäb. Tagblatt. Tübingen, Ausg. v. 31. 1. 1960.

Geburt. *Von hoher (niedriger) Geburt sein:* adeliger Abstammung sein (keinem edlen Geschlecht angehören). Die Rda. umschreibt Herkunft u. Stand einer Person.

Das war eine schwere Geburt: ein schwieriges Unternehmen, das schließlich doch noch erfolgreich zu Ende gebracht werden konnte. In dieser Rda.. werden Begleitumstände der natürlichen Geburt in übertr. Sinn erwähnt wie z. B. auch in der Wndg.: ‚Das ist ein Geburtsfehler‘, d.h. eine angeborene Eigenschaft, die man nicht ablegen kann.

Auch der Ausdr. ‚Geburtshelfer‘ wird oft (scherzhaft) übertr. gebraucht.

Den gleichen Hintergrund haben die Wndgn. ‚Geburtswehen‘, z.B. ‚Geburtswehen der Demokratie‘, die mit der Entstehung der Demokratie verbundenen Schwierigkeiten, oder ‚die Geburtsstunde von etw. sein‘, ↗Glückshaube, ↗Sonntagskind, ↗Klapperstorch, ↗Storch. Vgl. auch: ‚das ↗Licht der Welt erblicken‘ u. ‚etw. aus der ↗Taufe heben‘).

Neuere politische Schlagworte sind: ‚Gnade der späten Geburt‘ bzw. ‚Last der späten Geburt‘. Sie beziehen sich auf die Frage, ob Angehörigen der nachfolgenden Generation die Verbrechen der NS-Zeit noch zur Last gelegt werden können.

Lit.: *B. Kummer:* Art. ‚Geburt‘, in: HdA. III, Sp. 406–419; *R. Beitl:* Der Kinderbaum (Berlin 1942); *L. Weiser-Aall:* Svangerskap og fødsel i nyere norsk tradisjon (Oslo 1968); *F. Cattermole-Tally:* Art. ‚Geburt‘, ‚Geburtslegenden‘, in: EM. V, Sp. 805–816; *J. Gélis:* Die Geburt. Volksglaube, Rituale und Praktiken von 1500–1900. Aus dem Frz. übertr. v. C. Wilhelm (München 1989).

Geck. *Den Gecken scheren:* jem. zum Narren machen, ↗ Narr. Die Rda. ist bereits auf P. Bruegels Sprichwörterbild von 1559 dargestellt, vgl. ndl. ‚den gek scheren‘ u. ‚met iemand gekscheren‘.

Ein Geck sein, auch: *sich wie ein Geck benehmen:* ein eitler, gefallsüchtiger Mann, ein Stutzer sein, sich bes. herausputzen, sich albern (‚geckenhaft‘) benehmen. Das urspr. niedersächs. Wort ‚Geck‘ ist seit der 1. Hälfte d. 14. Jh. als mnd. ‚geck‘ = Narr bezeugt und wurde Ende des 14. Jh. im Niederfränk. zur Bez. der Hofnarren der Bischöfe. ‚Geck‘ ist vermutl. ein lautnachahmendes Scheltwort für den Narren, der unverständliche Laute ausstößt und dessen Lachen wie Gackern klingt. Der Ausdr. wurde auf die Narren des rhein. Karnevals übertr., die heute mdal. als die ‚Jecken‘ bez. werden. Das Adj. ‚jeck‘ = närrisch, verrückt ist aus dem Subst. in prädikativem Gebrauch entstanden. Es begegnet häufig rdal. als Feststellung oder als Frage: ‚Du bist wohl jeck?‘

Gedächtnis. *Etw. im Gedächtnis bewahren:* die Erinnerung lebendig erhalten, etw. niemals vergessen, sei es eine gute oder auch böse Erfahrung gewesen.

Jem. in gutem Gedächtnis behalten: sich gern seiner Vorzüge dankbar erinnern. Die Worte Jesu beim letzten Abendmahl: „Tut dies zu meinem Gedächtnis" beruhen auf Luk. 22,19: „Und er nahm das Brot, dankte und brach's und gab's ihnen und sprach: Das ist mein Leib, der für euch gegeben wird, das tut zu meinem Gedächtnis".

Nach der Gottesdienstordnung wird dies jedesmal bei der Abendmahlsfeier und bei jedem Meßopfer gesprochen.

Jem. ein ehrenvolles Gedächtnis bewahren: voller Dankbarkeit eines Verstorbenen gedenken, dessen Leben und Wirken vorbildhaft war.

Das Erinnerungsvermögen ist bei jedem Menschen anders gerichtet und verschieden ausgeprägt. Wer ein bes. gutes, *ein scharfes oder zuverlässiges Gedächtnis* besitzt, wird oft bewundert oder gar beneidet. Auch für einen Lügner oder Dieb soll es von Vorteil sein, worauf bereits Quintilian um 92 n. Chr. in seiner ‚Institutio oratoria‘ (IV, 2,91) hinwies: „Mendacem

memorem esse oportet", was auch Corneille 1644 in seinem Lustspiel ‚Le Menteur‘ (IV, 5) lit. aufgegriffen hat: „Il faut bonne mémoire après qu'on a menti" (Büchmann).

In einem Wellerismus heißt es vom Dieb: ‚Ich habe ein gutes Gedächtnis‘, sagte der Dieb, ‚ich fasse schnell, erinnere mich leicht und behalte lange‘.

Auf die mangelnde Zuverlässigkeit des Gedächtnisses, die viel häufiger zu beobachten und zu beklagen ist, weisen mehrere Wndgn.: *ein kurzes (schwaches) Gedächtnis haben* oder im drastischen Vergleich: *ein Gedächtnis haben wie ein Sieb:* die Erinnerung (das Wissen) ist lückenhaft, nur das Wichtigste ist ‚hängengeblieben‘.

Etw. aus dem Gedächtnis verlieren: es völlig vergessen haben.

Auf einen aktiven Vorgang weisen die Rdaa.: *etw. aus seinem Gedächtnis verdrängen wollen:* es ganz bewußt ignorieren, und das Gegenteil: *sich etw. ins Gedächtnis zurückrufen wollen:* sich bemühen, längst Vergangenes wieder ins lebendige Bewußtsein zu bekommen, auch: früher Gelerntes zu reaktivieren.

Unsicherheit verrät die Wndg.: *sich nicht immer (ganz) auf sein Gedächtnis verlassen können:* vergeßlich werden, oft auch formelhaft angesprochen in der Einschränkung: *Wenn mich mein Gedächtnis nicht täuscht! ...*

Gedanke. *In Gedanken sein:* zerstreut, nicht bei der Sache sein. Die Wndg. erscheint in den Mdaa. oft mit Zusätzen oder witzigen Erweiterungen, so westf. ‚Hei geit in Gedanken äs de Küe in Flöhen‘, oder schwäb. ‚Er ist mit den Gedanken im Haberfeld‘ (↗ Gerstenfeld). ‚Er hat Gedanke wie e Gans, vom Essen bis zum Trinken‘, er denkt nicht weit. Obd. sagt der Zerstreute auch von sich selbst: ‚i han i Gedanke an gar nex denkt‘. Die frz. Rda. ‚être plongé dans ses pensées‘ hat nicht immer die Bdtg. von ‚zerstreut, nicht bei der Sache sein‘, sondern manchmal die von ‚in seine Gedanken versunken sein‘, grübeln.

Daran ist kein Gedanke: daran ist nicht zu denken; oft auch verkürzt zu *kein Gedanke:* keine ↗ Spur, durchaus nicht!, im

ablehnenden Sinne gebraucht ähnl. wie ‚keine ↗ Idee!‘. ‚Gedanke‘ und ‚Idee‘ dienen in der Umgangssprache auch zur Bez. einer ‚Kleinigkeit‘; so in der Wndg. *ein Gedanke (eine Idee) größer, kleiner.*
Nach Gedanken: ohne genaues Maß, nach Gutdünken; schon um 1700 bezeugt.
Noch aus der 1. Hälfte d. 16. Jh. stammt die Formulierung: ‚Die Gedanken sind frei‘, die in vielen lit. Werken bis hin zum Volkslied ihren Niederschlag fand. In ihrer urspr. Form findet sie sich u. a. bei S. Brant. Bei Freidank, 1539, 122, 17:

darumb sint gedancke vri,
daz diu werlt unmüezec si (unmüßig, ohne Rast)

Später, als fast alles zum Leben Gehörende von der Obrigkeit mit Zöllen belegt wurde, erhielt die Rda. in scherzhafter Verengung des Bildes einen differenzierenden Zusatz und lautete nunmehr: ‚Die Gedanken sind zollfrei‘. In seiner Sprichwörtersammlung (1534) führt Agricola dazu aus:

„Gedancken sind schnell/und lauffen weit/und niemand mag sie hindern an yrem wandern/wie Freydanck sagt … Gedancken niemand fahen (fangen) kan. Die band kund niemand ye erfinden/Damit man die gedancken mocht binden … Es muß sich alles verzollen lassen/damit man auff erden handelt/ … allein gedancken/weil sie heimlich u. verborgen sind/sind sie zollfrey. Freydanck sagt. Es sind so dick mit mauren drey/Ich wolt gedenken durch sie frey“.

Und bei Alberus heißt es:

Gedanken aber, wie der wind,
in allen landen zollfrei sind.

(„Buch von der Tugend u. Weisheit‘, Fabeln aus Esopus, 1550).
Weitere Veränderungen und Verengungen ergaben sich in jüngster Zeit. Sie fanden ihren Niederschlag in Form von Antisprichwörtern mit treffender Pointe und teilweise satirischem Einschlag: ‚Gedanken sind niemals frei. Sie sind begrenzt vom Horizont des Schädels‘; ‚Gedanken sind frei – willig‘; ‚Die Gedanken sind frei. Die Wörter werden observiert‘; ‚Gedanken sind frei – aber nicht unfallfrei‘; ‚Kann sein, die Gedanken sind noch frei, da ist das Denken schon vorgeschrieben‘; ‚Die Gedanken sind frei, nur dürfen

sie nicht geäußert werden‘; „Gedanken sind zollfrei“, aber Worte – vogelfrei; darum denke, was du willst, und rede nur, was du sollst und darfst‘; „Gedanken sind zollfrei“, nur muß man sie vorher stempeln lassen‘; ‚Gedanken sind sollfrei‘; ‚Gedanken sind zollfrei. Geschriebene oft nicht‘; ‚Gedanken sind zollfrei. Trotzdem bekommt mancher viele Scherereien, der sie ausführen will‘; „Gedanken sind zollfrei“. Aber sie werden an der Grenze registriert‘.
‚Gedanken sind erlaubt – aber zollfrei sind sie nie‘.

Lit.: *M. Lenschau:* Grimmelshausens Sprww. u. Rdaa. (Frankfurt /M. 1924), S. 82; *F. W. Boette:* Art. ‚Gedanke‘, in: HdA. III, Sp. 426–429; *W. Mieder:* Dt. Sprww. u. Rdaa., in: Arbeitstexte für d. Unterricht (Stuttgart 1979), S. 24–25, 27; *ders.:* Antisprichwörter, Bd. II (Wiesbaden 1985), S. 39–40.

Gedeih, gedeihen. Die Formel auf *Gedeih und Verderb:* um jeden Preis, ist in der nordd. Rechtssprache seit dem 16. Jh. belegt. In einer Dithmarschischen Urkunde aus dem Jahre 1562 ist zu lesen: ‚beider karspele dýe unde vorderf is under dem vårlicken dýke gelegen‘ (beider Kirchspiele Gedeih und Verderb hängt von dem gefährlichen Deich ab). Das seltene Subst. Gedeih gehört zum Verb ‚gedeihen‘ und tritt heute nur noch in der oben genannten Verbindung auf.

Gedöns. *Ein furchtbares (schreckliches) Gedöns machen:* ein großes Aufhebens, ein überflüssiges Getue, ein ewiges Hin und Her veranstalten. Die Rda. wird meist in negierter Form innerhalb einer Aufforderung gebraucht: *Mach (doch) nicht (immer) so (solch) ein Gedöns!* Stell dich nicht so an! Mache nicht immer einen solchen Wirbel, ein solches Durcheinander!
Das Wort ‚Gedöns‘ stammt aus Norddtl. u. geht auf mhd. ‚gedense‘: Hin- und Herziehen zurück, das zu mhd. ‚dinsen‘: ziehen, zerren gebildet ist, es hat etymol. also nichts mit ‚tönen‘ zu tun. H. Sachs bezieht den Ausdr. auf den Zug der Vögel:

dergleichen kummen auch die wild
gens.

die krench, machen ein lang gedens.
(H. Sachs, I, 269, 18, ed. Keller).
Tatsächlich ist ja ein langes Umherfliegen zu beobachten, wenn sich die Vögel sam-

meln und sich auf ihre große gemeinsame Reise nach Süden vorbereiten.

Geduld, geduldig. *In der Geduld stehen (liegen, sitzen):* an einer geschützten Stelle sein; sich bei üblem Wetter im Freien befinden, aber gegen Wind und Wetter geschützt sein. Die Wndg. ist sächs., thür. und schles. bis heute gebräuchl. Ausgangspunkt der Rda. ist die Sonderbdtg. von Geduld als ‚Gelassenheit‘, dazu das Adj. mhd. gedultic = gelassen und mnd. dult = Ruhe, Frieden, im Gegensatz zu ungedult = Feindseligkeit, z. B. bei Walther von der Vogelweide:

man sol sîn gedultic wider ungedult
swen die boesen hazzent âne sine
schult.

(= Man muß Gelassenheit gegen Feindschaft und Haß setzen, Frieden gegen Unfrieden). Die Bedeutungsentwicklung von Geduld ging weiter über ‚entspannte Stimmung im Leben‘ zu ‚geschützte Stellung im Raum, Windschutz‘, in der letzteren Bdtg. 1745 in Chemnitz „ein Haus, das in der Geduld liegt" (J. A. Weber, Teutsch-lat. Wb. 328ᵇ).

Mit Geduld und Spucke (fängt man eine Mucke): mit Ruhe kommt man eher zum Ziel, so wie der Kluge, der dem Pferdeschwanz die Haare einzeln ausrieht – im Gegensatz zum Narren, der ihn auf einmal ausreißen möchte.

Geduldig wie ein Schaf sein: Überaus langmütig sein, ↗Schaf.

Die Geduld verlieren: ungehalten und zornig werden.

In einem Gedicht von Wilh. Wackernagel ‚Dt. Lesebuch‘, 1835/36 heißt es:

Es ist Geduld ein rauher Strauch
mit Dornen aller Enden.

Schon Diego de Saavedra Fajardo (1584–1648) erläuterte die Geduld eines Fürsten am Beispiel eines dornigen Rosenstrauchs: „... Alles scheinet (bei der Regierung) mit dornen u. schwierigkeiten erfüllet zu sein / ... Er halte standhaftig auß / er hoffe gedultiglich u. beständiglich / u. lasse unterdessen die mittel auß den händen nit ..."

Karl Jul. Weber (‚Democritos‘, 1832/40) erläutert etw. genauer, worin die Tugend der Geduld denn eigentl. besteht: „... die gemeine Geduld ist meist Gefühllosigkeit,

Trägheit u. Feigheit; nur diejenige Geduld, die dem Druck der Umstände klug entgegenwirkt u. die Zeit abwartet, wenn Mut u. Stärke nicht jetzt zum Ziele führen, ist allein Tugend, die sich selbst belohnt".

Ein Sprw. lautet: ‚Es ist leicht geduldig zu sein, wenn man Schaf ist‘, wobei auf die Duldsamkeit der Untertanen und Abhängigen angespielt wird.

Jem. Geduld ist am Ende (mit seiner Geduld am Ende sein). Die Begründung dafür findet sich in vielen lit. und bildl. Zeugnissen (der Frühzeit).

In einem Emblem wird das Aufbegehren eines gereizten Geduldigen vor Augen geführt unter dem Bildtitel: ‚Ein Schaf stößt Szepter und Krone nieder‘. Auch in einem anderen Emblem mit dem Bildtitel: ‚Ein Widder greift einen Knaben an‘, werden die Folgen dauernder Verletzung sichtbar gemacht. Das lat. Epigramm dazu hat den Wortlaut (in dt. Übers.): „Allzu sehr verletzte Geduld wird oft zur Wut; kränke die Gutmütigen, die auch dich nicht kränken, nicht zu oft". Vgl. auch frz. ‚Ma patience est à bout‘ und ndl. ‚Zijn geduld loopt ten einde‘.

Jem. um Geduld bitten (müssen): bei jem. um Verständnis für eine Verzögerung nachsuchen, z. B. bei fälligen Abgaben und Rechnungen, bei der Rückzahlung von Schulden, aber auch bei anderen Versäumnissen (Fertigstellung einer Arbeit, Schreiben eines ausführlichen Berichtes, eines erwarteten Briefes); oft auch in der rdal. Formulierung: *hoffen, sich noch etw. gedulden zu wollen.*

Etw. mit Geduld (geduldig) ertragen: Krankheit, Kummer, Schwierigkeiten, auch: Schmerzen, Armut und Leid klaglos hinnehmen, sein schweres Geschick ergeben auf sich nehmen. Dies wurde früher als bes. lobenswerte Tugend und als beispielhaft empfunden. So meinte auch Luther: „Geduld ist die beste Tugend, so in der heiligen Schrift vom heiligen Geist hoch gelobt und gerühmet wird" (‚Tischreden oder Colloquia‘ [1566], Nr. 14, § 24). Etwa ein Jahrhundert später dichtet Friedrich v. Logau:

Leichter träget, was er träget,
Wer Geduld zur Bürde leget.

(‚Deutsche Sinn-Getichte‘ [1654], Geduld).

517

Jem. mit Geduld ertragen: einen schwierigen, launenhaften Menschen, selbst einen Nörgler und Undankbaren liebevoll betreuen, immer um Ausgleich bemüht sein, Kränkungen verwinden, bei jem. ausharren, auch wenn es schwerfällt. Die Wndg. kann auf Ehepartner, Kinder, Kollegen, Kranke und unleidliche Hilfsbedürftige bezogen werden, die ihren Partnern, Helfern und Pflegern das Leben sauer machen.

Dem Ungestümen, dem heftig Aufbegehrenden wurde empfohlen: *Übe dich in Geduld* oder: *Versuche, Geduld zu lernen.*

Auch wenn eine Sache aussichtslos scheint, wird sie nach alter Vorstellung mit Geduld am ehesten überwunden. Das zeigt auch eine Abb. aus dem 16. Jh., die eine Weisheit aus Ovid (Ars amandi II, 178; Amores III 11,7) illustriert: Ein Knabe versucht, sich mit einem Sieb gegen Regen zu schützen. Es ist zwar vergeblich, doch tröstet er sich nach dem Motto: „Dulde und halte aus: Das Unwetter wird einmal vorübergehen, und um so heller wird der Tag mit klarem Himmel leuchten".

Auch die Rda. ‚Papier ist geduldig' geht auf eine alte röm. Weisheit zurück. Sie ist eine sinngemäße Übers. des Spruchs ‚Epistula non erubescit' (ein Brief errötet nicht) aus Ciceros Briefen ‚Ad familiares' V, 12, 1, ↗ Papier.

Um eine neuere Wndg. handelt es sich dagegen bei der Rda. ‚Das ist ein Geduldsspiel', d. h. ein mühsames Unterfangen, eine Puzzlearbeit, ↗ Puzzle.

Lit.: *D. D. Rusch-Feja:* Art. ‚Geduld', in: EM.V, Sp. 816–821; *K. Reichl:* Art. ‚Geduldstein', in: EM.V, Sp. 824–833.

Geduldsfaden. *Der Geduldsfaden ist mir gerissen:* ich habe keine Geduld mehr, warte nicht mehr länger, ich lasse mich nicht länger hinhalten (schikanieren) und begehre auf. Diese Rda. erinnert an das Märchen vom ‚Geduldstein' (AaTh. 894), der zerspringt, weil er das Leid nicht mehr ‚verkraften' kann.

Vermutl. besteht ein Zusammenhang mit der mühsamen und langwierigen Arbeit des Spinnens, die viel Geduld erfordert, wenn der Faden gleichmäßig und möglichst lang werden soll. Bei Ungestüm und Unaufmerksamkeit kann der Faden leicht abreißen.

Die Rda. erscheint verkürzt bei Goethe in ‚Wilhelm Meisters Lehrjahre' (3,5): „fast wollte seine Geduld reißen, als ein Galanteriehändler hereingelassen wurde", ↗ Faden.

Geduldsprobe. *Auf eine (harte) Geduldsprobe gestellt werden:* lange warten müssen (auf ein Ergebnis, einen Erfolg, eine Genesung, auch: auf eine Beförderung, eine Wohnung u. a.), seine Ungeduld beherrschen müssen (lernen).

In vielen Märchen, Legenden und Exempeln wird den Helden – insbesondere den weiblichen – Geduld abgefordert. Sie haben mühevolle Suchwanderungen zu absolvieren und lange Wartezeiten zu überbrücken (z. B. KHM. 69 ‚Jorinde und Joringel', KHM. 101 ‚Bärenhäuter', KHM. 181 ‚Nixe im Teich'). Schon die Philosophenschule der Stoa betrachtete Geduld als gelassenes Ertragen aller Übel, um sich von den menschlichen Leidenschaften zu befreien und dabei seelische Größe zu gewinnen. Die christl. Geduld erweist sich als eine alles ertragende Gottergebenheit und steht in enger Beziehung zum Begriff der Demut.

Lit.: *D. D. Rusch-Feja:* Art. ‚Geduld', in: EM. V, Sp. 816–821.

Gefälle. Die noch heute im Obd. verbreitete Rda. *Gefälle haben:* Glück, Erfolg haben, geht auf sehr alte Wurzeln zurück. Schon in Gottfrieds von Straßburg ‚Tristan' (V. 9924) steht ‚guot gevelle' für ‚Glück'. Glück im Spiel heißt im gleichen Werk (V. 16438) ‚spilgevelle', und noch in der Ggwt. gebraucht man die Wndg. ‚Gefälle haben' im Schwäb. auch i. S. v. ‚Glück im Spiel haben', außerdem bei guter Getreide- und Weinernte usw. Schweiz. ‚Ma mos au s'gfell ha', man muß auch vom Schicksal begünstigt sein.

Ein gutes Gefälle haben: scherzhaft für: ‚einen guten Zug haben', tüchtig trinken können, ist erst aus dem 19. Jh. belegt, bes. mdt. In Berlin sagt man zu einem, der viel auf einmal trinkt ‚Du hast 'n jutet Jefälle'. In der Rheinpfalz spielt der Mann auf die Trinkfreudigkeit seiner Frau an: ‚Mei Fraa is a Pälzerin, sie hat a guats Gefälle beim Woitrinke', im Oberharz auch in der Form ‚ân guten Iwerfall ha'n'. In Immermanns Roman ‚Münchhausen' (ersch. 1839) heißt es (2, 139): „ei, was hat der Schliffel ein Gefäll, rief Kernbeißer". Das der Rda. zugrunde liegende Bild ist vom Bach übertr., der durch sein Gefälle die Mühle treibt; daher noch sehr deutlich im Obersächs.: ‚Der hat aber e Gefälle, sei Vater is e Wassermüller'; vgl. frz. ‚avoir une bonne descente'.

Gefängnis. ↗ Knast.

Gefecht. *Jem. außer Gefecht setzen:* ihn k. o. schlagen, aber auch im übertr. Sinne: jem. ausschalten.

Etw. ins Gefecht führen: in die Debatte einbringen.

Zum letzten Gefecht antreten: in den Tod gehen, auch: endgültig den Sieg erringen. Vgl. ‚Die Internationale', das Kampflied der Arbeiterbewegung:

Völker, hört die Signale! Auf zum letzten Gefecht!
Die Internationale erkämpft das Menschenrecht!

(Worte: Eugen Pottier, 1816–87).

gefräßig. Für Unersättlichkeit begegnen zahlreiche rdal. Vergleiche, z. B.
gefräßig wie ... ein Schwein, ein Wolf, eine siebenköpfige Raupe, ein Raubtier, ein Ferkel, eine Ratte, ein Geier usw. Außerdem: ‚Gefräßig wie ein Scheunendrescher, Freßsack, Nimmersatt' usw.

Lit.: *G. Grober-Glück:* Motive u. Motivationen in Rdaa. u. Meinungen (Marburg 1974), §§ 82–87, S. 115–124. *St. Mennell:* Die Kultivierung des Appetits (Frankfurt/M. 1988).

Gefühl. *Kein Gefühl für etw. (jem.) haben:* kein Verständnis aufbringen; sich falsch verhalten; eigentl.: kein menschl. Mitgefühl besitzen. Gefühl (Fühlen) war urspr. nur die Bez. des Tastsinns, wurde aber bald auf den seelischen Bereich übertr., wobei Gefühl und Empfindung nicht streng geschieden wurden. Das Wort Gefühl ist ndd. und mdt. Herkunft und fehlte bis zum 17. Jh. Als ein Lieblingswort des ‚Sturm und Drang' wurde es durch die Lit. allg. bekannt. Gleichzeitig entstanden viele Zusammensetzungen wie: Finger-

spitzengefühl, Selbstgefühl, Schamgefühl, Sprachgefühl, Taktgefühl und Zartgefühl.

Kein Gefühl mehr haben: abgestorbene Glieder besitzen; keinen Sinn mehr für seine Umwelt haben, teilnahmslos dahinleben. Ähnl. Bdtg. haben die Wndgn: *ohne Gefühl sein* und *jeden Gefühls bar sein:* hartherzig, mitleidlos sein. Die Feststellung *Jem. ist ganz Gefühl* meint das Gegenteil: er ist äußerst gefühlvoll, von bes. Feinfühligkeit.

Sich nur von seinem Gefühl leiten lassen: seiner inneren Stimme unbeirrt folgen; mit instinktiver Sicherheit das Richtige tun; aber auch ins Negative gewendet: übereilt, unbesonnen handeln, nicht alles genau abwägen und deshalb einseitig und unüberlegt urteilen; mehr das Herz als den Verstand sprechen lassen; vgl. frz. ‚ne se laisser conduire que par son sentiment'.

Seinem ersten Gefühl folgen: seinen ersten Eindruck für richtig halten und danach entscheiden, ohne sich später anders beeinflussen zu lassen; vgl. frz. ‚suivre son premier sentiment' oder ‚... sa première impulsion' (seiner ersten Neigung).

Etw. gegen sein Gefühl tun müssen: gegen seine innerste Überzeugung handeln müssen; eine unbegründete Abneigung gegen etw. haben.

Das (dunkle) Gefühl von etw. haben: eine schlechte Vorahnung, Angst vor dem Kommenden haben.

Etw. im Gefühl haben: etw. Unangenehmes voraussagen und fürchten, aber auch: durch ständige Übung die richtige Menge, die genauen Maße gleich treffen, ohne erst lange messen und berechnen zu müssen. Ähnl.: *etw. nach Gefühl tun* oder mit einer gewissen Steigerung: *nach Gefühl und Wellenschlag:* nur grob geschätzt; ohne genaue Berechnung und Prüfung; ‚frei nach Schnauze'; vgl. frz. ‚faire quelque chose à vue de nez'.

Der Plur. ‚Gefühle' ist eine jüngere Bildung; im ‚Sturm und Drang' nahm er auch die Bdtg. von Leidenschaft an, was einige Rdaa. zeigen. *Seine Gefühle verbergen:* sich sehr ruhig und zurückhaltend zeigen, seine Erregung und Leidenschaft meistern, andere über seine Empfindungen im unklaren lassen; vgl. frz. ‚cacher ...' oder ‚dissimuler ses sentiments'.

Dagegen: *seine Gefühle verraten;* vgl. frz. ,trahir ses sentiments'; und: *nicht Herr seiner Gefühle sein:* in leidenschaftliche Erregung geraten, sich unbeherrscht zeigen, zeitweilig das rechte Maß für gutes Verhalten verlieren.

Etw. mit gemischten Gefühlen betrachten: im Widerstreit zwischen Lust und Unlust sein; nur geringe Begeisterung zeigen; an dem Wert oder Erfolg einer Sache zweifeln; vgl. frz. ,considérer quelque chose avec des sentiments mitigés'.

Jem. Gefühle verletzen: jem. beleidigen, kränken.

Mit jem. Gefühlen spielen: Liebe und Zuneigung nur heucheln; in einem anderen Menschen Hoffnungen erwecken, aber keine ernsthaften Absichten auf eine dauerhafte Bindung haben.

Das ist das höchste der Gefühle: es ist die oberste Grenze, das Äußerste, das möglich ist oder auch nur denkbar wäre. Die Wrdg. stammt aus Mozarts ,Zauberflöte', deren Text von Karl Ludwig Giesecke (eigentl. C. F. Metzler) geschrieben wurde. Emanuel Schikaneder hat das Gieseckesche Buch nur an einigen Stellen verändert und erweitert (Büchmann).

Gegend. *Auch eine schöne Gegend!* (berl. ,Ooch 'ne scheene Jejend!') sagt man von einer Landschaft, die man nicht bes. reizvoll findet. Oft erscheint diese Rda. in der verballhornten Form ,(Tolle Landschaft,) Nischt wie Jejend!' In Tiecks Märchendrama ,Der gestiefelte Kater' (1797) sagt der König (III,5): „Auch eine hübsche Gegend. Wir haben doch schon eine Menge schöner Gegenden gesehen".

Wegen seines indifferenten Aussagewertes eignet sich das Wort Gegend gut dazu, eine bestimmte Landschaft in iron. Weise als mittelmäßig zu charakterisieren. Heinrich Heine verschaffte dieser Rda. weitere Verbreitung, indem er sie im ,Tannhäuser' (1836), im ,Ex-Nachtwächter' u. in ,Himmelfahrt' (,Letzte Gedichte', 1853–55) verwendete.

Gehege. *Einem ins Gehege kommen* (oder *gehen*, früher auch *fallen*): eigentl. in sein umzäuntes Gebiet eindringen, übertr.: sich auf seinem Arbeits- oder Erwerbsfeld zu schaffen machen, überhaupt: ihm in

die Quere kommen, bes. in Liebesangelegenheiten.

Die Rda. ist alt; der bisher früheste Beleg findet sich in der ,Sarepta' des Mathesius 1562: „und felt einer dem andern in sein vierung und gehege". Von einem auswärtigen Bräutigam, der um ein Leipziger Mädchen freit, sagt Henrici (Picander) 1738:

In Zukunft wird man solchen Leuten,
Die uns nach unserm Brode stehn
Und uns in das Gehege reiten,
Flugs an dem Tor entgegengehn.

Ähnl. ist noch obersächs. bezeugt: ,een' ins Gehäge laatschen', als Nebenbuhler auftreten.

Als ,Gehege' bez. man heute vor allem den umfriedeten Waldbezirk zur Wildpflege; vgl. frz. ,aller ...' oder ,marcher sur les brisées de quelqu'un'. Als ,brisées' bez. man die vor der Treibjagd geknickten Zweige, die der Wildspur folgten.

Im Obd. ist diese Rda. mdal. kaum belegt, dafür kennt man z. B. schwäb. ,einem ins Gäu kommen (gehen)'. ,Gäu' steht darin für freies, offenes, fruchtbares Land; von den Metzgern, die aufs Land gehen, um Vieh einzukaufen, sagt man: ,Sie gehen ins Gäu'; in einer älteren schwäb. Quelle wird von den Bettelorden berichtet: „Weil die Bettel-München oder Clöster jedes sein gewisses Göw angewiesen hatte, wo sie bettlen durften, so gab es öfters ärgerliche Schlägereyen unter ihnen, wann einer einen Mönchen aus einem andern Closter in seinem Göw antraffe".

Lit.: *L. Röhrich* u. *G. Meinel:* Rdaa. aus dem Bereich der Jagd u. der Vogelstellerei, in: Et multum et multa. Festgabe für Kurt Lindner (Berlin – New York 1971), S. 313–323.

gehen. Für gehen als Bewegung kennt die Volkssprache eine Fülle rdal. Vergleiche, z. B. ,Er geht wie auf Eiern': sehr vorsichtig, ,wie eine lahmte Ente', ,wie ein Kranich', ,wie ein Storch im Salat', ,wie ein Hund, der einen Knüttel am Schwanz hat', ,wie die Katze auf Nußschalen', ,wie auf Socken', ,wie auf Krücken', ,er geht mit Ebbe und Flut' (d. h. ohne Ziel und Zweck), ,er geht, als ob er die Hacken verloren hätte', ,als ob ihn jeder Schritt einen Dukaten koste', ,er geht auf der Gruben' (d. h. er steht mit einem Fuß im Grab), ,er

geht, als wenn ihm die Beine in den Arsch gebohrt wären' (↗Bein), ‚er geht wie eine Spitaluhr' (d. h. sehr langsam).
Viele synonyme Ausdr. kennt die Umgangssprache auch zur Bez. einer Sache, die flott vonstatten geht, z. B. *Es geht wie geölt,* ‚wie geschmiert', ‚wie gelockt', ‚wie am Schnürchen' (↗Schnur), ‚es geht wie der Wind', ‚wie der Blitz', ‚wie mit dem Teufel', ‚wie ein Uhrwerk', ‚wie 's Brezelbacken', ‚wie ein Lauffeuer', ‚wie aus der ↗Pistole geschossen', ‚wie eine Kugel aus dem Rohr', ‚wie 's Karnickelmachen'; für das Gegenteil der Langsamkeit: ‚es geht wie auf der Schneckenpost' (↗Schnecke), ‚wie auf der Ochsenpost'; für Unordnung, Durcheinander, Vielerlei, viel Betrieb: ‚es geht zu wie in einem ↗Taubenschlag'.
Die Frage *wie geht's?* wird von den meisten Menschen nicht mit der direkten Auskunft ‚gut' oder ‚schlecht' beantwortet, sondern sie verwenden in der Regel bestimmte rdal. Ausdr., die das derzeitige Befinden nicht beim Namen nennen, sondern es verhüllen, verschleiern und umschreiben. Die Antworten weisen darauf hin, daß es sich bei der Frage ‚wie geht's' um den persönlichen Bereich des Menschen handelt, der einem gewissen Tabu unterliegt. Einige der beliebtesten Antworten seien hier aufgezählt: ‚Danke, schlechten Menschen geht's immer gut', wobei oft der Kommentar des Fragestellers folgt: ‚dir geht's besser als die Polizei erlaubt'. Ferner: ‚passabel', ‚so lala', ‚durchwachsen' (wie das Fleisch vom Fett durchsetzt ist), ‚mäßig (bis saumäßig)', ‚mittelmäßig', ‚mittelprächtig', ‚einigermaßen', ‚schlecht und recht', ‚so gerade eben', ‚mit Ach und Krach', ‚leidlich', ‚mit Mühe und Not', ‚bescheiden' (vulgär gesteigert zu ‚beschissen'), auch: ‚bescheiden ist gestrunzt' (= angeberisch übertrieben), ‚wechselnd bewölkt', ‚es dürfte besser gehen', ‚es ist zum Aushalten', ‚schlecht (gut), bis es besser kommt"', ‚alle Tage besser', ‚nicht so gut wie Ihnen', ‚lila' (lila ist weder blau noch rot, also farbensinnbildl. weder Hoffnung noch Freude; vielleicht auch weitergebildet aus ‚so la la'), auch: ‚lila bis aschgrau' (mittelmäßig).
Oft hängt die Antwort auch von der Fragestellung ab. Als Einleitung zu einer fröhlich klingenden Antwort ist z. B. die Frage: ‚Wie geht's, wie steht's?' recht gut geeignet oder ein fingiertes Gespräch wie das schlesw.-holst.: ‚Wie's geiht?' ‚Och, dat geiht.' ‚Na, denn geiht's ja'.
Auf die Frage ‚Comment allez-vous?' oder ‚Comment ça va?' gibt auch der Franzose verhüllende Antworten wie: ‚Pas trop mal' (Nicht zu schlecht), ‚Assez bien' (Ziemlich gut), ‚Moyennement' (Mäßig), ‚Comme cela peut aller' (Wie es gehen kann), ‚Cela pourrait aller mieux' (Es dürfte besser gehen), ‚De mieux en mieux' (Immer besser).
Die bekannte Rda. *Es geht auch so* ist durch den Abgeordneten Landrat Wilhelm Leuthold von Meyer-Arnswalde (1816–92) zum geflügelten Wort geworden, nachdem er sie als „den obersten Grundsatz der preuß. Verwaltung" ausgegeben hatte (vgl. Büchmann). B. Brecht hat die Wndg. in seiner ‚Dreigroschenoper' in erweiterter Form verwendet u. dabei ‚verfremdet': „Es geht auch anders, doch es geht auch so".
Ein Vierzeiler des Stuttgarter Oberbürgermeisters Manfred Rommel lautet (lt. ‚Der Spiegel' v. 20. 1. 86):

Ach, die Welt ist nicht gerecht.
Dir geht's gut und mir geht's schlecht.
Wär die Welt etwas gerechter,
ging's mir besser und Dir schlechter.

Die beiden letzten Zeilen haben wegen ihres parodist. Hintersinns Aussicht, in die Welt der geflügelten Worte einzugehen.
Jem. lieber gehen als kommen sehen: nicht gerne seine Gesellschaft teilen; vgl. frz. ‚On préfère voir plutôt ses talons que son nez' (wörtl.: Man sieht lieber seine Fersen als seine Nase).
Gegangen werden: zwangsweise entlassen werden. Scherzhafte Passivbildung zur Betonung der Unfreiwilligkeit; seit 1870 lit., seit 1900 schülerspr., oft in der Form: ‚er ist gegangen worden'.
Um die Ecke gehen: ein Bedürfnis verrichten, eine euphemist. Verhüllung im skatologischen Bereich.
Auf die Dörfer gehen ↗Dorf.
Einem weitverbreiteten Rätsel folgt das schwäb. Sagwort: „„'s Kirchle isch kloi; wenn älle neigienget, gienget it älle nei; aber weil it älle neiganget, gant älle nei", hot dr Mesner gsait'.

Das Bibelzitat „Wo du hin gehst, da will ich auch hin gehen" (Ruth 1,16) wird auch parodiert: ‚Wenn du wohin gehst, will auch ich wohin gehen' (gemeint ist: auf die Toilette).

Mit den Worten ‚Es goht dagege' wird im schwäb.-alem. Raum der Beginn der Fasnet angezeigt, ↗dagegen.

Gehirn. ‚Ihnen hamse wohl det Jehirn jeklaut?' Berliner Rda., die z. Ausdr. bringt, daß man an jem. Verstand zweifelt. Ähnl. Aussagekraft haben die Wndgn.: ‚Bei dir hamse wohl eingebrochen (ins Gehirn)'; ‚du hast se wohl nich mehr alle beisammen'; ‚du bis wohl nicht ganz gebacken' bzw. ‚... im Oberstübchen nicht ganz recht'; ‚dir fehlt wohl eine Gehirnwindung'; ‚du hast (wohl) 'nen Dachschaden' usw. Bei den meisten dieser Wndgn. wird das Gehirn durch bildhafte Ausdr. ersetzt, die auf den Sitz des Gehirns hinweisen. *Sein Gehirnschmalz vergeuden:* sich unnötige Gedanken machen.

Jem. einer Gehirnwäsche unterziehen: ihn mit Drohungen und Einschüchterungen so bearbeiten und psychisch erschüttern, daß er alles tut, was von ihm verlangt wird, sein eigenes Urteil aufgibt und den (polit.) Willen seiner Drangsalierer übernimmt. Ähnliches wird scherzhaft ausgedrückt durch: ‚Du hast wohl deinen Verstand an der Garderobe abgegeben', d. h. du bist nicht du selbst, dein Urteil ist ‚hirnverbrannt' oder ‚hirnrissig', ↗Dach, ↗Hirn, ↗Oberstübchen, ↗Verstand.

gehupft. ↗hüpfen.

Geier. *Hol dich der Geier!, Daß dich der Geier (hole)!, Hol mich der Geier!, Pfui Geier!, Weiß der Geier!* Der Geier steht in diesen und ähnl. Verwünschungs- und Beteuerungsformeln verhüllend für ↗Teufel. In üblen Ruf kam der Geier ähnl. wie der Rabe dadurch, daß er ein Aasfresser ist. Schon Hugo von Trimberg (‚Renner', V. 19465ff.) bringt daher den Geier mit dem Teufel in Zusammenhang:

Swâ groze herren varent über lant,
den volgent die gîre sâ zehant ...
alsam varent die tiufel gern,
swâ strît ist, tanz, tabern,
wan sie der sêle wartent dâ.

Die Rdaa. sind seit dem 15. Jh. bezeugt, aber sicher älter. Bei Kaspar Stieler (‚Stammbaum' 644) heißt es 1691: „Daß dich der Geyer hole / ut te Dii perdant". Andreas Gryphius (‚Dornrose' 59,19) nennt in einem Fluch Geier und Rabe zusammen: „Daß dich bots Geyer, bots Rabe!" In einem Brief aus dem Jahre 1756 schreibt G. E. Lessing: „Wer Geier heißt

‚Wie ein Geier sein'

Ihnen ein falsches System haben?" Die Kindsmörderin in der Volksballade von der Rabenmutter verwünscht sich in der Fassung bei Erk-Böhme (Liederhort Nr. 212c) mit folgenden Worten:

So wahr, daß ich deine Mutter bin,
Komm auch der Geier gleich nach mir!

Mdal. sind diese Verwünschungsformeln auch in Landschaften vorgedrungen, in denen der Name des Vogels selbst nicht bekannt ist, so rhein. ‚Dat gäf de Geier!': da hast du wohl recht!; ‚Er froit den Geer dernoch' (schles.), ‚wenn de nuer bim Geier wärscht!' (els.), ‚a werd ei Geiers Kîche kummen' (schles.).
Auch die früher häufige, heute noch mdal.

übliche Rda. *ganz des Geiers auf etw. sein:* begierig nach, versessen auf etw. sein, gehört in diesen Zusammenhang, ebenso der rdal. Vergleich *wie ein Geier sein (ein Geier sein):* habgierig sein. Vgl. die Begriffe ‚Aasgeier‘ u. ‚Pleitegeier‘, ↗ Aas, ↗ Pleite.

Lit.: *O. Keller:* Die antike Tierwelt 2 (Leipzig 1913), S. 30–36; *R. Thibaut:* ‚Le proverbe des vautours et du cadavre (Lk 17:37, Mt 24:28), in: Nouvelle revue théologique, 58 (1931), S. 57–58; *E. Hoffmann-Krayer:* Art. ‚Geier‘, in: HdA. III, Sp. 456–463; *E. u. L. Gattiker:* Die Vögel im Volksglauben (Wiesbaden 1989), S. 480–488.

Geige. *Nach jem. Geige tanzen müssen:* nach seinem Wink handeln, stammt vom Tanzboden: wie die Geiger den Takt streichen, so müssen sich die tanzenden Paare drehen (vgl. Pfeife). Als der frz. König Ludwig XIV. mit den Türken gemeinsame Sache gegen das Deutsche Reich machte, ließ ihn ein Spottvers zum Sultan sagen:

> Drum wünsch’ ich dir, daß dein Gewalt
> Noch höher solle steigen;
> Singst du den Baß, so sing ich Alt,
> Tanzen nach einer Geigen.

In der Reformationszeit wurden die Altgläubigen mit dem Vorwurf verspottet, sie *tanzten nach der röm. Geigen:* sie seien Diener des Papstes.
Die alte Geige war früher sprw. für ‚das alte Lied, die alte Leier‘: *immer die gleiche Geige spielen:* ohne Phantasie und Abwechslung das gleiche vorbringen; schon bei Luther: „es ist die selbe geige, darauf er immer fiddelt“. Vgl. frz. ‚jouer toujours le même refrain‘ (wörtl.: immer denselben Kehrreim spielen). Jünger ist die Rda. *die erste Geige spielen:* der geistige Mittelpunkt eines Kreises, die leitende Kraft eines Unternehmens sein, den ↗ Ton angeben; vgl. engl. ‚to play first fiddle‘ und frz. ‚donner le ton‘. Die Wndg. ist mit der Ausbildung des Streichquartetts im 17. und 18. Jh. aufgekommen: hier hat der Spieler der ersten Geige zugleich die wichtigste, schwerste und schönste Aufgabe, und die drei Mitspielenden haben sich vor allem nach ihm zu richten. Ebenso *Alles soll nach seiner Geige stimmen (tanzen).* Tatsächlich unterrichtete zur Zeit des Sonnenkönigs der Tanzmeister die Höflinge im Tanzen, indem er den Rhythmus auf

seiner ‚Pochette‘ angab, einer kleinen, engbrüstigen Vorläuferin unserer Geigen, die er in der Tasche (frz. ‚poche‘) bei sich führte. Zur gleichen Zeit machte die Geigen-‚familie‘ (Violine, Bratsche, Cello) jene Entwicklung durch, die sie an die Spitze aller Streichinstrumente brachte. Geigen und Tanzen gehören in der Volkssprache zusammen. Diese Zusammengehörigkeit stellt ein thüringisches Sprüchlein fest: „In Isenach kann me alles gemach, kann me gefiedel und gedaanz‘. Voll Bitterkeit heißt es aber auch: ‚Was die Fürsten geigen, das müssen die Untertanen tanzen‘.
Unter der Bez. Geige war früher auch ein Schandinstrument bekannt, das aus einem geigenförmigen flachen Holz mit Ausschnitten bestand, in welche Kopf und Hände der Delinquenten gesteckt wurden. Diese Art der Bestrafung, die bes. für liederliche Frauen üblich war, spiegelt sich in einigen heute ausgestorbenen Redewndgn. Schon im 15. Jahrhundert ist im übertragenen Sinne die Redewendung bezeugt: *seine Geige an einen henken:* ihn zum Gespött machen; später: *in der Geigen rumführen, die Geige tragen:* öffentl. gestraft werden.

‚Geige als Ehrenstrafe‘

Er liegt (bleibt) immer auf einer Geige: er kommt von seinem Lieblingsthema nicht weg; ebenso *Er geigt (klimpert, raspelt) immerzu auf einer Saiten.* Entspr. *Es ist die alte Geige:* es ist die alte ↗ Leier, das alte ↗ Lied. Vgl. frz. ‚Il serine toujours le même refrain‘ (wörtl.: Er pfeift immer dasselbe Lied).
Zur Abkehr von solchem Einerlei wird sprw. gemahnt: ‚Man muß eine andere Geige nehmen, wenn man die erste nicht gern hört‘. Ähnl. in Grimmelshausens ‚Simplicissimus‘ (Buch III, Kap. 24):

„Heimlich aber befahl er ihr, sie sollte nur bei ihrer alten Geigen bleiben".

Spaßhaft heißt es von einem Hungerleider in einem rdal. Vergleich *Der ist voll wie die Geigen, die an den Wänden hängen*. Geige ist in alten Sprww. und Rdaa. manchmal ein verhüllendes Wort für die Frau, z. B. *Er weiß mit der Geige umzugehen, wenn er sie am (unterm) Arm hat; man muß spielen, wie die Geige will; eine kleine Geige ist mit einem Fiedelbogen nicht zufrieden; du fiedelst auf fremder Geigen* ↗Fiedel, ↗fix, ↗Violine.

Das spielt keine Geige: keine Rolle. *Der Himmel hängt voller Geigen* ↗Himmel. Ferner ↗Baßgeige.

Lit.: *M. Willberg*: Die Musik im Sprachgebrauch, in Sprww., in Rdaa., im Schrifttum, in: Die Muttersprache (1963), S. 201 ff.; *L. Röhrich*: Gebärde – Metapher – Parodie (Düsseldorf 1967), S. 55; *W. Deutsch* u. *G. Haid (Hg.):* Die Geige in der europ. Volksmusik (= Schriften zur Volksmusik 3) (Wien 1975).

geigen. *Einem die Wahrheit* (oder *die Meinung) geigen:* ihm derb die Meinung sagen, ihm die ↗Leviten lesen, eigentl.: zur Geige singen, wie es der Spielmann tat. Die Wndg. ist schon mhd. belegt, frühnhd. oft in der Form des Sprw.: ‚Wer die Wahrheit geigt, dem schlägt man die Geige (den Fiedelbogen) an den Kopf' (Seb. Franck, Sprw. 1, 29 a, Lehmann 872, Wahrheit 3), auch ‚dem schlägt man den Fiedelbogen aufs Maul'. Obersächs. ist die Rda. verkürzt zu ‚jem. geigen', ihn abkanzeln; schwäb. findet man auch die Form ‚einem die Leviten geigen'.

Du kannst mir was geigen: ‚du kannst mir gestohlen bleiben', das ist mir gleich.

Macht sich ein Mensch lächerlich, so sagt man *Laß dich (dir) heimgeigen!*, hergeleitet von dem Brauch, daß sich Begüterte von Gelage oder Tanz mit Musik heimgeleiten ließen (↗heimleuchten).

Ein paar andere imperativisch gebrauchte Rdaa. sind als Drohungen leicht verständlich: *Der soll mich nicht geigen lehren!* und *Ich werde ihm (!) geigen lehren! Auf dem Kiefer geigen:* sich am Unglück anderer bereichern, ein Kriegsgewinnler sein.

Es ist ihm nicht gegeigt worden: es ist ihm nicht an der ↗Wiege gesungen worden, d. h. davon hat er es als Kind nichts gehört.

Dir werd' ich's geigen (auch *die Meinung geigen*) bedeutet eine Drohung: ich werde dir ungeschminkt die Wahrheit sagen. In dieser Rda. lebt noch die Vorstellung von der alten Wahrheitsgeige fort, von der schon früh gesagt wird: „Dieweil der alten Wahrheitsgeigen die Saiten sind gesprungen, muß sie schweigen".

Das unerfreuliche Hinundherstreichen wie bei einem schlechten Geigenspiel wird anderweitig als ‚geigen' bez., wenn man etwa mit einem stumpfen oder schartigen Messer etw. abschneiden will und dabei auf der Wurst oder dem Brot hin und her fährt. Auch auf dem Fahrrad kann man in diesem Sinne ‚geigen', wenn man nicht fest im Sattel sitzt.

Sie läßt sich gern geigen: sie ist nicht wählerisch hinsichtlich ihrer Liebhaber.

Lit.: *E. Seemann*: Art. ‚Geige, geigen', in: HdA. III, Sp. 463–470.

Geiß. Im Volksmund gilt die Geiß (= Ziege) als minderwertiges Tier. *Vom Gaul auf die Geiß kommen:* herunterkommen, verarmen; schwäb. ‚Der kommt hinte auf d' Geiß', er kommt herunter, auch: zu spät (ebenso: ‚vom ↗Ochsen auf den Esel kommen'). *Keine Geiß wert sein:* wertlos sein. Schweiz. ‚uf der Geiß heim müesse', mit langer ↗ Nase abziehen, speziell von Mädchen, die, ohne getanzt zu haben, vom Tanzboden wieder nach Hause gehen.

Verbreitet ist auch die Wndg.: *Der hat's (hat seine Stärke) inwendig wie die Geiß das Fett:* er hat es in sich, man sieht ihm seine Stärke nicht an. Der Satz begegnet bereits bei Grillparzer (Sämtl. Werke [1887], Bd. VIII, 20). Noch älter ist der Vergleich: ‚Er schaut aus (hat Augen) wie ein (ab)gestochner Geißbock', der schon bei Abraham a Sancta Clara belegt ist. Vor allem in Wien hat er sich bis heute erhalten in der Wndg.: ‚... wie a abgestochener Geisbock' (Fr. Lauchert, Rdaa. bei Abraham a Sancta Clara [1893], 18).

Häufig hört man die sprw. Vergleiche *springen wie eine Geiß;* vgl. frz. ‚sauter comme un cabri' (Geißlein); *so dürr wie eine Geiß; er ist so dürr, er kann eine Geiß zwischen den Hörnern küssen.* Aus der Fülle weiterer landschaftlich verbreiteter Rdaa. seien angeführt: ‚die Geiß für die Knotteln hüten' (rheinhess.), bei der Arbeit wenig Erfolg haben; ‚der hat die Geiß

in en fremde Stall triebe' (schwäb.), er hat einem anderen einen Vorteil verschafft; ‚springen wie ein Geißbock ohne Euter', springen wie ein ↗ Bock.
Die schweiz. Rda. ‚Er weiß, wie me d' Geiß schere muess', die die Superklugheit bespöttelt, geht auf sehr alte Wurzeln zurück. Schon in der Antike gab es einen berühmten Streit um die Frage, ob die Geiß Wolle trage oder nicht. Horaz I, 18 spricht von Menschen, die sich über alles streiten, auch über die nichtigsten Dinge: „alter rixatur de lana saepe caprina". Dieser Streit um die ‚Geißwolle' war früher auch im Dt. sprw., ähnl. dem Streit um des Kaisers ↗ Bart. In Hugos von Trimberg ‚Renner' (V. 17529) heißt es:

mit dem sie sich gar selber triegen
und umb geizwollen wöllen kriegen,

und in Seb. Francks ‚Sprichwörtern' (2,101 b) steht: „umb die geyzwoll zanken". Das Wort ‚Geißwolle' ist dann frühnhd. geradezu zum Ausdr. für „Nichtigkeit" geworden, so bei Luther: „Sie fechten für die winkelmesse und sagen selbst, es sei eine nichtige sache und geiswolle".

Geist. *Jem.es guter (böser) Geist sein:* ihn zum Guten oder Schlechten beeinflussen.
Wissen, wes Geistes Kind er ist: ihn und seine Herkunft bzw. seine Gedankenwelt genau kennen, ist eine bibl. Rda. und geht auf Luk 9,55 zurück. Jesus spricht dort: „Wisset ihr nicht, welches Geistes Kinder ihr seid?"
Im Geist der Zeit sein bzw. ‚dem Zeitgeist entsprechen': die von der Mehrheit für richtig gehaltenen modernen Vorstellungen teilen. *Jem. auf den Geist gehen:* umg. Wndg. der 80er Jahre, vor allem von Jugendlichen gerne gebraucht i. S. v.: du gehst mir auf die ↗ Nerven (den ↗ Wekker). *(K)ein großer Geist sein:* (k)eine große Bedeutung haben.
Der Geist, der stets verneint, eine euphemist. Umschreibung, die Mephistopheles in Goethes ‚Faust' (I, Studierzimmer) selbst von seinem negativen Wirken gibt, kann auch auf Menschen bezogen werden, die alles Positive in Frage stellen.
Seinen Geist aufgeben, hochsprachl. Euphemismus für ‚sterben'; vgl. ‚das Zeitliche segnen' (↗ zeitlich). Die Wndg. ist bibl.

Ursprungs und kommt zuerst Klagelied 2,12 vor; vgl. frz. ‚rendre l'âme' oder ‚... l'esprit' (auch hochsprachl.). Als makabre Blasphemie ist die herabsetzende Wndg. zu verstehen: ‚Der hat mal einen leichten Tod – er hat nicht viel Geist aufzugeben'.

Auf den Heiligen Geist warten (müssen): eine göttliche Eingebung, einen guten Einfall erhoffen, um ein Problem zu lösen. Die Wndg. parodiert das Pfingstwunder mit der ‚Ausgießung des Hl. Geistes' (Apostelgesch. 2,1–4).
Vom Heiligen Geist beschattet: schwanger, ohne daß man den Vater des Kindes kennt. Iron. nach der Beschattung Mariens durch den Heiligen Geist; ähnl. ‚das muß wohl der Hl. Geist getan haben': irgendjem. muß der Schuldige sein; *einem den Heiligen Geist schicken (erscheinen lassen):* ihn tüchtig verprügeln.
Von allen guten Geistern verlassen sein: nicht wiederzuerkennen sein, unverständlich und wider alle Vernunft handeln oder sprechen.
Die Geister platzen aufeinander steht in Luthers auf das Münzersche Treiben in Allstedt bezüglichem Brief vom 21. August 1524 in der Form: „Man laß die Geister aufeinanderplatzen und treffen".
Die Wndg. *Erhebe dich, du schwacher Geist* (mit der Fortsetzung: ‚und stell dir uff de Beene', aus Berlin und Sachsen) ist ein entstelltes Zitat aus dem Weihnachtslied von Johann Rist (1607–67), wo es heißt: „Ermuntre dich, mein schwacher Geist" (Büchmann).
Der Ausdr. *dienstbare Geister* geht zurück auf die Übers. (Hebr 1,14): „Sind sie (die Engel) nicht allzumal dienstbare Geister, ausgesandt zum Dienst um deren willen, die ererben sollen die Seligkeit?" Heute werden als ‚dienstbare Geister' scherzhaft vor allem Hausangestellte und untergeordnete Mitarbeiter bez., die alles unauffällig erledigen (sollten), ohne daß sie in Erscheinung treten. Auch die Wunschvorstellung nach hilfreichen ↗ Heinzelmännchen kann sich hinter dem Ausdr. verbergen, so auch in der Rda. *Etw. geschah (wurde erledigt) wie von Geisterhand,* d. h. von unsichtbaren Wesen, ohne menschliches Zutun.
Die Geister die man rief, nicht mehr loswer-

den (können): eine selbst (mutwillig oder gedankenlos) heraufbeschworene Entwicklung nicht mehr aufhalten können, die unangenehmen Folgen nicht rechtzeitig bedacht haben. Die Wndg., die auf Goethes ‚Zauberlehrling‘ von 1798 beruht, spielt heute zunehmend bes. in bezug auf die wachsenden Probleme in der Umwelt- und Wirtschaftspolitik in den Medien und Karikaturen eine große Rolle.

Lit.: *C. Mengis:* Art. ‚Geist‘, in: HdA. III, Sp. 472–510; *L. Röhrich:* Art. ‚Geist, Geister‘, in: EM. V, Sp. 909–922; *H. Müller:* Dienstbare Geister. Leben und Arbeitswelt städtischer Dienstboten (Berlin 1981).

Geiz, geizig. *Der Geiz sieht ihm aus den Augen (aus allen Knopflöchern):* seine übertriebene Sparsamkeit ist offenkundig. Ähnl. die schon bei Agricola (Sprww., I, 117) bezeugte Wndg.: ‚er ist ein rechter geyzhals‘, die noch heute gebräuchl. ist in der kürzeren Form *ein Geizhals (Geizhammel, Geizkragen) sein,* ↗ Geld.

‚Geiz ist die Wurzel allen Übels‘

Das Sprw. ‚Geiz ist die Wurzel allen Übels‘ hat schon lat. Vorformen: ‚Avaritia omnium malorum radix‘.
Er ist so geizig, daß er seinen eigenen Dreck frißt, eine derb-volkstüml. Rda., die drastisch z. Ausdr. bringt, wozu man einen Geizigen für fähig hält.
Euphemist. umschreibt eine schwäb.

Wndg. den Geiz: ‚Er ist nicht geizig, er behält nur seine Sache‘.
‚Nicht mit seinen Reizen geizen‘: durch freizügige oder spärliche Bekleidung die Aufmerksamkeit des männlichen Geschlechts auf sich lenken, als Frau die körperlichen Vorteile ins Spiel bringen.

Lit.: *U. Marzolph:* Art. ‚Geiz, Geizhals‘, in: EM. V, Sp. 948–957; *G. Hooffacker:* Avaritia radix omnium malorum (= Mikrokosmos 19) (Frankfurt/M.–Bern 1988).

gelackmeiert ↗ Lack.

Gelage. Das Wort ist nordd. Urspr. und seit dem 14. Jh. bezeugt als geloch, gelog, geloyg, gelack, gelach und bedeutet urspr. ‚Zusammenlegung‘, ‚Zusammengelegtes‘ zu Trunk und Schmaus, wozu jeder sein Teil beiträgt. Die antike Sitte des Liegens bei den Mahlzeiten ist darin nicht enthalten. Das Wort wurde im 19. Jh. als ‚Gelage‘ ins Hd. aufgenommen zur Bez. gemeinsamer Mahlzeiten.
Eine häufige Rda. ist noch *das Gelage bezahlen (müssen):* wie das entspr. ‚die ↗ Zeche bezahlen müssen‘: ein hist. Beleg findet sich um 1590 in Samuel Kiechels ‚Reisen‘ (390): „lagen … unnser acht an Fieber kranck, dovon einer das Gloch zaln muest, der starb“. Eine ältere Form der Wndg. ist auch *ins Gelag hineinkommen:* in Verlegenheit kommen. In der Komödie ‚Meister Pfriem‘ von Hayneccius sagt der Held vor seinem Eintritt in die Himmelsgemeinschaft: „da ich rin kam in das Gelagk“, und bei Grimmelshausen fragt Simplicius (III, 174): „wie dann Springinsfeld mit ins Gelag kommen wäre“, d.h. wie er unter die Zigeunerbande geraten ist.
Von einem Vorwitzigen gebraucht man in Nord- und Mitteldt. die Rda. *Er redet (plaudert) ins Gelage hinein:* unbesonnen, unbedacht, etwa schlesw.-holst. ‚He snackt so in’t Gelage herin‘. Aus dieser Wndg. hat sich die Prägung *ins Gelage hinein* verselbständigt und wird häufig angewendet i.S. v. ‚ohne Überlegung und Berechnung, aufs Geratewohl‘, so z.B. im 18. Jh. bezeugt: „Daß ein junger Mensch so ins Gelack hinein heirathet“ (‚Politischer Guckguck‘, S. 364) oder in einer Randbemerkung Friedrichs d. Gr.: „Das

Komt dann, da heirathen sie so ins Gelach hinein und dann wollen sie pensions haben".

gelb. *Er hat noch das Gelbe am Schnabel, er ist ein Gelbschnabel:* er ist noch jung und unerfahren. Die Rdaa. beruhen darauf, daß die Schnäbel junger Vögel mit einer hellgelben Haut überzogen sind. Nic. Gryse spricht 1596 im ‚Wedewen Spegel' (77 a) von „junge melkmunde (‚Milchbarte'), de dat geel noch nicht von dem schnabel gewischet'. Die Rda. ist ferner belegt bei Luther: „sind gelehrt genug und (haben) doch das geel am Schnabel nicht abgestoßen". In Grimmelshausens ‚Simplicissimus' entstand daraus in Anlehnung an eine andere Wndg. (‚Er ist noch nicht trocken hinter den Ohren'): „wann mancher nur kaum das Gelb hinter den Ohren verlohren und buchstabiren gelernt, so muß er schon französisch lernen". ‚Gelbschnabel' ist schon bei Mathesius (Sir. 1,35) 1586 bezeugt.

Einem den Gelbschnabel zeigen: ihm seine Unerfahrenheit vorhalten. J. W. Goethe schreibt in ‚Wilhelm Meisters Wanderjahren' (2,3): „Mit der Kühnheit eines waghalsigen Gelbschnabels", dann aber dem Rhythmus zuliebe in ‚Faust' II:

Wenn man der Jugend
reine Wahrheit sagt,
Den gelben Schnäbeln keineswegs
behagt.

Auch in den Niederlanden kennt man den Ausdr. ‚geelbek', und in Frankr. heißt er ‚béjaune' (aus: bec jaune). Schon im 14. Jh. hießen auf Pariser Lateinschulen die jungen Ankömmlinge ‚becani'. Ndd. herrscht allg. eine verächtliche Auffassung der gelben Farbe vor. Die sehr oft belegte Rda. ‚Dat fallt int Geele', es mißlingt, ist bereits in einer Bremer Hs. des beginnenden 18. Jh. belegt. Von einem, der eine eigenartige Aussprache hat, sagt man meckl. ‚He spreckt so gäl', und holst. ‚geel snacken' steht allg. für: hochdeutsch reden. Vgl. Specht, Plattdeutsch (1934), S. 110: ‚Der Hochdeutsche snackt geel (gelb) und ist ein Quiddje'.

Es wird ihm gelb und grün vor Augen: ganz jämmerlich zumute, beruht wohl auf einem eintretenden Schwindelgefühl, das diese Farberscheinungen im Auge mit

sich bringen kann; vgl. ‚sich gelb und ↗ grün ärgern'. In Gottfried A. Bürgers Ballade ‚Der Kaiser und der Abt' heißt es von dem Abt:

...schon kam der Termin!
Ihm ward's vor den Augen bald
gelb und bald grün.

Auch bei M. A. Thümmel ist die Wndg. bezeugt (‚Reise in die mittägigen Provinzen von Frankreich 1791–1805', 5, 161): „dasz mir grün u. gehl vor den augen ward". Darüber hinaus begegnet die Wndg. mehrfach in den Grimmschen Märchen (z. B. KHM, 53, 91).

‚Den gelben Abschied bekommen' (schweiz.), mit Schimpf und Schande entlassen werden, beruht angeblich auf dem Abschied auf gelbem Papier, den Söldner bekamen, die sich der Päderastie schuldig gemacht hatten.

Jem. die gelbe Karte zeigen: ihn verwarnen, Rda. aus dem Sport. Wenn jem. im Fußballspiel foult, zeigt ihm der Schiedsrichter mit hoch erhobener Hand, also weithin sichtbar, gelb, ↗ Karte.

Das ist (ja) nicht (gerade) das Gelbe vom Ei: nicht das Bestmögliche; hier liegt die Vorstellung zugrunde, daß der Eidotter das Beste des ganzen Eies sei bzw. am besten schmecke.

Im Altertum galt Gelb als Farbe der Vitalität. Gelb erscheint der Goldschmuck der Könige und Kaiser, gelb auch das Gewand der Brahmanen. In manchen Gebieten des Mittleren und Fernen Ostens war es eine heilige Farbe, die Königen und Priestern vorbehalten war. Im alten China war Gelb Symbolfarbe der Erde mit zugleich erot. Bdtg. In der Farbensprache des MA. galt Gelb hingegen als Zeichen erfüllter und gewährter Liebe. Im allg. hatte die Farbe Gelb im MA. eine negative Bdtg., wie sie z. B. enthalten ist in der Beschimpfung ‚Du gelber Sack'. Gelbe Kleider hatten die Dirnen zu tragen. In Dürrenmatts Tragikomödie ‚Besuch der alten Dame' trugen die Güllemer gelbe Schuhe, nachdem sie zu Geld gekommen waren und dies auch zur Schau stellen wollten.

Goethe bez. ‚Gelb' in seiner ‚Farbenlehre' als die nächste Farbe am Licht.

Gelb ist aber auch die Farbe des Todes, des Neides und der Bosheit:

so bin ich gel recht wie ein tot,
das mir das liecht im hirn zergot.

(Murner, ‚Narrenbeschwörung‘ [1512],
93, 17), und bei Ringwald heißt es (‚Treuer
Eckart‘, 1608): „vor bosheit gelb war als
ein wax“.

Noch heute kennt man die Rda. *Gelb wie
Wachs sein,* aber auch ‚quittegelb‘, freilich
eher i. S. von: kränklich aussehen, ferner
die Wndg.: *Vor Neid gelb werden.* Bei Jean
Paul heißt es im ‚Siebenkäs‘ (1826): ‚mit
gehlsüchtigen Blicken‘, d. h. mit ‚neidischen Blicken‘.

Lit.: *O. Lauffer:* Farbensymbolik im Dt. Volksbrauch
(Hamburg 1948); *C. Mengis:* Art. ‚gelb‘, in: HdA. III,
Sp. 570–583; *R. Harvey:* ‚Gelwez gebende‘. The Kul-
turmorphologie a Topos, in: German Life and Let-
ters, 28 (1975), S. 263–285; *W. Danckert:* Symbol,
Metapher, Allegorie im Lied der Völker (Bonn-Bad
Godesberg 1976), I, S. 411–417; *E. Tucker:* Art. ‚Far-
ben, Farbsymbolik‘, in: EM. IV, Sp. 840–853.

Geld. *Kein Geld, keine Schweizer:* nichts
ohne Gegenleistung; auch in der gereim-
ten Form: ‚keine Kreuzer, keine Schwei-
zer!‘ Ebenso frz. ‚point d’argent, point de
Suisse‘, ndl. ‚geen geld, geen Zwitsers‘.
Die Rda. geht in die Zeit zurück, als
Schweizergarden an vielen Höfen Euro-
pas gehalten wurden und Schweizer als
Reisläufer in aller Herren Heeren dienten.
Sie waren auf pünktliche Zahlung ihres
Soldes bedacht und ließen z. B. Franz I.
1521 bei der Belagerung von Mailand
durch Karl V. im Stich, als er sie nicht
mehr bezahlen konnte. Gebucht ist die
Rda. zuerst 1711 in J. Rädleins ‚Europ.
Sprachschatz‘ (I, 346 b): „Kein Geld, kein
Schweitzer, wo kein Geld ist, da dient man
nicht“.

Geld bei etw. herausschlagen: viel verdienen, geht auf die Zeiten zurück, in denen
es noch keine Münzprägemaschinen gab
und die Münzen mit der freien Hand aus
dem Metall herausgeschlagen wurden.
Die Wndg. bedeutet also urspr.: aus einer
Metallmenge durch Prägeschlag viele
Münzen gewinnen. Vgl. auch die neuere
Weiterbildung der Rda. zu ‚Kapital aus
etw. schlagen‘, Gewinn herausholen; vgl.
frz. ‚se faire de l’argent avec quelque
chose‘.

Die Zwillingsformel: *Geld und Gut* steht
stellvertretend für Reichtum u. Besitz. Sie
ist bes. geläufig geworden durch das 1776

von Miller gedichtete Lied ‚Zufriedenheit‘ (komponiert von Mozart, aber er-
folgreicher von Neefe), dessen Anfang
lautet:

Was frag’ ich viel nach Geld und Gut,
Wenn ich zufrieden bin.

Vgl. auch KHM. 88, 101, 108, 181, Anh. 4,
Anh. 28).

Für Geld und gute Worte; vgl. frz. ‚avec de
l’argent et de belles paroles‘; meist negativ: *nicht für Geld und gute Worte:* auf keinen Fall, um keinen Preis; verkürzt aus
dem älteren Sprw. ‚Für Geld und gute
Worte kann man alles haben‘; vgl. frz. ‚pas
pour une fortune‘ (wörtl.: nicht um ein
Vermögen).

Sein gutes Geld hergeben: mit Geld bezahlen, das seinen vollen Wert hat. *Das kostet
ein gutes Geld:* das ist sehr teuer, das kostet eine ↗ Stange Geld. Die Wndg. begegnet u. a. bei N. Manuel (‚Barbali. Eyn
gespräch‘ [1526], 112 B): „das kostet mich
ein gutes geld“, ferner bei G. W. Weckerlin (Geistl. u. weltl. Gedichte, 1648): „wa
sie dafür gab gut par gelt“.

Sein Geld unter die Leute bringen: kauflu-
stig sein, das Verdiente rasch wieder ausgeben.

Ähnliche Bedeutung besitzt das bei
Sebastian Franck (‚Sprichwörter‘ [1541],
1, 118) belegte Sprw.: ‚gelt gehört under
dwelt‘.

Das bekannte Sprw. ‚Geld regiert die
Welt‘ ist in gleicher Formulierung ebenfalls bei Franck (2, 61) verzeichnet. Ähnl.
drückt es Seb. Brant im ‚Narrenschiff‘
(46.51) aus: all ding dem gellt sind under-
thon“.

Das läuft ins Geld: Es kostet viel; *das
wächst ins Geld:* die Unkosten steigen zu-
sehends.

Viele Rdaa. sprechen vom Verhältnis des
Geizhalses zum Geld: *Er ist dem Gelde
gut, er sitzt auf seinem Geld, er ist ein richtiger Geldsack, er sitzt auf dem Geld wie der
Teufel auf der armen Seele.*

Wenn ein Reicher eine Reiche heiratet,
heißt es: *Da kommt Geld zum Gelde.* Ist
das Geld dagegen nur auf einer Seite zu
suchen, so wird das meist ausgedrückt
durch die Wndg. *eine Geldheirat machen:*
eine reiche Frau heiraten, wie z. B. der
Ehemann, der im Emblembuch des Gabriel Rollenhagen ([1583], Bd. I Nr. 71)

1 ‚Dukatenmännchen' von Goslar
2/3 ‚Geld scheißen'

1
2
3

abgebildet ist. Das Emblem trägt das Motto: „Non te sed nummos: nicht dich, sondern dein Geld (liebt der schändliche Kerl …)".

Der Reiche hat *Geld wie Heu, wie Dreck, er schwimmt im Gelde;* schlesw.-holst. ‚He sitt stief vull Geld'; vgl. frz. ‚Il est tout cousu d'or' (wörtl.: Die Nähte seiner Kleider sind alle aus Gold); *er kann sein Geld mit Scheffeln messen,* wie es der arme Bruder im Grimmschen Märchen vom Simeliberg (KHM. 142) tatsächlich tut; davon abgeleitet auch *Geld scheffeln* und ‚scheffeln', scheffelweise Geld verdienen (vgl. schwäb. ‚Bei dem kamr's Geld im Simri messe'). Der Arme dagegen hat *Geld wie ein Frosch Haare.*

Das Geld springen lassen, von der großzügigen Bewegung, mit der das Geld auf den Tisch geworfen wird. Ähnl. auch die Wndg.: ‚Das Geld in der Tasche springen lassen' (z.B. KHM. 83).

Bei Zahlungen schob man das Geld auch geschickt über den Tisch vor den Empfänger, daher *jem. Geld vorschießen.* Der Kehrreim einer Arie aus dem Schluß der Operette ‚Der Bettelstudent' (1882) von Karl Millöcker „Alles für mein Geld" ist eine weitverbreitete Rda. geworden, ohne daß den meisten Sprechern der Zitatcharakter der Wndg. noch bewußt wäre. Den Text haben F. Zell (d.i. Camillo Walzel) und Richard Genéé verfaßt.

Dazu hat Buchholtz kein Geld ↗ Buchholtz.

529

Die ‚Geldschneiderei‘ zur Bez. des Über-
vorteilens geht zurück auf die Tatsache,
daß noch bis ins 17. Jh. die Münzen aus
dem Silberblech, der ‚Zain‘ mit der ‚Be-
nehmschere‘ herausgeschnitten und an-
schließend geprägt wurden. Die negative
Bdtg. verdankt der Begriff allerdings der
bes. in den ersten Jahren des Dreißigjähr.
Krieges bei Geldwechslern üblichen
Praktik, durch Beschneiden der Münzrän-
der den Edelmetallwert der Münzen zum
Zwecke des geheimen Verdienstes zu mindern. Auf demselben Hintergrund ist die
Redensart zu sehen: *Das schneidet ins
Geld:* das stellt eine große finanzielle Be-
lastung dar.

Der scheißt Geld, der kann Geld scheißen:
er verdient, besitzt viel Geld. Die Rda.
schließt wohl an die Vorstellung vom
Schlaraffenland an, wo auch der Gelder-
werb mühelos ist; vgl. frz. ‚Il a de l'argent
plein les poches‘ (wörtl.: Er hat die Ta-
schen voller Geld). Vgl. auch den Gold-
esel im Grimmschen Märchen vom
‚Tischlein deck‘ dich‘ (KHM. 36) und die
Volksglaubensvorstellung des ‚Dukaten-
männchens‘ bzw. ‚Dukatenscheißers‘,
entspr. auch den Wunsch ‚Einen Geld-
scheißer (Dukatenscheißer) müßte man
haben‘. Häufiger findet sich die Rda. *Du
denkst wohl, ich könnte (das) Geld scheißen:* aus dem Ärmel schütteln. Die
Wunschvorstellung von einem Tier, das
einem bei Bedarf Geld scheißt, ist mehrfach auch bildl. dargestellt worden.

Mit dem Geld herumwerfen: verschwenderisch sein, häufiger: *Das Geld (mit vollen
Händen) zum Fenster hinauswerfen:* es unnütz vergeuden; die Slowenen sagen statt
dessen ‚das Geld in die Drau werfen‘; ndl.
‚het is geld in het water geworpen‘; frz. ‚jeter l'argent à pleins mains‘, oder besser
‚... par les fenêtres‘. Im Ndd. kennt man
die Rda. ‚Dat geiht ut'n groten Geldbü-
del‘, das geht auf Staatskosten.

*Etw. oder jem. ist nicht mit Geld zu bezah-
len:* sehr wertvoll, unentbehrlich.
Die Wndg. *Sein (ihr) Geld wert sein* wird
heute scherzhaft auf Personen bezogen,
und zwar dann, wenn sie die erwartete
Leistung erbringen. In früherer Zeit
wurde sie zumeist für Sachgüter verwendet, wie aus einem Vers aus dem ‚Trojani-
schen Krieg‘ von Herbort v. Fritzlar

(861 ff.) hervorgeht, in dem außerdem die
Rda. *zu Geld kommen* begegnet:

> verwunden hette ir (der fürsten) lant
> beide roup unde brant,
> sie wâren (wieder) kumen zû gelde
> an walde und an gevelde,
> drizic tûsent marke wert
> was ir gelt und ir wert.

Geld auf die Hand bekommen: Bargeld
(Handgeld) erhalten, ↗Hand.
Etw. jüngeren Datums ist der bekannte
Spruch: ‚In Geldsachen hört die Gemütlichkeit auf‘. Er geht zurück auf einen Satz
von David Hansemann (1790–1864), der
im ersten preußischen Vereinigten Land-
tag am 8. Juni 1847 sagte: „Bei Geldfra-
gen hört die Gemütlichkeit auf“, was
gewöhnlich in der etw. abgewandelten
Form zitiert wird. ↗Batzen, ↗Börse, ↗Du-
katen, ↗Geiz, ↗Gold, ↗Heller, ↗Kapital,
↗Kredit, ↗Moneten, ↗Münze, ↗Taler.

Lit.: *Th. Siebs:* Art. ‚Geld‘, in: HdA. III, 590–625;
ders.: Art. ‚Heck(e)taler‘, in: HdA. III. Sp. 1613–1624;
W. Gerloff: Die Entstehung des Geldes u. die Anfänge
des Geldwesens (Frankfurt/M. ³1947); *ders.:* Geld u.
Gesellschaft (Frankfurt/M. 1952); *H. Weinrich:*
Münze u. Wort. Untersuchungen an einem Bildfeld,
in: Romania, FS.f. G. Rohlfs (Halle 1958), S. 508–521;
W. Oppelt: Münze u. Geld in Sprw. u. Rda., in: Mün-
zen in Brauch u. Aberglaube. Ausstellungskatalog
Germ. Nationalmuseum Nürnberg (Mainz 1982),
S. 220–235; *P. Gerlach:* Käuflichkeit der Welt. Aus-
stellungskatalog Köln 1981; *ders.:* Regiert Geld die
Welt? Szenen zur Gesch. des Geldes (Köln 1982);
G. Schmölders: Psychologie des Geldes (München
1982); *H. Ries:* Zwischen Hausse u. Baisse. Börse u.
Geld in der Karikatur (Stuttgart 1987); *K. Horn:*
‚Gold, Geld‘, in: EM. V, Sp: 1357–1372. *G. Hooffak-
ker:* Avaritia radix malorum. Barocke Bildlichkeit um
Geld u. Eigennutz (= Mikrokosmos 19) (Frankfurt/
M. – Bern 1988).

Gelegenheit. *Die rechte (beste) Gelegenheit
beim Schopfe (bei der Stirnlocke) fassen (ergreifen):* den günstigen Augenblick wahr-
nehmen und ausnutzen, ebenso frz. ‚prendre l'occasion aux cheveux‘ (heute ungebräuchlich); ndl. ‚de gelegenheid bij de
haren grijpen‘; engl. ‚to take time by the
forelock‘; vgl. Shakespeares ‚Ende gut, alles gut‘ (V. 3): „Let's take the instand by
the forward top!“ (Am Stirnhaar laß den
Augenblick uns fassen!).
Die Rda. geht darauf zurück, daß im
griech. Mythus nach Ion von Chios († 422
v. Chr.) und Pausanias (V. 14) der in
Olympia als Gott verehrte ‚Kairos‘ (‚der
günstige Augenblick‘) mit lockigem Vor-

haupt und kahlem Nacken („Fronte capillata post est occasio calva", Dionysius

‚Die Gelegenheit beim Schopfe fassen'

Cato) deshalb im Davonfliegen geschildert wurde, weil man die gute Gelegenheit erst, wenn sie entschwunden, zu spät zu ergreifen sucht (vgl. Büchmann). In gleicher Weise beschreibt auch Joh. Fischart 1594 die Frau Gelegenheit, die nur Lokken an der Stirn hat, hinten aber kahl ist („Die fraw Gelegenheit hat nur haarlocke an der stirnen, übersicht mans, daß man sie nicht vornen dabei erwischt, so ist sie entwischt, dann hinten ist sie kahl und nimmer zu erhaschen überall', ‚Gargantua' 236b). Bei Lehmann ist 1639 verzeichnet: „Wer die Gelegenheit nicht vorn ergreift, erwischt sie hernach am Ort, wo man die Händ bescheißt". In Goethes ‚Faust' (Vorspiel auf dem Theater, V. 227) heißt es:

Das Mögliche soll der Entschluß
Beherzt sogleich beim Schopfe fassen.

Nur selten ist die Wndg. auch wirklich volkstümlich geworden, wie etwa in dem schwäb. Sprichwort ‚Nimm die Gelegenheit beim Schopf, hinten ist sie kahl am Kopf'.
In etw. anderem Sinne heißt es im Sprw.: ‚Gelegenheit macht Diebe'. Es weist daraufhin, daß Menschen, die zum Stehlen neigen, jede Gelegenheit nutzen, die sich ihnen bietet.

Lit.: *H. Lamer:* Art. ‚Kairos', in: Pauly-Wissowa, Bd. X/2, Sp. 1508–1521; *M. Lenschau:* Grimmelshausens Sprww. u. Rdaa. (Frankfurt/M. 1924); S. 91–92; *H. Rüdiger:* Göttin Gelegenheit, in: Arcadia 1 (1966), S. 121–166; *Th. Braunerhielm:* Occasio, in: Iconographisk Post (Stockholm 1990), S. 12–24.

gelehrt. Mit dem Begriff ‚gelehrt' wird oftmals Dummheit rdal. umschrieben, z.B. in den Wndgn. ‚Er ist gelehrt, aber es weiß es niemand'; ‚er ist gelehrt bis an den Hals, aber in den Kopf ist nichts gekommen'; ebenso schweiz. ‚Er ist g'lehrt bis an Hals, aber der Chopf ist en Esel'; ‚er ist gelehrt wie ein Stier, kann nichts lesen als sein Brevier'; ‚er ist ein Geleerter' (mit zwei e), d.h. eigentl., er hat nichts im Kopf, sein Kopf ist leer. Ähnl. sagt man mit einem anderen Wortwitz ndl. ‚Dit is een geleert man', weil im Fläm. ‚leer' auch die ‚Leiter' heißt. Die ndl. Rda.-Bilderbogen haben den ‚geleiterten' Gelehrten auch im Bild festgehalten.

‚Er ist ein Geleerter'

Darüber sind sich die Gelehrten (noch) nicht einig: die Wndg. geht letztlich zurück auf V. 78 der ‚ars poetica' des Horaz: „Grammatici certant, et adhuc sub iudice lis est" (Da sind sich die Gelehrten noch nicht einig, und der Streit hängt vor dem Richter in der Schwebe).
‚Je gelehrter, je verkehrter' ist schon in der ‚Narrenbeschwörung' (1512) des Thomas Murner bezeugt:

wie komt es, das man spricht: ie glerter,
ie verruchter und verkerter?

Urspr. waren wohl die Falsch- bzw. Scheingelehrten der Hl. Schrift gemeint, die im Widerspruch zu den Wahrheitslehrern standen. So steht es jedenfalls in einem (urspr. von einem Wiedertäufer verfaßten) Gedicht, das Joh. Fischart 1588 herausgab:

es (das Sprw.) brüt das thun und auch
das leben
etlicher weisen und gelehrten,
warumb sie etwa (einst) die verkehrten
von den alten wurden genannt;
es meint die schriftgelehrten allermeist,
die den buchstab hand on gottes geist;
als nemlich die verkehrtgelehrten
oder auch die gelehrtverkehrten.

Lit.: *H. Nimtz:* Motive des Studentenlebens (Diss. phil. Berlin 1937), S. 46–48; *E. Moser-Rath:* Lustige Gesellschaft (Stuttgart 1984), S. 173.

gemein, Gemeinheit. *Das ist eine (boden-
lose) Gemeinheit!:* das ist sehr bösartig,
niederträchtig und verwerflich. In dieser
Rda. hat der Begriff ‚Gemeinheit‘ die
Bdtg. von ‚niedriger Gesinnung‘, die er
urspr. nicht hatte. Vielmehr wurde er in
früher Zeit hauptsächlich verwendet i. S.
des heutigen Wortes ‚Allgemeinheit‘, wie
er auch angesprochen wird in der Rda.:
mit jemandem etwas gemein haben: dieselben Eigenschaften, Interessen, Ziele haben.
Der ‚gemeine Pfennig‘ ist eine allg. Steuer.
Unter ‚Gemeinsprache‘ versteht man die
gemeinsame Umgangssprache. ‚Gemein-
platz‘ ist die 1770 von Wieland einge-
führte Verdeutschung von ‚locus commu-
nis‘, ein allgemein bekannter Ausdruck.
In Gemeinplätzen reden: abgedroschene
Rdaa. verwenden.
Das Allgemein-Menschliche ist bei den
folgenden lit. Zitaten gemeint: Schiller
(‚Wallensteins Tod‘, I. 4):

Denn aus Gemeinem ist der Mensch
gemacht
Und die Gewohnheit nennt er seine
Amme;

desgl. bei Goethe in seinem ‚Epilog zu
Schillers Glocke‘ (4. Str.):

Und hinter ihm in wesenlosem Scheine
Lag, was uns alle bändigt, das
Gemeine.

Daß es sich bei dem Ausdr. ‚das Gemeine‘
um eine Verkürzung aus dem Wort ‚das
Allgemeine‘ (das was uns allen gemeinsam ist) handelt, geht auch hervor aus
dem Sprw. ‚Gemeinnutz geht vor Eigennutz‘.
Die Wndg. ‚das gemeine Volk‘ ist dagegen
nur auf den vierten Stand (den niedrigsten
Stand) bezogen, wie auch ein Vers aus

einem Freiburger Passionsspiel des
16. Jh. (hg. v. Martin, S. 3) deutlich macht:

herren, gest, burger und all gemein,
züchtig frawen, junkfrawn rein,
ich pit, ir wellen schweigen still.

Ein ‚Gemeiner‘ ist ein Soldat ohne Dienst-
grad. Ähnl. weist die Wndg. ‚der gemeine
Mann‘ (der kleine Mann) darauf hin, daß
mit dem Gemeinen sowohl der niedrige
Stand als auch der einfache Mann ohne
Macht, der auf die Gunst der Obrigkeit
angewiesen ist, gemeint sind, wie frühe
schriftl. Zeugnisse beweisen (Zs. f. d. A.
17, 351, 30):

ein iclich herre wol geborn
der sal nicht übin sinen zorn
kein eim gemeinen armen man,
der sich nicht gewerin kan.

Mit der Emanzipation der Massen und
der allmählichen Aufgabe des Ständeden-
kens erfuhr auch der Begriff ‚Gemeinheit‘
eine Wandlung insofern, als nur noch die
Vorstellung von ‚niedriger Gesinnung‘ erhalten blieb und in beschimpfenden
Wndgn. wie ‚gemeiner Kerl‘, ‚gemeines
Biest‘ ihren Ausdr. fanden. Auch die
Rdaa. *Jem. mit Gemeinheiten überhäufen
(traktieren)* und *Keine Gemeinheit auslassen* zeigen, daß der Begriff ‚Gemeinheit‘
heute nur noch das Abscheuliche, Verwerfliche umfaßt.

Gemüt. Die Wndg. *sich etw. zu Gemüte
führen* ist erstarrt. Die ältere Sprache
kannte zahlreiche verbale Verbindungen
mit ‚zu Gemüte‘ wie: ‚Es kommt, geht,
steigt mir zu Gemüte‘, ‚ich ziehe, führe
(mir) etw. zu Gemüte‘. Sich etw. zu Gemüte führen besagte: sich etw. zu Herzen
nehmen, auch sich an etw. erinnern. Jetzt
hält es sich fast nur noch in der scherzhaften Bdtg.: sich etw. zugute tun, vorwiegend im Hinblick auf Essen und Trinken.
Adelung verzeichnete schon 1775 als nied-
rigen Scherz: „sich ein Stück Brot, eine
Bouteille Wein zu Gemüte führen“.
Das schlägt einem aufs Gemüt: das geht
einem nahe, drückt die Stimmung.
Ein Gemüt wie ein Fleischerhund haben:
seelisch unkompliziert, roh sein wie jem.,
dem es genügt, wenn er seine Portion
Fleisch verschlingen kann.
Während in bibl. Zitaten das Gemüt weder mit ‚Herz‘ noch mit ‚Seele‘ gleichge-

setzt wird, sondern als autonome Einheit für sich Erwähnung findet: „von ganzem Herzen, von ganzer Seele und von ganzem Gemüt" (Matth. 22,37), wird es in späteren lit. Zeugnissen mit dem Willen u. Wollen eines Menschen verglichen:

nach des gemüts sitten und gestalt,
auch der leib sich sittet und halt,
das gemüt ziecht wie es will den leib

(J. Fischart: ‚Podagrammisch Trostbüchlin' 10,654); ‚Besser blind an den Augen, als blind am Gemüt' heißt es bei Chr. Lehmann im ‚Politischen Blumen-Garten', 1662 (T. 1. Blind. Additio Nr. 5).

Aus der Tiefe des Gemüts: seiner Intuition folgend, auch: ohne Vorlage, Konzept. So schon bei H. Heine in einem Bericht über die Pariser Gemäldeausstellung vom 7. Mai 1843: „Dem Kamele, welches sich auf dem Gemälde des Horaz Vernet befindet, sieht man es wohl an, daß der Maler es unmittelbar nach der Natur kopiert u. nicht wie ein dt. Maler aus der Tiefe seines Gemüts geschöpft hat".

Keine Gemütsregung zeigen: sich beherrschen, (seelisch und geistig) verhärtet sein, völlig unbewegt von Gefühlen sein.
In aller Gemütsruhe etw. tun: ohne Hektik etw. erledigen. ‚Ein gemütlicher Bürger sein': früher i. S. von ruhig gebraucht, heute mehr in der Bdtg.: ein bequemer Mensch sein. *Ein Gemütsmensch sein:* jem., der herzensgut ist und sich nicht aus der Ruhe bringen läßt. ‚Du bist ein Gemütsmensch' sagt man aber auch ironisch, wenn jem., sich dumm stellend, (scheinbar) naiv ‚unmögliche' Äußerungen von sich gibt. *Gemütskrank sein:* älterer Begriff für ‚depressiv' sein, keine Freude mehr am Leben haben. *Ein kindliches Gemüt haben:* einfältig sein. Die Wndg. wird heute meist im abwertenden Sinne von ‚kindisch' gebraucht, während sie im 18. Jh. – als das Gemüt noch die ihm gebührende, zuweilen auch etw. übertriebene Rolle im menschl. Leben spielte – u. a. bei Schiller noch in der urspr. positiven Bdtg. begegnet:

Und was kein Verstand der
Verständigen sieht,
Das übt in Einfalt ein kindlich Gemüt.

(‚Die Worte des Glaubens', 3. Str., in: Musenalm. f. d. J. 1798).

Jem. Gemütsruhe stören: ihn durcheinander bringen, meist in böser Absicht, so daß der sprw. gewordene Satz angebracht wäre: ‚Da hört (sich doch) die Gemütlichkeit auf!': Was zuviel ist, ist zuviel.
In einer guten bzw. schlechten Gemütsverfassung sein: sich gut oder schlecht fühlen.
Im 18./19. Jh. war die ‚Gemütsstimmung' dagegen von ausschlaggebender Bdtg. Sie war der Maßstab des Wohlbefindens, mit dem die ganze Skala der Gefühlswelt umschrieben wurde. So heißt es bei Kant (‚Kritik der Urteilskraft' [1869], § 28): „… Hier scheint kein Gefühl der Erhabenheit unserer eigenen Natur, sondern vielmehr Unterwerfung, Niedergeschlagenheit, Gefühl der gänzlichen Ohnmacht die Gemütsstimmung zu sein".

genehmigen. *Sich einen genehmigen:* ein Glas Alkohol trinken; die Rda. ist erst seit dem Ende des 19. Jh. geläufig. Sie bezieht sich auf den Trinker, der mit sich selbst zu Rate geht, ob er noch ein Glas trinken solle oder nicht, und der seinem eigenen Antrag selbstiron. stattgibt; vgl. frz. ‚S'accorder quelque chose'; vgl. den Werbeslogan: ‚Man gönnt sich ja sonst nichts'.

Genie. *Nicht gerade ein Genie sein:* nur durchschnittlich begabt sein, nichts Besonderes zustande bringen; *ein verkommenes (verkrachtes) Genie sein:* trotz guter Gaben sein Leben verdorben haben, eine heruntergekommene Existenz sein. *Ein verkanntes Genie sein:* nicht die entsprechende Würdigung erfahren; aber auch ironisch gebraucht, wenn sich jem. auf nicht vorhandene geistige Leistungen etw. einbildet.
Genie (aus lat. genius = Schutzgeist, spätlat. = schöpferischer Geist, frz. ‚génie' [18. Jh.]) ist ein Mensch von schöpferischer Begabung, der neue Bereiche des Schaffens erschließt und Hochleistungen vollbringt. Von den alten Griechen (Platon) wurde der Begriff in der Hauptsache auf Dichter und Musiker bezogen, später – in der Aufklärung, in der Zeit des ‚Sturm u. Drang' und in der Romantik – in einer Art Geniekult auf den vollkommenen Menschen schlechthin.
Die Rda. *einen Geniestreich vollführen* kann einen positiven Sinn haben und sich auf eine außergewöhnliche Tat beziehen,

andererseits aber auch im scherzhaften Sinne für eine spektakuläre aber nutzlose Handlung gebraucht werden. Der Ausdr. ‚Geniestreich‘ begegnet lit. zum ersten Male in dem Moderoman ‚Der Empfindsame‘ von Chr. Fr. Timme (1752–88), der im ersten, 1781 erschienenen Bande (S. 183) von den ‚Schelmenstreichen u. Narrheiten unseres empfindsamen Zeitalters‘ spricht. Im 19. Jh. findet er sich u. a. bei K. G. Lessing (G. E. Lessings Leben), 1793–95, 1, 102); ferner bei Goethe (Werke, vollst. Ausg. [1827 ff.], 48, 149): „wenn einer etwas Verkehrtes ohne Zweck u. Nutzen unternahm, (hieß das) ein Geniestreich“. Hier ist der Begriff schon in der spöttischen Bdtg. gebraucht.

Lit.: *H. Wolf:* Versuch einer Geschichte des Genie-Begriffes (Heidelberg 1923); *E. Kretschmer:* Geniale Menschen (Berlin – Heidelberg ⁴1948); *G. Révész:* Talent u. Genie (Bern 1952); *R. Hildebrand:* Art. ‚Genie‘, in: DWb. Bd. IV., 1. Abt., 2. Tl, Sp. 3396–3450.

genieren. *Sich nicht genieren:* keine unnötigen Hemmungen haben, z. B. beim Essen zuzugreifen oder von bestimmten Annehmlichkeiten Gebrauch zu machen. Häufiger sind jedoch die Rdaa., die Verlegenen Mut machen sollen, z. B. als Aufforderung zum Essen: *Kein Grund sich zu genieren;* ‚Du brauchst dich nicht zu genieren‘. Zur Auflockerung der Atmosphäre sind in ländlichen Gegenden vor allem spöttische Wndgn. beliebt, z. B. ‚Geniert Euch nicht, wir haben's ja‘ (wenn jem. zu kräftig zugreift), oder als ausgesprochene Nötigung: ‚ Nun mal nicht geniert‘, wobei der Betreffende einen kräftigen Essensschlag auf den Teller bekommt (den er meist gar nicht will).

Seltene Varianten sind: ‚Einmal hat sich eine Ziege geniert und ist davon gestorben‘; ‚Lieber probieren als genieren‘; ‚Wer nicht ißt und sich geniert, soll hinausgehen‘; ‚Wenn du dich vor mir genierst, dann geh ich raus‘; ‚Genier Dich, wenn Du gegessen hast‘; ‚Nicht geniert und fest gegessen (zugelangt, zugegriffen)‘; ‚Als getunkt, gebrockt, geweicht und 'rausgemacht und nicht geniert‘; ‚Fest geschnitten und getunkt und nicht geniert‘; In einigen Rdaa. wird das Essen mit der Arbeit verglichen: ‚Wer sich beim Essen geniert, geniert sich auch beim Arbeiten‘; ‚Greif zu, Arbeit geniert nicht‘.

Lit.: *G. Grober-Glück:* Motive u. Motivationen in Rdaa. u. Meinungen (Marburg 1974), S. 325.

Gentleman. *Ein Gentleman sein:* feine Manieren haben. Der Begriff wurde 1709 aus dem Engl. ins Dt. übernommen, weil er mit einem Wort ein ganzes Bündel an hervorragenden Eigenschaften eines ‚vollkommenen Kavaliers‘ umschreibt, einen ‚feinen Herrn‘, der sich durch tadellose Umgangsformen auszeichnet und stets höflich und zuvorkommend ist, einen Mann mit Lebensart, einen Mann ‚von Format‘.

Urspr. bezog sich der Ausdr. auf den wappenberechtigten Mann aus niederem Adel (gentry), später jedoch auf jedes Mitglied der guten Gesellschaft von Wohlstand und gesellschaftlicher Bildung. *Sich nicht gentlemanlike benehmen:* keine guten Umgangsformen haben, rüde sein. *Ein Gentleman's Agreement schließen:* eine Übereinkunft, im mündl. Abkommen, das auf Fairneß beruht und gegenseitiges Vertrauen voraussetzt.

Lit.: *A. Eichler:* Der Gentleman. Wesen, Wachsen, Verwesen (Graz 1943); *S. Gräfin Schönfeldt:* Kulturgesch. des Herrn (Hamburg 1965).

Georg. *Einem den Görgen singen:* ihm seine Lümmelei vorhalten. 1777 schreibt Wieland an Merck: „Hätte nichts schaden mögen, wenn Sie ihm auch über sein Fragment von den Poeten … ein wenig den Görgen gesungen hätten“.

Mit dem Namen Georg bez. man öfters einen groben, händelsüchtigen Menschen: dumme Jürken (holst.), Görkel = Tölpel, Fasel-Görge (bei Langbein). Die Rda., die hier eine höhnische Kritik meint, hatte urspr. wohl eine andere Bdtg. *Den Jürgen singen* meinte wohl früher: sich ritterlich herumschlagen wie St. Georg mit dem Drachen. Die Rda. erinnert an ma. Ausdr. wie ↗ Placebo singen, Gaudeamus singen und ähnliche. In der Tat reicht sie in eine frühere Zeit zurück. In einem 1624 gedruckten Streitgedicht zwischen Landsknecht und Bauer heißt es:

Und wart fein, bis der Monsieur Till
Dir wider klopfet ein
Und thut dir den Herrn Jörgen singen,
Daß die Bleikugeln durch dich
dringen!
(v. Ditfurth: Die hist.-polit. Volkslieder

des Dreißigjähr. Krieges [1822], S. 81, Str. 4). Diese Verse klingen in einem bald nach der Schlacht bei Breitenfeld (1631) entstandenen Dialog wieder an, in dem der kaiserliche Feldherr Tilly von seinem Verfolger, dem langen Fritz, einem Rittmeister aus dem Regimente des Rheingrafen, bedroht wird:

Wärst nit so schnell entsprungen,
Hätt dir den Jürgen gsungen,
Daß dir dein Hiren schwach.

(v. Ditfurth, a.a.O., S. 199). Doch bleibt es unklar, warum ,den Jürgen singen' eine Scheltrede und dann übertr. eine tätliche Mißhandlung bez. Wahrscheinl. liegt eine Verwechslung oder absichtliche Entstellung des im 16. Jh. häufigen Ausdr. ,einem den ↗ Judas singen' vor. Auf den Umzug des Grünen Georg oder das Georgsspiel, wie es heute noch in Mons bekannt ist, nimmt die Trierer Rda. ,Es geht zu wie im Georgsspiel' Bezug.

Lit.: *J. Bolte:* Einem den Görgen singen, in: Zs. f. dt. Wortf. I (1901), S. 70–72; *P. Sartori:* Art. ,Georg', in: HdA. III, Sp. 647–657; *S. Braunfels-Esche:* St. Georg. Legende, Verehrung, Symbol (München 1976); *H. Fischer:* Art. ,Georg', in: EM. V, Sp. 1030–1039.

gerädert ↗ Rad.

Geratewohl. *Etw. aufs Geratewohl tun:* auf gut Glück, ohne zu wissen, ob es gut endet, ohne die Richtung zu kennen, auf Verdacht. An den hinter diesem Ausdr. stehenden Wunsch, daß etw. ,wohl (d. h. gut) geraten' möge, wird beim rdal. Gebrauch im allg. nicht mehr gedacht. Als Sprw. findet sich in Christoph Lehmanns ,Politischem Blumen-Garten' (1662): „Aufs Geratewohl ist kühn, aber nicht klug".

Gerechtigkeit. *Jem. Gerechtigkeit widerfahren lassen:* ihn richtig beurteilen, Vorurteile außer acht lassen. *Das ist die ausgleichende Gerechtigkeit:* wird schadenfroh meist dann gesagt, wenn jem. ein Mißgeschick passiert, nachdem er sich vorher anderen gegenüber nicht fair verhalten hat. Im Volksmund hat sich der Begriff der ausgleichenden Gerechtigkeit als scherzhafte Wndg. durchgesetzt für unbefriedigende Zustände, die durch einen Zufall ausgeglichen werden, etwa in dem Sinne, wie es bei Gotter (Gedichte

[1787 ff.], 1,388) lit. bezeugt ist mit den Worten: „um des Schicksals Unrecht auszugleichen".

Einen Gerechtigkeitsfimmel haben: sich in übertriebener Weise um Gerechtigkeit bemühen, eine Eigenschaft, die auch zur ,Gerechtigkeitsmanie' werden kann.

Lit.: *R. Wehse:* Art. ,Gerechtigkeit, Ungerechtigkeit', in: EM. V, Sp. 1097–1102.

Gerhard. Am Niederrhein kennt man einige Rdaa. mit dem Namen Gerhard. Wenn man einen einfältigen Menschen bezeichnen will, sagt man von ihm: ,Er glaubt, Gott heiße Gerhard', oder, was ebensoviel bedeuten mag: ,Er läßt sich aufbinden, Gott heiße Gerhard'. Kinder und abergläubische Leute fürchten sich vor dem *ungeborenen Gerhard,* ein verhüllender Teufelsname, weshalb man auch einen Feigling, der im Dunkeln nicht allein umherzugehen wagt, oft schilt, daß er sich ,vor dem ungeborenen Gerhard (Girrat) fürchtet'. Auch in Linz am Rhein kennt man die nächtlich einherschreitende Spukgestalt des ungeborenen Gerhards.

Lit.: *Montanus:* Die Vorzeit der Länder Cleve-Mark, Jülich-Berg und Westphalen, neu hg. v. W. v. Waldbrühl, Bd. I (Elberfeld 1870), S. 15.

gern. Das Wort gern ist mit ,begehren' verwandt und bedeutet eigentl.: was man begehrt; heute hat es viel von seiner urspr. Bedeutungskraft eingebüßt und wird häufig nur noch iron. gebraucht. *Du kannst mich gern haben:* du bist mir gleichgültig, mit dir will ich nichts mehr zu schaffen haben, ,du kannst mir gewogen bleiben'; heute wohl in allen dt. Mdaa. verbreitet und meist als euphemist. Verkürzung aus ,am Hintern gern haben' aufgefaßt (↗ Arsch).

An rdal. Vergleichen sind zu nennen: *Er geht so gern wie der Dieb an den Galgen, wie die arme Seele ins Fegfeuer:* er geht ungern; *er ist gern gesehen wie ein Wolf unter den Schafen; man sieht ihn so gern wie ein Ferkel in einer Judenküche:* er ist unbeliebt. Kaum noch gebräuchl. ist die ältere Rda. *einen auf ein Gericht Gerngesehen einladen:* ihn zu einer einfachen Mahlzeit bitten. So sagt J. H. Voß: „(einladen) nur auf ein Butterbrot und ein Gerichtlein

Gerngesehen". Ähnl. klingt die noch heute gebräuchl. Höflichkeitsformel *Gern geschehen* als Antwort auf einen Dank. Häufig geht ihr die Floskel ,keine Ursache' voraus.

Gerstenfeld. Die Rda. *ins Gerstenfeld schauen* und die ausführlichere Wndg. *mit einem Auge ins Gerstenfeld, mit dem anderen in den Kleeacker schauen* sind euphemist. und scherzhafte Umschreibungen für starkes Schielen.

Im Gerstenfeld mit seinen Gedanken sein: geistesabwesend sein, nicht bei der Sache, unkonzentriert sein. Georg Henisch verzeichnet bereits 1616 in seiner ,Teutschen Sprach und Weissheit' (Sp. 1522): „Er ist im Gerstenfeld mit seinen Gedanken".
↗ Gedanke.

Lit.: *R. Becker:* ,Der guckt ins Gerstenfeld', in: Zs. f. d. U. 5 (1891), S. 645.

Geruch. *In keinem guten Geruch stehen:* sich keiner Wertschätzung, keines guten Rufes erfreuen. Schon in einer geschichtl. Urkunde aus Oesterreich aus dem Jahre 1517 (Fontes rer. Austr. I, 1, 128) ist belegt: „Wo aber die fürgenomen praut nyt aines gueten geruechs, so gibt der bischoff dem (diacon) die nit, sonder ain andere, die ain gueten namen hat'.
Die Rda. geht auf 2. Mos. 5,21 zurück: „Der Herr ... richte es, daß ihr unsern Geruch habt stinkend gemacht". Mit ,Geruch' (das urspr. die ndd. Form zu mhd. geruofte, gerüefte ist, somit zu ,rufen' gehört) hat diese Rda. nichts zu tun; sie geht vielmehr auf den bibl. Sprachgebrauch von dem Gott wohlgefälligen Geruch des Brandopfers zurück (vgl. 2. Mos. 29,18). Die bildl. Anwendung des Ausdr. Geruch zeigen auch die Worte des Don Carlos zu König Philipp (V. 4): „Dein Geruch ist Mord. Ich kann dich nicht umarmen".
Gleichen Urspr. dürfte die Rda. sein *im Geruch der Heiligkeit stehen;* sie erscheint bei Goethe (29,201): „ein Bettelmönch, der aber auch schon im Geruch der Heiligkeit stand"; engl. ,an odour of sanctity'; frz. ,une odeur de sainteté': aber auch: ,Ne pas avoir quelqu'un en odeur de sainteté', i. S. v.: einen nicht gern haben.
Die Rda. geht auf den Volksglauben zurück, wonach die (später) geöffneten Grä-

ber von Heiligen statt des zu erwartenden Verwesungsgeruchs einen bes. angenehmen, süßen Geruch verströmen. Entspr. Berichte sind in zahlreichen Heiligenlegenden überliefert, u. a. von Alexius, Servatius, Englmar u. a. Die einstmals ernsthaft gemeinte Rda. besitzt heute nur noch eine scherzhafte Bdtg. Ndd. kennt man auch die Wndg. ,He hett dor Geruch vun kregen', er hat davon Wind bekommen (↗ Wind).

Lit.: *M. Höfler:* Der Geruch vom Standpunkte der Volkskunde, in: Zs. f. Vkde. 3 (1893), S. 438–448; *E. Hoffmann-Krayer:* Geruch der Heiligkeit, in: Schweiz. Arch. f. Vkde. 23 (1920/23), S. 225–226; *A. Corbin:* Pesthauch u. Blütenduft. Eine Geschichte des Geruchs (Berlin 1984); *Chr. Daxelmüller:* Art. ,Geruch', in: EM. V, Sp. 1907–1102.

Gerücht. *Nur ein Gerücht sein:* eine unbewiesene Nachricht, ein nicht unbedingt glaubwürdiges Gerede.
Einem bloßen Gerücht Glauben schenken: etw. für wahr halten, leichtgläubig sein, etw. ohne Prüfung hinnehmen.
Einem Gerücht zum Opfer fallen: eine Schädigung seines Rufs erfahren, ohne sich dagegen wehren zu können.
Ein Gerücht verbreiten ↗ Gerüchteküche.
Das Wort ,Gerücht' stammt aus dem Mittelndd. und wurde in spätmhd. Zeit entlehnt. Es entspricht dem mhd. ,gerüefte', einem Verbalabstraktum zu ,rufen'. Es bez. zunächst das rechtlich relevante Geschrei über eine Untat und sinkt dann zum bloßen ,Gerede' ab. Gerüchte entstehen aus Neid, Mißgunst, Unwissenheit, Vorurteil oder Bosheit, mitunter auch aus bloßem Wunschdenken. Meist tragen Unsicherheit, fehlende wirkliche Informationen und Vermutungen dazu bei. Davon verschont bleiben nichts und niemand,
↗ Klatsch.

Lit.: *G. A. Fine* u. *J. S. Severance:* Art. ,Gerücht', in EM. V, Sp. 1106–1109.

Gerüchteküche. *Etw. kommt aus der Gerüchteküche:* ist erdichtet und frei erfunden oder enthält nur die halbe Wahrheit, ↗ Gerücht.
In der Gerüchteküche mitmischen: zum Entstehen eines Gerüchts beitragen, seine Verbreitung fördern. Oft sind die Medien beteiligt, die eine Affäre aufbauschen.
Die Gerüchteküche brodelt: Meldungen,

die nur auf Hörensagen und Gerüchten beruhen, werden gehäuft verbreitet (bes. in Spannungszeiten).

gerührt. *Ich bin gerührt wie Appelmus:* seelisch gerührt. Innere Rührung wird im Wortspiel scherzhaft mit dem Gerührtsein des Apfelkompotts gleichgesetzt (berl. seit der zweiten Hälfte des 19. Jh.); ähnl. *gerührt wie lauter Rühreier* und *leicht gerührt sein:* tief beeindruckt, sehr erstaunt sein.

In neueren Kriminalfilmen, häufig bei der Vernehmung eines Angeklagten, der die ‚soziale oder psychologische Masche strickt‘, meint der das Verhör Leitende iron.: ‚Ich bin gerührt, mir kommen gleich die Tränen‘.

Gesangbuch. *Das falsche (verkehrte) Gesangbuch haben:* eine andere Konfession besitzen, zu einer nur in der Minorität vorkommenden Religionsgemeinschaft gehören, in einer Berufsstellung nicht zum Zug kommen, weil man der entspr. kirchlichen oder politischen Protektion entbehren muß; ähnl. auch *aus dem verkehrten Gesangbuch singen.* Die Rda. hat sich erst ungefähr seit 1950 in den besonderen Verhältnissen Westdtls. ausgebildet und wird vor allem von Protestanten gebraucht, wenn sie eine Erklärung für ihre Benachteiligung suchen: ‚Ich habe eben nicht das richtige Gesangbuch‘ – meine Anstrengungen sind von vornherein zum Scheitern verurteilt.

Aus dem Gesangbuch mit 32 Blättern singen: Karten spielen. Die Rda. spielt auf die Volksvorstellung (vom verbotenen) Kartenspiel als des Teufels Gebet- oder Gesangbuch an.

Im Schles. fragte man euphemist.: ‚Du warst wohl in der Kirche, wo das Gesangbuch Henkel hat?‘, d. h. im Gasthaus.

Geschäft. *Gute (schlechte) Geschäfte machen:* wirtschaftlich (mehr oder weniger) erfolgreich sein, gut (wenig) verdienen.

In ein Geschäft einsteigen: sich an einer Unternehmung beteiligen; schweiz. ‚Jem. stygt in e Geschäft y‘.

Das Geschäft mit der Angst betreiben: absichtlich Unsicherheit verbreiten, z. B. drohenden Krieg, Preisanstieg, Zinsver-

fall u. ä. ins Feld führen, um das Verbraucher- oder Wählerverhalten in seinem Sinne zu manipulieren.

Nicht so ein Geschäft machen, meist in Form einer Mahnung gebraucht: ‚Mach nicht so ein Geschäft‘: mach nicht so viel Aufhebens, Umtrieb, veranstalte keinen solchen ↗ Zirkus.

Seinen Geschäften nachgehen: sich seinem Beruf, seinem Handwerk widmen, i. S. v. ‚Beschäftigung‘.

Sein großes (kleines) Geschäft verrichten: seine Notdurft verrichten, ist ein Kindern gegenüber gern gebrauchter Euphemismus.

Geschenk. *Etw. erweist sich als ein Geschenk des Himmels* bzw. *es wirkt wie ein Geschenk des Himmels:* es kommt wie gerufen, da es dringend gebraucht wird.

Der kurze Ausdr. ‚geschenkt‘ dient hingegen der Abwehr von Komplimenten oder Leistungen, die etw. peinlich wirken und die man daher den Anwesenden ersparen möchte. Auch werden damit weitere und unnötige Erklärungen bereits im Keim erstickt.

‚Geschenkt ist geschenkt – wieder holen ist gestohlen‘: bes. bei Kindern beliebtes Sprw., wenn sie etw. nicht mehr herausrücken wollen, das ihnen gegeben wurde. Daher heißt es meist auch: ‚Einmal gegeben ist gegeben, wieder holen ist gestohlen‘. Es wird zwar als Geschenk betrachtet, aber nicht so benannt.

Das Rechtssprw. ‚Geschenkt ist geschenkt‘ gilt seinem Inhalt nach noch heute: eine Schenkung kann nicht mehr rückgängig gemacht werden; es sei denn, der Beschenkte erweist sich als ‚unwürdig‘, was aber vor Gericht bewiesen werden muß.

Geschichte. *Geschichte schreiben:* als Politiker, Wissenschaftler oder Forscher maßgeblich Veränderungen herbeiführen, positive Entwicklungen einleiten, neue wesentliche Erkenntnisse beibringen. *Geschichten machen:* Umstände machen, Unannehmlichkeiten bereiten; vgl. frz. ‚Ne fais pas d'histoire‘, nur i. S. v.: Mach uns doch keine Schwierigkeiten!

Die Rda. begegnet meist als Aufforderung: *Mach keine Geschichten!* i. S. v.: Sei nicht so umständlich! Bleibe bei der Wahrheit! Komme zur Sache! Stell dich nicht an! Simuliere nicht!

Geschirr i. S. v. ‚Riemenzeug der Zug- und Reittiere‘ ist in einer Anzahl bildl. Rdaa. seit frühnhd. Zeit sprw. Am ältesten ist bezeugt *aus dem Geschirr schlagen (treten):* aus der Art schlagen, untreu werden, bes. von Frauen gesagt; bereits 1541 in Seb. Francks ‚Sprichwörtersammlung‘ (I, 81 b). „Eine Fraw, die auss dem Geschirr schlegt‟; dann im ‚Simplicissimus‘: „daß sie solche meine Treu mit Untreu belohnen und mir auß dem Geschirr schlagen wolte‟. Schwäb. heißt es noch heute ‚aus dem Geschirr kommen‘, aus der Fassung geraten.
Jünger ist die Wndg. *ins Geschirr gehen, sich ins Geschirr legen, im Geschirre sein:* angestrengt (im eigentl. Sinne ‚angesträngt‘) tätig sein, von den mit aller Kraft anziehenden Wagenpferden hergenommen (vgl. ‚sich ins ↗ Zeug legen‘); diese Rda. ist seit dem 19. Jh. lit. zu belegen, z. B. bei G. Freytag (‚Soll und Haben‘ 2, 105): „du gehst wieder zu sehr ins Geschirr‟. Mdal. ist sie sehr häufig vertreten, z. B. schlesw.-holst. ‚Se is dormit (mit dem Kinderkriegen) je banni in’t Geschirr‘, im Zuge; ‚se kaamt sik in’t Geschirr‘, sie geraten aneinander; schwäb. ‚hart ans Geschirr geraten‘: nur haarscharf einem Streit entgehen; ‚kumm mi ni in’t Geschirr‘, komm mir nicht zu nahe. Schwäb. ‚Den hat man net schlecht ins Geschirr genomme‘, man hat ihn streng behandelt, dagegen els. ‚einen ins Geschirr nehmen‘, jem. verspotten.
Geschirr in der Bdtg. ‚Gerümpel, altes Gerät‘ war früher gebräuchl. in den Rdaa. *unter das alte Geschirr gerechnet (geworfen) werden, ins alte Geschirr schlagen:* zu den alten Leuten gezählt werden; so 1669 im ‚Simplicissimus‘ (3, 365): „und solte ich so lange (mit dem Heiraten) warten müssen, biß ich unter das alte Geschirr gerechnet würde‟; vgl. ‚altes ↗ Eisen‘.

Geschlecht. *Das schöne Geschlecht:* mit dieser Wndg. ist das weibl. Geschlecht ganz allg. gemeint. Lit. Belege finden sich im 18. Jh.: „das schöne, reizende, liebe, zarte, zärtliche, sanfteste Geschlecht: das schöne Geschlecht, das Frauenzimmer, le beaux sexe‟ (J. Rädlein, Europ. Sprachschatz [1711], 365); Bei E. v. Kleist heißt es (Sämtl. Werke, 2, 213) „das sogenannte schöne Geschlecht‟. Goethe und Schiller verwenden den Begriff in ähnlichem Sinne.
Auch die Wndg. *das schwache (zarte) Geschlecht* ist (scherzhaft) auf Frauen gemünzt. Sie ist schon im 14. Jh. bei Konrad von Megenberg erwähnt, der auch gleichzeitig die Erklärung dafür liefert: „in der selben zeit (der ersten nachtzeit) werden die frawent swanger des kränkern (schwächeren) geslähtes ...‟ (‚Buch der Natur‘, 183, 10). Als Gegensatz wird die Wndg. *das starke Geschlecht* auf Männer bezogen.

Lit.: *B. Kummer:* Art. ‚Geschlecht‘, in: HdA. III, Sp. 725–730; *K. E. Müller:* Die bessere u. die schlechtere Hälfte. Ethnologie des Geschlechterkonflikts (Frankfurt – New York 1984), bes. S. 120.

Geschmack. *Auf den Geschmack kommen:* auch: *Jem. auf den Geschmack bringen:* Gefallen an etw. finden, nach dem ersten Versuch etw. so gut finden, daß man es gerne wiederholt. Desgl.: *An etw. Geschmack finden, einer Sache Geschmack abgewinnen:* die guten Seiten an etw. entdecken. *Das ist Geschmackssache:* Man kann es so oder so sehen, je nach dem Geschmack des einzelnen. Daher auch die Wndg. *Jeder nach seinem Geschmack;* frz. ‚Chacun à son goût‘. Auch die frz. Wndg. wird im Dt. häufig zitiert nach der Operette ‚Die Fledermaus‘ von Joh. Strauß, in der es heißt: ‚’s ist mal bei mir so Sitte, / Chacun à son goût‘.
Darüber hinaus haben sich aber auch andere scherzhafte Abwandlungen und Wellerismen gebildet, so z. B. die Sagte-Sprww.: ‚’s isch Geschmacksach hat seller gsait, wo ins Güllfaß gfalle isch‘ (alem.): es ist Geschmacksache, sagte jener, der ins Jauchefaß fiel; oder: ‚Es kommt auf den Geschmack an, sagte der Affe; als er in die Seife biß‘.
‚Den Geschmack hinter den Ohren haben‘: gar keinen Geschmack besitzen.
An Geschmacksverirrung leiden: keinen guten Geschmack haben. Daß aber auch der gute Geschmack nicht immer beweisbar ist, geht aus dem bekannten Sprw. her-

vor: ‚Über den Geschmack läßt sich nicht streiten!' (lat.: ‚De gustibus non est disputandum') d. h. der Geschmack ist individuell verschieden und objektiv nicht faßbar. Das kommt auch zum Ausdruck in der braunschweig. Variante: ‚Die Geschmäcker der Publikümer sind verschieden'.

Wenn es dagegen im bad. Raum heißt: ‚Ein Geschmäckle haben', so ist damit der Geschmack von etw. leicht verdorbenem gemeint, z. B. von verdorbenem Fleisch; aber allg. auch der übertr. Sinn: der Einfluß auf etw. (jem.) macht sich unangenehm bemerkbar. ↗ Gusto.

Lit.: *W. Strube:* Zur Geschichte des Sprichworts: Über den Geschmack läßt sich nicht streiten, in: Zs. f. Aesthetik u. Kunstwiss. 30 (1985), S. 158–185; *H. Walther:* ‚Über den Geschmack läßt sich nicht streiten', in: Sprachdienst 31 (1987), S. 113.

geschnatzt. *Geschnatzt und aufgesatzt:* fertig gerichtet (frisiert) sein. Die Wndg. ist vor allem durch den Vers in KHM. 89 (‚Die Gänsemagd') bekannt geworden:

Weh, weh, Windchen,
nimm Kürdchen sein Hütchen
und laß'n sich mit jagen,
bis ich mich geflochten und geschnatzt
und wieder aufgesatzt.

Sich schnatzen, von den Haaren gesagt, heißt: sie flechten; so ist auch ‚Schnatz' das geflochtene Haar. Die Braut geht ‚im Schnatz' zur Kirche. In der Wetterau wird das Wort allg. für den Sonntagsstaat gebraucht.

‚Sich aufsetzen' und ‚Aufsatz' wird gleichfalls vom Schmücken und Ordnen der Haares gesagt. Diese Ausdr. beziehen sich in spezifischer Weise auf das sog. ‚Hessenkrönchen', die vor allem in der Schwalm übliche Haar- und Haubentracht, wie sie auch Otto Ubbelohde in seinen berühmten Illustrationen der Grimmschen Märchen mehrfach festgehalten hat.

Lit.: B. P. II, 274; *H. Retzlaff* u. *R. Helm:* Hessische Bauerntrachten (Marburg 1949); *H. Rölleke* (Hg.): ‚Redensarten des Volks …' (Bern 1988), S. 115.

geschniegelt. *Geschniegelt und gebügelt:* geckenhaft aufgeputzt, sehr sorgfältig frisiert, stutzerhaft gekleidet, ein Reimpaar, das erst in jüngerer Zeit zustande gekommen ist als volkstümliche Form der Steigerung, indem einem Wort ein zweites, gleichklingendes – wenn auch nicht unbedingt gleichermaßen sinnvolles – hinzugefügt wurde. Geschniegelt geht zurück auf das mhd. Wort snegel = Schnecke, das zu ostmdt. schnichl wurde und in frühnhd. Zeit die Bdtg. ‚Haarlocke' annahm. Zu dem Subst. stellt sich ‚schniegeln' als Zeitwort. Zuerst spricht Georg Ritzsch 1625 in seinem ‚Hoffahrtsspiegel des Leipzigischen Frauenzimmers' (V.31) von einem „schnieglich Angesicht", womit er ein geputztes Haupt meint. 1642 heißt es bei Mengering (‚Gewissensrüge', S. 648): „sich schniegeln, spiegeln und gleich den Frawen einhertreten". Bis in die 2. Hälfte des 18. Jh. wird schniegeln als Synonym für kämmen verwendet, danach setzt sich die allgemeinere Bdtg. durch: sich ausputzen, sich allg. zu verschönern trachten. Entspr. der Entwicklung in Mitteldtl. tritt zu bair. Schneckl = Haarlocke auch das Zeitwort schneckln = putzen. Vgl. frz. ‚tiré à quatre épingles'.

An die Stelle von ‚gebügelt' können auch andere sich auf geschniegelt reimende Wörter treten, z. B. ‚gespiegelt' oder ‚gestriegelt'; Trier: ‚er ös geschniegelt o gestriegelt'.

Die aus der Schriftsprache stammende Rda. ist in den Mdaa. nicht recht heimisch geworden. Sie wird fast ausschließlich in der Partizipialform angewendet und ist vorwiegend in Städten gebräuchlich.

Vermutl. geht die moderne Wndg. auf *geschniegelt und gestriegelt* zurück, so daß der Zusatz ‚gebügelt' als sekundär zu betrachten ist. Beim Putzen des Pferdes unterscheidet man nämlich das ‚Striegeln' und das ‚Schniegeln'. Mit dem Striegel wird das Fell ‚bearbeitet', beim Schniegeln werden Mähne und Schwanz mit dem Kamm geglättet. Die Rda. ‚geschniegelt und gestriegelt' wurde vom Pferd auf den Reiter übertr. und erhielt später allg. Geltung für den überaus sorgfältig Gepflegten.

Geschrei. *Viel Geschrei und wenig Wolle:* viel Aufhebens um einer unbedeutenden Sache willen; auch in mdal. Formen, z. B. ‚me Geschrei als Wulla!' Ndl. ‚veel geschreeuw maar weinig wol'; engl. ‚great cry and little wool'; frz. ‚grande rumeur, petite toison' (veraltet), ital. ‚assai romore

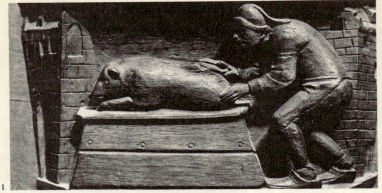

1–4 ‚Viel Geschrei und wenig Wolle‘

e poca lana‘. Seb. Franck vermerkt: „Vil Geschreis, wenig Woll" (‚Clügreden‘, Frankfurt 1541); Hans Sachs: „Es ist nur vil geschrei und wenig wöllen umb euch". In der ‚Zimmerischen Chronik‘ heißt es: „Es ist ein gross geschrai damit gewesen, iedoch, wie man sagt, wenig Wollen"; ‚wie man sagt‘ bedeutet, daß der Ausdr. damals schon als stehende Rda. empfunden wurde. Abgewandelt heißt es bei Abraham a Sancta Clara: „Das heist vil Geschrey, wenig Ay" (‚Judas‘, ‚Lauber-Hütt‘). Philander von Sittewald sagt in den ‚Gesichten‘: „Je mehr Wort, je minder Werk, je mehr Geschrei, je minder Woll, je mehr Geschwätz, je minder Herz, je mehr Schein, je minder Gold". Einen Frühbeleg der Rda. bietet ein Fastnachtsspiel des 15. Jh.:

Rhetorica die lert einen man,
das er mit frauen wol reden kan,
nicht ,viel geschreis und wenig
                              wollen',
als oft thun die narren und vollen
(A. Keller: Fastnachtsspiele aus dem
15. Jh. II, S. 743).

Das Bild der Rda. stammt nicht von der Schafschur, wie frühere Erklärer behaupten. Daß die Schafe beim Scheren nicht schreien, ist schon aus Jes. 53, 7 zu lernen. Die Rda. ist vielmehr urspr. die Pointe einer Erzählung vom betrogenen Teufel (= AaTh. 1037). Die Colmarer Meisterliederhs. enthält die früheste Fassung dieser Erzählung:

Geschreies vil und lützel
                    wolle gap ein sû
nu merke ouch dû:
der tiuvel schars mit triuwen.
do wart ez in geriuwen:
,du hâst al gar ertoubet mich,
dir selber leit gebriuwen.'
er zerret ir ûf dô die hût,
daz was ir ungelücke.

(d. h.: Eine Sau machte viel Geschrei und gab wenig Wolle, als der Teufel sie schor. Dieser, darüber ergrimmt, zieht ihr die Haut ab). Der Schluß zeigt Verwandtschaft mit dem Sprw. ,Man soll die Schafe scheren und nicht schinden'. Die Erzählung ist z. T. auch in der Neuzeit noch als Volksüberlieferung verbreitet, so bes. in Nordeuropa und im Baltikum. Mehrere Varianten erwähnt Dähnhardt in seinen ,Natursagen', z. B.: Gott züchtete Schafe, der Teufel Schweine. Einst sah der Teufel, daß Gott seine Schafe schor. Er fragte, weshalb er das tue; Gott antwortete: er wolle sich aus der Wolle Kleider weben. Der Teufel versucht nun auch bei den Schweinen sein Glück, jagt sie aber bald zornig in den Kot, indem er ruft: Viel Geschrei, wenig Wolle! Vgl. ndd. ,Vull Geschrei un wenig Wulle!' Seitdem hat das Schwein auf dem Rücken wenig Borsten (Lettland).

Die Erzählung scheint sich zuerst zum Sagsprw. verdichtet zu haben, um dann zur bloßen Rda. zusammenzuschrumpfen. Als Sagwort taucht die Wndg. bereits in einer Sprichwortsammlung aus dem Jahre 1601 auf: „Viel Geschrey und wenig Wolle, sprach der Teuffel und beschor ein

Saw" (Euchar. Eyering: ,Proverbium copia', Eisleben 1601, 3. Teil, 355). Nicht nur die Kurzform, sondern auch das Sagsprw. hat eine stattliche Verbreitung über die dt. Sprache hinaus. Wander gibt es schottisch, engl., ndl., frz und ital. wieder. Volkstümliche mdal. Versionen des Sagsprw. finden sich noch in der Ggwt., z. B. ,Me Gschrei als Wulle, het der Tifel gseit, wo-n-er e Sü b'schore het' (Schweiz); ,vel Geschri und wenig Wull, säd de Düwel un schert 'n Swin' (Ostpreußen). In humoristischer Abwandlung: ,Viel Geschrei und wenig Wolle, sagte der Teufel, und zog seiner Großmutter die Haare einzeln aus dem Hintern'. Das Beispielsprw. emanzipierte sich von der Erzählung, und damit wurde auch der Teufel vergessen; in anderen hoch- und niederdt. Varianten tritt an seine Stelle der Schäfer, der Schmied oder der Narr. Das dualistische Moment findet sich immerhin noch in Versionen wie frz. ,L'un tond les brebis et l'autre les pourceaux', oder ndl. ,Ik scheer het schaep en de andere het verken'. Die Ill. dieser Gegenüberstellung findet sich auf dem berühmten Redensartenbild des Pieter Bruegel sowie auch sonst mehrfach in der ndl. Graphik und Plastik. Gegenüber dem Sagsprw. stellt die heutige allg.-umg. Rda. eine weitere Schrumpfform dar, alle anderen Teile der ehem. Teufelserzählung sind auf der Strecke geblieben.

In letzter Linie verwandt ist die bereits antike Rda. von der ,lana caprina', der Ziegenwolle, und der ,Wolle des Esels': ,Autres tondoient les asnes, et y trouvoient de lain bien bonne' (Rabelais, ,Pantagruel' V, 22).

Jem. ins Geschrei bringen: in üblen Ruf bringen; ↗ gackern.

Lit.: *O. Dähnhardt:* Natursagen (Berlin – Leipzig 1907 ff.). Bd. I, S. 192; Bd. III, S. 10: *W. Fraenger:* Der Bauern-Bruegel und das dt. Sprw. (Erlenbach – Zürich 1923). S. 147; *E. Schröder:* Rez. der 6. Aufl. v. Borchardt-Wustmann, in: Dt. Lit. Zeitung 1925/2, Sp. 2241; *A. Meyer:* Rund um das Sprw. ,Viel Geschrei und wenig Wolle', in: Schweiz. Arch. f. Vkde. 41 (Basel 1944), S. 37–42; *S. Singer:* Viel Geschrei und wenig Wolle, in: Schweiz. Arch. f. Vkde. 41 (1944), S. 159 f.; *ders.,* Viel Geschrei und wenig Wolle. Nachtrag (Basel 1944), in: Archives Suisses des traditions populaires, Bd. XLI, H. 3; *L. Röhrich:* Sprw. Rdaa. in bildl. Zeugnissen, S. 70; *H. Büld:* Ndd. Schwanksprüche zw. Ems u. Issel (Münster 1981), S. 23.

Geschütz. *Grobes (schweres) Geschütz auf-fahren:* einem Gegner mit groben Worten entgegentreten. Die Wndg. entstammt dem Festungskrieg und ist seit dem 19. Jh. bezeugt. Gemeint ist das (großkalibrige, deshalb) schwere Belagerungsgeschütz (im Gegensatz zum leichteren Feldge-schütz). In Schillers ‚Kabale und Liebe‘ (III, 4) sagt Ferdinand zu Luise: „Mein Vater wird alle Geschütze gegen uns rich-ten". Theodor Fontane (‚Zwischen Zwan-zig und Dreißig‘, 1898, S. 69) gebraucht: „Er wußte das auch und fuhr deshalb gern das schwere Geschütz auf". Das schwere Geschütz zur Bez. durchschlagender Ar-gumente oder brüskierender Äußerungen ist auch in den Mdaa. allg. gebräuchl.; z. B. ‚Das war grobes Geschütz‘, das war eine harte Abfuhr, ein starkes Stück; vgl. frz. ‚faire donner la grosse artillerie‘, auch i. S. v. schwerwiegende Argumente vor-bringen.

Geschwindigkeit. ‚Geschwindigkeit ist keine Hexerei‘: d. h. es kommt nur auf die Schnelligkeit an – wie beim Taschenspie-ler, der mit Fingerfertigkeit täuschende Kunststückchen vorführt. Schon im 16. Jh. begegnet der Ausdr. ‚Geschwindig-keit‘ bei Fischart (‚Gargantua‘ [1594], 175) in diesem Zusammenhang: „trug man karten auff, nit zu spilen, sondern vil hun-dert geschwindigkeiten, kurtzweil u. neu-ere fündlein zu leren u. zu lernen".
Etw. mit affenartiger Geschwindigkeit erle-digen: überaus schnell. Die Wndg. geht zurück auf eine Beschreibung der militäri-schen Situation in Sachsen, die 1866 in der Wiener Ztg. ‚Die Presse‘ erschien. Sie be-zog sich auf das Vordringen der Preußen u. enthielt den Satz: „Sie entwickelten eine affenmäßige Beweglichkeit". ↗ Affe.

Gesetz. *Das ist ein Gesetz (Recht) von Me-dern und Persern:* unumstößliches Gesetz, feste Regel; die Rda. ist bibl. Urspr. In Dan. 6,9 heißt es: „Darum, lieber König, sollst du solch Gebot bestätigen und dich unterschreiben, auf daß es nicht wieder geändert werde, nach dem Rechte der Me-der und Perser, welches niemand aufhe-ben darf" (vgl. Dan. 6,13; Dan. 6,16; Esther 1,19); engl. ‚a law of (the) Medes and Persians‘; frz. ‚une loi des Perses et

des Mèdes; ndl. ‚een wet van Meden en Perzen‘.
Sein Gesetzel abkriegen: seinen Teil ab-kriegen; *sein Gesetzel dazugeben:* seine Meinung dazu sagen; vgl. frz. ‚y mettre son grain de sel‘ (wörtl.: sein Salzkorn da-zugeben).
‚Gesetz‘, ‚Gesätz‘ wurde früher auch ge-braucht in der Bdtg. ‚Absatz, Abschnitt einer Schrift (Kapitel)‘, oder – schon in der Sprache der Meistersinger – ‚Strophe eines Liedes‘; bei einem Rundgesang sang jeder sein Gesetz und der Chorus zu jeder Strophe den Kehrreim. Aus diesem Gebrauch entwickelte sich die allgemei-nere Bdtg. ‚ein bißchen, ein Teil‘.
Fischart gebraucht in seiner ‚Geschicht-klitterung‘ (1575, Ndr. S. 125): „sauffen ein gesetzlin". In Lessings ‚Die Juden‘ heißt es 1749 (19. Auftritt): „Nicht wahr, Sie lögen selber ein Gesetzchen, wenn Sie so eine Dose verdienen könnten?" In den dt. Mdaa. hat sich diese Bdtg. des Wortes ‚Gesetz(lein)‘ bis in unsere Tage hinein er-halten, so els. ‚e Gesetzle schlofen‘, eine Weile schlafen, obersächs. ‚e Gesätzchen heulen (lachen)‘, schwäb. ‚am letzten Ge-setzlein singen‘, auf dem letzten Loch pfeifen.

Gesicht. Für mißvergnügte, verdutzte, rat-lose und einfältige Gesichter hat die Volkssprache eine Fülle rdal. Vergleiche, von denen hier nur die gebräuchlichsten aufgeführt werden können: *Ein Gesicht machen wie drei* (sieben, acht, vierzehn) *Tage Regenwetter* (und sieben Meilen Dreck): mürrisch, verdrossen dreinblik-ken (↗ aussehen); auch: *ein Gesicht wie halb 6 Uhr:* beide Zeiger stehen unten, d. h., alles hängt runter; ähnl. *ein Gesicht machen wie den Meilen schlechter Weg; wie ein Essigkrug; wie ein Nest voller Eu-len; als wenn ihm die Hühner das Brot ge-stohlen (weggenommen) hätten:* ratlos, einfältig, trübselig; *ein Gesicht wie ein Ab-trittsdeckel* (Lokusdeckel): ein breites Ge-sicht; *ein Gesicht zum Reinhauen haben:* ein feistes, widerliches Gesicht haben; *ein Gesicht machen wie eine Gefängnistür;* vgl. frz. ‚aimable comme une porte de prison‘ (wörtl.: so freundlich wie eine Gefängnis-tür): unfreundlich; verschlossen, grim-mig, abweisend blicken, *wie eine ver-*

schrumpelte Kastanie; verdrießlich blikken, *als ob ihm die Petersilie verhagelt sei;* vielfach auch mdal. ,He makt en Gesicht as de Bûr, den't Heu regnet hat' (Oldenburg); ,dear macht a G'frieß wia d'Maus in d'r Falla', ,wia d'r Esel voar d'r Schmidde' (schwäb.). Von einem Blatternarbigen sagt man *Er hat ein Gesicht, als ob der Teufel Erbsen darauf gedroschen hätte* (↗ Erbse). *Ein Gesicht haben wie das* kath. Vaterunser (gemeint ist: ohne ,Kraft und Herrlichkeit'); *als ob er Saurampfer gegessen hätte:* ein säuerliches Gesicht; *als wenn er mit Paulus im dritten Himmel wäre:* er stellt sich andächtig, spielt den Entzückten und Heiligen; *er macht ein Gesicht wie der Teufel in der Christnacht, wie die Sau auf dem Pflaumenbaum:* verdutzt sein. Vgl. die Zusammenstellung weiterer verwandter und ähnl. Ausdr. bei Wander I, Sp. 1622 ff.

Auch in den Grimmschen Märchen begegnen Rdaa., die sich auf das Gesicht beziehen, so z. B. in KHM. 27: ,ein Gesicht machen wie drei Tage Regenwetter; desgl. in KHM. 107: ,ein Gesicht ziehen, als wenn man Essig getrunken hätte'.

Sehr viel Erfindungsreichtum zeigen auch die mdal. Rdaa.: ,Mancher macht a G'sicht na wie a pensionierter Aff' (so finster), oder: ,Mancher macht e G'sicht wie e verheirat'ter Spatz'.

Das ganze Gesicht eine Schnauze (voll Maul): Mensch mit übergroßem Mund, mit frecher Redeweise. *Wenn ich dein Gesicht hätte, würde ich eine Hose drüber ziehen,* Rda. auf ein ausdrucksloses Gesicht (↗ Arsch).

Auf sein Gesicht geb' ich keinen Pfennig: er flößt kein Vertrauen ein, um Kredit zu gewähren; vgl. frz. ,Je ne fais pas confiance à sa bonne mine' (wörtl.: Seiner freundlichen Miene traue ich nicht).

Das Gesicht ging ihm darüber aus dem Leim: die Sache wurde ihm lächerlich.

Viel Gesicht zu waschen haben: kahlköpfig sein. *Er ist ihm wie aus dem Gesicht geschnitten:* er ist ihm sehr ähnlich; vgl. frz. ,C'est tout à fait son portrait' (wörtl.: Er ist sein genaues Abbild).

Ins Gesicht fallen (springen, fassen) gleichbedeutend mit ,in die Augen (ins Auge) springen' (↗ Auge), aber heute seltener. *Mit dem Gesicht in die Butter fallen:* Glück

haben, eine gefährliche Lage überstehen (etwa seit 1900).

Sich eine ins Gesicht stecken (berl. auch rammeln): sich eine Zigarre oder Zigarette anzünden (jung und umgangssprachlich).

Daß du die Nas' ins Gesicht behältst sind die Lieblingsworte des Inspektors Bräsig in Fritz Reuters ,Stromtid', nach Gaedertz (,Aus Fritz Reuters jungen und alten Tagen') eine Lieblingswndg. des Pastors Johann Gottfried Dittrich Augustin (1794 bis 1862) in Rittermannshagen.

Jem. ins Gesicht schlagen: ihn vor den Kopf stoßen, beleidigen, grob widersprechen; z. B. ,Das schlägt allen Regeln des Anstands ins Gesicht'. Bei Luther heißt es dafür ähnl.: ,in die Backen hauen'.

Sein Gesicht wahren: den Schein wahren. *Sein Gesicht verlieren:* sein Ansehen einbüßen; vgl. frz. ,perdre la face'; in spött. Erweiterung: ,Jem. muß dauernd sein Gesicht festhalten, damit er es nicht verliert'.

Sein wahres Gesicht zeigen, gleichbedeutend mit der Rda. ,die Maske fallenlassen' (↗ Larve).

Derb und beleidigend ist die Feststellung: ,Dein Gesicht auf 'ner Briefmarke, und die Post geht pleite'.

Lit.: *O. v. Lauenstein:* ,Das Gesicht wahren' in: Zs. des allg. dt. Sprachvereins 24 (1909), S. 277; *E. Wülfing:* ,Und noch eine Engländerei (das Gesicht wahren)', in: Zs. des allg. dt. Sprachvereins 24 (1909), S. 223, 277, 369–371; *W. Widmer:* Volkstüml. Vergleiche im Frz. nach dem Typus „Rouge comme un coq" (Diss. Basel 1929); *C. Collin:* ,He has no face', in: Moderna Språk 24 (1930), S. 171–173; *H. W. Klein:* Die volkstüml. sprw. Vergleiche im Lat. und in den rom. Sprachen (Diss. Tübingen, Würzburg 1936); *A. Taylor:* Proverbial Comparisons and Similes from California (= Folklore Studies 3) (Berkeley – Los Angeles 1954); *P. von Matt:* ,… fertig ist das Angesicht.' Zur Literaturgesch. des menschl. Gesichts (München – Wien 1983); *R. Matsubara:* Nicht die Maske verlieren, in: dies.: Blick aus Mandelaugen (Kevelaer 1983), S. 47–49.

gestern. *Nicht von gestern sein:* nicht hinter der Zeit zurückgeblieben sein, auf der Höhe sein; oft in der Ich-Form mit scherzhaftem Zusatz: ,Ich bin doch nicht von gestern, (daß ich) morgen erst drei Tage alt (wär)', entlehnt aus der Bibelstelle Hiob 8, 9: „ Denn wir sind von gestern her und wissen nichts". Entspr. frz. ,ne pas être né d'hier'; engl. ,to be not born yesterday'; ndl. ,niet van gisteren zijn'.

Etw. ist Schnee von gestern: es ist vergangen, überholt, ↗ Schnee.

gesund, Gesundheit. *Sich gesund machen (stoßen):* zu Vermögen (günstiger Stellung u. a.) kommen, seinem Geldmangel abhelfen, sich bereichern. Die Wndg. stammt aus der Börsensprache: man stößt Aktien ab und ist nach dem Börsensturz wirtschaftlich gefestigter als der Aktieninhaber. Die Rda. ist jung und wird meist in tadelndem Sinn unter Anspielung auf unsaubere geschäftliche Praktiken gebraucht. Sie geht parallel mit der seit der Mitte des 19. Jh. gebräuchl. Übertr. des Wortes gesund auf wirtschaftliche Vorgänge.

Gesundschrumpfen: einen unrentablen Betrieb durch Abbau von Personal und ähnl. Maßnahmen oder (bei Großunternehmen) durch Schließung eines ganzen Wirtschaftszweiges wieder auf eine Basis der betrieblichen Rentabilität zurückführen (spöttisch auch von Bankrotteuren gesagt, die nach dem Bankrott wieder mit einem anderen Geschäft neu beginnen). Im allg. wird der Ausdr. ‚gesund' jedoch nach wie vor hauptsächlich auf Menschen und Tiere bezogen, wobei der Grad der Gesundheit verdeutlicht wird durch rdal. Vergleiche mit Dingen, Menschen, Pflanzen u. Tieren, wie z. B. *Gesund sein wie Eisen,* ... wie Stahl', ... wie ein Russe' (der im allg. als bes. robust gilt), ... wie eine Eiche', ... wie ein Baum', ... wie ein Pferd', ... wie ein Vogel (in der Luft)', ... wie ein Hecht', ... wie ein Fisch (im Wasser)' usw. ↗ Fisch.

Daß die Vergleiche mit der Tier- und Pflanzenwelt heute nur noch bedingt zutreffen, geht u. a. aus verschiedenen neueren Wndgn. wie ‚kranker Wald', ‚Fischsterben', ‚Robbensterben' hervor. Andere Rdaa. dagegen, die eine gute Gesundheit bescheinigen, haben ihre Gültigkeit behalten, so beispielsweise die Wndg. *Vor Gesundheit strotzen* (↗ Kraft) oder ‚kerngesund sein'.

Eine oberbayer. Rda. bez. ‚ungesunde' Verhältnisse durch die Feststellung: ‚E Gsunder halt's aus, und um andre ist's net schad'.

Seine Gesundheit aufs Spiel setzen: durch wagemutige Unternehmungen gefährden.

In dieser Form ist die Rda. schon bei Goethe u. Gottsched bezeugt.

Gesundbeterei betreiben: Urspr.: einem Kranken allein durch Beten helfen wollen, ohne für medizinische Hilfe zu sorgen. Heute wird die Rda. i. übertr. Sinne gebraucht. Man meint damit große Reden darüber, was getan werden sollte, denen aber keine konkreten Handlungen folgen.

Ein Gesundbrunnen für jem. sein: ihn regenerieren, ihn positiv beeinflussen, ↗ Jungbrunnen

Auf seine Gesundheit achten: alles unterlassen, was der Gesundheit abträglich ist.

In früherer Zeit bedeutete das vor allem: *die Gesundheitsregeln einhalten,* wie sie z. B. in der Spruchlit. begegnen:

drei ding sindt gesundt:

wenig esz dein mundt,

üb dich alle stund,

lauf nicht wie ein hund.

(Seb. Franck: ‚Sprichwörter' [1541], 1.45).

Ein Gesundheitsapostel sein bedeutet dagegen, bestimmte, mitunter ausgefallene Gesundheitsregeln fanatisch befolgen und auch andere von deren ausschließlicher Richtigkeit überzeugen wollen.

Die Sitte, dem Niesenden einen Heilwunsch (‚Gesundheit') zuzurufen, ist alt und beruht auf der Vorstellung, daß sich durch das Niesen Veränderungen in der Konstitution des Niesenden offenbaren, denen man mit dieser Wunschformel entgegentreten wollte. Die ältere Formel war ‚helf Gott', das neben anderen Wndgn. wie ‚Prosit', ‚Wohl bekomm's' weiterbesteht. Eine Erklärung dieses Brauchs findet sich u. a. in einem lit. Beleg der 1. Hälfte des 19. Jh.: „das niesen ist eine operation, wo durch grosze übel entstehen können. dieses ist die ursache, warum man prosit sagt, gott gebe, dasz dir dies nicht schaden möge" (G. Chr. Lichtenberg, Vermischte Schriften [1844 ff.], 2,29).

Die gleichen Wndgn. sind auch bekannt durch das Zutrinken und Zuprosten (in den Frühbelegen ‚Gesundheittrinken' genannt). Dieses wird u. a. schon bei J. Mathesius erwähnt (‚Sarepta oder Bergpostilla', 1587): „kombt an die ort, da es lendlich u. sittlich ist, einen gesandten, von seines gesunds wegen, einen starcken trunck zu bringen", und bei Albertinus,

1617): „wofern das zubringen u. gesund trünck sauffen nur uber tisch u. in währender mahlzeit geschehe".
Im 17. Jh. erscheint der Wunsch u. a. in frz. u. lat. Fassung in einem Vers (,bon vinum', 1668, in: Hoffmann v. Fallersleben, ,Die dt. Gesellschaftslieder des 16. u. 17. Jh., 2, No. 247):

à la santé! hor hie
en tibi hocce poculum
à tout compagnie! ...
hunc tibi wiederum
saluti dieses römerlein.

Später findet man den Wunsch als Ausruf des Jägers bei Schiller in ,Wallensteins Lager': „Euch zur Gesundheit, meine Herrn!", und bei Goethe in ,Goetz von Berlichingen: „Auf Gesundheit Eurer Frau!"

,Das haut den Gesündesten um!' bezieht sich zumeist auf ein starkes alkohol. Getränk.

,Gesunde Ansichten haben': Ansichten, die bei den meisten Menschen auf Zustimmung stoßen, weil sie allg. Erfahrungen entsprechen. Ähnl.: ,(Einen) gesunden Menschenverstand haben': die Dinge gegeneinander abwägen können.

Lit.: A. Perkmann: Art. ,Gesundbeten', in: HdA. III, Sp. 772–780; W. Escher: ,Formeln beim Niesen', in: Atlas d. schweiz. Vkde. (1963), II, 547–559 u. Karten Nr. 241–242; G. Grober-Glück: Motive u. Motivationen in Rdaa. u. Meinungen (Marburg 1974), §§ 104 ff., S. 153–165.

Gevatter. *Gevatter stehen* (gekürzt aus mhd. ,ze gevatter stên') wird vom Studentenwitz des 18. Jh. bildl. von verpfändeten Gegenständen gesagt. So wie die Gevattern Bürgschaft leisten, daß der Täufling als Mensch und Christ seine Pflicht tun werde, so gibt auch die verpfändete Sache Sicherheit, daß der Schuldner seine Verbindlichkeit erfüllen werde. Johann Christian Günther sagt in den ,Gedichten' 1773 (S. 167):

Der Stiefel lauft schon von den Füssen
Und muss nun zu Gevattern stehn.

Aus Dresden wird um 1800 berichtet: „Ein junger Herr läßt seine Uhr – nach hiesigem Sprachgebrauch – Gevatter stehen".

Sie hat vor der Zeit zu Gevattern gebeten: sie ist vor der Hochzeit schwanger geworden. *Du träumst wohl von Gevattern?:* du

bist nicht bei der Sache, hegst sonderbare Erwartungen, obersächs. schon im Anfang des 17. Jh. bezeugt; eigentl. wohl zu einer zerstreuten Schwangeren gesagt, als Scherz im Hinblick auf die zu erwartende Kindtaufe.

Nicht mit zu Gevattern stehen wollen: bei einer Sache nicht mittun wollen; *er hat dabei nicht mit zu Gevatter gestanden:* er hat dabei nicht mitgewirkt, er ist unschuldig daran; *einen zu Gevatter bitten* wird auch spöttisch und iron. gebraucht für: ihm die Freundschaft aufsagen.

Gevatter Schneider und Handschuhmacher: alle einfachen Leute, das niedere Volk, ist ein Zitat aus ,Wallensteins Lager' von Schiller (11. Auftr.):

Laßt sie gehen, sind Tiefenbacher,
Gevatter Schneider und
Handschuhmacher.

Im Grimmschen Märchen (KHM. 44 ,Der Gevatter Tod') erwählt ein kinderreicher Armer auf der Suche nach einem Paten für seinen neugeborenen Sohn den Tod, weil nur dieser sich allen Menschen gegenüber gerecht verhalte.

Lit.: B. Kummer: Art. ,Gevatter', in: HdA. III, Sp. 789–804; C. Lindahl: Art. ,Gevatter stehen', in: EM. V, Sp. 1217–1224; E. Moser-Rath: Art. ,Gevatter Tod', in: EM. V, Sp. 1224–1233.

Gewalt. *Das ist höhere Gewalt:* das ist ein Eingriff, der auf das Walten der Natur (auf göttl. Macht) zurückgeht. Als jurist. Begriff bez. ,höhere Gewalt' eine außerhalb des Bereichs menschlicher Voraussicht liegende Schadensursache, für die der Schuldner nicht zu haften braucht.
Mit (aller) Gewalt etw. tun (wollen): mit allen zur Verfügung stehenden Kräften (mit aller Willenskraft) etw. zu bewirken versuchen.
Das Gewaltmonopol besitzen: das alleinige Recht zur Gewaltanwendung haben. In diesem Sinne ist die Wndg. auf eine staatl. Institution gemünzt. *In jem. Gewalt stehen:* ihm untertan sein (z. B. dem Staat, dem Feind usw.), oft gebraucht i. S. v. nicht aus freiem Willen handeln können.
Gewaltherrschaft ausüben: von Institutionen wie auch von einzelnen Menschen gesagt, die nicht nach freiheitlichen Rechtsgrundsätzen verfahren. *Jem. in seine Gewalt bringen:* ihn sich widerrechtlich

untertan machen, sich seiner bemächtigen. *Gewalt anwenden:* mit physischer Kraft eingreifen, ,dreinschlagen'; *einer Sache Gewalt antun:* sie verdrehen, verfälschen; *einer Person Gewalt antun:* sie vergewaltigen, sie unter Anwendung physischer Gewalt mißbrauchen, aber auch im erweiterten Sinne: sie unter Mißachtung ihrer Freiheitsrechte zu etw. zwingen. Ähnl.: *mit roher Gewalt:* auf brutale Weise.
Eine spöttische Erweiterung ist: ,Mit Gewalt ist kein Bulle zu melken': etw. Unmögliches ist auch mit Gewalt nicht zu erreichen, einen freien Menschen kann man nicht zwingen; mehr aber noch auf Sachen bezogen: ,gewaltsam' läßt sich manches eher zerstören als gefügig machen, z. B. wenn man etw. mit Gewalt wieder in Ordnung bringen will, zerbricht es meist.
Ein Gewaltmensch sein: zu körperlichen Ausfällen neigen, alles mit der Faust regeln wollen. Ähnl.: *Gewalttätig werden:* drauflosschlagen, handgreiflich werden. *Sich in der Gewalt haben:* die Selbstbeherrschung nicht verlieren. *Sich Gewalt antun müssen:* sich zu etw. zwingen.
Schon in der Bibel heißt es: „Es gehet Gewalt über Recht' (Habakuk, K.1, V. 3); Königin Luise von Preußen (1776–1807) relativiert eine solche Aussage: „Ich glaube nicht an die Gewalt; ich glaube an die Gerechtigkeit". Häufiger begegnet man Zitaten, die das Gegenteil ausdrücken: „Es bleibt eben immer dasselbe in der Welt: Wer die oberste Hand (die Gewalt) hat, verwendet sie selten zum Streicheln, sondern gebraucht sie lieber als Faust (Wilh. Raabe: ,Hastenbek', 1899). Auch Emanuel Geibel äußert sich ähnl. (,Neue Gedichte', 1856):
Nur das steht fest im ew'gen Wühlen:
Wer die Gewalt hat, übt Gewalt,
Und wieder: wer nicht hören will, muß
fühlen.
Im Sprw. heißt es:
Läßt Gewalt sich blicken,
Geht das Recht auf Krücken.
Dagegen Goethe: „Allen Gewalten zum Trutz sich erhalten" (Gedicht ,Ein Gleiches', 1776), und in einem anderen sprw. gewordenen Zitat, das heute allg. nur im spöttischen Sinne verwendet wird:

,,... und bist du nicht willig, so brauch ich Gewalt" (,Erlkönig', 1782), ⌐ Hand.

Gewäsch. *So ein Gewäsch:* dummes Gerede (von Waschweibern). Die Wndg. bezieht sich auf die lebhaften Unterhaltungen, die die Waschfrauen früher bei der Arbeit (am Waschtrog oder am Fluß) führten und die sich meistens nur um Klatsch – die ,schmutzige Wäsche' der anderen – drehten und nichts weiter als leeres Geschwätz waren, ⌐ waschen, Wäsche, ⌐ Waschweib.

Gewehr. *Haben ein Gewehr!:* Ausdr. des Nichtkönnens. Die Rda. entstammt dem Kinderlied ,Wer will unter die Soldaten, der muß haben ein Gewehr ...' (von dem Kinderliederdichter Friedrich Güll, 1812–79); schon vor 1900 als Rda. bekannt.
Gewehr bei Fuß stehen: eine abwartende Haltung einnehmen, aber gleichwohl zum Tun bereit sein. Die Rda. stammt aus der militärischen Kommandosprache.

Gewerbe. Dem urspr. Sinn von Gewerbe, nämlich: Tätigkeit, bei der man sich umherbewegt (zu ,werben', urspr. = sich drehen, hin und her gehen), steht noch nahe: *sich ein Gewerbe (zu* oder *aus etw.) machen:* eine Beschäftigung, einen Gang vornehmen, wenn auch nur zum Vorwand; seit dem 17. Jh. belegt, heute kaum noch üblich. Im ,Venus-Gärtlein' klagt das Mädchen, das keinen Mann findet:
Ich fahr auch offt spatzieren,
Steh am Fenster vor der Thüren,
Auch mir ein Gewerbe mach,
Hilfft doch alles nicht der Sach
(Söhns, 636 f.)
Oft bedeutet es geradezu: etw. zum Vorwand nehmen; dafür älter auch: ,ein blind Gewerbe machen'; noch jetzt obersächs. ,Man macht sich e Bewerbchen', wenn man jem. zu einem versteckten Zweck besucht.
Dem horizontalen Gewerbe nachgehen: verhüllender Ausdr. für: eine Prostituierte sein; neu, umg. Prostituion wird sowohl im Dt. wie im Engl. als ,das älteste Gewerbe' bezeichnet.
Lit.: *A. Taylor:* Prostitution the Oldest Profession, in: American Notes and Queries 8 (1970) S. 88–89.

Gewicht. *Gewicht auf etw. legen:* es für wichtig erklären, auch *einer Sache Gewicht beilegen* (oder *beimessen*), urspr. von der Waage, in deren eine Schale man noch ein Gewicht legt, damit das Zünglein nach dieser Seite ausschlägt (↗ Waage). In bildl. Sinne wird auch die Rda. *(schwer) ins Gewicht fallen* gebraucht; vgl. Schiller ‚Fiesko' (I,2): (Mohr): „Er soll zufrieden sein. – Um Vergebung – Wie schwer möchte ungefähr sein Kopf ins Gewicht fallen?"

Gewissen. *Das ist eine Gewissensfrage:* es ist eine Frage, die eine ehrliche Antwort verlangt, aber mehrere Möglichkeiten zuläßt, die man nur *nach bestem Wissen und Gewissen* beantworten kann. Unter ‚Gewissen' versteht man allg. den Ort in der Seele des Menschen, an dem die moralischen Urteile gefällt werden, an dem die (Willens-)Entscheidung für das Gute oder das Böse getroffen wird. Da das Gute und das Böse zwei entgegengesetzte Pole sind, zwischen denen eine ganze Skala von Wertungen möglich ist, ist das Gewissen die Instanz, an der die Entscheidung zwischen mehreren Möglichkeiten stattfindet. Steht eine Entscheidung im Einklang mit den (gewußten) Normen, so ist es rein (gut); steht es aber im Widerspruch dazu, so gilt es als belastet bzw. schlecht. Auf diese Grundtatsachen beziehen sich alle Rdaa., in denen das Gewissen eine Rolle spielt.
Etw. auf dem Gewissen haben: eine Unrechtmäßigkeit begangen haben, die das Gewissen belastet; *etw. auf sein Gewissen nehmen:* damit fertig werden, ohne sein Gewissen zu beschweren, es zu verantworten wissen; *ein reines (gutes) Gewissen haben:* kein Unrecht zu vertreten haben, sich keiner Schuld bewußt sein; *kein gutes Gewissen haben:* eine falsche Entscheidung getroffen haben, die das Gewissen belastet, etw. Unehrliches oder Unrechtmäßiges zu verantworten haben; daher auch die Wndg.: *jem. drückt sein Gewissen:* er ist sich seiner Schuld bewußt; *jem. ins Gewissen reden:* ihn an die Pflichten erinnern, stets das Gute zu wählen. *Sich kein Gewissen über etw. machen* (nach Röm. 14,22): keinen Glaubenszweifel haben, das Angenomme jederzeit vertreten können. Ähnl. der Satz: ‚Mein Gewissen beißt mich nicht' (Hiob 15,32), der zu der Rda. *(keine) Gewissensbisse haben* führte. Vgl. das Sprw.: ‚Ein gutes Gewissen ist ein sanftes Ruhekissen'. Anders gewertet wird die Rda. allg., wenn sie auf einen anderen bezogen wird. ‚Er macht sich kein Gewissen aus etw.' oder ‚er hat keine Gewissensbisse' bedeutet dann vielmehr: er ist ein skrupelloser, ‚gewissenloser' Mensch.

Lit.: *E. Wolf:* Art. ‚Gewissen', in: RGG. II (³1958), Sp. 1550–1557.

gewogen. *Jem. gewogen sein:* geneigt, wohlgesonnen sein; die urspr. Bdtg. ‚Gewicht haben, angemessen sein' (mhd. ‚gewëgen') erhält in Anwendung auf Münzen den Sinn von ‚annehmbar, angenehm' und entwickelt sich daraus zu der heute bekannten Bdtg.
Gewogen und zu leicht befunden: nicht würdig, ohne Verdienst; die Rda. geht zurück auf das bibl. „Mene, Tekel, U-pharsin" (Dan. 5,25). ‚Tekel' bedeutet ‚gewogen' mit dem Ergebnis: zu leicht befunden. Der Prophet Daniel deutet im Alten Testament die an der Wand erscheinende Schrift dahingehend, daß der König Nebukadnezar von Gott bereits gerichtet sei; ↗ Menetekel.

Gewohnheit. *Der Mensch ist ein Gewohnheitstier:* lieb gewordene Gewohnheiten werden ritualisiert, er macht das, was er schon immer gemacht hat. Es ist eines der zahlreichen Sprww., die als Entschuldigung angeführt werden, wenn jem. etw. zum wiederholten Male tut, obwohl er es sich schon des öfteren vorgenommen und auch zum Ausdr. gebracht hat, daß er es nicht mehr tun wollte. ‚Er kann es einfach nicht lassen', ‚es ist halt sein täglicher Trott' oder ‚wie das Pferd, das wie von selbst in den heimischen Stall zurücktrottet' sind ähnl. Vergleichsbilder, mit denen die liebe Gewohnheit kommentiert wird. In einem ndd. Sagte-Sprw. verhält sich selbst der Teufel gewohnheitsmäßig: „„Gewoonte döt alles!" sää de Düwel, dao ging he up nen glönigen Kachel sitten', d. h. man gewöhnt sich auch an schlimme Dinge. Und Schiller meinte dazu (‚Wallensteins Tod', I, 4):

Denn aus Gemeinem ist der Mensch
gemacht
Und die Gewohnheit nennt er seine
Amme.

Lit.: *K. Lorenz:* Das sogenannte Böse. Zur Naturge-
schichte der Aggression (Wien 1963), S. 84.

Gichter. *Die Gichter kriegen:* sich sehr aufregen, in Schreikrämpfe verfallen, die
Nerven verlieren, auch: ‚Zustände kriegen‘. Das Wort ‚Gichter‘ ist vor allem im
mittleren und südl. dt. Sprachgebiet verbreitet als volkstümliche Bez. von Krämp-
fen, Zuckungen und Lähmungen, zumeist
von Kinderkrämpfen. Nach den Sym-
ptomen wurden verschiedene Erkrankun-
gen auf die gleichen Dämonen, die
Gichter, zurückgeführt, die sie angeblich
verursacht haben sollten. In den Segens-
und Zaubersprüchen wurden meist 9, 77
oder gar 99 Gichter genannt, um sie alle
unschädlich zu machen. Im 19. Jh. war
der Ausdr. auch lit. verbreitet, Schiller hat
ihn sogar mehrfach verwendet, z. B. „Die
Illusionen des Zuschauers, die Sympathie
mit künstlichen Leidenschaften hat
Schauer, Gichter und Ohnmachten ge-
wirkt" (Sämtl. Werke [1840], I, 1629).
Bei drastischen Schilderungen warnt man
volkstümlich noch heute: *Gib acht (Vorsicht), sonst bekommt sie (er) noch die Gichter!*
Jem. die Gichter einjagen: ihn in großen
Schrecken versetzen. Diese Wndg. bewahrt noch von dem Volksglauben
an Krankheitsdämonen, die man böswil-
lig einem anderen schicken kann.

Lit.: *E. Bargheer:* Art. ‚Gicht, Gichter‘, in: Hda. III,
Sp. 836–841.

Gicks. *Weder Gicks noch Gacks wissen:*
ganz unerfahren, dumm sein; *weder Gicks
noch Gacks sagen:* gar nichts sagen. Die
Rda. ist seit dem 16. Jh. bezeugt. Die beiden lautmalenden Wörter ‚gicks‘ und
‚gacks‘ kennzeichn eigentl. das Gänse-
geschrei (‚Gigack‘ ist noch heute in der
Kindersprache die Gans), so daß die Rda.
bedeutet: dümmer sein als eine ↗ Gans. In
Murners ‚Schelmenzunft‘ von 1512
kommt vor (XXXVII, 7 ff.):

Wenn wir kriechend vnd sindt alt,
Vnd ist vns lyb vnd blut erkalt,
Vnd mügent weder guck noch gack.

Die Rdaa. sind auch mdal. oft belegt, so
z. B. schwäb. ‚Gickes machen‘, viele
Worte machen und nichts Vernünftiges
damit sagen; märk. ‚De wêt von Kîks und
Kâks nich‘, ist unwissend und unerfahren; schweiz. ‚Man weiß nicht, ist er gicks
oder gacks, hüst oder hott, gehauen oder
gestochen‘. Schwäb. ist die Rda. noch wei-
terentwickelt worden zu ‚weder gicksen
noch gacksen‘: nichts sagen. Vgl. ndl. ‚Hij
weet van Teeuwes noch Meeuwes"; frz.
‚n'avoir ni bouche ni éperon‘ (heute ungebräuchlich); engl. ‚to know neither buff
nor stye‘.
Von einem Gestorbenen sagt man auch:
‚Er macht keinen Gicks mehr‘, ↗ zeitlich.

Gift. *Gift und Galle* zur Bez. von großem
Ärger oder Haß ist eine Rda. bibl. Urspr.
5. Mos. 32, 33 heißt es: „Ihr Wein ist Dra-
chengift und wütiger Ottern Galle". Die
Rda. hat sich aus dem Bibelzitat durch
Verkürzung ergeben, z. B. *Gift und Galle
speien (spucken):* sehr zornig, ärgerlich, geladen sein, ↗ Galle. Die Rda. begegnet
auch im Märchen ‚Jorinde und Joringel‘
(KHM. 69).
Luther gebraucht daneben die Wndg.
‚Gift und Geifer‘. Vgl. auch die Rda. *sich
giften:* sich heimlich ärgern. Ähnl. *voller
Gift sein:* voller Zorn und Bösartigkeit;
vgl. frz. ‚être plein de fiel‘ (voller Galle
sein), dazu auch die Feststellung: *Der (die)
hat aber Gift:* jem. hat einen bösartigen
Groll. Auch mdal. z. B. holst. ‚He kreeg
dat mit de Gift‘, er wurde wütend.
Gift sein mit jem.: uneinig sein, jem. nicht
mehr leiden können, eine bes. im Obersächs. häufige Rda.
Jem. (etw.) das Gift nehmen: eine Person
(Sache) unschädlich machen, die Wndg.
bezieht sich urspr. auf die Schlange, der
man das Gift entnehmen kann. Die
Wndg. ist auch mdal. verbreitet, z. B. heißt
es im Obd. ‚einem 's Gift nehmen‘; oder
‚einem die Giftzähne ziehen‘.
Darauf kannst du Gift nehmen: darauf
kannst du dich verlassen, die Richtigkeit
der Aussage ist verbürgt. Diese Beteuerungsformel ist sehr jung und lit. erst seit
der 2. H. des 19. Jh. bezeugt. Man hat sie
auf die Gottesurteile des MA. zurückführen wollen (↗ Abendmahl), doch sind

Giftordalien im germ. Bereich nirgends bezeugt. Wahrscheinlicher ist die Herkunft vom ärztl. Rezept her, auf das hin der Kranke getrost eine gifthaltige Arznei einnehmen kann, ohne einen Nachteil befürchten zu müssen. Als Vorstufe der Rda. führt das Dt. Wb. (4. Bd., 1. Abtlg., 4. Teil, Sp. 7432) aus dem Jahre 1670 den Beleg an: Ja, sagt sie, wanns nicht wahr ist, so soll dieser Trunck Gifft werden in mir" (Agyrtas, Grillenvertreiber [1670] 75). Die Wndg. ist auch mdal. verbreitet, z. B. heißt es schlesw.-holst. ,Dor kannst du Gift op nehmen'. Vgl. auch ndl. ,Daar kun je donder op zeggen' und engl. ,You can lay your shirt on it'.

Neuere rdal. Vergleiche sind: *wie Gift kleben:* unablösbar haften; *wie Gift schneiden:* sehr scharf sein (von Messern gesagt), rhein. ,dat mess schneid wie gift'.

Giritzenmoos. *Sie kumt uf das Giritzenmoos* sagt man von einem Mädchen, das keinen Mann bekommt oder alle Freier abweist. Die Vorstellung, daß das Leben der Frau nur im ehelichen Hausstand und im Aufziehen von Kindern Erfüllung finden könne, führte zu einer weitgehend negativen Bewertung der unverheiratet gebliebenen ,alten Jungfern'. Sie waren bes. zur Fastnacht dem allg. Spott ausgesetzt und mußten

offentlich bueßen

Das sie sein kumen zu ihren tagen

Fut, ars, tutten vergebens tragen,

wie es schon in einem Nürnberger Fastnachtspiel des 15. Jh. hieß. Auch die obige Rda. geht auf den früheren Brauch eines obd. Rügegerichts zurück, bei dem die alten Jungfern durch die Dorfburschen verspottet und dann auf einem Wagen ,aufs Giritzenmoos' gefahren wurden. Nach dem Volksglauben mußten die unverheiratet verstorbenen alten Jungfern nach ihrem Tod in unfruchtbarem Sumpf sinnlose Arbeiten als Strafe für ihr vermeintlich unnützes Leben verrichten (vgl. ↗ ,Sägemehl knüpfen' u. ↗Danaiden). Die Rdaa. *sie sind auf das Giritzenried* u. *ins Giritzenmoos fahren* umschreiben den Tod alter Jungfern, deren Schicksal dies ist.

Lit.: *E. Hoffmann-Krayer:* Die Fastnachtsbräuche in der Schweiz, in: Schweiz. Arch. f. Vkde. 1 (1897), S. 126–142; *J. L. Arnold:* Das „Giritzenmoos" in Dag- mersellen (Kt. Luzern), in: Schweiz. Arch. v. Vkde. 7 (1903), S. 295–298; *L. Mackensen:* Art. ,Alte Jungfer, Junggeselle', in: HdA. I, Sp. 334–345; *E. Haeflinger:* Vom Giritzenmoos, in: Schweiz. Arch. f. Vkde. 30 (1930), S. 205–207; *A. Wirth:* Art. ,Kiebitz', in: HdA. IV, Sp. 1303–1305; *E. Moser-Rath:* ,Alte Jungfer', in: EM. I, Sp. 365–369.

Glacéhandschuh. Der Ausdr. Glacéhandschuhe ist seit 1827 im Dt. belegt; vorher sagte man (seit der Mitte des 18. Jh. bezeugt) ,glacierte Handschuhe', nach frz. *gants glacés.*

Einen (oder *etwas*) *mit Glacéhandschuhen anfassen:* sehr zart anfassen, (über-)behutsam behandeln, ist seit etwa der Mitte des 19. Jh. lit. belegt, zuerst bei K. v. Holtei (,Erzählende Schriften', [Breslau 1861–66], 23, 220): „...den vorsichtigen, zurückhaltenden, jede Silbe abwägenden Richard, der ... alles mit Glacéhandschuhen angreift".

Auch Bismarck gebrauchte das Bild mehrfach: „Sobald von dem König die Rede ist, müssen die Herren ganz andre Glacéhandschuhe anziehen, wenn sie die Regierung herunterreißen wollen" (Reden 9, 239). Die Wndg. ist dann auch schnell in die Umgangssprache eingegangen, z. B. berl. ,Dir darf man wol bloß mit Jlasees anfassen'. Vgl. auch frz. ,prendre quelqu'un avec des gants'.

Bisweilen wird die Rda. ,Das mag ich nur mit Glacéhandschuhen anfassen' auch in dem fast entgegengesetzten Sinne gebraucht: Diese unsaubere Angelegenheit mag ich nicht mit bloßen Fingern berühren. Auch in diesem Sinn hat Bismarck die Rda. bereits benutzt: „Überall, wo Fäulnis ist, stellt sich Leben ein, welches man nicht mit reinen Glacéhandschuhen anfassen kann" (Reden 4, 131).

Glanz, glänzen. *Welcher Glanz in meiner Hütte:* Ausdr. der Begrüßung eines unerwarteten Besuchers. Die Rda. ist ein entstelltes Zitat aus Schillers ,Jungfrau von Orleans' (Prolog, 2. Auftr.): „Wie kommt mir solcher Glanz in meine Hütte?"

In neuem Glanz erstrahlen: eine Erneuerung erfahren haben, aufpoliert sein, wie z. B. ein renoviertes Gebäude oder eine Kupferkanne, die man ,auf Hochglanz bringen' ließ.

Mit dem Begriff ,Glanz' wurde aber auch

der Aufwand, der Prunk und die Pracht des höfischen Lebens umschrieben, wie er z. B. noch in dem Begriff ‚Sonntagsstaat' enthalten ist und in der Wndg. *in vollem Glanze erstrahlen* zum Ausdruck kommt. Was in früherer Zeit ganz ernst gemeint war, ist heute nur noch als scherzhafter Kommentar zu verstehen für jem., der seinen Sonntagsanzug angezogen hat oder sich fein herausgeputzt hat. Auch die Wndgn. *das Glanzstück (einer Kollektion) sein* und *eine Glanznummer sein* deuten auf Prunk, werden aufgrund des gesellschaftlichen Wandels heute jedoch auf andere ‚glanzvolle Ereignisse' bezogen wie z. B. eine wertvolle Schmuckausstellung oder eine gelungene Zirkusnummer. Ähnl. die Wndg.: *einer Sache Glanzlichter aufsetzen:* ihr einige Höhepunkte beifügen. Sie wird vor allem von Malern gebraucht, die an besonderen Stellen eines Bildes durch den Auftrag von Weiß dem Bild künstliche Lichter aufsetzen, damit sie ‚einen glänzenden Eindruck machen': das heißt überaus beeindruckend sind.

Sich im Glanze seines (ihres) Ruhmes sonnen: von jem. Ansehen profitieren, ‚einen Abglanz (seines Ruhmes) erhalten'. Urspr. war der Glanz im religiös. Bereich eine Bez. für das Himmlische, Göttliche, für das Lichte allgemein.

Mit Glanz und Gloria: ausgezeichnet, häufig aber auch iron. verwendet: Man kann eine Prüfung mit Glanz und Gloria bestehen, ebensogut aber auch ‚mit Glanz und Gloria durchfallen'.

Die Begriffe ‚Glanz' und ‚Gloria' wurden urspr. auf die Lichtfülle bei der Erscheinung des Herrn, der Mutter Gottes und der Heiligen bezogen und im Zusammenhang damit auch auf die Prachtentfaltung der geistl. und weltl. Würdenträger früherer Zeit. So heißt es z. B. bei Abraham a Sancta Clara (1644–1709): „... erscheint sie (die Fürstin) der hl. Jungfrau Luidgarde in groszer glori u. glanz". Später wurden sie auch für andere überragende Ereignisse verwendet, vor allem als verstärkende (stabreimende) Zwillingsformel in der Prägung ‚mit Glanz und Gloria', wie sie für den Einzug einer herausragenden Persönlichkeit gebraucht wurde. Rich. Wagner (Grals-Erzählung,

Lohengrin): „Aus Glanz und Wonnen komm ich her".

In positiver Bdtg. ist die Rda. schon im 19. Jh. belegt, u. a. bei W. Raabe (‚Der Schüdderump' [1870] 2, 153): „... wer ist in Glanz u. Gloria auf dem Wege nach Krodebeck?", desgl. bei K. H. Waggerl (‚Mütter' [1935], 252): „mit Glanz und Gloria, dachte sie, würde der Vater kommen ...". Die Wndg. steht darüber hinaus aber auch für die längst vergangene Pracht, wie z. B. in der Floskel von *Preußens Glanz und Gloria* oder in der Rda. *mit Glanz und Gloria untergehen:* völlig von der Bildfläche verschwinden.

Nur positiven Sinn besitzen die Rdaa. *ein glänzendes Examen machen,* oder (bei einer Sache) *glänzend abschneiden.* Spöttisch gemeint ist dagegen die Rda. *wie ein Vollmond glänzen:* ein rundes Gesicht haben. *Durch Abwesenheit glänzen,* ↗ Abwesenheit.

Ndd.: ‚Das glänzt wie Schnotter (Rotz, Nasenschleim) im Mondschein'. ‚Dat lücht't (glänzt) as 'n schwatt Kalw in Düstern'.

Glas. Auf das Fensterglas beziehen sich die Rdaa. *Glas auf dem Dach haben:* niemand etw. vorwerfen dürfen, weil man selbst nicht reines Gewissen hat; vgl. das zugehörige Sprw. ‚Wer im Glashaus sitzt, soll nicht mit Steinen werfen'; vgl. engl.: ‚Those who live in glass houses should not throw with stones'. Ähnl.: ‚Wer einen gläsernen Kopf hat, der muß nicht mit Steinen werfen'. (Engl.: ‚He that hath a head made of glass must not throw stones at another'.) Oder auch: ‚Wer einen gläsernen Kopf hat, gehe in keine Schlacht, in der man mit Steinen wirft'. Aus einer Parlamentsdebatte: ‚Herr Kollege, seitdem sitzen Sie im Glashaus, und nachdem Sie das Glashaus mit eigenen Steinen beworfen haben, sitzen Sie im Freien, d. h. im Kalten'.

Es ist ja nicht von Glas: die Sache ist nicht so heikel, empfindlich. *Du bist doch nicht aus Glas:* versperre mir nicht das Licht, die Aussicht! Vgl. frz. ‚Tu n'es pas transparent'. Ähnl. *Dein Vater war doch kein Glaser!* oder in der Frageform: *Ist dein Vater Glaser?* beruht auf der grotesk-witzigen Vorstellung, daß der Glaser durchsichtige

Kinder haben müsse (mdal. seit der 2. Hälfte des 19. Jh. für Berlin und Leipzig bezeugt). Die witzige Antwort lautet dann: ‚Nein, Vorsteher!‘ (d.h. ein Davorstehender).

Auf das Trinkglas bezieht sich *mit jem. aus einem Glas trinken:* sehr vertraut sein mit ihm (vgl. frz. ‚boire dans le verre de quelqu'un‘). Glas kommt mehrfach vor in Wndgn., mit denen Alkoholmißbrauch umschrieben wird: *Er hat ein Glas zuviel;* vgl. frz. ‚Il a un verre dans le nez‘ (wörtl.: Er hat ein Glas in der Nase), i.S.v.: Er hat eine Säufernase; *er hat lieber ein Glas in der Hand als eine Bibel; aus keinem leeren Glas trinken; kein leeres Glas sehen können:* gern trinken (Trinklust erscheint durch den horror vacui verursacht), eine Rda. aus dem 20. Jh.; *volle Gläser nicht leiden können:* gern trinken, eine beschönigende Rda. von einem, der schnell trinkt (20. Jh.); els. von einem Trinker ‚Er ka ke voll un ke leer Glas sehn‘; *zu tief ins Glas geguckt haben:* zuviel getrunken haben, einen Rausch haben, seit etwa 1700 wohl die umschreibende Nachbildung der Rda. von dem Liebenden, der seinem Mädchen zu tief ins Auge geblickt hat.

Aus einem Glas ins andere gießen: etw. ständig wiederholen, ohne auf neue Gedanken zu kommen. Bair. ‚e Glasl kriegn (gebn)‘, einen Korb kriegen (geben); ‚furt gehn, als wenn mer e Glasl gfunden hätt‘, beschämt fortgehen; vielleicht daher, daß dem abgewiesenen Werber ein Glas Wein zum Trost gereicht wurde.

Das Glas erheben: einen Trinkspruch auf jem. ausbringen, jem. zuprosten, ↗Toast.

Wir sind nicht mehr am ersten Glas ist ein Zitat aus Uhlands ‚Trinklied‘ (1812). „Das Glas in der Rechten, die Flasch‘ in der Linken“ ist ein Zitat aus dem Trinklied von Heinrich Hoffmann v. Fallersleben (1829).

Vom Brillenglas stammt *Er hat sich ein Stück Glas* (oder *eine Glasscherbe*) *ins Auge getreten:* er trägt ein Einglas, ein Monokel; eine wohl aus dem Berl. stammende Rda. *Durch ein trübes Glas sehen:* nicht genau beobachten können.

Glas bietet sich ferner an als rdal. Vergleich des Glatten, des Zerbrechlichen, aber auch des Geringwertigen (vgl. frz.

‚rasé comme un verre à bière‘, glatt rasiert sein (heute ungebräuchlich); ‚il ne donnerait pas un verre d'eau‘, er ist ein großer Geizhals).

Sturm im Wasserglas ↗Sturm.

Im Märchen und in der Sage dient das Glas auch als Behältnis für den bösen Dämon, den man, um ihn unschädlich zu machen, in ein Glas (Flasche) hineinbannt. Darauf beruht auch die Rda.: ‚Er will Gott und den Teufel in ein Glas bannen‘. ↗Flasche, ↗Gott.

Lit.: *E. Weekly:* ‚Those who live in glass houses should not throw stones‘, in: Modern Language Review 30 (1935), S. 241; *W. Mieder:* Das Sprw. in unserer Zeit (Frauenfeld 1975), S. 99; *K. Horálek:* Art. ‚Geist im Glas‘, in: EM. V, Sp. 922–928.

Glatteis ↗Eis.

glauben. *Daran glauben müssen:* eine bittere Erfahrung machen, eine schlimme Einbuße erleiden, schließlich auch Umschreibung für ‚sterben‘ (vgl. ‚das Zeitliche segnen‘); so auch in den Mdaa., z.B. schlesw.-holst. ‚He mutt dor wull bald an globen‘, er wird wohl bald sterben. Die Wndg. ist urspr. durchaus religiös gemeint; zu ergänzen ist etwa: ‚... daß es einen stärkeren Herrn gibt, daß Gott den Sünder straft‘ usw. (vgl. auch verwandte Wndgn. wie ‚beten lehren‘, ‚zu Kreuze kriechen‘ u.a.). Erst sekundär hat sich dann die umgangsspr.-iron. Verwendung angeschlossen.

Es kommt anders, als man glaubt geht auf ein Zitat aus Wilhelm Buschs ‚Plisch und Plum‘ (1882) zurück:

Aber hier, wie überhaupt,

Kommt es anders, als man glaubt.

Wer's glaubt, wird selig (oft mit dem reimenden Zusatz: ‚und wer stirbt, wird mehlig‘, auch: ‚Wer bäckt, wird mehlig‘ oder ‚Wer's glaubt, wird selig, und wer's nicht glaubt, kommt auch in den Himmel‘): das ist unglaublich; parodierende Verwendung des Bibelzitats von Mark. 16,16: „Wer da glaubet und getauft wird, der wird selig werden; wer aber nicht glaubet, der wird verdammet werden“. Vgl. frz. ‚Il n'y a que la foi qui sauve‘ (wörtl.: Der Glaube allein macht selig). Der Hamburger sagt zu einer handgreiflichen Lüge: ‚Ik glob et fas‘.

Wenn du's nicht glaubst, so laß dir's reitern:

überzeuge dich selbst! Die Wndg. dient der Bekräftigung, um den Zweifel zu erschüttern, wenn eine Mitteilung von jem. ungläubig aufgenommen wird. Diese Wiener Rda. wird in Österreich vor allem noch von Kindern gebraucht. Das Reitern war urspr. ein Orakel. Um einen Dieb zu entdecken, wurde das Reiterl (Reuterl) oder Erdsieb gedreht. In die Wand des Siebes wurde eine Schere mit beiden Spitzen gesteckt. Die Handhaben hielten gewöhnlich zwei ältere Frauen. Dabei dachten sie an eine des Diebstahls verdächtige Person. Bewegte sich dabei das Sieb, war der Schuldige gefunden, denn das Reiterl sprach immer die Wahrheit. Im Waldviertel dagegen wurde das Sieb gedreht, und alle verdächtigen Personen wurden dabei genannt. Wenn das Sieb bei einem Namen hielt, glaubte man ebenfalls, den Schuldigen entdeckt zu haben. Die Rda. bedeutet demnach: befrage das Sieb, wenn du Bedenken an der Glaubwürdigkeit hast. ↗ Sieb.

Wer's nicht glaubt, pappt's: wer's nicht glauben will, muß es pappen; hess. weit anderwärts recht verbreitet. Leicht abweichende mdal. Formen sind: ‚Wann des nit glaabst, un do schmirsch des' (schmierst du es) oder: ‚Wenn des nit glaawe wit (glauben willst), dann kanns des (kannst du es) mauern'. Der Sinn dieser Rdaa. ist nicht ohne weiteres verständlich; er wird jedoch sofort klar, wenn man die mdal. Form solcher Gebiete ins Auge faßt, die statt des au oder des daraus entstandenen a in ‚glauben' ein ä zeigen: ‚Wer's nicht glääbt, der pappt's; d.h. die Voraussetzung für die Rda. ist die mdal. Form ‚glääben' und das auf ihr beruhende Wortspiel mit ‚kleben'. Die Form ‚glääben' für ‚glauben' setzt ein älteres ‚glääben' voraus, das wir z. B. bei Luther kennen (vgl. auch sein Häupt für Haupt usw.) und das mdt. verbreitet ist. Doch deckt sich diese Verbreitung heute nicht mehr mit dem Geltungsbereich jener Rda. Schuld daran mag sein, daß das Gebiet von ‚glääben' früher weiter reichte und heute zurückgedrängt ist; schuld ist aber sicher auch die Tatsache, daß ein solches Sprw. wandert. Seinen Urspr. kann es natürlich nur in einem Gebiet haben, in dem das Wortspiel einen Sinn hat und wirklich verstanden wird,

das heißt dort, wo mdal. ‚glääbt' gebräuchlich war.

Ein anderes Wortspiel, das schon bei Grimmelshausen begegnet, lautet: ‚Wer's glauben will, mag's mausen.'

Das Bibelwort ‚Der Glaube versetzt Berge' (nach Matth. 17,20; vgl. auch Matth. 21,21 und Luk. 17,6) wird heutzutage oft scherzhaft verwendet i. S. v.: ‚Das mag glauben wer will'. Spöttisch gemeint ist auch die Bez. ‚Glaubenszwiebel'. So nennt man die vor allem in pietistischen Kreisen übliche Knotenfrisur der Frauen, die mit ihrer Schmucklosigkeit einer Einstellung Ausdruck verleihen soll.

Zu den Ausdrücken der Verwunderung und des Erstaunens gehört ‚Ich glaube, mein Holzbein kriegt Äste'; ↗ denken.

Lit.: *V. Chauvin:* ‚Wunderbare Versetzungen unbeweglicher Dinge', in: Zs. f. Vkde. 14 (1904), S. 316–320; *F. Mauer:* ‚Wer's nicht glaubt, der pappt's', in: Hess. Bl. f. Vkde. 26 (1927), S. 9 und 180; *M. Haberlandt:* ‚Laß dir's reitern'. Sachl. Grundlagen einer Rda., in: Wörter und Sachen 12 (1929), S. 91–92; *L. Schmidt:* ‚Wiener Rdaa.: II. Klauben u. Reitern', in: Das dt. Volkslied 43 (1941), S. 42; *H. J. Uther:* ‚Glaube versetzt Berge', in: EM. V, Sp. 1270–1274.

gleich. *Gleiches mit Gleichem vergelten:* der Grundgedanke des ‚ius talionis', des Wiedervergeltungsrechts, des ‚Auge um Auge, Zahn um Zahn', wie es aus dem mosaischen Gesetz (2. Mos. 21,24) bekannt und alter Rechtsgrundsatz vieler Völker ist. So auch bei den Römern: „Par pari respondere (oder: referre)", z. B. bei Plautus. Vgl. auch frz. ‚rendre la pareille' und die dt. Rda. ‚Wurst wider ↗ Wurst' oder das Sprw.: ‚Wie du mir, so ich dir'.

Gleiche Brüder (Narren), gleiche Kappen: gleiche Rechte und gleiche Pflichten bei Personen desselben Standes oder Schlages. Die Wndg. ist hergeleitet von den Mönchen, bei denen alle Brüder eines Ordens dieselbe Tracht haben. Heute wird damit meist ausgedrückt, daß die Zugehörigkeit zu einer bestimmten (straff organisierten und ideologisch ausgerichteten) Gruppe letzten Endes auch auf das gleiche Verhalten hinausläuft, mag sich der einzelne zunächst auch anders darstellen. Auf die Gleichheit der Anlagen und Interessen weist dagegen das Sprw.: ‚Gleich und Gleich gesellt sich gern'.

Für ‚gleich aussehen' gibt es eine Fülle

rdal. Vergleiche, z. B. ‚sich gleichen wie ein Ei dem anderen'; ‚er sieht ihm so gleich, als wäre er ihm aus dem Gesicht geschnitten'; vgl. frz. ‚Ils se ressemblent comme deux gouttes d'eau' (wörtl.: Sie gleichen sich wie ein Wassertropfen dem anderen); aber auch in verwandten Wndgn., um einen hohen Grad von Ungleichheit auszudrücken, z. B. ‚Er sieht ihm so gleich, als wäre er ihm aus dem Gesäß geschlupft' (vgl. Wander I, Sp. 1717).

Gleiches mit Gleichem heilen ist ein Prinzip der Volksmedizin, das schon den Römern bekannt war (‚similia similibus curantur') und bis in die neuzeitliche Heilkunde hinein wirkt.

Störung des Gleichgewichts; sein Gleichgewicht verlieren bzw. *aus dem Gleichgewicht geraten* wird meist in übertr. Sinne verwendet mit der Bdtg.: die Gemütsruhe verlieren, außer Fassung geraten.

Nach dem Gleichheitsprinzip verfahren, d. h. allen die gleiche Behandlung zukommen lassen. Gleichheit (égalité) war eine Forderung der Frz. Revolution. Das demokratische Prinzip: ‚Alle Menschen sind gleich' wird nicht selten scherzhaft erweitert mit den Worten ‚nur manche sind gleicher'. Damit wird angedeutet, daß Mitglieder bestimmter sozialer Schichten (oder z. B. auch Männer gegenüber Frauen) Vorteile genießen, die gegen das Gleichheitsprinzip verstoßen. Dieses bezieht sich vor allem auf die rechtliche Stellung im Gemeinwesen, die allen Menschen Gleichbehandlung zusichert – unabhängig von Rasse, Hautfarbe, Religion oder Geschlecht. Nicht angesprochen ist die soziale Stellung im Beruf, wie unter anderem auch einem Spruch zu entnehmen ist:

Wenn alle Leute wären reich,
und alle Leute wären gleich,
und wären all zu Tisch gesessen –
wer wollt' auftragen Trinken und Essen?

‚Auf gleichem Fuß mit jem. verkehren': auf derselben sozialen Stufe stehen, aber auch: wie seinesgleichen behandelt werden, ↗ Fuß.

Das kann einem nicht gleich sein, d. h. dagegen muß man sich wehren, das darf einem nicht ‚gleichgültig sein', i. S. v. ‚egal', ‚einerlei', ‚piepegal', ‚schnurzegal', ‚schnuppe', ‚Jacke wie Hose', ‚gehupft wie gesprungen', ‚alles eins'.

‚Im gleichen Boot sitzen': dieselben Probleme, dasselbe Schicksal haben, ↗ Boot.

Lit.: *H. Trümpy:* ‚Similia similibus (curantur)', in: Schweiz. Arch. f. Vkde. 62 (1966), S. 1–6; *D. Schwab:* Art. ‚Gleichberechtigung', in: HRG, I, Sp. 1696–1792; *A. Erler:* Art. ‚Gleichheit', in: HRG, I. Sp. 1702–1706.

Gleis. *Im Gleis bleiben:* auf dem rechten Weg bleiben, seit dem 16. Jh. belegt, z. B. 1595 bei G. Nigrinus; ‚Anticalvinismus' d 3ᵇ: „(die Papisten), welche kein solche Vernewerung erdencken, sondern in ihren ... alten Gleisen meinstlich bleiben". Daneben steht die jüngere Wndg. *sich in ausgefahrenen Gleisen bewegen:* nichts Neues zuwege bringen, unselbständig sein; vgl. frz. ‚sentiers battus' (breitgetretene Pfade).

Aus dem Gleis kommen: vom Wege abkommen; bildl. etwa 1713 bei Grimmelshausen: „Ich bin ... schier ... aus dem Glaiß meiner Erzehlung kommen"; neuerdings gewendet *zu aufs falsche Gleis geraten:* auf Abwege geraten. *Wieder ins Gleis kommen:* auf den rechten Weg zurückfinden; schon rdal., aber noch ganz im Bilde bleibend, verwendet von Mathesius (‚Sarepta' 1571, S. 154ᵃ): „Ich nab auch umbgeworffen, ich dank aber Gott, der mir und meinem Wagen wider auffgeholffen und ins Gleis gebracht hat".

Heute sagt man vor allem noch *etw. ins rechte Gleis bringen:* in geordnete Bahnen bringen; bezeugt bei Goethe: „Er (hat) seinen ganzen Einfluß gebraucht, um die jungen Leute ins Gleis zu bringen".

Alle diese Wndgn. sind also nicht etwa erst seit der Erfindung der Eisenbahn volkstümlich, sondern sie spiegeln die Verkehrsverhältnisse einer Zeit wider, in der der gesamte Verkehr mittels Pferdewagen vor sich ging und das Einhalten der ausgefahrenen Wagenspur für den Fuhrmann eine Notwendigkeit war.

Glied, Glieder. *Das fehlende Glied (in der Kette) suchen* oder *gefunden haben:* den noch fehlenden letzten und überzeugenden Beweis erbringen wollen; die Lücke in der Beweiskette schließen; einen Täter überführen; vgl. frz. ‚le maillon de la chaîne'.

Das schwächste Glied (in der Kette) sein: die unsicherste, unzuverlässigste Stelle sein, durch die Gefahr droht, eigentl. die Stelle der Kette, an der sie bes. abgenutzt ist und voraussichtlich zuerst reißen wird. Auf den Menschen übertr., meint die Wndg. jem. aus einer Gruppe, auf den man sich im Notfall nicht verlassen kann, vor dem man warnen muß, weil er ein riskantes Unternehmen oder andere Beteiligte verraten und gefährden könnte.

Kein Glied rühren können: vor Schmerzen (Schreck) sich kaum bewegen können; aus Furcht wie gelähmt sein.

An einem Gliede kalendern: den Wetterwechsel durch das Schmerzen einer alten Wunde (Narbe) schon vorher spüren. Häufiger hört man die Feststellung: Das Wetter liegt einem (wie Blei) in den Gliedern: es macht Beschwerden. Jem. (noch) in den Gliedern stecken (sitzen): seinen ganzen Körper erfaßt haben. Die Wndg. wird bes. häufig auf ein durchdringendes und anhaltendes Kältegefühl, auf eine schwere Krankheit, die den Körper schwächte, oder auf eine Furcht bezogen, die nicht so rasch überwunden werden kann.

Jem. in die Glieder (durch alle Glieder) fahren: ihn wie ein Schlag treffen; meist vom Schreck oder einem plötzlichen Gedanken, einer schlimmen Ahnung oder Nachricht gesagt. Ähnl. an allen Gliedern zittern: vor Furcht, Angst, Entsetzen beben; vgl. frz. ‚trembler de tous ses membres‘.

Streit vom Magen und den Gliedern ↗ Magen.

Glocke. Die Glocke ist gegossen: die Sache ist abgemacht, beschlossen, der Plan ist geschmiedet, eine schwierige Aufgabe ist glücklich gelöst; schon in Luthers Sprichwörtersammlung (Thiele Nr. 124) und in der frühnhd. Lit. sehr häufig. 1595 erscheint die Wndg. in G. Rollenhagens ‚Froschmeuseler‘: „Endlich ward nach vielem Gezenk die Glock von allen so gegossen“. Zusammen mit mehreren anderen gleichbedeutenden Rdaa. steht sie auch in einem Spottgedicht von Burkard Waldis (1490–1556) auf den Herzog Heinrich den Jüngeren von Braunschweig (V. 390 ff.):

Ich halt's, die glock sei schon gegossen,
Die axt ist scharpff vnd woll gewetzt,
Dem bawm schon an die wurtzeln
                                        gsetzt,
Der knüttel drawt den bösen hunden,
Vnd ist der besem greyt (bereits)
                                        gebunden.

In der ‚Zimmerischen Chronik‘ (II, 582) heißt es: „Nach seinem todt wardt die glock gossen, und wie ain alter, erlicher man zu Mößkirch, genannt Conradt Burger, ain spruchwort het: ‚User bast macht man Hafensack, was ein karger erspart, wurt aim geuder zu tail, also ging es mit diesem erb auch!‘“ Bacchi et Veneris facetiae (1617), S. 141:

Se tunc bene habebunt res
So ist die glock gegossen.
Tua corrobata spes,
Ich hab sein offt genossen.

In Grimmelshausens ‚Simplicissimus‘ heißt es: „Nach langem Diskurs wurde die Glock gegossen und beschlossen, daz Springinsfelt den Schatz suchen sollte“.

Die große Glocke läuten: sich mit einer Angelegenheit unmittelbar an die wenden, der die oberste, entscheidende Stimme darüber hat; vgl. frz. ‚frapper à la bonne porte‘ (wörtl.: an die richtige Tür klopfen); an die große Glocke laufen: eine Sache vor die Allgemeinheit bringen. Diese Rdaa. hängen mit der Verwendung der Glocke im Rechtsbrauch zusammen. Zu Gerichtsverhandlungen wurden die Dinggenossen durch das Läuten der großen Kirchenglocke zusammengerufen. Wer also etw. vor Gericht brachte, der veranlaßte, daß die große Glocke geläutet werden mußte. In einer Sage von Karl d. Gr. (Grimm, DS. Nr. 459) läutet eine Schlange an dem Glockenseil, um den Rechtsspruch des Kaisers zu erfahren. Thomas Murner überschrieb das 2. Kapitel seiner ‚Mühle von Schwindelßheim‘ (1515) mit „An die große Glocke laufen“, V. 249 heißt es dann:

Lauff hin, stürm an die gröste glocken,
Das wir domit zuosamen locken
Allen guoten lieben gesellen.

Auch an die Strafe des Ausläutens ist zu denken, insbes. an das Ausläuten oder Verläuten der Schuldner, die ihre Gläubiger nicht befriedigen konnten. So spricht Seb. Brant (1494) in seinem „Narrenschiff" (Kap. 82, 8) von dem aufkommenden leichten Sinn der Bauern:

Sie stecken sich inn große schulden,
Wie wol korn und wyn gilt vil,
Naemen sie doch uff borg und zyl
Und went bezalen nit by ziten
Man muoß sie bannen und verlüten.

Altmärkisch lautet die Rda. noch ‚an de grote Klocke slaan‘, übertreiben, prahlen. Wo die Rda. heute noch verwendet wird, hat sie andere Bdtg. angenommen, z. B. schwäb. ‚mit der großen Glocke läuten‘, großen Lärm mit etw. machen. ‚Einem die große Glocke läuten‘, ihn feiern und ehren; allgemeiner auch: viel Lärm um eine nichtige Sache machen.

‚An die große Glocke laufen (hängen)‘

Etw. an die große Glocke hängen: es ausposaunen, in aller Leute Mund bringen, öffentl. bekanntmachen, namentlich von Privatangelegenheiten, die nicht vor die Öffentlichkeit gehören, vgl. frz. ‚carillonner quelque chose. *An die große Glocke kommen:* in aller Leute Mund kommen; *es ist an der großen Glocke:* es ist in aller Leute Mund. Das Zeitwort ‚hängen‘ scheint in dieser Rda. jünger zu sein und auf der Vermengung von ‚anschlagen‘ mit anderen Ausdr., wie ‚höher hängen, an-

hängig machen‘ usw. zu beruhen. Rhein. (Köln) sagt man: „Mer muß nit alles an de Domklock hange‘; els. ‚Lütt nit mit der Glock!‘, fang nicht an, von dieser Sache, in diesem Tone zu reden! Bismarck gebrauchte in einer seiner Reden einmal: „Elsässer Abgeordnete, die alle ihre Klagen an die größte Glocke in Deutschland zu hängen imstande sein werden …“, d. h. im Reichstag zur Sprache bringen (vgl. ndl. ‚iets aan de grote klok hangen‘; frz. ‚sonner la grosse cloche‘; ‚entendre les deux cloches‘, beide Parteien hören).

‚Utpingeln‘ heißt: etw. ausposaunen, und einer, der das große Wort führt, heißt ‚Pingelpott‘; man sagt von ihm ‚Hei tüt gern de grauten Klocken‘ (Kreis Minden). Wenn daher etw. nicht verschwiegen bleibt, sondern ganz sicher allg. bekannt wird, so sagt man ‚Dat is so goot, as wenn’t an de groot Klock bunnen is‘. ‚Et kümmet doch noch an de Klocken‘ heißt: es ist nichts so fein gesponnen usw., und, wenn es kund geworden ist, ‚häfft sei’t an de gruoten Klocken bracht‘ (Westf.)

Wissen (oder *merken*), *was die Glocke geschlagen hat:* durch eine Andeutung genügend Bescheid wissen; schon bei Grimmelshausen mehrfach belegt. Eine Belegstelle findet sich auch in Murners ‚Narrenbeschwörung‘ 53, 60:

Er sol versehen eine statt
Und weiß nit, was geschlagen hatt.

Die Glocke läuten hören, aber nicht wissen, wo sie hängt: unvollständig unterrichtet sein; beruht auf der Erfahrung, daß die Richtung, aus der fernes Glockengeläut kommt, oft falsch beurteilt wird (↗läuten hören). Die Rda. hat in der lit. Kritik früherer Jahrhunderte eine große Rolle gespielt; so gebraucht sie beispielsweise Lessing (13,381): „Wenigstens hat der … nur läuten hören, ohne im geringsten zu wissen, wo die Glocken hängen“ (vgl. auch ndl. ‚van klok noch klepel weten‘, überhaupt nichts wissen). In Westf. erhält man auf die Bemerkung ‚Diu hiärst wuol luien hoart, woißt owwer nit, wo de Klokken hanget‘ wohl die Antwort:

Dei Klokken hanget im Tappen,
Wann se fallt musst diu se schnappen.

In Bayern sagt man ‚Du hast läuten, aber nicht zusammenschlagen gehört‘. Dagegen rhein. ‚He wet, wan’t luijt‘, er versteht die Gelegenheit wahrzunehmen. Sprw. sagt man ‚Wo kine Klock is, da is auk kin Gelüd‘, mit der Ursache hört auch die Wirkung auf. Wenn der Küster unpünktlich ist und das Läuten nach seiner Bequemlichkeit einrichtet, heißt es ‚De Klock geit, äs de Köster de Kopp steit‘. Vermutlich besagt die Rda. auch, daß man am Läuten den Gemütszustand des läutenden Küsters heraushört: Freude bei schnellem Läuten, Kummer bei langsamem Läuten etc. Das Leben im Ort wurde früher von solcher Glockensprache bestimmt und geordnet, die jeder verstand. Sogar das Wetter kündete so: ‚Man hört de Klock so luut, de Wind hätt dreit, wie kriegt anner Wiär‘. Wenn lange geläutet wird, so ‚is de Küster mit sien Been in'n Klockenstrang fast‘.

Er hat nie eine andere Glocke als die seines Dorfes gehört: er ist nie von zu Hause weggekommen; vgl. das frz. Sprw.: ‚Qui n'entend qu' une cloche n'entend qu'un son‘ (wörtl.: Wer nur eine Glocke hört, hört nur einen Ton), i. S. v.: Wer die Meinung eines einzigen Menschen hört, kann sich kein objektives Urteil bilden.

Man hat noch nicht mit allen Glocken geläutet: es hat noch Zeit, wir kommen noch früh genug. *Die Glocken tönen noch:* die Sache ist noch nicht aus.

Viele weitere Bildungen sind nur regional verbreitet; so westf. ‚an eene Klock trekken‘, an einem Strick ziehen, das gleiche Ziel verfolgen; dagegen ‚Sie läuten nicht dieselbe Glocke‘, sie sind verschiedener Ansicht, sagen bald so, bald so. ‚Nu lüdden de Klocken anners‘, jetzt geht ein anderer Wind. Els. ‚Potz Sapperment, leyt nit mit dere Glock‘, komm mir nicht mit dieser Sache. Bekannt ist auch: *Er geht gern in die Kirche, wo mit gläsernen Glocken geläutet wird* (oder: ‚Wo das Gesangbuch Henkel hat‘ usw.): in das Wirtshaus. ‚Dicht an den Herrgott sine Kerke hett de Düwel en Kapellken gebaut, wo se met glasernen Klocken lüet‘, sagt man in der Gegend von Dortmund, und auch in Mecklenburg heißt das Gasthaus ‚de Kirch‘, wo mit de gläsern Klocken lüddt ward‘.

Mit der Sauglocke läuten: unsaubere Reden führen. Zoten erzählen; obersächs. ‚Sull mer dee erscht mit der Saugluck läu-

ten‘, soll man dir erst mit derben Worten kommen; münsterl. ‚De lütt met de Swineklock‘; auch die Tiroler nennen das Zoten ‚die Sauglocke läuten‘; ↗ Sauglocke.

Eine plauderhafte, sich in den Häusern herumtreibende Person wird im oberen Naabgau als ‚Dorfglocke‘ (Dorfschelle) bez. Von einer überlauten sagt man ‚Die ist wie eine Glocke, sieht man sie nicht, hört man sie doch‘.

Er kommt bald in die Glocke deutet an, daß einer dem Tode nahe ist (Kreis Iserlohn). Man sagt auch ‚Mit dem is nich mär veel los, bi dem schleit de Klocke wänner (bald) twiälfe‘ (Dortmund).

‚De Klock geten‘ heißt: einen Anschlag machen. Hans Sachs gebraucht die Wndg. ‚Da wurt die glock gegossen‘. Anderswo heißt es *Die Glocke war schon über mir gegossen:* ich war schon so gut wie verurteilt. Die Wndg. bei Hans-Sachs: „Wenn man die garauss glocken leut" meint: wenn mein letztes Stündlein gekommen ist. Ein Kalb, das gleich nach der Geburt geschlachtet ist, ‚hat kein Betglockenschlagen gehört‘. Von einem elenden Stück Vieh, dessen baldigen Tod man erwartet, heißt es meckl. ‚Dee hett de Klocken (School un Klicken) fri‘.

Die *unter dieselbe Glocke gehören,* d. h. die Kirchspielgenossen kennen sich am besten und stehen sich am nächsten. Darum heißt es vom Heiraten nach auswärts sprw. ‚Wä wegge geht wie ne Klockeklang, dä bereut et sin Lieve lang‘ (Kreis Düren).

‚Du kürst, als wenn du mit hölternen Glocken läutest‘, du bist recht dumm (Kreis Iserlohn, Westf.). Aber: ‚Wo de Klock vun Ledder is un de Knepel 'n Vosswanz, schall man't ok so heel wied nich hören‘.

Wenn ein Kind weint und das Näschen fließt, so sagt man im Rheinl.: ‚Ös treckt de Klemp, de Klickeseeler kuemen all‘ (Kempen) oder ‚Wat häst dau aber wieder for Glockenseile us der Nas raus hänge!‘ (Vallendar). Von einem schreienden Kind heißt es in Westf. auch ‚Et trecket de Braudklocke‘; ‚he lüd keene gode Klocken‘, er hustet bedenklich. Wenn man sich den Ellenbogen stößt, brummt es ‚as wenn 'ne Klock stött‘ (meckl.). Die Dreschflegel bez. der Westfale als ‚hültene Klocken‘.

‚Die dreht sich wie eine Glocke' sagt man im oberen Naabgau von einem raschen Frauenzimmer, das sich beim Tanze herumwirbelt, daß die Röcke glockenförmig abstehen.

Der Ausdr. ‚bei glockhellem Mittag' ist im Volksmund nicht selten. Rosegger gebraucht die Wndg.; „Die Himmelsglocke lag in mattem Blau" und redet von der „stillen, glühenden Himmelsglocke". *Nun schlägt die Glocke dreizehn* ↗ dreizehn.

Lit.: *J. Pesch:* Die Glocke in Gesch., Sage, Volksglaube, Volksbrauch und Volksdichtung (Dülmen i.W. 1918); *E. Erdmann:* Glockensagen (Diss. Köln 1929) *A. Perkmann:* Art. ‚Glocke' in: HdA. III, Sp. 868-876; *P. Sartori:* Das Buch von den dt. Glocken (Berlin – Leipzig 1932), S. 164 ff.; *Chr. Mahrenholz:* Glockenkunde (Kassel – Basel 1948); *W. Ellenhorst* und *G. Klaus:* Handbuch der Glockenkunde (Weingarten 1957); *N. Kyll:* Die Glocke im Wetterglauben und Wetterbrauch des Trierer Landes, in: Rhein. Jb. f. Vkde. 9 (1958); *Chr. Mahrenholz u.a.:* Art. ‚Glocken', in: RGG. II (³1958), Sp. 1621-1626; *A. Erler:* Art. ‚Glocke', in: HRG. I, Sp. 1706–1708; *H. Fischer:* Art. ‚Glocke', in: EM. V, Sp. 1289–1295; *H. J. Uther:* Art. ‚Glocke der Gerechtigkeit', in: EM. V., Sp. 1295–1299.

Gloria (lat. ‚gloria' = Ruhm, Ehre). Der Text „Gloria in excelsis Deo / et in terra pax / hominibus bonae voluntatis" knüpft an den Gesang der Engel nach Luk. 2,14 an und ist als ‚Hymnus angelicus' Teil des Messetextes. Iron. meint dagegen die Rda. *Jem. das Gloria singen:* ihm eine Strafpredigt halten, gehörig seine Meinung sagen, eine Lektion erteilen, ihn abkanzeln.

Ebenfalls scherzhaft gemeint ist die Wndg. ‚mit Glanz und Gloria' (↗ Glanz), wobei weniger an ‚Ruhm' und ‚gloire' gedacht wird, sondern meist an Wortverbindungen wie z.B. ‚mit Glanz und Gloria durchfallen' (↗ Pauken und Trompeten). Man denkt dabei auch an Wortverbindungen wie ‚siegreich untergehen'. Ähnl. wurde im 1. Weltkrieg an Ludwig Uhlands Lied vom guten Kameraden ein Refrain ‚Gloria, Viktoria' angehängt:

Ich hatt' einen Kameraden,
einen bessern findst du nit.
Die Trommel schlug zum Streite.
Er ging an meiner Seite.
Gloria, Gloria, Gloria, Viktoria!
Ja, mit Herz und Hand,
ja, mit Herz und Hand
fürs Vaterland!

Die Vöglein im Walde,
die sangen so wunderwunderschön:
in der Heimat, in der Heimat,
da gibt's ein Wiedersehn!

Der Kehrreim ‚Gloria, Viktoria' wurde auch an das Spottlied vom Dr. Eisenbart angehängt und ebenso an das sog. Kolumbuslied:

Ein Mann, der sich Kolumbus nannt,
War in der Schiffahrt wohl bekannt.
Es drückten ihn die Sorgen schwer,
Er suchte neues Land im Meer.
Gloria, Viktoria,
Widewidewitt, juchheirassa,
Gloria, Viktoria,
widewidewitt bum, bum.

Scherzhaft spricht man auch von ‚Preußens Gloria', – zunächst der Name eines Militärmarsches (von G. Piefke) – wenn vergangene und untergegangene Pracht und Herrlichkeit apostrophiert werden soll, insbes. militärischer Ruhm.

Unter dem ‚Glorienschein' versteht man den Heiligenschein auf bildlichen Darstellungen, d.h. den Strahlenkranz als Zeichen der göttlichen Verklärung oder der Heiligkeit.

Lit.: *A. Wirth:* Art. ‚Gloria Viktoria!' in: Zs. d. Ver. f. Vkde. 26 (1916), S. 371–372; *E. Jammers:* Art. ‚Gloria', in: RGG. II (³1958), Sp. 1627.

Glosse. *Glossen machen:* tadelnde oder spöttische Bemerkungen zu etw. machen. Die Wndg. ist in dieser Bdtg. seit dem Anfang des 18. Jh. lit. belegt und auch in die Mdaa. eingedrungen. ‚Der muß wieder seine Glossen machen' sagt man z.B. obersächs. von einem, der immer etw. auszusetzen, zu nörgeln hat.

Glosse (griech. glossa = Zunge, Sprache) meint zunächst bei Griechen und Römern ungewöhnliche, dunkle, veraltete oder nur in bestimmten Dialekten vorkommende Wörter. Glossen gehören sodann auch zu den wichtigsten Sprachdenkmälern des Altfrz., Altengl. und Ahd. Erst im MA. wurde es üblich, unter Glossen auch die Erklärung selbst zu verstehen, u. zwar einmal die gesprochene Erläuterung bzw. Auslegung (z.B. des Bibeltextes), wie sie vor allem in den Predigten üblich war, zum anderen die geschriebenen Kommentare der Rechtsausleger (Glossatoren), aber auch den kommentierten Text allgemein: „... sampt des authoris eigenen glossen u. erklärungen" (Paracelsus: ‚Chirurg. Bücher u. Schriften' [1618], 524).

Man unterschied zwischen Glossen, die über den Textzeilen standen (Interlinearglossen), und solchen, die am Rande eingetragen waren (Marginal- oder Randglossen): „ die grobschrift (im Rechtskodex) ist der text blosz, die kleinschrift herum ist die glosz" (H. Sachs, Werke, Ausg. Keller, 9, 447). Daher versteht man im nichtwissenschaftlichen Sprachgebrauch unter Glossen auch die gesprochenen ‚Randbemerkungen', besonders spöttische.

Der Bdtgs.wandel des Begriffs ‚Glosse' vom erklärenden Text zur Texterklärung bis hin zum spöttischen Kommentar (über die Texterklärung) ist aus zahlreichen lit. Zeugnissen bekannt. So heißt es bezüglich der theologischen Glosse schon bei Seb. Franck: „gottes wort ... ist das liecht selbs, wie kann es dann vom menschen ... mit seinen glosen erleucht werden" (‚Paradoxa' [1558], 360). Luther betrachtet sie als falsch und lästerlich: „alle, die die schrifft mit yhren falschen glossen lestern" (Luther: Sämtl. Schriften, Ausg. Walch, 1, 383). Auch Th. Murner bez. sie als falsch: „... eine vals glosz" (‚Narrenbeschwörung', 199).

Im 17. Jh. wird die Glosse häufig in die Nähe der ‚Posse' gebracht: „wie sie vielmehr bauen auf ihre Glossen u. Possen der Schultheologen als auf das lautere Wort Gottes" (‚Reinicke Fuchs' [1650], 342), während im frühen 18. Jh. die spöttische Bemerkung schließlich selbst zur ‚Glosse' wird: „des Spötters Glossen" (G. C. Pfeffel: ‚Poet. Versuche' [1812], 1,139); „keine bitteren Glossen, Miss" (Lessing, Sämtl. Schriften, Ausg. Maltzahn, 2, 383). Daneben hat sich jedoch auch der heiter-spöttische Sinn erhalten, wie er u. a. bei P. Rosegger z. Ausdr. kommt: „Hilla war stets voll Glossen und Possen". In dieser Bdtg. ist er noch heute allg. bekannt.

In der Sprache der Presse wird Glosse zur kurzen feuilletonistischen Form eines Kommentars.

Lit.: *A. Erler:* Art. ‚Glosse', in: RGG. II (³1958), Sp. 1628; *K. H. Munske:* Art. ‚Glosse' in: HRG. I, Sp. 1712–1713.

Glück. *Damit hast du bei mir kein Glück:* damit erreichst du bei mir nichts. *Er hat mehr Glück als Verstand* (scherzhaft: ‚als Fer-dinand'). Ähnl. *Er ist ein Glückskind* (urspr. ein mit einer ‚Glückshaube' oder ‚Glückshaut' [umhüllende Eihäute] geborenes Kind), *Glückspilz* (seit etwa 1800), *er hat eine Glückshaut, er ist ein Hans im Glück* (nach KHM. 83). Im ‚König Ödipus' des Sophokles (V. 1080) nennt sich Ödipus „Παῖς τῆς Τύχης" (Kind des Glückes), was Horaz in den ‚Satiren' (II, 6, 49) mit ‚fortunae filius' und wir mit ‚Glückskind' wiedergeben, ↗Glückshaube.

Auf gut Glück etw. tun: in der Hoffnung, daß es gelingen werde. In dieser Wndg. ist die ältere. Bdtg. von Glück noch erkennbar, das noch mhd. den Sinn von ‚Zufall' hatte. ‚Auf gut Glück' meint also eigentl.: auf einen freundlichen Zufall hin; vgl. frz. ‚faire quelque chose au petit bonheur'.

Das Glück beim Schopf ergreifen: das Glück festhalten. Die Rda. bezieht sich auf die alte Vorstellung von dem in Olympia verehrten Kairos, der nur eine Stirnlocke, aber ein geschorenes Hinterhaupt besaß (↗Gelegenheit).

Ihm lacht das Glück; vgl. frz. ‚La fortune lui sourit' (lächelt ihm zu); auch: *das Glück läuft ihm in den Arsch.* Hier ist das Glück personifiziert wie bei den Römern die Glücksgöttin Fortuna; ebenso in der gegensätzlichen Rda. *Das Glück kehrt ihm den Rücken.*

Urspr. hatte der Begriff ‚Glück' (mhd. gelücke) lediglich die Bdtg. von Schicksal, Geschick, Ausgang einer Sache. Erst durch die nähere Bez. ‚gutes' Glück (engl. ‚good luck') bzw. ‚böses' Glück (engl. ‚bad luck') wurde die positive oder negative Bdtg. z. Ausdr. gebracht, wie aus einer Reihe von lit. Belegen hervorgeht: „wirt mîn gelücke also guot ..." (Hartmann v. Aue: ‚Iwein', 5517); „da begab sich ein böses glück" (Fischart: ‚Eulenspiegel', Ausg. Hauffen, 87); „zum guten glück ists nicht zu spät" (G. Rollenhagen: ‚Froschmeuseler' [1595], 1,2,22).

Im Laufe der Zeit wurde im Dt. das Wort ‚gut' als nähere Bez. weggelassen und der Erfolg, die gute Chance, das unerwartet Positive nur durch den Begriff ‚Glück' wiedergegeben. In Verbindung damit entstanden eine Reihe von rdal. Wndgn., mit denen die Art des Glücks umschrieben wurde, so u.a. *Glück haben,* z.B. bei Frauen, im Spiel usw.; ferner: *Glück bringen,* eine Wndg., die meist mit bestimmten Glückssymbolen verbunden wurde wie z.B. Glückskäfer, Glücksschwein, Glücksklee, (insbes. das vierblättrige Kleeblatt) usw.; *ein Glückskerl sein, vom Glück verwöhnt sein, eine Glückssträhne haben* u.a.

Weder Glück noch Stern haben: Unglück, Pech haben (↗ Stern), in bejahender Form in Joh. Fischarts ,Glückhaftem Schiff' (1576):

Gott geb, daß dieser Bund bleib wirig (= dauernd) ...

Gott geb, daß er hab Glück und Stern, Solang die Aar läuft nah bei Bern.

Diese Rda. ist auch bei Abraham a Sancta Clara mehrfach bezeugt.

Dem Glück im Schoß sitzen: vom Glück ganz bes. und dauernd begünstigt werden. Die Wndg. *Glück muß der Mensch haben* beinhaltet die Erkenntnis, daß der Mensch sich nicht immer ausschließlich auf seine eigenen Fähigkeiten verlassen kann.

Die Rda. vom *großen Glück* bzw. vom *Glück der alten Weiber* ist euphemist. oder gar iron. zu verstehen. Eulenspiegel ,, segnet sich", wie die 21. Histori des Volksbuches sagt, ,,alle Morgen vor gesunder Speiß und vor grossem Glück und vor starckem Tranck". Er meinte die Speisen der Apotheke, die, wie gesund sie auch sein mögen, doch ein Zeichen von Krankheit sind; der starke Trank war ihm das Wasser, das große Mühlräder treibt, an dem sich aber gar mancher gute Gesell den Tod getrunken hat. Vom ,großen Glück' sagt das Schwankbuch: ,,... dann wo ein Stein von dem Tach fiel oder ein Balcken von dem Huß, so möcht man sprechen: Wer ich da gestanden, so het mich der Stein oder der Balck zutod gefallen; das war myn groß Glück. Sollichs Glück wolt er gern entbehren". Etw. geändert hat die Geschichte Julius Wilh. Zincgref in seiner zuerst 1626 erschienenen Apophthegmen-Sammlung (,Teutscher Nation klug-außgesprochene Weißheit' [Amsterdam 1653]: ,,Eulenspiegel meinte, wann einer die Stiegen hinein fält,

das groß Glück, wie man sagt, daß er den Halß nicht gar gebrochen". Diese Fassung hat Christoph Lehmann in sein ,Florilegium Politicum' aufgenommen (IV, S. 28 f).

Derselbe Gedanke vom *Glück im Unglück* kehrt auch in einem anderen Zusammenhang wieder, nämlich in dem 589. Stück von ,Schimpf und Ernst' des Franziskaners Johannes Pauli: ,,Wan etwan ein Weib blau und mosecht (fleckig) umb die Augen ist, so sprechen die Nachburen: ,Wie sein ir so blau umb die Augen?' so spricht sie: ,Mein Man hat mich geschlagen'. So sprechen sie: ,Ir haben groß Glück gehabt, das ir nit umb das Aug sein kumen'".

In einem Meistergesang von Hans Sachs (II, 271) heißt es:

Zumb driten hüt dich vor der alten
Weiber Glück;

Wan sie sprechen gwencklich zu allem
pösen Stück:

Es ist gros Glück gewessen pey dem
allen;

Felt etwan ainer oben von eim Haus
herab,

Felt ab ain Schenkel, so sprechens,
gros Glück der hab,

Das er sich nit gar hab zu Dot
gefallen.

Zur selben Zeit ist das ,Glück der alten Weiber' auch sonst sprw. belegt (z.B. ,Zimmerische Chronik' II, S. 346), Joh. Fischart (II, S. 117 f.). In der Sicht der frz. Sprache ist es schlechthin zum dt. Glück geworden. Wenigstens erzählt das im Jahre 1787 Johanna Schopenhauer in dem erst nach ihrem Tode hg. ,Jugendleben' (I, 83): ,,Die Franzosen pflegten spottend zu behaupten, daß wir Deutschen, wenn irgend jemand etwa ein Bein gebrochen hat, ihn immer noch glücklich preisen, weil er nicht zugleich den Hals brach, was doch leicht hätte geschehen können. Sie nennen das Le bonheur allemand (heute nicht mehr gebräuchlich). Leugnen läßt es sich nicht: Diese Bemerkung, die, obenhin betrachtet, nichts weiter als ein artiger witziger Einfall zu sein scheint, ist auf eine tief im Charakter unseres Volkes liegende, sehr schätzenswerte Eigenheit begründet, die uns treibt, auch dem schwersten Mißgeschick irgendwie eine

,Glück und Glas, wie schnell bricht das'

leidliche, einigermaßen Trost gewährende Seite abzugewinnen".

Uneingeschränktes Glück, wie es auch in der Wndg. ,wunschlos glücklich' z. Ausdr. kommt, galt indessen als unverdient.

Doch nicht immer ist mit dem Glück der Zufall (Fortuna) gemeint. Häufig beziehen sich die Rdaa. auch auf den materiellen Erfolg, so z. B. die Wndgn: *sein Glück (in der Fremde) suchen* bzw. *(anderswo) sein Glück machen,* d. h. ein gutes Auskommen finden.

Die Wndg. *sein Glück versuchen* begegnet häufig im Märchen zur Motivierung für den Auszug des Helden aus dem Elternhaus. Ähnl. heißt es auch im Volkslied ,Es, es, es und es' im Refrain:

Ich will mein Glück probieren,
marschieren.

Iron. *ins Glück treten:* in Hundekot treten, eine euphemist. Rda., durch die etw. Unangenehmes zu einem glückbringenden Ereignis umgedeutet wird.

Sein Glück mit Füßen treten: sich unverzeihlich dumm benehmen und dadurch seine Zukunftschancen zerstören. ,Der Schmied seines Glückes sein': nach dem Sprw. ,Jeder ist seines Glückes Schmied', d. h. man hat sein Glück letztlich selbst in der Hand ↗ Schmied. Die Wndg. begegnet auch in einer Novelle von G. Keller (,Die Leute von Seldwyla' [1856]). Es handelt sich um einen der zahlreichen Sprüche, die sich um das Glück bzw. Unglück drehen, wie z. B. auch die spöttische Umkeh-

rung: ,Jeder ist seines Glückes Störenfried' ↗ Unglück, ↗ Pech.

Ähnl. spöttisch ist auch der Satz, der bisweilen im Zusammenhang mit der Rda. *Jem. Glück wünschen* zu hören ist: ,Man wünscht denen Glück, die es haben, nicht denen, die es brauchen'. ,(K)eine glückliche Hand haben': etw. (un)geschickt anfassen, ↗ Hand. ,Unter einem glücklichen Stern geboren sein': von Geburt aus begünstigt sein (↗ Stern), *noch nichts von seinem Glück wissen:* keine Benachrichtigung haben über eine bevorstehende günstige Wendung, aber auch iron.-schadenfroh bei ungünstigen Wendungen.

Mit Glücksgütern reich gesegnet sein: in besten materiellen Verhältnissen leben; *ein Glücksjäger sein:* auf abenteuerliche Weise *nach dem Glück jagen;* ,Glückspfennig', Bez. für einen gefundenen Pfennig, der als glücksbringend gilt, ,zum Glück' ist ein satzeinleitender Ausruf bei Glück im Unglück.

,Dem Glücklichen schlägt keine Stunde' und ,Glück im Spiel – Unglück in der Liebe' sind sprw. Feststellungen.

Lit.: *A. Wesselski:* Le bonheur allemand, in: Erlesenes (Prag 1928), S. 40–45; *W. Anderson:* Art. ,Glück', in: HdA. III, Sp. 879–882; *J. de Vries:* Art. ,Glück', in: RGG. II (³1958), Sp. 1628–1629; *G. Grober-Glück:* Motive u. Motivationen in Rdaa. u. Meinungen (Marburg 1974), § 11; *H. Bausinger:* Märchenglück, in: Zs. f. Lit.-Wiss. u. Linguistik 13 (1983), S. 17–27; *E. Blum:* Art. ,Glück u. Unglück', in: EM. V, Sp. 1305–1312; *E. Schoenfeld:* Art. ,Glück u. Verstand', in: EM. V, Sp. 1312–1318.

Glückauf. ‚Glückauf!‘ ist das Grußwort der Bergleute. Es ist im Barockzeitalter entstanden und im Bereich des kursächsischen Bergwesens aufgekommen.

‚Glück‘ spielt in einem von so viel Unglücksfällen und Katastrophen bedrohten Berufsstand begreiflicherweise eine große Rolle, zumal es auch auf das ‚Fundglück‘ reicher Ausbeute ankommt. Gelegentlich wird sogar direkt vom ‚Bergglück‘ gesprochen. Der Begriff ‚Glück‘ kommt daher in vielen Grubennamen vor: wie z. B. ‚Gottesglück‘, ‚Eisernes Glück‘, ‚Glückswarte‘, ‚Glückshoffnung‘ etc. ‚Glücksrut‘ war im alten Bergbau die Bez. für die Wünschelrute, ‚Glücksmännlein‘ ein Name für den Berggeist, der reiche Fundstätten zeigt.

Auch der Wortbestandteil ‚auf‘ ist bedeutsam und symbolisch im Sinne von ‚Auftun‘, ‚Wieder nach oben kommen‘, ‚offen bleiben aber auch im Sinne eines Ansporns zur Arbeit: ‚Auf, auf ihr Bergleut alle ...‘ oder im Bergmannslied ‚Glückauf, der Steiger kommt ...‘, als Weckruf für die Frühschicht etc. Vor allem aber liegt die Bdtg. des ‚auf‘ im Sinne von ‚empor‘ dem bergmännischen Lebensgefühl als Gegensatz zur Tiefe, als ‚Rückkehr‘ nach oben, zu Tage, besonders nahe.

Am frühesten ist der spätere Bergmannsgruß als höfischer Trinkspruch bezeugt. Die erste sichere Bezeugung, daß ‚Glückauf‘ ein volksläufiger Bergmannsgruß ist, stammt von 1680, und zwar als Titel der Leipziger Diss. von Christian Meltzer. Schon im Titel macht sie der Autor zum Signum des erzgeb. Bergbaus. Im selben Jahr 1680 bezeugt der Freiberger Gottfried Junghans: „Glück auff! ist der Gruß, damit die Bergleute einander grüßen“. Der Gruß hat über den Anwendungsbereich im Bergbau hinaus einen allg. glückwünschenden Charakter. Er kommt sogar auf Grabkreuzen von Bergleuten vor und bezieht sich dann auf den Auferstehungsglauben. Der Bergmannsgruß spielt darüber hinaus im weltlichen und geistlichen Brauchtum der Bergleute, als Inschrift auf Eingängen, auf Fahnen und Gedenkzeichen bis heute eine große Rolle, auch als Name von Vereinen.

Aus dem bergmännischen Liedgut stammen die folgenden Beispiele:

Walt's Gott, nun Bergmann bet und
sing
Glück auf! Dein Arbeit wohl geling.
Glückauf ist unser Losungswort
im düstern Gang und Schacht.
Auf Glückauf, auf Glückauf!
Wackre Bergleut kommt zu Hauf.
So von Freud und Lust umgeben
Wollen wir jetzt fröhlich leben,
Singen unser froh Glückauf.

Glückauff! Glückauff!
rieffen
dem
F reyen/
R edlichen/
E ttgegründen/
I mmergrünenden
B E R G E
und
Bergwergke/
als sie am
Gregorius-Feste/
den 27. 28. 29. April.
Anno 1 6 7 4.
Neue Gänge ausgehen wolten/
Aus Bergmännischen Redlichen Gemüthe
zu
die sämptliche
Steiger und Heuer
uff des
Heiligen Geistes Zuge
d. i. der Schulen daselbst
COLLEGEN.
In Freybergt druckts Zacharias Becker.

‚Glückauf‘

Auch in Goethes ‚Faust‘ kommt die Formel vor, und zwar im II. Teil während des Mummenschanzes, an dem auch Bergleute in Gestalt von Gnomen beteiligt sind:

Aus vollen Adern schöpfen wir:
Metalle stürzen wir zu Hauf
Mit Gruß getrost: Glück auf! Glück
auf!

Daß Goethe sich dieser Grußformel in seiner Eigenschaft als Minister für das Bergbauwesen auch bei offiziellen Anlässen bediente, ist mehrfach bezeugt. Unmittelbar geläufig war der berufsständische Gruß auch den Bergbaustudenten Friedrich von Hardenberg (Novalis) und Theodor Körner.

Lit.: *G. Heilfurth:* Glückauf! Geschichte, Bedeutung und Sozialkraft des Bergmannsgrußes (Essen 1958); *ders.:* Zur Innovation u. Rezipierung eines Grußes. Am Beispiel des ,Glück auf', in: Miscellaneae. Festschrift K. C. Peeters (Antwerpen 1975), S. 315–326.

Glückshaube. *Mit einer Glückshaube geboren sein:* vom Glück begünstigt sein. Die Rda. bezieht sich auf den recht seltenen Vorgang bei der Geburt, daß die Embryonalhaut oder nur Teile derselben am Neugeborenen hängenbleiben. Diese Haut wurde analog zum Organzauber im Volksglauben dem Glückszauber nutzbar gemacht. Sie wird als zum Kind gehörig betrachtet und hat selbst dann noch, wenn sie von ihm getrennt ist, teil an seiner Lebenskraft. Das Erscheinen der Glückshaube wird allg. und keineswegs nur in Dtl. als gutes Vorzeichen angesehen. Zahlreich sind die Bez. für diese Erscheinung, so schon mhd. ,hüetelin' und ,westerhuot', daneben ,batwât' (Badegewand), ,afterhäutlein', ,vaselborse', ,kindbälgel', ,kindfel', ,kindsburtlin', ,westerwât'; jünger ist der Name ,westerhemd', der sich wie ,westerhuot' an einen Vergleich mit der Taufkleidung anschließt, ferner die Bez. neueren Datums: ,Glückskäppele', ,Labhäublein', ,Wehmutterhäublein', ,Kindsnetzlein', ,Kapuze'. Gelegentlich finden sich auch kriegerische Namen, wie ,Helm', ,Sturmhaub', nord. ,Sieghaube', ,Sieghemd'; vgl. ndl. ,met de helm geboren zijn'; frz. ,il est né (tout) coiffé', oder ,être né sous une bonne étoile', ↗Stern; engl. ,he is born with a caul'.

1714 sagt der Ochsenfurter Stadtphysikus Seitz: „man vermeint / daß diejenigen Kinder ... die mit einem Helmlein oder Labhaublein / wie man es nennet / auf

1/2 ,Glücksrad'

1

2

die Welt gebohren / Zeit Lebens glückseelig leben werden. Darauf sich aber nicht zu verlassen; dann die Erfahrung das Widerspiel bringt" (,Trost der Armen', 84). ↗ Glück.

Lit.: *Bargheer:* Art. ,Glückshaube' in: HdA. III, Sp. 890–894.

Glücksrad. *Das Glücksrad drehen:* bei einer Lotterie die Gewinne ziehen. *Auf dem Glücksrad sitzen:* vom Schicksal begünstigt sein. Das Glücksrad (Rad der Fortuna, engl. Wheel of fortune) hat zu vielerlei Weisheiten Anlaß gegeben, so auch zu dem Spruch: ,Dat Glück is rund, den een löppt dat vorbi, den annern in den Mund!' ↗ Rad.

Lit.: *K. Weinhold:* ,Glücksrad u. Lebensrad', in: Zs. f. Vkde. 3 (1900), S. 367–369; *W. Anderson:* Art. ,Glücksrad', in: HdA. III, Sp. 895–898; *M. Hammon:* ,Wheel', in: M. Leach (ed.), Standard Dictionary of Folklore, Mythology, and Legend (New York ²1972), S. 1171–1174; *E. Miranda:* ,Fortuna', in: EM. V, Sp. 1–6.

Glückstopf. *In den Glückstopf greifen:* in der Lotterie gewinnen. Der Topf, in dem sich die Lose befanden, hieß früher Glückstopf, z. B. wurde in Leipzig 1498 ,ein Glückstopf aufgetan'. So greift auch Schelmuffsky auf dem Markus-Platze in Venedig in einen Glückstopf. Johannes Praetorius nannte seine Sammlung abenteuerlicher Erzählungen, die 1669 gedruckt wurde, ,Der Abentheuerliche Glückstopf'.

Lit.: *F. Karlinger:* Der abenteuerliche Glückstopf, Märchen des Barock (München 1965).

Gnade. *Vor jem. Augen Gnade finden:* (nach Prüfung) wohlwollend beurteilt werden. Die Rda. beruht auf der Vorstellung von der ,göttlichen Gnade', wie sie schon aus dem A.T. (insbes. auch aus den Psalmen) und später aus dem N.T. (Röm. 3, 21–31, 1. Kor. 12–14) sowie aus vielen lit. Zeugnissen der folgenden Zeit bekannt ist. Gnade (aus gi-nâda = Wohlwollen, Gunst) kann nur von der Obrigkeit geübt werden. Das ergibt sich z. B. auch aus dem Reichsabschied von 1526, in dem es heißt: „… damit sie der Gnade u. Barmherzigkeit ihrer Obern grösser und milder dann ihre unvernünfftig That … spüren". Für die MA. handelte es

sich letzten Endes immer um die Weitergabe der Gnade Gottes, wie sie auch enthalten ist in dem Begriff vom ,Gottesgnadentum' (= ,von Gottes Gnaden'), eine Formel, die im Konzil von Ephesos 431 für Bischöfe und Priester formuliert und später auch von den weltlichen Herrschern beansprucht wurde.

,Gnade' ist demnach ein religiöser wie auch ein rechtlicher Begriff mit der Hauptbedeutung von ,Begnadigung', d. h. Minderung oder Erlaß einer Strafe aufgrund von göttlicher Heilszuwendung oder Huld des weltlichen Herrschers. Sie ist gleichzeitig Ausdr. dafür, daß das Recht nicht das einzige Regulativ im menschlichen Zusammenleben ist, und steht daher für das billige Ermessen und das ,gnädige' Wohlwollen des Herrschers. Dies hat sich auch in sprachl. Wndgn. niedergeschlagen wie z. B.: *ein Gnadengesuch einreichen,* eine Strafe wird *auf dem Gnadenwege* erlassen, oder in begrifflichen Paarformen wie ,Gnade und Recht', ,Gnade und Barmherzigkeit', ,Gnade und Ungnade', die in zahlreichen Rdaa. wiederzufinden sind. So auch in den Rda. *Gnade vor Recht ergehen lassen,* die heute oft scherzhaft verwendet wird.

Dieses ,gnädig sein' des Herrschers verstigte sich mit der Zeit zu Titulaturen wie ,Gnädiger Herr' oder ,Allergnädigster König'. Wenn dann jedes Handeln eines Herrschers als ,gnädig' apostrophiert wurde, konnte es zu Auslassungen kommen wie: „Der König … geruhte allergnädigst … mit der allerhöchsten Ungnade zu bedrohen" (W. Chézy: Erinnerungen aus meinem Leben [Schaffhausen 1863], S. 188 ff.).

Offenbar hat es schon frühzeitig ein Rechtssprw. gegeben, wonach Gewalt gnädig sein soll. Wir lesen bei Freidank: ,Swâ rîcher man gewaltic sî, Da sol gnade wesen bî', und wir dürfen mit Singer annehmen, daß es schon vor Freidank ein Sprw. mit diesem Gedankeninhalt gegeben hat, etwa in der Form: ,Gewalt ziemt wohl Gnade' (ähnl. Ulrich von Lichtenstein, ,Frauendienst'), ,oder Gewalt soll Gnade han' (so die ,Appenzeller Chronik' 1478). In gedanklichem Zusammenhang damit steht das Lehnsprw. ,Strenges Recht ist das größte Unrecht' und der Satz

‚Eitel Gnade ist die größte Ungnade‘, von dem es freilich nicht erwiesen ist, ob er sprw. ist, ferner die Wndgn., daß die Gnade den Vorrang habe vor dem Recht, und schließlich der ebenfalls einem Sprw. gleichende Satz ‚Es ist besser zuviel Gnade denn zuviel Strafe‘, was wir alles bei Luther lesen (Luther, Auslegung des 101. Psalms, Werke 51, S. 206). Die uns gewohnte Form ‚Gnade geht vor Recht‘ hat die ‚Zimmerische Chronik‘ (IV, S. 314): „die gnade gehet furs recht“. All das reimt sich sehr wohl mit der großen und weitverbreiteten Bdtg. zusammen, die die Gnade, das Richten nach Gnade, das Gnadenbitten im älteren dt. Strafrecht gehabt hat; ebenso lit., insbes. die berühmte Stelle über die Gnade bei Shakespeare, ‚Kaufmann v. Venedig‘ IV, 1. Man braucht aber keineswegs nur an die Gnade im Strafrecht zu denken, sondern auch an Gnadenbeweise – Ehren und Schenkungen –, die der König seinen Getreuen angedeihen ließ.

Das Motiv begegnet des öfteren auch im Märchen, z. B. in KHM. 12, KHM. 36 und KHM. 192. Im Volksmund führte es zu ergänzenden Rdaa., in denen der Begriff Gnade i. S. v. Wohlwollen bzw. Erbarmen verwendet wird, so z. B. in der Bekräftigungsformel: *aus Gnade und Barmherzigkeit,* d. h. aus Wohlwollen und Mildtätigkeit, ↗ Gnadenbrot.

Sich auf Gnade und Ungnade ergeben: sich bedingungslos dem Sieger ausliefern, gleich ob er Gnade walten läßt oder Strafen verhängt, wobei man freilich letztlich auf Milde hofft. Diese Rda. ist seit dem 15. Jh. lit. belegt und von bes. Bdtg. durch die Gegenüberstellung von Recht und Gnade. Die jüngere Vorrede zum Rüstringer Recht spricht davon, daß die Gnade größer sei als das Recht (hg. v. Buma-Ebel [1963], 26), das Stadtrecht von Wiener-Neustadt (hg. v. G. Winter, [1880], Art. 62) davon, daß „der streng der gerechtigkeit sol pilleich volgen etzleich senft und güt der genaden“. Andere Rechtsquellen betonen deutlich, daß etwas ‚von gnaden unde nut von rechte‘ geschieht (‚Schwabenspiegel‘, Art. 57). Das älteste Soester Stadtrecht (Keutgen, Urk. 1901, Nr. 139, Art. 6) meint das Gleiche, wenn es das Gericht des Präpositus entscheiden läßt: „vel

per iusticiam vel per misericordiam“, d. h. nicht nach dem Recht, sondern aus Mitleid und Erbarmen, wie es auch die Zwillingsformel ‚aus Gnade u. Barmherzigkeit‘ z. Ausdr. bringt. Das bedeutet freilich nicht den völligen Ausschluß des Rechts. Es ist nur nicht die maßgebende Leitlinie.

Eine schöne, aber kalte und liebeleere Frau ist *ein Bild ohne Gnaden,* im Gegensatz zu dem Muttergottesbilde, zu dem man betet: ‚Du bist voller Gnaden‘; ↗ Bild.

Sich eine letzte Gnade erbitten: vor der Hinrichtung noch einen Wunsch äußern dürfen. Die zum Vollzugsritual der früher bei uns üblichen Todesstrafe gehörende formelhafte Wndg. begegnet noch immer im Märchen. Um eine Neuerung handelt es sich bei dem Ausdr. *Gnade der späten Geburt,* ↗ Geburt.

Lit.: *K. Beyerle:* Von der Gnade im dt. Recht (1910); *K. Schué:* Das Gnadebitten in Recht, Sage, Dichtung und Kunst, Zs. d. Aachener Geschichtsvereins 40 (1918); *Weizsäcker:* Volk und Staat im dt. Rechtssprw., in: Aus Verfassungs- u. Landesgeschichte, Festschrift zum 70. Geburtstag von Theodor Mayer, 2 Bde. (Lindau – Konstanz 1954/55), Bd. I.; *N. J. Hein:* Art. ‚Gnade‘, in: RGG. II (³1958), Sp. 1630–1647; *H. Krause:* Art. ‚Gnade‘, in: HRG. I, Sp. 1714–1719; *H. J. Uther:* Art. ‚Letzte Gnade‘, in: EM. V, Sp. 1324–1331.

Gnadenbrot. *Jem. das Gnadenbrot geben:* aus Mitleid den Lebensunterhalt geben; gemeint ist hier die Unterstützung, die man alten, erwerbsunfähigen Menschen für den Rest ihres Lebens zusichert. Betagte Menschen sind häufig auf die Barmherzigkeit ihrer Kinder angewiesen, sie müssen das *Gnadenbrot essen.* Mit Bitterkeit vermerkt schon der Talmud (3. Jh.): „Wer das Gnadenbrot seiner Nächsten essen muß, dem verfinstert sich die Welt“. In einem Gedicht Gottfr. Aug. Bürgers („Mannstrotz‘, 1788) heißt es:

> Solang’ ein edler Biedermann
> Mit Einem Glied sein Brot verdienen kann,
> So lange schäm’ er sich, nach
> Gnadenbrot zu lungern!
> Doch tut ihm endlich keins mehr gut,
> So hab’ er Stolz genug und Mut,
> Sich aus der Welt hinaus zu hungern.

Vgl. auch das Sprw. ‚Gnadenbrot schmeckt bitter‘. Die Rda. wird auch auf

Tiere (bes. Pferde) angewendet, die dem Menschen jahrelang treu gedient haben.

Lit.: *H. Krause:* Art. ‚Gnade‘, in: HRG. I, Sp. 1714–1719; *H.-J. Uther:* Art. ‚Letzte Gnade‘, in: EM. V, Sp. 1324–1331.

Gnadenstoß, Gnadenschuß. *Jem. den Gnadenstoß geben:* die Qualen eines Menschen oder Tieres durch schnelle Tötung abkürzen; die Rda. geht wohl auf die ma. Praxis zurück, nach der der Henker den Leiden eines Gefolterten durch einen raschen und gezielten Degenstich ein Ende bereitete. Sie hat in die Jäger- und die Soldatensprache Eingang gefunden, wo man wegen der heute gebräuchl. Waffen jetzt allerdings häufiger vom ‚Gnadenschuß‘ spricht. Vgl. ndl. ‚iemand (iets) de genadeslag geven‘; frz. ‚donner le coup de grace à quelqu’un‘; ‚la dague de la miséricorde‘; engl. ‚to give a person the stroke of mercy‘ oder ‚the death-blow‘ ; auch: ‚Dagger of mercy‘.
Im übertr. Sinne spricht man heutzutage von einem Ereignis oder auch von einer Bemerkung, die einen Menschen dazu bringt, daß er seine Fassung verliert: ‚Das hat ihm den Gnadenstoß gegeben‘: bes. hart getroffen, niedergeschmettert, zur Aufgabe gezwungen. Vgl. ‚jem. den ↗ Rest geben‘.

Lit.: *L. H. u. H. de B.:* ‚La dague de la miséricorde‘ (Dagger of mercy), in: Notes & Queries, 7,5 (1888), S. 184; *J. Bouchier:* ‚La dague de la miséricorde (Dagger of mercy), in: Notes & Queries, 7,7 (1889), S. 454; *H.-J. Uther:* Art. ‚Letzte Gnade‘, in: EM. V, Sp. 1324–1331.

Gockel ist eine Abk. aus ‚Gockelhahn‘, einer Bez. des Haushahns, die in der verkürzten Form lit. im 15. Jahrhundert begegnet.
Einherstolzieren wie ein Gockel: rdal. Vergl. für einen Mann, der sich vor Damen gespreizt benimmt. *Verliebter Gockel* bezeichnet einen jungen Mann, der sich allzu auffällig um weibliche Gunst bemüht.
Den Gockel anbinden. Die mdal.–wolgadt. Rda. ‚Bend die Gickel ou!‘ meint ein hohes Maß von Verwunderung; ↗ Hahn. Dagegen bedeutet die alemannische Redensart ‚de Gockel ruslasse‘: sich als ↗ Macho erweisen.

Goderl. ‚Jem. das Goderl kratzen (österr.): ihm um den Bart gehen, Schmeicheleien sagen, ihm schöntun. Das ‚Goderl‘ (eigentl. Gurgel, Schlund) gilt in Österr. als Bez. für das Doppelkinn. ↗ Bart.

Godersprech. *Als Godersprech (Gopfersprich)* (eigentl.: Gott verspricht): als ob gleichsam, anscheinend, als ob er sagen wollte; in zahlreichen mdal. Varianten (gottsprich, gottwohlsprich, goppelsprich, goppekeit, gottsamtkeit, sam goggala u. v. a. m.) in fast allen Teilen Dtl.s gebräuchl. ‚Gott‘ gehört urspr. in diese Rda. nicht hinein, sondern ist mißverstanden aus kode, Konj. des ausgestorbenen Verbums quëdan = sagen, sprechen, mhd. koden oder quëden. Verwechslung von ‚kod‘ und ‚Gott‘ konnte vor allem da leicht eintreten, wo sich g und k mdal. kaum unterscheiden. Dem Urspr. der Rda. am nächsten steht heute noch altenburgisch ‚als gott her‘, eine direkte Fortsetzung von ahd. ‚als kod(e)er‘ = als ob er spreche. Ein tieferer Eingriff in die urspr. Gestalt der Rda. ergab sich später dadurch, daß der Begriff des Sprechens aufgefrischt wurde, da das veraltete Verbum quëdan nicht mehr verstanden wurde. So entstand die heute gebräuchl. tautologische Bildung, in der man im 15. Jh. kot als ‚Gott‘ mißverstand. Eine andere Gruppe von Formeln, wie schweiz. und bair.-österr. gottmerchît, gottikait, enthalten die Nebenform chît, kait zu quëdan = sprechen.

Lit.: *G. Franck:* Godersprech und Verwandtes, in: Zs. f. dt. Mdaa. 3 (1908), S. 289–302.

Gold, golden. *Jem. mit Gold aufwiegen,* vgl. frz. ‚Il vaut son pesant d’or‘ (wörtl.: Er ist nur mit Gold aufzuwiegen); häufiger *jem. nicht mit Gold aufwiegen können.* Die Rda. geht wohl letztlich auf ein Plautus-Zitat zurück (‚Bacchides‘ V. 640): „Hunc hominem decet auro expendi“. Ähnl. auch (obwohl meist nur iron. gebraucht): ‚Man sollte ihn in Gold einrahmen (fassen)‘, gelegentlich auch mit dem witzigen Nachsatz: ‚... er kann nur das Klopfen nicht leiden‘.
Dem Feind goldene Brücken bauen ↗ Brücke, *goldene Berge versprechen*

↗ Berg, *den goldenen Mittelweg einschlagen* ↗ Mittelweg.

Gold wurde urspr. mit göttlichen, heiligen und königlichen Werten in Beziehung gesetzt. Als edles Metall war es vor allem Symbol für innere Werte. Daher u. a. auch der Vergleich ‚treu wie Gold‘, d. h. ein Inbegriff von Treue sein. Die Wndg. ist entstanden in Verbindung mit dem Symbol des goldenen Fingerringes, ↗ treu, Treue.

Symbolbdtg. haben aber auch andere Gegenstände wie z. B. ein goldener Baum, ein goldener Zweig. Sie begegnen in der Lit. (u. a. auch im Märchen) häufig als Sinnbild der Gnade. Gold gilt aber auch als Zeichen des Glückes und der Anziehung, der Verlockung.

Die meisten Rdaa. leiten sich von der Bdtg. des Goldes als Wertgegenstand her. Doch beziehen sie sich nicht selten auch auf das Aufgewertete, Vergoldete, wie z. B. die Wndg. ‚goldene Kinderzeit‘, die von den Erwachsenen gebraucht wird für die unbeschwerte Kindheit, in der es dem Kinde in seiner Anspruchslosigkeit allg. gut geht und die in der Erinnerung vergoldet erscheint.

Speziell auf das materielle Wohl bezieht sich dagegen die Wndg. *Uns geht's ja noch gold.* Sie war in der Zeit nach dem 2. Weltkrieg weithin bekannt, auch als Leitvokabel einer Figur in W. Kempowskys Roman „Tadellöser und Wolf‘. Angesichts der damaligen Not kann sie nur iron. aufgefaßt werden.

‚Die goldenen Zwanziger Jahre‘ sind dagegen als Bez. für eine bes. kunst- u. ideenreiche Zeit nach dem 1. Weltkrieg legendär geworden; vgl. engl.: ‚the golden Twenties‘.

Wenn's Gold regnet ..., d. h. niemals, oder auch: am Nimmerleinstag.

Gold im Munde haben: im übertr. Sinne gebraucht für Wohlhabende, die sich Goldkronen oder Goldfüllungen leisten können, ↗ Morgenstund. Ähnl. auch die Rda.: *Mit einem goldenen (silbernen) Löffel im Mund geboren sein:* von Geburt an reich sein, ↗ Löffel.

Gold in der Kehle haben: ein begnadeter Sänger sein.

Etw. ist nicht mit Gold zu bezahlen: von einmaligem (seltenem) Wert, vielfach auch auf Personen oder immaterielle Werte bezogen.

Eine Goldgrube besitzen: ein sehr einträgliches Geschäft haben, viel Geld damit verdienen.

Sich mit Gold behängen: wird für Frauen gebraucht, die sich mit Schmuck überladen. Ein bekanntes Zitat von Goethe (‚Faust‘ I) lautet: „Am Golde hängt, zum Golde drängt doch alles“. Es bezieht sich auf die allg. ‚Goldbesessenheit‘ der Menschen, die in ihrer ‚Gier nach Gold‘ keine Grenzen kennen. Doch gibt es auch gegenteilige Aussagen, so z. B. die Wndg. *nicht um alles Gold (Geld) der Welt* (würde ich es tun), oder das Sprw.: ‚Es ist nicht alles Gold, was glänzt‘; schon mhd.: ‚es ist nicht alles golde, das do gleisset‘.

Lit.: *A. Taylor:* ‚All is not gold that glitters‘, in: Romance Philology 11 (1958), S. 370–371; *G. Breitling, J.-P. Divo u. a.:* Das Buch vom Gold (Luzern – Frankfurt/M. 1975); *K. Stackmann:* ‚Gold, Glas u. Ziegel‘. Über einige Vergleiche in mhd. Dichtungen, in: Festschrift für Horst Rüdiger (Berlin 1975), S. 120–129; *J. G. Frazer:* ‚The Golden Bough‘, London 1922 (dt. ‚Der goldene Zweig‘) (Köln – Berlin ²1968); *W. Danckert:* Symbol, Metapher, Allegorie im Lied der Völker, Bd. I (Bonn-Bad Godesberg 1976), S. 266–278; *H. Mané* und *L. Veit:* Münzen in Brauch u. Aberglauben (Nürnberg 1982), S. 223; *K. Horn:* Art. ‚Gold, Geld‘, in: EM. V, Sp. 1357–1372.

Goldfasan. *Sich einen Goldfasan einfangen:* einen vermögenden Partner heiraten. ‚Goldfasan‘ ist ein Spottname für einen schönen oder reichen, aber auch dummen Mann. In der Nazizeit war ‚Goldfasan‘ die – volkstümliche, heimliche – Umschreibung für die braun-uniformierten, mit goldenen Litzen oder auch Orden behängten ‚Politischen Leiter‘ der NS.-Partei. Bei der Entwicklung des Schimpfworts mag auch mitspielen, daß der Goldfasan ein zwar schöner, aber im Grunde nutzloser Ziervogel ist, ↗ Goldfisch, ↗ Phoenix.

Lit.: *D. Keller:* Die antike Tierwelt 2 (Leipzig 1913), S. 146–147; *E. u. L. Gattiker:* Die Vögel im Volksglauben (Wiesbaden 1989), S. 409–411.

Goldfisch. *Sich einen Goldfisch angeln:* einen vermögenden Partner gewinnen, heiraten um des Vermögens willen. ↗ Goldfasan.

Goldschmied. *Denken wie Goldschmieds Junge.* Die Herkunft der Rda. ist noch nicht geklärt, obwohl ihr Sinn deutlich ist; sie drückt eine derb-unhöfliche Absage aus, etwa wie ‚Rutsch mir den Buckel runter!‘ oder ‚l. m. i. A.‘ (↗ Arsch). Die Rda. ist eine Art ‚Götz-von-Berlichingen-Wndg.‘ des 17. und 18. Jh. und muß sich auf eine evtl. nur lokal erzählte Geschichte von einem Lehrling der Goldschmiedekunst beziehen, die aber noch nicht nachgewiesen ist.

In Philander von Sittewalds ‚Satyrischen Gesichten‘ (Frankfurt 1645) heißt es in dem Gesicht ‚Ratio status‘ (3,5):

Gar fein und lieblich redt die Zung,
Das Herz denkt wie des Goldschmieds
                                    Jung.

Grimmelshausens ‚Simplicissimus‘ (1669) bringt zwei Belege (S. 139 u. 347): „Jedoch stellete ich mich viel anders, als mirs ums Hertz war … bedanckte mich zumal auch sehr vor seine erwiesene Treuhertzigkeit und versprach, mich auff sein Einrathen zu bedencken, gedachte aber bey mir selbst, wie deß Goldschmids Junge“. Bei Ernst Meisner: ‚133 gotteslästerliche schändliche etc. Sprichwörter und sammt derselben Widerlegung‘ (Jena 1705, Nr. 24) finden wir: ‚Ich dachte wie Goldschmieds Junge und das Mädchen in der Hölle‘. In den ‚Getichten‘ J. F. Riederers von 1711 heißt es (S. 124):

Zu dem du bist zu klug, als daß
                            dich solches kränkt,
Zu höflich, als daraus so vieles
                            Gifft zu ziehen.
Du lässest andre gern mit Sticheln
                            sich bemühen.
Inmittelst doch dein Herz wie
            Goldschmieds Junge denkt.

‚Ich bin ein Goldschmieds-Jung, deswegen rede ich fein die teutsche Wahrheit, wie es an sich selbst ist‘ (Fr. Sambelle, ‚Wolausgepolirte Weiber-Hächel‘ [1714], S. 53). Es gibt sodann mehrere Belege in Volksliedern des 17. und 18. Jh.; z. B.

Ich laß michs nit irren
Noch laß michs verwirren,
Ich rede und lache,
Sag: Lache darzu!
Laß singen und sagen,
Thu nichts darnach fragen,
Ich denk mir oft heimlich
Wie's Goldschmieds sein Bu'.

(F. W. v. Ditfurth: Deutsche Volks- u. Gesellschaftslieder [1872], S. 275). Die Wndg. ist also seit der Mitte des 17. Jh. lit. und volkstümlich häufig bezeugt, ist aber auch noch heute in der Volkssprache lebendig, z. B. schwäb. ‚Der hat gesagt wie's Goldschmieds Junge und entlief der Lehre‘ oder ‚Ich denk mein Teil, saits Goldschmieds Junge‘; köl. ‚Dä denk wie Joldschmitsjung‘. Die Rda. findet sich auch im els. Wb.: ‚Er hets gemacht wie des Goldschmieds Junger‘, er hat auf eine heikle Frage oder auf eine Anschuldigung geschwiegen, er blieb auf eine beleidigende Herausforderung die Antwort schuldig. Fragt man nach dem Sinn der Rda., so erhält man zur Antwort: ‚'s Goldschmieds Junger het nix gsagt, het awer denkt: du kanst mich …‘; vgl. auch Wndgn. wie: ‚An dem Orte, wo Goldschmieds Junge wollte geküßt sein‘.

Damit stimmt auch der Rat überein, den schon der Leipziger Poet Henrici (Picander) erteilt (‚Ernst- und Schertzhafte und Satyrische Gedichte‘ [1732], 3,537):

Daher wenn eine falsche Zunge
Dir deine Wahl vor Übel hält,
So denke nur wie Goldschmieds-
                                    Junge: {
Es ist genug, daß dirs gefällt.

Etw. gröber deutet er die Gedanken des Goldschmiedsjungen in einem anderen Gedicht (S. 549) aus:

Oft werden die Gemüther hitzig,
Wenn sich der falsche Neid entrüst,
Und wie der Ermel meistens spitzig
Und sehr bequem zum stossen ist,
So spricht man zu dergleichen Leuten:
Küßt mich im Ermel recht mit Macht!
Und das will eben das bedeuten,
Was jener Goldschmied hat gedacht.

Sogar in den Schlager ist Goldschmieds Junge eingegangen: ‚Mach's wie Goldschmieds Jung, der Jung war schlau‘ …

Lit.: C. Müller: Goldschmieds Junge, in: Zs. f. hd. Mdaa. 4 (1903), S. 8–9; Müller-Fraureuth I, S. 429 f.; J. Bolte: Ich denke wie Goldschmieds Junge, in: Zs. f. dt. Wort. 11 (1909), S. 302 f.

Goldwaage. Die Goldwaage war früher eine empfindliche Waage zum Abwägen von Goldmünzen. *Seine Worte (nicht) mit der Goldwaage wägen* (oder *auf die Goldwaage legen*): seine Worte (nicht) genau prüfen, ob sie nicht etwa kränkend oder sonst befremdend wirken. Das Bild findet sich schon bei den Römern: In einem Fragment des Varro (Buch 2, Ausg. Bücheler Nr. 419) kommt der Ausdr. in der Form „unumquodque verbum statera auraria pendere" (ein jedes Wort auf der Goldwaage wägen) vor. Cicero ‚De oratore' (II, 38, 159) sagt: „aurificis statera ... examinantur" (sie werden auf der Waage des Goldarbeiters geprüft). In die dt. Umgangssprache ist die Rda. aber durch Luthers Bibelübers. von Sir. 21,27 und 28,29 gekommen: „Du wägest dein Gold und Silber ein; warum wägest du nicht auch deine Worte auf der Goldwaage?" Seit

‚Etwas auf die Goldwaage legen'

dem 16. Jh. ist die Rda. dann oft belegt; gebucht ist sie 1639 bei Lehmann S. 953 (Zweifeld 27): „Mancher wigt alles auf der Goldwag, vnd so das Gewicht gleich stehet, so weiß er doch nicht, was er wehlen sol". Bismarck gebraucht die Wndg. (Reden 3, 302): „Weil ich nicht glaubte, daß die Formfrage so genau auf die juristische Goldwaage gelegt werden würde, wie es schließlich geschehen ist". Goethe hat die Rda. in ‚Sprichwörtlich' geistreich ergänzt:

Das Glück deiner Tage
Wäge nicht mit der Goldwaage.
Wirst du die Krämerwaage nehmen,
So wirst du dich schämen und dich bequemen.

Vgl. frz. ‚bien peser ses paroles' (wörtl.: seine Worte sorgfältig wägen).

Gordischer Knoten ↗ Knoten.

Görgen. *Einem den Görgen singen:* jem. abkanzeln, herunterputzen, ihm gehörig die Meinung sagen, ↗ Georg.

Gorilla. *Sich einen Gorilla anheuern:* sich einen persönlichen Leibwächter zulegen, der vor Angriffen schützt.
Urspr. waren damit die kräftigen Männer gemeint, die die Größen der Unterwelt vor tätlichen Angriffen Untergeordneter oder Konkurrenten schützen sollten und deren oft bulliges Aussehen ihnen die Bezeichnung ‚Gorilla' einbrachte. Heute allg. umg. Bez. für Leibwächter, auch für die Sicherheitsbeamten wichtiger politischer Persönlichkeiten, ↗ Bulle.

Gosse. In der Gosse, dem Rinnstein, kommt der ganze Straßendreck zusammen. Daran haben sich einige Rdaa. angeschlossen: *jem. durch die Gosse ziehen:* ihm übel nachreden; vgl. frz. ‚trainer quelqu'un dans le ruisseau'; *jem. aus der Gosse auflesen (ziehen):* ihn seiner Verkommenheit entreißen; vgl. frz. ‚tirer quelqu'un du ruisseau'; *in der Gosse enden:* verkommen; *in der Gosse liegen:* heruntergekommen sein; *sich in der Gosse wälzen:* sich im Schmutz, in der Verkommenheit wohl fühlen; *aus der Gosse kommen:* zweifelhafter oder niederer Herkunft sein. Alle diese Rdaa. dürften frühestens seit dem 19. Jh. geläufig sein, denn Gosse in der Bdtg. von ‚Straßenrinne' ist nicht vor 1775 bezeugt.

Gott, Götter. Einige hierhergehörige rdal. Wndgn. beziehen sich auf Bibelstellen: *So Gott will* (Apostelgesch. 18,21; ebenso 1.Kor. 4,19, Hebr. 6,3 und Jak. 4,15. *Von Gott geschlagen* (Jes. 53,4); *von Gott gezeichnet* (nach 1. Mos. 4,15; vgl. Jes. 49,16); vgl. frz. ‚Marqué par Dieu'; *von Gott verlassen* (Ps. 8,6). *Mann Gottes!* steht 5. Mos. 33,1 und sonst noch sehr oft im A. T. (↗ gottlos).
Groß ist die Zahl der rdal. Beteuerungsformeln, in denen Gott genannt (oder auch durch eine Umschreibung vermieden) wird (vgl. ‚ins Bockshorn jagen'), z. B. *Gott behüte! Bei Gott!* Vgl. frz. ‚Parbleu' (= par Dieu) oder *Bei Gott und allen Heiligen! Da schlag Gott den Teufel tot!:* Ausruf des Erstaunens. *Du bist wohl ganz von Gott verlassen!:* Ausdr. des Unwillens, des Erstaunens. *Gott hab' ihn selig;* vgl. frz. ‚Dieu aie son âme' (wörtl.: Gott habe seine Seele); *Gott laß ihn ruhen* von einem

Verstorbenen, bes. zur Verbrämung übler Nachrede.

Als Ausdr. der Bekräftigung heißt es: ‚Geh mit Gott, aber geh‘. *Leben wie Gott (wie der liebe Herrgott) in Frankreich:* ohne Sorgen, herrlich und in Freuden leben; vgl. frz. ‚vivre comme Dieu en France‘ (heute ungebräuchlich). Nach der ‚Revue des deux mondes‘ ist hier mit Gott die frz. Geistlichkeit des MA. gemeint, der es außerordentlich gut ging. Das ‚Spruchwörterbuch‘ von Lipperheide (S. 496) gibt an, der Spruch stamme von Kaiser Maximilian I. (reg. 1493–1519), nennt aber keine Quelle dafür. In Zincgref-Weidners ‚Apophthegmata‘ (Leipzig 1693) ist dieser angebliche Ausspruch Maximilians wiedergegeben: „Als er (Maximilian I.) auf eine Zeit gar vertrauliche Gespräch hielte mit etlich seiner Leuten von einem und anderem Land und Königreich, fället er unter andern auch dieses Urteil: ‚Wenn es möglich wäre, daß ich Gott sein könnte und zween Söhne hätte, so müßte mir der älteste Gott nach mir und der andere König in Frankreich sein‘.“ Dieser Satz hat im Munde des Kaisers einige Wahrscheinlichkeit, denn manche ähnl. Aussprüche sind von ihm überliefert; gerne verglich sich Maximilian mit dem König von Frankreich, den er wegen seiner ‚gottähnlichen‘ absoluten Herrschaft beneidete. Freilich trägt die Überlieferung anekdotenhafte Züge. Die Rda. wird sonst gewöhnlich aus der Zeit erklärt, wo Gott in den ersten Jahren der Republik in Frankreich abgesetzt, wo der Kultus der Vernunft an die Stelle des Christentums gesetzt war. Damals habe der liebe Gott in Frankreich nichts mehr zu tun, nichts zu sorgen gehabt, und so sei zwischen 1792 und 1794 für einen, der es sich bequem macht, die Rda. aufgekommen, die darauf abzielt, die Dinge in Frankreich zu persiflieren. Der Vernunftkultus dauerte in Frankreich kaum länger als ein Jahr; dann ließ Robespierre wieder das Dasein eines höchsten Wesens dekretieren (Mai 1794). Damals schrieb Pfeffel die Verse:

Darfst, lieber Gott, nun wieder sein,
So will’s der Schach der Franken.
Laß flugs durch ein Paar Engelein
Dich schön dafür bedanken.

Weniger wahrscheinl. ist die Erklärung, daß man von einem, der herrlich und in Freuden lebt, auch sagt. ‚Er lebt wie ein Gott‘, oder ‚Er hat ein Leben wie ein junger Gott‘. Der Zusatz ‚in Frankreich‘ sei nur eine Steigerung dieses Ausdr. und erkläre sich daher, daß es sich nirgends so gut leben lasse wie in dem schönen Frankreich. Vielleicht liegt aber auch eine Vermischung der beiden älteren Rdaa. vor: ‚leben wie ein Gott‘ und ‚leben wie ein Herr in Frankreich‘. Aus dieser Rda. erklärt sich auch sehr wahrscheinl. die in Wien übliche scherzhafte Erwiderung auf die Klage, daß Gott so etw. zulassen könne: ‚Gott ist nicht zu Hause, er ist in Frankreich‘. Auch lit. Belege der Rda. gibt es, z. B. in Heinrich Heines ‚Reisebildern‘ (II. Teil): „Man lebt in lauter Lust und Pläsir, so recht wie Gott in Frankreich“. Von einem, der es sich bes. gut gehen läßt und der keine Sorgen hat, heißt es in Frankreich selbst: ‚Il vit comme un coq en pâte‘ (wörtl.: Er lebt wie ein Hahn in der Pastete), d. h. wahrscheinlich wie einer, der nichts mehr zu tun hat).

Er weiß nicht, wo Gott wohnt: er ist dumm; ähnl. auch in den Mdaa.: ndd. ‚Hei weit von Gott un de Weld nix‘, er ist ein beschränkter Mensch; ‚he weit von Gott un sien Steenstrat nix af‘; ‚dei glöwt nich an Religion un Gott un Vater‘ und ähnl., rhein. ‚Dat es eine Gott (Jott) un ei Gebott (Jebott)‘, eine dicke Freundschaft, enge Gemeinschaft, eine Meinung. Dies ist gleichbedeutend mit der anderen rhein. Rda. ‚ene Gott on ene Pott‘.

Gott einen strohernen Bart flechten: religiöse Dinge unehrerbietig behandeln; als Heuchler seine Gottlosigkeit mit dem Mantel der Frömmigkeit zudecken; vgl. frz. „faire barbe de paille à Dieu‘. ‚Barbe‘ dürfte Entstellung aus ‚jarbe‘, ‚gerbe‘ sein und die Rda. sich auf die frühere Abgabe des Zehnten an die Geistlichkeit beziehen, bei der oft kornlose Garben in betrügerischer Absicht abgeliefert wurden. Ähnl. etw. *Gott vom Altar nehmen* (ndl. ‚hij zou het van Gods altaar nemen‘) oder auch etw. *Gott von den Füßen nehmen;* ↗ Bart.

Den lieben Gott einen guten Mann sein lassen: unbekümmert um die Zukunft dahinleben. Wer unbekümmert, sorglos und in

Freuden lebt, denkt sich Gott nicht als Ra-chegott, sondern als friedfertigen guten Mann, der dem fröhlichen Weltkind sein Verhalten nachsieht. Die Rda. ist mdal. und lit. seit dem 18. Jh. belegt, sie er-scheint 1878 bei Gottfried Keller im ‚Landvogt von Greifensee‘: „Im übrigen ließ jeder den Herrgott einen guten Mann sein“. Ähnl. in den Mdaa., z. B. rhein. ‚De lit Gott ene gode Mann sen‘, er ist gleich-gültig, träge, lebt in den Tag hinein; schlesw.-holst. ‚He lett Gott ênen gôden Mann sin‘, er läßt alles gehen, wie es geht; schweiz. ‚Er lod der liebe God e guete Ma si‘, er lebt leichtsinnig fort. Diese weiter-verbreitete Rda. geht sicher bis ins 18. Jh. zu-rück und wird bei Gottschalk als Übers. für das frz. ‚laisser courir l'eau (par le plus bas)‘ angesehen (heute ungebräuchlich), obwohl die gleiche Rda. wörtl. auch im Dt. vorkommt: *Er läßt Gottes Wasser über Gottes Land gehen,* mdal. ‚He lött Gotts Water öwer Gotts Land laupen‘; ‚den lit Gottes Wasser iwer Gottes Buadem lofe‘, ndl. ‚Hij laat Gods water over Gods akker loopen‘. Ähnl. *dem lieben Gott die Zeit (ab)stehlen:* müßig gehen. Vgl. auch KHM. 22.

Gott sei's gepfiffen und getrommelt! (oder *gelobt, getrommelt und gepfiffen):* Gott sei Dank! Eine burschikose Verlängerung und Vergröberung der alten Formel ‚Gott sei Dank!‘ (lit. 1867 bei Moritz v. Schwind). Ähnl. die parodist. Formel: ‚Sport sei Dank‘.

Laß dich nicht vom lieben Gott erwischen: geh bei deinem unehrlichen (oder sonst nicht ganz einwandfreien) Vorhaben vor-sichtig vor! Die Rda. bezieht sich auf Got-tes Allwissenheit (wahrscheinl. noch vor 1900 aufgekommen). *Gott zum Gruß* ↗Gruß. *Grüß Gott, wenn du ihn siehst (du triffst):* scherzhafter Abschiedsgruß (wohl im 19. Jh. aufgekommen), wobei Gott ir-reführend als Akkusativobjekt aufgefaßt wird, während die urspr. Form des Gru-ßes meint: ‚Gott grueze dich!‘, wie es in der mhd. Formulierung des Grußes im-mer heißt. Häufig erhält die Wndg. auch den Zusatz: ‚Sag ihm, er wär ein guter Mann‘.

Als Ausdr. der Ergebenheit in den Willen Gottes dient der weithin bekannte Nach-satz: ‚So Gott will‘, der in Briefen nicht selten in der Abkürzung: ‚s. G. w.‘ begeg-net. Ähnl. auch die Formel: ‚Das walte Gott‘: hoffentlich. Im Gegensatz dazu drückt die Rda.: *an Gott und den Men-schen (ver-)zweifeln* einen Verlust an Ver-trauen aus. Sie wird meist gebraucht in der Bdtg.: nicht mehr wissen, was richtig ist, keine Hoffnung mehr haben.

„Es ist bestimmt in Gottes Rat" ist der Titel eines Liedes von Ernst Frh. v. Feuchters-leben (1806–49), vertont von Felix Men-delssohn. *„Behüt dich Gott! Es wär' zu schön gewesen* (Behüt dich Gott! Es hat nicht sollen sein") ist ein Zitat aus dem ‚Trompeter von Säckingen‘ (1854) von Jo-seph Viktor v. Scheffel (1826–86).

Etw. für Gottes Lohn tun: gegen ein ‚Ver-gelt's Gott‘, d. h. umsonst, ↗Gotteslohn. Verschiedene andere Rdaa. bedürfen kei-ner bes. Erläuterung, wie z. B. *auf Gottes Boden gehen:* barfuß oder in Schuhen ohne Sohlen gehen. *Dem gibt's Gott, er darf bloß das Maul aufhalten:* jem. er-reicht etw. ohne Mühe. *Den lieben Gott in die Schule nehmen wollen* sagt man von jem., der alles besser weiß und namentlich auch seine Umgebung schulmeistern will. *Er ist Gottes Wort vom Lande:* scherzhafte Bez. eines Dorfgeistlichen. *Von Gott im Zorn erschaffen:* widerlich, häßlich (von Personen gesagt); was nicht schön ist, muß von Gott wohl im Zorn erschaffen worden sein (1838 bei Heinrich Heine be-zeugt). *Er hat Gottes Wort im Munde und den Teu-fel in den Händen* sagt man von jem., der heuchelt. *Gott und den Teufel in ein Glas bannen:* gleichzeitig zwei Herren dienen; ebenso *Gott und dem Teufel ein Licht an-zünden,* oder *Gott eine Hand bieten und dem Teufel die andere,* vgl. frz. ‚Il donne une chandelle à Dieu et au diable‘ (unge-bräuchlich) ↗Teufel; *er möchte dem lieben Gott die Füße küssen:* er ist ein Kriecher. ‚Gang mr weg, euser Herrgott isch au a Mannsbild‘: ist eine beliebte Floskel bei schwäb. Landfrauen, die fest auf der Erde bzw. auf dem Boden der Tatsachen ste-hen. Allg. bekannte Formeln sind auch: ‚Kind Gottes‘ als Ausdr. des Vorwurfs, ‚unter Gottes freiem Himmel‘ anstelle von ‚Mutter Grün‘, ‚geb's Gott‘ bei Vorausa-gen, der Anlaß zu Zweifeln geben, oder ‚Gnade dir Gott‘ als unmißverständliche Warnung. ‚Dein Wort in Gottes Ohr‘:

Gott sollte darauf aufmerksam werden, meint eine gewichtige Aussage, ↗ Wort.

In einem bekannten Schwank wirft der Mann seiner Frau eine Bibel an den Kopf, entschuldigt sich dann aber mit der Bemerkung, er habe sie ja nur mit ‚Gottes Wort trösten‘ wollen.

Mit Gott und der Welt verwandt sein: eine große Verwandtschaft haben; *Gott und die Welt kennen:* viele Leute kennen.

Über Gott und die Welt reden: über alles Mögliche reden, wobei Gott nicht unbedingt vorkommen muß.

Gott helf!, helf dir Gott! Dieser Zuruf beim Niesen wird heute ganz gedankenlos getan und hat doch einmal einen bestimmten Sinn gehabt. Andere Formeln beim Niesen lauten: schweiz., ‚Helf dr Gott in Himmel ufe, wenn d'Zit nahe ist‘; ‚helf dr Gott is ewig Lebe‘; scherzhaft schwäb. ‚Helf dr Gott von Sünda, vom Geald kommscht von selber!‘; vgl. frz. ‚Dieu te bénisse‘. Den auf Gott bezogenen Nies-Wünschen antwortet man nicht nur mit dem alltäglichen ‚Danke‘, sondern in gesetzter Form, würdig dem eigentl. Segenswunsch. Bes. feierlich und altertümlich ist: ‚Das tüe Gott, helf is Gott allene‘; ‚danke, helf-is Gott alle is ewig Lebe im Himmel‘.

Die Sitte, jem., der niest, Glück, Gesundheit und Gottes Segen zu wünschen, ist, wie zahlreiche Darstellungen zeigen, uralt und weit verbreitet. Sie läßt sich bei außereurop. Völkern ebenso aufzeigen wie bei uns, in der Antike ebenso wie in der heutigen Zeit. In den rdal. Formeln wirken allerlei Vorstellungen nach, warum man dem Niesenden Glück wünscht. Heute handelt es sich nur noch um rdal. erstarrte Formeln, die aus Höflichkeit gebraucht werden. Unbewußt mag vielleicht dabei, wie bei allen Wünschen, die sehr persönliche Absicht mitschwingen, dem Niesenden wirklich zu Segen und Gesundheit zu verhelfen. Zum Teil werden diese Wünsche mit spaßhaften rdal. Zusätzen erweitert, denen meist die bildhafte Vorstellung zugrunde liegt, der Niesende solle die Stube verlassen, das Weite suchen, sich im Himmel aufhalten und hier auf Erden nicht mehr stören, z. B. schweiz. ‚Helf dr Gott in Himmel ufe, so chunsch-mer us der Stube use‘, oder ‚Helf dr Gott ins Para-

diis, so chunsch de Lütte ab dr Spiis‘, oder ‚Helf dr Gott in Mehlsack ie, daß chast wiiss i Himmel ie‘. Im euphemist. Sinne sagt man ‚Helf dr Gott is Grab‘, worauf die rdal. Antwort lautet ‚Helf dr Gott o drii, ohne dii chame o sii‘. Solche Erweiterungen sind sicher nicht als Spott aufzufassen, sondern sie wollen vielleicht das Altertümliche, beinahe Feierliche, das in den religiösen Formeln zum Ausdr. kommt, abschwächen. Man mindert ihren Wert herab, denn man möchte doch nicht als fromm oder gar als altväterisch erscheinen. Der ältere Wunsch ist durch den jüngeren ‚Gesundheit‘ abgelöst worden. Auch dieser Wunsch wird gelegentlich spaßhaft erweitert: ‚Gesundheit isch au guet bim Hueste‘. Das aus dem Lat. stammende Wunschwort ‚Prosit‘ i. S. v. ‚es soll nützen‘ und das entspr. dt. ‚Zum Wohl‘ ist nicht so häufig, ↗ Gesundheit.

‚Ach Gott!‘ ist ein bekannter Stoßseufzer. Da es verboten ist, den Namen Gottes vergeblich zu führen oder als Fluch zu gebrauchen, gibt es zahlreiche Ersatzformeln, wie z. B. ‚Oh Gott‘, ‚oder o Gott‘, ‚ach du meine Güte‘, ‚Eigottverpips‘ (engl. entspr. ‚Oh my Goodness‘ oder ‚Oh boy‘ u. ä.).

Als Parodie auf blindes und übertriebenes Gottvertrauen gilt der sprw. gewordene Berliner Vers: ‚Wer Jott vertraut und Bretter klaut, der hat 'ne billige Laube‘. Weniger bekannt ist die Wndg. ‚Gott ist kein Bayer, er läßt seiner nicht spotten‘. In früherer Zeit war sie eine viel zitierte Rda., die u. a. schon bei Geiler von Kaysersberg belegt ist: „Desgleichen ist unser Herr Gott auch kein Bayer, er läßt nicht mit sich scherzen" (Betrachtungen zu S. Brant's Narrenschiff – XIX. Narr-Kloster, I, 330). Es gibt eine Reihe von scherzhaften Erklärungen für diese Wndg. Wahrscheinl. ist sie aber in erster Linie gegen die Kleinstaaterei gerichtet, wofür auch einige Sprww. sprechen (vgl. Wander II, 33–34).

‚Lieber Gott von Bentheim‘: Ausdr. des Erstaunens, Entsetzens oder der Ungeduld, ↗ Herrgott. Desgl. die Wndg. ‚Um Gottes willen!‘ Weitbekannt ist auch die Graffitti-Inschrift:

„Gott ist tot" (Nietzsche)

„Nietzsche ist tot" (Gott),

die ihren Urspr. in einem weitverbreiteten, schon im 15. Jh. bezeugten Schwank hat (AaTh. 1833 E).

In zahlreichen Rdaa. werden die Götter der Antike beschworen, wie z. B. ‚Das wissen die Götterı oder ‚Das ruht (liegt) im Schoße der Götter‘ (Homer: ‚Ilias‘, XVII, 514 u. a., vgl. Büchmann) sowie der sprw. gewordene Satz: ‚Mit der Dummheit kämpfen Götter selbst vergebens‘ (Schiller: ‚Jungfrau von Orleans‘, III, 6). Schiller meinte damit: mit der Dummheit im Bunde, nicht, wie man gewöhnlich denkt, wenn man das Zitat benutzt: gegen die Dummheit.

Ein Schauspiel (Bild, Anblick) für Götter: ein bes. schöner Anblick. Vgl. Goethes Singspiel ‚Erwin und Elmire‘ (I, 1):

Ein Schauspiel für Götter,
Zwei Liebende zu sehn!

Ähnl. 1883 bei Fontane. Das ‚Schauspiel für Götter!‘ geht weit ins Altertum zurück. Die Vorstellung, daß der tapfere, mit dem Schicksal ringende Mann ein solches bietet, ist bei den späteren Stoikern beliebt. Seneca ‚De providentia‘ (2,7 ff.) sagt von solchem Kampf mit dem Schicksal: „Ecce spectaculum dignum ad quod respiciat intentus operi suo deus" (Das ist ein Schauspiel, wert der Betrachtung des auf sein Werk achtenden Gottes). Die Kirchenväter übernahmen das Bild ins Christliche und trugen dadurch zu seiner Erhaltung und Verbreitung bei; vgl. Cyprianus († 258), Epist. 56,8 (Migne IV, 366) und 1. Kor. 4, 9:

Denn wir sind ein Schauspiel worden
Der Welt und den Engeln und den
Menschen.

Der junge Goethe dürfte sich aber wohl kaum von solchen erbaulichen Gedanken geleitet haben lassen, sondern eher an die Stelle der ‚Odyssee‘ (VIII, 266 ff.) gedacht haben, wo Aphrodite und Ares, von des Hephaistos Schlingen auf buhlerischem Liebeslager festgehalten, den Göttern ein bedenkliches Schauspiel liefern (Büchmann).

Rdal. lebendig geblieben ist auch ‚Wen die Götter lieben‘ durch den gleichnamigen Mozart-Film, dem eine Novelle von Clara Viebig (1898) zugrunde liegt.

Im medizinischen Bereich begegnet nicht selten der Spruch: ‚Ich behandelte ihn, und Gott heilte ihn‘. Unter Medizinern hatte er schon in früher Zeit sprw. Bdtg. erlangt und vor allem durch die Kriegserinnerungen von A. Paré – berühmter Feldchirurg im Dienste von vier französischen Königen – weithin Verbreitung gefunden. E. F. Podach weist darauf hin, daß der Herausgeber von A. Parés gesammelten Werken, der französische Chirurg und Historiker Joseph François Malgaigne, in seiner Einleitung zum ersten Band (1840) die Verbürgtheit der Worte bezweifelt. Der Spruch war seit langem derart bekannt, daß ihn viele für eine der alten Volksweisheiten hielten, die keinen individuellen Urheber haben. So war man sich bewußt, daß die Sentenz kein literarischer Einfall des alten Paré war, sondern eher die Bekundung einer Gesinnung, die den glücklichen Ausgang eines chirurgischen Eingriffes nicht eigenem Verdienst, sondern dem Wirken Gottes zuschreibt: „denn die Natur bringt oft Dinge zustande, die den Chirurgen unmöglich erscheinen". Später begegnet der Spruch häufig in der abgewandelten Fassung: ‚Der König (die Königin) berührte ihn und Gott heilte ihn‘.

Lit.: *A. Duclos:* ‚Lijk God in Vrankrijk‘, in: Rond den Heerd 18 (1883), S. 208; *W. Unseld:* Der Herrgott in schwäb. Sprww. und Rdaa., in: Alemannia 20 (Bonn 1892), S. 290–293; *P. Saintyves:* L'éternuement et le baillement dans la magie, l'éthnographie et le folklore médical (Paris 1921); *K. Beth:* Art. ‚Gott‘ ‚Gotteslästerung‘, ‚Gottesname‘ in: HdA. III, Sp. 941–994; *P. Sartori:* Art. ‚niesen‘, in: HdA. VI, Sp. 1072 ff.; Atlas der Schweiz. Vkde. II, S. 241 f. und der dazugehörige Kommentar von *W. Eschen; E. F. Podach:* Ursprung u. Bdtg. des Spruches ‚Ich behandelte ihn, und Gott heilte ihn‘, in: Die Medizinische Wochenschrift 36 (1955), S. 1279–1282; *P. E. Schramm:* Der König in Frankreich. Das Wesen der Monarchie vom 9. bis zum 16. Jh. (Darmstadt 1960); *A. V. C. Schmidt:* ‚Donum Dei‘, in: Notes & Queries 214 (1969), S. 286; *M. Belgrader:* Art. ‚Fluch, Fluchen, Flucher‘, in: EM. IV, Sp. 1315–1328; *J. Bauer:* Art. ‚Gott, Götter, Gottheit‘, in: EM. V, Sp. 1420–1437; *L. Intorp:* Art. ‚Gott ist tot‘, in: EM. VI, Sp. 3–6; *U. Masing:* Art. ‚Gottes Segen‘, in: EM. VI, Sp. 12–16, hier bes. 14.

Gotteslohn. *Um (einen) Gotteslohn arbeiten:* nicht um einen Lohn, wie ihn Gott gibt, sondern den Gott geben soll statt des Menschen, der zunächst lohnen sollte; umsonst, also indem der Arbeiter entlohnt wird mit einem bloßen ‚Vergelt's Gott!‘. „Und solcher verdient ein groß Gottes-

lohn, patriae et amicis consulit" (‚Facetiae
facetiarum', 1645, S. 458). Die Wndg.
kann aber auch als Verheißung für die
Zeit nach dem Tode verstanden werden
i. S. v. ‚Damit verdienst du dir einen Platz
im Himmel'.

Gottlieb Schulze. *Das ist mir Gottlieb
Schulze:* das ist mir völlig gleichgültig.
Küpper (I, S. 139) vermutet hinter dieser
Rda. eine noch nicht identifizierte Person
dieses Namens, die um 1900 irgendwo zur
Sinnbildgestalt der Gleichgültigkeit geworden sein mag. Wahrscheinlicher ist jedoch, daß wir es bei ‚Gottlieb' und
‚Schulze' mit zwei urspr. anders und offenbar drastischen lautenden Wörtern zu
tun haben, die euphemist. umgeprägt
wurden; ähnl. Vorgänge lassen sich nämlich auch anderweitig beobachten (vgl.
z. B. ‚jem. durch den ↗ Kakao ziehen'). Es
ist also sehr die Frage, ob hinter dem Namen ‚Gottlieb Schulze' überhaupt eine
Person steckt. Einen ‚Schulzen' gab es früher schließlich in jedem Ort. Er war Dorf-
ältester, Ortsvorsteher etc.; er hatte was zu
sagen, und sagte evtl. viel, was man nicht
so genau nahm. ‚Gottlieb' ist zusätzlich
ein ehrenvoller Vorname, gegen den eigentlich niemand etwas einwenden
konnte.
Vor einiger Zeit hat man diesen Namen
sogar in einem Schlager verarbeitet:
     Ach verzeih'n Sie, meine Dame:
     Gottlieb Schulze ist mein Name,
     und ich liebe Sie.

gottlos. *Der Rest ist für die Gottlosen; die
Gottlosen bekommen den Rest* (auch *die
Neige),* sagt man im Scherz, wenn in einer
Gesellschaft beim Einschenken von
Wein, Bier oder auch beim Verteilen des
Essens nur noch ein kleiner Rest übrig-
bleibt; ndd. ‚De Gottlosen kriegen de
Barm' (Hefe, Bodensatz); obersächs.
auch ‚den Gottlosen machen', den letzten
Rest aus der Schüssel essen. Die Rda. ist
bibl. Ursprungs und geht zurück auf Ps.
75, 9, wo es heißt: „Denn der Herr hat
einen Becher in der Hand und mit starkem Wein voll eingeschenkt und schenkt
aus demselben; aber die Gottlosen müssen alle trinken und die Hefen aussau-
fen". Mit ‚Hefe' ist hier der Bodensatz, die

Neige gemeint (↗ Hefe). Dazu das gereimte Gegenstück:
     An die Frommen
     Soll die Neige kommen
(vgl. engl. ‚the rest for the best'). Gottes
Gaben erscheinen im A. T. oft unter dem
Bilde eines Trankes; Ps. 60, 5: „Du hast
uns einen Trunk gegeben, daß wir taumel-
ten"; Jes. 51, 17: „Wache auf, stehe auf,
Jerusalem, die du von der Hand des Herrn
den Kelch seines Grimmes getrunken
hast; die Hefen des Taumelkelches hast
du ausgetrunken und die Tropfen geleckt", vgl. auch Jes. 51, 22; Jer. 8, 14; Kap.
25, 15 reicht der Herr dem Jeremias den
„Becher Weins voll Zorn" zum Ausschen-
ken an alle Völker.

‚Götz von Berlichingen'

Götz. *Bei mir Götz von Berlichingen!* Bei
mir ist absolut Schluß! Bis hierher und
nicht weiter! Gemeint ist eigentl. die
derbe Aufforderung aus Goethes ‚Götz
von Berlichingen', die nur in der 1771 entstandenen Urfassung des Dramas steht:
„Er aber, sags ihm, er kann mich im
↗ Arsch lecken". Oft wird auch statt des
Zitates selbst nur die Stelle genannt: *Götz
von Berlichingen, Akt III, Szene 4.*

Lit.: *Müller-Jabusch:* „Götzens grober Gruß" (Berlin
1941).

Grab. *Sich im Grab umdrehn,* z. B. ‚Er
würde sich im Grabe umdrehen, wenn er
das wüßte', das ist nicht im Sinne des Ver-

storbenen. Die Rda. ist seit dem 18. Jh. lit. belegt (Gellert, Lessing), dürfte aber sicher wesentlich älter sein, denn sie geht auf alte volksglaubensmäßige Vorstellungen zurück, wonach die Autorität der Vorfahren gebietet, möglichst wenig von dem zu verändern, was von den Toten geschaffen oder gebraucht wurde. In gleicher Bdtg. ist sie in der Fassung *sich im Grabe umkehren* schon 1716 lit. bezeugt: „id dolorem cineri et ossibus eius inurat, wann ers wüszte, er würde sich im grab umbkehren" (J. J. Dentzler: ‚Postrema auctoris cura septimum recognita' [Basel 1716], 320). Die heute als grotesk-komisch empfundene Wirkung der Rda. wird dadurch erzielt, daß sie von einem rationalistischen Standort aus mit der irrealen Möglichkeit der alten Vorstellung vom lebenden Leichnam rechnet; Steigerungsform: *im Grab rotieren;* vgl. frz. ‚se retourner dans sa tombe'.

Sich selbst das (sein) Grab graben (schaufeln): an seinem eigenen Untergang arbeiten. Vgl. auch die frz. Rda. ‚rouler à tombeau ouvert' (wörtl.: auf das offene Grab zufahren): mit einer lebensgefährlichen Geschwindigkeit fahren. *Mit einem Bein im Grabe stehen;* vgl. frz. ‚avoir un pied dans la tombe', ↗ Bein, ↗ Grube.

Schweigen wie ein Grab ↗ schweigen.

Lit.: *P. Geiger:* Art. ‚Grab', in: HdA. III, Sp. 1076–1081; *R. Schenda:* Art. ‚Begräbnis', in: EM. II, Sp. 28–41; *E. Wimmer:* Art. ‚Grab, Grabwunder', in: EM. VI, Sp. 51–63.

Graben. *Noch nicht über den Graben sein:* noch nicht alle Schwierigkeiten überwunden, noch nicht gewonnenes Spiel haben; seit dem 16. Jh. belegt. Man gebraucht die Rda., um jem. vor allzu kühnen Hoffnungen zu warnen, während es noch Schweres zu bewältigen gibt; ähnl.: ‚noch nicht über den Berg sein'; ‚noch nicht die ↗ Talsohle durchschritten haben', ↗ Berg,

Ein Graben wird aufgerissen sagt man, wenn eine Unstimmigkeit durch ein bestimmtes Handeln zu Feindseligkeit und Haß führt.

Granat(e). In einem Lustspiel von Heinrich Clauren (1817) begegnet die Wndg. „Wahrscheinlich andern ehrlichen Leuten die Uhren in tausend Granaten zu zerschlagen". Ob dieser Vergleich und ebenso die Rda. *zu tausend Granatstückchen (Granatbißchen) zusammenhauen* (kurz und klein schlagen) auf die mit Samenkörnern gefüllte Frucht des Granatapfels oder auf das im 17. Jh. danach benannte Sprenggeschoß zurückgeht, ist nicht geklärt.

Auf das Geschoß bezieht sich der rdal. Vergleich *voll wie eine Granate* (auch *granatenvoll);* wie die Granate bis zum Äußersten mit Sprengstoff gefüllt ist, so ist es der Bezechte mit Alkohol. Ähnl.: ‚voll wie eine Haubitze', ‚voll wie eine Strandkanone', ‚voll wie tausend Mann'; vgl. frz. ‚plein comme une outre' (wörtl.: voll wie ein Schlauch).

Granit. *Bei jem. auf Granit beißen:* unüberwindlichen Widerstand finden, keinen Erfolg haben, mit keiner Nachgiebigkeit rechnen dürfen, mit ganzer Härte zurückgewiesen werden.

‚Granit' gilt als bes. hartes Gestein aus körnigen Bestandteilen, worauf der Name verweist, der von frz. ‚granit' im 18. Jh. entlehnt wurde, das auf ital. ‚granito' beruht, dem substantivierten Part. Perf. von ‚granire' = körnig werden. In übertr. Bdtg. wird Unbeugsamkeit und Hartherzigkeit mit dem Gestein verglichen.

Gras. *Gras wächst auf etw.:* dieser Ausdr. beruht auf der Vorstellung, daß auf wenig oder gar nicht genutzten Flächen Gras wächst. Zunächst wird er ganz wörtl. gebraucht: 1540 schrieb Luther (‚Briefe' 9,115 WA.): „Gnediger Herr! Ich habe lange nicht umb ettwas gebeten, ich mus auch einmahl kommen, das die Strasse der Vorbitte nicht zugar mit Grase vorwachse". Später findet die Wndg. im übertr. Sinne Eingang in die Lit.: 1861 Holtei (‚Erz. Schriften' 5,35): „Sämtliche Portraitzeichner am Orte haben traurige Ferien; es wächst dem Winter zum Trotze Gras auf ihren Brettern". Verwandt ist *Das Gras wächst ihm auf dem Herde;* es steht schlimm mit seiner Küche. Frz. ‚L'herbe pousse chez eux' (Gras wächst bei ihnen), man hat sie im Stich gelassen, niemand geht mehr hin, es sieht schlimm bei ihnen aus.

Da wächst kein Gras mehr. Zugrunde liegt die Vorstellung, daß auf vielbetretenen oder verwüsteten Plätzen kein Gras wächst; zunächst noch oft in wörtl. Anwendung: 1622 Lehmann (,Floril. Polit.' I, 284): „Da jedermann gehet, waechst kein Grasz" (vgl. engl. ‚in market grows no grass or grain'). Mit gezielt abwertender Bdtg. 1715 bei Pistorius (,Thes. Paroem.' 1077): „Auf dem Weg, darauf viel Leute gehen, wächst kein Grasz" – im Hinblick auf Dirnen; entspr. engl. ‚There grows no grass, at the market cross' – eine Schmähung auf die Unfruchtbarkeit der Huren; frz. ‚à chemin battu il ne croît d'herbe' (veraltet).

Die Vorstellung des Hunnenkönigs Attila als Verkörperung der Barbarei ist in der Phantasie des frz. Volkes heute noch so lebendig, daß den Kindern in der Volksschule erzählt wird, das Gras könne dort nicht mehr wachsen, wo sein Pferd den Fuß hingesetzt habe. Die Prägung wird sehr häufig rdal. gebraucht im Hinblick auf Verwüstungen und Gewalttaten, die einen nicht wiedergutzumachenden Schaden zur Folge haben; 1662 bei Prätorius (,Philos. Colus' 85): „Das kein Gras wachsen soll, wo der Türke hinkömt" (vgl. engl. ‚Where the Turk's horse once does tread the grass never grows').

Eine andere Ursache des Nichtwachsens findet sich in Murners ‚Narrenbeschwörung' (Ndr. 185):

Wa Gensz hin schyssen, als ich hör,
do waszt kein grün Grasz nymmermer.

Ferner in Verbindung mit dem alten Volksglauben, daß nie wieder Gras wächst, wo Teufel, Geister, Hexen hingetreten haben (vgl. HdA. III, Sp. 1115); 1668 Prätorius (,Blockes-Berges Verrichtung' 331): „(Die Hexen) tantzen auch den Boden oder auch das Erderich offtmahls so tieff hinein …, dasz weder Laub noch Gras mehr daselbst wechst".

Darüber ist (das) Gras gewachsen sagt man rdal. von einer längst vergessenen bösen Geschichte oder von einem alten Zank, der längst aus dem Gedächtnis gelöscht ist. Die Entstehung des Vergleichs wird deutlich aus Lehmann (905, Widerwertig 14): „Wer große Stümpff will auswurtzeln, der verderbt das Geschirr, und thut sich selbsten wehe, es ist besser, man läßt das Gras darüber wachsen". Man kann eine allmähliche Entwicklung vom wörtl. zum übertr. Sinn dieser Rda. verfolgen. Wörtl. gemeint ist sie noch 1541 bei Seb. Franck (,Sprichwörter' 1, 36 a): „Drumm ist die best Schwiger …, die einn grünn Rock an hat …, das ist, uff dero Grab Grasz wechst" oder 1605 bei Petri (,Die Teutsch Weiszheit' Gg 8 a): „Große Stöcke sol man auszschleiffen, und große Leger Wende (festes Gestein) versenken, unnd begraben, unnd lassen Grasz darüber wachsen". Ein Übergang zu deutlich übertr. Sinn findet sich dann schon 1669 bei Grimmelshausen (,Simplicissimus' 295): „(Ich) bat beydes meinen Schweher und den Obristen, dasz sie vermittels der Militiae das Meinige zu bekommen unterstehen wolten, ehe Gras darüber wachse".

Zeitlich später liegen schließlich die Beisp. übertr. Verwendung: ‚Dt. Erzähler d. 18. Jh.' (Fürst): „Alle drei gingen bald hierauf nach Italien, um über diese Geschichte Gras wachsen zu lassen". 1852 Brentano (Ges. Schriften 5, 13): „Herr Schwab … ermahnte mich, im Stillen meine Ansprüche auf das Ländchen Vaduz fallen und Gras über diese kahlen Phantasien wachsen zu lassen". Wilh. Busch hat die Rda. scherzhaft erweitert:

Wenn über eine dumme Sache
Mal endlich Gras gewachsen ist,
Kommt sicher ein Kamel gelaufen,
Das alles wieder 'runterfrißt.

‚Über etwas ist Gras gewachsen'

Rhein. sagt man ‚Do weßt en Brambeere driwer' (da wächst ein Brombeerstrauch darüber), das gerät in Vergessenheit.

Wo der hinhaut, da wächst kein Gras mehr:
er schlägt tüchtig zu; von Berlin aus verbreitete Rda. Noch weiter bildl. gesteigert
bei Scheffel (1907, ‚Ges. Werke‘ II, S. 80):
„Cappan war übel zugerichtet. Auf einem
Rücken, den alemannische Fäuste durch-
gearbeitet, wächst jahrelang kein Gras“.
Der rdal. Vergleich *Es bekommt ihm wie
dem Hunde das Gras,* geht davon aus, daß
sich der Hund übergibt, wenn er Gras gefressen hat; gesagt von jem., der sich
durch unvernünftige und verwerfliche
Handlungen selbst schadet, sich in irgendeinem Sinne übernimmt, z. B. 1510
bei Geiler von Kaysersberg (‚Granatapfel‘
B 3 d): „Nym dir ain leer von dem hund,
der ist ain unvernünftig thier. wenn er etwas schedlichs in seinem leib innwendig
empfindet, so iszt er grasz, dadurch er von
jm auswirft und seine gesund wieder ge-
haben mag“. Luther (‚Werke‘, 20,334
WA.): „(Der Satan) frist den Christum
und verschlinget in, aber es bekompt im,
wie dem Hund das Gras“. Goethe (IV,
3,142 WA.): „Die große Welt ist mir bekommen gestern wie dem Hunde das
Gras“.

Kein Gras unter den Füßen wachsen lassen.
Diese Rda. beruht auf der Vorstellung,
daß Gras zum Wachsen Zeit braucht und
währenddessen nicht gestört werden darf.
Bdtg.: man gönnt jem. keine Ruhe, oder:
jem. ist sehr fleißig. Die Rda. ist engl. etwa
160 Jahre früher belegt als in Dtl.: ‚No
grass grows on his (my) heel‘. In Dtl. ist sie
1716 zuerst belegt bei Dentzler: ‚Kein
Grasz einem unter den Füssen wachsen
lassen: non permittere otium alicui“.
Ähnl. sagt man schwäb. von einem schnell
gehenden, rastlos tätigen Menschen: ‚(Er)
laßt sich kei Gras unter de Füß wachse‘.
Jer. Gotthelf (‚Sämtl. Werke‘, 14,81):
„Hans Joggi und Anne Marei ... gehörten
noch der alten Schule an, wo man das
Gras nicht unter den Füßen wachsen, die
Kelle nicht an der Pfanne kleben ließ“.
*Einem das Gras unter den Füßen weg-
schneiden:* jem. eines sehr naheliegenden
Vorteils berauben, ihm etw. vor der Nase,
vom Munde wegnehmen (vgl. frz. ‚couper
à quelqu'un l'herbe sous les pieds‘; engl.
‚cut the grass (ground) (from) under a person's feet‘); ndl. ‚iemand het gras voor de
voeten wegmaaien‘.

Das Gras wachsen hören hören: sehr scharf
hören, dann: sich äußerst klug dünken.
Die Rda. wird abschätzig und iron. auf
einen Überklugen bezogen. Sie ist zum erstenmal 1488 belegt in der Städtechronik
(Nürnberg) 3,133: „Der was als witzig,
dass er sach das Gras wachsen, und het ge-
erbt von Salomon all seine Weisheit und
von Aristoteles alle Subtilligkeit“. Heinrich Bebel gibt 1508 die Rda. in lat. Form
(Nr. 85): „Ille audit gramina crescere; dicitur in eos, qui sibi prudentissimi viden-
tur“. 1539 bucht Tappius (Nr. 34): „Scit
quomodo Jupiter duxerit Junonem. Er
hört auch das Graß wachsen“; 1541 Seb.
Franck (I, 78): „Er hört die flöh huosten,
das graß wachsen“. In seiner ‚Todten-Capelle‘ (28) schreibt Abraham a Sancta
Clara: „Er hört das Gras in den Elisischen
Feldern wachsen, und die schwindsüchtigen Flöh, in Seraglio zu Constantinopel,
biß auf Paris, husten“. Ritzius bringt im
‚Florilegium Adagiorum‘ (Basel 1728,
S. 614) sogar die Steigerung: „Er hört das
Gras wachsen, den Klee besonders“. In
Bürgers Gedicht ‚Der Kaiser und der Abt‘
von 1785 heißt es:

Man rühmt, Ihr wäret der pfiffigste
Mann,
Ihr hörtet das Gräschen fast wachsen,
sagt man.

Andere Ausdrücke, um Überklugheit zu
verspotten, sind: ‚die Spinnen weben hören‘, ‚die Mücken zur Ader lassen können‘; siebenb. heißt es ‚E hirt de Kripes
(Krebse) nesen‘. Lehmann führt S. 914
(Witz 11) an: „Witz ist nicht blind und sihet doch nicht ... hörts Gras wachsen, die
Flöh hupffen, die Mücken an der Wand
niesen“. Von Heimdall, dem treuen
Wächter der Götter, erzählt die ‚Jüngere
Edda‘ (‚Gylfaginning‘, Kap. 27): „Er bedarf weniger Schlaf als ein Vogel und
sieht bei Nacht ebensogut wie bei Tage
hundert Meilen weit. Er kann auch hören,
daß das Gras auf der Erde und die Wolle
auf den Schafen wächst, sowie überhaupt
alles, was einen Laut von sich gibt. Die
Wndg. begegnet auch im Märchen (vergleiche hierzu KHM. 71, Anmerkung,
KHM. 134).
Wachsen wie das Gras im Winter: schlecht
zunehmen; von den Leipziger Universi-
tätstheologen wird schon 1502 gesagt:

„Also wachsen unsere Theologi wie das Gras im Winter".

Auf dem letzten Gras gehen: dem Tode nahe sein (vgl. ‚auf dem letzten ↗Loch pfeifen'). 1541 schrieb Seb. Franck (‚Sprichwörter' 2, 57'): „Alles Volk lief zum Pischof Jadduch, der war nun auch ein vast alt Man, ging auf dem lesten Gras". Bei Aventin (‚Bayer. Chron.' 5/7, 49 b) heißt es: „Was soll ich aber sagen von etlichen alten und betagten Priestern, welche mit ihrem eignen Alter ringen, und albereit auf das letzte Gras gehen und dennoch der Unkeuschheit dermassen seind ergeben". Die Rda. wird aber auch von jem. gesagt, der wirtschaftlich zugrunde geht, so beispielsweise bei Hans Sachs (12, 439):

Unserm Junckherr widerfert gleich das.
Er geht jetz auff dem letzten Gras.
Die Schuler wöllen nimmer bey
im singen,
Die Fronboten umb sein Hausz
sich dingen.

Das Gras von unten betrachten: gestorben sein. Ausgehend von der Vorstellung, daß der im Sarg Begrabene sich unterhalb der Erdoberfläche befindet und das Gras sozusagen aus der verkehrten Perspektive ansehen kann. Heute im Volksmund gebraucht in der Form: ‚die Radieschen von unten ansehen (bekieken)', vgl. frz. ‚manger les pissenlits (l'herbe) par la racine' (den Löwenzahn bzw. das Gras bei der Wurzel anfangen aufzuessen); engl. ‚going to grass with his teeth upwards' (mit nach oben gerichteten Zähnen zu Grase gehen).

Durch Gras und Stroh (Korn) gehen: sich in einem Vorhaben durch nichts behindern lassen. 1842 schreibt Möser (‚Sämmtl. Werke' 3, 23): „Wenn sie (die böse Welt) an einer Person, die auf alles Anspruch macht, die auch denen von höherem Stande vordringen will, und durch Gras und Korn geht, wenn sie nur glänzen kann, alle Fehler aufsucht". Schlesw.-holst. ‚He is'n Kerl, de mit een dör Gras un Stroh geit', auf ihn ist Verlaß.

Den will ich Gras fressen lehren: jem. zur Ordnung rufen, ihm Anstand beibringen, ihm die eigene Meinung aufzwingen; vgl. ‚Den will ich ↗Mores lehren', ‚dem will ich die ↗Flötentöne beibringen'.

Ins Gras beißen: im Kampf fallen. Die Wndg. gebrauchen wir heute schlechthin für ‚sterben' (vgl. ‚das Zeitliche segnen', ↗zeitlich) und gerade hierbei zeigt sich das Verblassen des urspr. Bildes bes. auffällig, wenn z. B. niemand den Widerspruch merkt bei einer Erzählung etwa

‚Ins Gras beißen'

von dem Heldentod einer Schar tapferer Seeleute, die sämtlich ‚ins Gras beißen' mußten. Es handelte sich mithin um eine Verallgemeinerung des Soldatentodes auf dem Festlande. Lit. z. B. bei Lessing in dem 87. Sinngedicht auf den Lupan:

Des beissigen Lupans Befinden wollt
ihr wissen?
Der beissige Lupan hat jüngst ins
Gras gebissen.

Die Rda. kann nicht getrennt werden von rom. Rdaa. wie frz. ‚mordre la poussière' (wörtl.: in den Staub beißen); ital. ‚mordere la terra'; span. ‚morder la tierra'. Im Dt. ist an die Stelle von Erde und Staub auffallenderweise das Gras getreten, was die Erklärung dieser viel gedeuteten Rda. sehr erschwert hat. Die Rda. findet sich zuerst im 13. Jh., hat aber dort noch nicht den Sinn von ‚sterben', sondern wird von Schafen gebraucht, die weiden, bedeutet also soviel wie ‚Gras fressen'. In der Bdtg. ‚sterben' kommt sie erst im 17. Jh. bei Opitz und Olearius vor. Bei Olearius (‚Persianischer Rosenthal' I, 19) heißt es: „Viel haben müssen in der Frembde Hungers halben ins Grasz beißen/dasz man nicht weisz/wer sie gewesen seynd: Ihrer viel sterben umb denen keine Thränen vergossen werden". Es läge nahe, zwischen den Worten ‚Hungers halben' und ‚ins Grasz beißen' einen Zusammenhang herauszufinden und diese Stelle zur Er-

klärung der Rda. zu verwenden, etwa in dem Sinne, daß man annimmt, ,ins Grasz beißen' sei urspr. von Menschen gebraucht worden, die in größter Not wie die Tiere Gras essen und erst allmählich von der Todesgefahr auf den Tod selbst ausgedehnt worden (so auch Wander, s. Gras). Die Stelle bei Olearius berechtigt indes zu einem solchen Schlusse nicht, zumal andere Stellen, die auf diese Erklärung hinweisen, nicht bekannt sind. Unserem ,ins Graß beißen' entspricht engl. ,to go to grass', das sonst von Tieren i. S. v. ,weiden', ,auf die Weide gehen' gebraucht wird, gerade wie unser ,ins Gras beißen' bei seinem ersten nachweislichen Vorkommen im 13. Jh. Neben ,to go to grass' gebraucht der Engländer i. S. v. ,sterben' auch ,to go to the ground', ,to bite the ground' und ,to bite the dust', ähnl. die rom. Rdaa. (vgl. ndl. ,in het zand bijten').
Man hat die Rda. bisher auf vierfache Weise zu erklären versucht; einmal mit der sog. Notkommunion. Es war im MA. üblich, daß Menschen, denen durch Mord oder im Kampf ein schneller Tod drohte, Erdbrocken ergriffen und sie statt des Leibes Christi als letzte Wegzehrung zu sich nahmen. Es wird auch öfter erzählt, daß Laien Sterbenden, denen das heilige Abendmahl nicht mehr gereicht werden konnte, Erdbrocken in den Mund steckten, in der Überzeugung, daß die Wirkung dieselbe sein werde wie beim Genusse des Sakraments. In dem Gedicht von ,Meier Helmbrecht' wird erzählt, daß die Bauern dem Räuber, den sie an den Baum gehenkt hatten, einen „brosemen von der erden" gaben, „zeiner stiuwer (Steuer) für daz hellefiuwer". In dem Lied von der Ausfahrt des Riesen Ecke wird berichtet, daß Ecke einen verwundeten Ritter fand, dem er einen Brocken Erde in den Mund gab mit dem Wunsche:

Der glaub der werd an dir volleyst
(vollendet)
Für das hellische fewre,
Gott Vatter, Suon, heyliger Geyst
Kum deiner seel zu stewre,
Das dir der hymmel sey bereyt.

Ähnl. wird erzählt in den Gedichten von der Ravennaschlacht und von Wolfdietrich. In einem altfrz. Gedicht auf die Schlacht von Roncevalles wird von dem

Helden Olivier berichtet, daß er, zum Tode verwundet liegend, drei Grashalme genommen habe, um damit für sich das heilige Abendmahl zu feiern. Statt der Erdbrocken werden also auch Grashalme erwähnt. Diese Erklärung ist jetzt wohl allg. mit Recht aufgegeben worden. Grashalme werden bei der Notkommunion nur äußerst selten erwähnt, so daß es ganz unwahrscheinlich ist, daß sie Anlaß zu einer sprw. Rda. gegeben haben sollten. Die zweite Erklärung geht davon aus, daß das Wort ,beißen' nichts anderes ist als mhd. beizen, ahd. beizĕn = absteigen, dann auch soviel wie unterliegen. In mhd. Epen wird öfters erzählt, daß ein Ritter ,in daz gras erbeizt', d. h. vom Pferde absteigt (beizen heißt eigentl.: essen lassen, also: um das Pferd fressen zu lassen, ins Gras absteigen), z. B. Heldenbuch 442,28:

da beist wolfdietreiche
da nider in das gras

und 361,18:

er beiste von dem rossen
hin nyder auff das lant.

Dieses ,beißen' ist später Gebrauch für ,erbeizen' der gebildeten mhd. Lit. So heißt es z. B. im ,Nibelungenlied' Str. 200,3:

Dô si in hêt empfangen, er si hiez ûf
daz gras
erbeizen mit den frouwen, swaz ir dâ
mit ir was.

Aber weder erbeizen noch das in gleichem Sinne verwendete beißen wird in charakteristischer Weise mit Gras in Verbindung gebracht, ja, das Gras fehlt oft gerade da, wo wir es am ersten erwarten müßten, wenn die Rda. auf dieses ,erbeizen' zurückginge, nämlich, wo es sich um im Kampf Verwundete oder Getötete handelt, wie z. B. im ,Nibelungenlied' 32,7: „In dem starken sturme erbeizte manec nider von den rossen". Sprw. Rdaa. pflegen nicht auf mißverstandene Worte zurückzugehen. Hier ist das um so unwahrscheinlicher, als ,beißen' für ,erbeizen' doch nur ausnahmsweise und gewiß nur im Dialekt gebraucht wurde.
Die dritte Erklärung ist hergenommen von der Tatsache, daß tödlich verwundete Krieger häufig im letzten Todeskampfe Sand, Erde oder Gras mit dem Munde erfassen. Dafür beruft man sich auf zahlrei-

che Stellen in der Lit. von Homer an. So ruft z. B. Agamemnon („Ilias' II, 412 ff.) den Zeus an:

Laß doch die Sonne nicht sinken
und sende nicht früher das Dunkel,
Ehe nicht niedergerissen
des troischen Königs verrußtes
Deckengebälk und das Tor
mit loderndem Feuer beschüttet,
Eh' nicht des Hektor Gewand
an der Brust ich in flatternden Fetzen
Riß mit dem ehernen Speer
und um ihn viele Gefährten
Häuptlings gestürzt in den Staub,
den Sand mit den Zähnen zu beißen!

Und im 19. Gesang (V.61) heißt es:

Ehe so viel Achäer
den Staub mit den Zähnen gebissen.

Ähnl. sagt Vergil („Aeneis' XI, 418): „procubuit moriens et humum semel ore momordit", (X, 489): „et terram hostilem moriens petit ore cruento", und Ovid („Metamorphosen' IX, 61): „arenas ore momordi". Daraus sind die rom. Rdaa. ‚mordre la poussière' u. a. entstanden. Auch gegen diese Erklärung scheint zu sprechen, daß nur äußerst selten in dem erwähnten Falle vom Grase die Rede ist. Erde und Staub sind leicht verständlich, Gras nicht in demselben Maße.

4. Deutung: R. Pischel glaubt den Urspr. der Rda. in einem Brauche zu finden, der sich praktisch bei allen idg. Völkern findet, nämlich in der Sitte, in bestimmten Fällen Gras in den Mund oder in die Hand zu nehmen. Pischel sagt: Für Indien steht ganz fest, daß ‚ins Gras beißen' nicht ‚sterben' bedeutete, sondern im Gegenteil ein Mittel war, um sich bei Lebensgefahr vor dem Tode zu retten. Aber wer ins Gras biß, gab damit zu erkennen, daß er mit seinen Kräften zu Ende war und sich fremder Gewalt überließ. Das Gras war das Symbol der Schwäche und des Schutzheischens. Statt in das Gras zu beißen oder es in den Mund zu nehmen, nahm man es auch in die Hand wie bei den Römern, Germanen, Slawen, und bei den Indern das Schilfrohr. Man könnte versucht sein anzunehmen, daß der Ausdr. von den Kriegern im Kampfe allmählich auf alle Menschen überhaupt ausgedehnt worden sei, die ‚mit dem Tode ringen'. Dafür bringt Pischel Belege aus der indischen

Lit., wo das Gras als Zeichen der Unverletzlichkeit galt. Aus dem Sinn: Ich beiße ins Gras, d. h. ich bin mit meinen Kräften zu Ende, und der Vermischung mit einer Rda. wie frz. ‚mordre la poussière' habe sich die heutige Bdtg. entwickelt. Doch befriedigt auch diese Deutung nicht völlig. Das Begräbnis unter dem Rasen, das ja auch sprw. ist, wird jedenfalls noch nicht zur Erklärung der Entstehung der Rda. ausreichen.

So wird man sie noch am ehesten wohl als naturalistische Schilderung des Verhaltens zu Tode getroffener Krieger auffassen dürfen. Das geht auch daraus hervor, daß die dt. Wndg. sinngemäß der engl. wie auch der frz. entspricht, obwohl darin zumeist der Begriff ‚Staub' oder ‚Erde' verwendet wird, d. h. alle Varianten beziehen sich auf die Tatsache, daß schwer verwundete Krieger im letzten Todeskampf Sand, Erde oder Gras mit dem Munde erfassen und sich darin festbeißen. Diese Meinung vertritt auch F. Oinas, der als Beweis eine Stelle aus einem hist. Bericht des dänisch. Geschichtsschreibers Saxo Grammaticus (ca. 1204) über den Heldentod des Dänen Skarkather anführt. Darin wird erzählt, wie sich beim Fall des abgeschlagenen Kopfes auf das Gras die Zähne festbissen. Oinas folgert daraus, daß die engl. Rdaa. ‚to bite the dust (earth)' bzw. ‚to bite the grass' (auch: ‚to go to grass') unabhängig von anderen Einflüssen entstanden sind, und zwar allein aufgrund der Beobachtung schwer verletzter Krieger, bei denen ‚in ihren letzten Zuckungen' „ein krampfartiges Öffnen u. Schließen des Mundes einsetzte" (Oinas), wobei die Zähne in Staub, Erde oder Gras bissen. Oinas schließt eine sprachl. Überlieferung aus der griechischen und römischen Literatur daher aus. Gleichwohl verdienen die entspr. Belege der Erwähnung, da sie die ältesten Zeugnisse für das oben genannte Phänomen sind.

Wenn in diesen Belegen von Staub und Sand die Rede ist, in der dän. hist. Legende jedoch von Gras, so dürfte das wiederum ein Beweis für die Herkunft der Rda. aus dem realen Verhalten des Kriegers im Todeskampf sein: er beißt in das Nächstgelegene – das ist im Süden eher

Sand und Staub, im Norden dagegen Erde oder Gras.

Viel verwendet wird auch der rdal. Vergleich ‚grün wie Gras‘, der schon im frühen MA. begegnet und heute vielfach in der Verkürzung ‚grasgrün‘ vorkommt. Ähnl. der Vergleich ‚wie Spitzgras‘, der im Sinne von zuwider, unsympathisch, unangenehm vor allem auf Personen bezogen wird, wie z. B. in dem Ausspruch: ‚Er ist mir zuwider wie Spitzgras‘, ↗grün.

Lit.: *I. v. Zingerle:* ‚Ins Gras beißen‘, in: Germania 4 (1859), S. 112–113; *J. D. M. Ford:* ‚To bite the dust‘ and symbolic lay communion, in: Publications of the Modern Language Association 20 (1905), S. 197–230; *E. Hoffmann-Krayer:* ‚Ins Gras beißen‘, in: Arch. f. d. Studium der neueren Sprachen u. Lit., Bd. 117, S. 142; *L. Günther:* Wörter und Namen, S. 45; *R. Pischel:* Ins Gras beißen, in: Sitzungsberichte der Kgl. Preuß. Akad. d. Wiss. 23 (1908), S. 445–464; *Seiler:* Sprichwörterkunde, S. 233; Richter-Weise, Nr. 67, S. 69–71; *K. Heckscher:* Art. ‚Gras‘, in: HdA. III, Sp. 1114–1119; *A. Taylor:* ‚Attila and modern riddles: Where the Turk's horse has trod, grass never grows‘, in: Journal of American Folklore 56 (1943), S. 136–137; *W. Danckert:* Symbol, Metapher, Allegorie im Lied der Völker, Bd. I, S. 850 ff.; *F. Oinas:* ‚To bite the dust‘, in: Proverbium (N. F.) 1 (1984), S. 191–194;

grau. *Alles grau in grau malen:* etw. pessimistisch darstellen, durchgehend negativ beurteilen; hinter dieser Rda. ist weder irgendeine bestimmte Maltechnik zu suchen, noch verbergen sich dahinter bestimmte Volksglaubensvorstellungen. In Norddtl. herrscht Westwind vor, Regenwind. Der Himmel ist grau in grau; ohne Lichter, ohne Schatten, ohne scharfe Konturen erscheinen Gegenstände und Menschen. ‚Grau in grau‘ drückt dort zunächst eine (apathische) Stimmung aus, etwa ‚langweilig‘; vgl. auch den Ausdr. ‚grauer Alltag‘: ein hoffnungsloses Einerlei ohne festliche Höhepunkte. Die Rda. ist recht jung und wird bes. auf die Beurteilung einer politischen Lage und ökonomischer Zustände angewandt; vgl. frz. ‚dépeindre (voir) tout en noir‘ (wörtl.: alles in Schwarz ausmalen oder sehen), ↗schwarz.

Graupen. *Große Graupen* (auch *Raupen*) *im Kopf haben:* sich mit hochfliegenden Plänen tragen, große Erwartungen hegen (vgl. ‚Grütze‘, ‚Rosine‘). Schles. ist bezeugt ‚Er ist ein richtiger Graupenzähler‘,

ein Geizhals; ähnl. ‚Erbsenzähler‘ (bei Grimmelshausen), auch ‚Kümmelspalter‘, ‚Kaffeebohnenzerbeißer‘.

‚Graupen‘ gab es früher nur in der ‚groben‘ Form, ungemahlen, ungeteilt. Sie quollen beim Kochen und kamen so zu ihrem Beinamen: ‚Kälberzähne‘ (Ostdtl.) und ‚Gamaskenknäupe‘ (= Gamaskenknöpfe) in Nordtl. Im Artland blieb der urspr. Name: ‚schilde Gassen‘ = geschälte Gerste.

‚Die Grazien haben nicht an seiner Wiege gestanden‘

Grazie. *Die Grazien haben nicht an seiner Wiege gestanden:* sie haben ihm nicht die Eigenschaften als Patengeschenk verliehen, wodurch sie sich selbst auszeichnen: Anmut und Liebreiz. Gewöhnlich braucht man diese kaum ins Volk gedrungene, sondern fast nur lit. Rda. nicht nur, um diesen Mangel angenehmer Gaben auszudrücken, sondern geradezu, um einen häßlichen oder groben, unhöflichen Menschen zu bezeichnen. Goethe verwendet das Bild in den Worten Tassos zur Prinzessin (‚Tasso‘ II, 1):

Doch, haben alle Götter sich
versammelt,
Geschenke seiner Wiege darzubringen?
Die Grazien sind leider ausgeblieben,
Und wem die Gaben dieser Holden
fehlen,
Der kann zwar viel besitzen, vieles
geben,
Doch läßt sich nie an seinem Busen
ruhn.

Außerdem nennt Goethe den griech. Lustspieldichter Aristophanes einen „ungezogenen Liebling der Grazien“. Diese Bez. ist später auf Heinrich Heine übergegangen. Vgl. frz. ‚l'élu des Grâces' (gehobene Sprache).

Lit.: *V. Mertens:* Die drei Grazien. Studien zu einem Bildmotiv in der Kunst der Neuzeit (Diss. Freiburg i. Br. 1991).

Greenhorn. *Ein Greenhorn sein:* ein unbedarfter Neuling sein, der die ‚Schliche' noch nicht kennt. Die Rda. wurde aus dem Engl. übernommen als treffende Kurzbez. für den Unerfahrenen. Sie entspricht den salopp formulierten dt. Begriffen ‚grüner Junge' oder ‚Grünschnabel', ↗grün.

Gretchenfrage. *Jem. die Gretchenfrage stellen:* ihn zum Bekennen seiner eigentl. und wahren Meinung veranlassen, ihm eine zentrale, ja die Gewissensfrage stellen – wie Gretchen in Goethes ‚Faust' (I, 3415). Sie lautet: „Nun sag, wie hast du's mit der Religion?" Die Gretchenfrage gilt allg. als eine peinliche, weil intime, aber gleichwohl bedeutsame Frage, deren ehrliche Beantwortung von entscheidender Bdtg. ist.

Lit.: *J. Fernau:* Die Gretchenfrage. Variationen über ein Thema von Goethe (München–Berlin 1979).

Griebe, Griefe. Grieben, ndd. Grêben, sind ausgebratene Speckstückchen. Bei Luther findet sich die Rda. „Eine gute griebe auff meinen kol", es nützt meinem Vorhaben (Thiele Nr. 239). Dazu eine heute noch geläufige südd. Wndg. ‚Dem ist auch wieder e Griebe ins Kraut gfalle', ihm ist unverdientes Glück widerfahren. Geiler von Kaysersberg gebraucht die Redewndg. ‚von allem die gryeben wollen', immer das beste Teil haben wollen. Die Griebe spielt auch in volkstümlichen Vergleichen noch eine gewisse Rolle, so schwäb. ‚Der ist unruhig wie die Grieb in der Pfanne', ‚dem steigg d'Hitz wie d' Griebe in der Pfann', er wird schnell zornig.
Griebe bez. außerdem, bes. in den Mdaa., die Überreste eines Hautausschlages am Munde von Kindern. Daher scherzhaft *Du hast Griefen genascht (gegessen, gestohlen):* du hast einen Ausschlag am Mund, obersächs. ‚Du hast in den Griefentopf geguckt', deutlicher schwäb. ‚Der ist ge Griebe stehle gange, da ist ihm am Maul hange bliebe'.

Griff. *Etw. (fest) im Griff haben* (auch mit dem Zusatz *wie der Bettelmann die Laus*): etw. in kompetenter Weise erledigen, es aus Gewohnheit richtig machen, wie z. B. der Handwerker die Handbewegungen und Griffe bei seiner Arbeit tausendmal am Tage ohne Nachdenken richtig ausführt. Urspr. ist bei der Rda. freilich meist an die ‚Griffe' des Musikers gedacht worden, so 1530 bei Luther: „Nicht gewissers haben sie jr lebtag gehabt, denn solche jre eigen weissagung, sie hattens am griffe wie die fiddeler"; ebenso bei dem Dichter Jörg Wickram († um 1560): „wie luthenschlagen hab ichs im griff".
Jem. fest im Griff haben: sich seiner sicher sein können, ihn durch Einschüchterung oder aufgrund seiner Autorität in Abhängigkeit halten.
Griffe kloppen (klopfen): am Gewehr exerzieren. ‚Klopfen' bezieht sich auf das feste Zugreifen und Zuschlagen mit den Händen. Der soldatenspr. Ausdr. ist auch auf das erotische Gebiet übertr. worden und meint dann: ein Mädchen abtasten (20. Jh.).
Einen kühnen Griff tun: sich in etw. anmaßender Weise um eine unerreichbar scheinende Position oder Sache bemühen. Heinr. von Gagern (1799–1885) gebrauchte in der Reichstagssitzung vom 24. Juni 1848 im Zusammenhang mit der Begründung einer dt. Zentralgewalt die Worte: „Meine Herren! Ich tue einen kühnen Griff und ich sage Ihnen: Wir müssen die provisorische Zentralgewalt selbst schaffen". Obwohl er seinerseits nur dieselbe Wndg. gebrauchte wie sein Vorredner Karl Mathys (der u. a. gesagt hatte: „... dann meine Herren, ja dann wäre uns ein kühner Griff nach der Allgewalt nicht nur erlaubt, sondern durch die Not geboten"), gilt von Gagern als Urheber der Wndg. (Büchmann).

Grille. *Grillen (haben) fangen:* launisch, eigensinnig, mißvergnügt sein, auch: unter Langeweile leiden und sich wunderlichen Einfällen hingeben, sich die Zeit mit unnützen Dingen vertreiben. In einer Aesop. Fabel hat die Wndg. noch reale Bdtg.: Eine Grille wird gefangen und auf ihre Bitte wieder freigelassen. ‚Grille', die Bez. für eine kleine Heuschreckenart, wird erst seit dem 16. Jh. in übertr. Bdtg. gebraucht für Laune, närrische Handlung, Schrulle. Sie wird in übertr. Sinne nicht unmittelbar mit dem Namen des Tieres in Zusammenhang gebracht, sondern als eine Anknüpfung an lat. grilli = Gebilde der Groteskmalerei erklärt, eine Bdtg., die erst durch humanistische Kreise des 16. Jh. bekanntgemacht worden sein kann. (Hübner im Dt. Wb. Bd. 4, 1. Abteil. 6, Sp. 318 ff. u. Kluge Götze, S. 280).

,Grillen fangen'

Dieser ältere Gebrauch des Wortes findet sich aber nur bei Joh. Fischart:

Ja malen selsam grillen dar
Wie die Welt gar à retours fahr

(,Die Gelehrten d. Verkehrten' 331, 10). Bereits im 16. Jh. ist das Wort ,Grille' in der Rda. vom Volksbewußtsein mit dem Tier (Heimchen) identifiziert und in die Nähe anderer Wndgn. gerückt worden, so z. B. bei Seb. Franck (,Sprichwörter' 1541, 60): „er hat vil hummeln, mucken, tauben, meusz oder grillen im kopff". Lit. ist die Rda. seit dem Ende des 17. Jh. häufiger bezeugt, wobei der Zusammenhang mit dem Tiernamen deutlich ist, wie die folgenden Belege zeigen: „Ich will lachen … andre mögen Grillen fangen!" (Christian Günther [1735] Gedichte, 179); „Wer wird bei vollen Flaschen die Stirn in Falten ziehn und magre Grillen haschen" (Wieland, Idris, 1. Teil, V.66); „Ich habe über dieses Gedicht einige Grillen gefangen" (Lessing); „Fang eine Grille ein, die klüger singt" (Hebbel: ,Siegfrieds Tod', IV, 6). Auch im Märchen ist die Wndg. belegt. (Vgl. KHM. 2, 57.)

,Er fängt Grillen', oft verbunden mit der Handbewegung des Fliegenfangens aus der Luft, heißt im Niederdeutschen etwa ,er spinnt', er leidet an Einbildungen und ähnliches.

Die Rdaa. *Von Grillen geplagt werden* und *Grillen im Kopfe haben* weisen auf die Vorstellung von Grillen als Krankheitserregern hin. Man sprach sogar von einer „Grillenkrankheit', die den Menschen quälen konnte (vgl. HdA. III, Sp. 1164 f., Artikel ,Grille' von Riegler). Auch Grimmelshausen gebraucht in seinem ,Simplicissimus' (III, 135) eine ähnl. Wndg.:

Wiewol ich dieses Possens halber
Noch lange hernach grandige
Grillen im Capitolio hatte.

Da man auch davon spricht, daß ,einem die Gedanken durch den Kopf schwirren', daß ,einem der Kopf brummt' oder daß es ,bei jem. im Kopfe rappelt', mag der Anlaß zum Vergleich mit Schwärmen von kleinen, unangenehmen Tieren im Kopf gewesen sein. Eines der ältesten Zeugnisse für diesen Sprachgebrauch bringt die ,Zimmerische Chronik' (I, 121) aus der Ursperger Chronik (um 1220): „Marchiam quoque Anconae et principatum Ravennae Conrado de Lützelhardt contulit, quem Italici Muscam-in-cerebro nominant, eo quod plerumque quasi demens videretur". An anderer Stelle (III, 244) heißt es: „so im dann die dauben ussgeflogen". Noch heute sagt man ähnl. im Ndd. ,sik bunde vügel (hoffärtige Gedanken) in den kopp setten', und in Thüringen heißt ein sehr eigensinniger, widerspenstiger Mensch ,Mottenkopf'. Lehmann (442, Kopff 31) schreibt ebenso in diesem Sinne: „Wer Mäuss im Kopff hat, dem muß man ein Katz drein setzen, wer Tauben hat, dem muß man sie abfangen, wer Mücken hat, dem muß man mit Mükkenpulver verhelffen: aber Narren wollen sie stracks mit Schwertern und Degen vertreiben". Auch Schnaken, Schnurren und Schnickschnack (lustige Einfälle) gehören hierzu. Henrici sagt von einem Mädchen mit Zahnschmerzen:

Fiekchen hat im hohlen Zahn
Ein halb Schock wilde Hummeln

und von einem mit Staatsgeschäften Überbürdeten heißt es:

Da muß der Kopf nicht anders sein
Als wie ein Bienenschwarm.

Haller warnt:

Und wer aus steifem Sinn, mit
          Schwermuth wohl bewehret,
Sein forschend Denken ganz in diese
                    Tiefen kehret,
Kriegt oft vor wahres Licht und
               immer helle Lust
Nur Würmer in den Kopf und Dolchen
                    in die Brust.

In Ifflands ‚Jägern‘ (III, 8) sagt die Wirtin von Anton: „Es ist ein junges Blut, und wenn denen die Ratte durch den Kopf läuft –“.

Auch heute noch kommen andere kleine Tiere in der Wndg. vor, z. B. kann man Motten, Mücken (obd. Mucken), Hummeln oder Raupen im Kopfe haben. Das HdA. (III, Sp. 1166 f.) verweist aber auf die bes. ungünstige Bdtg. der Grille hin: namentlich das Gezirpe der Grille gilt im Volksglauben als tod- und unheilkündend. Vgl. auch in gleicher Bdtg. ital. ‚avere de’ grilli per il capo‘ und frz. ‚avoir des cigales en tête‘. In Schlesw.-Holst. aber steht Grille kaum für das Insekt, sondern für wunderlicher Einfall, Laune, z. B. sagt man dort: ‚De April heft Grill‘ und: ‚Em stiegt de Grillen to Kopp‘, er wird zornig.

Einem eine Grille ins Ohr setzen, gleichbedeutend mit ‚einem einen ↗ Floh ins Ohr setzen‘.

Sich die Grillen aus dem Kopf schlagen: bewußt die trüben Gedanken vertreiben, guter Laune sein, vgl. schles. ‚Schlag der die Grillen ossem Hête‘ (Haupt). Die ähnl. Rda. *(jem.) die Grillen vertreiben* ist seit dem ausgehenden 17. Jh. belegt, z. B. bei Abraham a Sancta Clara im ‚Judas‘ (IV, 330), und wird meist ebenfalls im Sinne des Tiernamens aufgefaßt. Im 17. Jh. entwickelte sich aber auch die bes. Bdtg. von Grillen zu trübseligen Gedanken, grundlosen, der Einbildung entsprungenen Sorgen, die manchen Rdaa. vom Vertreiben, Verscheuchen und Verjagen von Grillen zugrunde liegen kann. Goethe braucht solche Wndgn. mehrmals, z. B. im ‚Reineke Fuchs‘:

Reinekes Freunde blieben zusammen
     die Nacht durch und scheuchten
Seine Grillen durch muntre Gespräche.

Auch in seinem ‚Faust‘ (V. 1534) schreibt er:

Denn dir die Grillen zu verjagen
Bin ich, ein edler Junker, hier.

Stereotyp erscheint die Wndg. im Studentenlied: „Laßt uns fort die Grillen jagen“, und Hölty dichtet: „Wer wollte sich mit Grillen plagen“ (Ged. 1869, 203). Im Volkslied ‚Die Gedanken sind frei‘ (Anfang des 19. Jahrhunderts) beginnt eine Strophe:

Drum will ich auf immer den Sorgen
                    entsagen
und will mich auch nimmer mit Grillen
                    mehr plagen …

und Felicitas Kukuck (Hindemith-Schülerin) schuf ihren schönen Reise-Kanon nach dem alten Volksspruch:

Wer allzeit hinterm Ofen sitzt
und Grillen fängt und Hölzlein spitzt
und fremde Lande nie geschaut,
der (bleibt) ist ein Narr in seiner Haut.

(Quelle: Gottfr. Wolters: ‚Das singende Jahr‘, Blatt 7.)

‚Grillen vertreiben‘

Seine Grillen füttern: seinen wunderlichen Launen und Einfällen gern nachhängen und folgen, eigentl. die elbischen Geister speisen und verehren, die in Grillengestalt den Menschen plagen und ihn auf trübsinnige Gedanken bringen.

Ein Grillenfänger sein: ein Griesgram, Sonderling sein, launisch sein, sich einer trüben Stimmung hingeben, unter hypochondrischen Einbildungen leiden, ein Misanthrop sein. Göhring (Nr. 122) weist auf die Herkunft aus dem Ndd., wo ‚Gril‘ Laune bedeutet und nicht das Insekt bezeichnet.

Auf Grillenfang gehen: selbst nach neuen Gründen für seine Launen suchen. Gottfried Keller hat sogar das 15. Kap. des III. Teils seines ‚Grünen Heinrich‘ der ‚Grillenfang‘ genannt, in dem von unnützen Kritzeleien auf der Leinwand die Rede ist.

Lit.: *O. Deiboulle:* ‚Avoir des crignons, des grésillons ou des grillons dans la tête‘, in: Romania 20 (1891), S. 287–288; *O. Keller:* Die antike Tierwelt 2 (Leipzig 1913), S. 459; *I. Manninen:* Die dämonistischen Krankheiten im finnischen Volksaberglauben. Vergleichende volksmedizinische Untersuchungen (= FFC. 45) (Lovüsa 1922); *R. Riegler:* Art. ‚Grille‘, in: HdA. III, Sp. 1160–1169; *L. Röhrich:* Krankheitsdämonen, in: Volksmedizin, Probleme der Forschungsgeschichte, hg. v. Elfriede Grabner, Wege der Forschung 63 (Darmstadt 1967), S. 283–288. *W. Theiß:* ‚Grillenvertreiber‘, in: EM. VI, Sp. 164–166.

Grind. *Jem. den Grind an den Hals wünschen:* so wütend über ihn sein, daß man ihm nur Böses wünscht.

Beim Grind handelt es sich um einen schorfartigen Ausschlag, eine Art von Krätze. Wie verbreitet der Kopfgrind einst war, geht aus einer Reihe von Frühbelegen hervor. So heißt es bei H. Steinhöwel (‚Esopus‘, 1476 ff.): „zukt er im daz piret von synem kopf u. sicht daz er den grind hat", des weiteren – in Verbindung mit Läusen, wie sie auch heute noch in der schweizerischen Redensart ‚jemandem den Grind lausen‘ begegnet – auch bei H. Brunschwig (‚Chirurgica‘, Ausg. 1539, 117): „… wir brauchen es … für grindt und leüsz".

Auch bei L. Hulsius kommt der Ausdr. als Bez. für eine bekannte Kopfkrankheit vor: „… der grind oder krätze, so diejenigen kindlein gemeiniglich auff dem haupt bekommen" (Hulsius: ‚Dictionarium …‘, Ausg. 1618, 2,221).

Als Verwünschung erscheint der Grind zum ersten Mal bei Jac. Hartlieb (‚De fide meretricum‘, 1605): „du grobes rindt, hab dir den grindt!" Desgl. in einer etw. anderen Fassung bei Wander (II,137): ‚Der Grind soll ihm über den Kopf fahren!‘ Ähnl. wie die gleichbedeutende Verwünschung ‚daß du die Pest kriegst!‘ ist auch das Grindanwünschen heute weitgehend, wie auch die Krankheit, ausgestorben,

bzw. hat anderen Verwünschungsformeln Platz gemacht.

Lit.: *E. Moser-Rath:* Lustige Gesellschaft (Stuttgart 1984), S. 181.

grob. Grobheit. *Grob werden:* in Schimpfereien verfallen, auch: ‚handgreiflich werden‘. Allg. steht das Wort ‚grob‘ für das Unfeine, Unmanierliche, Rüpelhafte und Rohe und ist in dieser Bdtg. vor allem im 16. Jh. bezeugt, u.a. bei Luther, H. Sachs, S. Brant u. Th. Murner. Von dort her gelangte es in den allg. Sprachgebrauch und fand schließlich auch seinen Niederschlag in zahlreichen sprw. Rdaa., wie z.B. in der Wndg. *ein grober Klotz sein.* Sie ist gleichbedeutend mit: *ein grober Jahn sein,* der *aus grobem Holz gezimmert* ist, *grob (Garn) spinnen* kann, sich *in grober Tonart* bzw. *in grobem Ton* äußert und anderen gerne *Grobheiten an den Kopf werfen* möchte, dem man daher auch *grob kommen* oder *mit einem groben Geschütz antworten* muß, denn ein bekanntes Sprichwort sagt: ‚Auf einen groben Klotz gehört ein grober Keil‘, ⟋ Geschütz, ⟋ Grobian.

In jüngster Zeit hat sich auch die neuere Wndg.: *eine Hilfe fürs Grobe* (scherzh. variiert zu: ‚eine Oma fürs Grobe‘) durchgesetzt. Mit dem Groben sind hier die allg. Putzarbeiten gemeint. Dagegen bezieht sich die Rda.: *Aus dem Gröbsten heraus sein* auf die ärgste Plage, die man (gottlob!) hinter sich hat – bei Kindern auf die ersten Lebensjahre, in denen sie noch völlig auf die pflegende Hilfe der Eltern angewiesen sind.

Lit.: *E. Moser-Rath:* Art. ‚Grobheit‘, in: EM, VI, Sp. 212–219.

Grobian. *Ein rechter Grobian sein:* ein Polterer und Rohling, dem jedes Feingefühl abgeht. Das Wort ist eine Verkürzung aus Grobianus, bekannt auch als ‚hl. Grobianus‘, und bez. einen Menschen, der sich wie ‚ein grober Jahn‘ benimmt. Von Luther wurde er auch ‚Hans Grobianus‘ genannt. Auf diesen Ausdr. bezieht sich auch die ‚Grobianische Dichtung‘, die an die Tischsitten des späten MA. anschließt. Unter dem Einfluß der Vergröberung aller Lebensformen, die mit dem Niedergang der ma. Kultur Hand in Hand ging, und mit der zunehmenden Neigung zur Satire schlug die ganze Lit.gattung ins Gegenteil um, zeitigte iron. Anweisungen zu möglichst unflätigem Benehmen, die abschreckend und erzieherisch wirken sollten, in denen sie den Unflat der Lächerlichkeit preisgaben.

Der Ausdr. ‚Grobian' taucht wahrscheinlich zum erstenmal 1482 in Zeningers ‚Vocabularius teutonicus' auf als Verdeutschung für ‚rusticus'. Zum Schutzheiligen unflätiger Schlemmer erhob ihn erst Seb. Brant in der ersten Ausg. des ‚Narrenschiffs' (1494) am Beginn des 72. Abschnittes ‚Von groben Narren':

Ein nuwer heilig heisßt Grobian
Den will jetz firen jedermann
Und eren inn an allem ort
Mit schäntlich wuest werck, wis und wort.

Durch Brant wird der hl. Grobianus zum Schutzherrn und Anwalt jedes unanständigen Benehmens im Wirtshaus wie in der Familie. In der Folgezeit (bis hin zu Goethe und der Sturm- und Drangzeit) ist der ‚Grobian' aus der Lit. nicht mehr wegzudenken. Stärkster Verbreiter des Ausdr. war K. Scheit durch seine Übers. von F. Dedekinds lat. Satire ‚Grobianus' (1549) ins Deutsche (1551), ↗grob.

Lit.: *A. Hauffen – C. Diesch:* Grobianische Dichtung, in: Reallex. der dt. Lit.gesch. I, 605–608; *H. Trümpy:* Art. ‚Brant, Sebastian', in: EM. II, Sp. 667–672, insbes. 671; *E. Moser-Rath:* Art. ‚Grobheit', in: EM. VI, Sp. 212–219.

Groschen. *Bei Groschen sein:* bei Verstand sein; *nicht recht bei Groschen sein:* nicht recht gescheit, nicht ganz richtig sein. Die Rda. ist im 19. Jh. weit verbreitet und meint urspr.: kein Geld haben; in ähnl. Weise wird sie z. T. auch noch heute verwendet, z. B. *Groschen haben:* Geld haben, *sehr auf die Groschen sein:* geldgierig, geizig sein; aufs Geistige übertr. meint die Rda.: geistig unbemittelt sein. Schwäb. ‚Der kriegt sein Grosche gewechselt', er macht eine Geldheirat. Schlesw.-holst. ‚He hett keen Groschen op de Naht', er ist ganz ohne Bargeld. *Endlich ist der Groschen gefallen:* endlich hat er es verstanden, endlich hat er es kapiert, ‚gecheckt'.

Die junge Rda. kommt von der Verwendung eines ‚Groschens' (Zehnpfennigstückes) zur Ingangsetzung eines Ver-

kaufsautomaten: der Groschen muß erst fallen, ehe der Mechanismus ausgelöst wird – was dann dem Denkmechanismus gleichgesetzt wird. In abgewandelter Form sagt man auch (20. Jh.): ‚Bei ihm fällt der Groschen fix', er begreift rasch, ‚der Groschen fällt langsam', er begreift langsam, ‚der Groschen fällt pfennigweise', er hat einen Groschen mit Fallschirm', er begreift sehr langsam, ‚bei ihm klemmt der Groschen', er begreift den Zusammenhang noch nicht, ‚der Groschen ist kein Stuka' (= Sturzkampfflugzeug), ich kann nicht so schnell begreifen.

In einem Schlager heißt es dann:

Wenn bei mir der Groschen fällt,
pfeif ich auf die ganze Welt ...

Lit.: *H. Mané u. L. Veit:* Münzen in Brauch u. Aberglauben (Nürnberg 1982), S. 232.

groß, Größe. *Groß tun (sprechen):* angeben oder: *große Reden führen.* Verwandt damit ist die Wndg. *ein großes (hohes) Tier sein:* eine hohe Stellung bekleiden, aber auch i. S. v.: sich wichtigtuerisch benehmen gebraucht, ↗Tier.

In dieser wie in vielen anderen Wndgn. wird der Begriff ‚groß' im übertr. Sinne verwendet. Oft erscheint er auch in Zusammensetzungen wie ‚von Größenmannssucht befallen sein', ‚größenwahnsinnig sein', ‚sich großkopfig aufführen' ↗großkopfig. Desgl. in Wortverbindungen wie *groß und breit* (etw. erklären), *groß und klein* (d. h. alle miteinander), *groß genug sein* (um sich z. B. an der Arbeit zu beteiligen, um selbständig zu handeln).

‚Groß' hat vielfach den Nebensinn von ‚Gernegroß', wie z. B. in den Rdaa. *auf großem Fuße leben* ↗Fuß, *ein großes Geschrei veranstalten* ↗Geschrei. Häufig drückt es aber auch menschliche Überlegenheit und überragende Bdtg. aus, so u. a. in den Wndgn.: *eine große Rede halten, ein großer Kopf sein* ↗Kopf, *ein großes Herz haben* ↗Herz, *ein großer Geist sein* ↗Geist; aber auch: *ein großes Mundwerk (Maul) haben* ↗Mund, ‚eine große Gosch haben' – oft ergänzt durch den rdal. Vergleich *groß wie ein* ↗*Scheunentor* – ferner: ‚Großhans', ‚Großmaul', ‚Großsprecher'. *Großer Gott!* ↗Gott, Götter.

Einen vorwiegend positiven Sinn hat dagegen die Wortverbindung: *die großen*

Männer (der Geschichte, Wirtschaft, Politik), herausragende Kapazitäten in ihrem Fach, sowie Manager, die oft *einen großen Wurf tun* und mit Macht *ihre großen Ziele verfolgen,* was häufig kommentiert wird mit der sprw. Feststellung: ‚Die großen Fische fressen die kleinen‘; ↗ Fisch.

Nicht selten wird in scherzhafter Weise auch derjenige ‚ein großer Mann‘ genannt, der ‚große Bogen spuckt‘, in den meisten Fällen jedoch der, ‚auf den man große Stücke halten‘ kann, ↗ Bogen, ↗ Stück.

Vielfach ist auch die körperliche Größe angesprochen, z. B. in der Rda. *sich in seiner ganzen Größe vor jem. aufbauen,* d. h. ihm drohend entgegentreten, oft aber auch die *innere Größe,* wie sie in der Wndg. *eine Größe sein* z. Ausdr. kommt und gelegentlich auch in scherzhaften Abwandlungen begegnet, z. B. in der Wndg. *eine verkannte Größe sein* oder *der Größte sein.*

Lit.: *Anon.:* ‚Big enough to cuss a cat in‘, in: American Speech 27 (1952), S. 152; *W. Mieder:* ‚Die großen Fische fressen die kleinen‘, in: Muttersprache 98 (1988), S. 1–37; *P.-L. Rausmaa:* Art. ‚Die ungewöhnliche Größe‘, in: EM. VI, Sp. 239–249.

großkopfig (großkopfet). *Zu den Großkopfete(n) gehören:* zu denen, die hoch hinaus wollen oder ganz oben sind. Die Wndg. ist vorwiegend im süddt. Raum bekannt und bezieht sich auf ‚die da oben‘, die das Sagen haben und sehr reich sind; häufig auch auf diejenigen, die nur so tun, als hätten sie das Sagen.

Menschen mit außergewöhnlich großen Köpfen, die wie aufgeblasen wirken, werden oft in grob scherzhafter und verächtlicher Weise abgewertet, wie u. a. auch die folgenden lit. Belege zeigen: „... Narr, groszkopfeter“ (Abraham a Sancta Clara: ‚Etwas für alle‘ [1699]), „hette dieszer löbliche fürst die schwehre kranckheit desz geistes wie etliche groszkopfe gehabt“ (G. Widmann: ‚Chronica‘, 15./16. Jh., Bearb. Kolb [1904], 175). „Umd die groszköpf ist khay schadt“ (‚Volksschauspiele in Bayern u. Österr.-Ungarn‘, ges. v. A. Hartmann [1880], 370).

Wie der Begriff dann zur Bez. für die ‚hohen Herren‘ wurde, ist noch ungeklärt. Doch lassen sich aus den lit. Zeugnissen zwei Wege dahin herauskristallisieren:

Einmal werden dem Großkopfeten, d. h. dem hohen Herrn, zwar eine hohe Stellung, oft aber auch wenig Verstand zugeschrieben. Diesem Umstand ist es wohl zu verdanken, daß die satirisch-spöttischen Aussagen, die schon im 17. Jh. nachweisbar sind für den großköpfigen Dummen, ‚Beschränkten‘ galten, für den, der kraft Amtes geneigt ist „ungereimte dinge in seiner groszköpfichten einbildung zu begehen“ (J. Riemer: ‚Der poltische maulaffe ...‘ [1680], 55), d. h. hier wird der Begriff schon in übertr. Sinne gebraucht: Vom krankhaft aufgeblasenen großen Kopf (Wasserkopf) wird die Bdtg. ‚Aufgeblasenheit‘ i. S. v. Einbildung abgeleitet und auf die hohen Herren bezogen. Das kommt nicht von ungefähr, denn aus einem Beleg im Schwäb. Wb. (nach einer Quelle von 1720) mit dem Wortlaut: „die bürger, ja wohl die grozkopfigen, die paruckenteufel“ läßt sich folgern, daß der Ausdr. auf die Perückenträger gemünzt war, d. h. auf Bürgerliche, die in Nachahmung der Höflinge an den Fürstenhöfen Perücken trugen und somit große Köpfe hatten. Da aber auch mit einem Perücke tragenden Kopf, d. h. mit den Großen der Gesellschaft, nicht immer die Vorstellung von Klugheit verbunden war, muß angenommen werden, daß sie aus diesem Grunde dieselbe verächtliche Behandlung erfuhren wie die (von Natur aus) großköpfigen Andersartigen der früheren Zeit.

Großmutter. *Mit des Teufels Großmutter verwandt sein:* ↗ Teufel (vgl. auch ↗ Henker).

Rdaa. über Großmütter sind verhältnismäßig selten. Die wenigen, die es gibt, haben zumeist einen positiven Sinn, da sie sich in der Hauptsache auf ihre Lebenserfahrung beziehen. So weist auch die Wndg. ‚Was Großmutter erzählt ...‘ auf die beliächelte gute alte Zeit, in der Großmütter für die Kinder von bes. Wichtigkeit waren. Aber man sagte seinerzeit auch: ‚Das kannst du deiner Großmutter erzählen‘, wenn man etw. für unglaubwürdig hielt, i. S. v.: die Großmutter ist schon senil, die glaubt alles.

Eine neuere, iron. Rda. ‚Bring deiner Großmutter noch das Beten (Eieressen,

Lesen) bei', deutet dagegen schon auf den Wandel im Verhältnis der Generationen zueinander. Vgl. auch den scherzhaft-iron. ,Wenn'-Spruch: ,Wenn meine Großmutter Räder hätte, wär' sie ein Omnibus'.

Großvater. Als Begriff für die ,gute alte Zeit' dient gelegentlich die Wndg.: *Als der Großvater die Großmutter nahm.* Sie nimmt Bezug auf eine Erzählung von Hermann Kurz (,Wie der Großvater die Großmutter nahm', 1856). Ein von G. Wustmann hg. ,Liederbuch für altmodische Leute' erschien 1885 unter dem Titel ,Als Großvater die Großmutter nahm'.

,Auf der Grube gehen' – ,Mit einem Fuß im Grabe stehen'

Grube. In älterer dt. Sprache war Grube ein Synonym für ,Grab'; daher die Rda. *auf der Grube gehen:* dem Tode nahe sein, noch heute z. B. in der obersächs. Mda. ,Mein Nachbar geht, fürchte ich, auf der Grube herum', doch schon frühnhd. bei Murner (,Narrenbeschwörung' 234): „wie vast wir lauffen uff der grüb, schenk yn"; und in Brants ,Narrenschiff' findet sich der Reim:

wie wol jch uff der grüben gan

Vnd das schyntmesser jm ars han

Mag jch myn narrheyt doch nit lan.

Ebenso *einen in die Grube bringen:* seinen Tod herbeiführen; vgl. frz. ,précipiter quelqu'un dans la tombe' (wörtl.: einen ins Grab stürzen), ↗Grab; *in die Grube fahren:* sterben (vgl. Luthers Übers. von 1. Mos. 37,35); *jem. eine Grube graben:* auf seinen Fall hinarbeiten. Die Rda. ist durch die Bibel volkstümlich geworden (vgl. Sprüche Salomonis 26,27), ist aber schon mhd., z. B. bei dem Spruchdichter Spervogel, bezeugt:

Vil dicke er selbe drinne lît,

der dem andern grebt die gruoben.

Verbreiteter als die Rda. ist das Sprw. ,Wer andern eine Grube gräbt, fällt selbst

,Wer andern eine Grube gräbt'

hinein' (auch mit der parodistischen Schlußfolgerung: ,der schwitzt'); ähnl.: ,Er muß selbst in die Grube springen, die er anderen gegraben hat'. Vgl. Abb. S. 588.

Lit.: *M. Lenschau:* Grimmelshausens Sprww. u. Rdaa. (Frankfurt/M. 1924), S. 74–75; *L. Röhrich* u. *G. Meinel:* Redensarten aus dem Bereich der Jagd und der Vogelstellerei, S. 322.

Grum(me)t (aus mhd. gruonmât = grüne Mahd) heißt der zweite Grasschnitt, der nach der ersten Mahd, der eigentl. Heuernte, eingebracht wird. Beim ersten Schnitt werden blühende Gräser, also bunte Wiesen, gemäht. Da die Gräser wohl nachwachsen, aber meist nicht nochmals blühen, ist der zweite Schnitt wirklich eine ,grüne' Mahd. Von dieser Reihenfolge kommen die obersächs. Rdaa. *Sie haben Grumt gemacht, ehe sie Heu machen:* sie haben eher Kindtaufe

‚Wer andern eine Grube gräbt, fällt (oft) selbst hinein'

gehalten als Hochzeit; *da geht's Grumt vor'n Heu weg:* die jüngere Schwester heiratet vor der älteren, ein Umstand, der von den Eltern nie gern gesehen wird.

grün bez. in seinem urspr. Sinn das Wachsende, Frische in der Natur und steht damit im Gegensatz zum Trockenen, Welken, aber auch zum bereits Ausgewachsenen, Ausgereiften. Daher die Rdaa. *ein Ding zu grün angreifen;* vgl. frz. ‚Ils sont trop verts' (wörtl.: Die Trauben sind noch zu grün): die Sache ist verfrüht und *etw. zu grün abbrechen* (sächs.): eine Sache nicht zur Reife kommen lassen, etw. übereilt, unvorbereitet tun oder davon sprechen; dazu kommt die Bdtg. des kecken, unverschämten Auftretens, die in dieser Rda. schon 1582 in der Komödie ‚Hans Pfriem' des Hayneccius vorkommt:

Ey lieber Pfaff, und bistu kün,
Und darffst es abbrechen also grün,
So nimb den Pfahl aus deinem hertzen,
Und steck ihn in das meine mit
schmertzen.

Grün im Sinne des Unzubereiteten, Rohen begegnet in der ndd. Rda. ‚Dat kan ik gliks sau greun wegputzen' als Ausdr. der Vorliebe für eine Sache.

Die Bdtg. des frischen Grüns wird aus dem pflanzlichen Bereich auch in den des Menschen übertr., wo grün oft mit ‚frisch' und ‚jung' gleichzusetzen ist. *Sich grün machen:* sich viel zutrauen, sich frisch zeigen; vgl. das Sprw. ‚Wer sich grün macht, den fressen die Ziegen'.

Seit dem 17. Jh. bez. grün auch ‚Unerfahrenheit', ‚geistige Unreife', so z.B. Heupold (1620): „einen grünen, unweisen, ungerechten Narren"; daher die umgangsspr. Ausdr. ‚grüner Junge', ‚Grünschnabel' u.ä.; vgl. engl. ‚greenhorn', womit urspr. die Amerikaner die neuen Einwanderer bezeichneten, später allg. für unerfahrene Menschen gebraucht; ↗Greenhorn.

Im 20. Jh. kam der Ausdr. ‚Grünzeug' als Parallelbildung zu ‚junges Gemüse' auf, womit junge, unerfahrene Leute bez. werden; die Rda. ist auch in Luxemburg geläufig: ‚esou grengt Gemeis'. ‚Frisch', ‚unbearbeitet' meint auch das ‚grün' in den Zusammensetzungen: ‚grüner Baum', ‚grüner Hering' (‚so jung und frisch wie

grüne Heringe'), ‚grüner Speck', ‚grüne Häute'. Grün in der ausgesprochen positiven Bdtg. von ‚günstig', ‚gewogen' findet sich in der Rda. von der *grünen Seite* (die Herzseite); urspr. ist wohl die ‚frische, lebendige Seite' gemeint, die der Sitz der grünenden Lebenskraft ist, dann auch die ‚günstigste, liebenswürdigste Seite' eines Menschen. Jedoch sei auch an die Farbensymbolik in der Kleidertracht des 15. Jh. erinnert sowie an die Blumensprache des MA., in der grün ausdrücklich den Anfang einer Liebe meint und in einer letzten Steigerung als Symbolfarbe für die Liebe selbst gilt; so heißt es in der ‚Jagd' von Hadamar von Laber (1335–40):

Gruen anefanges meine
heile wünschet dem anefange,
so daz sich lieb vereine
mit lieb und daz es lieblich were
lange.

Populär geworden ist die Rda. durch das schwäb. Volkslied aus Friedrich Silchers Volksliedern 1836 „Mädle ruck, ruck, ruck an meine grüne Seite" (E. B. II, 348); als frühester Beleg darf gelten „kum grad zu mir, mins Cordelin, sitz an die grüene siten min" (Manuel Weinspiel [1548], 470). Die Rda. ist auch im Ndl. bekannt ‚iemands groene zijde', im Frz. sagt man bestimmter ‚s'asseoir du côté du cœur de quelqu'un'.

In der gleichen Bdtg. ‚günstig', ‚gewogen', ‚wohlgesinnt', jedoch in der Regel nur verneinend, steht grün in der Rda. *jem. nicht grün sein:* ihm nicht gewogen sein; ndl. ‚niet groen zijn op iets'. Der älteste Beleg findet sich im mhd. Passional (675, 74), in dem es von der heiligen Katharina heißt:

sus gienc die edele gotes dirn
sô hin uf den palas,
da die samenunge was
gegen ir vil ungrune.

Grün als Farbe, meist in Verbindung mit ‚gelb' oder ‚blau', erscheint in der Rda. *Es wird einem grün und gelb vor Augen,* ndl. ‚Het wordt mij groen en geel voor de ogen', wobei wohl urspr. an Grün als die Farbe der Galle, an Gelb als die des Neides zu denken ist; diese Beziehung wird deutlich aus einer Stelle im ‚Simplicissimus': „... diesem ward (vor Zorn) ... grün und gelb vor den Augen, weil ihn die Eifersucht ohn das zuvor eingenommen".

Ebenfalls auf die Gemütsverfassung beziehen sich die Rdaa. *sich grün und gelb ärgern* und *vor Neid grün und gelb werden.* Die Verfärbung der Haut meint die Wndg. *jem. grün und blau schlagen.*

Von zweien, die sich streiten und sich nicht einigen können, heißt es, *Sagt er grün, sagt sie gelb.*

‚He snackt gel mit gröne Pricken‘ sagt man in Schlesw.-Holst. von einem, der hd. mit einzelnen plattdt. Ausdrücken spricht, ebenso ‚He snackt gel un grön‘, er spricht ein Gemisch aus Hd. und Plattdt.

Sehr bekannt ist der Ausdr. ‚grüne Minna‘ für den Gefängniswagen; diese Farbbez. grün kann sich vom Anstrich des Berliner Wagens herleiten, jedoch darf auch ein Einfluß von rotw. grün = unangenehm, nicht geheuer angenommen werden. So ist die ‚grüne Minna‘ nicht so sehr äußerlich nach der Farbe benannt (obwohl diese zufällig grün sein könnte), sondern weil sie im rotw. Sinne grün ist; daß es sich wirklich um das Grün in diesem Sinne handelt, wird aus der Bez. für das Berliner Gefängnis in der Antonstraße deutlich: ‚grüner Anton‘. Zudem werden auch in Schwaben und in Oesterr. die Polizeiwagen als grün bez.: ‚grüner August‘ und ‚grüner Heinrich‘. (Dagegen wird in Moskau der – schwarze – Gefangenenwagen traditionell ‚schwarzer Rabe‘ genannt.) Vgl. frz. ‚Panier à salade‘ (wörtl.: Salatkorb), in Anlehnung an die vergitterten Fenster des Wagens.

Das ist dasselbe in Grün: das ist fast genau dasselbe, ähnl. wie ‚Das ist ↗Jacke wie Hose‘; die Rda. mag sich von der Gleichheit zweier Kleidungsstücke herleiten, die sich nur durch die Farbe unterscheiden. Nach einem Hinweis von E. Heise ist die Rda. zuerst belegt bei J. Schopenhauer (‚Im Wechsel der Zeiten, im Gedränge der Welt‘ [o. J.], erschienen um 1800], S. 124). Dort heißt es: „Dieselbe Couleur, aber in Grün, forderte, wie eine bekannte Anekdote erzählt, ein Dienstmädchen einst in einem Laden und reichte ein Pröbchen … rosarotes Band dem Kaufmann hin“. Demnach war die Wndg. schon im 18. Jh. geläufig.

Aus dem 20. Jh. stammt dagegen die Rda.: *grünes Licht für eine Sache (eine Person):* es steht ihr nichts mehr im Wege, die

Person besitzt völlige Handlungsfreiheit; dieser Ausdr., der sich vom grünen – urspr. Eisenbahn- – Lichtzeichen für ‚Freie Fahrt‘ herleitet, ist auch im Engl. bekannt: ‚He has a green light‘, er hat freie Fahrt; vgl. frz. ‚donner le feu vert pour quelque chose‘.

Eine Sache, die *vom grünen Tisch aus* behandelt wird, ist zwar theoretisch begründet, in der Praxis jedoch meist nicht durchführbar. Die Rda. mag von dem grünen Filzbezug der Kanzleitische abgeleitet sein.

Bei Mutter Grün schlafen (übernachten): im Freien, ↗Mutter.

Auf keinen grünen Zweig kommen ↗Zweig; *etw. über den grünen Klee loben* ↗Klee; *er ist grün Holz* ↗Holz; *ach, du grüne Neune!* ↗neun.

Neuere sprachl. Wndgn., die sich auf die Symbol- und Signalfarbe Grün beziehen, sind u. a.: ‚grüne Welle‘, d. h. durch koordinierte Ampelschaltung ist über ganze Straßenzüge hinweg die freie Durchfahrt gewährleistet. ‚Grüne Witwe‘: Hausfrau, die etw. weltabgeschnitten vor der Stadt im Grünen lebt. ‚Grüne Woche‘: einwöchige große Ausstellung von landwirtschaftlichen Produkten aller Art in Berlin; bekannt sind des weiteren die ‚grünen Männchen‘: Marsmenschen; daher: *Grüne Männchen sehen:* Halluzinationen haben. Jüngeren Datums ist auch die Rda. *Sie hat einen grünen Finger (Daumen), eine grüne Hand:* sie hat viel Geschick in der Blumenpflege.

Bei der Partei ‚Die Grünen‘ steht die Farbe Grün dagegen allg. für die grüne Natur, für die Erhaltung der natürlichen Lebensgrundlagen.

Lit.: *O. Lauffer:* Farbensymbolik im dt. Volksbrauch (Hamburg 1948); *W. Dickertmann:* ‚Der grüne Zweig‘, in: Muttersprache 62 (1952), S. 56–57, 71 (1961), S. 376; *Anon.:* ‚Jem. nicht grün sein‘, in: Sprachpflege 10 (1961), S. 162; *A. Hertling:* ‚Die grüne Seite‘, in: Muttersprache 83 (1973); S. 278–282; *W. Danckert:* Symbol, Metapher, Allegorie im Lied der Völker, Bd. I (Bonn-Bad Godesberg 1976), S. 421 ff.; *G. Müller:* ‚In Grün will ich mich kleiden‘, in: Der Sprachdienst 22 (1978), S. 122 f.; *W. Mieder:* ‚In Grün will ich mich kleiden‘, in: Der Sprachdienst 23 (1979), S. 12–13; *Ch. Hinckeldey* (Hg.): Strafjustiz in alter Zeit (Rothenburg 1980), S. 313; *E. Tucker:* Art. ‚Farben, Farbsymbolik‘, in: EM. IV, Sp. 846–853.

Grund. *Aus einem (diesem) kühlen Grunde:* aus einem (diesen) sehr einfachen naheliegenden Grunde, aus einem zu verheimlichenden Grunde; die Rda. ist dem Volkslied „In einem kühlen Grunde, da geht ein Mühlenrad" entnommen, das auf Eichendorffs Lied aus seinem Roman ‚Ahnung und Gegenwart' (3. Buch, 20. Kap.) beruht und zur jetzigen Form entstellt worden. Sie ist etwa seit 1900 mit ‚kühl' = leidenschaftslos, nüchtern verquickt worden.

Einer Sache auf den Grund gehen: etw. genau erforschen, die Ursachen sorgfältig prüfen.

‚Grund' steht als Bez. für Erde, das Festgefügte, den Besitz in den folgenden Rdaa.:

Auf festem Grund stehen (bauen): Sicherheit, solide Voraussetzungen für ein Vorhaben besitzen.

Das der Natur (dem Meer, dem Sumpf) abgerungene Land meint Faust, wenn er am Ende seines Lebens (‚Faust' II, 5. Akt: ‚Großer Vorhof des Palasts') wünscht:

Solch ein Gewimmel möcht ich sehn,
Auf freiem Grund mit freiem Volke
stehn!

Den Grund für etw. legen: ein festes Fundament bauen, eine Entwicklung vorbereiten und einleiten. *Etw. von Grund auf neu errichten (bauen, lernen):* ganz solide, von Anfang an. *Etw. bis auf den Grund zerstören:* es völlig vernichten, bis auf die Fundamente.

Von Grund aus verdorben sein: keine festen Moralvorstellungen besitzen, einen schlechten Charakter haben.

Den Boden des Meeres, eines Sees oder eines Flusses meinen die Wndgn.: *Bis auf den Grund sehen können:* in klares Gewässer blicken; in übertr. Bdtg.: in das Augen eines geliebten Menschen seine Empfindungen u. Wünsche lesen können. Goethe läßt in seiner Ballade ‚Der Fischer' die Nixe verlockend sagen:

Ach wüßtest du, wie's Fischlein ist
So wohlig auf dem Grund!

In den Grund bohren: ein Schiff versenken. *Auf Grund geraten:* sich festfahren; *zugrunde gehen:* untergehen, sterben.

Jem. in Grund und Boden (hinein) verdammen: ihn völlig, heftig, mit Nachdruck verdammen. Daß die Zwillingsformel ‚Grund und Boden' hier für ‚Hölle' gebraucht wird, läßt sich nicht beweisen; die Möglichkeit, daß sich hinter der Rda. ein

alter Rechtsbrauch verbirgt, dürfte aber mit Sicherheit auszuschließen sein.

Sich in Grund und Boden schämen: sich am liebsten in der Erde verbergen wollen, ↗ Boden.

Etw. in Grund und Boden wirtschaften: etw. völlig zugrunde richten. *Jem. in Grund und Boden reden:* ihn nicht zu Wort kommen lassen, schlagende Argumente anführen.

Grundeis. ‚Wenn 't bi Grundeis dunnert' gebraucht man ndd. für: niemals, ↗ Pfingsten.

Ihm geht der Arsch mit Grundeis ↗ Arsch.

Grunewald. Bei Volksfesten oder anderen Massenvergnügungen sagt man rdal.: ‚Im Grunewald ist Holzauktion' i. S. v.: ‚Das ist der reinste Rummelplatz', auch wenn etw. preisgünstig billig angeboten wird und sich deshalb das Publikum drängt. Die Rda. kommt aus dem Berliner Schlager und Gassenhauer:

Im Grunewald, im Grunewald ist
Holzauktion.
ist Holzauktion, ist Holzauktion.
Links um die Ecke rum, rechts um die
Ecke rum,
überall ist große Holzauktion.

Gruppenbild, ‚Gruppenbild mit Dame': sagt man rdal., wenn zu einer Gesellschaft von Männern eine einzelne Frau stößt, oder wenn bei einer photographischen Gruppenaufnahme nur eine einzige Dame auftritt (z. B. in Betrieben oder polit. Gremien, in denen Frauen Seltenheitswert haben). Sie bildete sich in Anlehnung an den Titel des Romans ‚Gruppenbild mit Dame' (Köln 1971) – 1977 auch verfilmt – von Heinr. Böll (1917–85).

Lit.: *W. Mieder:* Einer fehlt beim Gruppenbild. ‚Geflügelter' Abschied von Heinrich Böll, in: Der Sprachdienst 29 (1985), H. 11/12, S. 169–172.

Gruß. *Jem. einen Gruß entbieten:* ihn grüßen. Seit und je beginnt und endet jede menschliche Begegnung mit einem Gruß, und allein aus den Gruß-Sitten läßt sich darum eine ganze Kulturgeschichte ablesen. Die frühesten Formen des Grußes sind zunächst Bezeugungen der Waffenlosigkeit und der friedlichen Gesinnung. In den altnord. Sagas z. B. wird immer betont, daß die Gäste beim Eintritt in die Halle der Schilde niedersetzten. Auch im Nibelungenlied spielt das Ablegen der Waffen eine gewichtige Rolle, sowohl bei der Ankunft Siegfrieds am Hof zu Worms, als auch beim Eintreffen der Gäste an König Etzels Hof, wo die Burgunden die Waffen nicht ablegen wollen, was ihnen sogleich als Zeichen feindseligen Mißtrauens ausgelegt wird.

Im altsächs. Recht wird dem Lehensmann geboten, vor dem Eintritt bei seinem Lehnsherrn alles Eisenzeug, das er bei sich trägt, abzulegen, namentlich aber den ,huot' und das ,huotelîn', d. h. den Eisenhut oder Helm und die ihm unterlegte wollene Kappe. Auch die noch heute übliche Gruß-Sitte des Hutabnehmens war demnach urspr. ein Zeichen der Wehr- und Schutzlosigkeit, d. h. also ein Brauch, der freilich nur solange sinnvoll war, als helmartige Kopfbedeckungen noch den Kopf schützten.

Ebenso ist der Ursinn des Händedrucks zunächst das Ineinanderlegen der waffenlosen Hände zum Zeichen gegenseitiger friedlicher Gesinnung. Daß man sich dauernd und zu allen Gelegenheiten, bei jeder Begrüßung und bei jedem Abschied die Hand gibt, ist in anderen Ländern nicht in derselben Weise üblich wie bei uns. Der Amerikaner beschränkt das ,shake hands' auf höchstens ein Viertel aller Anlässe, bei denen man sich bei uns die Hand schüttelt. Allerdings war auch bei uns der Händedruck einst nicht so alltäglich wie heute, sondern von besonderer Bedeutung. Das Händeschütteln hat urspr. geradezu den Charakter eines Rechtsbrauches. Zur Bekräftigung von Verträgen schlug der eine Partner in die dargebotene Rechte des anderen. Das galt für Kauf- und Friedensverträge. „Sie stracten den vride mit ir handen" heißt es im Kudrun-Epos. Alle diese Grüße wie Handschlag und Hutabnehmen sind ganz sinnentleert aus der ritterlichen Kultur in die bürgerliche übernommen worden.

In die Reihe dieser Grüße gehört auch der altgermanische Heil-Gruß, der dann nach einer Unterbrechung von einem dreiviertel Jahrtausend in der Nazizeit eine ana-

chronistische Wiedererweckung erlebte. Dieser Gruß, bei dem der rechte, d. h. eben der waffentragende, Arm hochgestreckt wurde, war in german. Zeit eine Bekundung der Waffenlosigkeit: die leere Hand wurde hochgehalten zum Zeichen, daß sie keine Waffe hielt. Dieses wehrlos Sich-dem-anderen-Ergeben hat sich in zahlreichen Ergebenheitsfloskeln niedergeschlagen und sich noch erhalten bis in unseren Briefstil, wenn wir am Schluß unterzeichnen als ,Ihr sehr ergebener'.

Aber schon verhältnismäßig früh ist die Bedeutung der Waffenlosigkeit den Menschen nicht mehr bewußt gewesen. Im ,Tatian', einer ahd. Bibelübers., sagt Judas Ischariot auf Gethsemane zu Jesus: „Heil Meister!", und in Otfrieds von Weißenburg ahd. ,Evangelienharmonie' grüßt der Engel bei der Verkündigung Marias: „Heil magad zieri!". Gestische Zeichen der Wehrlosigkeit sind schließlich zu ehrenvollen ,ergebenen' Grüßen geworden. Außerdem trat an die Stelle der Grußgebärde immer mehr das Grußwort; aus dem Heilgruß entsteht der Heilwunsch. Ahd. ,heil wis!' bedeutet: mögest du unversehrt sein.

Auch der Willkommensgruß gehört schon zu den ahd. Grußworten: ,Willkommen!', ahd. ,willicumo' oder auch ,wis willchomo' bedeutet wörtl.: du bist ein zu Wille, bzw. zu Wunsche Gekommener. Ebenso war die Formel ,wis gîsunt' = ,bleib gesund!' schon in ahd. Zeit üblich. Auch das seltener bezeugte ,Wola' gehört wahrscheinlich zu den schon in ahd. Zeit üblichen Begrüßungsworten.

Seit dem 12. Jh. treten diese german. Grüße, die auch im heidnischen Kult wohl noch eine Rolle gespielt hatten, ganz zurück. Sie waren der Kirche verhaßt, die alle Grußformeln nun mit dem Wort ,Gott' verknüpft wissen wollte. Kirchliche Einflüsse bringen jetzt ein auffallendes Frommwerden unserer Gruß-Sitten mit sich und bestimmend werden grußartige Gebetswünsche wie z. B. ,got lâse iuch sîn gesunt!', ,got minne dich!', ,got grueze dich!', ,wis gote willekommen!', ,got behüete dich!', ,gang mit Gott!', ,in dem gotes fride du var!' oder ,got gesegene dich!'. Die mhd. Wendung ,er befalch in gote' lebt noch in der Kurzform ,Gott befohlen!' fort, die allerdings nur noch selten gebraucht wird und heutigen Ohren ausgesprochen altväterisch klingt. Weitere fromme Grüße waren: ‚Gott bewahre dich!', ‚Gott segne dich!', ‚Geh mit Gott' (oft mit dem ironisch gemeinten Zusatz: ‚aber geh!').

Ein unmittelbarer Nachkomme dieser im Hoch-MA. aufgekommenen Wunschgrüße ist das süddt. ‚Grüß Gott!'. Die scherzhafte Antwort ‚Grüß Gott! – wenn du ihn triffst' mißversteht allerdings die urspr. Bdtg. des Grußes. ‚Grüß Gott!' ist keine Befehlsform (Imperativ). Die Formel ‚Grüß Gott!' lautet mhd. vielmehr: ‚got grüeze dich!'. Der Sinn ist also: Gott möge dich freundlich anreden. Wer in Württemberg oder Bayern statt mit ‚Grüß Gott!' mit ‚Guten Tag!' grüßt, weist sich sofort als Nicht-Einheimischer aus.

„Griäz-m'r diä, wommer nachfraget", sagt man schweiz. oft beim Abschied. Ältere Leute aber haben für diese Art, Grüße aufzugeben, großen Abscheu: „Der Teufel fragt einem auch nach", heißt es. Und einmal sei wirklich bei einer solchen Gelegenheit der Teufel gekommen und habe dem Grußaufgeber nachgefragt. Und da mußte der andere, der den Auftrag angenommen, ihn wirklich ausrichten. Man soll statt dessen sagen: „Griäz m'r diä Lytt, wommer nachfraget" oder: „Griäz m'r diä, wommer nachfraget, wennd's rächt Lytt sind" (Josef Müller: Sagen aus Uri, Bd. III [Basel 1945], S. 101 f.).

Auch Grußworte wie ‚Guten Tag!', ‚Guten Morgen!', ‚Guten Abend!' gehören urspr. zu den frommen, gottbezogenen Grüßen des Hoch-MA. Diese Formeln sind urspr. an Gott gerichtete Wünsche für das Wohlergehen des Begrüßten: ‚Got gebe dir gueten abend!', ‚Got gebe dir einen guoten morgen!', ndd.: ‚goden dach got geve di!'. Immer ist das Wort ‚Gott' das Subjekt des Gruß-Satzes.

Alle diese Formeln mit ‚Gott gebe …' sind anfänglich feierlich und stark gefühlsbetont gewesen. Das Rittertum nahm sie auf und verbreitete sie. Und von hier aus sind sie schließlich ins städtische und bürgerliche, z. T. später ins ländliche Brauchtum übergegangen. In Tirol sagte man sogar ‚Guten Mittag!' oder ‚Guten Nachmittag!'. Aber der häufige Gebrauch entkleidete diese Formeln bald ihres religiösen Gewichtes.

Das Grußwort ist ein vielgesprochenes Wort; deshalb nutzt es sich ab; es wird zersprochen, zersagt. So hat man schon in mhd. Zeit die Formel ‚got gebe dir guoten tac' verkürzt. Und heute geht die Verkürzung der Formel noch weiter bis ‚'n Tag!' oder ‚Tag!'. Von der Formel ‚Got gebe dir einen guoten morgen' bleibt oft nur ein knurriges und ganz formelhaftes ‚Morgen!'. Noch mehr als die Umgangssprache haben die Mundarten die Grußformeln zersprochen. Aus ‚Got grüesse dich!' wird schweizerdt. ‚Grüezi!'; aus ‚Behüt dich Gott!' wird bayr. ‚Pfiadi!'. In Siebenbürgen wurde der Gruß ‚Gott helfe Euch!' zu der unkenntlichen Formel ‚Tälfich!' zusammengezogen. Aus dem Kuhländchen ist die Formel ‚Skolkum!' als Kurzform von ‚bis Gott willkommen!' bekannt. Aus Schlesien ist der Gruß ‚Speasam!' geläufig als eine Zusammenziehung aus ‚Ich wünsche wohl gespeist zu haben!'. In Österreich, besonders in Wien, kennt man die Kurzformel ‚(G)schamster!', d. h. eigentlich: ‚Ich bin Ihr gehorsamster Diener!'

Auf eine venezianische Form des ital. ‚schiavo' = Diener geht das sportliche „Ciao!" = ‚Tschau!' zurück, das über die Radetzkyarmee ins Österreichische Heer Eingang fand u. sich vor allem über Österreich und die Schweiz verbreitete.

Viele Grußformeln sind also nur noch die Kurzfassungen älterer, umfangreicherer Grüße. Spätere Frömmigkeitsbewegungen haben sich um eine Erneuerung der religiösen Grüße bemüht. Der Gruß ‚Gelobt sei Jesus Christus!' mit dem Antwort-Gruß ‚In Ewigkeit Amen!' wurde namentlich von den Jesuiten in der Zeit der Gegenreformation verbreitet; Die Päpste Sixtus V., und Benedikt XIII. knüpften Ablässe an seinen Gebrauch. Recht volkstümlich ist er allerdings nicht geworden, weil die Formel zu lang ist. Doch grüßt man in vielen katholischen Gegenden den Geistlichen mit dieser Formel. Die Grüße auf dem Lande sehen sonst freilich ganz anders aus.

In der Stadt grüßt man meist mit dem Entbieten der Tageszeiten: ‚Guten Morgen!', ‚Guten Tag!', ‚Guten Abend!' usw. In den

Mundarten (bes. in Schwaben und in der Schweiz) sagt man für grüßen: ‚Einem die Zeit wünschen' oder ‚Die Zeit geben'. Für einen Gruß erwidern: ‚Die Zeit abnehmen', ↗Zeit.

Die Zahl der Formeln ist allerdings beschränkt und schriftdt. genormt. Der Gruß des Städters erhält dadurch etw. Einförmiges. Man grüßt vielfach nur, um sich einer Höflichkeitspflicht zu entledigen, und oft genug verrät der Gruß in der Stadt nicht die geringste Anteilnahme an der Arbeit, an Wohl und Wehe des Nächsten. Bauern jedenfalls werden sich niemals nur ‚Guten Tag!' zurufen. Das würde der Begrüßte als unfreundlich und verletzend empfinden. Das Tageszeitbieten wird auf dem Land überhaupt vermieden. Die Grüße auf dem Land sind differenzierter. Zum ländlichen Gruß gehört die Grußfrage nach dem Woher und Wohin, nach der Beschäftigung, eine Aufmunterung zur Arbeit, ein scherzhafter Zuruf usw., wie z. B.: ‚Auch schon auf?', ‚Willst heim?', ‚Seid Ihr auch auf dem Weg?', ‚Geht Ihr aufs Feld?', ‚Schaff nicht zu viel!', ‚Auch fleißig?', ‚Übermachet nix!', ‚Habt Ihr schon gegessen?'. Man spricht hier von sog. Tätigkeitsanreden: ‚Habt ihr den Wagen voll?', ‚Überladet nicht!', ‚Macht ihr bald Feierabend?'. Andere Grüße bestehen in Fragen über das Wetter oder über die gerade fällige Tagesarbeit.

Diese Grußanreden sind so vielfältig wie die tagtäglichen Verrichtungen. Der Gruß ist weniger formelhaft eingeengt als die städtischen Verbindungen, und bei jeder passenden Gelegenheit können neue Wendungen geprägt werden. Man grüßt auf dem Dorf nicht aus förmlicher Höflichkeit, sondern man nimmt mit seinem Gruß in irgendeiner Form persönlich Anteil an der Arbeit und am Geschick des Mitmenschen.

Die kleine übersichtliche Welt des Dorfes ermöglicht diese Art des Grüßens; aber der Gruß leitet keineswegs immer ein verbindliches Gespräch ein. Viele der Fragen erwarten keine Antwort, und wo sie gegeben wird, weicht sie entweder scherzhaft aus (‚Wo 'naus?' – ‚Der Nase nach!') oder ist ihrerseits bloße Formel (‚Seid ihr bald fertig?' – ‚Ja, 's ist nicht zu früh!'). Im El-

saß kann man auf den Abschiedsgruß ‚Leb wohl!' die Antwort bekommen: ‚Wollebe choscht Geld!' (Wohlleben kostet Geld).

Natürlich trägt auch der Frage-Gruß unter Bekannten Züge einer erstarrten Konvention. Wenn man den Entgegenkommenden fragt, ob er auch ‚schon auf?' sei, so ist diese Frage nicht nur unlogisch, sondern auch eigentlich überflüssig. Aber dieser Frage-Gruß ist kein Zeichen von Plumpheit, er erfolgt nicht aus neugieriger Taktlosigkeit, er ist nicht mangelnde gute Erziehung, sondern er ist der Rest einer viel älteren Anredeform. Solche Anrede- und Zwiesprache-Grüße haben eine uralte Tradition.

Die Grußfrage ist in einer urtümlichen Gesellschaft tatsächlich ein gegenseitiges Auskundschaften. Das geradezu klassische Beispiel einer Begrüßung des vorsichtigen Befragens zeigt schon das älteste Denkmal der dt. Lit.: das ‚Hildebrandslied'. Die beiden sich Begegnenden bleiben zunächst auf Speerwurfweite voneinander getrennt, und nun fragt man sich gegenseitig aus nach Herkunft und Stammbaum. Wie das im Hildebrandslied geschildert wird, bleibt der Gruß noch auf viele Jahrhunderte: Wenn zwei Ritter sich begegnen, gehen sie nicht fremd aneinander vorbei, sondern es wird eine Zwiesprache eröffnet, die nach immer gleichem Schema verläuft: Der eine fragt den Namen des anderen und nennt seinen eigenen, wobei er gebührend auf seine früheren Heldentaten verweist. Man erkundigt sich nach Herkunft und Stammbaum, weil für diese Zeit die Abstammung von einem berühmten Geschlecht auch etw. über den Abkömmling aussagte. Man durfte bei einer solchen Begegnung hoffen, alte Familien- oder Freundschaftsbeziehungen aufzufrischen. Hier liegen die Vorformen des ländlichen Frage- und Antwort-Grußes, wenn auch in ritterlicher und noch nicht in einer bäuerlichen Gesellschaft.

Im angelsächs. Sprachbereich hat sich eine solche Grußfrage allgemein-umgangssprachlich durchgesetzt: Die Formel ‚How do you do?' = ‚Wie geht es Ihnen?' wird allerdings gar nicht mehr als Frage beantwortet, sondern als Gruß mit dem gleichen Gegengruß ‚How do you do?‘ erwidert.

Aber das gilt auch für das entsprechende dt. ‚Wie geht's?‘. Es wird in der Regel gar nicht mehr als anteilnehmendes Erkundigen aufgefaßt, und wenn überhaupt, dann bloß noch scherzhaft beantwortet: ‚Wie geht's?‘. Antwort: ‚Man ist zufrieden‘, ‚Es könnte besser sein‘, ‚Nicht so gut wie Ihnen!‘, ‚Schlecht, bis es besser kommt!‘, ‚Man kann nicht genug klagen!‘, ‚So, so, la la!‘, ‚durchwachsen‘, ‚mittelprächtig‘ usw. ↗ gehen.

Selbstverständlich gehen Grußformen auch über Sprachgrenzen hin und her; sie sind viel mehr zeit- und sozialgebunden als raum- und sprachgebunden. In Österreich ahmte man die böhmischen Grüße nach; der frz. Gruß ‚salut!‘ ist nicht nur im Elsaß, sondern auch in der Schweiz, am Rhein und in Westfalen verbreitet. Ein gutes Beispiel bietet ‚adieu!‘ als Abschiedsgruß im Dt. u. Frz. Die im 12. Jh. im Frz. übliche Form ‚adê‘ wurde schon in mhd. Zeit ins Dt. entlehnt. Denn es galt schon zur Zeit des Rittertums für vornehm, frz. Grüße zu gebrauchen. Im 16. Jh. dringt ‚adieu‘ in seiner neuen Lautform als vornehmer Gruß ins Dt. ein, obwohl der Gebrauch des Grußes ‚adieu‘ im Frz. keineswegs so häufig ist, wie er im Dt. wurde. ‚Adieu‘ drang mit der Zeit in alle Sprachschichten und Mundarten ein und entwertete das alte ‚ade‘, das sich nur noch im Volkslied hält (‚Ade zur guten Nacht‘, ‚Ade, mein Schatz, ich scheide‘, ‚Schätzel ade‘, ‚Nun ade, du mein lieb Heimatland!‘).

‚Adieu‘ wurde auch der dt. Umgangssprache angepaßt und zu ‚Adschüß‘ (… fall nicht auf die Schnüß!) und schließlich zu einfachem ‚tschüs!‘ umgewandelt. In der Gegenwart hört man häufig, bes. im schwäb. und bad. Südwesten die Verkleinerungsform ‚tschüsle!‘. Während des 1. Weltkrieges wurde ‚adieu‘ dann als Fremdwort bekämpft und durch unser heutiges ‚Auf Wiedersehen‘ verdrängt, das seinerseits aber auch nur eine Lehnübers. des frz. ‚au revoir‘ ist. Der Abschiedsgruß ‚Auf Wiedersehen!‘ hat sich jedenfalls erst seit dem 1. Weltkrieg durchgesetzt, und heute heißt es meist nur noch kurz ‚Wiedersehn!‘

In manchen Ständen und Berufen haben sich z.T. eigene Grußformen entwickelt. Schon sehr alt ist das ↗ ‚Glückauf!‘ der Bergleute. Unter Jägern ist der Gruß ‚Weidmannsheil!‘ üblich, und die Antwort auf diesen Gruß lautet: ‚Weidmannsdank!‘. Für die wandernden Handwerksgesellen früherer Zeit gab es besondere Handwerksgrüße, die die Aufgabe hatten, die Wanderburschen als Angehörige einer bestimmten Zunft auszuweisen. Diese ‚Grüße‘ waren längere Anreden, auch Zwiegespräche, die die Wandernden auswendig lernen mußten und streng geheim hielten. Der Eintrittsgruß der wandernden Töpfergesellen z.B. lautete: ‚Glück zu, Meister und Gesellen wegen des Handwerks. Nach Handwerksgebrauch erstatte ich den Gruß von Meister und Gesellen aus da und da (hier nannte der Geselle den Ort seiner letzten Beschäftigung)‘. Die Stellmachergesellen grüßten: ‚Mit Gunst, Glück rein, alles was Rad- und Stellmacher sein!‘. In unserer unkonventionellen Zeit kommen uns solche Grüße geschraubt und unnatürlich vor. Aber die Menschen des 17. und 18. Jh. dachten darüber anders.

Das gesamte Verhalten der Menschen zueinander war einstmals zeremoniell geregelt. Am auffallendsten ist der Gebrauch der Komplimente. Der Barockdichter Christian Weise hat ein ganzes Komplimentierstück geschrieben, nicht satirisch, sondern im Grunde ernst gemeint. Und die letzte, selbstverständlich religiöse Rechtfertigung findet Weise in folgenden Worten: „Gott hat uns ja befohlen, daß wir einander mit freundlichen Reden und behäglichen Diensten sollen entgegen gehen“. Folglich seien die „unschuldigen Complimenten“ kein Heucheln, sondern „ein freundliches Wort auf der Zunge ist eine Frucht der Liebe, die im Herzen verborgen liegt“. „Warum sollte nicht ein Mensch seinen Nächsten, das ist seines Herrn und Gottes Ebenbild mit aller gebührenden Leutseligkeit annehmen?“ Im Jahre 1729 erschienen die beiden Bücher von Julius Bernhard von Ross ‚Einleitung in die Ceremonial-Wissenschaft der Privatpersonen und der großen Herren‘. Man legte größten Wert auf die richtige Titulierung bei Gruß und Anrede, und im

Laufe des 18. Jh. wurden die Anrede-
grüße immer höher hinaufgeschraubt,
z. B.: ‚Hochwürdiger, hochwohlgebore-
ner Freiherr, höchstgeehrter Herr gehei-
mer Rat!‘. Man bittet ‚ganz gehorsamst‘,
‚unterdienstlich‘, ‚aufwartsamst‘ um
‚hochgeneigte, gnädige Fürsprache‘, und
unterzeichnet als ‚untertänigster Diener‘.
Die Gesellschaft hatte mit peinlicher, ja
pedantischer Genauigkeit jedem Rang
seine Prädikate und Grußanreden zuer-
teilt. So unterschied man den Dr. jur. als
‚hochrechtsgelehrten‘ vom Dr. med. als
‚hocherfahrenen‘, den Superintendenten
als ‚hochehrwürdigen‘ vom nur ‚wohler-
würdigen‘ Pastor. Bürgermeister wurden
‚hochedel‘, Ratsherren ‚wohlweise‘, Kaufleute ‚wohlehrenfest‘, der Handwerker
‚ehrsam und namhaft‘ oder ‚ehrbar und
wohlgeachtet‘ tituliert. Die Bürgerfrau
heißt ‚wohlehrbar‘, ‚hoch-, ehr- und tu-
gendbegabt‘, die unbescholtene Jungfrau
‚ehr- und tugendsam‘.
Was hier als Abbild des Hofzeremoniells
bis in breiteste Schichten des Bürgertums
nachgeahmt wurde, war letztlich spanischen Ursprungs. Aus Spanien wurde mit
dem übrigen Zeremoniell z. B. auch der
↗Handkuß eingeführt. Ein zeitgenössi-
scher Ratgeber mahnt: „Jedoch muß es
nicht allzuoft und mit zu großer Zärtlich-
keit geschehen, sondern auf eine respec-
tueuse Art und etwa nur bei dem Ab-
schieds-Compliment, oder wenn sie (die
Dame) und durch ihre Reden Gelegenheit
gibt, daß wir eine gewisse Submission davor bezeugen sollen“.
Diese Grüße, Komplimente und Ergebenheitsfloskeln sind z. T. in die Volkssprache und in die Mdaa. abgesunken. Uns
fällt das inbes. in Österreich auf, wo man
noch heute in stadtbürgerlichen Kreisen
Grüße hören kann, wie ‚Küss die Hand!‘
(nur als Wort, nicht als Gebärde!), ‚Ich
hab die Ehre!‘, ‚Servus!‘, was ja eigentl.
‚Ihr Diener‘ bedeutet. In vielen bürgerlichen Familien – und nicht nur Österreichs
– wurden die Buben angehalten, einen
‚Diener‘ zu machen, d. h. sich zu verbeu-
gen. Ein sprachlicher Rest aus der Zeit der
Kratzfüße ist noch das ‚Ihrzen‘, die Anrede mit ‚Ihr‘ in ländlichen Gegenden,
wenn also Einzelne einander mit der
2. Person Plural anreden.

Dieses Weiterleben höfisch-aristokrati-
scher Etikette in einer standesmäßig nivel-
lierten Gesellschaft hat zu einer Unsicherheit und oft zu einer Ungelenkheit unseres
Gruß-Verhaltens geführt. In Frankreich,
einst dem klassischen und sprichwörtl.
Land der Höflichkeit, ist man in dieser

‚Servus‘ – ‚Gehorsamster Diener‘ –
‚Küß die Hand‘

Hinsicht viel moderner und hat viel kon-
sequenter um die höfische Etikette abge-
streift, die meist gar nicht mehr in unser
modernes Leben paßt. (Es ist z. B. stillos,
sich in einer Werkskantine zeremoniell
vorzustellen oder gar einer Frau im Büro
die Hand zu küssen.) Aber im Grunde
setzt jeder von uns in seinem Gruß unbewußt sehr alte Überlieferungen fort.
Selbst wenn wir uns noch so modern und
unkonventionell zu geben versuchen, verhalten wir uns doch unbewußt traditionell. Schon indem wir uns ‚höflich‘
benehmen, tun wir ja etwas, was im
Grunde höchst altmodisch ist und einer
vergangenen Epoche angehört, denn ‚höflich‘ ist ja eigentl. das, was ‚am Hofe‘ getan wird. So ist alles, was wir seit unserer
Kinderstube an brauchmäßigen Regeln
höflichen Benehmens gelernt haben, aus

der Welt der Schlösser und Paläste, als Elemente der Hofetikette zu uns gekommen, wenn auch in verbürgerlichter oder proletarisierter Ausführung: Komplimente und Verbeugungen, Knickse und Handküsse, Vorstellen und Vorgestelltwerden, den Vortritt lassen. Alle brauchtümlichen Verhaltensmaßregeln der sog. Höflichkeit stammen noch aus einer ständisch streng abgestuften Gesellschaft, in der jede zwischenmenschliche Beziehung zu einer Rangfrage wurde.

Heutige Grüße – insbes. unter Jugendlichen – sind oft äußerst knappe Kurzformeln. Da genügt ein ‚Hallo!‘, oder ‚Hei!‘, oder man sagt einfach: ‚Na, du?‘. Straßenverkehrsregeln kann man von einem Tag auf den anderen abändern. Grußformeln aber sind mehr als technische Verabredungen. Sie sind unerhört langlebig. Darum aber gerade ist die Geschichte des Grußes so interessant, weil sie so vielschichtig ist und so weit in die Vergangenheit zurückreicht.

Der ‚englische Gruß‘, auch als ‚Angelus‘ bez., ist die Anrede und folgende Mitteilung des Engels Gabriel an die Jungfrau Maria, also Mariä Verkündigung, zu einem Gebet zusammengefaßt, des weiteren auch das Gebet ‚Ave Maria‘.

‚Letzte Grüße aus Davos‘: Husten eines Schwindsüchtigen. Ähnl. ‚Letzte Grüße aus Arosa‘: hohler, rasselnder Husten. Anspielung auf die Lungenheilstätten in Arosa (Graubünden). ‚Gruß aus Solingen‘: Messerstich; Anspielung auf die Solinger Messerwaren.

‚Schwäb. Gruß‘: ‚Leck mich am Arsch!‘ ↗ Arsch.

‚Autofahrer-Gruß‘: Zeichen des Vogels, Berührung der Stirn mit dem Zeigefinger; ‚Gruß an Onkel Otto‘: Winken aus der Menschenmenge zur Fernsehkamera.

‚Gruß und Kuß, dein Julius!‘, stereotyper Briefschluß, aber auch Redewendung, um ein Gespräch zu beenden.

‚Grüß deine Frau und meine Kinder‘: scherzhafte Abschiedsrede.

Jem. grüßen wie ein Spanier einen Franzosen, d.h. sehr freundlich: Die Rda. stammt wohl aus der Zeit des spanischen Erbfolgekrieges.

Lit.: *Dedecke:* Zur Geschichte des Grußes u. der Anrede in Deutschland, in: Zs. f. d. dt. Unterr. 6 (1892);

K. Stroebe: Altgerm. Grußformen (Diss. Heidelberg 1911=PBB. 173); *W. Bollhöfer:* Gruß und Abschied in ahd. und mhd. Zeit (Diss. Göttingen 1912); *K. Prause:* Deutsche Grußformeln in nhd. Zeit (= Wort und Brauch 19) (Breslau 1930); *H. Freudenthal:* Gruß, in: Beitr. z. Dt. Volks- u. Altertumskunde 5 (1960/61), S. 83–87; *J. Dünninger:* Gruß und Anrede, in: Der Deutschunterricht 2 (1963); *W. Arens:* Funktion und Sozialkraft des Handwerkergrußes, in: Arbeit und Volksleben, hg. von G. Heilfurth u. I. Weber-Kellermann (Göttingen 1967); *H. Bausinger:* Formen der ‚Volkspoesie‘ (Berlin ²1968), bes. S. 70ff.; *ders.:* Art. ‚Gruß, grüßen‘, in: EM. VI, Sp. 274–276.

Grütze = Verstand, und entspr. ‚Grützkasten‘ = Kopf, Gehirn, Verstand, ist mdal. weit verbreitet. Grütze heißen eigentl. die von den Hülsen, den Spelzen, befreiten und dann klein geschnittenen Getreidekörner; *Grütze im Kopf haben:* gescheit sein, ist also der Gegensatz zu ‚Spreu, Stroh im Kopf haben‘. Die Rda. ist sehr anschaulich, denn sie meint: wer Grütze hat, besitzt den wertvollen Kern, hat also keine haltlose Spreu im Kopfe. So deutet die Wndg. schon Joh. Christian Günther (Gedichte, 1742, S. 374): „Ein Kopf, der von Natur mehr Spreu als Grütze führet". Vgl. auch berl. ‚Er hat Jrütze in‘ Kopp‘, er ist intelligent. (Im Ndd. häufiger negativ gebraucht: ‚Er hat woll 'n büschen wenig Grütze im Kopp‘).

In unseren Nachbarländern kennt man ähnl. Wndgn.: frz. ‚avoir quelque chose dans le ventre‘; ndl. ‚veel in zijn mars (Marktkorb) hebben‘ und engl. ‚to have something in one's wallet‘.

Rudolf Hildebrand (Dt. Wb., Bd. V, Sp. 2342) leitet die Rda. dagegen von ‚Kritz‘ (zu ‚kritzen‘, ‚kratzen‘) ab; ‚Kritz in der Nase‘ bedeutete zunächst ‚Krabbeln in der Nase‘, dann Verstand, Scharfsinn, Witz. Bereits Seb. Franck brauchte öfter die Wndg. „vil Kritz in der Nasen haben" in der Bdtg. von Schlauheit, Vorwitz, naseweises Besserwissen. Bes. in Thüringen u. Sachsen sind Rdaa. wie ‚Gritz oder Kritz im Kopfe haben‘ häufig. Die Wndg. „weder Witz noch Kritz" ist schon in Grimmelshausens ‚Simplicissimus‘ belegt; die Anlehnung an Grütze = Gemahlenes wäre dann erst nachträglich erfolgt, und zwar zu Beginn des 18. Jh., denn Rädlein bringt 1711 im ‚Europäischen Sprachschatz‘ (415 a) die Rda. *weder Grütz (Gritz) noch Witz haben:* weder gicks noch gacks

597

wissen; vgl. frz. ‚Ne rien avoir dans la cervelle' (wörtlich übersetzt: nichts im Hirn haben).

Große Grütze im Kopfe haben: sich viel einbilden, ↗ Graupen. Das seit dem 17. Jh. bezeugte Subst. ‚Grützkopf' geht auf das urspr. ‚Kritzkopf' = kluger Kopf zurück und wurde mißverständlich in seiner Bdtg. ins Gegenteil zu Dummkopf verkehrt.

Guillotine. *Jem. auf die Guillotine schikken:* Über jem. die Todesstrafe verhängen, aber auch: skrupellos einen anderen preisgeben, um seinen eigenen Kopf zu

‚Auf die Guillotine müssen'

retten oder um einen lästigen Widersacher zu beseitigen. Die Guillotine ist seit 1792 das Hinrichtungsgerät der Französischen Revolution, der sowohl Anhänger als auch Gegner zum Opfer fielen. Es wurde urspr. nach seinem Erfinder, dem Arzt Louis (1723–1792) ‚Louisette' oder ‚Petit Louison' genannt, später aber nach dem Arzt Guillotin (1738–1814) bez., der

den Vorschlag gemacht hatte, die Todesstrafe durch eine Köpfmaschine vollziehen zu lassen, was auch den Anlaß zu einem Spottlied gab.

Mit dem französischen Strafrecht wurde die Guillotine als Fallbeil auch in den meisten deutschen Ländern links der Elbe eingeführt.

Lit.: *G. Neumann:* Ein Wort über das Alter der Guillotine – Georg Christoph Lichtenberg als Begründer eines sozialen Topos, in: Freiburger Universitätsblätter, Heft 84 (Freiburg 1984), S. 67–90; *R. Brécy:* La Révolution en chantant (Paris 1988); *W. Volke u. a. (Hg.):* „O Fryheit! Silberton dem Ohre". Französische Revolution und deutsche Literatur 1789–1799 (Marbach a. N. 1989); La Révolution française et l'Europe 1789–1799. Exposition du Conseil de l'Europe (Paris 1989).

Gummi. *Gummi fahren:* angenehm reisen, betucht sein, weil man es sich leisten konnte, statt in den üblichen Pferdewagen mit eisenbeschlagenen Holzrädern in einer vornehmen Kutsche mit Gummirädern zu fahren. Es gibt noch andere Deutungen für diese Rda., u. a. die Auslegung der Rda. als bildhafte Wndg. für das Ausradieren, d. h. das Hin- und Herfahren mit dem Radiergummi, doch dürfte der Zusammenhang mit den Gummirädern eher einleuchten, zumal sich auch in der Lit. eine Belegstelle findet, die auf die Bequemlichkeit hinweist: „... auf Gummirädern rollte die Equipage weich" (Detlev v. Liliencron: Sämtliche Werke, Bd. IX [1898 bis 1900], 208).

Da Gummi nicht nur weich, sondern auch dehnbar ist, spricht man nicht selten auch von einem Paragraphen, der dehnbar wie Gummi ist, dem sog. ‚Gummiparagraphen', der verschiedene, z. T. auch gegensätzliche Deutungen zuläßt. Die Wndg. *dehnbar wie Gummi* wird wegen ihrer Anschaulichkeit auch heute noch gerne gebraucht als treffender Vergleich für alles Ungenaue, das sich einer bestimmten Festlegung entzieht.

Lit.: *H. Küpper:* ‚Gummi fahren', in: Der Sprachdienst 23 (1979), S. 195; *W. Näser:* ‚Gummi fahren', in: Der Sprachdienst 23 (1979), S. 195; *R. Putz:* ‚Gummi fahren', in: Der Sprachdienst 23 (1980), S. 126.

Gunst. *Die Gunst des Augenblicks (der Stunde) nutzen:* die glücklichen Umstände erkennen und sein Schicksal mutig in die Hand nehmen, die beste Gelegenheit ergreifen, um zu seinem Ziel zu gelangen.

Jem. eine große Gunst erweisen (erzeigen): ihm sein Wohlwollen zuteil werden lassen, sich ihm bes. geneigt zeigen. In dem Gedicht ‚Der frohe Wandersmann' von Joseph Frh. von Eichendorff, das er 1826 in seiner Novelle ‚Aus dem Leben eines Taugenichts' zuerst veröffentlichte, lauten die ersten Zeilen:

Wem Gott will rechte Gunst erweisen,
Den schickt er in die weite Welt.

Sie wurden weithin bekannt und haben Volksliedcharakter angenommen.

Einer Gunst teilhaftig sein, auch: *jem. Gunst genießen:* bevorzugt werden, Förderung erfahren.

Sich (eifrig) um die Gunst einer Dame bemühen: sie umwerben.

Sich jem. Gunst rühmen dürfen: stolz auf das ihm entgegengebrachte Verständnis und Vertrauen sein, sich auf seinen Gönner berufen; dagegen: *jem. Gunst verlieren* und *jem. seine Gunst entziehen:* sich enttäuscht von ihm abwenden, ihn ‚fallen lassen'.

Zu jem. Gunsten sein: zu seinem Vorteil gereichen.

Mit Gunst und Erlaubnis ist ein formelhafter Gruß der wandernden Handwerksgesellen, ↗ Gruß.

Lit.: *Th. Gantner:* Mit Gunst und Erlaubnis ... Wandergesellen des Bauhandwerks im 20. Jh. Ausstellungskatalog (Basel 1985/87).

Gurgel. *Durch die Gurgel jagen:* trinken (bes. Schnaps); ist seit dem Ende des 16. Jh. geläufig; dem späten MA. galt die Gurgel als Sitz der Trinklust. Abraham a Sancta Clara braucht die Wndg. ‚Das Seinige durch die Gurgl jagen" (‚Judas' II, 19). *Die Gurgel (Kehle) schmieren:* trinken, damit die Kehle nicht rauh wird.

Jem. an die Gurgel springen (gehen): ihn heftig anfahren, meist in der Formulierung ‚Er wäre ihm fast an die Gurgel gesprungen'.

Gurke. *Sich eine (große) Gurke herausnehmen:* sich eine Freiheit erlauben, unverschämt sein; auch *sich eine Gurke zuviel herausnehmen,* eigentl.: aus der gemeinsamen Eßschüssel zuviel entnehmen; schon 1663 bei J. B. Schupp: „Sich bey jeman-

dem eine Gurke zu viel herausnehmen". In Mitteldt. häufig belegt, z.B. 1749 in Leipzig: „Es scheint, er nehme sich zu große Gurken raus". So noch heute mdal., z.B. berl. ‚Wat nimmt sich der Mensch for'ne Jurke raus!'; thür. ‚Das ist eine alte Gurke', das ist nichts Neues; ‚die Gurke ist alle', die Sache ist zu Ende; schles. ‚eine Gurke voraushaben', eine Bevorzugung bei jem. genießen; schles. ‚Das bringt eine saure Gurke ums Leben!'

Gurke nennt man umg. die ↗ Nase, die pars pro toto auch für den ganzen Menschen stehen kann, z.B. sächs. ‚enne putz'ge Gorke', ein Spaßvogel, ‚enne verhauene Gorke', ein lebenslustiger, zu allen möglichen losen Streichen aufgelegter Mensch.

‚Gurkenhandel' wird im Spott für ‚Handlung, Verhandlung' gesagt, so obersächs. ‚Er sieht sich den Gurkenhandel eine Weile mit an'; ‚da hört der Gurkenhandel auf', da hört sich doch alles auf, das geht zu weit! ‚Gurkensalat' steht rdal. für eine Speise, die grober Geschmack nicht zu würdigen weiß; z.B. *Was versteht der Bauer vom Gurkensalat,* mdal. in Schlesw.-Holst. ‚Wat fraagt de Buur na Gurkensalat' mit dem Zusatz: ‚dat itt he mit de Mistfork (Heugawel)'.

Der Ausdr. *Sauregurkenzeit* hat mit sauren Gurken nichts zu tun; er ist dem Rotw. entnommen, lautete urspr. ‚zóress- und jókresszeit' (von hebr. zarót und jakrút, jidd. zoro und joker) und bez. die Zeit der Leiden und der Teuerung. *Bei ihm ist Sauregurkenzeit* bedeutet: seine Geschäfte gehen z. Z. schlecht. Da das Bewußtsein um die Herkunft und die Bdtg. des Ausdr. bald verlorenging, bildete sich die volksetymol. Deutung heraus, der Ausdr. bezöge sich auf die geschäftsarmen Sommermonate, in denen die Gurken reifen und eingelegt werden. Mit diesem Verständnis hat die ‚Sauregurkenzeit' auch ins Ndl. Eingang gefunden: ‚Het is in den komkommer-tijd'. Heute bezieht sich die Redensart hauptsächlich auf die kulturelle und politische Flaute während der Parlamentsferien, auch ‚Sommerloch' genannt.

Lit.: *F. Kluge:* Wortforschung u. Wortgeschichte (Leipzig 1912); *N. Nail:* ‚Zores in der Sauregurkenzeit', in: Der Sprachdienst 27 (1983), S. 105.

Gürtel. *Den Gürtel anlegen:* eine neue Würde übernehmen. Der Gürtel galt im MA. als Symbol der Macht und der Herrschaft. Dagegen: *Den Gürtel ablegen:* sich unterwerfen, zum Sklaven oder Gefangenen werden. *Den Gürtel verlieren:* um Hab und Gut kommen.

Den Gürtel auf das Grab legen: als Witwe nachteilige Folgen des Erbantritts vermeiden, ↗ Schlüssel.

Der Gürtel war im MA. auch Sinnbild für Jungfräulichkeit, Keuschheit und Reinheit (vgl. den Gürtel Mariens, den Braut- und Keuschheitsgürtel). *Den Gürtel lösen (rauben):* Die Ehe vollziehen, die Unschuld (gegen seinen Willen) verlieren. Lit. ist dies im ‚Nibelungenlied‘ gestaltet worden: Siegfried hat stellvertretend für den schwachen König Gunther in der Hochzeitsnacht Brünhild Ring und Gürtel abgerungen und diese dann seiner Frau Kriemhild geschenkt. Brünhild wird sich ihrer Schmach bewußt, als Kriemhild sie verhöhnt, und klagt:

> Sî treit hie mînen gürtel den ich
> hân verlorn,
> und mîn golt daz rôte. daz ich ie
> wart geborn,
> daz riuwet mich vil sêre …

(XIV. Aventiure, Str. 854).

Der Gürtel wird damit zum Auslöser aller weiteren dramatischen Ereignisse.

Den Gürtel enger schnallen müssen: sich einschränken, fasten, hungern müssen. Durch das Einschnüren des Leibes kann das Hungergefühl vorübergehend erfolgreich unterdrückt werden. Auch die Abmagerung bei Krankheit und Not bedingt das Engerschnallen des Gürtels, der die Kleidung zusammen- bzw. die Hose oben hält.

Lit.: *J. Grimm*, in: RA. I, S. 215 ff.; *G. Jungbauer:* Art. ‚Gürtel‘, in: HdA. III, Sp. 1210 ff.; *K.-S. Kramer:* Art. ‚Gürtel‘, in: HRG. I, Sp. 1862–1863; *U. Marzolph:* Art. ‚Gürtel‘, in: EM. VI, Sp. 311–315.

Gürtellinie. *Etw. geht unter die Gürtellinie:* ist ein unanständiger Schlag, eine unerlaubte Attacke. Im Boxsport ist die Gürtellinie die Trennlinie für erlaubte bzw. unerlaubte Schläge. Ein sog. Tiefschlag, d. h. ein Schlag unter die Gürtellinie, widerspricht den Regeln des Boxsports, gilt als unfair und wird im Wiederholungsfall mit Disqualifikation bestraft.

Auch in übertr. Sinne gilt alles, was den Bereich unterhalb der Gürtellinie betrifft, insbes. den Sexualbereich, als Tabu-Zone und ihre Verletzung (auch verbal) als unanständiger Angriff auf die Person und ihre Integrität.

Guß. *Aus einem Gusse sein:* in einem Zug gearbeitet sein, ein nahtloses, einheitliches Ganzes bilden. Die Rda. ist im 19. Jh. entstanden und dem Bereich des Metallgießens entnommen. Die meisten Metallgußarbeiten wurden früher in einzelnen Teilen hergestellt und diese dann zusammengeschweißt, wobei die Nähte sichtbar blieben. Im Gegensatz dazu lobt die Rda. ein Werk, das keine Nähte erkennen läßt, einen vollkommen einheitlichen Eindruck macht. Bei dem Historiker J. v. Müller heißt es: „Schöner, was aus einem Gusse kömmt, als woran täglich geflickt wird". In übertr. Bdtg. wird die Wndg. vor allem zur Wertung lit. oder künstlerischer Werke gebraucht. Vgl. frz. ‚être (taillé) d’une (même) pièce‘ (wörtlich übersetzt: aus einem [demselben] Stück geschnitten sein).

1

1/2 ‚Den Gürtel enger schnallen‘

2

Gusto. *Etw. ist nach meinem (seinem) Gusto,* d.h. nach meinem (seinem) Geschmack. Bis ins 18. Jh. hinein war für den aus dem Ital. entlehnten Begriff fast ausschließlich das Wort ‚Gust‘ bekannt. Später, im 18. Jh., wurde es weitgehend durch ‚Gusto‘ verdrängt, das vor allem in der Wndg. ‚nach Gusto‘, i. S. v. ‚Belieben‘, ‚Ermessen‘ in zahlreichen lit. Zeugnissen begegnet. So heißt es z. B.: „... recht nach gusto auszurasten" (J. ... von Neiner: ‚Tandlmärckt‘ [1734], 275). Im Sinne einer subjektiven Empfindung kommt die Wndg. auch bei anderen Autoren des öfteren vor, so z. B. bei S. J. Apinus (‚Glossarium novum‘ [1728], 260): „es ist nicht nach meinem gusto", des weiteren bei F. Callenbach, bei dem es heißt (‚Wurmatica Wurmland ...‘ [1714], 67): „das wäre nach meinem gusto, es stehet auch besser". Auch Goethe verwendet noch den ital. Begriff:

man wählt sich die Kleider
nach Gusto den Schneider.

Später wurde Gusto dann durch den dt. Ausdr. ‚Geschmack‘ ersetzt, wie er auch in der heute noch gebräuchl. Rda. ‚das ist ganz nach meinem Geschmack‘ vorkommt. Dagegen hat sich das Wort ‚Gust‘ in der Schweiz bis in die jüngste Zeit hinein erhalten, ↗Geschmack.

gut, Güte. *Gut sein (gut sagen) für jem.:* bürgen. Beide Ausdrücke haben sich entwickelt aus einer alten Bdtg. von gut = sicher. Einer von ihnen findet sich schon in ‚Schlampampes Tod‘: „Vor den Hausknecht bin ich gut, das ers nicht gesagt hat". Daraus hat sich dann die Bdtg. des kaufmännischen gut = zahlungskräftig entwickelt. *Es gut sein lassen:* keine weiteren Forderungen stellen.

Er hat des Guten zuviel getan: er hat übertrieben gesprochen, gehandelt usw., beschönigend für: er ist betrunken.

Sich eine Güte (ein Gütchen) tun: sich's schmecken, sich's wohl sein lassen; seit dem 18. Jh. bezeugt.

Du meine (liebe) Güte! (vgl. engl.: ‚Oh my goodness‘ und den südfrz. Ausruf: ‚Bonté divine!‘: Du göttliche Güte!) Ausruf der Verwunderung, Überraschung; zerredet oder absichtlich entstellt aus der Anrufung Gottes ‚Du mein Gott!‘ oder ‚Lieber Gott!‘, denn Gottes Namen soll man nicht mißbräuchlich anrufen; seit dem 16. Jh. bezeugt, aber vor allem im 19. Jh. gebräuchlich (z. T. erweitert in der Form ‚Meine Güte, soviel Bonbons in einer Tüte!‘).

Gutes mit Bösem vergelten: ist bibl. Urspr. nach 1. Mos. 44,4 (vgl. entspr. ‚Böses mit Bösem vergelten‘ nach Röm. 12,17 u. ö.); vgl. frz. ‚rendre le mal pour le bien‘.

Jenseits von Gut und Böse ist der Titel eines Werkes von Friedrich Nietzsche (Werke, Bd. VII [Leipzig 1886]).

Einen Vorschlag zur Güte tun: einen annehmbaren Vorschlag machen. Urspr. war damit wohl die gütliche Vermittlung gemeint, die im Streitfalle dazu diente, auf friedliche Weise eine Einigung herbeizuführen. In diesem Sinne begegnet der Begriff schon in den alten Stadtrechten, in denen des öfteren die Wndg. ‚sich gütlich vergleichen‘ bzw. ‚sich gütlich vertragen‘ vorkommt.

In neuerer Zeit wurde eine solche freundschaftliche und friedliche Einigung mit der Wndg. *sich gütlich einigen* umschrieben. Die Redensart ist auch heute noch geläufig.

Sich an etw. gütlich tun: beim Essen kräftig zugreifen, es sich schmecken lassen. Im 16. Jh. lautete die Wndg. in der Regel: ‚jem. gütlich tun‘, d. h. ihn mit Speis und Trank traktieren. In diesem Sinne begegnet sie auch bei H. Sachs (Werke, Ausg. Keller-Götze, 19, 382):

thun im gütlich im leben sein,
beide mit trincken u. mit essen.

Später ist sie auch als selbstbezogene Rda. lit. bezeugt, u. a. bei E. W. Happel (‚Akad. Roman‘ [1690], 379): „auf einer bekandten universität wolten sich etliche studenten gütlich thun"; ferner bei H. S. Reimarus (‚Die vornehmsten Wahrheiten der natürl. Religion ...‘ [1766], 537): „ich will mir nur gütlich thun und mir mein leben durch allerley beliebige lust vergnügt machen".

Gut, Güter. *Das höchste Gut der Welt* ist das jedem einzelnen Liebste, d. h. es bedeutet für jeden etw. anderes Urspr. handelte es sich um einen rein philosoph. Terminus, später wurde eine in allen Literaturgattungen (einschließlich Volkslied und Schlager) viel zitierte sprw. Wndg. daraus.

‚Gut‘ als Sammelbegriff für die gesamte Habe tritt häufig in festen Verbindungen, in Zwillingsformeln auf, z. B. in: ‚Hab und Gut‘, ‚Gut und Leben‘, ‚Geld und Gut‘ oder ‚Gut und Geld‘, ferner in Sprww. wie ‚Eigen Gut gibt Mut‘ und ‚Gut verloren, Mut verloren.‘

Einige Wndgn. im Zusammenhang mit ‚Gut‘ treten nur in der Plural-Form auf, z. B. in der Rda. *mit irdischen Gütern reich gesegnet sein* – als Gegensatz zu den immateriellen, geistigen Gütern. Diese spielen vor allem in der Literatur eine große Rolle:

von des Lebens Gütern alle

Ist der Ruhm das höchste doch

(Schiller: Ballade ‚Der Graf von Habsburg‘);

Nicht an die Güter hänge dein Herz,

Die das Leben vergänglich zieren!

(Schiller: ‚Braut v. Messina‘, V, 4);

„Das Leben ist der Güter höchstes nicht!“

(Schiller: ‚Braut v. Messina‘, Schluß des IV. Aktes), ↗ Habe.

H

Haar. Die Rdaa., die mit dem Wort Haar gebildet sind, beziehen sich meist entweder auf die Feinheit oder auf die Menge des Haares: *haarklein erzählen* (schon bei Grimmelshausen), *haargenau untersuchen:* überaus genau, auf die geringsten Fehler aufmerksam sein, vgl. auch die Ausdr. ‚haardünn‘ und ‚haarfein‘. In der technischen Sprache bez. man sehr feine, mit bloßem Auge unsichtbare Risse als ‚Haarrisse‘; *haarscharf nachweisen, sich nicht um ein Haar bessern* (schon mhd. ‚umbe ein hâr‘; s. ‚Iwein‘ V. 4607 und 6063), *kein Haarbreit (nicht um Haaresbreite) nachgeben;* vgl. frz. ‚d'un cheveu‘ (um ein Haar) als Bez. für ‚um eine Kleinigkeit‘.

Einem kein Härchen krümmen. „Er hett jm nicht gekrümpt ein haar“ heißt es schon bei Joh. Fischart. ‚Um ein Haar‘, ‚bei einem Haar wäre er gefallen, ... hätte er sich das Bein gebrochen‘ usw. meint immer: fast, beinahe. Hierzu auch das rhein. Sagwort ‚Um en Haar, sat de Zimmermann, do hatt e de Balken om e halwe Fuß zu kurz geschnid‘, und der schwäb. Zungenbrecher: ‚Om a Härle hätt‘ dr Herr Härle dr Frau Härle a Härle rausgrisse‘. Els. ‚Mer kann dem Mann glauwe uf's Haar genau‘.

‚Er verruert sich keis Haar‘ will beteuern, daß er sich gar nicht rührt (schweiz.). Wenn man etw. nicht so genau nehmen will, sagt man: ‚s'chunnt uf e Zimmermanns Haar nüd a‘ (els.); schweiz. ‚s' chunnt nüd uf es Haar a‘. Vgl. engl. ‚It will come to me straight as a hair‘ (Es wird mir einleuchten so genau wie ein Haar), ‚true as a hair‘ (haargenau) und ‚we shan't give back a hair‘ (wir wollen um keine Haaresbreite nachgeben). Das engl. Sprw. ‚No hair so small but has his shadow‘ deutet wieder auf die Wichtigkeit des kleinsten Details und der Exaktheit hin.

Auch *Haarspalterei* i. S. v. ‚Kleinigkeitskrämerei‘, ‚Spitzfindigkeit‘ gehört in diesen Vorstellungskreis. Schon in der ersten Hälfte des 16. Jh. schreibt Burkard Waldis in dem Spottgedicht ‚Der wilde Mann von Wolfenbüttel‘ (V. 105 ff.):

> Eyn glatten aal beim schwantz kan
> halten,
> Vnd in vier teyl eyn härlin spalten,
> Das graß hört auß der erden wachßen,
> Steckt vier reder an eyne achßen ...

Ebenso frz. ‚couper un cheveu en quatre‘ und engl. ‚to split hair‘. Auch in der Form *ein Haarspalter* oder *haarspalterisch sein.*

Ähnl. *Es hängt an einem Haar:* es kommt auf den kleinsten Zufall an, die Entscheidung hängt von dem kleinsten Umstand ab; vgl. frz. ‚Cela ne tient qu'à un fil‘, ↗ Faden. An die antike Erzählung vom Damoklesschwert braucht bei unserer Rda. nicht notwendig gedacht zu werden, da Haar i. S. v. ‚Kleinigkeit‘ schon mhd. durchaus geläufig ist; „niht ein hâr“ findet sich im ‚Iwein‘ (V. 579) und im ‚Tristan‘ (V. 16537).

Haare meinen das Geringwertige auch in dem hess. Sprw. ‚Korze Hoorn sei bale geberschd‘ (kurze Haare sind bald gebürstet), d. h. eine geringe Angelegenheit ist bald erledigt; auch: karge Mahlzeiten sind bald eingenommen. Das Sprw. findet sich auch in Thomas Manns ‚Buddenbrooks‘ und in Heinrich Schaumbergers bekannter Dorfgeschichte ‚Im Hirtenhaus‘. *Das ist gegen die Haare* (vgl. ‚gegen den ↗ Strich bürsten‘): kommt von der unangenehmen Empfindung, die es verursacht, wenn man die Bürste gegen die Haare führt. Es wird von Personen gesagt, die von Widerspruchsgeist erfüllt sind. Im Solothurnischen sagt man ‚Er hat d'Haar de lätz Wäg g'strählt‘. Es kann aber auch bedeuten, daß er die Sache verkehrt angefangen, sich verrechnet hat oder daß es nicht seinem Wunsch gemäß gegangen ist. Vgl. frz. ‚à rebrousse-poil‘.

‚Die Haare stehen einem zu Berge'

‚Etwas ist haarsträubend'

‚Sich die Haare raufen'

Die Haare stehen einem zu Berge: bez. den höchsten Grad von Schauder oder Entsetzen beim Ansehen oder Anhören von etw. Schrecklichem. In der Tat hat man bei großem Grauen ein Gefühl, als ob einem die Haare emporstiegen (daher *haarsträubend*). Die Rda. findet sich auch in der Bibel: „Und da der Geist an mir vorüberging, stunden mir die Haare zu Berge an meinem Leibe" (Hiob 4,15). Auch das Altertum kennt sie; Homer braucht sie in der ‚Ilias' (24,359), und bei Vergil (70–19 v. Chr.) steht in der ‚Aeneis' (2. Buch, V. 774): „Obstipui, steteruntque comae et vox faucibus haesit" (ich war starr, und mir sträubt' sich das Haar, und die Stimme versagte).

In dem ‚Ring' Heinrich Wittenwilers (V. 5250–5255) heißt es:

Bertschin dem was also we
Daz im die härel giengen zperg.

Im 69. Fastnachtsspiel von Hans Sachs sagt der Pfaffe:

Wen ich denck an seine trowort gar,
So stent mir gen perg all mein har.

Bes. anschaulich findet sich das Bild in Gellerts Fabel ‚Die Widersprecherin':

Ihr Haar bewegte sich, stieg voller Zorn
empor
Und stieß, indem es stieg, das Nacht-
zeug von dem Ohr.

Frz. heißt es: ‚Les cheveux se dressent sur la tête', und ndl. ‚Dat is eene vervlocking, waar van de haren op het hoofd te berge rijzen'. ‚Es tuet mir d'Haar lüpfe' bedeutet auch schweiz.: entsetzt sein.

Sich die Haare raufen: entsetzt, verzweifelt sein, urspr. eine alte Klagegebärde; vgl. frz. ‚s'arracher les cheveux'.

Deshalb reiß' ich mir kein Haar aus; darüber lasse ich mir kein graues Haar (keine grauen Haare) wachsen: darüber rege ich mich nicht auf, darüber gräme ich mich nicht; schon 1529 von Joh. Agricola (Nr. 163) gebucht: „Laß dir kein graw har darumb wachsen, sorge nicht, trawre nicht, du wirst sonst graw". Seb. Franck erklärt 1541: „Wer vil sorget, der wird leichtlich grau. Es geschieht aber das Grauen aus dreierlei Ursach, als: die aus Weisheit sorgen, die grauen auf dem Haupt; die um die Nahrung und zeitlich Gut sorgen, die grauen am Bart; die aber für ander Leut sorgen, die ... Die mag man mit diesem Sprichwort warnen, daß sie ihnen kein grau Haar darum sollen wachsen lassen".

bei dem man sich tatsächlich an den Haaren zog bzw. riß; dann bildl. übertr. auf jeglichen Streit gemünzt; auch auf den mit

,An den Haaren herbeiziehen'

An den Haaren herbeiziehen: die Logik vergewaltigen; mit einem Argument kommen, das überhaupt nicht zur Sache gehört; z. B. wenn ein Redner absonderliche Beispiele einflicht. 1649 bucht Gerlingius unter Nr. 63: „Capillis trahere. Bey oder mit den Haaren herzu ziehen". Vgl. frz. ,tirer par les cheveux'.

Die heutige Färbung der Rda. ,mit Gewalt' hat sich erst im Laufe der Zeit entwickelt. Gerade weil etw. durchaus zur Sache gehört, zieht man es trotz allen Widerstandes (,mit Gewalt') an den Haaren herbei. Die heutige Bdtg. dankt ihre Entstehung der Ironie.

Zur urspr. Bdtg. vgl. Hans Sachs' Fastnachtsspiel: ,Petrus und seine Freunde auf Erden' (363):

Weil sie durch woldat von mir fliehen,
Muß ichs (= sie) mit dem har zu mir
ziehen.

In älterer Zeit ist außerdem das feinere Gegenstück *an einem Härlein heranziehen:* leicht heranziehen, bezeugt, so 1541 bei Seb. Franck (I, 84): „Man mag den willigen leicht winken. Mit eim härlin zöh man jn darzu". 1639 bei Lehmann S. 907 (Will 16): „Wer willig ist, den kan man leicht erbitten, mit eynem Härlein herbey ziehen".

Sich in die Haare geraten (fahren): sich streiten, ↗ Wolle; vgl. frz. ,se crêper le chignon', (wörtl.: einander in die Haarknoten greifen). Urspr. als Kampf gemeint,

Worten. Dazu gehören noch die folgenden Varianten: ,einem in die Haare wollen', eine Gelegenheit suchen, Streit mit ihm anzufangen oder sich an ihm zu rächen; schweiz. ,frömd Händ i's Haar übercho', gerauft werden; ,einem in die Haare wachsen', mit ihm in Streit geraten. Die ähnl. engl. Version befaßt sich jedoch eher mit der psychischen als mit der physischen Seite dieses Gedankens. So würde man ,This fellow ist beginning to get in my hair' mit ,dieser Kerl geht mir so langsam auf die Nerven' übersetzen. Diese Ausdrucksweise ist so beliebt geworden, daß sie sogar in der modernen Operette ,South Pacific' aufgegriffen wird, wo es heißt: „I'm going to wash that guy right out of my hair".

Sich in den Haaren liegen: sich streiten. In Jörg Wickrams ,Rollwagenbüchlein' von 1555 heißt es: „Die lagen einanderen für und für im har und konten nit miteinander gestellen". Und entspr. ,den Leuten die Haare zusammenbinden', sie in Streit verwickeln. Aus dem Jahre 1523 stammt ein schweiz. hist. Beleg: „Ir verräter von Zürich habent den Eidgenossen das har an einandern g'knüpft und lachent jetzt durch die finger".

Haare lassen: zu Schaden kommen, im Streit den kürzeren ziehen, ist von Raufereien entlehnt; vgl. frz. ,Y laisser des plumes' (Federn lassen), ↗ Feder; mit dem altgerm. Rechtsbrauch, daß der aus dem

Stande eines Freien ausgestoßene Verbrecher geschoren wurde, hat die Rda. kaum etw. zu tun. Sie ist schon bei Luther bezeugt und findet sich z.B. auch in der ‚Zimmerischen Chronik‘ (I, 546): „Aber die Schweizer truckt ir furnemen hinauß, und mußt Hagenbach har lassen. Der ward enthauptet".

1649 übersetzt Gerlingius unter Nr. 200 das horazische „Quidquid delirant reges, plectuntur Achivi" (das wahnwitzige Beginnen der Könige büßen die Achäer) mit: „Wann die Herrn einander rauffen wollen, so müssen die bawren die haar darleihen". Anders leitet 1639 Lehmann die Rda. ab: „Wo sich der Esel walzet, da muß er Haar lassen". Dies scheint jedoch nicht sinngemäß zu sein, denn es deutet nicht auf Kampf oder Streit hin, bes. da sich im Engl. noch eine weitere selbständige Rda. gleichen Inhalts findet: ‚Where the horse lies down, hair will be found‘. Das frz. Gegenstück heißt: ‚Il y a laissé des plumes‘, was aber möglicherweise vom Hahnenkampf abzuleiten ist. Ndl. ‚Hij heeft daar haar gelaten‘. – Falls ein Streit beendigt werden soll, heißt es sprw. ‚Es ist besser, einige Haar lassen als den ganzen Balg verlieren‘. Entspr. wird für ‚Friedenmachen‘: ‚die Hände aus den Haaren lassen‘ gebraucht. Schweiz. bedeutet ‚Er hät müesse Haar la‘, er ist in Konkurs gekommen. ‚Er läßt nicht gern Haar gehn‘ sagt man von einem geizigen Mann. Wenn einer unverschämt bei Tische zugreift, sagt man von ihm, daß er ‚nimmt, bis ihm d’Haar a de Fingeren abbrönne‘.

Aus dem 16. Jh. ist mnd. belegt jem. ‚van den haren bringen‘: ums Leben bringen, hinrichten und ‚sick sulven van haren gebracht‘: sich selber umgebracht.

Nur in der Lit. des 16. und 17. Jh. nachzuweisen ist ‚har vff har machen‘, Streit erregen, bei Seb. Franck einmal anschaulicher ausgedrückt als „krieg anrichten, das haar vff yhenes haar reitzen". Auch der schweiz. Chronist Joh. Salat kannte den Ausdr. noch in anderen Variationen: ‚har uf har richten‘ für uneinig machen und ‚jemdm. jemdn. ins har richten‘, gegeneinander aufrichten. Das Haar steht hier urspr. als Charakteristikum für das Tier. Die Jäger unterscheiden Haarwild und

Federwild; ‚haar um haar handeln‘ meinte den Tauschhandel mit Tieren (Schwäb. Wb. 3, 1168), Joh. Fischart erwähnt ein Gesellschaftsspiel ‚har vf har‘, das er wohl zutreffend von der Fuchsjagd herleitet, so wird auch unsere Rda. sich in diesen Zusammenhang einfügen.

Rupf ein Haar aus, wo keines ist und *Zieh mir ein Haar aus der* (hohlen Innen-) *Hand:* Warnung vor unnützem Unternehmen; was nicht geht, das geht nicht; wo nichts ist, hat der Kaiser sein Recht verloren; mdal. hess. ‚rob e hur aus, wu ka ies‘ (Gießen). So schon mhd.:

wer roufet mich, dâ nie dehein hâr gewuohs, innen an miner hant? der hât vil nâhe griffe erkant.

Der frißt mir die Haare vom Koppe weg; er geht mich fortwährend um Geld an (obersächs.). Im Schwäb. bez. man mit derselben Rda. einen Gefräßigen oder Heißhungrigen.

Jemandes Haar loben: ihm Schmeicheleien sagen (früher geläufig, jetzt veraltet). Da blondes Haar bes. geschätzt war, sagte man auch ‚Das geschieht nicht um deiner blonden (gelben) Haare willen‘. Schwäb. ‚einem e Härle ums Maul streiche‘: ihm schmeicheln.

Das Gegenteil davon ist *kein gutes Haar an jem. lassen:* ihn über alle Maßen tadeln. „Es ist kein gutes Haar an ihm" findet sich schon bei Grimmelshausen; ebenso: „Bist du *der* Haare?" Bist du so gesinnt?

Dasselbe Haar haben: meint eine Familienähnlichkeit, Verwandtschaft; und ins Negative gewendet, wird festgestellt: ‚Der Knabe hat kein Haar von seinem Vater‘, entspr. schweiz. ‚kes Hörli vom Vater ha‘. Bemerkenswert ist im Engl. die gleiche Wndg. bei Shakespeare (Heinrich IV.): „The quality and hair of our attempt brooks no division" und „A lady of my hair cannot want pitying". Den gleichen Zusammenhang zeigt die Feststellung: ‚den Vogel erkennt man an den Federn‘; vgl. engl. ‚It's all hair of the same dog‘.

Haare auf den Zähnen (auf der Zunge) haben: energisch sein, sich nichts gefallen lassen, rigoros sein Recht verteidigen (bes. gern von Frauen gesagt; Steigerung: ‚Die Haare auf ihren Zähnen sieht man selbst bei geschlossenem Mund‘). Die

Rda. ist wohl eine Weiterbildung von Ausdrücken wie ‚Haare haben‘, ‚ein haariger Kerl sein‘, d. h. sich der vollen Männlichkeit erfreuen (vgl. frz. poilu, wörtl. = behaart, dann tapfer; im 1. Weltkrieg Name für den Frontkämpfer). Das Äußerste solcher ‚Haarigkeit‘ wäre, wenn sogar auf den Zähnen Haare wüchsen! Es handelt sich also um eine übertreibende Rda. Die Beziehung zur Werwolfsage, die frühere Erklärer zur Deutung der Rda. herangezogen haben, ist sicherlich irrig. Die ältere Schicht der Rda. kennt die Formulierung ‚Haare auf der Zunge‘; so schon ein Beleg in Seb. Francks ‚Weltbuch‘ (1534): „Es ist kein pfaff frumb, er hab dann haar auf der zungen“. Noch in Schillers ‚Räubern‘ (II, 1) redet Franz den Bastard Hermann an: „Du bist ein entschlossener Kerl – Soldatenherz – Haar auf der Zunge!“

Umgekehrt sagt man in Schwaben von einem, der nicht beherzt genug ist: ‚Der hat me‘ Har unter der Nas als auf der Zung‘. ‚Haar in der Hand haben‘, nämlich an der Innenseite der Hand, wo kein Haar wächst, stand mnd. für Unmöglichkeit und Niemals: „den Dithmarschen magstu geloven geven, wanner du har in siner hant findest“. Schwäb. ‚d’Müller ha’nt kei’ Har an der Hand‘ scheint dagegen als Warnung vor Unredlichkeit gedient zu haben.

Etw. ist haarig, ist eine haarige Sache mahnt ebenfalls zur Vorsicht vor Schwierigkeiten, Gefahren und Unberechenbarkeit. Früher sagte man auch ‚eine Sache ist haarig schwer‘: sehr schwierig. Schwäb. ‚mach mir nu‘ de‘ Pudel ’et z’harig‘: übertreib nicht zu sehr!, ‚Du sollst harig werde‘ am ganze‘ Leib‘ ist dagegen eine Verwünschung. ‚Bei dem geht’s harig her‘: dürftig, schlecht und ‚des ist scho‘ e ganz Hariger‘ bez. einen Geizhals, mit dem man schwer ein Geschäft machen kann.

Euphemist. steht ‚haarig‘ insbes. im Alem. auch für Geschlechtliches: ‚haarige Sachen‘ meint die Genitalien, ‚auf haarige Gedanken kommen‘: erotische Vorstellungen haben. Diese Bedeutung von ‚haarig‘ taucht sogar in einem beliebten Kinderreim Südwestdeutschlands in der Fasnet auf:

Hoorig, hoorig, hoorig isch die Katz,

und wenn die Katz net hoorig isch,
dann fängt sie keine Mäusle net.

Die ‚hoorige Katz‘ steht hier – freilich von den Kindern selbst noch nicht so verstanden – für eine geschlechtsreife Vulva, die schon zum Sexualverkehr (‚Mäusle fange‘) fähig und bereit ist.

Ein Haar in etw. finden: eine Schwierigkeit oder Unannehmlichkeit in einer Sache entdecken, durch eine unangenehme Entdeckung abgeschreckt werden; vgl. frz. ‚Y trouver un cheveu‘; urspr. von der Speise, so noch heute *ein Haar in der Suppe finden.* Bei Grimmelshausen heißt

Und durch die Brille, scharf und klar,
Entdeckt er gleich ein langes Haar

„Nun!“ — sprach die Frau — „das kann wohl mal passieren! Hast du mich lieb so wird’s dich nicht genieren!“

‚Ein Haar in der Suppe finden‘

es im ‚Simplicissimus‘ (4,234): „Weil er auch in einem Ey ein Haar finden könnte, so sollte er sagen, was dieser Tafel mangele“; bei dem Prediger Abraham a Sancta Clara: „Es gibt Köch, die so säuisch mit den Speisen umgehen, daß man zuweilen einen halben Spülhader unter dem Kraut findet und bisweilen so viel Haar in der Suppe, als hätten zwei junge Bären darin gerauft. Pfui!“, und: „Soldaten, die ein Grauen haben vor dem Streit, als hätten sie einmal ein Haar darin gefunden, verdienen nichts", und auch: „Ich hab' noch nie ein Haar in der Arbeit gefunden, daß mir darvor grausen sollt'" (‚Judas der Erzschelm' III, 155). Anstelle der Suppe heißt es in der Schweiz auch: ‚Es ist ein Haar in der Milch' oder ‚Es ist Haar unter der Wolle', die Sache ist nicht sauber. Die engl. Version ‚a hair in one's neck' bedeutet ebenfalls: Ärgernis verursachen; auch mit frz. ‚il y a un cheveu' ist das gleiche gemeint. Vgl. auch frz. ‚Il tombe comme un cheveu sur la soupe' (wörtl.: Er fällt wie ein Haar in die Suppe): Er kommt völlig unerwartet.

Haar in die Wolle schlagen bezeichnete früher unredliches Handeln. Die Rda. bezieht ihr Bild vom Wollenschläger, der billiges (Hunde)haar in das Tuch webte, das beim Tragen dann kratzte. Bei Hans Sachs heißt es: „Wie köndt ich haar int wollen schlagen, / Das ich meim unglück unterkem".

Mehr Schulden als Haare auf dem Kopfe haben, sagt man wohl in Anspielung auf Ps. 40, 13, wo dies von den Sünden gesagt wird: „Ihrer sind mehr denn Haare auf meinem Haupt". In Schwaben sagt man scherzhaft untertreibend auch: ‚Der hat Geld wie e' Frosch Har'.

Sechs (drei) Haare in sieben Reihen: erster spärlicher Bartwuchs. Das rdal. Bild ist von dünner Aussaat hergenommen.

Einem die Haare beschneiden: einem die Leviten lesen.

‚Im Haar ha' heißt in der Schweiz: betrunken sein, was els. mit ‚geschwollene Haare haben' (auch ‚Katzenjammer haben') ausgedrückt wird.

‚Einem Weibe in die Haare (in den Zopf) geflochten sein' war im 16. Jh. ein Hinweis auf freien, außerehelichen Geschlechtsverkehr.

Mit Haut und Haar ↗ Haut.

Lit.: *H. Schrader:* Das Haar in sprachlichen Bildern und Gleichnissen, in: Zs. f. deutsche Sprache 7 (1894), S. 21–27 u. 41–47; *H. Bächtold-Stäubli:* Art. ‚Haar', in: HdA. III, Sp. 1239–1288; *M. Jedding-Gesterling* u. *G. Brutscher* (Hg.): Die Frisur. Eine Kulturgeschichte der Haarmode von der Antike bis zur Gegenwart (München 1988); *U. Kuder:* Art. ‚Haar' in: EM. VI, Sp. 336–343.

Haarbeutel nannte man im 18. Jh. den Beutel, dessen sich die Männer bedienten,

um die langen Hinterkopfhaare darin zusammenzufassen, woraus sich dann der künstliche Zopf des friderizianischen Zeitalters entwickelte. Mit dem Gewicht dieses Beutels wurde im Scherz die Empfindung des schweren Hinterkopfes verglichen, die man bei einem Rausch hat, daher: *einen Haarbeutel haben:* einen Rausch haben (auch ‚Zopf' kommt in der Bdtg. ‚Rausch' vor). Vielleicht ist die Rda. auch gekürzt aus ‚einen unter dem Haarbeutel haben'. Nach Adelung (‚Versuch eines grammatisch-kritischen Wörterbuches' [1775], Bd. 2, Sp. 866) soll die Rda. *sich einen Haarbeutel trinken:* „eine Anspielung auf einen gewissen Major bey der alliierten Armee im letzten Kriege sein, der den Trunk liebte, und alsdann gemeiniglich in einem Haarbeutel, an statt des Zopfes, vor dem commandirenden Generale erschien"; doch dürfte diese Anekdote erst nachträglich und ätiologisch zur Erklärung der Rda. entstanden sein. Von Joh. Peter Hebel (1760–1826) stammt das Rätsel:

Ratet, lieber Leser, was hab' ich im
Sinn?
Einer hat's am Kopfe, ein andrer hat's
drin.

Wilhelm Busch hat 1878 eine seiner Dichtungen ‚Die Haarbeutel' betitelt. Heute ist die Rda. nur noch mdal., bes. in Schleswig-Holstein, geläufig.

Habchen und Babchen. *Sein Habchen und Babchen verlieren:* all seine Habseligkeiten einbüßen, all sein Hab und Gut verlieren. Die Rda. ist eine bes. in den mdt. Mdaa. geläufige Reimformel, deren erster Teil die Verkleinerungsform von ‚Habe' ist, während der zweite, ähnl. wie im ‚Hakkemack', ‚Happenpappen', seine Entstehung nur dem Reimbedürfnis verdankt.

Habe. *Hab und Gut:* alles Besitztum. Das Subst. Habe bez. Besitztum jeder Art im allgemeinsten Sinne; z.B. in Luthers Bibelübers.: „Also nahm Abram sein Weib Sarai und Lot ... mit aller ihrer Habe, die sie gewonnen hatten ..." (1. Mos. 12,5). Formelhaft mit Habe verbunden werden ‚Fahrt' und ‚Gut', so Klinger (1,421): „Sich mit Hab und Fahrt, mit Herz und Seele hingeben", und Fleming (116): „Ich bin um Hab und Gut, und allen Vorrath kommen".

Es ist versucht worden, den Unterschied zwischen ‚Hab‘ und ‚Gut‘ so festzulegen, daß man unter Habe das bewegliche, unter Gut das unbewegliche, liegende Eigentum verstand, jedoch läßt sich diese Unterscheidung nicht aufrechterhalten. Zwar bez. ‚fahrende Habe‘ (ahd. faranti scaz, ndd. rorende have) die res mobiles (urspr. den Viehbestand), jedoch findet sich daneben auch ‚liegende Habe‘, und umgekehrt findet sich schon mhd. ‚varende guot‘ (Walther 8,14; Parzival 267,10) sowie auch ‚unfahrende habe‘ (Haltaus 767). Der ‚fahrenden Habe‘ setzte man ‚liegende Gründe‘ gegenüber.

Die Habe seines Nächsten beschneiden: sich von seinem Eigentum auf unrechtmäßige Art etw. aneignen; *Hab und Gut durchbringen, Hab und Gut durch die Gurgel jagen:* alles vertrinken; vgl. frz. ‚il a mangé tout son frusquin à la débauche‘; ndl. ‚have en goed‘; ↗Gut.

Lit.: *Ch. U. Schminck:* Art. ‚Hab und Gut‘, in: HRG. I, Sp. 1887–1888.

haben. Das Verb haben kann sehr Verschiedenes ausdrücken. Im Laufe der Zeit hat es einen Bedeutungswandel von ‚fassen‘, ‚packen‘, zu ‚halten‘, ‚besitzen‘ durchgemacht; in den Rdaa. ist es urspr. Hilfsverb und erscheint nur durch die Verkürzung des Satzes wie ein Vollverb.

Sich haben, vor allem in der Wndg.: *Hab dich nicht so:* zier dich nicht, gebärde dich nicht so auffallend, wurde früher i.S.v. ‚sich verhalten‘ verwendet, ohne jegliche Wertung; so gebraucht es schon Hartmann von Aue (‚Büchlein‘ 1,101):

gein ir gruoze ich dicke neic
und het mich dô als einen man,
dem ein wîp ir hulde gan.

Ebenso auch noch im 18./19. Jh.: „Der Junge hatte sich so züchtig, artig und mädchenhaft ..." (Zelter an Goethe).

Die beliebte Rda. *(Es) hat sich was!* findet sich schon im 17. Jh.: „Es hat sich was zu Baronen und Edelmannen" (‚Ehrliche Frau Schlampampe‘, S. 42); in dieser Rda., die einen Ausdr. der Ablehnung darstellt, wird der Gedanke des ‚Besitzens‘, den das ‚haben‘ ausdrückt, iron. zurückgewiesen. In neuerer Zeit wird die Wndg. häufiger mit Verben als mit Substantiven gebildet, wobei der Infinitiv meist unterdrückt wird und aus dem vorangegangenen Satz zu ergänzen ist; Schiller: „Rat, Majestät? Hat sich da was zu raten!", verkürzt bei Goethe (8, 175): „Wir sollen glauben, es sei um die Religion willen. Ja, es hat sich".

Es hat ihn: er ist verrückt, er ist verliebt, er ist in der Klemme: verkürzt aus: ‚es hat ihn gepackt‘ oder ‚ergriffen‘, nämlich die Verrücktheit oder die Liebe. ‚Es‘ steht neutral-verhüllend für das Unangenehme, insbes. bei den tabuierten Geisteskrankheiten, vgl. frz. ‚Cela le tient‘. Im Ndd. gibt es eine (abwehrende) Gegenfrage, die sehr schnell und flüchtig ausgestoßen wird und etwa klingt: ‚Hasses oder krisses?‘(Hast du es oder kriegst du es?): hat es dich schon erwischt oder kommt es erst über dich? – oder man fragt: ‚Hast (kriegst) du‘s stärker als gewöhnlich?‘

Ähnl. *Da haben wir es:* das Unangenehme ist, wie erwartet, eingetroffen. Dieses ‚es‘ oder ‚etwas‘ kann aber auch für viele andere Substantive stehen; hier seien nur ein paar Rdaa. herausgegriffen: *Der hat's (der steht nicht wieder auf):* er ist tot; *es haben:* vermögend sein, ‚es‘ steht hier für ‚Geld‘; *eine Sache hat's auf sich:* es ist etw. Besonderes an ihr, das ‚etwas‘ wird in äußerlicher Weise gesehen; *es in sich haben* (von Dingen): mehr sein als nach außenhin scheinen; *es mit jem. haben:* in heimlichen Liebesbeziehungen zu ihm stehen, ebenso auch *nichts mit jem. haben,* das aber zugleich heißen kann: keine Feindschaft zu ihm haben; *sich mit jem. haben,* hier ist zu ergänzen: ‚in der ↗Wolle‘; *noch zu haben sein:* noch ledig sein; eigentl. ‚noch verkäuflich sein‘; dann i.S.v.: noch zum Ehepartner zu haben sein; ähnl. auch die Rdaa. *nicht zu haben sein für etw., für alles zu haben sein.*

Damit hat sich's: mehr gibt es nicht, mehr wird nicht getan, das war das letzte. *An dem hat man aber auch gar nichts:* er ist ein langweiliger, zu nichts zu gebrauchender Mensch; hier wäre vielleicht zu ergänzen: man hat keinen Freund, keinen Gesellschafter, einen Helfer an ihm.

Die Bez. für ein schnelles, überstürztes Davonlaufen finden wir in den mehrfach variierten Rdaa. *was hast du, was kannst du* (obersächs. ‚was haste, was kannste'), *hast du nicht gesehen;* von Grimm (Dt. Wb.) wird die Rda. auf ‚hasten' zurückgeführt, was jedoch durch die gleichbedeutende Formel ‚was gibst du, was hast du' (rhein. ‚wat gefschte, wat haschte') fraglich scheint; ↗ geben, ↗ Hättich.

Einen zum besten haben ↗ Beste.

Bekannt sind auch die parodistischen Verse über den ‚Bruder Ärgerlich' (vgl. auch ‚Hans im Schnookeloch', ↗ Hans). Ähnl. auch in dem von Miller 1776 gedichteten und von Mozart (und Neefe) komponierten Lied ‚Zufriedenheit', in dem es heißt:

Je mehr er hat, je mehr er will,
Nie schweigen seine Klagen still.

Als Antwort auf das Drängeln von Kindern, die etw. haben wollen, das ‚Bittesagen' aber vergessen, heißt es oft: ‚Haben steht im Kochbuch'. Die Wndg. wird auch gebraucht, wenn man etw. dringend benötigt, es aber nicht hat. Wird man jedoch von anderen um etw. gebeten, das man nicht hat, dann heißt es lakonisch: ‚Haben ein Gewehr'. Es handelt sich dabei um eine Verkürzung oder Schwundform aus dem Vers des Kinderliedes: „Wer will unter die Soldaten, der muß haben ein Gewehr", ↗ Gewehr, ↗ Hans.

Haber ↗ Hafer.

Haberfeldtreiben, Habergeiß, Habermann. *Ein Haberfeldtreiben veranstalten:* jem. heimsuchen, ihn öffentl. rügen. Das Haberfeldtreiben war ein mit gewaltigem Lärm und Vermummung kollektiv praktizierter Akt der öffentlichen Bloßstellung und Demütigung von Einzelpersonen, die spezifische Normen ihrer Gemeinschaft verletzt hatten, d.h. eine Form ungeschriebenen Rügerechts. Vor allem nonkonformes Sexualverhalten wurde aufgegriffen: Ehebruch, außereheliche Schwangerschaft, Verstoß gegen den Zölibat, Hurerei. Der Rügebrauch bestand darin, daß sich die am Rügegericht Beteiligten nachts vor dem Hause des ‚Schuldigen' versammelten und ihm seine Vergehen vorhielten.

Im ältesten Bericht über das Haberfeldtreiben – vom Miesbacher Landgericht 1766 erstellt – wird dies deutlich:

„Damit Sie aber wissen, worinn dises Haberfeldtreiben besteht, mache ich eine kurze beschreybung hierüber.

Anfangs gehet einer von den zusam gerotheten purschen zu dem ienigen Hause, wo ein Leichtferttigs Drits halber abgestrafftes Weibs Bild darin sich befindet, mit Ungestimm klopft er an die fenster lääden oder haus thier, fraget sich mit lauttem geschrey in formalibus an. Paur (disen mit nammen nennent) hast die (sit Venia verbo) Hur zu hauß? ist das Haaber feld lähr? seye es lähr oder nit, wür treiben dannach darin. Nach disem machen Sye einen unverträglichen Lärmmen mit undereinander gemischten jauchzen, schreyen, Bryllen, mit thüer Glockhn, Pritschen, schlagen auf die Preter, Blasen mit Kühe horn, schüessen aus feur gewöhren, so, daß die ienige, so es das erstemahl hören, nichts anders glauben als es seye die höll ausgelassen worden, villfältig geschieht es, daß einige von diesen Purschen die mit Schindl belegte häußer abdeckhen, die fenster einschlagen und die zäun zusammen reissen. iederzeit aber springen sye in einem Creiß herumb, und tretten dieweils nit anderst auf, als wan ein hexen tanz daselbst Vorbeygangen were. Dabey machen Sye sich im angesicht russig und theills falsche pärth, damit Sye nit erkhant werden. über das stöllen Sye gemainiglich wachten auf, und wan iemand gelling (jählings) darzue komt, oder Vorwiz halber zueschauen will, der mueß aintweeder mithalten oder Sye schlagen ihm die Haut Voll an, und jagen ihne dauon."

Das Ritual ist von einer aggressiv-feindseligen Grundstruktur gekennzeichnet. Es geht u.a. um die Verspottung mit ehrenrührenden Reimen. Junge, ledige Männer, Burschen erscheinen konstant als die Akteure des Haberfeldtreibens. Das Ritual war also das Vorrecht einer männlichen Altersgruppe. Dennoch gründete das Haberfeldtreiben auf dem Konsens der Landgemeinde, die dem Altersverband sozusagen soziale Kontrollfunktionen übertrug.

Die Organisation des Rügegerichtes ist nicht bekannt, weil die Beteiligten strenges Stillschweigen darüber wahrten. Angeführt wurden sie von einem oder mehreren Vorstehern, den sog. ‚Haberfeldmeistern'. Im Laufe seiner Entwicklung verselbständigte sich der Brauch und wurde schließlich auch mißbraucht zur Verfolgung mißliebiger Personen, an denen man sich unter dem Vorwand von Sitte und Anstand rächen wollte. So steht der Begriff ‚Haberfeldtreiben' nicht mehr für einen nach bestimmten Regeln ablaufenden Brauch, sondern für die böse Absicht, anderen Schaden zuzufügen. Als ein ‚altherkömmlicher Brauch' ist es allenfalls nur im Empfinden derjenigen verankert, die es praktizierten. Für die Obrigkeit und Justiz gilt ‚Haberfeldtreiben' eher als Synonym für Begriffe wie ‚grober Unfug' oder ‚Exzeß'.

In Bayern und Tirol wurde früher der oder die Schuldige in ein Hemd, urspr. in ein Ziegenfell, gesteckt und umhergetrieben (↗Bockshorn). Dieses ‚Haberfeldtreiben' war also eigentl. ein ‚Haberfelltreiben'; ‚Haber' aber hat hier nichts mit Hafer zu tun, sondern ist verwandt mit lat. ‚caper' = (Ziegen-)Bock und griech. ‚kapros' = Eber, bedeutet also ‚Ziege', ‚Bock'; im dt. Sprachgebiet ging ‚Haber' = Ziegenbock wegen der lautlichen Gleichheit mit ‚Haber' = Hafer unter. So wurde das ‚Haberfelltreiben' volksetymol. umgedeutet zu ‚Haberfeldtreiben', und auch der Brauch änderte sich, indem der Schuldige wirklich mit Geißelhieben in ein Haferfeld getrieben wurde.

Ebenfalls auf lat. ‚caper' geht das Wort *Habergeiß* zurück, mit dem man in Bayern ein leichtsinniges Mädchen, im Elsaß ein langes hageres Mädchen und im Alem. einen Kreisel bez., der sich lärmend dreht. In anderen Gegenden ist es die Bez. für versch. Vögel. ‚Habergeiß' wurde ebenfalls mit Hafer in Verbindung gebracht, weshalb auch die Strohpuppe so genannt wird, die dem Bauern auf dem Dachfirst gesetzt wird, der zuletzt mit dem Einfahren des Getreides fertig wird.

In manchen Gegenden schreckt man Kinder vom Korn fort, indem man ihnen sagt, der *Habermann* hause darin mit großem schwarzen Hut und einem gewaltigen Stock. Jedoch ist nicht dieser Habermann gemeint in der folgenden Rda. *Er liest seinem Gaul net fleißig aus 'm Habermann vor:* er gibt dem Pferd zu wenig Futter,

oder allg.: er ist sehr geizig. Joh. Habermann (1516–90) war der Verfasser eines einst weitverbreiteten Gebetbuches; die Rda. macht sich die lautliche Gleichheit des Namens mit dem Futtergetreide zunutze, ↗Charivari, ↗Hafer.

Lit.: *O. Panizza:* Das Haberfeldtreiben im bair. Gebirge (Berlin 1897); *G. Queri:* Bauernerotik und Bauernfehme in Oberbayern (1911, Ndr. München 1969), bes. S. 59–265; *Adlmaier:* Der Oberländer Haberbund (München 1926); *P. Sartori:* Art. ‚Haberfeldtreiben', in: HdA. III, Sp. 1291; *F. Ranke:* Art. ‚Habergeiß', in: HdA. III, Sp. 1291–1294; *Jacoby:* Art. ‚Habermann', in: HdA. III, Sp. 1294; *F. W. Zipperer:* Das Haberfeldtreiben. Seine Geschichte und seine Deutung (Weimar 1938); *R. Schmidt-Wiegand:* Art. ‚Haberfeldtreiben', in: HRG. I, Sp. 1888–1889; *E. A. M. Schieder:* Das Haberfeldtreiben (München 1983); *K. S. Kramer:* Kultur der einfachen Leute (München 1983).

Habicht. *Den Habicht anrennen:* es mit einem aufnehmen, dem man nicht gewachsen ist. Die heute nicht mehr gebräuchl. Rda. kommt schon im ‚Rolandslied' des Pfaffen Konrad (12. Jh.) vor; ähnl. im ‚Pfaffen Âmîs' des Stricker (1. Hälfte d. 13. Jh.), wo der Bischof zum Titelhelden sagt:

sît ich iuch versuochen sol,
sô kan ich iuch versuochen wol
mit kurzen worten hie zehant:
ir habet den habech an gerant
(V. 99–102).

Aus dem natürlichen Verhalten des Raubvogels erklärt sich die Wndg. *sich wie ein Habicht auf etw. stürzen:* ungemein gierig sein. Die ältere Form des Subst. ‚habich' fällt lautlich mit ‚hab' ich' (von haben) zusammen und ließ ein beliebtes Wortspiel entstehen, in dem der Vogel Habich (hab' ich) dem Vogel Hättich (hätt' ich) gegenübergestellt wird: ‚Der Habich ist besser als der Vogel Hättich' (G. T. Pistorius: ‚Teutschjuristischer Sprichwörterschatz' [1714/16], IV. Nr. 45, S. 220); ‚Es ist besser ein dürrer Habich als ein fetter Hättich' (Pistorius, S. 221); ‚man muß einen habich bawen, nicht einen hettich, das ist, hett ichs so und so gemacht, das kost unnütz geld' (Lehmann, 69), ↗Hättich.

Hacke. Mit Hacke kann 1. das Werkzeug gemeint sein. Dazu gehören die Rdaa. *Er geht mit Hacke und Schüppe* (= Schaufel) *dran:* er wendet völlig falsche (zu grobe) Mittel an, etwa mit der Kneifzange eine

Uhr reparieren wollen; *der Hacke einen Stiel finden:* eine schwierige Sache richtig anzufassen wissen. Ordnung in eine Angelegenheit bringen, auch: leicht einen Vorwand, einen Ausweg finden (im 17. Jh. ganz gebräuchl.), z.B. bei Abraham a Sancta Clara: „Wie er dieser Hakken möchte ein Stihl finden" („Judas' I, 136); „Hätte er der Hacken wohl einen andern Stiel gefunden" („Gehab dich wohl', 409).

Aber die Rda. ist schon ein Jh. früher lit. bezeugt, wie L. Schmidt nachweist: Christoph von Schallenberg (1561–97) widmete Zacharias Eyring ein Hochzeitsgedicht, mit sprachl. Anspielungen auf ,Hacke', weil die Braut Eyrings eine ,Elisae cognomine de securi der von Hakke' war. Elisabeth von Hacke, brandenburgischen Geschlechtes, heiratete 1591 in Österreich ein, und Schallenbergs Hochzeitsgedicht fand es geistvoll, fortwährend mit Name und Begriff ,Hacke', bzw. ,securis' zu spielen. Am Ende des Gedichtes stehen die Verse:

Eiring hack hin zum rechten zil,
Der hackhen findt man leicht ein stil.

Die sexuelle Anspielung schien für ein Hochzeitscarmen besonders passend.

Die Redensart lebt im 17., 18. und 19. Jh. weiter. Man findet sie bei Stranitzky, in der ,Ollapotrida des durchtriebenen Fuchsmundi', 1711, man kann sie aber auch noch bei Nestroy entdecken.

Ähnl. *Er ist nicht Hack im Stiel:* er ist nicht ganz gesund; *das ist eine Hacke auf deinen Stiel:* es paßt genau in deine Pläne. *Auf die alte Hacke!:* schles. Trinkspruch, soviel wie: Auf die alte Treue und Redlichkeit! ,Auf die alte Hacke' muß im 17. Jh. eine verbreitete Redensart gewesen sein, die in Literatur und Kunst eindringen konnte. ,Alte Hacke' hieß man damals mitunter die alte Welt, die alte Ordnung. Unter dieser Voraussetzung schrieb der Jesuit Franz Callenbach 1715 ein merkwürdiges sittenkritisches Schauspiel ,Uti ante hac / Auf die alte Hack./ Olim autem non sic/ sive Revolutio Saeculorum/ in deteriora ruentium:/ Oder:/ Die von den Todten erweckte/ alte Welt verweist der Neuen ih-/ren verdächtigen Lebens-/ Wandel. Gedruckt in der alten Welt, /Sub Signo Veritatis.' Das Lesedrama schließt

mit einem bemerkenswerten ,Klaglied der teutschen Treu und Redtlichkeit', das sich zu Liedern mit dem gleichen Motiv im gleichen Zeitraum stellen läßt. Auf diese Stimmung bezieht sich auch eine gleichzeitige Arie des Hanswursts in Kurz-Bernardons ,Teutschen Arien.' Es heißt dort in der ,Comoedie', genannt: ,Der Grund-Stein der Stadt Wienn':

Wer sich durch die Welt will fressen,
Mußt stets schaun, auf andere Leut,
Man muß d'alte Hack vergessen,
Und sich richten nach der Zeit.

Daß diese Redensart auch als Trinkspruch verwendet wurde, läßt sich an entspr. Gegenständen aufzeigen, z.B. als Inschrift auf einem Trinkpokal.

Von der alten Hacke reden: immer wieder zum gleichen Thema zurückkehren; *die Hacke in den Winkel legen* (oder auch *die Hacke unterstellen):* nichts mehr tun. Nach Ph. Köhler geht die Rda. zurück auf eine Gewohnheit der Pferdekutscher, auf eine Zeit, in der man vorzugsweise zweirädrige Karren fuhr. Beim Anhalten dieser Karren war es üblich, den Tieren die Last abzunehmen, indem man die an jedem Karren befindliche Rodhacke unter die Deichsel oder Schere schob und sie damit abstützte. Das wurde bei jedem Anhalten so gehandhabt, am liebsten aber, wenn sich die Fuhrleute ins Wirtshaus begaben und ihr Fahrzeug draußen warten ließen. Darum sagte man in humorvoller Weise: ,Wir wollen einmal die Hacke unterstellen', auch wenn es weder Pferd noch Fuhrwerk zu versorgen gab und man sich nur einen ,genehmigen' wollte.

Mit Hacke kann 2. die Ferse gemeint sein. Dazu gehören die Rdaa.: *Sich die Hacken ablaufen:* viele Wege machen; vgl. frz. ,éculer ses talons'; *jem. auf den Hacken sitzen:* ihn verfolgen, ihn antreiben; vgl. frz. ,être aux trousses de quelqu'un' (als ,o'trousses' bez. man im 16. Jh. die Pluderhose); *die Hacken auf den Rücken nehmen:* sich beeilen; *einem Hacken machen:* ihn antreiben. Holst. ,van den Hacken bet to'm Nacken (nichts dögen)', von den Füßen bis zum Kopf (nichts taugen). Westf. ,Flinke Backen, flinke Hacken': schnelle Esser, schnelle Arbeiter.

Lit.: *Ph. Köhler:* ,Die Hacke unterstellen', in: Hess. Bl. f. Vkde. 9 (1910), S. 142; *L. Schmidt:* Sprichwörtliche dt. Redensarten ..., in: Österr. Zs. f. Vkde. 77 (1974), S. 97f.

Hackelberg. Der wilde Jäger Hackelberg gehört zu den Gestalten des Sagenkreises von der Wilden Jagd. Der Name dieses ehemaligen Jägermeisters soll von dem ‚Hackel‘ herrühren, einem Forst in der Nähe von Halberstadt bei Magdeburg. Hackelberg hat sich der Sage nach erbeten, bis zum Jüngsten Tage im Solling jagen zu dürfen, was ihm dann auch gewährt wurde (Grimm, DS. 172, 311, 312). Wie alle Gestalten der Wilden Jagd, so tritt auch er mit großem Getöse auf, daher die mdt. Rda. *Hackelberg kommt (wohl) angezogen* für großen Lärm. Näher bez. wird das Geräusch Hackelbergs in der Wndg. *Hackelberg fatscht,* die man braucht, wenn die Füße der Pferde im zähen Kot oder Moor schnalzen.

Lit.: *H. Meyer,* Hackelberg (Diss. Göttingen 1954).

hacken. *Auf jem. herumhacken:* an ihm dauernd etw. auszusetzen haben. Die Rda. ist entstanden in Anlehnung an das Bild von der Henne im Hühnerhof, die sich mit Vorliebe auf die Schwächeren stürzt und ihnen auf dem Kopf herumhackt. Das gleiche Bild liegt auch der Rda. ‚die Hackordnung (Pickordnung) einhalten‘ zugrunde, d.h. das Hacken und Pikken gebührt dem Stärkeren, der Schwache muß sich fügen.

Die Rangordnung in Vogelgemeinschaften wurde zuerst von Th. Schjelderup-Ebbe (Beitr. zur Sozialpsychologie des Haushuhns, 1922) untersucht. Generell beruht die Rangordnung in Tiergesellschaften auf dem Ausgang früherer Kämpfe. Das in der Hackordnung am höchsten aufgestiegene Tier wird als ‚Alphatier‘ bezeichnet. Die Hackordnung läßt sich leicht rdal. auch auf menschliche Verhältnisse übertr.

Lit.: *Th. Schjelderup-Ebbe:* Sozialpsychologie des Hühnerhofes, in: H. Schjelderup: Einführung in die Psychologie (Bern 1963).

Häcker, Schluckauf (mdal. obd.). Durch Sprüche und verschiedene Maßnahmen versucht man, den lästigen Schluckauf loszuwerden. Sowohl das Sprechen von Formeln als auch die Zuflucht zu besonderen Praktiken gehört zum großen Teil in das Gebiet psychologischer oder magischer Krankheitsbehandlung, wie sie für die Volksmedizin typisch ist. Das Hersagen eines Spruches gehört zum Bereich der Heil- und Zaubersegen, durch deren Kraft das Übel gebannt werden soll. Solche Heilformeln sind beim Schluckauf allerdings in die Kindersphäre abgesunken, entbehren heute jeglichen Glaubens, haben sich aber als volkstümliche Reimereien und Rdaa. halten können; z.B. ‚Häcker, Häcker, spring über de Necker‘ oder ‚Häcker, Häcker, reit über d’Äcker, reit über die Brach, reit den alten Weibern nach‘; ähnl. ndd. ‚Hückup, loop’t Stück up, loop linge langs den Redder (eingezäunter Weg), kumm mien Leewdag nich wedder‘.

In der dt.-schweiz. Formel bittet der vom Schluckauf Befallene, das geheimnisvolle Hitzgi-Hätzgi – es kann auch ein männliches Wesen sein (Hitzger-Hätzger) – möge ihm das Übel wegnehmen: ‚Hitz gi Hätz gi hinder em Hag, nimmer au de Hitz gi Hätz gi ab‘. Es lebt in der volkstümlichen Vorstellung die wohl scherzhaft gemeinte Ansicht, daß ein unsichtbares Männchen komme und einem den Schluckauf abnehme. Bei den entspr. frz. Formeln kommt vor allem die Ergebenheit in Gottes Willen zum Ausdr.: ‚J’ai le hoquet, Dieu me l’a fait, je ne l’ai plus, vive Jésus‘ (veraltet.) Gott, in seltenen Fällen le petit Jésus, hat den Schluckauf gesandt, er wird ihn aber auch beseitigen, und dafür sei Jesus gelobt. Vorschriften, daß man diese Sprüche mehrmals, z.B. drei-, fünf- oder siebenmal, drei- oder siebenmal ohne zu atmen hersagen müsse, sind bezeichnend für die Wortmagie.

Eng verbunden mit der Magie des Wortes, dem ‚Tun mit Worten‘, ist die Magie der Tat, die zauberische Handlung. Solche Handlungen, wie sie im ganzen Bereich der Volksmedizin überaus häufig sind, treten bei manchen Praktiken gegen den Schluckauf deutlich hervor. Zweifellos werden sie nicht mehr als Zauber empfunden, sondern als traditionelle, beinahe spielerisch angewandte Mittel, um sich Linderung zu verschaffen. Zu ihnen zählen z.B. Angaben wie: man müsse sich bücken und ein Kreuz auf die Schuhe zeichnen; es sei nötig, an jem. zu denken oder einen Gegenstand zu fixieren; es erweise sich als heilkräftig, einen Stein aufzuheben und darunterzuspucken. Der schweiz. Volkskunde-Atlas hat für die Schweiz diesen rdal. formulierten Aberglauben erfragt (,Gibt es bes. Sprüche und Verhaltensmaßregeln, um sich vom Schluckauf zu befreien?') und verkartet. Dort sind auch Rdaa. über Ursachen und Bedeutung des Schluckaufs verzeichnet. Nach volkstümlicher Auffassung verursacht Mißgunst den Schluckauf. Irgend jem., der dem vom Übel Betroffenen schlecht gesinnt ist, hat ihm dieses angetan. ,Öbber vergönnt eim öbbis', sagt man z. B. in Therwil. Jem. ,vergönne' einem das Essen, heißt es präziser in Pratteln oder Andermatt. In Interlaken glaubte man früher, es habe jem. einem das ,Gluxi' angewünscht, um den Betreffenden am Sprechen zu hindern.

Häufiger ist die Meinung, daß der Schluckauf denjenigen plage, der genascht, zuviel Zwiebeln gegessen oder eine heimliche Sünde begangen habe. Diese Ansicht ist ziemlich verbreitet in der Nordwestschweiz (Baselland bes.), dann an verschiedenen Orten des Kantons Bern.

Lit.: O. Ebermann: Segen gegen den Schlucken, Zs. f. Vkde., 13 (1903), 64 ff.; I. Hampp: Beschwörung, Segen, Gebet (Stuttgart 1961); O. v. Hovorka u. A. Kronfeld: Vergleichende Volksmedizin Bd. 2 (Stuttgart 1909, S. 198 f.); Ohrt: Art. ,Schlucksen', in: HdA. VII, Sp. 1223 f.; Atlas der Schweiz. Volkskunde II, 243–244.

Hackfleisch. *Aus dir mache ich Hackfleisch!* ist eine rdal. Drohung; analog zu ,Frikassee' und ,Gulasch'; vgl. frz. ,Je vai faire de toi de la chair à pâté'.

In den zwanziger Jahren dieses Jh. hieß es in einem Bänkellied auf den Massenmörder Haarmann:

Warte, warte noch ein Weilchen;
Bald kommt Haarmann auch zu dir,
Macht mit seinem Hackebeilchen
Hackefleisch aus dir.

Varianten:

... mit dem Hacke-Hacke-Beilchen
macht er Leberwurst aus dir.

oder:

... mit dem kleinen Hackebeilchen
klopft er leis an deine Tür.

Aus jem. Hackfleisch machen: ihn bis zur

Unkenntlichkeit zerbomben, ist rdal. im 2. Weltkrieg aufgekommen.

Häcksel. *Häcksel im Kopf haben:* (stroh-) dumm sein. Häcksel ist das zum Füttern des Viehs kleingeschnittene ↗ Stroh.

Aus jem. Häcksel machen: ihn vernichten; meist in Drohreden: ,Wart, ich werd' aus dir Häcksel machen!'

Lit.: H. Bächtold-Stäubli: Art. ,Häckerling, Häcksel', in: HdA. III, Sp. 1299.

Hafen. Obd. Hafen = Topf liegt vor in den Rdaa.: *Das ist nicht in seinem Hafen gekocht:* er schmückt sich mit fremden Federn. *Er will jedem aus einem Hafen anrichten:* er versucht, es allen Leuten recht zu machen, was aber unmöglich ist. *Für jeden Hafen einen Deckel wissen:* alle Fragen beantworten können, auch: für jedes Mädchen einen Mann wissen (,Jedem Hafen gehört sein Deckel'; mdt. ,Jeder Topf findet seinen Deckel' u. a.).

Dem Hafen den Deckel heruntertun: einen beschimpfen, jem. desillusionieren; über das Sprw. ,Man muß dem Hafen den Deckel ablupfen'. *Guck in (deinen) eigenen Hafen!:* kümmere dich um deine Angelegenheiten, kehre erst vor der eigenen Tür! Vgl frz. ,Mêle-toi de tes oignons' oder ,... de tes affaires' (wörtl.: Kümmere dich um deine eigenen Zwiebeln, ... um deine eigenen Angelegenheiten). Vgl. schwäb. ,Häfelesgucker' = ein allzu Neugieriger, Indiskreter.

Schwäb. ,Er guckt in neun Häfen zumal und noch d'Stieg hinab', er schielt stark, ↗ Deckel.

Aus einem hohlen Hafen reden: gehaltloses Zeug schwatzen. Worte reden, die man selbst nicht versteht; frühnhd., so 1512 in Murners ,Schelmenzunft' als Überschrift des 10. Kapitels mit entspr. Bild: „Lesen, Beten ohn' Verstand und aus einem hohlen Hafen klaffen; was können sie mit Beten schaffen". Eine ähnl. Verwendung der Rda. kennt auch noch Grimmelshausen (,Das wunderliche Vogelnest'): „Mein Gebein müsse in meiner eygenen Haut wie in einem Mörser zerstossen vnd zermalmt werden, hat auch dessfalls aus keinem lären Hafen geredet". Ist es aber des Guten zuviel, so heißt es oft: ,Das Häfele ist voll!'

Vß eyně holen haffé reden

„Aus einem hohlen Hafen reden'

Der Hafen für die Schiffe (portus) steht bildl. in zahlreichen Rdaa., die aus der Seemannssprache stammen. Mit Hafen ist der Begriff der Ruhe und Sicherheit verbunden, was auch in den Rdaa. zum Ausdr. kommt. *Einen Hafen suchen:* eine Zuflucht suchen; *in einen sicheren Hafen kommen:* in Sicherheit und Ruhe, auch ndl. ,hij komt in behouden haven', ,men is daar in eene veilige haven'; *den Hafen verlassen:* sich aus der Sicherheit hinaus ins Ungewisse begeben, ebenso ndl. ,hij zeilt de haven uit'; vgl. auch das Bild Schillers:

> In den Ozean schifft
> mit tausend Masten der Jüngling;
> still auf gerettetem Boot
> treibt in den Hafen der Greis.

Er hat den Hafen (nicht) erreicht: er hat das Ziel seiner Wünsche (nicht) erreicht, vgl. frz. ,arriver à bon port'; auf den konkreten Fall bezieht sich die Rda. *in den Hafen der Ehe einlaufen; er ist in einem fremden Hafen gewesen* heißt es dementspr. von unerlaubten sexuellen Beziehungen vor allem bereits Verheirateter; auch ndl. ,hij is op eene vreemde haven geweest'. *Er ist in einen schlechten Hafen gekommen,* ndl. ,hij is daar in eene slechte haven verzeild', er ist an einen schlechten Ort, in eine schlechte Stellung, eine schlechte Ehe geraten.

Schiffbruch im Hafen (er)leiden, vor dem Hafen untergehen: Unglück nehmen, wenn man sich schon in Sicherheit glaubt;

so bei Goethe (21,213): „... daß wir, bei so schönen Hoffnungen, ganz nahe vor dem Hafen scheitern". Diese Rda. ist auch ndl. bekannt ,in het gezigt van de haven en nog vergaan', sowie auch frz. ,au premier port faire bris', ,faire naufrage au premier port' und auch schon lat. , in portu naufragium pati'.

Man kann keinen Hafen mit ihm besegeln: mit ihm ist nicht auszukommen, bezieht sich auf die Tatsache, daß das Segeln in einem Hafen einfacher ist als auf dem offenen Meer, also nicht ganz soviel Übereinstimmung unter den Seglern benötigt wird: die Rda. ist also so zu verstehen: ,man kann nicht einmal einen Hafen mit ihm besegeln'.

Lit.: *R. Eckart:* Niederdeutsche Sprichwörter und volkstümliche Redensarten' (Braunschweig 1893); *W. Stammler:* Seemanns Brauch und Glaube, in: Dt. Philologie im Aufriß, 29. Lfg. (1965), Sp. 1815–1880; *O. G. Sverrisdóttir:* Land in Sicht (Frankfurt/M. 1987), S. 158–159; *W. Mieder:* American Proverbs. A Study of Texts and Contexts (Bern, Frankfurt/M., New York 1990).

Hafer. Obwohl die eigentl. ndd. Form des Wortes Hafer sich schon seit dem 15. Jh. in mdt. Quellen findet, hat sie sich nur langsam Eingang in die Schriftsprache verschafft und sich gegen die obd. Form ,Haber' durchsetzen müssen. Noch im 18. Jh. verwendet eine Anzahl Schriftsteller gerade aus dem mdt. Raum die Form ,Haber', wie z. B. Lessing, Goethe, Fichte, Gellert. Vgl. auch das Kinderlied:

> Drei (fünf, zehn) Gäns' im Haberstroh,
> sie saßen und fraßen und waren alle
> froh ...

Hier ist gut Hafer säen sagt man, wenn in einer Gesellschaft plötzliche Stille eintritt; die Rda. geht darauf zurück, daß beim Säen des leichten Hafersamens Windstille herrschen muß. Diese Wndg. ist in leicht abgewandelter Form schon im 17. Jh. belegt: „Es war so still, daß man hätte können Haber säen" (Grillandus ,Politische Hasenköpf', 1683); Joh. Fischart erwähnt in seinem ,Gargantua' (1575) ein Gesellschaftsspiel: „den haber säen". Die Rda. ist vor allem im Ndd. bekannt: ,hier is good haver seijen' sowie auch dän. ,det er en god haver saen' und ndl. ,it is hier goed om haver te zaain'.

Seinen Hafer versäen, ehe man auf den Ak-

ker kommt: seine Kräfte vertun, ehe man zum eigentl. Ziel gelangt; rhein. ,manichen versät sein Hafer, ihr er zum Acker kemmt'. Auch diese Rda. ist schon im 17. Jh. bekannt: „Es verseet mancher seinen Habern ehe er zum rechten Acker kommt" (Petri II, 302, 1605).

Seinen Hafer auf dem eigenen Acker nicht ganz versäen können: überschüssige Kräfte haben.

Seinen wilden Hafer noch lange nicht gesät haben: seine Wildheit noch nicht ausgetobt, sich die Hörner noch nicht abgelaufen haben (vor allem in sexueller Hinsicht); die Rda. ist seit der Mitte des 18. Jh. in Dtl. bezeugt als Übers. des gleichbedeutenden engl. ,to sow one's wild oats', das seit dem 16. Jh. belegt ist und in dem ,wilder Hafer' im Gegensatz zu ,gutem Korn' steht.

Der Hafer ist vor dem Korn reif geworden: die jüngere Tochter heiratet vor der älteren: deutlicher wird die Mißbilligung dieser Tatsache in der Wndg. ,man schneidet den Hafer nicht vor dem Korn, gibt die Rahel nicht weg vor der Lea'.

Er hat den Hafer gut verkauft, die Mütze sitzt ihm schief: er hat Erfolg gehabt, er sieht zufrieden und vergnügt aus. In der Schweiz sind noch drei weitere Formeln bekannt: ,händ er de Habr verchauft?' fragt man müßig Herumstehende; ,mer händ de Habr verchauft' antwortet man auf neugierige Fragen, wenn man nicht wissen lassen will, wovon gerade die Rede war; ,was gilt de Habr' oder ,wie tür hast din Habr verchauft?'; diese Frage wird gestellt, wenn man eine Person beschämen will, die mit in die Hüften gestützten Händen dasteht oder die Ellbogen auf den Tisch stützt.

In Schlesw.-Holst. sagt man ,Hand ous 'm Sack, der Hawr is verkouft (is min)', laß deine Finger davon, das ist meine Angelegenheit, gehört mir; urspr. eine Formel nach abgeschlossenem Kauf. Im Münsterland und im Osnabrücker Raum gibt es die Rda. ,Hand vom Sack, is Haber drin!': das ist meine Sache und geht dich nichts an.

Er weiß, was der Hafer gilt: er ist kein Kind mehr, er hat Erfahrung, läßt sich nicht übers Ohr hauen.

Den Hafer von der Gans kaufen: etw. sehr teuer, unvorteilhaft kaufen: die Gans frißt den Hafer lieber selbst und gibt ihn ungern her. Für diese Rda. gibt es schon einen Beleg aus dem 16. Jh.: „denne begeit he ein dürer kopenschop, als wen men de katten eine worst schöl affhandeln edder de hawern von de gösen borgen" (Nic. Gryse: ,Spegel des Pavestdomes', 1593). Die Wndg. ist auch im Schlesw.-Holst. bekannt ,he köfft ok den Hawer von de Gäs' sowie in Dänemark

det er ondt at kiøbe havre fra gaasen,
kull af smeden,
korn af bageren,
kiød af katten,
pølse af hunden.

Er schreit seinen Hafer gut aus: er weiß Nutzen zu ziehen aus seinen Gaben; auch provenzalisch ,Il ne perdra l'avoine faute de brailler'. Obersächs. ,s'is ne Hober lus worn', sie hat den Hafer verkauft, hat auf dem Tanzboden wenigstens einen Tanz gehabt.

In anderen Rdaa. wird das Bild des Fütterns mit Hafer gebraucht; *langen Hafer geben* oder *jem. den Haber schwingen:* Prügel geben; urspr. bedeutete ,haber schwingen' Futter geben; so bei Seifr. Helbling (1,391): „swing im (dem Pferd) vuoter, mach ez rein ..." Diese Rdaa. ist weit verbreitet und findet sich auch schon in Kirchhoffs ,Wendunmuth' (1563 bis 1603): „Wie dem ersten so ward auch dem andern der haber geschwungen und die flöhe abgekehrt". ,Habere' hat im Schweiz. verschiedene Bedeutungen, u. a. auch ,stürmisch etw. tun, recht dreinschlagen', ,abhabere', ausschelten, züchtigen.

Den Haber beim Seiler kaufen, seinen Gaul mit Steckenhaber füttern: ihm Prügel statt Futter geben; ebenfalls ,prügeln' bedeutet die Rda. *den Hundshabern ausdreschen;* so schon bei Hans Sachs (II, IV, 18): „Dass nicht dein Mann komb in das Haus und dresch mir den Hundshabern aus".

Auf die Haberhälm kommen: ins Verderben, in bedrängte Lage geraten; ,Haberhälm' ist bair. und bedeutet soviel wie ,Haferstoppeln', die Stoppeln aber sind ein Bild des Nichtigen; zugleich aber könnte eine Erinnerung an das *Haberfeldtreiben* anklingen, ↗ Haberfeldtreiben, Habergeiß, Habermann.

Einen auf die Haberweide schlagen (vor allem südwestdt.): ihn seinem Verderben überlassen; das Vieh wurde vor der Winterstallung noch einmal auf die Stoppeln des Haferfeldes getrieben, wo es die letzten Reste abweiden sollte; daher ,jem. kümmerlich versorgen', später ,ihn zurücksetzen, vernachlässigen'. Übertr. kommt es schon bei H. Sachs vor (1, 508):

den wart wir lang auf guten bscheid,
so schlugt ir uns auf dhaberweid,
wurft uns den strosack für die thür,
nambt euch ein weil ein andern für.

Es jem. in seinen Hafer mischen: ihm die Schuld an etw. geben, eigentl.: ihm etw. zu essen geben, was nicht gut schmeckt; vgl. ,jem. etw. in die Schuhe schieben'. Vgl. ndl. ,het iemand in zijn hawer mengelen', abgewandelt auch im Engl. ,to lay a thing in a person's dish'.

Den Hafer(sack) höher (hoch) hängen; diese Rda. kann sich einmal auf das Pferd beziehen und bedeutet dann: das Tier bekommt nicht genug Futter, es ist mager; so z. B. rhein. ,den Gaul hon se de Hawer hoch gehängt'; zum andern aber steht sie in Bezug zum Menschen und meint dann die Maßnahme gegen einen Übermütigen; vgl. ,den ↗ Brotkorb höher hängen'. Die Tatsache, daß Pferde von zu reichlicher Haferfütterung übermütig werden, ist auch die Grundlage für die Rda. *ihn sticht der Hafer.* Diese Rda. war schon früh bekannt, wurde aber zuerst nur auf Pferde angewandt: „Der Haber pfleget diejenigen Pferde gemeiniglich zu stechen, welche im Stalle stehen und nichts zu tun haben" (Castimonius: ,Politische Hofmädgen', 30); jedoch wird schon bei Grimmelshausen das Bild auf menschlichen Übermut übertragen: „Ebenso hatte auch allhier der Habern ... den Simplex zimlich gestochen" (,Simplicissimus' I, 3; 9. Kap.). Im Gegensatz zum Roggen- und bes. zum Gerstenstroh mit den langen Grannen sticht Haferstroh nicht. Es wurde daher früher gern zur Füllung der ,Strohsäcke', die als Matratzen dienten, gebraucht. Die Rda. ist im gesamten deutschsprachigen Gebiet verbreitet; so heißt es rhein. ,dat Haferkoenche steckt en', schlesw.-holst. ,em stickt de Hawer', in Siebenbürgen ,de Hôwer kêkt en'; schweiz. ,de Hab'r stickt einen'. Im Amer. ist das gleiche Bild beibehalten worden

,he feels his oats', engl. ist es leicht abgewandelt ,his provender (Viehfutter) pricks him', im Ndl. ist die Rda. aus dem menschlichen Bereich genommen ,de broodkruimels steken hem', jedoch existiert daneben auch die Wndg. ,de haverkorrels steken hem'.

Auch die folgende Rda. ist aus dem tierischen Bereich in den des Menschen gelangt: *seinen Hafer verdient haben:* seinen Lohn verdient haben, vgl. frz. ,gagner son avoine'.

Hafer in der Bdtg. von ,Schnaps' meinen vereinzelte, meist mdal. begrenzte Rdaa.; so z. B. rhein. ,Hafer hole gehn, sich behavern', sich betrinken, schwäb. ,Hafer im Kopf haben', angetrunken sein, aber auch: überspannt, hochmütig sein; von dieser Bdtg. des Hafers stammt wohl auch der Ausdr. ,Hafernarr' für einen Schwätzer (Marburg).

Aus dem Hafer in die Gerste geraten: von einer mißlichen Situation in eine andere, evtl. schlimmere kommen. Hafer ist Rispengras und kitzelt im Gesicht, Gerstenähren haben – die längsten – Grannen und stechen. *In jem. Hafer gehen:* sich in fremde Angelegenheiten (vor allem Liebschaften) mischen, rhein. ,einen in de Hawer hüden'.

Eine Reihe von Rdaa. beschreibt das – meist nicht gerade vorteilhafte – Aussehen eines Menschen; so rhein. ,den hat de Hafer dönn gesiht', er hat spärlichen Bartwuchs, bair. ,ins Haberfeld schauen', schielen (aber ,mit seinen Gedanken im Haberfeld sein', zerstreut sein); schwäb. ,Hafer im Leib haben', stark sein, ganz ähnl. auch rhein. ,Hafer in de Knoche (Kneje)', schweiz. ,Hafer in de Chneune ha', feststehen. *Noch nicht viel Hafer gedroschen haben:* nicht sehr kräftig, nicht an schwere Arbeit gewöhnt sein. ,Hej dritt de Hawer ganz' sagt man rhein. von einem kränklichen Menschen, und in Mitteldtl. heißt es ,de Hâwer pröckelt em on Arsch'. Meckl. weist man ein schmutziges Kind zurecht ,di waßt de Hawern in de Uhren'. Rhein. ,de Hawer us de Perdsköttele lese', nichts schaffen, seine Zeit vertun; vgl. frz. ,écouter à l'avoine' (veraltet).

Der Hafer ist nicht nur das bevorzugte Futter für das Pferd, sondern auch für die Ziege, daher die meckl. Rda. ,dee geiht dor up los as de Buck uppe Hawergarw', ungeschickt, wagemutig; rhein. ,he fällt drop as de Bock op de Hawerkist', er fängt die Sache mit einem Eifer an, der nicht bis zum Schluß anhält; ,he gringt wie eine Bock op en Hawerkist', er ist ärgerlich, bei der Arbeit gestört zu werden; ndd. ,he sitt upn Geld as de Buck up de Haberkiste', holst. ,he settet den Buck up de Haberkiste', er macht den ⟋ Bock zum Gärtner. Als ,Hawermaus' wird im Rheinl. die Hausgrille bez.: ,er singt wie en Hawermaus', er singt sehr schlecht; ,me ment, de kräch (kriegte) alle Karfreidag en Hawermaus geback' sagt man von einem mageren oder schlecht aussehenden Menschen.

Die Spreu und das Stroh des Hafers sind sehr leicht und von geringem Wert: *durcheinander gehen wie der gemäht Habern:* drunter und drüber gehen; *er ist weg wie Haberspreu:* er ist spurlos verschwunden; *mit Haberstroh lohnen:* schlecht lohnen; *für eine alte Schuld soll man Haberstroh nehmen,* weil eine alte Schuld nur selten bezahlt wird; dieses Sprw. ist schon mhd. bekannt: „man muoz an boesem gelte haberstrô für guot nemen" (Br. Berthold 386,4); meckl. ,vör eene ungewisse Schuld moet man Hawer-Kaff (Spreu) nehmen', ,ungewiß Schulden un hawerkaff wägen lik väl'; dort sagt man auch von einem wohlgenährten Menschen ,de is nich met Hawerkaff mästet'. *Um Haferspreu streiten:* um Geringfügiges streiten, ndl. ,zij twisten om haverstroo'.

Umg. spricht man heute von einem *Hafermotor (mit Peitschenzündung):* Pferd, sowie von einer *Haferschleimvilla:* Krankenhaus.

Lit.: *H. Marzell:* Art. ,Hafer', in: HdA. III, Sp. 1300–1304; *W. Danckert:* Symbol, Metapher, Allegorie im Lied der Völker, Bd. III (Bonn–Bad Godesberg 1978), S. 909–922.

Hag. *Mit etw. hinter dem Hag halten:* es nicht bekannt geben, damit ,hinter dem Berg halten', ⟋ Berg.

Die Rda. war in älterer Zeit geläufig. So heißt es z. B. in einem Brief der Regenz an den Vater des verschuldeten Medizinstudenten Johannes Pfanner aus Vlen von 1635: „... und sonderlich, da er seinem Herrn Vatter die gantze summa seiner Schulden hett angeben sollen, doch alzeit hinter dem Hag, wie man sprecht, gehalten ...". Die Rda. ist heute nur noch in der Mundart gebräuchlich. Sie lautet z. B. schwäb.: ,mit ebbis hinter em Hag halte'.

Lit.: *A. Staechelin:* Studentensitten u. Studentenscherze im alten Basel, in: Basler Jahrbuch (1954), S. 43 ff.

Hagel. Die Vorstellung des zerstörenden Hagels liegt vielen Rdaa. zugrunde: *Der Hagel hat geschlagen:* der Schaden ist geschehen, es ist aus mit etw.; schlesw.-holst. ,dat sleit hin as Hagel in't Finster'; ,er chund wie der Hagel id' Haber' (schweiz.) sowie auch *einen schlägt der Hagel her,* drücken das Überraschende, Plötzliche eines Hagelwetters aus.

Kommt einer aber *wie der Hagel in die Stoppeln,* so kommt er zu spät, vergebens, wenn kein Unheil mehr anzurichten ist; diese Rda. ist schon recht alt, wie die Stelle bei Murner (,Mühle von Schwindelsheim' 12,16) zeigt: „der hagel kumbt in die stupffelen", und auch Grimmelshausen kennt sie (,Simplicissimus' IV, 328,20): „Gehe nur hin, du wirst willkommen seyn wie die Sau in eines Juden Hausz und so wenig richten als der Hagel in den Stupflen".

Beliebt sind die Rdaa., die die Überraschung und Bestürzung des Menschen über ein Hagelwetter zum Ausdr. bringen; von einem, der mürrisch oder verdutzt aussieht, sagt man: *Dem ist wohl die Petersilie (der Weizen) verhagelt* oder, im Rheinl. ,Et is em e Hagelwetter in de Erwes geschlah'; ,nu sind em ower de Erzen (Erbsen) verhagelt' heißt es ebenfalls rhein., wenn einem die Freude verdorben ist: ganz ähnl. frz. ,La grèle est tombée sur son jardin'.

Der Hagel als bildl. Bez. dessen, was dicht und schwer auf uns niederfällt, findet sich in den Ausdrücken vom Pfeil- oder Geschoßhagel sowie in den Wndgn. *Es hagelt Strafen (Prügel* u. ä.). Den gleichen übertr. Sinn hat meckl. ,Hüt hett 't in de Baud hagelt', heute hat es Schelte oder Prügel gegeben; anders dagegen in der Rda. *Es hagelt einem in die Bude,* hier soll die Dürftigkeit der Behausung ausgedrückt werden, also: es geht ihm schlecht.

Hagel, Blitz und Donner sind Manifestationen Gottes oder des Teufels, daher werden diese Ausdrücke oft anstelle des tabuierten Gottes- oder Teufelsnamens genannt, vor allem in rdal. Flüchen, wie z.B. ‚der Hagel schlag ihn!‘ ‚daß der Hagel!‘ ‚Da soll doch der Hagel 'nein schlagen‘; ndl. ‚Daar slaat de hagel door!‘ ‚Daar zal nog hagel op volgen‘. Verblaßt zu einem bloßen Ausruf der Verwunderung in: ‚alle Hagel!‘ So erlangt das Wort auch die Bdtg. von Verwünschung überhaupt: *einem alle Hagel an den Hals fluchen, den Hagel an den Hals wünschen.* Hagel als Fluchwort war vor allem bei den Seeleuten beliebt, daher der Übername ‚Jan Hagel‘, der seit dem 17.Jh. das gemeine (Boots-)Volk bezeichnete, später mit dem Zusatz ‚un sin Maat‘.

Einen Hagel sieden (kochen): ein Unheil zusammenbrauen; diese Rda. stammt aus der Zeit, in der man glaubte, die mit dem Teufel in Verbindung stehenden Hexen brauten das Wetter zusammen: „O koent ich jz ein Hagel kochen" (Fischart: ‚Flöhhatz‘ [1577], S. 13/365).

Hagel als Umschreibung für Unglück tritt uns auch in der els. Rda. entgegen ‚de Mann het dr Hagel im Hus‘, er hat das Unglück, eine verschwenderische Frau zu haben.

Von den Verstorbenen heißt es meckl. ‚dei möt Snei un Hagel schrapen‘, wobei die kindliche Vorstellung zugrunde liegt, daß im Himmel Schnee und Hagel erst geformt werden müssen.

Un wenn's Katze hagelt sagt man, um einen entschiedenen Widerstand zu betonen, ↗ Katze.

Lit.: *V. Stegemann:* Art. ‚Hagel, Hagelzauber‘, in: HdA. III, Sp. 1304–1320.

Hagestolz. *Er ist ein alter Hagestolz:* ein unverbesserlicher Junggeselle; er will nicht heiraten. Lange Zeit wurde der zweite Teil des Wortes an ‚stolz‘ = superbus angelehnt, wodurch sich die Etymologie ‚einer, der auf seinen Hag stolz ist‘ ergab. Im Ahd. jedoch heißt das Wort ‚hagastalt‘ und ‚hagustalt‘, dessen letzter Teil sich im got. Adj. ‚gastald-s‘ wiederfindet, was soviel wie der ‚Stellung Habende, der über eine Sache Gesetzte‘ bedeutet. ‚Hagastalt‘ ist also der, der einem Hag vorsteht, ihn besitzt. Der Hag aber ist im Ge-

gensatz zu dem Herrenhof ein kleines umfriedetes Stück Land, das dem jüngeren Sohn im alten dt. Erbrecht zufiel und das erst noch urbar gemacht werden mußte. Der älteste Sohn erhielt das Hauptgut des väterlichen Eigentums, den Herrenhof, und mit ihm die väterliche Macht und die Hofgerechtsame. Da das Nebengut im allg. zu klein war, um darauf einen Hausstand zu gründen, und da außerdem der älteste Bruder die Vormundschaft über den jüngeren hatte, mußte der Hagbesitzer oft unverheiratet bleiben. Diese alten Rechtsverhältnisse haben bis in jüngere Zeit nachgewirkt; so konnte es in Westf. geschehen, daß noch im vergangenen Jh. der jüngere Bruder der Dienstbote des älteren war, da sein Hag, die ‚Hagestolle‘, zu klein war, um ihn zu ernähren. Diese rechtlichen Anschauungen sind auch der Grund dafür, daß in einem Teil Schwabens die unehelichen Söhne ‚Hagestölze‘ genannt werden.

Obwohl der Begriff ‚Hagestolz‘ urspr. nur für die finanziell schlechter gestellten Söhne galt, für die ‚Nichtshabenden‘, die sich keine Frau leisten konnten, wurde er später zur Bez. für Ehelose allg. Das geht aus zahlreichen bereits ma. lit. Zeugnissen hervor. So heißt es z.B. (in Weistum 1,33, S. 366): „ein hagestolz, ein getling (Bursche), der âne wip ist und ân ê"; und an anderer Stelle (S. 377): „ain hagestolz kneht oder jungfrowe, die gesundert gut hänt" (Weisthümer, 3 Teile [Göttingen 1840–42]).

In der Gesetzgebung nahmen die Hagestolze (die heutigen Junggesellen) schon in der Antike eine Sonderstellung ein. So forderte z.B. Plato – selbst ein Junggeselle – in seinen Büchern von den Gesetzen eine Bestrafung des Mannes, der fünfunddreißig Jahre geworden sei, ohne zu heiraten. Auch hatte er daran gedacht, daß jeder Hagestolz den Unterhalt für eine Frau in die Staatskasse bezahlen solle. Noch heutzutage müssen Unverheiratete höhere Steuerabgaben entrichten.

Im Nhd. bez. das Wort einen Mann, der über das gewöhnliche Alter hinaus ledig geblieben ist, wobei die Bestimmungen des Alters, in dem ein Mann zu einem Hagestolz wird, zwischen 25 und 60 Jahren schwanken: „wo oldt dat ein recht hoffestolte in rechte sin schall, darup gefunden: ein hoffestolte schall olt sin 50 jahr drei mante 3 tage" (Chr. G. Haltaus: ,Glossarium germanicum medii aevi' [1758], S. 779 – aus Celle v. 1570). In anderen Gegenden tritt das Hagestolzenalter viel früher ein: „Hagestölze heiszen im Odenwald die so 25 jahr alt und nicht heirathen wollen, da sie könnten" (J. L. Frisch: ,Teutsch-Latein, Wb.' [1741], 1,394).

In der neueren Sprache verbindet sich mit Hagestolz ausschließlich die Vorstellung von einem älteren, unverheirateten Mann, wie in z. B. E. T. A. Hoffmann (4,45) charakterisiert: „ein alter Hagestolz, alle Gebrechen seines Standes in sich tragend, geizig, eitel, den Jüngling spielend, verliebt, geckenhaft".

Hagestolzenkram, Hagestolzenwirtschaft bez. ein großes Durcheinander, wo die ordnende Hand einer Frau fehlt.

Lit.: *O. Schrader:* Die Schwiegermutter und der Hagestolz (Braunschweig 1904), S. 62, 76–77; *F. Sarasin:* Die Anschauungen der Völker über Ehe u. Junggesellentum, in: Schweiz. Archiv 33 (1934); *B. Kummer:* Art. ,ledig', in: HdA. V, Sp. 1003–1012; *M. Graf Korff Schmising:* Art. ,Hagestolz', in: HRG, I, Sp. 1909–1911.

Hahn. *Hahn im Korbe sein:* unter lauter weiblichen Personen der einzige Mann sein; Hauptperson, Liebling sein, viel gelten. ,Korb' meint hier entweder den ganzen Hühnerhof oder den Korb, in dem die Hühner zu Markt getragen werden. Man mag auch an die heute noch in rom. Ländern üblichen Hahnenkämpfe denken, bei denen die Favoriten vorher im Korb dem Publikum gezeigt werden. Die ältere Form der Rda. ist *der beste Hahn im Korbe sein;* so bei Hans Sachs und bei Johann Fischart 1579 im ,Bienenkorb' (131 b) sowie in der Fabelsammlung ,Esopus' (III,28) des Burkard Waldis:

Es hat ein bürger etlich han
zusammen in ein korb getan.

In der ,Zimmerischen Chronik' (II, 243) steht: „der alwegen hievor vermaint hat, er were an dem ort allain der han im korbe" und in den ,Facetiae facetiarum' von 1645 (S. 46): „qui primas partes apud amicam tenet, appellant Hahn im Korb"; vgl. ndl. ,hem dunkt, de beste haan in den korf te zijn; dän. ,som vil voere den for-

nemste hane in kurven'; frz. ,coq en pâte'. Dt. sind noch die Nebenformen ,Hähnchen im Korb' und ,Hahn oben im Korb' belegt. ,Hahn' ist nicht zuletzt vulgärsprachl. Ausdr. für Penis (↗ Hahnrei), und da ,Korb' (,Husch ins Körbchen') vielfach

,Hahn im Korb'

auch das Bett meint, könnte ,Hahn im Korb' auch erotisch als der beste Mann im Bett zu verstehen sein. ,Haupthahn': bevorzugter Liebhaber; ,scharfer (toller) Hahn': temperamentvoller Mann; ,den Hahn krähen lassen': koitieren. ,So viel verstehen wie der Hahn vom Eierlegen': nichts von einer Sache verstehen. ,Den Hahn rechtzeitig zudrehen': Coitus interruptus.

Das Bild vom Korb wird auf das Dorf übertr. in der Rda ,er ist Hahn im Dorfe'; vgl. frz. ,être le coq au village' und engl. ,to be cock of the walk'.

Hahn sein auf seinem Mist: Herr sein auf seinem – wenn auch noch so kleinen – Besitz. Ähnl. ,stolz wie ein Hahn auf seinem Mist', ,er ist ein wackerer Hahn auf seinem Mist'; ndl. ,hij is een haan, maar op zijn mest'; ostfries. ,elker hân is konink up sîn ëgen mesfolt'. Diese Rda. ist bereits bei Seneca belegt (,De morte Claudii'):

„Gallus in suo sterquilino plurimum potest". Dem entspricht frz. ‚être hardi comme un coq sur son fumier' und engl. ‚the cock is master on his own dunghill'.

Der Hahn spielt gern
Den großen Herrn.

‚Hahn auf seinem Mist'

Das Bild des fremden Hahns, der in einen Hühnerhof eindringt, bedeutet, auf den menschlichen Bereich angewendet, soviel wie Eingriff in die Privatrechte. In E. W. Happels ‚Akademischem Roman' von 1690 heißt es: „W. mußte das Gelag bezahlen, weil dieser ein Fremdling, und sich erkühnet hatte, in eines andern Hahns Nest seine Eier zu legen". In der Bdtg. der verletzten ehelichen Treue wendet Abraham a Sancta Clara das Bild eines fremden Hahnes auf dem Mist an. In diesen Zusammenhang gehören die Rdaa.: *Es scharrt ein fremder Hahn auf seinem Mist,* ‚et war 'ne fremde Hahn op de Meß', *fremde Hähne auf seinem Mist kratzen sehen (lassen):* merken oder zugeben, daß sich andere Eingriffe in seine Privatrechte erlauben. Ebenso: *Er kennt den Hahn auf seinem Mist.*
An rdal. Vergleichen ist zu nennen: *stolz wie ein Hahn;* vgl. frz. ‚fier comme un coq'; rhein. ‚Da jeit (stolzeet) wi ne Hahn'; schlesw.-holst. ‚He is so krötig as en Hahn un en Snieder', ‚su frech wie nen jungen Hahn'; bair. ‚dahersteign wia da' Gogkl in'n Werhh', ‚wiera Ha' in der Balz'.
Ein Hahn, ‚hane', bedeutete um 1500 in übertr. Sinne auch einen ‚kühnen und kek-

ken Kerl', so bei Geiler von Kaysersberg (‚Brösamlin') und in Thomas Murners Schrift ‚Von dem großen lutherischen Narren' (1522).
Entspr. den kämpferischen Eigenschaften des Hahns werden für kräftiges mannhaftes Auftreten folgende Rdaa. gebraucht: *Er ist ein Hahn mit doppeltem Kamm:* er ist heftig, draufgängerisch, zornig und *Er ist ein Hahn mit Kamm und Sporen,* entspr. ndl. ‚Het is een haan met een dubbelen kam' und ‚Het is een haan met kam en sporen'. Von zwei streitenden Menschen sagt man *Die gehen aufeinander wie zwei junge Hähne.* Aber man sagt auch, daß jem. dasteht *wie ein betrübter Hahn* oder *wie ein nasser* oder *begossener Hahn,* wobei die letzte Rda. in den Kreis der Rdaa. um nasse Tiere gehört, vgl. ‚naß wie eine Katze', ‚wie ein Pudel', ‚wie ein Mops, dem es ins Gesicht regnet'.
Die Rda. ‚rot wie ein Zinshahn' meint nicht die Farbe des Gefieders, sondern bewahrt noch die Erinnerung an die Zeit der Naturalwirtschaft: der Gutsherr achtete darauf, daß Kamm und Lappen des als Abgabe dargebrachten Hahnes zum Zeichen der Gesundheit gut durchblutet und lebhaft rot sind.
Du bist wohl vom Hahn betrampelt: du bist wohl nicht recht bei Verstand (etwa seit 1900 aufgekommen).
Daß dich der Hahn hacke!: Drohung bes. gegen Kinder; ‚ich denke, mich soll der Hahn hacken!', Ausruf des Erstaunens (obersächs.). Die Widernatürlichkeit, daß ein Hahn Eier legt, nehmen eine Reihe von Rdaa. zum Anlaß, etw. Unmögliches oder Absurdes auszudrücken: *Wenn der Hahn Eier legt:* niemals; vgl. frz. ‚Ce jourlà les coqs ponderont des oeufs'.
Wenn etw. verkehrt gegangen ist, sagt man schlesw.-holst. ‚dor hett de Hahn en Ei leggt', und von einem Aufschneider heißt es rhein. ‚dem seine Hahn legt Eier!' Sagt aber jem. ‚meinetwege kann der Hahn de Eier lege', so meint er damit, daß ihm eine Sache sehr gleichgültig ist. Auch ndl. sind entspr. Rdaa. bekannt.
Eine Reihe von Rdaa. knüpft an das Hahnengeschrei an. Das Krähen des Hahnes ist Anlaß zu Vergleichen wie rhein. ‚Der har e Stemm wie e Hahn, do sollt mer die Hinkel anbenne' oder schlesw.-holst. ‚He

quinkelert as en jungen Hahn, de dat Kreihn noch ni lehrt hett', er singt schlecht.

Der aus einem Hahnenkampf hervorgehende Sieger verkündet seinen Triumph durch lautes Krähen. In einigen Rdaa. wird dies auch von einem Prahlhans gesagt; rhein. ,der hät wedder singen Hahn am Krähen', ,sein Hahn muß König krähen', vgl. ndl. ,haar haan krait koning'; frz. ,il chante victoire' und engl. ,to cry cock'. In diesen Zusammenhang gehören auch: *Solche Hähne hab ich schon viel krähen hören; der Hahn kräht mir zu hoch* oder einfach *der Hahn hat gekräht;* diese letzte Rda. ist schon 1531 bei Carolus Bovill (,Samaroberini vulgarium proverbium' I, 85) belegt: „Gallus cantavit". Von einem, der nachlässig und gleichgültig ist, sagt man *Er ist ein Hahn, der nicht kräht.* *Der hört keinen Hahn mehr krähen* ist eine euphemist. Rda. für: er ist tot; rhein. heißt es von einem, der bald stirbt ,der hert de Hahnen net mih dak (oft) krihen', ↗ zeitlich.

Wo ein Dorf ist, krähen auch Hähne. Daher sagt man: ,Die Hahnen krähen, das Dorf ist nicht mehr weit'; dem entspr. frz. ,revoir le coq de son clocher', die Heimat wiedersehen.

Wo kein Hahn kräht: weit weg von jeder menschlichen Siedlung. Von einem Feld, das zu weit vom Dorf abliegt und daher schlecht bewirtschaftet wird, heißt es rhein. ,dat Feld huert de Hahn net krihe'. Sehr weit verbreitet in allen Mundartgebieten ist die Rda. *Da (es) kräht kein Hahn (da) nach:* darum kümmert sich niemand; die Sache wird kein Aufsehen erregen, weil sie entweder völlig bedeutungslos und ohne Interesse ist oder äußerst heimlich und unbemerkt geschieht. Die Rda., in der ,danach' nicht zeitlich, sondern ursächlich (= deswegen) oder beabsichtigend zu verstehen ist, hat keinen mythologischen Hintergrund (etwa daß der Hahn durch sein Krähen eine Untat angezeigt habe, wie die Kraniche in der Sage von Ibykus); sie bedeutet urspr. vielmehr: Ein Hahn auf dem Hühnerhof würde die Sache für so unbedeutend halten, daß er ihretwegen nicht einmal krähen würde. Die Wndg. findet sich bereits 1534 bei Luther: „aber da tausend gülden dafür (für den

einen gewonnenen) sind verfaulwitzt, da krehet kein han nach". Hier kommen ein Unrecht oder ein Verlust in Frage. So wird die Redewendung oft bezogen auf geschehenes oder beabsichtigtes Unrecht, das nicht ans Licht kommt, das nicht geahndet wird. Im 16. Jh. heißt es bei Joh. Mathesius: „Wenn er schenket und füllet jeder man die hende (bestechen) ... do krehet kein han mer nach, ob er schon mit gewalt fert (verfährt)". Ähnl. im ,Simplicissimus' 1684: „Wie? wan dich der gleichen Kerl ermordeten ..., was würde wol für ein haan darnach krähen? Wer würde deinen Tod rächen?"

Es kann aber auch Sehnsucht nach einem Verlorenen, Melancholie des Verlustes, des Abschieds ausgedrückt werden. Im schwäb. Volkslied, bei Erk im ,Liederhort' heißt es: „fragt auch niemand (mich) wie es geht, weil kein Hahn mehr um mich kräht". Auch das nächste Haustier kümmert sich nicht mehr um den Vergessenen. Dieses Vermissen tritt auch schon deutlich im 16. Jh. hervor: „niemand warnet ihn (den Hagestolz) mit trewen, und wan der hahn tod ist krehet kein henneke nach ihm"; 1561 bei H. Sachs ebenso: „so kreet doch kein han nach mir".

Im Märchen ist oft von einem. die Rede, den man verwünscht „so tief, dasz kein Hahn nach dir kräht", oder „die so tief versinken, dasz kein hahn mehr danach krähte" (J. Grimm, ,Myth.' 904 f.). Die Rda. ist auch stabreimend erweitert worden: ,weder Hahn noch Hahn', woraus mißverständlich ,weder Hund noch Hahn' geworden ist, z. B.: ,dar worde weder hunt oder hane na kreien' (Oldecop, S. 290), oder ,daa kreit nich Hund or Han na', ndd. ,da kreit weer Hahn (Huhn) noch Häneke nae'. Aus dem Jahre 1767 für Bremen auch als Ermunterung belegt: ,Daar schall nig Hund nog Haan na kraien': das soll oder wird niemand erfahren. Latendorf (Fromann II, 222) bemerkt zu dieser Erweiterung: „Die Ähnlichkeit der Aussprache zwischen Hon (Huhn) und Han (Hahn) hat wohl allein dazu verführt, den Hund, lautlich, an die Stelle des Huhns zu setzen. Jedenfalls wird an den Hund dabei kaum gedacht, wenn man auch überhaupt von solchen Zusammenstellungen wird sagen müssen, daß sie stets mehr

1 ‚Stolz wie ein Hahn‘
2–4 ‚Hahnenkampf‘
5 ‚Aufeinandergehen wie zwei junge Hähne‘
6 ‚Wenn der Hahn Eier legt‘

‚Beim ersten Hahnenschrei'

Der Hahn als Morgenkünder und Frühaufsteher veranlaßte folgende Rdaa.: *Mit dem Hahne munter sein (... aufstehen);* vgl. frz. ‚se lever au chant du coq' (wörtl.: beim Krähen des Hahnes aufstehen); *ehe der Hahn kräht:* sehr früh. Als es noch keine Uhren gab, diente der Hahn auch als ‚Wecker' und sein frühmorgendlicher ‚Hahnenschrei' als Zeitbestimmung: *beim (vor dem, mit dem) ersten Hahnenschrei aufwachen* etc.

Für einen eitlen Menschen, der auf sein Geld nichts gibt und auf seine Rechnung andere frei zehren läßt, gibt es die Rda. *Er hängt den gebratenen Hahn heraus.* Daneben gibt es noch *den gebratenen Hahn spielen;* vgl. ndl. ‚den gebraden haan uithangen' und ‚den gebraden haan spelen'. Die dt. Rdaa. vom ‚gebratenen Hahn' sind nur bei Wander zu finden und wahrscheinl. im lebendigen Sprachgebrauch kaum verbreitet.

dem Sprachgefühle als dem Sprachbewußtsein ihren Ursprung verdanken". Tatsächlich war die sprachspielerischstabreimende Formel ‚Hund und Hahn' schon im MA. verbreitet, und man meinte damit pars pro toto den gesamten Hausrat. Denn wer sich irgendwo niederließ, nahm Hund und Hahn, die nebst der Katze als ‚hûsgeræte' galten, als wesentlichen Bestandteil des Haushalts mit (RA. II, S. 125 f.). Diese Bdtg. bewahrt in Norddtl. noch die mdal. Wendung: ‚He sorgt för Hund un Haan': er achtet auf das Wohl seiner Haustiere.

Zum Hund gehört aber polar die Katze, daher dann auch z. B. in Kleists ‚Hermannschlacht' (III, 3) aus dem Jahr 1808 die sinnwidrige Variante: „Danach wird weder Hund noch Katze krähen" und weiter gekürzt bis zu „danach kräht keine Katze". Im Ndl. tritt auf: ‚da kraait noch haan noch hen' (Harrebomee). Im Schles. sagt man ‚do kret ke Hon dernoch', im Rheinl. ‚do krahnt kene Hahn no' und in der Schweiz ‚es chrait kein Guggel dernach'. Die Rda. wird also in verschiedenen Mdaa. sehr häufig gebraucht. Ebenso findet man sie in der Lit., z. B. 1781 bei Schiller (‚Die Räuber', 1,2): „Kann man nicht auf den Fall immer ein Pülverchen mit sich führen, das einen so in der Stille über den Acheron fördert, wo kein Hahn danach kräht".

Wo kein Hahn kräht (ist), da ist (kräht) die Henne ist ein Rechtssprw., das die weibl. Erbfolge meint (vgl. Otto Lehmann, Zs. f. d. Phil., 70. Bd., S. 178).

‚Einen Hahnen ertanzen'

Weitere Rdaa. gehen auf alte Bräuche um den Hahn zurück: *einen Hahn ertanzen* oder *ertanzen wollen* oder *Er hat seinen Hahn ertanzt* (das Beste erreicht) haben ihren Urspr. in dem Hahnentanz, einem alten Kirmesbrauch. In den Fastnachtsspielen aus dem 15. Jh. heißt es: „dorfmaid und baurnknecht/die wollen tanzen umb den han;/ und von welhem baursman/das pest wird getun un alls Gefer .../dem wirt der han gegeben". Franz von Sickingen sagte:„Ich bin nit der Han, darum man tanzt".

Einem den roten Hahn aufs Dach setzen: sein Haus in Brand stecken; *der rote Hahn kräht auf dem Dach:* das Gebäude brennt. Auch in Engl. ist die Bez. ‚red cock' für Feuer bekannt und frz. sagt man entspr. ‚faire chanter le coq rouge'. Schon bei Hans Sachs heißt es: „das ich dir und deinen man/auff dein stadl setz ein roten han", und Fischart schreibt: „der doch zur letzt nur auff dein schewr/ein roten hanen steckt von fewr". Die Rda. findet sich 1663 bei Schottel (‚Teutsche Haubt-Sprache', 1116b) in der Form: „Den roten Hahnen zum Gibel ausjagen". In einer Breslauer Hs. vom Jahre 1560 lautet die Redewendung: „das her im einen rotten hann aufsetzen wolde".

Nach F. Kluge (‚Zs. des Allg. Dt. Sprachvereins' [1901], Sp. 8) rührt die Rda. von einem Gaunerzinken (Gaunerzeichen) her, einem mit Rötel gezeichneten Hahn, der Brandstiftung bedeutet habe. Dieser Erklärung widerspricht F. Seiler (‚Dt. Sprichwörterkunde', S. 245), weil die Gauner eine beabsichtigte Brandstiftung doch nicht vorher kundgetan haben würden; außerdem werde das ‚aufs Dach' nicht erklärt. Aber in den Breslaufer Malefizbüchern, so hat G. Schoppe festgestellt, wird oft berichtet, wie Fehde- und Absagebriefe, um ihnen mehr Nachdruck zu geben und die Bedrohten zu ängstigen, mit einschüchternden Zeichen versehen worden sind. So malte man auf ihnen Besen, Armbrüste, Schwerter ab. Und dies scheint wieder die Annahme Kluges zu stützen. Hierzu paßt auch sehr wohl folgende Vorstellung: Der Hahn kräht in der Frühe und kündet den Tag an; deshalb ist er ein altes Sinnbild des anbrechenden Lichtes, der auflodernden Flamme; bes. der rote Hahn bedeutet das flackernde Feuer. Schon in der altnordischen Göttersage spielt ein roter Hahn diese Rolle, er heißt Fjalar und verkündigt mit seinem Krähen das Anbrechen der Götterdämmerung (Völuspá, Str. 29 f.).

H. Pröhle gibt in seiner Sammlung ‚Deutscher Sagen' eine Würzburger Überlieferung wieder: „In der Dominikanergasse in Würzburg steht ein Haus, das den Namen ‚Zum roten Hahn' führt. Auf das Dach dieses Hauses wurde von den Leuten des Wilhelms von Grumbach nach dessen Überrumpelung der Stadt Würzburg ein roter Hahn gesetzt und das Haus angezündet. Der rote Hahn krähte und flog von einem Dach zum andern; das Feuer verbreitete sich weiter auf andere Häuser; nach seiner Wiedererbauung erhielt dieses Haus den Namen ‚Zum roten Hahn'". In dieser Erzählung gehen bildl. und wörtl. Bericht nebeneinander her. Ein am ganzen Mittelrhein bekanntes Gasthaus ‚Zum roten Hahn' liegt in dem bekannten Wallfahrtsort Arenberg, in der Nähe von Koblenz.

Wenig Wahrscheinlichkeit hat die von Eduard Stemplinger (‚Neue Jahrbücher' [1918] 2, S. 85 f.) vorgebrachte Deutung der Rda. Er leitet die Vorstellung vom roten Hahn aus dem Altertum ab: die Germanen hätten den Hahn, wie einst die Griechen, als Abwehrer von Feuers- und

‚Turm- oder Wetterhahn'

Blitzgefahr auf Dächer und Kirchen gesetzt. Dann wäre der rote Hahn in sein Gegenteil verkehrt und aus dem Abwehrmittel gegen die Flamme die Flamme selbst geworden.

Gegenüber diesen Erklärungsversuchen bietet sich auch noch ein anderer Aspekt an. Neben dem Niederbrennen als kriegerische Maßnahme oder als spontane Haß-Äußerung war die sog. Brandwüstung als

‚Totalwüstung' ein ma. Rechtsinstrument gegen Friedlose, deren Haus und Habe zerstört wurden. Da die Häuser früher mit dem leicht entflammbaren ↗ Stroh oder Schilf gedeckt waren, ist es naheliegend, daß man dabei kurzerhand brennende Fackeln ‚aufs Dach' warf, ‚steckte' oder ‚setzte'. Der ‚rote Hahn' wäre dann eine auf Bildähnlichkeit beruhende euphemist. Umschreibung des wegen der häufigen Brände bes. gefürchteten Feuers. Wohl wegen der Brandgefahr wählte man später anstelle des Niederbrennens das arbeitsaufwendigere, aber ungefährlichere Niederreißen (vgl. auch ↗ Dach).

Lit.: *E. Fehrle:* Der Hahn im Aberglauben, in: Schweiz. Arch. f. Vkde. 16 (1912), S. 65–75; *K. Knortz:* Die Vögel in Geschichte, Sage, Brauch und Literatur (München 1913), S. 179 ff.; *W. Widmer:* Volkstümliche Vergleiche im Französischen nach dem Typus ‚rouge comme un coq' (Diss. Basel 1929), S. 40–44; *H. Güntert:* Art. ‚Hahn', in: HdA. III, Sp. 1325–1336; *C. Mengis:* Art. ‚rot', in: HdA. VII, Sp. 792–834; *S. Killermann:* Hahn und Henne im Neuen Testament, in: Theologisch-praktische Quartalschrift 94 (Linz 1941), S. 285–290; Dt. Rwb. IV, Sp. 1432; *L. Kretzenbacher:* Der Hahn auf dem Kirchturm. Sinnzeichen, Bibelexegese und Legende, in: Rhein. Jb. f. Vkde. 9 (1958), S. 194 ff.; *L. Rudolph:* Stufen des Symbolverstehens auf Grund einer volkskundl. Untersuchung in Berlin über drei Symbolformen (Christophorus, Hahn, Johanniterkreuz) (Berlin 1959); *Th. Bühler:* Wüstung und Fehde, in: Schweiz. Arch. f. Vkde. 66 (1970), S. 1–27; *Fr. W. Weitershaus:* ‚Hahn', in: Der Sprachdienst 30 (1986), S. 119–120; *J. Leibbrand:* Speculum Bestialitatis (Diss. Freiburg 1986, München 1989). *E.* u. *L. Gattiker:* Die Vögel im Volksglauben (Wiesbaden 1989), S. 422–453; *K. Rodin:* Art. ‚Hahn, Huhn', in: EM. VI, Sp. 370–376.

Hahnenfuß. *Einem den Hahnenfuß unterbreiten.* Die Rda. kommt deutschsprachig nur in den mhd. Marienliedern des Bruder Hans, eines niederrhein. Mystikers ndl. Herkunft Ende des 14. Jh. vor:

Gern wer is uysz der sunden putz
    gheleydet;
Nu hait die werelt menichfalt
Den hanenvoys ym leyder
           unrgebreydet.

Im Ndl. gibt es dagegen mehrere Belege, so z.B. in G. A. Bredero's ‚Moortje' (1615): „de Hane-voet is myn ghebreyt" oder bei J. Westerbaen (1672): „de haenevoeten sijn mijn gebreydt", und die Wndg. dient offensichtlich zur Bez. von Verstrikkung in einer Situation. ‚Hahnenfuß' ist im Dt. ein Pflanzenname und bedeutet in übertr. Sinne auch noch eine schlecht les-

bare Schrift, die aussieht, ‚wie wenn die Hühner über das Papier gelaufen wären'. Diese Bdtg. des Wortes macht jedoch die Rda. nicht verständlich. Auch eine Verbindung mit dem Teufel, der auf ma. Bildern oft mit Hahnen-(Vogel)füßen abgebildet wurde, erklärt nicht das rdal. Bild. Die ndd. Form des Ausdr. ‚Hanepoot' bedeutet in der Seemannssprache aber auch ein Schiffstau, das in mehreren Enden ausläuft und sich in Gestalt eines Hahnenfußes ausbreitet. Es dient zur Festbindung der Segel oder zur Verankerung des Schiffes bei starkem Wind oder Seegang. Die Rda. ‚die Anker stehen im Hahnepoot' bedeutet, sie stehen schräg vor dem Schiff aus. Gallacher vermutet daher, daß der Ausdr. von der Seefahrt stamme, wobei ‚breiden' für mhd. ‚breien': knoten, stricken, weben stehe. Dann würde die Rda. sinngemäß bedeuten: ich bin festgetaut, festgebunden, ‚verstrickt'. Dafür spräche auch, daß die Rda. sowohl in der Mehrzahl, wie bei Westerbaen, als auch in der Form ‚de hanevoet is hem gestrooid' (bei Harrebomée) erscheint. Da im südd. Raum ‚Hahnenfuß' aber lediglich ein Pflanzenname ist, war das rdal. Bild auch nicht verständlich und Bruder Hansens Wndg. konnte sich nicht weiter verbreiten. In Schlesw.-Holst. kennt man noch den Ausdr. ‚Hahnpoten-ansläg' für ‚seltsame Einfälle' und ‚hahnpötig' für ‚ungeschickt'.

Lit.: *R. Minzloff* (Hg.): Bruder Hansens Marienlieder (Hannover 1863), S. 117; *F. Kluge:* Seemannssprache (Halle 1911), S. 346 f.; *O. Mensing:* Schleswig-holsteinisches Wörterbuch, Bd. II (Neumünster 1929), Sp. 564 f.; *H. Marzell:* Art. ‚Hahnenfuß', in: HdA. III, Sp. 1338–1339; *St. A. Gallacher:* „Einem den Hahnenfuß unterbreiten", in: Modern Language Notes 55 (Baltimore 1940), S. 366–373.

Hahnrei. *Ein Hahnrei sein,* auch: *Hahnreifedern tragen:* ein betrogener Ehemann sein, Hörner tragen, ↗ Horn. Vgl. frz. ‚suivre la bannière de Vulcain' (veraltet). Der Ausdr. erschien schon 1279 im ‚Hapsalschen Stadtrecht': „... des wyffes echte mann hefft de gewalth, wath he den hanreyge don wyl" und ist verschieden gedeutet worden. Richter-Weise glaubt an einen Zusammenhang des Wortes mit ‚Reihen' oder ‚Reigen' und meint, daß ein Hahnrei den Reigen der Hähne mitmache, die als

,Hahnrei'

geile Vögel das Sinnbild unzüchtiger Menschen abgäben. Die von ihm angeführten lit. Belege stützen diese Theorie, z. B. nennt Herzog Heinrich Julius von Braunschweig in seiner Komödie ,Weiberlist einer Ehebrecherin' den genarrten Ehemann ,Gallichorea', und Pistorius er-

läutert in seinem ,Thesaurus paroem.' 5,396: „Hahnrey est vocabulum ratione originis mere germanicum, quod a voce Hahn et reye hoc est chorea, Tanz descendit". Auch eine Stelle in Seb. Brants ,Narrenschiff' ist in dieser Weise zu deuten: „wer lyden mag, daz man in goich oder man in die schouch im seich oder setzet hörner uf die oren, der hat ein reygen mit den doren". Dagegen hat Dunger („Germania' 29, 59 f.) auf den Brauch hingewiesen, jungen Hähnen, wenn sie zu Kapaunen gemacht wurden, die unten abgeschnittenen Sporen in den Kamm zu setzen. Sie wuchsen dort fest, bildeten eine Art von Hörnern und dienten zur Unterscheidung von Hähnen und Kapaunen in einer größeren Hühnerschar. Kluge schließt sich dieser Deutung an und kann sie durch die Etymologie des Wortes bestätigen: im 15. Jh. ist für das Mnd. ‚hanerei' und ‚hanreyge' bezeugt, das im 16. Jh. von Niedersachsen aus als ‚hanrey' und ‚hanreh' ins Frühnhd. gedrungen ist. Die Ausgangsbdtg. ist verschnittener Hahn, Kapaun.

In der Volksetymologie wird jedoch Hahnrei mit ‚Hahnreiter' verbunden, wie auch Bildbelege erweisen, z. B. ein Kupferstich von 1650 stellt einen gehörnten und mit Hahnenfedern versehenen Mann dar, der auf einem Hahn reitet. Er macht zudem noch die Gebärde der gehörnten Hand, obgleich diese eigentl. ihm selbst gelten sollte; ↗ ‚Hahn' ist schließlich auch ein Vulgärausdruck für Penis. Das Motiv des Reiters auf einem Hahn dient im Märchen (‚Hans mein Igel', KMH. 108) der Verkörperung zauberischer Kräfte.

Die Kriegsmünze der Grafen von Solms (1627) zeigte einen Reiter auf einem Hahn. Der Volksmund brachte dies in Verbindung mit der lat. Inschrift, die das Wort ‚vicarius' in abgekürzter Form als ‚vic' zeigt, und nannte die Geldstücke ‚Fickmünzen' oder ‚Hahnreitaler'. Eigentl. bezieht sich der Name in Anspielung auf das Wort „vicarius" in der Umschrift darauf, daß Solms seine Stellung als Kommandant von Wolfenbüttel dazu benutzte, das Tafelgeschirr des Herzogs Friedrich von Braunschweig-Wolfenbüttel in eben jene Taler umzumünzen. Gold und Silber können wohl schon eine „Liebste" sein oder ersetzen und der Braunschweiger Herzog mag Solms deswegen mehr gehaßt haben, als wenn dieser seiner Frau zu nahe getreten wäre.

Auf den Menschen übertr. bezeichnete der Ausdr. ‚Hahnrei' zuerst wohl auch den Ehebrecher, den Betrüger und erst später überwog anscheinend die Bdtg. als ‚Betrogener' und diente dann zur Schelte für den in sexueller Hinsicht untüchtigen Ehemann, der von seiner Frau wie ein Kastrat behandelt und deshalb verspottet und betrogen wird. Ähnl. heißt der Gatte einer untreuen Frau im Frz. ‚bélier' = Widder (verschnittener Schafbock) oder ‚cerf' = Gehörnter (eigentl. Hirsch).

Der zweite Wortteil von Hahnrei muß also Kastrat bedeuten und hat nichts mit Reigen zu tun. Dies läßt sich über das ostfries. ‚hänrüne' = Kapaun, betrogener Ehemann klären. So sagt man dort z. B. von einem Ehemann mit vielen Kindern, dessen Vaterschaft fraglich ist, er sei ‚'n Hahnrun mit niuggen Sjuken'. Im Ndl. bedeutet ‚ruin' das verschnittene Pferd. Daraus sind in den ndd. Mdaa. Formen mit ‚öi' und entrundete Wortteile wie ‚-rein' entstanden, die das verschnittene männl. Tier und den untüchtigen Ehemann bezeichnen.

Einen zum Hahnrei machen; vgl. frz. ‚faire quelqu'un cocu' oder ‚cocufier quelqu'un'; *einem Hahnreifedern aufsetzen:* ihn betrügen; Ehebruch verüben.

Auf die komische Situation des betrogenen Ehemannes nimmt spöttischen Bezug die holst. Rda. ‚do hört Hahndreihs Geduld to': dazu gehört große Geduld. Der ‚gute Mann', der von seiner Frau betrogen wird, dieses Faktum aber nicht abstellt oder ahndet, so daß der Betrug zum Dauerzustand wird, der aller Welt bekannt ist, war nicht nur Zweifeln an seiner Potenz, sondern auch dem Spott über intellektuelle Schwächen ausgesetzt. Schon Seb. Brant verspottete in seinem ‚Narrenschiff' die Torheit des ‚nachsichtigen' Gatten, und auch der niederländische Maler Georg Hoefnagel (16. Jh.) hielt den Typus des narrenhaft ‚geduldigen' Hahnreis in Bild und Vers fest (↗ Horn).

Im Sinne von ‚betrügen' wird der Ausdr. in der holst. rdal. Abweisung gebraucht: ‚Schît över de Tung un mak dinen Ars tôm Hândrei'. Synonyme sind u. a. ↗ Gauch, ↗ Kuckuck, ↗ Siemann, ↗ Pantoffelheld.

Lit.: H. Dunger: ‚Hörner aufsetzen' und ‚Hahnrei', in: Germania 29 (1884), S. 59 f.; *J. Bolte:* Der Hahnrei, in: Zs. f. Vkde. 19 (1909), S. 63, 82; *Richter-Weise:* Dt. Rdaa. (Leipzig 1910); *L. Röhrich:* Gebärdensprache und Sprachgebärde, S. 121–149; *M. Deltgen:* Der Hahnrei (Diss. Köln 1966); *E. Frenzel:* Motive der

Weltliteratur (Stuttgart 1976), S. 313–329; *E. Moser-Rath:* Lustige Gesellschaft (Stuttgart 1984), S. 123 ff.; *W. Wunderlich:* Art. ‚Hahnrei, Hahnreiter‘, in: EM. VI, Sp. 378–383.

Hai. Sich einer Sache bemächtigen *wie ein Hai,* d. h. erbarmungslos zupackend. Der rdal. Vergleich mit dem Hai taucht immer dann auf, wenn es sich um eine bes. gierige und alles verschlingende Art der Bereicherung handelt, wie es auch in den Begriffen ‚Börsenhai‘ und ‚Kredithai‘ angesprochen ist. Seine Gefräßigkeit ist schon früh lit. belegt. So heißt es z. B. bei Shakespeare (‚Macbeth‘, übers. v. Schlegel, IV, 1):

Wolfes Zahn und Kamm der Drachen
Hexenmumie, Gaum und Rachen
aus des Haifischs scharfem Schlund.

Auch Eichendorf befaßt sich in einem Gedicht mit diesem nimmersatten Tier:

Der Haifisch schnappt, die Möven schrein –
das ist ein lustig Fechten

(Eichendorf, Gedichte [1865], S. 15).
Die genannten Eigenschaften sind bis heute im Volksbewußtsein haften geblieben, nicht zuletzt auch durch das Lied des Meckie Messer in der ‚Dreigroschenoper‘ von Bert Brecht (Musik von Kurt Weill, 1928), dessen Refrain lautet:

Und der Haifisch, der hat Zähne.
Und die trägt er im Gesicht ...
↗ Fisch.

Lit.: *O. Keller:* Die antike Tierwelt, 2 (Leipzig 1913), S. 379–381. *W. Mieder:* ‚Die großen Fische fressen die kleinen‘. Gesch. u. Bdtg. eines Sprw.s über die menschl. Natur, in: Muttersprache 98 (1988), S. 1–37.

Haken. *Die Sache hat einen Haken:* die Sache hat eine versteckte (oder plötzlich auftauchende) Schwierigkeit; vgl. frz. ‚La chose a un hic‘. *Da steckt der Haken!:* darin liegt eben die Schwierigkeit. Das Bild der Rda. stammt vom Angelhaken: wie der Fisch wohl den Köder, aber nicht den Angelhaken sieht, so sieht der Mensch zunächst nur den Reiz des Vorteils bei einer Sache und nicht ihre schädlichen Folgen. Diese Erklärung wird durch eine Stelle aus Joh. Fischarts ‚Geschichtklitterung‘ von 1575 gestützt: „Derhalben muß ein ander häcklin haben, daran der fisch behang“. Die Rda. kommt schon mhd. vor, so im ‚Seifried Helbling‘ (1,1092) in der Form:

Ich achte daz sie biderbe sî
und doch nicht arger liste vrî:
da si vil lihte ein haekel bî.

Die Rda. findet sich gelegentlich auch in erweiterter Form: ‚Es hat noch einen Haken, wie bei jenem Bauernburschen‘. Diese Formulierung spielt auf eine weitverbreitete Anekdote an: Ein Bauernbursche kam zum Pfarrer, um das kirchliche Aufgebot zu bestellen. Die Sache, bemerkte er, hat aber noch ein Häklein. Und auf die Frage des Pfarrers, worin dies bestehe, erwiderte er: sie mag mich nicht. Aber, lieber Freund, sagte der Pfarrer, das ist kein Häklein, das ist ein Haken. *Haken an den Fingern haben:* krumme Finger haben, fremde Sachen mitnehmen, stehlen; vgl. frz. ‚avoir les doigts crochus‘. *Ein Häkchen auf jem. haben:* ihm etw. nachtragen, einen Pick auf ihn haben; bes. in ostmdt. Mdaa., eigentl. wohl: ihn an einem Haken noch festhalten; vgl. frz. ‚avoir une dent contre quelqu'un‘ (wörtl.: einen Zahn gegen jem. haben), ↗ Zahn. ‚Se mot en Häksken springen laten‘, sagte man in Hamburg zu einem Frauenzimmer, das, als noch das Einschnüren und Häkeln Mode war, nicht viel essen konnte. *Mit Haken und Ösen* sagt man, wenn eine Sache nicht unproblematisch ist, wenn Schwierigkeiten zu erwarten sind. Haken und Ösen stehen symbolisch für eine ältere Art der Bekleidung vor der Einführung von Knöpfen oder gar des Reißverschlusses. Dieses Prinzip wird z. B. in der Tracht der mennonitischen ‚Amish people‘ als konservativer Standpunkt vertreten und religiös begründet mit Versen wie:

Die mit Knöpfen und Holen (Knopflöcher)
wird der Teufel holen.
Die mit Haken und Ösen
wird der Herr erlösen.

Oder es heißt: ‚Unsere Altvordere hän kä Knöpp gekennt, un so brauchen mir sell weltlisch Deng ach net‘.

halblang. *Mach es halblang!:* übertreibe nicht. Die Rda. geht wohl auf die iron. Anspielung hinsichtlich einer übertriebenen Längenangabe zurück und ist gegen Ende des 19. Jh. von Berlin ausgegangen.

Sie wird auch gebraucht, um einen langatmigen Redeschwall abzubrechen, vor allem wenn wenig Interesse besteht, die ganze (unsinnige) Geschichte zu hören.

halbmast. Die auf die halbe Höhe des Fahnenmastes gesetzte Trauerbeflaggung ist bildl. auf die verschiedensten Dinge übertr. worden, z. B.: *seine Gesichtszüge auf halbmast setzen:* traurig blicken; *die Hosen auf halbmast tragen:* die Hose zu hoch ziehen; *die Krawatte auf halbmast tragen:* den (gelockerten und daher verrutschten) Krawattenknoten unterhalb des Kragenverschlusses tragen. Diese Rdaa. gehören erst der Gegenwartssprache an.

Halbmond. *Im Zeichen des Halbmonds:* im Zeichen des Islam. Die Bez. Halbmond war urspr. eine rein astronomische Benennung für den halben Mond – im Gegensatz zum Vollmond. Später wurde sie übertr. auf Dinge, die die Form eines Halbmondes hatten. So wurden z. B. Truppen ‚im Halbmond‘ aufgestellt – eine Praxis, die bes. bei den Türken gang und gäbe war, wie auch aus einem lit. Zeugnis von J. J. Grimmelshausen hervorgeht: „umgabe uns ein groszer haufen wölfe, welche uns anfänglich von hindernwärts halbmondweis umbschlossen hielten, gleich als wie die Türken ihre schlachtordnunngen zu machen pflegen" (‚Simplizissimus‘ 4, 28). Da mit dem militärischen Vordringen der Türken zugleich auch das Vordringen des fremden Glaubens, des Islam, verbunden war, wurde der Halbmond zum Zeichen des Islam schlechthin.

Er hat Symbol- und Nationalflaggencharakter von Mauretanien bis nach Malaysia. In den Ländern des Vorderen Orients heißt die dem ‚Roten Kreuz‘ entspr. Sanitätsorganisation ‚Roter Halbmond‘.

Halbzeit. *Nun mach aber Halbzeit!:* rede nicht weiter! Der Ausdr. ist vom Fußballsport hergenommen.

Haldensleben. *Der gehört nach Haldensleben:* der ist verrückt, spinnt – nach der Irrenanstalt in Haldensleben bei Magdeburg. Ähnl. Rdaa. gibt es in anderen Gegenden, wobei der Name Haldensleben ersetzt wird durch den Ortsnamen der dort gelegenen Landesnervenheilanstalt (umg. Irrenanstalt), z. B. Bedburg-Hau am Niederrhein, Aplerbeck in Westfalen, Emmendingen im Breisgau (Baden), Göppingen (Württemberg), Arnsdorf (Sachsen).

Da im Bahnhof Arnsdorf bis vor wenigen Jahren zwischen den Gleisen der dort zusammentreffenden Bahnstrecken eine Drehscheibe installiert war, wurde die Rda. gern erweitert zu *Der gehört nach Arnsdorf auf die Drehscheibe:* er ist ‚verdreht‘, ist irre.

Hälfte. *Meine bessere Hälfte:* scherzhafte Bez. für die Ehefrau. So wird sie oft vom eigenen Ehemann vorgestellt oder in Gesprächen bez. Die Wndg. geht zurück auf das Bibelwort (1. Mos. 2, 23 f.; 1. Kor. 6, 16 u. a.), daß Mann und Weib zu einem Fleisch werden, jeder für sich also nur die Hälfte darstellt. Das kommt auch in zahlreichen lit. Zeugnissen z. Ausdr. So heißt es z. B. bei H. A. Abschatz (‚Vermischte Gedichte‘ [1704], S. 104):

was folget, giebt sich selbst, wenn wir zu
Witwern werden,
und unser halbes Theil verscharren in
die Erden.

Da es für den Mann jedoch ungleich schwerer ist, im Alltag ohne seine andere Hälfte, d. h. ohne seine Frau auszukommen, wurde die Frau im Volksmund schon in früher Zeit als die ‚bessere‘ Hälfte bez., wie u. a. auch hervorgeht aus einem bei Büchmann vermerkten engl. Zitat aus dem Roman ‚The Countess of Pembroke’s Arcadia‘ (London 1590) von Sir Philip Sidney (1554–86), in dem es in Buch 3 heißt: „My better half." In anderen engl. Quellen ist von der ‚teureren Hälfte‘ die Rede. So sagt in Miltons’s ‚Paradise Lost‘ (1667) 5, 95 Adam zu Eva: „Best image of myself and dearer half".

Goethe pflegte die Braut oder die Ehefrau als (schönere) Hälfte zu bezeichnen: „seine reine Seele fühlte, daß sie die Hälfte, mehr als die Hälfte seiner selbst sei" (Werke, Ausg. letzter Hand, 18, 44).

Lit.: *K. E. Müller:* Die bessere u. die schlechtere Hälfte (Frankfurt/M. – New York 1984).

Häling(en) (mdh. haelinc, ahd. hâlingun = heimlich). Schwäb. ,einem etw. hälinge(n) sagen‘: leise, ,etw. hälinge(n) tun‘: heimlich; ,er ist ein hälinge(n) Gscheiter‘: ein verborgenes Genie, das aber nicht viel aus sich macht. ,Das fällt mir nicht hälinge(n) ein‘: nicht im Traum. ,Hälinge guet‘: unheimlich gut, bes. vom Essen gesagt. ,Hälinge darf ma Wide schneide‘: Laß dich nicht erwischen! Das Subst. ,Häling‘ meint das Geheimnis, die Geheimnistuerei; *vor mir braucht ihr ja kein Häling haben:* keine Geheimnisse. (Schw.Wb. III, 1065 f.)

Halleluja. *Jem. das Halleluja singen:* ihm eine Lektion erteilen. Die Rda. ist entstanden in Anlehnung an das Halleluja-Läuten in der Kirche zum Lobe des Herrn. Es handelt sich um eine iron. Umkehrung. Ähnl. auch das sarkastische ,Halleluja‘ auf eine bes. pathetische Rede.

Lit.: *A. Beets:* „'t Alleluia is geleid", in: Tijdschrift voor Nederlandse Taal- en Letterkunde (TNTL) 16 (1897), S. 290–293; *J. Verdam:* „'t Alleluia is geleid", in: TNTL 20 (1901), S. 22–25; *M. L. de Vreese:* „'t Alleluia is geleid", in: TNTL 22 (1903), S. 79–80.

Halm, Hälmlein. Halm in der urspr. Bdtg. als Stengel von Gräsern oder Getreide findet sich in folgenden Rdaa. *nach einem (Stroh)halm greifen, sich an einen Strohhalm klammern:* wer in Schwierigkeiten geraten ist, versucht alles, auch wenn es noch so aussichtslos ist, um sich aus seiner Lage zu befreien, ebenso wie der Ertrinkende versucht, sich durch das Greifen eines Strohhalms zu retten. Die Rda. ist auch engl. bekannt ,to grab at a straw‘ sowie schwed. ,gripa efter ett räddande halmstrå‘. Der Ausdr. ,Mann ohne Ar und Halm‘ wird dem Reichskanzler von Caprivi zugeschrieben; bei ,Ar‘ wird hier jedoch nicht an das Flächenmaß gedacht worden sein, das damals (1893) in Dtl. noch ungebräuchlich war, sondern an das ndd. ,Ahr‘ = Ähre; vgl. die ndd. Rda., die ein unfruchtbares Gebiet kennzeichnet ,doa waßt nich Ahr, nich Halm‘.
Früher weit verbreitet war die Rda. *einem das Hälmlein vorziehen* oder *einem das Hälmlein (süß) durch den Mund (das Maul) streichen (ziehen):* jem. schmeicheln, ihm schöntun und ihn dabei betrügen, jem. um seine gemachten Hoffnun-

gen betrügen. Diese Rda. kann nicht erst, wie meist angenommen wird, aus dem 16. Jh. stammen, denn schon in den mhd. Minnereden (Die Heidelberger Hss. 344, 358, 376 und 393, hg. v. Kurt Mathaei, Berlin 1913) steht:

Beide nu und zu aller stunt
Zühet sie uns den halm
         durch den munt.

Spätere Belege finden sich in der ,Zimmerischen Chronik‘ (3, 578): „Die kunten dem gueten herren das helmlin durch das Maul streichen"; bei Hans Sachs (5, 1579, 388): „bawer, du hast mich betrogen, das helmlein durch das maul gezogen" und bei Grimmelshausen (,Simplicissimus‘ 1, 1, 2 S. 8): „... will er damit das hälmlein durchs maul (wie man im sprichwort redet) ziehen, und ihnen solcher gestalt einen lust machen, was für eine gesegnete und edle nahrung sie haben". Die Erklärung der Rda. ist umstritten. Es scheint ein Scherz mit einem mit Honig bestrichenen Halm zugrunde zu liegen, was gestützt wird durch einen Beleg aus der ,Margarita facetiarum‘ von 1508: „Calamus factus est, quem trahere tibi nituntur per os, si dumtaxat mel haberent, quo liniretur" (ein Rohrhalm ist gemacht worden, den sie dir durch den Mund zu ziehen sich bemühen, wenn sie nur Honig hätten, um damit zu bestreichen). Auf einem Holzschnitt zu Kap. 33 von Seb. Brants ,Narrenschiff‘ sieht ein Narr durch die Finger, während ihm die Frau das Hälmlein durch den Mund zieht (Abb. bei ↗ Finger). Andere Deutungen beziehen sich auf ein Kinderspiel, bei dem dem Neuling ein Hälmchen durch den Mund gezogen wird, wobei ihm die Rispen in den Zähnen hängenbleiben; am weitesten entfernt scheint die Erklärung Wanders zu liegen, der die Rda. von den Hühnern herleiten will, denen bei Erkrankung eine Feder zur Heilung durch den Schnabel gezogen werde. Aber vielleicht gibt es eine viel einfachere und näher liegende Erklärung: ,Hälmlein durchs Mäulchen ziehen‘ ist ein immer wieder beliebtes Spiel unter Verliebten auf einer Frühlingswiese. Das mit den Lippen zu berühren, was auch die Liebste koste, schmeckt ,süß wie Honig‘. Die Rda. ist heute noch z. B. in der erzgebirg. Mda. zu finden sowie auch schweiz.

‚eim 's Hälmli durch's Mul ziehn' und schwäb. ‚der weiß, wie ma de Leut 's Hälmle durchs Maul streicht'. Das Frz. kennt eine ähnl. Rda.: ‚passer à quelqu'un la plume par le bec' (veraltet oder nur örtlich gebräuchlich): einem die Feder durch den Schnabel ziehn; übertr.: ihn um die gemachten Hoffnungen betrügen.

In der Schweiz gibt es ein sog. ‚Hälmliziehe'. Es handelt sich dabei um ein Ausscheidungsspiel, bei dem die Länge des Halms den Ausschlag gibt.

Der Halm als Mittel bei einem Losentscheid ist vor allem in der elliptischen Wndg. ‚den ↗ kürzeren ziehen' noch zu finden; das auf ein altes *den kürzeren Halm ziehen* zurückgeht; vgl. frz. ‚tirer à la courte paille'. Die vollständigere Form begegnet uns noch rhein. ‚et gröttste Hälmke trecken', das größte Glück haben, schwäb. ‚'s best Hälmle', der beste Teil bei der Heirat, also schon in sehr spezieller Bdtg. und fast völlig von der urspr. Loshandlung abgehoben.

In anderen Rdaa. bedeutet Halm etw. Geringfügiges, Kleines, um Größenunterschiede bes. deutlich zu machen (↗ Haar), so bei Klopstock: „um keinen Halm", um nichts; *über ein Hälmlein fallen:* sich an einer Kleinigkeit stoßen; schweiz. ‚es ist mer kei Halm drum', ich gebe nichts dafür, vgl. frz. ‚je n'en donnerais pas une paille'; häufiger ist das Bild *Bäume wie (Stroh-)Halme umknicken*.

Früher gebräuchl. war die Rda. *sich leiden* (d.h. Geduld haben) *wie der Halm auf dem Dache:* wie das Stroh auf dem Dach, das alle Unbilden des Wetters ertragen muß, die des Lebens ertragen; so bei Seb. Franck, ‚Sprichw.' (1541) 2,76: „disz allein seindt arm leut, die leiden sich etwa … wie der halm auf dem tach". Ebenfalls ungebräuchl. geworden ist rhein. ‚einen op de Hälm legen', einen Toten aufs Stroh legen.

Die Hälmlein aus dem Stroh lesen ist eine verbreitete Rda. für eine unnütze Arbeit, aber auch für eine Arbeit, die niemanden etw. angeht; z.B. rhein. ‚Hälm ut dem Strüh söken'; vgl. auch ‚Hafer aus Pferdeäpfeln lesen'.

Im MA. spielte der Halm als Rechtssymbol eine große Rolle. Seine Nennung in Verbindung mit einem anderen Rechtszeichen versinnbildlichte z.B. einen Erbverzicht (mit Holz und Halm) oder diente zur Bekräftigung eines mündlich geschlossenen Vertrages (z.B. in der Urkundenformel: ‚mit hand, halm und mund'), ↗ Hand.

Lit.: *K. Heckscher:* Art. ‚Halm', in: HdA. III, Sp. 1357–1362; *R. Schmidt-Wiegand:* Art. ‚Halm', in: HRG. I, Sp. 1911–1913; Strafjustiz in alter Zeit (Rothenburg o.d.T. 1980), S. 314.

Hals wird in vielen bildl. Rdaa. gebraucht, die zumeist ohne weiteres verständlich sind, z.B. *einen langen Hals machen; den Hals recken:* spähend ausblicken; *sich einem Manne an den Hals werfen:* sich ihm aufdrängen (von einem Mädchen gesagt); *um den Hals fallen* (aus zärtlicher Liebe); vgl. frz. ‚se jeter au cou de quelqu'un'; rhein. sagt man von einer Person, die die Liebenswürdigkeit übertreibt: ‚Sie fellt em met den Benen om den Hals'.

Jem. mit etw. vom Halse bleiben: ihn mit einer unangenehmen Sache verschonen; *jem. einen auf den Hals schicken:* ihm einen lästigen Besucher zuschicken; vgl. frz. ‚envoyer quelqu'un sur le dos de quelqu'un' (wörtl.: jem. einen auf den Rücken schicken); oder der drastische rdal. Vergleich *aus dem Hals riechen (stinken) wie die Kuh aus dem Arsch:* üblen Mundgeruch ausströmen.

Es geht über Hals und Kopf, meist abgekürzt *Hals über Kopf:* in toller Hast. Dem Bild dieser Rda. liegt die Stellung des Halses gegenüber dem Kopf zugrunde; sie meint eigentl. den Hals vor den Kopf setzen und sich so überschlagen. Grimmelshausen schreibt im ‚Simplicissimus' (II, 273): „daß ich nicht unbehend auf den darbey stehenden Tritt sprang, aber in einem Hui über Hals und Kopf herunter purtzelte"; in anderer Form 1696 bei Chr. Reuter im ‚Schelmuffsky' (S. 27): „Wie sprung mein Herr Bruder Graf nakkend aus dem Bette heraus und zog sich über Halß über Kopff an". Vielleicht liegt der heutigen Form der Rda. aber auch eine frühere derbere Form zugrunde, wie folgende Wndgn. vermuten lassen: ‚über ars und kopf bürzlen' (bei Joh. Fischart), westf. ‚Ärs öewer Kopf', schweiz. ‚Häupt über Arsch', meckl. ‚Oever Kupp un

Nars'. Vielleicht ist das anstößige Wort, das sich in allen mdal. Formen der Rda. noch findet, erst hochsprachl. durch Hals ersetzt worden; vgl. engl. ‚heels over head'; ↗ Arsch. In vielen Wndgn. ist der Hals als der Träger einer Last, eines Joches zu verstehen: *etw. (jem.) auf dem Halse haben:* mit etw. Unangenehmem (mit jem.) beladen sein; vgl. frz. ‚avoir quelqu'un sur le dos' (auf dem Rücken); ‚sich etw. auf den Hals laden', ähnl. *einem auf dem Hals liegen.* Die Rda. tritt z. B. bei Luther auf, auch bei Oldecop (S. 44): „De forcht (Furcht) hadde de Türken lange up dem Halse gelegen". Dieser Zustand, daß man etw. auf dem Hals hat, kann verschiedenen Ursachen entspringen. Man kann z. B. *sich selbst etw. auf den Hals ziehen;* ndl. ‚hij heeft het sich zelven op den Hals gehaald', er hat sein Unglück selbst verschuldet. Schuppius (‚Lehrreiche Schriften' [1684], S. 165): „Indem er sich vielleicht mit Huren geschleppt und dadurch diese Krankheit an Hals gezogen hab". Oder *sich etw. an den Hals saufen;* Schoch (‚Comedia vom Stud.leben' [Leipzig 1657]): „daher er ihm eine Krankheit an den Hals gesoffen". Oder *sich etw. an den Hals ärgern;* Lessing (1,355): „Ich fürchte, daß ich mir noch die Schwindsucht über dein Plaudern an den Hals ärgern werde". Das ist ein *Halsstreich des Teufels* sagt man von einem unerklärlichen Übel. Luther (III,460): „Das ist nicht eine natürliche Krankheit, sondern ein Halsstreich des Satans". Auch: *Es kommt einem über den Hals:* es überrascht einen unangenehm, es ist unwillkommen. Die Wndg. ‚einem über den Hals kommen' gebraucht bereits Luther in seiner Bibelübers., sie ist auch mdal. bezeugt, z. B. schles. ‚es kommt über den Hals wie ein groß Wasser'. Die entschiedene Ablehnung: *Bleib mir vom Halse!* ist ebenfalls bei Luther und später vielfach belegt, z. B. bei Kotzebue (Werke 9,170–1790): „bleib mir mit den vornehmen Verwandtschaften vom Halse". Die Rda. *sich etw. vom Halse schaffen* ist auch lit. z. B. von Schiller (‚Kabale und Liebe' I,5) verwendet worden: „daß er sich seinen Nebenbuhler gerne vom Halse geschafft hätte, glaube ich ihm herzlich gerne".

Der Hals ist einer der für Leben und Gesundheit wesentlichsten Körperteile. *Hals- und Beinbruch!* wünscht man jem. iron., wenn man abergläubisch ein solches Mißgeschick abwenden will (analog wünscht man auf Segelschiffen: ‚Mastund Schotbruch!', ↗ Mast). Der unverhüllt ausgesprochene Glückwunsch dagegen würde Unglück bringen. ‚Hals- und Beinbruch!' ist vor allem ein freundlich gemeinter Gruß aller Künstler von Bühne und Podium. ‚Hals und Bein' steht oft formelhaft zusammen. Trotz des Volksglaubens, wonach man das Gute nur herbeischwören kann, indem man scheinbar das Böse herbeiwünscht, kommt die Zwillingsformel aus dem Hebr. und heißt urspr. ‚hazlóche un bróche' (hazlachá = Glück, b'racha = Segen). Sie wird auch heute noch von den Juden in dieser Form hebr. sowohl wie jidd. oft verwendet (S. Landmann, S. 87).

Hals und Hand ist eine alte Rechtsformel bei Verurteilungen. Auf die Todesstrafe des Hängens und Köpfens – beide werden am Hals des Menschen vollzogen – beziehen sich die Rdaa. *Das bricht ihm den Hals, es geht ihm an den Hals, es kostet ihn den Hals:* das richtet ihn zugrunde, das bringt ihn zu Fall, damit ist er einer Schuld sicher überführt. Die Wndg. ist schon mhd. bezeugt: „daz ez im an den hals gât, swer ein kint ze tôde slât" (vgl. Abb. S. 634). Ähnl. *sich um den Hals reden:* durch Reden eine strafbare Handlung begehen, beim Versuch, sich zu verteidigen, tatsächlich eine Anklage bestätigen oder ein bisher nicht bekannt gewordenes Vergehen offenbaren; *den Hals aus der Schlinge ziehen:* sich aus einer Affäre herausreden; *das wird (ihn) den Hals nicht kosten:* es ist nicht sonderlich schlimm. Bildl. übertr. kann man auch *dem Radio den Hals abdrehen:* das Rundfunkgerät ausschalten, oder *einer Flasche den Hals brechen:* sie entkorken, öffnen. Von einem stark Verschuldeten sagt man wie von einem beinahe Ertrinkenden *die Schulden gehen ihm bis an den Hals* (↗ Hutschnur); vgl. frz. ‚Il est dans les dettes jusqu'au cou'.

Der Hals als oberster Teil der Ernährungsorgane ist gemeint in den Wndgn.: *Er kann den Hals nicht voll genug kriegen:* nicht genug bekommen können (nicht nur

‚An den Hals gehen'

an Speise, sondern auch an Lohn, Vergnügungen usw.), geldgierig sein; *etw. bis zum Halse haben:* einer Sache gründlich überdrüssig sein; *das steht mir bis hierher* (wobei man die Halshöhe mit der Hand andeutet): ich bin einer Sache überdrüssig; *etw. in den falschen (verkehrten) Hals (bekommen) kriegen:* etw. gründlich mißverstehen; die Rda. bezieht sich auf die Luftröhre, die heftig reagiert, wenn Speiseteile versehentlich hineinkommen; vgl. frz. ‚Il a avalé de travers', nur i. S. v.: Er hat sich verschluckt; *etw. hängt (wächst, kommt, steht) einem zum Halse heraus:* einer Sache gründlich überdrüssig sein; vgl. frz. „J'en ai plein le dos‘ (wörtl.: Ich habe den Rücken voll).

Es kommt tatsächlich vor, daß Tieren, die sich überfressen, das letzte Stück zum Halse heraushängt; wenn das Federwild das zuviel Gefressene wieder ausspeit, nennt das der Jäger ‚das Geäs aushalsen'. Schwäb. ‚den Hals strecken müssen', zum Brechen gereizt werden; schweiz. ‚en lange Hals übercho', lange warten müssen, ‚eim en lange Hals mache', ihn lange warten lassen; vergleiche frz. ‚allonger le cou'.

Jem. in den Hals gucken: ihn zur Rede stellen. Im Osnabrücker Raum: ‚Dem werde ich mal gehörig in den Hals gucken!' So

angedroht, wenn einer sich an Abmachungen (Vereinbarungen) nicht hält.

Der Hals als Sprachorgan ist gemeint in Rdaa. wie *einem den Hals stopfen:* ihn zum Schweigen bringen; *das Wort blieb ihm im Halse stecken; in seinen Hals lügen:* sich selbst mit einer Lüge betrügen, zum Beispiel 1536 in Paul Rebhuns Drama ‚Susanna':

Gots vrteyl sol dich recht erhaschen,
dann du in deinen hals thust liegen,
damit du dich wirst selbst betriegen.

Doch gilt die Wndg. auch nur als Verstärkung des Begriffes ‚lügen'; so in Lessings Sinngedicht ‚Velt und Polt': „Das leugst du, Polt, in deinen Hals".

Meckl. ‚He ritt den Hals allerwärts äwer apen', er meckert über alles.

Kleine Sprachhemmungen oder -fehler haben in den Mdaa. viele verschiedene bildl. Rdaa. bewirkt, z. B. rhein. ‚e Krott im Hals haben', eine rauhe Stimme, einen belegten Hals haben, oder einfach *es im Hals haben:* Halsweh haben; ‚ä Rädche im Hals haben', das „R" schnarrend aussprechen, köl. ‚en Ädäppel im Halse haben'. *Eine Halsuhr bei sich tragen:* einen Kropf haben.

Ein Ausdr. aus der Jägersprache, mit *Hals und Horn jagen,* bedeutet: mit Rufen und Blasen jagen. Laber (Jagd 446):

vom hals und mit dem horne
jag ich so mangen stunden
in Sun und auch mit zorne.

Schles. ‚'n helle hals haben', eine laute
Stimme haben; hd. ‚lauthals' schreien.
Schles. ‚den Hals opslagen', sehr weinen.
Von einem Großmaul sagt man schles.
‚Hei het de Hals jümmer apen'.
Schwäb. sagt man von jem., der ständig
zum Fenster hinausschaut ‚Er hat's Fen-
ster am Hals' oder alem. ‚'s Hus an Hals
henke!' Euphemist. meckl. ‚n'hämpen
Halsband umkriegen', gehängt werden.
So bei Abraham a Sancta Clara (‚Judas'
II, 4): „Mit des Seilers Hals-Tuch be-
schenkt werden".

*Dann steh ich da mit dem gewaschenen
Hals:* dann ist alles umsonst, dann bin ich
der Blamierte, der Bloßgestellte, der
Dumme. Die Rda. ist der Schlußsatz eines
jüd. Witzes, in dem die Mutter den kleinen
Moritz auffordert, sich den Hals zu waschen, weil die Tante zu Besuch komme.
Der Sohn antwortet darauf: „Und wenn
die Tante nicht kimmt, steh ich da mit dem
gewaschenen Hals!"

Welche an den Hals kriegen: Schläge bekommen. ‚Aus vollem Halse schreien',
lautstarke Töne von sich geben.

Auch in mdal. Wndg. spielt der Hals eine
große Rolle. So wird z. B. auf die Wichtigkeit des Halses aufmerksam gemacht in
einem scherzhaften Wortspiel, das die Beziehungen zwischen ↗ Kopf (Haupt) und
Hals in recht überzeugende Weise regelt:
„‚Ja, der Ma ist's Haupt, aber i bi der
Hals; i ka'n drehe, wie i will", sagt das
Weib'.

Lit.: *H. Schrader:* ‚Hals über Kopf' oder: ‚Über Hals
und Kopf?, in: Zs. f. dt. Sprache 6 (1892/93),
S. 256–257; *A. Bauer:* ‚Hals über Kopf' oder: ‚Über
Hals und Kopf?', in: Zs. f. dt. Sprache 7 (1893/94),
S. 101–104; in: Zs. f. dt. *Schrader:* ‚Hals über Kopf', in: Zs. f. dt.
Sprache 7 (1893/94), S. 194–195; *H. Bächtold-Stäubli:*
Art. ‚Hals', in: HdA III, Sp. 1362–1366; *J. Schwarz:*
‚Hals- und Beinbruch', in: Sprachpflege 18 (1969),
S. 43.

halten. *Das kannst du halten wie der (jener)
auf dem Dach,* d. h. nach Belieben. Es handelt sich eigentl. um eine ärgerliche Antwort auf eine überflüssige Frage. Oft wird
sie ergänzt: ‚oder wie der Pfarrer Nolte,
und der macht' es, wie er wollte'.

Jem. hat sich gut gehalten: er ist jung ge-

blieben und zeigt noch keine (auflösen-
den) Alterserscheinungen. ↗ Aßmann.

Hammel. *Um wieder auf besagten Hammel zu kommen;* um nach einer Abschwei-
fung wieder auf den eigentl. Gegenstand
der Unterhaltung zurückzukommen. Die
Rda. ist eine Übers. von frz. ‚Revenons à
nos moutons!' und geht über die altfrz.
Farce ‚Maître Pathelin' eines unbekannten Verfassers (15. Jh.) auf den röm. Dichter Martial (1. Jh. n. Chr.) zurück (‚Epigramme' VI, 19): In einem Prozeß wegen
veruntreuter Hammel (bei Martial sind es
Ziegen) sucht der Richter den abschwei-
fenden Kläger mit dem genannten Zuruf
zur Sache zu bringen. Fischart übersetzt
1575 in seiner ‚Geschichtklitterung' (Ndr.
S. 37) das Rabelaissche „Retournons à
nos moutons!" durch: „Aber laßt vns wieder auf vnsere Hämmel kommen!" Wir
wenden die Rda. heute in der Form an, die
ihr Kotzebue 1803 in den ‚Deutschen
Kleinstädtern' (III, 7) gegeben hat: „Wiederum auf besagten Hammel zu kommen". Heinrich Heine: „doch, um wieder
auf besagten Hammel zurückzukommen,
im Collegium des Herrn geheimen Rates
Schmalz hörte ich das Völkerrecht". Oder
bei Castelli (im ‚Musicalischen Anzeiger',
[Wien 1831]): „besagten Hammel anlan-
gend, hat uns die Solostimme recht
freundlich angelächelt". Auch im Engl.
findet sich das Wort. Es heißt in ‚German
Home Life' (London 1876, 17): „But to re-
turn to our sheep". Eigentl. volkstümlich
ist die Rda. nicht geworden.

Einen bei den Hammelbeinen (berl. ‚Ham-
melbeene') *nehmen (kriegen):* ihn dran-
kriegen, ihn ergreifen, zur Verantwortung
ziehen; *einem die Hammelbeine langzie-
hen:* ihn scharf herannehmen, schinden.
Beide Rdaa. sind erst in jüngerer Zeit aus
der Soldatensprache in die allg. Umgangssprache übergegangen. Das zugrunde liegende Bild ist vom Metzger genommen,
der dem geschlachteten Hammel die
Beine langzieht, um sie zu enthäuten. Andere wiederum leiten die Rda. vom Bild
des Schäfers her, der an seiner Schippe
eine hakenartige Vorrichtung hat, mit der
er Schafe am Hinterbein aus der Herde
zieht, wenn sie beim Eintreiben z. B. in
einen anderen Stall wollen.

HAMMEL

In den Mdaa. gibt es eine große Zahl von Vergleichen, Schimpfworten und Rdaa. mit Hammel. Die meisten von ihnen sind jedoch nicht über die engen Grenzen eines Dialektes oder sogar nur eines Dorfes, einer Stadt hinaus gebräuchl. geworden und geblieben. Mit dem Hammel verbindet man vor allem folgende Eigenschaften: Unreinlichkeit, Gutmütigkeit, Geistesschwäche und Einfältigkeit. An rdal. Vergleichen findet sich *dumm wie ein Hammel, geduldig wie ein Hammel* (↗ Lamm); in der frz. Rda. ‚doux comme un agneau' wird der Hammel als die Verkörperung der Sanftmut gebraucht. Der ‚Streithammel' (↗ Streit, streiten') scheint allerdings das Gegenteil zu beweisen. Daher wohl auch: *grob wie ein Hammel.*

Im ndd. Raum mit seinen großen Schafzuchtgebieten wird der Hammel in vielen Vergleichen, Sprww. und Rdaa. genannt. So sagt man von einem Verrückten ‚Der hätt sick mit'n narrschen Hammel stött', er ist mit einem tollgewordenen Hammel zusammengestoßen. Auf O-Beine spielt die Rda. an ‚Dei geht keinen Hamel ut'n Wäg, dei löppt der mank dörch'. Von einem, der ohne sein Dazutun zu einer Weisheit gekommen ist, sagt man ‚Hei kümmt der achter as Thoms hinner (achter) dei Hammel' (er kommt dahinter wie Thoms hinter die Herde). Thoms, der Schäfer, pflegte, weil er ein schlechter Schäfer war, stets vor seiner Herde zu gehen, bis diese eines Tages über ihn hinwegging. So kam er ‚achter dei Hamel'. Von einem, der sein Schäfchen ins Trokkene zu führen weiß, sagt man ‚He wet sinen Hamel to leiden wo Gras wasst', er nimmt seine Vorteile wahr. ‚Dei nimmt fif Poten up'n Hamel' sagt man von einem, der unverschämte Forderungen stellt; ‚he is ook ein von dei Oort, dei'n Hamel mit fif Bein söcht' von einem, der gierig ist. Diese Rda. findet sich in den rom. Sprachen wieder; hier wird sie auf einen übergenauen Menschen bezogen, einen der Schwierigkeiten sucht, wo keine sind. ‚Chercher cinq pattes à un mouton' oder ‚chercher un mouton à cinq pattes' heißt die frz., ‚cercare cinque piedi al montone' ital.

Els. ‚loß de Hamel brunse!', laß die Dinge nur ungehindert ihren Weg gehen, es wird schon von selbst zu einem guten Ende kommen. Das Rhein. kennt die Rda. ‚Der sieht vor Woll de Hammel nit!' Sie wird angewendet auf einen, der vor lauter Drumherum das Wesentliche nicht sieht, und steht parallel zu der Rda. ‚vor Bäumen den Wald nicht sehen'.

‚Leithammel sein': eine blind gehorchende ‚Hammelherde' anführen. Auf die Eigenschaft der Schafe ‚ihrem Hammel blind nachzufolgen, bezieht sich die frz. Rda. ‚comme les moutons de Panurge!' Der Schafhändler Didenault hatte Panurge beleidigt. Panurge kaufte ihm daraufhin den schönsten Hammel ab und warf ihn ins Meer. Die ganze Herde folgte nun dem Leithammel nach und ertrank. Der Schafhändler und seine Gehilfen, die die Herde aufhalten wollten, kamen gleichfalls im Meer um. Dazu paßt die pfälz. Rda. ‚Der laaft mit wie e Hammel', der hat keinen eigenen Willen, der läuft überallhin mit. Auf die Sanftmut und Wehrlosigkeit der Hammel bezieht sich die frz. Rda. ‚se laisser égorger comme un mouton'. Sie geht auf die erste Protestantenverfolgung in Frankreich zurück, als sich die Hugenotten regelrecht abschlachten ließen.

Die Abstimmung durch *Hammelsprung* ist ein parlamentarischer Abstimmungsvorgang, bei dem die Abgeordneten den Saal verlassen und durch die Ja- bzw. Nein-Türe oder durch die dritte Türe, die der Stimmenthaltung, wieder eintreten. Der Ausdr. ist nicht vom Leithammelprinzip abgeleitet, sondern von der Beobachtung, daß beim Überspringen eines Grabens, einer Hecke usw. ein Schaf nach dem anderen springt; das Nacheinander wird betont. (‚Springt ein Hammel über'n Bach, springen alle andern nach.') Er wird dann durchgeführt, wenn beim Präsidium Zweifel über die Mehrheit der Ja- oder Neinstimmen herrschen. Der Ausdr. wurde im alten dt. Reichstag geprägt, weil dort als Sinnbild der Stimmenzählung ein Schäfer über der Tür abgebildet war, der die Schafe zählte, in dem er sie durch seine Beine laufen ließ.

Lit.: *L. Herold:* Art. ‚Hammel (Schöps)', in: HdA. III, Sp. 1367–1370; *Th. Hornberger:* Der Schäfer, in: Schwäb. Vkde., N. F. Bd. 11/12 (Stuttgart 1955); *W. Jacobeit:* Schafhaltung u. Schäfer in Zentraleuropa bis zum Beginn des 20. Jh. (Berlin 1961); *V. B. Dröscher:* Mich laust der Affe (Düsseldorf 1981), S. 45 f.; *J. van der Kooi:* Art. ‚Hammel Gottes‘, in: EM. VI, Sp. 425–427.

Hammer. *Zwischen Hammer und Amboß:* in sehr bedrängter Lage; die Rda. hat eine griech. Entsprechung schon bei Origenes (ca. 200 n. Chr.) ‚μεταξὺ τοῦ ἄκμονος καὶ τῆς σφύρας‘; in lat. Form wird sie von Erasmus von Rotterdam gebraucht (‚inter malleum et incudem‘). Goethe gebraucht das Bild dichterisch in seinem 14. venezianischen Epigramm:

Diesem Amboß vergleich ich das Land,
den Hammer dem Herrscher,
Und dem Volke das Blech,
das in der Mitte sich krümmt.
Wehe dem armen Blech!
wenn nur willkürliche Schläge
Ungewiß treffen und nie fertig
der Kessel erscheint.

Auch mdal. ist die Rda. geläufig, wie so viele, die vom Handwerk hergeleitet sind, z. B. ndd. ‚he sitt twischen (mank) Hammer un Knieptang‘, rhein. ‚de sätt ärg onger den Hammer‘; vgl. auch frz. ‚être (placé) entre le marteau et l'enclume; ital. ‚essere tra l'ancudine e il martello‘; ndl. ‚tussen den hamer en het aanbeeld‘; dän. ‚han staaer mellem hammer og ambolten‘. Vgl. ‚zwischen ↗Tür und Angel stehen‘.
Hammer oder Amboß sein: entweder der Schläger oder der Geschlagene, der Bedrückte oder der Bedrücker, der Herr oder der Diener sein. Im zweiten ‚Kophtischen Liede‘ Goethes heißt es:

Du mußt steigen oder sinken,
Du mußt herrschen und gewinnen
Oder dienen und verlieren.
Leiden oder triumphieren,
Amboß oder Hammer sein.

So auch in den Mdaa., z. B. schwäb.: ‚wer net Hammer sei will, muß Amboß sei‘. Bei der Rda. ‚Er will wissen, ob Hammer oder Amboß eher gwesen ist‘ handelt es sich um eine Variante der ‚Huhn-Ei‘-Frage. Von einem Menschen, der viel angibt, kann man ndd. sagen ‚groot Hammer – lütt Ambolt‘. Sachlich kann man dazu folgendes feststellen: Das griech. Wort für Amboß ‚ἄκμων‘ hat wohl die gleiche Wortwurzel wie in Hammer, beide haben urspr. die Bdtg. ‚Stein‘, es gab also eine

Zeit, in der man Hammer und Amboß nicht unterschied.
Etw. unter den Hammer bringen: öffentl. von Gerichts wegen versteigern; häufiger *unter den Hammer kommen:* öffentl. versteigert werden, weil hierbei der ‚Zuschlag‘ mit einem Hammer erteilt wird, wodurch der Verkauf erst rechtskräftig

‚Unter den Hammer kommen‘ (‚behämmert‘)

wird. Der Hammer hat zwar eine alte rechtssymbolische Bdtg.: durch Herumsenden eines (hölzernen) Hammers wurde früher die Gemeinde berufen oder das Gericht angesagt; der Wurf mit dem Hammer (häufiger freilich mit dem ↗Beil) diente zur Grenzbestimmung; so geboten die Herren von Mainz den Rhein hinauf und hinab so weit, als sie mit einem Hammer werfen konnten, nachdem sie zuvor in den Rhein geritten waren. Es lag für frühere Erklärer dieser Rdaa. nahe, den Hammer als Gerichtszeichen mythologisch mit dem Hammer des Gottes Thor (dt. Donar) in Verbindung zu bringen, mit dem der Gott Verträge, z. B. auch den Ehevertrag, weiht. Aber daß der Hammer des Versteigerers auf den Hammer Thors zurückgeht, läßt sich durchaus nicht beweisen, zumal die Rda. ‚metten hamere vercôpen‘ erst im Mndl. (Brügge) und ‚mit dem hammer schlachen‘ = öffentl. verkaufen 1532 im Schweiz. belegt ist. Älter, und zwar schon im 14. Jh. bezeugt, ist die Wndg. ‚mit der hant dar slähen‘ für den Abschluß eines Kaufes, aber nicht in der Form einer Versteigerung.

Hammer wird schließlich auch mit dem
↗Teufel in Verbindung gebracht: *Daß
dich der Hammer schlag (treff);* ähnl. Verwünschungen sonst vor allem mit Blitz
und Donner. Die Rda. ist auch mdal. weit
verbreitet, so z. B. ndd. ‚di schall de hamer!‘, schwäb. ‚daß di der Hammer ver-
stupf!‘; vgl. ndl. ‚wat hamer‘. Auch andere
Fluch- und Scheltworte werden häufig in
Verbindung mit dem Donner gebraucht:
‚bim Dunner Hammer‘ (schweiz.).
Zum Ausdr. der Verwunderung wird der
Hammer oft mit ‚Botz‘ verbunden. So finden wir ‚Botz Hammer!‘, ‚Botz Dummer
Hammer‘ und euphemist. verdeckend
‚Botz Dummel Hammel‘.
Seit dem späten MA. ist die Bez. des Teufels, dann auch des Todes und des Henkers, als ‚Meister Hämmerlein‘ belegt.
Der älteste Beleg findet sich im ‚Ambraser
Liederbuch‘ (Ndr. 142):
Welchs meister hemerlein wol gefelt,
das sich die Welt so greulich stellt.
Meckl. heißt es ‚dor kümmt jenner mit'n
widen Hammer‘, um den Tod zu umschreiben; dagegen schweiz. ‚er ist ein
rechter Meister Hämmerli‘, er ist ein über-
kluger, lästig-geschäftiger Mensch. Auch
für diese Bdtg. gibt es sehr frühe Belege:
„Er sye nun bisher für ein doctor und für
ein meister hemerli geachtet, hat doch auf
den hochen schuelen nichts anderes gelernt, dann den Narristotelem‘ (Johannes
Kesslers Sabbata, Chronik d. Jahre 1523/
39, hg. v. E. Götzinger [St. Gallen 1902]).
„Von unnss ist in den Eidgenossen ein
Sprüchwort entstanden, dass, wenn wir
von einem reden, der sich Etwas unter-
nommen, das er nicht glücklich ausge-
führt und doch etwas ist und sein will, auf
den aber nit Jedermann viel hat, dass man
spricht: das ist Meister Hämmerli"
(Schweiz. Idiotikon).
Eine Reihe fester Wndgn. stammt aus der
Handwerkersprache; sie sind jedoch
meist über einen kleinen Sprachraum
nicht hinausgekommen. Aus dem Vergleich ‚so dumm, daß man meint, er wär
mit dem Hammer gehauen‘, rhein. ‚esu
domm, dat mer ment, e wär met dem
Hammer gehaue‘, stammt der gebräuchli-
chere Ausdr. *er ist behämmert:* er ist geistig nicht ganz vollwertig; vgl. frz. ‚Il est
complètement marteau‘ (umg.). Daher

auch die Parodierung des Bibelspruches
Matth. 5,3: „Selig sind, die da geistlich
arm sind" zu: ‚Selig sind die Beklopp-
ten, denn sie brauchen keinen Hammer mehr‘.
Das ist ein Hammer: das ist großartig, es
übertrifft alle Erwartungen, findet sich
heute in der Umgangssprache vor allem
der Jugendlichen (vgl. ‚det is 'ne Wolke‘).
Aus der Schweiz ist noch eine besondere
Variante bekannt: ‚so g'schwind red'n,
daß me mit kei'm Hämmerli derzwüsche
(schlagen) chönt‘.

Lit.: *L. Weiser-Aall:* Art. ‚Hammer‘, in: HdA. III,
Sp. 1370–1376; *E. Marold:* Der Schmied im germanischen Altertum (Diss. Wien 1967), S. 127.

Hampelmann. *Ich bin doch nicht dein
Hampelmann. (Nicht) jem. Hampelmann
sein:* sich nicht nach den Launen eines anderen richten, sich nicht von ihm hin- und
herschieben lassen. Die Rda. benutzt das
Bild des Kinderspielzeuges, bei dem
Arme und Beine durch Ziehen eines Fadens nach Belieben zum ‚Hampeln‘ gebracht werden können. Wer also wie eine
Draht- oder Ziehpuppe reagiert, gilt als
ein Hampelmann, als ein einfältiger Narr
und Tölpel, der keine eigene Meinung
hat. U.a. gebraucht Heinr. Heine dieses
Bild für einen Politiker, für den es in ganz
besonderer Weise vernichtend ist, von
↗‚Drahtziehern‘ beherrscht zu werden:
„Wellington, dieser eckig geschnitzte
Hampelmann, der sich ganz nach dem
Schnürchen bewegt, woran die Aristokra-
tie zieht" (Sämtl. Werke [1861 ff.], III, 66).

Hanau. *Es abwarten wie die Hanauer.* Der
rdal. Vergleich bezieht sich wahrscheinl.
auf den bayr. General Wrede, der Napoleon nach der Völkerschlacht bei Leipzig
mit 40000 Mann in der Nähe von Hanau
auflauerte und ihm den Weg zum Rhein
verlegen wollte, aber am 30. und 31. Oktober 1813 von dem überlegenen Heere der
Franzosen geschlagen wurde.

Hand. Die Hand ist das wichtigste Ar-
beits- und Greifinstrument des Menschen, das ursprünglichste und umfas-
sendste Werkzeug, das er besitzt. Sie
greift, nimmt, gibt, streichelt oder schlägt.
Sie deutet an, weist, befiehlt oder drückt
Empfindungen aus. Mit der Haltung der

Hände im Alltag sind daher viele unterschiedliche Bedeutungsebenen verknüpft. Aus ihr lassen sich Tun und Handeln, aber auch Absicht und Vollzug ablesen. So gilt die Hand von jeher auch als Symbol der Gewalt (Macht), des Besitzes und des Schutzes. Sie steht oft für den ganzen Menschen, ja für Gott selbst.

In bibl. Texten erscheint die ‚Hand Gottes‘ vor allem als Symbol der höchsten Macht. Sie kennzeichnet die herrschende, rettende, helfende oder auch strafende Gewalt: „Alle deine Feinde trifft deine Hand, deine Rechte erschlägt deine Hasser“ (Ps. 21,9); „Tag und Nacht lastet die Hand Gottes auf dem Sünder ...“ (Ps. 32,4).

Die Hände symbolisieren präzise Handlungen und Aussagen, sowohl im kultischen wie auch im profanen Bereich. Während die kultischen Gesten zumeist an bestimmte, dem jeweiligen Kulturkreis entsprechende Vorschriften und Riten gebunden sind – z. B. beim Gebets-, Segens-, Opfer-, Trauer- oder Klagegestus –, drücken die profanen Gebärden spontane motorische Reaktionen aus, die zur Grundlage für z. T. sehr präzise ‚Handsprachen‘ wurden. Man denke nur an die ↗ Handzeichen der Polizisten oder die Zeichensprache der Taubstummen.

Die Wndg. *mit erhobenen Händen* und die Rda. *seine Hände erheben* (zum Gebet, Schwur, Jubel etc.) begegnen im kultischen wie im profanen Bereich. Sie gehen zurück auf Gebärden mit bloßen Händen, doch gibt es auch brauchmäßig geregelte Fälle, in denen die Hände durch Hand-

schuhe verhüllt sein müssen, wie z. B. in der Liturgie (↗ Handschuh). Das ‚Hände erheben‘ ist als Gebetsstellung des Priesters geläufig, des weiteren als rituelle Opfergebärde, als Bitte um Erhörung, Danksagung und Segensgruß und begegnet als sprachliche Wndg. in vielen Schriftstellen des A.T. und N.T.

Im profanen Bereich war das Erheben der Hände vor allem als Schwurgestus schon seit der Antike bekannt. Er hat sich auch in Dtl. lange erhalten und kommt u. a. bei Walther von der Vogelweide (104, 20) vor:

ich swer mit beiden handen
daz si sich nicht erkanden.

Sehr alt ist auch die Wndg. *die Hände hochnehmen* bzw. *die Hände hochhalten* i. S. v.: ‚die Oberhand haben‘, überlegen sein. Sie begegnet schon im A.T. bei der Landnahme nach dem Auszug aus Ägypten. In der Schlacht der Amalekiter gegen die Israeliten steigt Moses mit Aaron und Hur auf die Höhe eines benachbarten Hügels: „Solange Moses nun seine Hände erhob, obsiegte Israel; sobald er aber seine Hände sinken ließ, waren die Amalekiter überlegen. Doch Moses' Hände ermatteten; deshalb nahm man einen Stein und schob ihn unter ihn. Er setzte sich darauf. Aaron und Hur aber stützten seine Hände, einer von dieser Seite, der andere von jener, so blieben denn seine Hände unbeweglich, bis die Sonne unterging. So besiegte Josua Amalek und sein Kriegsvolk ...“ (2. Mos. 17, 11–12). Das Erheben der (waffenlosen) Hände ist aber auch als Unterwerfungsgeste be-

DRAGHT VIER INDE EEN HANT
EN'T WATER IN ANDER HANT

Die rechte Hand des Chefs

Sprichwörter.

Würde. bürde. Keiner ohne mangel.

Hanns bohet Enns

Ein vngezogen kindt
ist bey fremden wie ein Rindt

Rein
vnglück allein

Nulla
Calamitas
sola

Der ein schert die Schaaff.
Der ander die Schwein.

Vil geschreys vnd wenig woll.

r ist haaß vnd fuchs zugleich.

Lang geborgt ist nicht geschenckt.

kannt. Es signalisiert bei einem Kampf, daß der Betroffene den Widerstand aufgibt und den Gegner um Gnade bittet. Die erhobenen Hände des Unterlegenen gehören zu den spontanen Gesten des Lebens, sei es als Reaktion auf den Befehl *Hände hoch* oder als Zeichen der freiwilligen Aufgabe. Doch drückt das Hochnehmen der Hände auch Huldigung, Begeisterung und Jubel aus, vor allem nach gewonnenem Kampf (z. B. einem Wahlkampf oder einem sportlichen Sieg), Freude über die wiedergewonnene Freiheit oder Freude am Leben allg. (wie im Tanz).

Mit der Wndg. *die Hände falten* wird die Gebärde der Andacht, des Betens sprachl. ausgedrückt. Sie ist in allen Religionen bekannt. Im profanen Bereich begegnet das Händefalten vor allem im MA. als Form der Kommendation, d. h. Unterwerfung unter die Gewalt eines anderen, als Geste des Anbietens und Empfangens der Kommendation beim Lehensvertrag. Der Vasall reicht seine gefalteten Hände (mit aneinandergelegten Flächen) seinem Dienstherrn. Dieser umschließt sie mit den seinigen. Daher wohl auch die Rda. *sich in jem. Hand begeben* bzw. *sein Schicksal in jem. Hand legen.* Urspr. bezog sich der Kommendationsritus auf die Unterwerfung eines an den Händen Gebundenen oder zu Bindenden, später allg. auf jede Art der Ergebung in fremde Hand. Anklänge an den Urspr. zeigt die Rda. *jem. sind die Hände gebunden.* Doch schon in fränk. Zeit bezog sich der Kommendationsritus mit gefalteten Händen nicht mehr ausschließlich auf den Vasallitätsvertrag. Bekannt sind die gefalteten Hände auch beim Gehorsamsgelöbnis des knienden Ritters, der seiner Dame als Ausdr. des Minnedienstes seine gefalteten Hände entgegenstreckt. Auch bei Vermählungsbildern begegnen sie, und zwar bei der Braut, die ihre gefalteten Hände dem Bräutigam hinhält, damit dieser sie mit den seinigen umschließt. Hierbei handelt es sich um das Anbieten und die Annahme einer Unterwerfung unter die eheliche Schirmherrschaft.

Auf eine Schutzfunktion weist auch die Rda. *Die Hand über jem. halten:* ihn beschützen, ihm Beistand leisten, helfen, zur

Seite stehen. Die Rda. meint urspr. eine Rechtsgebärde: Wem das Begnadigungsrecht zustand, konnte die Hand über Angeklagte oder Verurteilte halten und sie so außer Verfolgung setzen. Auch im Zweikampf genügte es, wenn der Sekundant die Hand über seinen Paukanten hielt, um den Kampf zu unterbrechen oder zu beenden und den Kämpfer vor weiteren Angriffen zu schonen (so noch heute im Boxkampf). Dagegen: *Die Hand von jem. abziehen:* die bislang gewährte Hilfe ihm nicht ferner zuteil werden lassen.

Hand bedeutet als Rechtswort sogar: beherrschende Gewalt. *In jemandes Hand stehen:* in seiner Gewalt sein, früher auch von Personen gesagt, zunächst von Unmündigen: sie stehen in der Gewalt des Vaters oder von Verwandten, denen sie unterworfen sind. In der ‚Limburger Chronik‘ heißt es: „Wer in eines hand gehet, ist ihm unterworfen, wer einen in der hand hält, handhabt, schirmt und verwaltet ihn". Daher vielleicht auch: *Etw. unter die Hände bekommen:* in seine Gewalt bekommen.

Die Hand gilt als Symbol der Obrigkeit – in Anlehnung an die Wndg. *in Gottes Hand stehen:* dem Schutz, der Verantwortung, aber auch dem Gericht des Allerhöchsten unterworfen sein. Ähnl. symbolisiert die ‚Hohe Hand‘ den Träger der obersten Gerichtsbarkeit. So heißt es z. B. bei Shakespeare (‚King Henry IV‘, 2, 5, 2): „that would deliver up his greatness so into the hands of justice". Entsprechend symbolisiert die ‚böse Hand‘ den Übeltäter, die ‚gute Hand‘ den Schuldlosen. Daher auch die Rda.: *In sicheren (guten) Händen sein:* bei zuverlässigen Leuten, bei einem tüchtigen Arzt. Vgl. frz. ‚être en bonnes mains‘ (wörtl.: in guten Händen stehen): gut geschützt, geführt, aufgehoben sein.

Jem. (ein Kind, ein geliebter Angehöriger, ein Freund) stirbt einem unter den Händen: trotz aller erdenklichen Fürsorge kommt jede Hilfe zu spät, man steht dem raschen Verfall der Lebenskräfte ohnmächtig gegenüber.

In der Rda. *das Geld schwindet unter seinen Händen* wird auf den eigenen Verantwortungsbereich hingewiesen: es geschieht in seinem Zuständigkeitsbereich.

Etw. zu treuen Händen geben: eine Sache der Obhut einer ‚treuen Hand‘ übergeben, einem ‚Treuhandverwalter‘, der sie ‚treuhänderisch‘ verwaltet. Solche auf Treue basierenden Rechtsverhältnisse stehen auch im Zshg. mit der alten Rechtsformel: ‚Hand muß Hand wahren‘, d. h. der urspr. Empfänger haftet selbst für die Rückgabe. Von einem Rechtsverhältnis ‚zur gesamten Hand‘ spricht man, wenn mehrere Personen gemeinsam handeln. Zur Betonung der Gemeinsamkeit werden nicht selten verstärkende Begriffe hinzugefügt, so nach dem Zeugnis alter Rechtsquellen: „mit einem munde und mit gesamenter hand" (1288); „mit hande unde mit mone mit ghezamender hand" (1389) (Grimm: RA. I, 196 f.).

Auch in anderen Wndgn. wird die Hand mit der Eigenschaft der Treue in Verbindung gebracht, so z. B. auf Todesanzeigen in Versen wie:

Schlicht und einfach war dein Leben, treu und fleißig deine Hand.

In der Rda. *Jem. um die Hand seiner Tochter bitten* (vgl. frz. ‚demander à quelqu'un la main de sa fille‘) steht die Hand pars pro toto für den ganzen Menschen. Sie enthält mit der Bitte zugleich ein Schutzangebot, ebenso wie die Wndg. *jem. die Hand seiner Tochter geben:* die Tochter an der Hand dem Manne zuführen (vgl. frz. ‚donner à quelqu'un la main de sa fille‘), den Wechsel von einer Schirmherrschaft in die andere andeutet.

‚Jemand die Hand seiner Tochter geben‘

Aus den Illustrationen zum Sachsenspiegel und aus anderen Darstellungen von Vermählungsszenen ist ersichtlich, daß im MA. eine Veränderung in der Trauungszeremonie stattgefunden hat. Man gab die Braut in eheherrliche Vormundschaft. Vgl. lat.: ‚in matrimonium ducere‘: die Braut an der Hand dem Manne zuführen. An diesen Vorgang erinnert auch die sonst nur noch in bezug auf kleine Kinder gebrauchte Rda.: *Jem. an die Hand nehmen:* ihn leiten, führen. Während des Trauungsaktes ergriff der Vormund (später der Priester) die Hände der Brautleute und legte sie ineinander (vgl. ↗ Handschlag). In späteren Darstellungen faßt der Priester die Braut nur am Unterarm, während der Bräutigam ihre Hand ergreift. Die Rda. *jem. seine Hand (zur Ehe) reichen (geben):* heiraten, drückt eine weitere Veränderung dahingehend aus, daß nur noch das Einverständnis von Braut und Bräutigam maßgebend ist. Sie begegnet auch in Mozarts Oper ‚Don Juan‘: „Reich mir die Hand, mein Leben, komm auf mein Schloß mit mir …". *Jem. seine Hand versagen:* ihn nicht heiraten; *Jem. Hand ist vergeben:* sie ist gebunden bzw. verheiratet, während die Hand der Ledigen noch frei ist. Im MA. wurde die durch Tod gelöste Ehe als ‚gebrochene Hand‘ bezeichnet. *Die Hand verbrechen* bedeutete daher: sich wiederverheiraten.

Im MA. stand der Mann als Haupt der Familie zur Rechten, die Frau zu seiner Linken. Stammten beide aus verschiedenen Schichten, so folgten die Kinder dieser Ehe der ‚besseren Hand‘, wenn sie Namen, Würde und Rechte des Vaters erhielten, der ‚ärgeren Hand‘, wenn sie nur die der Mutter zustehenden Rechte erhielten (↗ Ehe). Eine ‚Ehe zur linken Hand‘ ist daher die Bez. für eine morganatische, d. h. unstandesgemäße Ehe, bei der Ehefrau und Kinder nicht die Standesrechte des – höherbürtigen – Vaters erhielten.

Die linke Hand gilt von jeher als weniger bedeutend. Daher ist in den Rdaa. allg. die rechte Hand gemeint, wenn die linke Hand nicht ausdrücklich bez. ist, wie beispielsweise in der Wndg.: ‚Linke Hand, halbe Hand‘. Die linke Hand gilt als ungeschickt; in der Kindersprache heißt sie ‚die schlechte Hand‘, die beim Begrüßen nicht gereicht werden soll. Wird die linke Hand doch einmal gereicht – aus Versehen oder im Krankheitsfall, wenn die rechte Hand nicht gegeben werden kann – so geschieht das zumeist mit der Entschuldigung: ,die Linke (linke Hand) kommt von Herzen'. Auch die Rda. *Etw. mit der linken Hand abtun* hat abwertenden Charakter. Sie wird oft gebraucht i. S. v.: etw. als geringfügig betrachten.

Dagegen wird die rechte Hand aufgrund ihrer meist größeren Geschicklichkeit und Kraft als die ,schöne, bessere Hand' bez., weil sie in der Lage ist, eine Feder zu halten. *Eine schöne Hand haben (schreiben)* wird daher für den gebraucht, der eine gute ↗ Handschrift hat.

Jem. rechte Hand sein: sein tätigster Helfer sein. Die Bdtg. der rechten Hand ist früh rdal. verwendet worden. Schon Wolfram von Eschenbach nennt im ,Willehalm' (452,20) den verlorenen Rennwart „mîn zeswiu (rechte) hant". In Goethes ,Götz von Berlichingen' (I,1) wird Weislingen als „des Bischofs rechte Hand" bez.

Entsprechend dem Vorzug der rechten vor der linken Hand ist der Platz zur Rechten stets der Ehrenplatz: „und der Herr ... sitzet zur rechten Hand Gottes" (Mark. 16,19), so wie der Platz linker Hand die Bedeutung eines bösen Platzes annehmen kann: „... wird die Schafe zu seiner Rechten stellen und die Böcke zu seiner Linken" (Matth. 25,33).

Wenn von beiden Händen die Rede ist, handelt es sich zumeist um einen Ausdr. verstärkter Kraftanwendung oder eine Betonung, sowohl in positiver als auch in negativer Hinsicht. Beispiele: *Mit beiden Händen fassen (halten); mit beiden Händen zugreifen; sein ↗ Herz in beide Hände nehmen; das ↗ Schwert mit beiden Händen fassen.*

Wer *beide Hände voll zu tun* hat, braucht sich über mangelnde Arbeit nicht zu beklagen. In scherzhafter Abwandlung begegnet die Wndg. auch in der Rda.: ,Hei sollte sik sulwest bei der Nasen kreigen, denn hedde e beede Hännen vull' (↗ Nase).

Die Wndg. *Quark in den Händen haben* wird gebraucht für den Schwächling, der die Dinge *nicht mehr in der Hand hat,* der

alles *den Händen entgleiten, unter den Händen zerrinnen, von fremden Händen erledigen* oder *in fremde Hände übergeben* läßt.

In älterer Zeit standen die Hände auch für eine bestimmte Anzahl von Menschen. Das geht u. a. hervor aus den Sprww.: ,Viele Hände machen der Arbeit bald ein Ende' und ,Durch 72 Hände geht der Flachs, ehe er als Hemd getragen wird'. Überhaupt dient die Hand als ein ,natürliches Maß' als Maßstab für Länge, Breite, Höhe, Menge usw. So heißt es z. B. in alten Gesetzen auf Wales: „a rod as long as the tallest man in the village, with his hands raised above his head". Eine andere Wndg. lautet: ,mit den Armen höher greifen als die Hände reichen' (↗ Arm). Ähnl.: ,Es geht ihm *handhoch* über dem Herzen weg' (↗ Herz).

Für Mengenangaben steht die Wndg. *eine Handvoll,* so z. B. in alten Rechtsvorschriften: „tantum farinae, quantum ter potest simul capere utraque manu": soviel man auf einmal mit Händen greifen kann; oder in den Bremer Statuten: „... groot, so man up ener hant möchte halden".

Die Breite wird mit *eine Handbreit* angegeben. Die Wndg. begegnet schon bei Homer in der ,Ilias' (4,109): „Sechzehn Handbreit ragten empor am Haupte die Hörner", desgl. bei Luther (Deutsche Schriften 4,44): „wie die natur thut, wenn man ir eine handbreit lesset, das sie eine gantze ellen nimmt." ,Keine Handbreit' ist eine neuere Wndg., die zumeist gebr. wird i. S. v. ,keinen Millimeter'.

Nicht selten dient die Hand als Maßstab für Zeit und Zeitdauer. Die Hand ist leicht beweglich, daher ndd. ,as man de Hand umkihrt', im Nu; hd. *im Handumdrehen,* ,eh man die hand umdreht' (Caesarius von Heisterbach, 4,96: ,qua quis manum posset vertere'): schnell, unversehens. Ähnl.: *Einen kurzerhand abfertigen;* ebenso lat. ,brevi manu'. Dagegen *etw. von langer Hand vorbereiten,* auch frz. ,de longue main'. *Vorderhand:* zunächst, einstweilen, meint eigentl. nur den Teil einer Angelegenheit, der sich wirklich unmittelbar ,vor der Hand' befindet und darum am besten zuerst anzugreifen ist. *Überhandnehmen* ist eine Betonungsveränderung aus älterem ,(die) Überhand nehmen', mhd. ‚überhant gewinnen', den Sieg erringen, heute vorwiegend gebräuchlich i.S.v.: zuviel, ausufern, zuviel Gewicht bekommen.

Verstärkende Bedeutung haben auch Zwillingsformeln wie ‚Hand und Fuß', ‚Hände und Füße', ‚Hand und Herz', ‚Hand und Mund', d.h. die Handgebärden werden noch durch andere Gesten unterstützt. Wenn z.B. jem. seine Worte mit vielerlei Gebärden unterstreicht, heißt es: *mit Händen und Füßen reden*. In Dtl. ist es verpönt, viel ‚mit den Händen zu reden'. Daher die mahnenden Rdaa.: ‚Ei gebard dich nit so' oder ‚Red't nit so mit de Händ'.

Hand und Fuß haben (bildl. auch von Sachen, Gedanken, Vorschlägen, Plänen gesagt): gut durchdacht, vernünftig begründet sein: Wenn eine Sache ‚Hand und Fuß' hat, so fehlt ihr nichts Wesentliches; sie ist so, wie sie sein soll. Vgl. frz. ‚Cela n'a ni queue ni tête' (wörtl.: Das hat weder Schwanz noch Kopf).

Vermutlich spielen ältere rechtliche Vorstellungen mit in die Bedeutungsentwicklung hinein: Die rechte Hand und der linke Fuß waren von besonderer Bdtg., denn mit der rechten Hand wurde das Schwert geführt, und den linken Fuß setzte der Mann zuerst in den Steigbügel. Das Abhauen der rechten Hand und des linken Fußes war im MA. eine bes. schwere Strafe.

In Reutters ‚Kriegsordnung' heißt es: „ich verbanne und verbiete die bank, das mir keiner in das recht sprechen soll bei verbußung der rechten hand und des linken fuß" (Grimm: RA. II, 292). In dem Gedicht vom ‚Meier Helmbrecht' wird dem Sohne des Meiers, dem der Henker nach einem ihm zustehenden Rechte unter zehn Übeltätern das Leben schenkt, eine Hand und ein Fuß abgehauen. Der Zwergkönig Laurin fordert ebenfalls Hand und Fuß von jedem, der seinen Rosengarten zertritt, aber ganz bestimmt den linken Fuß und die rechte Hand. Die rechte Hand und den linken Fuß noch haben bedeutete demnach zunächst: ein kriegstüchtiger Mann sein. Später wurde ‚Hand und Fuß haben' auf jede Art von Tüchtigkeit übertragen.

Hand und Fuß regen als Ausdr. größten Fleißes begegnet u.a. in einem Lied von R. Reinick:

> In der Stadt verworrnen Gassen
> regt sich emsig Fusz und Hand.

Im Plural verwendete der Volksprediger Marcus von Weida schon 1502: „rege ich nicht hende unnd fussze".

Mit Händen und Füßen ist eine feste Verbindung geworden in Wndgn. wie: ‚sich mit Händen und Füßen wehren (sträuben)'; danach z.B. Moscherosch: „Man wird nicht zu allen Zeiten mit Händen und Füßen angehalten", d.h. inständig gebeten. Die Wndg. begegnet in bibl. Texten und hat ihren Urspr. in der bereits im A.T. erwähnten Strafe der Bindung und Fesselung von Händen und Füßen, die auch in der Rda.: *Er liegt gebunden an Händen und Füßen* zum Ausdr. kommt. Darauf bezieht sich auch die bei Luther zitierte Textstelle:

> Deine Hende sind nicht gebunden,
> Deine Füsze sind nicht in Fessel gesetzt.

Häufig wurden die Hände und Füße auch stellvertretend für den ganzen Körper gebraucht, d.h. mit den Händen und Füßen gehen wesentliche Teile verloren, die Sache ist nicht mehr vollkommen. *Hände und Füße haben* bedeutet daher: in Ordnung sein.

„Es hat hende vnd fuesse was der man redet" (Namenlose Sammlung von 1532, Nr. 510). Ausführlich erklärt Joh. Agricola 1529 die Rda. (Nr. 445): „Ein gerader, vngestummelter leib hat sein art an henden vnd an fuessen. Mit den henden richtet er aus, was er zu schaffen vnd zu handeln hat, die fuesse tragen den leib vnd hende, wo der leib hyn wil, daß hende vnd fuesse souil gelde bey uns Deutschen, als wolgestalt, wolgeziert, wolgethan, volkommen, vnd da kein mangel an ist. Also brauchen wir nun diß wort zum lobe vnd zur schande, zum lobe, Es hat hende vnd fuesse, was der thut vnd redet, das ist, es ist rechtschaffen, es hat einen bestand, es ist wolgestalt vnd wolgethan, zur schande, Es hat weder hende noch fuesse, es ist vnvollkommen, es hat kein art noch bestandt, es ist flickwerck vnd gestummelt ding". Ähnl. Ausdrücke finden sich schon im klassischen Altertum, z.B. bei Plautus, Cicero, Livius. „Ein

Brief, der Hände und Füße hat", heißt es in ‚Wallensteins Tod' (I, 5). ‚Was ihr fehlt, wird mit Händ' und Füß' an den Tag kommen' sagt man rheinhess. von einer Schwangeren.

Hand aufs Herz! rufen wir heute jem. zu, wenn wir ihn ermahnen wollen, ehrlich seine Meinung, seine Überzeugung auszusprechen. Die Rda. hat sich auch noch im Kinderbrauch als Form der eidesstattlichen Versicherung erhalten; hier liegt auch ihr Urspr.: Im MA. war es eine symbolische, eigentl. die innersten Kräfte aufrufende und herbeiziehende Handlung bei der Eidesablegung mittels Handanlegung (↗ Eid). Nach altem Ritus hielten die Schwörenden etw. in der Hand, legten ihre Hand an oder auf etw. oder berührten es – Männer im Heidentum den Schwertgriff, im Christentum Reliquien, Frauen nach altem Volksglauben die linke Brust und den Haarzopf. Selbst Geistliche und Fürsten legten ihre Rechte auf Brust und Herz. Daher auch die Wndg. ‚mit ↗ Herz und Hand', wie sie u. a. in dem Gedicht ‚Mein Vaterland' von Hoffmann v. Fallersleben vorkommt:

Treue Liebe bis zum Grabe
schwör ich dir mit Herz und Hand.

Vgl. frz. ‚mettre la main sur son cœur'. Zur Bekräftigung von Gelübden, denen die Sitte kein feierliches Symbol vorschrieb, genügte der ↗ Handschlag, wobei der eine in die hingehaltene Hand des anderen einschlug.

Etw. mit Hand und Kuß annehmen, gewöhnlich zusammengezogen *mit Kußhand*, volkstümlich auch *mit geschmatzten Händen*: es äußerst gern annehmen, eigentl. indem man dem Geber dafür die

‚Etwas mit Kußhand annehmen'

Hand oder beide Hände küßt, dann auch indem man die innere Seite der eigenen Finger küßt und diesen Kuß dem andern gleichsam zuwirft (Kußhand).

Die ‚Kußhand' ist nicht zu verwechseln mit dem ‚Handkuß', der in der Rda. ‚küß die Hand' weiterlebt (↗ Handkuß). Die Wndg. ‚mit Kußhand' geht zurück auf die alte Lehnsrecht, in dem die Formel ‚mit Hand und Mund belehnen' in den Urkunden verwendet wird. Eine andere Version lautet ‚mit Hand und Halm'. In einer zu Körbecke unweit Warburg ausgestellten Urkunde Heinrichs von Imshusen werden beide Versionen zusammen genannt:

mit hand und mund,
halme und twige.

Bei dem feierlichen Belehnungsakt steht der Mund als Symbol für den Kuß: „Lîhen mit gevalden henden, mit gekostem munde, als man lêhen zu rechte lîhen sol" (Grimm: RA. I, 197).

Die Wndg. ‚mit Hand und Mund' kommt auch noch in anderer Bedeutung vor, so z. B. 1560 bei Agricola in ‚Sprichwörter': „er hat mirs mit der Hand und mund gesagt, das ist, er hat mir seinn glauben und trew zu pfand gesetzt". Auch dankt man mit Hand und Mund wie in dem bekannten Kirchenlied von M. Rinkhart:

Nun danket alle Gott
mit Herzen, Mund und Händen.

Auf der Hand liegen: offensichtlich sein. Die Wndg. ist genauso wie die Rda. *etw. ist mit Händen zu greifen* wörtl. und bildl. zu verstehen. Eine im wörtl. Sinn gebrauchte Wndg. für das Greifbare ist z. B. *Geld auf der Hand haben, etw. auf die Hand bekommen,* d. h. eine Anzahlung, ein ↗ Handgeld erhalten (vgl. auch ↗ Flöte).

Von Bedeutung ist auch, wer als erster eine Sache in der Hand hat. Entsprechend auch die Rdaa.: *etw. aus erster Hand haben:* die Sache ist brandneu, die Information aus zuverlässiger Quelle, bzw. *aus zweiter Hand:* die Sache ist nicht mehr neu, die Information nicht unbedingt authentisch. *Etw. aus sicherer Hand wissen:* aus zuverlässiger Quelle.

Eine *Politik der starken Hand* (eigentl. Politik der bewehrten Hände) weist auf große Durchsetzungskraft hin. mit *öffentlicher Hand* wird der öffentl. Haushalt, der Staatshaushalt bez., die Hand die alle öffentl. Mittel hält.

Was man *in der Hand hält* hat man fest (↗Spatz, ↗Spiel), was man *aus der Hand geben* muß, ist nicht mehr zu kontrollieren, „weil man sagt, der wurff (im Würfelspiel) wan er ausz der hand gangen, seye des teuffels" (Grimmelshausen: ‚Simplicissimus‘ 4, 41, Kurz). Darum läßt sich der Weise und Tüchtige nichts *aus der Hand nehmen* oder gar *aus der Hand reißen.* Er behält alles in eigener Hand, z. B. den ↗Hut, die Handhabe, und nimmt zuweilen etw. in die Hand oder Hände (die ↗Augen, ↗Beine, das ↗Herz, die ↗Türe). Ein guter Kartenspieler ist der, dem es gelingt, *alle Trümpfe in der Hand* zu haben. Auf das Kartenspiel zurückzuführen sind auch andere Rdaa., z. B. ‚Etw. in der Hinterhand haben‘: noch einen Trumpf ausspielen können; ferner: *Die Hände dabei im Spiel haben:* heimlich dabei mitwirken. *Einem etw. in die Hand spielen:* ihm die Erwerbung einer Sache leicht machen. *Unter der Hand:* heimlich, im verborgenen; hergeleitet vom betrügerischen Kartenspieler, der unter seiner Hand die Karten vertauscht (belegt seit dem 17. Jh.); vgl. frz. ‚En sous-main‘.

‚Hinter vorgehaltener Hand‘

Auf Heimlichkeiten deutet auch die Rda.: *hinter vorgehaltener Hand* etw. sagen, d. h. für Dritte nicht hörbar, auf Dunkelheit die Rda.: *die Hand vor den Augen nicht sehen* können.

Die Rda.: *die Macht in der Hand (in Händen) haben* geht zurück auf den Gottesstab des Moses (2. Mos. 17,9) und auf den Stab, den Könige, Fürsten und Richter als Zeichen der höchsten Gewalt in der Hand hielten (↗Stab). Viele Urkunden beginnen mit der Formel: „da ich den stul besaß u.

den stab in der hand hielt ..." (Grimm: RA. I, 186). Die Wndg. *etw. in der Hand haben* (halten) deutet daher zunächst auf diesen Stab der Macht in der Hand des hohen Herrn hin, dann aber auch auf wichtige Urkunden, z. B. Urkunden, die jem. als Beweismittel in der Hand hält. Vgl. (‚einem ↗Brief u. Siegel geben).

Die (durch den Stab verlängerte) mächtige Hand kehrt rdal. auch im Symbol der langen Hand wieder: *Er hat eine lange Hand* (oder ‚einen langen Arm‘): er vermag viel, hat große Gewalt; dazu der Gegensatz: *er hat eine kurze Hand.* Seb. Brant schreibt im ‚Narrenschiff‘ (19,76): „Dann herren hant gar lange hend"; Seb. Franck 1541: „Fürsten vnd herren habend lang hend"; in gleichem Sinne bei dem röm. Dichter Ovid: „An nescis longas regibus esse manus?" (Weißt du nicht, daß die Könige lange Hände haben?).

In einer Reihe von Rdaa. steht die Hand auch für Ohnmacht oder Machtentzug, z. B. *Einem die Hände binden:* seine Macht beschränken; vgl. frz. ‚lier les mains à quelqu'un‘ sowie ‚Pieds et poings liés‘ (wörtl.: mit gebundenen Füßen und Händen): machtlos.

Wer dagegen ungebundene Hände hat, d. h. frei von Fesseln ist, hat *freie Hand* und kann ungehindert Entscheidungen treffen. Die Selbständigkeit eines Menschen wird angesprochen in den Rdaa.: *Sich in der Hand haben:* Gewalt über sich selbst haben, sich beherrschen; *sein Schicksal bzw. eine Sache selbst in die Hand nehmen:* es nicht anderen überlassen, selbst die Verantwortung dafür übernehmen, zuständig sein. Ähnl.: *eine stille Hand in etw. haben:* stiller Teilhaber sein; *die Hände überall drin haben:* an vielen Unternehmen beteiligt sein; *eine Hand dazwischen haben:* an einem Geschäft beteiligt sein.

In andere Hände übergehen: Ausdr. von Besitzwechsel; *von Hand zu Hand gehen* reihum gehen; ähnl.: *durch mehrere Hände gehen* (auch für Personen gebraucht): etw. (jem.) wird herumgereicht. Die Wndg. geht zurück auf das ma. Ritual der Freilassung (Manumission) und hat ihren Urspr. in der symbol. Handlung, den Knecht oder Freizulassenden mit der Hand zu fassen und wieder aus der Hand zu lassen. Nach langobard. Recht mußte der Loszusprechende durch die Hände mehrerer Freier (Liberi) gehen. Erst durch die wiederholte Freilassung wurde er selbst ein Freier.

Die Rda. *seine Hand auftun:* geben, schenken, begegnet schon im A.T. in dem Gebot: „daß du deine Hand auftust deinem Bruder" (5. Mos. 15,11). In Ps. 145,16 heißt es von Gott: „Du tust deine Hand auf . . ." Andere Wndgn. für Schenken sind: *eine offene Hand haben:* großzügig sein; *mit vollen Händen geben:* freizügig schenken; *jem. etw. in die Hand drücken:* heimlich eine Spende zustecken; ein Sprw. sagt: ‚Besser offene Hand als geballte Faust'.

Die Hand gibt und nimmt; daher auch übertr. *nicht mit leeren Händen kommen;* vgl. frz. ‚ne pas venir les mains vides'; westf. ‚de Hand in der Taske hewwen', zum Geldausgeben bereit sein. Dagegen bedeutet: *die Hand auf der Tasche haben:* sparsam, geizig sein. Für Geiz steht auch die *geschlossene Hand.* Dazu das alte Seitenstück in einer Klage über die Leipziger Universitätslehrer längst vergangener Zeit: „(Welcher Student) nicht eynen yden in sünderheyt grüst mit zugeschlossener hant, der muß in eynem guten zeychen geporn seyn".

Auch für die Art und Weise des Schenkens haben sich Rdaa. erhalten, die z.T. auf ma. Rechtsvorstellungen zurückgehen. So bedeutet: *mit warmer Hand schenken:* noch zu Lebzeiten verschenken, während *mit kalter Hand* schenken auf eine testamentarische Vererbung hinweist. *Aus freier Hand verkaufen:* nach eigener Preisschätzung.

Handverlesen: mit eigener Hand ausgesucht, i. S. v. besonderer Qualität, in bezug auf Personen: bes. zuverlässig.

Mit der einen Hand geben, mit der anderen Hand nehmen illustriert das Bibelwort (Matth. 6,3): „Laß deine linke Hand nicht wissen, was die rechte tut". Dieser Vorgang erscheint häufig auf Abbildungen in den Bilderhandschriften des Sachsenspiegels, in denen die rechte Hand als die gebende und die linke als die nehmende dargestellt ist. In manchen Darstellungen findet man zusätzliche Hände zur Verdeutlichung von zusätzl. Handlungen

(↗ Handlung). Viele Rdaa. gehen jedoch davon aus, daß man nur zwei Hände hat, so in einem auf einen Geizhals gemünzten Sprw.: „Er hat nur zwei Hände, eine zum Nehmen, eine zum Behalten, die zum Geben fehlt ihm" oder „Viel Leut seynd der Meynung, sie sollen u. dörffen nichts hinweg geben, weil sie nur zwo Händ haben, dass sie mit der einen einnehmen, mit der anderen behalten, die dritt damit sie geben sollen, ist ihnen nicht gewachsen". Schwäb. heißt es von einem Geizigen ‚Dear hot d'Händ scho zua g'hött, wia 'r uf d'Welt komma isch'. ‚Dear hot bloaß zwoi Händ: oina zom Neahma und oina zom B'halta; dia zom Geaba fehlt 'm'.

Die Rda. *mit beiden Händen zugreifen* gilt für den, der sich selbst großzügig bedient. Das Gegenteil besagt die Rda.: *An der ausgestreckten Hand verhungern lassen.* Die Wndg. wird als Drohung gebraucht.

Für Bestechung steht die Rda.: *mit der krummen Hand kommen,* d. h. Bestechung anbieten, während *die Hand aufhalten* für den Bestechlichen oder den Bettler gilt. *Jem. die Hände schmieren, ihm die Hände versilbern:* ihn bestechen; vgl. frz.: ‚graisser la main à quelqu'un'. Von einem Bestechlichen sagt man auch: *Er hat eine hohle Hand. Nicht in die hohle Hand:* auf keinen Fall, ausgeschlossen! Die Rda. gehört wohl zur hohlen Hand des Bestechlichen. Sie will besagen, daß der Betreffende keinem Bestechungsversuch zugänglich ist. Mit den Worten *Nicht in die Hand!* lehnt man ein Anerbieten ab, eigentl. ein Kaufangebot, von dem man auch bei augenblicklicher Barzahlung nichts wissen will.

‚Die rechte Hand nicht wissen lassen, was die linke tut'

Modern vulgärsprachl. ist *besser als in die hohle Hand geschissen:* besser als nichts. *Einem die Hand im Sack erwischen:* ihn auf frischer Tat ertappen; eigentl.: den Dieb bei der Hand ergreifen, die eben aus dem Sack (der Tasche) stehlen will; seit dem 16. Jh. belegt, aber schon ganz abgeblaßt in Grimmelshausens ‚Simplicissimus‘ (IV, 77): „ruckte sie aus ihrem Hinderhalt hervor und erwischte der so schmerzlich weynenden Mademoiselle die Hand im Sack, als sie weder den Lauff ihrer Seuftzer, noch den Fluß ihrer übermächtigen Zähren hemmen konnte“. Vgl. frz. ‚prendre quelqu'un la main dans le sac‘.

In Holstein ist von einem Dieb gebräuchl. *klebrige Hände haben,* d. h. solche, an denen leicht etw. kleben bleibt (↗ Finger); das Gegenteil *reine Hände haben* ist allg. verbreitet.

Die Wndg. *die Hände kreuzen* bedeutet Geld für eine Gegenleistung geben.

Von der Hand in den Mund leben: das eben verdiente Geld immer wieder gleich für das tägliche Brot ausgeben müssen, nichts zurücklegen können, ↗ Mund. Vgl. engl.: ‚They have but from hand to mouth‘ und frz.: ‚Vivre au jour le jour‘ sowie ‚gagner sa vie au jour le jour‘. In scherzhafter Abwandlung wird die Wndg. für einen Zahnarzt gebraucht, der davon lebt, daß er anderen mit der Hand in den Mund fährt.

Dagegen bedeutet: *aus der Hand essen:* ohne Besteck, z. B. an einem Stand auf dem (Jahr-)Markt, in scherzhafter Abwandlung: ‚aus der bloßen Lamäng‘, ↗ Lamäng. Aber: *Jem. aus der Hand fressen:* ihm hörig, treu ergeben sein.

Hand auf jem. legen: ihn verhaften. Urspr. war mit dem Auflegen der Hand die Vorstellung von segnen, heilen verbunden: „Und sie brachten zu ihm einen Tauben der stumm war, und sie baten ihn, daß er die Hand auf ihn legte“ (Mark. 7, 32); „Darnach legte er abermals die Hände auf seine Augen“ (Mark. 8, 25). Später kehrt die Handauflegung im ma. Recht wieder. So wurde z. B. bei Vormundschaftsangelegenheiten vor Gericht dem Unmündigen zum Zeichen der Schirmherrschaft die Hand aufgelegt. Auch die Rda. *Die Hand auf etw. legen* bez. sinnbildlich die Besitzergreifung und geht zurück auf ma.

Rechtsvorschriften, nach denen der Eigentümer zum Zeichen des Rechtsanspruchs an einer Sache beim Schwur seine Hand auf das Eigentum legen mußte. Vergl. franz. ‚mettre la main sur quelque chose‘.

Bei Anlässen, die eine Eidesleistung erforderlich machten, wurde die Hand auf ein Heiligtum gelegt: „… u. sal die rechten hant uf die heiligen legen u. sal schwören“ (Mainzer Waldpodenrecht bei Gudemus 2, 498). Daher auch die Rda.: ‚hoch und heilig schwören‘, d. h. die eine Hand erhoben, die andere auf den Reliquien. Mit der Handauflegung war stets ein Recht oder eine Macht verbunden. Von daher auch die Rda.: *Jem. eine schwere Hand auflegen:* seine Macht fühlen lassen.

Die Hände davon lassen: etw. nicht anrühren, i. S. v.: sich nicht mit etwas befassen. Die Wndgn. *Hände weg* und ‚Hands off‘ drücken drastische Verbote aus, um zu verhindern, daß ein Unbefugter Hand auf etw. legt, das ihm nicht gehört und auf das er kein Anrecht hat. Auch in Shakespeares ‚Hamlet‘ (I, 4) begegnet die Wndg.: „Hold off your hands“. Eine entspr. scherzhafter Spruch lautet: ‚Das Berühren der Figuren mit den ↗ Pfoten ist verboten‘, ↗ berühren.

Hand von der Butte!: Rühre nicht daran! Laß die Finger davon! Gewöhnlich von einer heiklen Angelegenheit gesagt, bei der man sich leicht die Finger verbrennen kann. Das Bild der seit dem 18. Jh. bezeugten Rda. geht zurück auf die Weinbutte, in der die Trauben gesammelt werden; die Rda. wird eigentl. dem zugerufen, der naschen will: „Die Hand von der Butte! Es sind Weinbeeren drin“ (so bei Abraham a Sancta Clara, ‚Totenkapelle‘, 1710, Ndr. S. 94); in dieser vollständigen Form findet sich die Rda. noch bair.: ‚d' Hand von de Buttn, es san Weiberln drinn!‘ In Gegenden, in denen man den Ausdr. ‚Butte‘ für das hölzerne Traggefäß nicht kennt, ist die Rda. mißverständlich entstellt worden zu *Hand von der Butter!* Verwandte Rdaa. sind nordostdt.: ‚Hand vom Sack! Ös Hawer bön‘, oder ‚Et sönd Fösch drin‘; auch ‚Hand vom Sack! Der Haber ist verkauft!‘ Lat. entspricht: ‚Manum de tabula!‘ (die Hand von der Tafel!), hergenommen von Schü-

lern, die in Abwesenheit des Lehrers allerlei auf die Tafel malen.

Hand an jem. legen: ihm Gewalt antun,
und *Hand an sich legen:* sich selbst Gewalt
antun i. S. v.: Selbstmord verüben.

Auch im Arbeitsleben spielt die Hand
eine Rolle, so in der Rda. ‚tüchtig Hand
anlegen‘: fleißig arbeiten. Desgl. in *die
letzte Hand anlegen:* die Sache zum letzt-
enmal vornehmen, ihr den letzten
Schliff zu geben (vgl. Feile); schon lat. ‚ul-
timam manum addere‘. *Zur* (oder *an die*)
Hand gehen: freiwillig zu Gebote stehen;
vgl. frz. ‚donner la main à quelqu’un‘.

Die Hand ist geschickt zu allerlei ‚Handwerk‘, je nachdem, was man *in die Hand
nimmt;* einer hat manchmal *alle Hände
voll zu tun;* vgl. frz. ‚avoir du travail plein
les bras‘ (wörtl.: alle Arme voll zu tun haben); aber wenn *die Arbeit von der Hand
geht,* kann man *sich von seiner Hände Arbeit nähren:* vom eigenen Verdienst leben.
Die Wndg. *alle Hände voll* begegnet schon
früh bei Agricola (‚Sprichwörter‘ [1560],
285): „ein jeder hat einen standt oder be-
rüf, des warte er, so wird er alle hend voll
zu thûn haben“. Bei Goethe (12, 172) heißt
es: „den ganzen Tag hat man die Hände
voll!“ und bei Schiller (‚Fiesko‘ 2, 15) in
scherzhafter Abwandlung: „meine Füße
haben alle Hände voll zu tun“. Hans
Sachs (3, 1, 237) beklagt sich über den trägen Fortgang der Arbeit mit den Worten:

richt ahn, das dich potz marter schent!
wil dir denn nichts gehn aus der hendt?

Mit beiden Händen zupacken: fleißig sein.
In die Hände spucken (↗ spucken): sich an
die Arbeit machen. Die Wndg. begegnet
auch in einem neuzeitl. Schlager, in dem
es heißt:

Jetzt wird wieder in die Hände ge-
spuckt,

wir steigern das Bruttosozialprodukt.

Ein Händchen für etw. haben: geschickt
dafür sein; ndl. ‚een handje van iets hebben‘, frz. ‚avoir le tour de main (l’habi-
tude) de quelque chose‘; ‚etw. im Griff
haben‘; engl. ‚to have the knack of a
thing‘. Im Rheinhess. kennt man die rdal.
Vergleiche: ‚Hände wie ein Apotheker‘,
‚wie ein Nähmädchen‘. *Eine grüne Hand
haben:* Glück bei der Blumenpflege haben; ↗ Daumen.

Etw. unter den Händen haben: in Arbeit
haben, ist eine verbreitete Wndg., und von
einer gewandten Arbeiterin heißt es: *ihre
Hände machen, was ihre Augen sehen.*

Jem. auf (in) die Hände sehen: ihm bei der
Arbeit zuschauen, von ihm lernen, aber
auch: sehr genau zusehen, was jem. in den
Händen hat oder mit seinen Händen
macht. Die Rda. ist schon in bibl. Texten
erwähnt: „Sieh, wie die Augen der
Knechte auf die Hände ihrer Herren sehen, wie die Augen der Magd auf die
Hände ihrer Frauen …“ (Ps. 123, 2). Und
bei Luther heißt es: „darumb dasz ich will,
sie (Luthers Frau) müsse nicht den Kindern, sondern die Kinder ihr in die Hände
sehen“.

Von einem Ungeschickten und Faulen
sagt man *er hat zwei linke Hände;* vgl. frz.
‚Il est gaucher des deux mains‘ (wörtl.: Er
ist auf beiden Händen Linkshänder);
oder (z. B. obersächs.) *ihm sind die Hände
bei der Arbeit im Wege.*

Jem. in die Hände arbeiten: ihm zuarbei-
ten. Dagegen gilt für den, der die Arbeit
gerne anderen überläßt: ‚er will die
Schlange mit fremden Händen aus der
Höhle ziehen‘. Manche sind auch *mit Ausreden rasch zur Hand:* sie drücken sich
gerne vor der Arbeit. *Keine Hand rühren*
will der Faule („he rögt ni Hand noch
Foot“). *Keine Hand dafür umdrehen* (frz.:
personne n’en tournera pas la main) wird
meist im übertr. Sinn gebraucht: keiner
kümmert sich darum. *Die Hände sinken
lassen:* sich ausruhen, auch: mutlos sein,
resignieren. Ähnl.: *Die Hände in den
Schoß legen:* untätig sein; ist zunächst
wörtl. gemeint; vgl. frz. ‚se croiser les bras‘
(wörtl.: mit verschränkten Armen dabei-
stehen), ↗ Arm. Von einem Faulenzer sagt
man rheinhess. ‚Er ist kitzlich um die
Hand. Eine Hamburger Begründung für
Nichtstun lautet: ‚Jek heff jo beide Hann
in de Dasch‘.

Auch als Beweis von Schuld und Unschuld spielen die Hände in vielen Rdaa.
eine Rolle: *Für einen die Hand ins Feuer
legen:* für ihn bürgen, gutstehen. Vgl. ins
Negative gewendet im Frz. ‚Je n’y mettrais
pas ma main au feu‘ (dafür würde ich
nicht die Hand ins Feuer legen). Das Bild
der Rda. stammt von den ma. Gottesurtei-
len, bei denen der Beschuldigte die Hand
ins Feuer zu legen hatte; blieb sie unver-

1/2 ‚Für einen die Hand ins Feuer legen'

sehrt oder heilte sie rasch, dann galt seine Unschuld als erwiesen. Stellvertretend konnte sich auch ein anderer dieser Probe für den Angeklagten unterziehen, wenn er von dessen Unschuld überzeugt war. In denselben Zusammenhang verweist die Rda. *Deshalb verbrenne ich mir die Hände nicht:* ich lasse die Finger davon. Die

Wndg. beruht wahrscheinl. auf dem ‚Kesselfang' (Greifen in kochendes Wasser) oder auf der ‚Eisenprobe' (vgl. ‚ein heißes ↗ Eisen anfassen').

Seine Hände in Unschuld waschen: jede Schuld von sich weisen. Die Rda. ist bibl. Ursprungs und darum auch in paralleler Weise in den anderen europ. Sprachen in gleicher Weise vorhanden (frz. ‚Je m'en lave les mains'; ital. ‚Me ne lavo le mani'). Die Rda. geht auf einen Brauch und ein altes Sühneopfer zurück, das schon im mosaischen Gesetz eine Rolle spielt: 5. Mos. 21, 1–9 wird angeordnet, es sollen, wo ein von unbekannter Hand Erschlagener liege, die Ältesten der nächsten Stadt über einer jungen Kuh, der der Hals abgehauen ist, ihre Hände waschen und dabei

‚Seine Hände in Unschuld waschen'

651

,Seine Hände in Unschuld waschen‘

sagen: „Unsere Hände haben dies Blut
nicht vergossen, so haben's auch unsere
Augen nicht gesehen; sei gnädig deinem
Volke Israel, das du, Herr, erlöst hast, lege
nicht das unschuldige Blut auf dein Volk
Israel usw." Ps. 26, 6 singt David: „Ich wasche meine Hände in Unschuld". Matth.
27, 24 wäscht sich Pilatus vor der Verurtei-
lung Christi die Hände, um dadurch anzu-
zeigen, daß er an dem Blute des Verurteilten unschuldig sei.

Das Händewaschen war auch bei den Ur-
christen eine symbol. Handlung zur Befreiung von Schuld. Nur wer saubere
Hände hatte, konnte auf Vergebung hoffen. Das kommt auch in Ps. 18, 21 z.
Ausdr.: „Der Herr tat wohl an mir nach
meiner Gerechtigkeit, er vergibt mir nach
der Reinigkeit meiner Hände". In neuerer
Zeit wird die Rda. auch in parodierter Erweiterung gehört: ,Ich wasche meine
Hände in Unschuld und Schmierseife‘.

,Eine Hand wäscht die andere‘ – in vielen
Sprachen geläufig (lat.: ,manus manum
lavat'; russ.: ,ruki ruka mojet') – eine Gefälligkeit gegen eine andere, auch: unerlaubte Handlungen bleiben unbestraft,
weil sich die Täter nicht gegenseitig verraten oder weil um des Vorteils willen geschwiegen wird.

*Ans Meer gehen, um seine Hände zu wa-
schen:* wegen einer Kleinigkeit Umstände
machen. *Ungewaschene Hände* hat ein
Skatspieler, der beim Geben schlechte
Karten verteilt. *Schmutzige Hände haben:*
schuldig geworden sein; *sich die Hände
nicht schmutzig machen:* nichts Verbote-
nes tun. *Dreck an den Händen haben:* in
unsaubere Machenschaften verwickelt
sein; ↗Dreck. *Blutige Hände haben* bezieht sich auf den Mörder und Totschlä-
ger (↗Blut); *klebrige Hände haben* auf den
Bestechlichen und den Dieb.

Die Hand gegen jem. erheben (die Hand
zum Schlag erheben) steht für die Absicht,
jem. zu schlagen. Das Erheben der Hand
gegen die Eltern wurde als besonders
schweres Vergehen betrachtet. Nach altem Volksglauben wächst die Hand, die
sich an den Eltern vergreift, aus dem
Grabe heraus: „daß euch die Hand nicht
aus dem Grabe wachse, weil ihr euch an
der Mutter vergreift!" (G. A. Bürger, Gedichte [1776]), und die Hand, die einen
Frevel begeht, verdorrt: „und es verdorre
die Hand meines Geschlechts, die den
Tod schickt auf die Deinen mit Blei, und
Schlingen stellt und Netze". (E. M. Arndt,
Erinnerungen aus dem äußeren Leben
[1840]). Die ,verdorrende Hand‘ als Verwünschung begegnet auch bei Gottfried
Keller nach Vollendung seiner Umarbei-
tung des ,Grünen Heinrich‘ (1879–80) in
dem Satz: „Die Hand möge verdorren,
welche je die alte Fassung wieder zum Abdruck bringt". Am 12. Mai 1919 gebrauchte sie Philipp Scheidemann in der
Nationalversammlung im Zusammenhang mit dem Friedensvertrag von Ver-
sailles: „Wer kann als ehrlicher Mann, ich
will gar nicht sagen als Deutscher, nur als
ehrlicher, vertragstreuer Mann solche Bedingungen eingehen? Welche Hand
müßte nicht verdorren, die sich und uns in
solche Fesseln legt?" Konsequenterweise
trat er dann vor Unterzeichnung des Vertrages als Reichsministerpräsident zurück. Seitdem ist Scheidemanns ,verdor-
rende Hand‘ zum geflügelten Wort geworden.

Die Wndg. ,die Hand erheben‘ bzw. mit
,erhobener Hand‘ hat ihren Urspr. im kultischen und liturgischen Sinnbezirk und
begegnet schon in frühester Zeit zur Bezeichnung von Segens- und Schwurgebär-
den. Meist wird sie durch einen Zusatz
ergänzt, z. B. *die Hand zum Schwur erheben.* Schon bei den Völkern der Antike,
die auch den Schwur mit beiden Händen
kannten, wurde im allg. die rechte Hand
zum Schwur erhoben – so ferner bei den
Juden. Als Abraham dem König von So-
dom schwor, nichts von seinem Eigentum
nehmen zu wollen, begann er mit den
Worten: „Zum Herrn, dem höchsten Gott
und Schöpfer erhebe ich meine Hand"
(1. Mos. 14, 22). Der Herr selbst schwört

bei seiner Rechten (Is. 62,8; 5. Mos. 32,40). Die Christen haben diesen Brauch übernommen. Vgl. Offbg. 10,5f.: „Der Engel, den ich auf dem Meer und auf dem Land stehen sah, hob seine Rechte zum Himmel empor und schwor bei dem, der in alle Ewigkeit lebt". Auch sonst läßt sich die Wndg. nachweisen, so vor allem bei einzelnen Formen der Rechtsgebärden, vornehmlich der Zustimmungs-, Gelöbnis- und jüngeren Schwurgebärde. In den Bilderhandschriften des ‚Sachsenspiegels' werden mehrere Formen der Handerhebung ill., die noch in heutigen Redewndgn. nachwirken. So ist z. B. die Wndg. *mit aufgehobener Hand* z. T. noch als Redegestus bekannt. Sie geht zurück auf ma. Rechtspraxis. Beim prozessualen Vortrag war das Handaufheben das allg. Zeichen dafür, daß der Prozeßvormund oder eine beteiligte Partei etw. zu sagen hatte. Auch heute wird die Wndg. *die Hand heben* noch gebraucht, wenn zur Wortmeldung aufgerufen wird. Außerdem bedeutet es Zustimmung und ist vor allem auch bei Abstimmungen geläufig. „Er hed alle hend" bedeutet daher: er ist einstimmig gewählt. Ferner spielt die Handerhebung eine Rolle beim Handgelöbnis, bei dem jeder Kontrahent seine Hand wie zum Redegestus – bisweilen bis zur Kopfhöhe – erhob und sie mit der Innenfläche an die Hand des Vertragspartners legte.

Als Ausdr. der Verweigerung ist die Rda. *jem. etw. in die Hand blasen* (abgekürzt: ‚ich blas dir was') zu betrachten. Die Wndg. hat ihren Urspr. im Volksglauben, in dem die Vorstellung herrschte, daß Hexen und Zauberer durch das Blasen in die Hand oder in den Hut andern viel Ungemach bereiten können. Sie begegnet schon bei Luther: „Gott hat mancher Obrigkeit in die Hand geblasen, dass ihr die Pfennige wie Federn verfliegen und verstieben".

Dagegen bedeutet *jem. die Hand reichen:* ihm entgegenkommen, Versöhnung anbieten. *Jem. die Hand geben:* ihn begrüßen, in der Wndg. ‚wir können uns die Hand geben (reichen)', aber auch: wir sind einer Meinung (frz.: donne moi la main), ↗ Gruß.

Jem. per ↗ Handschlag begrüßen: auf be-

sonders freundschaftliche Art. *Jem. die Hand drücken:* voller Herzlichkeit (Anteilnahme) begrüßen. *Jem. die Hände schütteln:* freudig begrüßen, meist bei einem Wiedersehen nach langer Zeit: „da war ein Grüszen und ein Händeschlag, ein Austausch, ein lebendiger Verkehr!" (L. Uhland: ‚Ernst von Schwaben'; „... ein solch handgebens, hendeschlagens, hendtruckens" (Fischart: ‚Gargantua' [1594]).

Jem. bei der Hand nehmen: mit ihm zusammengehen. Zwei, die sich an der Hand gefaßt haben, gehen *Hand in Hand,* doch können bildl. übertr. auch zwei Bestrebungen ‚Hand in Hand gehen', d. h. sich vertragen und ergänzen, nebeneinander her gehen; vgl. frz. ‚La main dans la main'.

Hände geben übers Kreuz bedeutet Unglück oder einfach ein Mißgeschick, z. B. Streit beim Abschied. Bei Hochzeiten wird die Rda. zumeist verknüpft mit der Vorstellung: eine böse Schwiegermutter bekommen o. ä.

Jem. die Hand halten: ihn trösten. *Jem. die Hand bieten:* ihm helfen wollen; auch: zur Versöhnung bereit sein. Mit der Wndg. *die Hand ausstrecken* ist heute allgemein eine ähnl. Bedeutung verknüpft. Urspr. galt sie als Ausdr. einer Schutzgebärde, wie sie in 3. Mos. 9,22 beschrieben wird: „Dann streckte Aaron die Hand über das Volk und segnete es". Sie stand aber auch für die Wohltaten spendende Macht: „Gott streckte seine Hand aus und schlug mit seinen Wundertaten die Ägypter" (2. Mos. 3,20). In der Version: *die Hand nach jem. ausstrecken* drückt die Hand menschl. Nähe und Verständnis sowie das Verlangen danach aus. In einem Gedicht von C. F. Meyer heißt es z. B.:

> Die Rechte streckt' ich oft
>> in Harmesnächten
> Und fühlt gedrückt sie unverhofft
>> von einer Rechten.

Auch für das Heranwinken von Personen wird die Hand ausgestreckt, meist mit nach oben geöffneten Handflächen als anbietende Geste. Eine solche Gebärde der Fürsorge ist auch enthalten in der Rda. *Einen auf (den) Händen tragen:* ihn aufs liebevollste behandeln; vgl. Ps. 91,12, Matth. 4,6 und Luk. 4,11.

Die Rda. *in die Hände klatschen* drückt Begeisterung und Beifall aus, kann aber auch als Ruf oder als ruhegebietendes Signal verstanden werden. Das Heben und Schlagen der Hände war im MA. ein Zeichen für den wirksamen Abschluß eines Vertrages, der mit Einwilligung des Volkes zustande gekommen war, vor allem bei Königswahlen geläufig. Das Volk schlug in die Hände als Zeichen seiner Zustimmung zur Wahl (cum clamore valido), wie schon Widukind von Corvey über die Königswahl Ottos I. berichtet.

Das Gegenteil finden wir ausgedrückt in der neueren Rda.: *Auf den Händen sitzen:* keinen Beifall spenden. Sie stammt aus der Theatersprache und ist seit der 2. H. des 19. Jh. belegt.

Dagegen gilt *sich die Hände reiben* als Ausdruck der Schadenfreude. In der Antike wurde die Gebärde des Händereibens allerdings den Betrübten zugeschrieben. *Mit den Händen winken:* Abschied nehmen. Oft für Kinder gebraucht. Aber auch als Geste des Jubels bekannt.

Jem. in die Hände fallen: an jem. geraten, der böse Absichten hat; den Feinden (oder Wegelagerern) in die Hände fallen. *Handgreiflich werden:* zur Prügelei übergehen. *Vorderhand:* zunächst, einstweilen, meint eigentl. nur den Teil einer Angelegenheit, der sich wirklich unmittelbar ,vor der Hand' befindet und darum am besten zuerst anzugreifen ist. *Überhandnehmen* ist eine Betonungsveränderung aus älterem ,(die) Überhand nehmen', mhd. ,überhant gewinnen', den Sieg erringen.

Die Hände über dem Kopf zusammenschlagen: sich höchlich verwundern. Die Rda. verweist auf eine alte Gebärde, als Zeichen höchsten Staunens und Erschreckens. Vgl. frz. ,lever les bras au ciel' (wörtl.: die Arme zum Himmel erheben). Auf alten Darstellungen z. B. des Jüngsten Gerichts, wie in Dürers ,Apokalypse', finden sich Menschen mit dieser Gebärde, die wohl urspr. den Kopf nach oben hin schützen sollte. Die Gebärde ist heute zur bloßen Rda. abgeflaßt. Dies gilt auch für andere Handgebärden. Alte Trauer- und Klagegebärden, z. B. das Raufen des Haares oder das Ringen der Hände, als Gebärden der Totenklage aus antiken Schrift-

stellern und Darstellungen ganz geläufig, sind auch in Mitteleuropa noch bis in die beginnende Neuzeit in Trauerbräuchen geübt worden. Das zeigt z. B. ein Holzschnitt aus dem Anfang des 16. Jh.

Das ,Händeringen' ist vor allem auch aus dem alten Volksrecht als selbständiger Klagegestus vor Gericht bekannt, ebenso wie das Winden der Hände während des Klagevortrags: „. . . sie klaget jämmerlich mit schwachem handewinden" (G. Neumark: ,Poetisch u. musikalisches Lustwäldchen' [1652]). Heute aber sind Ausdrücke wie *händeringend* usw. nur noch

,Händeringend'

rdal. erhalten, z. B. in der Rda.: ,Sich das ↗ Bast von den Händen ringen'.

Die Reichhaltigkeit des Redensartenfeldes Hand zeigt die folgende Kurzgeschichte (Krüger-Lorenzen, S. 122 f.): „Willy Winter hielt um Sophie Sommers

,Die Hände über dem Kopf zusammenschlagen'

Hand bei ihrem Vater an. Der aber schlug die Hände über dem Kopf zusammen und sagte: ‚Hand aufs Herz! Sie leben doch von der Hand in den Mund, darum kann ich Ihnen meine Sophie nicht in die Hand geben'. ‚Das stimmt nicht', antwortete der Freier, ‚ich werde nicht mit leeren Händen kommen, denn ich habe alle Hände voll zu tun. Ich bin nämlich die rechte Hand meines Chefs. Wir legen nicht die Hände in den Schoß, sondern wir arbeiten fabelhaft Hand in Hand. Wir sind keine Leute, die zwei linke Hände haben, im Gegenteil: uns geht das Tagespensum leicht von der Hand. Ich werde Ihre Sophie buchstäblich auf Händen tragen!' ‚Das sagen sie alle!' entgegnete der Vater. ‚Diese Heiratsanträge nehmen wirklich überhand. Alle wollen sie Sophie mit Handkuß nehmen. Mir sind übrigens die Hände gebunden. Ein anderer hat die Hand im Spiele. Sophies Verlobung mit Friedrich Frühling ist von langer Hand vorbereitet. Er hat mir unter der Hand mitgeteilt, daß er sie kurzerhand heiraten werde.' ‚Hand von der Butter!' rief nun Willy Winter empört, ‚sonst werde ich handgreiflich! Ich lege meine Hand dafür ins Feuer, daß keiner außer mir Sophie freien wird!' ‚Nun denn!' kapitulierte der Vater. ‚Mit hohler Hand stehe ich hier vor Ihnen und lasse mich bestechen: eine Hand wäscht die andere. Hier mein Handschlag! Aber wenn ihr nicht glücklich werdet, wasche ich meine Hände in Unschuld!' "

Lit.: *J. Grimm:* Deutsche Rechtsaltertümer, 2 Bde. (Leipzig ⁴1899, Nachdr. Darmstadt 1974) (abgek. RA. I u. II); *K. Sittl:* Die Gebärden der Griechen und Römer (Leipzig 1890); *J. Behm:* Die Handauflegung im Urchristentum nach Verwendung, Herkunft und Bedeutung in religionsgeschichtlichem Zusammenhang untersucht (Leipzig 1901); *K. v. Amira:* Die Handgebärden in den Bilderhandschriften des Sachsenspiegels (München 1905); *R. Lasch:* Der Eid (Stuttgart 1908); *W. Schmidt:* Die Hand in Sprache u. Recht, in: Zs. des Allg. Dt. Sprachver. 36 (1921) S. 163–167; *H. Bächtold-Stäubli:* Art. ‚Hand', in: HdA. III, Sp. 1379–1398; *K. Frölich:* Arbeiten zur rechtlichen Volkskunde, Heft 1 (Tübingen 1938), S. 31–33; *W. Funk:* Alte deutsche Rechtsmale (Bremen 1940); Art. ‚Hand' in Ciba-Zs. 7 (Basel 1940) Nr. 76; *E. v. Künßberg:* Schwurgebärde u. Schwurfingerdeutung (Freiburg 1941); *Th. Ohm:* Die Gebetsgebärden der Völker und das Christentum (Leiden 1948); *H. Mangin:* Die Hand, ein Sinnbild des Menschen (Zürich 1952); *O. Moser:* Zur Geschichte u. Kenntnis der volkstüml. Gebärden. Sonderdr. aus: Carinthia I, Mitt. des Geschichtsvereins f. Kärnten, 144 (1954) Heft 1–3; *J. Rüger:* Vom Kopf bis Fuß. Der menschl. Körper in volkstüml. Rdaa., in: Sprachpflege 12 (1963) S. 244–245; *H. G. Adler:* Die Hand. Eine Sprachbetrachtung, in: Muttersprache 74 (1964) S. 150–152; *L. Röhrich:* Gebärde–Metapher–Parodie (Düsseldorf 1967); *L. Röhrich* u. *G. Meinel:* Reste ma. Gottesurteile in sprw. Rdaa., S. 345 f.; *M. Kohler:* Art. ‚Hand', in: HRG. I (1971) Sp. 1927–1928; *M. Desmond:* Der Mensch, mit dem wir leben (München 1978); Strafjustiz in alter Zeit (Rothenburg o.d.T. 1980); *H. Demisch:* Erhobene Hände. Geschichte einer Gebärde in der bildenden Kunst (Stuttgart 1984); *M. A. van den Broek:* Sprichwort und Redensart in den Werken des Leipziger Volkspredigers Marcus von Weida, in: Beiträge zur Erforschung der dt. Sprache, Bd. VII (Leipzig 1987), S. 168–181; *Ch. Daxelmüller:* Art. ‚Hand', in: EM. VI, Sp. 436–447.

Handel. *Handel treiben:* Geschäfte machen. Der Begriff ‚Handel' wurde erst im MA. nach ‚handeln' gebildet. Dieses findet sich schon früh als ‚hantolôn': mit Händen fassen, dann ,tun, betreiben, verrichten'. Erst seit dem 15. Jh. auch üblich für den Warenverkehr.
Sich auf den Handel verstehen: geschäftstüchtig sein. *Den Handel wagen:* ein Geschäft riskieren. *Handel und Wandel:* das geschäftliche Leben und Treiben einer Gesellschaft (veraltete Zwillingsformel). *In einem schlimmen Handel stecken:* Geschäfte machen, die sich an der Grenze oder sogar außerhalb der Legalität bewegen; *Nicht mit sich handeln lassen:* nicht auf Kompromisse eingehen; *Keinen (Kuh-)Handel aus etw. machen:* nicht zum Feilschen bereit sein.

Lit.: *W. Müller-Bergström:* Art. ‚Kauf, Verkauf (Handel)', in: HdA. IV, Sp. 1134–1187.

Händel. *Händel haben, mit jem. händeln:* mit jem. im Streit liegen.

handfest. *Einen handfest machen:* einfangen, ↗ dingfest.
Als Adj. gebraucht, dient ‚handfest' zur Verstärkung, wie z.B. in den Wndgn.: *ein handfester Spaß:* ein derber Spaß oder: *ein handfester Krach:* eine heftige Auseinandersetzung.

Handgeld. *Handgeld genommen haben:* nicht mehr zurückkönnen. ‚Handgeld' ist seit dem 17. Jh. bezeugt als in die Hand gegebenes bares Geld, speziell bei Vertragsabschluß, als eine Art Anzahlung. Der Ausdr. spielte vor allem im militärischen Bereich bei der Anwerbung von Söldnern eine Rolle, die bleiben mußten, sobald sie (oft in trunkenem Zustand) vom Werber das verlockende ,Handgeld' angenommen hatten. Heute meint die Rda. *Jem. ein gutes Handgeld geben:* Gefälligkeiten großzügig belohnen, Bares in die Hand drücken.

Handgelenk. *Ein lockeres Handgelenk haben:* zum schnellen Zuschlagen geneigt sein *Etw. aus dem Handgelenk beherrschen:* souverän meistern, in einer Angelegenheit ,zuhause' sein. *Etw. aus dem Handgelenk schütteln:* mit Leichtigkeit beibringen, wie der Zauberer aus dem Nichts. Scherzhaft auch: ,aus der la main' wobei die frz. Wndg. in umg. dt. Aussprache wie ,Lameng' klingt.

Handhabe. *Keine Handhabe finden:* nicht wissen, wo und wie man eine Sache anfassen oder beginnen soll; eigentl. keinen Griff, keine Haltevorrichtung haben, womit man etw. heben oder bewegen kann.
Als Antwort auf die neugierige Frage: ,Was machst du?' heißt es mdal. im Obd. ,e Handhebe an e Mehlsack' und ähnl. im Schweiz. ,e Handhebi a-n-e-n alten Mehlsack'. Vom Antwortgeber ist damit eigentl. eine unsinnige Antwort beabsichtigt, doch gab es dieses Gerät in den alten Mühlen tatsächlich zum Transport schwerer Mehlsäcke.

Handikap. *Ein Handikap haben:* eine Behinderung, einen Nachteil erfahren. Der sondersprachl. Ausdr. ist im 20. Jh. entlehnt aus neuengl. ,handicap (race)': Rennen, bei dem Gewichtsvorteile durch Benachteiligung ausgeglichen werden. Die etymol. Herkunft ist nicht geklärt, man vermutet eine Zusammenrückung aus engl. ,hand in the cap' und den Urspr. in einem Wettspiel (Ziehungen aus einer Mütze). Entscheidend für die Weiterentwicklung des Begriffes ist dabei der von einem Schiedsrichter vorgenommene Ausgleich, der eine Erschwernis bzw. Behinderung eines Beteiligten bedeutet. Dies führt zu der heutigen Bdtg. ,Nachteil' oft auch in der Form ,gehandikapt sein'.

Handkuß. *Jem. mit Handkuß begrüßen* bez. eine selten gewordene Geste der Ehrerbietung gegenüber Damen, die gelegentlich noch bei älteren Kavalieren – vor allem in den Ländern der alten Donaumonarchie – zu beobachten ist. Im allg. wird der Handkuß heute nur noch als gehauchter Kuß in das Begrüßungs- und Abschiedszeremoniell miteinbezogen.
Der Handkuß hat als bes. Form der Devotion gegenüber Herrschern, Päpsten und Heiligen eine lange Geschichte und ist vermutlich, ebenso wie etwa auch die Umarmung zwischen Männern, aus der Antike zu uns gekommen: Ärmere Griechen, die nicht vermögend genug waren, den Göttern kostbare Opfer zu bringen, küßten nach Lukian deren Statuen die Hand. Auch bei den Römern war es üblich, beim

,Handhebe'

,E Handhebe an e Mehlsack'

‚Handkuß‘

Vorbeigehen an einer Bildsäule ihr die Hand zu küssen. Später wurde diese Geste der Devotion in das kirchliche Zeremoniell übernommen. Untergebene küßten die Hand (den Ring) bestimmter kirchlicher Würdenträger (Papst, Bischof etc.).

In den rom. Ländern finden sich diese Gebärden noch heute bei bes. festlichen Anlässen, wie bei Ordensverleihungen, Staatsbesuchen usw. Sie leben auf dem Weg über das span. Hofzeremoniell noch in bestimmten Bräuchen aristokratischer oder diplomatischer Etikette, haben sich aber sonst ins Gebiet der bloßen Rda. verflüchtigt, wo sie meist nur noch als verbale Grußform ohne Gebärde weiterleben, wie z. B. in der Wndg. ‚Küß die Hand (gnäd’ge Frau)‘, ↗ Hand (Kußhand), ↗ Gruß.

Handlung. *Sich zu einer unbedachten Handlung hinreißen lassen:* etw. Unvernünftiges tun; *Für seine Handlungen einstehen müssen:* für sein Tun zur Verantwortung gezogen werden.

Der Begriff ‚Handlung‘ wurde früher gebraucht zur Bez. eines Handelsgeschäftes wie z. B. einer ‚Kolonialwarenhandlung‘ oder ‚Gemischtwarenhandlung‘; daher dann auch die Berufsbezeichnung ‚Hand-

lungsgehilfe‘. Heute wird der Begriff zumeist nur noch i. S. v. Tätigkeit, Tun verwendet. Im MA. wurde eine Handlung durch die Abbildung einer Hand versinnbildlicht. So sind in einer Darstellung der Heidelberger Bilderhandschrift zum Sachsenspiegel z. B. fünf Hände abgebildet, die auf fünf verschiedene Handlungen hinweisen.

Lit.: *K. v. Amira:* Die Handgebärden in den Bilderhandschriften des Sachsenspiegels (München 1905).

Handschlag. Der schon seit der Antike bekannte und heute alltäglich zur Begrüßung vollzogene Handschlag (in Schwaben ↗ ‚handstreich‘ bzw. ‚handstroach‘) war urspr. auch eine rechtlich verpflichtende Gebärde zur Bekräftigung von Gelübden und Verträgen. Dabei schlug der eine in die dargebotene Hand des anderen. Schon im ‚Iwein‘ von Hartmann von Aue heißt es: „des enphähe mînen hantslac“.

Eine Abart des Handschlags liegt vor, wenn die Hände zweier Vertragspartner von einem Dritten zusammengefügt werden (wie z. B. bei der Trauung oder im ma. Lehnsrecht), oder wenn die vereinigten Hände zur Bezeugung des Geschäftsabschlusses von einem Dritten durchgeschlagen werden, wie vielfach noch im Viehhandel üblich. Vor dem Aufkommen des Schriftverkehrs war diese Art der Bekräftigung und Bezeugung die einzige Garantie. In ndd. Ausdr. für Kaufen und Handeln wie ‚koopslagen‘ lebt diese Form fort. Rdal. ist sie auch sonst noch vorhanden in Wndgn. wie *durch Handschlag bekräftigen* und ‚die Hand darauf geben‘. Insbes. Kinder pflegen noch diese Art der Versicherung.

In alter Zeit wurde der Handschlag bei allen vertraglichen Verpflichtungen vorgenommen, so beim Verlöbnis in der Kirche, beim Kauf, beim Schuldgelöbnis, bei der Wette, beim Versprechen (‚in die Hand versprechen‘) sowie bei staatlichen Verträgen: „Sie strakten den fride mit ir handen“ heißt es im ‚Kudrun‘-Epos. Auch in künstlerischen und handwerklichen Darstellungen begegnen ineinandergelegte Hände, so auf der sog. ‚Handtreuebrosche‘ (handtriuwepratze) oder in einem sog. ‚Verlobungszeichen‘ über dem Wirtshaustisch, bei dem zwei ineinandergreifende Hände mit einem Auge darüber versinnbildlichen, daß das durch Handschlag gegebene Versprechen unter den Augen Gottes gegeben wurde und also gültig ist. Im mittleren Lahntal hieß die Verlobung geradezu: ‚Handschlag halten'. In der Stille der Nacht begab sich der heiratslustige Jüngling in Begleitung des Brautwerbers, eines älteren Anverwandten seiner Auserwählten, zu dieser, um sich das Jawort zu holen, nachdem er schon vorher mit den Eltern übereingekommen war. Willigte die Schöne ein, so überreichte der Jüngling ihr Gold- und Silbermünzen als ↗ Handgeld. Dann erfolgte der Handschlag, und die Verlobung war vollzogen (↗ Hand).

Lit.: *W. Schmidt:* Die Hand in Sprache u. Recht, in: Zs. des Allg. Dt. Sprachvereins 36 (1921) S.163–167; *W. Müller-Bergström:* Art. ‚Handschlag' in: HdA. III, Sp. 1401–1404; *L. Röhrich:* Gebärde, Metapher, Parodie (Düsseldorf 1967); *A. Erler:* Art. ‚Handschlag', in: HRG. I, Sp. 1974–1975.

Handschrift. *Eine kräftige Handschrift haben:* tüchtige Ohrfeigen austeilen (können). Bei dem Spiel ‚Schinkenklopfen' (↗ Schinken) darf z. B. jeder der Anwesenden einem erlosten Opfer einen kräftigen Schlag auf das Hinterteil geben, wobei der Leidtragende an der ‚Handschrift' den Urheber seiner Schmerzen erraten muß.

Handschuh. *Den Handschuh hinwerfen, aufnehmen* ↗ Fehdehandschuh.
Einen Handschuh bekommen: das Markt- bzw. Stadtrecht erhalten. Der Handschuh steht in ma. Rechtsquellen stellvertretend für die gewalthabende und schützende Hand. Er war das Wahrzeichen des Königs, der das Marktrecht verlieh und den Marktfrieden setzte. Wenn sich ein Ort das Marktrecht vom Kaiser erbat, sandte dieser ihm zum Zeichen der Gewährung einen Handschuh, der an das Marktkreuz gehängt wurde. Im ‚Sachsenspiegel' heißt es: „wo man Städte bauet, muß man ein Kreuz setzen auf einen Markt und des Königs Handschuh daran hängen, daß man sehe, daß es des Königs Wille sei".
Die Überreichung des Handschuhs galt allg. als Symbol der Übertragung von Macht an einen Untergebenen. Boten erhielten ihn als Botenzeichen, und dieses wurde dem Empfänger einer Botschaft übergeben. Auf dem Altar niedergelegt, war er das Zeichen für die symbolische Investitur. Als Zeichen von Schutzgewährung galt er, wenn er dem Herrn übergeben und von diesem angenommen wurde.
Das ist meine Handschuhnummer: das sagt mir zu, das entspricht meinen Wünschen, meinem Können (Gegenwartssprache).
Jem. mit (Samt-)Handschuhen anfassen: ihn schonend, behutsam behandeln. Der Handschuh dämpft den Zugriff der Hand; vgl. engl. ‚to handle with gloves' und frz. ‚prendre quelqu'un avec des gants'.

Lit.: *J. A. Kement:* Der Handschuh u. seine Geschichte (Wien 1890); *G. Jungbauer:* Art. ‚Handschuh', in: HdA. III, Sp. 1404–1412; *A. Erler:* Art. ‚Handschuh', in: HRG. I, Sp. 1975–1976, Strafjustiz in alter Zeit (Rothenburg o.d. T. 1980), S. 314; *B. Schwinekörper:* Der Handschuh im Recht, Ämterwesen, Brauch u. Volksglauben (Sigmaringen 1981).

Handstreich. *Etw. im Handstreich nehmen:* etw. rasch (mühelos) erobern. Ausdr. für ein militärisches Unternehmen, das den Gegner unvorbereitet trifft, der daher keine Gegenwehr einsetzen kann.
Das Wort ‚Handstreich' ist im Dt. seit dem 16. Jh. bezeugt, urspr. in der Bdtg. von ↗‚Handschlag', z. B. bei einem Kaufabschluß oder einem Verlöbnis. Das gleichlautende Wort für ‚Überraschungsangriff' ist erst zur Zeit der Freiheitskriege als eine Übers. aus frz. ‚coup de main' aufgekommen.

Handtuch. *Das Handtuch werfen:* sich geschlagen geben, aufgeben. Die Rda. stammt aus dem Boxsport. Dem Unterliegenden wird von seinem Trainer das Handtuch zugeworfen als Zeichen für die Beendigung des Kampfes. In neuerer Zeit wird die Rda. häufig auf Politiker angewendet, die in den Strudel der Kritik geraten und vom Amt zurücktreten. Weitere Bedeutungen: sich für überwunden erklären, die Waffen strecken.
Der Vergleich: *wie ein nasses Handtuch* wird mit Vorliebe auf denjenigen angewendet, der völlig kraft- und willenlos ist. Als *schmales Handtuch* wird der über-

,Das Handtuch werfen'

schlanke Mensch bez., der zudem noch eine beachtliche Länge aufzuweisen hat, auch ein schmales Stück Land.

Handwerk. *Das Handwerk grüßen,* urspr. ein Ausdr. der auf der Wanderschaft befindlichen Handwerksgesellen, später auch der Fachgenossen, die auf der Reise Meister, Berufskameraden oder Innungsherbergen aufsuchten.
Sein Handwerk verstehen: sich gut in seinem Beruf auskennen, tüchtig sein.
Sich seines Handwerks nicht schämen müssen ist eine Wndg., die auf das Ehrenwerte eines jeden Handwerksberufes hinweist, vor allem wenn es im Vergleich mit geistigen Tätigkeiten ins Hintertreffen gerät.
Einem ins Handwerk pfuschen: mit ungeschickter Hand, unbefugt in jem. Tätigkeitsgebiet eindringen; vgl. frz. ,bousiller le travail e de quelqu'un'. ,Pfuschen' bezeichnete urspr. die Ausübung eines Handwerks von einem, der nicht der Zunft zugehörte; älter auch (so bei Grimmelshausen) *einem ins Handwerk stehen.*
Einem das Handwerk legen: ihn an der Ausübung einer Beschäftigung oder an einer Handlungsweise hindern, bes. ihm die unerlaubten Machenschaften unterbinden. Wer sich gegen gewisse Vorschriften der alten Innungsordnungen verging, dem konnte für immer oder auf eine gewisse Zeit ,das Handwerk gelegt' (früher auch: niedergelegt) werden, d.h. die Innung konnte ihm die Ausübung des Handwerks verbieten. Eine alte Handwerksformel ist es auch, wenn Goethe in ,Dichtung und Wahrheit' (5. Buch) sagt: „Sieht es doch aus, als wolltet ihr mir ins

Handwerk greifen und mir die Kundschaft entziehen".

Lit.: R. *Wissell:* Des alten Handwerks Recht und Gewohnheit, 2 Bde. (Berlin 1929); *Jungwirth:* Art. ,Handwerker', in: HdA. III, Sp. 1413–1435; *H. Lentze:* Art. ,Handwerk (rechtlich)', in: HRG. I, Sp. 1976–1984; *K.-S. Kramer:* Art. ,Handwerk, Handwerksgesellen (volkskundlich)', in: HRG. I, Sp. 1984–1988; *L. Röhrich* u. *G. Meinel:* Rdaa. aus dem Bereich von Handwerk und Gewerbe, in: Alemannisches Jahrbuch (Bühl/Baden 1973); *E. Moser-Rath:* Art. ,Handwerker', in: EM. VI, Sp. 472–481.

Hanf. *Im Hanf sitzen:* sich's wohl sein lassen, nämlich wie ein Vogel im Hanffeld. Sprw. ist wohl auch in Goethes ,Götz von Berlichingen': „Du kannst mehr als Hanf spinnen". Hanf heißt nicht nur die Pflanze, sondern auch das daraus hergestellte Gespinst: *sich nicht aus dem Hanfe finden können:* nicht klug werden aus etw., auch: verworren reden (schon im 17. Jh. bezeugt): „Ohne das Französische wird man sich schwerlich aus dem Hanfe finden" (Lessing, ,Hamburg. Dramaturgie'). *Durch den Hanf gucken:* sich erhängt haben (obersächs.); ähnl. els. *im Hanf ersticken;* noch heute heißt es schwäb.: ,Der isch em Hanf verstickt', wenn sich jem. umgebracht hat. ,Hänfners Fenster', ,Hänfners Halsband', ,Hänfnerkragen' sind Ausdrücke für die Schlinge beim Erhängen, ↗ Seiler.
Wer gestohlen hat, ,der verdient eine gute Krawatte aus Hanf', frz. ,Il mérite une bonne cravate de chanvre' (veraltet), d. h. daß ihm die Schlinge um den Hals gelegt werden soll. Von einem, der henkenswert ist, sagt man *Er geht nicht gerne an einem Hanffelde vorbei.* Ähnl. das Sprw.: ,Besser den Hanf in den Händen als am Halse'. Manchem Übeltäter steht der Galgen schon von früher Jugend an bevor, er muß seinem Lebenswandel nach *für den Hanf gewachsen sein.*

Lit.: H. *Marzell:* Art. ,Hanf', in: HdA. III, Sp. 1435–1438.

Hangen, Hängen. Die Formel *Hangen und Bangen* ist ein verballhorntes Zitat aus Clärchens Lied in Goethes ,Egmont' (III, 2). Im richtigen Zusammenhang heißt es dort:

Freudvoll
Und leidvoll,
Gedankenvoll sein;

Langen
Und bangen
In schwebender Pein,
Himmelhoch jauchzend,
Zum Tode betrübt,
Glücklich allein
Ist die Seele, die liebt.

‚Langen‘, das hier die Bdtg. von ‚Verlangen tragen‘ hat, wurde oft in ‚Hangen‘ verändert.

Mit Hängen und Würgen: mit großer Mühe, mit knapper Not. Das Bild bezieht sich auf das Ersticken des Gehängten am Galgen (19. Jh.).

Im Zusammenhang damit steht auch das ‚Hängen spielen‘ (↗ pfeifen).

Sich hängen lassen: keinen Lebensmut mehr zeigen, kraftlos sein, eigentl.: Die Schultern hängen lassen, keine aufrechte Haltung zeigen.

Einen hängen haben: betrunken sein; verkürzt aus der Vollform: ‚einen ↗ Haarbeutel oder ↗ Zopf hängen haben‘.

‚In der Luft hängen‘ (↗ Luft): keine Sicherheit haben; ‚(in der Kneipe) herumhängen‘; *hängenbleiben:* eine Schulklasse wiederholen müssen; *sich an jem. hängen:* ihm lästig fallen; ‚sein Herz an etw. hängen‘: es sich sehr wünschen oder wie seinen Augapfel hüten, ↗ Herz; ‚etw. an den Nagel hängen‘: aufgeben (↗ Nagel); ‚etw. an die große Glocke hängen‘: herumposaunen (↗ Glocke); ‚den Mantel nach dem Wind hängen‘: flatterhaft sein, sich Vorteile verschaffen (↗ Mantel); ‚den Brotkorb höher hängen‘: unerreichbar machen, d. h., mit weniger auskommen müssen (↗ Brotkorb); ‚den Kopf hängen lassen‘: pessimistisch, deprimiert, niedergeschlagen sein (↗ Kopf).

Lit.: *D. Marschall:* Art. ‚Hängen‘, in: HRG. I, Sp. 1988–1990.

Hannemann. *Hannemann, geh du voran!:* eine Aufforderung zum Vorangehen; sie stammt aus dem Schwank von den sieben ↗ Schwaben, der seit dem Anfang des 16. Jh. bekannt ist. Angesichts eines furchterregenden unbekannten Tieres, das aber in Wirklichkeit ein gewöhnlicher Hase ist, wird der eine der sieben Schwaben, der bald ‚Gelbfüßler‘, bald ‚Jockele‘, ‚Hansele‘ oder ‚Veitli‘, auch ‚Hahnemann‘ heißt, aufgefordert:

Hannemann geh du voran!
Du hast die größten Stiefel an,
Daß dich das Tier nicht beißen kann.

Lit.: *M. Radlkofer:* Die sieben Schwaben und ihr hervorragendster Historiograph Ludwig Aurbacher (Hamburg 1895); *A. Keller:* Die Schwaben in der Gesch. des Volkshumors (Freiburg 1907).

Hannes. *So kommt Hannes in et Wammes:* immer mit der Ruhe; nach und nach bringt einer doch etwas fertig; allmählich wird er begüterter. Die Wndg. warnt vor Übereilung und ist wohl auch iron. gemeint, wenn sich jem. gar nicht aus der Ruhe bringen läßt. Sie ist mdal. verbreitet. In Osnabrück und der Altmark lautet sie z. B. ‚Allna groade kummt Hans int Wams‘. Liselotte von der Pfalz gebraucht in ihren Briefen als eines ihrer Lieblingssprww.: „Mit der Zeit kam Jean ins wames, er zog aber 7 jar ahn eine mau“. Vgl. auch ndl. ‚Al doende kwam wambuis in Harmen, en hij mouw de zeven jaar over eene trok‘. Simrock (7261) verzeichnet die hd. Wndg. *Nachgerade kommt Hans ins Wams,* die aber nicht sehr gebräuchl. ist.

Die bekannte Hauptperson des Kölner Figurentheaters erhielt den dort gebräuchlichsten männlichen Vornamen ‚Hänneske(n)‘, wonach das ganze Theater bez. wurde.

Lit.: *R. Lochmann:* Volkskundliche Belege in den Briefen der Liselotte von der Pfalz; masch.-schriftl. Staatsexamensarbeit (Freiburg 1969). *M. L. Schwering:* Das Kölner ‚Hännesken‘-Theater. Geschichte u. Deutung (Köln 1982).

Hans als Kurzform von Johannes (Hannes) war früher, namentlich vom 14. bis zum 17. Jh., der verbreitetste aller dt. Vornamen. So kommt es, daß Hans, ähnl. wie Peter, Matz (Matthias), Barthel (Bartholomäus), Grete, Liese in Ausdrücken wie ‚Heulpeter‘, ‚Hemdenmatz‘, ‚Dreckbarthel‘, ‚faule Grete‘, ‚dumme Liese‘ u. a. als Gattungsname gebraucht wurde: ‚Große Hansen‘ (= große Herren), ‚Faselhans‘, ‚Plapperhans‘, ‚Gaffhans‘, ‚Knapphans‘ (für einen Sparer) und ‚Prahlhans‘. *Da war (ist) ↗ Schmalhans Küchenmeister;* die Rda. ist schon seit dem 17. Jh. bezeugt; bei Schupp heißt es: „Wo man Holz umb Weihnachten, Korn umb Pfingsten und Wein umb Bartholomäi kauft, da wird

Schmalhans endlich Küchenmeister".
Nach der Schlacht von Breitenfeld wurde
Tilly verspottet:

Ein anders mal
Bleib Hannes Schmal
Und nit so gierig schaue;
Denn wer zu voll
Das Maul nimmt wol,
Hat übel zu verdauen.

Gern verwendet Goethe solche Ausdrücke: „Du sprichst ja wie Hans Liederlich" (‚Faust‘ I, V. 2628), „Hans Ohnesorge" (‚Erste Epistel‘), „Hans Adam" (‚West-östlicher Divan‘). ‚Hans Urian‘ (oder Musche Urian) ist eine volkstümliche Bez. des Teufels, ‚Meister Hans‘ wird der Scharfrichter genannt, ‚Hans im Glück‘ (nach KHM. 83) ist ein mit allem Zufriedener, ein Glückspilz. Daher auch die Rda.: ‚sich fühlen wie Hans im Glück‘. Den ‚blanken Hans‘ nennt man das Meer, vor allem die Nordsee. Wegen ihrer Unberechenbarkeit, z. B. bei Sturmflut, die allen Widerstand herausfordert, wird ihr ‚Trutz blanker Hans‘ entgegengerufen.
Hans wird auch zum Typus der Dummheit: ‚Hans Dumm‘, ‚Hansnarr‘, ‚Hansaff(e)‘, ‚Hans Affenschwanz‘ (älter: ‚Affenzagel‘). *Hans* (*Dampf*: dieser Zusatz erst seit dem Anfang des 19. Jh.) *in allen Gassen* führt Joh. Agricola 1529 an (Nr. 257): „Er ist Hans ynn allen Gassen, Ein Steyn, den man hyn vnd wider waltzet, bewechst selten, also lernet nichts redliches, er gebe sich denn auff eines allein, vnd lerne das wol, Denn der ynn allen gassen wonet, der wonet vbel".
‚Hans Dampf in allen Gassen‘ ist schließlich der Titel einer Erzählung von Heinrich Zschokke (1771–1848). In Gotha wird behauptet, ein Hans Dampf sei dort im 19. Jh. eine leibhaftige, stadtbekannte Persönlichkeit gewesen, und man beruft sich dabei auf die 1846 anonym in Gotha erschienene Dichtung: ‚Die Wirkung des Dampfes oder das Leben auf der Thüringer Eisenbahn …‘, wo es in der 10. Strophe heißt:

Nun kommt auch Hans George, genannt der Hans Dampf,
Hat Abschied genommen, überstanden den Kampf,
Er will gern mit fahren in die höllische Fremd‘,

Mit seinen sieben Sachen, zwei Strümpf und ein Hemd;
Das Entree bezahlet das Mütterchen fein,
Und nun fährt der Schlingel über den Rhein.

‚Hans Dampf‘ heißt noch heute eine bekannte Gaststätte in Gotha.
Ein Lied aus ‚Des Knaben Wunderhorn‘ trägt den Titel ‚Hans in allen Gassen‘; es stammt von einem Fliegenden Blatt von 1636.

,Hans Dampf in allen Gassen‘

In Holstein nennt man einen, der alles aufschiebt, ‚Hans Namiddag‘ und einen, der alles aufwühlt, ‚Hans Röhrup‘. *Hänschen im Keller* wird im Scherz ein zu erwartendes Kind genannt (seit dem 18. Jh. belegt); vor allem in dem Trinkspruch: ‚Hänschen im Keller soll leben!‘ Ähnl. engl. ‚Jack in the cellar‘.
Am bekanntesten ist *Hanswurst*, zuerst 1519 belegt, eine ndd., danach obersächs. Schelte des unbeholfenen Dicken, dessen Gestalt einer Wurst gleicht. Der Name erinnert an den frz. ‚Jean potage‘ (heute fast unbekannt), den ‚Maccaroni‘ in Italien,

den ‚Jack Pudding‘ in England, den ‚Pik-
kelhering‘ in Holland. Deutlich sind diese
Namen nach den Lieblingsgerichten der
unteren Volksklassen der verschiedenen
Völker gegeben worden. Der Name Hanswurst erscheint zuerst in der ndd. Bear-
beitung des ‚Narrenschiffs‘ (Brant selbst hat
dafür „Hans myst“). Dann findet sich der
Name in einer gegen den Herzog von
Braunschweig-Wolfenbüttel gerichteten
Schrift Luthers: ‚Widder Hannsworst‘

1–3 ‚Hanswurst‘

‚Den Segen Gottes bring‘ ich hier / damit
nicht zwenig ist gleich vier / Doch ist ein
Segen eigner Art / weil man dabei gar
nichts erwart / Je mehr so Segen kommt ins
Haus / Desto eher geht das Geld hinaus‘

(Wittenberg 1541); darin heißt es: „Wohl
meinen etliche, ihr haltet meinen gnädi-
gen Herrn darum für Hannsworst, daß er
von Gottes Gnaden stark, fett und Völligs
Leibes ist“. Bei Luther ist die Bdtg. also
auf ‚Tölpel‘ erweitert. Die heute übliche
Form ‚Hans Wurst‘ steht erst in Fischarts
‚Gargantua‘ 1575 (Kap. 8, Bl. K 6 b):
„Trink allzeit for dem durst, so tringt dich
kein durst Mein Hans Wurst“. In der zweiten H. des 16. Jh. wird der Hans Wurst zur
Gestalt des Narren im Lustspiel, von da
aus zur Bez. jedes närrischen, albernen
Menschen. Daher die Rda. *den Hanswurst
(für jem.) spielen (machen):* sich zum Narren halten lassen; vgl. frz. ‚faire le gui-
gnol‘, nur i. S. v.: sich absichtlich wie ein
Hanswurst aufführen und die anderen dadurch zum Lachen bringen; *ich bin doch
nicht dein Hanswurst:* ich lasse mich von
dir nicht zum Narren halten; vgl. auch *mit
jem. das Hänschen machen:* ihn veralbern,
als dumm behandeln. Ähnl. auch: ‚Mit
jem. das Hansele machen‘. Hansele-Figu-
ren als Narren u. Spaßmacher spielen in
der alem. Fasnet eine große Rolle.
Im Elsaß ist der ‚Hans im Schnokeloch‘
eine Art Symbolfigur geworden. Er steht
für den ewig Unzufriedenen, dessen Lieb-
lingsausdr. ‚Hätt-ich‘ (↗ Hättich) ist und
der doch nicht bekommt, was er will:

Un was er hett, / das will er nit,
und was er will, / das hett er nit.
Darüber hinaus begegnet er auch als Titel
einer humoristischen Zs., hrsg. von Karl
Bernhard (1860–62), sowie eines Gedichtes von Alph. Heitz. Eine andere, bes. bei
Kindern beliebte Hansfigur ist der aus
dem Struwwelpeter bekannte ‚Hansguck-
indieluft‘, der Träumer, dessen Blick immer himmelwärts gerichtet ist u. der daher
fortwährend über Stock u. Stein stolpert.
Einen Hinweis auf die Allerweltsbdtg. des
Namens Hans gibt auch das Märchen
‚Hänsel u. Gretel‘ (KHM. 15).
↗haben, ↗Schmalhans, ↗Wurst.

Lit.: *F. v. Radler:* Der wienerische Hanswurst (Wien
1894); *F. Heyck:* Hanswurst (1928); *W. Meyer:* Wer-
den und Wesen des Wiener Hanswurstes (Diss. Leipzig 1932); *H. Hohenemser:* Pulcinella, Harlekin,
Hanswurst (Diss. München 1940); *O. Rommel:* Die
Altwiener Volkskomödie (Wien 1952). *A. Bach:* Dt.
Namenkunde, 3 Bde. (Heidelberg 1952–56), bes.
Bd. 1: Die dt. Personennamen; *G. Schiedlausky:* ‚Han-
sel im Keller‘, in: Der weiße Turm 10 (1967), S. 23–25;
L. Schmidt: Hanswurst u. verwandte Gestalten in der
Volkskunst, in: Werke der alten Volkskunst (Rosen-
heim 1979), S. 43–48; *W. Mieder:* ‚Was Hänschen
nicht lernt, lernt Hans nimmermehr‘. Zur Überlieferung eines Luther-Sprichwortes, in: Sprachspiegel 39
(1983), S. 131–138; *H.-J. Uther:* Art. ‚Hans im Glück‘,
in: EM. VI, Sp. 487–494. *R. Böhm:* Hänsel und Gretel.
Eine Fallstudie (Bern – Frankfurt a.M. – New York
1991).

hänseln. *Jem. hänseln:* ihn necken, zum
besten haben. „Das Wort hänseln (auch
hansen, verhansen) bez. urspr. die Auf-
nahme in eine Schar (ahd. und got.
‚hansa‘ = Schar) u. ist möglicherweise im
Zusammenhang mit der Entwicklung der
Hanse entstanden. Der früheste Beleg für
das Wort stammt aus dem Jahre 1259.
Später verflachte die Bdtg. zu ‚jem. zum
Narren haben‘, aufzwicken, frozzeln etc.
Bestimmte Gruppen beanspruchten ein
Hänselrecht u. machten vom Vollzug des
Hänselns den Genuß ihrer Privilegien abhängig. So ist laut der ‚Borßbandts Or-
tung‘ von 1627 in St. Goar das Verhansen
Vorbedingung für das Feilhalten von Wa-
ren auf dem dortigen Markt. Es wird in
St. Goar jedoch um diese Zeit bereits
auch scherzhaft an durchreisenden Fremden vollzogen. Eine große Rolle spielte
das Hänseln auch bei den Studenten, bei
denen sich in Nachahmung kirchlicher
Gebräuche – z.B. Eintritt in einen

Mönchsorden – ein derbes Necken u.
Hänseln herausbildete. A. Beier schildert
das Hänseln als ‚Ceremonia bei der Aufnahme eines künftigen Mitgliedes in eine
Gemeinschaft, fast wie das Deponieren
der jungen Studenten auf etzlichen Universitäten bräuchlich‘. Dieses Hänseln ist
in allen Volkskreisen üblich gewesen u.
hatte letzten Endes nur den Zweck, von
den Gehänselten ein Lösegeld zum Vertrinken zu erpressen. In anderer Form hat
sich das Hänseln z.B. bei den Zimmerern
bis auf die heutige Zeit erhalten. „Wer un-
gerufen auf den Arbeitsplatz kommt,
kann gewärtig sein, daß die Zimmerer von
ihrem ‚Platzrecht‘ Gebrauch machen: sie
ihn unversehens mit ihrer Schnurleine
umbinden. Dann heißt es: ‚Zahlen!‘ "
(R. Wissell, S. 29–30).
Um ihre andere Art des Hänselns handelt
es sich bei der Äquatortaufe der Seeleute,
bei der jeder, der zum erstenmal den
Äquator passiert, sich einer besonderen
Taufe unterziehen muß. Doch ist dieser
Brauch – wie viele andere Hänseleien
auch – eher den scherzhaften Hänseleien
zuzurechnen. Für die jüngere Zeit ist eine
Zwischenstellung zwischen Ernst u.
Scherz typisch. Sie führte zu der neuen
verflachten Bdtg. des Begriffs.

Lit.: *R. Wissell:* Des alten Handwerks Recht u. Gewohnheit (Berlin 1929); *F. Rauers:* Hänselbuch,
Schleif-Vexier-Deponier-Tauf- und Zeremonien-
Buch (Essen 1936); *A. Wacke:* Nachlese zum Volksbrauch, in: Österr. Zs. f. Vkde. 82 (1979), S. 151–166
passim; *K.-S. Kramer:* Art. ‚Hänseln‘, in: HRG. I.
Sp. 2003–2004.

Harakiri. *Harakiri machen:* sich selbst
den Garaus machen (wirtschaftlich, politisch u. gesellschaftlich). Eigentl.: auf
grausame Weise Selbstmord begehen. Japan. ‚Harakiri‘ bedeutet ‚Bauchaufschnei-
den‘.
Es war die unter dem Kriegerstand gebräuchl. Art des Selbstmordes zur Wah-
rung der Ehre, die er durch eine drohende
Gefangenschaft oder Strafe sonst verloren hätte. Unter Einhaltung zeremonieller
Regeln schnitt sich der Harakiri-Begehen-
de von links nach rechts den Bauch
auf, während ihm im gleichen Augenblick
ein Freund den Kopf abschlug. Nach
1868 wurde der Harakiri-Zwang aufgehoben. Freiwillig wurde diese Art des Selbst-

P. 116

‚Harakiri‘
(Von dem Bauch-aufschneiden: A. Ist die Person selbsten, die ihren Bauch aufschneidt / B.
Ist sein Nothhelfer, wofern ihn einige Schwachheit oder Ohnmacht überfassen möchte / C.
Ist derjenige, welcher ihm den kleinen Säibel überreicht und zubringt, damit er ihm selbst
den Bauch aufschneiden soll / D. Ist der Tempel, auf dessen Vorhof diese Bauch-auf-
schneidung gewöhnlich vorgeht / E. Sind sechs Priester, die Sorge für das Begräbtniß des
Leichnams und die Seele des Patienten tragen / F. Sind zwölf von der nechsten Freund-
schaft und beste Bekanten des Bauchschneiders / G. Sind eitel Zuseher, als denen (in
Wahrheit) kein Spiel zu groß ist)

mords nur noch selten verübt. In Europa
meist in übertr. Bdtg. verwendet.

Lit.: *C. Redesdale:* Tales of Old Japan (mit A.B. Ford)
(London 1910); *H. Matsubara:* Blick aus Mandelaugen (Kevelaer 1983), S. 38–39.

Harfe. *Die Harfe spielen in der Mühlen:* ältere Rda. für: etw. Vergebliches tun. Ähnl.
wird es schon von Neidhart von Reuental
(um 1190–1246) in seinen Liedern (69,38)
ausgedrückt: „swaz ich ie gesinge deist ge-
härpfet in der Mül, si verstêt es minder
wort".
K. Simrock (335) führt auf: ‚In der Mühle
ist übel harfen‘ (wegen des dort alles über-
tönenden Geräusches).
Im MA. war die Harfe vor allem als Be-
gleitinstrument zum Gesang bekannt,
wurde darüber hinaus aber auch ohne Gesang zum Tanz gespielt. Später wurde sie
von der Geige verdrängt, zur Liedbegleit-
tung jedoch auch weiterhin verwendet.
Das Bild von der Harfe begegnet schon an
zahlreichen Stellen in der Bibel (Hiob
21,12; 30,31; Ps. 98,5 etc.) u.a. in der
Übers. Luthers. Luther (Briefe, 2,62)
kennt auch den sprw. Vergleich *geschickt
als der Esel zur Harfe;* es ist vergebliche

Mühe, dem Esel das Harfenspiel beizubringen. Schon mhd. „Ein man mac sich
wol selben touben (betouben = betören),
der ein esel wil harpfen lêren". Statt des
Esels erscheint auch der Bär als Schüler:
„Sô mac man einen wilden bern noch
sanfter herpfen lêren". Dazu gehört das
warnende Sprw.: ‚Wer die Harfe nicht
spielen kann, greife nicht hinein‘ (↗ Esel).
Nachdem die Harfe im 16./17. Jh. entspr.
ihres selteneren Gebrauchs auch im
Sprachgebrauch kaum noch begegnete,
lebte ihr Bild durch die allgemeine Hin-
wendung zur Antike im 18. Jh. wieder auf,
jetzt freilich in der gehobenen Sprache,
hochstilisiert zur Äolsharfe, Wind- u.
Geisterharfe in Verbindung mit hochpoe-
tischen Zitaten wie: „Der Wind harft in
den Bäumen". Klassische und romanti-
sche Autoren äußerten sich überschweng-
lich über die Harfe:
  Wie Harfentöne ineinander spielen
  zu der himmelvollen Harmonie
(Schiller: ‚Räuber‘ 3,1); Noch bei E. M.
Arndt heißt es:
  Auch klingt es oft wie Harfenton,
  wie Geisterflüstern drein
(Gedichte, 1840, 173).

‚Harfenjule'

Lit.: *M. Willberg:* Die Musik im Sprachgebrauch, in: Die Muttersprache (1963), S. 201–221.

Harfenjule. Sprw. Bekanntheit erlangte die Berliner ‚Harfenjule' (mit bürgerlichem Namen Luise Northmann), die um 1900 in den Höfen der Berliner Arbeiterviertel Lieder sang und sich dabei selbst begleitete. In ihrer Jugend war Frau Northmann blind gewesen; nach einer Operation konnte sie mit einem Auge Dinge wie durch einen leichten Nebel erkennen. 1969 spendete ihr der Steinmetzmeister Frank Merk einen Grabstein auf dem Kirchhof der Luthergemeinde in Berlin-Lankwitz. Hier hatte sie 1911 ein Armengrab erhalten. Mit der sozialen Seite ihrer Existenz befaßten sich H. Zille in seiner Graphik von der Harfenjule wie auch Klabund (Pseudonym für Alfred Henschke) in einem in der Zs. ‚Pan' erschienenen Gedicht:

Emsig dreht sich meine Spule,
Immer zur Musik bereit,
Denn ich bin die Harfenjule
Schon seit meiner Kinderzeit.

Lit.: *B. Kalusche:* Harfenbedeutungen (Frankfurt/M. – Bern – New York 1986), S. 205.

Harke. *Einem zeigen, was eine Harke ist* (‚Ick wer dir zeigen, wat 'ne Harke is!'): es ihm begreiflich machen in einer Weise, daß er daran denken soll; jem. gründlich die Meinung, die Wahrheit sagen; den Standpunkt klarmachen, ihn derb und handgreiflich belehren. ‚He kennt de Hark nig!' (er kennt die Harke nicht) sagt man in Holstein von jem., der zu Hause so tut, als ob er fremd sei. Die Rda. ist schon im 16. Jh. bezeugt: ‚Itzt weistu, was ein harke heist' (J. Ackermann: ‚Der ungera-

thene Sohn', 1540, S. 116). Obwohl das Wort Harke = Rechen auf den Norden Dtl.s beschränkt ist, bezieht sich die Rda. deutlich auf einen weitverbreiteten Schwank von dem aus der Fremde heimkehrenden Sohn, der die Sprache seiner Angehörigen nicht mehr verstehen will und in fremden Zungen redet: Ein Bauernsohn stellt sich bei seiner Rückkehr aus der Stadt (aus dem Ausland, aus der Lateinschule) so, als ob er nicht mehr wisse, was eine Harke ist. Als er aber aus Versehen auf die Zinken tritt und die Harke ihm mit dem Stiel an den Kopf schlägt, ruft er aus: ‚I du verflökte Hark!' (z. B. Firmenich: ‚Germaniens Völkerstimmen' I, 76 f.). Ausführlich in dieser Form erzählt den Schwank zuerst Montanus in seiner ‚Gartengesellschaft'; doch ist er bereits 1512 in Murners ‚Narrenbeschwörung' erwähnt: „Wa doch dyn vatter bzale das, Do soltu nit vil darnach fragen. Wolt er denn darüber clagen, So mach dir selber ein latinum: Mistelinum gebelinum!" Die Heimkehr des jungen Helmbrecht beweist (‚Meier Helmbrecht' V. 697 ff.), daß der Schwank auch im MA. bereits bekannt und volkstümlich gewesen sein muß. Vgl. die obersächs. Rda.: ‚Er kennt die Harke nicht mehr', er hat seine Muttersprache verlernt.

Vgl. frz. ‚Je lui montrerai comment je m'appelle' (wörtl.: Ich will ihm zeigen, wie ich heiße).

Lit.: *G. Polívka:* Eine alte Schulanekdote und ähnliche Volksgeschichten, in: Zs. f. Oesterr. Vkde. 11, S. 158–165; dazu Nachträge von *J. Bolte,* in: Zs. d. Ver. f. Vkde. 16 (1906), S. 298; *F. Panzer,* Zum Meier Helmbrecht, in: PBB. 33 (1908), S. 391–398; *Wander* II, Sp. 361 (‚Harke' 4); *Müller-Fraureuth* I, 477; *E. Moser-Rath:* Art. ‚Der gelehrte Bauernsohn', in: EM. I, Sp. 1350–1353.

Harnisch. *Einen in Harnisch bringen:* ihn zornig machen; die Wndg. ist schon 1626 bei Julius Wilhelm Zincgref belegt. *In Harnisch geraten:* zornig werden. Eigentl. ist, wer im Harnisch ist, gerüstet und bereit zum Waffenkampf, dann übertr.: bereit, mit Worten zu kämpfen. Im wörtl. Sinne noch z. B. im 15. Jh. in Behaims ‚Buch von den Wienern' (S. 185, V. 8):

All weg warn wir peraitet, so
man anslug und sturm lautet do,
jm harnusch waren wir das meist.

Schon halb übertr. und doch auch real vorstellbar z.B. in einem Volkslied von 1688 gegen die Verwüstung der Pfalz durch die Franzosen:

Kaiser, kannst die Not du sehen,
Und ihr Fürsten in dem Reich,
Daß solch Schandthat kann geschehen,
Und fahrt nicht in Harnisch gleich?

„Im Harnisch sein" bucht als sprichwörtlich 1561 Agricola, ebenso 1649 Gerlingius (Nr. 121): „Er fert leicht daher, wie ein zerbrochen Schiff. Er ist wenig zu heiß gebadet. Er ist bald im Harnisch" (ebenda Nr. 129: „In den harnisch jagen" für: zornig machen). Das wörtl. Gegenteil dazu ist eigentl. ‚entrüsten‘ = die Rüstung ausziehen. Über die abgeschwächte Bdtg. ‚aus seinem geordneten Zustand bringen‘ entwickelt dies dann aber, vor allem reflexiv gebraucht, den Sinn: aus der Fassung kommen, aufgebracht sein.

‚Jem. einen geharnischten Brief schreiben‘: ihm schonungslos seine Meinung über etw. darlegen, seinen Zorn brieflich zum Ausdr. bringen.

hart, hartnäckig. *Hart im Nehmen sein:* unempfindlich sein, eine Portion Schläge vertragen können – im wörtl. wie im übertr. Sinne. Mit ‚Härte‘ ist eine bestimmte (rücksichtslose) Angriffs- u. Verteidigungshaltung umschrieben, die sowohl Schläge austeilen als auch einstecken kann. Sie findet auch in anderen Wndgn. ihren Niederschlag, z.B.: *hart wie Eisen* oder *(Krupp-)Stahl, hart wie Stein,* womit im übertr. Sinne auch Halsstarrigkeit oder Unnachgiebigkeit gemeint sein kann. Andere Rdaa. zu diesem Umfeld sind: *ein hartgesottener Bursche sein, einen harten Schädel haben, mit harten Bandagen kämpfen,* u. Ausdrücke wie: ‚hartherzig‘ u. ‚knochenhart‘. *Etw. ist ein harter Brocken:* eine größere Sache, an der man lange kaut, die viel Unannehmlichkeiten bringt, ↗Bandagen, ↗Bissen, ↗Brocken. *Es geht hart auf hart:* es geht um eine entscheidende Sache, in der mit allen zur Verfügung stehenden Mitteln gekämpft wird. *Etw. geht hart am Ziel vorbei:* man trifft den Kern der Sache nicht ganz, ist aber nahe dran. *Einen harten Kurs einschlagen:* häufig politisch gebraucht, z.B. für die Ahndung von Straftaten. Nicht selten ist

auch die Rede von einer ‚harten Erziehung‘, die gegen die Wechselfälle abhärtet u. stark macht i.S. des (heute iron. gebrauchten) geflügelten Wortes von Fr. Nietzsche aus dem ‚Zarathustra‘ (Ges.-Ausg. Bd. 6, S. 224, 3. Tl.): „Gelobt sei, was hart macht".

Etw. hat sich hartnäckig gehalten: es ist nicht auszurotten. So hat sich auch der Begriff ‚hartnäckig‘ sowohl in adj. wie auch in adv. Form ‚hartnäckig‘ gehalten u. sprw. Bdtg. erlangt, da er eine Verkürzung der Wndg. ‚einen harten Nacken haben‘ darstellt.

Die Härte des Nackens ist andererseits aber auch Ausdr. der Kraft, die den Menschen befähigt, eine Last zu tragen, Widerstand entgegenzusetzen – im Gegensatz zum geschmeidigen Nacken, der leicht gebeugt werden kann u. zu Unterwürfigkeit neigt: „harter nacke dient für manchen klugen man". Darüber hinaus ist der harte Nacken auch als Ausdr. einer schlechten Eigenschaft i.S.v. Trotz u. Widerstandsgeist bekannt u. schon in der Bibel erwähnt: „denn ich weiß, daß du hart bist, u. dein Nacken ist eine eiserne Ader" (Jes. 48, 4), u. an anderer Stelle: „so gehorchten sie nicht, sondern härteten ihren Nacken gleich dem Nacken ihrer Väter" (2. Kön. 17, 14).

Heute wird der Begriff ‚hartnäckig‘ vorwiegend i.S.v. standhaft, beharrlich, nicht nachlassend gebraucht, oder aber in bestimmten Zusammensetzungen wie: ein hartnäckiges Fieber, hartnäckiges Gerücht etc., d.h., er wird auf etw. bezogen, das sich lange hält u. eigenen Gesetzen zu gehorchen scheint.

Landgraf werde hart ↗Landgraf.

haschen. *Hasch' mich, ich bin der Frühling.* Die Wndg. wird von Männern gebraucht, die sich über Frauen amüsieren, die durch lächerlich jugendliche Kleidung auffallen. Die Vermutung liegt nahe, daß die Wndg. ihren Ursprung im Fangspiel hat, wobei sich die Betroffene fortwährend entzieht und daher so wenig gefangen werden kann wie der Frühling, der stets nur vorüberzieht.

‚Haschen‘ wird heute auch zur Bez. des Rauschmittelkonsums in der Jugendsprache verwendet.

Hase. *Ich dachte, es hätte mich ein (der) Hase geleckt:* ich meinte, mir wäre ein bes. Glück zuteil geworden. Eine seit dem 17. Jh. bekannte Rda., die auch heute noch mdal. verbreitet ist. Obersächs.: ,Daar hat a Gesicht gemacht, als wenn'n der Hos gelackt hett', er schmunzelte.

Wissen, wie der Hase läuft: gut Bescheid wissen; sehen, wie eine Sache läuft, vgl. frz. ,connaître la musique', ↗ Musik.
Der Hase ist bekannt wegen seines Hakenschlagens, wenn er vom Hund aufgestöbert wird. Der erfahrene Jäger läßt sich von den einzelnen Haken nicht beeindrucken und achtet nur auf die Hauptrichtung seiner Flucht. Auf dieser Beobachtung beruht schon die folgende Stelle in der ,Hildesheimer Chronik' von Oldecop aus dem 16. Jh.: „Tom lesten (zuletzt) dede de markgraf einen hemelichen afsprunk, also de hase deit, und vorlor sie". Bei einer Sache mit zweifelhaftem Ausgang wartet ein Kluger ab, *wohin der Hase läuft,* in welche Richtung sie sich entwickelt; engl. sagt man im gleichen Sinne: ,to see how the cat jumps' (sehen, wie die Katze springt). Goethe gebraucht in ,Dichtung und Wahrheit' die Wndg. „einen Hasen nach dem andern laufen lassen" u. bemerkt: „Dies war unsre sprichwörtliche Redensart, wenn ein Gespräch sollte unterbrochen und auf einen anderen Gegenstand gelenkt werden".

Den Hasen laufen lassen: das Geld mit vollen Händen ausgeben. Bereits Grimmelshausen schreibt im ,Simplicissimus' (III, Kap. 11): „Ich war aber ein schröcklich junger Narr, daß ich den Hasen so lauffen ließ", d.h., daß ich die Sache so begann, mein Geld so verschwendete. Bei Wander (II, 375, Nr. 187) wird die Rda. jedoch mit ,verliebt sein' übersetzt.

Merken, wo der Hase liegt: genau Bescheid wissen, den Kern der Sache erfassen, nämlich urspr. wo sich der Hase versteckt hält. „Ha, ha, nun merk ich wo der hase liegt", sagt A. Gryphius (1698). Nur scheinbar eine Erweiterung ist die Rda. *da liegt der Hase im Pfeffer:* das ist der Punkt, auf den es ankommt; da ist die Schwierigkeit; da hakt es (vgl. ,da liegt der ↗ Hund begraben'). Hier dreht es sich nicht um den lebenden, sondern um den toten und sogar schon fertig zubereiteten

,Wissen, wie der Hase läuft'

Hasen. Unter Pfeffer muß man eine früher allg. beliebte und oft bereitete Brühe oder Soße verstehen, die mit Pfeffer und anderen Gewürzen abgeschmeckt wurde und in der man Fische, Hasen und anderes Fleisch anrichtete (,Hasenpfeffer'). Die Rda. ist seit dem 13. Jh. schriftlich belegt. Bei Philander heißt es: „Keiner aber weiß, wo der Has im Pfeffer liegt, als der ihn angerichtet oder helfe essen". „Da liegt der Haas im Pfeffer" heißt es bei Schiller (,Kabale u. Liebe' 1, 1). Geiler von Kaysersberg (gest. 1510) betitelt sinnbildl. einen Predigtzyklus: „Ain geistliche bedeutung des häßlins, wie man das in den pfeffer bereyten soll", und in Seb. Brants ,Narrenschiff' (71, 12 ff.) wird von streit- und prozeßsüchtigen Leuten gesagt, sie verließen sich darauf, das Recht zu ihren Gunsten zu drehen:

Nit denckend, das sy sint der has,
der ynn der schriber pfeffer kumt.

Der urspr. Sinn der Rda. ist wahrscheinl.: da sitzt der Unglückliche in der Patsche, und ihm ist nicht mehr zu helfen. Ähnl. ist das Bild von der eingebrockten Suppe, die ausgelöffelt werden muß. Deutlich geht dieser Sinn hervor aus der ,Zimmerischen Chronik' (Bd. 4, S. 165): „Den (König) fieng erst an sein fürnemen zu rewen, jedoch so war der has im pfeffer, er kem gleich darauß, wie er welte". Möglich ist auch, daß die Rda. ,Der Hase liegt in jem. Pfeffer' (d.h. Der Gegenstand oder die Person ist einem andern zur Beute, zum Gegenstand des Genusses geworden) vermischt worden ist mit der oben genannten: ‚Er weiß, wo der Hase liegt' (d. h. wie die Sache zu machen ist, worauf es ankommt). Die heutige Form der Rda. ist seit dem 17. Jh. oft bezeugt. Vgl. frz. ‚Voilà le hic': Da liegt die Schwierigkeit.

Mir ist ein Hase über den Weg gelaufen: ich bin heute vom Pech verfolgt und überzeugt, daß mir nichts gelingen wird. Bes. im ‚Angang' (erste Begegnung am Morgen) bedeutet ein Hase Unglück im Volksglauben. Dieses Vorurteil ist so stark, daß es noch heute den Jäger zur Umkehr bewegt. Nicht anders ist es, wenn einem eine Katze, bes. im Dunkeln, über den Weg läuft, und ebenso ist das Zusammentreffen mit Hinkenden und Einäugigen bedenklich, auch mit alten Weibern und Priestern; Bär, Wolf und Eber dagegen bedeuteten einstens Glück. Man sah die Begegnung mit kampflustigen Tieren als gute Vorbedeutung für den Ausgang eines bevorstehenden Kampfes an, die mit unkriegerischen dagegen als schlechtes Zeichen. Außerdem gelten Hase und Katze als Verwandlungsgestalten der Hexe. Lit. Belege berichten von diesem Volksglauben oder verurteilen ihn, z. B. heißt es: „1289 verloren die wider die Dithmarschen kriegenden Grafen von Holstein eine Schlacht, weil ihrem Heer ein Hase entgegenlief" (Ber. ein Schriftst. d. 17. Jh. – Wander II, Sp. 372); in Albertinis ‚narrenhatz' (München 1617) wird gespottet: „abergläubig stocknarren erschricken, wenn ein haas über den weg, darüber sie gehen oder reiten müssen, laufet, denn sie vermeinen, daß sie an selbigem tag ein unglück ausstehen müssen". 1646 heißt es: „Item, wann einer morgens ausgeht, und ihm zum ersten ein weyb begegnet, oder ein haas über den weg läuft … dass ihm etwas widerwärtiges desselben tages zuhanden stossen werde". Auch die Rokkenphilosophie warnt: „Es ist nicht gut, wenn man über Land reist, und läufft einem ein Haase übern Weg". Noch im Kinderlied klingt dies an:

Läuft ein Häslein übern Steg
Fahren wir nen andern Weg.

Die Furchtsamkeit des Hasen war Grund zu mehreren Rdaa., wie etwa *einen Hasen im Busen haben:* sich fürchten; *hasenschreckig sein:* Angst haben. „Ich bin nicht hasenschreckig" heißt es bei Seb. Franck um 1570. Bair. meint ‚derhasen' furchtsam werden, den Mut sinken lassen; vgl. engl. ‚to hare' (in Angst geraten). In der ‚Zimmerischen Chronik' (Bd. 1, S. 200) findet sich: „Do überkamen sie ainsmals den hasen im busen, wie man sprücht, und berathschlagten, das in der nacht sie haimlich mit allem kriegsvolk abziehen und in iren vorteil sich legern wolten". ‚Den Hasen im Busen haben' hatte im 16. und 17. Jh. auch die Bdtg. von ‚närrisch sein', so wie oftmals der Hase als närrisches, dummes Tier in den Rdaa. auftaucht. Hase nannte man im 16. Jh. einen albernen Gecken; im Siegerland sagt man von einem, der eitel und eingebildet ist: ‚Er hat einen Hasenfuß in der Tasche'; ebenso in Westf.

Um eine ernste Angelegenheit handelt es sich bei der Wndg. ‚eine Hasenscharte haben', d. h., eine Mißbildung der Oberlippe haben, die im Aussehen an die Spaltung der Oberlippe des Hasen erinnert. Sie begegnet als Erzählmotiv in verschiedenen Sagen (Mot. A 2211.2); darüber hinaus aber auch im Zusammenhang mit der sprichwörtl. Ängstlichkeit des Hasen in einer Fabel (AaTh. 20), die seit der Spätantike in vielen Variationen tradiert ist. Es ist darin die Rede von einer Versammlung von Hasen, die aus Verzweiflung darüber, daß sie von Menschen u. Tieren verfolgt werden u. in ständiger Furcht leben müssen, sich ertränken wollen bzw. in ein anderes Land ziehen. Ihr Weg führt sie an einem Teich vorbei, an dessen Ufer Frösche sitzen. Vom Lärm der heranziehenden Hasenschar aufgeschreckt stürzen sie sich ins Wasser. Ein alter, weiser Hase ermahnt daraufhin die übrigen zur Umkehr, da es offensichtlich noch andere Tiere gebe, denen es schlechter als ihnen ginge, u. es wohl kein Land gäbe, in dem man ohne Furcht leben könne. In einigen jüngeren Variationen hat das Thema eine Erweiterung erfahren: Die Hasen müssen am Ende über ihre eigene Torheit so lachen, daß sich ihre Oberlippe spaltet u. sie seither eine Hasenscharte haben. R. W. Brednich nimmt an, es könnte aus der verbreiteten Tiererzählung vom ‚Fuchs am Pferdeschwanz' (AaTh. 47) seinen Weg in die Fabel AaTh. 20 gefunden haben.

„Hasenfuß‘

„Angsthase‘

Auch könnte die Rda. *ein alter Hase sein* (viel Erfahrung haben) hier ihren Urspr. haben.

Die Ausdrücke *Hasenfuß* und *hasenfüßig* enthalten ebenfalls oft den Begriff des Närrischen, Albernen und Geckenhaften. Bei Goethe („Mitschuldige‘) sagt der Wirt seinem Schwiegersohn eine Menge schlimmer Dinge nach und faßt das zusammen mit dem Wort: „Der König Hasenfuß“. Vor dem 14. Jh. galt der „Hasenfuß‘ (mhd. hasen vûz) als rascher Läufer, erst später verschob sich die Bdtg. zur Bez. eines Furchtsamen. Engl. „hare-foot‘ meint heute noch lediglich den guten Sportler. Bei Schiller heißt es: „Hat ers Kourage nicht, so ist er ein Hasenfuß“ („Kabale und Liebe‘ 1, 2).

Das Hasenpanier ergreifen: davonlaufen, fliehen. Das Panier des Hasen (auch *Hasenbanner* ist bezeugt) ist sein Schwänz-

TIMIDUS MILES FACILE EXCUSATIONEM INVENIT 51

„Das Hasenpanier ergreifen‘

chen, das er bei der Flucht in die Höhe reckt. Daher sagte man von Ausreißern auch: „Sie werfen das Hasenpanier auf‘ (so schon 1564 belegt) oder „der hasen paner aufstecken‘ (1548 in der Fabelsammlung „Esopus‘ von Burkard Waldis). Die Form „das Hasenpanier ergreifen‘ steht seit Luther fest. „Ergreifen‘ wurde wahrscheinl. aus „die Flucht ergreifen‘ übernommen. Im Bilderbogen von Paul Fürst um 1650/60, „speculum bestialitatis‘, heißt es:

Der haß der ist ein forchtsam thier,
Gar bald wirfft er auff sein panier.

Neben „Hasenfuß‘ und „Banghase‘ ist ein *Angsthase sein* eine seit 1500 gemeinte Rda. – Andere Rdaa. für „fliehen‘ sind: *den Hasenkurs nehmen; sich auf seine Stärke verlassen wie die Hasen; einen Hasen machen; standhalten wie der Hase bei der Trommel; den Hasen bauen; Hasenschuhe anziehen.*

Hasenherz nennt man den Feigling. So etwa heißt es in Schillers „Räubern‘ (1, 2): „und das schreckt dich, Hasenherz?“ und Grillparzer spricht vom „hasenherzgen Schuft“. Hase ist schon in der „lex salica‘ ein zu büßendes Schimpfwort: „si quis alterum leporem clamaverit …“ (wenn einer einen anderen einen Hasen gescholten hat …). Im „Armen Heinrich‘ des Hartmann von Aue (um 1200) steht: „ir sint eines hasen genôz“.

669

‚Hasenherz' – Der ängstliche Liebhaber

Er ist kein heuriger Hase mehr sagt man von einem nicht mehr jungen, aber auch von einem erwachsenen, erfahrenen, kampferprobten Menschen. Der *alte Hase,* der schlau und rasch genug war, dem Jäger immer wieder zu entwischen, weiß sich zu helfen.

Hasenbrot wird allg. ein Butterbrot genannt, das man unberührt von einer Reise oder vom Gang zur Arbeit wieder mit nach Hause bringt, wo man es den Kindern mit den Worten gibt, man habe es einem Hasen abgenommen. Meist fügt man hinzu, man habe vorher *dem Hasen Salz auf den Schwanz gestreut,* wodurch er nicht mehr habe fliehen können. Diese Art, einen Hasen zu fangen, wird den Kindern allg. angegeben. Vgl. frz. ‚mettre du sel sur la queue des petits oiseaux' (den Vögeln Salz auf den Schwanz streuen), ↗Vogel.

Dem habe ich einen Hasen in die Küche gejagt sagt man im Rhein. für ‚einen Gefallen getan'. Mit dem Satz: ‚Ich erwarte nicht, daß Sie mir die Hasen in die Küche treiben' wird zum Ausdr. gebracht, daß man nichts Unangemessenes erwartet. Wem der Hase von allein in die Küche läuft, der muß ihn nicht mühsam erjagen. Denn Hasen zu fangen ist nicht einfach. *Ich bin dem Hasen nachgelaufen* sagt, wer tüchtig gearbeitet hat. *Das ist doch keine Hasenjagd!* ruft man einem ungestüm Davoneilenden nach, und von einem, der immer alles zugleich tun will, sagt man *er läuft zwei Hasen nach;* vgl. frz. ‚Il court deux lièvres à la fois'. Aber: *wer zwei Hasen will, kriegt keinen.* Von jem., der gut hört, sagt man, er habe *Hasenohren,* denn die langen Ohren des Hasen legen den Gedanken nahe, er müsse bes. gut hören. Der Hase hat große hervorstehende Augen und kleine Augenlider, so daß er gewöhnlich beim Schlafen die Augen nicht ganz schließt. Man glaubte daher, das furchtsame Tier wolle nur den Anschein erwecken, als ob es schlafe, in Wahrheit aber sei es stets auf der Hut. Daher die alte Rda. *den Hasenschlaf schlafen* (oder *haben),* gebucht in lat. Form seit 1508 bei H. Bebel (Nr. 547), in dt. 1541 bei Seb. Franck (11,73): „Er schläfft den Hasenschlaff. Er schläfft mit offnen augen wie ein Hase", ↗Auge.

Sich um den Hasenbalg zanken: sich um Kleinigkeiten streiten, die des Zankens nicht wert sind; früher wurde nur wenig für das Fell eines Hasen gezahlt.

Arbeit und Schulden sind keine Hasen: sie laufen nicht davon, man kann sie auch später noch erledigen. In ‚Sprichwörtlich' reimt Goethe:

Lief' das Brot, wie die Hasen laufen,
Es kostete viel Schweiß, es zu kaufen.

Hasenrein ist der Jagdhund, der für die Hühnerjagd abgerichtet wurde und keinen Hasen angreift. ‚Er ist nicht ganz hasenrein' sagt man heute im Sinne von: nicht einwandfrei, politisch nicht ganz unverdächtig. Ein *blinder Hase* ist ein in der Pfanne gebratener Hackfleischkloß. Vielerorts kennt man dafür nur ‚falscher Hase', weitverbreitet (sogar in Italien, Frankreich u. den Niederlanden) ‚Frikadelle', in Berlin das frz. ‚Boulette' und in Ostdeutschland (Königsberger) ‚Klops'. Die Katze ist als ‚Dachhase' bekannt und in Notzeiten auch wohl öfter ‚in den Kochtopf gewandert'.

Daran denkt das Karnevalslied:

Bi Lehmanns hebbt se 'n Has im Pott,
den Häwelmann sin Katt is fott, ...

Angeblich sollen findige Gastwirte früher ihren Gästen statt des gewünschten Hasenbratens eine Katze zubereitet haben. Goethe schließt sein parabolisches Gedicht ‚Katzenpastete' mit den Worten:

Die Katze, die der Jäger schoß,
Macht nie der Koch zum Hasen.

An einem entlegenen Ort *sagen sich die Hasen* (auch: Fuchs und Hase) *gute Nacht,* ↗ Fuchs.

Der gespickte Hase war ehedem ein gefürchtetes Folterinstrument. *Bönhasen* hießen im Spott Handwerker, die ohne Vollmacht der Zunft heimlich in oberen Kammern arbeiteten. Urspr. hieß es ‚Bodenhase' oder ‚Bühnenhase' (für Bühne ‚Dachboden'); hierhin mußten sich nämlich die nicht anerkannten Handwerker flüchten, um nicht entdeckt zu werden. Da solche Leute oft schlechte Arbeit lieferten, bedeutet ‚Bönhase' soviel wie ↗ ‚Stümper', ↗ ‚Pfuscher'.

Die Rda. *mein Name ist Hase, ich weiß von nichts* wird auf den Heidelberger Studenten Viktor Hase zurückgeführt, der einem Kommilitonen, nachdem dieser einen andern im Duell erschossen hatte, durch absichtliches Verlieren seines Studentenausweises zur Flucht nach Frankreich verhalf. Seine Antwort auf die Generalfragen des Universitätsgerichts (1854/55) machte bald die Runde durch die Universitäten und ging von da in den allg. Sprachgebrauch über.

Den Hasen suchen (alem. ‚dr Has suche') sagen die Eltern an Ostern, dann finden die Kinder zwar keinen Hasen, wohl aber die vom ↗ Osterhasen versteckten Ostereier.

Dem Has läuten meint einen Osterbrauch in Hessen: Am Morgen des ersten Ostertages setzt sich ein Bursche an die Tür der Kirche und fängt an zu rufen: ‚bomm, bomm', worauf es in allen Höfen, erst in der Nähe, dann in der Ferne ‚bomm, bomm' ertönt. Daran schließt sich ein Umtrunk an. Der Brauch beruht auf der legendären Überlieferung, daß die Glocken an den drei letzten Tagen der Karwoche in Rom sind und dort neu geweiht werden. Man ersetzt also die Glocken durch die menschliche Stimme, ↗ Karfreitagsratsche.

Viele andere magische Vorstellungen sind

,Mein Name ist Hase'

mit dem Hasen verbunden. Sie haben ihren Niederschlag u. a. auch im Märchen oder in bestimmten Redewendungen gefunden. So gilt der Hase z. B. auch als Liebessymbol, wie es auch zum Ausdr. kommt in der Wiener Rda.: ‚Schickt der Herr die Haserln, so gibt er auch die Graserln', die bei reichem Kindersegen Verwendung findet. Ähnl. auch der Spruch ‚... bescherert Gott ein Häsigen, so beschert er auch ein Gräsigen' (J. Praetorius: ‚Geschichten ... von ... dem Rübezahl', Neuausg. von P. Ernst, 1908, S. 85 (vgl. L. Schmidt: Sprw. dt. Rdaa., in: Österr. Zs. f. Vkde., 28 (1974), S. 98–99). Anspielungen ähnl. Art finden sich auch in den neuzeitlichen Häschen-Witzen (H. Venske: ‚Hattu Möhren!' – Über Häschen-Witze, in: Der Spiegel 6, 1977, S. 142–143).

Häufig wird der Hase auch in Verbindung mit Regen u. Nebel genannt. Das zeigt sich auch in der Rda. ‚Die Hasen rau-

chen', die beim Aufziehen von Nebel gebraucht wird, oder in der Wndg. ,die
Hasen bachen (backen) Küchlein (Brot)',
was soviel bedeutet wie: wir bekommen
Regen.

Aus dem Grimmschen Märchen vom Hasen und Igel (KHM. 187) sind die Worte
des Igels ,Ick bün all hier' sprw. geworden. Das Märchen dient heute zur Charakterisierung von Konkurrenzen zwischen ungleich Großen, vor allem wenn
ein Kleiner über den Großen siegt; oder
auch Intelligenz über bloße Körperkraft.

Lit.: *C. E. v. Thüngen:* Der Hase ... dessen Naturge-
schichte, Jagd und Hege (Berlin 1879): 2. *J. A. Walz:*
,Einen Hasen laufen lassen' in Goethes ,Dichtung u.
Wahrheit', in: Modern Language Notes 23 (1908),
S. 211–212; *O. Keller:* Die antike Tierwelt, I (Leipzig
1909), S. 210–216; *W. Lindenstruth:* Dem Has läuten,
in: Hess. Bl. f. Vkde., Bd. VIII, S. 187–190 (mit mehre-
ren hist. Belegen aus der Pfarrchronik von Beuren/
Hessen); *H. Hepding:* Ostereier und Osterhase, in:
Hess. Bl. f. Vkde., 26 (1927), S. 127–141; *Riegler:* Art.
,Hase', in: HdA. III, Sp. 1504–1526; insbes. 1512 f.;
W. Jesse: Beiträge zur Volkskunde und Ikonographie
des Hasen, in: Volkskunde-Arbeit.Festschrift Otto
Lauffer (Berlin–Leipzig 1934), S. 158–175; *A. Becker:*
Osterei und Osterhase (Jena 1937); *L. Röhrich* u.
G. Meinel: Rdaa. aus dem Bereich der Jagd und der
Vogelstellerei, S. 319f., 321; *V. B. Dröscher:* Mit den
Wölfen heulen (Reinbek 1978), S. 69–72; *B. M.
Henke:* ,Sie liessen einen Hasen nach dem anderen
laufen ...' (Frankfurt/M. 1983); *A. Schnapp:* Eros auf
der Jagd, in: Cl. Bérard u.a.: Die Bilderwelt der Grie-
chen (Mainz 1984), S. 101–125; *R. W. Brednich:* Art.
,Hasen u. Frösche', in: EM.VI, Sp. 555–558, hier ins-
bes. 557; *R. Schenda:* Art. ,Hase', in: EM. VI,
Sp. 542–555.

Hasel. *In die Haseln (Haselnüsse) gehen:*
sein Liebchen aufsuchen, heimlichen
Umgang pflegen, verbotene Liebe genießen. Der Haselstrauch und die Haselnuß
besitzen erotische Bdtg. Sie gelten als
Symbole der Lebenskraft und der Fruchtbarkeit, wahrscheinl. deshalb, weil der
Strauch zäh und kräftig ist, bereits im Vor-
frühling blüht und sehr viele Früchte hervorbringt, die sich oft gepaart vorfinden.
Das Haseldickicht wird außerdem als ein
geheimnisvoller Ort der Kinderherkunft
angesehen, die Haselstaude selbst spielt
im Volksglauben als Kinderbaum eine
Rolle. Die seit dem 16. Jh. bezeugte Rda.
ist als metaphorische Anspielung auf unerlaubte voreheliche Geschlechtsverbin-
dung zu verstehen, denn in der Umgangssprache werden direkte Bez. für sexuelle
Vorgänge und Schwangerschaft meistens

vermieden. Man umschreibt sie durch verhüllende sprachl. Bilder, wie dies vorzugsweise im Volkslied und ganz bes. häufig
im Liebeslied zu beobachten ist. Die Rda.
ist also gleichbedeutend wie die im Lied
bevorzugten Metaphern: ,Brombeeren
pflücken', vgl. frz. ,aller aux fraises' (in die
Erdbeeren gehen), in derselben Bdtg.,
,Gras (Korn) schneiden', ,ins Heu fahren'
und ,Rosen brechen'. Sie begegnet selbst
auch im Lied, z.B. als Aufforderung an
das Mädchen:

Ei, du lewi Dordee-Lies,
Geh mit mir in die Haselniß

oder es heißt von einem Mädchen, das
sich heimlich mit dem Geliebten treffen
will:

Es geht ein Mädel Haselnuß klaub'n
Frühmorgens in dem Taue.

Noch versteckter ist die Anspielung in
einem Volkslied (Nr. 74 B, Str. 8) aus Uhlands Sammlung:

Sein Pferdlein das tet im strauchen
Wol über ein Haselstauden.

Auch andere Wndgn. mit der Haselnuß
besitzen eine übertr. Bdtg., so meint z.B.
die einfache Feststellung: *Es gibt in diesem Jahr viele Haselnüsse,* daß viele uneheliche Kinder geboren werden, und die
bair. Rda. ,Die Haselnüsse sind heuer geraten' bedeutet ebenfalls: in diesem Jahr
gibt es viele schwangere Mädchen. Wander (II, Sp. 378 f.) vermutet, daß die Rdaa.
auf den verbotenen Umgang anspielen
wollen, der hinter den schützenden Büschen unbeobachtet stattfindet, oder daß
die heranwachsenden unehelichen Kinder mit den wild wachsenden Früchten
der Haselnußsträucher verglichen werden sollen. Wahrscheinlicher ist jedoch
der Bezug zur allg. Fruchtbarkeit und zur
frühen Blüte der Hasel, womit die vorzei-
tige und unerlaubte sexuelle Beziehung
und die voreheliche Schwangerschaft verglichen werden. Auch das Sprw. ,Wenn es
über die kahlen Haselstauden donnert,
gibt es viele gefallene Jungfrauen' gehört
in diesen Sinnzusammenhang, wobei
noch eine Verstärkung durch die Vorstellung vom fruchtbarmachenden Gewitter
hinzukommt. Außerdem wurden die Haselstauden zum Liebes- und Eheorakel
benutzt, sie wurden z.B. in der Metten-
nacht geschüttelt. Vgl. auch die (veraltete)

frz. Wndg. ‚année de noisettes, année d'enfants' und den alten und weitverbreiteten Hochzeitsbrauch, den Neuvermählten Haselnüsse zu schenken als Zeichen guter Vorbedeutung für Liebe und große Nachkommenschaft. Allg. galten auch Haselnüsse als Geschenk zu Weihnachten und Neujahr als Zeichen der Liebe. Voraussetzung für die Entwicklung zum erotischen Symbol ist wohl auch die hodenähnl. Gestalt der paarigen Haselnüsse. Die Wndg. *aus einer Haselstaude entsprungen sein* diente zum Vorwurf unehelicher und niedriger Geburt. Sie wurde als große Beleidigung aufgefaßt, gegen die man sich zu verwahren hatte. so heißt es z. B. in Christian Reuters ‚Schelmuffsky' (1, 50): „ich müste noch weit was Vornehmers sein, denn meine Augen die hätten mich schon verrathen, dasz ich aus keiner Haselstaude entsprungen wäre". Die erotische Bdtg. der Hasel erklärt auch ihre Funktion als warnender Baum in der Volksballade. In Volksliedern begegnen Zwiegespräche eines Mädchens mit der ‚Frau Hasel (Haselin)', die mit den folgenden Versen eröffnet werden:

Nun grüß dich Gott, Frau Haselin!
Von was bist du so grüne?
(E. B. I, Nr. 174[a]).

Der Haselstrauch warnt vor dem Verlust der Ehre. Dies geschieht bes. ausführlich in einer Variante des Liedes ‚Mädchen und Hasel' aus Schlesien (vgl. E. B. I, Nr. 1746).

Offenbar wurde die Schande eines gefallenen Mädchens beim Maibrauch, wenn ihr die Burschen Haselnußzweige vor das Fenster oder die Türe setzten, was sie dem allg. Spott preisgab.

Die Wndg. *mit Haselruten ist gut schlagen* weist auf eine Zauberpraktik, denn die Hasel spielt auch sonst als Zauberpflanze im Volksglauben und -brauch eine wichtige Rolle. So gelten die Haselruten als Lebens- und Wünschelruten, sie werden zum Schlagen beim Fruchtbarkeitszauber benutzt, z. B. bei einer bisher kinderlos gebliebenen Frau (Anhalt) oder auch beim ersten Viehaustrieb. Die zu Pulver verbrannte Haselrinde diente bereits im 15. Jh. als Aphrodisiakum. Haselstöcke und -ruten besaßen aber auch apotropäische Eigenschaften, sie schützten z. B. vor

Geistern, Hexen, Vampiren, vor Schlangen und Ungeziefer, aber auch bei Gefahren auf einer langen Wanderung und im Kriege und selbst vor Blitzschlag. Eine in Süddtl. verbreitete Legende erzählt, daß Maria mit ihrem Kind Schutz bei einem Gewitter unter der Hasel gefunden habe. Tatsächlich wird die Hasel nie von einem Blitz getroffen, da sie anscheinend wegen ihrer glatten Rinde ein guter Elektrizitätsleiter ist. Auch im Märchen ist die Hasel Zauberpflanze und Grabesbaum (KHM. 21: Aschenputtel), sie bietet Zuflucht, Hilfe und Zaubergaben; oft sind unter ihr Schätze verborgen.

Verschiedene Rdaa. verwenden die Haselnuß als Bild des Kleinen, Wertlosen und Nichtigen: *etw. ist keine gelöcherte (hohle) Haselnuß wert; es bringt nur taube Haselnüsse; jem. ist eine hohle (taube)* ↗ *Nuß*. Geiler von Kaysersberg braucht die Wndg. noch ohne den heute üblichen und steigernden Zusatz ‚hohl' oder ‚taub': „ich geb dir nitt ein bon oder ein haselnusz umb ein sentenz und umb ein urteil" (‚Marie Himelfahrt', 3[a]). Schiller dagegen schreibt in ‚Kabale und Liebe' (I, 2): „einem Liebhaber, der den Vater zu Hülfe ruft, trau' ich – erlauben Sie – keine hohle Haselnuß zu".

Euphemist. Umschreibungen für tüchtige Prügel sind bis heute in den Wndgn.: *einen mit Haselsaft erquicken; jem. mit Haselöl (Haselsalbe) einschmieren* und bes. im Obersächs. ‚ein häselnes Frühstück kriegen', gebräuchlich.

Lit.: *K. Weinhold:* Über die Bedeutung des Haselstrauches im altgermanischen Kultus u. Zauberwesen, in: Zs. d. Ver. f. Vkde., 11 (1901); *E. M. Kronfeld:* Die Zauberhasel, in: Mitt. d. Dt. Dendrolog. Ges., 31 (1921), S. 249–271; HdA. III, Sp. 1527ff., Art. Hasel v. *H. Marzell: L. Röhrich:* Gebärde- Metapher- Parodie (Düsseldorf 1967), S. 66; *L. Röhrich:* Liebesmetaphorik im Volkslied, in: Folklore International ... in honor of Wayland Debs Hand, ed. by D. K. Wilgus u. Carol Sommer (Hatboro/Pennsylvania 1967), S. 187–200; *W. Danckert:* Symbol, Metapher, Allegorie im Lied der Völker, Bd. III (Bonn–Bad Godesberg 1978), S. 992–1006.

häßlich ↗ Ente.

Hättich. Die Konjunktivform (Optativ oder Irrealis) des Verbums ‚haben': ‚hätte ich' ist in Sprww. und Rdaa. gelegentlich personifiziert und zu einer Figur namens

‚Hättich' konkretisiert worden. Z. B. ‚Hettich ist ein böser Vogel, Habich ist ein guter' (Seb. Francks ‚Sprichwörter', 1541, 2, 120); ‚Wenn ‚Hätt'ich' kommt, ist ‚hab' ich' weg'. ‚Der Hättich und der Wöttich (wollte ich) sind Geschwister'. Es sind Formeln, die Wünsche, Bedauern, Reue signalisieren.

Zum volkstümlichen Zitat geworden sind auch die Worte ‚hätt ich dich, so wollt ich dich!' aus dem Grimmschen Märchen von der Blutwurst und der Leberwurst (‚Die wunderliche Gasterei', KHM. 43 der ersten Ausgabe 1812 und 1819). Sie signalisieren das Bedrohliche des Gefressenwerdens.

Lit.: *W. Scherf:* Die Herausforderung des Dämons. Form und Funktion grausiger Kindermärchen (München–New York u. a. 1987); *H. Rölleke:* Rdaa. des Volkes, auf die ich immer horche (Bern–Frankfurt/M.– New York–Paris 1988), S. 198.

Hau. *Einen Hau (mit der Wichsbürst') (weg)haben:* geistig beschränkt, nicht ganz gescheit sein. Geistesverwirrung wird rdal. häufig mit einem Schlag in Zusammenhang gebracht im Sinne einer Gehirnerschütterung; vgl. ‚bekloppt'.

In einem Beleg vom Anfang des 19. Jh. begegnet die Wndg. auch im Zusammenhang mit einem Zustand der Erheiterung: „Wir waren also sehr muthig, und Kraus und ich hatten eben beide einen fröhlichen Hau" (‚Feiertage im Julius 1807' von J. J. Bischoff, mitgeteilt von Paul Meyer, in: Basler Jahrbuch 1929, S. 22–97, 54 f.).

Haube. Von der Haube als Kopfbedekkung des Kriegers (‚Sturmhaube', ‚Pickelhaube') leiten sich zahlreiche Rdaa. her: *einem auf die Haube greifen* (auch *klopfen, fassen, kommen):* einen kämpfend angreifen, ihn heftig verfolgen, ihm auf den Leib rücken. Schon Luther benutzt diese Rda. im übertr. Sinne: „darumb soll die obrigkeit solchen auf die hauben greifen, das sie das maul zuhalten und merken, dasz es ernst sei".

Einem auf der Haube sitzen (oder *hocken):* genau auf ihn achtgeben, ihn scharf beobachten, ihm durch allzu große Nähe lästig werden; eine bes. im 16. und 17. Jh. gebräuchl., heute wohl verschollene Rda. Rhein. sagt man für jem. schlagen: ‚ihm

die Haube bügeln', und vom schlecht Gelaunten heißt es: ‚es ist ihm nicht gut in der Haube'. Ein Nachklang dieser Rdaa. ist mdal. Haube für ‚Ohrfeige', ähnl. wie ‚einem etw. auf die Kappe geben', ihn schlagen.

In neuerer Sprache versteht man unter Haube gewöhnlich die früher übliche weibl. Kopfbedeckung, vorzüglich die der verheirateten Frau; daher *eine unter die Haube bringen:* verheiraten. Am Hochzeitstage setzte die Braut zum erstenmal die Haube auf; *unter die Haube kommen:* einen Mann bekommen, geheiratet werden. Schon bei den Römern war die Verhüllung des Haars ein Zeichen der verheirateten Frau. Nach germ. Sitte durfte die verheiratete Frau das Haar nicht mehr lose tragen, sondern mußte das ‚gebende' anlegen. Daher sprach man auch von einer ‚gehaubten Braut' (1691 von Stieler gebucht). Bei Rückert heißt es:

Und wenn ich mit Scherzen raube
Ihren Kranz der Schäferin,
Bring ich ihr dafür die Haube,
Hält sie es noch für Gewinn.

Mit Haube werden oft die Frauen bez. Hier steht das Kleidungsstück für die Trägerin, wie es auch bei ‚Schürze' der Fall ist. ‚Er läuft den Hauben nach' sagt man im Rhein. *Haubenlerche* nennt man allg. eine Nonne oder Krankenschwester; der Name des Vogels mit spitzer Federhaube wird auf die Haubenträgerin übertr. ‚Alte Haubenlerche' sagt man schles. von einem alten, verhutzelten Weiblein.

Haubenstock steht oft bildl. für einen dummen, hohlköpfigen Menschen, wie etwa bei Platen: „Die Staatsperücke der Manierlichkeit bedeckt gewöhnlich einen Haubenstock statt eines witzigen Gehirns" (‚Schatz des Rhampsinit'). Der Haubenstock ist ein rundlicher Klotz, auf den man die Haube setzte, damit ihre Form erhalten blieb.

Im techn. Zeitalter wird der Begriff ‚Haube' dagegen in erster Linie mit der Autohaube verbunden. Das kommt auch zum Ausdr. in der Wndg. ‚... PS unter der Haube haben', womit durch Hinzufügung der PS-Zahl die Stärke des Motors angegeben wird.

Lit.: *R. Meringer:* Die Haubung, in: Wörter und Sachen 5 (1913), S. 170 f.; *W. Danckert:* Symbol, Meta

pher, Allegorie im Lied der Völker, Bd. II (Bonn–Bad
Godesberg 1977), S. 814–815; weitere Lit. ↗ Hut.

Haubitze. *Voll wie eine Haubitze:* schwer
betrunken; vgl. ,voll wie eine ↗ Kanone',
,kanonenhagelvoll'. Haubitze im Sinne
einer Kanone dient als Steigerung, insbes.
wenn es heißt: ,voll wie eine Strandhau-
bitze'.

hauen. *Das haut (hin),* auch mit dem Zusatz *in die Äpfel:* das kommt erwünscht,
trifft sich gut, es paßt; vgl. frz. ,Ça colle'
(wörtl.: Es klebt), i.S.v.: Das paßt zusammen. ,Das hat nicht hingehauen' sagt man
umg. für: es ist nicht geglückt. Sehr häufig
ist: *das haut einen hin!* (auch *das haut
einen in sämtliche Winkel* oder *vom Stuhl,
das haut den stärksten Neger von der
Palme*) als Ausdruck starken Erstaunens,
aus der Studenten- und Soldatensprache
in die Umgangssprache übergegangen.
Hauen bedeutete in der Soldatensprache
einen schneidenden Hieb. Ein *Haudegen*
war daher im Gegensatz zum Stoßdegen
ein zum Hauen benutzter Degen. Der
Ausdr. wurde übertr. auf den Mann, der
ihn zu führen verstand, und heute hat die
Wndg. ,ein alter Haudegen' die Bdtg.: alter, kampferprobter Krieger.
Das ist weder gehauen noch gestochen:
nichts Ordentliches, Entschiedenes; das
tadelnde Urteil stammt aus der Fechtersprache und bedeutete eigentl.: Die Waffe
ist so ungeschickt geführt, daß man nicht
weiß, ob es Hieb oder Stich sein soll. Man
hat die Rda. von den verschiedensten Seiten herzuleiten versucht; so etwa sollte sie
aus der Zeit der Erfindung des Schießpul-
vers herrühren, wo man bei den durch die
Schußwaffen verursachten Wunden gesagt haben soll, sie seien weder durch
Hieb noch durch Stich verursacht worden. Nach anderer Meinung soll sie sich
auf ungeschickte Metzger bezogen haben,
die das Vieh nicht kunstgerecht zu
schlachten wußten.
Fr. Seiler (Dt. Sprichwörterkunde, S. 234)
äußert die Vermutung, die Rda. sei zuerst
von plastischen Holz- oder Metallarbei-
ten gebraucht worden, die so ungeschickt
angefertigt waren, daß sie ohne die üblichen Werkzeuge zum Hauen und Stechen gemacht zu sein schienen. Am

Ich haue dir gleich in deine Volksküche,
Daß deine Zähne obdachlos werden.

,Hauen'

einleuchtendsten scheint jedoch die Herleitung aus der Fechtersprache zu sein. So
steht in der ,Zimmerischen Chronik'
Bd. 4, S. 203): „Der groß hauptman Lum-
plin, der gern gehawen oder gestochen
het, ward wol darob verspottet und ver-
lacht", was sich hier zweifellos aufs Fechten bezieht.
Älter ist die Verbindung von ,hauen' und
,schlagen', so in Brants ,Narrenschiff' (67,
56): „Es sy gehowen oder geschlagen".
Der früheste Beleg für die Rda. im übertr.
Sinne steht wohl bei Grimmelshausen im
,Simplicissimus' (3. Bd., S. 50): „Und damit heulete sie immer fort, also daß ich
mich in ihre Rede nicht mischen noch begreifen konnte, ob es gehauen oder gestochen, gebrant oder gebort wäre". Eine
ähnl. Rda. findet sich in Siebenb.: ,Ich
wiß net, ben ich gekocht awer gebroden',
ich weiß nicht, woran ich bin. In Kleists
,Zerbrochenem Krug' (9. Auftr.) ruft der
Gerichtsrat Walter dem Dorfrichter
Adam zu:

> Wenn Ihr doch Eure Reden lassen
> wolltet.
> Geschwätz, gehauen nicht und nicht
> gestochen.

,Dat es gehaue wie gestoche', das kommt
auf eins heraus, ist ganz gleich, sagt man
im Rheinland.
Ebenfalls aus der Fechtersprache übernommen ist die Rda. *einen übers Ohr*

hauen: übervorteilen (↗ Ohr). Wer Pfuscharbeit leistet, *haut die Arbeit übers Ohr.* Zahlreiche andere Rdaa. unserer Zeit seien hier nur kurz angeführt: *sich hinhauen, in die Falle, in die Klappe hauen:* sich schlafen legen. *Jem. anhauen:* ihn um etw. ansprechen; vgl. französ. ,taper quelqu'un': einen um Geld bitten; *sein Geld auf den Kopf hauen:* es restlos und verschwenderisch ausgeben; *danebenhauen:* sich irren, z. B. beim Beantworten einer Examensfrage.

„Laszt uns das Gesindel völlig *in die Pfanne hauen*" heißt es schon bei Kleist (,Käthchen von Heilbronn' 4,1), und Hans Sachs sagt:

durch ire arglistige duck,
vil schendlich schelmenstuck
durch nachred in den kessel hawen.

Zu Kochstücken oder *zu Kraute hauen* führt das Dt. Wb. 4,2 als allg. Rdaa. an. Der Gaunersprache entstammt das *in den Sack hauen:* davonlaufen, die Arbeit im Stich lassen.

Wer sich davonmacht, *haut ab. Hau ab!* sagt man zu einem Unerwünschten. Ein leicht Verrückter *hat einen Hau,* ↗ Hau.

Eine flüchtige Arbeit ist *zusammengehauen,* und was man lieblos zusammenschreibt, ist *hingehauen.*

Sich eine ins Gesicht hauen: sich eine Zigarette anzünden. Ein beliebter Aprilscherz ist es, *Haumichblau* in der Apotheke holen zu lassen; ↗ Pfanne, ↗ Schlag.

Lit.: *J. G. Pascha:* Verschiedene Fechtbücher (1659–66); *G. Hergesell:* Die Fechtkunst im 15. u. 16. Jh. (Prag 1896); *L. Günther:* Von Wörtern und Namen (Berlin 1926), S. 33; *H. Helwig:* Die dt. Fechtbücher, in: Börsenbl. f. d. dt. Buchhandel, Frankfurter Ausg., 55 (1966); *W. Hävernick:* „Schläge" als Strafe (Hamburg ⁴1970).

Haufen. *Über den Haufen werfen* (auch: *schießen, stoßen, fallen*) geht zurück auf die Bdtg. von Haufen als etw. regellos übereinander Liegendem, so daß die Rda. meint: übereinanderwerfen, daß alles wie ein unförmiger Haufen aussieht. Am 4. 11. 1499 lautete eine Mahnung des Mainzer Domkapitels an die Bewohner der Kurien: daß die „Herrenhoiffe und Vikariehusen nit über den hufen fallen" (A. L. Veit, Mainzer Domherren, Mainz 1924, S. 98). „… darumb müssen sie fallen über einen Haufen", heißt es Jer. 6,15.

Obersächs. ist 1727 belegt: „Alles fället über einen Haufen". Zunächst auf Personen angewendet, gebrauchte man die Wndg. dann auch für Abstraktes, wie etwa Schiller (,Fiesko' 1, 3): „Wenn die itzige Verfassung nicht übern Haufen fällt". Kant spricht von „sein System über den Haufen fallen sehen", und bei Goethe heißt es: „Wenn er endlich nach verschiedenen Jahren seinen Schaden einsah, so fiel das Werk mit einmal über den Haufen". Die Rda. bedeutet ,zunichte machen, vereiteln'; heute geläufig in der Form *Pläne über den Haufen werfen.*

Ein Häufchen Unglück nennt man einen verängstigt dahockenden Menschen, nordostdt. ,e Hupke Onglöck', ein elender, betrübter Mensch.

In der älteren Soldatensprache bedeutete Haufen soviel wie ,Kämpferschar'. *Der verlorene Haufen* war der Trupp der Landsknechte, der den Kampf eröffnete und von denen der Großteil im Angriff fiel. Ihm folgte der *helle* oder *gewaltige Haufen,* der Haupttrupp; heller Haufen ist der ,hele (ganze) hope' des Ndd. Die noch heute benutzte Wndg. ,in hellen Haufen', in großen Scharen, ist für uns losgelöst vom Begriff der taktischen Einheit. In Uhlands ,Schenk von Limburg' heißt es:

Nun hielt auf Hohenstaufen
Der deutsche Kaiser Haus,
Der zog mit hellen Haufen
Einstmals zu jagen aus.

Vgl. die Bdtg. des frz. Wortes ,tas' (Haufen) in den Ausdr.: ,un tas de gens' (allerlei, viele Leute), ,des tas et das tas' (große Mengen), ,dans le tas' (in oder bei dieser Menge).

Wieder beim Haufen (auch: *bei der Bande*) *sein:* bei der Truppe sein, wird bes. von Verwundeten gesagt, die nach ihrer Genesung wieder zur Truppe zurückkehren; vgl. frz. ,avoir rejoint le gros de la troupe'.

Ebenfalls aus der Soldatensprache übernommen ist der Ausdr. *zum alten Haufen fahren:* sterben. Mit ,Haufe' verband sich der Nebensinn ,Streitbarkeit, Kraft'. Hieraus erklärt sich wohl die in der Halle übliche Rda. *da bin ich nicht der Haufe dazu:* das kann ich nicht. Haufen als unbestimmte Maßeinheit, gleichzusetzen etwa mit ,eine

Menge', erscheint in zahlreichen Rdaa. „Wir werden glücks den haufen han" heißt es in einem Berner Fastnachtsspiel von 1522, und Grimmelshausen läßt seinen Simplicissimus „noch einen haufen dings darzu" lügen. Man spricht von einem ‚Haufen Geld, Schulden oder Arbeit'. „Verzage nicht, du Häuflein klein" beginnt ein Kirchenlied des Jakob Fabricius (1593–1654), und bei der Einweihung der Schloßkirche zu Torgau bezeichnete Luther die Gläubigen als den „christlichen Hauff".

Eine entspr. Zeile in einem Kirchenlied lautet daher auch: „Kommet zu Hauf" (1. Strophe des Liedes ‚Lobe den Herren' von Joachim Neander [1650–80]).

In scherzhafter Abwandlung heißt es im Volksmund häufig: ‚Immer alles auf den großen Haufen'. Damit wird angedeutet, daß dort, wo schon etw. ist, stets Neues hinzukommt, vor allem bei den Wohlhabenden. Wenn sie etw. dazubekommen – entweder durch Geschäftsglück oder durch Heirat u. ä. – wird das oft kommentiert mit der derb-spöttischen Rda.: ‚Der ↗Teufel scheißt immer auf den größten Haufen' (vgl. ‚Wer hat, dem wird gegeben').

Lit.: *M. A. van den Broek:* Sprw. u. Rda. in den Werken des Leipziger Volkspredigers Marcus von Weida, in: Beiträge zur Erforschung der dt. Sprache, 7 (1987), S. 168–181 (AVU 46,9: Auslegung des Vater Unßers' 1502); *R. Sprenger:* ‚Mit hellen Haufen', in: Zs. des allg. dt. Sprachver. 6 (1891), S. 70–71.

Haupt. *Jem. eins aufs Haupt geben:* scherzh. Wndg. für ‚bestrafen', auch mit Worten. Haupt ist die ältere Bez. für Kopf. Gemessen an der Fülle der Redensarten, die zum Begriff *Kopf* gehören, gibt es nur wenige feste Fügungen mit dem Wort *Haupt.* Lebendig ist noch die Wendung *ein graues Haupt.* Gewiß kann man auch von einem grauen Kopf sprechen, aber ohne daß jener Ausdr. von Ehrfurcht vermittelt würde, der in der Fügung mit ‚Haupt' mitschwingt. Aus der Studentensprache früherer Zeiten kennen die Älteren von uns noch die Wndg. *ein bemoostes Haupt* für einen ‚ewigen' Studenten. Mit dem Verschwinden solcher Erscheinungen aus unseren Hochschulen wird allmählich auch die Rda. unbekannt oder gelegentlich im Scherz zu einem älteren

Menschen gesagt. Ähnlich die feierliche Bez. *ein gekröntes Haupt* für einen Monarchen.

Aus Schmerz oder Scham kann man ‚sein Haupt verhüllen' oder ‚sein greises Haupt schütteln'. In feierlicher Rede spricht man davon, daß jem. sein *Haupt* erhebt, während er – weniger feierlich – nur den *Kopf hebt.* In einem ähnl. Verhältnis zueinander stehen die Redewendungen *jem. um Haupteslänge überragen* und *einen Kopf größer sein.* Man steht entblößten Hauptes, gesenkten oder geneigten Hauptes an einer Bahre oder einem Grabe.

In Märchen und Sagen lesen wir öfter, daß einem Ungeheuer das Haupt abgeschlagen wurde; heute verwenden wir meist die Fügung *jem. den Kopf abschlagen.* Juristisch ist noch *enthaupten* üblich; in der Umgangssprache ist dafür *köpfen* verbreitet.

Zu nennen ist ferner die alte Zwillingsformel *Haupt und Glieder.*

Eine Reformation der Kirche an ‚Haupt und Gliedern', d. h., eine völlige Erneuerung der Kirche, forderten schon vor der Reformationszeit die sog. Reformkonzile. Sprw. Bdtg. erlangte ein Vers aus Schillers ‚Lied von der Glocke', in dem es heißt: „Er zählt die Häupter seiner Lieben. Und sieh! ihm fehlt kein teures Haupt". Im Volksmund wurde er parodistisch abgewandelt zu: ‚Er zählt die Häupter seiner Lieben. Und sieh! statt sechse sind es sieben!' In dieser Version ist er fast bekannter als in der Originalfassung. ‚Feurige Kohlen auf sein Haupt sammeln' ↗ Kopf.

Lit.: *Ch. M.:* „,Kopf' u. ‚Haupt' in Redensarten", in: Sprachpflege 15 (1966), S. 212–213.

Haupt- und Staatsaktion. *Eine Hauptund Staatsaktion aus etw. machen,* auch verkürzt zu: *eine Staatsaktion daraus machen wollen:* etw. künstlich hochspielen und dramatisieren, eine unwichtige Angelegenheit als brennendes Problem darstellen, seine persönlichen Belange überbewerten, etw. zu wichtig nehmen; vgl. frz. ‚En faire une affaire d'Etat'. Die Wndg. begegnet auch häufig in negierter Form als Warnung: *Nun mach nicht gleich (keine) eine Haupt- und Staatsaktion daraus!* Der Ausdr. wurde als kritischer Terminus für die Stücke der dt. Wander-

Einer Hochlöblichen
In. Oest. Regierung
Und
Hoff-Cammer
Wird
Zur Allerunterthänigsten Pflicht und Schuld-Bezeigung
eine Sehens-Würdige und vortreffliche Haupt-Action
Jntitulet:
Die Siegende
Unschuld
Jn der Persohn der Asiatischen
B A N I S E
Von
Johann Heinrich Brunius, Churfürstlich-
Pfälzischen Hof-Commoedianten-Principalen
Mit bey sich habender Hoch-Teutscher Compagnie.
Vnterthänigst-Gehorsambst offerirt und dedicirt.
Gräz, gedruckt bey den Widmanstätterischen Erben, 1722.

,Eine Haupt- und Staatsaktion aus etwas
machen'

bühne durch die polemischen Auseinan-
dersetzungen Gottscheds und seiner Zeitgenossen geprägt. Er bez. das unliterari-
sche Schauspiel und stellt es in den
Gegensatz zum Kunstdrama der Hof-
bühne. Die Schauspieler mußten sich um
die Wende des 17. Jh. mit ihrem Repertoi-
re ganz nach dem Geschmack des Publikums richten, der noch wenig entwickelt
war. Sie nannten die Stücke ernsten Inhalts ,Haupt-Aktionen', denen dann die
burlesken Nachspiele folgten. Wegen ihres politisch-historischen Inhalts wurden
solche Spiele auch als ,Staatsaktionen'
bez., oder beide Begriffe erschienen in
einer Verbindung, die später zum litera-
turgeschichtlichen Terminus wurde. Im
Zeitalter des Absolutismus wollte auch
das Kleinbürgertum am höfischen Glanz
etw. teilhaben, deshalb ließ es sich mit
Vorliebe von den Wanderbühnen etw.
vom Leben am Hof, von Festpomp und
Kriegslärm, von Leidenschaft, Intrigen
und Schicksalsschlägen der Großen in ef-
fektvoller Übersteigerung vorspielen.
Stoffe aus Ereignisdramen waren für diesen Zweck am besten geeignet, aber auch
ital. Opernstoffe wurden für die Wander-
bühne umgestaltet, d.h. gekürzt, um die
Handlung krasser zu gestalten und Gegensätze und Konflikte stärker hervorzu-

heben. Dem Schaubedürfnis kamen Ef-
fektszenen entgegen wie Triumphzüge,
Siegesfeste, Krönungen, prunkvolle
Hochzeiten und weihevolle Totenfeiern,
das Schauerbedürfnis dagegen befrie-
digte man durch Szenen von Gericht, Hinrichtung, Mord und Selbstmord und
durch die Darstellung von wilden Leidenschaften, Wahnsinn und Geisterspuk. Die
Stoffe wurden also vom Kunstdrama
übernommen: das eigentl. Unterschei-
dende und Trennende ist der Stil der
Haupt- und Staatsaktion: die Prosa erscheint durch Floskeln, Wndgn. in Kanz-
leideutsch, geblümten Ausdr., aufdringli-
che Umschreibungen und Vergleiche,
aber auch durch Fremdwörter, Witze, Zoten und resümierende Sprww. wirkungs-
voll, doch für den Geschmack der Gebildeten unfein und übersteigert.

Lit.: *W. Flemming:* Art. ,Haupt- und Staatsaktion', in:
Reallexikon der dt. Literaturgeschichte, Bd. 1 (Berlin
1958), S. 619–621.

Haus, Häuschen. Haus steht rdal. oft für
einen Menschen, wie in den Ausdrücken
altes Haus: alter Freund; *fideles Haus:* lu-
stiger Mensch; *gelehrtes Haus:* kluger
Mensch; *tolles Haus:* überspannter
Mensch.
Auf jem. Häuser bauen: ihm vollkommen
vertrauen (oft in der irrealen Form gebraucht: ,Auf den hätte ich Häuser gebaut'), ist eine seit dem 17. Jh. belegte
Rda. Wahrscheinl. geht sie zurück auf
Matth. 16,18: "Du bist Petrus, und auf
diesem Felsen will ich bauen meine Gemeinde". Wer sich in seinem Vertrauen
getäuscht sah, der hatte, auf Sand gebaut'
(s. Matth. 7,26). Nach Jes. 38,1 "Bestelle
dein Haus, denn du mußt sterben" sagen
wir für ,sein Testament machen': *sein
Haus bestellen.* Volkstümlich geworden
ist diese Rda. wahrscheinl. erst durch das
Kirchenlied ,Wer weiß, wie nahe mir mein
Ende' (1688), in dem es heißt: "Laß mich
beizeit' mein Haus bestellen".
Haus steht für seine Bewohner, für die Familie, das Geschlecht, vor allem bei adli-
gen, fürstlichen Familien, wie etwa ,das
Haus Habsburg'. Daneben spricht man
vom ,Haus Rothschild', ,Haus Krupp'
usw., und bei Luther heißt es "so wirstu
und dein haus selig". "Junge Leute von

gutem Hause und sorgfältiger Erziehung"
sagt Goethe. Hier bedeutet Haus soviel
wie Herkunft, Abstammung, ebenso wie
2. Mos. 2, 1: „ein Mann vom Hause Levi".

So schreiten keine ird'schen Weiber,
Die zeugete kein sterblich Haus

heißt es bei Schiller (‚Kraniche des Ibi-
kus'). Auch das frz. Wort ‚maison' bez. das
Geschlecht und das Gefolge der fürstlichen Familien.

Im Parlament spricht man vom Ober- und
Unterhaus, vom Hohen Haus. Ein *volles
Haus* hat das Theater, wenn es ausver-
kauft ist.

Die Kirche nennt man *Gottes Haus* oder
Haus des Herrn; vgl. frz. ‚La maison du
Seigneur'.

Als *irdisches Haus* bez. man den Leib des
Menschen, wahrscheinl. zurückgehend
auf 2. Kor. 5, 1: „Wir wissen aber, so unser
irdisch Haus dieser Hütte zerbrochen
wird …"

Auch den Sarg nennt man Haus oder *letztes Haus* des Menschen. Man verwahrte
früher die Asche verbrannter Leichenteile
in Hausurnen, und das Grab wurde wie
ein Haus gebaut und ausgestattet. „Ruhig
schläft sich's in dem engen Haus" sagt
Schiller in seiner ‚Elegie auf den Tod eines
Jünglings' (V. 50). Vgl. frz. ‚sa dernière de-
meure' (seine letzte Wohnstätte).

Aus der Studentensprache wurden die
Rdaa. wie *altes Haus, braves Haus* usw.
allg. übernommen. Bei A. Kopisch (‚Als
Noah aus dem Kasten war') heißt es:

Derweil du so ein frommes Haus,
So bitt dir eine Gnade aus.

Der Ausdr. ‚haushalten', klug und sparsam wirtschaften, wird in der bildl. Darstellung ganz wörtlich genommen.

‚Der Mann hält Haus, die Frau geht aus'

‚Ans Haus gebunden sein'

Zu Hause sein: heimisch sein; so spricht
man übertr. davon, man sei in einer Wissenschaft zu Hause, wenn man ausdrük-
ken will: ich weiß gut Bescheid, verstehe
mich von Grund auf darauf. Eine Erweiterung dieser Rda. ist: ‚Er ist dort zu Hause
wie die Laus im Grind'.

Mit etw. zu Hause bleiben: zurückhalten,
z. B. mit einer Meinung, mit Weisheiten
oder Ratschlägen, die falsch am Platze
sind. Meist angewandt wie bei Lenz: „Mit
euren Einsichten solltet ihr doch zu Hause
bleiben".

Die Rda. *Er ist nicht recht zu Hause* oder
Er ist aus dem Häuschen gehen wahrscheinl. auf den menschlichen Körper als
Haus des Verstandes und der Seele zurück.

Warum bist du gleich außerm Haus,
Warum gleich aus dem Häuschen,
Wenn einer dir mit Brillen spricht?

heißt es bei Goethe (‚Feindseliger Blick',
um 1825).

Müller-Fraureuth (Bd. 1, S. 486 f.) erklärt
die Rda. daher, daß es früher in den Städten kleine Narrenhäuschen, Tollhäus-
chen gab, die kurz ‚Häuschen' genannt
wurden, wie auch frz. ‚Petites Maisons'
der Name eines ehemaligen Irrenhauses
in Paris ist und ‚échappé des Petites-Mai-
sons' ein entsprungener Tollhäusler. Als
ältester dt. Beleg ist 1776 bezeugt: „Der
Narr ist aus dem Häusel kommen, welches von einem ausgelassenen Menschen
pfleget gesaget zu werden".

Es kommt (geht, führt) zu bösen Häusern:
es gibt ein Unglück, geht schlecht aus,
eine Rda., die sich wohl auf die früheren
Strafanstalten, wie die Spinnhäuser, bezog. Sehr häufig von J. P. Hebel gebraucht.

Fürstliche Diener *von Haus aus* waren früher jene Diener, die nicht am Hofe, son-

dern daheim in ihren Schlössern lebten. Im modernen Sprachsinn verstehen wir darunter etw. Eigenes, Angeborenes, Überkommenes: „Du scheinest mir ein künftiger Sponsirer, / so recht von Haus aus ein Verführer" (Goethe).

Einfälle haben wie ein altes Haus ist ein seit Theodor Gottlieb v. Hippel (1741–96) belegtes Wortspiel.

Haus und Hof ist eine alliterierende Formel für den gesamten Besitz, die in der Aarauer Urkunde von 1301 zuerst lit. nachweisbar ist: „ze hüse und ze hove".

Zahlreiche Synonyma für ‚sich betrinken' oder ‚seinen Besitz vertrinken' sind mit ‚Haus und Hof' verbunden, so z. B. *Haus und Hof ist ihm im Wein ertrunken* oder *Er hat Haus und Hof durch die Gurgel gejagt*. Ähnl. benutzt werden die Formeln ‚Haus und Heim' und ‚Herdstatt und Habe'.

Zu Haus und Hof kommt, was einem zugute kommt.

Mit der Tür ins Haus fallen ↗ Tür.

Hausbacken war das im Hause gebackene Brot, das im Gegensatz zu dem vom Bäcker gebackenen grober und dunkler war. Der Ausdr. wird seit Goethe und Niebuhr übertr. für ‚alltäglich, nüchtern, schwunglos' gebraucht. Vgl. die frz. Adverbialbildung ‚maison' i. S. v.: ‚nach Art des Hauses' (z. B.: ‚Tarte maison': Torte nach Art des Hauses).

Ein ‚hausbackenes' Mädchen ist nicht bes. hübsch, aber lieb, geschickt, fleißig, treu, ein ‚Hausmütterchen'.

Vor dem Haus im Kübel stehen war eine altels. Rda. für verachtet sein, eigentl. so wie der Unrat, den man in einen Kübel vor dem Haus warf. Murner gebraucht diese Wndg. lit. in seiner ‚Schelmenzunft' und wünscht allen Verleumdern zur Strafe:

Vor dem huß im Kübel ston
Und dorvon weichen nit eyn drit,
Bis daß man sy mit dreck beschmit.

Auch mdal. Wndgn. sind bezeugt, die nicht in die Hochsprache geläufig sind. Der Niederdeutsche sagt z. B. ‚He ward di dat to Hus bringen', er wird sich rächen, wird es dir heimzahlen, und der Sachse meint mit der Feststellung: ‚Der kann Heiser feel tragen', er ist ein großer, kräftiger Mensch. ‚Das Haus verliert nichts' wird häufig zur Beruhigung gesagt, wenn jem.

etw. verloren hat bzw. etw. nicht finden kann. ‚Auf dem Häuschen sein', auf der Toilette sein. Die Toilette befand sich früher häufig in einem vom Hauptgebäude getrennten Häuschen.

‚*Der Haussegen hängt schief*': in der Familie, Ehe gibt es Streit, ‚Ehekrach'.

Lit.: *R. Becker*: ‚Aus dem Häuschen sein', in: Zs. f. d. U. 6 (1892), S. 698–702; *C. Ranck*: Kulturgesch. des dt. Bauernhauses (Leipzig – Berlin ³1921); *A. Taylor*: ‚No House is Big Enough for Two Women', in: Western Folklore XVI (1957), S. 121–124; *R. Weiss*: Häuser und Landschaften der Schweiz (Erlenbach-Zürich und Stuttgart 1959); *B. Schier*: Hauslandschaften und Kulturbewegungen im östl. Mitteleuropa (Göttingen ²1966); *K.-S. Kramer*: Das Haus als geistiges Kraftfeld im Gefüge der alten Volkskultur, in: Rhein.-Westf. Zs. f. Vkde. 11 (1964) S. 30–43; *K. Bedal*: Hist. Hausforschung (Münster 1978); *E. Moser-Rath*: Art. ‚Haus', in: EM. VI, Sp. 581–588.

Haut. *Haut und Haar* ist eine stabreimende Zwillingsformel, die in dieser Form ein hohes Alter hat und auf einen Rechtsbrauch zurückgeht: ‚einem Haut und Haar abschlagen', ihn mit Rutenstreichen strafen, daß es über Haut und Haar geht (Jac. Grimm: ‚Dt. Rechtsaltertümer' 2, 287). Die Abb. aus der Heidelberger Sachsenspiegels. zeigt: Eine Frau in guter Hoffnung darf nicht höher gestraft werden als zu Haut und Haar. Sie steht am Pranger und wird gestäupt und geschoren. Das Haupthaar fällt zu Boden; der Oberkörper ist blutig geschlagen. Noch an drei weiteren Stellen begegnet die Wndg. im ‚Sachsenspiegel'. Dabei steht in einem anderen Zusammenhang ‚hût unde hâr' als Variation für líf, womit im MA. sowohl Leib als auch Leben gemeint sein kann: Kämpfer (d. h. Berufskämpfer), Spielleute, unehelich Geborene, ‚die ir líf oder hut unde har ledeget', sind alle rechtlos. Jetzt bedeutet *mit Haut und Haaren*: alles in allem, ganz und gar, mit allem, was drum und dran hängt. Ähnl. spricht Luther einmal von einem Wiedertäufer, „der den heiligen Geist mit Federn und mit allem gefressen" habe, wobei er an die Taube denkt. Die Rda. ist auch in den Mdaa. lebendig, z. B. schweiz. ‚Eine vo Hut und Haar nüd kenne'; ‚vo Hut und Haar nüd ha'; ‚vo Hut und Haar nüd chönne'. Die Wndg. ‚Mit Haut und Haar' begegnet häufig in den Grimmschen Märchen (z. B. KHM. 5, 23, 119 u. 134). In einem Gedicht von Gisela Steineckert

‚Mit Haut und Haaren'

(„Nun leb mit mir. Weibergedichte', Berlin 1976, S. 52) wird die Formel erweitert:
Haut und Haar
ganz und gar,
und in der letzten Strophe wörtl. genommen:
Er ging davon
hat Haut und Haar
nicht mehr gewollt.
In der Haut, in die Haut hinein: durch und durch; z.B. ‚ein Schelm sein in der Haut, bis in die Haut hinein'.
Nichts als Haut und Knochen sein: sehr mager sein; vgl. Klagelieder Jer. 4,8: „Ihre Haut hängt an den Gebeinen, und sind so dürr wie ein Scheit"; vgl. frz. ‚N'avoir que les os et la peau'. Wenn solch ein Magerer auch noch kraftlos ist, dann sagt man ndd. von ihm ‚He kann kum in de Hut hangen'.
Die Haut gilt als letzter Besitz, daher *Ich kann mir das doch nicht aus der Haut schneiden:* ich habe wirklich kein Geld dafür. Hierher gehört auch das Sprw. ‚Aus andrer Leute Haut ist gut Riemen schneiden'. *Etw. mit der (eigenen) Haut bezahlen müssen* ↗ zeitlich; vgl. frz. ‚payer de sa peau': für etw. sterben; *seine Haut dransetzen; seine Haut für etw. aufs Spiel setzen,* oder wie in einem Schwank von Hans Sachs der Storch dem Frosch droht:
Ich will dir heimzahlen
Dein untreu und die falsche dück
Vberflüssig auf deinem rück,
Vnd mußt mir gelten mit der Haut.
Ähnl. auch schon mhd.: ‚Er muoz sîn hout darumbe geben" (Heinrich von Neustadt,

‚Gottes Zukunft', V. 1448). Den gleichen Sinn hat *seine Haut zu Markte tragen.* Eine altmärkische Lehre sagt: „Du mußt die Hut sulvst to market draogn un so dür verkopn as't gaon will". L. Günther (‚Dt. Rechtsaltertümer in unserer heutigen dt. Sprache', S. 53) knüpft zur Erklärung dieser Rda. an die ‚Germania' des Tacitus (Kap. 12) an: Vieh oder Viehhäute galten als Bußgeld; dann sei das Wort Haut in dieser Bdtg. nicht mehr verstanden und auf die menschliche Haut übertr. worden. Dies ist jedoch wenig wahrscheinl. Häute sind ja tatsächlich eine zum Markt getragene Ware. Die iron. Übertreibung mit der eigenen Haut meint eben: noch das allerletzte Eigentum einsetzen. In der Umgangssprache der Ggwt. meint die Rda. auch: aus Erwerbsgründen sich nackt produzieren, prostituieren, Call-Girl, Striptease-Tänzerin sein; ähnl. *die Haut in großen Stücken zu Markte tragen:* tief dekolletiert sein.
Einem auf die Haut kommen: ihn angreifen, ihm zu nahe kommen, vgl. ndd. ‚Rück mir nicht so nah auf die Pelle'; vgl. frz. ‚rentrer à quelqu'un dans le lard' (wörtl.: einem auf den Speck kommen), umg.; *ihm auf die Haut legen;* ihn ums Leben bringen; so altbair.; ähnl. schon in Behaims ‚Buch von den Wienern' (S. 75, V. 25):
Derselben ungetreuen leut
Sy gar vil warffen auff die heut.
Statt ‚das ↗ Fell über die Ohren ziehen' hieß es früher bisweilen auch *einem die Haut über die Ohren ziehen:* ihn übervorteilen, ausnützen.

In keiner guten Haut stecken: immer zu Krankheiten neigen, oder übertr.: sich immer in mißlichen Umständen befinden. So schon bei Abraham a Sancta Clara („Judas' II, 195): „Er steckt in keiner guten Haut"; anders in ‚Reim dich' (313): „Ob etwas Guts in seiner Haut abgestecke".

Aus der Haut fahren: sich sehr ärgern, wütend sein: ‚Es ist zum Ausderhautfahren'. Ausdr. der Verzweiflung; nach dem Bild der sich häutenden Schlange.

Vgl. das Lied:

Wenn dich einmal der Hafer sticht,
aus deiner Haut zu fahren,
so bleib nur drin, es lohnt sich nicht,
du kannst das Fahrgeld sparen!

mit dem Refrain:

Bleib du nur in deiner alten Haut!

Mdal. wird die Rda. noch durch Zusätze verstärkt, wie z. B. obersächs. ‚Da mechte mer glei aus der Haut fahrn, wemmer nur wißte, wohin' oder ‚Da mechte mer aus der Haut fahrn un sich dernaam setzen'. Vgl. frz. ‚sortir de ses gonds' (wörtl.: wie die Tür aus den Angeln springen).

Entspr. *in die Haut fahren:* sich nach einem Zornesausbruch wieder beruhigen; erst neuerdings aufgekommen.

Ähnl. auch die Wunschformel: *am liebsten in eine andere Haut (in die Haut eines anderen) schlüpfen wollen,* konkretisiert in einem Gedicht (‚Wenn Dann') von Ulla Hahn:

Wenn du wo dir der Kopf steht
                nicht mehr weißt
du aus der Haut fährst und
                hinein in meine
dann …

(‚Herz über Kopf'. Gedichte, Stuttgart 1981, S. 35).

Nicht aus seiner Haut können: seinen Standpunkt nicht aufgeben, sich eben nur innerhalb seiner charakterlichen Veranlagung verhalten können. Die Wndg. ist verwandt mit dem bibelsprachl. ‚den alten Adam ausziehen', ‚den neuen Adam anziehen' (↗Adam).

Ich möchte nicht in seiner Haut stecken: nicht an seiner Stelle, in seiner Lage sein; vgl. frz. ‚Je ne voudrais pas être dans sa peau'.

In derselben Haut stecken: sich in derselben (üblen) Lage befinden. Haut steht in dieser und anderen Rdaa. pars pro toto

‚Aus der Haut fahren'

für den ganzen Menschen, ebenso wie in den Ausdrücken *anständige Haut:* zuverlässiger, charaktervoller Mensch; *arme Haut:* bedauernswerter Mensch; *brave Haut:* redlicher Mensch; *ehrliche Haut:* ehrlicher Mensch; *lustige Haut:* gutmütiger, umgänglicher Mensch. Grimmelshausen macht den Wortwitz: „Ich weiß, ihr seyd eine alte gute Haut, der Balck aber taugt nicht viel".

Die Haut (das Fell, den Bast) versaufen: Bez. für den Leichenschmaus, ↗Fell.

Mit heiler (oder *ganzer*) *Haut davonkommen;* eigentl.: unversehrt aus dem Kampfe kommen; abgeschwächt: ohne nachteilige Folgen aus einer mißlichen Lage hervorgehen. *Aus heiler Haut* (bair. ‚von heiler Haut') bedeutet: aus freien Stücken; dann auch: unversehens; eigentl.: ohne daß einem die Haut geritzt worden wäre. Von einem Zählebigen heißt es *er hat neun Häute.* Wenn dem körperlichen oder sonstigen Wohlbefinden eines Menschen ein dauernder Schaden zugefügt worden ist, heißt es, es sei ihm *eine Haut abgezogen.* Hans Sachs hat danach den Schwank ‚Von den neunerlai häut eines pösen weibs' gedichtet. Einer seiner Gesellen erzählt ihm, er sei abends vom Weintrunk nach Hause gekommen, und seine Frau habe ihm nicht geantwortet.

Da dacht ich pei mir selbest eben:
Ich hab oft ghört von alten Leuten:
Etlich weiber sind von neun heuten.
Also ergrimmt er und bleut ihr die Stock-

fischhaut, dann die Bärenhaut, worauf sie brummt, dann die Gänsehaut, daß sie schnattert, dann die Hundshaut, wo sie zu bellen anfängt.
Jem. die Haut vom Leibe ziehen wird zumeist im übertr. Sinne gebraucht, z. B. wenn man von einem mehr verlangt, als er geben (zahlen) kann, ↗ schinden.
Auf der Bärenhaut liegen, ebenso *auf der faulen Haut liegen:* müßig gehen, faulenzen; nichts tun, ↗ Bär.
Moderne umg. Wndgn. sind: *auf die Haut gearbeitet:* räumlich eng, z. B. von einer Wohnung gesagt; *auf die Haut gespritzte Hosen:* hauteng anliegende Hosen; *nur mit der Haut kostümiert sein:* scherzhafte Umschreibung für: nackt sein.
Nur die nackte Haut retten: bei einem Unglücksfall (Brand, Unfall) alles verlieren.
Sich auf die faule Haut legen: sich dem Müßiggang ergeben (vgl. KHM. 60).
Etw. geht unter die Haut: es geht nahe, löst starke Gefühle aus, es hinterläßt (seelische) Narben.

Lit.: *R. Köhler:* ‚Die Haut (das Fell, den Bast) versaufen‘, in: Kleinere Schriften zur Neueren Lit. gesch., Vkde. u. Wortf. (Berlin 1900), S. 611–615; *A. Webinger:* Vom Faulpelz u. der armen Haut, in: Muttersprache 55 (1940), S. 151–152; *H. J. Schoeps:* Ungeflügelte Worte. Was nicht im Büchmann stehen kann (Berlin 1971), S. 119–120; *A. Erler:* Art. ‚Leibesstrafe‘, in: HRG. II, Sp. 1777–1790; *S. Oettermann:* Zeichen auf der Haut (Frankfurt a. M. 1979); *A. Soons:* Art. ‚Haut‘, in: EM. VI, Sp. 624–628.

Havas. *Das ist ein Havas:* das ist eine Lüge, Unsinn oder Schmarren. Diese Rda. ist vor allem in der Schweiz gebräuchl. Die frühere frz. Nachrichtenagentur Havas lebt noch heute in vieler Munde wegen ihrer Falschmeldungen während des ersten Weltkrieges unrühmlich fort. Vgl. dem Sinn nach die Wndg. ‚lügen wie gedruckt‘.
Die Unzuverlässigkeit der früheren frz. Nachrichtenagentur ‚Havas‘ scheint heute in Frankreich nicht mehr bekannt zu sein.

Lit.: *W. Heim:* Neuere Zeitungsfabeln, in: Schweiz. Vkde., Korrespondenzblatt 44. Jg. (1954), S. 68 ff.

HB-Männchen. *HB-Männchen machen:* sich stark erregen, sein cholerisches Temperament zeigen, ‚in die ↗ Luft gehen‘. Die moderne Wndg. bezieht sich auf die Ziga-

retten-Werbung: ‚Wer wird denn gleich in die Luft gehen‘ mit der Abb. eines solchen Männchens, das durch das Rauchen seine Gelassenheit sogleich wiederfindet.

Hebel. *Den Hebel (an der richtigen Stelle) ansetzen:* den richtigen Weg, das richtige Mittel finden. *Alle Hebel in Bewegung setzen:* alles aufbieten, um etw. zu erreichen, eigentl.: um eine schwere Last in die Höhe zu bringen. Vor dem 18. Jh. scheint die Rda. im Dt. nicht gebräuchl. gewesen zu sein. Es entspricht ihr jedoch die schon lat., bei Cicero stehende Wndg.: „omnes adhibere machinas". ; vgl. frz. ‚mettre tout en œuvre‘ (wörtl.: alles ans Werk setzen). Els. ‚Heb de Hewl am dickn Teil!‘, fasse die Sache am richtigen Ende an.
Alle diese Wndgn. sind bildl. aus der Mechanik übernommen. Ähnl. auch: *Am längeren Hebel sitzen:* eine günstigere Machtposition als der Gegner einnehmen.

heben. *Einen heben:* ein Glas Alkohol (bes. Schnaps) trinken. Man hebt das Glas, um es zu leeren oder um jem. zuzuprosten. *Er hat einen zuviel gehoben:* er ist betrunken; stud. seit der Mitte des 19. Jh. ‚Heb di, Schöberl, sunst bleibst a Dålken!‘ Aufforderung zum Aufstehen, wenn jem. die Absicht hat zu gehen, im Gespräch aber noch verweilt und nun scherzhaft an seinen Aufbruch gemahnt werden muß. Stammt aus der Küchensprache: Ein ‚Schöberl‘, das sich in der Küche nicht ‚heben‘ würde, bliebe ein Dalken, d. h. eine ungegangene Teigmasse. In Wien noch heute gebräuchl. und in lit. Quellen seit der 1. Hälfte des 18. Jh. belegt.

Lit.: *L. Schmidt:* Wiener Rdaa. VI, in: Das dt. Volkslied 46 (1944), S. 17 f.

hebräisch. *Das ist hebräisch für mich:* das ist zu hoch für mich, ich verstehe es nicht, ↗ spanisch; entspr. *Er spricht hebräisch wie eine Kuh französisch:* er hat miserable Sprachkenntnisse.
Er (sie, es) lernt hebräisch: er ist im Pfandhaus versetzt; z. B. ‚Mein Rock lernt hebräisch‘; so schon bei Abraham a Sancta Clara: „Ihre Kleinodien und Silbergeschirr zu den Juden schicken, Hebräisch zu lernen" (‚Mercurialis‘, 153); stud. noch im 19. Jh.

Hechel, hecheln. *Einen durch die Hechel ziehen (ihn durchhecheln):* in seiner Abwesenheit seine schlechten Eigenschaften bereden, ihn ,durch den ↗ Kakao ziehen'; verstärkt: ,ihn durch eine belgische Hechel ziehen' (so bei Jeremias Gotthelf), in älterer Sprache auch: ,einen über die Hechel laufen lassen'. Ndl. ,Iemand over de hekel halen'; engl. ,to heckle'; frz. ,déchirer quelqu'un à belles dents'.

Hechel

Die Hechel ist ein kammartiges Werkzeug mit Drahtspitzen zur Flachsbearbeitung, durch das die verwirrten Fäden geglättet und geradegezogen und vom kürzeren und gröberen Werg gesondert werden. Lit. schon bei Luther: „Das wörtlein mein will ich durch der schwermer hechel ziehen auf das ja kein bein an dem text ganz und ungemartet bleibe", und in seinen ,Tischreden' heißt es: „er sei denn wol versucht vnd durch die hechel gezogen". Grimmelshausens ,Simplicissimus' berichtet von alten Weibern, die „allerlei leut, ledige und verheirathe … durch die hechel zogen". Im Sinne von ,scharf tadeln, verurteilen' heißt es bei Logau: „der nun mehr ist als ein Mensch, mag mich durch die Hechel ziehen".

Heute spricht man meist nur noch von *hecheln* oder *durchhecheln,* so wie es etwa Keller in seinen ,Leuten von Seldwyla' (1856) benutzt: „Obgleich sie sattsam durchgehechelt wurde in der Stadt, so flößte sie doch Achtung ein, wo sie erschien". Das Durchhecheln ist also ein Klatschen über andere in deren Abwesenheit, oft zum Schaden des guten Rufes der ,Durchgehechelten'. In diesem Sinne prägte der Nationalsozialismus für den alten Reichstag das Wort ,Hechelmaschine'.

Seit 1910 gebucht ist *Hechelkränzchen* für die Lehrerkonferenz; vorher wurde dieser Ausdr. schon für die Tee- und Kaffeekränzchen der Frauen benutzt.

Das ,Hecheln' ist auch bekannt als Rügebrauch zur Fastnacht, vor allem im südd. Raum. So wird der Ausdr. in Donaueschingen z. B. als Bez. für das sonst übliche ,Schnurren' und ,Strählen' gebraucht. Außerdem wird es hin und wieder zur Illustration von Übereile verwendet, wenn es z. B. heißt: *Er hechelte wie ein Hund,* oder *Er hechelte an:* er kam mit hängender Zunge an.

Alte oder *böse Hechel* nennt man eine unverträgliche, zänkische Frau, die unaufhörlich über andere herzieht.

Sächs. wird ,durchhecheln' zu einer auch positiven Aussage im Sinne von: etw. genau nehmen, z. B. ,die alte Scharteke müssen mer mal durchhecheln', ganz genau durchlesen.

Der Ausdr. *ein gehechelter Mensch* entsprach um 1600 der heutigen Wndg. ,geschniegelt und gebügelt'.

Bair. sagt man, wenn einem etw. wenig Angenehmes begegnet im rdal. Vergleich: ,Das freut mich wie den Hund das Hechellecken'.

Thür. ,aufpassen wie ein Hechelmann (Heftelsmann)' beruht wohl auf einer Verwechslung mit ↗ Heftelmacher.

Wie auf Hecheln sitzen: wie auf glühenden ↗ Kohlen sitzen. Eine Realisierung erfährt das rdal. Bild in Hans Sachsens Gestaltung des Märchenstoffes von den drei Wünschen ,Die wuenschet pewrin mit der hechel', worin der Bauer seiner unver-

,Durchhecheln' (Flachshecheln)

nünftigen Frau die Hechel in das Hinterteil wünscht:

Ich wolt, das dir die hechel doch
Zw hinterst steck in dem arsloch!
Die hechel, weil er redet noch,
Ir in der kerben stacke.

Hechel hieß auch ein oben tellerförmig mit Eisen- und Drahtstiften versehener Kirchenkerzenstock, der angeblich zur Bestrafung böser Kinder benutzt wurde. ‚Wart, du kommst auf die Hechel‘ oder ‚Man setzt dich auf die Hechel‘ sagte man daher in Schwaben, wenn ein Bube unartig war oder zur Beichte ging.

In der älteren Sprache heißt die Hechel auch ‚Riffel‘; daher auch: ‚ihn durch die Riffel ziehen‘. Von dem Verbum ‚rüffeln‘ ist dann im 19. Jh. das neue Subst. ‚Rüffel‘ = scharfer Verweis abgeleitet worden. Dem gleichen Vorstellungskreis ist die 1639 bei Lehmann S. 81 (‚Beschwerden‘ 24) vermerkte Rda. entsprungen: „Wer mit Beschwernissen geplagt wird, von dem wird gesagt: ‚Man hat ihn wüst abgestrelt‘ “.

Lit.: *H.Siuts:* Bäuerliche u. handwerkliche Arbeitsgeräte in Westfalen (Münster 1982).

Hecht. *Der Hecht im Karpfenteich sein:* eine aufrüttelnde, führende Rolle in einer trägen Masse spielen.

Der Hecht jagt die Karpfen hin und her und läßt sie nicht fett werden. Das sprw. Bild stellt den lebhaften Fisch inmitten anderer, langsam und träge sich bewegender Fische dar. Der Hamburger erweitert und variiert das Bild: ‚Wenn de Hekt in de frei Elw schwärmt, denn bitt he un fritt, wat em in de Quer kummt, wenn he awer bi'n Amtsfischer in Kasten sitt, denn lat he Karpen un Karuschen herankomen und deit ju nix‘.

Schon mhd. wird Hecht in bildl. Sinne gebraucht: „Pei dem hecht verstên ich alle wütreich, die arm läut frezzent und auch ir aigen mäg (‚Verwandte‘) und freunt verderbent“, schreibt 1350 Konrad von Megenberg in seinem ‚Buch der Natur‘ (hg. von Pfeiffer, S. 254).

Die Rda. vom ‚Hecht im Karpfenteich‘ ist vielleicht alt, lit. aber erst nachweisbar seit 1787: „Er war in Vetter Kornelius' Hause der Hecht im Karpfenteiche, der die trä-

gen friedlichen Haustiere der Handelsbedienten und des Gesindes immer aufstörte und in Schreck setzte“ (Musäus, ‚Straußfedern‘ Bd. 1, S. 147). Jean Paul (1763–1825) schreibt im ‚Titan‘: „So trifft meine Bemerkung hier ein, dasz ein guter filou immer der motivierende Hecht wird, der den frommen Karpfensatz der Stillen im Teiche zum Schwimmen bringt“. Jos. v. Görres wandte die Rda. 1804 ins Politische. In den sechziger Jahren des 19. Jh. wurde Napoleon III. der ‚Hecht im europ. Karpfenteiche‘ genannt. 1867 bildete der ‚Kladderadatsch‘ auch Bismarck in der Karikatur als Hecht ab, und Bismarck selbst nahm in seiner Reichstagsrede vom 6. Februar 1889 das Bild auf, um die Stellung Dtl.s zwischen Frankreich und Rußland zu kennzeichnen: „Die Hechte im europ. Karpfenteich (Franzosen und Russen) hindern uns (Deutsche), Karpfen zu werden. Wir müssen dieser Bestimmung der Vorsehung aber auch entsprechen, indem wir uns so stark machen, daß die Hechte uns nicht mehr tun als uns ermuntern“ (Reden XII, 456).

Hecht übertr. auf den Menschen bedeutete zuerst soviel wie ‚räuberischer Mensch‘, blaßte dann später zu ‚Kerl, Bursche‘ ab. „Gesperrt zu einem solchen

1

2

1/2 ‚Hecht (bzw. zwei Hechte) im Karpfenteich sein‘

Hechte", sagt Wieland. Man spricht von ‚armen‘, ‚dürren‘, ‚langen‘, ‚drolligen‘ Hechten. ‚Ein doller (toller) Hecht‘ ist ein Draufgänger, Lebemann, Weiberheld. ‚Krummer Hecht‘ wird allg. als Schimpfwort gebraucht. ‚Ein gelungener Hecht‘ ist im Rhein. ein Bursche, der Witze und Streiche macht. „Verbrennt diesen Brief, damit es nicht dermaleinst offenbar werde, was für drollige Hechte wir sind" schrieb Bürger am 1.3.1789 an F. L. W. Meyer. In den Ausdrücken ‚’n netter Hecht‘ (berl.), oder ‚ein gemütlicher Hecht‘ (thür.) ist der eigentl. Charakter des Raubfisches ganz vergessen.

Hecht in der Bdtg. ‚dicker Tabaksqualm im Zimmer‘ stammt aus der Studentensprache. Der Ausdr. ist vielleicht substantiviert aus dem ndd. Adj. ‚hecht‘ = dicht zur Kennzeichnung der dicht lagernden Tabakswolken oder fußt auf dem Adj. ‚hechtgrau‘.

Unklar ist der Urspr. der Rda. *Hier zieht es wie Hechtsuppe,* vom Luftzug gesagt. Vielleicht beruht sie auf einem Wortspiel: Fischsuppe muß lange ziehen, um schmackhaft zu werden. Eine andere Erklärung leitet ‚Hechtsuppe‘ von jidd. ‚hech supha‘ = wie eine Windsbraut, ein Orkan, ein Sturm her. Diese Rda. ist wahrscheinl. erst seit dem 19. Jh. im Gebrauch, ↗ Fisch.

Lit.: *O. Keller:* Die antike Tierwelt 2 (Leipzig 1913), S. 371; *S. A. Wolf:* ‚Es zieht wie Hechtsuppe‘, in: Muttersprache 66 (1956), S. 27–28; *Anon:* ‚So ein Hecht. Es zieht wie Hechtsuppe‘, in: Sprachpflege 18 (1969) ‚S. 124; *V. B. Dröscher:* Mit den Wölfen heulen (Düsseldorf – Wien 1978), S. 109–112.

Hecke. *(Schnell) bei der Hecke sein:* gleich bereit, gleich zur Stelle sein, gerüstet, vorbereitet sein; so auch in den Mdaa., z. B. köl. ‚Hä es glich bei der Heck‘; hess. ‚hä wor rasch bei d’r Hecke‘, er war rasch bei der Hand, als es etw. zu sehen, zu gewinnen oder auch zu helfen gab. Nach der Rda. will man bei der Hecke nicht etwa Schutz suchen. Es scheint aber doch dies der urspr. Sinn gewesen zu sein. Die Eile, mit der man davon und hinter eine Hecke lief, wurde auf die Eile übertragen, mit der man herbeikam.

Auf die Hecke klopfen: auf den ↗ Busch klopfen; entspr. schweiz. ‚Er isch em uff der Hegg‘, er ist ihm auf der Spur.

‚Hinter den Hecken jung geworden‘: Rda. für Uneheliche, bes. in Franken geläufig. ↗ aushecken.

Heckmeck. *So ein Heckmeck!:* (westf.) Ausdr. für Gedöns, Getue. Der Wndg. liegt wohl das alte Wort ‚Hackemack‘ zugrunde, das – ähnl. wie das schon in früherer Zeit gebräuchl. ‚Hack und Mack‘ – als Bez. für Gehacktes und Durcheinandergemengtes geläufig war. So heißt es schon bei Joh. Eck (‚schutzred kindlicher unschuld wider den catechisten André Hosander‘, 1540): „haggamagga als durcheinander". Darüber hinaus war der Begriff aber auch als Bez. für verwirrte Rede, Gewäsch usw. bekannt. In diesem Sinne ist er u. a. belegt bei Andr. Calagius (‚Susanna‘, 1604): „verhütt dasz nicht machst hackgemach"; ferner im ‚Simplicissimus‘ (4,463, Ausg. Kurz): „mancher guter ehrlicher alter teutscher mann ... höret mit verwunderung die heutigen gespräch u. tischreden an u. weisz oft die hälfte nicht was die leute reden, ob es rotwelsch, hochoder niederteutsch, und was für ein hak und mak sie untereinander machen". Und bei Veroander aus Wahrburg (‚des neunhäutigen und haimbüchenen schlimmen bauwrenstands und wandels entdeckte ubelsitten- und lasterprob ...‘, 1684) heißt es: „was ist anders der bauren gerechtigkeit als ein confusum chaos oder zusammengeschmolzenes hack und mack".

Während sich der Ausdr. im südd. Raum nicht weiterverfolgen läßt, hat er in Westfalen zu dem bekannten ‚Heckmeck‘ geführt, mit dem ein übertriebenes oder unsinniges Gehabe verächtlich abgetan und ad absurdum geführt wird.

Heer. Der rdal. Vergleich mit dem sagenhaften *Wilden Heer* zur Bez. eines starken Lärms kommt in fast allen Mdaa. vor; z. B. schweiz. (Kt. Glarus, Kt. St. Gallen) ‚Tuen wie’s Wüetiher‘, wild lärmen, sich jagen, ausgelassen sein; ungebärdigen Kindern ruft man zu: ‚Tüent doch nit so wild, me meint jo ’s Wuetisher chömm!‘; schwäb. ‚fahren wie das Muotisheer (heilige Heer)‘; Allgäu: ‚Ihr thond bi Gott wie’s Wuetas!‘; rhein. ‚do küt da wel Jag!‘, da kommt die wilde Jagd; ebenfalls für lärmendes Heranstürmen gesagt.

Ins alte Heer gehen: sterben, ↗ zeitlich.
Die Rda. geht zurück auf den Glauben an die Existenz eines Geisterheeres, das sich in der Nacht erbitterte Kämpfe liefert. Geisterschlachten spielen vor allem auf den Schlachtfeldern großer Kämpfe der Weltgeschichte eine Rolle, z. B. auf dem Schlachtfeld von Marathon, auf den katalaunischen Feldern, wo sich die Geisterheere der gefallenen Römer und Hunnen der Legende nach drei Tage lang bekämpften, bei Karl dem Großen am Fuß des hessischen Gudinsberg, bei Ludwig dem Frommen auf dem Lügenfeld bei Colmar usw. bis hin zur Franzosenschlacht (1806) auf dem Schlachtfeld von Jena, wo nach dem Volksglauben jede Nacht Preußen und Franzosen aus den Gräbern steigen und als Geisterheer jeweils von 24 bis 1 Uhr in aller Erbitterung kämpfen bis zum Jüngsten Tag.

Lit.: *Ch. Mengis:* Art. ‚Geisterschlacht‘, in: HdA. III, Sp. 546–549; *K. Meisen:* Die Sagen vom wütenden Heer und vom wilden Jäger (Münster 1935), S. 144.

Hefe. *Auf die Hefe(n) kommen:* aufs äußerste herunterkommen, mit seinem Vermögen fertig werden. Die Hefe, eigentl. ‚das Hebende‘, weil sie bewirkt, daß der Stoff, dem sie beigemischt wird, sich hebt, sich aufbläht, bleibt doch selbst am Boden des Gefäßes sitzen und ist dann eben als Bodensatz eines Getränkes ungenießbar und deshalb verachtet.
Den Kelch (Becher) bis auf die Hefe leeren: alle Widerwärtigkeiten bis zum bitteren Ende auskosten müssen, ist eine Rda. bibl. Ursprungs (Ps. 75,9), vgl. ‚Der Rest ist für die Gottlosen‘ (↗ gottlos). Vgl. frz. ‚vider le calice (la coupe) jusqu'à la lie‘ (gehobene Sprache). *Es geht auf die Hefen:* es geht zu Ende.
Die Hefe als Treibmittel in der Bäckerei ist gemeint in der in mdt. Mdaa. bezeugten Rda. *auf der Hefe* (oder Plur. *auf den Hefen) sitzen bleiben:* nicht vorwärtskommen, keinen Erfolg haben, eigentl. wie ein nicht aufgegangener Teig; auch von kleinen Menschen gesagt; vgl. Jer. 48,11 in Luthers Bibelübers.: „Moab ist von seiner Jugend auf sicher gewesen und auf seinen Hefen still gelegen ...“.
Er hat Hefe in den Schuhen wird von einem Aufgeblähten, Hochmütigen gesagt. *Sich mit Hefen waschen:* beim Waschen noch schmutziger werden, als man vorher war.
Der ist aber auch net auf die Hefe: er ist schwerfällig und reagiert kaum oder gar nicht. *Auf der Hefe sein:* mit allen Wassern gewaschen sein.
Hefe des Volkes: Bez. für die unterste Gesellschaftsschicht, in der es zuweilen gärt. In früherer Zeit waren es zumeist die Landstreicher und unzufriedenen Arbeiter, daher auch die Verwendung der Rda. i. S. v. ‚Abschaum‘ bzw. ‚die unzufriedenen Elemente eines Volkes‘. Als Urheber der Rda. gilt Cicero. Er gebrauchte in seiner Rede ‚Pro Flacco‘ (59 v. Chr.) 8, 18 den Ausdr. ‚faex civitatis‘. In der Übers. wird er mit ‚Hefe des Volkes‘ wiedergegeben.

Lit.: *F. Eckstein:* Art. ‚Hefe‘, in: HdA. III, Sp. 1626–1628.

Heft. *Das Heft in der Hand haben:* so viel Gewalt besitzen, daß der andere schwerlich etw. dagegen ausrichten kann.
Die Wndg. bezieht sich urspr. auf den Waffenträger, der das Heft seines Schwertes fest in der Hand hat und die Waffe gut zu führen versteht. Er ist den Waffenlosen, den schlecht Bewaffneten, den Unsicheren und Ungeschickten dadurch überlegen. Vgl. auch die ähnl. fremdsprachl. Wndgn.: ndl. ‚Het heft (hecht) in handen hebben‘; frz. ‚tenir la queue de la poêle‘; ‚tenir les rênes‘ (wörtl.: die Zügel in der Hand festhalten) und engl. ‚to hold the reins‘.
Das Heft als Haltegriff des Schwertes oder eines Messers ist auch in den folgenden Rdaa. gemeint: *einem das Heft in die Hand spielen:* ihm Hilfe leisten, ihm das Mittel zur Verteidigung geben; vgl. frz. ‚prêter la main à quelqu'un‘ (wörtl.: einem seine Hand leihen); *das Heft nicht aus der Hand geben wollen:* sich die Herrschaft, die Befehlsgewalt nicht nehmen lassen; *einem das Heft aus den Händen winden:* ihm mit Gewalt die Mittel zu seiner Verteidigung nehmen. Vgl. die lat. Wndg. bei Plautus „eximere e manu manubrium“.

Heftelmacher. *Aufpassen wie ein Heftelmacher:* scharf achtgeben; eine bes. thür. und obersächs., aber auch im Steirischen bezeugte Rda., der die rasche und dabei

Der Hefftelmacher.

‚Aufpassen wie ein Heftelmacher'

sorgfältige Arbeit des Herstellens von ‚Hefteln', d.h. kleiner Häkchen und Ösen zum Zusammenhalten von Kleidern zugrunde liegt. Das Auge vermag den raschen Bewegungen geübter Finger kaum zu folgen. Der Schnelligkeit des Fabrikationsvorgangs entspricht auch der rdal. Vergleich *Das geht wie's Heftelmachen:* sehr rasch; im gleichen Sinne ‚wie's Brezelbacken', ↗ Brezel.

‚Er hat Augen wie-r-a Haftelmacher' (österr.): er paßt gut auf, er hat seine Augen überall und sieht alles.

Lit.: *L. Schmidt:* Sprw. dt. Rdaa., in: Österr. Zs. f. Vkde. 77 (1974), S. 99.

Hehmann. Umhertollenden und lärmenden Kindern wird im bair.-österr. Raum oft von den Müttern zugerufen: ‚Douts niet sue wie d'Hehmanner und schreits niet sue wie a Zohnbrecher', womit auf die regionale Sagengestalt des Hehmanns angespielt wird.

Lit.: *E. Rath:* Der Hehmann. Herkunft und Bdtg. einer Sagengestalt (Wien 1953); *U. Benzel:* Sudetendt. Volkserzählungen (Marburg 1962).

Heide. Gemäß dem lat. ‚paganus' ist der Heide der Landbewohner. Daraus hat sich vielleicht erst die Bdtg. ‚Nichtchrist'

entwickelt, weil die Christen zumeist in Städten wohnten. Wahrscheinl. ist Heide keine Übers., sondern germ. Ursprungs und bedeutet ‚wild', ‚niedrigstehend', erst später ‚Nichtchrist'. Heide wurde dann zu einem Sammelwort für alle Erscheinungen, die außerhalb des Rahmens der Christenheit in räuml. und zeitl. Hinsicht stehen.

Einen Heiden zu einem Christen machen: ein Kind aus der Taufe heben. ‚En' Heiden han w'r fortgetroen, en Christen bringen w'r wieder' sagen ndd. die Paten, wenn sie mit dem Täufling aus der Kirche zurückkommen. ‚Die Heiden sint inebrouken' sagte man früher im Kreis Iserlohn, was bedeutete: Die Frau ist ins Wochenbett gekommen. Diese Rda. bezieht sich auf die kirchliche Aussegnung der Wöchnerin.

Eine Heidenangst haben: große Angst haben wie die Christen vor den Ungläubigen, z.B. vor den Türken; Heiden ist hier objektiver Genetiv, wie ‚Gottes' in ‚Gottesfurcht'. In mehreren Wortzusammensetzungen bedeutet ‚Heiden-' eine Verstärkung, wie in den Ausdrücken ‚Heidenarbeit' (mühsame, umfangreiche Arbeit), ‚Heidenbammel' (große Angst), ‚Heidengeld' (sehr große Geldsumme), ‚Heidenkrach', ‚Heidenlärm', ‚Heidenspektakel' (großer Lärm, heftige Auseinandersetzung), ‚Heidenspaß' (großer Spaß), ‚heidenmäßig' (sehr groß, sehr viel). Ähnl. auch in der Rda. ‚das möcht einen Heiden erbarmen', d.h. sogar einen Menschen, der nicht unter dem christlichen Gebot der Nächstenliebe steht. ‚Heidenei' ist ein schwäb. Ausdr. der Verwunderung.

Lit.: *Hoops:* Die Heiden, in: Aufsätze zur Sprach- u. Lit.-Gesch. Wilh. Braune dargebracht (Dortmund 1920); *Winkler:* Art. ‚Heiden', in: HdA. III, Sp. 1634–1653; *C. G. Diehl:* Art. ‚Heidentum', in: RGG. III, Sp. 141–143; *H. Conzelmann:* Art. ‚Heidenchristentum', in: RGG. III, Sp. 128–141; *R. Beitl:* Kinderbaum. Brauchtum und Glauben um Mutter und Kind (Berlin 1942); *Chr. Daxelmüller:* Art. ‚Heiden', in: EM. VI, Sp. 645–654.

Heidelberg. *So groß wie das Heidelberger Faß sein:* ein unvorstellbar großes Fassungsvermögen besitzen, riesengroß sein. Der rdal. Vergleich bezieht sich auf die bestaunenswerte Sehenswürdigkeit im Heidelberger Schloß, die noch heute Touri-

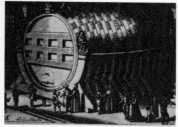

Heidelberger Faß (1589–91)

sten anlockt. Das erste ‚Große Faß' ließ
1589–91 Pfalzgraf Kurfürst Friedrich IV.
bauen, wie Merian berichtet: „Zu dem er-
wehnten Faß ist ein Stiege von 27 Staffeln
und alsdann ein kleines Brücklein, hin-
auff zu gehen. Es sollen zu den 24 großen
eisernen Reiffen, die herumb seyn,
122 Centner Eisen seyn gebraucht worden. Und fasset solches 132 Fuder, 3 Oh-
men und 3 Viertel und hält 1 Fuder,
10 Öhmen, 1 Ohm aber 48 Maß, so sich
fast mit den Oesterreichischen Maßen
vergleichen. Das Wahrzeichen ist eine
Nachteule, ein Aff und ein Löw ohne
Zungen. Und ist solches so hoch, daß
einer mit einem Rennspieß auffrecht darinn stehen könte" (Matthäus Merian:
Topographia Germaniae. Beschreibung
der Untern-Pfalz am Rhein. Faksimile der
vermutlich 1672 erschienenen vermehrten
2. Ausg. Neue Ausg. Kassel und Basel
1963, S. 42, Sp. 1).
Liselotte von der Pfalz, die das berühmte
Faß in ihren Briefen erwähnt, kannte das
zweite Faß. Es wurde 1648–80 von ihrem
Vater Karl Ludwig aufgestellt, nachdem
das erste während des Dreißigjähr. Krieges baufällig geworden war. Zu ihrer Zeit
enthielt es noch Wein, denn sie schreibt:
„Im großen Faß hatt man nie keinen
Rheinwein gethan, nur lautter Necker-
wein" (A 3, S. 347). Sie erinnert sich auch
noch an den Spruch, der auf dem Faß
stand und der sich auf die Darstellung an
der alten Neckarbrücke bezieht:
Waß thust du mich hir ahngaffen?
Hast du nicht gesehen den alten affen
Zu Heydelberg? Sich hin undt her,
So findstu woll meines gleichen mehr.
(C 1, S. 342, 383)

Ironisch erwähnt H. Heine das Heidel-
berger Faß im ‚Buch der Lieder' (Lyri-
sches Intermezzo, 1822–1823, Nr. 65):
Holt einen großen Sarg,
Hinein leg' ich gar Manches,
Doch sag' ich noch nicht, was;
Der Sarg muß sein noch größer,
Wie's Heidelberger Faß.
Bis zu den Niederlanden reichte die
Kenntnis von diesem Faß, was die Wndg.
‚het heidelberger wijnvat' beweist.
Eine phantastische Übersteigerung ent-
hält die Feststellung *Das Heidelberger
Faß ist ein Fingerhut dagegen*, denn das
heutige (dritte) Faß, das 1751 von Karl
Theodor aufgestellt wurde, könnte im-
merhin 221 726 l in sich aufnehmen.
Vor dem Heidelberger Fasse knien: keinen
höheren Genuß als das Trinken kennen,
den Wein als seinen Gott verehren.
Doch ist der Ruhm Heidelbergs auch
noch durch zahlreiche Studenten- u.
Trinklieder, insbes. durch das Versepos
‚Der Trompeter von Säckingen, ein Sang
vom Oberrhein' (Stuttgart 1854) von
J. Viktor v. Scheffel (1826–1886), verbreitet worden, in dem die Stadt als „Alt-Hei-
delberg, du feine" besungen wird.

Lit.: *K. Christ:* Das erste Heidelberger Faß. Eine Jubi-
läums-Studie (Heidelberg 1886); Die Kunstdenkmä-
ler des Großherzogtums Baden (Tübingen 1913),
Bd. 8, S. 97 u. 466 f.; *R. Lochmann:* Volkskundliche
Belege in den Briefen der Liselotte von der Pfalz,
masch.-schriftl. Staatsexamensarbeit (Freiburg 1969).

Heidelerche. *Singen wie eine Heidelerche:*
laut, hell oder ausdauernd singen; vgl. frz.
‚gai comme un pinson' (wörtl.: froh wie
ein Fink). Die dt. Rda. läßt sich bis um
1700 zurückverfolgen, bes. in obersächs.
Mda. Der Name der Heidelerche (Lullula
arborea) ist dabei vielleicht in Verbindung
gebracht mit dem Jubelruf ‚heidi, heida!'.
Die Mda. kennt die Aussprache ‚Heetel-

Heidelerche

lerche', d. i. ‚Häutel-, Haubenlerche' (Galerida cristata). Die Heidelerche ist selbst in den Gegenden noch zu finden, in denen sonst alles Tierleben erstorben scheint und überall wegen ihres vortrefflichen Gesanges geschätzt. Auch als Stubenvogel ist sie sehr beliebt.

heidi. *Im heidi:* im Handumdrehen, sehr schnell; eine Interjektion, die schnelle Bewegung, aber Jubel und beschwingte Freude ausdrückt. *Heidi gehen:* verlorengehen, davongehen; seit dem 18. Jh. belegt; ähnl. *heidi sein:* verloren sein, eigentl. aus achtloser Lust dahinsein.

heilig, Heiliger. *Ein wunderlicher (komischer, seltsamer) Heiliger* ist ein Sonderling, ein Mensch mit unüblichen Gewohnheiten; vgl. ndl. ‚een rare, vreemde, ruwe Apostel'. Der Ausdr. beruht auf Ps. 4, 4: „Erkennet doch, daß der Herr seine Heiligen wunderbar führet". ‚Wunderlich' meint ‚wunderbar', d. h. auf wunderbare Weise, dann auch ‚wundertätig' und schließlich ‚absonderlich'. Die Rda. ist seit dem 17. Jh. bezeugt, z. B. bei Abraham a Sancta Clara (‚Judas' III, 174): „Für einen selzamen Heiligen halten"; vgl. ebd.: (IV, 157): „Es gehet ihm nichts ab, als der Schein, sonst wäre er Heilig". Die Rda. spielt darauf an, daß im volkstümlichen Denken das Hauptinteresse gern auf äußere und sinnfällige Tatsachen, mehr auf die Wunder eines Heiligen, als auf sein asketisches Leben und heroisches Sterben gelegt wird. Eine ähnl. Wndg. findet sich bei Luther im ‚Sendbrief vom Dolmetschen': „Es ist dolmetzschen ja nicht eines iglichen kunst, wie die tollen Heiligen meinen"; vgl. die Wndg. ‚ein toller (wunderlicher) ↗Christ'.
Er ist ein ganz besonderer Heiliger: Er ist ein scheinheiliger Frömmler.
Er ist kein Heiliger: er führt ein lockeres Leben; vgl. frz. ‚Ce n'est pas un saint'; ähnl. ‚Er ist nicht gar so heilig, wie er tut'. Iron. ‚Er ist heilig wie eine Wolfsklaue', ‚er ist nicht so heilig wie jener Einsiedler, der den Hintern von Hornissen fressen ließ'. ‚Er will noch heilig werden bei lebendigem Leib' ist ein Spott auf einen Frömmler und Scheinheiligen. ‚Er ist so

heilig, daß man ihm ein Kreuz vorträgt', er wird begraben.
Die Heiligen vom Himmel herunterschwören: sehr viel schwören (vgl. ‚das Blaue vom Himmel herunterlügen', ↗blau).
Seine Heiligen aufgezählt kriegen: in der Schule durchgeprügelt werden (z. B. in Gotthelfs ‚Bauernspiegel'), geht ebenso wie bair. ‚seinen Heiligen kriegen' (einen Verweis erhalten) darauf zurück, daß Priester und Lehrer den Kindern die Bilder ihrer Namenspatrone mit einer pädagogischen Ermahnung zu schenken pflegen. ‚Dir geht's noch mal wie den Heiligen Drei Königen' ist eine lokale Kölner Verspottung und Drohung.
‚Etw. hoch u. heilig versprechen' ↗hoch.
‚Heiliger Bürokratius', ‚heiliger Bimbam', ‚heiliger Strohsack', ‚heilig's Blechle' sind scherzhafte Anrufe nur fiktiver Heiliger. Ähnl. wie die Wndg. ‚liebes Herrgöttle' drücken sie Erstaunen, Erschrecken, Verwunderung oder Unwillen aus u. enthalten dabei zumeist einen spöttischen Tadel. Häufig hört man auch lat. Formeln wie ‚Sancta Simplicitas' (heilige Einfalt), ein Ausruf, der nach Zincgref-Weidners „Apophthegmata" (Amsterdam 1653) 3,383 Johann Hus (1369–1415) auf dem Scheiterhaufen ausgerufen haben soll, als er sah, wie ein Bauer in blindem Glaubenseifer sein Stück Holz zu den Flammen herbeitrug.
Bekannt ist auch die rdal. Erweiterung einer Heiligenanrufung: ‚Heiliger Sankt Benedikt, ich bin schon wieder eingenickt', die in Abwandlung einer Gebetslitanei als scherzhafte Selbstermahnung zu verstehen ist.

Lit.: *F. Pfister:* Art. ‚heilig', in: HdA. III, Sp. 1655–1668; *ders.:* Art. ‚Heilige', in: HdA. III, Sp. 1668–1673; *H. Schauerte:* Die volkstümliche Heiligenverehrung (Münster 1948); *K. Kunze:* Art. ‚Heilige', in: EM. VI, Sp. 666–677.

heim. *Einen(m) heimgeigen:* ihn derb abfertigen, ihm eine Abfuhr erteilen. *Du kannst dich (dir) heimgeigen lassen:* mach, daß du fortkommst! In früherer Zeit ließen sich angesehene Leute, die ihren Reichtum zeigen wollten, von einem Tanzvergnügen oder Gelage von spielenden Musikanten nach Hause begleiten. Aus Bayern kennen wir die Sitte der Bauernburschen, sich nach Tanzbelustigungen mit Musik nach Hause bringen zu lassen. Erst später verband man mit der Rda. den Sinn der derben Abfertigung und Zurechtweisung, denn auch zum Spott wurde einem kläglich Abziehenden eine Musik dargebracht. Als Wallenstein vergeblich Nürnberg belagert hatte und unverrichteter Dinge abzog, jubilierten und musizierten die Nürnberger und sangen und spotteten:

> Du kannst den Göcker (Hahn) nit
> krähen hören,
> Und willst der Nürnberger Stadt
> verstören?
> Geh, laß dich geigen heim!

,Heimleuchten'

Auf einen ähnl. Urspr. ist die Rda. zurückzuführen: *einem heimleuchten:* ihn zurechtweisen, nachdrücklich abweisen, hinauswerfen, verprügeln. Früher wurde einem späten Besucher ein Diener mit einer Laterne mitgegeben, um ihn nach Hause zu begleiten, da es keine Straßenbeleuchtung gab. Aus dieser friedlichbürgerlichen Sitte ist die Wndg. wohl hervorgegangen, und der höhnische Sinn ist erst später hineingelegt worden. Immerhin ist die Wndg. im 16. Jh. schon ein Spottausdr. Nach der Chronik von Wigand Lauze haben Fritzlarer Bürger Fakkeln und Strohwische angezündet und

dem vergeblichen Belagerer, dem Landgrafen Konrad von Thüringen, „zum Abzug geleuchtet" (Lange: Alte Geschichten aus dem Lande Hessen, 1899).
Einem etw. heimzahlen wurde zunächst im Sinne von ,zurückzahlen' gebraucht, dann aber zu der heutigen Bdtg. von ,rächend vergelten' umgeändert; vgl. bair. ,'s kimmt der Greis wider ham', es wird dir vergolten. ↗ daheim.

Lit.: *Fr. Seiler:* Dt. Sprww.kunde (München 1922), S. 234; *H. Rölleke*(Hg.): „Rdaa. des Volkes, auf die ich immer horche" (Bern u. a. 1988), S. 17.

Heimat. *Unrasiert und fern der Heimat,* Landserwort und Volkslied, schon aus dem 1. Weltkrieg, wahrscheinlich zurückgehend auf Platens Gedicht: ,Das Grab im Busento' (um 1830): „Allzufrüh und fern der Heimat mußten hier sie ihn begraben".
,Heimathirsch': scherzhafte Bez. für jem., der einen übertriebenen Lokalpatriotismus an den Tag legt u. obendrein meist auffällig korrekt in der regionalen Tracht gekleidet auftritt.
In die heimatlichen Gefilde zurückkehren: nach Hause gehen. Die Rda. ist als ironische Reaktion auf geschwollen-sentimentale Formulierungen zu verstehen.
,Heimatschuß' nannte man sold. im 2. Weltkrieg eine leichte Verletzung, die jedoch genügte, in ein Lazarett in der Heimat verlegt zu werden.

Lit.: *I.-M. Greverus:* Der territoriale Mensch. Ein literaturanthropologischer Versuch zum Heimatphänomen (Frankfurt/M. 1972); *K. Köstlin* und *H. Bausinger (Hg.):* Heimat und Identität. Probleme regionaler Kultur (Neumünster 1980).

Heimchen. *Heimchen am Herde,* so heißt ein glücksbringender Hausgeist – nach Ch. Dickens' Weihnachtserzählung ,Crikket on the hearth' (1846). Dickens hat darin den Glauben an die Grille (dt. auch Heimchen) als Personifikation des Hausgeistes poetisch verwertet. Viele Volksglaubens-Vorstellungen sind mit dem Heimchen am Herd verbunden u. teilweise noch heute lebendig, ↗ Herd.
Heute bez. man damit scherzhaft die treusorgende Hausfrau, die keine anderen Interessen als ihre Familie kennt.

Lit.: *R. Riegler:* Art. ,Grille', in: HdA. III, Sp. 1160–1169.

heimlich. *Heimlich, still und leise:* völlig unbemerkt (vor allem in Beziehung zu unerlaubten Tätigkeiten wie Diebstahl usw.). Die Wndg. stammt aus der Operette ‚Frau Luna' von Paul Lincke (1899): „Heimlich, still und leise kommt die Liebe über Nacht" (Text: Alfred Schröder). Strukturell handelt es sich um eine dreigliedrige Formel (Drillingsformel), wie sie bes. in alliterierender Form in Buchtiteln u. Untertiteln beliebt sind (z. B. C. W. Ceram: ‚Götter, Gräber und Gelehrte'; H. Fallada: ‚Bauern, Bonzen und Bomben'; ‚Titel, Thesen, Temperamente').

Lit.: *L. F. Boethe:* Art. ‚heimlich', in: HdA. III, Sp. 1686–1687; *W. Mieder:* Sprichwort, Redensart, Zitat (Bern u. a. 1985), S. 131–139.

Heimsuchung. *Das war die reinste Heimsuchung:* das war der reinste Überfall, das war wie eine Strafe. Der Begriff ‚Heimsuchung' ist aus der Bibel bekannt als Bez. für das Strafgericht Gottes (Jes. 10, 3; Jer. 23, 12; 46, 21; 50, 31; Hes. 9, 1), aber auch aus lit. Zeugnissen, z. B. I. Kant: „die fürchterlichen Werkzeuge der Heimsuchung des menschlichen Geschlechts" (Werke, 1838).
Darüberhinaus ist der Begriff ‚Heimsuchung' aber auch eine alte Bez. für den Hausfriedensbruch (wenn die Friedensbrecher mit Gewalt auf Haus u. Bewohner eindringen). Sie wird in älteren Rechtsquellen immer eigens angeführt. Im ‚Schwabenspiegel' heißt es dazu: „Die heymsuchung ist daz: wer mit gewaffenter handt y eynes mannes hauß lauffet und eynen darynn iaget oder er eynen darinn findet, dem er will schaden oder schadet, das heyßet heymsuchung". Im Bereich der Rügebräuche ist mit der Heimsuchung bzw. dem Hauslaufen meist eine Ausplünderung des Hauses verbunden. Bei der heutigen, scherzhaft verwendeten Rda. handelt es sich wohl um eine Verbindung der beiden älteren Bdtgn.

Lit.: *K. Kroeschell:* Art. ‚Hausfrieden', in: HRG. I, Sp. 2022–2024; *K.-S.- Kramer:* Grundriß einer rechtl. Vkde. (Göttingen 1974), S. 33.

Heimweh. *Ich hab so Heimweh nach'm Kurfürstendamm* wird oft sprw. zitiert, wobei der Kurfürstendamm pars pro toto

für Berlin steht. Die Zeile ist der Anfang eines Schlagers, der – aus unterschiedlichen politischen Anlässen – immer wieder aktualisiert worden ist:

Ich hab so Heimweh nach 'm Kurfürstendamm,

hab so 'ne Sehnsucht nach meinem Berlin!

Und seh ich auch in Frankfurt, München,

Hamburg oder Wien
die Leute sich bemühn,
Berlin bleibt doch Berlin!

(Rudolf Eberhard (Hg.): Fritze Bollmann wollte angeln [Berlin 1980], S. 83–84).
‚Heimweh' wurde im 16. Jh. zunächst als typische Eigenschaft der Schweizer Söldner angesehen, die ihnen den Aufenthalt in der Fremde erschwerte. Ihre oft übermäßige Sehnsucht nach der Heimat war so bekannt, daß man ‚Heimweh' – 1569 erstmals in Luzern belegt – lange Zeit als Schweizer Dialektwort betrachtete und auch als ‚Schweizerkrankheit' bezeichnete. Von dem Mülhauser Arzt Johann Hofer stammt die erste Untersuchung, eine ‚Dissertatio de Nostalgia' von 1688, zu diesem psychologischen Phänomen. Im Zedlerschen Universal-Lexikon von 1735 wird versichert, das Heimweh oder die Heimsucht komme den Schweizersoldaten, weil sie die unreine, stickige Luft flacher Gegenden nicht ertragen mögen; sie seien die reine Luft hoher Berge gewohnt.

Lit.: *Boette:* Art. ‚Heimweh', in: HdA. III, Sp. 1687–1692; *F. Ernst:* Vom Heimweh (Zürich 1949); *I.-M. Greverus:* Heimweh und Tradition, in: Schweiz. Arch. f. Vkde. 61 (1965), S. 1–31; *E. Moser-Rath:* ‚Lustige Gesellschaft' (Stuttgart 1984), S. 228–229. Weitere Lit. ⟋Heimat.

Hein, Heinrich. Hein ist wie Heinz und Hinz eine Kurzform von Heinrich. Da dieser Name ungemein häufig vorkam, hat er seine Bdtg. als Eigenname verloren und ist z. T. ganz allg. zur Bez. männlicher Personen angewendet worden, deren eigentl. Namen man nicht kennt oder nicht nennen will (⟋Hinz und Kunz), z. B. ‚ein fauler Heinz'. ‚Heinz Narr' ist die Inschrift eines Bildes in Seb. Brants ‚Narrenschiff', womit eben die Jedermanns- oder Allerweltstorheit bez. wird. Hagedorn nennt (schon vor Claudius) einen x-belie-

1

2

1/2 Freund Hein

bigen Bauern ‚Gevatter Hein'. Ndd. ist ‚isern Hinnerk' ein starker, mutiger Mensch, ‚holten Hinrek' ein klotziger, vierschrötiger Mensch, ein ‚sanfter Heinrich' ein gutmütiger, schüchterner oder überhöflicher Mensch. Die Soldatensprache kennt ‚blauer Heinrich' (Graupen), ‚stolzer Heinrich' (Reisbrei). In allen ndd. Moorgebieten kennt man ‚Baukweeten-Jan-Hinnerk', Buchweizenpfannkuchen, früher eine Volksnahrung. – Heinrich und die Nebenformen dieses Namens treten auch als Namen für solche gefürchtete Wesen ein, deren eigentl. Namen man zu nennen sich scheut. ‚Heinzel', ‚Heinzelmann', ↗Heinzelmännchen sind Koboldnamen. Schon Luther nennt einen Hausgeist ‚Heinzlein'. Vgl. auch KHM. 1: ‚Der Froschkönig und der eiserne Heinrich' u. die darin erscheinende Wndg.: „Heinrich, der Wagen bricht". Von sprw. Bdtg. ist der heute oft scherzhaft verwendete Satz: „Heinrich! Mir graut vor dir!" Gretchen sagt dies in der Kerkerszene zu Faust (Faust I, 1808).
Weniger streng klingt der Name in der abgewandelten Koseform ‚Heinerle'. Sie wurde weithin bekannt durch die Worte: „Heinerle, Heinerle, hab' kein Geld" aus

der Operette ‚Der fidele Bauer' von Leo Fall (1873–1925).
Freund Hein als Bez. für den Tod ist durch M. Claudius und Lessing weithin bekanntgeworden. Allerdings ist sie mindestens ein Jh. älter, denn sie findet sich bereits auf einem Flugblatt kurz nach 1650. Dort heißt es: „Freund Hain läßt sich abwenden nit Mit Gewalt, mit Güt, mit Treu und Bitt". In Theobalds ‚Hussitenkrieg' (1623) heißt es: „Mancher höret ein solches Vöglein, oder wie sie reden Heintzlic singen, daß er den Vor-Reigen am Todtentanz springen muß". Hein ist ein schon ma. bezeugter Übername für den ↗Teufel: „Er siehet eben als hab er holzöpfel gessen … wie Henn der Teufel". Auch die obd. Mdaa. kennen verwandte Versionen. So heißt der Tod schweiz. gelegentlich ‚Beinheinrich', was dem ndd. ‚knökern Hinrik' entspricht. Heinz und Hein sind vermutlich also schon vor Claudius volkstümliche ndd. Tabubez. Dennoch hielten die Zeitgenossen Claudius für den Erfinder des Wortes. Wenn Lessing den Ausdr. schon im Jahre 1778 in einem Brief an Claudius braucht („Bei Gott, lieber Claudius, Freund Hein fängt auch unter meinen Freunden an, die

693

Oberstelle zu gewinnen"), so will er dem Einführer dieses Wortes in die Schriftsprache nur andeuten, welchen Gefallen auch er daran hatte. Die Wndg. ist dann schnell populär geworden. Heinr. Heine dichtet:

> Da fluch ich den Weibern und reichen Halunken,
> Und mischte mir Teufelskraut in den Wein,
> Und hab mit dem Tode schmolls getrunken,
> Der sprach: fiducit, ich heiße Freund Hein!

Daß der seit M. Claudius lit. bekanntgewordene ‚Freund Hein' als Kurzform zu ‚Heinrich' gehöre, wird freilich z.T. bestritten. Andere Erklärer führen das Wort auf ein altes Wort für ‚Tod' und ‚Toter' zurück: Hunne, Hinne, Heune, Hein (vgl. Hünengrab, das Hühnerloch im Volkslied). Alle Deutungen aus der Mythologie scheinen indessen zu weit hergeholt. Es ist viel wahrscheinlicher, daß für den Tod ein Hüllwort gebildet wurde, das durch die Verwendung eines sehr häufigen Vornamens das Ungeheure des Todes in den Bereich des Geheuren und Vertrauten ziehen sollte. Durch die Verbindung mit ‚Freund' wird dies in unserem Ausdr. noch besser erreicht als in den mdal. Verbindungen. Wenn sich auch hierfür bis jetzt kein eindeutiger Beweis erbringen läßt, so wird diese Erklärung doch gestützt durch zahlreiche ähnl. Hüllwörter und Euphemismen in den verschiedenen Sprachen. Im Engl. kommt z.B. in gleicher Bdtg. ‚Old Henry' vor. Vgl. auch ‚das Zeitliche segnen', ↗zeitlich.

Der beliebt gewordene Ausdr. ‚Freund Hein' begegnet u.a. auch als Titel eines Versepos' von K. A. Musäus (1735–1787): ‚Freund Heins Erscheinungen in Holbeins Manier' u. in neuerer Zeit als Titel des Romans ‚Freund Hein' (1902) von Emil Strauß.

Lit.: *J. Grimm:* Dt. Mythologie (4. Ausg. Gütersloh 1876) Bd. II, S. 710; *Th. Siebs:* Von Henne, Tod und Teufel, in: Zs. f. Vkde. 40 (1930), S. 49–61; *G. Barbarin:* Der Tod als Freund (Übers. Kuno Renatus) (Stuttgart – Berlin 1938); *P. Geiger:* Art. ‚Hein, Freund', in: HdA. III, Sp. 1694–1695; ‚Wie die Alten den Tod gebildet' (= Kasseler Studien zur Sepulkralkultur 1) (Mainz 1979); ‚Freund Hein und der Bücherfreund' (Ausstellungskatalog) (Kassel 1982).

Heinzelmännchen. Die Rda. *Das haben die Heinzelmännnchen getan,* wenn man eine Arbeit schon vollbracht vorfindet, hat sich wohl erst im Anschluß an August Kopischs Gedicht von den ‚Heinzelmännnchen zu Köln' herausgebildet. Volkstümlicher ist der rdal. Vergleich *wie die Heinzelmännchen leben:* allein leben (bes. rhein.) oder die Drohung *Du wirst (noch) die Heinzelmännchen singen hören,* sowie *Dich mach ich zum Heinzelmännchen:* ich schlage dich ebenso klein.

Lit.: *M. Rumpf:* Wie war zu Cölln es doch vordem / mit Heinzelmännchen so bequem, in: Fabula 7 (1976), S. 45–74; *E. Lindig:* Hausgeister (= Artes Populares. Studia Ethnographica et Folkloristica 14) (Frankfurt/M. – Bern – New York 1987).

heiß. *Du bist wohl (als Kind) zu heiß gebadet worden* oder *dich haben sie (als Kind) wohl zu heiß gebadet:* du bist verrückt, ↗Bad. Die Rda. ist erst im 20. Jh. aufgekommen und spielt auch im Schlager eine Rolle:

> Du bist als Kind zu heiß gebadet worden,
> Dabei ist dir bestimmt geschadet worden.

Ein heißes Eisen anfassen ↗Eisen.
Manche mögen's heiß: Filmtitel eines erfolgreichen Films von Billy Wilder mit Marilyn Monroe, der sprw. Bdtg. erlangt hat.
Es läuft einem heiß u. kalt den Rücken herunter ↗Rücken.
Heiß (warm) u. kalt aus einem Mund blasen ↗Mund.
Jem. heiß machen: ihn in Aufregung versetzen, wild machen. *Das macht mich nicht heiß:* das hat keine Bdtg. für mich, das ist mir gleichgültig.
Heißes Blut haben (heißblütig sein): schnell in Aufruhr geraten. Die Wndg. wird vorwiegend für Südländer gebraucht.
Es geht heiß her: es geht turbulent zu (bei der Arbeit, bei einer Auseinandersetzung), alle legen sich mächtig ins Zeug.

heißen. Mit der rdal. Formel ‚Da heißt's' werden oftmals Sprww. zitiert; z.B. ‚Da heißt's: Augen auf!'; ‚Da heißt's: Vogel friß oder stirb!' (weitere Beispiele) Wander II, Sp. 484). *Ich will Hans (Meier* etc.)

heißen, wenn das nicht wahr ist, in älterer Sprache *ich will ein Schelm heißen,* scherzhafte Form der Selbstverfluchung, ähnl. wie ‚ich will tot umfallen‘, ‚ich laß mich hängen‘, vergleiche engl. ‚I'm a Dutchman if‘, frz. ‚je veux être pendu, si‘, ndl. ‚ik ben een boon(tje), als't niet waar is‘ etc. Daß der Schwörende sich dabei selbst die Strafe setzt, gehört zur Tradition dieser Formeln, die älterem Rechtsbrauch entsprechen.

Diese Formeln der Selbstverfluchung sind auch heute noch gang u. gäbe, nur kennt man zumeist ihren urspr. Sinn nicht mehr. Dasselbe gilt für die Beteuerungsformeln, die sich über die Zeiten hinweg erhalten haben, wie sich aus lit. Belegen erkennen läßt. Gottfr. Aug. Bürger sagt von seiner ‚Lenore‘: „Wenns bei der Ballade nicht jedem eiskalt über die Haut laufen muß, so will ich mein Leben lang Hans Caspar heißen" (Briefe, I, 111). An bestimmte Namen sind bestimmte Vorstellungen geknüpft. Das kommt auch z. Ausdr. am Anfang von Chr. Morgensterns ‚Möwenlied‘ (zit. nach der Ausg. ‚Alle Galgenlieder‘, Berlin 1932):

Die Möwen sehen alle aus,

Als ob sie Emma hießen,

Schiller gebraucht das Verb in seinem Schauspiel ‚Die Räuber‘ am Anfang der 2. Szene des 1. Aktes in der berühmten Frage: „Franz heißt die Canaille?" Und in Goethes ‚Faust‘ gibt es gleich mehrere Stellen dieser Art. So sagt Faust zu Wagner:

Was ihr den Geist der Zeiten heißt,

Das ist im Grund der Herren eigner Geist,

und fährt dann meditierend fort:

Ja, was man so erkennen heißt!

Wer darf das Kind beim rechten Namen nennen?

Matthias Claudius schließlich benutzt das Wort, um seine Idealvorstellungen zum Ausdr. zu bringen:

Und jeder echte deutsche Mann

soll Freund und Bruder heißen.

Im Volksmund ist das Verb heißen freilich eher im negativen Sinne bekannt aus Wndgn. wie ‚jem. einen Esel heißen‘ o. ä. (d. h. ihm einen verächtlichen Namen geben) oder aus den erwähnten Selbstverfluchungs- u. Beteuerungsformeln, ↗ Hans.

Lit.: H. Fehr: Art. ‚Eid‘, in: HdA. II, Sp. 659–672; ders.: Art. ‚Meineid‘, in: HdA. VI, Sp. 111–123.

Heißsporn. *Ein richtiger Heißsporn sein:* heißblütig, übermütig, aufbrausend. Der Begriff stammt aus dem 1. Teil von Shakespeares Schauspiel ‚König Heinrich IV.‘ u. bezieht sich auf Henry Percy, der den Beinamen ‚Hotspur‘ (Heißsporn) erhielt.

Hekuba. *Bei mir Hekuba!:* ich hab' kein Interesse, weiß von nichts. Die Rda. hat ihren Urspr. in Shakespeares Hamlet. Dort heißt es (II, 2): „Was ist ihm Hekuba, / was ist er ihr, / Daß er um sie soll weinen". Hekuba war die Mutter Hektors, der in Homers ‚Ilias‘ (VI, 450 ff.) zu Andromache sagt, ihn bekümmere das Leid der Trojaner, des Priamus und selbst seiner Mutter Hekuba weniger als das ihre. Die Anregung zu diesem berühmt gewordenen Satz erhielt Shakespeare von Plutarch. Dieser berichtet im ‚Leben des Pelopidas‘, Kap. 29, der grausame Tyrann Alexander von Phera (†359) in Thessalien sei von einer Aufführung der ‚Trojanerinnen‘ des Euripides so gerührt gewesen, daß er vorzeitig das Theater verließ, vorher aber dem Darsteller der Hekuba sagen ließ, er ginge nicht seinetwegen, sondern weil er sich vor seinen Untertanen schäme, wenn sie ihn über das Unglück der Hekuba und Andromache weinen sähen, da er sich durch das Schicksal keines seiner vielen Untertanen, die er habe umbringen lassen, jemals zu Mitleid u. Erbarmen habe bewegen lassen. Es ist anzunehmen, daß Shakespeare bei der Formulierung des Satzes diese Episode vor Augen hatte. Die weiteste Verbreitung fand die Wndg. ‚Was ist ihm Hekuba?‘ durch Bismarck, der sie in seiner Reichstagsrede vom 11. Januar 1887 auf Deutschlands Verhältnis zu Bulgarien anwandte. Heute begegnet sie fast nur noch in der Version ‚Bei mir Hekuba‘, durch die man mit einer gewissen Selbstironie seine Ahnungs- und Interesselosigkeit bekundet.

helfen. *Helf dir Gott:* Höflichkeitsformel beim Niesen, nur noch selten zu hören. Anlaß zu dieser Formel soll eine Pestepidemie gewesen sein, die unter Papst Pelagius II. in Italien gewütet und unter seinem Nachfolger Gregor d. Großen erfolgreich bekämpft worden sei. Aber schon bei den Griechen sagte man: ‚Zeus helfe'. Der Brauch, dem Niesenden mit Gesundheitswünschen zu begegnen, ist demnach schon recht alt. Er beruht u. a. auch auf dem Aberglauben, Niesen sei etw. Göttliches u. ein Fingerzeig auf ein künftiges Ereignis. Man glaubte, daß ein Mensch niese, wenn seine Rede voller Ahnungen sei. Im Volksglauben gilt Niesen als Vorbedeutung von guten wie bösen Geschehnissen. Die Formel ‚Gott helfe' oder ‚helf dir Gott' wird möglicherweise gebraucht, damit eine glückliche Bedeutung noch mehr bestätigt, eine unglückliche, wenn möglich, vereitelt wird. Sie könnte aber auch als Wunschformel verstanden werden bei einer Krankheit, die sich durch Niesen ankündigt u. nach altem Volksglauben schlecht ausgeht, wenn Gott nicht hilft, ↗ Gott, ↗ niesen.

Lit.: *H. M. G. Grellmann:* Geschichte der Gesundheitswünsche beim Niesen, in: Historische Kleinigkeiten (Göttingen 1794), S. 53–84.

hell. *Helle sein:* aufgeweckt sein, ein kluges Köpfchen haben, eine rasche Auffassungsgabe besitzen, pfiffig sein. Die Wndg. bez. in salopper Weise die Klarheit des Verstandes, die bereits von Th. G. Hippel als „Biegsamkeit der Gedanken, Helle im Ausdruck" lit. gebraucht wird (‚Lebensläufe nach aufsteigender Linie nebst Beylagen A, B, C' [Berlin 1778–1781], 6, 191). Die Aufforderung: *Mensch, sei helle!* meint heute: Paß auf! Bedenke alles recht! Sei auf der Hut! Laß dich zu keiner Unbesonnenheit verleiten!

Heller. Die Münze Heller trägt ihren Namen nach der Stadt Schwäbisch Hall, wo der ‚Haller pfenninc' wohl schon im 12. Jh. geprägt worden ist. Ähnl. wie ↗ Deut und in neuerer Zeit ↗ Dreier wird auch Heller oft als Bez. eines geringen Wertes in Rdaa. gebraucht: *auf Heller und Pfennig bezahlen:* genau bis auf den kleinsten Rest bezahlen (schon bei dem Straßburger Prediger Geiler von Kaysersberg im 15. Jh.); *keinen roten Heller bezahlen (wert sein):* nichts bezahlen (wert sein),

Heller

schon 1632 in der Form ‚keinen Heller wert sein'; ‚rot' bezieht sich auf die Kupferfarbe. Vgl. frz. ‚pas un rouge liard' (veraltet), heute heißt es umg. ‚N'avoir pas un sou', ‚… radis' (Radieschen). *Seine drei (fünf) Heller überall dazugeben:* überall hineinreden; in der ‚Leipziger Landkutsche' von 1724: „er gab seine fünf Heller auch dazu", d. h. er äußerte auch seine (unbedeutende) Meinung. Obersächs. ‚Vun eich is enner an Haller un der anner an weißen Pfenk wart', ihr taugt alle beide nicht viel. ‚Heller und Batzen' werden in einem bekannten Lied als Gegensätze genannt, dessen 1. Str. lautet:

Ein Heller und ein Batzen,
die waren beide mein.
Der Heller ward zu Wasser,
der Batzen ward zu Wein.

Dagegen heißt es in einem alten Sprw. ‚Wer zum Heller gemünzt ist, der kommt zu keinem Batzen': wer als Armer geboren ist, kommt zu nichts, ↗ Batzen.

Lit.: *F. v. Schrötter:* Wb. der Münzkunde (Berlin – Leipzig 1930); *F. Wielandt:* Der Heller am Oberrhein, in: Hamburger Beiträge zur Numismatik 5 (1951), S. 32–61; *ders.:* Probleme der Hellerforschung, Wissenschaftliche Abhandlungen des Dt. Numismatikertages in Göttingen (1951), hg. v. *E. Böhringer* (Göttingen 1959); *L. Veit:* Das liebe Geld (München 1969); *G. Hatz:* Münze und Volk, in: Beiträge zur Volks- und Altertumskunde 16 (1972–73), S. 11–32; Münzen in Brauch u. Aberglauben, Hg. German. Nat. Mus. Nürnberg (Mainz 1982), S. 231.

Hemd steht in zahlreichen Rdaa. für den letzten, elementarsten und lebensnotwendigen Minimalbesitz: *jem. bis aufs Hemd ausziehen:* ihn arm machen, ihm alles (oder fast alles) wegnehmen; urspr. von Räubern gesagt, die ihren Opfern nur das Hemd auf dem Leib ließen. Im Wiener Stadtrecht von 1434 als Recht demjenigen zugestanden, bei dem der andere Spielschulden hat. *Sich bis aufs Hemd auszie-*

hen: seine letzten Ersparnisse hergeben; vgl. frz. ‚laisser dans une affaire jusqu'à sa dernière chemise‘.

Das zieht einem das Hemd aus: das ist unerträglich, urspr. ganz konkret gemeint. Eine Ill. des Hausbuchmeisters zeigt, wie dem Bauern das Hemd über den Kopf gezogen wird, wenn die Ritter durch seine Felder reiten. Ebenso *sich von jem. das Hemd ausziehen lassen:* sich von jem. übertölpeln, ausnutzen lassen; *kein ganzes Hemd mehr haben:* sehr ärmlich sein; *kein Hemd vor dem Arsch haben:* sich nur sehr ärmlich kleiden können, sehr arm sein; dagegen frz.: ‚être comme cul et chemise‘ (wörtl.: wie Arsch und Hemd sein): einander Hand in Hand gehen.

1/2 ‚Einen bis aufs Hemd ausziehen‘

Das Hemd auf dem Leibe dransetzen: das Äußerste und Letzte wagen; *das Hemd auf dem Leibe ist nicht sein:* er hat eigentl. überhaupt nichts eigenes; *das Hemd vom Leibe verschenken:* sehr freigebig sein; ähnl. sein letztes Hemd hergeben, vgl. KHM. 153: ‚Sterntaler‘. Der Verzicht des opferbereiten Mädchens auf all seine Habe, sogar auf das Hemd, wird vom Himmel reichlich belohnt.

Im bloßen Hemd dastehen: fast nackt dastehen, nur noch das Unentbehrliche besitzen. Außerdem war das Bußhemd ein Zeichen der Demütigung u. Beschämung. *Einem aufs Hemd knien:* ihn aufs äußerste bedrängen; *einem das Hemd vom Leibe herunterfragen:* ihn gänzlich ausfragen; *und wenn's das letzte Hemd kostet:* selbst wenn der letzte und höchste Einsatz gewagt werden muß.

In andere Zusammenhänge verweisen die Rdaa.: *ein zu kurzes Hemd anhaben:* leicht beleidigt sein, keine nervlichen Reserven haben, *ihm flattert das Hemd:* er hat Angst, sowie die Drohrede: *Ein Schlag, und du stehst im Hemd da!‘* Die Wndg. soll 1898 in Berlin von der Schwerathletin Kätchen Brumbach (‚Sandwina‘ genannt) geprägt worden sein.

‚Jem. ist das eigene Hemd näher‘

Das Hemd ist (mir) näher als der Rock. Die sprw. Wndg. ist schon röm. bezeugt. Im ‚Trinummus‘ (V, 2, 30) des Plautus heißt es: „Tunica propior pallio“. Die lit. Belege finden sich bis in die Neuzeit. So sagte z. B. Bismarck in der Sitzung des Preuß. Abgeordnetenhauses am 22. Januar 1864: „Kommt es zum Äußersten, so ist mir das Hemd näher als der Rock“.

Lit.: A. Junker u. E. Stille: Die zweite Haut. Zur Gesch. d. Unterwäsche 1700–1760 (Frankfurt/M. 1988); E. Moser-Rath: Art. ‚Hemd‘, in: EM. VI, Sp. 802–806.

Hempel. *Hier siehts aus wie bei Hempels unterm Bett (hinterm Sofa):* schmutzig, unordentlich, unaufgeräumt. Die Wndg. wird in übertragener Bdtg. erst seit 1991 gebraucht; ihre Herkunft ist (noch) ungeklärt. Sie hat sich rasch im polit. Jargon durchgesetzt u. spielt auch in der Sprache der Medien eine Rolle. Selbst der Schlager hat die Rda. bereits aufgegriffen u. sie in einem Refrain verarbeitet, wodurch sie weitere Verbreitung erfuhr:

Ach wie schön,
ach wie nett!
Doch wie sieht's aus
bei Hempels unterm Bett?

Henker. *Der Henker wird auf seiner Hochzeit tanzen:* er wird gehängt werden, wird von Henkershand sterben, eine euphemist. Umschreibung für die Todesstrafe, ↗ Seiler. *Jem. zum Henker wünschen:* ihn zum Teufel wünschen. Henker steht in zahlreichen Rdaa. und Flüchen für das tabuierte Wort ↗ Teufel, z. B.: ,zum Henker', ,beim Henker', ,der Henker', ,was Henker!', ,daß dich der Henker!', ,das mag der Henker glauben!', ,geh zum Henker und lern das Hexen!', ,der Henker soll ihm die Augen ausstechen!', ,des Henkers Großmutter ein Bein abschwören', ,der Henker schlägt seine Großmutter' (= es regnet und gleichzeitig scheint die Sonne), ,dem Henker beichten', ,der Henker ist los'.
,In 's Henkers Namen': rdal. Wdng. aus KHM. 59: ,Der Frieder und das Catherlieschen', in dem der Frieder – von den Torheiten seiner Frau entnervt – voller Verzweiflung ausruft: „Nun, so tu's in's Henkers Namen", d. h., ,meinetwegen, mach', was du willst!'

Lit.: *A. Keller:* Der Scharfrichter in der Kulturgesch., in: Bücherei der Kultur, 21 (o. O. 1921); *E. Angstmann:* Der Henker in der Volksmeinung, seine Namen u. sein Vorkommen in der mdl. Überlieferung, in: Teuthonista, Zs. f. Dialektforschung u. Sprachgesch., Beiheft 1 (Bonn 1928); *A. Steinegger:* Handwerker, Henker u. Galgen im alten Schaffhausen, in: Schweiz. Arch. f. Vkde. 44 (1947); *Chr. Daxelmüller:* Art. ,Henker, Scharfrichter', in: EM. VI, Sp. 813–818.

Henkersmahlzeit. Der Brauch, daß einem zum Tode Verurteilten vor der Hinrichtung noch ein gutes Mahl nach seinen Wünschen bereitet wurde, ist seit dem 15. Jh. bezeugt; der Ausdr. ,Henckermol'

findet sich seit 1575 bei Joh. Fischart, ,Henkersmahlzeit' seit 1691. Im Scherz sagt man *seine Henkersmahlzeit halten* für jede letzte Mahlzeit vor einem Abschied; entspr. ndl. ,iemands galgemaal'.
Der Brauch einer letzten Mahlzeit vor der Hinrichtung läßt sich bis heute bei vielen Kultur- und Naturvölkern nachweisen. Den Delinquenten steht die uneingeschränkte Wahl der Speisen und Getränke zu. Die hauptsächlich gewählten Speisen sind Huhn, Fisch, Fleisch, Obst, Süßigkeiten, aber auch Rauschmittel, Alkohol und Nikotin. Das letzte Mahl erhalten alle Hinzurichtenden, gleichgültig, ob sie durch das Schwert oder den Strang umgebracht, ob sie lebendig vergraben, eingemauert oder ausgesetzt werden. Diese Sitte gilt auch für andere Arten der Tötung: Menschenopfer, die ausgesetzten alten Leute, der Sündenbock usw.; sie alle erhalten ein letztes Mahl oder ein Viaticum, bevor sie in den Tod gehen. Und nicht nur das Mahl gilt als letzte Gunst. Ganz generell wird die letzte Bitte des Todeskandidaten erfüllt: das letzte Wort wird bewilligt, ebenso die letzte sexuelle Befriedigung, die gut ausgestattete letzte Zelle, die festliche Kleidung zum letzten Gang, die gelöste Fessel. All diese Vergünstigungen dienen dazu, die bedrohliche Macht des Sterbenden, die er mit ins Jenseits nehmen kann, zu entschärfen, den Sterbenden also mit seinem gewaltsamen Schicksal zu versöhnen und ihm den Gedanken der Rache zu nehmen. Dahinter steht die Grundidee der jäh unterbrochenen, also nicht voll ausgelebten und aufgebrauchten Lebenskraft der vorzeitig Getöteten, die es noch vor deren Ableben zu beruhigen gilt. Auch die Gewalttat, die am Hinzurichtenden begangen wird, kann den Toten zu bedrohlichem Tun reizen. Die Furcht vor dem Groll des Sterbenden provoziert diese und andere Maßnahmen. Die Ergebung in Gottes und des irdischen Gerichtes Willen, die Bereitschaft zu einem wirklich sühnenden Tod soll herbeigeführt werden. Es ist bedenklich, wenn der Delinquent obstinat ist. Er soll willig, unter Verzicht auf Rache und Vergeltung, aus dem Leben scheiden. Deshalb wurden Verbrecher, die alle letzten Gunsterweise ausschlugen, in älterer

Zeit oft von der erregten Menge befreit. Der Fluch des Sterbenden, die Vorladung seiner Gegner vor Gottes Gericht, der letzte grollende Blick, das alles war eine unzweifelhafte Gefahr. Statt dessen hat man es gern, wenn der Sterbende allen Prozeßteilnehmern verzeiht, wenn er dem Henker die Hand reicht, den Richter umarmt, daß er die Menge der Zuschauer segnet usw. Die Grundlage des Henkersmahls liegt also ganz eindeutig im Willen der Lebenden, den sterbenden Verbrecher zu versöhnen, ihm den Groll zu nehmen, ihm sein Ende in der wahrsten Bdtg. des Wortes ‚schmackhaft‘ zu machen.

Lit.: *L. Mackensen:* ‚Henkersmahl u. Johannisminne‘, in: Zs. d. Savigny-Stiftung für Rechtsgesch. (germanist. Abt.), 44 (1924), S. 318–328; *ders.:* Art. ‚Henkersmahl‘, in: HdA. III, Sp. 1746–1748; *H. v. Hentig:* Vom Ursprung der Henkersmahlzeit (Tübingen 1958); vgl. die Rez. dieses Buches von *K. Ranke* in: Zs. f. Vkde. 55 (1959), S. 136–142; *A. Gittée:* ‚Galgenmaal‘, in: Volkskunde, 1 (1988), S. 191–192.

Henne. *Da wird keine Henne danach krähen:* es wird sich niemand darum kümmern (↗ Hahn); *sie ist eine Henne mit Sporen:* sie ist ein durchtriebenes, verschmitztes Frauenzimmer (vgl. ndl. ‚het is eene hen met sporen‘); *die Henne legt nicht mehr:* die Einnahmequelle ist versiegt, übertr.: die Frau hat aufgehört, Kinder zu bekommen; *die Henne samt den Küchlein essen (genießen):* Mutter und Tochter zugleich lieben; ‚Die Henne, die goldene Eier legt, schlachten‘, eine sichere Einkommensquelle zunichte machen; vgl. frz. ‚tuer la poule aux œufs d'or‘.

Die Henne töten, um ein Ei zu gewinnen; vgl. frz. ‚tuer la poule pour avoir l'œuf‘ (veraltet) sagte man von einem großen Aufwand für geringfügige Dinge; *eine Henne melken wollen* von einem unmöglichen Beginnen; *er wird seine Henne nicht bei Regenwetter verkaufen:* er versteht seinen Handel. *Er ist ein Hans Henne;* durch diese witzige Zusammenstellung eines männlichen mit einem weiblichen Namen bez. man eine männliche Person, die sich mit Dingen beschäftigt, die sonst in den Bereich weiblicher Tätigkeit gehören. *Laß die Henne erst auf ihre Eier kommen:* warte die Zeit ab. *Der Henne den Schwanz hinaufbinden* ist ein rdal. Bild für eine

gänzlich überflüssige Anstrengung, denn die Henne trägt den Schwanz von Natur aus oben.

Unlösbar ist die Frage: ‚Wer war älter (was war zuerst da), die Henne oder das Ei?‘ In vielen Sprww. wird die Henne gleichgestellt mit der Frau. So heißt es z. B.: ‚Wenn die Henne kräht vor dem Hahn, und das Weib redet vor dem Mann, so soll man die Henne braten, und das Weib mit Prügeln beraten‘. Diesem Vers entspricht auch das bekannte Sprw. ‚Mädchen, die pfeifen, und Hühnern (Hennen), die krähn, denen soll man beizeiten die

‚Das Küken will klüger sein als die Henne‘

Hälse umdrehn‘. Das Sprw. ‚Das Küken will klüger sein als die Henne‘ wird vor allem auf Jugendliche angewendet, die alles besser wissen wollen.

Lit.: *A. Wesselski:* ‚Vergessene Fabeln‘, 1: So lang scharrt die Henne (die Ziege), bis sie das Messer findet, das sie tötet, in: ders.: Erlesenes (Prag 1928), S. 98–100; *A. Dundes:* ‚The Crowing Hen and the Easter Bunny‘. Male Chauvinism in American Folklore, in: ders.: Interpreting Folklore (Bloomington 1980), S. 160–175.

Hennengreifer, Hennentaster. *Er ist ein rechter Hennengreifer:* er ist ein Schürzenjäger. Die Rda. vom ‚Hennengreifer‘, die in der fläm.-ndl. Rdaa.-Malerei des öfteren dargestellt worden ist, hängt zusammen mit älteren Sprww. wie: ‚Dem Hennengreifer ist eine rechte Frau nicht hold‘. Die Rda. bezieht sich einen Mann, der die Hennen abtastet, ob sie ein Ei tragen, d. h., auf einen kleinlichen Menschen; übertr. auf einen ‚Weiberhelden‘, der gern fremde Frauen unsittlich berührt (vgl. ‚Busengrapscher‘). Das Dt. Wb. erklärt das ndl. Wort ‚Hennentaster‘ noch anders: „es ist angewendet worden auf

‚Er ist ein rechter Hennengreifer‘

einen nichtswerten Mann, der sich namentlich eheliche Unbill gefallen läßt“. Dem Hennentaster entspricht der schwäb. ‚Entenklemmer‘, über den es auch ein Theaterstück gleichen Titels gibt.

Hep Hep! ist ein Spottruf aus den Zeiten der Judenverfolgungen, zusammengesetzt aus den Anfangsbuchstaben des lat. Satzes: **H**ierosolyma **e**st **p**erdita = Jerusalem ist verloren.

herangehen. Der rdal. Vergleich *(he)rangehen wie Hektor an die Buletten:* schwungvoll, bedenkenlos, unverzagt vorgehen, bezieht sich eigentl. auf einen Hund namens Hektor, der die Buletten ohne Zögern frißt. Berlin. seit dem ausgehenden 19. Jh.; vgl. ‚ran wie Blücher‘, ‚ran wie Ferkes Jan‘, ↗ran.

heraus. *Heraus damit, daß dir's keinen Kropf drückt* sagt man, wenn jem. mit der Sprache nicht heraus will. *Heraus mit der wilden Katze,* auch mdal. ‚raus mit d'r welle Katz‘, heraus mit dem Trumpf, eine Rda. beim Kartenspiel, aber auch allg. ‚Heraus muß es, und wenn's ihm zum Arsch naus pfupferte‘ sagt man schwäb. von einem, der nichts verschweigen kann. *Schön* (oder *fein*) *heraus sein:* aller Schwie-

rigkeiten enthoben sein; vgl. frz. ‚S'en être bien sorti‘.

Das ist noch nicht 'raus: es ist noch nicht abgemacht, noch nicht sicher, vielleicht vom Kartenspiel stammend wie: *mit dem Einsatz 'raus sein, 'rauskommen* beim Lotteriespiel. *Etw. 'raus haben:* die Rechenaufgabe gelöst haben, übertr.: etw. gut verstehen, wohl verkürzt aus: herausgefunden haben, wie man am geschicktesten verfährt. *Sich (gut) herausmachen:* sich gut entwickeln; z. B. ‚er hat sich nach seiner Erkrankung wieder gut herausgemacht‘; auch *sich wieder herauskrabbeln:* wieder genesen; der Genesende krabbelt langsam und mühsam aus seinem Krankenbett.

Das gleiche unbestimmte heraus liegt auch anderen Rdaa. zugrunde: *sich etw. herausnehmen:* sich eine Freiheit nehmen, die einem nicht zusteht, seit dem 17. Jh. belegt; urspr. ist wohl an dreistes Zulangen beim Essen aus gemeinsamer Schüssel zu denken (↗Gurke). *Einen herausstreichen:* ihn sehr loben; vielleicht von dem ‚Herausstreichen‘ oder ‚Anstreichen‘, d. h. Kolorieren, von Holzschnitten und Federzeichnungen hergeleitet; bei Wilwolt von Schaumburg (95): ‚pfeifern, trumenschlagern und ander zuegehörung, alles einer farb herausgestrichen“ = bunt zugeputzt; bei Martin Opitz im ‚Buch von der deutschen Poeterey‘ (1624, S. 50): „wann sie (alexandrinische Verse) nicht ihren Mann finden, der sie mit lebendigen Farben herauszustreichen weiß“.

Herausrücken: etw. widerstrebend hergeben. ‚Rücken‘ drückt dabei die langsame und widerstrebende Bewegung aus, mit der z. B. Geld hergegeben wird. *Geld bei etw. herausschlagen:* bei einer Sache viel Geld verdienen. Die Wndg. hängt mit dem Prägen von Münzen zusammen: Die Münzen wurden aus dem Metall herausgeschlagen; je dünner das Metall gewalzt war, um so mehr Münzen ließen sich herausschlagen.

Herbst steht in den Rdaa. allg. für ‚Ernte‘, insbes. für den Ertrag der Traubenlese: *einen vollen (halben, schlechten, armen, mageren* usw.) *Herbst machen.* ‚Dat gift en neidijen Herest‘ (das gibt einen neidischen Herbst) sagt man an der Mosel bei ungleichmäßigem Ertrag, der je nach dem Spritzen in einem Wingert gut, im Nachbarwingert aber schlecht ausfällt. Herbst steht aber auch übertr. für ‚Erfolg‘: *Ihm ist schon der Herbst verfroren:* er hat schon den Mut verloren, ehe er die Sache angreift. *Sein Herbst wird ihm schon kommen, worin er zeitig wird:* seine Strafe wird nicht ausbleiben.

Lit.: *H. Honold:* Arbeit u. Leben der Winzer an der Mosel (1941), bes. S. 82 u. 98.

Herculanum. *Herculanum (und Pompeji)* ist eine rdal. Fluchformel, bei der der durch das bibl. Gebot ‚Du sollst nicht fluchen‘ tabuierte Gottesname (‚Herrgott‘) in einen anklingenden Namen umgeprägt wurde, ähnl. wie in den Formeln ‚Potz Blitz‘ statt Gottes Blitz, ‚Potz Sapperment‘ statt Gottes Sakrament, ‚O Jemine!‘ statt Jesus Domine, und ähnl.: Jekus, Jegerl, Jerum, Jessas, Jesses, oder ‚Mein!‘ (bair.: ja mei!), wobei einfach Gott ausgelassen wird, ‚Herrjeh‘ statt Herr Jesus, ‚Herrschaft nochmal!‘ statt Herrgott nochmal! ‚Verflixt (und zugenäht)!‘ statt verflucht, oder ‚Kruzitürken!‘ statt Kruzifix, ‚Heiliger Bimbam‘ oder ‚Heiliger Strohsack!‘ statt des Namens eines Heiligen, ↗ auch ‚Bockshorn‘.

Lit.: *K. Beth:* Art. ‚Fluch‘, in HdA. II, Sp. 1636–52, RGG. V, Sp. 1648–52, Art. ‚Segen u. Fluch‘; *J. Schabert:* ‚Fluchen‘ und ‚Segnen‘ im A. T., in: Biblica 39 (1958), S. 1–26.

Herd. ‚Am heimischen (häuslichen) Herd‘ ist eine Wndg., die auf die Untrennbarkeit von Haus u. Herd hinweist. Der Herd bzw. die Feuerstatt als ältere Form der häuslichen Feuerstelle ist seit alters als Symbol des eigenen Hauswesens bekannt u. daher sozial- u. rechtsgeschichtlich bedeutsam. Dies kommt auch z. Ausdr. in dem Sprw. ‚Eigener Herd ist Goldes wert‘ (parod. ‚… ist aller Laster Anfang‘ oder: ‚Fremder Herd ist Goldes wert‘). Häufig tritt in Brauch, Glaube u. Recht an die Stelle des Herdes pars pro toto auch ein Herdgerät, wie z. B. der Kesselhaken, der Feuerbock etc. Das ‚Heimchen am Herd‘, ↗ Heimchen.

Lit.: *V. v. Geramb:* Art. ‚Herd‘, in: HdA. III, Sp. 1758–1776; *K.-S. Kramer:* Art. ‚Herd‘, ‚Herdgerät‘, in: HRG. II, Sp. 84–87.

‚Herdentrieb‘

Herdentrieb. *Dem Herdentrieb folgen:* ein Mitläufer sein, wie die große Masse reagieren, nichts allein unternehmen, kein Individualist sein, ↗ Schaf.

herein ↗ Schneider.

hereinlassen. ‚Solle mir se (den) roilosse?‘ Dieser berühmt gewordene Satz des Vorsitzenden der Mainzer Fastnachtsveranstaltungen, mit dem die verschiedenen Darbietungen eines oder mehrerer Vortragenden angekündigt werden, ist weit über Mainz hinaus bekannt u. hat sprw. Charakter angenommen, da er scherzh. auch bei anderen Gelegenheiten verwendet wird. Er erweist sich als stets wirksames Mittel zur Auslösung u. Verbreitung von unvermittelter Heiterkeit.

Lit.: *H. Schwedt (Hg.):* Analyse eines Stadtfestes. Die Mainzer Fastnacht (= Mainzer Studien zur Sprach- und Volksforschung 1) (Wiesbaden 1977).

Hering steht in Rdaa. öfters als Bild des Geringwertigen und Kleinen, z. B. *er brät den Hering um den Rogen:* er bemüht sich um wenig oder nichts. Die Rda. stammt aus der Fischersprache und ist im Ndl. als ‚den haring om de kuit braden‘ weit verbreitet u. bereits auf dem Sprichwör-

bild v. P. Bruegel dargestellt. *Er ist ein schmaler Hering:* er ist mager, dürr; vgl. frz. ‚Il est maigre comme un hareng‘; ähnl. *er ist wie ein ausgeweideter (ausgenommener) Hering:* so hohl, so hungrig vom Fasten. *Hier wird er keinen Hering braten:* hier wird er nicht zum Zug, Erfolg kommen.

Er ist ein Hering vor Johannis, ndl. ‚Haring voor Sint Jan‘. Gesetzlich durfte in Holland der Heringsfang erst am 24. Juni, dem Tage Johannes’ des Täufers beginnen. Man kann sich also vor Johanni, d. i. bevor man den Hering im Netz hat, über den Fang nicht freuen.

Der rdal. Vergleich *aufeinandergepfercht wie Heringe:* dicht gedrängt wie die gelagerten Heringe im Faß, findet sich schon bei Abraham a Sancta Clara (‚Judas‘ IV, 390): „Gleich den Häringen aufeinander liegen“; ähnl. ‚wie die Ölsardinen‘; vgl. frz. ‚être serrés comme des sardines en boîte‘ (wörtl.: so dicht nebeneinander stehen oder liegen wie die Sardinen in der Dose). Hering ist auch ein Verweis; wohl entstellt aus frz. ‚harangue‘ = Ansprache, heftige Rügerede, mit Einfluß von frz. ‚hareng‘ = Hering. Bei Friedrich II. meint ‚harangue‘ soviel wie aufmunternde Worte; vgl. frz. ‚haranguer‘ = abkanzeln.

Lit.: *Leendertz, P.:* ‚Den haring om de kuit braden‘, in: TNTL. 38 (1919), S. 316–320.

Herkules. *Ein wahrer Herkules sein:* Übermächtiges leisten, ‚herkulische Kraft‘ haben.

Etw. ist eine Herkulesarbeit: ein ungeheures Pensum, das aufgearbeitet werden muß. Als Urspr. der Rda. gilt eine Erzählung von Diodor (um die Mitte des 1. Jh. v. Chr.) in IV, 13,3, in der – ebenso wie in Apollodors ‚Bibliothek‘ (II, 55) – von einer Kraftleistung des Herkules berichtet wird, die darin bestand, daß er des Augias, Königs von Elis, seit vielen Jahren nicht gesäuberten Rinderstall in einem Tage vom Dung befreite, indem er zwei Flüsse hindurchleitete. ↗ Augiasstall.

Mit der Wndg. ‚Herkules am Scheidewege‘ wird dagegen auf einen Gewissenskonflikt hingewiesen, den zu lösen jem. schwerfällt. In einer zu den aesopischen Fabeln gehörenden Erzählung in den ‚Horen‘ des Sophisten Prodikos von Keos (um 430 v. Chr.) – die in Xenophons ‚Denkwürdigkeiten‘ (II,1,21) durch den Mund des Sokrates überliefert ist – wird berichtet, wie Herkules als Jüngling in der Einöde zwei Wege vor sich sah – den zum freien, sinnlichen Lebensgenuß und den zur Tugend – und lange schwankte, welchen er einschlagen sollte (vgl. Cicero ‚De officiis‘ I, 32, 118). Wenn jem. auf seinem Lebensweg an eine Gabelung kommt, die ihm zwei entgegengesetzte Wege eröffnet, wird daher die sprw. gewordene Wndg. ‚Herkules am Scheidewege‘ gern zitiert.

Lit.: *J. Alpers:* Hercules in bivio (Diss. Göttingen 1912); *E. Panofsky:* ‚Herkules am Scheidewege‘ u. andere antike Bildstoffe in der neueren Kunst (Leipzig 1930).

Herodes. *Das dankt dir der Herodes:* d. h. niemand oder der Teufel. Es bedeutet soviel wie: darauf lege ich keinen Wert, das ist mir völlig einerlei.

Die Wndg. ist auch lit. dokumentiert in dem Roman ‚Vor Jahr u. Tag‘ von Wilh. Holzamer, in ‚Daheim‘, Nr. 12 vom 21. Dez. 1907, S. 14: In einem rheinhess. Dorf sagt eine Tochter schnippisch zu ihrem Vater: „Die (Verlobung) könnt Ihr Euch spar’n, die dankt Euch der Herodes“.

Lit.: *Ph. Keiper:* ‚Herodes im dt. Sprw.‘, in: Zs. f. d. U. 23 (1909), S. 194–195.

Herr. Die Rda. *Herr im eignen Haus sein* gehört zu den weitverbreiteten Rechtsformeln: ‚Jeder ist Herr in seinem Haus‘. „Wir wellen auch, daz einem ieglichen purger sein haus sein veste sei“ steht bereits im Haimburger Stadtrecht von 1244. Es handelt sich um ein Rechtssprw., das durch verschiedene Länder verbreitet ist. ‚Cascun est roy en sa maison‘ heißt es im Altfrz.; frz. ‚être maître chez soi‘; engl. ‚a man is king in his own house‘ und ‚a man’s house is his castle‘ (vgl. Singer I, 10). Beliebt sind auch Sprww. wie: ‚Niemand kann zwei Herren dienen‘ oder ‚wie der Herr – so’s Gescherr‘.

Der Herr steckt ihm schon im Kopfe: er will sich nicht unterordnen, er will hoch hinaus. *Er ist der Herr von Habenichts (und Kuhdreck ist sein Wappen):* er ist arm. ‚O Herr im Hemd, der Frau ist (ganz) nackt‘, ist schles. ein Ausdr. des Staunens, der Verwunderung.

Er ist im Herrn entschlafen: er ist gestorben; vgl. frz. ,Il s'est endormi dans le Seigneur' (gehobene Sprache); vgl. ,das Zeitliche segnen', ↗zeitlich.

Das Sprw. *Des Herren Auge macht das Pferd (Vieh) fett* (↗ Auge) findet sich in den verschiedensten Sprachbereichen, z. B. ndl. ,de beste mesting is des heeren oog'; lat. ,oculus domini saginat equum'; frz. ,l'œil du maître engraisse le cheval' (weitere Varianten s. Wander II, Sp. 541 f.).

Den Herrn auf den Bettler setzen: nach einem einfachen Essen noch etw. Feineres genießen; auch umgekehrt, els. *Einer Sache Herr werden* (vgl. obersächs. ,etw. herrekriegen'); etw. in seine Gewalt, Geschicklichkeit bekommen. Im Mhd. gab es das Sprw. ,Zwêne sint eines her' = einer ist gegen zwei verloren, er wird von ihnen überwältigt. Vgl. lat. ,duo sunt exercitus uni'.

Lit.: E. Nestle: ,No man can serve two masters' (Matth. 6,24, Luk. 16,13), in: Expository Times 19 (1907-1908), S. 284; *H. Gangner:* Zur Bdtg. des Substantivs ,Herr' in der dt. Sprache der Gegenwart, in: Sprachpflege 9 (1960), S. 225–229; *I. Weber-Kellermann:* ,Wie der Herr, so's Gescherr', in: Dienstboten in Stadt u. Land (Berlin 1982), S. 42–58.

Herrgott. *Unser Herrgott hat mancherlei Kostgänger* oder *Herrgott, wie groß ist dein Tiergarten!* Ähnl.: ,Es gibt sonne wecke und sonne, und unser Herrgott hat se mit und ohne Glatze ...!': was soll's?; vgl. ndl. ,onze lieve Heer heeft rare kostgangers'; scherzhafter Ausdr. für: es gibt wunderliche Menschen auf der Welt. ,Laut se man, use Herrgott weet woll, wo se wuant', ndd. tröstlicher Zuspruch, wenn sich Schuldige ihrer Bestrafung durch die Flucht entzogen haben.

In aller Herrgottsfrühe: sehr früh.

Den Herrgott einen guten Mann sein lassen, eine beliebte Rda., die Gottfr. Keller im ,Landvogt von Greifensee' verwendet, die bei ihm aber auch schon früher ähnl. begegnet, z. B. im ,Grünen Heinrich', der ,den lieben Gott einen guten Mann sein läßt', ↗Gott.

Dem ist unser Herrgott auch schon in Zivil begegnet, d. i. strafend, rheinhess. Einige spezifisch schwäb. Rdaa. sind: ,Herrgott von Bentheim, got's do zua', es geht sehr laut und ungeordnet zu. Das berühmte Steinbild „Herrgott von Bentheim", ein

kulturhistorisches Kleinod, stammt aus dem 11. Jahrhundert. Der „Herrgott von Bentheim" ist vielerorts zu einem Ausruf der Bewunderung, der Verwunderung, der Überraschung und der Bekräftigung geworden. ,Dear schtiehlt unserm Herrgott da Tag a', er ist den ganzen Tag untätig und faul; gleichbedeutend: ,dear ischt unsers Herrgotts Tagdieb'; ,Unser Herrgott wurd doch net grad dahoim gwea sei, wo da des gsait hoscht', was du sagst, ist gelogen.

,Herrgott nochmal!' Ausruf des Unwillens, der zu den schweren Flüchen gehört, die normalerweise vermieden werden. Dagegen die schwäb. Variante: ,Du liebes Herrgöttle' (von Biberach) als Ausdr. des Erstaunens. Schwäb. ,Des Mensch möcht i in unseres Herrgotts Montur seha', d. h. ,nackt u. ohne alles'.

Lit.: *W. Unseld:* Der Herrgott in schwäb. Sprww., in: Alemannia 20 (1892), S. 290–93; *L. Schmidt:* Sprw. dt. Rdaa., in: Österr. Zs. f. Vkde. 77 (1974) (N. S. Bd. 28), S. 100.

herrlich. *Herrlich und in Freuden leben:* sorglos, unbekümmert leben. Beruht auf dem Gleichnis vom reichen Mann und dem armen Lazarus, Luk. 16,19: „Es war aber ein reicher Mann, der kleidete sich mit Purpur und köstlicher Leinwand und lebte alle Tage herrlich und in Freuden ..."

Wir haben es herrlich weit gebracht: wir haben viel geleistet, besitzen eine bewundernswürdige Kultur etc.; nach Goethes Faust I, 19; meist iron. gebraucht.

Herrscher. *Sich als Herrscher aller Reußen (Russen) fühlen:* wie ,Gott in Frankreich' oder ,wie ein Zar' – machtvoll, souverän, omnipotent; vgl. ,Zar und Zimmermann'.

herumreiten. *Auf etw. herumreiten:* immer wieder auf dieselbe Sache zurückkommen. Leitet sich her vom ↗Steckenpferd, auf dem die Kinder reiten, und das – in übertr. Bdtg. – den Erwachsenen zur Lieblingsbeschäftigung in der dienstfreien Zeit wird; vgl. engl. ,hobby'; frz. ,être à cheval sur ses principes' oder ,enfourcher son dada': auf sein Lieblingsthema zurückkommen; ,Prinzipienreiter', aufgekommen durch einen Erlaß von Heinrich,

Fürst von Reuss-Lobenstein-Ebersdorf, am 18.9.1845, worin der Ausdr. vorkommt: „seit 20 Jahren reite ich auf einem Prinzip herum" (Küpper).

Herz. Zahlreiche Rdaa. beruhen auf der alten Auffassung des Herzens als dem Sitz der Empfindung, auch des Mutes: *einem ans Herz gewachsen sein;* ihn sehr lieb haben; vgl. frz. ‚tenir à cœur à quelqu'un'; ähnl.: *jem. im (am) Herzen liegen;* vgl. das Volkslied:

Du, du liegst mir im Herzen,
Du, du liegst mir im Sinn …

Auch: *jem. im Herzen tragen;* vgl. frz. ‚porter quelqu'un dans son cœur'. Dagegen: *Ein Kind unter dem Herzen tragen:* schwanger sein, ↗ Kind.
Das Herz entzünden: Liebe und Leidenschaft entfachen.
Das Herz ist entflammt: es entbrennt in Liebe für jem., ↗ Liebe.
Einem sein Herz schenken: ihm seine Zuneigung und Liebe geben; vgl. frz. ‚donner son cœur à quelqu'un'.
Sein Herz für jem. (etw.) entdecken: sich der Liebe, des Interesses bewußt werden; ähnl.: *sein ganzes Herz an jem. (etw.) hängen:* nur noch dafür dasein, seine ganze Begeisterungsfähigkeit jem. (einer Aufgabe, Sache) zuwenden.
Jem. an sein Herz drücken: ihn zärtlich, voller Freude umarmen. *Viel Herz haben,* auch: *ein großes Herz haben:* für die Sorgen anderer offen, hilfsbereit sein, seinen Mitmenschen (Notleidenden) Unterstützung u. Zuwendung geben; vgl. auch: *ein Herz für Kinder haben* und den modernen Slogan ‚ein Herz für Tiere'.
Die Rda. *ein weites Herz besitzen* und die scherzhaft gemeinte Wndg. *einmal an Herzerweiterung sterben* zielen auf den Liebling der Frauen, der in der Lage ist, seine Liebe gleich mehreren zu schenken.
Das Herz verstricken: unlösbar gebunden, in Liebe, Leidenschaft, auch: Schuld oder Haß gefangen werden. *Sich etwas zu Herzen nehmen:* etw. sehr ernst nehmen; vgl. frz. ‚prendre quelque chose à cœur'. Dagegen hört man oft den Rat, jem. solle *sich nicht alles so (zu sehr) zu Herzen nehmen:* sich nicht zu viele Sorgen machen, ein Mißgeschick leichter, einen Tadel nicht

allzu ernst nehmen u. nicht gleich alles schwarz sehen.
Etw. nicht übers Herz bringen: sich nicht dazu durchringen können, zuviel Mitleid haben; *Es drückt ihm fast das Herz ab; nicht an Herzdrücken sterben:* offen heraussagen, was man denkt, was einen wurmt; ähnl. *seinem Herzen Luft machen:* seine Enttäuschung (Wut) äußern, sich erleichtern.

‚Das Herz abdrücken'

Seinem Herzen einen Stoß geben: die ängstliche oder vorsichtige Natur in sich durch einen plötzlichen Entschluß überwinden; *das Herz in die Hand* (oder *in beide Hände*) *nehmen:* sich zusammennehmen (ebenso frz. ‚prendre son cœur à deux mains'; auch: ‚prendre son courage à deux mains'); *sich ein Herz fassen:* Mut zeigen; auch: *Das Herz zu etw. haben:* mutig sein, etw. wagen.
Jem. (niemand) ins Herz sehen können: seine wahren Gefühle (nicht) erkennen; vgl. hierzu die Strophe aus dem Lied ‚Kein Feuer, keine Kohle', in der es heißt:

Setze du mir einen Spiegel
ins Herze hinein,
damit du kannst sehen,
wie so treu ich es mein'.

Dagegen *das Herz in der Hand tragen:* „offenherzig' sein; dafür gewöhnlich *das Herz auf der Zunge tragen:* alles verraten, was in einem vorgeht. So heißt es schon lat. in der Bibel (Prediger 21,29): „in ore fatuorum cor illorum, et in corde sapientium os illorum". In der Übers. bei Luther: „Die Narren haben ihr Herz im

,Jemanden im Herzen tragen'

,Das Herz entzünden'

,Ob sie (wohl) ein Herz hat?'

,Einem sein Herz schenken'

Maul, aber die Weisen haben ihren Mund im Herzen".

Ganz ähnl. meint schon um 1300 Hugo von Trimberg im Lehrgedicht ,Renner':

Tôren herze lît im munde,
der wîsen munt im herzen grunde.

Goethe dichtet:

Die Lust zu reden kommt zu rechter Stunde,
Und wahrhaft fließt das Wort aus Herz und Munde.

Mit doppeltem Tadel sagt 1639 Lehmann S. 719 (,Schwätzer' 8): „Mancher hat sein Hertz im Maul, mancher hat sein Maul im Hertzen". Vgl. frz. ,avoir le cœur sur les lèvres'.

Das Herz auf dem rechten Fleck haben: ein tüchtiger, braver, uneigennütziger und hilfsbereiter Mensch sein; vgl. frz. ,avoir le cœur bien placé'.

Dem Feigling *fällt (rutscht) das Herz in die Hosen* (oder *in die Stiefel*); ähnl. schon lat.: ,animus in pedes decidit'. Als die Studenten auf der Wartburg eine Ulanenfigur nebst Korporalstock, Haarzopf und Schnürleib, den Zeichen teils der Unfreiheit, teils welscher Sitte ins Feuer warfen, sangen sie dazu die Verse:

Es hat der Held- und Kraftulan
Sich einen Schnürleib angetan.
Damit das Herz dem guten Mann
Nicht in die Hosen fallen kann.

Die Hose als Richtungsangabe, wohin der Mut sinkt, hängt mit der umg. Gleichsetzung von Mutlosigkeit (Angst, Feigheit) mit Durchfall oder beschmutzter Hose zusammen; vgl. frz. ,Il en fait dans son froc' (Er macht dabei in die Hose). *Ihm fällt das Herz in die Schuhe:* er wird mutlos; die Rda. ist eine im 19. Jh. (1856 bei

705

Wilh. Heinrich Riehl) aufgekommene steigernde Parallelbildung zu dem vorigen Ausdr. Der Mut ist noch tiefer gesunken als im vorhergehenden Fall.

Sein Herz ausschütten: sich aussprechen, alles heraussagen, was man auf dem Herzen hat; vgl. frz. ‚ouvrir son cœur à quelqu'un. Hier ist das Herz als ein Gefäß gedacht, wie man ja auch von einem ‚überquellenden Herzen' redet und wie es Matth. 12,34 heißt: „Wes das Herz voll ist, des gehet der Mund über". Ähnl. schon 1. Sam. 1,15: „Nein, mein Herr, ich bin ein betrübtes Weib. Wein und starkes Getränk habe ich nicht getrunken, sondern habe mein Herz vor dem Herrn ausgeschüttet"; u. in Ps. 42,5: „Wenn ich denn des innewerde, so schütte ich mein Herz aus bei mir selbst ..."

Aus seinem Herzen keine Mördergrube machen: offenherzig sein; vgl. Matth. 21,13: „Mein Haus soll ein Bethaus heißen; ihr aber habt eine Mördergrube daraus gemacht" (ähnl. schon Jer. 7,11: „Haltet ihr dies Haus, das nach meinem Namen genannt ist, für eine Mördergrube?"; vgl. Goethes ‚Götz von Berlichingen' I, Bischofsszene.

Auch *am Herzen, auf dem Herzen* (frz. ‚sur le cœur') liegen und lasten die Gedanken; schon der griech. Dichter Äschylus (525–456 v.Chr.) hat die Sorgen „Nachbarn des Herzens" genannt, und Wolfram von Eschenbach beginnt seinen ‚Parzival' mit den Worten:

Ist zwîvel herzen nâchgebûr,
daz muoz der sêle werden sûr.

Viel auf dem Herzen haben: gleich mehrere Anliegen oder Kümmernisse haben.
Jem. eine Sache ans Herz legen: ihn bitten, sich bes. darum zu kümmern.
Jem. das Herz schwer machen: ihm großen Kummer zufügen. Vgl. Gretchens Lied am Spinnrade mit der Sehnsucht nach dem Geliebten im Herzen:

Meine Ruh ist hin,
Mein Herz ist schwer;
Ich finde sie nimmer
Und nimmermehr.

(‚Faust' I, Gretchens Stube).
Jem. das Herz brechen: ihn todunglücklich machen; dagegen: *nicht an gebrochenem Herzen sterben:* etw. leicht nehmen, nicht lange einer vergangenen Liebe nach-

‚Das Herz wiegen'

trauern. *Schon viele Herzen gebrochen haben:* viele Frauen geliebt, betrogen, verlassen und unglücklich gemacht haben. Die Rda. *das Herz im Leibe will zerspringen* begegnet mehrfach im Grimmschen Märchen (KHM. 6, KHM. 56, KHM. 89 u. KHM. 166).

Jem. blutet das Herz: er ist schmerzlich betroffen, auch: er gibt etw. nur ungern her, was ihm bes. teuer war.

Sich etw. (jem.) aus dem Herzen reißen: die Erinnerung (Liebe) gewaltsam verdrängen.

Von ganzem Herzen und von ganzer Seele steht zum ersten Male 5. Mos. 4,29. Bei Matth. 23,37 finden wir den Ausdr. dann in der noch volleren und vielleicht häufiger zitierten Form: „Von ganzem Herzen, von ganzer Seele und von ganzem Gemüte". Vgl. frz. ‚De tout son cœur et de toute son âme'.

Wenig, aber von Herzen sagt man nach Tobias 4,9: „Hast du viel, so gib reichlich; hast du wenig, so gib doch das Wenige mit treuem Herzen"; ähnl.: ‚wenig, aber mit Liebe'.

Einen ins Herz schließen. Der Vergleich des Herzens mit einem Schrein und das dazugehörige Bild vom Herzensschlüssel spielt in Volkslied, Märchen und Rda. eine große Rolle. Eines der ältesten dt. Liebeslieder (aus einer Tegernseer Hs.) lautet:

Dû bist mîn, ich bin dîn:
des solt dû gewis sîn,
Dû bist beslozzen
in mînem herzen;

verlorn ist daz sluzzelin:
Dû muost immer drinne sîn.

Nach 2. Sam. 12, 5 sagen wir *jem. das Herz stehlen* und nennen den, der es tut, *Herzensdieb*. Vgl. frz. ,voler le cœur de quelqu'un'.

Jem. geht das Herz auf, auch: *jem. lacht das Herz im Leibe:* er ist voller Freude, ist überglücklich.

Auch die Frage des Glücklichen: *Herz, was begehrst du nun?* wird formelhaft im Märchen verwendet, z. B. in KHM. 46, KHM. 83, KHM. 85 u. KHM. 110.

Jem. aus dem Herzen gesprochen sein: ganz in seinem Sinne sein. *Die Herzen (aller) schlagen jem. entgegen (fliegen ihm zu):* er versteht es, Begeisterung u. Sympathie zu erregen.

Aller Herzen schlagen höher: sie sind voll freudiger Erwartung.

Ein Herz und eine Seele sein: von gleicher Gesinnung und Meinung sein, beruht auf Apostelg. 4, 32.

,Sie hat ihr Herz entdeckt' ist der Titel eines Lustspiels (1865) von Wolfgang Müller von Königswinter (1816–73).

Einen auf Herz und Nieren prüfen: von Grund aus prüfen; die Rda. ist bibl. Ursprungs und beruht auf Ps. 7, 10 (vgl. auch Jer. 11, 20 u. ö. sowie Offenb. 2, 23); *das Herz wiegen:* die Gesinnung prüfen (vgl. Schillers Soldatenlied aus ,Wallensteins Lager', wo es heißt: „Da wird das Herz noch gewogen").

Häufig ist auch Herz in rdal. Vergleichen: ,ein Herz wie ein Stein', so schwer, ,wie eine Drossel', so leicht, so beschwingt, ,wie ein Schnebersbrot', ,wie eine kalte Wassersuppe', ,wie ein Taubenhaus', ,wie ein Lämmerschwanz'.

Ein Herz von Stein haben: sich nicht rühren lassen, empfindungslos für Schmerz oder Freude sein, keinerlei Mitleid zeigen, vgl. ,hartherzig sein'.

Lit. hat dies W. Hauff in seinem Märchen ,Das kalte Herz' (1828) bes. einprägsam konkretisiert.

Jem. ist ein (schwerer) ↗ Stein vom Herzen gefallen: er ist eine drückende Sorge los, vgl. auch KHM. 31 u. KHM. 97.

Es geht ihm handhoch (eine Handbreit) über dem Herzen weg: der Mund spricht das Gegenteil von dem, was das Herz fühlt.

,Das Herz reinmachen'

,Mit den Herzen nur ein Spiel treiben'

Ndd. ,Rüm Hart, klor Kimmung!', weites Herz, klare Sicht!; stammt aus der Seemannsprache.

Etw. im Herzen bewegen: etw. immer wieder bedenken und in Erinnerung bewahren, bezieht sich auf Luthers Bibelübers. (Mark. 2, 19): „Maria aber behielt alle diese Worte und bewegte sie in ihrem Herzen". Die ,moderne' und korrektere Übers. „… bedachte sie in ihrem Herzen" ist viel schwächer.

Die Wndgn. ,Das Herz zwingen': jem. bezwingen, und ,Herz zu Herzen schaffen': jem. (in Liebe, Freundschaft, auch: Begeisterung) vermitteln, übereinstimmende

Gefühle erwecken, lit. bei Goethe (Faust I, Szene mit Wagner):

> Wenn ihr's nicht fühlt, ihr werdet's
> nicht erjagen,
> Wenn es nicht aus der Seele dringt
> Und mit urkräftigem Behagen
> Die Herzen aller Hörer zwingt ...

Und ebd.:

> Doch werdet ihr nie Herz zu Herzen
> schaffen,
> Wenn es euch nicht von Herzen geht.

Lit.: *A. Hermann:* Das steinharte Herz. Zur Geschichte einer Metapher, in: Jb. f. Antike u. Christentum 4 (1961), S. 77–107; *H. Niedermeier:* Die Herzsymbolik in der Volksfrömmigkeit des MA. in: Bayer. Jb. f. Vkde. (1968). S. 58–64; *E. Boehringer (Hg.):* Das Herz – im Umkreis des Glaubens – Im Umkreis der Kunst – im Umkreis des Denkens, 3 Bde. (Biberach o.J.); *G. Bauer:* Claustrum Animae. Untersuchungen zur Geschichte der Metapher vom Herzen als Kloster, Bd. I: Entstehungsgeschichte (o. O. 1973); *G. Bott:* Von ganzem Herzen. Kleine Kulturgeschichte des Herzens (Nürnberg 1984); *K. Düwel:* Art. ,Herz', in: EM. VI., Sp. 923–929; Zur Symbolik des Herzens u. des Raumes. Akten des. 6. u. 7. Symposions der Gesellschaft für Symbolforschung. Bern 1988, Zürich 1989, hg. v. A. Zweig im Namen der Gesellschaft für Symbolforschung (= Schriften zur Symbolforschung, Bd. 6) (Bern u. a. 1991).

Hesse. *Ein blinder Hesse,* altes Scheltwort für einen (geistig) Kurzsichtigen. Die Rda., von der sich wahrscheinl. das Sprw. ableitet: ,die Hessen können vor neun nicht sehen', geht schwerlich weit über das 16. Jh. zurück. Grimm und ihm folgend Vilmar fassen diese spöttische Bez. als letzten Nachklang einer sonst unbezeugten Stammessage auf, wonach der Stammesahnherr für das blindgeborene Junge eines Hundes oder einer Katze ausgegeben worden sei (vermutl. aus dem lautlichen Anklang von ,Chatten' und ,Katzen'). Daher habe man wohl auch die Hessen blinde Hunde oder *blinde Hundehessen* genannt, wie man (im 16. Jh.) den hess. Wappenlöwen eine Katze schalt. 1584 sagt Leonhard Thurneisser, ein Arzt, Alchimist, Astrolog und Verleger zugleich, von der „schwebischen art": „welche geschlecht der menschen nach der geburt, wie man vermeint, neun tage als die hunde blind ligen sollen". Vielleicht bezieht sich hierauf die Vorstellung, der Hesse könne vor neun nicht sehen. Der Ruf geistiger Verblendung und zäher Störrigkeit haftet unter den dt. Stämmen

vor allem den Hessen und Schwaben an, daher heißen auch die Schwaben ,blind', namentlich bei den Thüringern, die die Hessen öfter ,taub' als ,blind' nennen. Schon 1541 ist die Rda. von Seb. Franck (Sprww. 2,49 b) gebucht worden: „,Du bist ein blinder Hesse!' wolt einen groben dölpel und fantasten damit anzeigen. Wir brauchen ,ein grober Algewer bauer, ein blinder Schwab, ein rechter dummer Jan, der teutsch Michel, ein teutscher baccalaureus'". J.-B. Rousseau meint: „Die Hessen heißen deshalb blind, weil sie stets kühn und unverrückt in die Schlacht gingen. Und ihre Tapferkeit ist auch bei verschiedenen Gelegenheiten bewährt. Oder vielleicht auch deshalb, weil sie nicht fragen, wofür sie in den Kampf gehen, ob als verkaufte Söldner oder als Kämpfer für die höchsten Güter eines Volkes". *Drauflos, wie ein blinder Hesse* ist daher zur allg. Rda. geworden.

Rhein. sagt man von einem leicht zornig werdenden Menschen: ,der hät en Hessekopf'.

In Pommern, Preußen und wohl auch anderswo ruft man jem., der einen auf der Straße anrennt, zu: ,Blinn' Heß, kannst nich sehn?'

,Laufen wie die Hessen': luxemb. Rda., die sich auf die Ereignisse des Jahres 1814 bezieht u. im Gegensatz zu den anderen Rdaa. den Hessen Feigheit nachsagt.

Lit.: *F. Wiesenbach:* Die blinden Hessen (1891); *Ch. Oberfeld (Hg.):* Hessen, Märchenland der Brüder Grimm (Kassel 1984), S. 8.

Heu dient sprw. zur Bez. einer großen Menge: *Er hat Geld wie Heu* (Lessing, ,Minna von Barnhelm' III, 5): *sein Heu herein* (auch *im Trockenen*) *haben:* sein Geschäft gemacht, viel Geld verdient haben. In einigen anderen Rdaa. kommt Heu in Beziehung zu unsinnigem Tun und in Bildern für eine ,verkehrte Welt' vor, z. B. ,as 't Hoi blöit' (wenn das Heu blüht), d. h. niemals, am St. Nimmerleinstag; *das Heu zwischen die Hörner legen:* etwa. Unsinniges tun; ebenso *das Heu läuft dem Pferd nach. Da wird kein Heu dürr:* man gibt sich vergebliche Mühe; *das Heu auf dem Ofen trocknen.*
Er weiß das Heu auf seine Gabel zu bringen: er nutzt seine Vorteile aus. *Er ist bes-*

‚Das Heu läuft dem Pferd nach'

ser als lang Heu zu laden: er läßt sich leicht überreden, für einen Zweck gebrauchen.
Heu und Stroh im Kopf haben: sehr dumm sein.
Er hat Heu an den Hörnern: nimm dich vor ihm in acht! Ähnl. in Fischarts ,Gargantua' (153 a): „du hast uns recht das heu zwischen das horn gelegt". Eigentl. von einem bösen Ochsen gesagt, dem der Treiber, um die Vorübergehenden zu warnen, ein Bündel Heu an den Hörnern befestigt hat. Ebenso schon lat. ,foenum habet in cornu'.
Wenn jem. gähnt, sagt man iron. übertreibend: ,Hu, da kann doch ein Heuwagen 'reinfahren!'
Heu (verdorrtes Gras) gilt als Symbol des Nichts, des Leeren, Unfruchtbaren, der Vanitas. Auf dem ,Heuwagen-Diptychon' von Hieronymus Bosch versucht jeder, einen Teil des Heus an sich zu raffen, wobei das so offenbar Erstrebenswerte, das flüchtige Glück, der weltliche Genuß seine Nichtigkeit erweist: ,Die Welt ist ein Heuwagen'. Vgl. die südtirol. Wndg. ,Die Welt isch a Haistock: wer mear roaderfrißt, hat mear'.
Der Bezug zu dem bibl. Vergleich in Psalm 90,6 u. Psalm 103,15: „Ein Mensch ist in seinem Leben wie Gras …" ist in der bildl. Darstellung deutlich. Ähnl. kann der Vers: „Ze hewe wart sin grüenez gras" bei Hartmann v. Aue im ,Armen Heinrich' als Vergänglichkeitsmetapher in Zusammenhang mit den genannten Stellen

in den Psalmen gedeutet oder auch als Bild für den Aussatz verstanden werden.
Ins Heu fahren: zu erotischen Abenteuern unterwegs sein, ist eine beliebte Metapher zur Umschreibung des Ehebruchs in der Schwankballade (vgl. E. B. 150).
Das Bett der Liebenden auf dem Heuwagen hat bereits Hieronymus Bosch dargestellt. Bei Gottfried Keller hat in ,Romeo und Julia auf dem Dorfe' das Heuschiff als Bett der Liebenden, von dem sie ins Wasser gleiten, eine ähnl. Funktion. Ein Gedicht von Christoph Meckel erscheint als lyrische Gottfried-Keller-Reminiszenz – wie W. Mieder gezeigt hat –, in dem es heißt: „Oben im Heu die Liebenden schlafen".

Lit.: *H. Rosenfeld:* ,Ze hewe wart sîn gruenez gras'. Zu Hartmanns ,Armen Heinrich' E 70–75 und dem Sinnbereich dieser Metapher, in: Zs f.d.A. 101 (1972), S. 133–142; *V. Mertens:* Noch einmal: Das Heu im ,Armen Heinrich' (E 73/B 143), in: Zs. f.d.A. 104 (1975), S. 293–306; *K. Roth:* Ehebruchschwänke in Liedform (Motive. Freiburger folkloristische Forschungen 9) (München 1977), Typ D 24 u. 25; *W. Danckert:* Symbol, Metapher, Allegorie im Lied der Völker, Teil III: Pflanzen (Bonn-Bad Godesberg 1978), S. 878–901; *W. Mieder:* „Oben im Heu die Liebenden schlafen". Christoph Meckels lyrische Gottfried-Keller-Reminiszenz, in: Sprachspiegel 4 (1985), S. 108–112.

Heuchel. *Ohne Heuchel und Schmeichel:* etw. geradeheraus und ohne Verstellung sagen. Die Zwillingsformel ist in gleicher Zusammenstellung schon bei Hans Sachs zu finden (,Der Affenkönig mit den zwei Gesellen'):

Deshalb wil die welt, das man auch
Ir heuchel, schmeichel, lob' und
        schmir (= besteche).

Heulen. Die Zwillingsformel *Heulen und Zähneklappen* (nicht klappern, wie vielfach angenommen wird) bezieht sich auf das Heulen u. Zähneklappen, das (nach Matth. 8,12 u. Luk. 13,28) die Sünder in der Hölle erwartet. Es handelt sich hierbei um eine Paarformel, die der Betonung u. Verstärkung dient.
Etw. ist zum Heulen: es ist so schlimm, daß man nicht wie ein Mensch weinen, sondern wie ein Tier (auf-)heulen muß, wobei die Stärke der Klage einen Rückschluß auf die Größe des Übels zuläßt.
,Weinen' (für Tränenvergießen) gehört eher der gehobenen Umgangssprache an.

Volkssprache u. Mdaa. bevorzugen statt dessen das kräftigere ‚Heulen‘, was sonst eher auf Tiere bezogen wird: *Heulen wie ein Schloßhund, mit den Wölfen heulen* ↗Wolf.

‚Heuler‘ werden die Seehundbabies genannt. Andere verbale Ausdrücke sind: flennen, brüllen, plärren, greinen, jammern, schluchzen, wimmern, plinseln, Tränen vergießen oder in Tränen zerfließen, sich in Tränen auflösen, die Augen aus dem Kopf weinen, Rotz u. Wasser heulen. Oder das Klagen wird umschrieben mit Nölen, Quengeln, Jaulen, Maulen, Lamentieren, Winseln. Wem zum Weinen ist, der ‚stellt‘ oder ‚dreht die Wasserleitung‘ oder den ‚Wasserhahn‘ an, hat ‚nahe am Wasser gebaut‘. Solche Leute nennt man Jammerlappen, Waschlappen, Heulsuse, Nölpott, oder man sagt: ‚Der ist nicht ganz dicht‘. Auch ‚Heulboje‘ nennt man einen Menschen, der bei jedem kleinsten Anlaß in Tränen ausbricht. Hier handelt es sich um den Vergleich mit einem technischen Gerät, mit der Heulboje auf See, deren eingebaute Sirene durch Wind und Seegang zum Tönen gebracht wird.

Anlässe zum Heulen (Weinen) sind mannigfaltig: Man weint aus Schmerz, Verlassenheit, Einsamkeit, Verlust, Schwäche, Angst, Trauer, Ohnmacht, Kummer, Verzweiflung, Hoffnungslosigkeit, Unglück, Sehnsucht, Heimweh, Enttäuschung, Kränkung, Gram, Not, Erschütterung, Schreck, Wut, Zorn, Trotz, Reue, Scham, Zerknirschung, Rührung, Glück, Freude, Ergriffenheit. Vor allem ist Heulen Ausdrucksform des Leids bei Trennung, Abschied, Verlust von Personen oder Dingen. Man bekommt das ‚heulende Elend‘.

Es gibt von Volk zu Volk unterschiedliche Scham- und Peinlichkeitsgrenzen des Weinens. In südlichen Ländern, in denen sich Menschen ihren Gefühlen ungenierter hingeben, wird schneller geweint, geklagt, eher geheult. Bei uns wird relativ wenig geweint. Es gibt ferner Unterschiede des Alters: Kleinkinder heulen viel. Lange bevor das Kind sprechen lernt, benutzt es das Weinen und Heulen als Ausdruck seines Nicht-Wohlbefindens. Auch im Alter hat man oft ‚nahe am Wasser gebaut‘; schnell stellen sich Tränen der Rührung ein. Außerdem gibt es eine

erlernte Geschlechtsspezifik: laut der Zeitschrift ‚Brigitte‘ weinen Frauen viermal so viel als Männer. Männer sind vermeintlich härter und durch den kulturspezifischen Zivilisationsprozeß dazu erzogen, ihre Gefühle zu unterdrücken.

Sie ‚trotzen lachend allen Stürmen‘ und sind dazu erzogen, Stärke und Härte zu zeigen. Sie weinen nicht bei Gelegenheiten, bei denen Frauen ihre Gefühle zeigen dürfen, z. B. Abschiedstränen. Der Volksmund versichert andererseits die Überflüssigkeit von Tränen und spendet nicht immer wirksamen Trost und Aufmunterung mit formelhaften Sätzen wie: ‚Nun heul mal nicht, das nützt auch nichts!‘, ‚Du hast gar keinen Grund zum Weinen‘, ‚Blarren helpt nix‘ etc.; oder Tränen werden ironisiert mit der Wendung: ‚Mit einer Träne im Knopfloch‘. In anderen Kulturen hat sich ein anderes Weinverhalten entwickelt. Es gibt Länder – vor allem in Ost-, Süd- und Südosteuropa, in denen bei der rituellen Totenklage lange und ausgiebig geheult wird – auch hier vorzugsweise von Frauen, sog. ‚Klageweibern‘, von denen schon die Bibel berichtet. In anderen Epochen unserer Kulturgeschichte wurde unterschiedlich oft und intensiv geweint, häufiger z. B. im 18. Jahrhundert und in der Romantik. Goethes ‚Faust‘: „Die Träne quillt, die Erde hat mich wieder". „Aschenputtel ging zu seiner Mutter Grab, pflanzte das Reis darauf und weinte so sehr, daß die Tränen darauf niederfielen und es begossen", heißt es in KHM. 21.

Im Zeitalter der modernen ‚neuen Innerlichkeit‘ gibt es bis zu einem gewissen Grad eine Renaissance der Tränenkultur, ↗Tränen, ↗weinen.

Lit.: *E. Mahler:* Die russische Totenklage (Leipzig 1935); *H. Plessner:* Lachen und Weinen (Bern ³1961); *L. Honko:* Balto-Finnic Lament Poetry, in: Studia Fennica 17 (1974) S. 9–61 (im selben Band noch weitere Aufsätze zum Problemkreis der Totenklage, ‚Language of Laments‘); *G. Berkenbusch:* Zum Heulen. Kulturgesch. unserer Tränen (Berlin 1985).

Heureka. ‚Heureka‘ (= ich hab’s gefunden), rief nach Vitruvius (‚De architectura‘ IX, 3) Archimedes aus, als er bei der Untersuchung des Goldgehaltes einer für den König Hieron II. von Syrakus (reg. 269–215) angefertigten Krone das Gesetz des spezif. Gewichtes entdeckte. Nach der Legende soll er das sog. ,hydrostat. Grundgesetz' im Bade entdeckt haben u. mit dem Ruf ,Heureka', mit dem seither alle glücklichen Finder u. Erfinder ihrer Freude Ausdr. geben, splitternackt nach Hause gelaufen sein (Büchmann).

Heuschrecke. *Sie kamen wie ein Heuschreckenschwarm:* d. h. in furchterregender Anzahl u. Schnelligkeit. Der rdal. Vergleich ,wie ein Heuschreckenschwarm' bzw. ,wie Heuschreckenschwärme' oder auch ,wie die Heuschrekken' umschreibt ein ganzes Bündel von Aussagen: das schnelle Heranziehen der Gefahr, die Gewalt der Gefahr sowie die Masse der Einzelwesen, die in geballter Formation heranströmt u. Schrecken verbreitet, weil Heuschrecken sehr gefräßig sind u. in kürzester Zeit ganze Saatfelder vernichten. Das sprachl. Bild von der Heuschrecke begegnet schon in der Bibel. (Jer. 46,23; 5. Mos. 28,38; 2. Chron. 7,13). Auch Geiler von Kaysersberg benutzt es – freilich nicht als Vergleich, sondern als reales Beispiel für eine verheerende Heuschreckenplage: „was bliben war, aszen die heuschrecken fol ab, die singen nymmer weder in dem summer" (,Das Buch der Sünden des Munds', 1518, 33).
Wenn auch die Heuschreckenplage in unseren Breiten keine Rolle mehr spielt, so ist die Rda. im Sprachgebrauch doch weiterhin erhalten geblieben.

Lit.: *O. Keller:* Die antike Tierwelt 2 (Leipzig 1913), S. 455–458; *M. Lurker:* Wb. bibl. Bilder u. Symbole (München 1973), S. 141–142. *H.-J. Uther:* Art. ,Heuschrecke', in: EM. VI, Sp. 954–960.

Heute. ,Heute mir – morgen dir' ist eine Mahnung an die letzte Stunde, ein ,memento mori', wie es als Grabinschrift – u. a. auch schon in den frühen Kirchen in England – oder als warnendes Motto im Bereich der Totentanztexte häufig zu finden ist. Der gereimte dt. Text entspricht dem älteren lat. ,hodie mihi, cras tibi', der als Unterschrift zur Illustration eines Totenschädels mit Sanduhr, Kerze u. Jüngling u. a. auch im Emblembuch des G. Rollenhagen (1583, II, Br. 50) belegt ist.

Die Formel wird schon beim hl. Chrysostomos erwähnt. Als Franz I. nach der Schlacht von Pavia von Kaiser Karl V. gefangengenommen u. in Madrid eingekerkert war (1525), bemerkte er auf der Wand seines Gefängnisses das Motto des Kaisers „Plus ultra" u. schrieb darunter: „Hodie mihi, cras tibi". Der Kaiser, den man inständig gebeten hatte, nach dem gefangenen König zu sehen, war keinesfalls ärgerlich über diesen Zusatz, sondern setzte seinerseits die Worte darunter: ,Homo sum humani nihil a me alienum puto", u. bekundete damit seine Bereitschaft, ihn aus der Gefangenschaft zu entlassen. Auch später erregte der Spruch noch einmal besondere Aufmerksamkeit – im königl. Gefängnis ,Martyn Tower', in dem die gefangene Lady Jane Grey ihn auf der Gefängniswand verewigte, freilich in etwas abgewandelter Fassung. Der Gegensatz ,heute – morgen' spielt im strukturellen Aufbau vieler Sprww. u. Rdaa. eine Rolle; z. B. in den Wndgn.: ,Was du heute kannst besorgen, das verschiebe nicht auf morgen' – ,Morgen, morgen, nur nicht heute, sagen alle faulen Leute' – ,Heute rot – morgen tot' – ,Kommt er heut' nicht, kommt er morgen' etc.
Im Witz wird der Unterschied von Konsequenz und Inkonsequenz nur durch eine unterschiedliche Betonung erreicht. Konsequent ist: Héute so – mórgen so. Inkonsequent ist: Heute só – morgen só.

Lit.: *H. Rosenfeld:* Der mittelalterliche Totentanz (Münster u. Köln 1954); *W. Rotzler:* Die Begegnung der drei Lebenden und der drei Toten (Winterthur 1961); *R. Hammerstein:* Tanz und Musik des Todes (Bern u. München 1980); *S. Metken (Hg.):* Die letzte Reise. Sterben, Tod und Trauersitten in Oberbayern (München 1984); *G. Condrau:* Der Mensch und sein Tod (Zürich 1984).

Hexe. Unter den Rdaa., die aus Volkssagen herausgewachsen sind, stehen solche zum Hexenglauben zahlenmäßig an der Spitze. *Nicht hexen können:* Unmögliches nicht vollbringen können; nicht noch schneller arbeiten können (,ich kann doch nicht hexen!'). Die Rda. ist im 18. Jh. im Geiste der Aufklärung aufgekommen.
Meckl. sagt man von einem Schläfrigen: ,Dee is wol mit de Hexen nah'n Blocksberg wäst!'; vgl. die abweisende Antwort: ,Geh zum Blocksberg!', ,Daß du auf dem

Blocksberg wärest'. Von der stumpfen Sense heißt es meckl. ,Dor kann 'n up nah'n Blocksbarg riden!'; ähnl. schlesw.-holst. ,Das Meß is so stump, dor kannst mit'n bloten Ars op na'n Blocksbarg rieden', oder ,Op sien Mess kann en Hex ahn Ünnerbüx up na'n Blocksbarg rieden'; hess. ,Auf dem Messer kannst du von hier bis Paris (auch: nach Rom, Köln) reiten'. Dieser Messerritt ist unverkennbar ein Hexenritt und bezieht sich auf den Volksglauben: man darf sein Messer nicht mit der Schneide nach oben legen, weil sonst die Hexen darauf nach dem ↗ Blocksberg reiten.

Die ↗ Katze als Verwandlungsgestalt der Hexe und als Hexentier der Sage kommt in einigen Rdaa. vor. Wenn eine Katze Brot frißt, sagt man schweiz. (Kt. Uri): ,Das isch ämel kei Häx', denn Brot ist heilig, an Brot würde eine Hexe nicht gehen. Ostfries. ,Dan is Kat 'n Heks' bedeutet: dann tritt die größte Verlegenheit ein. Nach der Hexensage wird eine zwanzigjährige Katze zur Hexe und eine hundertjährige Hexe wieder zur Katze.

Die Teufelsbuhlschaft der Hexe begegnet in Volksglauben und Sage nicht mehr, aber die sprachliche rdal. Wndg. zeigt noch den Zusammenhang von Hexe und Teufel, z. B. ,Was sich hext, deiwelt sich', was sich liebt, das neckt sich. ,Verklage die Hexe beim Teufel', du bekommst dein Recht doch nicht, weil eine Krähe der andern kein Auge aushackt.

,Aussehen wie die Hexe von Binzen' ist eine Basler Rda. für eine Frau mit zerzausten Haaren. Die Hexe von Binzen war die Frau eines Knechtes von Graf Dietrich auf Schloß Rötteln. Eines Tages krepierte der Lieblingshund des Grafen vermeintlich infolge ungenügender Pflege durch den Knecht. Der Graf war darüber so erbost, daß er den Knecht von seinen Hunden zerfleischen ließ. Hierauf verfluchte dessen Frau das Schloß und seine Bewohner, und die Folge dieses Fluches war, daß der Bräutigam des Schloßfräuleins beim Schloß zu Tode fiel.

,D' Hex gronet' sagt man schwäb. bei rekonvaleszenten Frauen. Schwäb. ist ferner der rdal. Fluch: ,Kotz Mahra und a Hex!' sowie das Sprw.: ,Es tut keine Hex mehr, als sie kann'.

Es ist eine Hexe im Feuer sagt man, wenn es im Feuer knistert. In Sagen und Märchen erscheint die Hexe öfters in irgendeiner Weise mit dem Feuer verbunden.

Lit.: *L. Weiser-Aall:* Art. ,Hexe', in: HdA. III, Sp. 1827–1920, insbes. 1919; *A. Wittmann:* Die Gestalt der Hexe in der dt. Sage (Diss. Heidelberg 1933); *J. Kruse:* Hexen unter uns? (Hamburg 1951); *L. Berthold:* Sprachliche Niederschläge absinkenden Hexenglaubens, in: Volkskundliche Ernte (Gießen 1938), S. 32–39; *E. Hoffmann-Krayer:* Die Hexe von Binzen, in: Schweiz. Arch. f. Vkde. 14 (1910), S. 170: *W. E. Peuckert:* Der Blocksberg, in: Zs. f. d. Ph. 75 (1956), S. 347 f.; *L. Röhrich:* Sprww. und sprw. Rdaa. aus Volkserzählungen, S. 260 f.; *L. Honko:* Krankheitsprojektile. Untersuchungen über die urtümliche Krankheitserklärung, FCC. 178 (Helsinki 1967); *H. Gerlach:* Art. ,Hexe', in: EM. VI, Sp. 960–992.

Hexeneinmaleins. *Das Hexeneinmaleins deklamieren (murmeln, aufsagen):* etw. Unverständliches sprechen, eine Argumentation mit Zahlen führen, die keiner versteht. Die bekannte Wndg. bezieht sich auf Goethes ,Faust' (I, ,Hexenküche'), worin das ,Hexeneinmaleins' folgenden Wortlaut besitzt:

Du mußt versteh'n!
Aus Eins mach Zehn,
Und Zwei laß gehn,
Und Drei mach gleich,
So bist du reich.
Verlier die Vier!
Aus Fünf und Sechs –
So sagt die Hex' –
Mach Sieben und Acht,
So ists vollbracht:
Und Neun ist Eins,
Und Zehn ist keins.
Das ist das Hexen-Einmaleins!

Dabei handelt es sich vermutlich um die Beschreibung eines sog. Magischen Quadrates.

Schreibt man nämlich die Zahlen 1–9 in Dreierreihen (Quadrat 1), dann erhält man ein einfaches magisches Quadrat. Die Mittel- und Schrägreihen ergeben 15. Richtig „magisch" wird es aber natürlich erst, wenn alle möglichen Reihen dieselbe Summe ergeben (Quadrat 2). Die „Hexerei" geht bei Quadrat 3 im Vergleich zu Quadrat 1 los: „Du mußt versteh'n: aus 1 mach 10, und 2 laß geh'n. Und 3 mach gleich. Verlier die 4 (= mach 0 daraus). Aus 5 und 6 mach 7 und 8. So ist's vollbracht." Dieses Kunststück würde nun tatsächlich in jeder Reihe 15 ergeben. Nur

1	2	3
4	5	6
7	8	9

1

4	9	2
3	5	7
8	1	6

2

10	2	3
0	7	8
5	6	4

3

10 04	2	3
0	7	8
5	6	1 10 04

4

‚Hexeneinmaleins‘

die Schrägreihe von links oben nach
rechts unten macht nicht mit. Deshalb
spricht die Hex' weiter: „Und 9 ist 1, und
10 ist keins“; also: die Zahl im neunten
Feld (4) wird auch im ersten Feld eingesetzt, wo die dort bisher gewesene 10
„keins“ (also Null) wird – wenn auch nur
als Austauschzahl für die eine Reihe
(Quadrat 4)!

Lit.: ↗Hexe.

Hexenjagd. *Eine Hexenjagd veranstalten:*
jem. aufspüren, hetzen u. jagen, ihn mit
peinigenden Methoden terrorisieren. Die
Rda. wird häufig gebraucht als sprachl.
Bild einer übertriebenen u. ungerechtfer-
tigten Verfolgung.

Hexenschuß. *Einen Hexenschuß haben:*
plötzliche und starke Schmerzen im Rük-
ken empfinden. Die Rda. bewahrt die
Vorstellung, daß Krankheiten mit Pfeilen
auf die Menschen von übernatürlichen
Wesen abgeschossen werden, wie z.B.
auch die Pest, ↗Bilwis.

Lit.: *L. Weiser-Aall:* Art. ‚verhexen‘, in: HdA. VIII, Sp.
1570–1585, hier insbes. 1576–1578; *L. Honko:* Krankheitsprojektile. Untersuchungen über eine urtümliche Krankheitserklärung, FCC. 178 (Helsinki 1967).

Hic. *Hic et nunc:* ‚hier u. jetzt‘. Die beliebte Zwillingsformel beweist, daß solche Paarformeln schon in röm. Zeit
geläufig waren.

‚Hic Rhodus, hic salta‘: Hier ist Rhodus,

hier springe, d.h.: gib den Beweis für
deine Behauptung hier und jetzt, zitieren
wir nach einer ungenauen Übers. von
Aesops Fabel 203 ‚Der Prahler‘, die durch
lat. Schulbücher Verbreitung gefunden
hat. Ein prahlerischer Fünfkämpfer
rühmt sich, in Rhodus einen gewaltigen
Sprung getan zu haben u. beruft sich auf
Zeugen. Doch einer der Umstehenden
meint: „Freund, wenn's wahr ist, brauchst
du keine Zeugen. Hier ist Rhodus, hier
springe“ (Büchmann).

Hieb. *Einen Hieb haben* (auch: ‚einen
↗ Hau haben‘): nicht ganz richtig im Kopf
sein, einen Rausch haben, eine wunderliche Angewohnheit (Charaktereigentüm-
lichkeit) haben. Ein ‚Hieb‘ ist seit der
Mitte des 19. Jh. auch ein Schluck Alkohol; daher *einen Hieb vertragen:* viel trinken. Diesen Rdaa. liegt der Vergleich der

1

1/2 ‚Hexenschuß‘

2

Trunkenheit mit einem erhaltenen Schlag zugrunde. Auch im Frz. hat das Wort ‚Hieb‘ (coup) die Bdtg. von einem Schluck Alkohol, z. B. ‚boire un coup‘ (einen Schluck trinken).

Die Zwillingsformel *hieb- und stichfest* (= unangreifbar, einwandfrei, absolut sicher und nachprüfbar) gehört zum zauberischen Brauch des ‚Festmachens‘, einer magischen Handlung, die Unverwundbarkeit gegen Hieb, Stich und Schuß verleiht. „Die Welt pflegt zu sagen, wenn einer schußfrei, stichfrei, hiebfrei, und weder Gabel noch Säbel eingeht, er sei gefroren“ (Abraham a Sancta Clara, ‚Reim dich‘, 1684, 10). Wundsegen, wie sie noch bis in den 2. Weltkrieg hinein gebräuchl. waren, sollten ihre Träger ‚hieb- und stichfest‘ machen. Wer ‚festgemacht‘ oder ‚gefroren‘ ist, ist unverwundbar durch gewöhnliche Kugeln, feuerfest, gefeit gegen Stich und Hieb, er schneidet sich nicht, selbst wenn er auf Schwertschneiden tanzen müßte, ↗ Stich.

Lit.: *O. Berthold:* Die Unverwundbarkeit in Sage und Aberglauben, RVV. XI, 1 (Gießen 1911); *W. E. Peukert:* Art. ‚festmachen‘, in: HdA. II, Sp. 1353 ff.; *A. Spamer:* Romanusbüchlein. Hist.-Phil. Kommentar zu einem dt. Zauberbuch (Berlin 1958); *E. Wagner:* Hieb- und Stichwaffen (Prag 1966); *Chr. Daxelmüller:* Art. ‚hieb- u. stichfest‘, in: EM. VI, Sp. 994–997.

hier, hierher. *Ein bißchen hier sein:* geistig beschränkt, verrückt sein. Die Rda. wird mit einer Gebärde verbunden, indem man bei ‚hier‘ Schläfen oder Stirn berührt, um anzudeuten, daß es dem Betreffenden ‚hier‘ gebricht; vgl. frz. ‚Il s'en va de là‘ (wörtl.: Hier gebricht es ihm).

Die Sache steht mir bis hier: ich will nichts mehr davon wissen, ich habe genug davon. Die Rda. ist ebenfalls mit einer Gebärde verbunden, wobei die Hand, sozusagen als ein Zeichen der übermäßigen Sättigung, quer am den Mund gelegt wird; vgl. frz. ‚J'en ai jusque là‘.

Bis hierher und nicht weiter: das ist die äußerste Grenze, mehr ist nicht möglich, zulässig. Diese Rda. bezieht sich auf die Worte Gottes an das Meer bei Hiob 38, 11:

   Bis hierher sollst du kommen und nicht
                                        weiter,
   hier sollen sich legen deine stolzen
                                        Wellen!

Gewöhnlich wird, wie in Schillers ‚Räubern‘ (II, 1), verkürzt zitiert:

   Bis hierher und nicht weiter!

Bei Dante heißt es in der ‚Divina commedia‘ (‚Inferno‘ 26, V. 107–109): „Quando venimmo aquella foce stretta ov' Ercole segnò li suvi riguardi, Acciò che l'uom più oltre non si metta“. („... Da war mein Schiff am engen Schlunde dort, wo Herkuls Säulenpaar gebeut: Nicht weiter!“) Dante bezieht sich auf das „non plus ultra“ der griech. Schriftsteller. Der thebanische Dichter Pindaros (518–442 v. Chr.) schrieb in seinem 3. ‚Nemeischen Siegeslied‘: „οὐκέτι, πρόσω ἀβάταν ἅλα κιόνων ὑπὲρ ‘Ηρακλέος περᾶν εὐμαρές“ = Nicht weiter als über die Säulen des Herkules hinaus darf man das unwegsame Meer befahren.

‚Ick bün all (schon) hier‘, sagt der Zuerstgekommene zum zweiten in Anlehnung an das Märchen vom Wettlauf zwischen dem Hasen u. dem Igel (KHM. 187). ‚Hier oder nirgends‘ (engl. ‚here or nowhere‘): Zwillingsformel, die der Verstärkung dient.

Himmel. Die Rda. *den Himmel offen sehen* stammt aus dem N. T. (Joh. 1, 51), wo es heißt: „Und er sprach zu ihm: Wahrlich, wahrlich, ich sage euch, ihr werdet den Himmel offen sehen“; ähnl. Apostelg. 7, 56. Darum sagt man von einem glücklichen Menschen: Er sieht den Himmel offen‘; in profanem Sinne z. B. bei Schiller (‚Glocke‘):

   Das Auge sieht den Himmel offen,
   Es schwelgt das Herz in Seligkeit;

vgl. auch Uhland, ‚Schäfers Sonntagslied‘, Str. 3.

Daß das vollkommene Glück im Himmel seinen Sitz haben müsse, zeigt die Rda. *im Himmel sein,* die man auf jem. bezieht, der sich in einem solch glücklichen Zustand befindet, der auf Erden kaum erreichbar erscheint. Diese Wndg. ist bereits bei Cicero in einem Brief an Attilus (2, 19, 2) belegt: „Bibulus in caelo est, nec quare scio, sed ita laudatur“ (auch Cic. ad Att. 2, 20, 4). In Lothringen sagt man ‚Er mänt, er wär bim Herrgott im Himmel‘; vgl. frz. ‚Il est au paradis‘ (Er ist im Paradies).

Mit der aus jüd. Tradition stammenden Vorstellung von den verschiedenen Himmelssphären, die auch im N. T. ihren Niederschlag gefunden hat (2. Kor. 12,2): „Ich weiß einen Menschen in Christus, der ... entrückt wurde bis in den dritten Himmel", hängt auch die Rda. *jem. in den Himmel heben:* ihn übermäßig loben, zusammen, vgl. lat. ‚aliquem in coelum efferre‘ bzw. ‚aliquem ad astra tollere‘.

‚Im siebenten Himmel sein‘

Der oberste, siebente Himmel war als Sitz Gottes gedacht, *im siebenten Himmel sein* ist daher gleichbedeutend mit: in höchster Wonne schweben. Die Rda. wird vor allem als Ausdr. der Liebesseligkeit gebraucht (vgl. den Schlager: „Ich tanze mit dir in den Himmel hinein ... in den siebenten Himmel der Liebe") und ist auch französisch (‚être au septième ciel‘) und englisch (‚to be in the seventh heaven‘) bekannt. Erste nachweisbare Erwähnung fanden die sieben Himmel in dem zwischen 70 u. 135 n. Chr. entstandenen apokryphen ‚Testament der 12 Patriarchen‘ Levi, Kap. 3: „Höre nun von den sieben Himmeln". Die Lehre von den sieben Himmeln entspricht rabbinischer Anschauung u. wird im Talmud beschrieben. Von dort ging sie in den Koran über u. fand durch ihn weite Verbreitung. Nach dem Talmud ist der siebente Himmel der oberste Himmel u. heißt ‚Araboth‘. Es ist der Ort des Rechts, des Gerichts u. der Gerechtigkeit. Dort befindet sich der Schatz des Lebens, des Friedens u. des Segens. Dort weilt Gott selber mit den ihm dienenden Engeln. Die christl. Vorstellung vom Himmel als

Aufenthalt seliger und erhabener Geister hat auch zu der Rda. geführt: *Der hat seinen Himmel hier,* oder häufiger: *den Himmel auf Erden haben:* ein angenehmes Leben führen; ndl. ‚hij geniet eenen hemel op arde‘ u. frz. ‚C'est le paradis sur terre‘, ↗ Paradies. Für die Wndg. ‚Himmel auf Erden‘ bietet „a heaven on earth" in Miltons ‚Paradise lost‘ (1667) den ältesten nachweisbaren lit. Beleg. 1706 erschien in Amsterdam in dt. Übers. ein Buch des ndl. Predigers Fredericus van Leenhof mit dem dt. Titel ‚Der Himmel auff Erden oder eine Kurze und Klahre Beschreibung der wahren und beständigen Freude ...‘ Ebenso kennt das Frz. eine Wndg. in diesem Sinne: ‚Ils font leur Paradis en ce monde‘.

Shakespeare verwendet die Formel ‚Himmel und Erde‘ im ‚Hamlet‘ (I,5):

Es gibt mehr Ding' im Himmel und auf Erden
Als eure (unsere) Schulweisheit sich träumt (träumen läßt).

Otto Ludwig benutzte sie im Titel der Erzählung ‚Zwischen Himmel u. Erde‘ (1857). Sie erinnert an die Rda. ‚Zwischen Himmel u. Erde schweben‘, die auf 2. Sam. 18,9 zurückgeht.

Einen Rest der alten Vorstellung von dem festen Himmelsgewölbe zeigt die Rda. *Ich hätte eher des Himmels Einsturz erwartet,* mit der man das Eintreten eines für unmöglich gehaltenen Ereignisses begleitet. Die ältere Form ist: „Ich hätte mich ehe des hymelfalls versehen" (so 1529 bei Joh. Agricola Nr. 436 u. a.). In der ‚Namenlosen Sammlung‘ von 1532 steht dabei die Erklärung: „Dieses Worts brauchen wir zu den dingen, die jemand widerfahren, on all seine vordanken, und die er für unmöglich geachtet hette, das sie geschehen solten". Schon im alten Rom war sprw.: „Quid, si nunc coelum ruat?", was, wenn jetzt der Himmel einstürzte? (Terenz), dasselbe auch bei dem Humanisten Erasmus von Rotterdam (‚Adagia‘ 1, 5.64). Als es im Herbst 1806 in Weimar infolge der Aufregung über Napoleons Anrücken keine Lerchen zu essen gab, rief Goethe: „Nun, wenn der Himmel einfällt, so werden viele gefangen werden"; in einem späteren Vers (‚Sprichwörtlich‘, um 1810) tröstet er:

Laß nur die Sorge sein,
Das gibt sich alles schon;
Und fällt der Himmel ein,
Kommt doch eine Lerche davon.

Die erstere Wndg. ist auch mdal. bezeugt. So heißt es im Rheinl. ‚Wenn der Himmel enfällt, bliwen alle Mösche (Spatzen) dot‘ und im Saarland: ‚Wenn der Himmel einfällt, han die Spatze all die Kränk‘. Da man es für unmöglich hält, daß der Himmel einstürzt, wird die Rda. ‚wenn der Himmel einfällt‘ als volkstümliche Umschreibung für ‚niemals‘ gebraucht.

Jes. 13,13 heißt es: „Darum will ich den Himmel bewegen, daß die Erde beben soll von ihrer Stätte durch den Grimm des Herrn Zebaoth", und der Prophet Haggai verkündet: „Denn so spricht der Herr Zebaoth: Es ist noch ein kleines dahin, daß ich Himmel und Erde, das Meer und das Trockene bewegen werde" (2, 7). Danach sprechen wir von *Himmel und Erde in Bewegung setzen:* sich intensiv um etw. bemühen, alles mögliche versuchen; vgl. frz. ‚remuer ciel et terre‘. Stabreimend spricht man auch von *Himmel und Hölle in Bewegung setzen:* alles aufbieten, um etw. zu erreichen; vgl. engl. ‚to move heaven and earth‘; frz. ‚remuer ciel et terre‘. Bei Vergil (‚Aeneis‘ VII, 312) heißt es „flectere si nequeo superos, Acheronta movebo" = Wenn ich die Himmlischen nicht bewege, ruf‘ ich den Acheron zu Hilfe.

Wie aus dem Himmel (auch *aus allen Himmeln, aus allen Wolken) gefallen sein:* sehr überrascht, auch stark enttäuscht sein; vgl. frz. ‚tomber des nues‘ (wörtl.: aus allen Wolken fallen), ↗ Wolke.

Es ist noch kein Meister vom Himmel gefallen sagt man tröstend, wenn ein Versuch nicht gleich gelingt. Rhein. ‚Et is noch ken Gelihrter vom Himmel gefalle‘; meckl. als Sagwort ‚dor is noch kein Meister von‘n Himmel fallen, säd der Schusterjung‘.

Das Blaue (die Sterne) vom Himmel herunterlügen: dauernd lügen, stark übertreiben; ‚s Blaue vom Himmel ’rab schaffen‘ (auch: sparen, lernen, singen, stricken, lügen u. ä.); ↗ blau.

Vom Himmel fällt dem Menschen das Gute zu, die *Himmelsgabe,* vgl. Goethe, ‚Faust‘:

Es ist eine der größten Himmelsgaben,
So ein lieb Ding im Arm zu haben.

Der Gedanke, daß Wertvolles vom Himmel herabfällt, findet sich schon im Lat. (Cicero, ‚de fin.‘, 1, 19, 63): „Tum ... illa, quae quasi delapsa de caelo est ad cognitionem omnium regula"; vgl. auch Livius, 10, 8, 10 u. Lactantius, ‚Institutiones‘, 1, 11, 55).

Eine ähnl. Vorstellung findet sich in den Mythen des Alten Orients, in denen das geschriebene u. verbriefte Recht als vom Himmel herabgefallen oder herabgebracht gilt. So wurden z. B. dem altmesopotamischen König bei seiner Himmelfahrt von der Gottheit die Täfelchen oder das himmlische Buch der Ordnung von oben herabgereicht. Auch die Ägypter hatten die ersten Gesetze durch ihren Mercurius Trismegistus erhalten. Nach alten ägypt. Traditionen gilt vor allem der (Horus-)Falke als Bringer der Gesetze vom Himmel.

Der Himmel ist nach bibl. Vorstellung auch der Sitz des Weltgerichts. *Es schreit zum Himmel* sagt man deshalb von einer schrecklichen Tat, für die das menschliche Gefühl so dringend nach einer Sühne verlangt, daß die Sache gleichsam selbst den Himmel um Rache anruft (vgl. 1. Mos. 4,10 nach dem Brudermord Kains: „Die Stimme des Bluts deines Bruders schreit zu mir von der Erde"). Im gleichen Sinne sprechen wir von *himmelschreiendem Unrecht.* Die alte Dogmatik hat hiernach den Begriff der ‚schreienden Sünden‘, der ‚peccata clamantia‘ gebildet und diese in folgendem Vers aufgezählt:

clamitat ad caelum vox sanguinis et
Sodomorum,
vox oppressorum, viduae, pretium
famulorum.

Dem Sprw. *Der Himmel ist hoch, man kann sich nicht dran halten* liegt die resignierende Vorstellung zugrunde, das Recht habe seinen Sitz im Himmel und es sei manchmal schwer zu erreichen. In Burkard Waldis‘ Werk ‚Der verlorene Sohn‘ heißt es:

Mannich gudt geselle dorch die Lande
ferth:
Wann ohm de suke bosteydt szo bolde,
Kan he sick nicht amm himmel holden.

Hierher gehört auch die Rda. *seine Rechnung mit dem Himmel machen:* sich auf sein Ende vorbereiten, die meist im impe-

rativischen Sinne gebraucht wird; entspr.
den Zitaten:

Mach deine Rechnung mit dem Himmel, Vogt ...
(Schiller, ‚Wilhelm Tell‘)

und

Schließt Eure Rechnung mit dem Himmel ab
(Schiller, ‚Maria Stuart‘).

Vgl. frz. ‚faire ses comptes avec le ciel‘.
Eine weithin bekannte Rda. heißt *Der
Himmel hängt voller Geigen*. Belege finden sich vor allem in der Barockdichtung.
So heißt es bei Abraham a Sancta Clara
(1644–1709) „Wann der Himmel, wie man
sagt, voller Geigen hänget ...“ (‚Reimb
dich‘ 18). An anderer Stelle (‚Abrahami-
sche Lauberhütt‘ III, 10) gibt er auch eine
Erklärung: „Es ist ein gemeines Sprichwort, wann einige Welt-Menschen die
große Himmels Freuden wollen zu erkennen geben, so pflegen sie zu sagen: Der
Himmel ist voller Geigen“. In einem
Weihnachtsspiel aus Kärnten singen die
Hirten, wenn sie den Gesang der Engel
hören:

Potz tausend, Bue! was spricht so toll,
Was hör i nit für Klang!
Der Himmel hängt mit Geigen voll,
Es ist a Engelsgsang.

Ebenfalls mit der bibl. Erzählung von der
Verkündigung an die Hirten auf dem
Felde verbindet Casper von Lohenstein
(1635–83) die Wndg.:

Der Himmel tut sich auf und hänget
voller Geigen,
Die Cherubinen mühen sich die Geburt
zu zeigen
Den armen Hirten an.

Auch Luther kennt das Bild, das schon im
15. Jh. vorkommt: „Und weil ihr so gerne
an diesem Reigen tanzt, dunkt euch, der
Himmel hänge voller Geigen“. Später hat
die Rda. zu scherzhaften Umformungen
Anlaß gegeben: „Mancher meinet, der
Himmel hang voller Geigen, so seynds
kaum Nußschalen“ (Lehmann, 1639,
S. 161). In Grimmelshausens ‚Abenteuer-
lichem Simplicissimus‘ (1669) findet sich
bei der Beschreibung einer zweiten
Hochzeit die folgende Stelle: „Ich ließ
trefflich zur Hochzeit zurüsten, denn der
Himmel hing mir voller Geigen“. In demselben Werk findet sich die Rda. im

‚Den Himmel für ’ne Baßgeige ansehen‘

schwankhaften Vergleich gebraucht, als
Simplicissimus in ein Pfarrhaus einbricht,
um Schinken und Würste zu stehlen: „Als
er das Nachtschloß aufmachte, da sahe
ich, daß der schwartze Himmel auch
schwartz voller Lauten, Flöten und Geigen hieng; ich vermeyne aber die Schinken, Knackwürste und Speckseiten, die
sich im Kamin befanden“.
Noch in der Neuzeit hat die Wndg. nichts
von ihrer Beliebtheit eingebüßt. Das zeigt
ein bair. Volkslied, das im ‚Wunderhorn‘
den Titel ‚Der Himmel hängt voller Geigen‘ trägt. Gustav Mahler vertonte 1892
den Wunderhorn-Text, den er an einigen
Stellen leicht veränderte, als vierte der
‚Fünf Humoresken‘ für Gesang u. Orchester. Und Paula Modersohn-Becker
schenkte ihrem Mann zur Verlobung gar
ein Bild mit dem Titel : ‚Du und ich und
der Himmel voller Geigen‘.
Wahrscheinl. geht die Vorstellung der
Rda. auf die Malerei der späten Gotik
bzw. Frührenaissance zurück, als man
den Himmel mit musizierenden Engeln
belebt darstellte. So schmückt die Fest-
tagsseite des Isenheimer Altars von
Matth. Grünewald ein farbenprächtiges
Engelskonzert. Auch Raffaels Bild ‚Krönung Mariens‘ zeigt den Himmel mit gei-
genspielenden Engeln erfüllt. Ebenso
könnte die Rda. *alle Engel im Himmel singen hören*, durch die die Größe eines
Schmerzes ausgedrückt werden soll, auf
diese Vorstellung zurückgehen. In der
Volkssprache wird die Rda. schließlich
drastisch verändert und aus der Geige
eine Baßgeige. So heißt es els. ‚Ich schlag
dir uf d’Ohren, daß d’meinst, der Himmel
ist e Baßgig‘; ‚er sieht den Himmel für ’ne
Baßgeige (auch: ‚nen Dudelsack‘) an‘, er
ist besinnungslos betrunken (berl.). Vgl.

auch die Drohung ‚Ich hau dich auf den Kopf, daß du den Himmel für eine Baßgeige (einen Dudelsack) ansiehst‘. Meckl. sagt man von einem Hoffnungsfrohen, der noch keine Enttäuschung erfahren hat: ‚dem hängt der Himmel noch vull Fideln: paß up, wenn dei Brummbaß man ierst kümmt‘. Obersächs. kennt man als Ausruf bei einer unangenehmen Überraschung die Rda. ‚Ei Himmel, hast du keine Geigen!‘

Das Wort Himmel steht schließlich oft verhüllend für ‚Gott‘, wie in zahlreichen anderen Ausrufen, Bitten und Fragen oder auch Flüchen, die zwar an den Himmel gerichtet sind, im Grunde jedoch Gott meinen: So sagt man *um Himmels willen* oder *du lieber Himmel, das möge der Himmel verhüten* und *das weiß der Himmel, Himmel nochmal!* Die Ähnlichkeit mit dem Schreckensruf ‚um Gottes willen‘ ist unverkennbar, ↗Gott. Andere Wndgn., die Emotionen ausdrücken oder auf bestimmte Verhaltensweisen deuten, sind: ‚weiß der (liebe) Himmel‘, ‚da sei der Himmel vor‘, ‚o Himmel!‘, ‚barmherziger Himmel!‘, ‚Himmel hilf!‘

Auch im Frz. steht das Wort ‚Himmel‘ in zahlreichen Ausrufen, Bitten und Fragen, dafür aber weniger in Flüchen. Vgl. frz. ‚Ciel!‘ (oder ‚Cieux!‘), i. S. v.: Du lieber Himmel!, ‚Juste ciel!‘ (Du gerechter Himmel), ‚pour l'amour du ciel‘ (um des Himmels willen), ‚Plût au ciel‘ (was der Himmel gebe).

In den folgenden Fluch- und Ausrufeformeln dient Himmel als superlativische Verstärkung für Begriffe, die das Weite und Hohe, das Laute und Große, auch das Unflätige und elementar Eindrucksvolle bezeichnen: ‚Himmel, Arsch und Zwirn‘, auch in der ‚verschönerten‘ Version ‚Himmel, Gesäß u. Nähgarn‘ bekannt, regte Gerh. Jung zu dem alem. Mundartstück ‚Jumelage u. Zwirn‘ an, ‚Himmel, Arsch und Wolkenbruch‘, bei Hans Erich Blaich (Dr. Owlglass) erweitert zu den Versen:

O Himmel, Arsch u. Wolkenbruch,
hier klafft ein inn'rer Widerspruch!
Wie läßt sich selbiger beheben?

Geduld, wir werden's schon erleben, ‚Himmel und Donner nochmal!‘, ‚Himmeldonnerwetter!‘, ‚Himmelherrgottssakrament‘, auch ‚Himmelherrgottsapper-

ment!‘ oder Himmelkreuzbombendonnerwetter‘, ‚Himmel-Kreuz-Millionen-Bomben-Element!‘.

Zum Himmel stinken: Ausdr. der echten Entrüstung über unhaltbare Zustände, bisweilen sogar in der Schriftsprache anzutreffen.

In anderen Rdaa. tritt Himmel tabuierend für ‚Hölle‘ ein, z. B. ‚Du kommst in den Himmel, wo die Engel wauwau schreien‘; ‚einen in den Himmel schicken (wünschen), wo die Äpfel auf den Simsen braten‘ (Geiler von Kaysersberg, ‚Narrenschiff‘).

‚Aus heiterem Himmel‘: bildhafter Ausdr. für das plötzliche Hereinbrechen eines unerwarteten Ereignisses, ist auch lit. belegt als Titel der bekannten Epigramme von Oskar Blumenthal (1880).

Eine andere stereotype Formel lautet: ‚Weder Himmel noch Hölle …‘ Meist wird sie ergänzt durch die Feststellung: ‚können dir beistehen‘.

In Volkserzählungen und Volksliedern begegnet die formelhafte Wndg. ‚Und wenn der Himmel wär Papier‘ häufig. R. Köhler konnte sie sogar im Talmud, in griech. u. lat. Lit. u. in ital., frz., engl. u. dt. lit. Texten nachweisen.

Schließlich sei noch auf Goethes Scherzgedicht ‚An Uranius‘ hingewiesen, das er 1807 in Karlsbad schrieb. In den ersten beiden Strophen flocht Goethe mehrere Rdaa. in Verbindung mit Himmel ein, da das Gedicht dem Berliner Komponisten Himmel gewidmet war:

Himmel ach, so ruft man aus,
Wenn's uns schlecht geworden.
Himmel will verdienen sich
Pfaff- und Ritterorden.

Ihren Himmel finden viel
In dem Weltgetümmel;
Jugend unter Tanz und Spiel
Meint, sie sei im Himmel.

Lit.: *R. Köhler:* ‚Und wenn der Himmel wär Papier‘, in: Orient und Occident, 2 (1863). Auch in: Kleinere Schriften zur neueren Literaturgesch., Vkde. u. Wortforsch. von Reinh. Köhler. Ed. Johannes Bolte (Berlin 1900), III, S. 293–318; *L. Schmidt:* Wiener Rdaa. IV, in: Das dt. Volkslied, 44 Jahrg. (1942), S. 108–111; *H. Fischer:* ‚Das Recht fällt vom Himmel‘, in: Antaios, 9 (1968), S. 306–318; *H. Halpert and V. M. Halpert:* Neither Heaven nor Hell. Memorial University of New Foundland, Repr. Series Nr. 5, 1979; *A. Brückner:* Art. ‚Himmel‘, in: EM. VI, Sp. 1036–1047.

Himmelsbesen. *Der Himmelsbesen fegt:* eine bei den Seefahrern bekannte Wndg. für den Nordwind, der den Himmel von den Wolken rein kehrt.

Lit.: *K. Reich u. M. Pagel:* Himmelsbesen über weißen Hunden (Hamburg 1981).

himmelhoch. *Himmelhoch erhaben sein:* weit über etw. stehen. *Himmelhoch jauchzend:* bekannt aus dem Goethe-Zitat: „Himmelhoch jauchzend – zu Tode betrübt" (‚Egmont' III, 2). Es hat sprw. Bdtg. erlangt als treffende Bez. für Verliebte, die leicht entflammbar sind, deren Hochstimmung sich aber im Nu – oft aus geringem Anlaß – in Depression verwandeln kann.

hin. *Hinsein:* entzwei, verloren sein; in salopper Redeweise auch: tot sein, so z. B. auch auf einer iron. Grabinschrift:

Hin ist hin.
Anna Maria Fiedlerin.

Die Wndg. findet sich schon 1519 in Murners ‚Geuchmatt':

Ja, sprach sie, lieber tiltap
(‚Hanstapps') min,
din trüw zu mir ist gar do hin.

Luther: „Hin ist hin, laß laufen, was läuft". Häufig auch in rdal. Vergleichen, z. B. ‚Es ist hin, als in den Rhein geworfen'.

In dem Wanderlied von Rudolf Baumbach ‚Bin ein fahrender Gesell' nach der Melodie von Ludwig Keller (1894) findet sich die Wndg. in erweiterter Form in dem Kehrreim: „Lustig Blut u. leichter Sinn, hin ist hin, hin ist hin, Amen, Amen". Gewöhnlich wird er umg. verändert in: ‚futsch ist futsch, hin ist hin' oder ‚hin ist hin' u. einfach ‚futschikato (perdutto)'.

Umg.: *(in ein Mädchen) ganz hinsein:* ganz verliebt, verschossen sein.

Das ist hin wie her: eines wie's andere; *es ist so lang hin wie her:* so lang wie breit. *Nicht hin- und nicht herreichen:* beim besten Willen nicht genügend sein.

Wo denkst du hin: was hast du für komische Gedanken, das ist doch ganz anders. Hin drückt in dieser u. a. Wndgn. die Richtung auf ein unbekanntes Ziel aus (↗ hinaus). *Das haut hin:* das geht, wie es soll, das paßt gut, ist sehr erfreulich; auch: das ist erstaunlich, unglaublich; vgl. frz. ‚Ça colle' (wörtl.: Es haftet zusammen): es paßt gut.

Es hätte mich beinahe hingesetzt: ich war völlig überrascht. *Da schlag einer lang hin:* (oft mit dem Zusatz: ‚und steh kurz wieder auf'): das ist einfach toll, ganz unglaublich.

‚Wenn der hinschlägt, ist er gleich zu Hause', sagt man berl., aber auch sonst für einen bes. großen Menschen.

hinaus. *Wo will das hinaus?:* was soll daraus werden? Die Rda. begegnet bereits in der Lutherischen Bibelübers., z. B. Ruth 3, 18: „sei still, meine Tochter, bis du erfährst, wo es hinaus will" („quem res exitum habeat" in der Vulgata), und Matth. 26, 58: „auf daß er sehe, wo es hinaus wollte". Goethe spinnt die Rda. weiter:

Was fragst du viel: wo will's hinaus?
Wo oder wie kann's enden?
Ich dächte, Freund, du bliebst zu Haus
Und sprächst mit deinen Wänden.

Hinkel, mdal. für ↗ Huhn.

hinken wird oft in übertr., bildl. Sinne gebraucht auch von Sachen oder von Gedanken; z. B. *ein Vergleich hinkt,* vgl. frz. ‚une comparaison boiteuse', *er hinkt am Gehirn, er hinkt auf beiden Seiten* (d. h., er hält es mit allen Parteien), wörtl. dagegen ndd. ‚Ick heff dat Hinken in de Schinken', ich kann nicht gut gehen. *Der hinkende Bote kommt nach* ↗ Bote.

Wie alles, was vom ‚Normalen' abweicht, ist auch das Hinken mit einem negativen Stereotyp belastet: ‚Vor Hinkern, Schielern und roten Haaren möge mich der Herr bewahren'.

Lit.: *S. Sas:* Der Hinkende als Symbol (Zürich 1964); *H.-J. Uther:* Art. ‚Hinken, Hinkender', in: EM. VI, Sp. 1047–1053.

hinten. *(Von) hinten und vorn:* in allen Einzelheiten, durch und durch, überall. *Von hinten bis vorn:* ganz und gar, von Anfang bis Ende. „Wenn die Frau nicht hinten und vorne ist, so kommt doch nichts zustande" (Goethe, ‚Was wir bringen', 1807, 1. Auftr.). Obersächs. ‚'s is ihm hinten und vorne nicht recht', es gefällt ihm gar nicht. *Hinten und vorn nichts haben:* völlig mittellos, arm sein, nichts besitzen. *Jem. von hinten ansehen:* ihm den Rücken zukehren, ihm Nichtachtung, Verachtung zeigen. *Hinten ein paar drauf kriegen:* Schläge auf das Gesäß erhalten. *Jem. hinten hineinkriechen:* ihm würdelos schmeicheln (↗ Hintern). *Es jem. vorn und hinten reinstecken:* ihn mit Geschenken verwöhnen, überhäufen. ‚Hinten schenkt man Weißbier' ist in der Niederlausitz ein Scherzwort, wenn einem Kind das Hemd hinten herausguckt. *Hinten Augen haben:* alles sehen, sehr aufmerksam sein, alles schnell bemerken. Umgekehrt: *hinten keine Augen haben:* nicht alles bemerken (beobachten) können, jem. unabsichtlich treten, der hinter einem steht.

Etw. hinten(he)rum besorgen: auf Umwegen, heimlich, illegal, bes. während der Nachkriegsjahre: ohne Lebensmittelmarken, ohne Bezugsschein, im Schwarz- oder Schleichhandel.

Hinterbänkler. *Ein Hinterbänkler sein:* einer, der im Parlament in einer der hintersten Bänke sitzt u. kaum jemals das Wort ergreift. Der Ausdr. wird spött.-scherzh. gebraucht u. oft auch allg. auf den erfolglosen Parlamentarier übertragen.

Hinterbeine. *Sich auf die Hinterbeine (Hinterfüße) stellen (setzen):* sich sträuben, sich weigern, sich wehren. Die Rda. ist von dem sich bäumenden Pferd des Reiters auf den Menschen übertr.; vgl. frz. ‚se cabrer' (sich aufbäumen). Auch der Bär stellt sich auf die Hinterbeine, wenn er sich wehrt. 1775 bucht Adelung (Versuch eines grammatisch-kritischen Wb. II, Sp. 1191) die Rda. in der Form: „Auf die Hinterbeine treten". Bei Goethe ist belegt: „Nun aber hat er sich auf einmal auf die Hinterbeine gesetzt"; bei Langbein: „Halt ihn beim Wort, ehe er wieder – mit Re-

‚Den nackten Hintern versohlen'

spekt zu sagen – auf die Hinterbeine tritt". Auch ndd. ‚sik up de Achterpoten setten'.

Hinterhand. *In der Hinterhand sein:* der letzte sein, sich zu äußern oder zu handeln; vom Kartenspiel übertr., wo der, der zuletzt ausspielt, in der Hinterhand ist. „Wenn man nun in der Hinterhand sitzt und der Feind bekömmt die Matadore" (Ludwig Tieck, Schriften, 1828 f.; Bd. 5, S. 17). „Es ist außerordentlich bequem, die Regierung immer sozusagen herauskommen zu lassen, sich in die Hinterhand zu setzen und alles anzugreifen" (Bismarck, Reden IX, 410).
‚Hinterhand' wird als Reiterausdr. fachsprachl. auch vom Pferd gesagt: „Es stieg und hat auf der Hinterhand pariert": Es gehorchte dem Reiter so abrupt, daß es auf der Stelle drehte (‚Hohe Schule').

Hinterkopf. *Etw. im Hinterkopf haben:* eine bestimmte Ahnung haben, ohne genau zu wissen, was es ist. Hierbei ist der Hinterkopf i. S. v. Gedächtnis oder Unterbewußtsein gemeint. *Einen musikalischen Hinterkopf haben:* eine angeborene Musikalität haben, die sich angeblich auch äußerlich manifestiert; meist jedoch iron. gebraucht für jem. mit einem häßlichen oder nicht vorhandenen Hinterkopf oder für einen Unmusikalischen.

hinterlistig. *Etw. zu hinterlistigen Zwecken verwenden:* sich mit etw. das Gesäß reinigen. Hinterlistig ist hier scherzhaftes Adj. zu ↗ Hintern, ↗ Arsch.

Hintermeier. Die bair. Rda. *sich bekehren wie Hintermeiers Kuh:* sich nicht bessern, beruht auf einem Wortspiel mit der Doppeldeutigkeit des Wortes ‚bekehren'. Sie bezieht sich iron. auf die Tatsache, daß die Kuh des kleinen Bauern, für den stellvertretend der Name Hintermeier steht, hinten nicht am reinlichsten abgekehrt zu sein pflegt.

Hintern. *Einem in den Hintern kriechen* (oft mit dem Zusatz: ‚und den Eingang verteidigen'): ihm schmeicheln. *Jem. in den Hintern beißen:* ihn heimtückisch überfallen. *Ich könnte mich (mir) vor Wut selber in den Hintern beißen,* umg. Übertreibung für: ich ärgere mich sehr. *Du hast wohl Hummeln im Hintern?* sagt man zu einem, der nicht ruhig sitzen bleiben kann.

Den Hintern betrügen (schonen): sich erbrechen.

Alles an den Hintern hängen: sein Geld für Kleidung ausgeben, ↗ Arsch.

‚Nicht wissen, wie einem der Hintern anhängt‘: wienerische Rda. für einen unentschlossenen Menschen. Eine mdal. Wndg. aus dem alem. Raum lautet: ‚Am Hintere kratzt, isch au net g’feiert‘.

Lit.: *L. Schmidt:* Sprw. dt. Rdaa., in: Österr. Zs. f. Vkde., 77 (1974), S. 102.

Hintertreffen. *Ins Hintertreffen kommen (geraten):* hintangesetzt werden, in Nachteil geraten, übertroffen, zurückgesetzt werden. Hintertreffen ist die Reservetruppe, die nicht am Kampf beteiligt war und im Fall des Sieges keinen Anteil an der Beute hatte; in dieser Bdtg. seit der 2. H. des 18. Jh. belegt.

Hintertupfing(en). *Von Hintertupfing(en) sein:* ein rechter Hinterwäldler sein, in einem Ort wohnen, der fernab von jeglicher Zivilisation liegt, eben ‚hinter … was weiß ich‘; ähnlich wie die Wndg. ‚da, wo sich Fuchs u. Has gute Nacht sagen‘. ↗ Fuchs, ↗ Hinterwäldler.

Hintertür. *Sich eine Hintertür (ein Hintertürchen) offen lassen:* sich die Möglichkeit des Rückzugs offenhalten.

Durch die Hintertür wieder hereinkommen: sich nicht abweisen lassen und auf unüblichem Weg wieder vorsprechen. *Etw. durch die Hintertür (ein Hintertürchen) versuchen:* versuchen, etw. unbemerkt, illegal zu bekommen; ähnl. ndl. ‚een achterdeur(tje) openhouden‘; frz. ‚se ménager une porte de sortie‘; engl. ‚to keep (oneself) a backdoor open‘; ↗ hinten. In Österreich wird das sprw. ‚Hintertürl‘ scherzhaft-iron. auch als ‚Porta Austriaca‘ bez. Eine große Rolle spielt die ‚Hintertür‘ u. a. in China. Dort ist es die übl. Ausdrucksweise für die Möglichkeit, sich Dinge zu beschaffen, die für den Normalbürger unerreichbar sind. ‚Durch die Hintertür gehen‘ bedeutet, in dem betr. Haus einen Freund haben, der einem helfen kann.

Im heutigen Peking gibt es für alles ‚Hintertüren‘ – für einen Arzt ebenso wie für eine gute Schule oder einen guten Posten oder gar für einen Reisepaß. Wenn die Korruption in Mitteleuropa auch nicht solche Ausmaße annimmt, so hat doch auch hier niemand Verständnisschwierigkeiten, wenn es heißt: *sich der Hintertür bedienen* (durch Beziehungen oder Geschenke etw. zu erreichen versuchen).

Hinterwäldler. *Ein rechter Hinterwäldler sein:* einer, der im hintersten Wald sehr abgelegen wohnt und daher rückständig geblieben ist. ↗ Hintertupfing.

Hinz und Kunz: alle möglichen x-beliebigen Leute; jeder beliebige; jedermann. *Hinz und Kunz* als Bez. der großen Menge des Durchschnitts stammt aus dem MA., wo diese Namen sehr verbreitet waren; Hinz = Heinrich, Kunz = Konrad. Die Reihe der Heinriche und Konrade auf dt. Herrscherstühlen hat wesentlich zur Beliebtheit dieser Taufnamen beigetragen. Schon um 1300 ist die Wndg. formelhaft und nimmt im 15. Jh. spöttischen der geringschätzigen Charakter an. Bei Joh. Fischart (‚Praktik‘, 1572, S. 7) lautet sie: „Es sey Heintz oder Bentz‘‘; ähnl. noch heute els. ‚Kunz und Benz‘. Wenn Matthias Claudius in einer Fabel zwei Bauern miteinander streiten läßt, heißen sie immer Hinz und Kunz. Zwei seiner Geschichten sind sogar mit diesen Namen überschrieben; die bekannteste beginnt:

Was meinst du, Kunz, wie groß die
Sonne sei? –
Wie groß, Hinz? Als ein Straußenei.

Goethe schreibt in den ‚Noten und Abhandlungen zu besserem Verständnis des Westöstlichen Divans‘: „Diese beiden Namen (Seidon und Amran) stehen aber hier zu allgemeiner Andeutung von Gegnern, wie die Deutschen sagen: Hinz oder Kunz‘‘.

Weitere bekannte Namen-Paare sind: Hein und Fietje (Hamburg), Tünnes und Schäl (Köln), Antek und Frantek (Schlesien), Dick und Doof, Pat und Patachon im Film. Es handelt sich um den ‚Jedermann‘, für den jede Volkssprache ihre eigenen Namen hat; vgl. ndl. ‚Jan Alleman‘, Jack ende Toon‘; engl. ‚every man Jack‘,

‚Brown, Jones and Robinson‘, ‚all the world and his wife‘; frz. ‚monsieur tout le monde‘, ‚Pierre et Paul‘ oder ‚Dupont et Durand‘, dt. Müller und Schulze.

Lit.: *O. Meisinger:* Hinz und Kunz (Dortmund 1924).

Hiob. *Eine Hiobsbotschaft* (älter *Hiobspost) bringen:* eine traurige oder unangenehme Nachricht überbringen, nach Hiob 1, 14–19; engl. ‚Job's news‘. Goethe verbesserte in seinem Brief an Zelter vom 21. Nov. 1830 „Hiobspost“ in „Hiobsbotschaft“ (Weim. Ausg. Abt. 4, Bd. 48, S. 20). Die alttestamentarische Hiobgestalt spielt verschiedentlich in den dt. Redensartenschatz hinein: *Er ist ein zweiter Hiob:* er hat viel Pech, Unglück. *Eine wahre Hiobsgeduld haben:* außerordentlich geduldig, langmütig sein; vgl. frz. ‚la patience de Job‘; engl. ‚the patience of Job‘; ndl. ‚Jobsgeduld‘. *Arm wie Hiob (Job):* arm wie eine Kirchenmaus, frz. ‚pauvre comme Job‘; engl. ‚as poor as Job‘ (Büchmann), ↗ Uriasbrief.

Lit.: *L. Kretzenbacher:* Hiobs-Erinnerungen zwischen Donau u. Adria (München 1972); *B. Schaller:* Art. ‚Hiob‘, in: EM. VI, Sp. 1060–1064.

Hipphipphurra: ein in Großbritannien seit dem 17. Jh. belegter Hurraruf der Seeleute, Soldaten, Sportler etc.

Hippie. *Ein Hippie sein:* ein jugendlicher ‚Aussteiger‘ sein. Der Begriff stammt aus dem Amerikanischen. Er bez. einen jungen Menschen, der seine ablehnende Haltung gegenüber Staat, Gesellschaft u. bürgerlichen Normen durch ein unbürgerliches Äußeres zum Ausdr. bringt. ‚Sich im Hippie-Look kleiden‘: blumengeschmückt u. langhaarig auftreten. Blumen, Frohsinn, Friedensbereitschaft u. Heiterkeit waren die Ideale der Hippies, mit denen sie sich absetzten von der Welt des Geschäftssinns u. Machtstrebens. Die Bewegung machte hauptsächlich in den Jahren nach den Studentenrevolten (1968) von sich reden.

Hirn. *Sich das Hirn zermartern:* äußerst angestrengt nachdenken; vgl. frz. ‚se creusser la cervelle‘, wobei das Wort ‚cervelle‘ das Hirn der Tiere und nicht das des Menschen bez.

Nicht seinem Hirn entsprungen sein: es kann nicht seine Idee sein. *Ein weiches Hirn haben:* bescheuert, verrückt sein. *Dem hat der Teufel (Affe) ins Hirn geschissen* (oft mit dem iron. Zusatz: ‚und umzurühren vergessen‘): er ist verrückt. Schwäb. ‚Mr sot em im Hirn vergante‘, man sollte sein Hirn wegen geistiger Pleite versteigern.

Nicht aufs Hirn gefallen sein: nicht dumm sein; ‚schreib dir's aufs Hirn‘ sagt man oberoesterr. zum Vergeßlichen.

‚Hirnverbrannt sein‘: unsinnige Anschauungen haben. Ähnl.: ‚hirnverbrannte Ansichten haben‘.

Dem hat es ins Hirn geregnet: er hat einen Rausch.

Hirsch. Die Schnelligkeit des Hirsches kommt in verschiedenen rdal. Vergleichen zum Ausdr., wie z. B. *frisch, flink, munter wie ein Hirsch; laufen, springen, tanzen wie ein Hirsch.* „Ich spring und tanze wie ein Hirsch“ heißt es bei Hölty.

Vgl. frz. ‚sauter et danser comme un cabri‘ (wörtl.: springen und tanzen wie eine junge Geiß).

Seit 1900 wurde Hirsch auch auf das Fahrrad, später das Motorrad (‚schneller Hirsch‘) übertr., doch hängt dies wohl nicht so sehr mit der Geschwindigkeit zusammen, sondern eher mit der Gabelform der Lenkstange. In weiterer Übertr. nennt man dann den Motorradfahrer selbst ‚Hirsch‘. Ebenfalls um 1900 aufgekommen ist Hirsch für den jungen Mann. Das Schwergewicht liegt in Bayern, doch ist der Ausdr. in ganz Dtl. und auch in Österr. verbreitet. Ein *flotter Hirsch* ist ein Draufgänger, ein Mann, der seine Geliebte häufig wechselt (für Berlin seit 1920 bezeugt). Die Bez. Hirsch für den jungen Mann entspricht dem engl. ‚stag‘ (Hirsch) für ‚lediger junger Mann‘.

Alter Hirsch nennt man den altgedienten Soldaten, den im Dienst Ergrauten und seit dem ausgehenden 19. Jh. auch den erfahrenen Flugzeugführer. Der Ausdr. ist der Jägersprache entnommen, wo er das überständige Tier bez. – Auch eine Predigt, einen Vortrag, die schon vor Jahren gehalten worden sind und aus Verlegenheit noch einmal dargeboten werden, nennt man einen alten Hirsch (für Hannover seit 1900 belegt). Als Hirsch bez. man auch den betrogenen Ehemann, wohl wegen des Geweihs, das ja als Symbol des ↗Hahnreis gilt (↗Horn).

Eine langwierige, aber dennoch erfolglose Verfolgung nennt man *den weißen Hirsch jagen,* wohl nach der Sage vom weißen Hirsch, der den Jäger immer tiefer in den Wald lockt, ohne sich erjagen zu lassen.

Von einem entlegenen Ort sagt man *wo die Hirsche ihre Geweihe abwerfen.*

Das Sprw. *Wenn Hirsche nicht kommen, sind Hasen auch gut,* hat die Bdtg.: etw. ist besser als nichts. Es ist belegt bei Jeremias Gotthelf (,Käthi', I, 130). Aber auch die Neger in Surinam sagen: „Kannst du keinen Hirsch erlegen, und du erlegst ein Kaninchen, so ist's auch gut".

Von jem., der sich streckt und die Arme spreizt, sagt man *er mißt dem Hirschen seine Hörner* (bair.). *Dem Hirschen auf die Hörner binden:* eine Person oder Sache der gewissesten Gefahr des Verderbens aussetzen (vielleicht nach einer alten Wildererstrafe?), ist eine vor allem bair. Rda.

,'s gebt Mensche, 's gebt auch Hersch': rheinpfälz. Rda. mit der Bdtg.: es gibt vernünftige Menschen u. andere, die es weniger sind (Esel, Kamele usw.). ,Hirsch' war nach Ph. Keiper in der Studentensprache des 19. Jh. u. a. eine geringschätzige Bez. für einen Studenten, der keiner Verbindung angehörte. Für die Verbindungsstudenten galten die Nichtverbindungsstudenten als unklug u. ,nicht recht gescheit'. Von daher wird auch die bair. Wndg. ,so a Hirsch' verständlich. Eine andere Bdtg. hat dagegen die Rda. ,Du bist mir ein schöner Hirsch'. Sie bezieht sich auf die Stärke u. Potenz der Hirsche u. ist als spöttischer Vergleich gedacht, der auf das Fehlende hinweist, auf die Tatsache, daß es bis zu einem echten Hirschen (Kraftprotzen) noch recht weit ist.

Als spöttische Bez. ist der Ausdr. außerdem aus der Wndg. ,Heimathirsch' bekannt, ↗Heimat.

Lit.: *Ph. Keiper*: 's gebt Mensche, 's gebt auch Hersch', in: Zs. f. d. U. 23 (1909), S. 72–74; *L. Röhrich* u. *G. Meinel*: Redensarten aus dem Bereich der Jagd und der Vogelstellerei, S. 315, 318; *W. Danckert*: Symbol, Metapher, Allegorie im Lied der Völker, Bd. IV (Bonn – Bad Godesberg 1978), S. 1434–1440; *L. Bluhm*: Art. ,Hirsch, Hirschkuh', in: EM. VI, Sp. 1067–1072.

Hirsebrei. ,Wenn's Hirsebrei regnet, habe ich keinen Löffel' (KHM. 176 ,Die Lebenszeit'). Das Sprw. begegnet sonst auch in der Form ,Wenn's Brei regnet, hab' ich keinen Löffel' (W. Körte). Auch Goethe verwandte es (Werke II, 261) in den Versen: „Daß Glück ihm günstig sei/Was hilft's dem Stöffel?/Denn regnet's Brei/ fehlt ihm der Löffel", d. h., er kann selbst günstige Umstände nicht nutzen; er ist ein notorischer Pechvogel.

Lit.: *H. Rölleke*: Redensarten des Volks, auf die ich immer horche. Das Sprw. in den KHM. der Brüder Grimm, S. 171–174.

historisch. *Historisch werden:* jem. seine kleinen Verfehlungen und Unterlassungen aus früherer Zeit vorhalten; etwa seit 1910.

Hitze. *In der Hitze des Gefechts* ist eine Wndg., die meist durch einen Nachsatz vervollständigt wird, z. B. ,ist (mir) dieses oder jenes passiert' oder ,hat es einige Pannen gegeben'. Ein altes Sprw. lautet:

Hitz im Rat, Eil' in der Tat,
bringt nichts als Schad.

Ähnl. auch die Wndg. ,in der ersten Hitze', d. h. im ersten Aufwallen der Gefühle, die sich meist bei unangenehmen oder unerwarteten Problemen einzustellen pflegen, bei Themen, die ,mit hitzigem Kopf' diskutiert werden.

Dagegen ist ein ,Hitzkopf' derjenige, der alles zu schnell u. unüberlegt angeht u. seine Erregung nicht zügeln kann.

Bei der ,fliegenden Hitze' wiederum handelt es sich um ein plötzliches Gefühl des Unwohlseins, das sich in Hitzewallungen äußert u. mit einem hochroten Kopf verbunden ist. Sie tritt häufig im Gefolge von Kreislaufstörungen oder bei Frauen als Begleiterscheinung der Menopause auf.

Hobel. *Jem. den Hobel ausblasen (blasen):* ihn derb, rücksichtslos behandeln. Dazu: ,Du kannst mir den Hobel ausblasen', ,du kannst mir am Hobel blasen', ,blas mir den Hobel aus!', was alles eine derbe Abfertigung bedeutet. Dabei werden die Seitenteile des Hobels mit den Gesäßbacken verglichen; vgl. jidd. ,hoibel' = Afterkerbe. Auch meint Hobel zuweilen die Vulva. Die Rda. ist in den meisten Mdaa.

‚Hobeln' (‚Ungehobelter Mensch')

‚Wo gehobelt wird ...'

bekannt, zuerst 1850 für Berlin gebucht. *Dem Hobel zuviel Eisen geben:* eine Sache rauh, grob behandeln; wenn man dem Hobel zuviel Eisen gibt, macht er zu große Späne. *Er hat den Hobel im Kopf:* er ist närrisch; *er kommt unter den Hobel:* verliert durch leichtsinniges oder verkehrtes Verhalten sein Vermögen.

Er ist ein ungehobelter Mensch: er ist ungeschliffen, schlecht erzogen. Die Rda. wird erstmals bei Hans Sachs auf einen rohen, ungesitteten Menschen übertr. In ‚Äsop der Fabeldichter' heißt es (327): „ein ungehobelt grober püffel".

Gleiche Bdtg. haben in Hochsprache und Mdaa.: ungeschliffen, unbehauen, ungeglättet, ungekämmt, ungekocht, ungeschoren, ungestriegelt, ungewaschen und zahlreiche Synonyme. Die bildl. Vergleiche gehen auf die Handwerkssprache zurück, und es liegt nahe, eine Gleichsetzung des Menschen mit dem Material des Handwerkers als Urspr. der Wndgn. anzunehmen. Tatsächlich war es in früheren Jhh. Brauch, bei der Aufnahme in Zünfte

und sonstige Organisationen den Anwärter, der zum vollberechtigten Mitglied aufsteigen wollte, einer besonderen Zeremonie, der ‚Taufe' oder ‚Deposition' zu unterziehen. Durch verschiedene, teils scherzhafte Handlungen, wie wir sie heute noch bei den Druckern als ‚Gautschen', bei der ‚Äquatortaufe' und bei student. Korporationen finden, sollte er symbolisch von Untugenden befreit werden. Hier wurde häufig der Ausdr. ‚schleifen' angewendet. ‚Ein ungeschliffener Kerl' war folglich derjenige, der die Zeremonie noch nicht überstanden hatte. 1578 werden für eine student. Aufnahmezeremonie an der Universität Erfurt „Säge, Brechaxt, Knüttel, Schere, Kamm, Bohrer, Meißel, Feile, Hammer und Zange" benutzt (W. Fabricius, Schochs ‚Comodia' vom Studentenleben, 1658, 106). Aus dem Jahre 1713 stammt die Schilderung des Hobelns eines Studenten mit bildl. Darstellungen. Schon früh wurden die Vergleiche, oft als Scheltworte, auf das Benehmen ungesitteter Menschen übertr. Häufig finden sich auch Belege in der Lit., wie bei Schiller (Anthologie 1782, ‚Rache der Musen' 21):

Pfeift wohl gar – wie ungeschliffen!
Andre Schläfer wach.

Mit dem großen Hobel darüberfahren: oberflächlich glätten, grob verfahren. Ähnl.: *Wo gehobelt wird, da fallen Späne.*

Lit.: *R. Wissell:* Des alten Handwerks Recht und Gewohnheit, 2 Bde. (Berlin 1929) II, S. 32ff., bes. S. 37; *L. Röhrich* u. *G. Meinel:* Rdaa. aus dem Bereich von Handwerk und Gewerbe, in: Alemannisches Jahrbuch (Bühl/Baden 1973); *J. M. Greber:* Die Geschichte des Hobels (Hannover 1987).

hoch. *Das ist mir zu hoch:* das übersteigt mein Auffassungsvermögen, das kann ich nicht begreifen. Die Rda. ist wahrscheinl. der Bibelsprache entlehnt; Hiob 42,3: „Darum bekenne ich, daß ich habe unweise geredet, was mir zu hoch ist und ich nicht verstehe", sowie Ps. 139,6: „Solche Erkenntnis ist mir zu wunderbar und zu hoch; ich kann sie nicht begreifen". Aber auch die äsopische Fabel vom Fuchs mit den ↗Trauben mag in die Tradition mit eingegriffen haben. Lit. noch im bibl. ernsten, eigentl. Sinne bei Paul Gerhardt:

Das ist mir kund, und bleibet doch
Mir solch' Erkenntnis viel zu hoch.

Heute wird die Rda. meist in iron. Sinne verwendet.

Da geht es hoch her: da herrscht lebhaftes Treiben, eine verschwenderischer Lebenswandel. In diesem Sinne bei Schillers ‚Wallensteins Lager‘ (8. Sz.). ‚Hoch‘ meint hier ebenso wie in ‚Hochzeit‘ die Festzeit als eine ‚hohe Zeit‘.

Hoch hinauswollen: ehrgeizig, anspruchsvoll sein, hochmütig auftreten. ‚Hoch hinaus‘ meint entweder das hochgesteckte Ziel oder das Hochrichten der Nase, oder die Absicht, ‚hoch zu Roß‘ hinauszuwollen. Ähnl. *hochgeschoren sein:* eingebildet sein, urspr. nur von kath. Geistlichen wegen ihrer bes. Haartracht gesagt (Tonsur). Von den Pfaffen heißt es schon in Hartmanns von Aue ‚Erec‘ (V. 6631 f.):

swie hôhe er waer beschorn
er wart dô lützel ûz erkorn,
ez waere abt oder bischof.

Wenig später wird die Rda. als Geringschätzung gegen die Polen mit ihrem kurzen Haarschnitt angewendet, z.B. in Ottokars ‚Oesterreichischer Reimchronik‘ (V. 16 207 f.):

die da als die torn
waren hôch beschorn,
die man Polan nant,
mit den tungten sie daz lant.

Etw. hoch und heilig versprechen: etw. fest versprechen. Hoch bezieht sich hier auf das Erheben der Schwurfinger.

Einen hochgehen lassen: ihn verhaften, anzeigen, verraten. Die Rda. kommt aus der Gaunersprache.

Einen hochnehmen: ihn übervorteilen (von ‚hohen Preisen‘ abgeleitet), sold.: jem. bei der Ausbildung stramm herannehmen, dann allg.: ihn scharf zurechtsetzen, ihn auszanken, auch: verhaften.

Jem. hochleben lassen: ihm zujubeln mit dem dreimal wiederholten Satz ‚hoch soll er leben, dreimal hoch‘ oder ihm ‚ein dreifaches Hoch‘ zurufen – aus Anlaß seines Geburtstages oder einer anderen Jubelfeier, wie z.B. Silber- oder Goldhochzeit u.ä.

Zuweilen wird der Spruch auch erweitert zu einem Vers, der vor allem in Studenten- bzw. Soldatenkreisen geläufig ist: ‚ein dreifach Hoch dem Sanitätsgefreiten Neumann‘.

Höherer Blödsinn ↗ Blödsinn.

Hochform. *In Hochform sein:* in bester gesundheitlicher Verfassung, die zu Höchstleistungen befähigt, durchtrainiert sein. Die Wndg. kommt aus der Sportsprache.

hochkommen. *Etw. kommt (wieder) hoch:* es kommt als unangenehmes Erlebnis ins Gedächtnis zurück. Anders die Wndg. *es kommt mir hoch:* ich gerate (bei dem Gedanken daran) in unliebsame Erregung, so daß man sich aus Ekel erbrechen möchte.

Wenn es hoch kommt bedeutet dagegen: alles eingerechnet, im äußersten Fall, darüber hinaus ganz bestimmt nicht. Die Wndg. wird meist bei einer kurzen Überschlagsrechnung gebraucht, ↗ Ulrich.

Beide Wndgn. werden gelegentlich auf eine Ebene gebracht. So sagt man zu einem, der sich übergeben muß: ‚Du wirst alt‘ und verweist dann iron. auf Psalm 90, 10, in dem es heißt: „Unser Leben währet siebzig Jahr, und wenn's hoch kommt, so sind's achtzig Jahre…"

‚Hochmut kommt vor dem Fall‘

Hochmut. Der Ausdr. wurde urspr. für gehobene Stimmung u. edle Gesinnung gebraucht (mhd. hochgemuote), später jedoch in erster Linie abwertend für Stolz, Dünkel, übermäßig hohe Selbsteinschätzung; auch in dem Sprw. ‚Hochmut kommt vor dem Fall', das schon in der Bibel begegnet (Spr. 16, 18), desgl. in dem volkstüml. Spruch:

Hochmut u. Stolz
wachsen auf einem Holz.

hochstapeln, Hochstapler. Die Worte bedeuten: in betrügerischer Absicht (u. mit falschem Namen) eine hohe gesellschaftl. Stellung o. ä. vortäuschen u. das Vertrauen der Getäuschten durch Betrügereien mißbrauchen. Aber auch: nicht vorhandenes Wissen u. nicht erbrachte Leistungen vortäuschen u. damit prahlen bzw. aufschneiden, ↗ Aufschneider. ‚Stapeln' meint primär das Aufschichten z. B. von Holz. Wenn zu hoch gestapelt wird, bricht die Holzbeuge zusammen. In der Mitte des vorigen Jh. mußte die übertr. Bdtg. noch erklärt werden. So lieferte die Zeitung ‚Der Publizist' von 1858 (Nr. 27) folgende Erklärung: „unter dem polizeilichen Namen Hochstappler versteht man einen Menschen, der entweder wirklich der gebildeten Gesellschaft angehörend oder unter der Behauptung ihr anzugehören wiederum nur die Mitglieder dieser Gesellschaft unter allerhand Vorspiegelungen in Contribution setzt". Das Blatt ‚Dorfzeitung' (1855, Nr. 206) kommt mit seinem etwas abweichenden Bericht der heutigen Bdtg. am nächsten: „die Berliner polizei hat einen hochstapler entlarvt, der sich für einen von Rußland vertriebenen armenischen Fürsten ausgab!"

Hochtour. Jem. *auf Hochtouren bringen:* ihn antreiben, zu intensiver Arbeit veranlassen, auch: ihn wütend machen. Entspr. *auf Hochtouren kommen, auf Hochtouren sein:* anfangen, intensiv zu arbeiten, wütend werden. Das rdal. Bild ist erst im 20. Jh. vom Automotor auf den Menschen übertr. worden.

Hochwasser. *Hochwasser haben:* die Hosenbeine zu hoch gezogen haben, zu kurze Hosenbeine haben. Sie erinnern an aufgekrempelte Hosenbeine beim Waten durch Hochwasser; ausgehendes 19. Jh.

Hochzeit. *Auf zwei Hochzeiten tanzen:* zwei verschiedene, sich im Grunde aus-schließende Dinge gleichzeitig tun wollen; *auf allen Hochzeiten tanzen:* überall dabeisein wollen; *auf der falschen Hochzeit tanzen:* aufs falsche Pferd setzen; *auf einer fremden Hochzeit tanzen:* sich in Dinge mischen, die einen nichts angehen. *Ich werde auf deiner Hochzeit tanzen* ist eine Entschuldigung, wenn man einem anderen auf den Fuß tritt.

Eine große Hochzeit haben: mit vielen Eingeladenen feiern. Gegensatz: die ‚stille Hochzeit', die im engsten Familienkreis stattfindet. Ganz ohne Schmaus wurde im 18. u. 19. Jh. die ‚blinde Hochzeit' der armen Leute begangen, d. h. ohne Feier. *Das ist eine schöne Hochzeit* bez. einen großen Lärm. *Er schreit vor der Hochzeit Juch!:* er nimmt die Hoffnung für die Wirklichkeit, ist voreilig; ebenso *er hat zu früh Hochzeit gemacht. Die Hochzeit hat ein Loch:* sie ist zu Ende. Jüd. *Es ist Hochzeit und Beschneidung zugleich:* eine Überfülle von Freude. *Er macht Hochzeit mit des Seilers Tochter in einem Haus mit vier Säulen:* er stirbt am Galgen.

Lit.: *B. Deneke:* Hochzeit (München 1971); Liebe und Hochzeit. Aspekte des Volkslebens in Europa (Antwerpen 1975); *G. Völger u. K. v. Welck* (Hg.): Die Braut, 2 Bde. (Köln 1985); *L. Dégh:* Art. ‚Hochzeit', in: EM. VI, Sp. 1107–1121.

Hochzeitslader. ‚Er wackelt wie a Hochzeitslader' bezieht sich auf eine betrunkene Person. Da es ein weitverbreiteter

‚Hochzeitsbitter'

Brauch war, den Hochzeitslader (oder ‚Hochzeitsbitter') mit Wein u. Schnaps zu traktieren, manchmal sogar bewußt in der Absicht, ihn betrunken zu machen, ist es nicht verwunderlich, daß es zur Prägung dieser Rda. kam, denn bei aller Trinkfestigkeit, die ein Hochzeitslader haben mußte, konnte es durchaus geschehen, daß es hin u. wieder des Guten zuviel wurde. So wurden die Hochzeitsbitter bereits in einer Frankfurter Verordnung von 1653 zur Nüchternheit im Dienst ermahnt.

Lit.: *G. Buschau:* Die Sitten der Völker, Bd. 4: Das dt. Volk in Sitte u. Brauch (Stuttgart o. J.), S. 150; *H. Dettmer:* Die Figur des Hochzeitsbitters (Frankfurt a. M. 1976), S. 225.

Hochzeitsstrumpf. Das Schenken von Hochzeitsstrümpfen ist in der Schweiz schon im 17. und 18. Jh. bezeugt und in einer bes. Weise rdal. geworden: ‚Da häscht no öppis in Hosstigsstrumpf' sagt man im Schweiz. noch heute bes. häufig, wenn der Gast der Bedienung ein Trinkgeld gibt, eben ‚öppis in Hosstigsstrumpf'. Fragt man nun den Gast oder die Bedienung, ob sie je einen Hochzeitsstrumpf gesehen hätten, so verneinen sie dies in den meisten Fällen. Die meisten denken an einen überlieferten Scherz, weshalb auch die gelegentliche Antwort der Bedienung zu verstehen ist: ‚Min Hosstigsstrumpf hät ä Loch', oder ‚I tu's i d'Scheidekasse'. Zahlreiche Belege für die Rda. ‚einem näbis i'n Hochzitsstrumpf gen' finden sich im Schweiz. Idiotikon II, 2282. Von einem Patengeschenk sagt Jeremias Gotthelf: „Im Papier waren zwei Fünffrankenstücke gewesen, eine große Summe für die arme Frau ... Die beiden Stücke wanderten alsbald in den Hochzeitsstrumpf'. Der Hochzeitsstrumpf ist – wie der Sparstrumpf – eine Art Sparbüchse.

Lit.: *W. Seeger:* ‚Öppis in Hosstigsstrumpf gee', in: Schweiz. Vkde., 53 (1963), S. 98.

Hocker. *Das haut mich vom Hocker!:* Ausruf des Erstaunens, vor allem in der Jugendsprache bekannt. Eine andere Wndg. mit Binnenreim lautet: ‚locker vom Hocker' u. bedeutet soviel wie ‚spielend', mit Leichtigkeit.

Hof. *Jem. den Hof machen:* sich um seine Gunst bewerben, sich zum Verehrer machen. Die Rda. ist eine wörtl. Übers. von frz. ‚faire la cour à quelqu'un' und entstammt dem Zeitalter, in dem das frz. Hofleben die Sitten der Gesellschaft bestimmte. Unter Hof verstand man früher, auf einen Fürsten bezogen, seine ganze Umgebung; was ihm diente, machte seinen Hof aus, machte ihm den Hof. So schreibt Goethe im 5. Buch von ‚Dichtung und Wahrheit' bei der Schilderung der Krönung Josephs II.: „Und wie der Nachtisch aufgetragen wurde, da die Gesandten, um ihren Hof zu machen, wieder hereintraten, suchte ich das Freie". Von der diensteifrigen Artigkeit der Höflinge gegenüber ihrem Herrn wurde die Wndg. dann bald übertr. auf die werbende Huldigung um die Gunst der geliebten Dame. Auch mit Beibehaltung des Fremdworts ‚cour' kommt die Wndg. seit dem 18. Jh. vor: ‚die Cour machen (auch: schneiden)'. Sebastian Brant braucht in seinem ‚Narrenschiff' (32, 25 ff.) die ähnl. Wndg. *Hofworte treiben:* jem. verbindliche Worte sagen:

Ir ougen schlagen zu der erd
Und mit hoffwort mit yederman
Tryben vnd yeden gaefflen an.

Lit.: *E. Moser-Rath:* Lustige Gesellschaft, Kap.: Herrscher u. Hofstaat (Stuttgart 1984), S. 144–145; *O. Ehrismann:* Art. ‚Höfisches Leben', in: EM. VI, Sp. 1154–1165.

hoffen. ‚Hoffen wir das Beste, liebe Leser': eine Wndg., die in billigen Romanen des 19. Jh. häufig zu lesen war, heute aber als rdal. Floskel verwendet wird, wenn man einer Sache nicht so recht traut.

Hoffnung. *Seine Hoffnung ist in den Brunnen gefallen:* seine Pläne sind mißglückt, vereitelt worden; vgl. ndl. ‚daar ligt nu al mijne hoop in de asch'; ‚de hoop ligt in het zand' u. frz. ‚Ses espoirs sont tombés à l'eau' (ins Wasser gefallen). Veraltet sind die Rdaa. ‚Hoffnung nicht vmb Geldt kauffen' (Eyering I, 308) und ‚Hoffnung vmb Geldt kauffen' (Eyering III, 32 u. 214). Aus dem Buche ‚Die Weisheit Salomos' 12, 19 stammt der Ausdr. ‚Guter Hoffnung sein', heute i. S. v. ‚schwanger

727

‚Hoffen heißt Wolken fangen wollen'

sein' gebräuchlich. Vgl. die Schlagerzeilen:

> Wenn die Hoffnung nicht wär,
> wär' der Kinderwagen leer
> und der Storch müßt' stempeln gehn.

Vergils ‚Aeneis' bietet ‚Zwischen Furcht und Hoffnung schwebend' („Spemque metumque inter dubii"). ‚Er lebt am Kap der Guten Hoffnung' sagt man scherzweise von einem, der sich begründeter oder unbegründeter Hoffnung überläßt. Ein Holzschnitt von Hans Weiditz gehört vermutlich in diesen Zusammenhang: Dargestellt ist ein Mann in Handwerkertracht, der am Meeresufer steht. Er hat Taue um seine Arme gebunden und möchte gerne Wolken und Wogen an sich ziehen. Dem Sturm, der ihn anbläst, schleudert er selbst aus dem Munde Feuerbrände entgegen. Wahrscheinl. handelt es sich um folgende Sprww.: ‚Die Hoffnung ist ein langes Seil, darin sich viele zu Tode ziehen', sowie vor allem: ‚Hoffen heißt Wolken fangen wollen'.

Hoffnungsanker. *Einen Hoffnungsanker haben* oder *auswerfen:* in einer Notlage einen festen Halt haben oder nach ihm suchen. Der Schiffs-Anker ist schon früh in bildl. übertr. Sinne des geistig-seelischen Rettungsankers verwendet worden. Ein Frühbeleg findet sich z. B. bei J. Rompler von Löwenhalt (Erstes gebüsch Reim-getichte, Straßb. 1647,72): „stürmische schifffahrt mänschlichen lebens: er zweifelt, ob auch noch der hoffnungsanker raich, indem er solchen wirft".

Hoftrauer. *Er hat Hoftrauer:* witzige Wndg. für jem., der schwarzumrandete, schmutzige Fingernägel hat. Scherzh. heißt es auch: ‚Er hat seine Großmutter aus der Erde gekratzt'.

Höhe. *Das ist (ja) die Höhe!:* das ist unerhört, kaum noch zu überbieten, ganz unverständlich. Die Rda. ist wohl verkürzt aus älterem ‚Das ist die rechte Höhe' (so noch bei Schiller ‚Kabale und Liebe' I, 1) und bezieht sich auf das Messen und Einpassen, wobei das rechte Maß verfehlt wurde; vgl. frz. ‚C'est le comble' (wörtl.: Das ist das Höchste). Heute meist iron. gebraucht; studentensprachlich, mit einem Wortspiel ins Mathematische, auch *Das ist die Höhe h.*
Auf der Höhe sein: mit den neuesten Errungenschaften (wissenschaftlichen Erkenntnissen usw.) vertraut sein; mit den anderen mithalten können. *Nicht auf der Höhe sein:* abgespannt, mißgestimmt, nicht voll leistungsfähig sein, kränkeln,

heute statt dessen meist: ‚(nicht) in Form sein‘.

Lit.: *E. Damköhler:* ‚Das ist die rechte Höhe‘, in: Zs. f. d. U. 11 (1897), S. 740–742; *H. Menges:* ‚Das ist die rechte Höhe‘, in: Zs. f. d. U. 12 (1898), S. 424–425.

Höhenflug. *Einen Höhenflug unternehmen:* seinen Geist (seine Seele) aufschwingen, sich gedanklich in höhere Gebiete vorwagen, im Gefühlsüberschwang über sich selbst hinauswachsen. Das Bild der Rda. vergleicht die menschlichen Gedanken mit einem Höhenflug der Vögel, der sich weit aufschwingt.

‚Höhenflug‘: Vergeblicher Versuch einer beflügelten Muse, ihren Dichter zu einem Höhenflug zu überreden.

Höhle. *Sich in seiner Höhle verkriechen:* sich in sein Zimmer (seine Wohnung) zurückziehen und dort bleiben, ähnl. wie ein Tier in seiner Höhle. Der bildl. Vergleich mit einem Löwen ist schon früh belegt:
> ja wie ein löw, unwillig schier
> in eine hölin sich verbirget.
(R. Weckerlin: ‚Geistl. u. weltl. Gedichte‘, 1648, 37).
Sich in die Höhle des Löwen wagen
↗ Löwe.

Lit.: *R. Bendix:* Art. ‚Höhle‘, in: EM. VI, Sp. 1168–1173.

Hokuspokus. *Hokuspokus machen:* unnötige Umschweife, überflüssiges Blendwerk, Trickspiel, Gaukelei machen. Unsinn treiben. Man bez. damit vor allem die Handgriffe und Rdaa. der Taschenspieler, womit sie die Aufmerksamkeit der Zuschauer von der Hauptsache abzulenken suchen. Der älteste Beleg des Wortes stammt von 1624 aus England, 1634 erscheint es im Titel eines in London erschienenen Lehrbuches der Taschenspielerkunst: ‚Hocus Pocus junior the anatomie of legerdemain‘, das 1667 ins Dt. übers. wurde. Das Wort hat sich seit dem Anfang des 17. Jh. von Engl. über Holland auf dem Kontinent ausgebreitet. Es bez. den Taschenspieler, begegnet aber bereits 1632 auch als Zauberformel. In diesem Sinn steht es z. B. in Bekkers ‚Die bezauberte Welt‘ von 1693: „Denn sehet, sie (die Besessenen) sind daselbst (im Pabstthumb) nötig, den Geistlichen Materie zu Mirakuln zu geben und zu zeigen, welche Krafft ihr Okusbokus auff den Teuffel habe“. Einige Forscher (Dt. Wb. und Weigand) nehmen an, daß das Wort

auf einen Taschenspielernamen – unter Jakob I. nannte sich ein Hoftaschenspieler Hocus Pocus – zurückgehe. Die frühere Erklärung, es sei Entstellung der Konsekrationsformel „Hoc est corpus meum“ wird heute meist abgelehnt. Die Herkunft aus der Transsubstantiationsformel „Hoc est corpus meum‘ ist schon deshalb unwahrscheinlich, weil im Gegensatz zur schnellen Aussprache der Zauberformel der Messetext sehr langsam und verständlich gesprochen zu werden pflegte u. daher ein lautliches Mißverständnis kaum denkbar gewesen wäre. Kluge nimmt an, der Urspr. des Wortes sei dunkel. Wahrscheinl. handelt es sich um die bekannte Formel „Hax pax max“, Zauberworte, die in mancherlei Varianten oft begegnen und schon seit dem 14. Jh. vorkommen, z. B. in einem Blutsegen „ + pax nax + pax + tecum … + max + nax + pax“. Es handelt sich um das ‚pax tecum (vobiscum)‘, das durch Klangworte erweitert ist. Dabei mag die Vorliebe für solche auf x ausgehende Worte und Namen im Zauber, die sich seit alters nachweisen läßt, miteingewirkt haben. In ‚Hax pax‘ wird das a verdumpft, nach engl. Art ausgesprochen, zu o geworden sein; vgl. 1625 die Form ‚Oxbox‘. Da diese Formel auf Hostien geschrieben, gegen Fieber und andere Schäden gebraucht wurde, so ist die Möglichkeit einer Verstümmelung aus ‚Hax Pax Max‘ nicht ausgeschlossen.

Lit.: Art. ‚Hocus Pocus‘, in: Notes and Queries 2.6. (1858), S. 117, 179, 217, 259, 280, 338; *A. Jacoby:* Art ‚Hax pax max‘, in: HdA. III, Sp. 1586 f.; *ders., Art.* „Hokuspokus‘, in: HdA. IV, Sp. 183–184; *M. Ginsburger:* Art. ‚Hokuspokus‘, in: Jüd. Lexikon, 1651; *I. Hampp:* Beschwörung. Segen. Gebet (Stuttgart 1961).

Holland. *(Da ist) Holland in Not* (oder *in Nöten*): es ist große Not, es herrscht arge Bedrängnis, große Ratlosigkeit, meist iron. gebraucht gegenüber nur vermeintlichen oder unnötig hochgespielten Dingen; auch ndl. ‚Holland is in last'. Der Urspr. der Rda. ist nicht mit Sicherheit bekannt. Sie könnte aus den Zeiten der span. Herrschaft in den Niederlanden stammen, wo viele Holländer auswanderten, oder aus der Zeit des Krieges von 1672–79, als Ludwig XIV. mit seinem überlegenen Heer in die Niederlande eingefallen war und die Holländer, um sich zu retten, die Dämme durchstachen und das Land unter Wasser setzten. Stoett widerspricht mit dem Hinweis auf den ersten ndl. Beleg bei Sartorius (III, 4, 82), der von 1561 stammt und auch noch vor der Überschwemmungskatastrophe von 1562 liegt: „Bijt hem een vloo, soo is Holland in last: in eos, qui quamtum libet levi de re graviter perturbantur, perinde ut in maxima".

Durchgehen (auch *losgehen*) *wie ein Holländer:* rücksichtslos vorgehen, aber auch: in feiger Weise fliehen. *Den Holländer machen:* sich davonmachen, durchbrennen, sich nicht erwischen lassen, denn Holländer waren bes. geschickte Seefahrer; auch in den Mdaa., z. B. preuß. ‚De geiht dörch wie e Holländer', er arbeitet sich aus einer verwickelten Sache ohne Schaden heraus (Frischbier, Sprw. 1, 673). Die Rda., die schon bei Grimmelshausen (‚Simplicissimus' II, 7, S. 123) belegt ist, bezieht sich vermutlich auf holländische Söldner in fremden Heeren (Stoett I, S. 350, Nr. 916).

Lit.: *A. Taylor:* „Dutch in Proverbial and Conventional Use", in: Western Folklore 11 (1952), S. 219.

Holle. Frau Holle ist eine im östl. Mitteldtl. verbreitete Sagen- u. Brauchgestalt, die rdal. in verschiedenen meteorologischen Metaphern weiterlebt. *Frau Holle schüttelt das Bett* (oder *die Betten, die Kissen) aus,* auch *schüttelt die Federn herunter* sagt man, wenn es schneit. Wenn weiße Schäfchenwolken am Himmel stehen, heißt es: ‚Heute treibt Frau Holle die Schafe aus'. Wenn es während eines großen Teils der Woche geregnet hat, so erwartet man am Ende schönes Wetter; denn ‚Frau Holle muß zum Sonntag ihren Schleier trocknen'; ‚sie hängt ihn auf Rosensträucher, und darum blühen die Rosen so schön'. Entspr. sagt man: ‚Frau Holle hält Kirmes', es regnet. Ist ein Berg von Nebel umwölkt, so ‚macht Frau Holle darin Feuer'. Alle diese, bes. in Mitteldtl. heimischen Rdaa. gehen auf den Volksglauben von Frau Holle zurück. Frau Holle, Holda, Hollefrau usw. ist eine dämonische Überwacherin der Spinnstubenruhe sowie die Anführerin der Hollen oder Huldren, einer Schar von Nachtdämonen. ‚Die ist mit der Holda gefahren' sagt man für das zerzauste Aussehen einer Frau. Am frühesten ist sie bei Burchard von Worms (um 1000) erwähnt. Nur im Grimmschen Märchen (KHM. 24) hat sich die zuerst angeführte meteorologische Rda. zu einer Erzählung konkretisiert. Frau Holle gehört aber nicht als konstitutives Motiv zu diesem Erzählkreis und fehlt in anderen Varianten desselben Typs (AaTh. 480). In einigen Landschaften werden meteorologische Erscheinungen mit anderen übernatürlichen Wesen verknüpft, z. B. els. ‚d'Engele hans Bed gemacht, d'Federe fliege runder'; aus dem Osnabrückischen meldet schon ein Beleg von 1752: „Dat aule Wijvers schüddet den Pels ut: es schneyet".

Lit.: *V. Waschnitius:* Percht, Holda und verwandte Gestalten, Sitzungsber. d. Akademie d. Wiss. zu Wien 174 (Wien 1913), S. 173 ff.; *W. E. Roberts:* The Tale of the Kind and the Unkind Girls, Fabula, Suppl. B 1 (Berlin 1958); *K. Paetow:* Volkssagen u. Märchen um Frau Holle (Hannover 1962); *L. Röhrich:* Märchen und Wirklichkeit (Wiesbaden ⁴1974); *M. Rumpf:* Art. ‚Frau Holle', in: EM. V, Sp. 159–168.

Hölle. *Einem die Hölle heiß machen:* ihn durch Drohungen in Angst versetzen. Die Rda. geht auf die grellen Schilderungen der höllischen Folterqualen zurück, durch die früher die Geistlichkeit auf ihre Zuhörer, namentlich auf solche, die dem Tode nahe waren, einzuwirken suchte. Die Wndg. begegnet schon bei Luther: „Wie man jetzt spricht, sie machen uns die hellen heis und den teufel schwarz" (Jenaer Ausg. 3, 228), während mhd. nur das Adj. ‚helleheiz' bei Walther von der Vogelweide vorkommt. In Karl Simrocks Gedicht ‚Eichelsaat' heißt es:

Man schürt' ihm von der Kanzel die
Hölle so heiß;
Er dacht': Ich will bezahlen das
Lügengeschmeiß.

Man hat zur Erklärung der Rda. auch auf den Namen ‚Hölle' für den Winkel zwischen Ofen und Wand im alten dt. Bauernhaus hingewiesen, wo die ‚Hellbank, Höllbank' stand. Wurde nun kräftig eingeheizt, so wurde dem dort Ruhenden die Hölle zu heiß. R. Neubauer hält diese Deutung für wahrscheinlich, zumal es in der älteren Lit. einen Beleg gibt, der auf einen solchen Zusammenhang schließen läßt: „Der ander lag noch hinder dem Ofen in der Hell und mocht vor Faulheit nit aufstohn (G. Wickram, Rollwagenbüchlein, 1555, Nr. 22). Auch die Tatsache, daß in den Hüttenwerken der dem Gebläse gegenüber liegende Raum, in dem sich beim Einheizen die größte Hitze entfaltet, Hölle genannt wird, scheint diese Annahme zu bestätigen. Doch denkt bereits Luther, wie die oben angeführte Stelle zeigt, an die Hölle des Fegfeuerglaubens. Ebenso die folgenden Rdaa.: *Aus der Hölle ins Fegfeuer:* vom Regen in die Traufe (↗ Regen). ‚Dem brennt die Hölle aus dem Kopf' sagt man bair. von einem Rothaarigen. ‚Der ist aus der Hölle auf Urlaub gekommen' heißt es oberoesterr. von einem schlimmen Gast. *Er hat die Hölle zu Hause* sagt man von einem Mann, der mit einer bösen und schlimmen Frau verheiratet ist; vgl. frz. ‚C'est l'enfer chez lui'. Von der entspr. Frau heißt es *Sie ist aus der Hölle entlaufen, als der Teufel schlief* (↗ Teufel). *In der Hölle ist Kirmes* ↗ Kirmes.

‚Der Weg zur Hölle ist mit guten Vorsätzen gepflastert'. Das von Samuel Johnson i. J. 1775 gebrauchte u. von seinem Biographen Boswell in seinem ‚Life of Johnson' (ed. by George Birkbeck Hill, 1887, II, 360) mitgeteilte ‚Hell is paved with good intentions' (‚Die Hölle ist mit guten Vorsätzen gepflastert') führt Walter Scott in seinem Roman ‚The bride of Lammermoor' (1819, B. 1, Kap. 7) auf einen engl. Theologen zurück. Wahrscheinl. meint er George Herbert († 1632), der in ‚Iacula prudentum' (Ausg. v. 1651, 11) denselben Gedanken ausspricht: ‚Hell is full of good meanings and wishings'. Doch findet sich das Sprw. schon wesentlich früher in Spanien in der Fassung: ‚El infierno es bleno de buenas intenciones'. Es hat wohl die Bdtg., daß es keinen Sünder gibt – auch wenn er noch so schlecht wäre –, der nicht den Wunsch zur Besserung hätte. Bei Franz von Sales findet sich der Hinweis, daß das Sprw. schon vom hl. Bernhard verwendet wurde (Büchmann).

Jem. zur Hölle wünschen: ihn weit weg wünschen; *Jem. das Leben zur Hölle machen:* schlecht mit ihm umgehen, ihm arg zusetzen.

Die Hölle ist los!: es herrscht ein Höllenspektakel (Höllenlärm), es geht drunter und drüber.

Lit.: Art. ‚Hell is paved with good intentions', in: Notes and Queries, 1.2 (1850), S. 140–141; 1.6 (1852), S. 520; 2.10 (1860), S. 240; 4.9 (1872), S. 260; 8.5 (1894), 8. S. 89–90; 8.6 (1894), S. 136; *R. Neubauer:* Einem die Hölle heiß machen, in: Zs. f. Vkde. 17 (1907), S. 325–328; *M. Landau:* Hölle und Fegfeuer in Volksglaube, Dichtung und Kirchenlehre (Heidelberg 1909); RGG³ III, Sp. 402 ff. Art. ‚Hölle'; *G. Heid:* Die Darstellung der Hölle in der dt. Lit. des ausgehenden MA. (Diss. Wien 1957); *K. Schnitzer:* Die Darstellung der Hölle in der erzählenden Dichtung der Barockzeit (Diss. Wien 1961); *L. Röhrich:* Teufelsmärchen und Teufelssagen, in: Sagen und ihre Deutung (Göttingen 1965); *J. Le Goff:* Die Geburt des Fegfeuers (Stuttgart 1984); *I. Grübel u. D.-R. Moser:* Art. ‚Hölle', in: EM. VI, Sp. 1178–1191.

‚Höllenqualen erleiden'

731

Höllenqualen. *Höllenqualen leiden (aus-stehen):* körperliche u. seelische Schmerzen haben, die an Intensität u. Stärke den als Qualen der Hölle (s. o.) beschriebenen ähneln.

Holz. *Holz auf sich hacken lassen:* sich alles gefallen lassen, gutmütig sein. Die Rda. hat bereits Luther in seiner Sprww.-Sammlung angeführt.

Holz vor'm Haus (vor der Hütte, vor der Tür, vor der Herberge, bei der Wand) haben: vollbusig sein. Das sprachl. Bild ist von den an der Außenwand der Bauernhäuser aufgestapelten Holzvorräten hergenommen; mdal. nordostdt. ,se häft god Holt vor de Dör'; ,Holz in der Butten haben' sagt man bair. von einem Mädchen, das ,gut bepackt' ist; meckl. ,sei hett wat vör sick bröcht'.

Holz sägen: schnarchen (↗ Ast).

Holz in den Wald tragen ↗ Eulen nach Athen tragen: etw. Überflüssiges tun; so schon in Joh. Fischarts ,Ehezuchtbüchlein' (S. 123–126): „Holz inn Wald tragen".

Aus demselben (dem gleichen) Holz (geschnitzt) sein: von derselben Art sein, denselben Charakter usw. haben. Holz steht in dieser und mehreren anderen Rdaa. für den Menschen, z. B. ,aus gutem Holz (geschnitzt) sein', von guter Art, gutem Charakter sein; ,aus anderem Holz (geschnitzt) sein', ein Mensch von anderem Charakter (besseren Nerven usw.) sein; (vgl. engl.: ,A mercury may not be made of every wood': einen Merkur kann man nicht aus jedem Holz schnitzen); ,ich bin nicht aus Holz', auch ich bin ein fühlender Mensch aus Fleisch und Blut mit allen seinen Wünschen und Trieben usw.; ,aus hartem Holz (geschnitzt) sein', ein hartes, unnachgiebiges, unfreundliches Wesen haben. ,Aus dem Holz sein, aus dem man die Minister macht', sich zum Minister eignen. Auch im Frz. begegnet das Wort ,Holz' (bois) in zahlreichen Rdaa., z. B.: ,Je vais lui montrer de quel bois je me chauffe' (wörtl.: Ich will ihm zeigen, mit welchem Holz ich heize): ,Ich will ihm zeigen, was eine Harke ist', oder: ,être du bois dont on fait des flûtes' (wörtl.: aus dem Holz sein, woraus man Flöten schnitzt): friedfertig, versöhnlich sein;

,Dasitzen wie ein Stück Holz', stumm und steif dasitzen; ähnl. ,sich hölzern benehmen', ungeschickt und steif wie ein Klotz sein. ,Es ist, als wenn man zu einem Stück Holz redete', man kann überhaupt nichts erreichen bei ihm, er läßt sich nichts einreden, ↗ hölzern.

,N'être pas de bois' (wörtl.: nicht aus Holz sein): der Sinnlichkeit zugetan sein; oder ,J'ai la gueule de bois': Ich habe einen Kater.

Holzhauen besitzt auch erotische Bdtg.: ,Nix verhackt, an ander Holz her!' ist ein österr. Ausruf, wenn eine Liebschaft in die Brüche geht (,Carinthia' 143, S. 137). Ebenso zu verstehen ist das Sprw. ,Angebrannt Holz geht bald wieder an'.

,Drög Holt in de Eck smieten' ist schlesw.-holst. eine scherzhafte Umschreibung für ,kegeln'.

Das ist Holz ins Feuer, vgl. Öl ins Feuer gießen, bei Hans Sachs von einer Klatschbase gesagt: „sie dregt nur Holcz zum Fewer", sie schürt die Zwietracht.

Das ist viel Holz: das ist viel Geld (um einen teuren Preis zu bezeichnen).

Kein hart Holz bohren: sich nicht bes. anstrengen wollen (↗ Brett). *Er hat hartes Holz zu hobeln (bohren):* er hat harte Arbeit zu verrichten.

,Wenn das am grünen Holz geschieht ...' ist eine Rda., die nicht vollendet wird, weil der Nachsatz als bekannt vorausgesetzt wird. Es handelt sich um eine Ableitung aus Luk. 23,31: „Denn so man das tut (häufig verändert: so das geschieht) am grünen Holz, was will am dürren werden?" Die gekürzte Rda. wird gerne als Warnung verwendet, wenn man die Dinge nicht beim Namen nennen will.

Lit.: Art. ,Holz hacken', ,Holzkauf', ,Holzladung', in: EM. VI, Sp. 1201–1205.

Holzbock, Holzklotz, Holzkopf, Holzschlegel, Holzwurm. Bei all diesen Ausdrücken handelt es sich um mehr oder minder abfällige Bez. für körperlich störrische u. geistig unbewegliche Menschen. Lediglich die Bez. Holzwurm ist wohlwollend gemeint für jem. der sich unermüdlich im Holz durcharbeitet, also für denjenigen, der fast ausschließlich mit Holz arbeitet. Bei dem Wort ,Holzbock' handelt es sich dagegen um eine ältere tadelnde Bez. für einen steifen u. sehr unbeweglichen Menschen. Mit dem Ausdr. ‚Holzkopf‘ wird derjenige belegt, der einen harten Schädel hat u. unbeweglich ist, weil er nicht nachdenkt u. daher viel Dummes von sich gibt oder bewirkt. Auch das Wort ‚Holzschlegel‘ klingt nicht bes. freundlich, wenn es auf eine Person bezogen wird.

Hölzchen. *Vom Hölzchen aufs Stöckchen kommen:* vom Hundertsten ins Tausendste kommen, zu ausführlich werden, vom Thema dauernd abschweifen; bes. rhein., auch mdal., z. B. westf. ‚hei kümt um Höltken upt Stöcksken‘, d. h. von einem aufs andere. Dagegen bair. ‚ein Hölzlein im Maul haben‘, undeutlich sprechen. ‚Grobe Hölzlin‘ ist bair. 1577 für den Bauernlümmel bezeugt; damit hängt zusammen els. (Geiler von Kaysersberg) ‚einen übers Helzel werfen‘, ihn betrügen, eigentl. ihn als einen ungebildeten Kerl behandeln, den man übertölpeln darf. *Einen zum Hölzchen machen:* zum Spielzeug, zur Zielscheibe des Witzes, zum Narren halten; köl. ‚hä läuf mem Hölzche‘, er ist verrückt.
Hölzchen ziehen: ein Losverfahren, bei dem jem. eine der Losteilnehmern entsprechende Anzahl von Streichhölzern in der Hand hält, die auf verschiedene Länge gekürzt worden sind, aber gleich weit aus der geschlossenen Hand herausschauen. Am bekanntesten ist diese Art zu losen noch bei Kindern.

holzen. *Tüchtig holzen:* bei einem unfairen Fußballspiel den Gegnern bewußt Verletzungen zufügen, um sie zu Fall zu bringen und so ihren Angriff zu stoppen.

hölzern. *Jem. ist hölzern wie ein Nudelbrett:* er ist unbeholfen und linkisch, steif u. unbiegsam wie ein Stück Holz. Der Vergleich mit dem Nudelbrett dient dabei als scherzh. Verstärkung. Als Ausdr. für ungelenkes Benehmen ist das Wort schon im 17. Jh. belegt: „... sie werden so einen hölzernen Peter nicht zum Ratsherren machen" (Chr. Weise, ‚Die drei ärgsten Erznarren‘, 1672); „hölzern ist sonst sein Verstand" (Fr. v. Logau, ‚Salomons von Golaw deutscher sinngetichte dreitau-

send‘, 1654, 3, 170,90). Bes. aufschlußreich sind auch die Verse von Fr. v. Logau (a. a. O. 2, 13):

(jungfern) die nicht wie stumme götzen
sind in die kirche nur, nicht an den
tisch, zu setzen,
und die man billich heist ein hölzern
frauenbild,
das nur zum schauen taug, und nicht
zum brauchen gilt.

‚Der is gar net so hölzern wi'r rappelt‘ (wolgadt.): er ist nicht so spröde, wie er tut. *Ein hölzern Röcklein anhaben* sagt man vom Faßwein; vgl. das altdt. Trinklied:

Den liebsten bulen, den ich han,
der leit beim wirt im keller,
er hat ein hölzens röcklein an
und heist der Muscateller.

(Röhrich–Brednich: Deutsche Volkslieder II, 463 f.).

‚Hölzerner Rock‘

‚Hölzerner Johannes‘ ist in einigen ndd. Varianten des Schwanks von der ‚Matrone von Ephesus‘ (AaTh. 1510) die Bez. einer aus Holz geschnitzten männlichen Figur, die im Bett einer Witwe als Ersatzmann, sozusagen als ‚Witwentröster‘, fungiert, ↗ Johannes.
Aus Westfalen (Bodelschwingh bei Mengede) dokumentiert Sartori den Brauch,

daß kinderlose Ehepaare eine ,hölzerne Taufe' begehen, bei der sich alles genau so abspielt wie bei einer richtigen; nur das Kind fehlt. Kinderlosigkeit wurde als Unglück betrachtet, und Scheinbräuche suchten den Mangel zu ersetzen.

Lit.: *P. Sartori:* Westf. Vkde. (Leipzig 1922), S. 81; *K. Ranke:* Der ,Hölzerne Johannes', in: Rhein. Jb. v. Vkde. 4 (1953), S. 90–114.

Holzhammer. *Auf jem. mit dem Holzhammen",* sagt 1495 Geiler von Kaysersberg in einer Sittenpredigt. Luther verzeichnet etwa seit 1900 ein rdal. Bild für plumpes, rücksichtsloses Vorgehen. *Eins mit dem Holzhammer (ab)gekriegt haben:* nicht recht bei Verstand, beschränkt sein. Der Holzhammer gilt auch sonst als Bild gewaltsamer Einbleuung einer Ansicht. Wollen in der Schule gar keine didaktischen Methoden mehr fruchten, um den Schülern den Stoff beizubringen, ist der Lehrer genötigt, zum allerletzten Hilfsmittel Zuflucht zu nehmen: *man muß die Holzhammermethode anwenden*. In zahlreiche Karikaturen und Witzzeichnungen wird seit Mitte des 20. Jh. die *Holzhammernarkose* dargestellt; sie bedeutet im heutigen Sprachgebrauch auch eine Gesinnungsbeeinflussung mit primitivrohen Mitteln.

,Die Holzhammermethode anwenden'

Holzmann. *Mit dem Holzmann (Strohmann) spielen:* spielen mit einem Spieler, der nicht tatsächlich vorhanden ist, sondern nur markiert wird. Dem Holzmann werden Karten gegeben, wie jedem der beiden übrigen Spieler, und diese Karten dienen dann demjenigen Spieler als ,Aide', der sie (den Holzmann) nimmt.

Holzpferd, i. S. v. Liebhaberei, Hobby ↗ Steckenpferd. ,Dat is 'n hölten Perd (Kerl)!' sagt man von jem., der sich sehr ungeschickt anstellt, der ,zwei linke Hände hat'.

Holzweg. *Auf dem Holzweg sein:* im Irrtum sein, fehlgehen. Holzwege heißen schon mhd. die schmalen Wege im Walde, die nur zur Beförderung des Holzes angelegt sind, aber zu keinem Ziel führen, wie es der Wanderer im Auge hat. So bekommt Holzweg bald die Bdtg. ,Abweg', ,Irrweg": „Man find under tausent nicht einen, der dem rechten weg nachtrachtet, sondern sie gehn alle dem holzweg nach und eilen heftig, biß sie zu der hellen kommen", sagt 1495 Geiler von Kaysersberg in einer Sittenpredigt. Luther verzeichnet die Rda. in seiner Sprww.-Sammlung; 1639 heißt es bei Lehmann S. 418 (,Irren' 42): „Wer jrret, der ist im Lerchenfeld, im Holtzweg, von der Landstraße, vom rechten Weg kommen: Er hat die Rechnung ohne den Wirt gemacht". Die Rda. ist heute in Umgangssprache und Mdaa. allg. geläufig; schlesw.-holst. sagt man von Eheleuten, die sich nicht vertragen können: ,Wenn de een de Holtweg geit un de anner de Soltweg (d. h. die dem Salzhandel dienende Straße), denn kümmt dar nix na'. Dies ist allerdings sicher nicht die urspr. Gegenüberstellung von ,Holzweg' und ,Salzweg'; ostpreuß. heißt es: ,Jener geit den Holtweg, de andre den Soltweg'. Im Unterschied zum Holzweg, der zu nichts führt, wurde früher z. Zt. des Salzhandels auf den Salzstraßen viel Geld verdient.

Lit.: *M. Heidegger:* Holzwege (Frankfurt a. M. 1950).

Brennpunkte

Heinz Steinig
Elektrosmog – Der unsichtbare Krankmacher
Band 4302
Verursachen Mobilfunk und Hochspannungsanlagen,
Mikrowellenherde und Personalcomputer wirklich bedrohliche
Krankheiten? In anderen Ländern wird diese Gefahr bereits sehr ernst
genommen...

Rita Neubauer
Als Dianita nicht nach Hause kam
Kinderhandel in Lateinamerika
Band 4289
Alltag in Mexiko: Kinder verschwinden plötzlich spurlos, Eltern
suchen verzweifelt. Viele Fährten führen nach Deutschland, wo immer
mehr Kinder aus Ländern der Dritten Welt adoptiert werden...

Sonja Auras
Ich bin Ärztin und HIV-positiv
Eine junge Frau kämpft gegen Ausgrenzung und mächtige
Interessen
Band 4280
Eine junge Ärztin infiziert sich in ihrem Beruf mit der tödlichen
Krankheit. Es beginnt ein mutiger Kampf gegen die gesellschaftliche
Ausgrenzung und das persönliche Schicksal.

Dieter Oberndörfer
Der Wahn des Nationalen
Die Alternative der offenen Republik
Band 4279
Der kulturelle Firniß ist dünn. Zwischen völkisch motivierter
Abschottung und tödlicher Gewalt verläuft nur eine schmale Grenze.
Oberndörfer zeigt, warum der Aufbau der offenen Republik gelingen
muß.

HERDER / SPEKTRUM

Walter Thimm
Leben in Nachbarschaften
Hilfen für Behinderte
Band 4272

Das „Jahr der Behinderten" liegt lange zurück. Wie geht es im Alltag
weiter? Konkrete, praxiserprobte Modelle des Zusammenlebens.

Albert Schweitzer
Wie wir überleben können
Eine Ethik für die Zukunft
Herausgegeben von Harald Schützeichel
Band 4264

Wir müssen umlernen: Nur wenn wir mit der Schöpfung
verantwortungsvoll umgehen, werden wir überleben. Die zentralen
Texte des Friedensnobelpreisträgers, aus denen seine Ehrfurcht vor
dem Leben spricht.

Dorothee Sölle/Fulbert Steffensky
Wider den Luxus der Hoffnungslosigkeit
Band 4257

Welchen Wert haben Visionen von einem anderen Leben, wenn alle
Kreativität in Sachzwängen unterzugehen droht? Zukunftsentwürfe
wider die Resignation.

Ernst Sieber
Menschenware – wahre Menschen
Die umwerfenden Geschichten des Obdachlosenpfarrers von
Zürich
Band 4252

Ihr Spruch: „Haste mal ‚ne Mark für mich". Ihre Persönlichkeit:
Fehlanzeige? Von wegen. Energisch und humorvoll schildert Ernst
Sieber die Welt der Penner und Clochards, erzählt er vom Geheimnis
dieser wahren Individualisten.

HERDER / SPEKTRUM

Henner Hess
Mafia
Ursprung, Macht und Mythos
Band 4244
Das Basiswerk über Struktur und Hintergründe der sizilianischen
Mafia.

Ernst Pulsfort
Was ist los in der indischen Welt?
Das Drama auf dem indischen Subkontinent
Band 4240
Eine explosive Mischung: religiöse Gegensätze und soziale Eruptionen,
koloniales Erbe und modernstes High Tech. Gandhis Traum vom
Frieden – ist er endgültig gescheitert?

Anetta Kahane/Eleni Torossi
Begegnungen, die Hoffnung machen
Grenzen gegenüber Ausländern überwinden – Ideen und
Initiativen
Band 4236
Vielfalt statt Einfalt: Integration ist möglich, der Austausch zwischen
den Kulturen schafft Nähe und Offenheit. Geschichten von
verschiedenen Modellen, Beispiele und Anregungen aus der Praxis.

Thomas Brey
Die Logik des Wahnsinns
Jugoslawien – von Tätern und Opfern
Band 4230
Der Bürgerkrieg wurde von langer Hand vorbereitet. Spannend und
anschaulich deckt Thomas Brey, Journalist, die verdeckten Spielregeln
und Hintergründe dieses Dramas ohne Ende auf.

Wulf-Volker Lindner
Die Angst vor dem Fremden
Die Kultur des Hasses überwinden
Band 4203
Wie gehen wir um mit dem, was uns fremd ist?

HERDER / SPEKTRUM

Evelyne Buchmann
Mein Sohn – ein Fixer
Erlebnisbericht einer frustrierten Drogenmutter
Band 4201
Es genügt nicht, Fixer als „arme Opfer" zu bedauern und die
Beschaffung des Rauschgifts zu erleichtern. Dadurch kommt keiner
von seiner Sucht los.

Joseph Weizenbaum
Wer erfindet die Computermythen?
Der Fortschritt in den großen Irrtum
Herausgegeben von Gunna Wendt
Band 4192
Klar und deutlich spricht der weltberühmte Informatiker über die
Gefahren und Chancen der modernen Mediengesellschaft. „Ein
Kultbuch" (Focus).

Richard Schröder
Deutschland schwierig Vaterland
Für eine neue politische Kultur
Band 4160
„Für alle, die sich mit den Schwierigkeiten der deutschen Einheit und
der Teilung sorgen, sollte das Buch Pflichtlektüre sein" (Der Spiegel).

Franz Xaver Kaufmann
Der Ruf nach Verantwortung
Risiken und Ethik in einer unüberschaubaren Welt
Band 4138
Wegweisende Lösungen für das Schlüsselproblem unserer Zeit.

Fremd in einem kalten Land
Ausländer in Deutschland
Herausgegeben von Namo Aziz
Band 4130
Erfahrungsberichte deutscher und ausländischer Autoren wider die
Fremdenfeindlichkeit made in Germany.

HERDER / SPEKTRUM

Thea Bauriedl
Wege aus der Gewalt
Analyse von Beziehungen
Band 4129

„Es genügt nicht mehr, sich in der eigenen Gruppierung wohlzufühlen, weil man weiß, daß die Schläger und Brandschatzer die anderen sind. Es geht darum, mit den anderen Kontakt aufzunehmen„ (Thea Bauriedl in: Psychologie heute).

Heiko Flottau
Die Bande der Clans
Die arabische Welt besser verstehen
Band 4126

„Flottaus Buch hebt sich wohltuend ab von der Massenproduktion aus den Häusern Konzelmann und Scholl-Latour. Besonders verdienstvoll: Flottau attackiert gängige westliche Vorurteile. Er belegt, was den Orient im Gegensatz zum Abendland menschlich und spirituell reicher macht" (Süddeutsche Zeitung).

Namo Aziz
Kein Weg nach Hause
Schmerz und Traum der Kurden
Band 4074

Wechselnde Fremdherrschaft. Aufstände. Giftgasangriffe. Eine kurdische Familie sucht ihre Heimat. „Eindringlicher als Reportagen und Filmberichte" (Süddeutsche Zeitung).

Gerd Michelsen
Unsere Umwelt ist zu retten
Was ich gewinne, wenn ich mein Verhalten ändere
Band 4035

Es ist fünf vor zwölf. Aber wenn sich individuelles und politisches Engagement verschränken, gibt es noch Chancen für die Umwelt.

HERDER / SPEKTRUM